俄羅斯科學院東方文獻研究所
中國社會科學院民族學與人類學研究所 編
上海古籍出版社

俄羅斯科學院東方文獻研究所藏黑水城文獻

㉕

西夏文佛教部分

上海古籍出版社
二〇一六年・上海

圖書在版編目(CIP)數據

俄藏黑水城文獻. 25,西夏文佛教部分/俄羅斯科學院東方文獻研究所,中國社科院民族學與人類學研究所,上海古籍出版社編. —上海：上海古籍出版社,2016. 7
ISBN 978-7-5325-8276-1

Ⅰ. ①俄…　Ⅱ. ①俄…　②中…　③上…　Ⅲ. ①出土文物-文獻-額濟納旗-西夏-圖録②佛教-文獻-額濟納旗-西夏-圖録　Ⅳ. ①K877. 92

中國版本圖書館 CIP 數據核字(2016)第 247122 號

國家古籍整理出版專項經費資助項目
俄藏黑水城文獻自第十五册起受中國社會科學院出版基金資助

俄藏黑水城文獻㉕

編　者　俄羅斯科學院東方文獻研究所
　　　　中國社會科學院民族學與人類學研究所
　　　　上海古籍出版社

主　編　史金波(中)
　　　　魏同賢(中)
　　　　E.И.克恰諾夫(俄)

出　版　上海古籍出版社
　　　　中國上海瑞金二路 272 號郵政編碼 200020

印　製　上海麗佳製版印刷有限公司

開本 787 × 1092 mm　1/8　印張 46. 5　插頁 24
二〇一六年七月第一版　二〇一六年七月第一次印刷
ISBN 978-7-5325-8276-1/K・2264
定價：一二一〇〇圓

Памятники письменности из Хара-Хото хранящиеся в Институте восточных рукописей РАН

㉕

Коллекции буддийской части тангутского языка

Институт восточных рукописей
Российской академии наук
Институт национальностей и антропологии
Академии общественных наук Китая
Шанхайское издательство "Древняя книга"

Шанхайское издательство
"Древняя книга"
Шанхай 2016

Памятники письменности
нз Хара-Хото хранящиеся в России ㉕

Составнтели
Институт восточных рукописей РАН
Институт национальности и антропологии
АОН Китая
Шанхайское издательство
"Древняя книга"

Главные редакторы
Е. И. Кычанов (Россия)
Ши Цзинь-бо (Китай)
Вэй Тун-сянь (Китай)

Издатель
Шанхайское нздательство
"Древняя книга"
Китай Шанхай ул. Жуйцзиньэр 272
Почтовый индекс 200020

Печать
Шанхайская гравировальная и полиграфическая компания
"Ли Цзя" с ограниченной ответственностью

Формат 787×1092 mm 1/8
Печатный лист 46.5
Вкладка 24
Первое издание Ⅶ. 2016г.
Первая печать Ⅶ. 2016г.

ISBN 978-7-5325-8276-1/K·2264
Цена: ¥2200.00

Heishuicheng Manuscripts Collected in the Institute of Oriental Manuscripts of the Russian Academy of Sciences

㉕

Tangut Buddhist Manuscripts

The Institute of Oriental Manuscripts of
the Russian Academy of Sciences
Institute of Ethnology and Anthropology of
the Chinese Academy of Social Sciences
Shanghai Chinese Classics Publishing House

Shanghai Chinese Classics Publishing House
Shanghai, 2016

Heishuicheng Manuscripts
Collected in Russia
Volume ㉕

Participating Institutions
The Institute of Oriental Manuscripts of
the Russian Academy of Sciences
Institute of Ethnology and Anthropology of
the Chinese Academy of Social Sciences
Shanghai Chinese Classics Publishing House

Editors-in-Chief
Shi Jinbo (on Chinese part)
Wei Tongxian (on Chinese part)
E. I. Kychanov (on Russian part)

Publisher
Shanghai Chinese Classics Publishing House
(272 Ruijin Second Road, Shanghai 200020, China)

Printer
Shanghai Pica Plate Making & Printing Co., Ltd

8 mo 787×1092mm 46.5 printed sheets 24 insets
First Edition: July 2016 First Printing: July 2016
ISBN 978-7-5325-8276-1/K · 2264
Price: ¥2200.00

俄藏黑水城文獻

主編
史金波（中）
魏同賢（中）
Е.И.克恰諾夫（俄）

編輯委員會（按姓氏筆畫爲序）

中方
史金波
白　濱
李國章
李偉國
聶鴻音
魏同賢

俄方
Е.И.克恰諾夫
孟列夫
К.Б.克平

執行編輯
蔣維崧

Памятники письменности
из Хара-Хото хранящиеся в России

Heishuicheng Manuscripts
Collected in Russia

俄藏黑水城文獻㉕

本卷主編　史金波
　　　　　Е.И.克恰諾夫
本卷副主編　聶鴻音　蘇　航
責任編輯　蔣維崧
裝幀設計　嚴克勤
攝　　影　嚴克勤
技術編輯　耿瑩褘

Памятники письменности
из Хара-Хото хранящиеся в России ㉕
Главный редактор этого тома
Е. И. Кычанов
Ши Цзинь-бо
Заместитель главного редактора этого тома
Не Хун-инь
Су Хан
Ответственный редактор
Цзян Вэй-сун
Художественный и технический редактор
Янь Кэ-цинь
Фотограф
Янь Кэ-цинь
Технический редактор
Гэн Ин-и

Heishuicheng Manuscripts
Collected in Russia
Volume ㉕
Editor-in-Chief for this Volume
Shi Jinbo
E. L. Kychanov
Deputy Editor-in-Chief for this Volume
Nie Hongyin
Su Hang
Editor-in-Charge
Jiang Weisong
Cover Designer
Yan Keqin
Photographer
Yan Keqin
Technical Editor
Geng Yingyi

一 Инв.No.49 佛説佛母出生三法藏般若波羅蜜多經卷第一封面

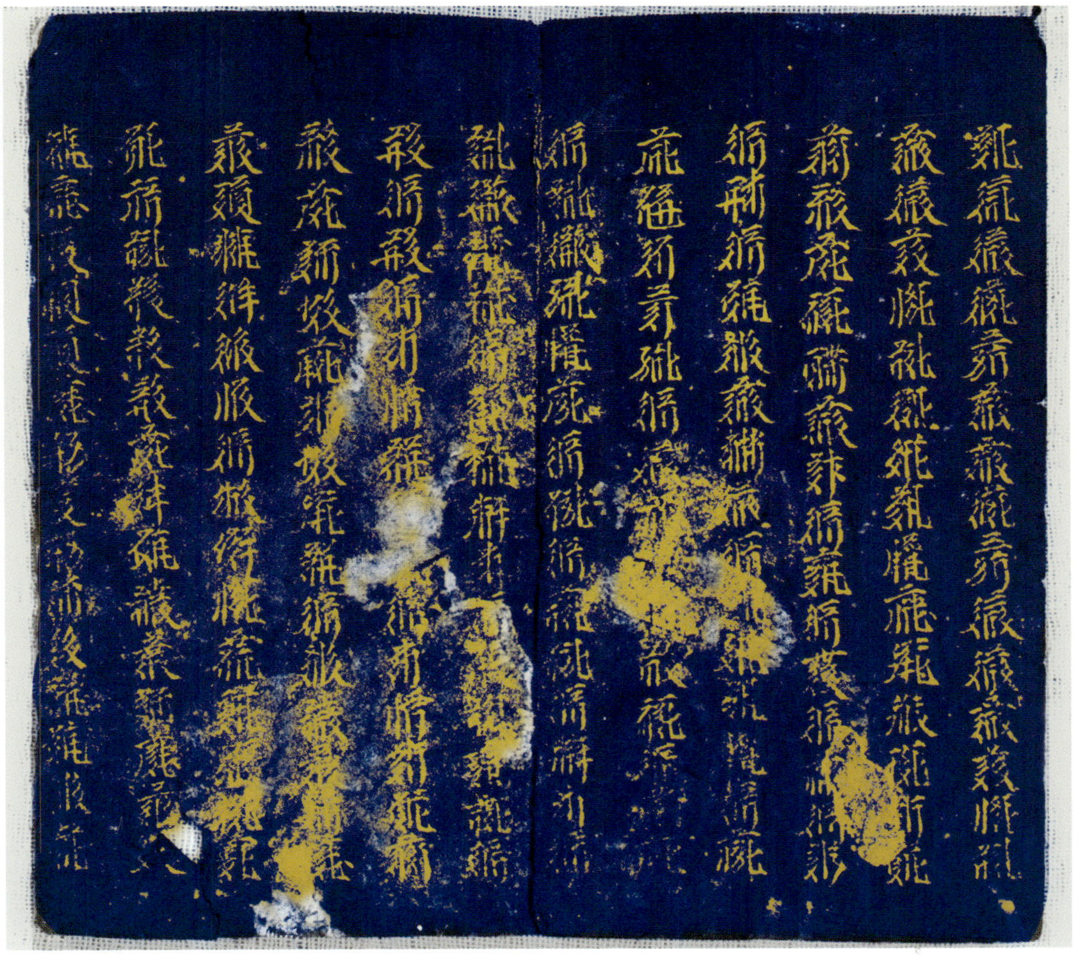

二 Инв.No.7457 泥金寫佛説聖佛母般若波羅蜜多心經

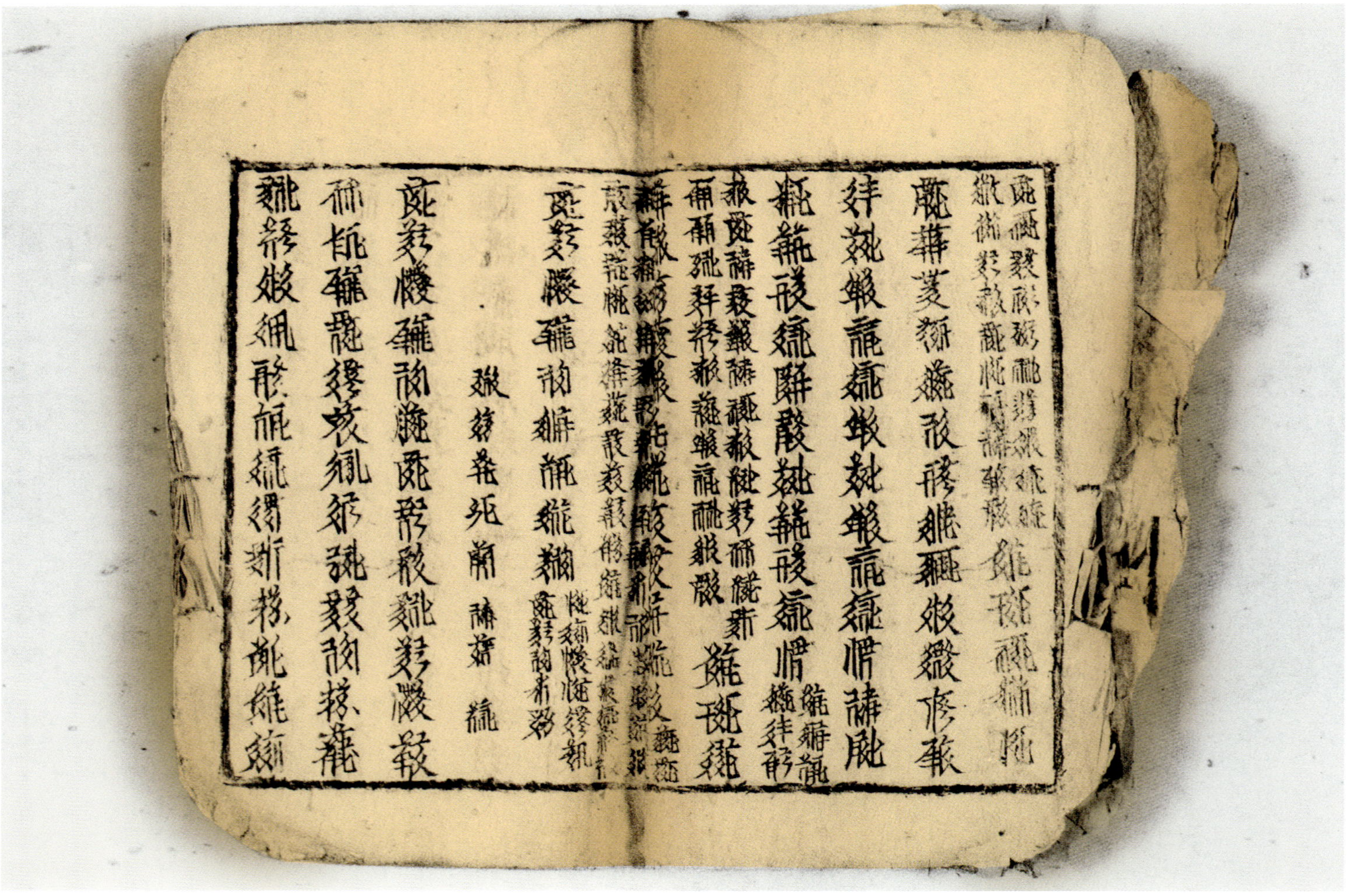

三 Инв.No.735 諸説禪源集都序上卷

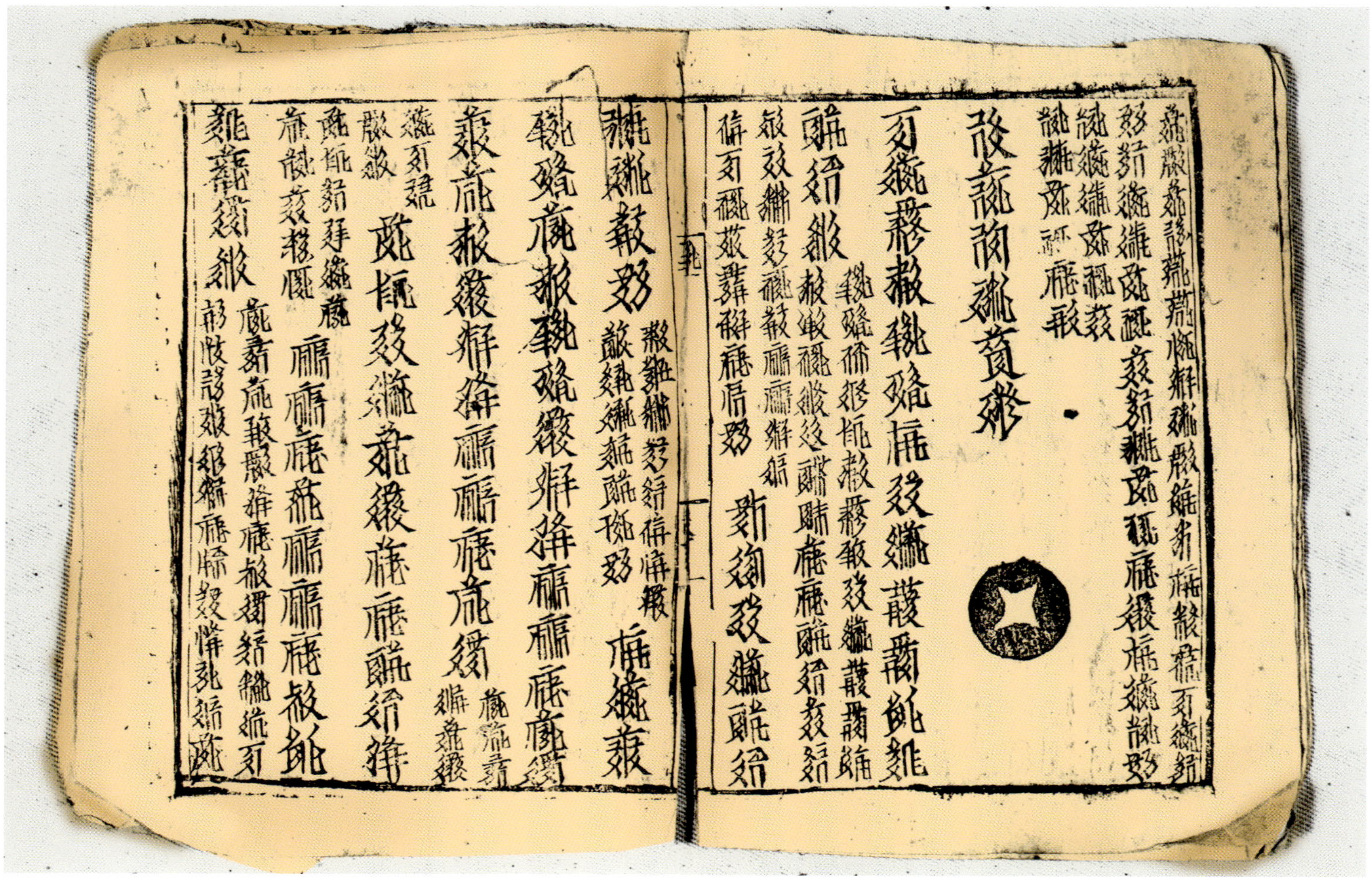

四 Инв.No.739 金師子章雲間類解

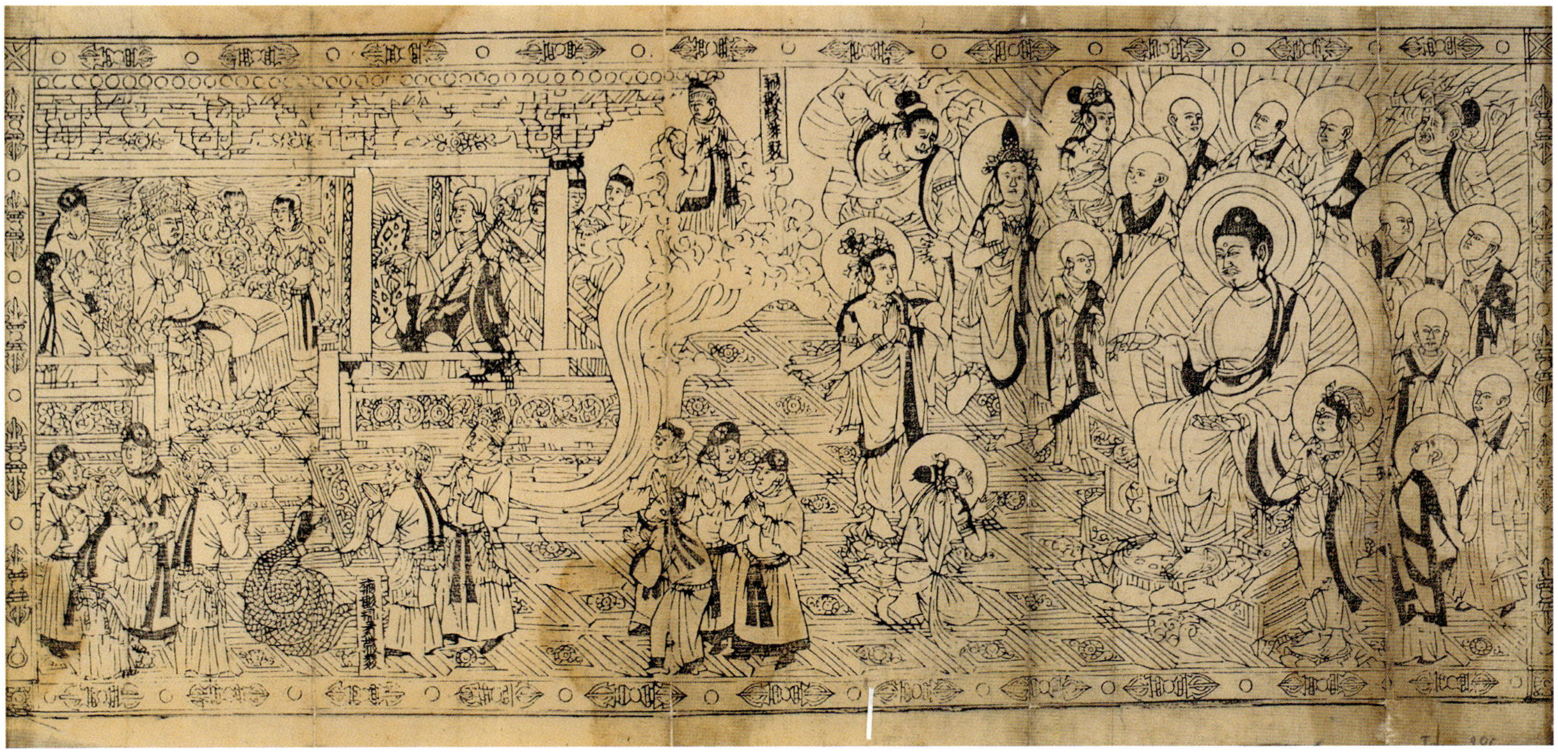

五 Инв.No.4288 慈悲道場懺法卷首經圖

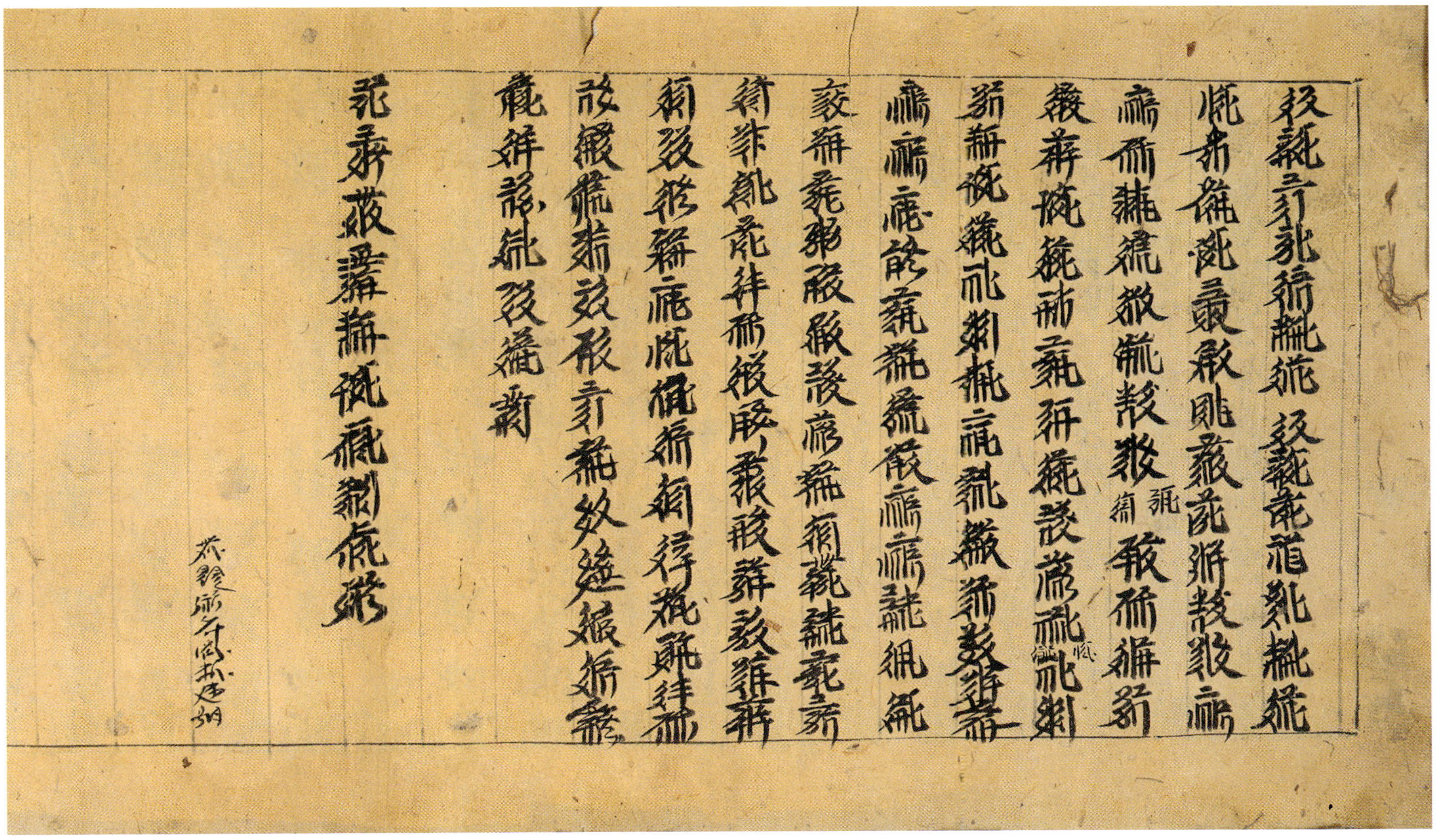

六 Инв.No.4288 慈悲道場懺法卷第五卷末題記

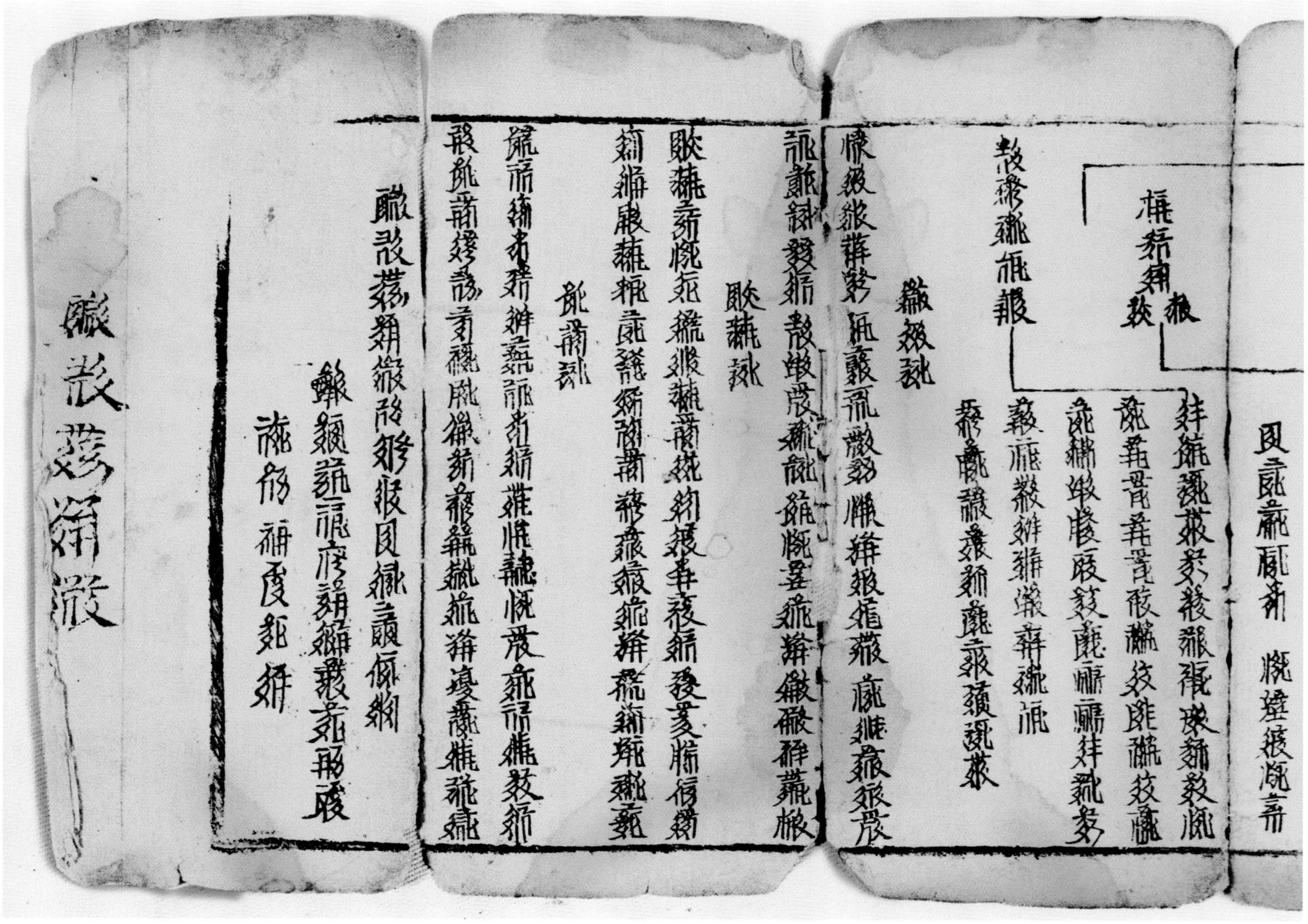

七 Инв.No.5378 梁朝傅大士頌金剛經卷末天盛甲申十六年題款

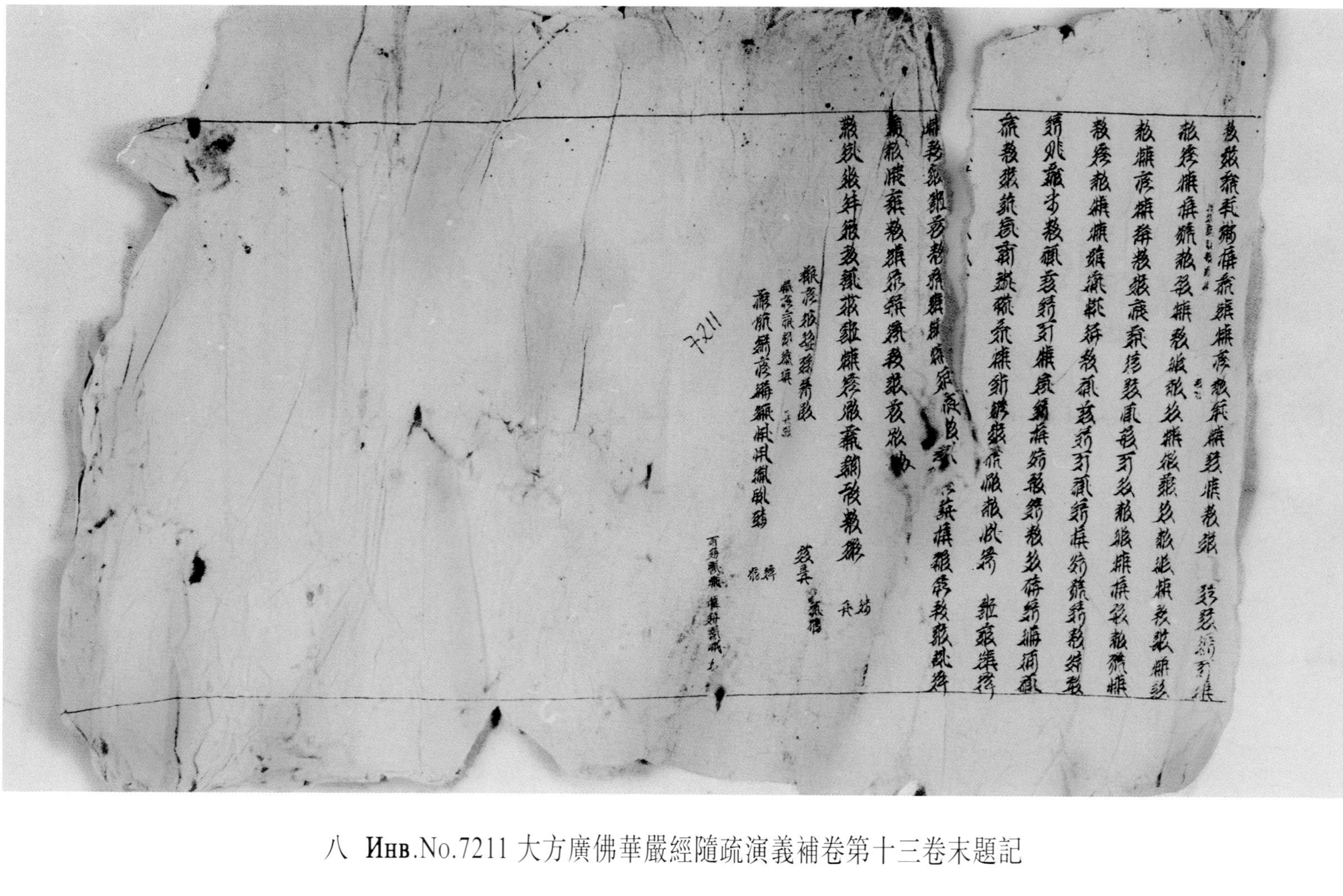

八 Инв.No.7211 大方廣佛華嚴經隨疏演義補卷第十三卷末題記

俄藏黑水城文獻第二十五册目録

彩色圖版目録

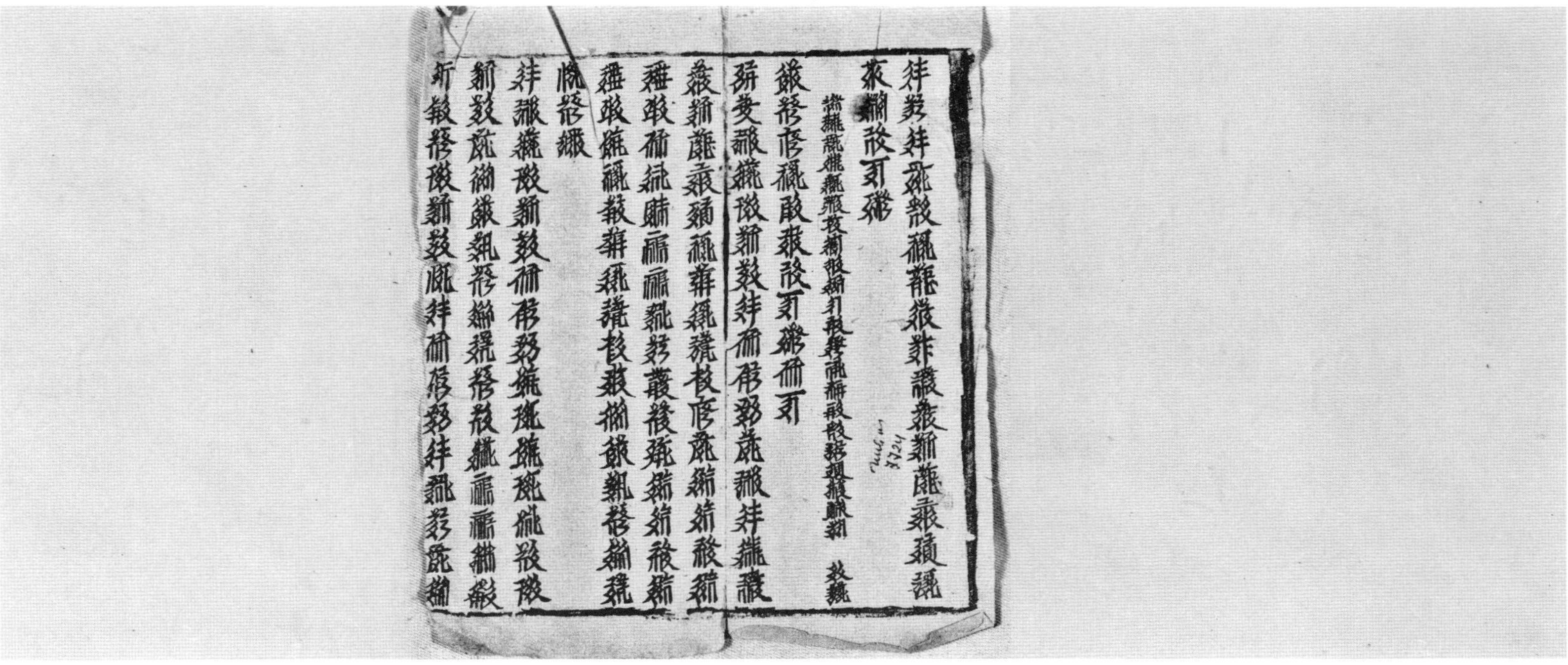

俄 Инв.No.7724　佛說佛母出生三法藏般若波羅蜜多經卷第十一

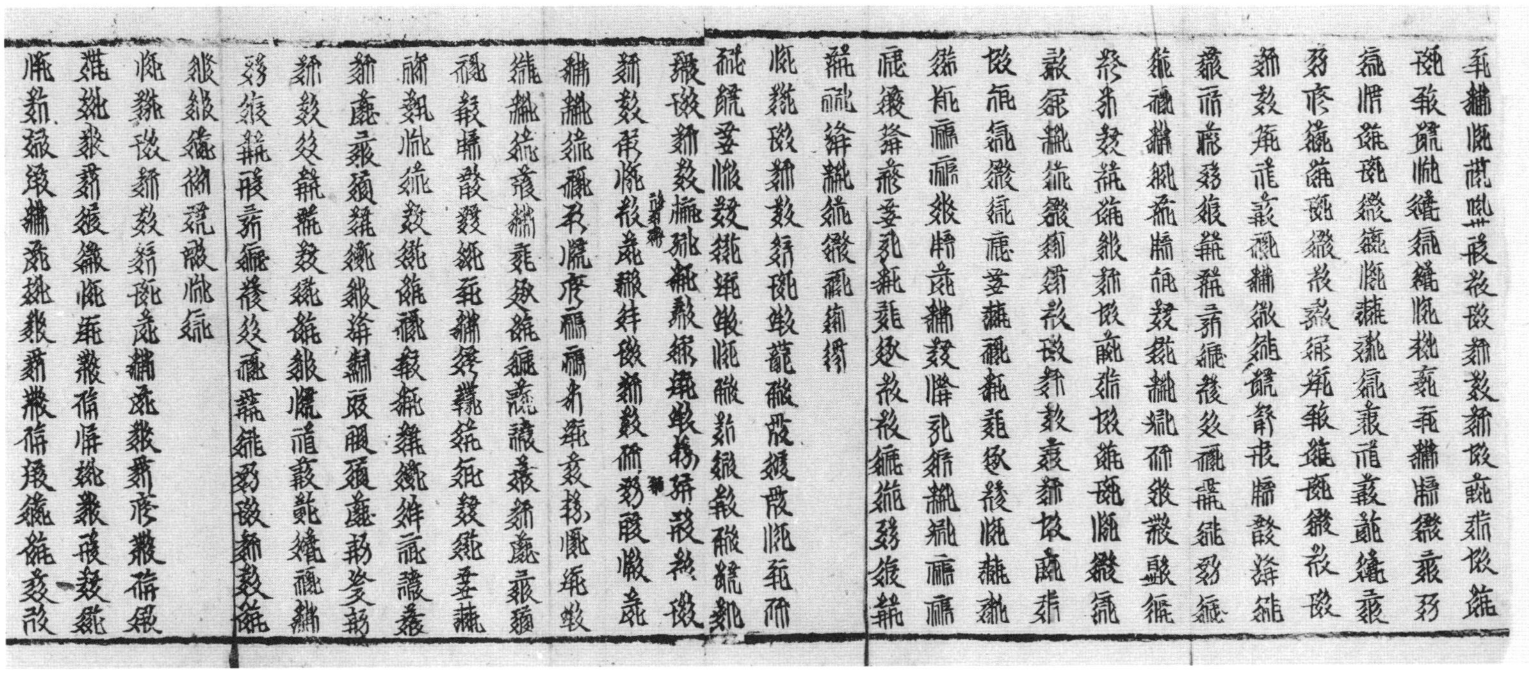

俄 Инв.No.567　佛說佛母出生三法藏般若波羅蜜多經卷第十一　(9-1)

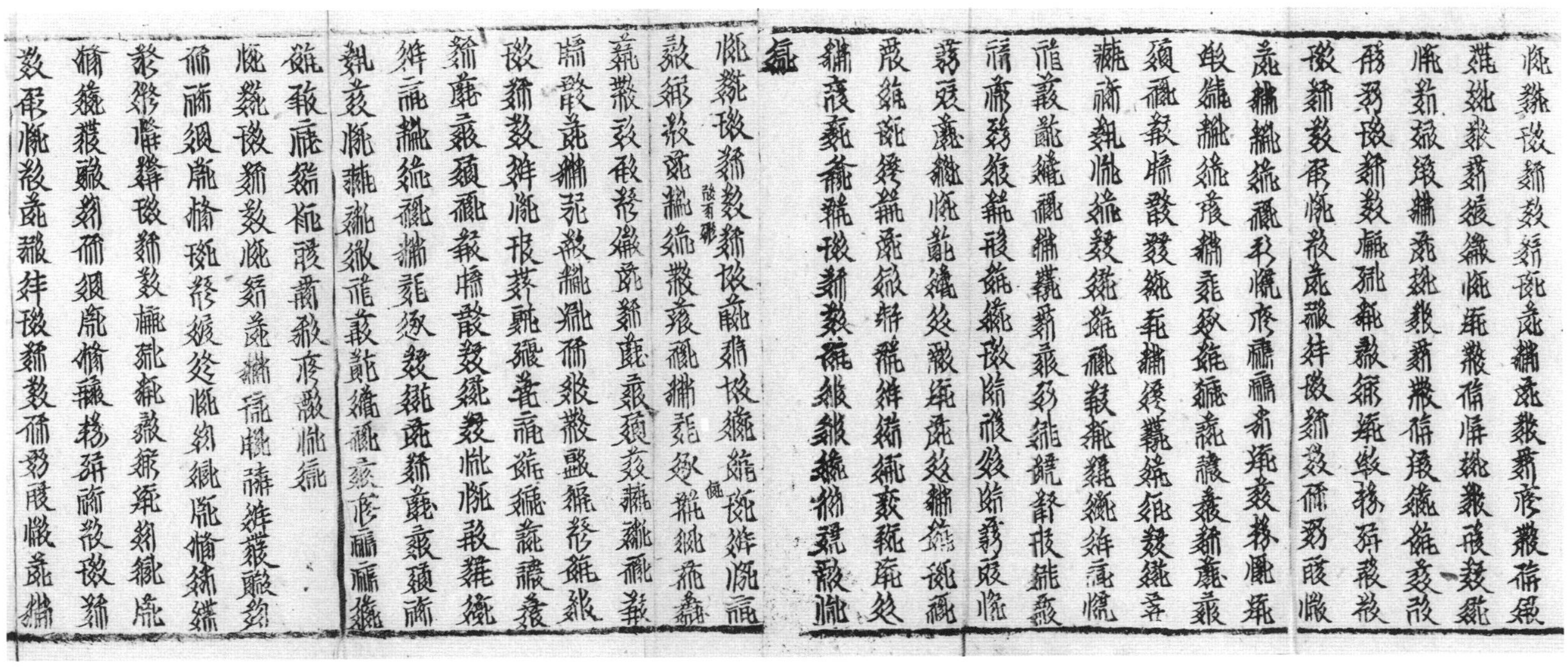

俄 Инв.No.567　佛說佛母出生三法藏般若波羅蜜多經卷第十一　(9-2)

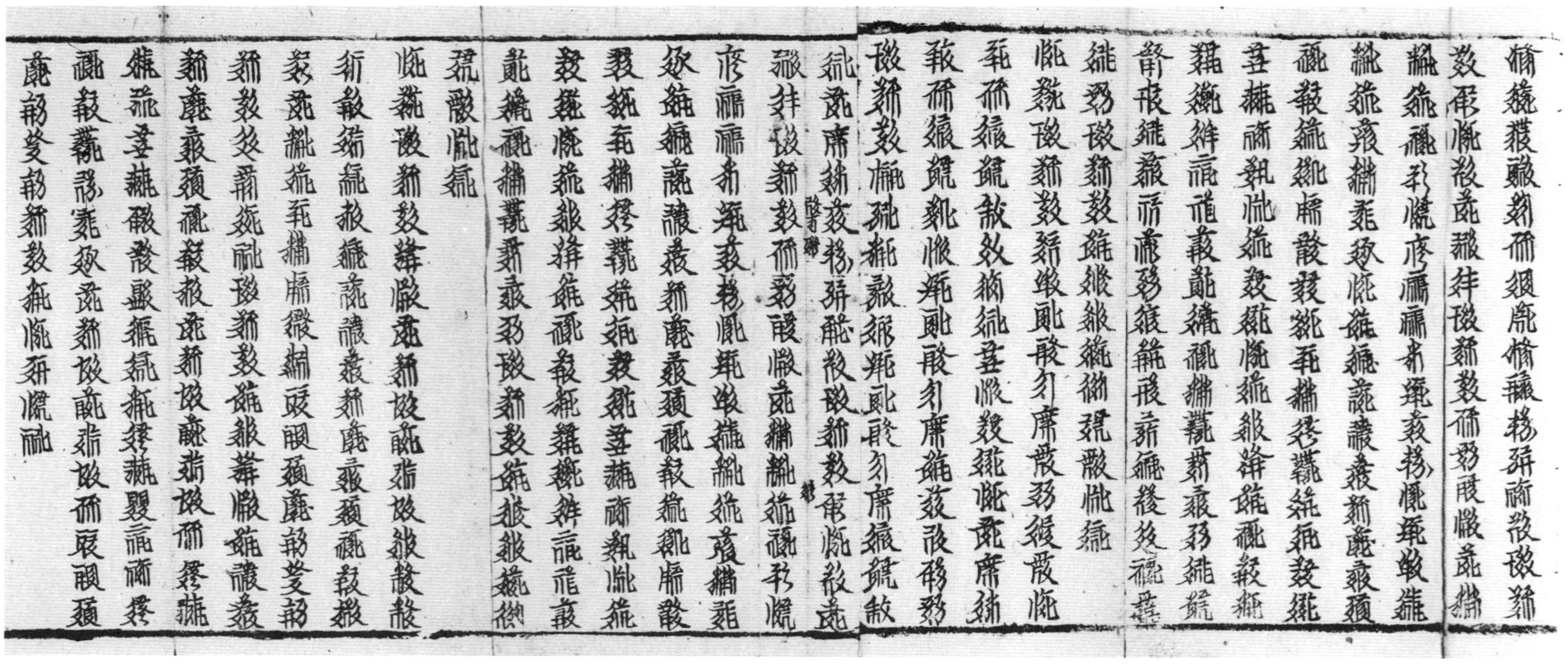

俄 Инв.No.567　佛説佛母出生三法藏般若波羅蜜多經卷第十一　(9–3)

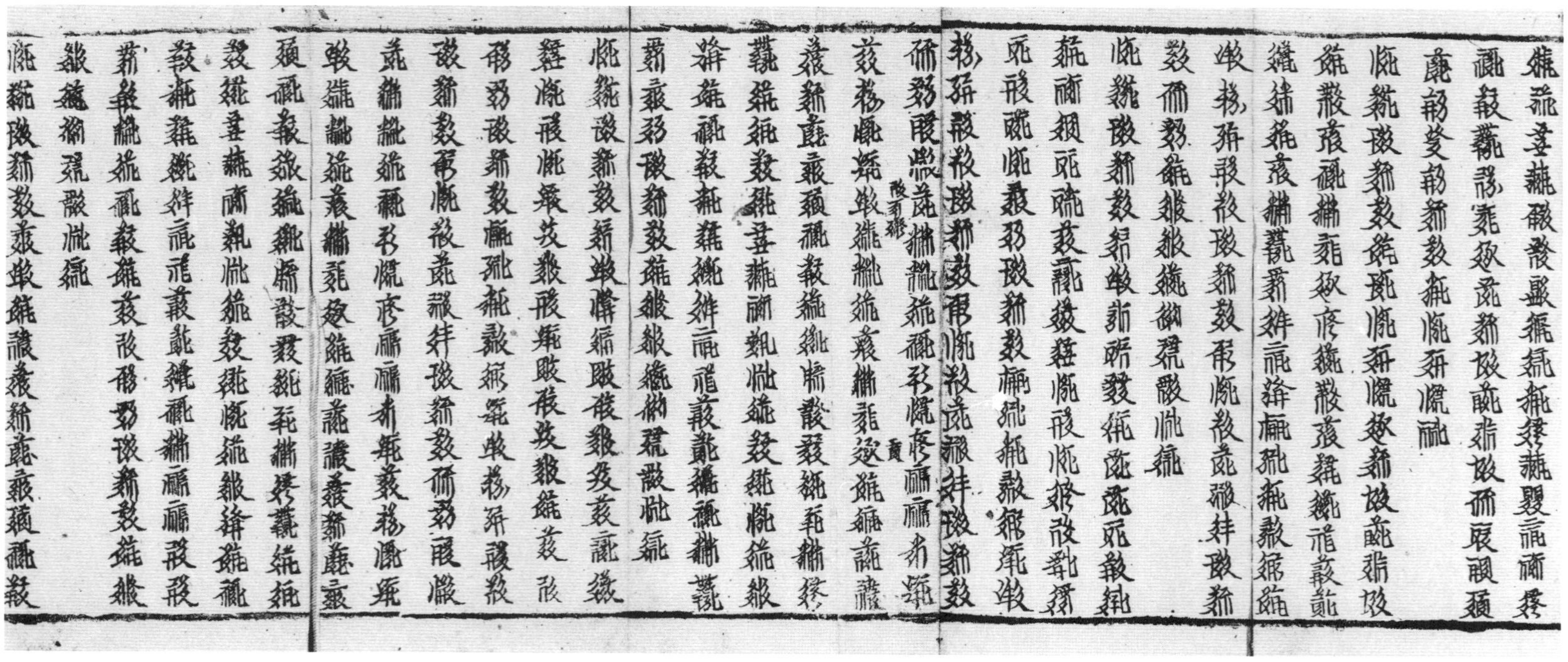

俄 Инв.No.567　佛説佛母出生三法藏般若波羅蜜多經卷第十一　(9–4)

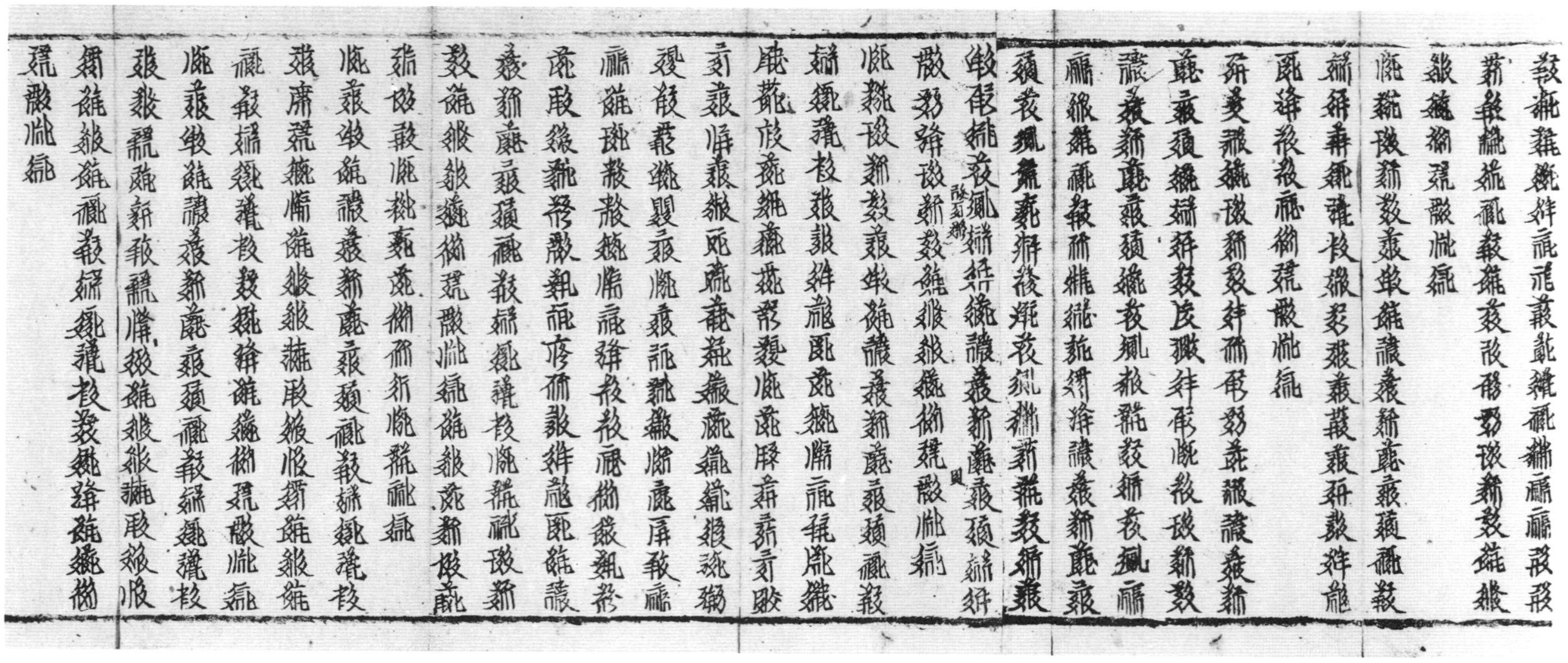

俄 Инв.No.567　佛説佛母出生三法藏般若波羅蜜多經卷第十一　(9–5)

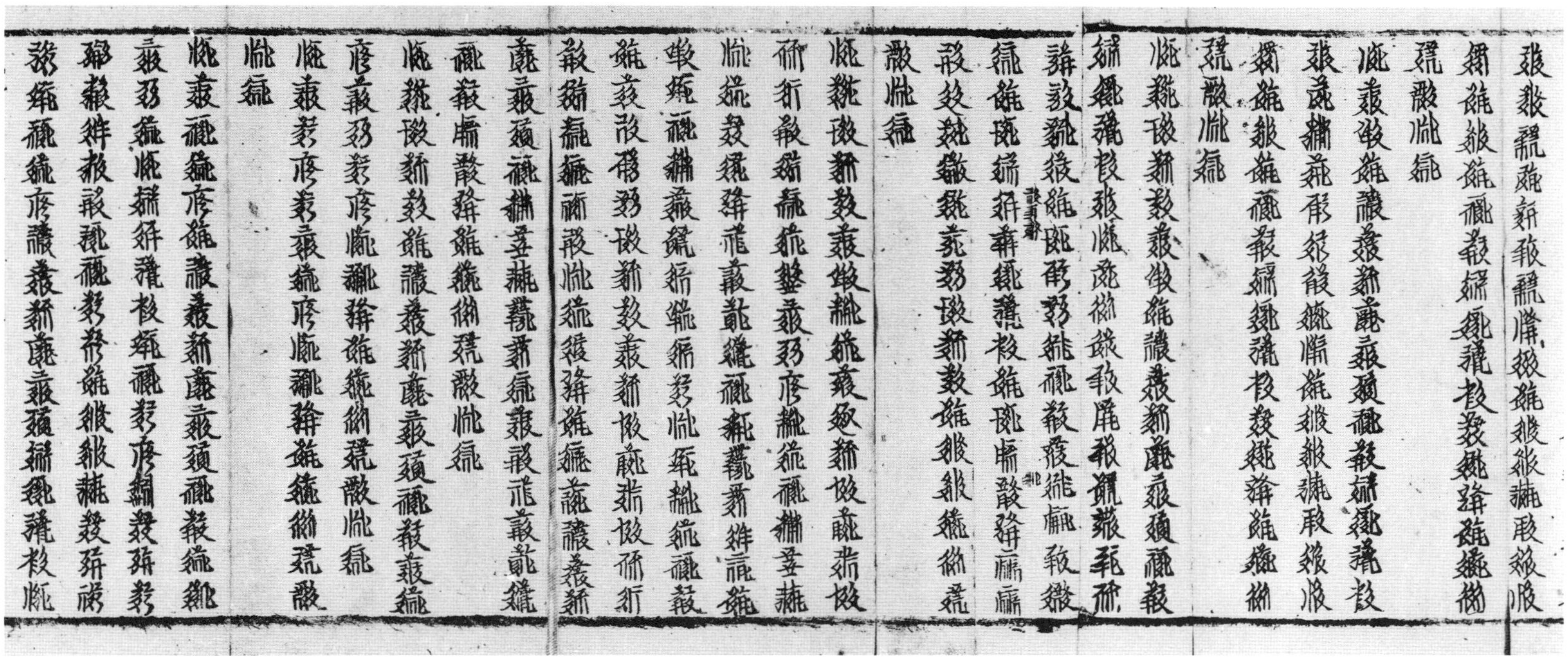

俄 Инв.No.567　佛說佛母出生三法藏般若波羅蜜多經卷第十一　(9-6)

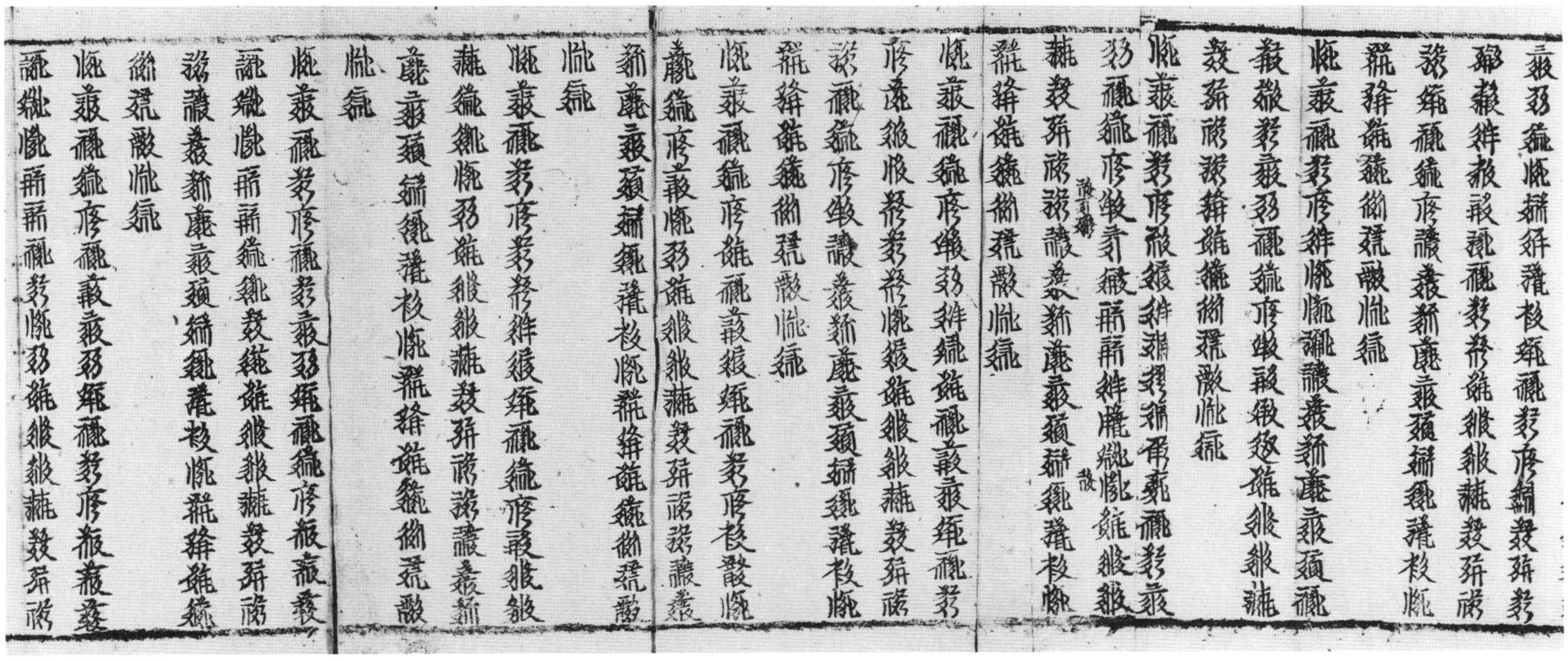

俄 Инв.No.567　佛說佛母出生三法藏般若波羅蜜多經卷第十一　(9-7)

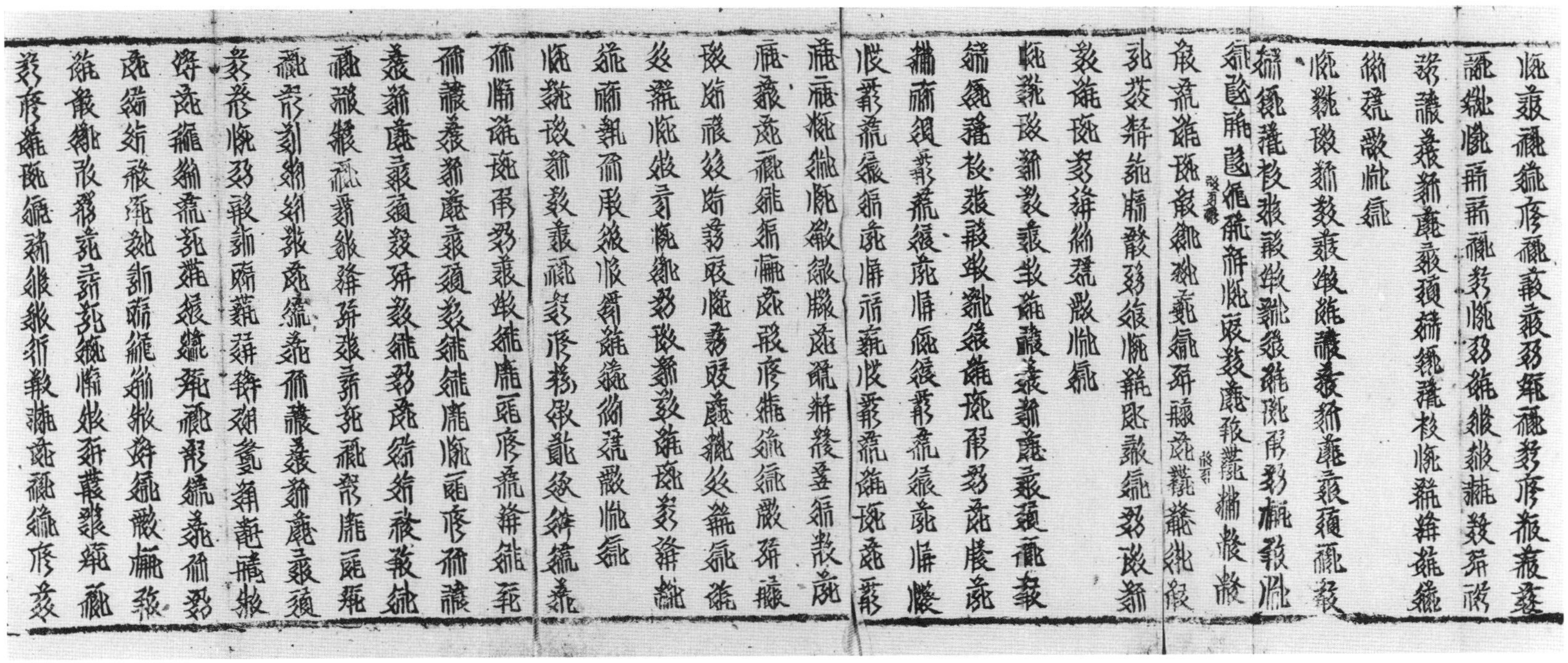

俄 Инв.No.567　佛說佛母出生三法藏般若波羅蜜多經卷第十一　(9-8)

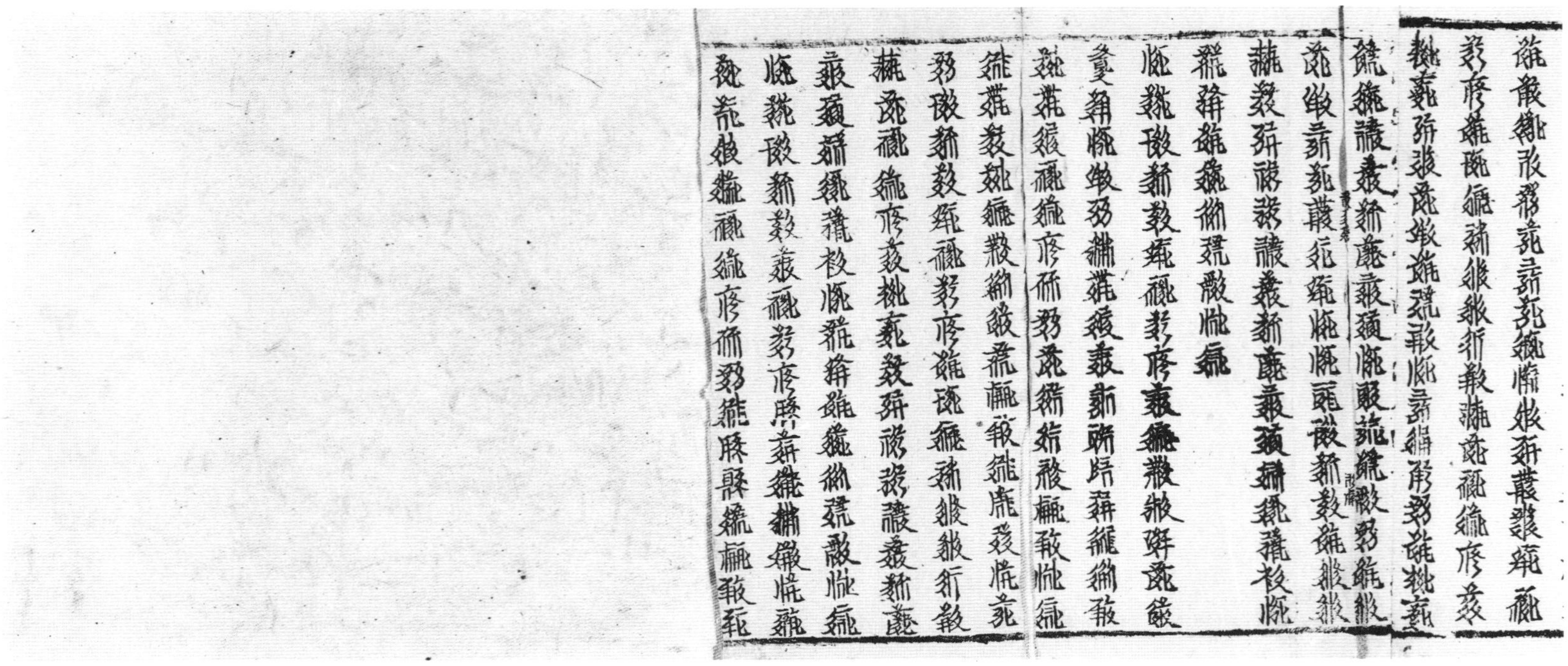

俄 Инв.No.567　佛説佛母出生三法藏般若波羅蜜多經卷第十一　(9–9)

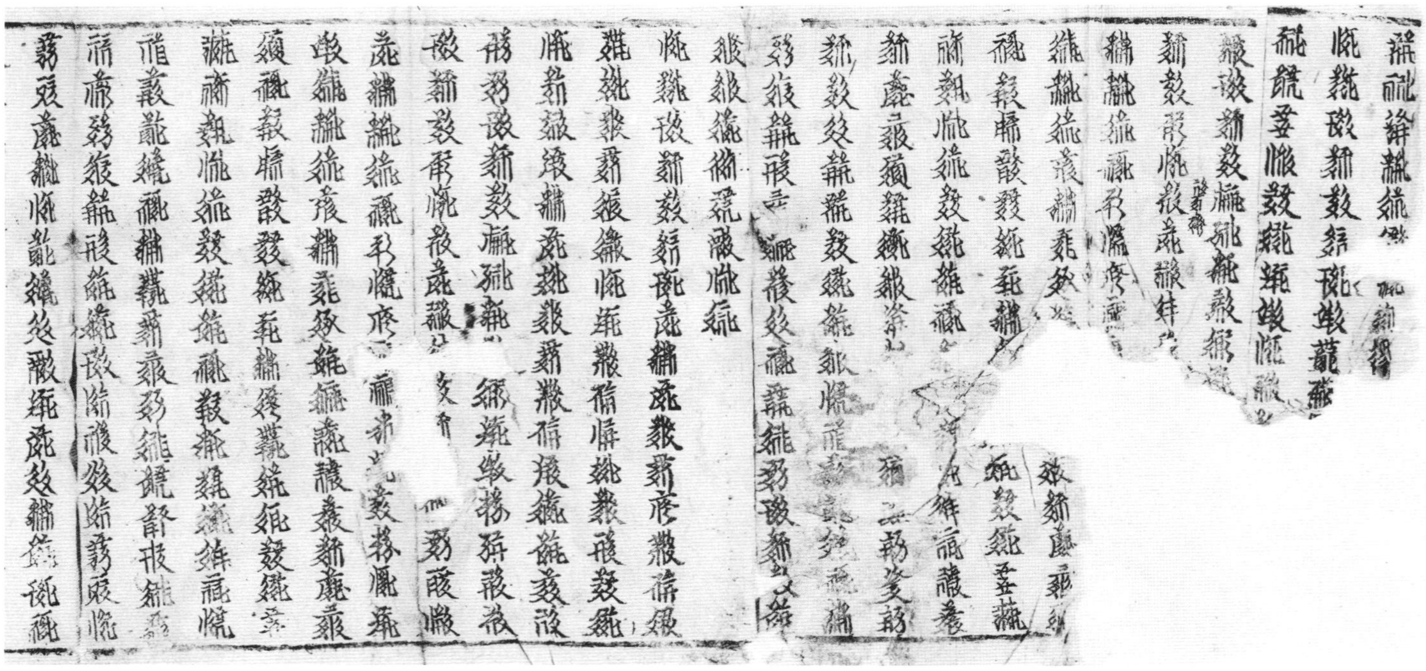

俄 Инв.No.6447　佛説佛母出生三法藏般若波羅蜜多經卷第十一　(9–1)

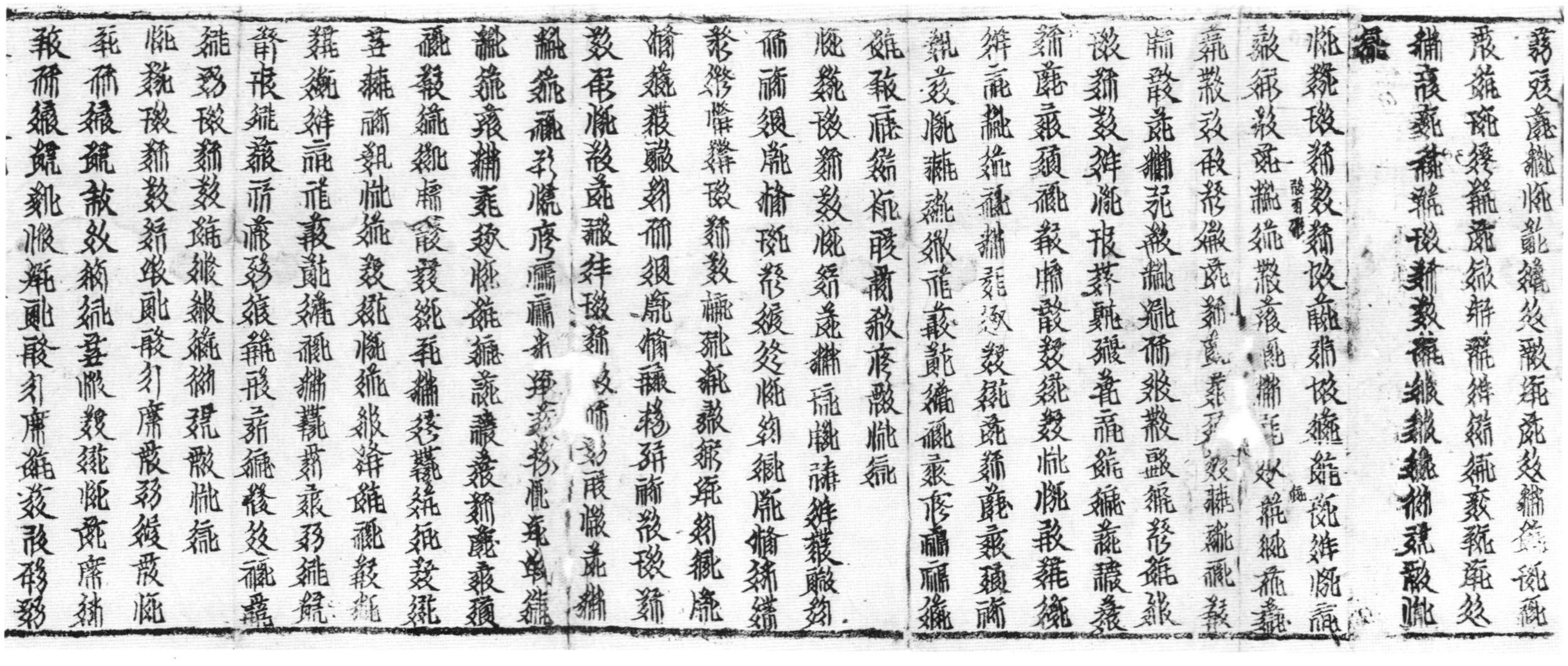

俄 Инв.No.6447　佛説佛母出生三法藏般若波羅蜜多經卷第十一　(9–2)

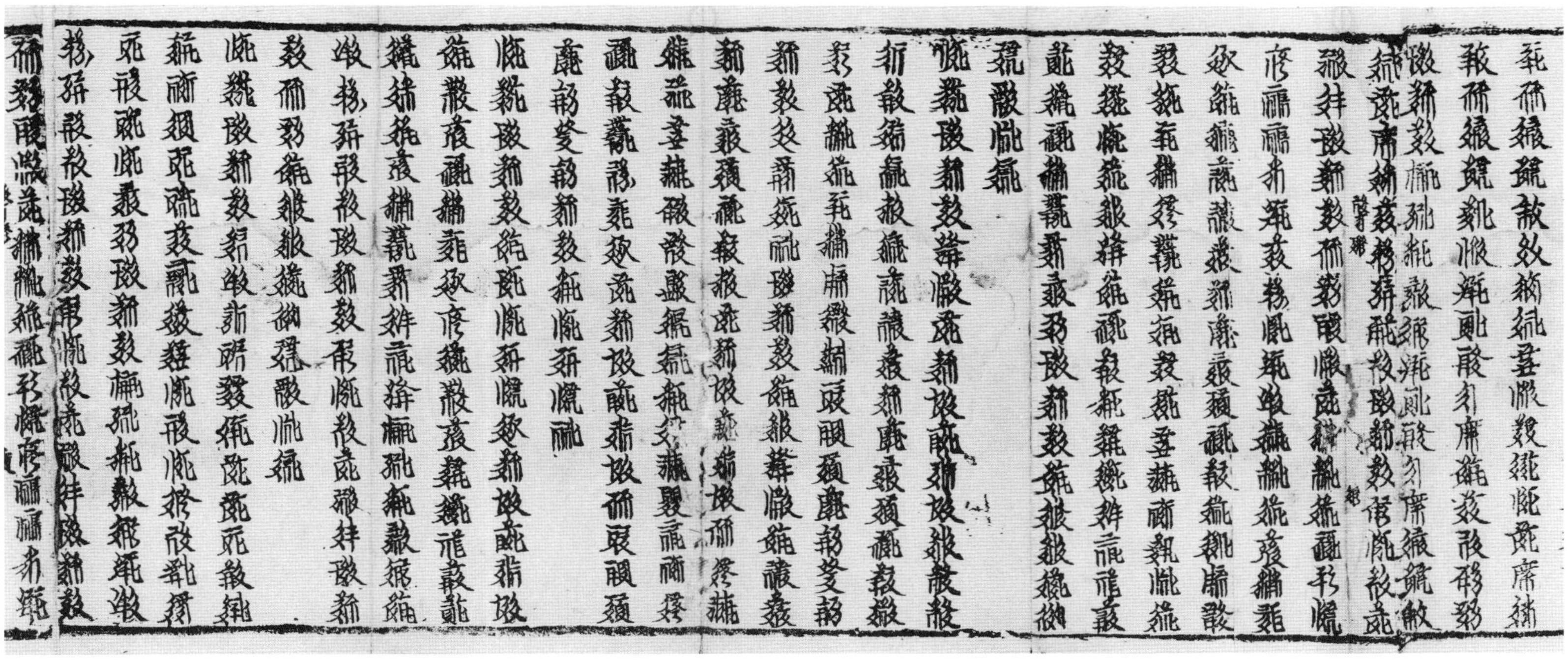

俄 Инв.No.6447　佛說佛母出生三法藏般若波羅蜜多經卷第十一　(9-3)

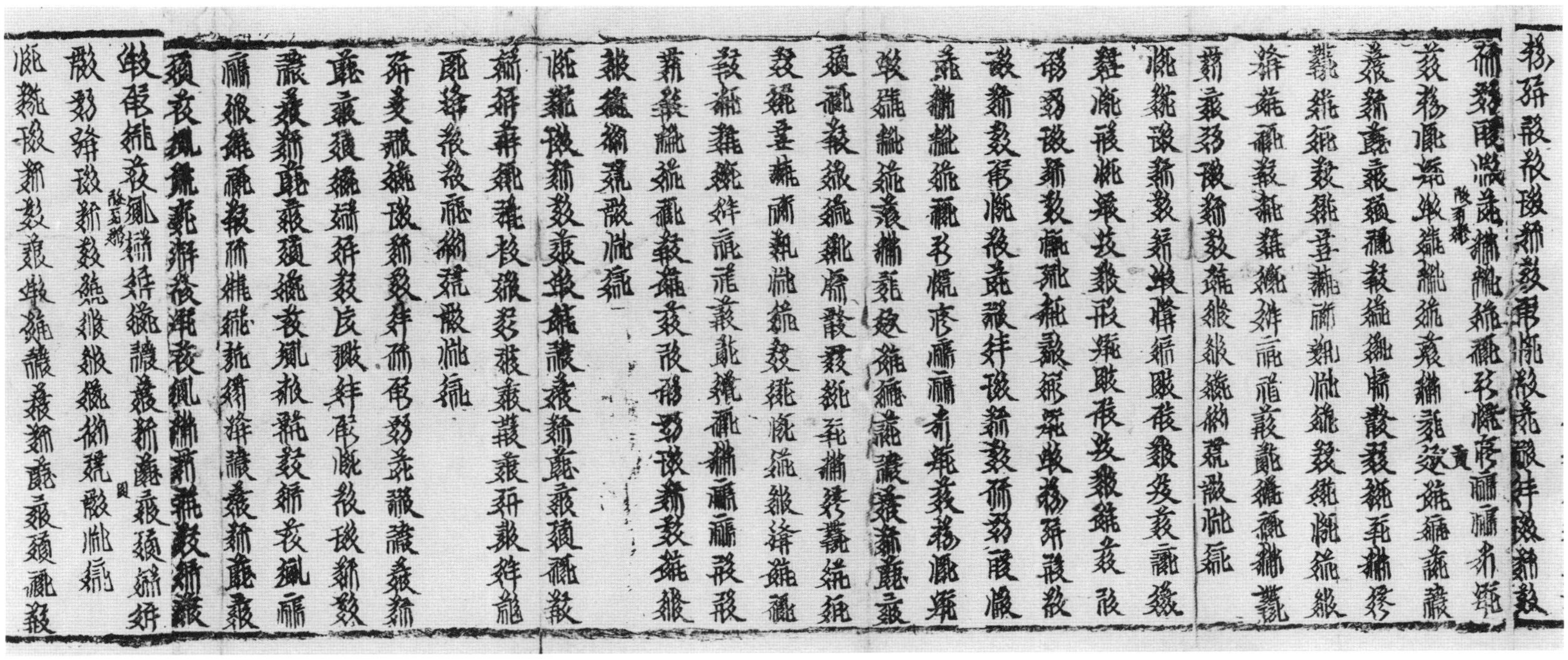

俄 Инв.No.6447　佛說佛母出生三法藏般若波羅蜜多經卷第十一　(9-4)

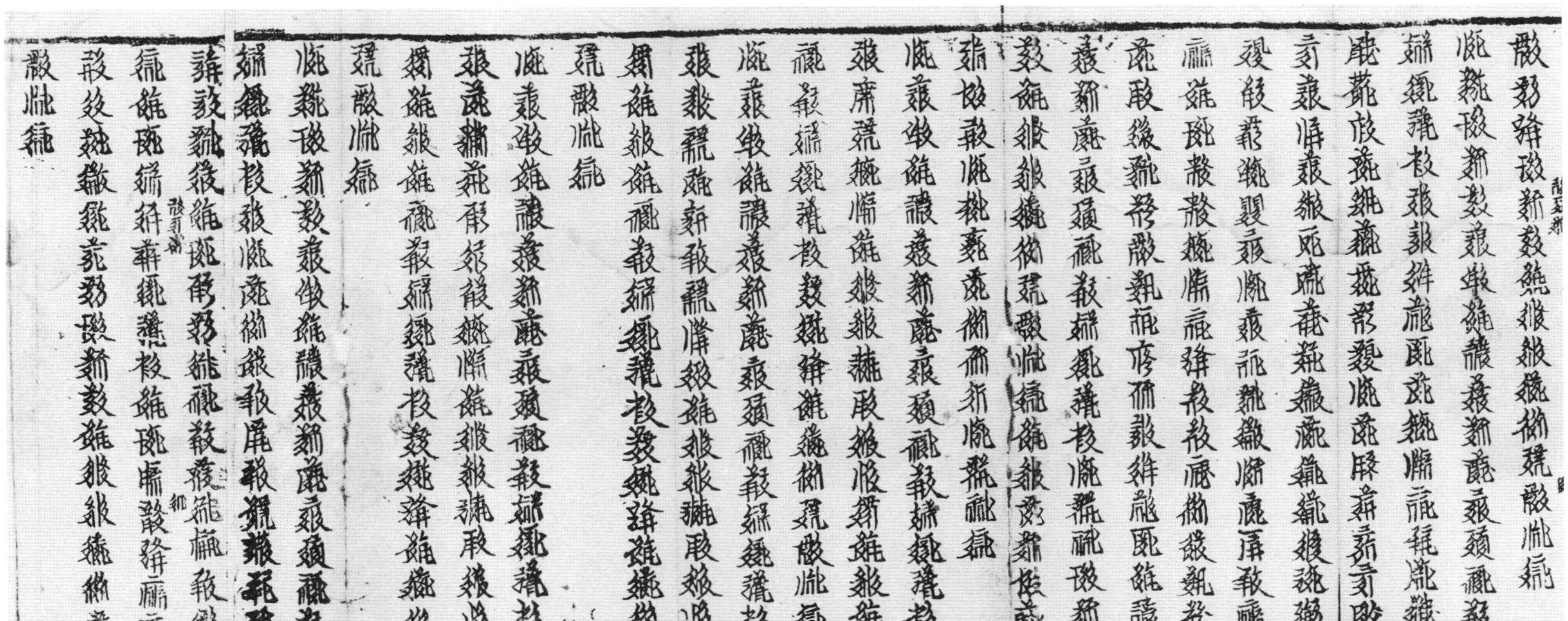

俄 Инв.No.6447　佛說佛母出生三法藏般若波羅蜜多經卷第十一　(9-5)

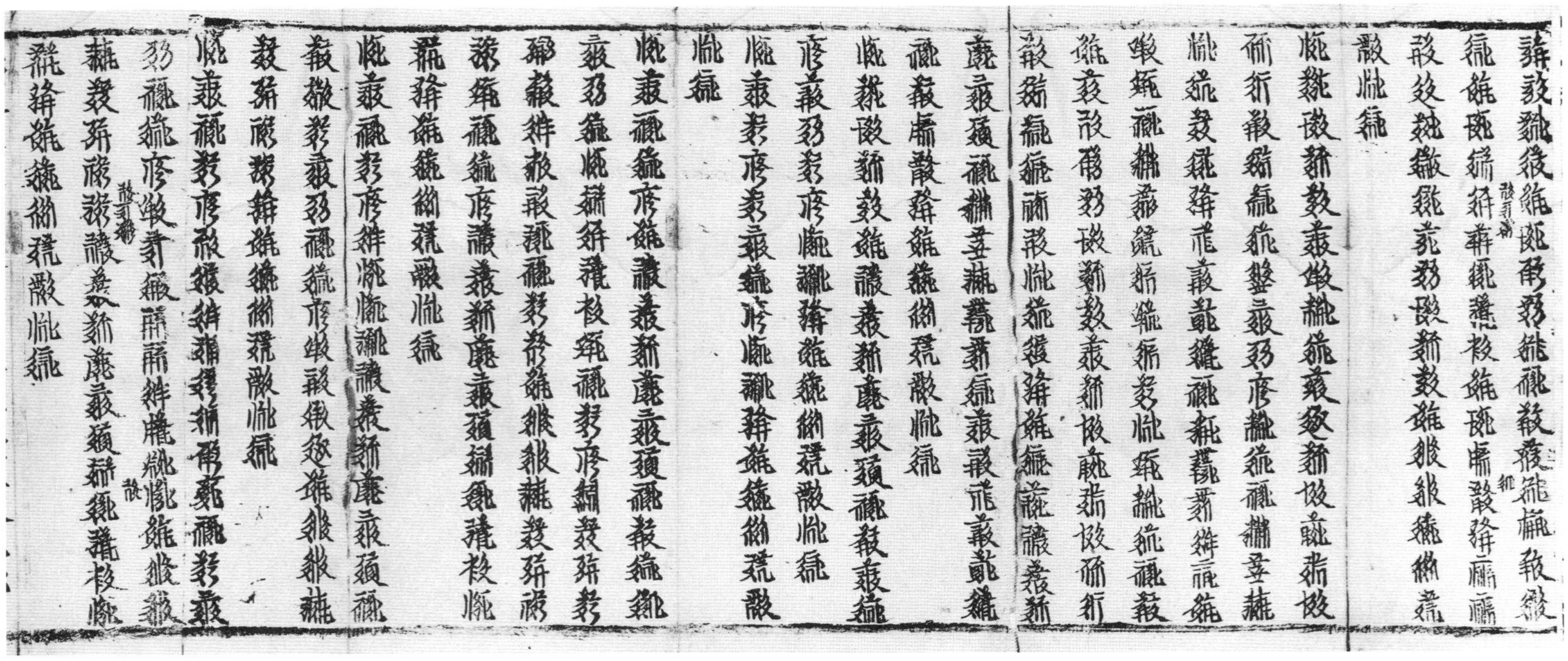

俄 Инв.No.6447　佛説佛母出生三法藏般若波羅蜜多經卷第十一　(9–6)

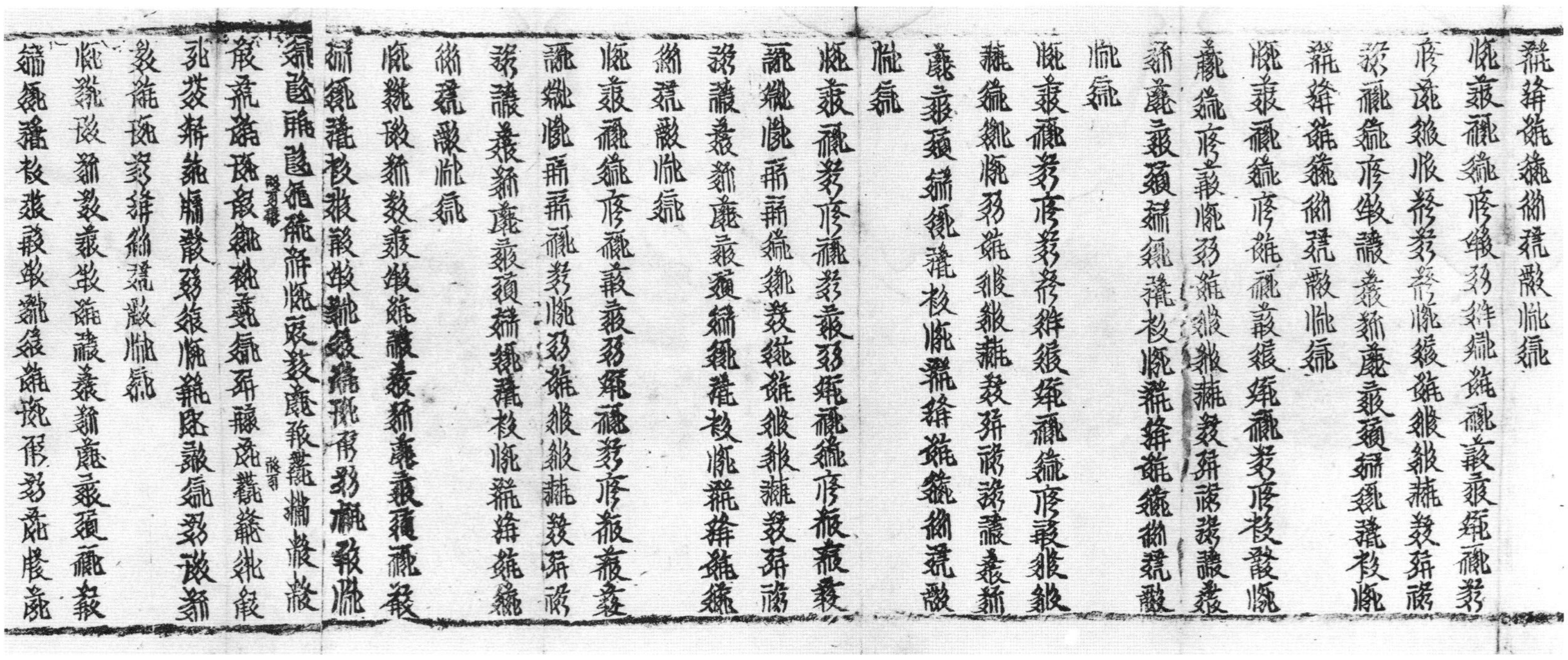

俄 Инв.No.6447　佛説佛母出生三法藏般若波羅蜜多經卷第十一　(9–7)

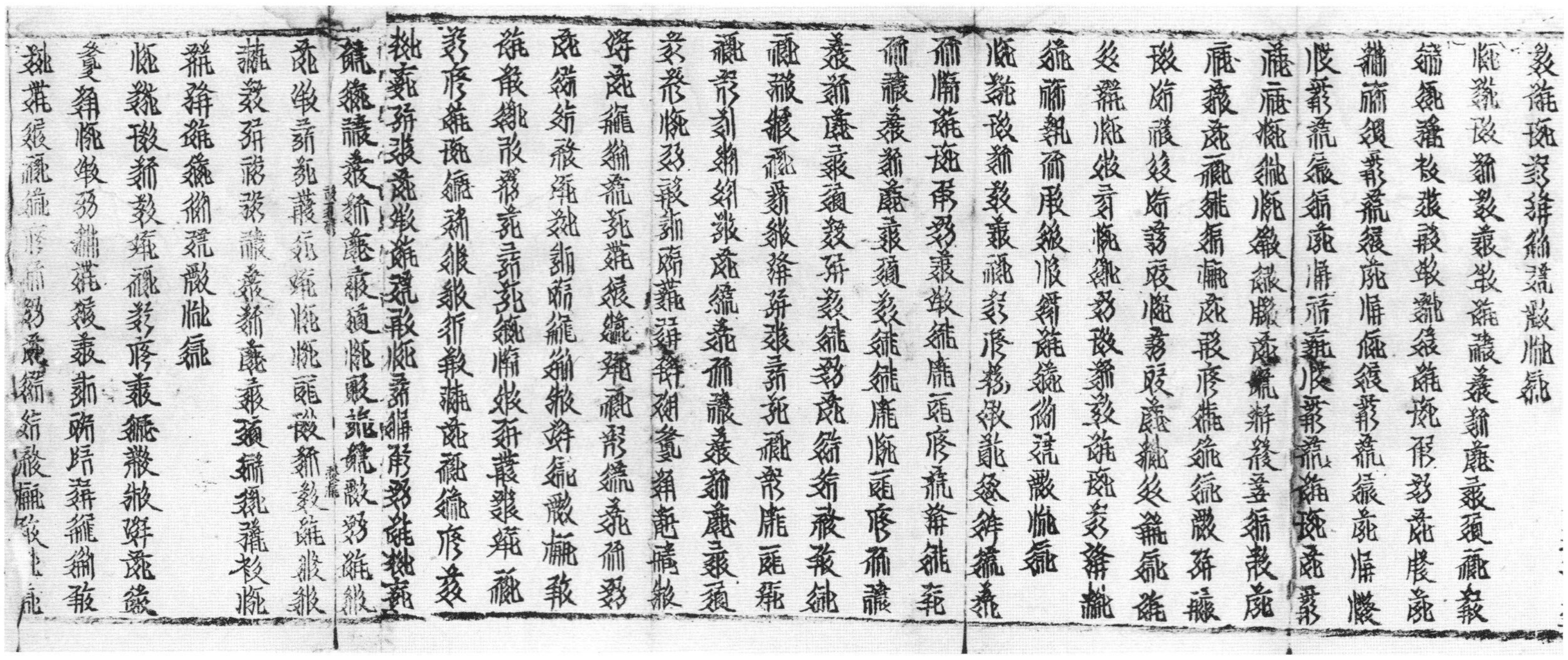

俄 Инв.No.6447　佛説佛母出生三法藏般若波羅蜜多經卷第十一　(9–8)

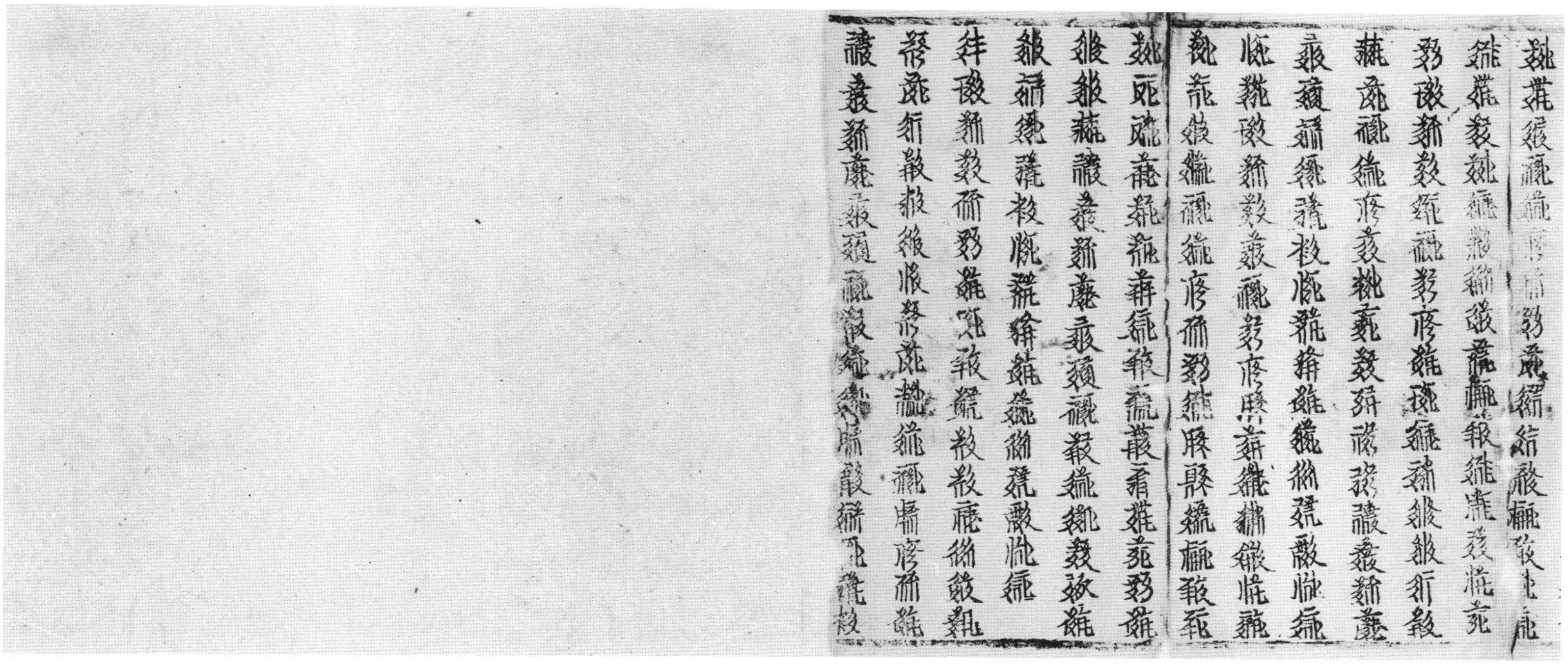

俄 Инв.No.6447　佛説佛母出生三法藏般若波羅蜜多經卷第十一　(9–9)

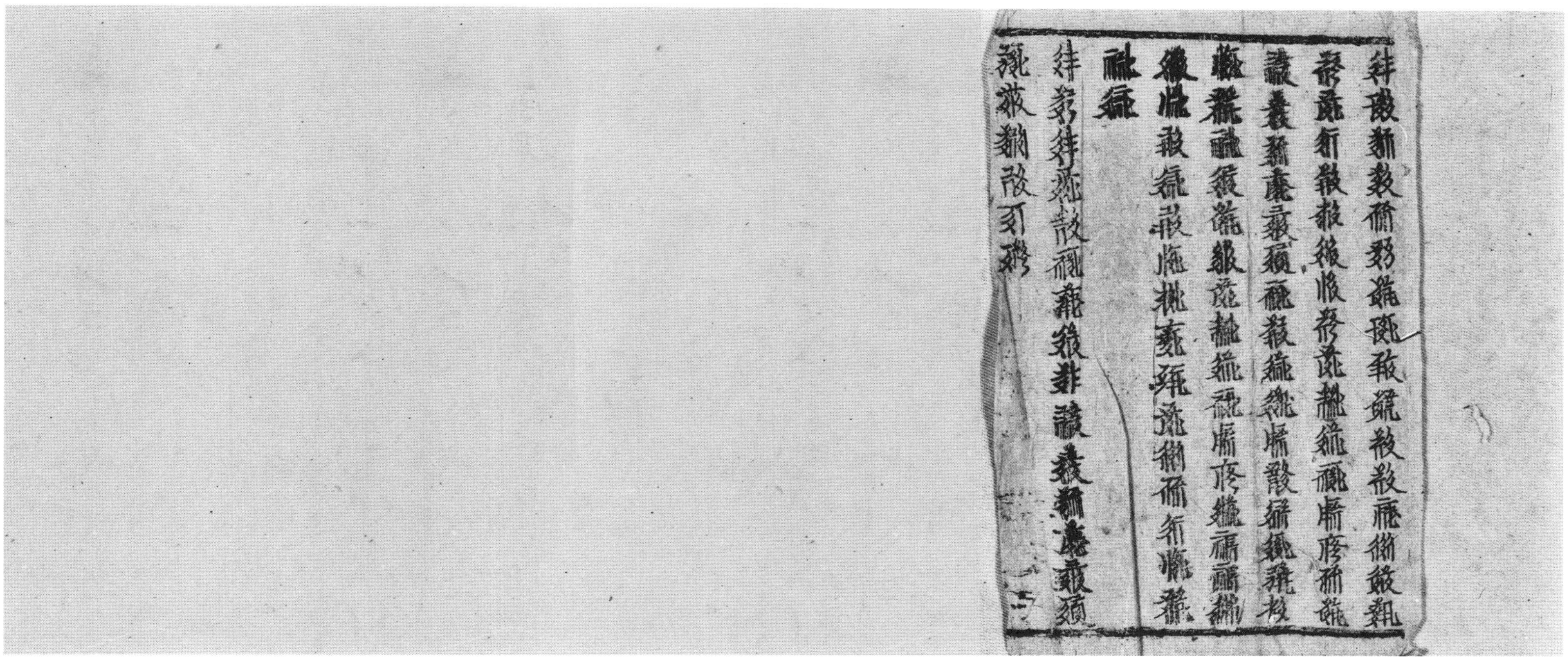

俄 Инв.No.7724　佛説佛母出生三法藏般若波羅蜜多經卷第十一

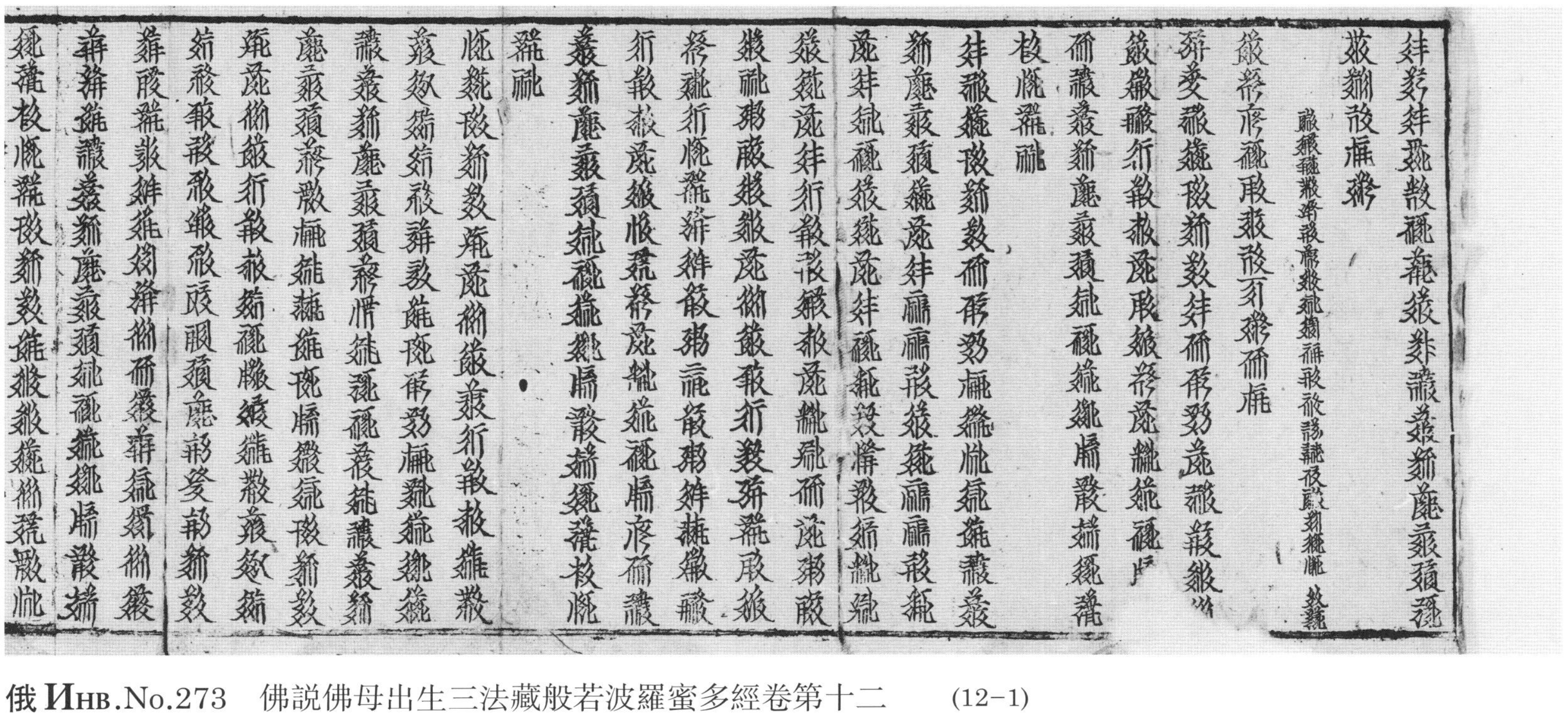

俄 Инв.No.273　佛説佛母出生三法藏般若波羅蜜多經卷第十二　(12–1)

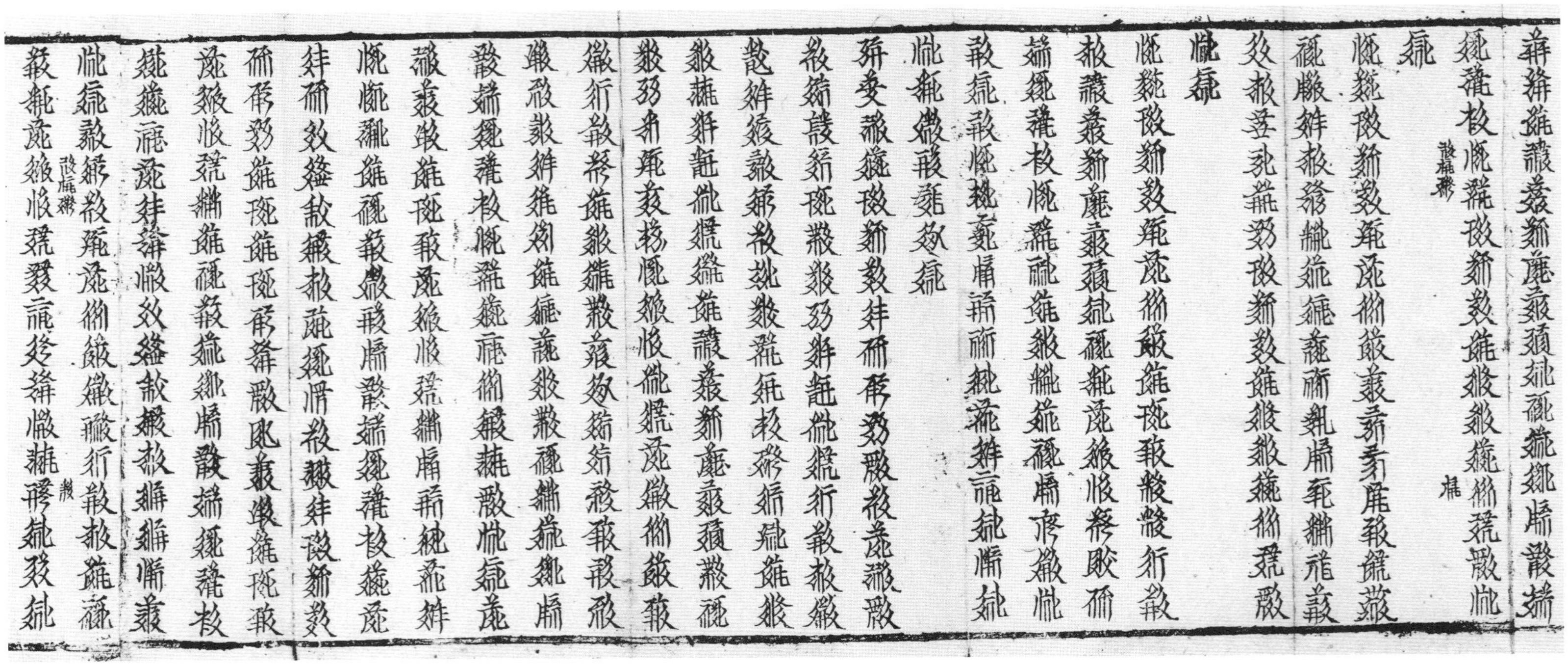

俄 Инв.No.273　佛説佛母出生三法藏般若波羅蜜多經卷第十二　(12–2)

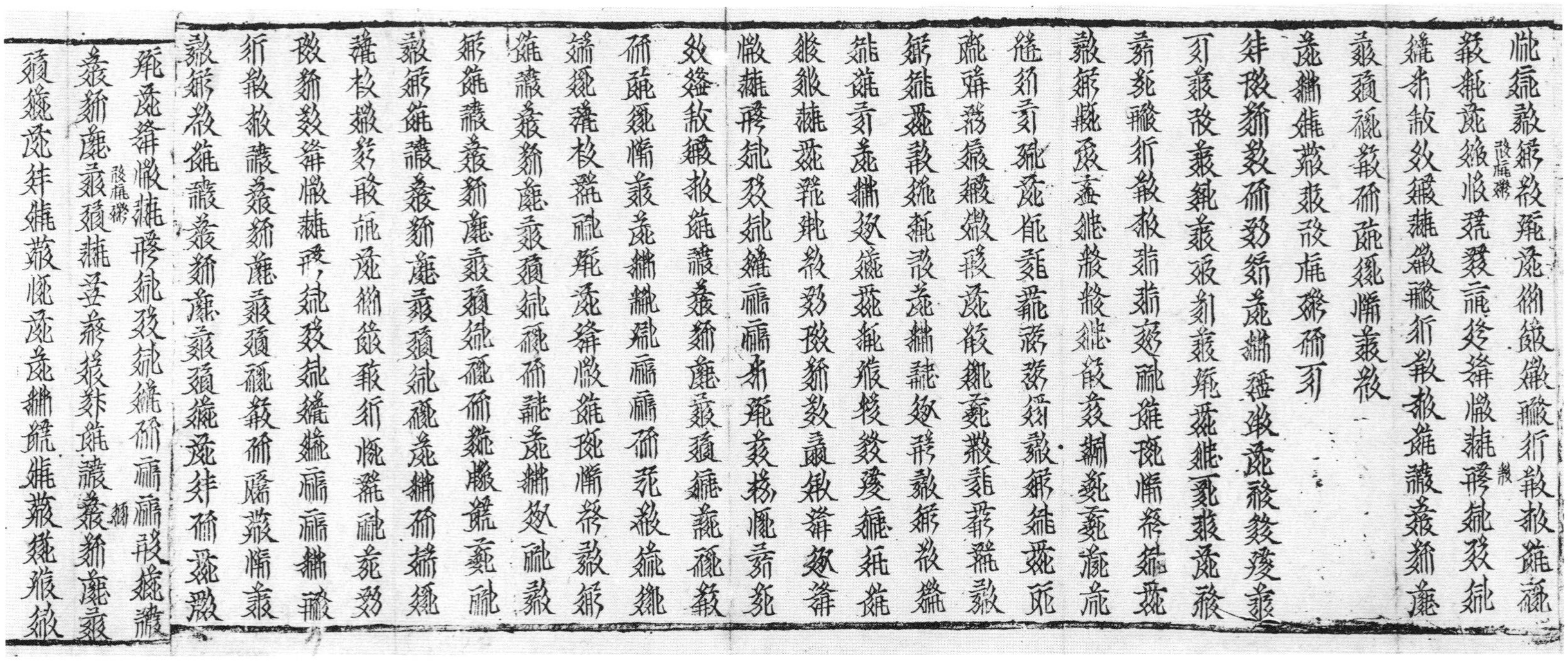

俄 Инв.No.273　佛説佛母出生三法藏般若波羅蜜多經卷第十二　(12–3)

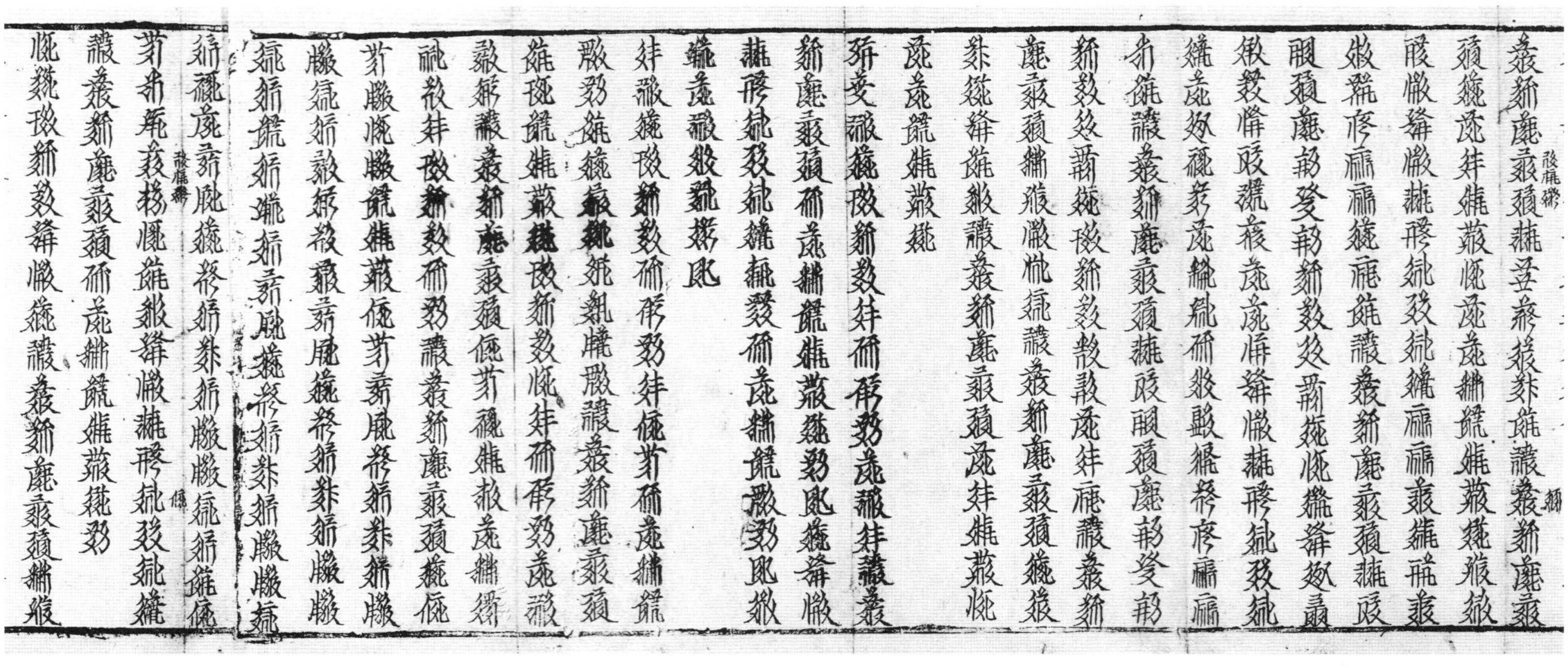

俄 Инв.No.273　佛説佛母出生三法藏般若波羅蜜多經卷第十二　(12–4)

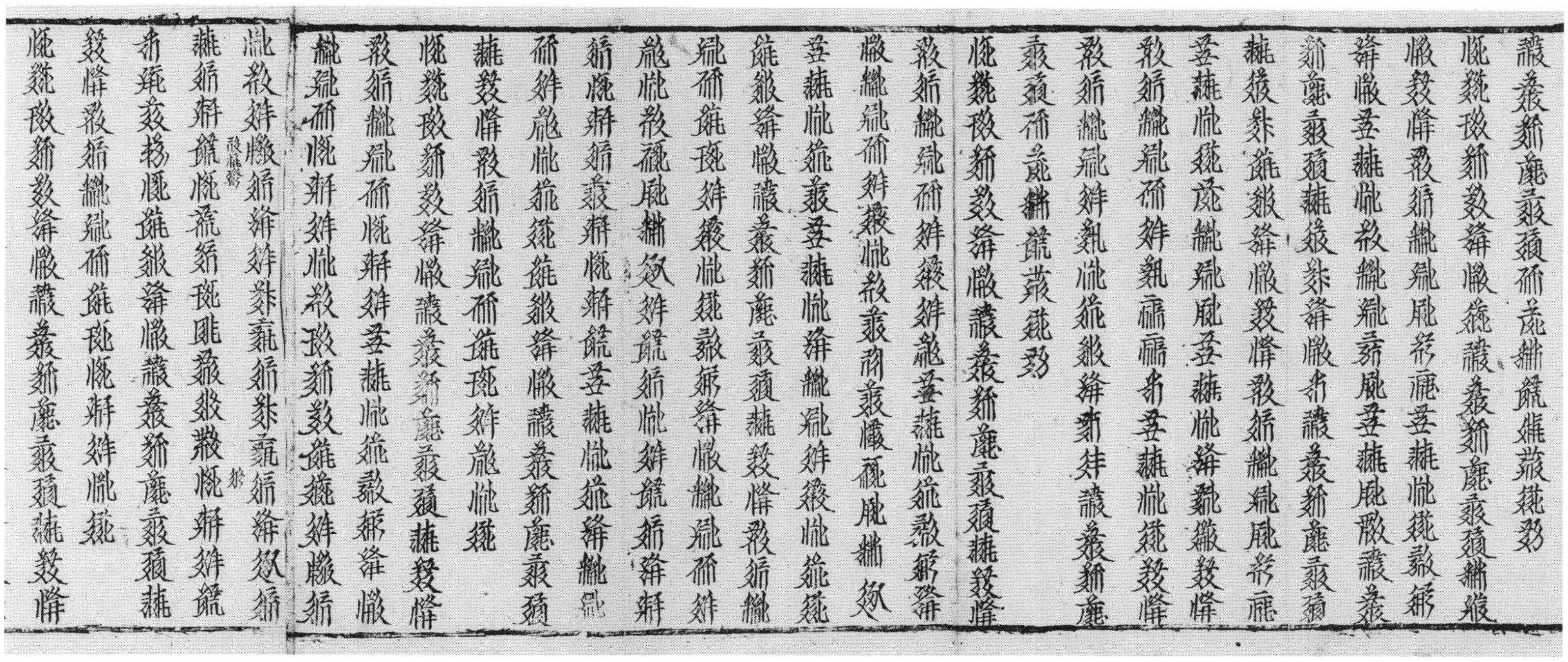

俄 Инв.No.273　佛説佛母出生三法藏般若波羅蜜多經卷第十二　(12-5)

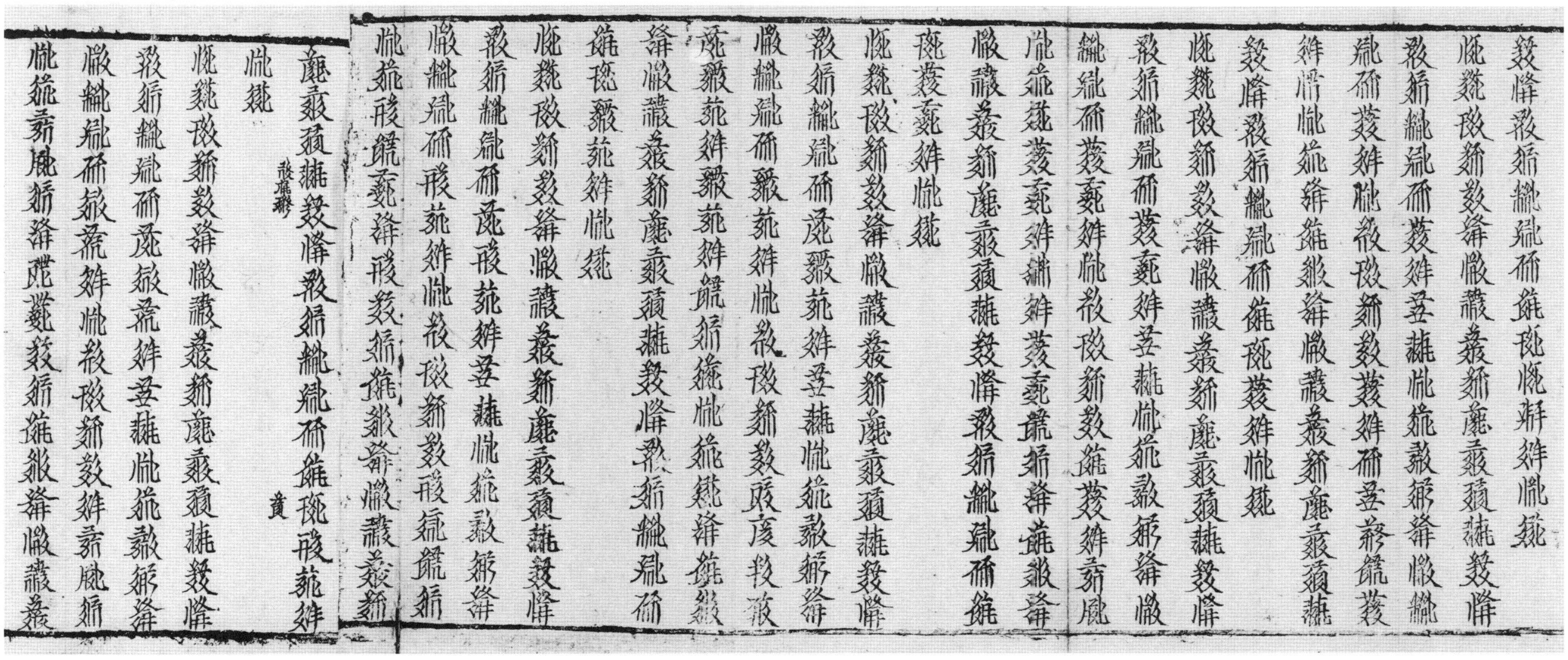

俄 Инв.No.273　佛説佛母出生三法藏般若波羅蜜多經卷第十二　(12-6)

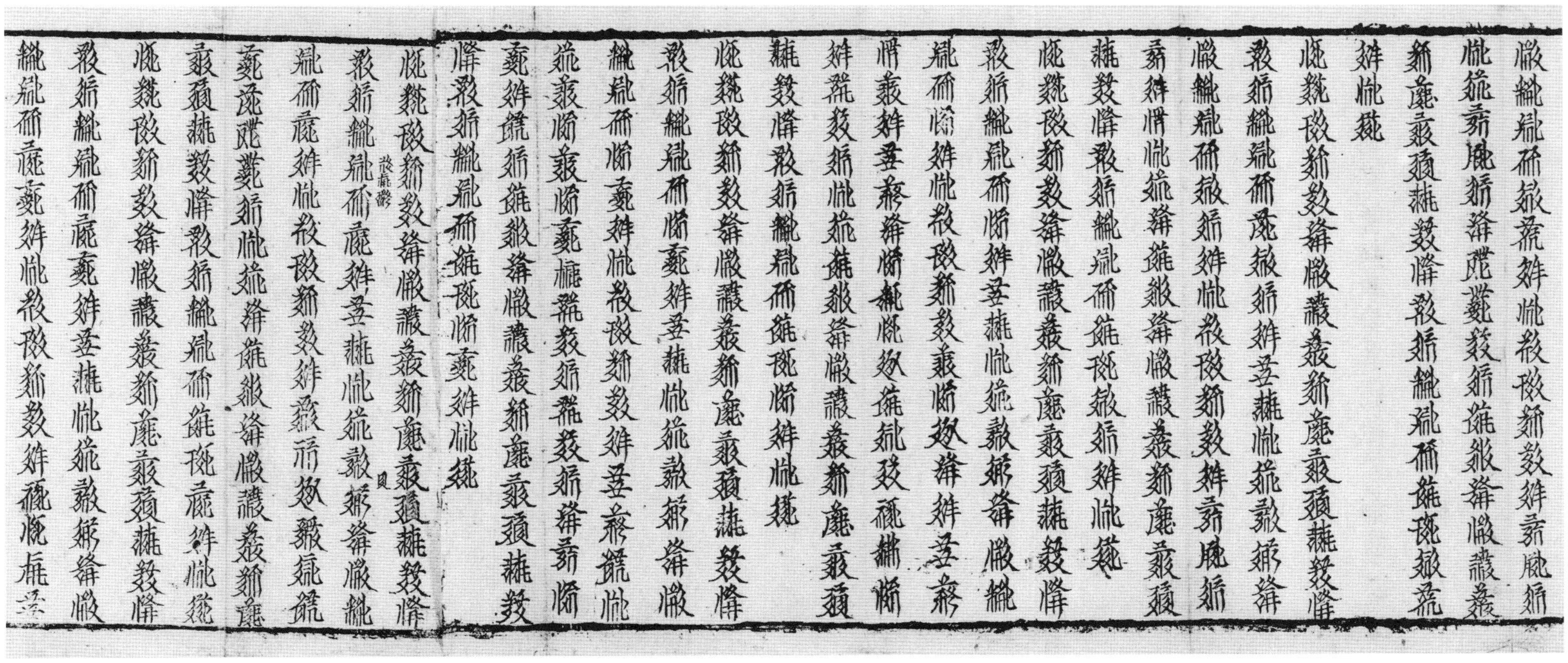

俄 Инв.No.273　佛説佛母出生三法藏般若波羅蜜多經卷第十二　(12-7)

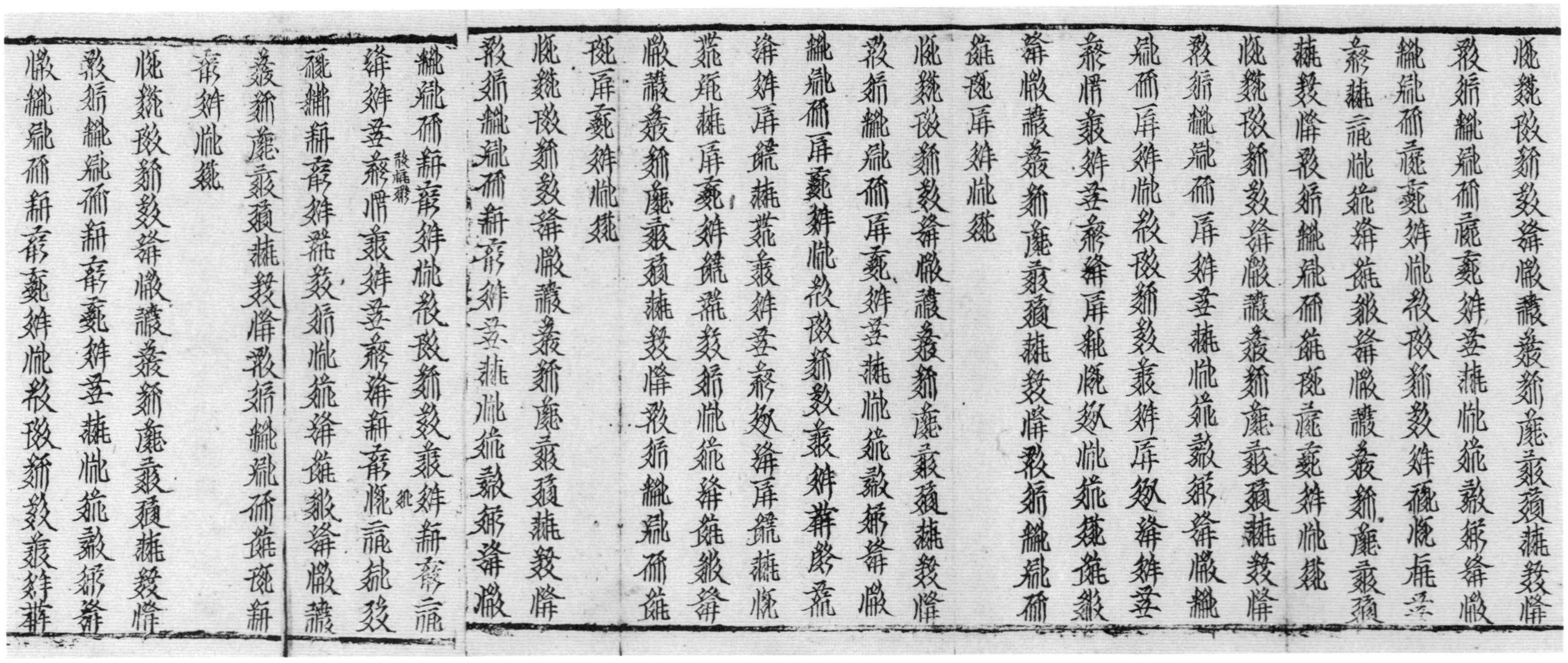

俄 Инв.No.273　佛説佛母出生三法藏般若波羅蜜多經卷第十二　(12-8)

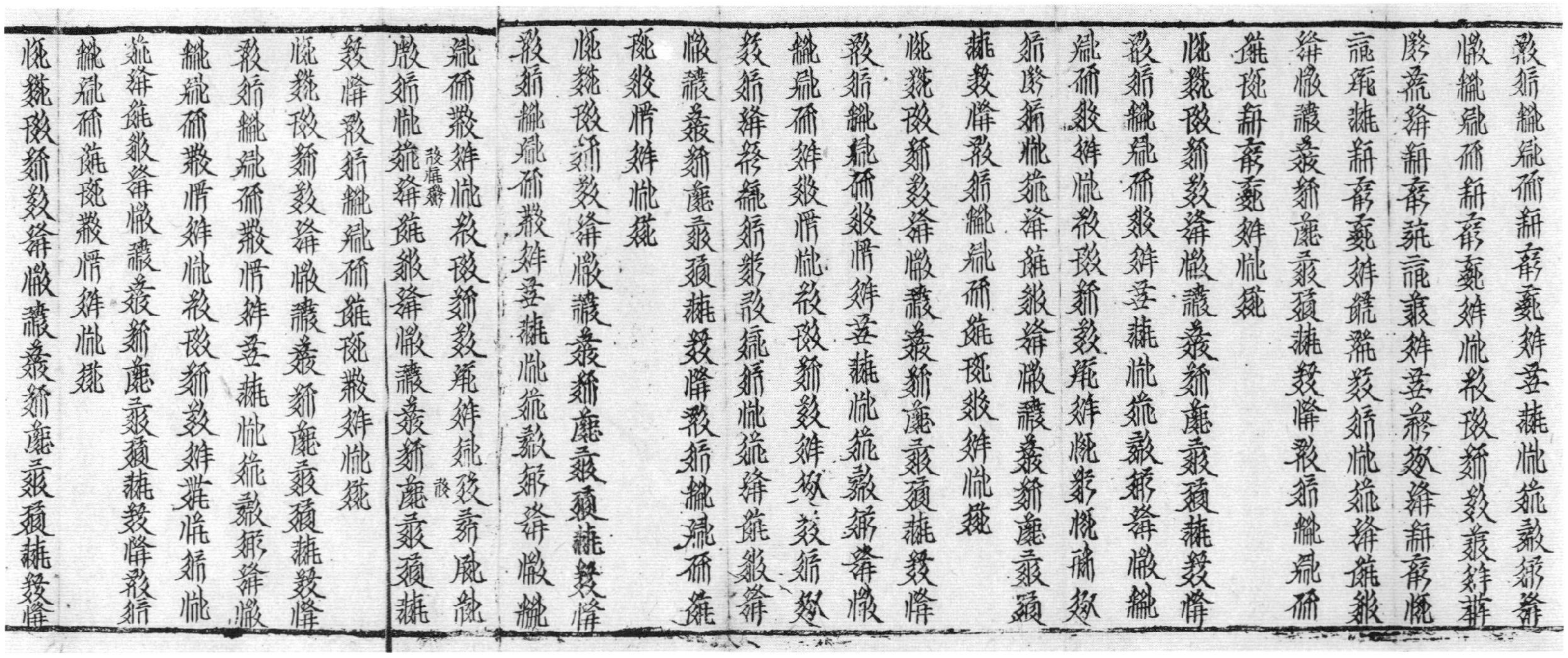

俄 Инв.No.273　佛説佛母出生三法藏般若波羅蜜多經卷第十二　(12-9)

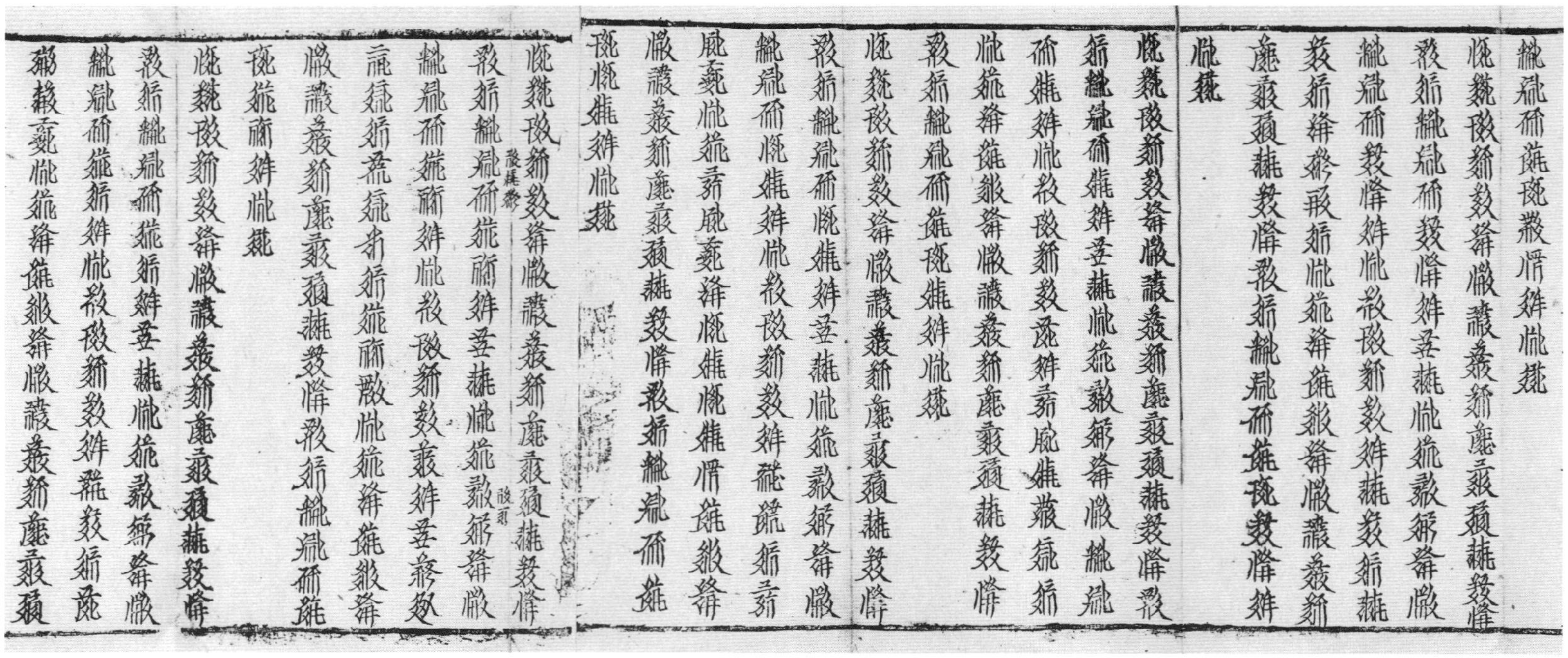

俄 Инв.No.273　佛説佛母出生三法藏般若波羅蜜多經卷第十二　(12-10)

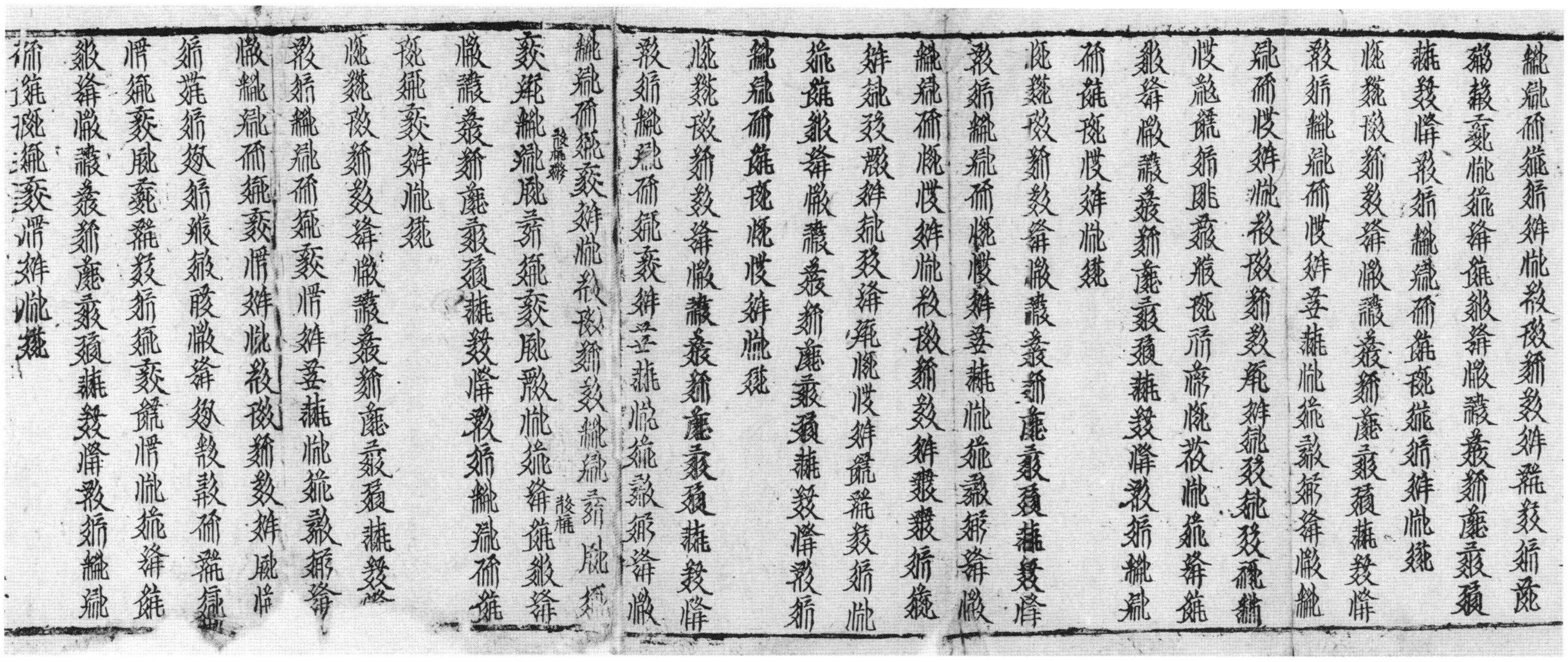

俄 Инв.No.273　佛說佛母出生三法藏般若波羅蜜多經卷第十二　(12–11)

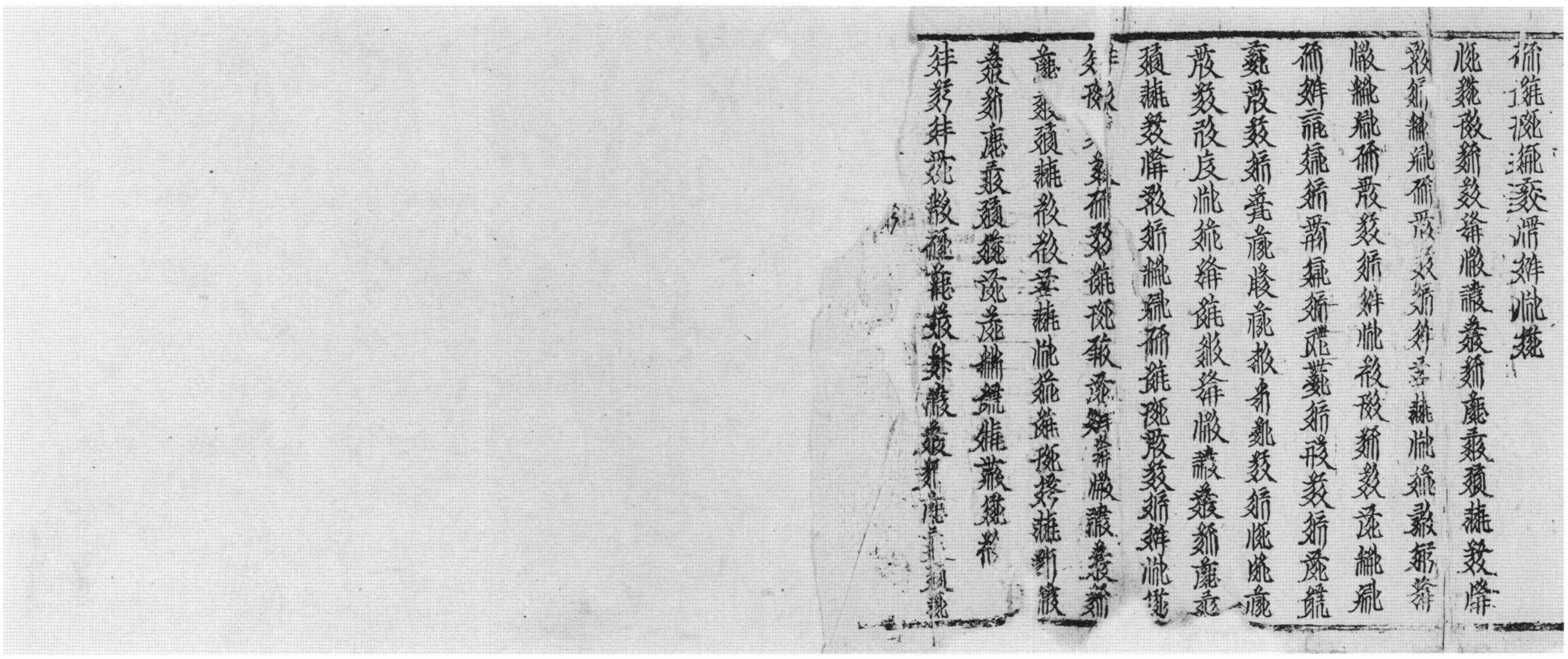

俄 Инв.No.273　佛說佛母出生三法藏般若波羅蜜多經卷第十二　(12–12)

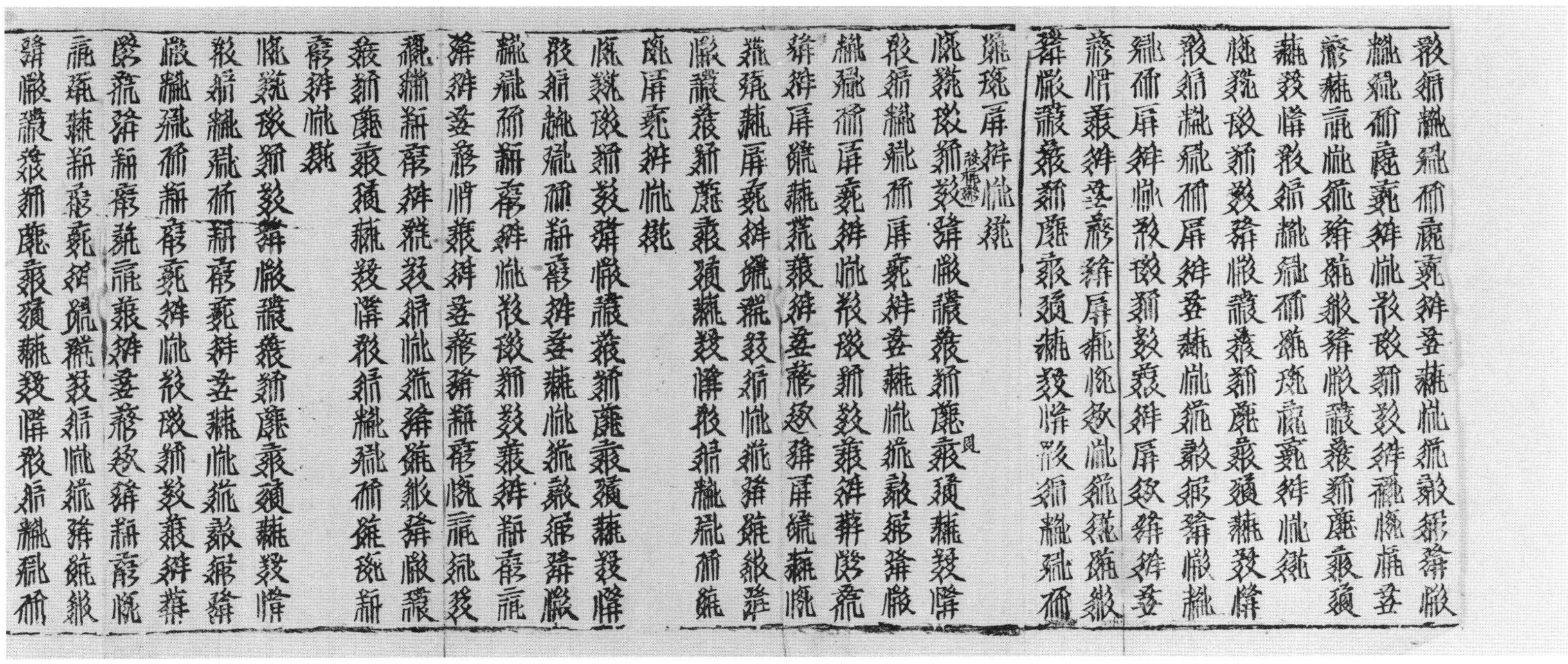

俄 Инв.No.3324　佛說佛母出生三法藏般若波羅蜜多經卷第十二　(2–1)

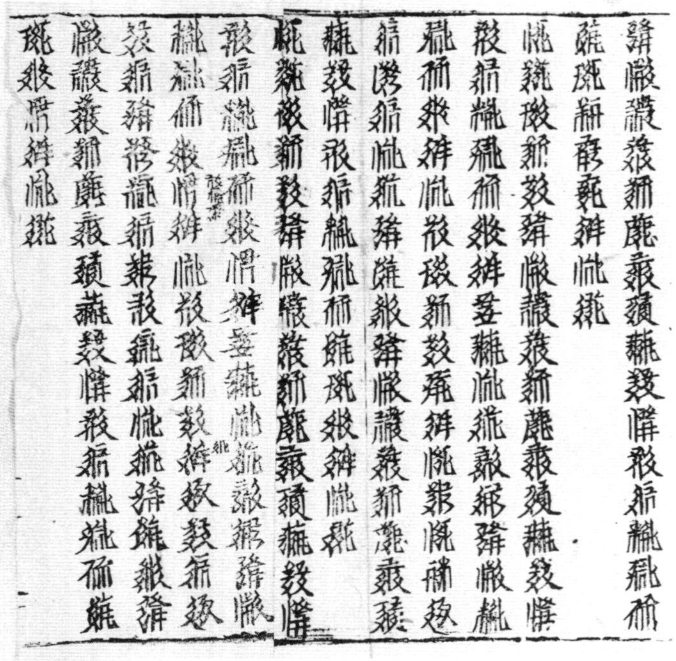

俄 Инв.No.3324　佛説佛母出生三法藏般若波羅蜜多經卷第十二　(2-2)

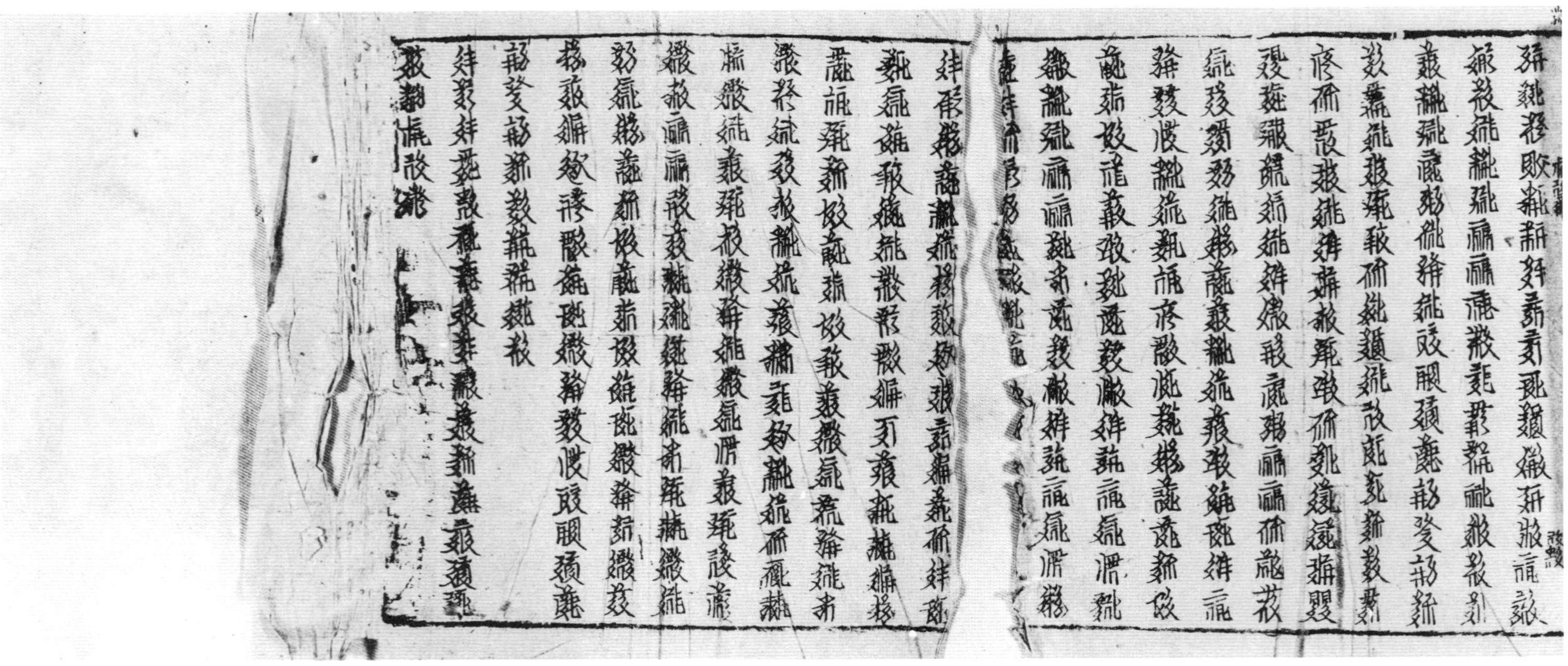

俄 Инв.No.8316　佛説佛母出生三法藏般若波羅蜜多經卷第十二

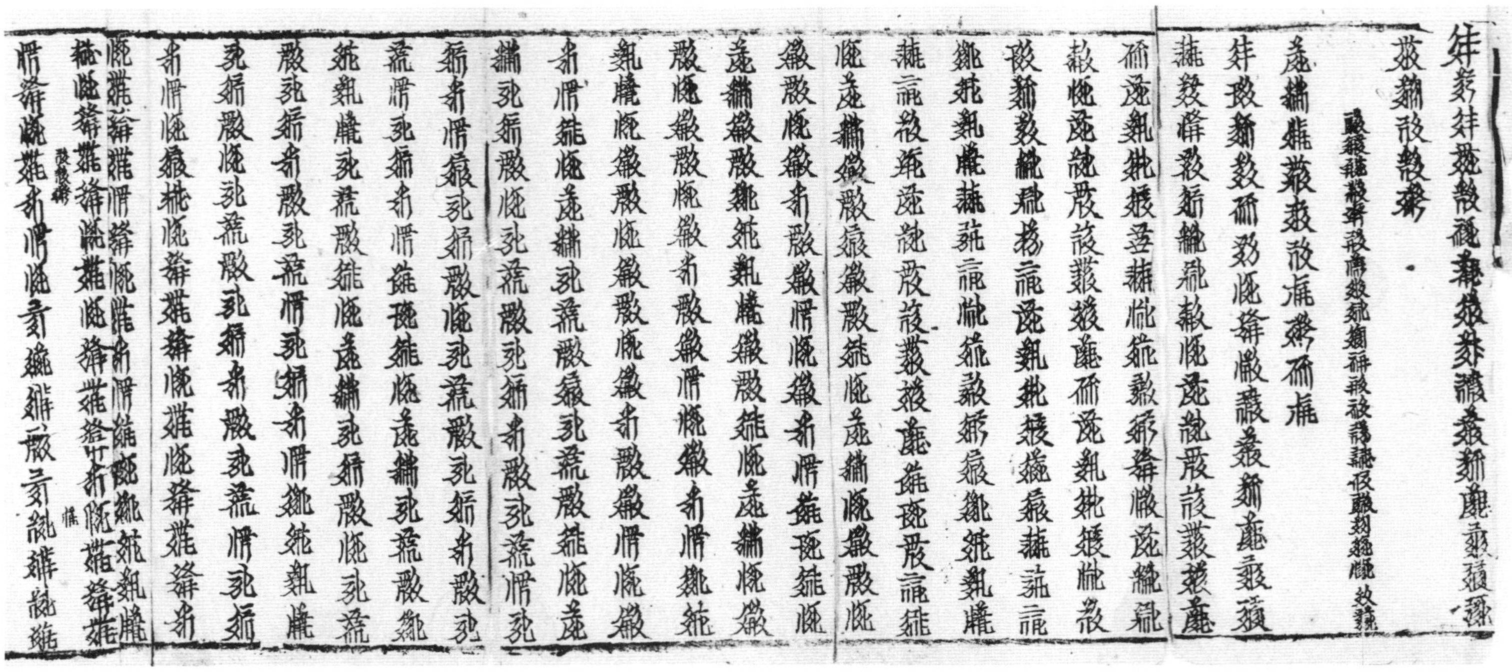

俄 Инв.No.239　佛説佛母出生三法藏般若波羅蜜多經卷第十三　(10-1)

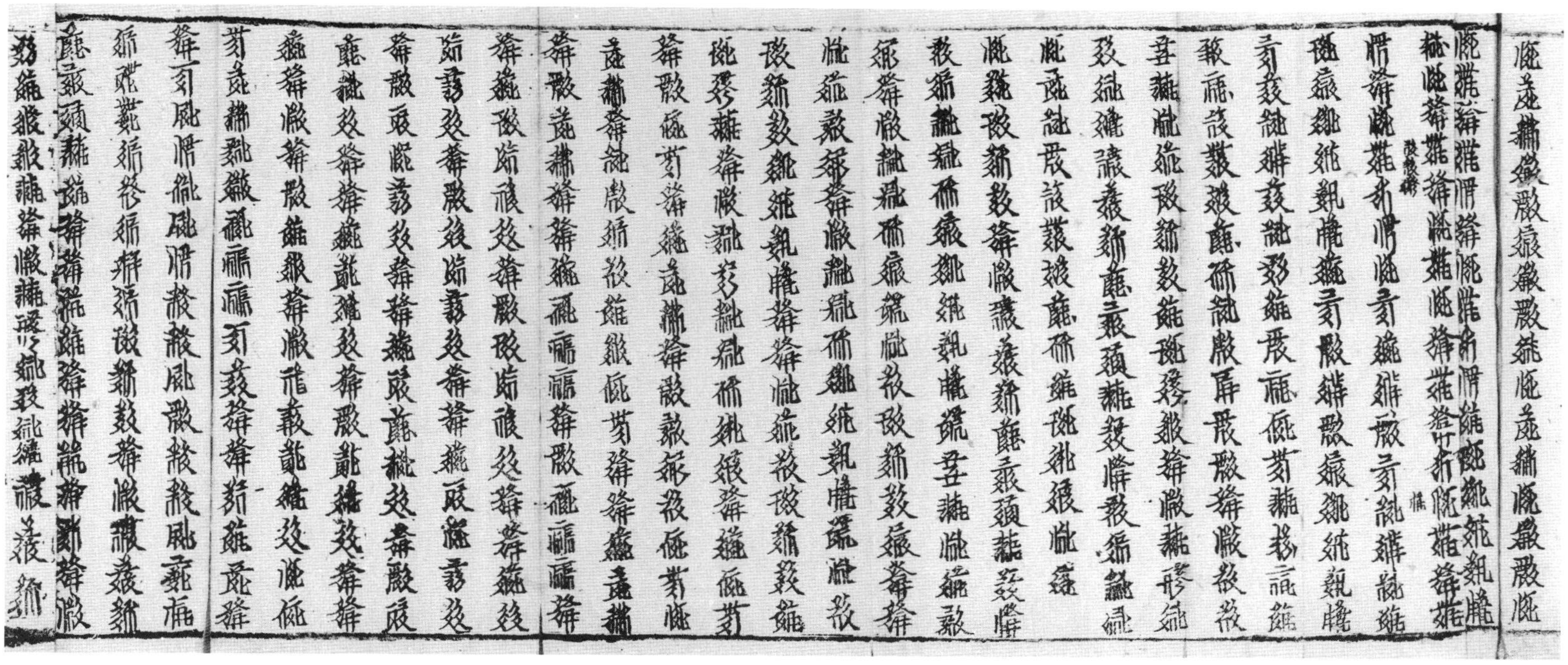

俄 Инв.No.239 佛説佛母出生三法藏般若波羅蜜多經卷第十三 (10−2)

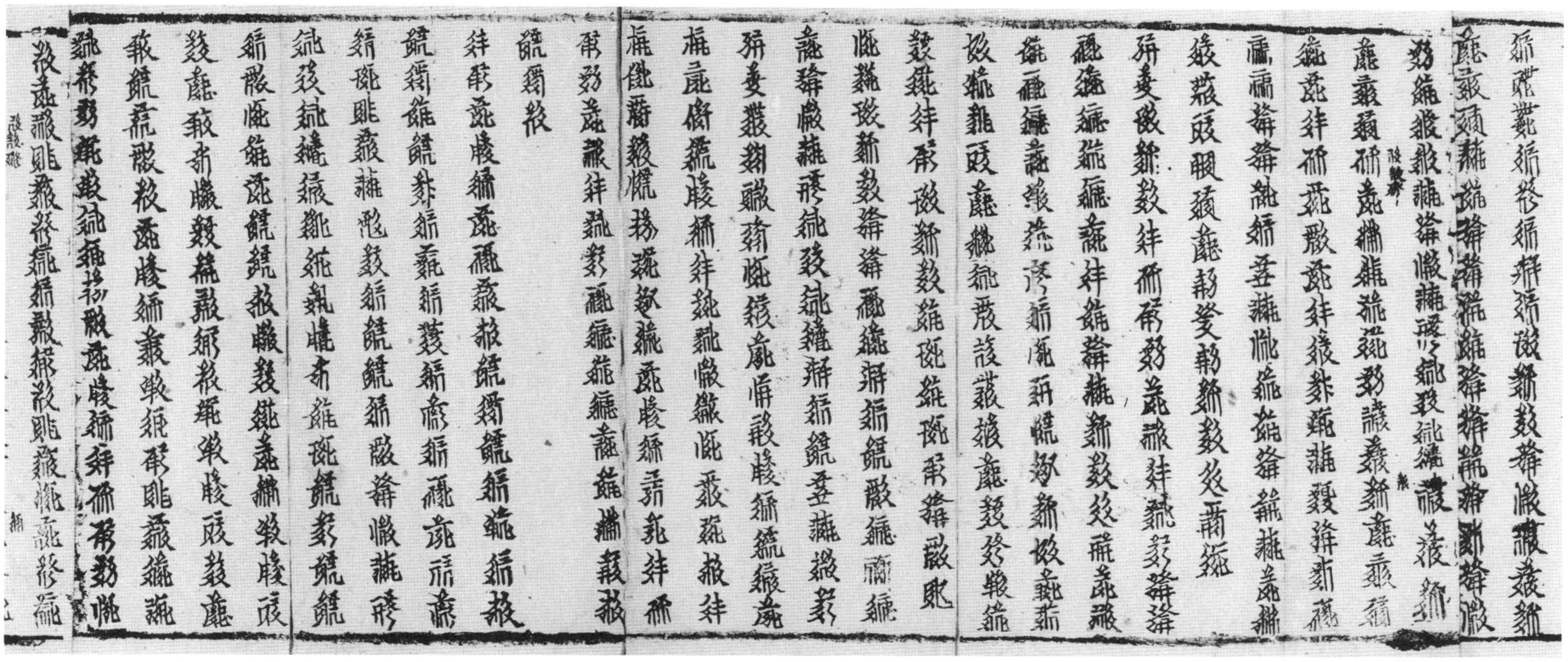

俄 Инв.No.239 佛説佛母出生三法藏般若波羅蜜多經卷第十三 (10−3)

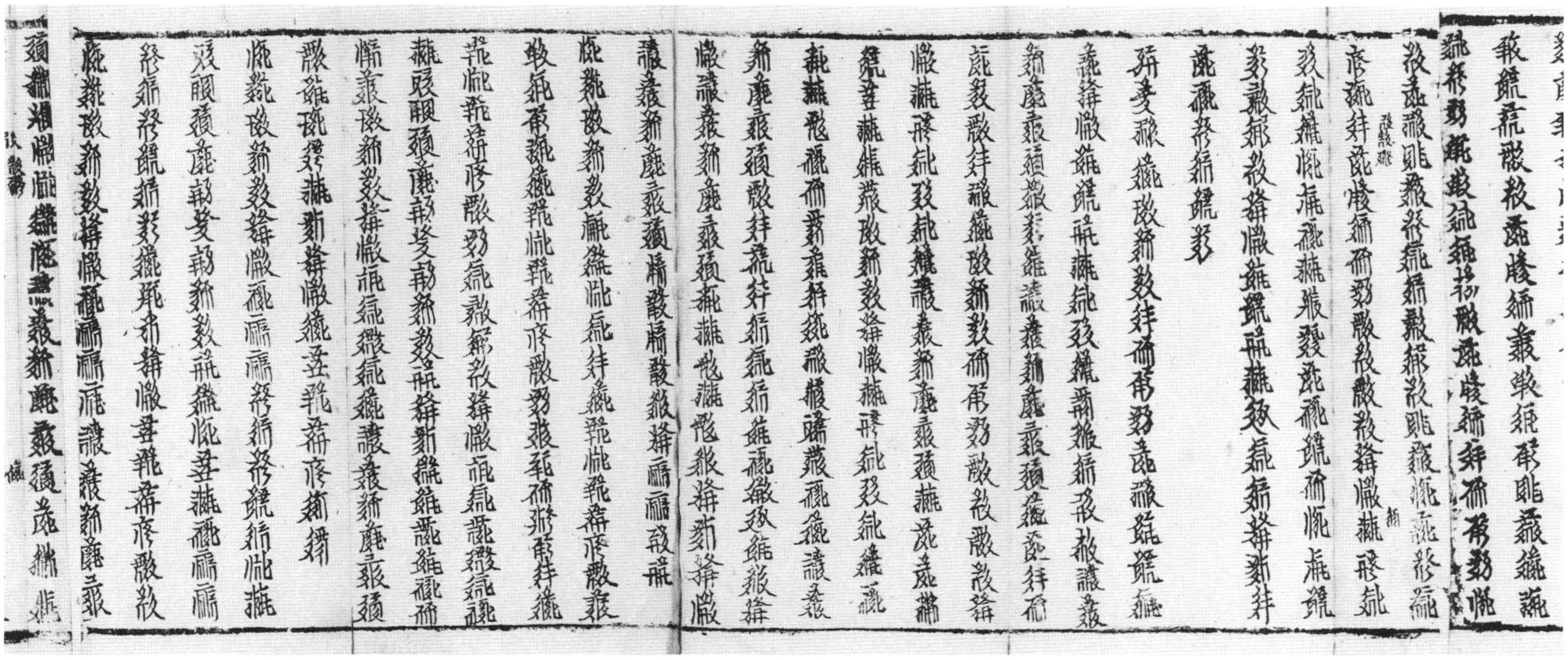

俄 Инв.No.239 佛説佛母出生三法藏般若波羅蜜多經卷第十三 (10−4)

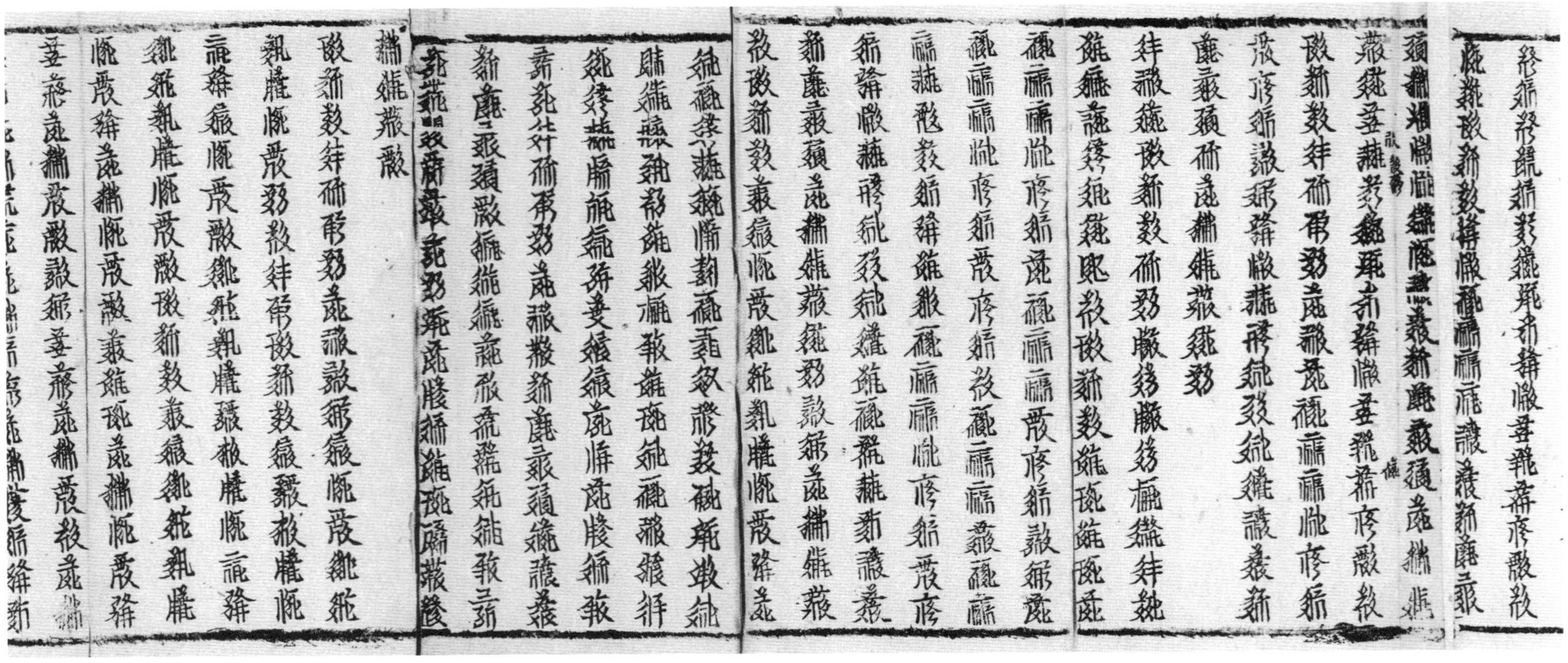

俄 Инв.No.239　佛説佛母出生三法藏般若波羅蜜多經卷第十三　(10–5)

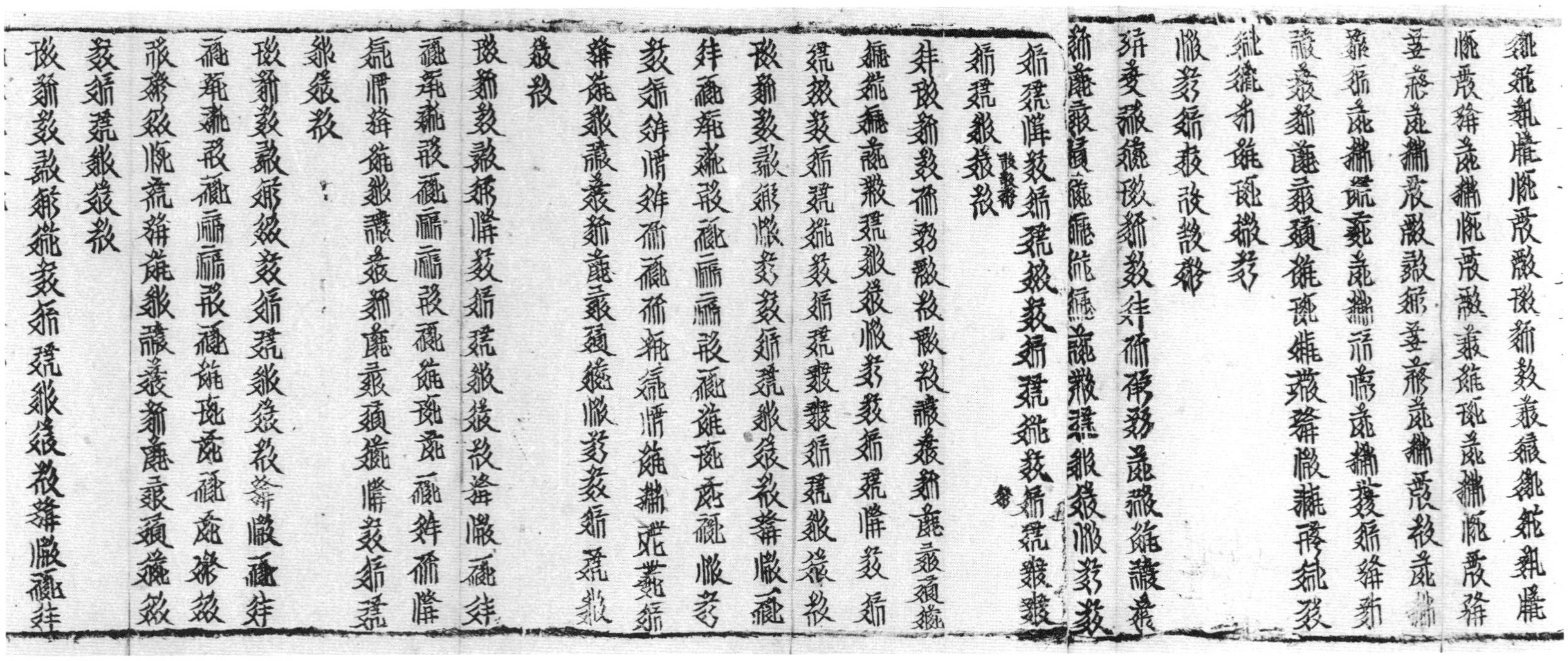

俄 Инв.No.239　佛説佛母出生三法藏般若波羅蜜多經卷第十三　(10–6)

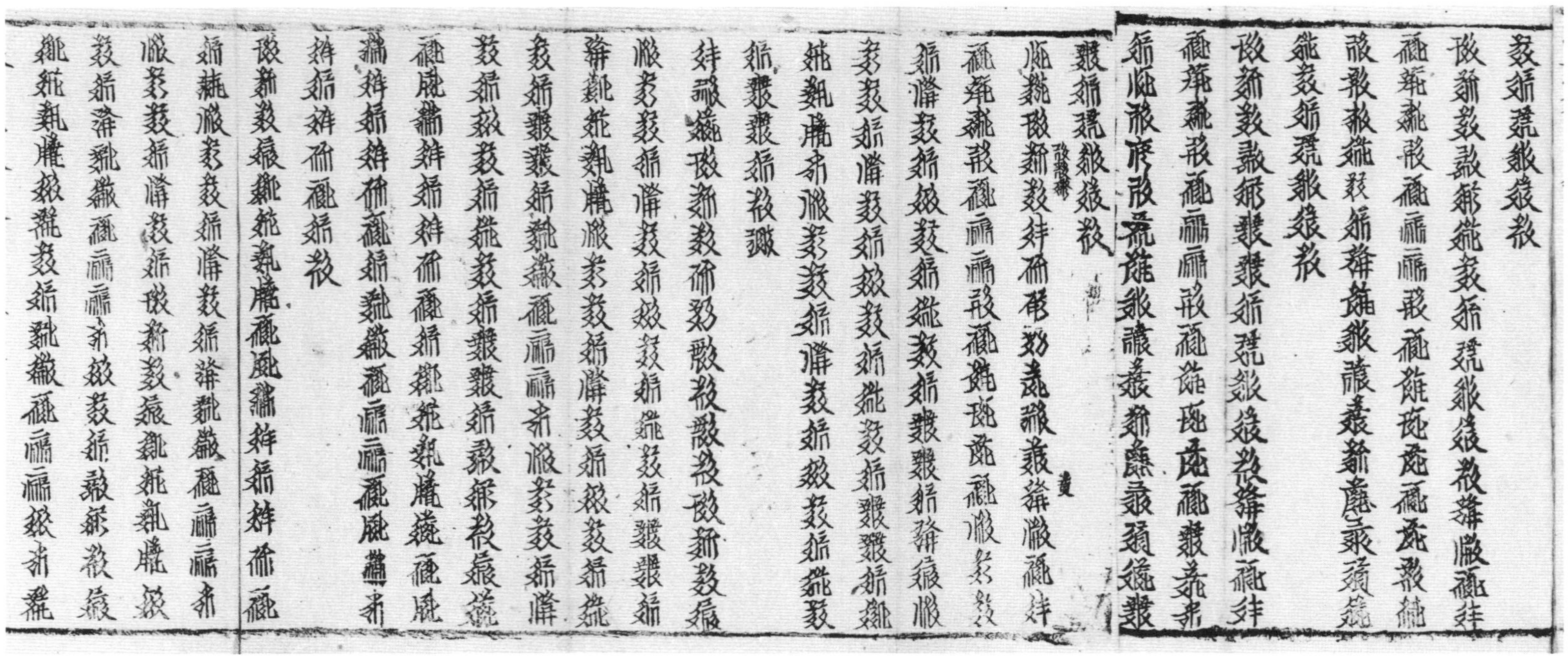

俄 Инв.No.239　佛説佛母出生三法藏般若波羅蜜多經卷第十三　(10–7)

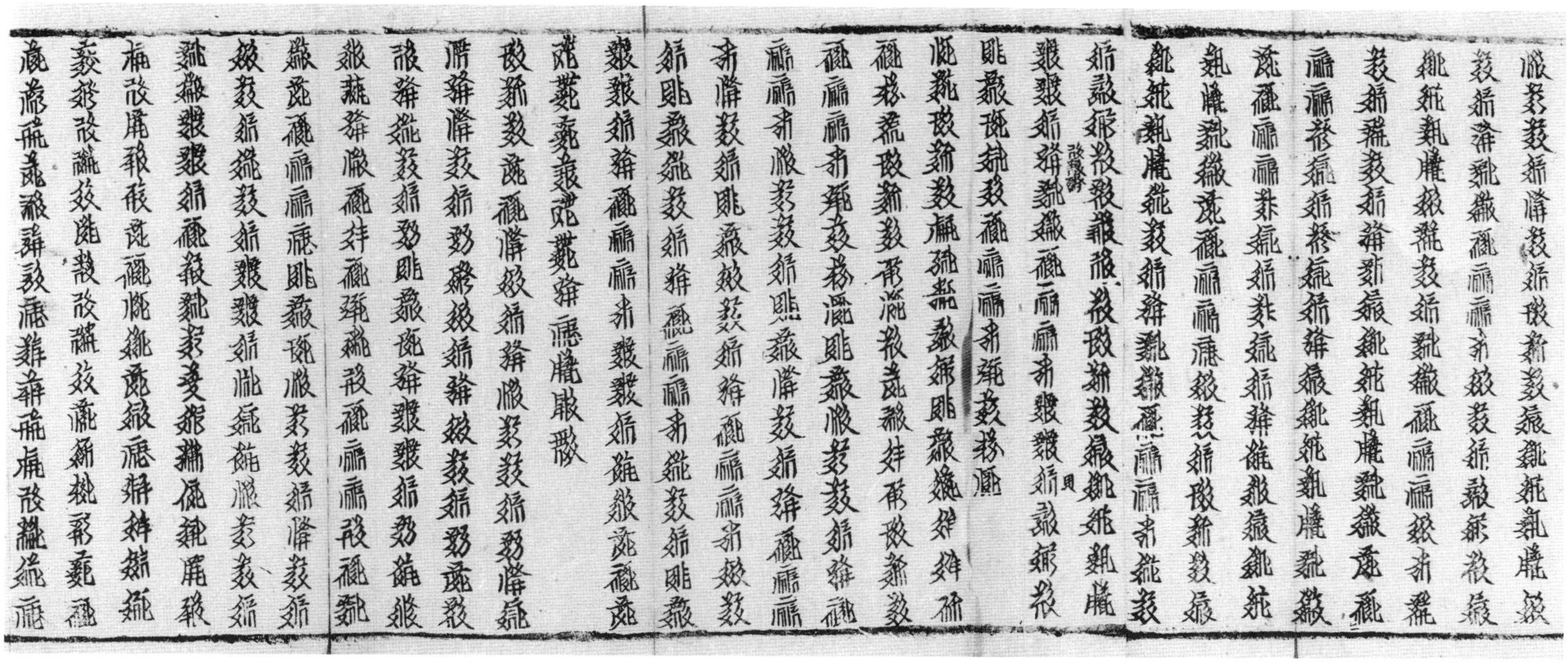

俄 Инв.No.239　佛説佛母出生三法藏般若波羅蜜多經卷第十三　(10-8)

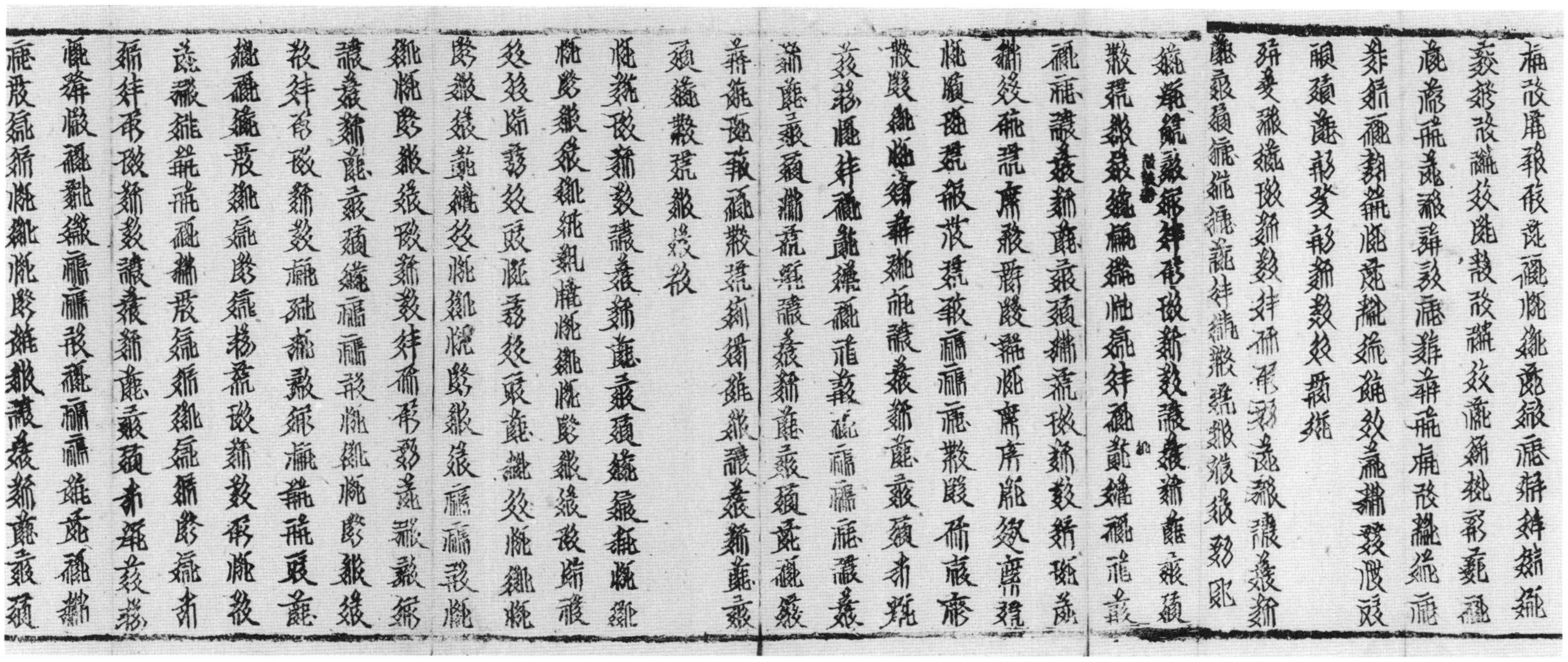

俄 Инв.No.239　佛説佛母出生三法藏般若波羅蜜多經卷第十三　(10-9)

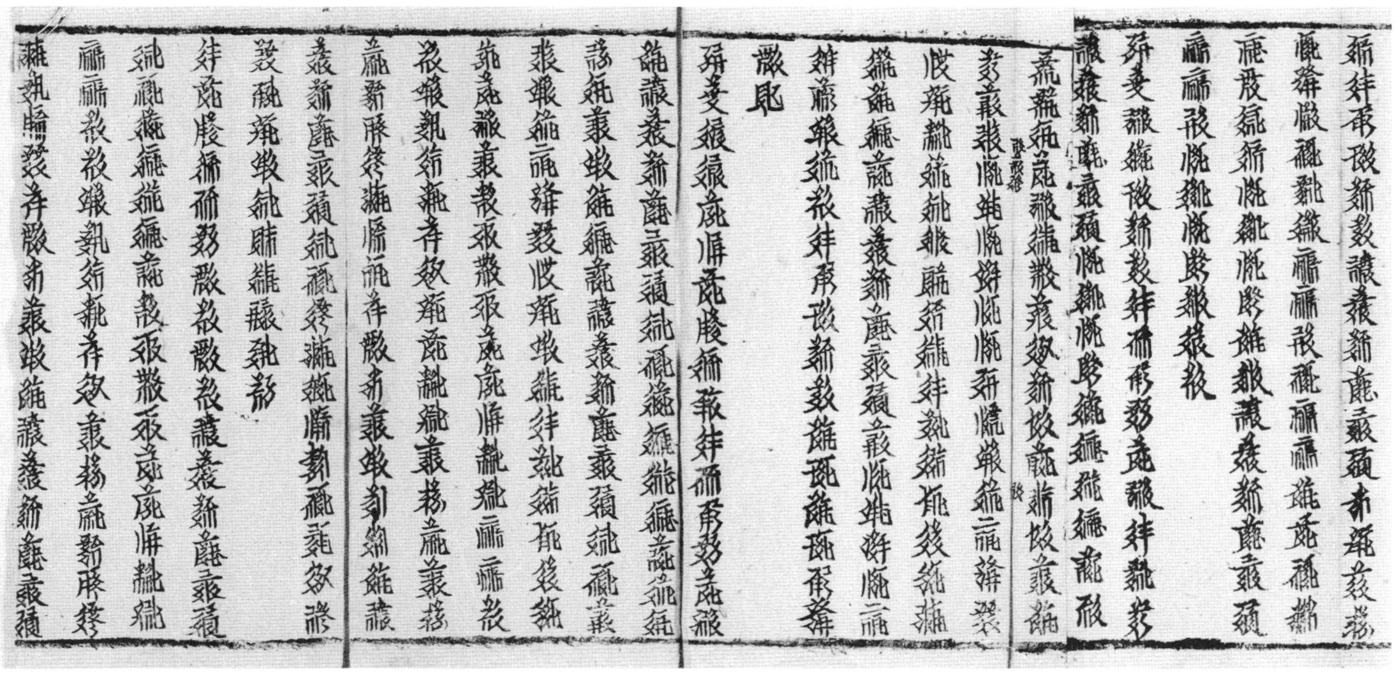

俄 Инв.No.239　佛説佛母出生三法藏般若波羅蜜多經卷第十三　(10-10)

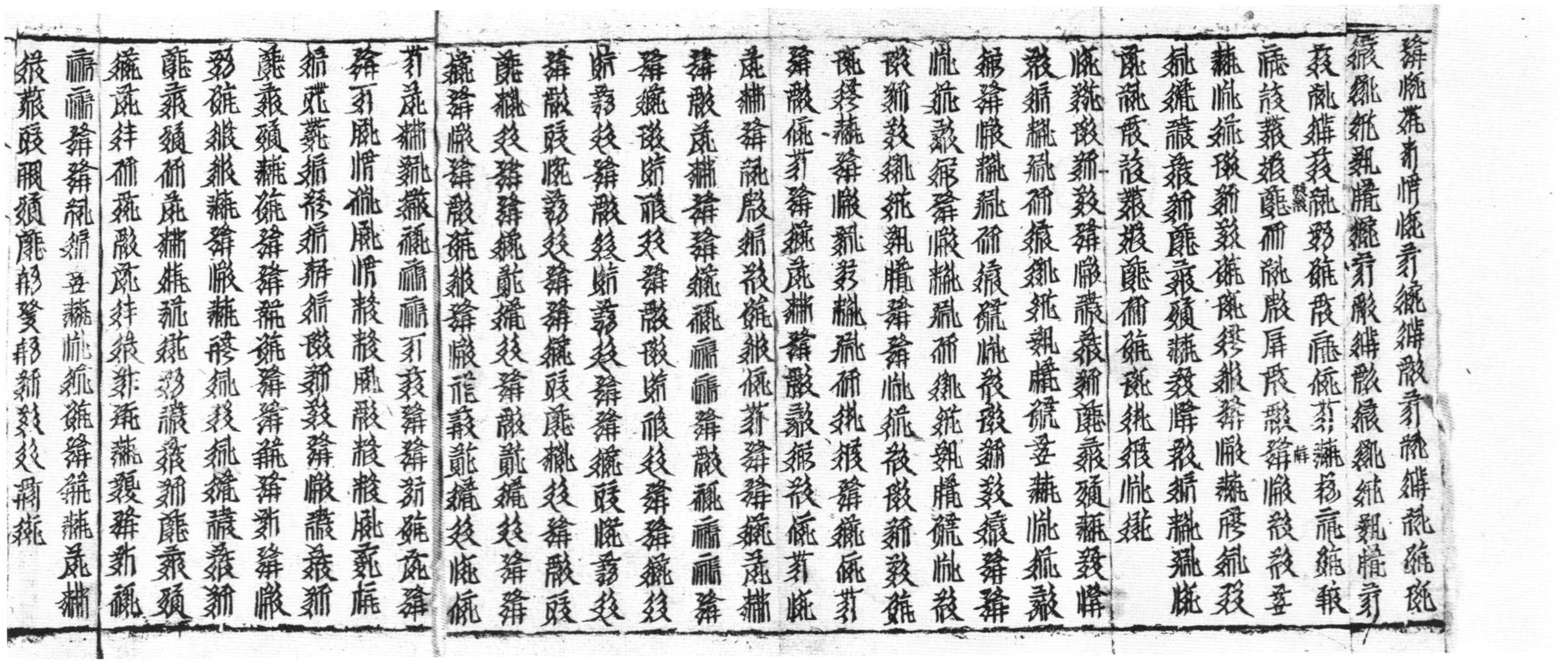

俄 Инв.No.3319　佛說佛母出生三法藏般若波羅蜜多經卷第十三　(7-1)

俄 Инв.No.3319　佛說佛母出生三法藏般若波羅蜜多經卷第十三　(7-2)

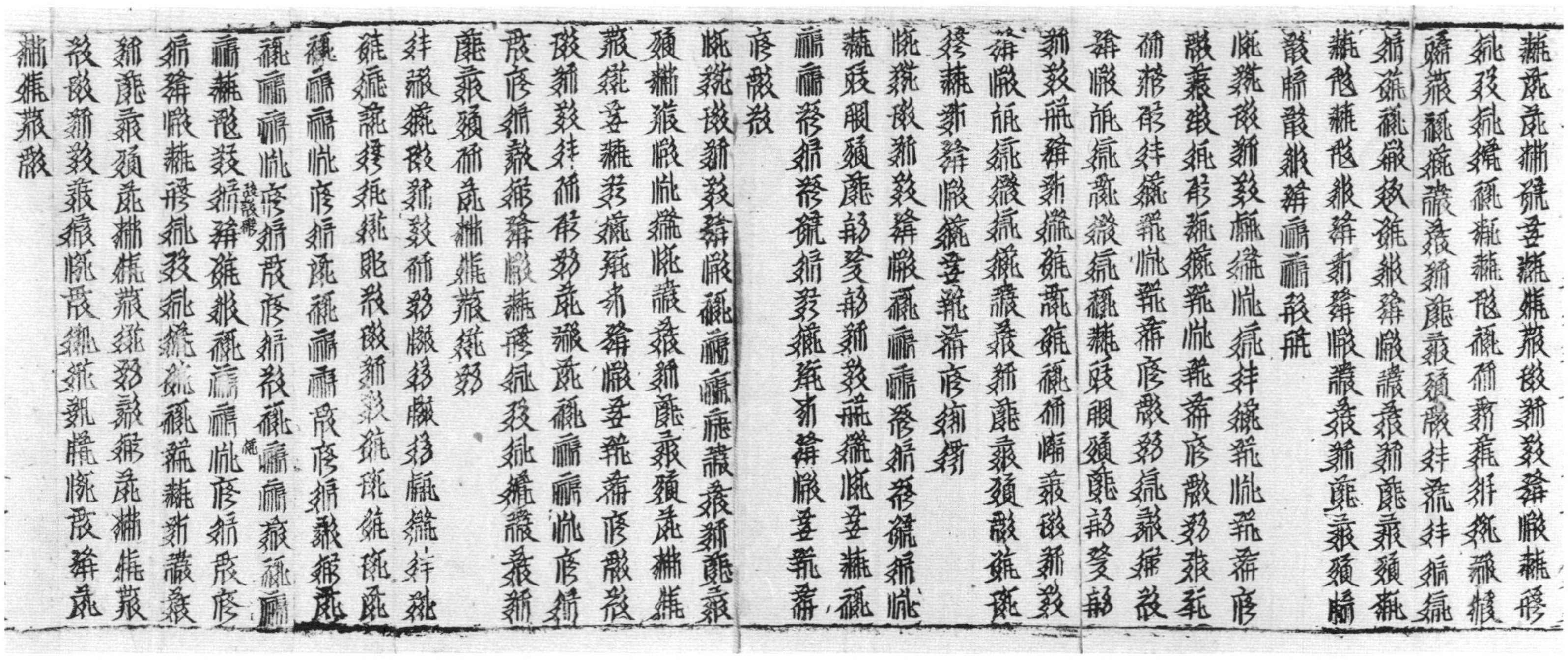

俄 Инв.No.3319　佛說佛母出生三法藏般若波羅蜜多經卷第十三　(7-3)

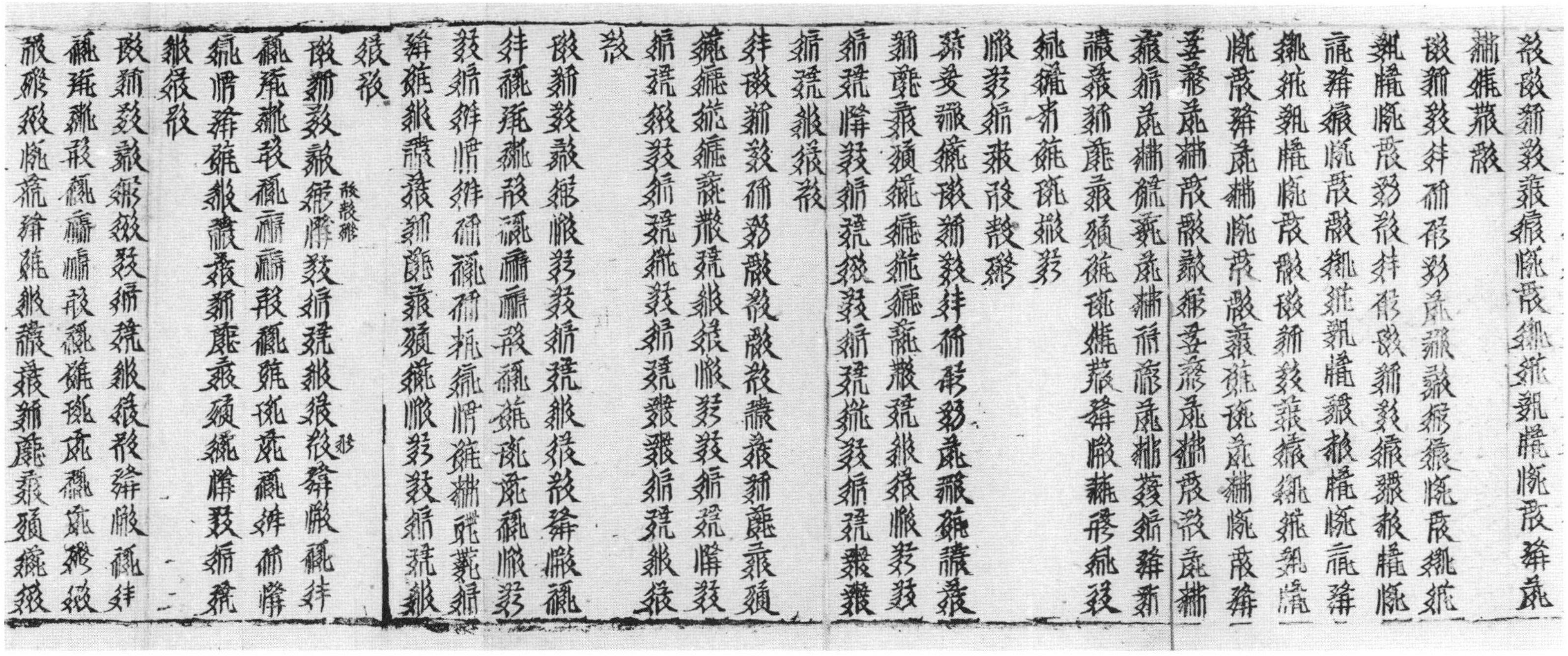

俄 Инв.No.3319 佛説佛母出生三法藏般若波羅蜜多經卷第十三 (7-4)

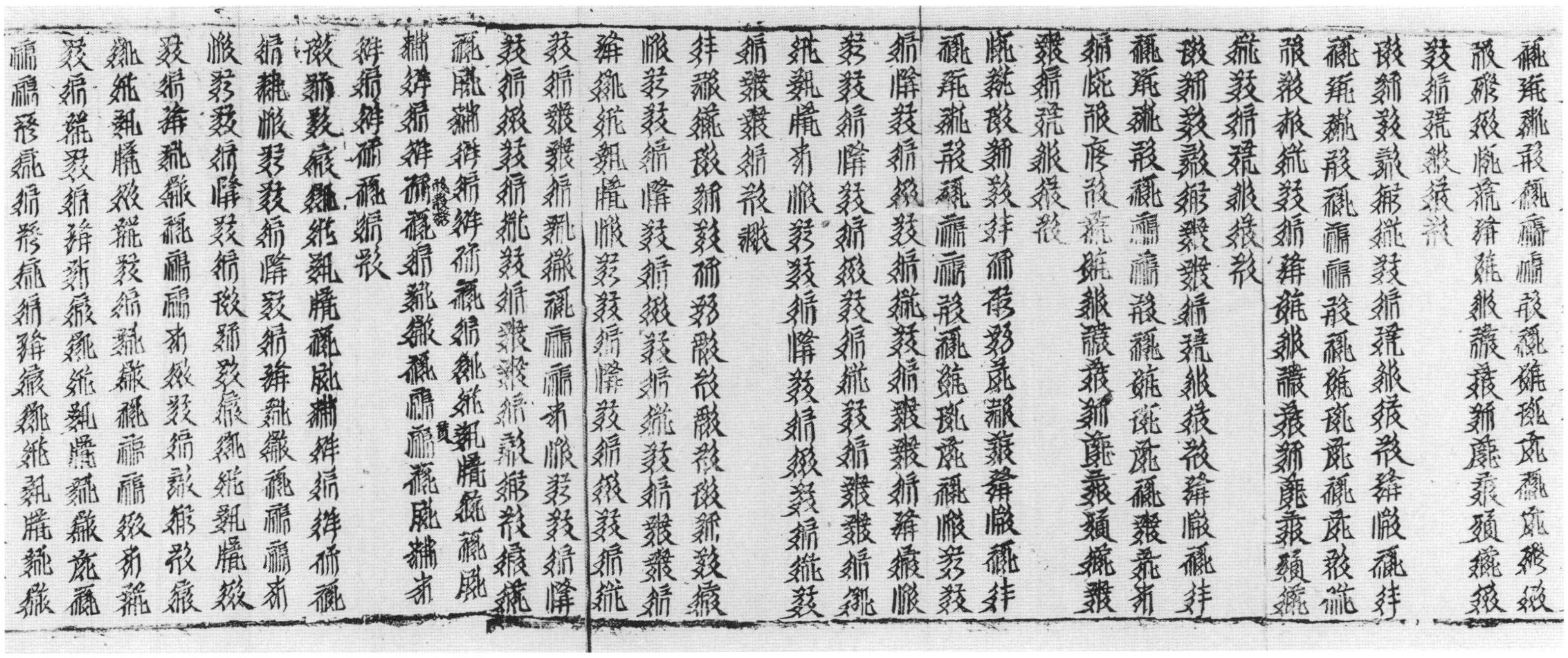

俄 Инв.No.3319 佛説佛母出生三法藏般若波羅蜜多經卷第十三 (7-5)

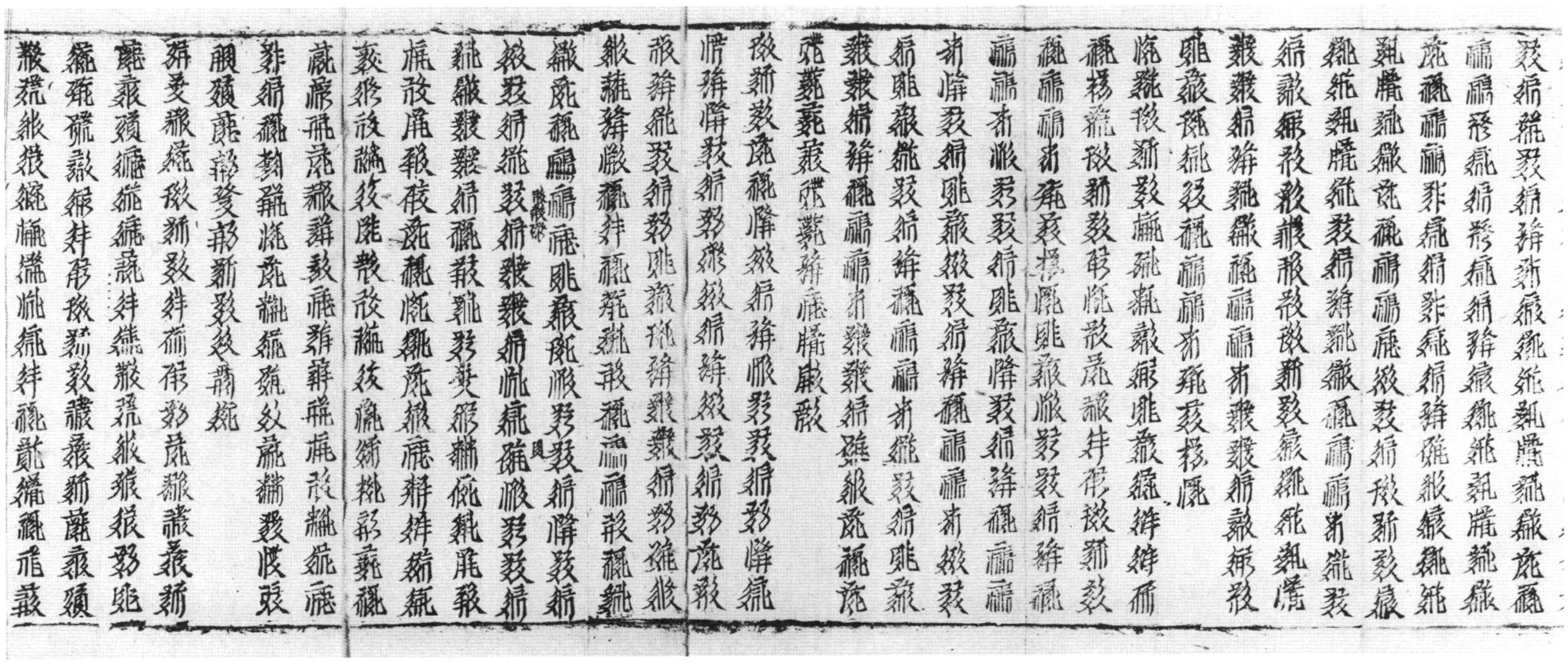

俄 Инв.No.3319 佛説佛母出生三法藏般若波羅蜜多經卷第十三 (7-6)

俄 Инв.No.3319　佛説佛母出生三法藏般若波羅蜜多經卷第十三　(7-7)

俄 Инв.No.3882　佛説佛母出生三法藏般若波羅蜜多經卷第十三

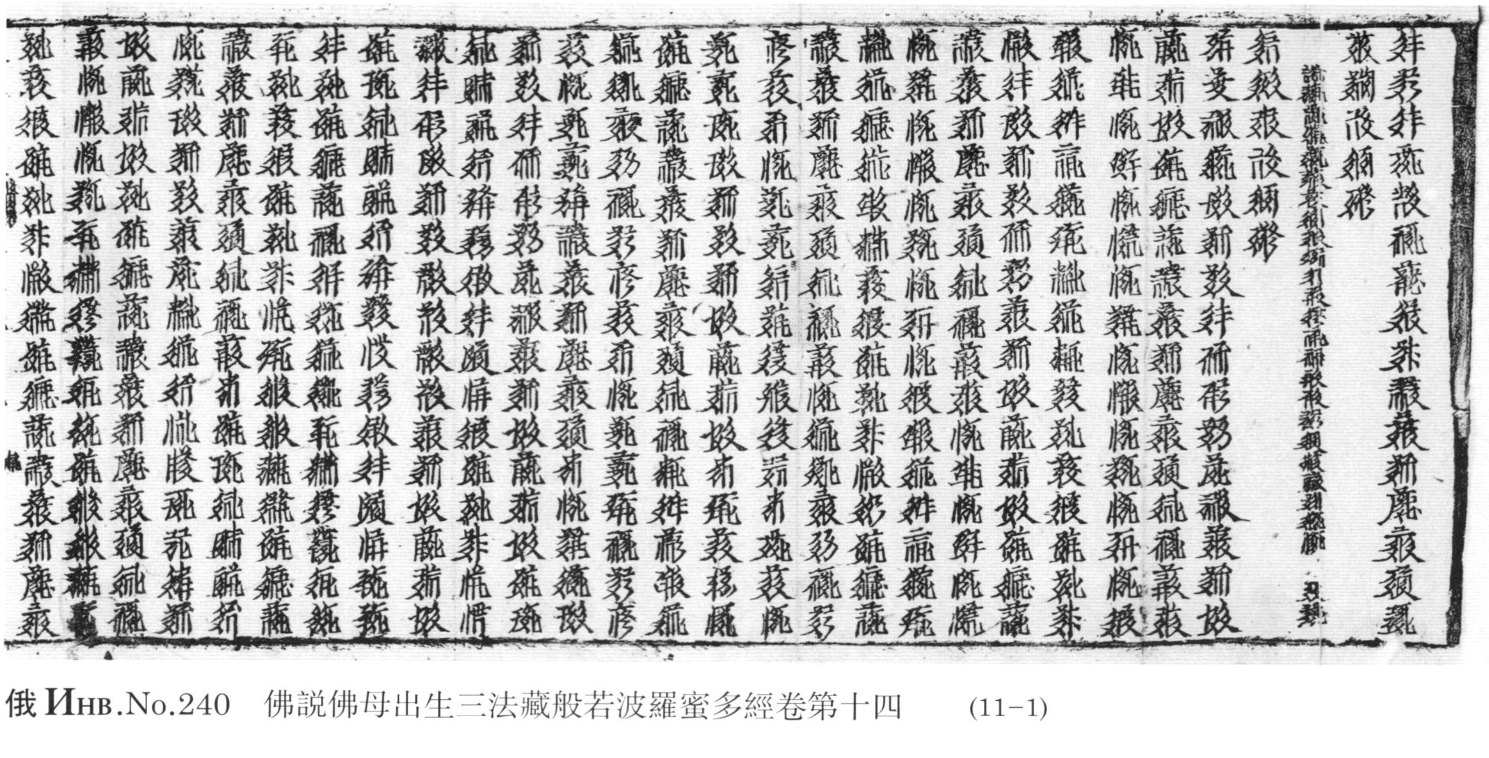

俄 Инв.No.240　佛説佛母出生三法藏般若波羅蜜多經卷第十四　(11-1)

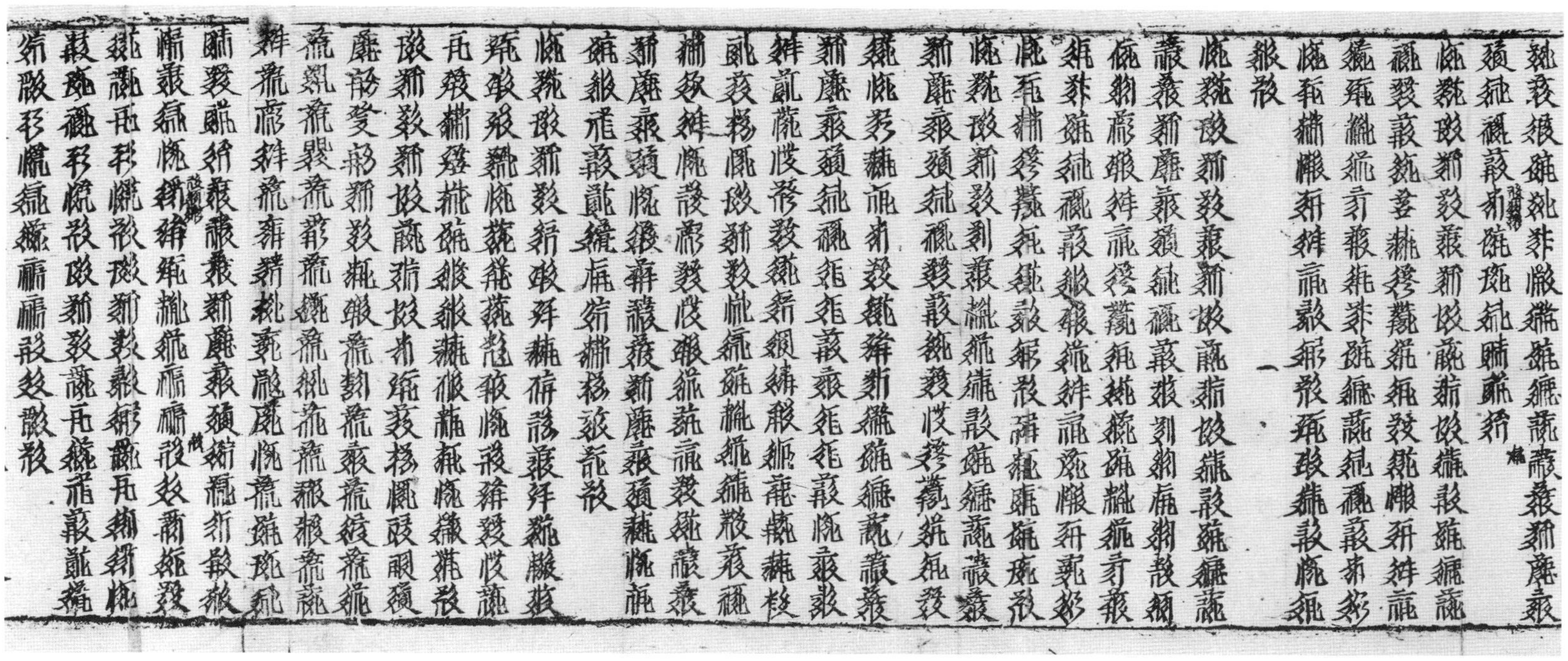

俄 Инв.No.240　佛説佛母出生三法藏般若波羅蜜多經卷第十四　(11-2)

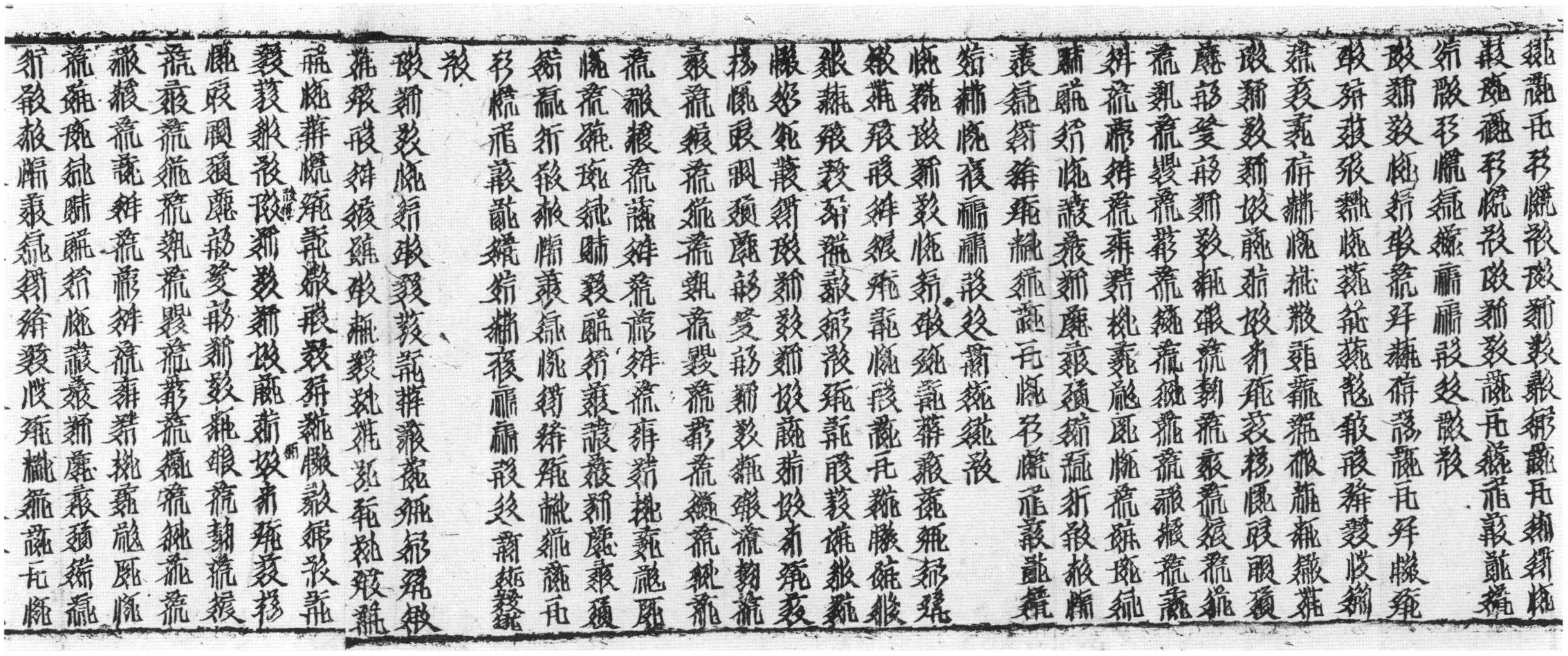

俄 Инв.No.240　佛説佛母出生三法藏般若波羅蜜多經卷第十四　(11-3)

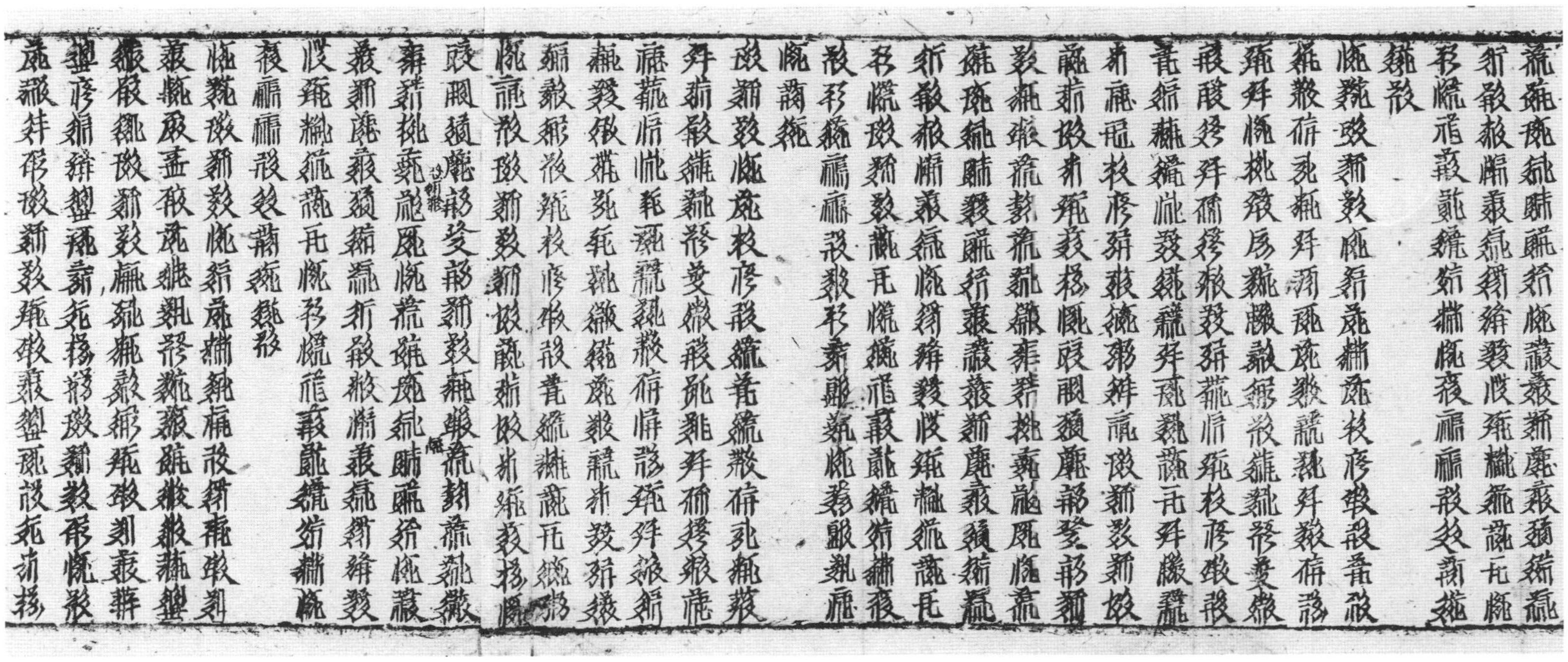

俄 Инв.No.240　佛説佛母出生三法藏般若波羅蜜多經卷第十四　(11-4)

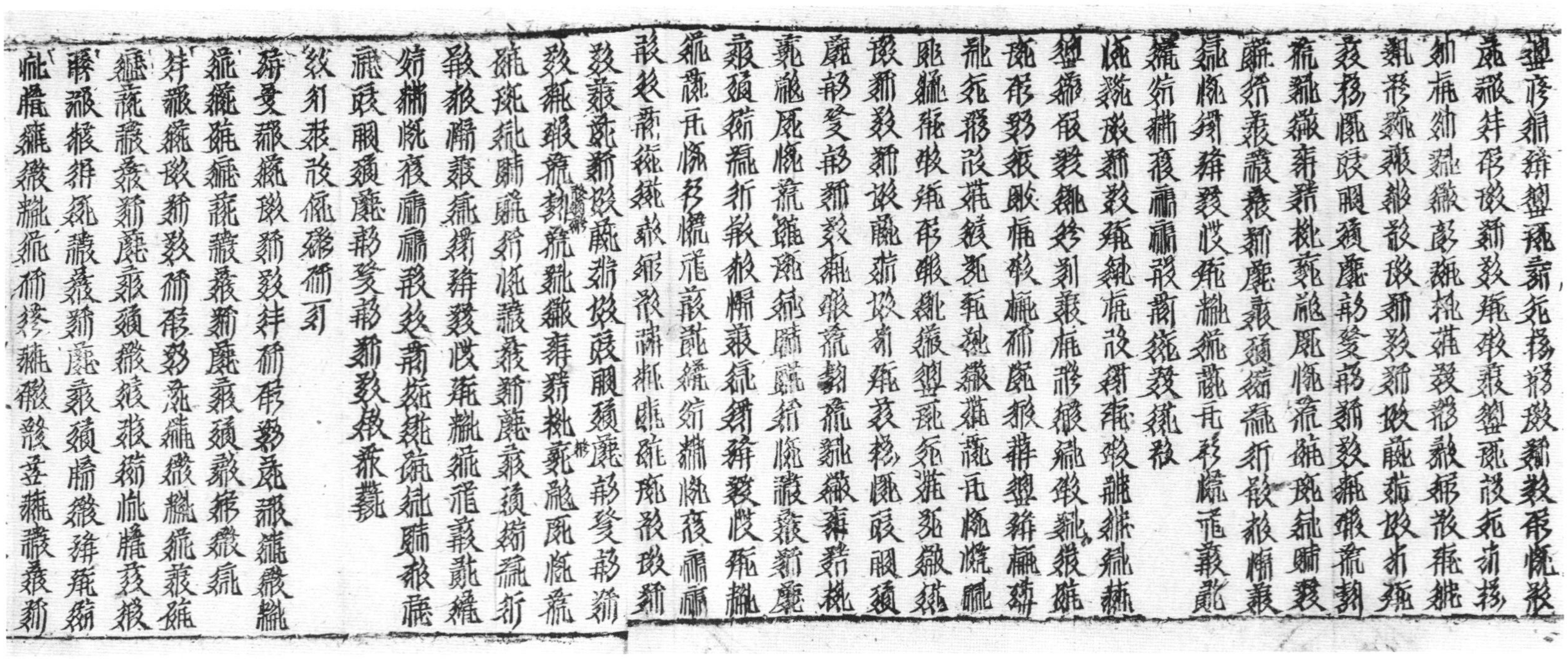

俄 Инв.No.240　佛説佛母出生三法藏般若波羅蜜多經卷第十四　(11–5)

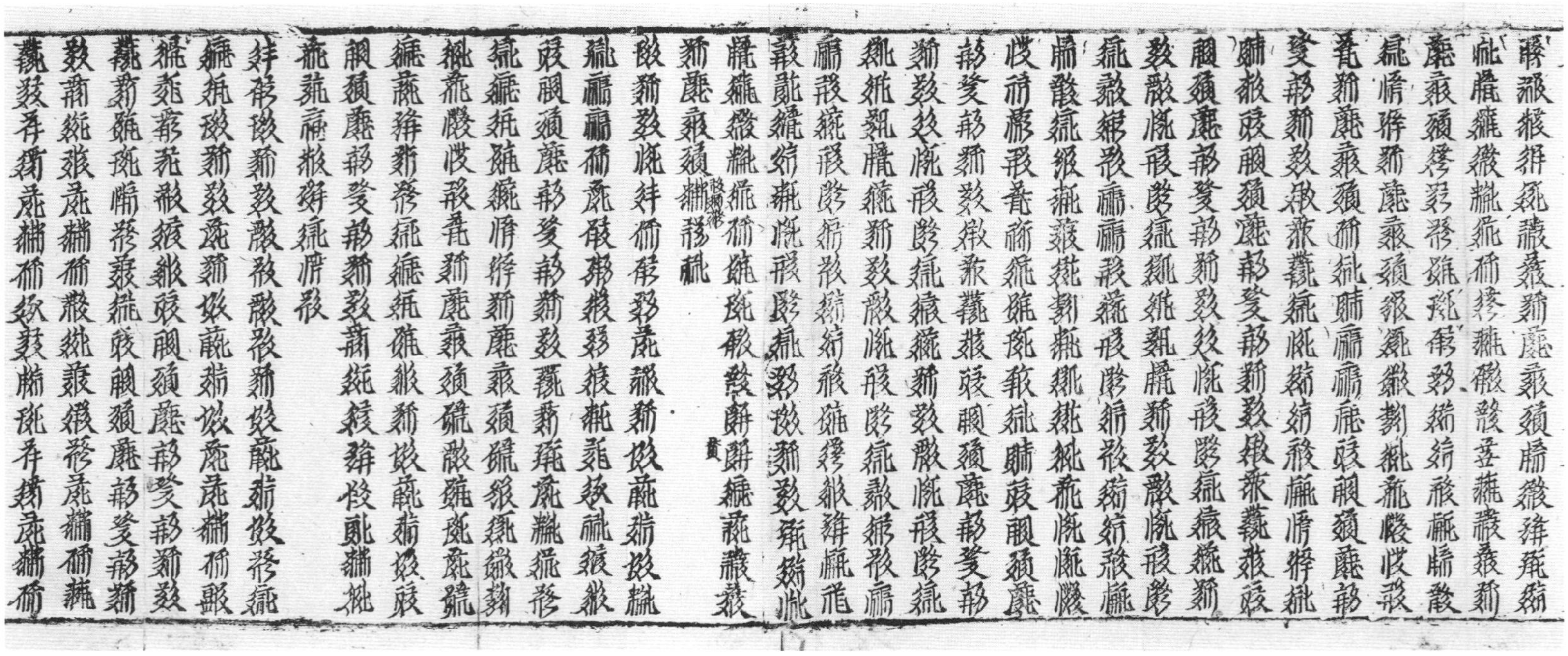

俄 Инв.No.240　佛説佛母出生三法藏般若波羅蜜多經卷第十四　(11–6)

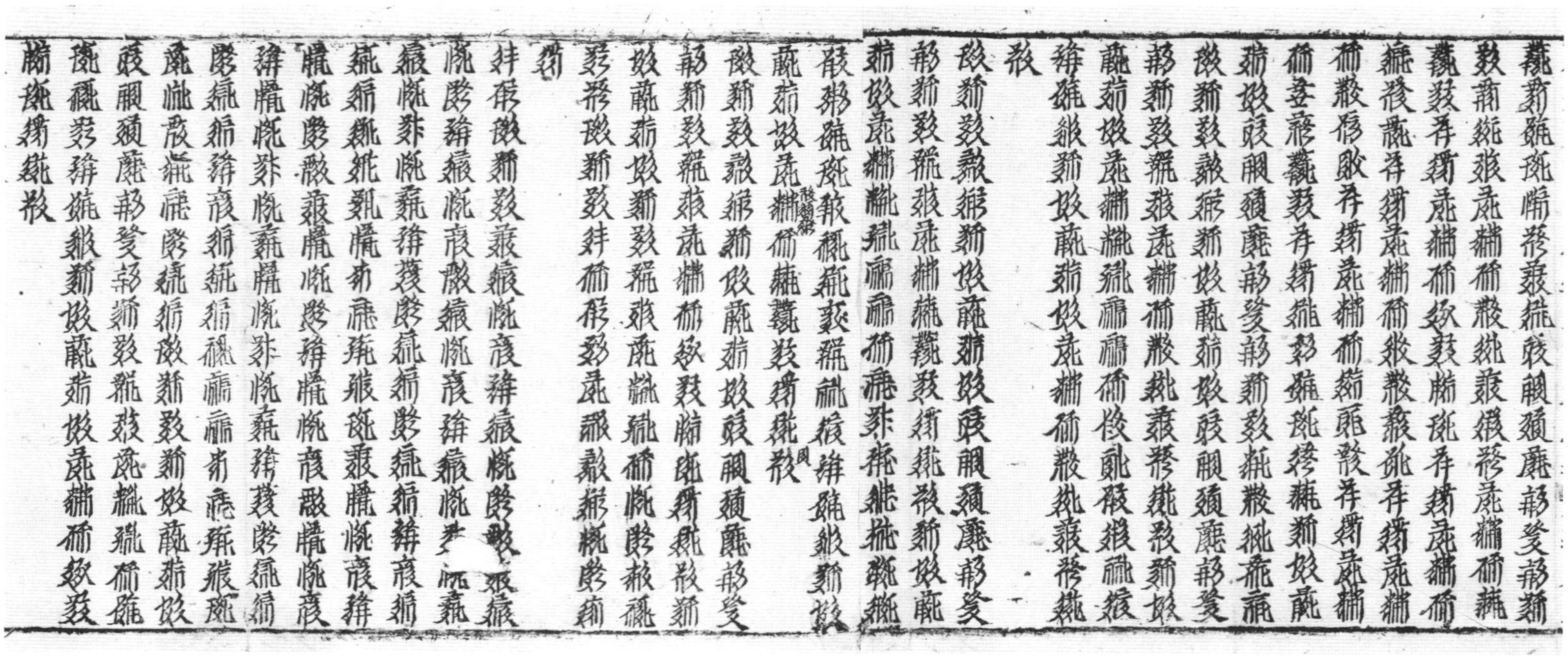

俄 Инв.No.240　佛説佛母出生三法藏般若波羅蜜多經卷第十四　(11–7)

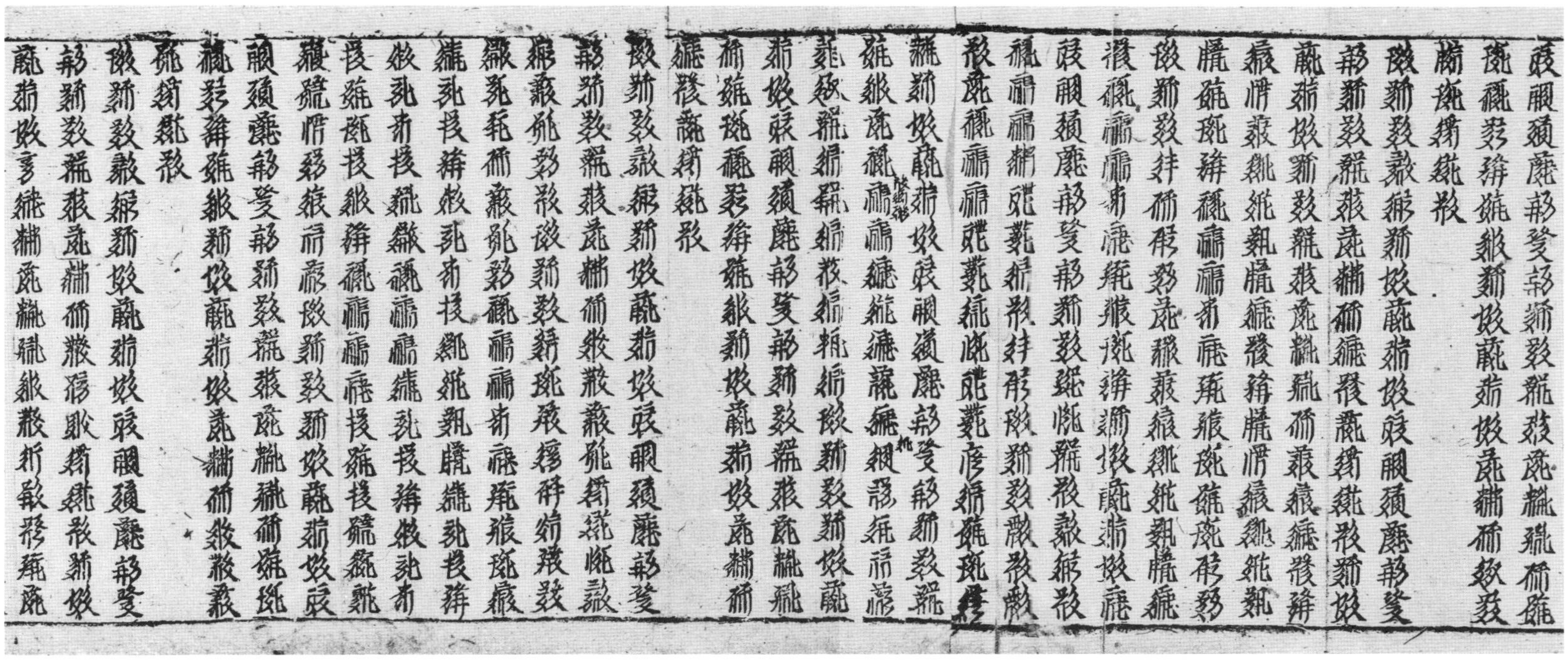

俄 Инв.No.240　佛說佛母出生三法藏般若波羅蜜多經卷第十四　(11-8)

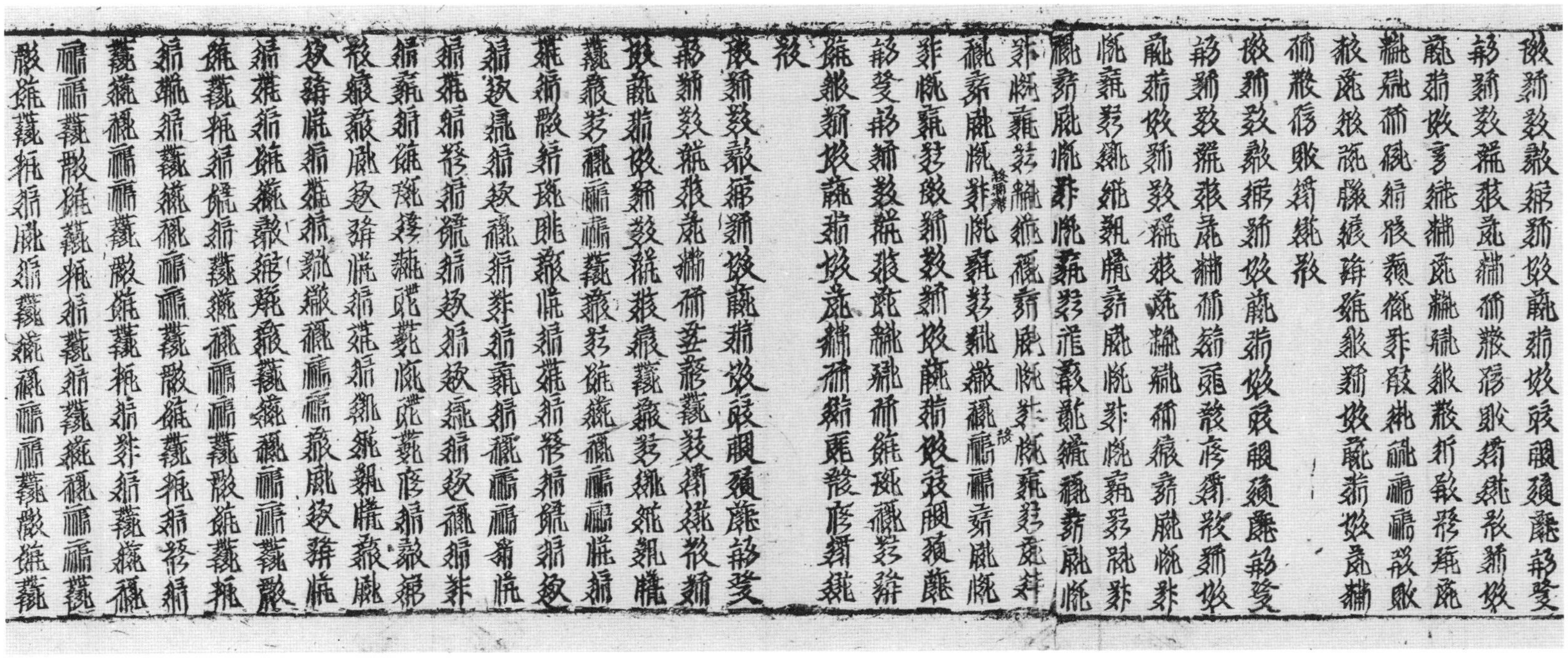

俄 Инв.No.240　佛說佛母出生三法藏般若波羅蜜多經卷第十四　(11-9)

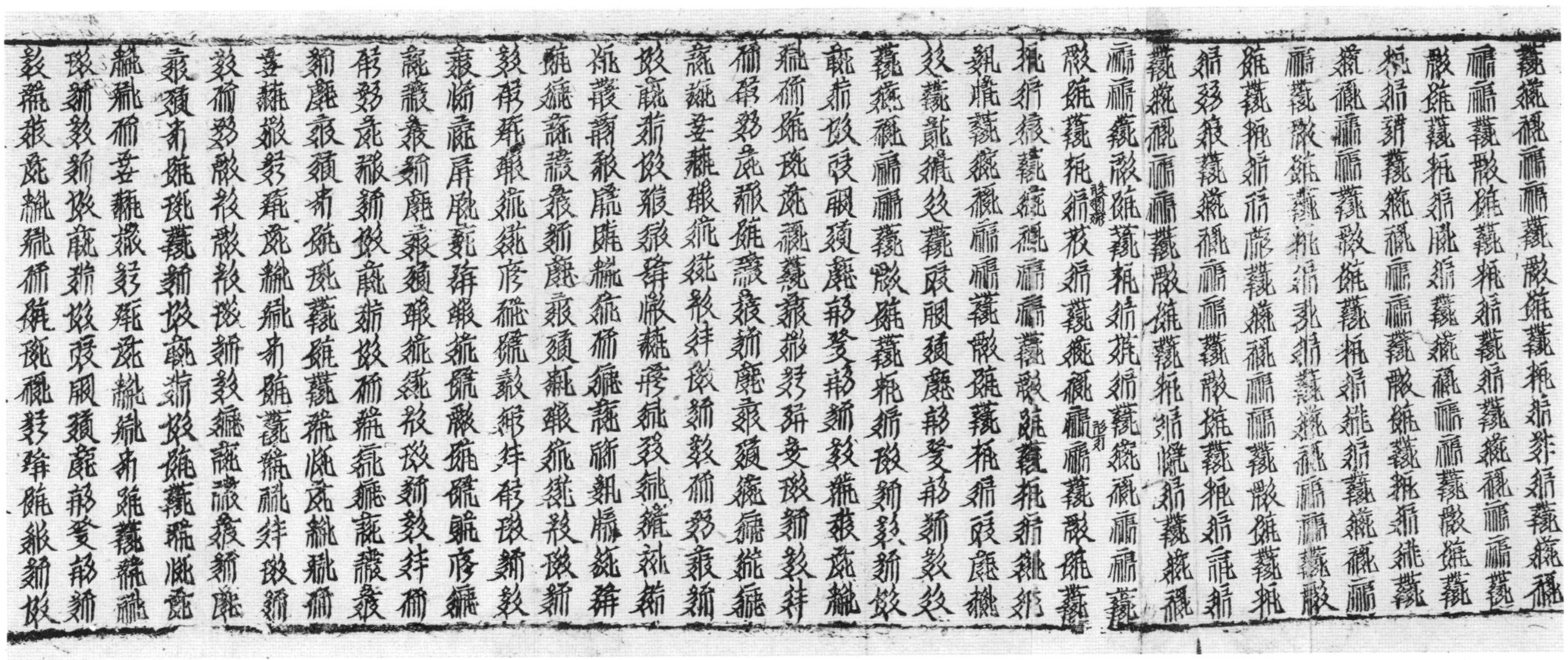

俄 Инв.No.240　佛說佛母出生三法藏般若波羅蜜多經卷第十四　(11-1C)

俄 Инв.No.240　佛説佛母出生三法藏般若波羅蜜多經卷第十四　(11–11)

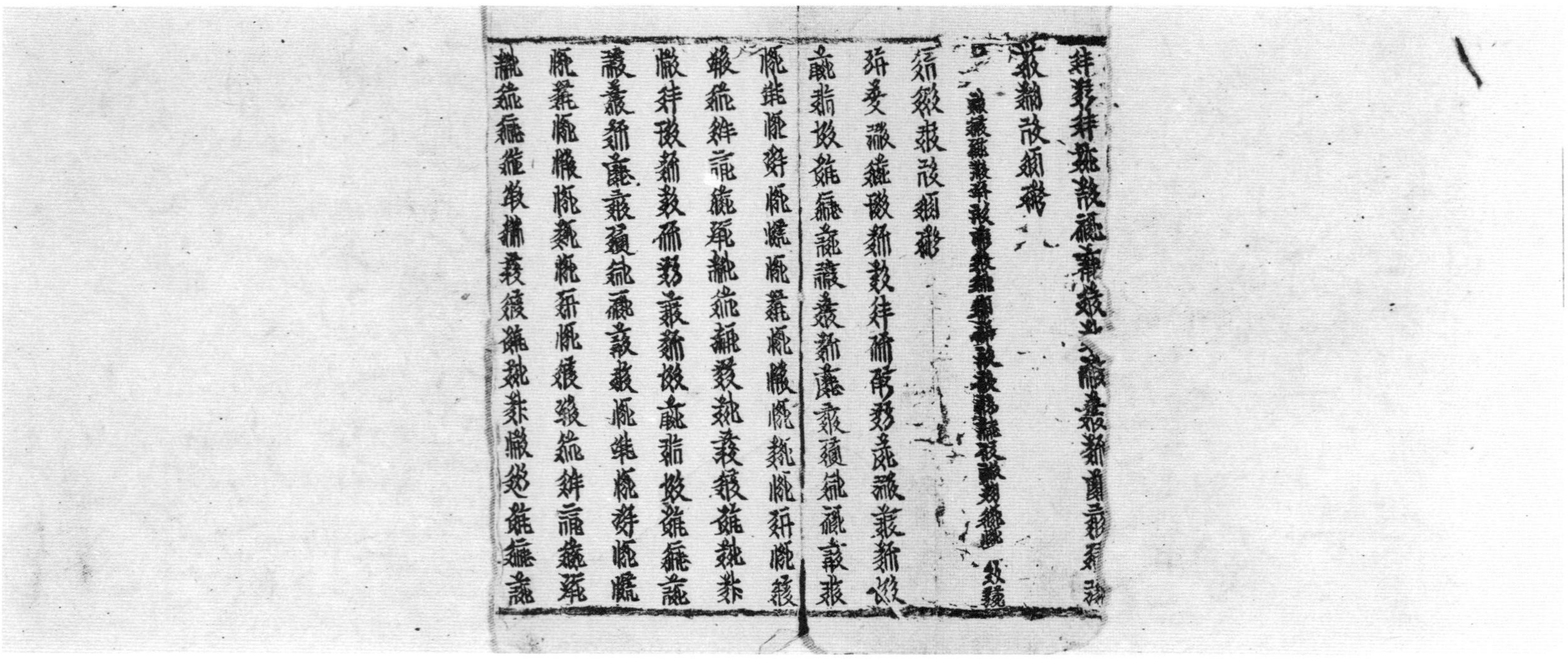

俄 Инв.No.283　佛説佛母出生三法藏般若波羅蜜多經卷第十四

俄 Инв.No.7724　佛説佛母出生三法藏般若波羅蜜多經卷第十四

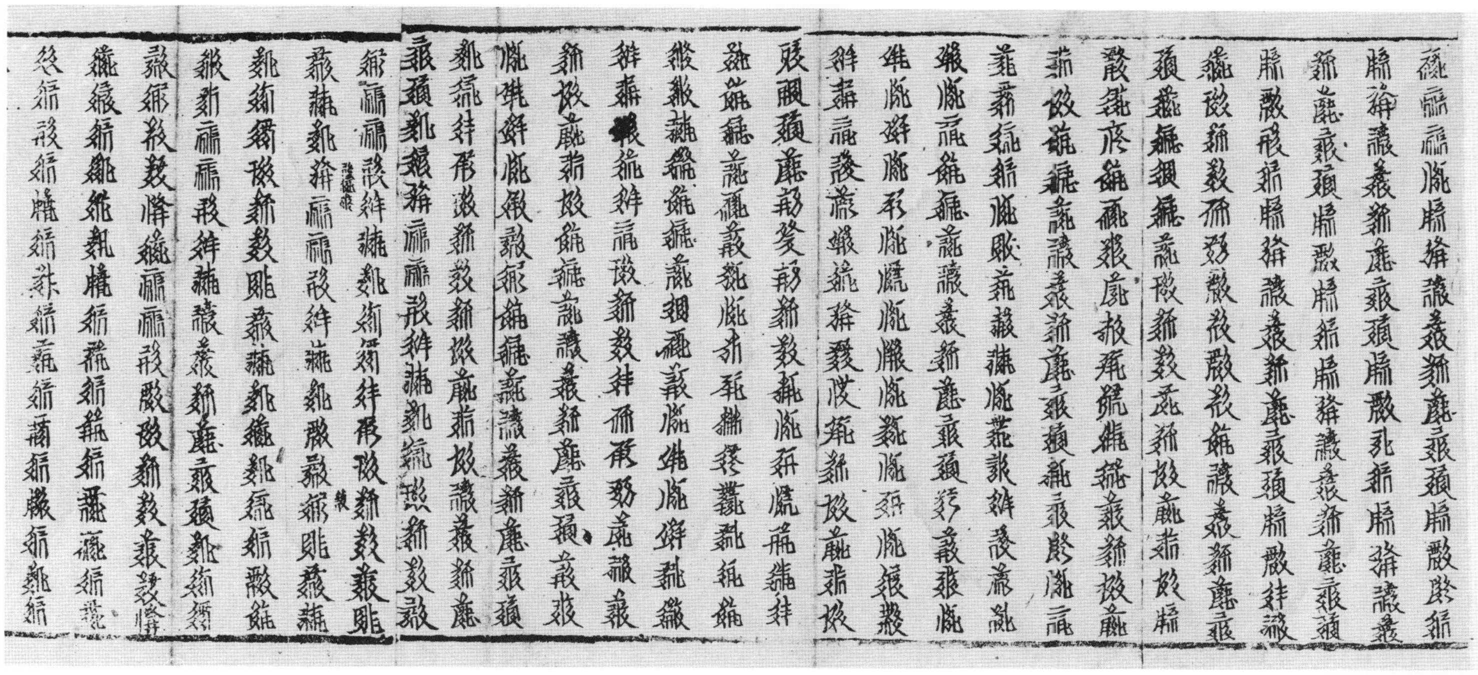

俄 Инв.No.7352　佛説佛母出生三法藏般若波羅蜜多經卷第十五　(12-1)

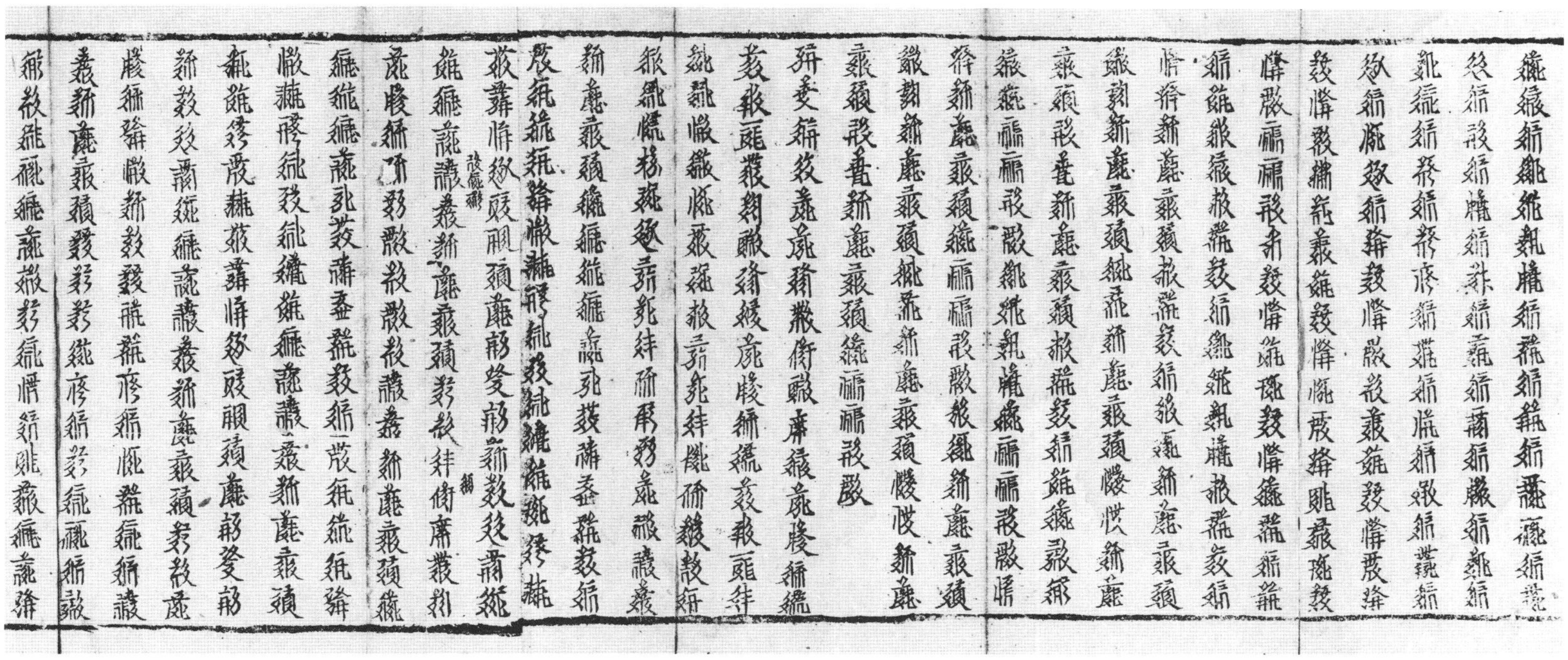

俄 Инв.No.7352　佛説佛母出生三法藏般若波羅蜜多經卷第十五　(12-2)

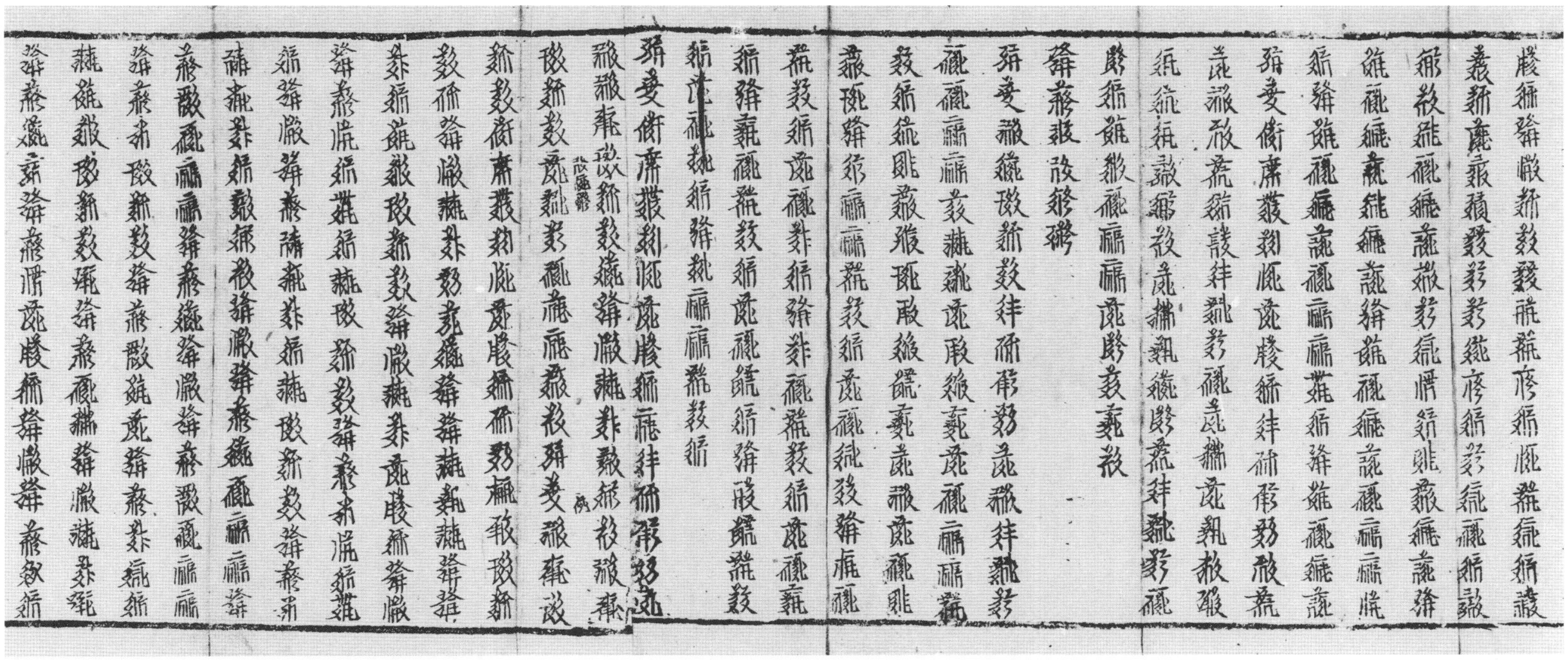

俄 Инв.No.7352　佛説佛母出生三法藏般若波羅蜜多經卷第十五　(12-3)

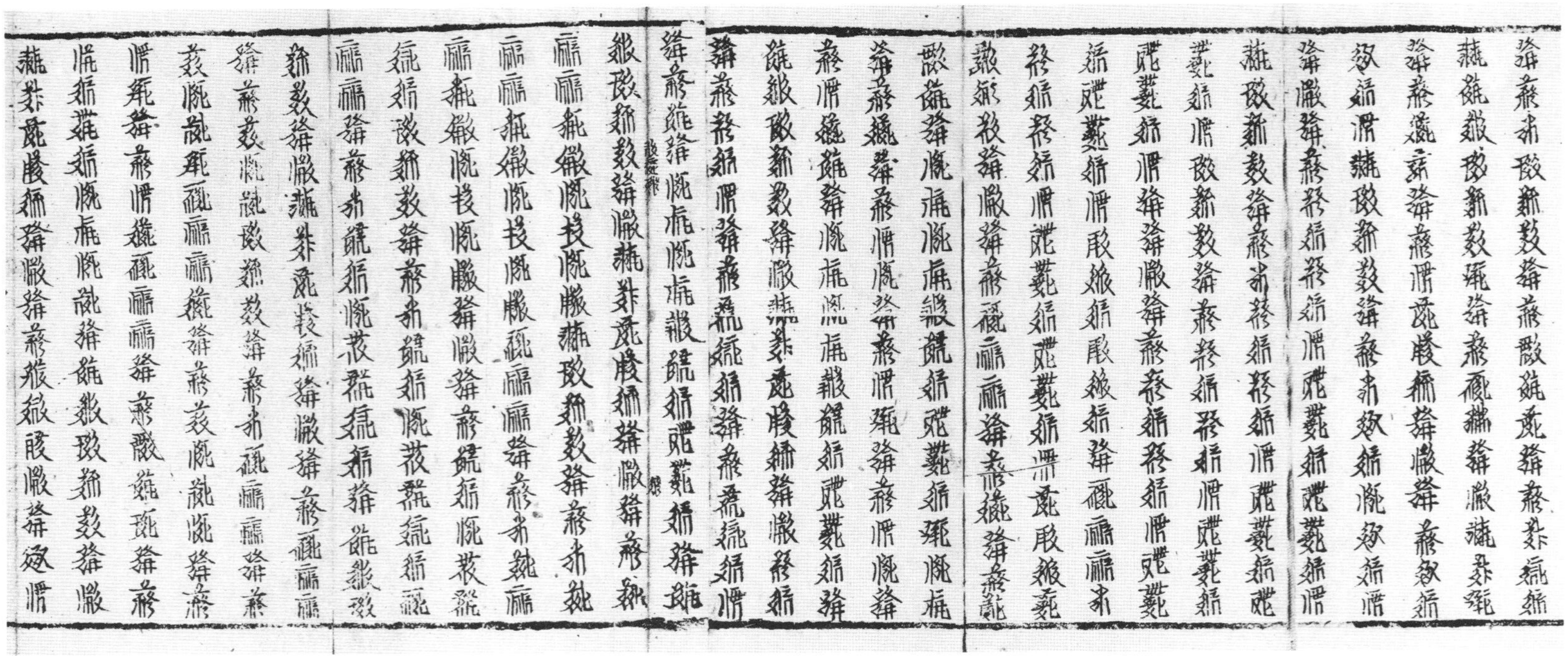

俄Инв.No.7352　佛説佛母出生三法藏般若波羅蜜多經卷第十五　(12-4)

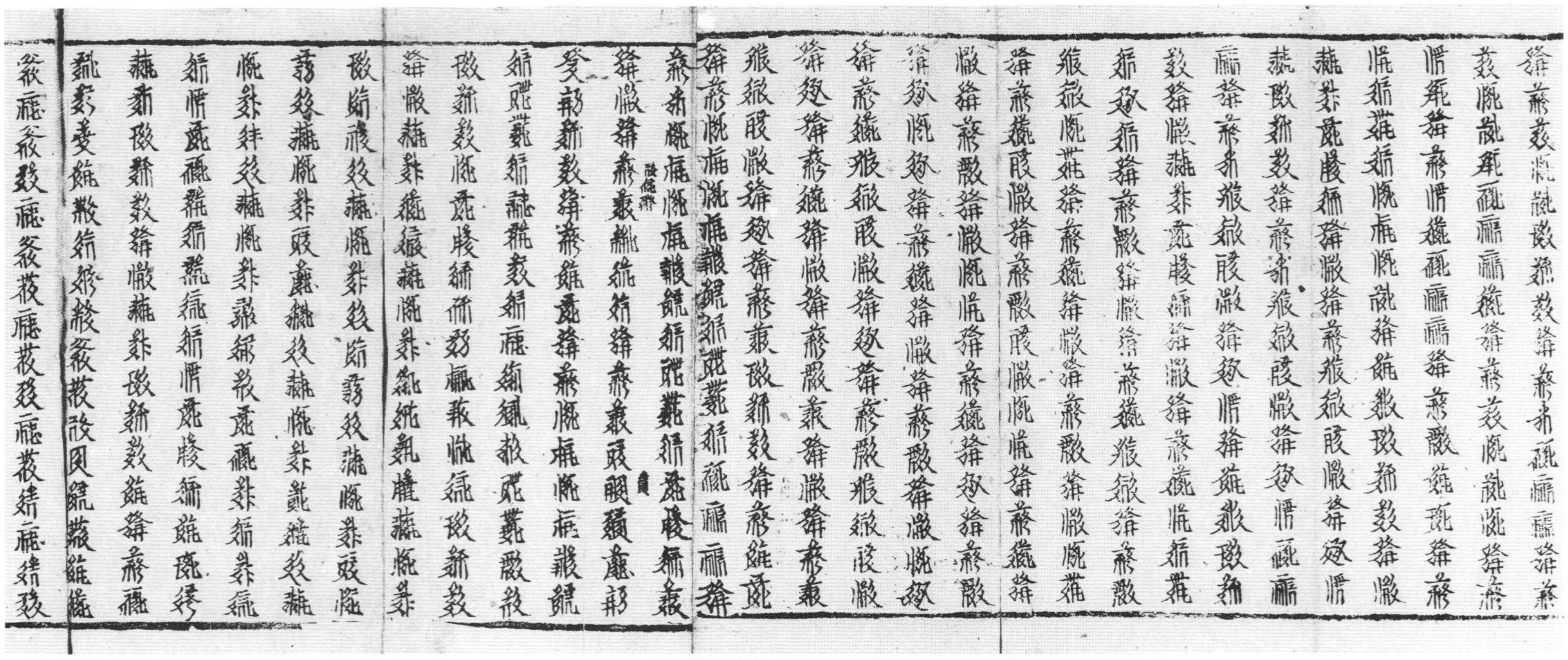

俄Инв.No.7352　佛説佛母出生三法藏般若波羅蜜多經卷第十五　(12-5)

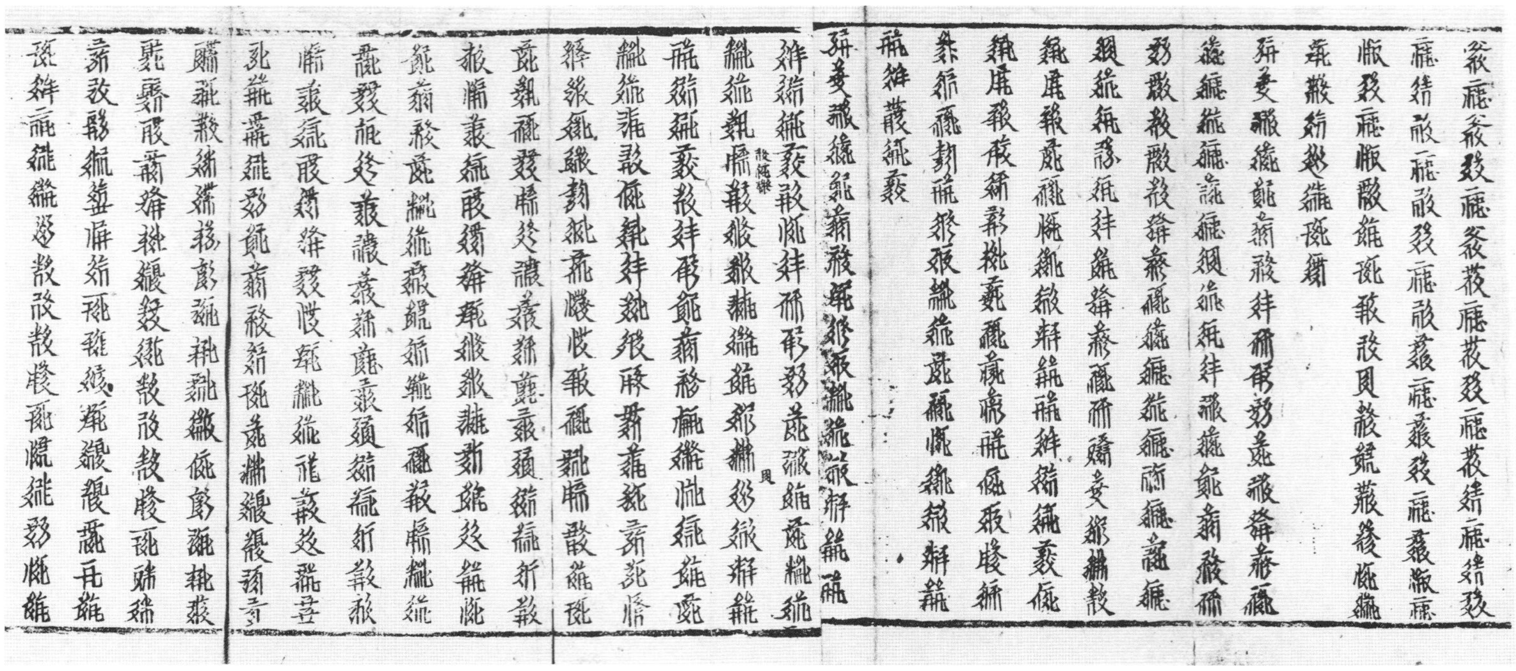

俄Инв.No.7352　佛説佛母出生三法藏般若波羅蜜多經卷第十五　(12-6)

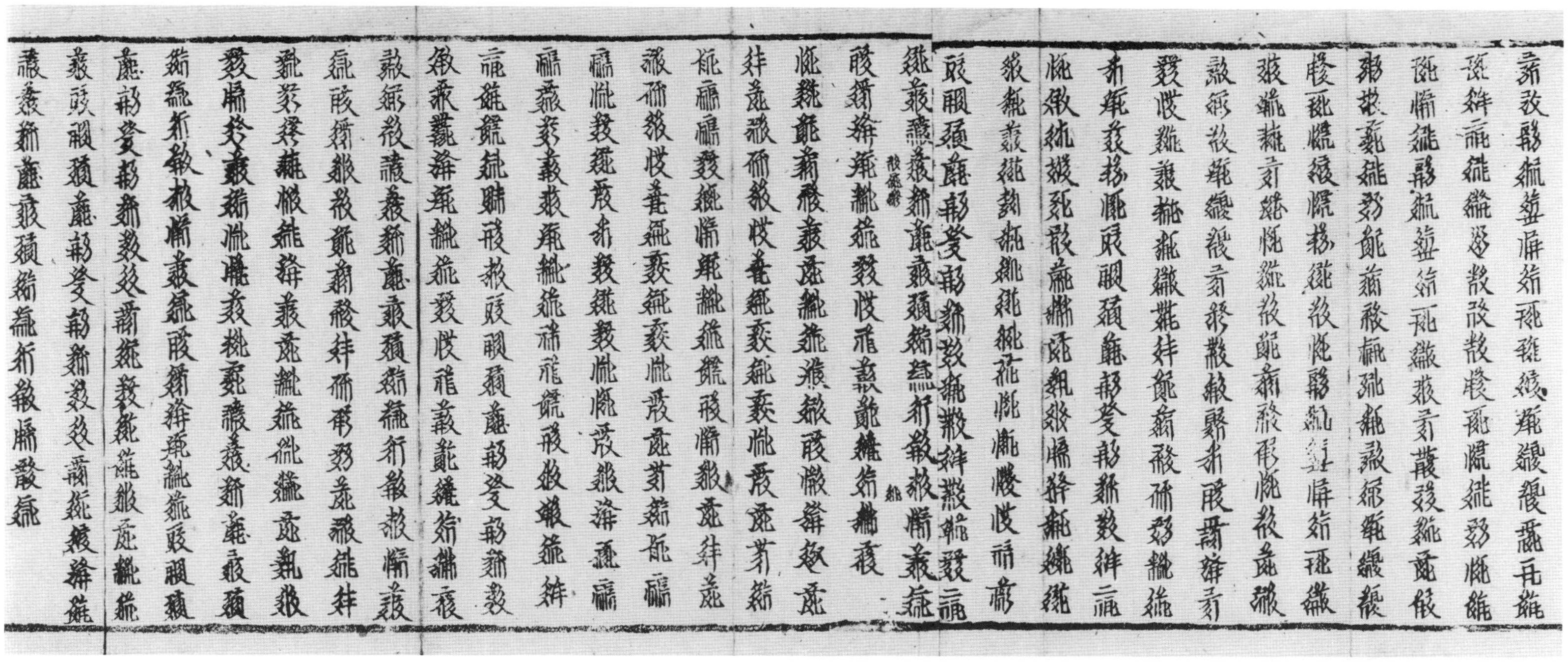

俄 Инв.No.7352　佛説佛母出生三法藏般若波羅蜜多經卷第十五　(12–7)

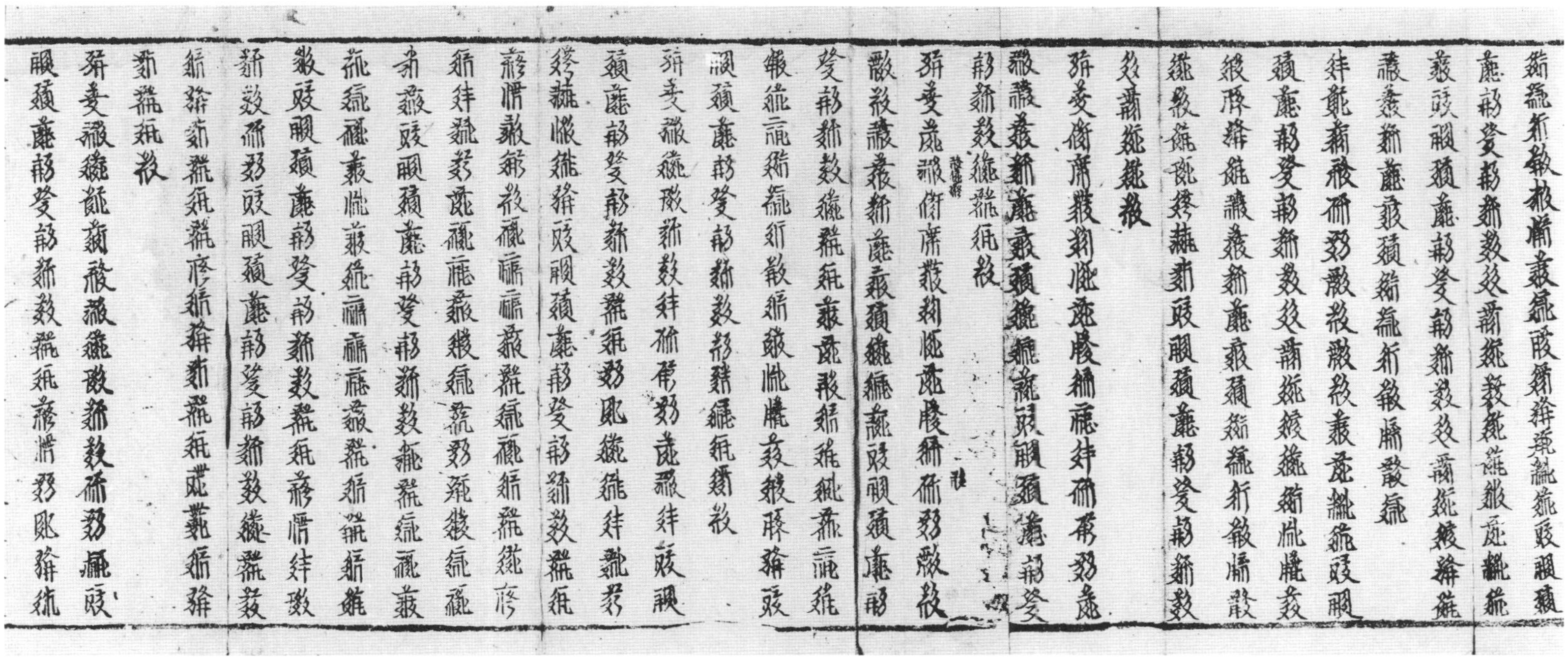

俄 Инв.No.7352　佛説佛母出生三法藏般若波羅蜜多經卷第十五　(12–8)

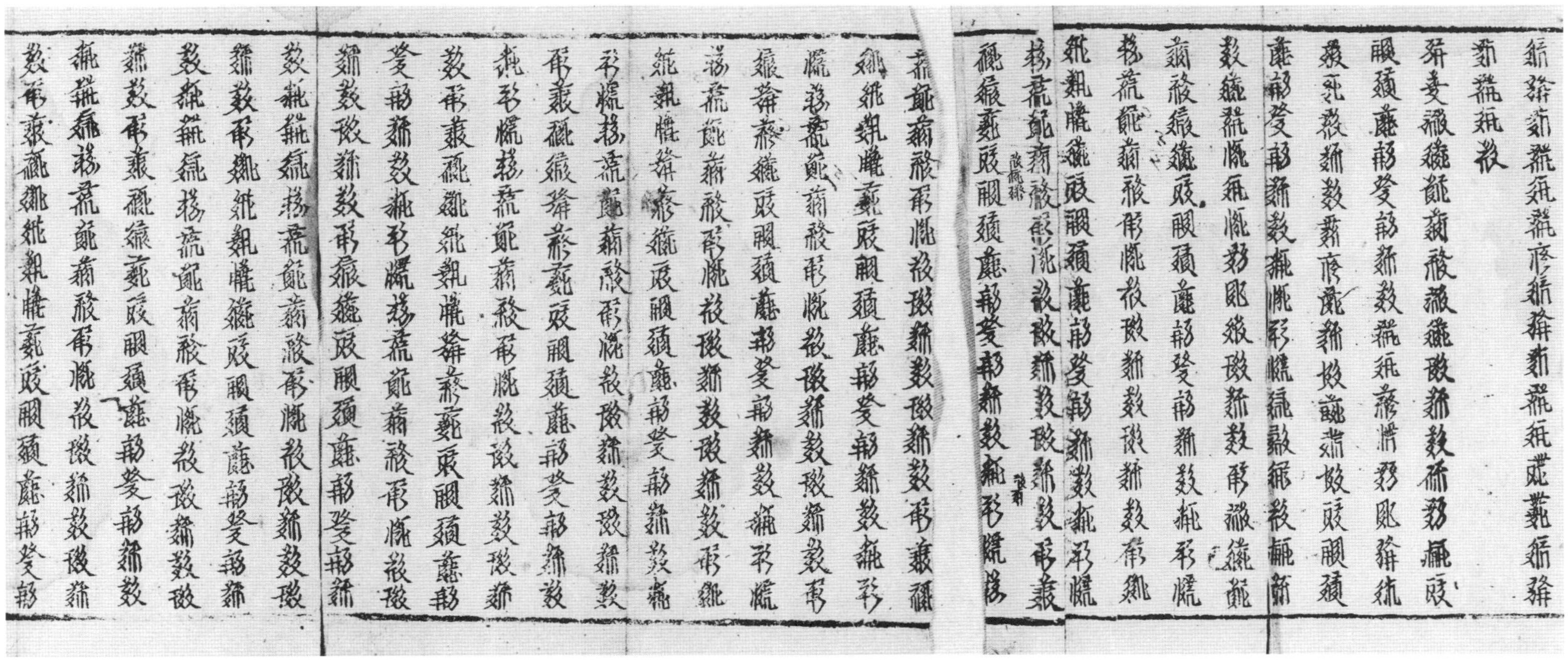

俄 Инв.No.7352　佛説佛母出生三法藏般若波羅蜜多經卷第十五　(12–9)

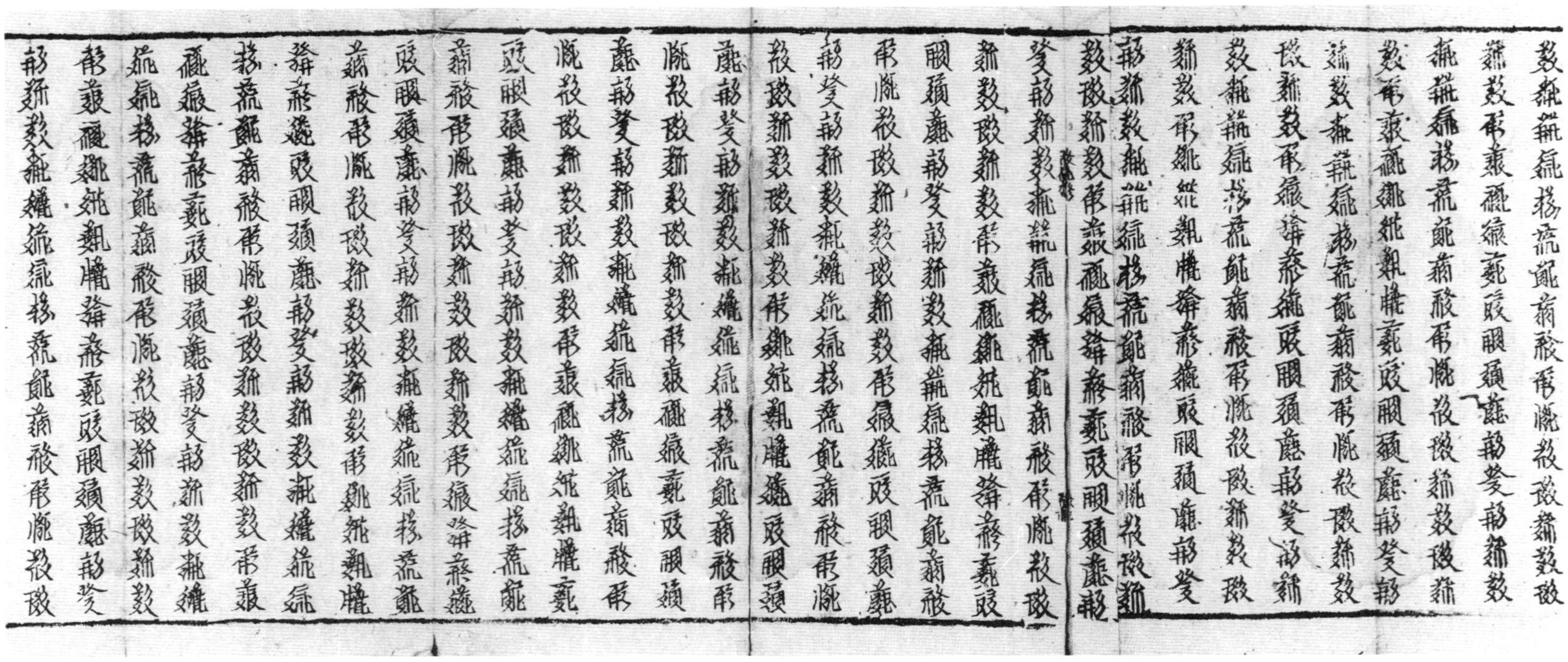

俄 Инв.No.7352　佛說佛母出生三法藏般若波羅蜜多經卷第十五　(12–10)

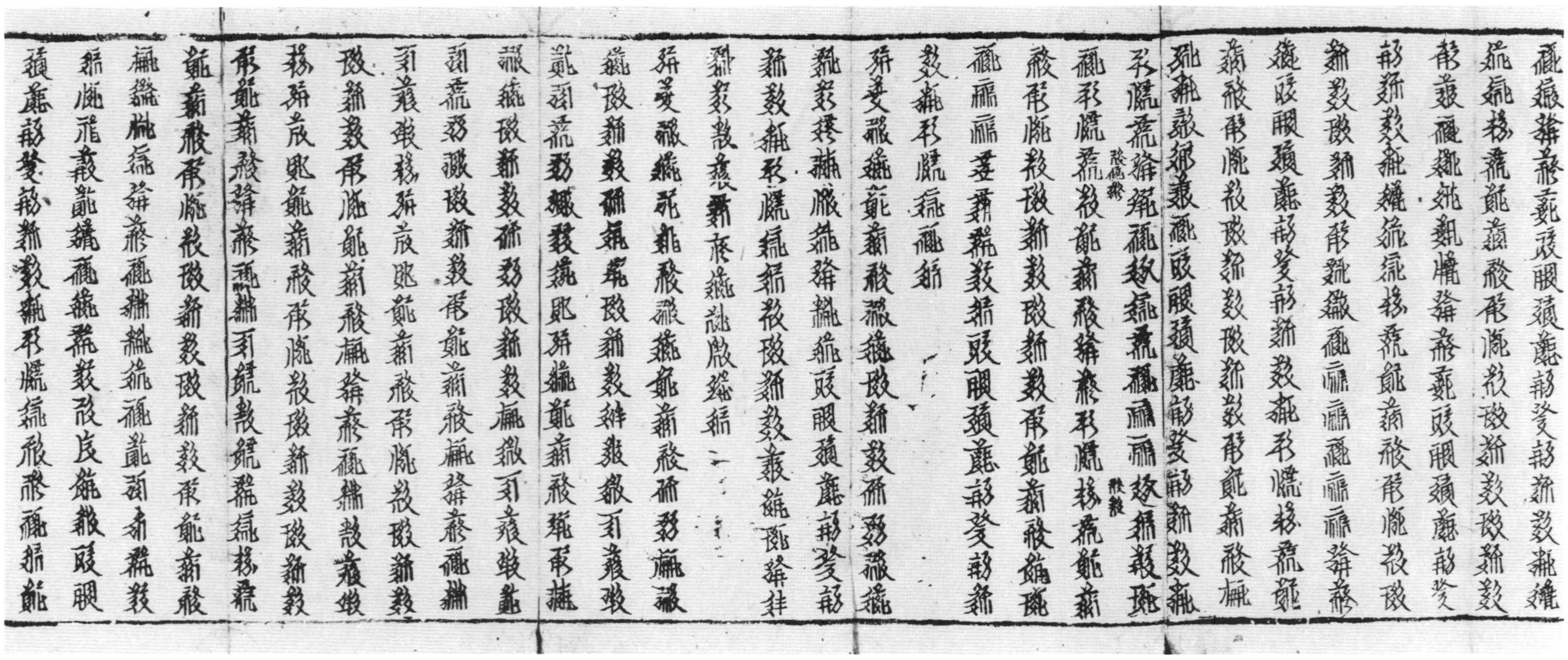

俄 Инв.No.7352　佛說佛母出生三法藏般若波羅蜜多經卷第十五　(12–11)

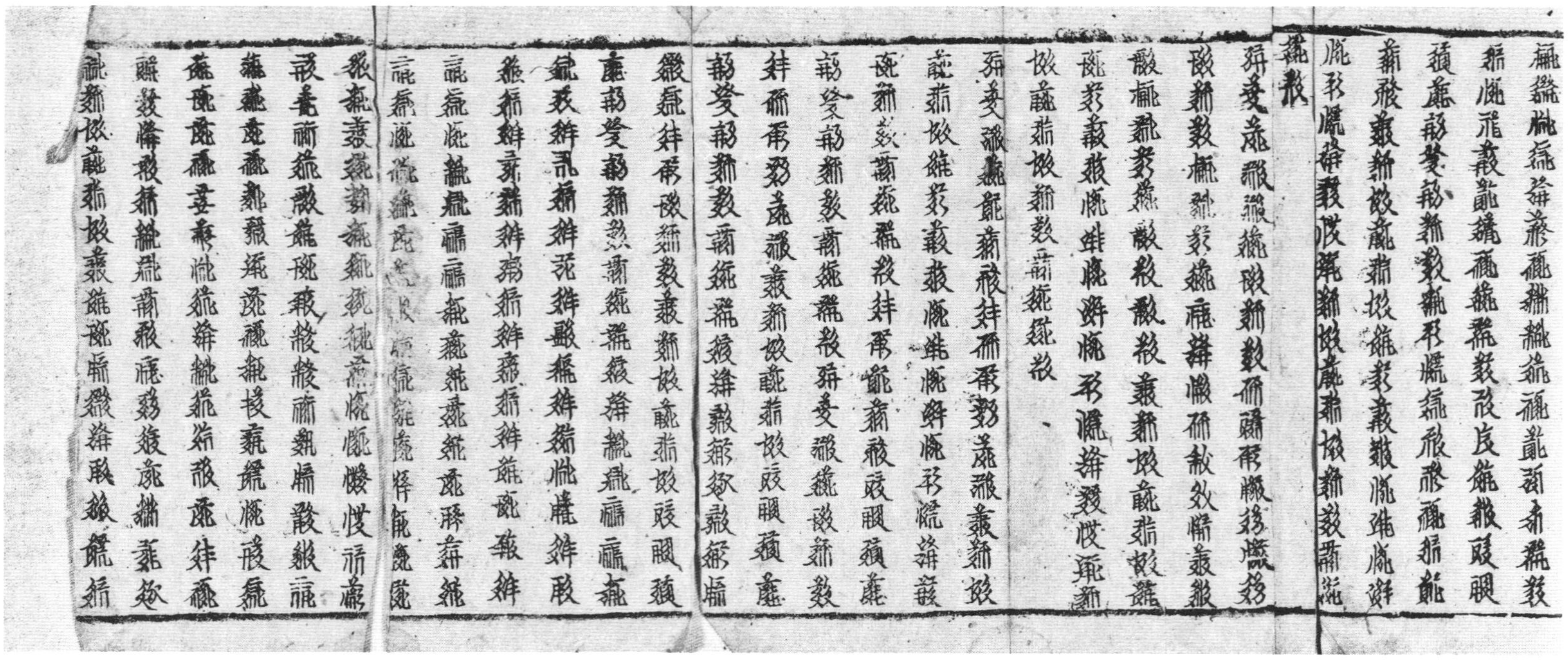

俄 Инв.No.7352　佛說佛母出生三法藏般若波羅蜜多經卷第十五　(12–12)

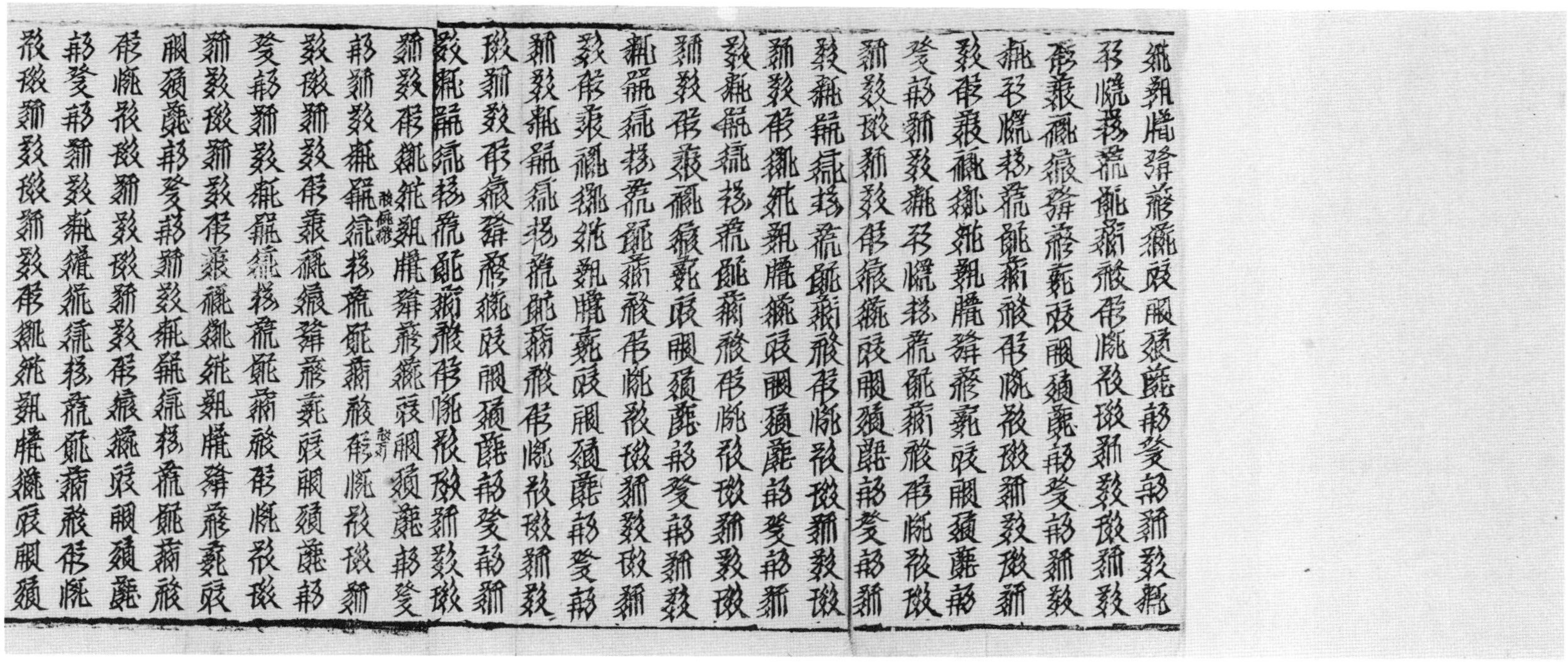

俄 Инв.No.6114　佛説佛母出生三法藏般若波羅蜜多經卷第十五　(2-1)

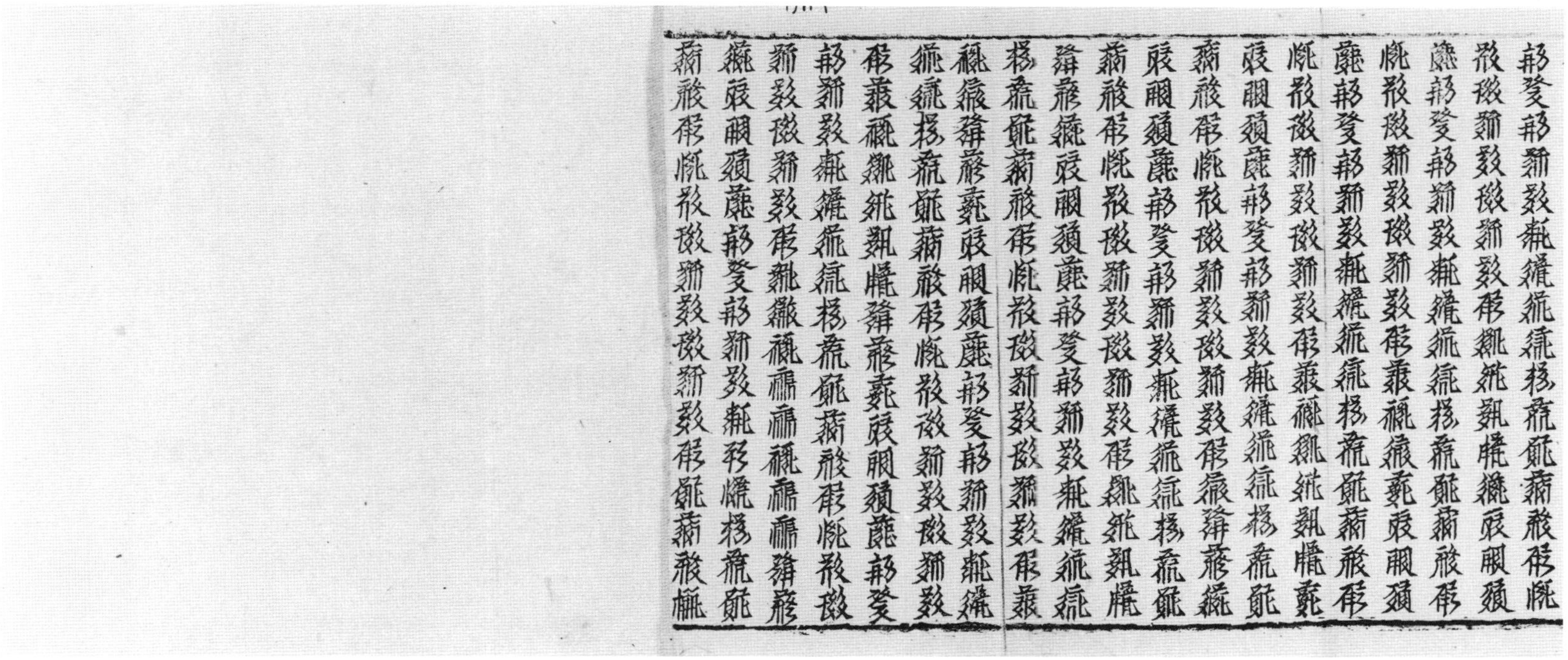

俄 Инв.No.6114　佛説佛母出生三法藏般若波羅蜜多經卷第十五　(2-2)

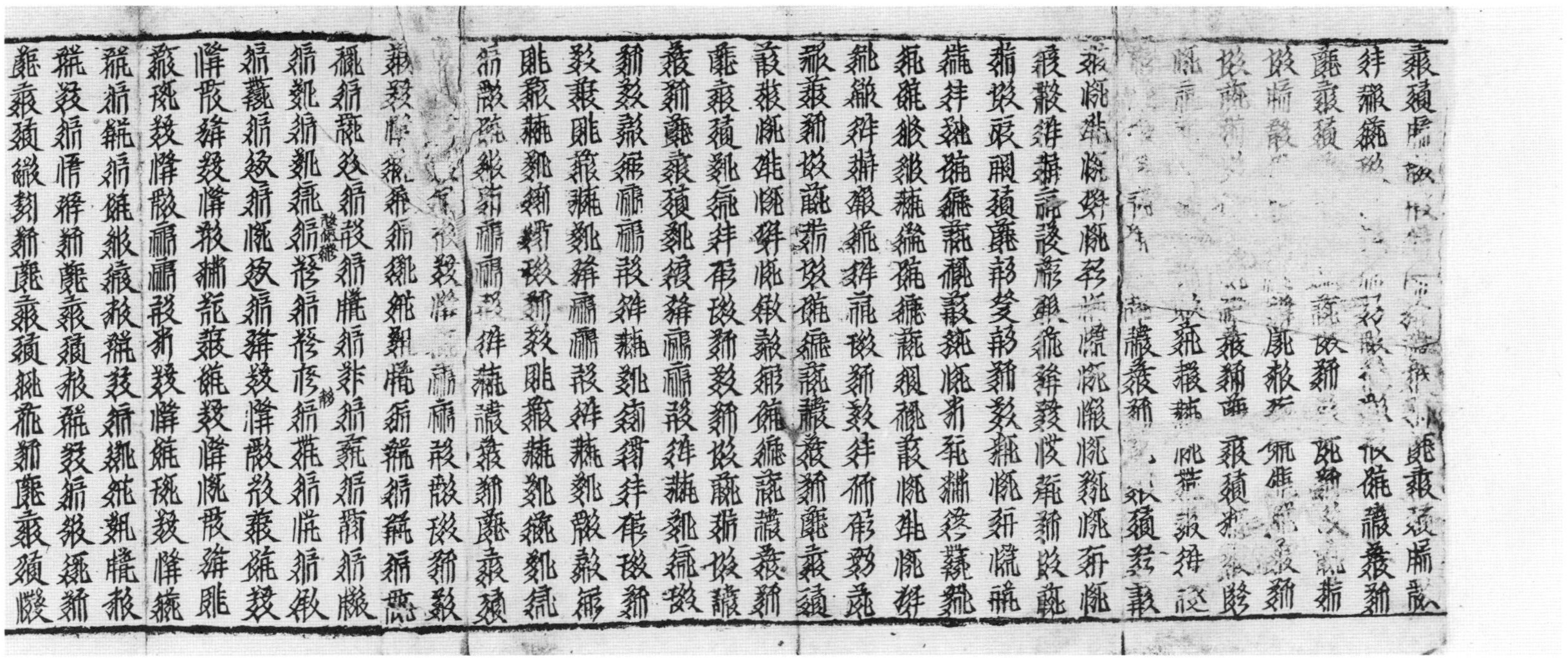

俄 Инв.No.3883　佛説佛母出生三法藏般若波羅蜜多經卷第十五　(3-1)

俄 Инв.No.3883　佛說佛母出生三法藏般若波羅蜜多經卷第十五　(3-2)

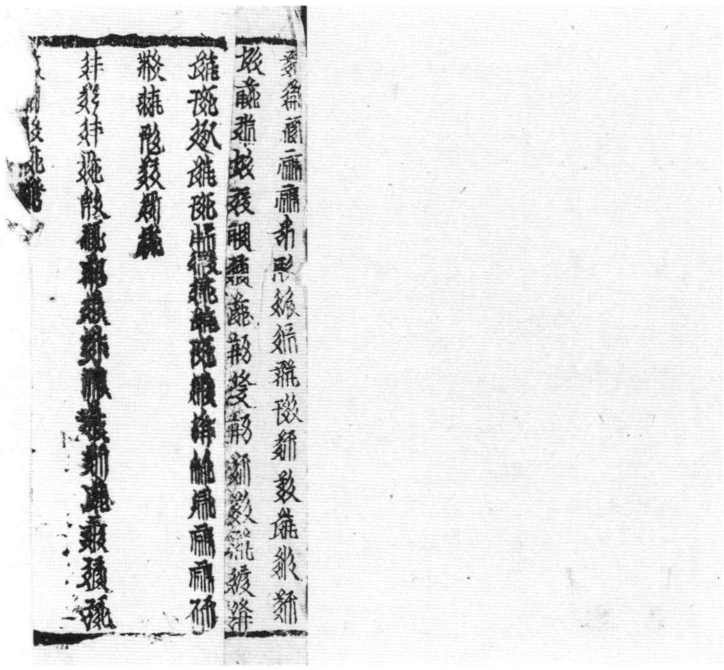

俄 Инв.No.3883　佛說佛母出生三法藏般若波羅蜜多經卷第十五　(3-3)

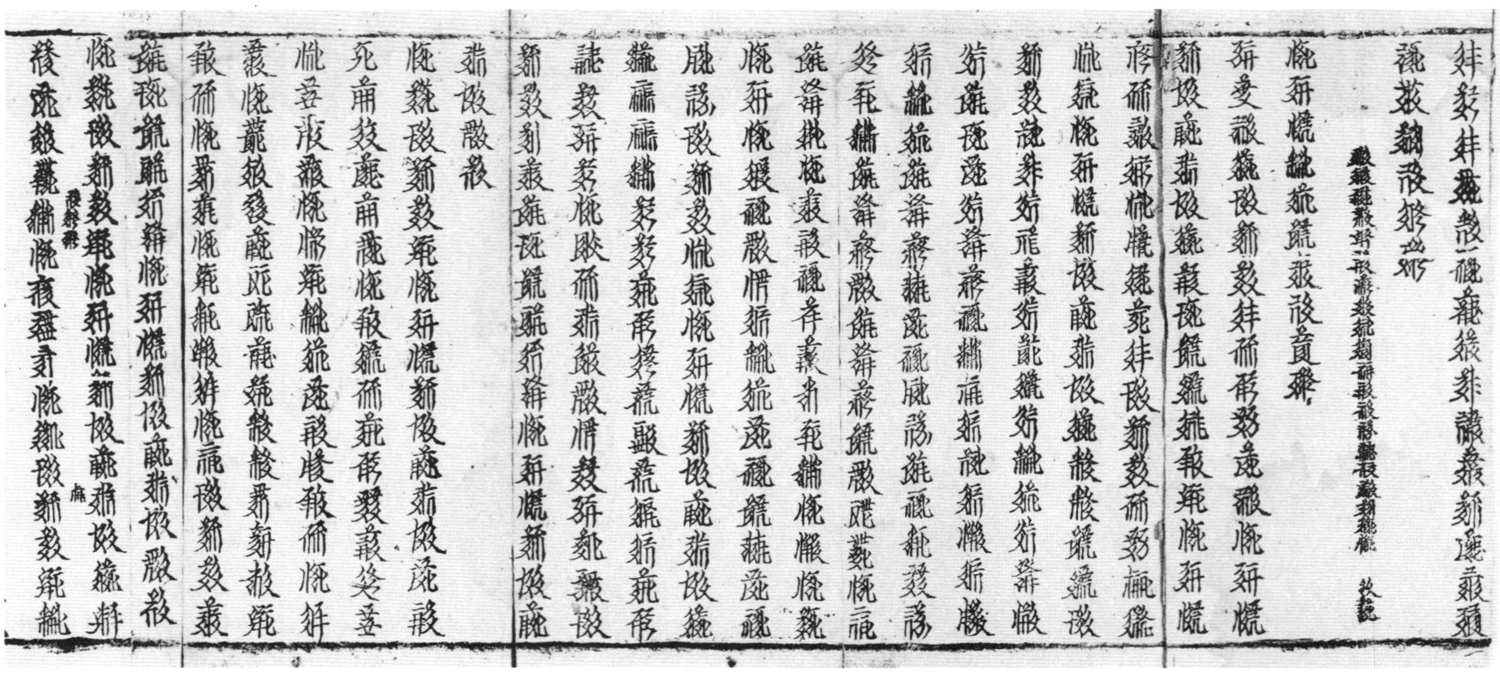

俄 Инв.No.241　佛說佛母出生三法藏般若波羅蜜多經卷第十六　(11-1)

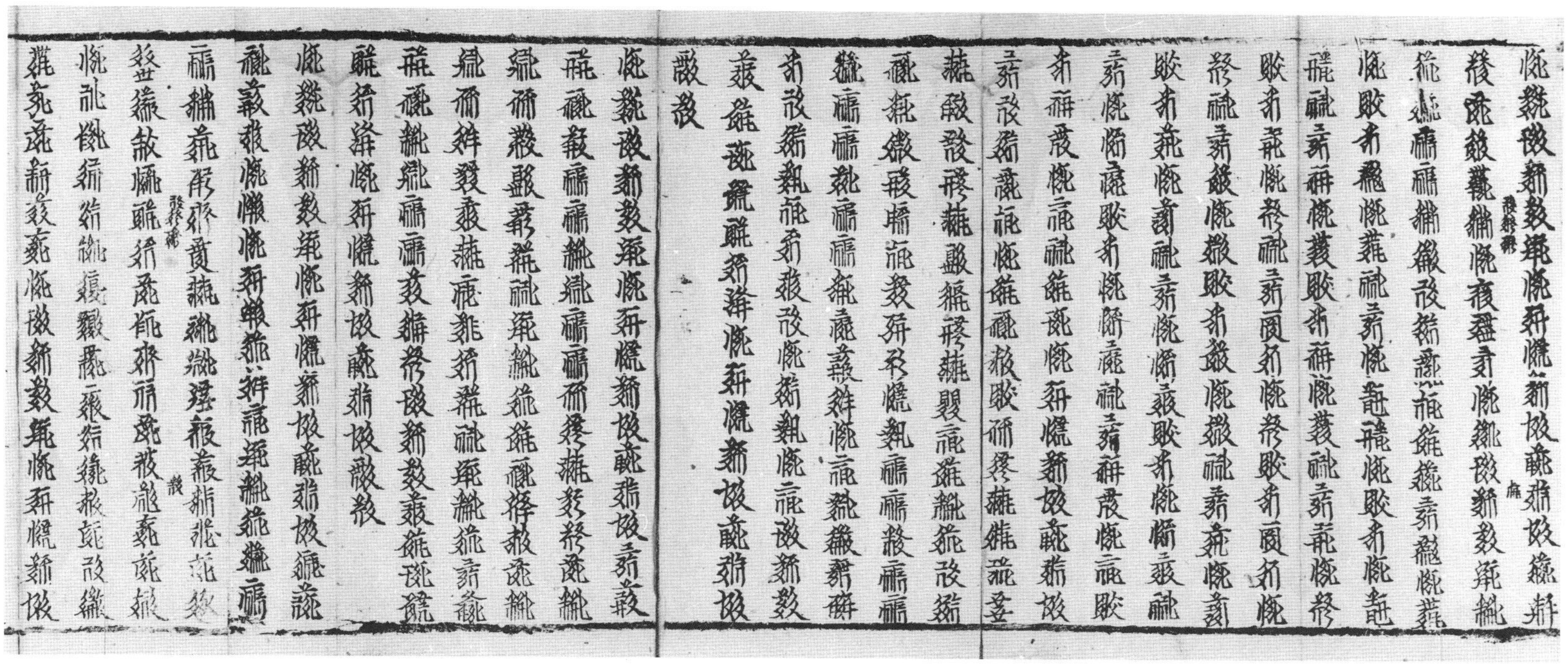

俄 Инв.No.241　佛説佛母出生三法藏般若波羅蜜多經卷第十六　(11-2)

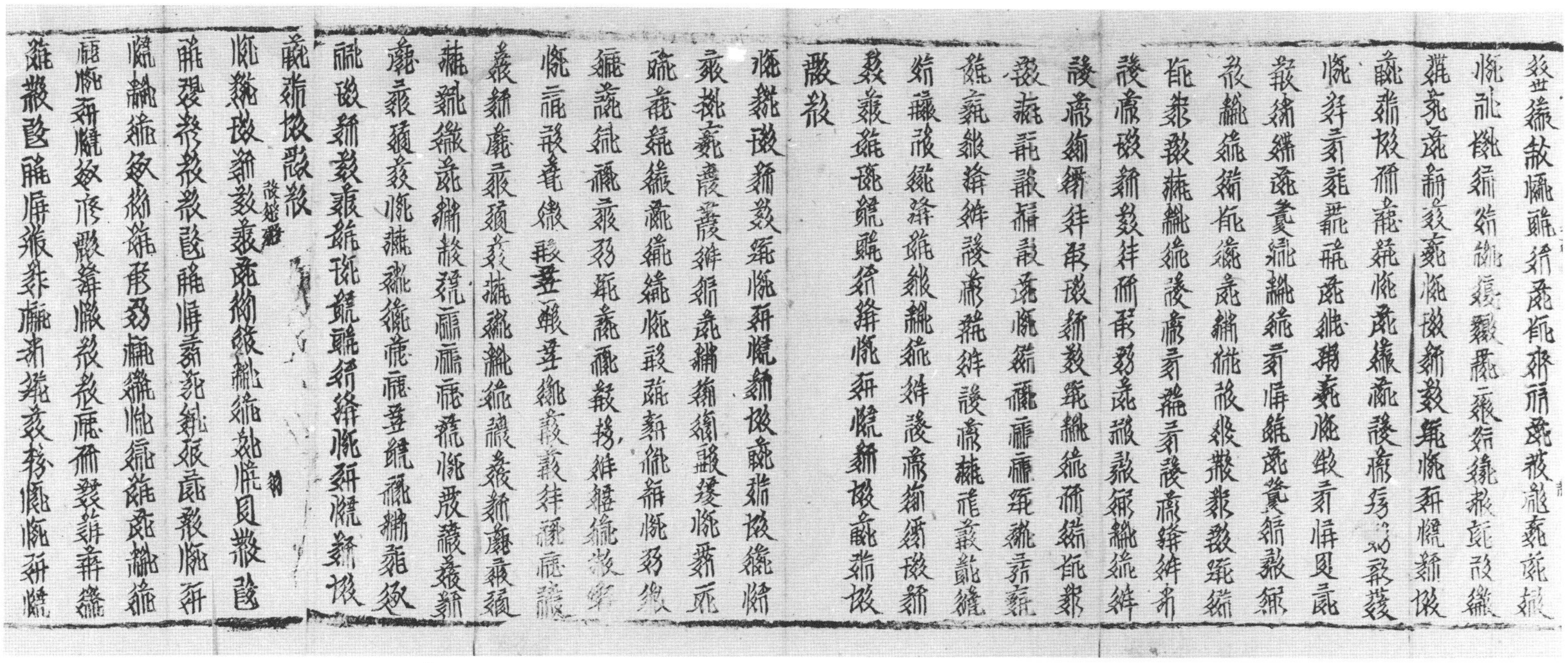

俄 Инв.No.241　佛説佛母出生三法藏般若波羅蜜多經卷第十六　(11-3)

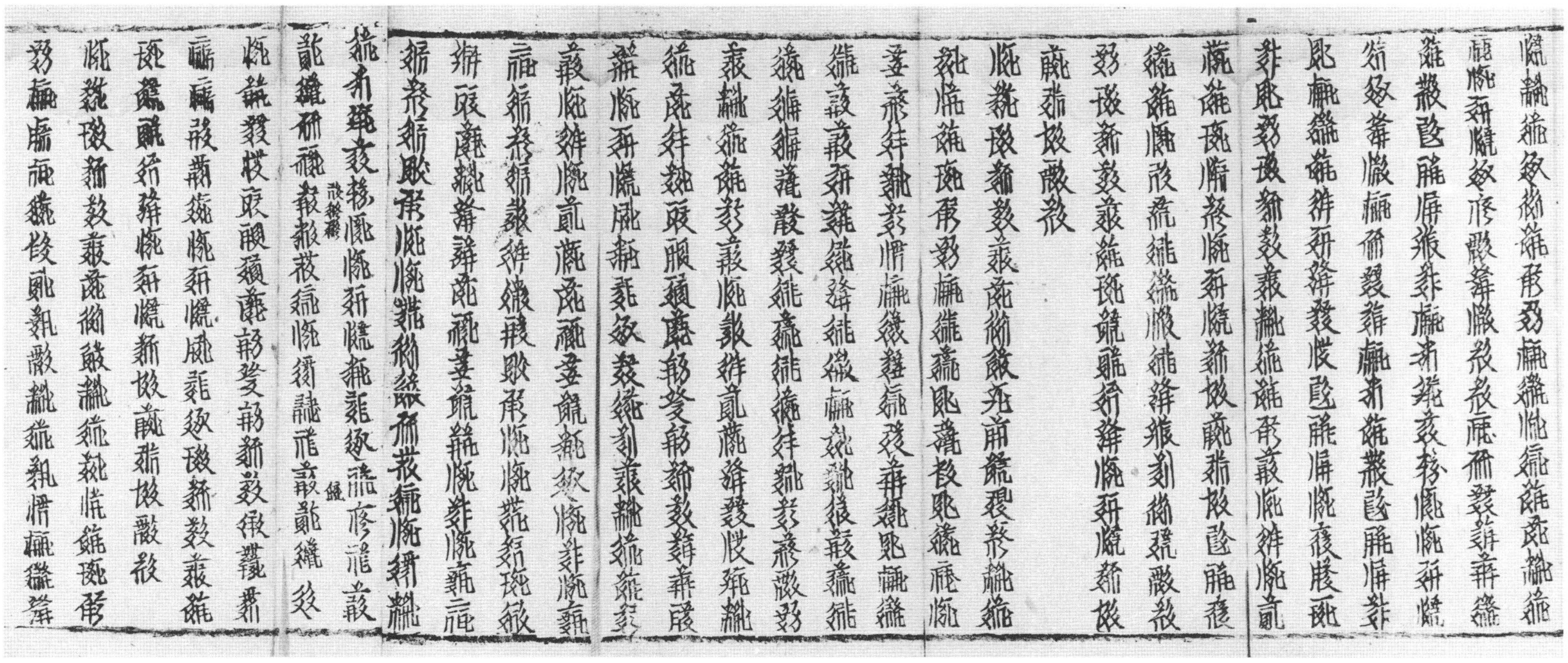

俄 Инв.No.241　佛説佛母出生三法藏般若波羅蜜多經卷第十六　(11-4)

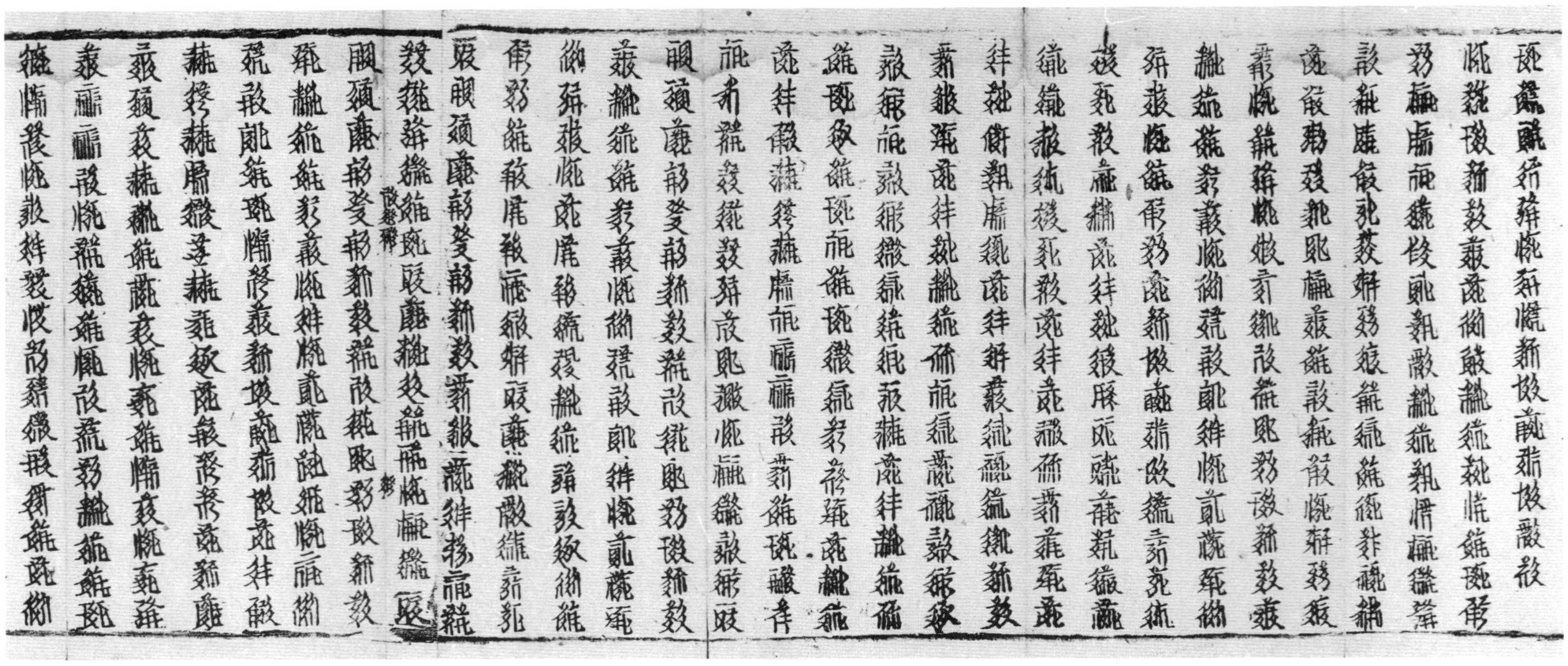

俄 Инв.No.241　佛説佛母出生三法藏般若波羅蜜多經卷第十六　(11–5)

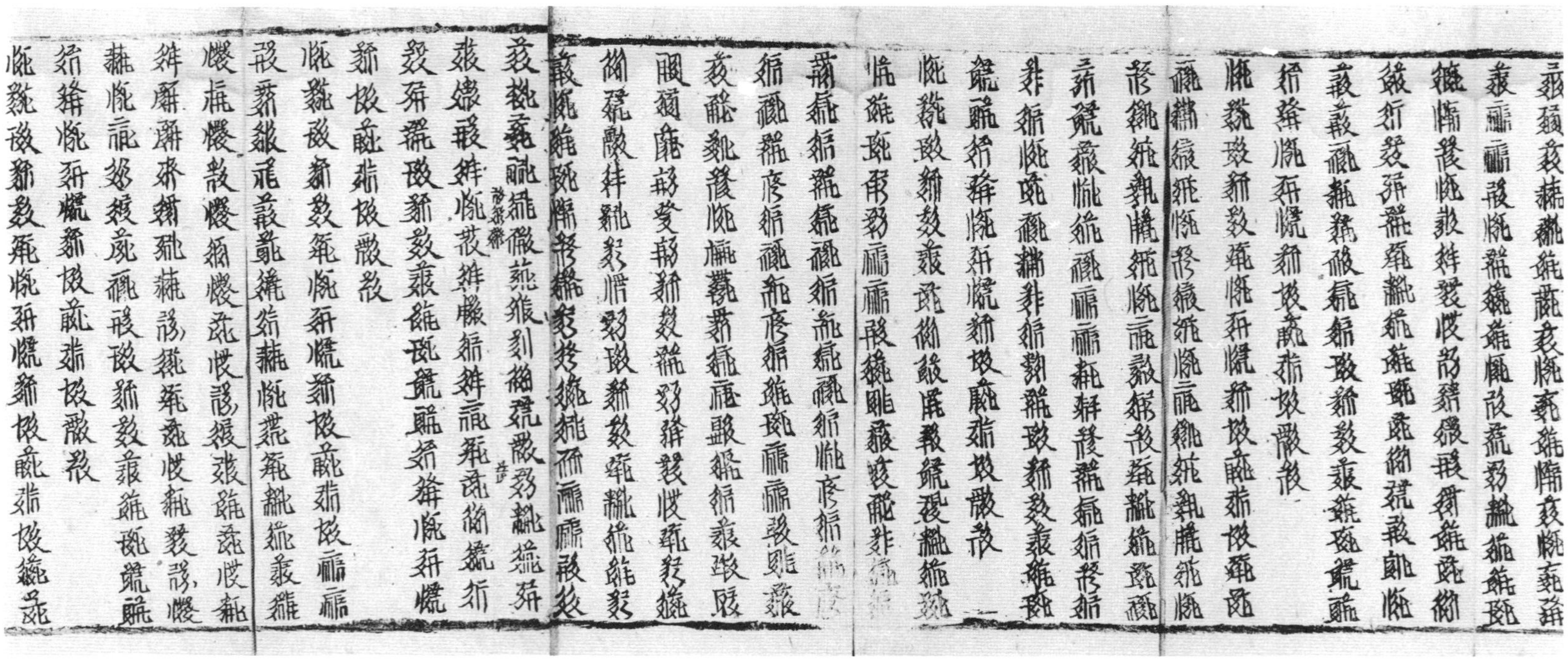

俄 Инв.No.241　佛説佛母出生三法藏般若波羅蜜多經卷第十六　(11–6)

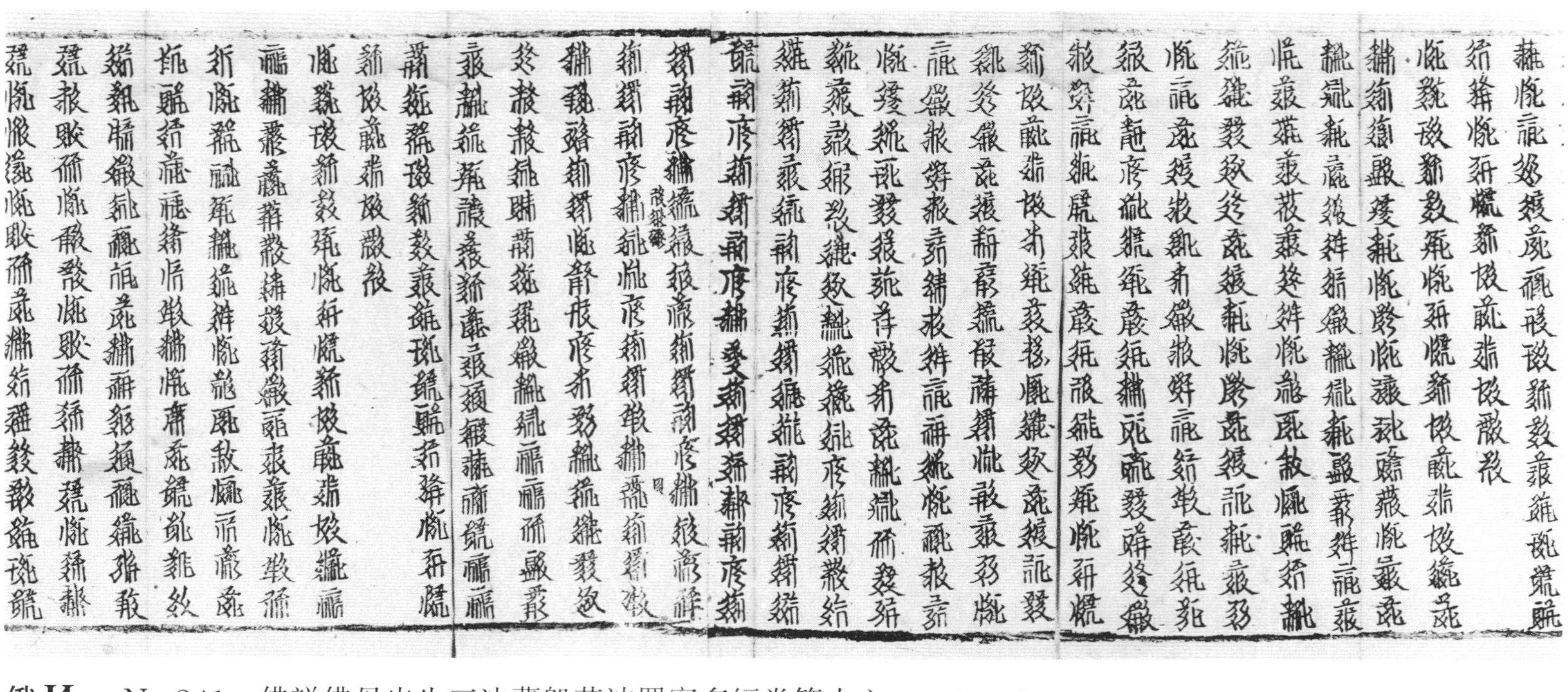

俄 Инв.No.241　佛説佛母出生三法藏般若波羅蜜多經卷第十六　(11–7)

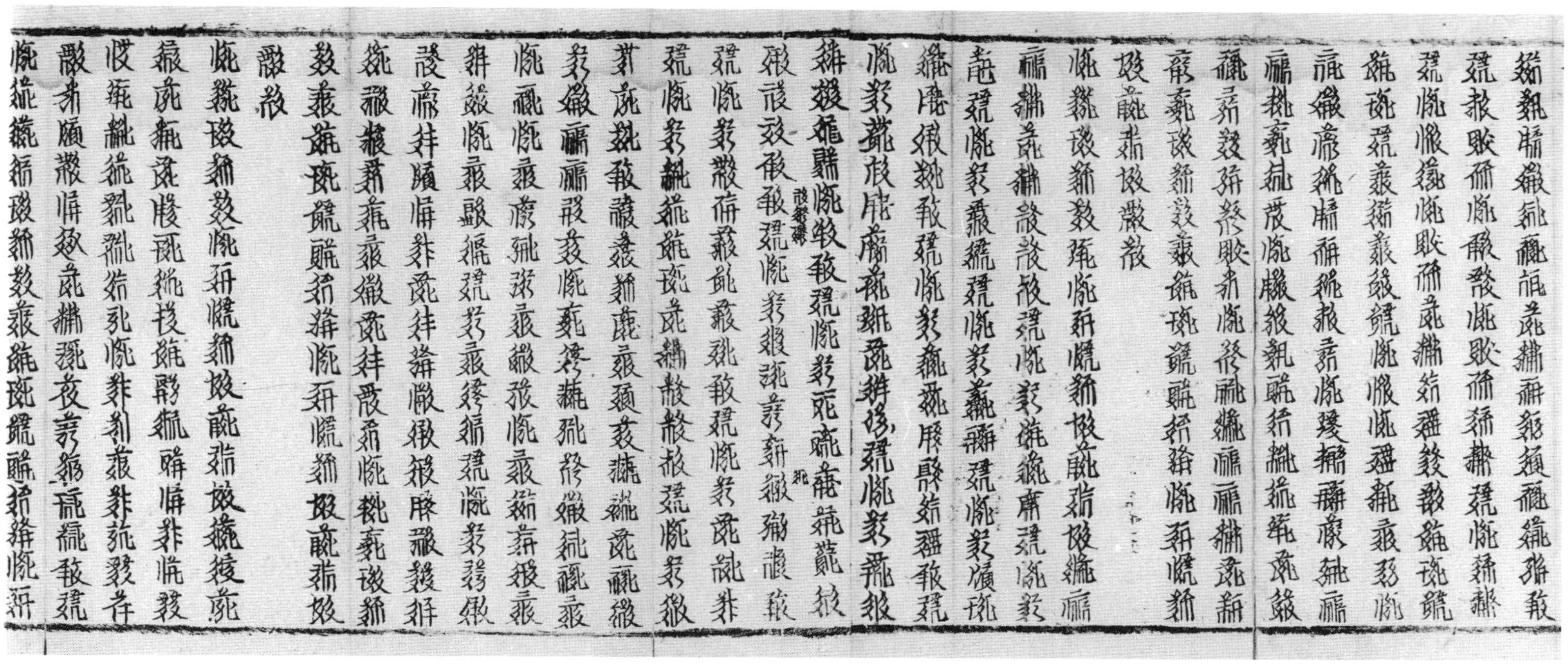

俄 Инв.No.241　佛説佛母出生三法藏般若波羅蜜多經卷第十六　(11-8)

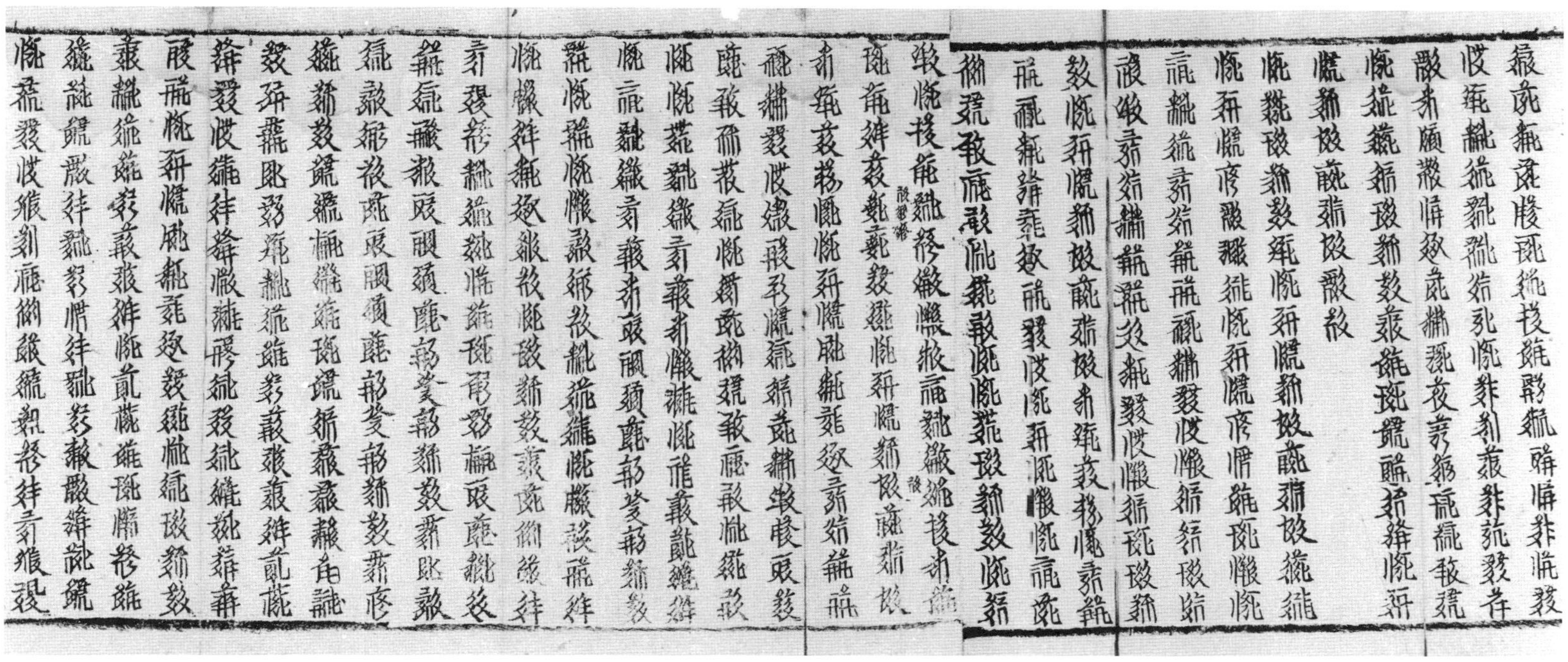

俄 Инв.No.241　佛説佛母出生三法藏般若波羅蜜多經卷第十六　(11-9)

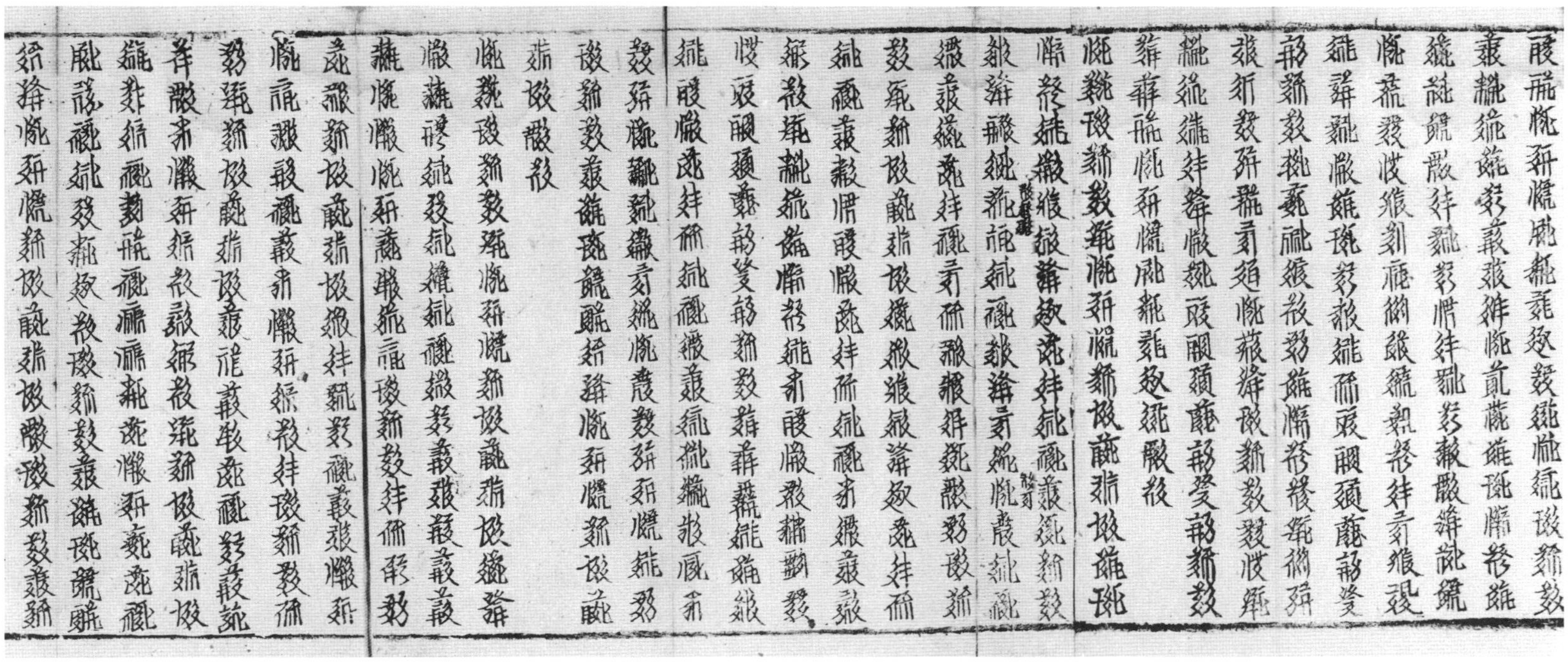

俄 Инв.No.241　佛説佛母出生三法藏般若波羅蜜多經卷第十六　(11-10)

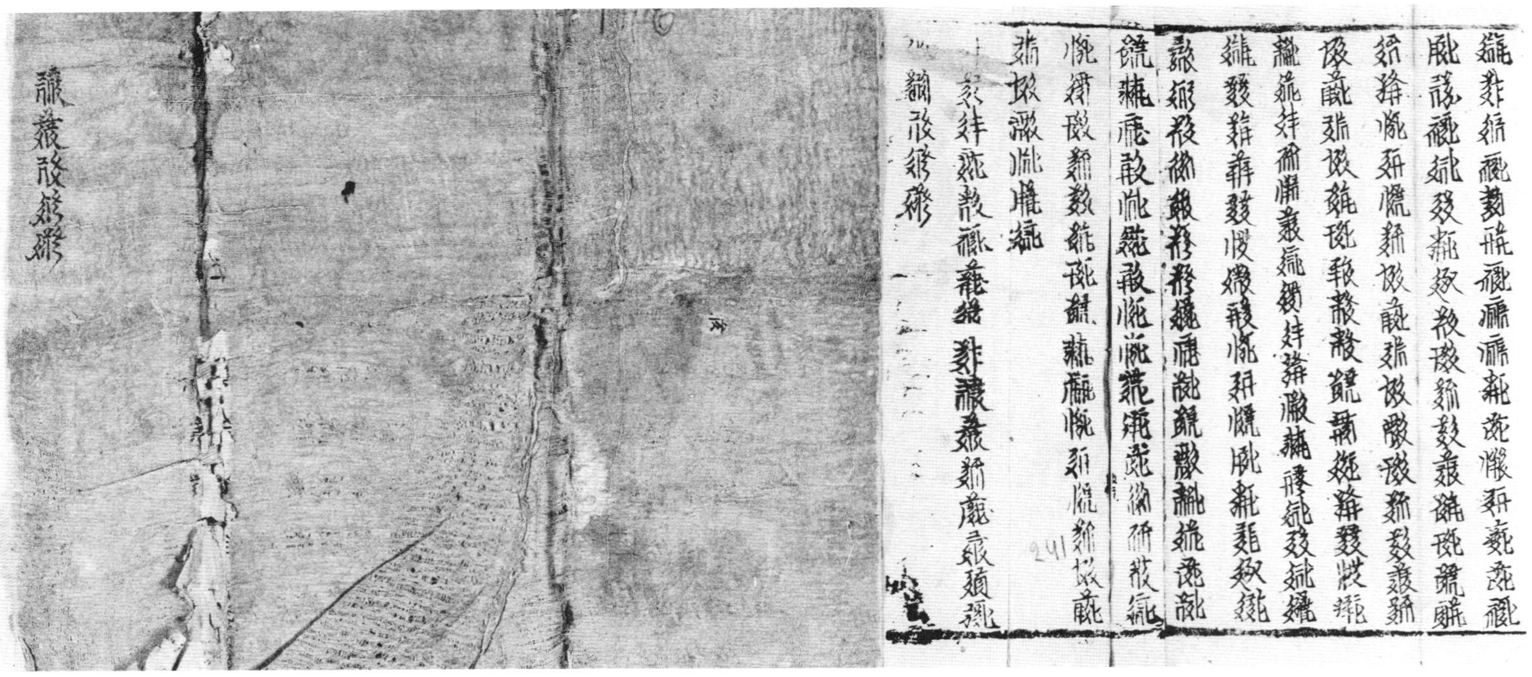

俄 Инв.No.241　佛說佛母出生三法藏般若波羅蜜多經卷第十六　(11–11)

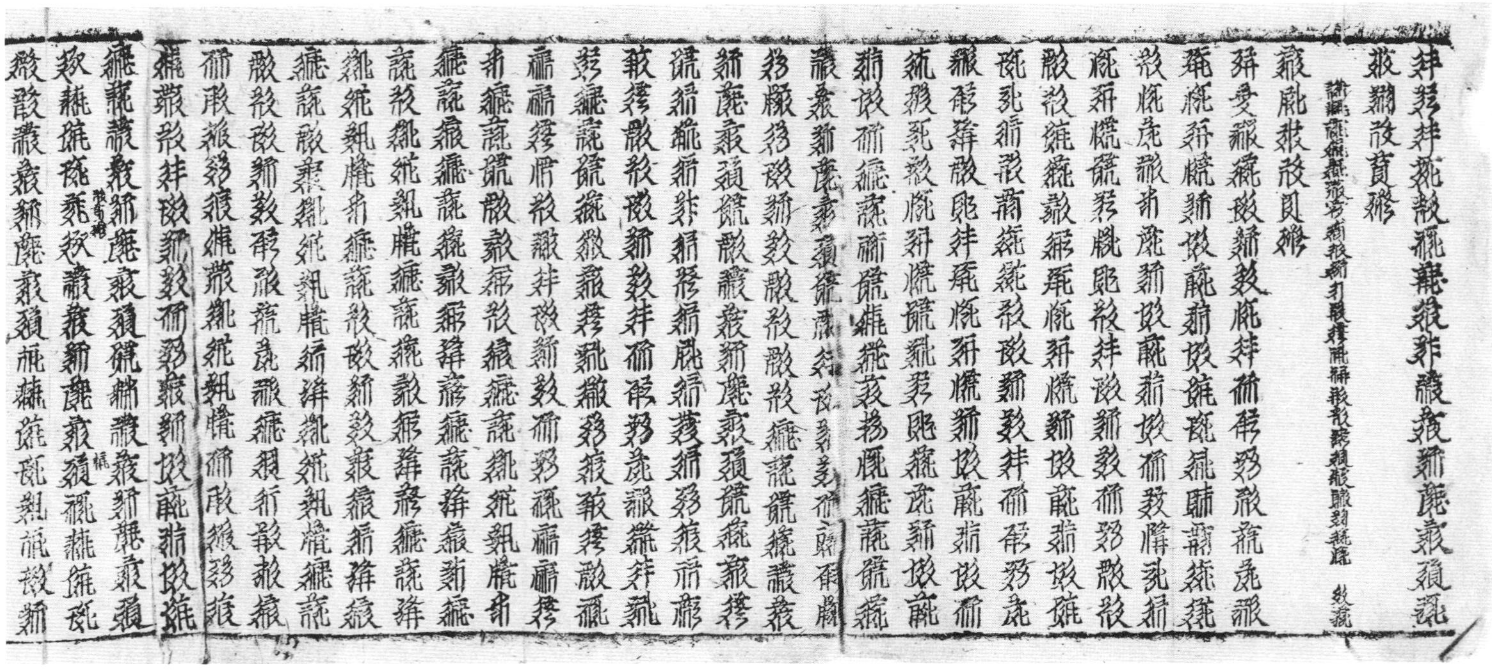

俄 Инв.No.275　佛說佛母出生三法藏般若波羅蜜多經卷第十七　(11–1)

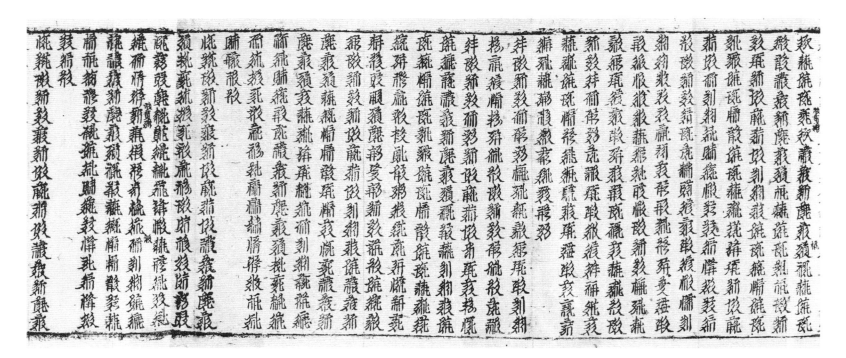

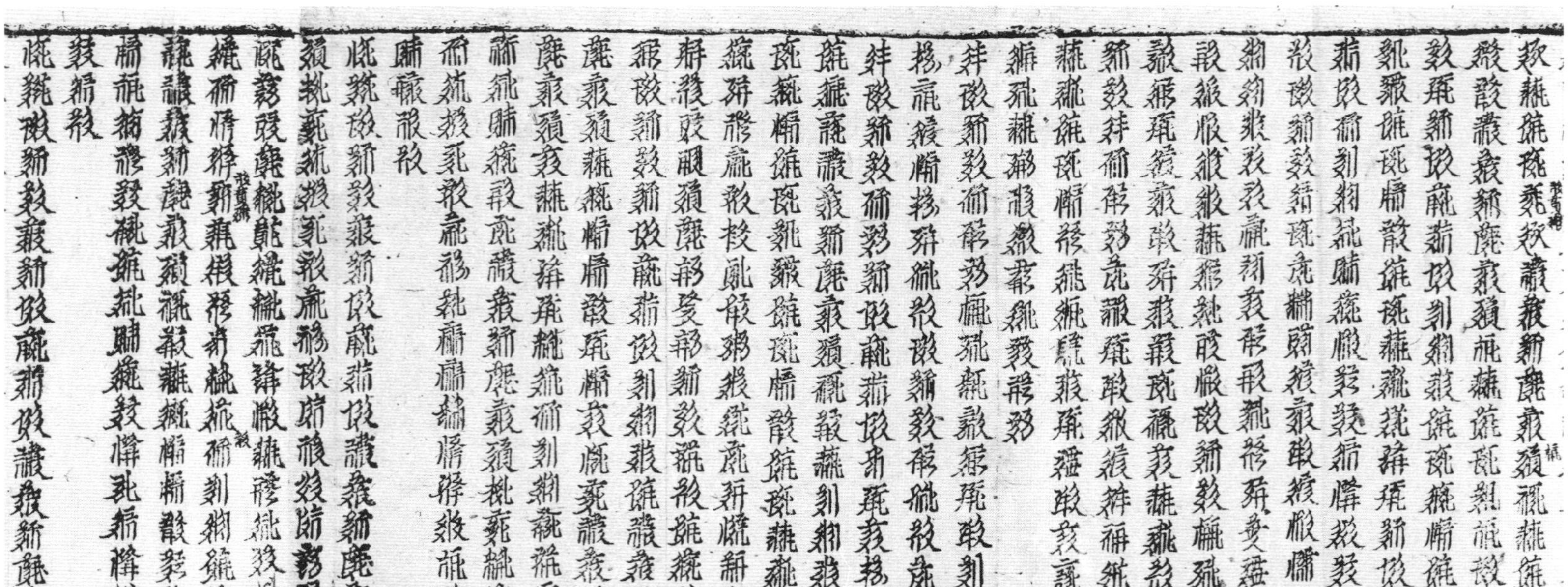

俄 Инв.No.275　佛說佛母出生三法藏般若波羅蜜多經卷第十七　(11–2)

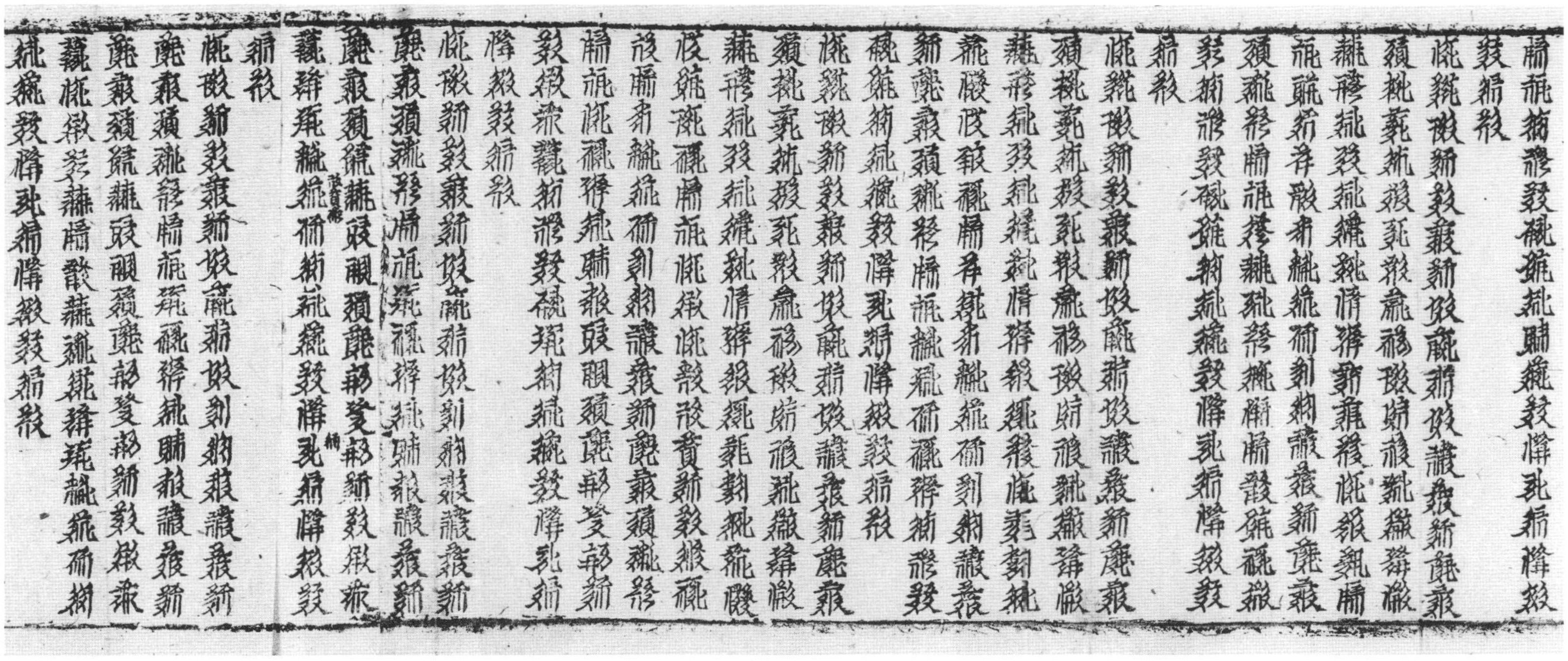

俄Инв.No.275　佛説佛母出生三法藏般若波羅蜜多經卷第十七　(11-3)

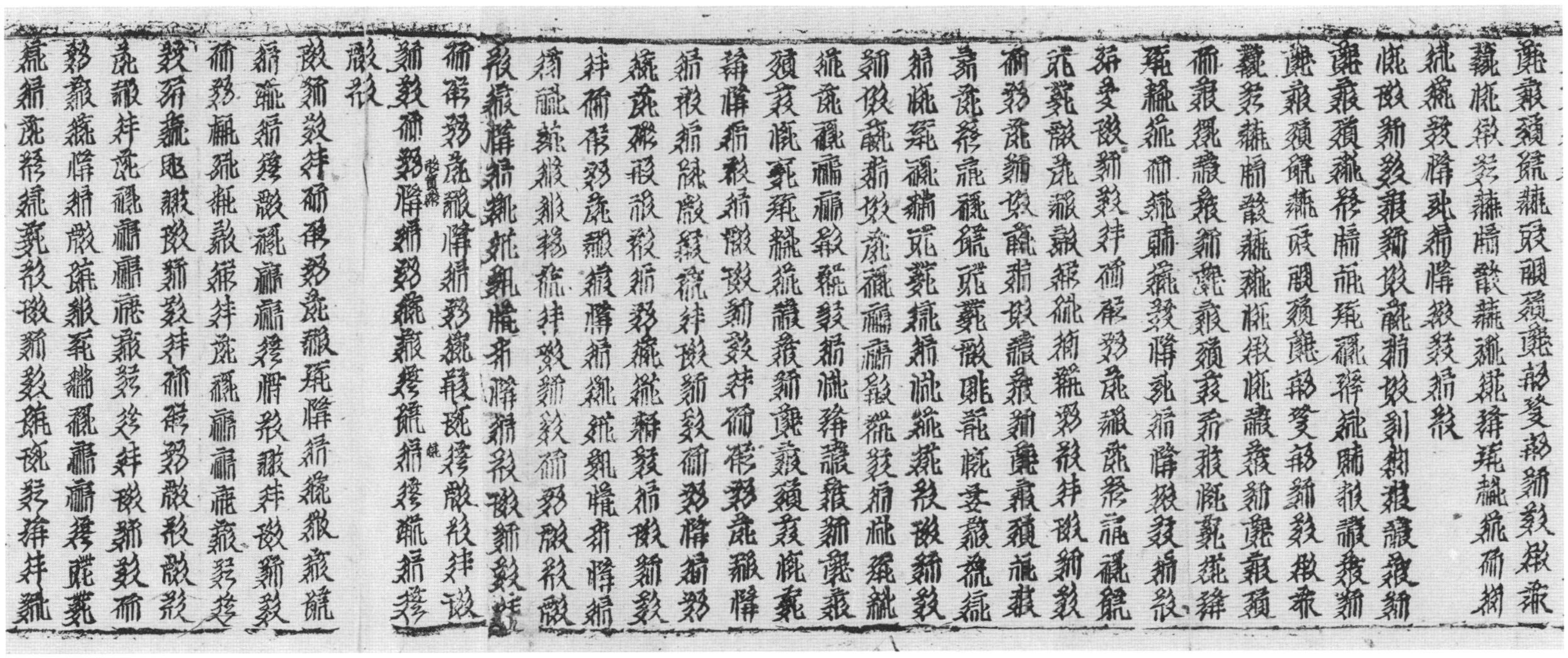

俄Инв.No.275　佛説佛母出生三法藏般若波羅蜜多經卷第十七　(11-4)

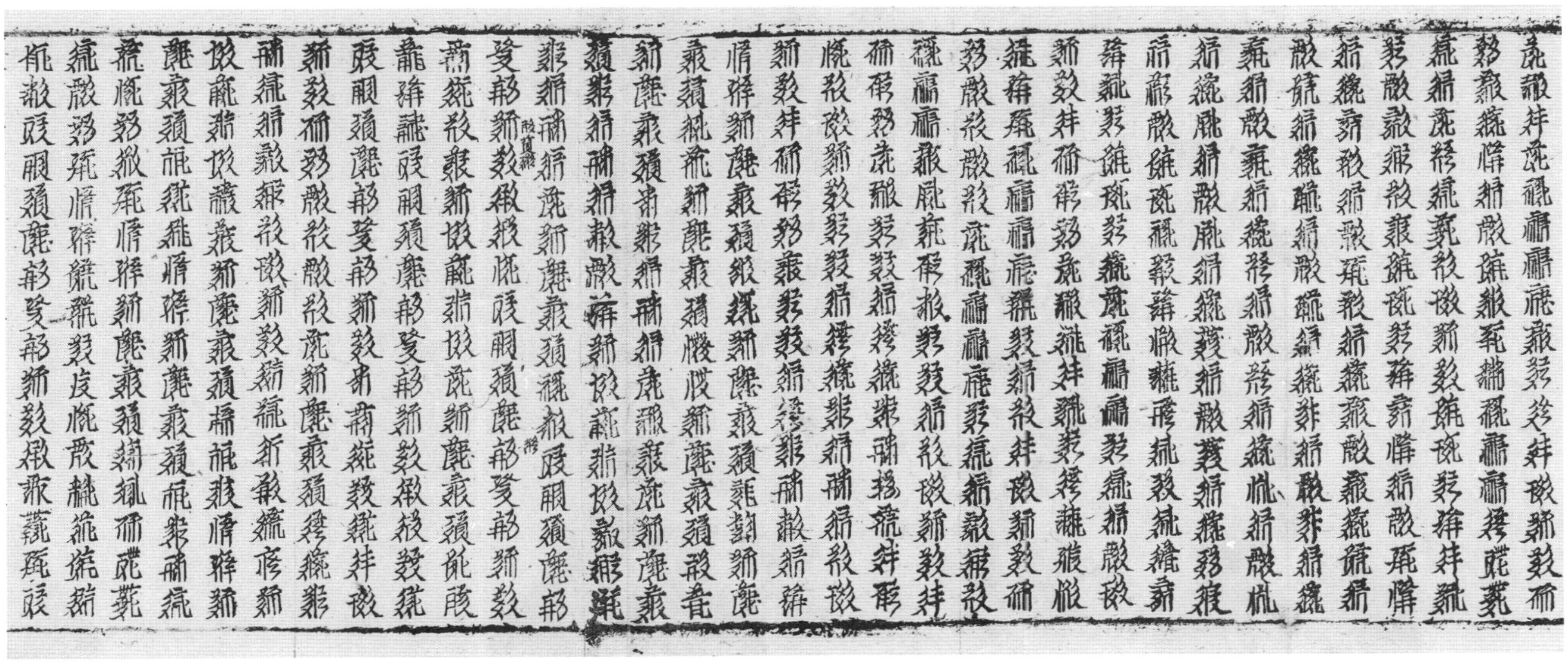

俄Инв.No.275　佛説佛母出生三法藏般若波羅蜜多經卷第十七　(11-5)

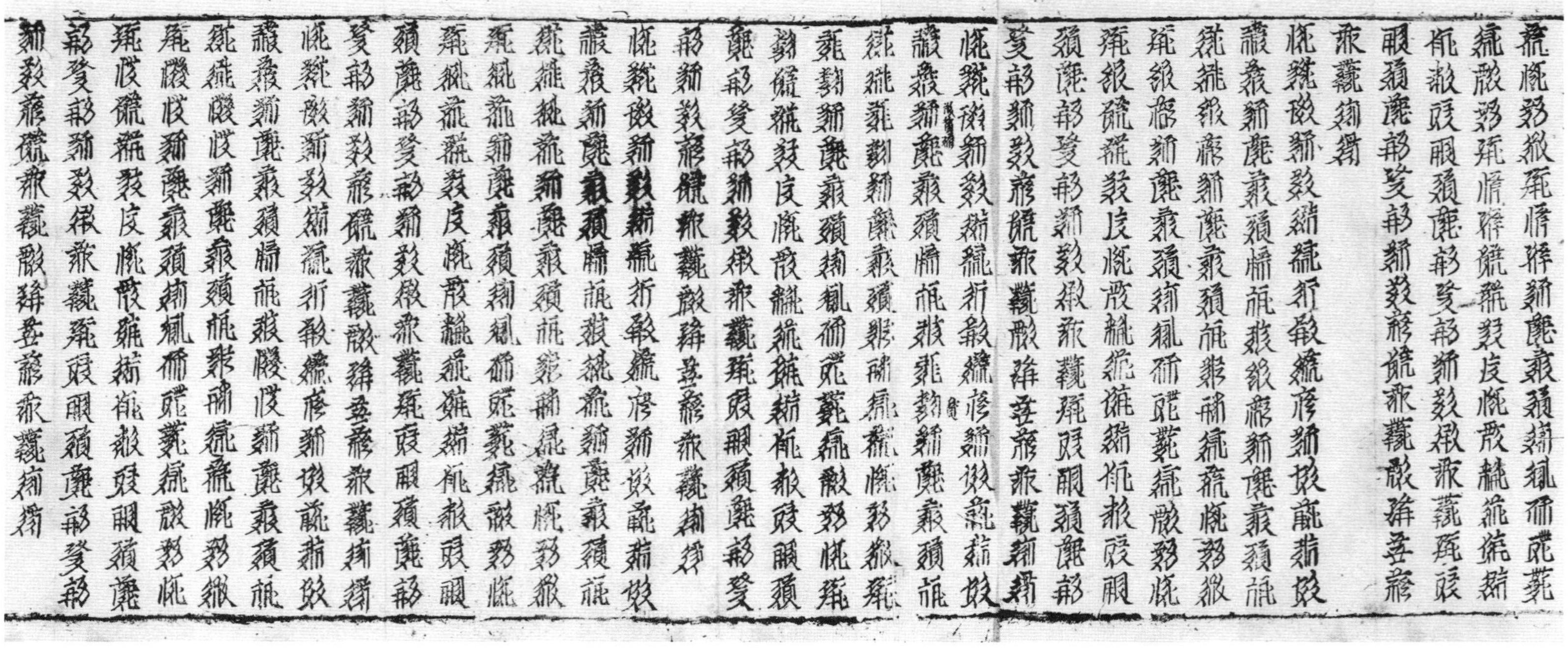

俄 Инв.No.275　佛説佛母出生三法藏般若波羅蜜多經卷第十七　(11–6)

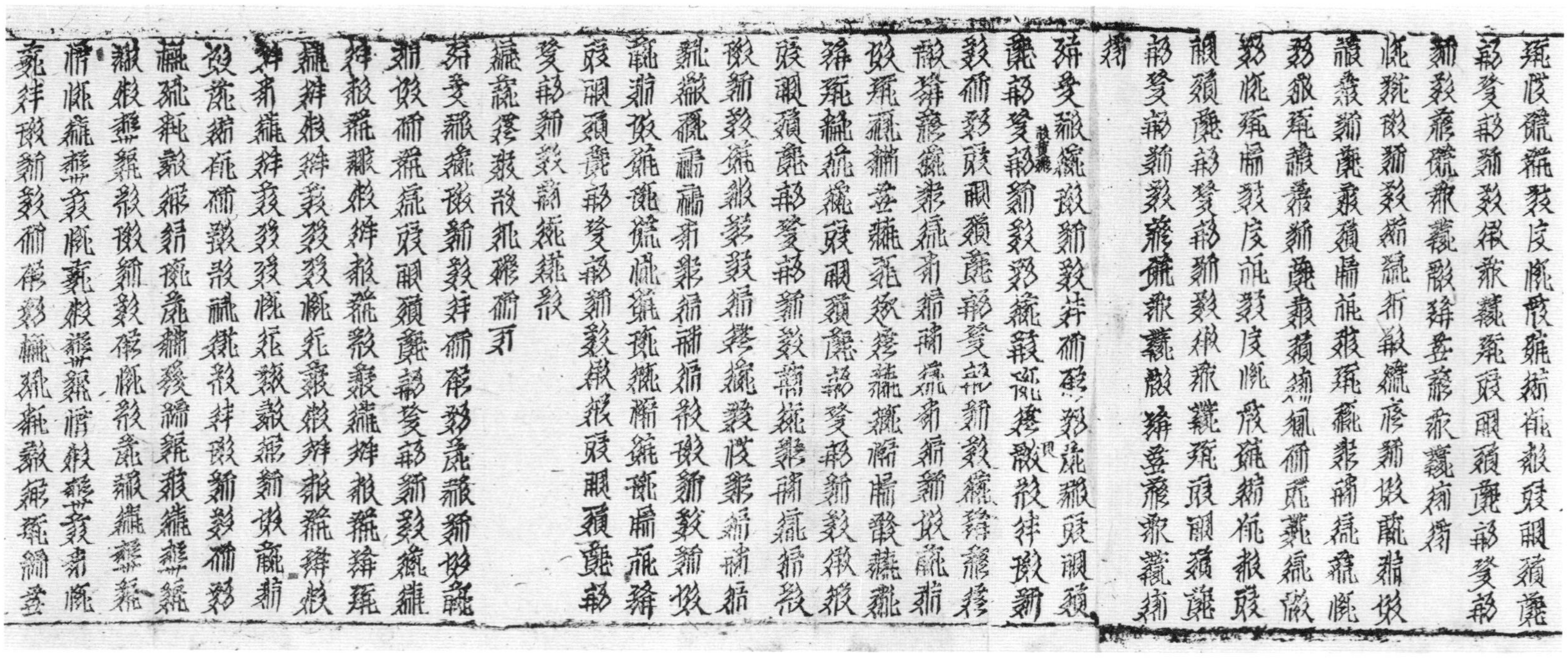

俄 Инв.No.275　佛説佛母出生三法藏般若波羅蜜多經卷第十七　(11–7)

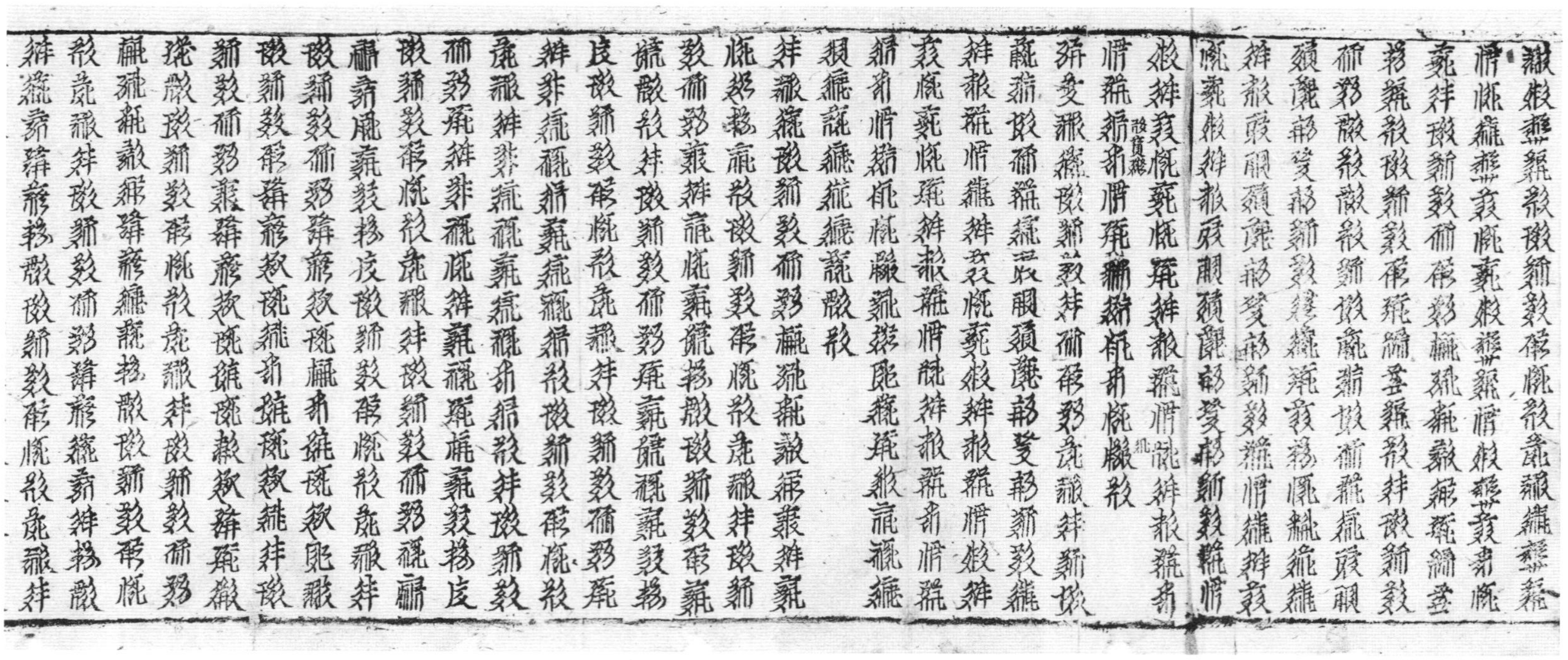

俄 Инв.No.275　佛説佛母出生三法藏般若波羅蜜多經卷第十七　(11–8)

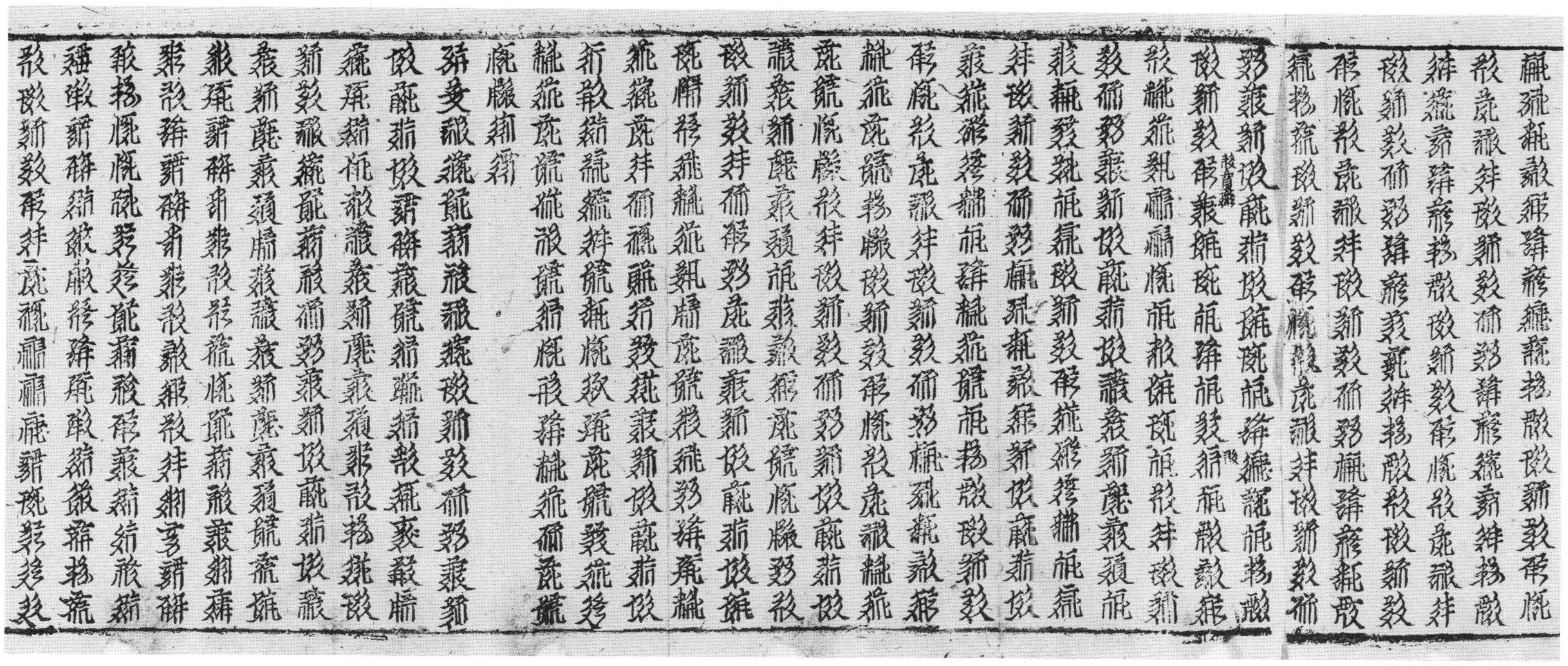

俄 Инв.No.275　佛說佛母出生三法藏般若波羅蜜多經卷第十七　(11–9)

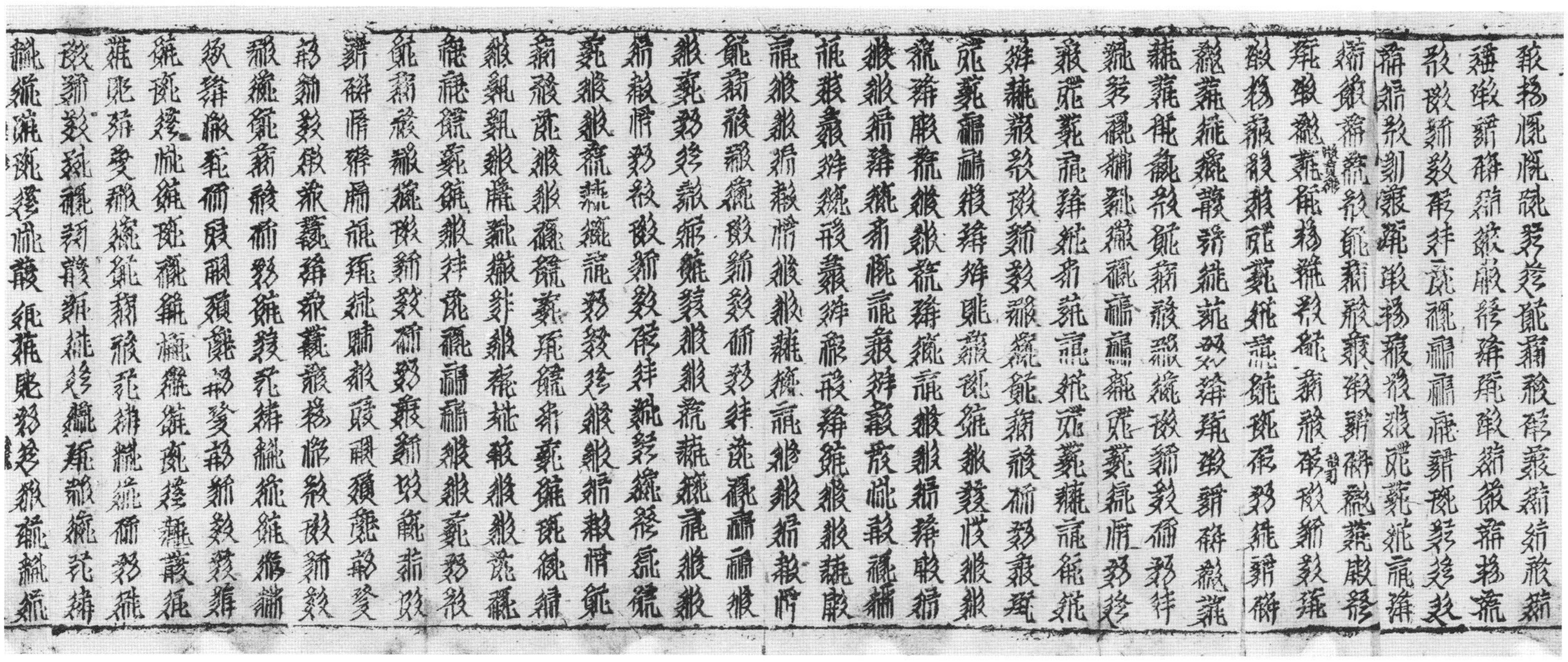

俄 Инв.No.275　佛說佛母出生三法藏般若波羅蜜多經卷第十七　(11–10)

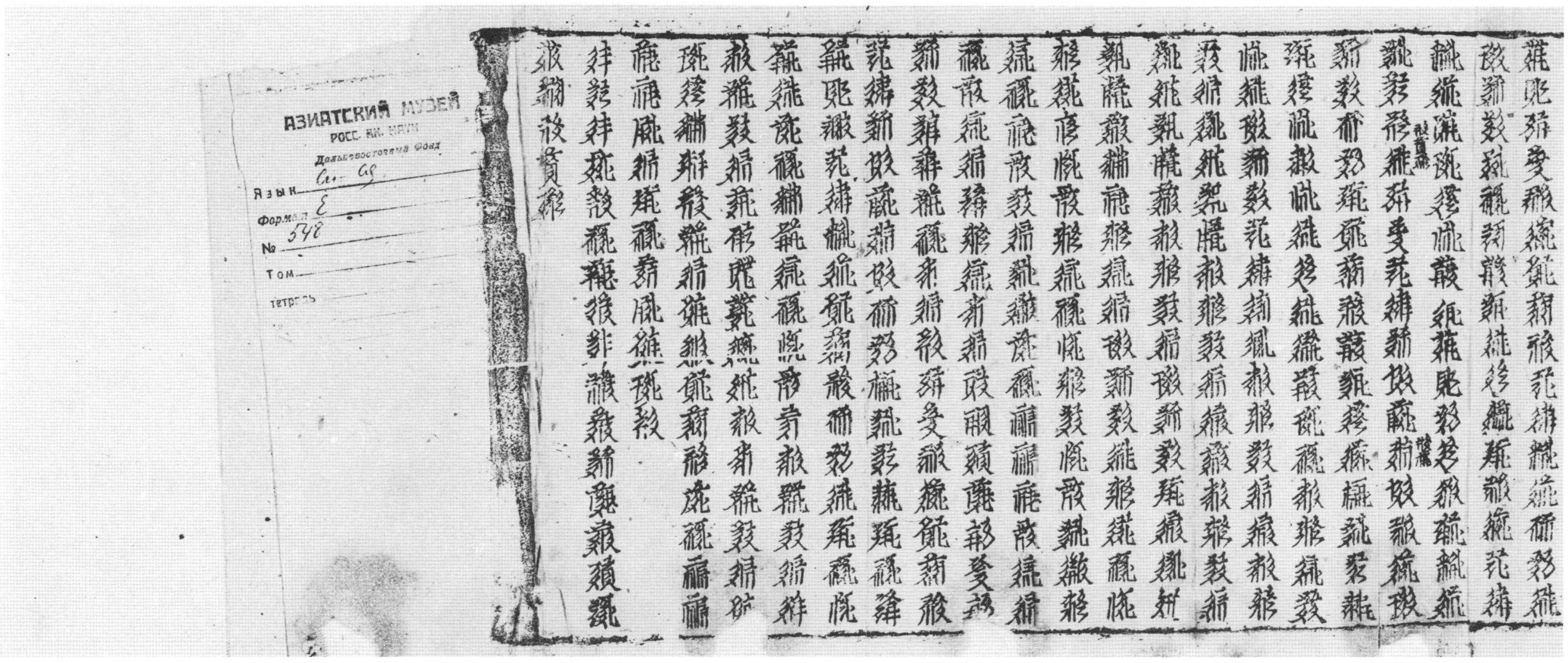

俄 Инв.No.275　佛說佛母出生三法藏般若波羅蜜多經卷第十七　(11–11)

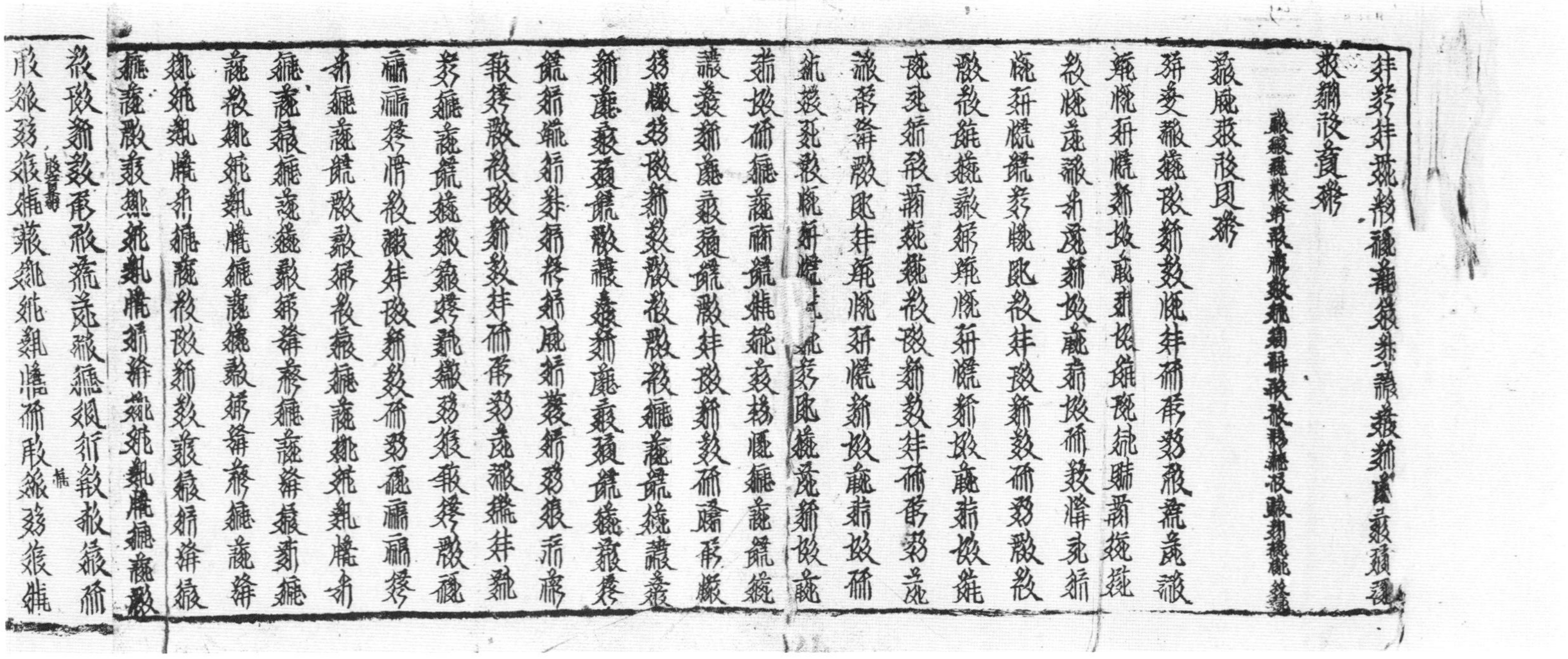

俄 Инв.No.264　佛説佛母出生三法藏般若波羅蜜多經卷第十七

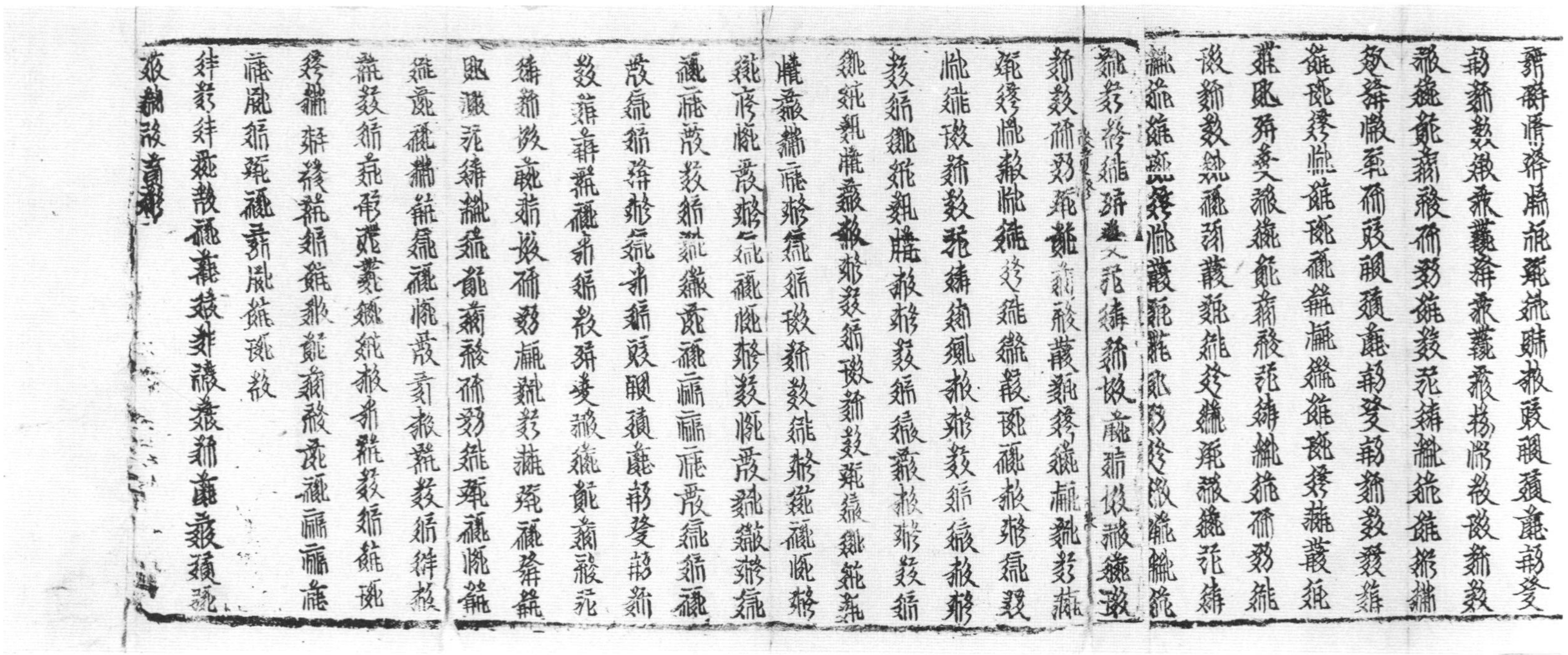

俄 Инв.No.51　佛説佛母出生三法藏般若波羅蜜多經卷第十七

俄 Инв.No.2460　佛説佛母出生三法藏般若波羅蜜多經卷第十七

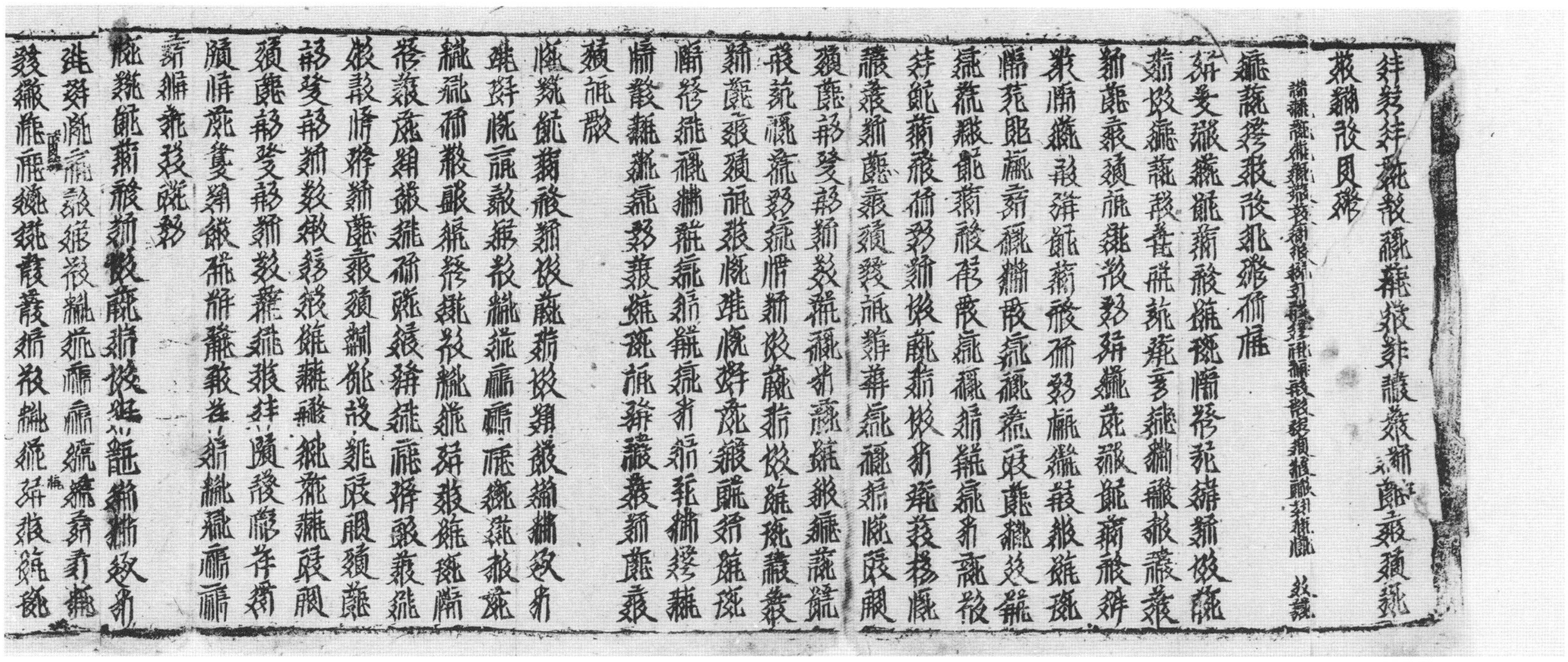

俄 Инв.No.242　佛說佛母出生三法藏般若波羅蜜多經卷第十八　(11–1)

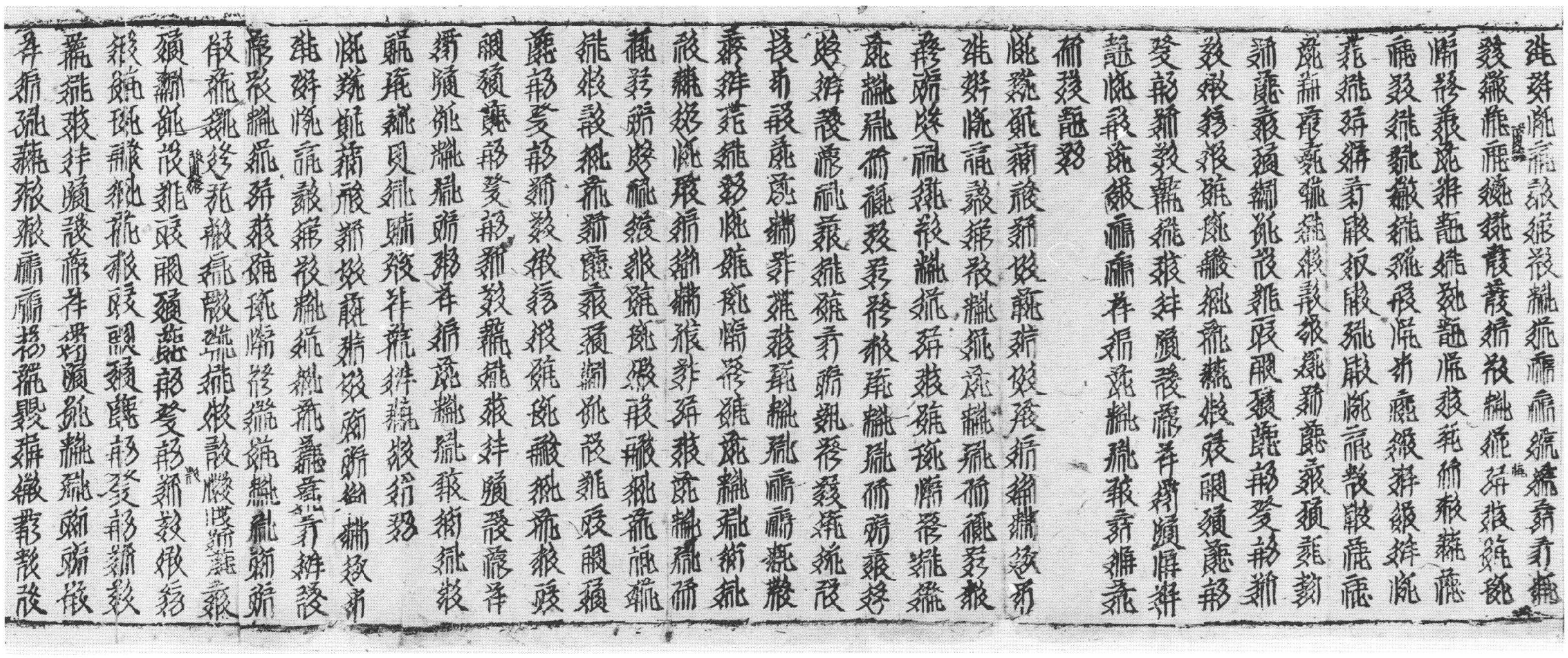

俄 Инв.No.242　佛說佛母出生三法藏般若波羅蜜多經卷第十八　(11–2)

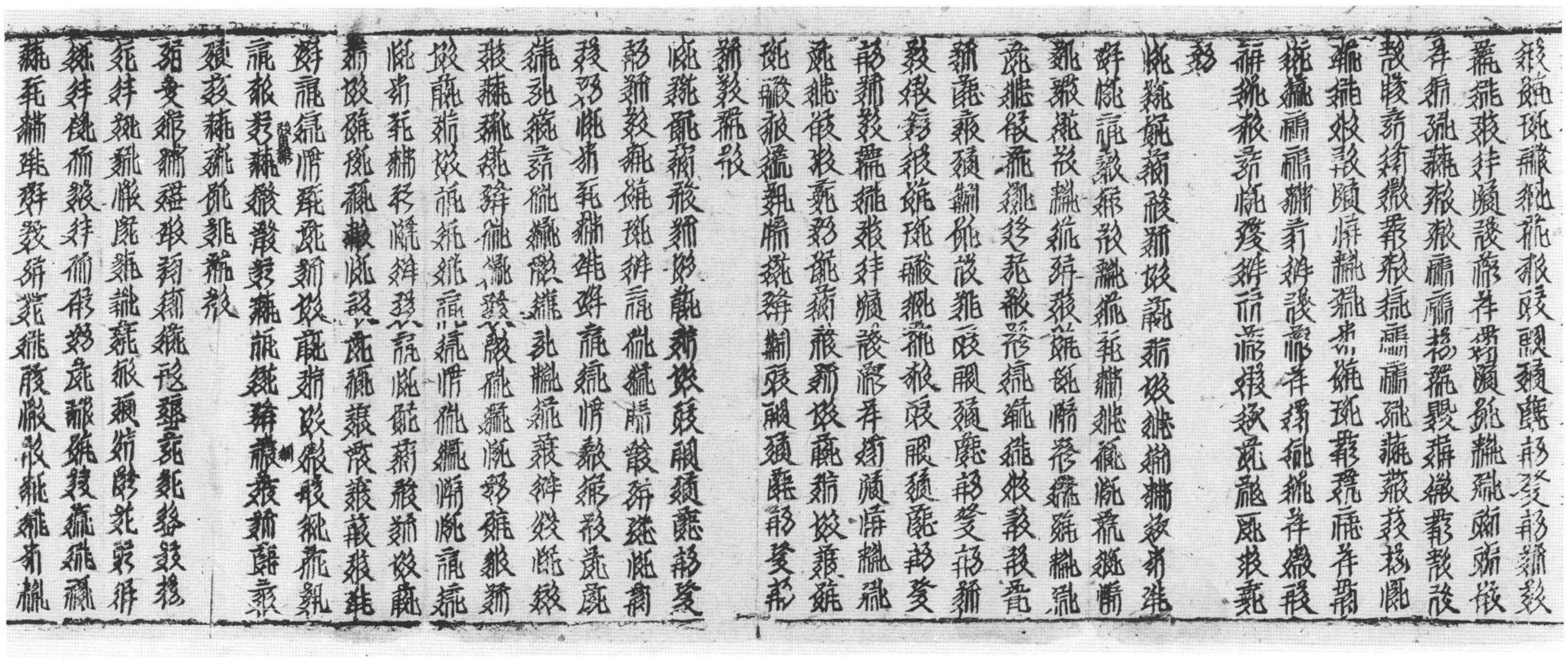

俄 Инв.No.242　佛說佛母出生三法藏般若波羅蜜多經卷第十八　(11–3)

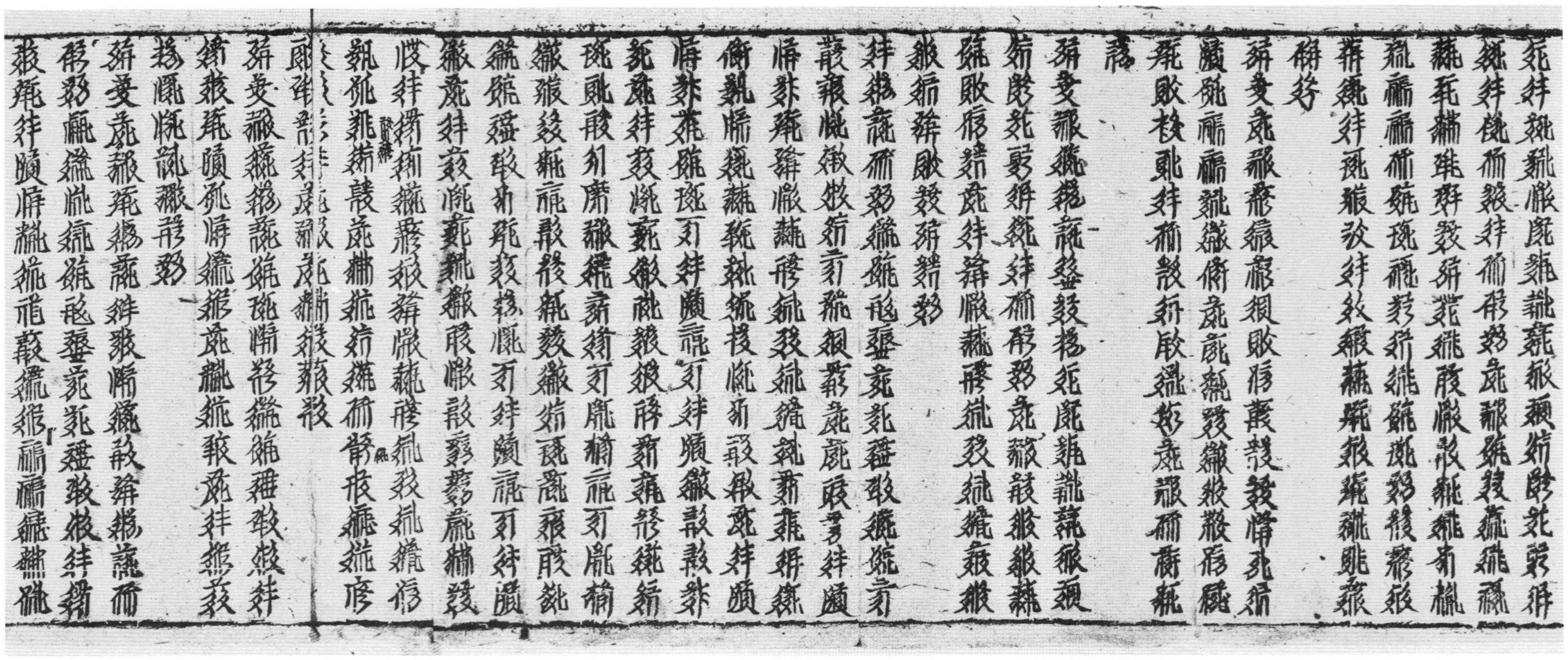

俄 Инв.No.242　佛說佛母出生三法藏般若波羅蜜多經卷第十八　(11–4)

俄 Инв.No.242　佛說佛母出生三法藏般若波羅蜜多經卷第十八　(11–5)

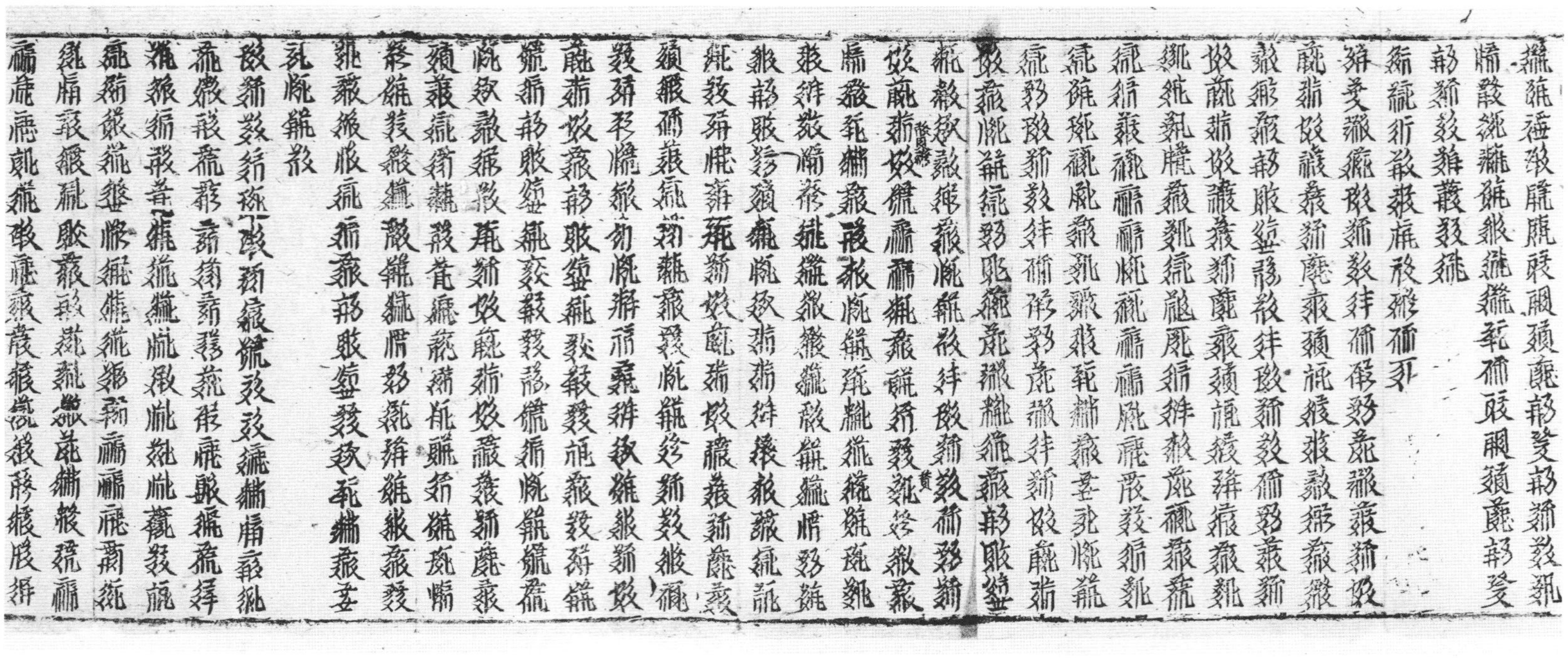

俄 Инв.No.242　佛說佛母出生三法藏般若波羅蜜多經卷第十八　(11–6)

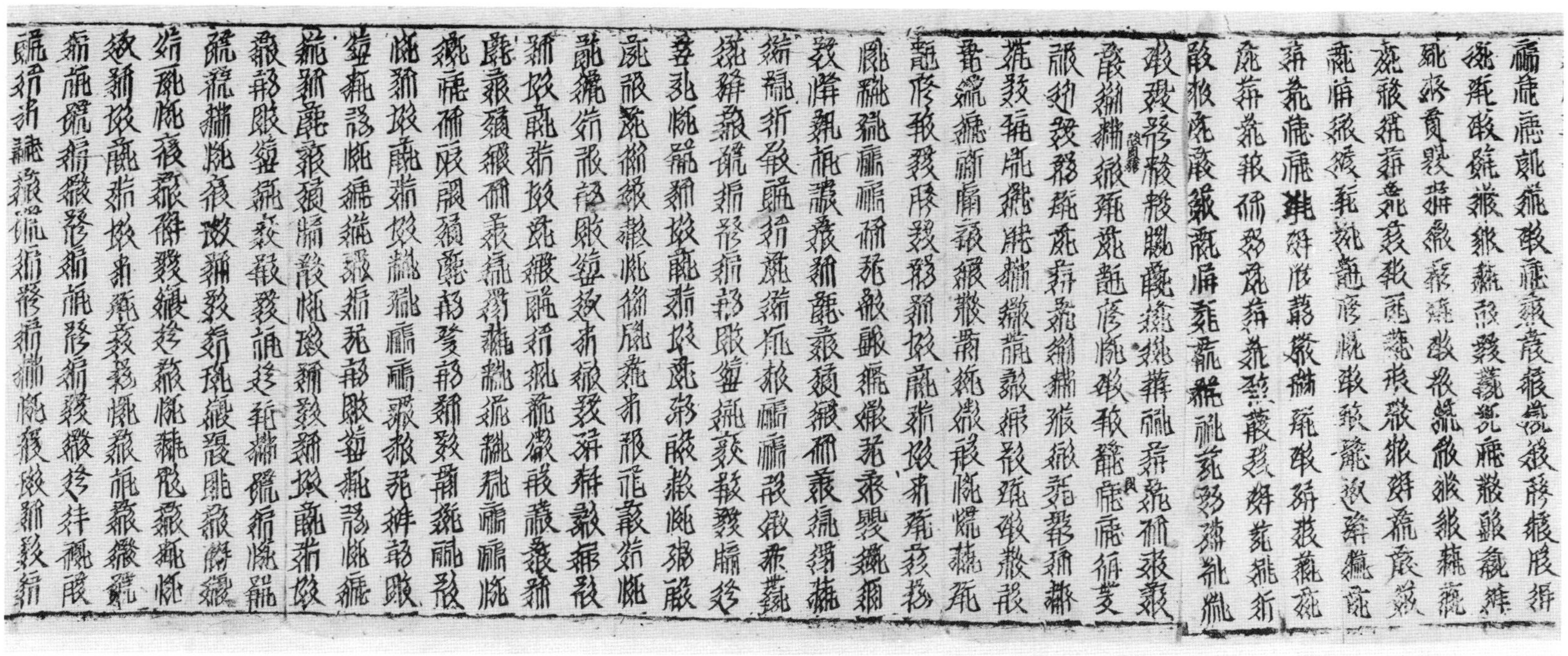

俄 Инв.No.242　佛説佛母出生三法藏般若波羅蜜多經卷第十八　(11–7)

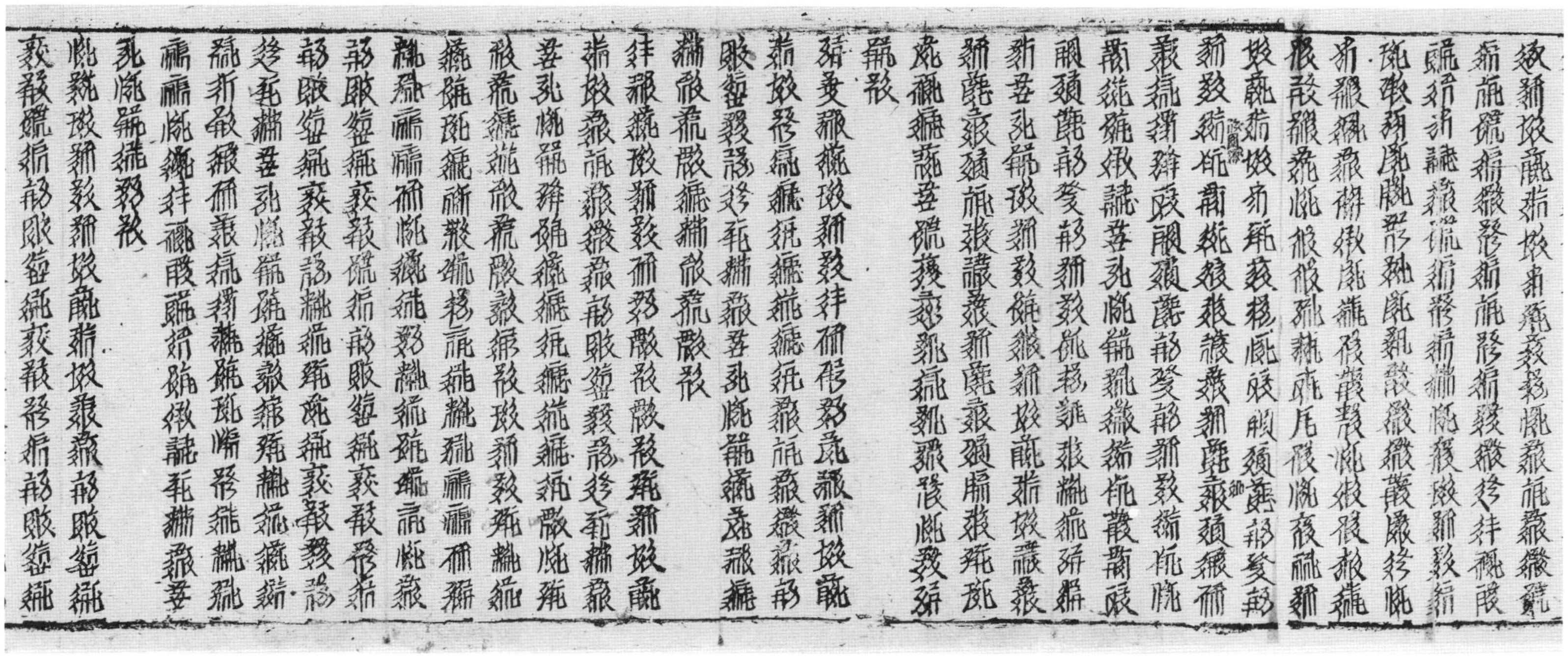

俄 Инв.No.242　佛説佛母出生三法藏般若波羅蜜多經卷第十八　(11–8)

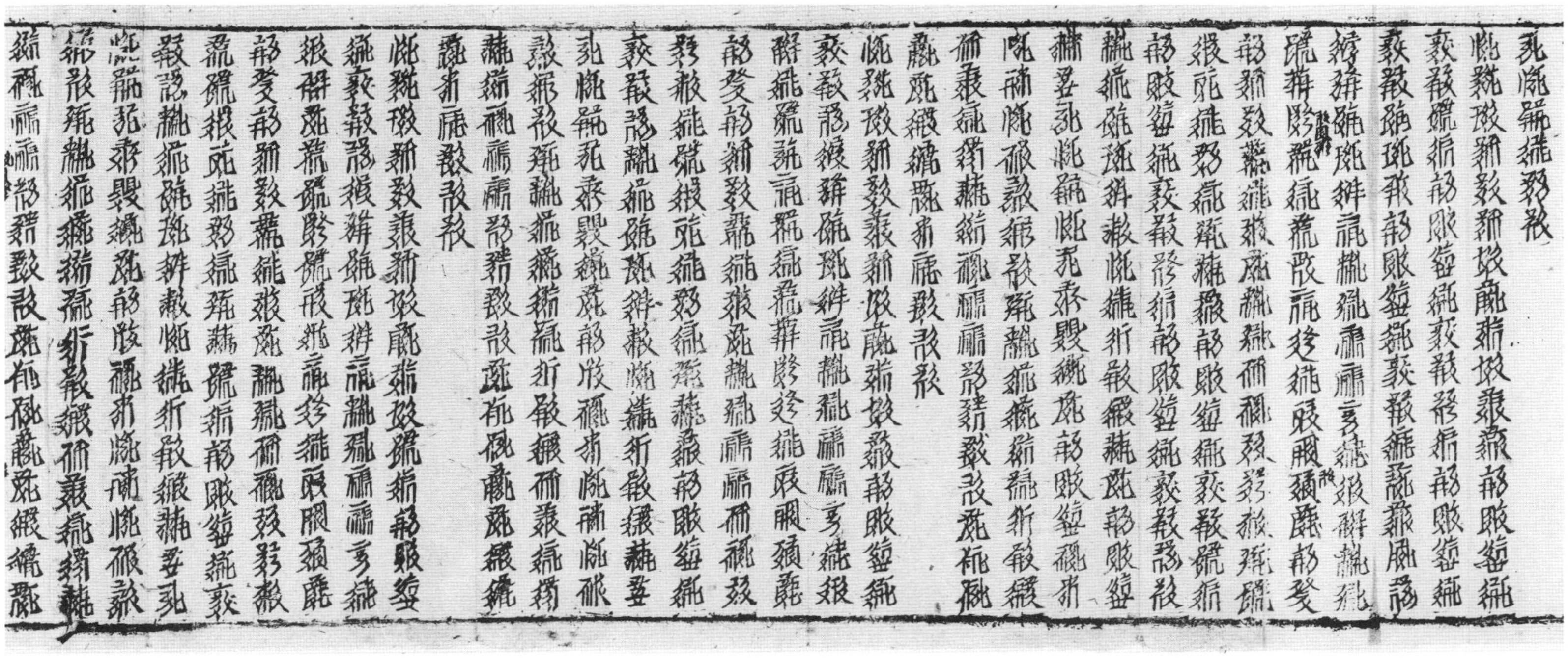

俄 Инв.No.242　佛説佛母出生三法藏般若波羅蜜多經卷第十八　(11–9)

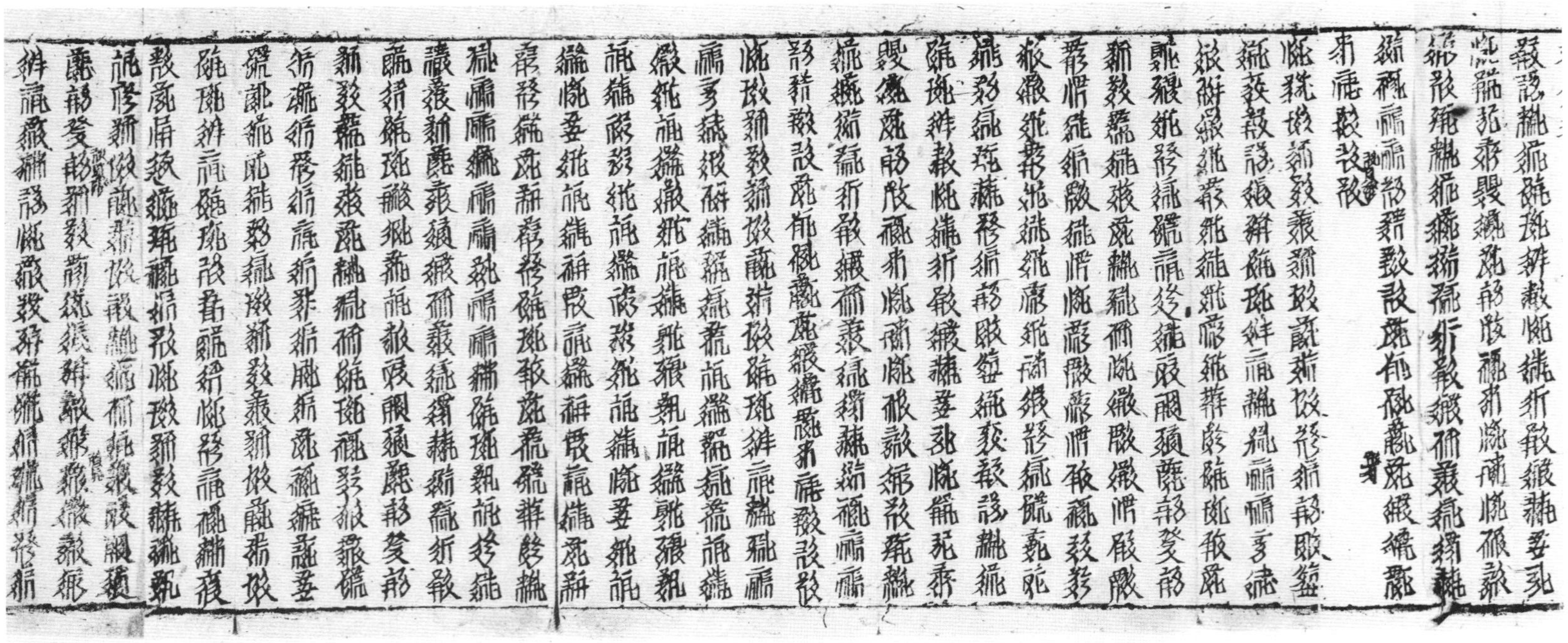

俄 Инв.No.242　佛説佛母出生三法藏般若波羅蜜多經卷第十八　(11–10)

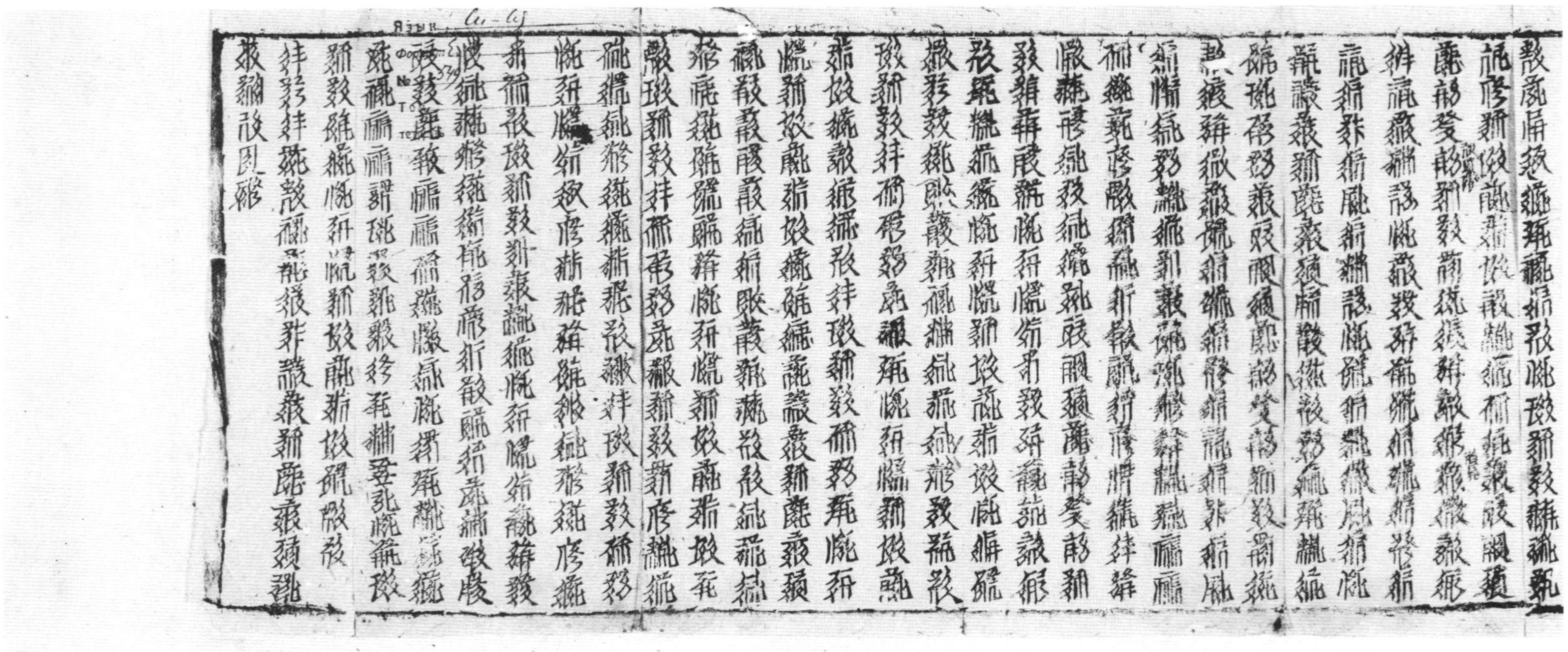

俄 Инв.No.242　佛説佛母出生三法藏般若波羅蜜多經卷第十八　(11–11)

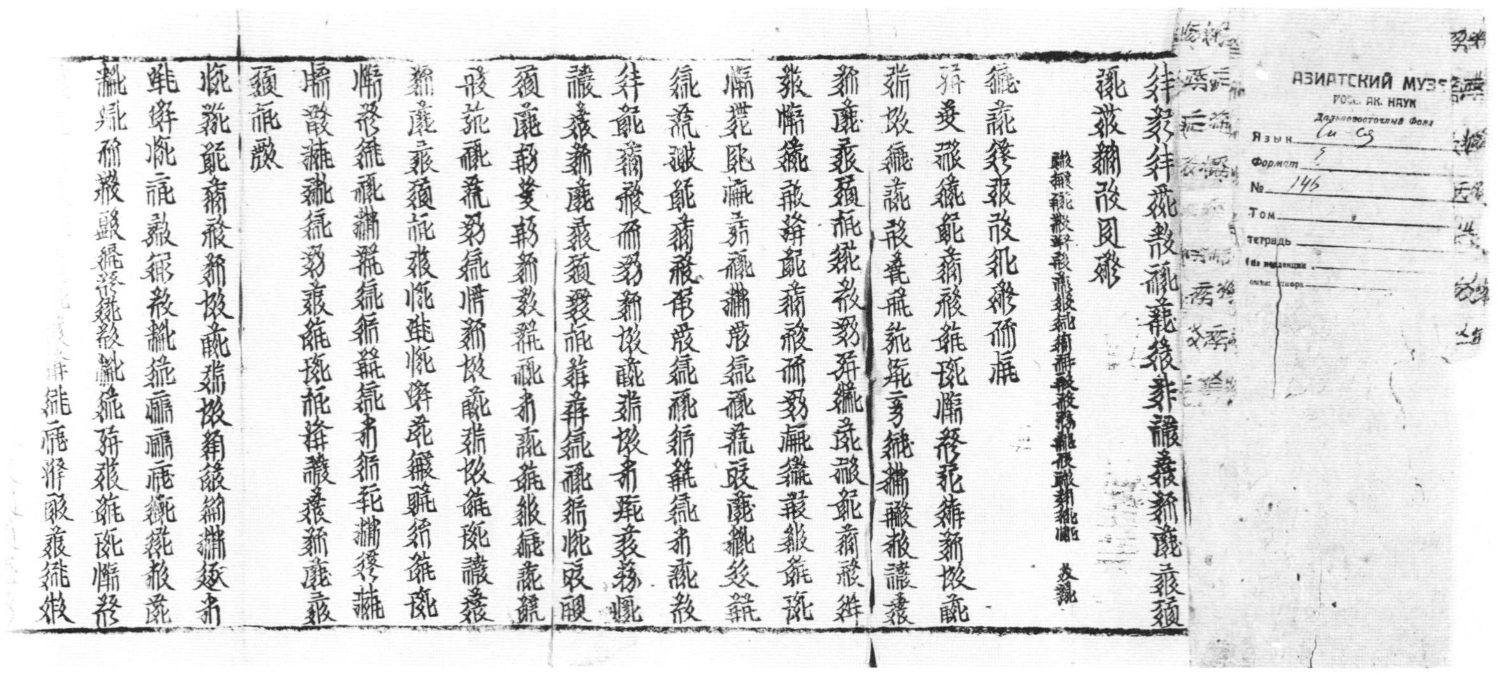

俄 Инв.No.258　佛説佛母出生三法藏般若波羅蜜多經卷第十八

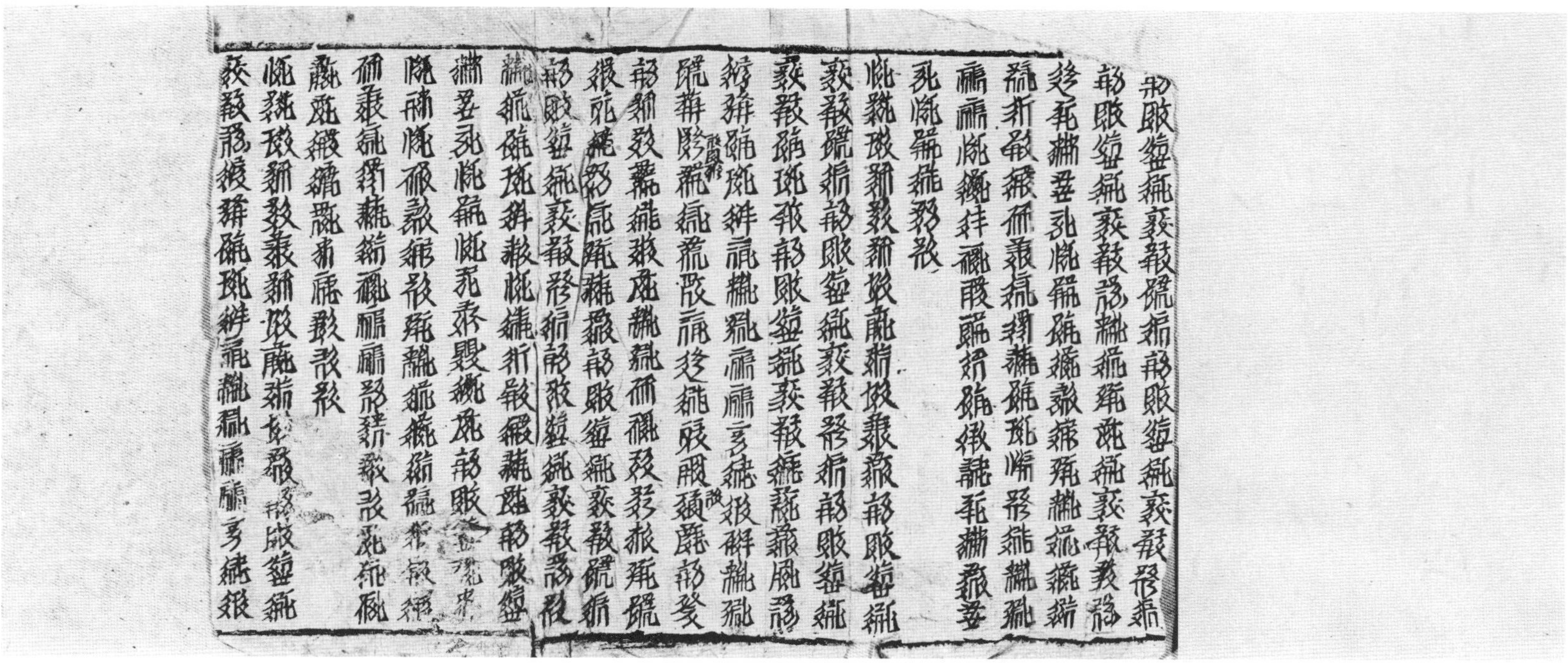

俄 Инв.No.3885　佛説佛母出生三法藏般若波羅蜜多經卷第十八

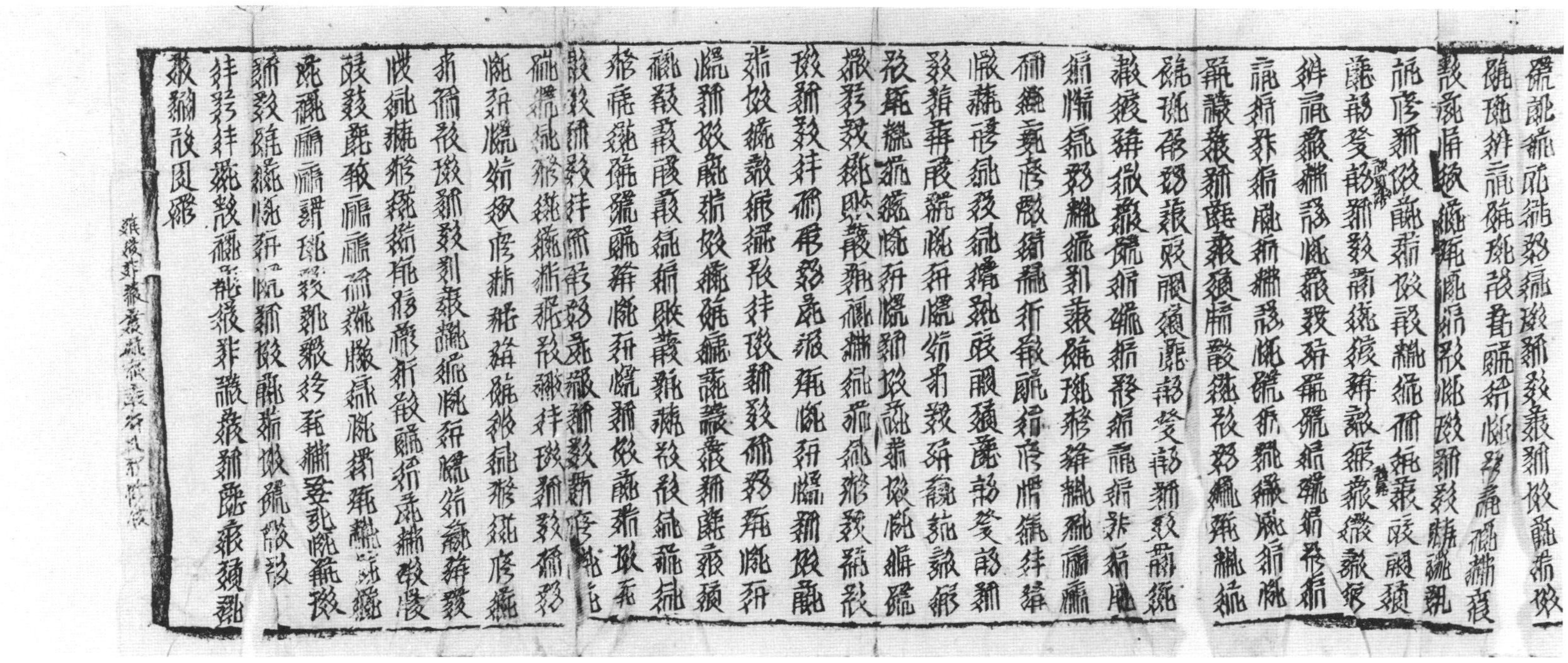

俄 Инв.No.3883　佛説佛母出生三法藏般若波羅蜜多經卷第十八

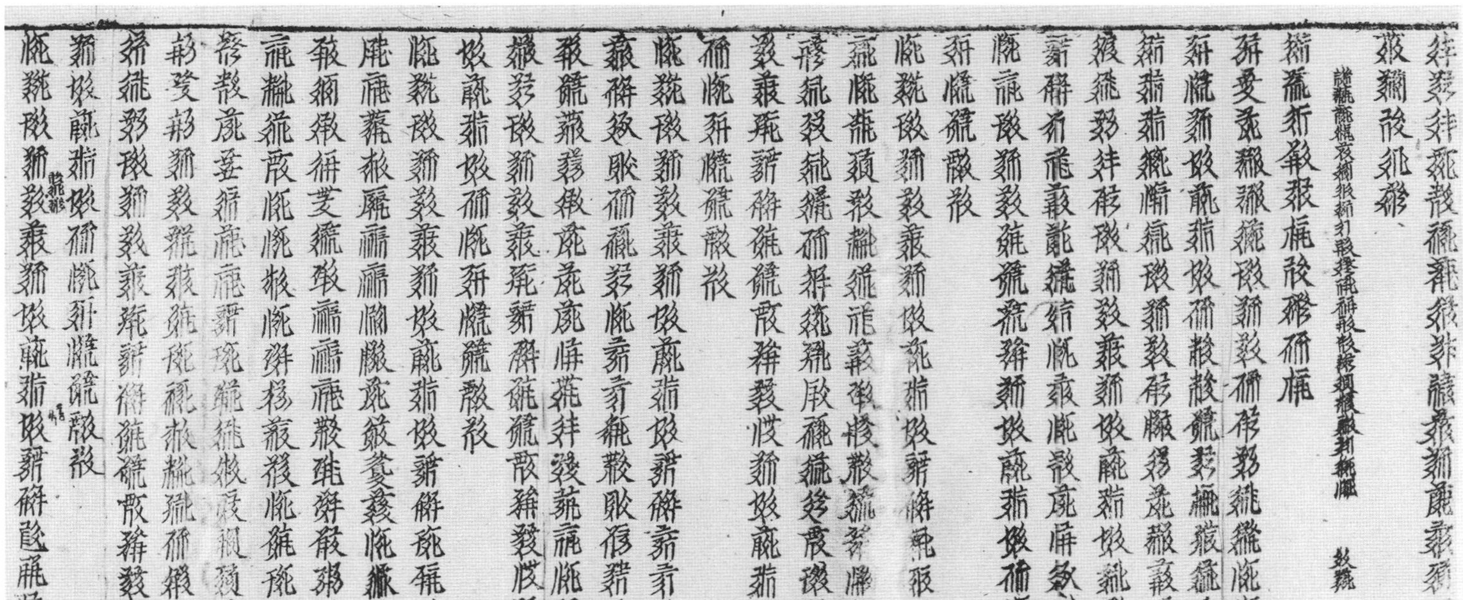

俄 Инв.No.243　佛説佛母出生三法藏般若波羅蜜多經卷第十九　(13-1)

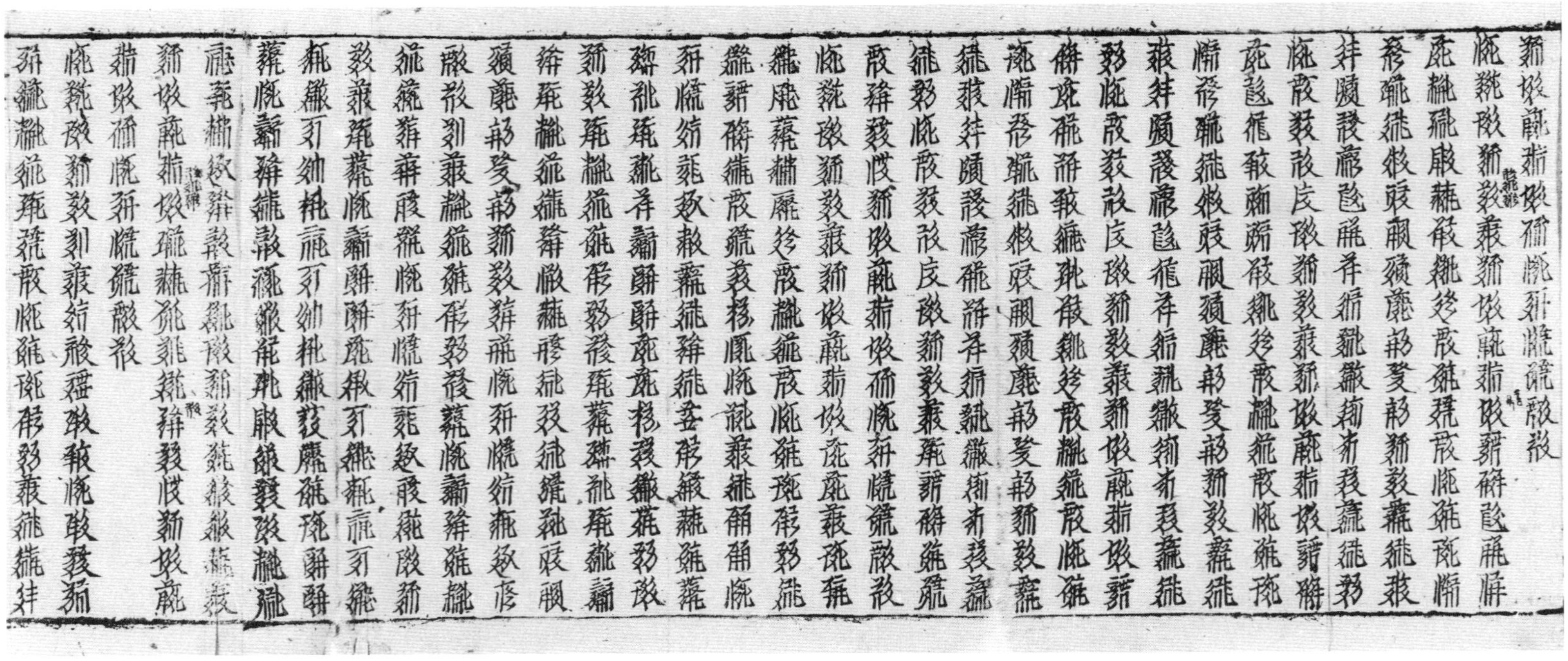

俄 Инв.No.243　佛説佛母出生三法藏般若波羅蜜多經卷第十九　(13–2)

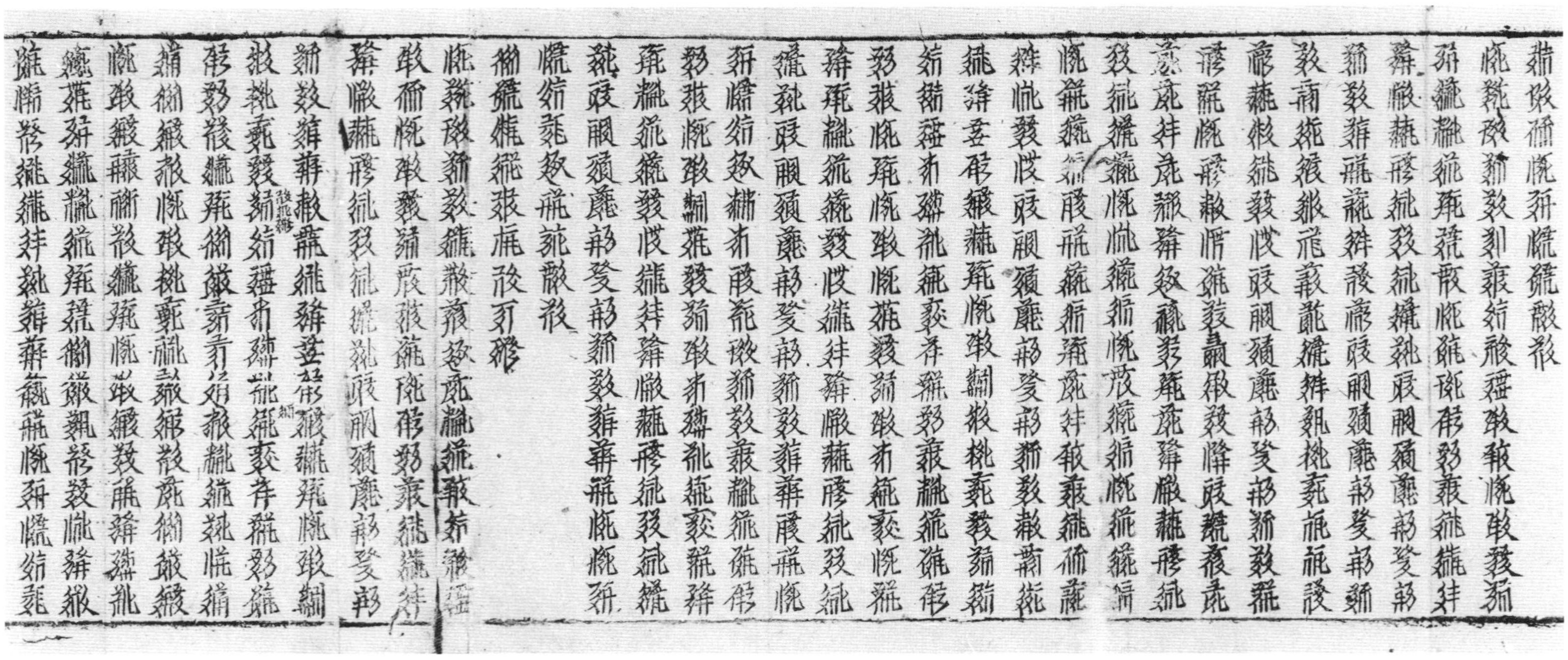

俄 Инв.No.243　佛説佛母出生三法藏般若波羅蜜多經卷第十九　(13–3)

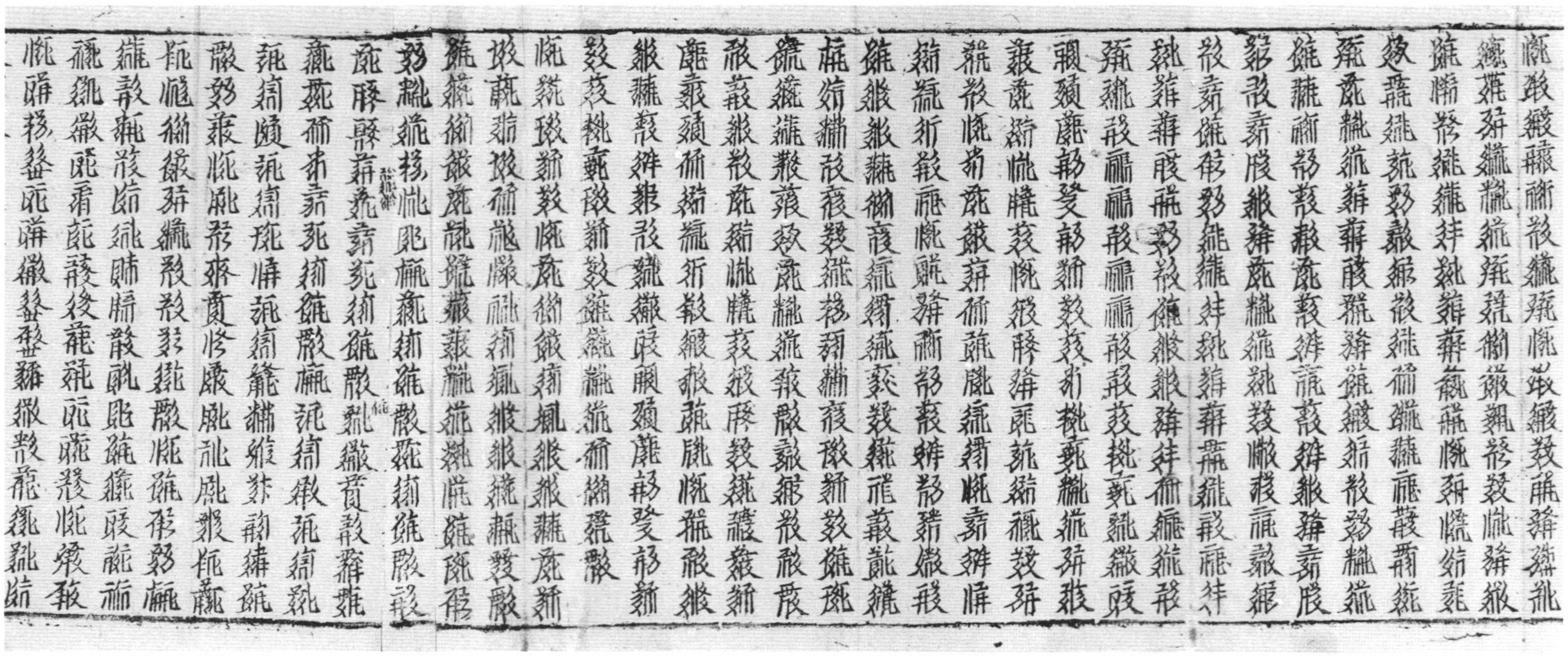

俄 Инв.No.243　佛説佛母出生三法藏般若波羅蜜多經卷第十九　(13–4)

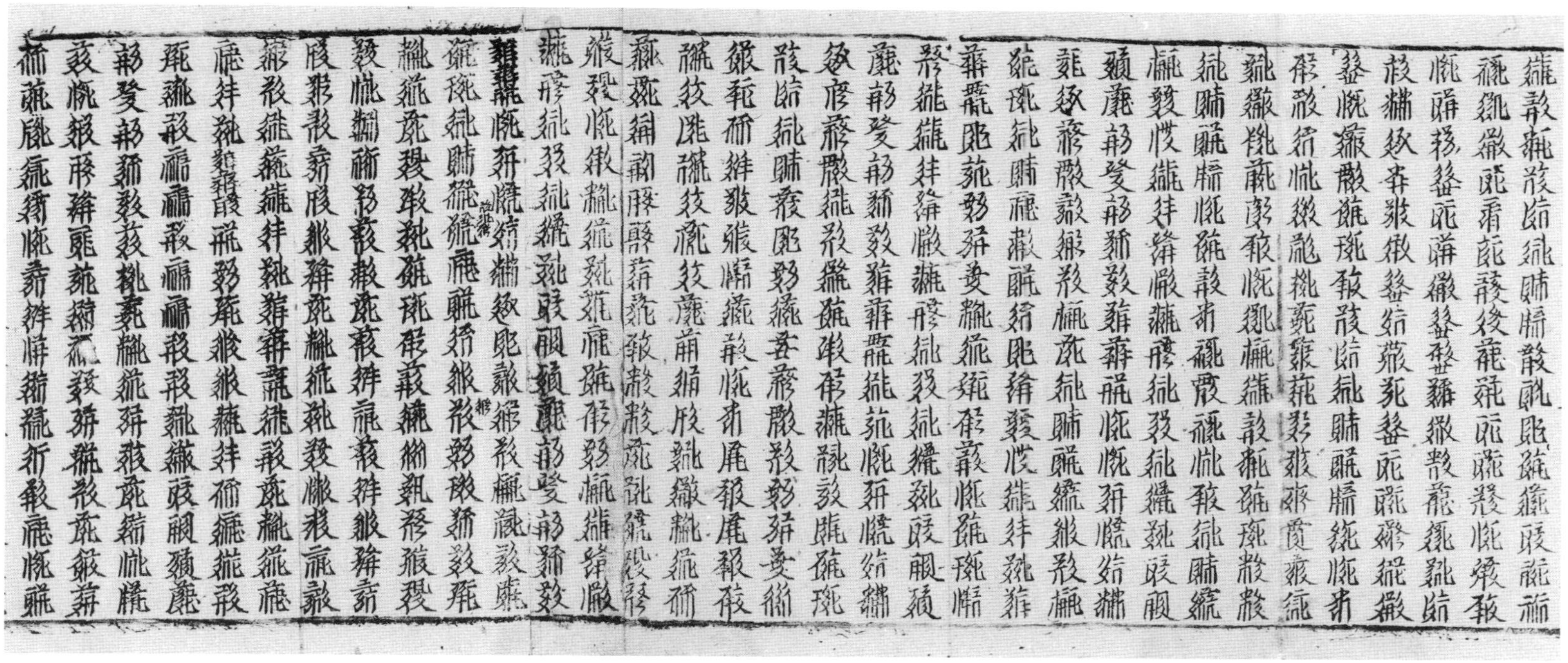

俄 Инв.No.243　佛説佛母出生三法藏般若波羅蜜多經卷第十九　(13-5)

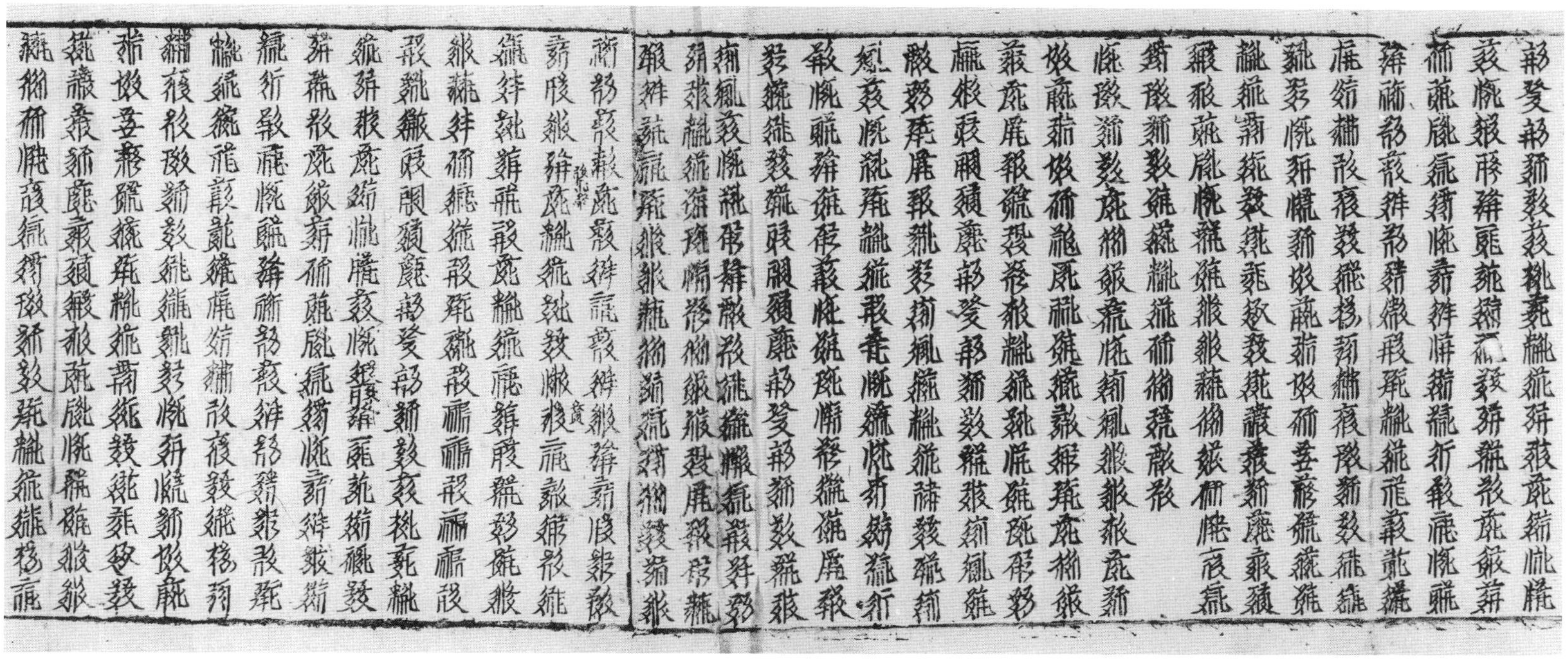

俄 Инв.No.243　佛説佛母出生三法藏般若波羅蜜多經卷第十九　(13-6)

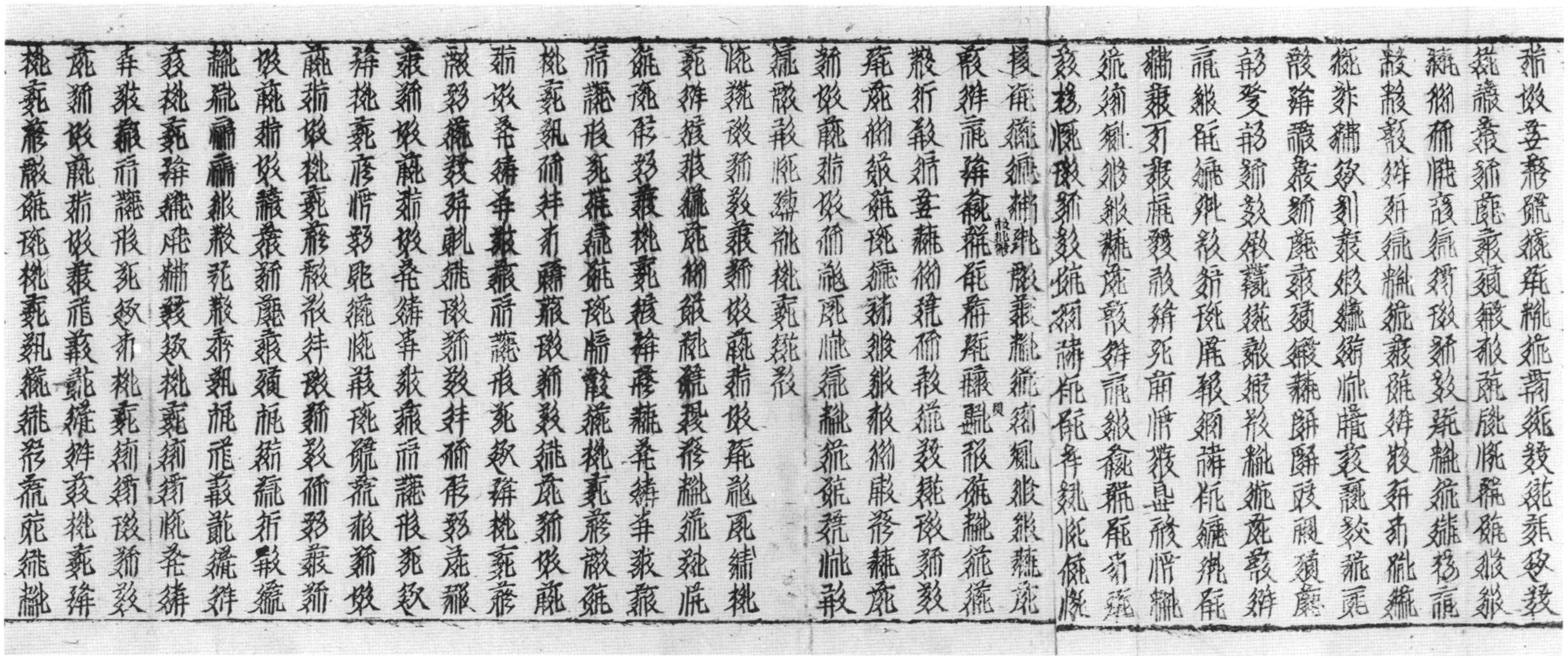

俄 Инв.No.243　佛説佛母出生三法藏般若波羅蜜多經卷第十九　(13-7)

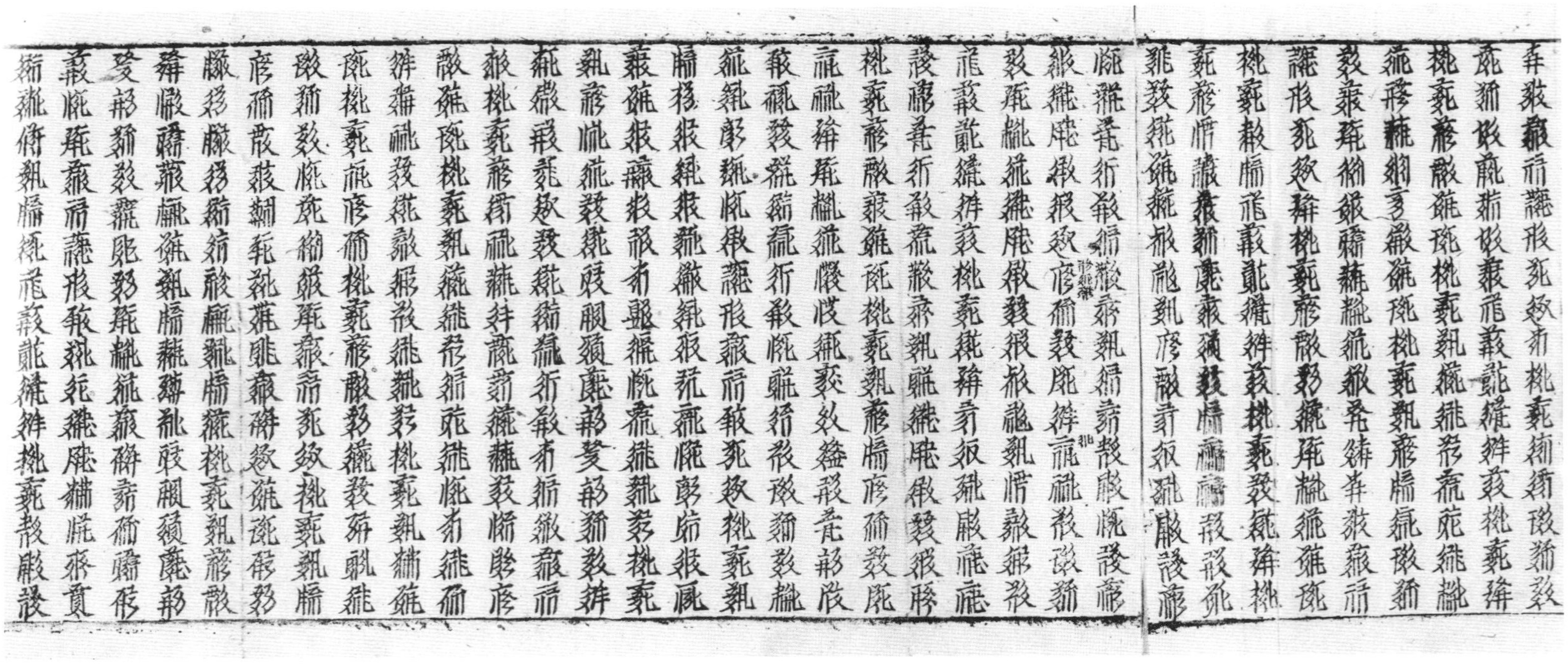

俄 Инв.No.243　佛説佛母出生三法藏般若波羅蜜多經卷第十九　(13–8)

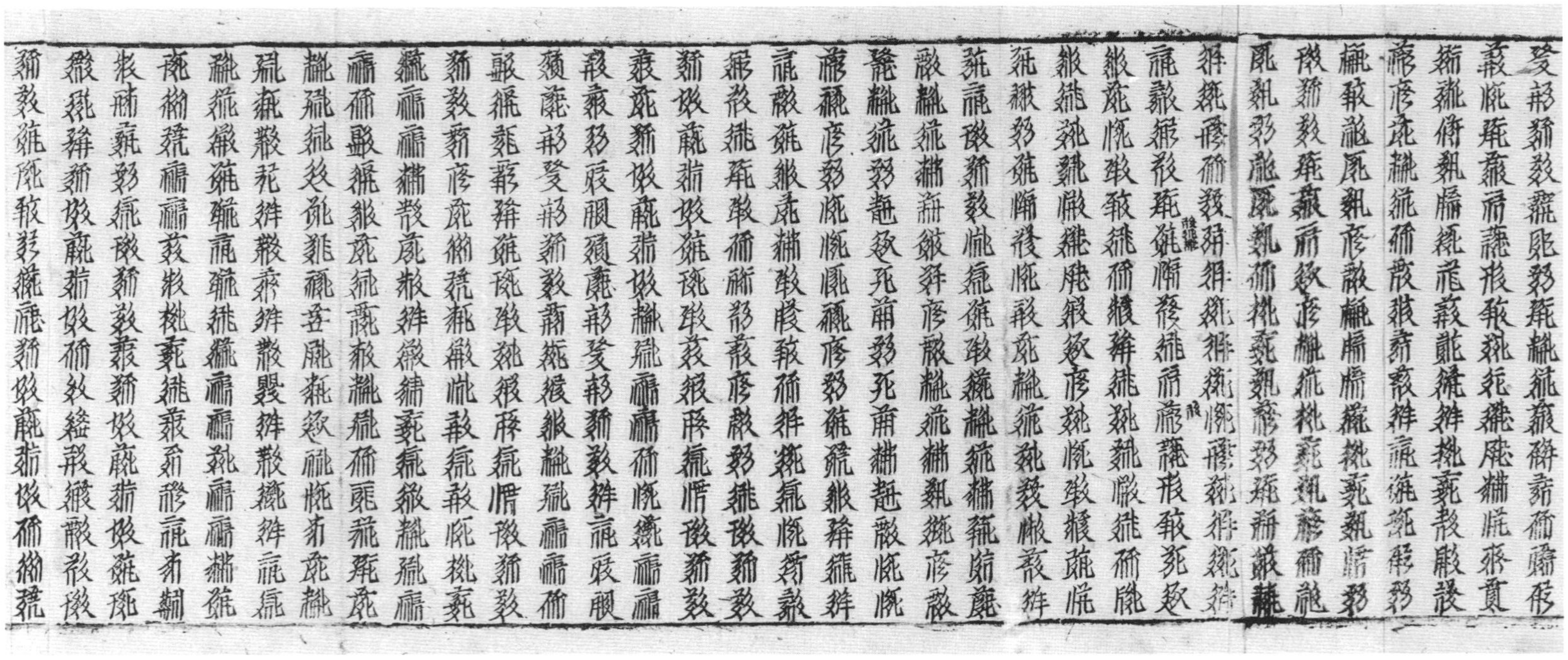

俄 Инв.No.243　佛説佛母出生三法藏般若波羅蜜多經卷第十九　(13–9)

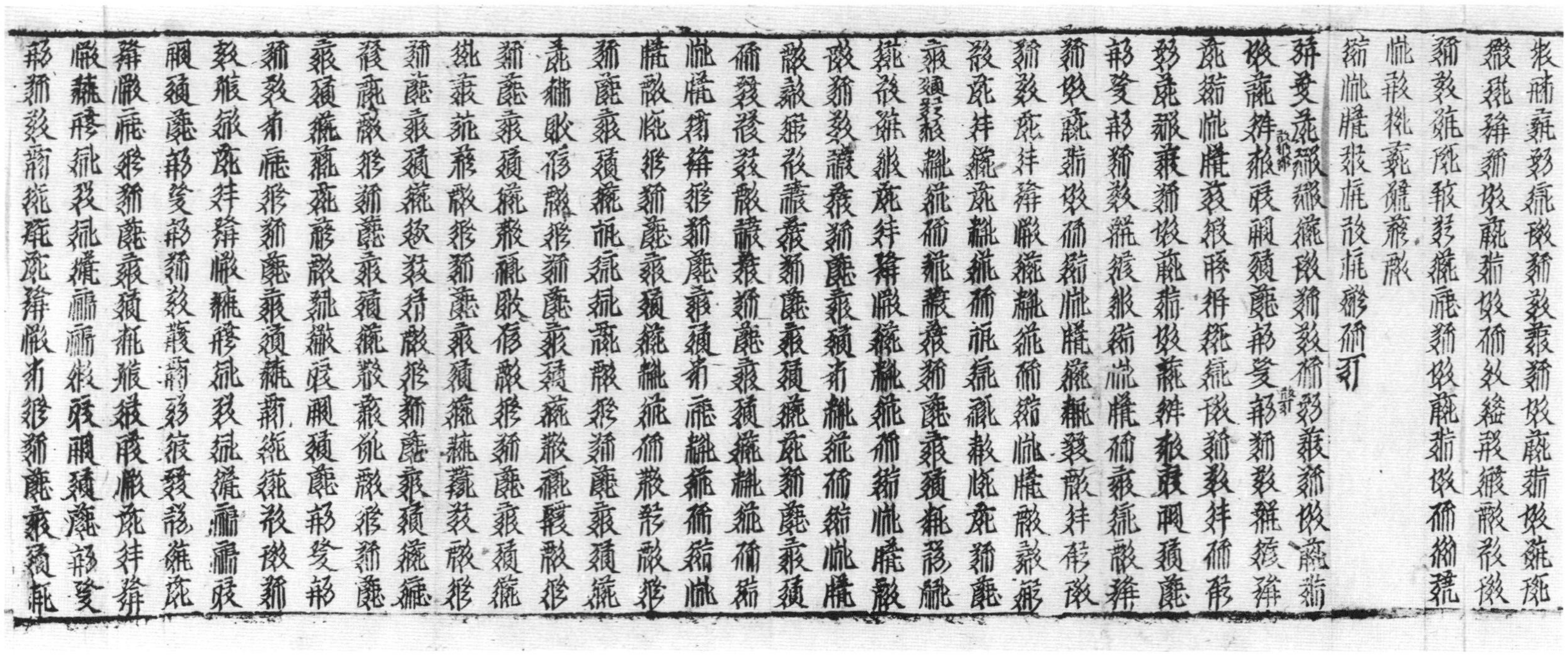

俄 Инв.No.243　佛説佛母出生三法藏般若波羅蜜多經卷第十九　(13–10)

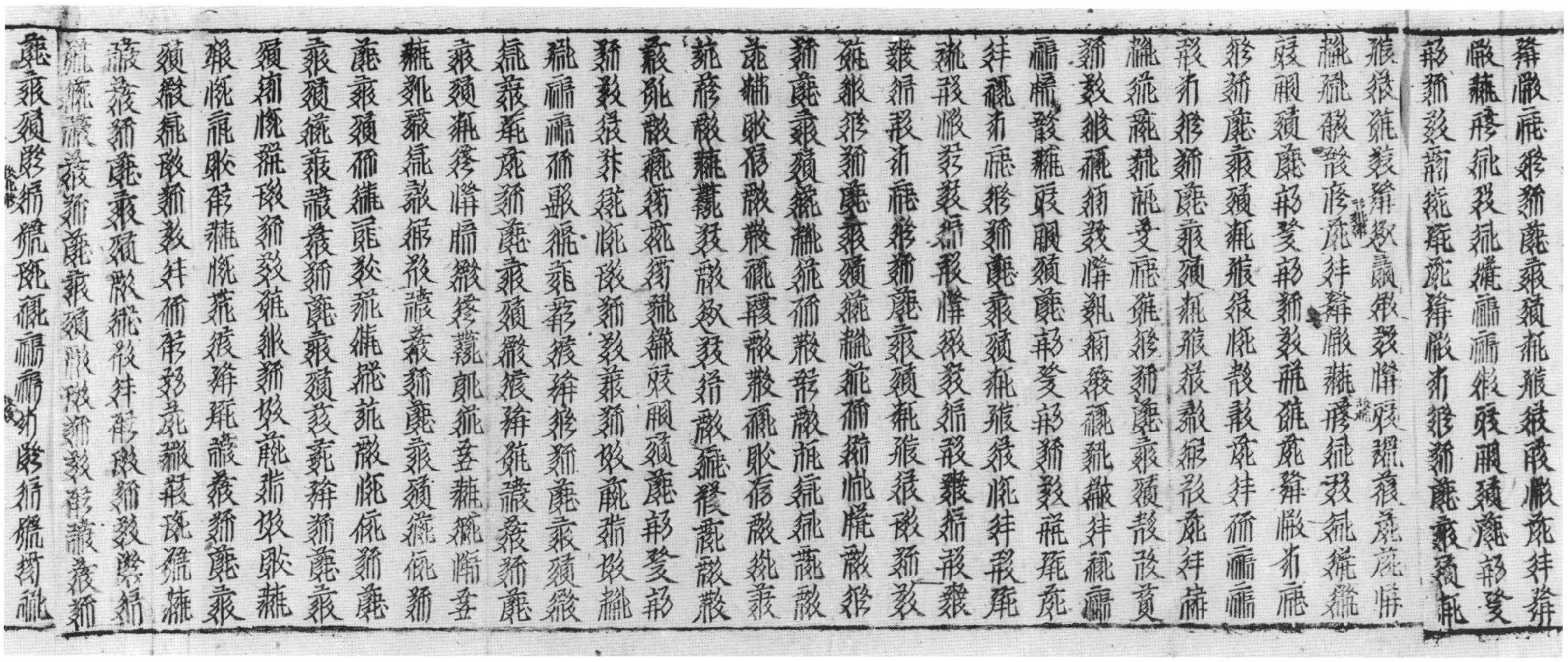

俄 Инв.No.243　佛説佛母出生三法藏般若波羅蜜多經卷第十九　(13–11)

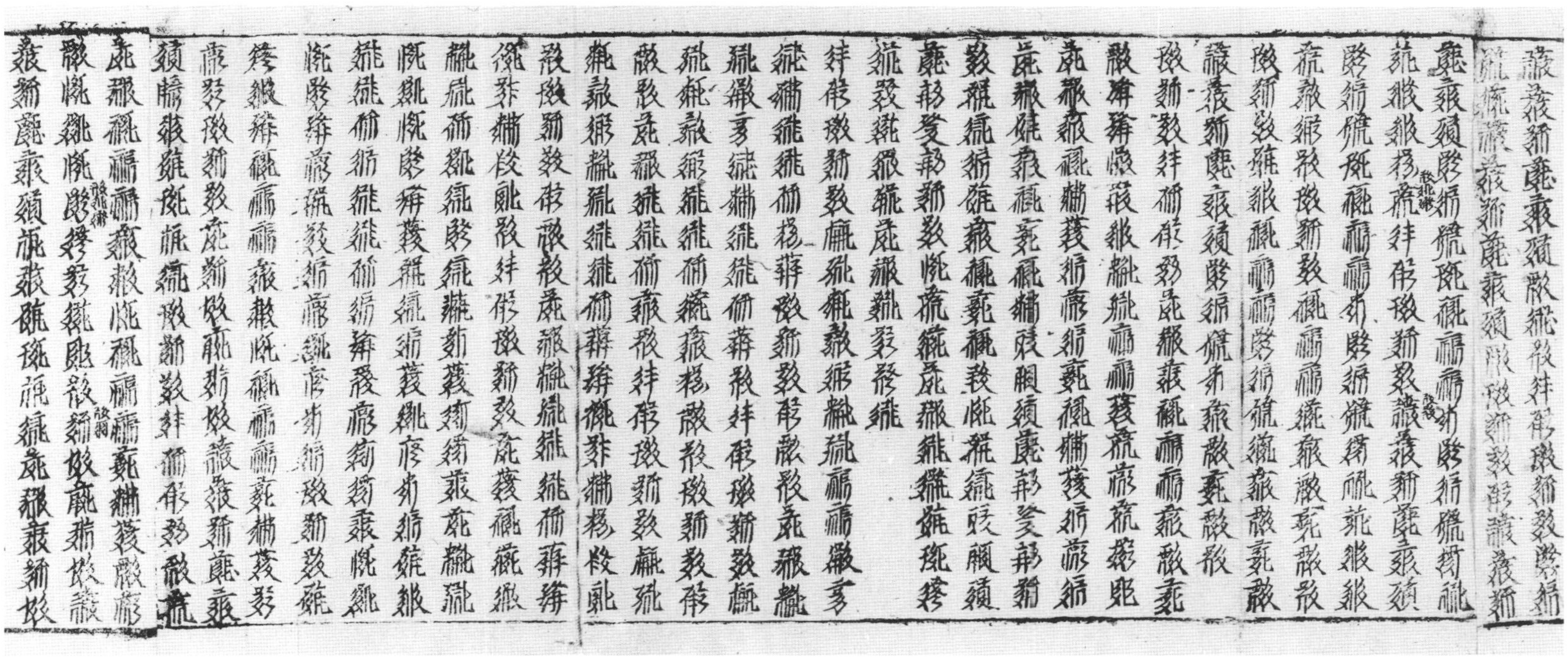

俄 Инв.No.243　佛説佛母出生三法藏般若波羅蜜多經卷第十九　(13–12)

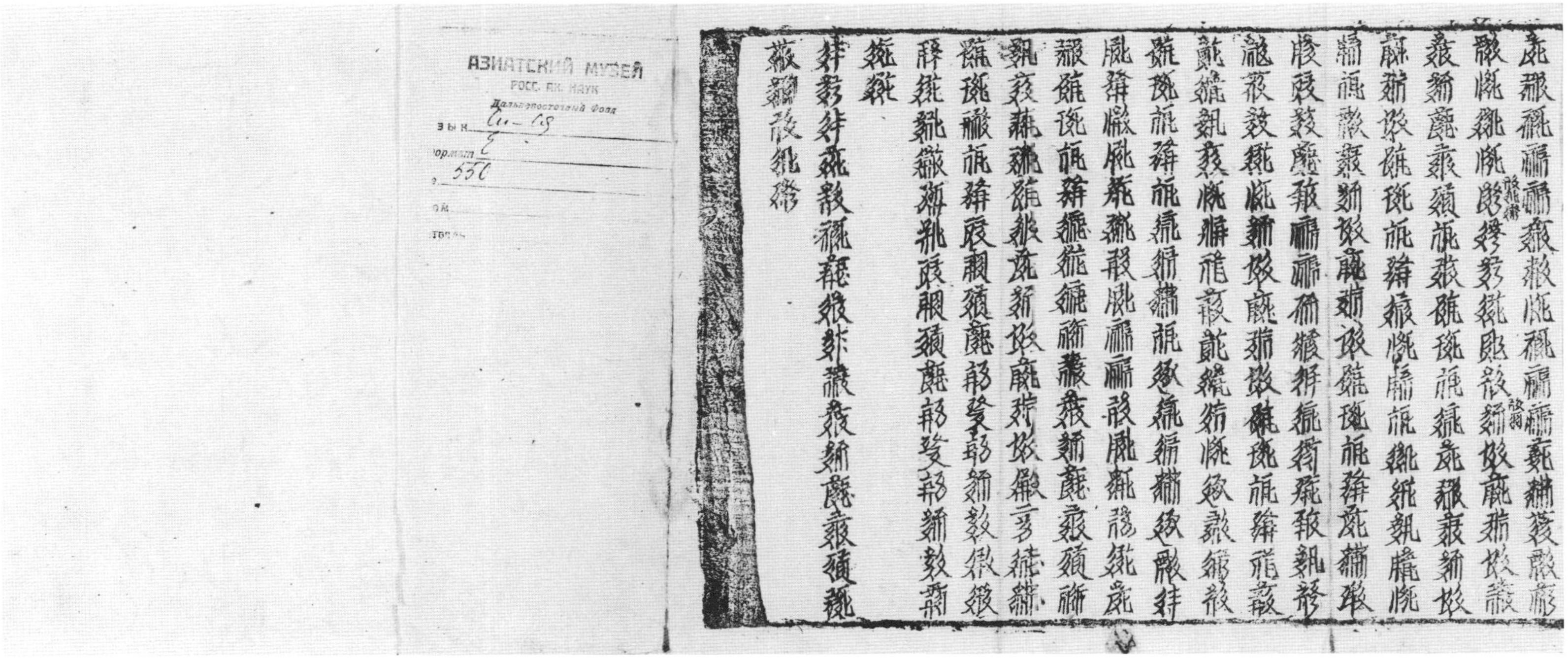

俄 Инв.No.243　佛説佛母出生三法藏般若波羅蜜多經卷第十九　(13–13)

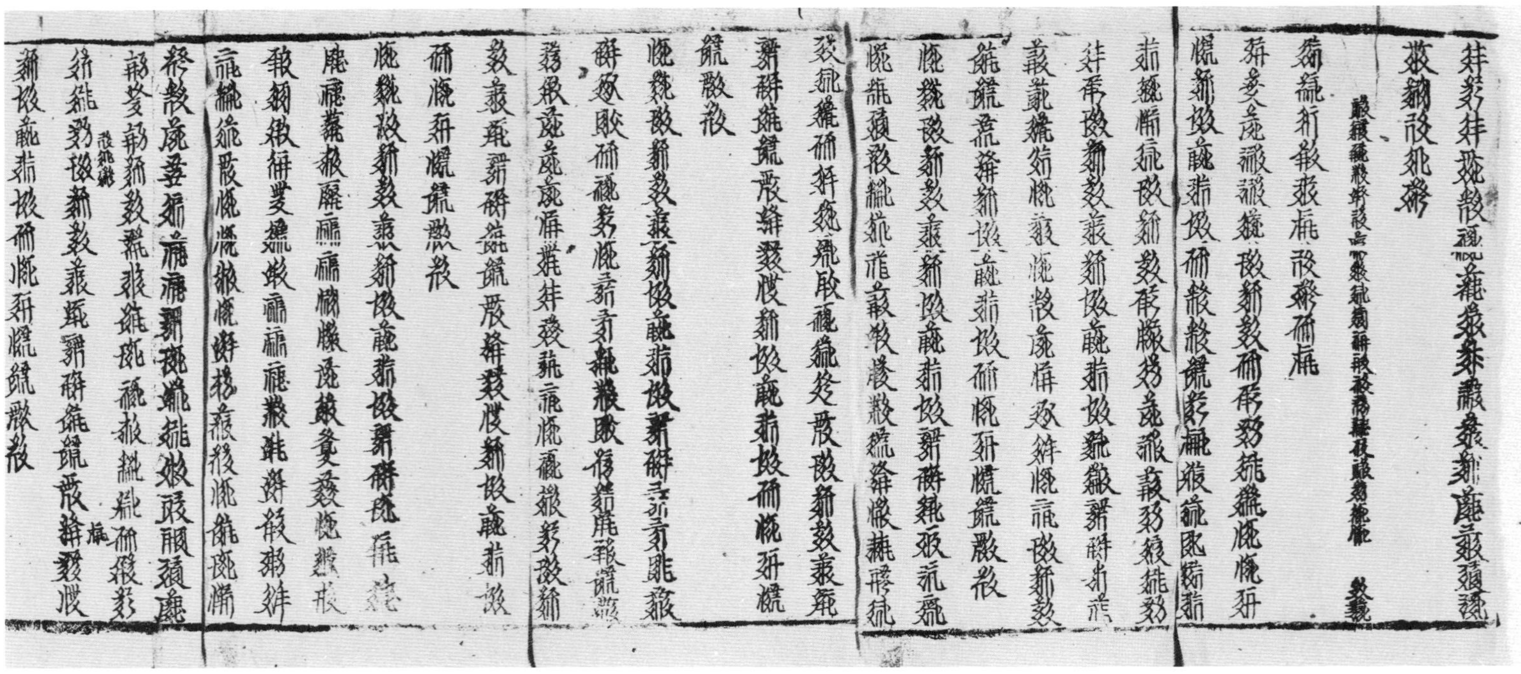

俄 Инв.No.259　佛説佛母出生三法藏般若波羅蜜多經卷第十九

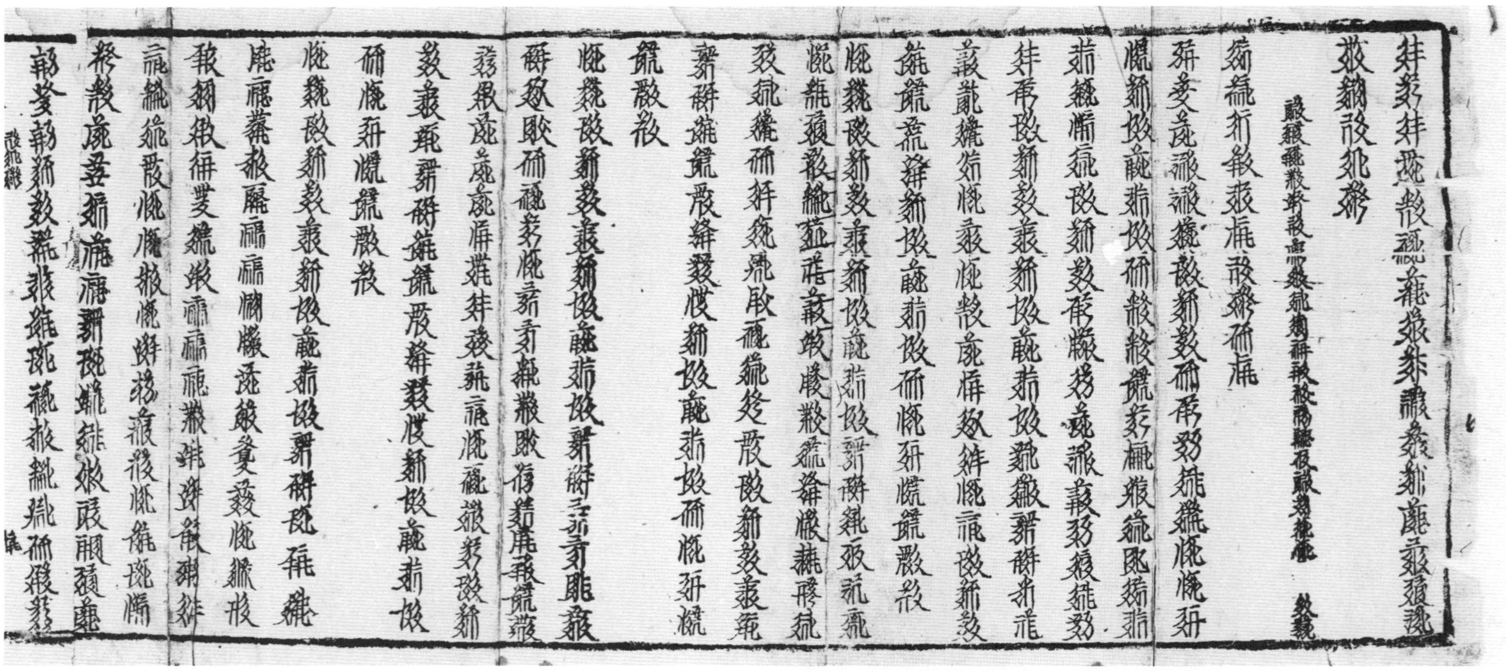

俄 Инв.No.263　佛説佛母出生三法藏般若波羅蜜多經卷第十九　(8-1)

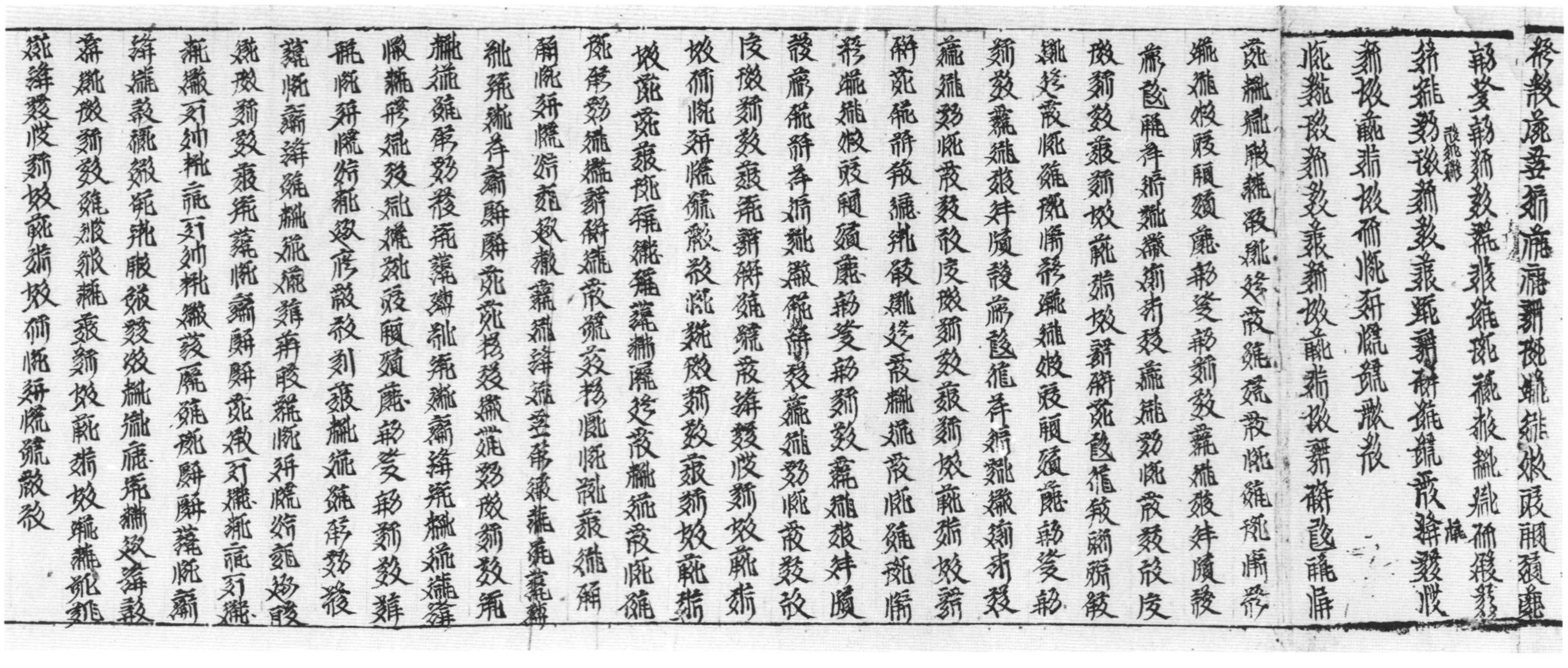

俄 Инв.No.263　佛説佛母出生三法藏般若波羅蜜多經卷第十九　(8-2)

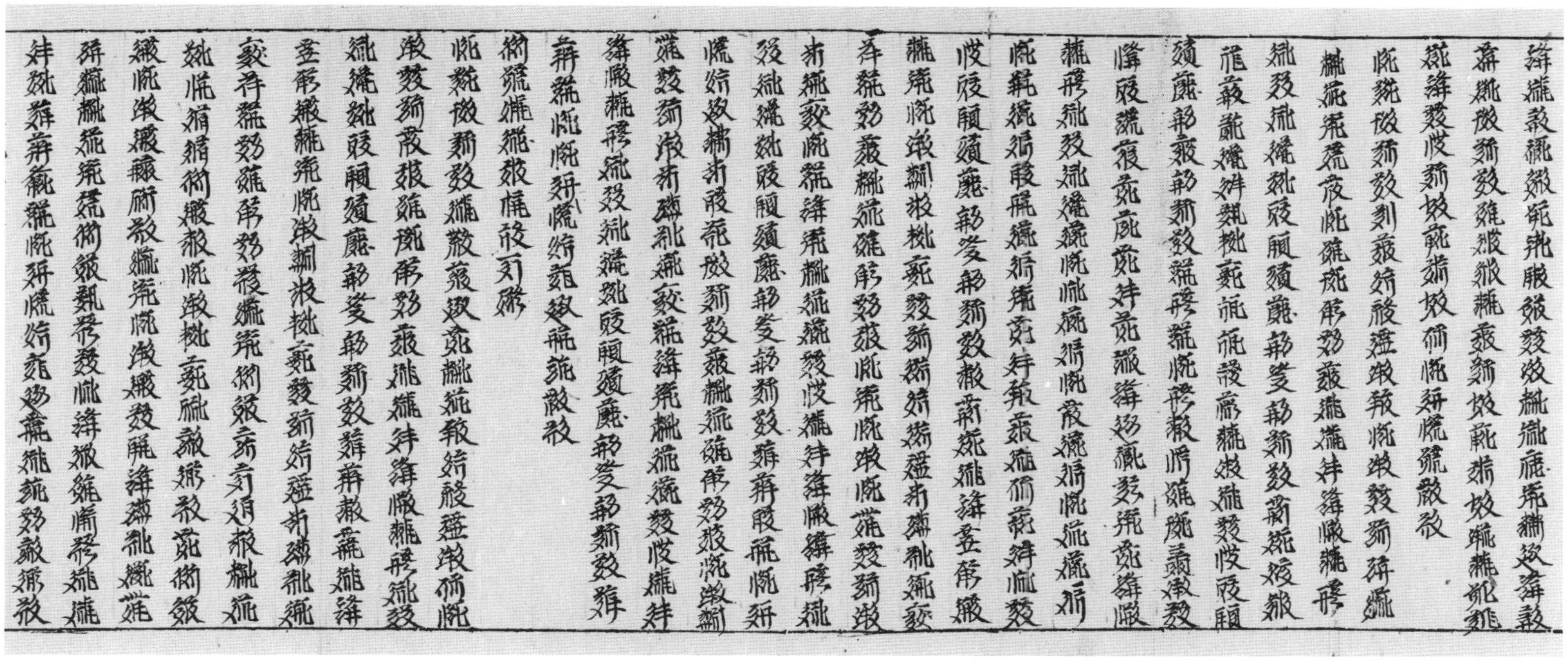

俄 Инв.No.263　佛説佛母出生三法藏般若波羅蜜多經卷第十九　(8–3)

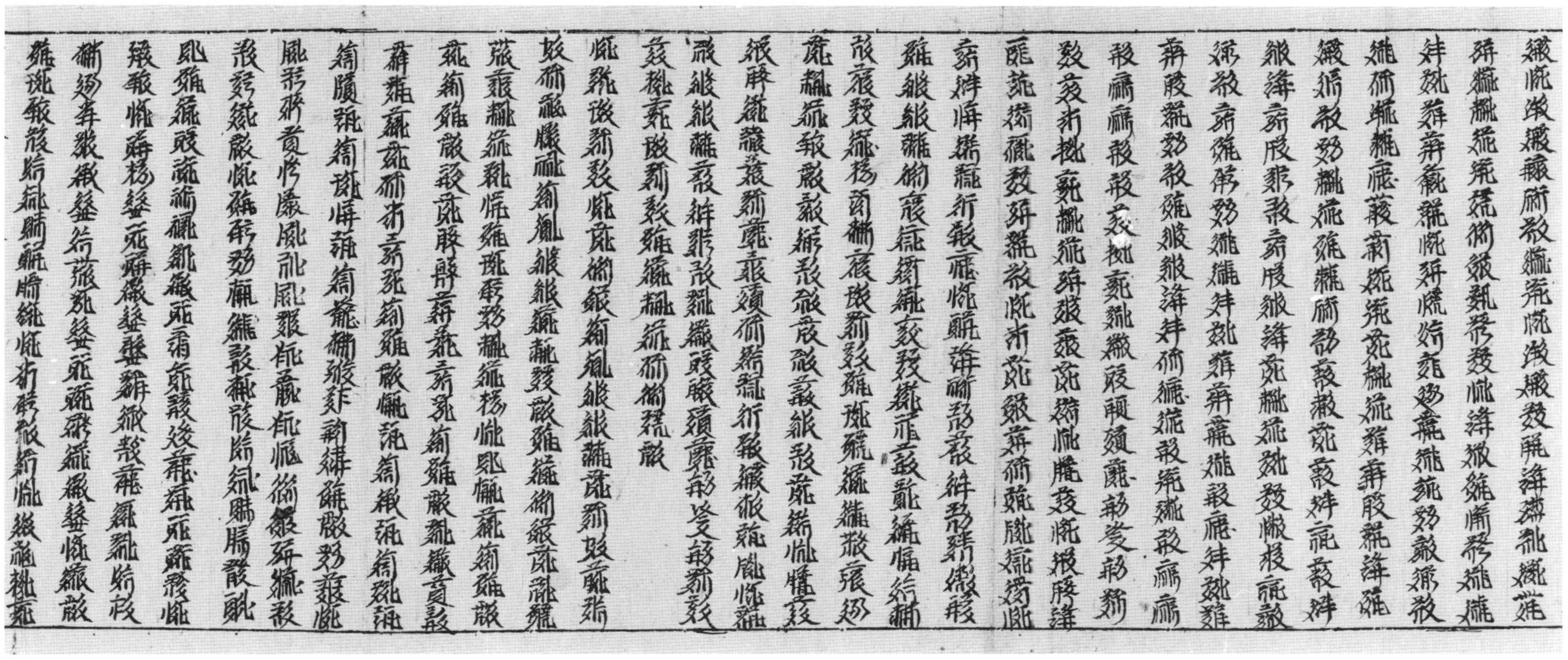

俄 Инв.No.263　佛説佛母出生三法藏般若波羅蜜多經卷第十九　(8–4)

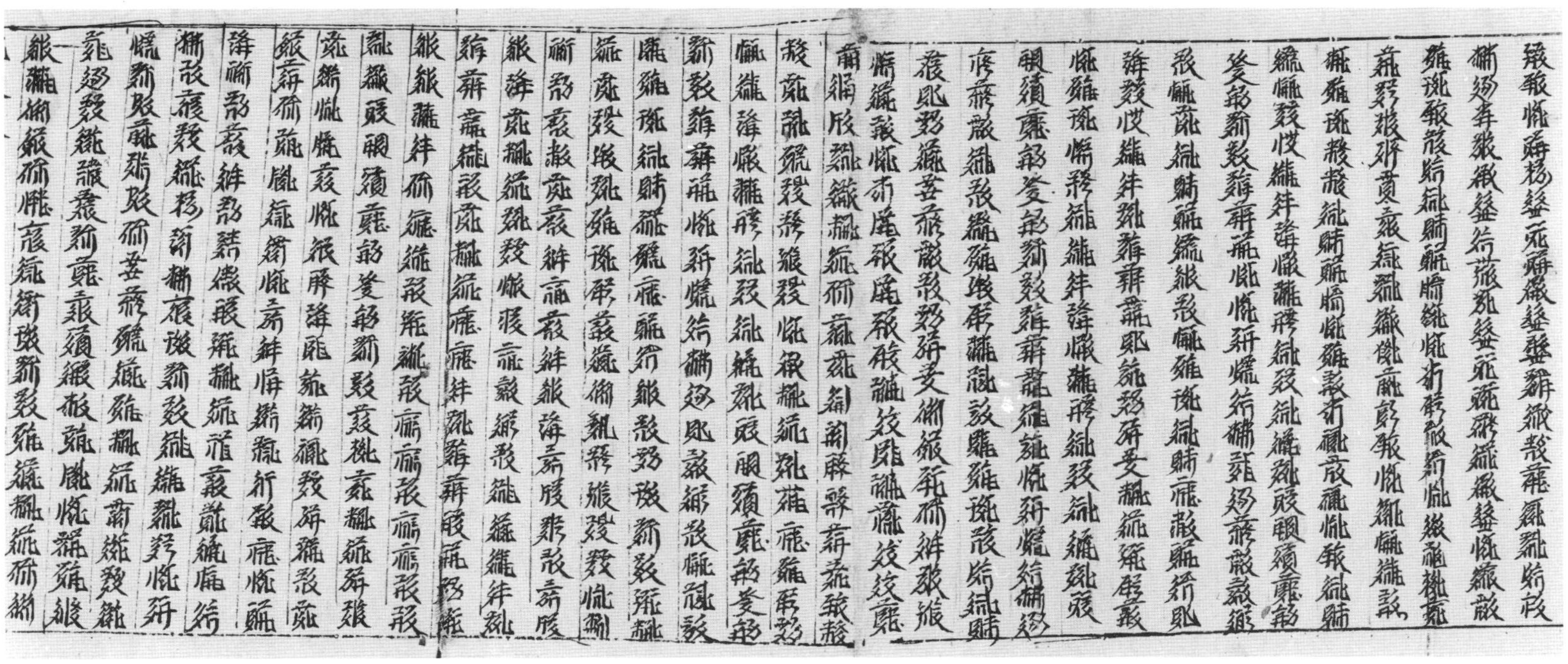

俄 Инв.No.263　佛説佛母出生三法藏般若波羅蜜多經卷第十九　(8–5)

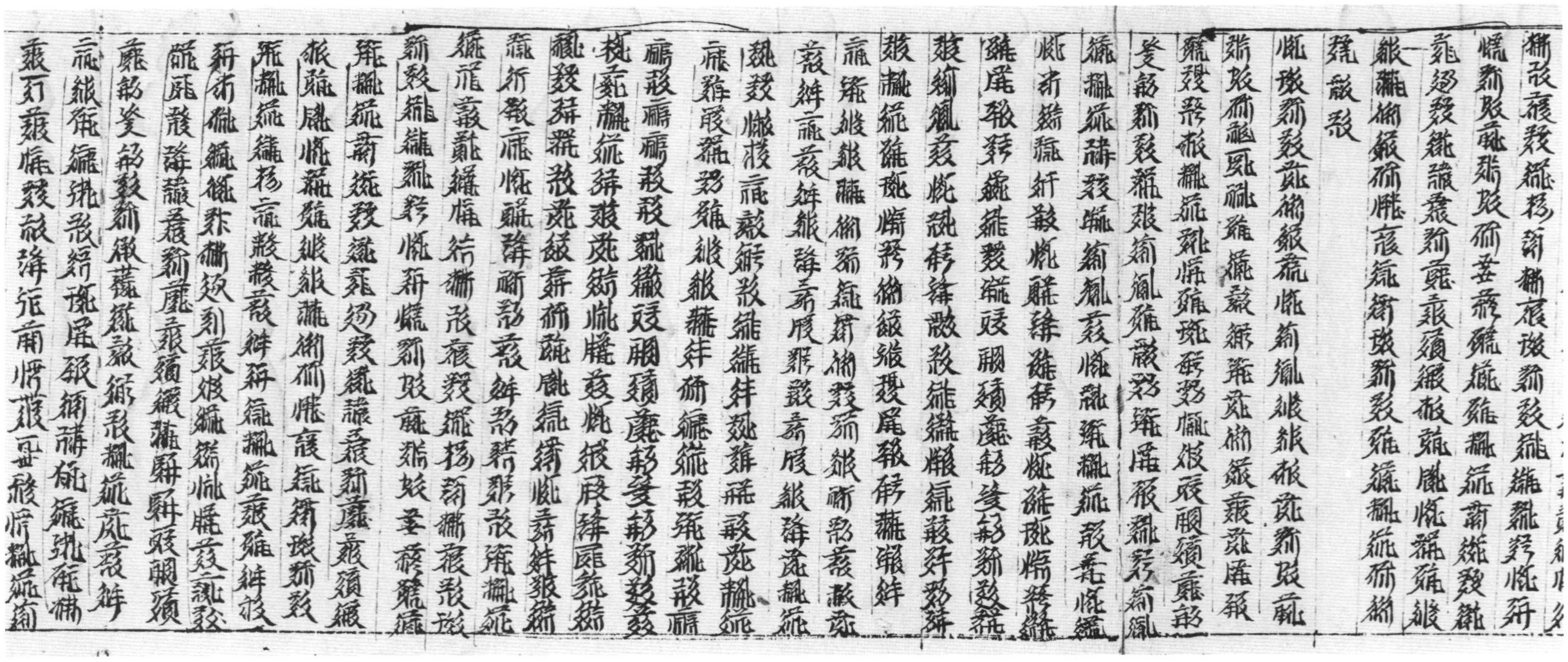

俄 Инв.No.263　佛説佛母出生三法藏般若波羅蜜多經卷第十九　(8–6)

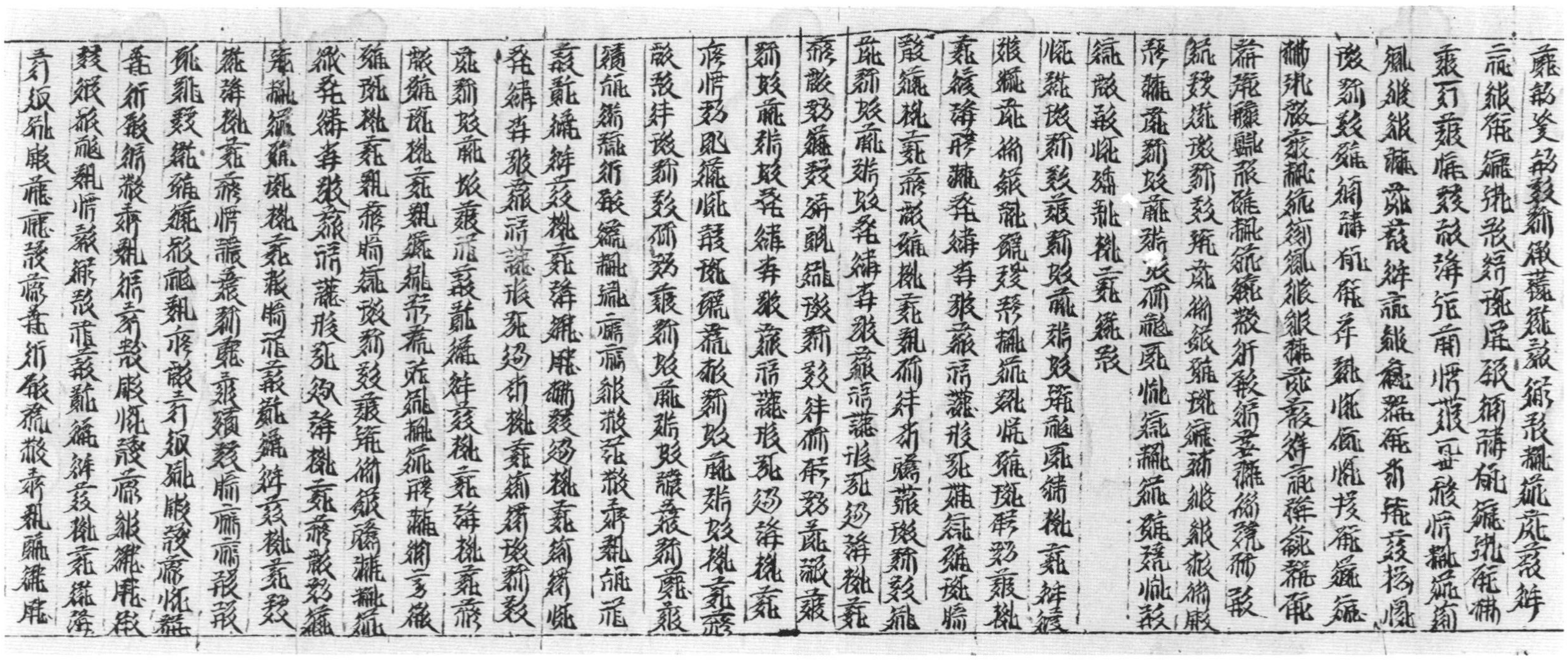

俄 Инв.No.263　佛説佛母出生三法藏般若波羅蜜多經卷第十九　(8–7)

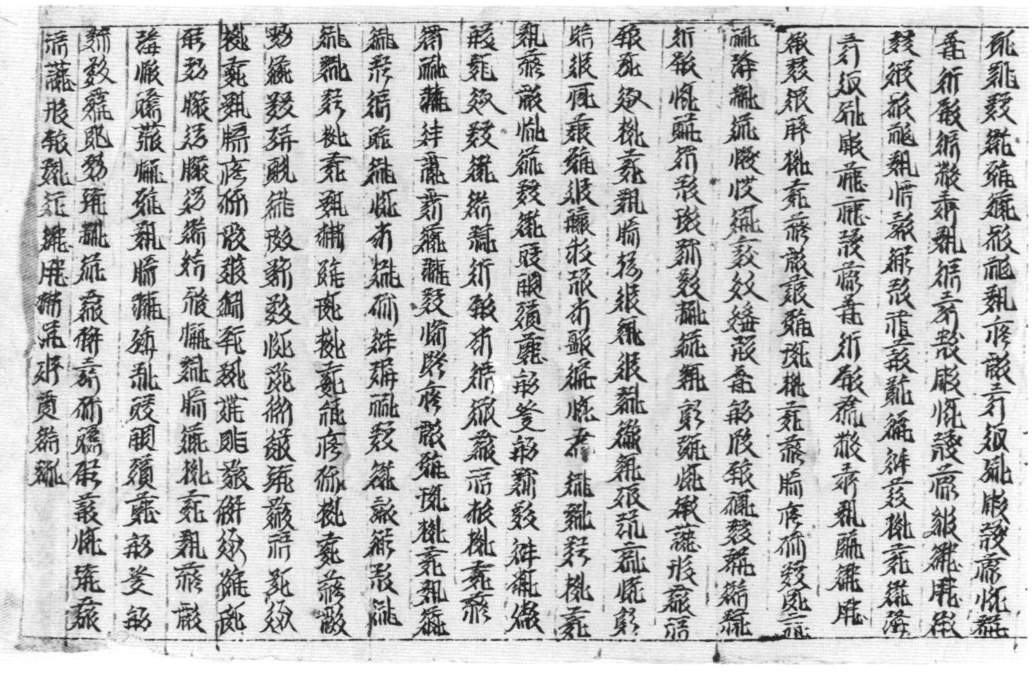

俄 Инв.No.263　佛説佛母出生三法藏般若波羅蜜多經卷第十九　(8–8)

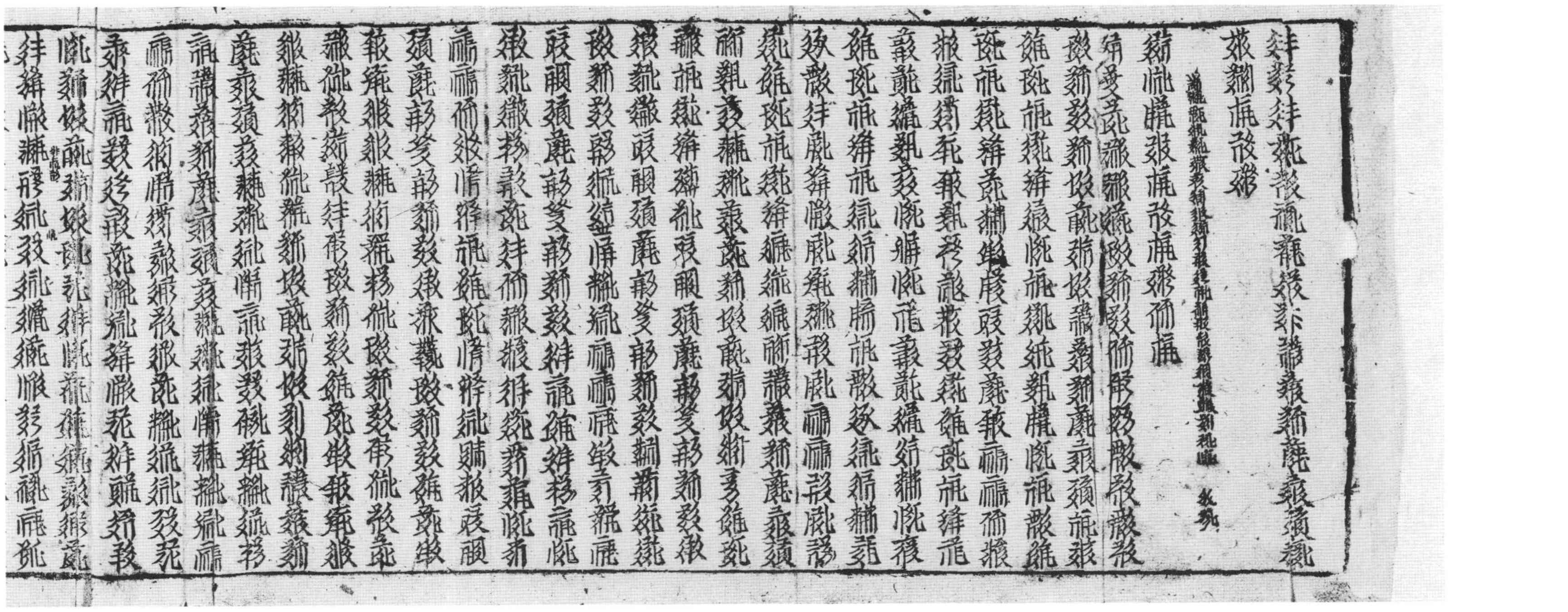

俄 Инв.No.276　佛説佛母出生三法藏般若波羅蜜多經卷第二十　(11-1)

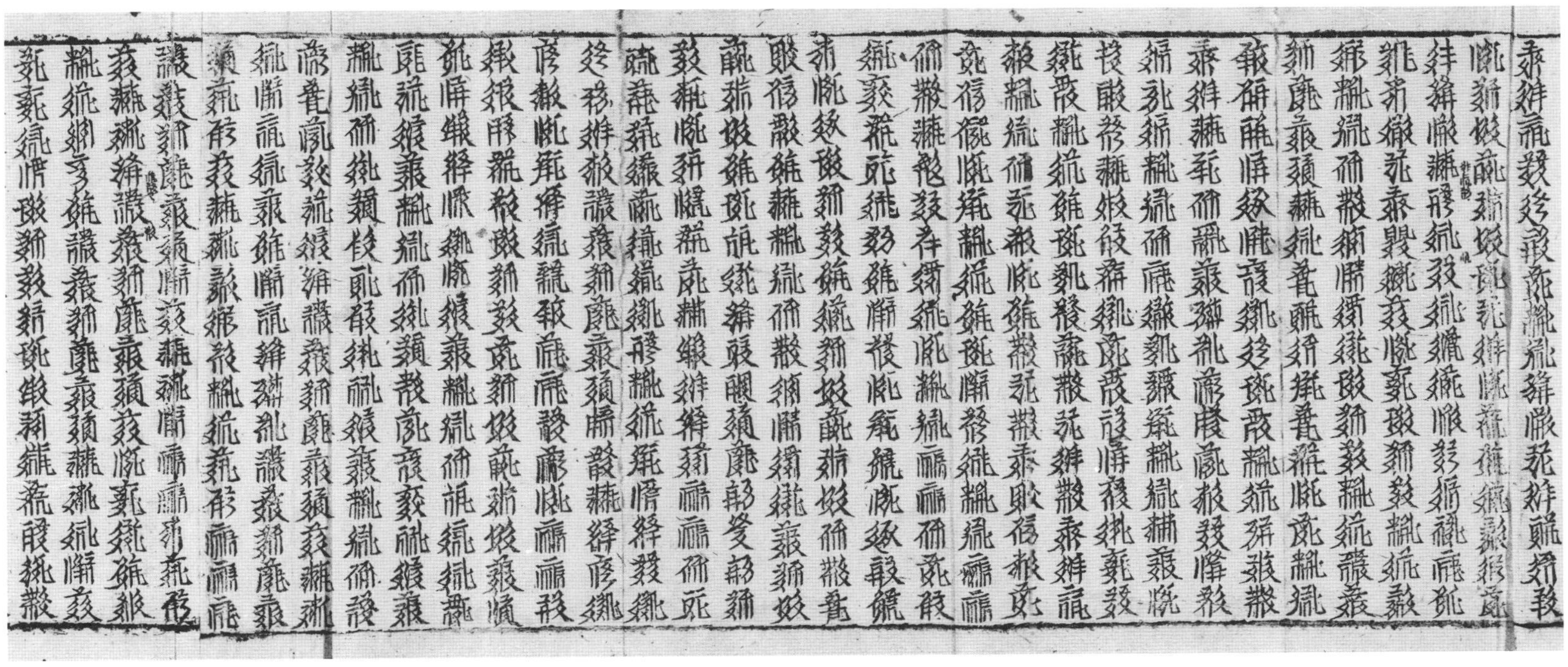

俄 Инв.No.276　佛説佛母出生三法藏般若波羅蜜多經卷第二十　(11-2)

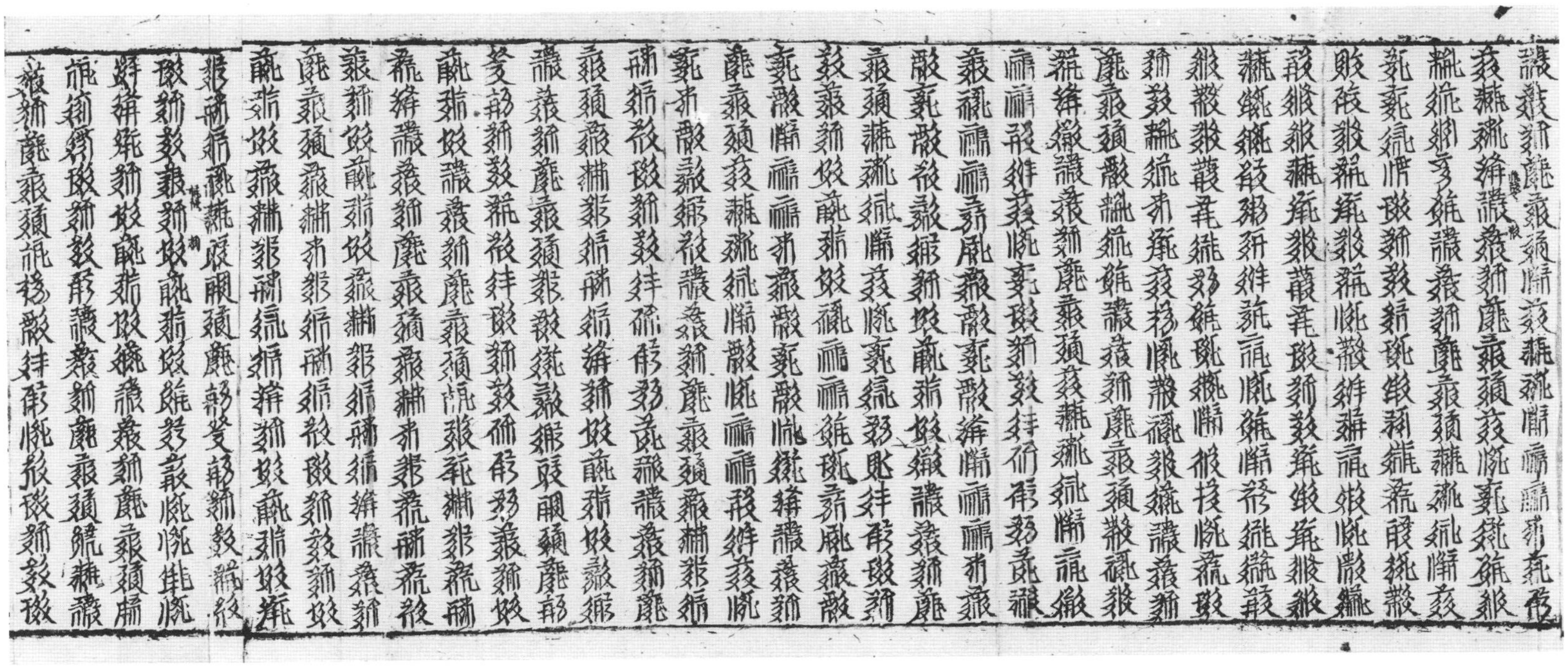

俄 Инв.No.276　佛説佛母出生三法藏般若波羅蜜多經卷第二十　(11-3)

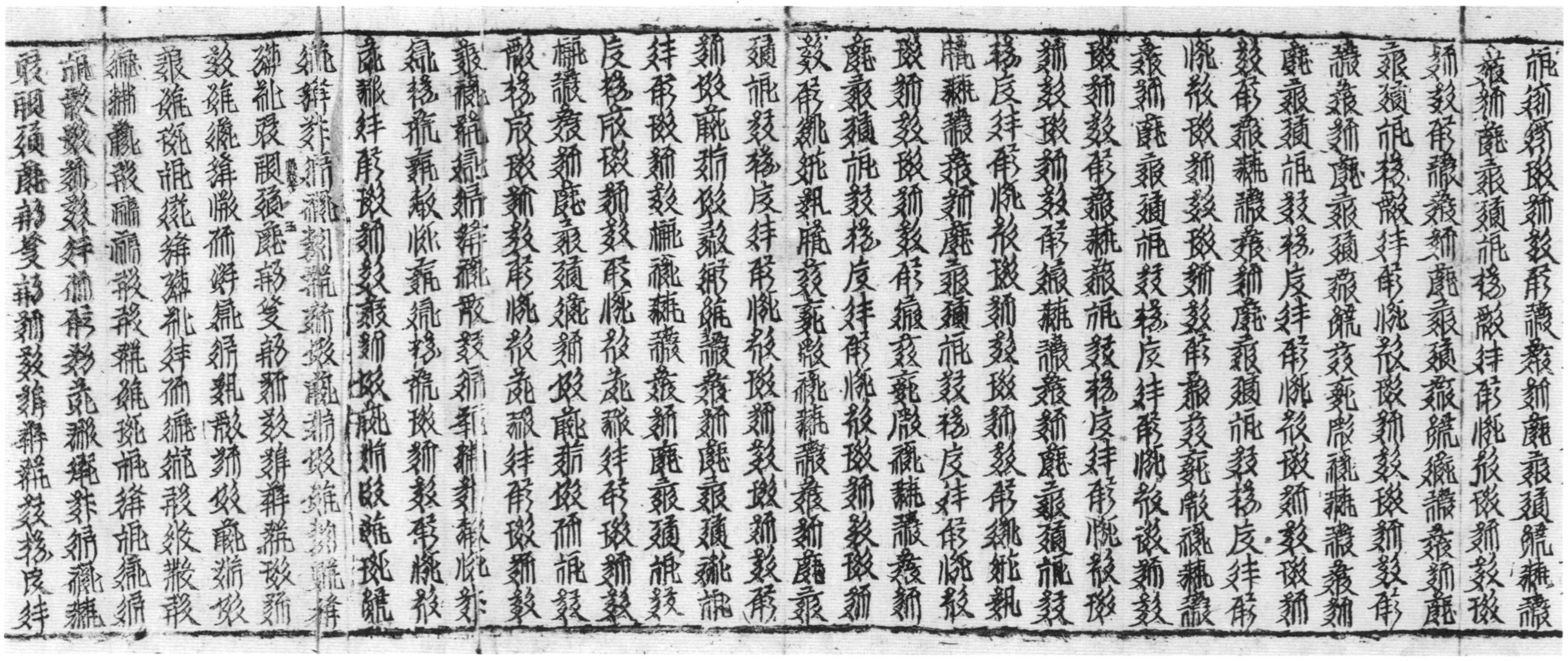

俄 Инв.No.276　佛説佛母出生三法藏般若波羅蜜多經卷第二十　(11–4)

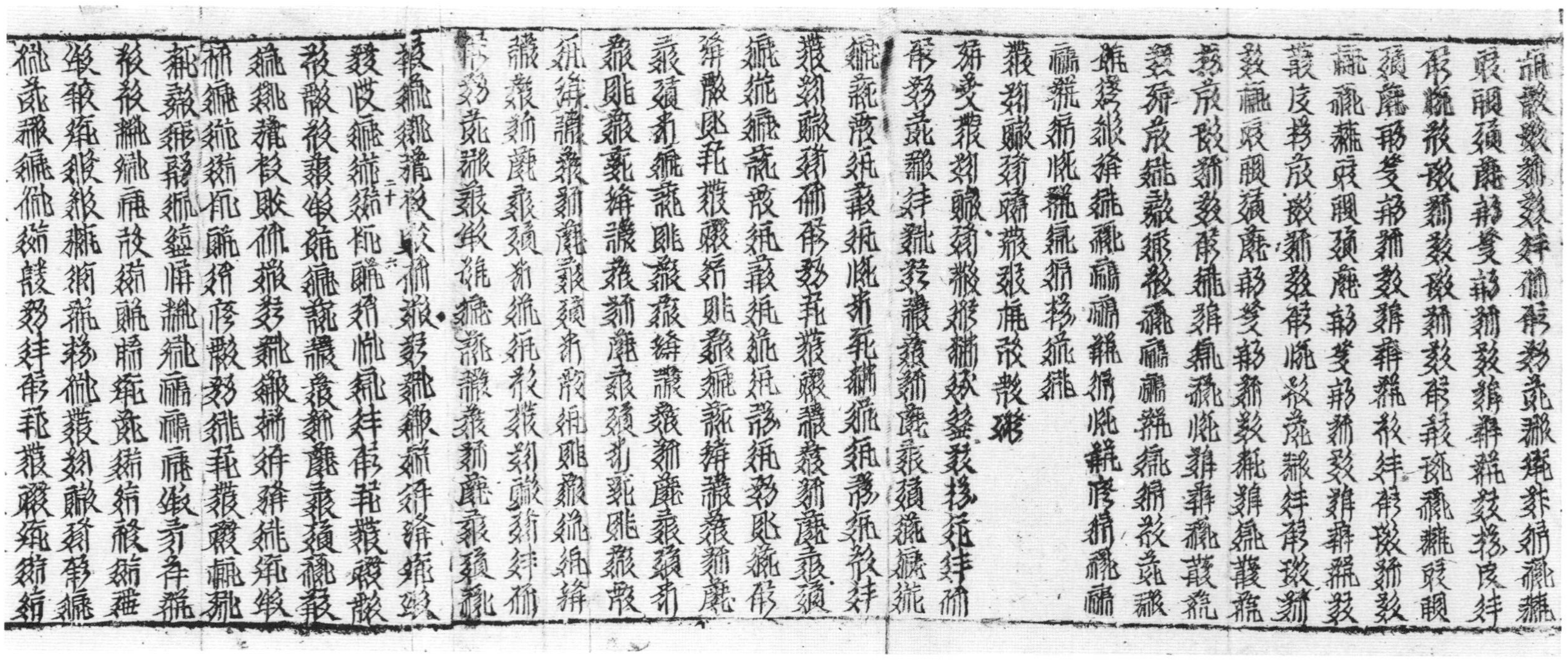

俄 Инв.No.276　佛説佛母出生三法藏般若波羅蜜多經卷第二十　(11–5)

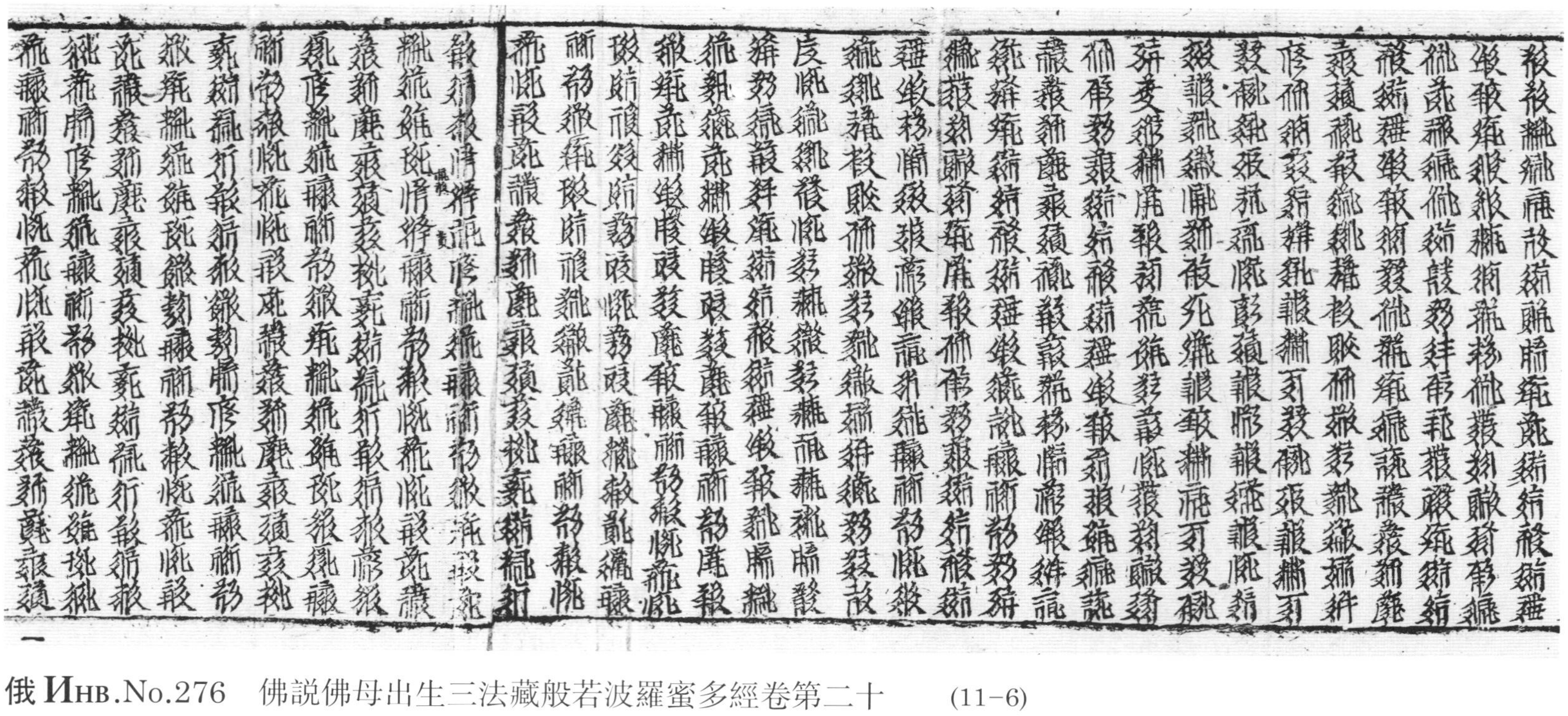

俄 Инв.No.276　佛説佛母出生三法藏般若波羅蜜多經卷第二十　(11–6)

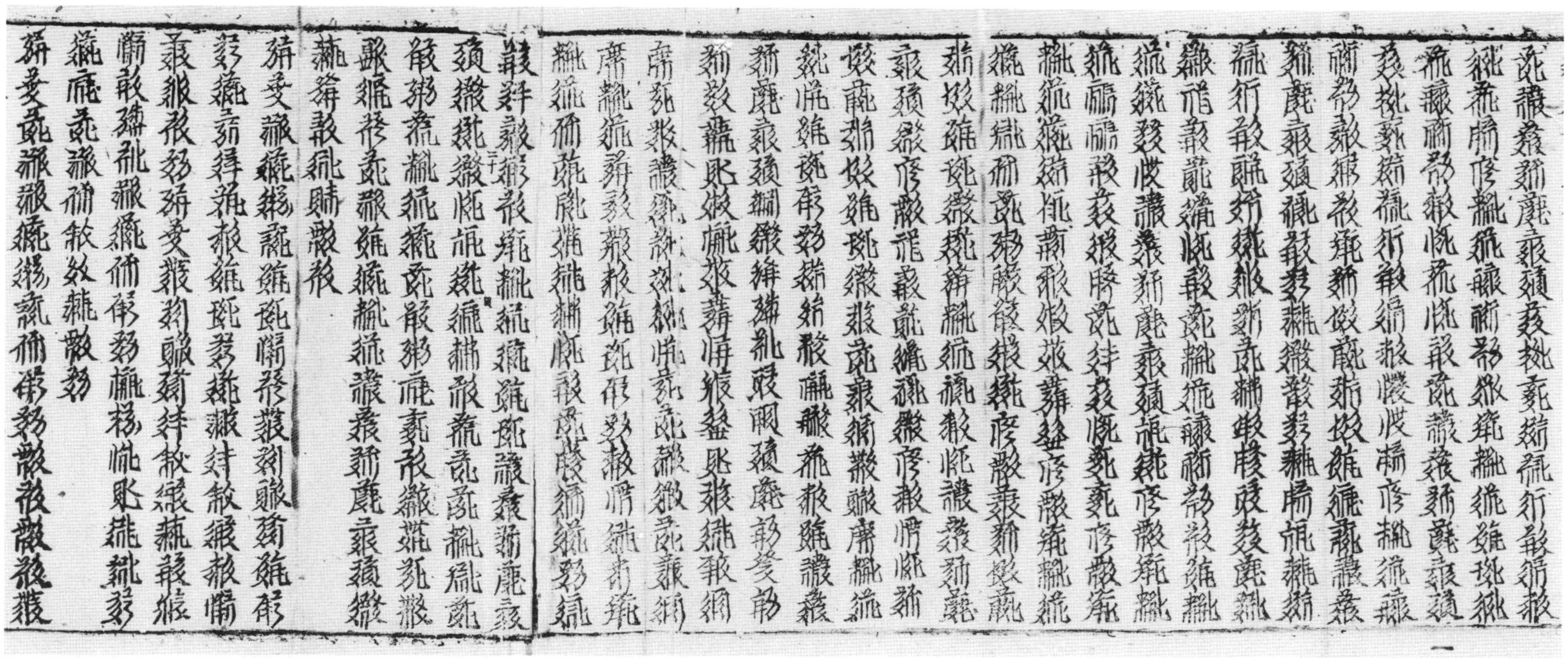

俄 Инв.No.276　佛說佛母出生三法藏般若波羅蜜多經卷第二十　(11–7)

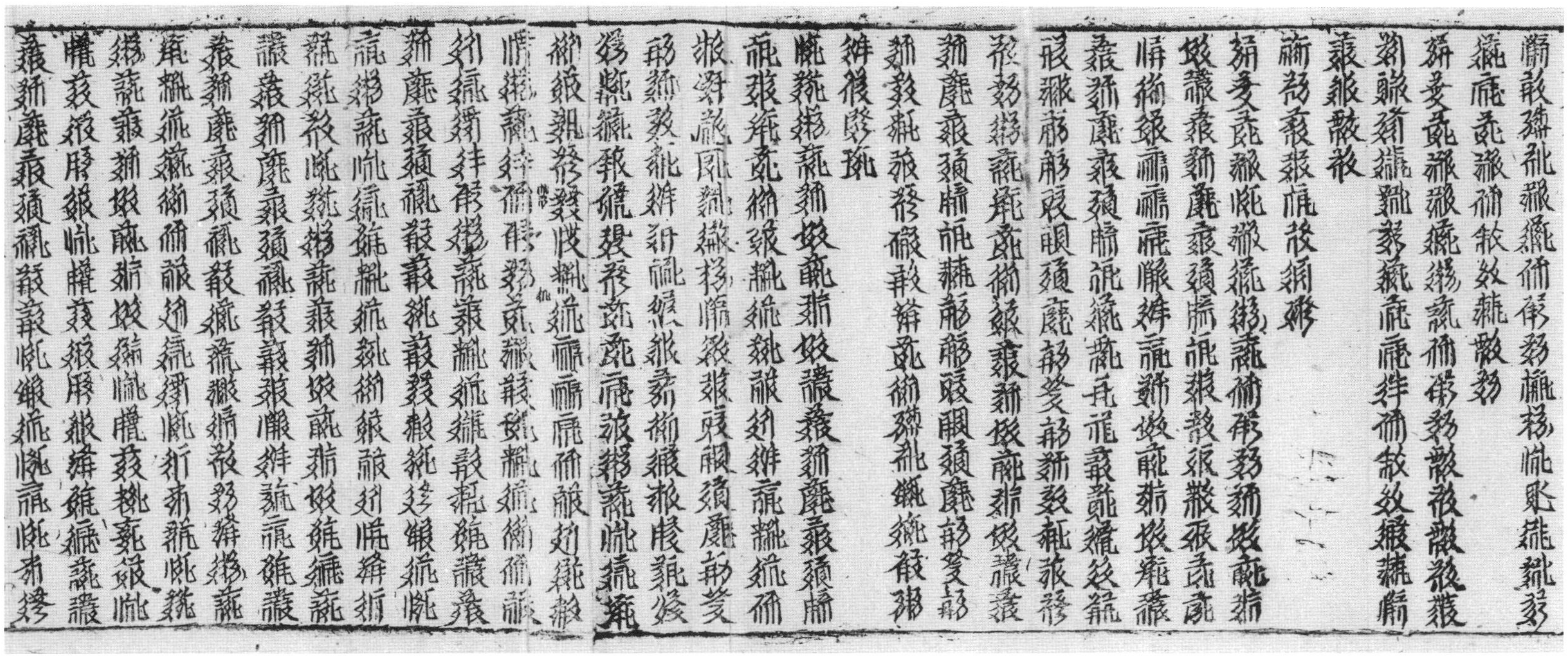

俄 Инв.No.276　佛說佛母出生三法藏般若波羅蜜多經卷第二十　(11–8)

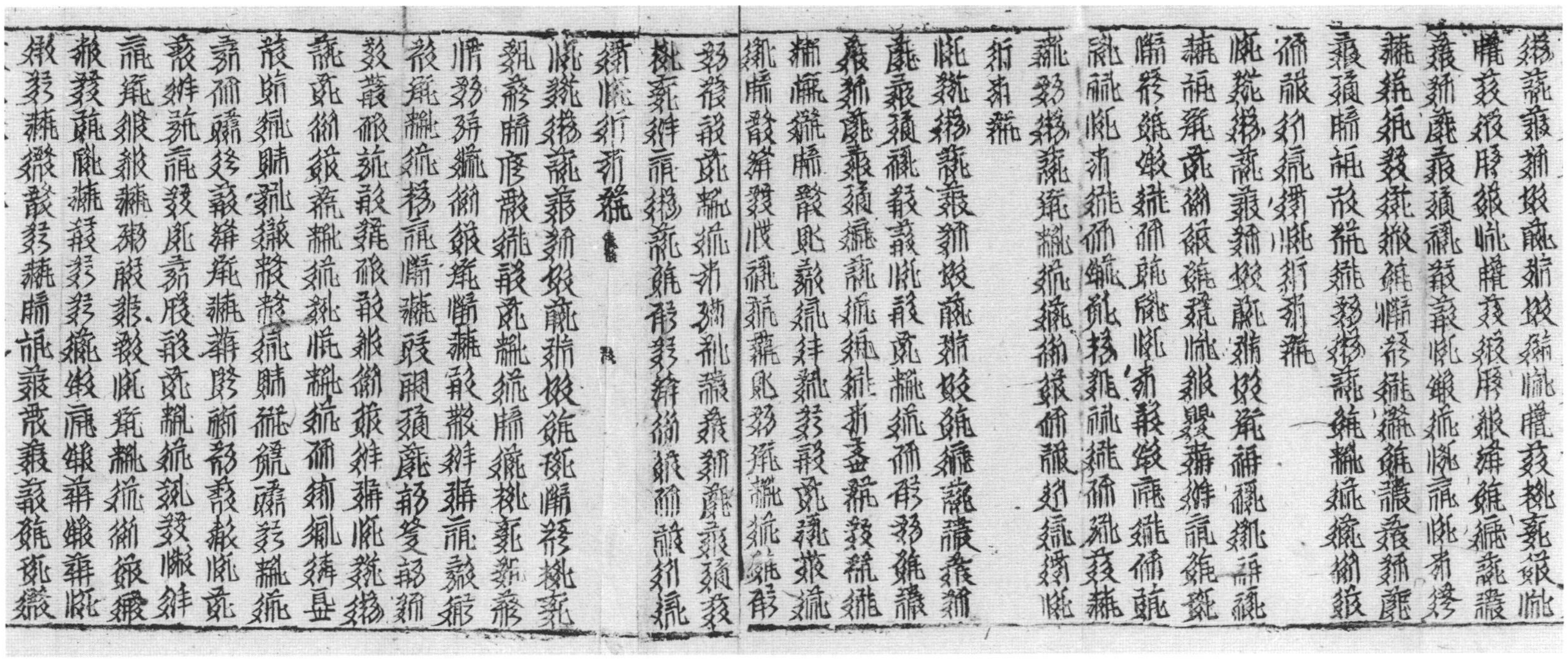

俄 Инв.No.276　佛說佛母出生三法藏般若波羅蜜多經卷第二十　(11–9)

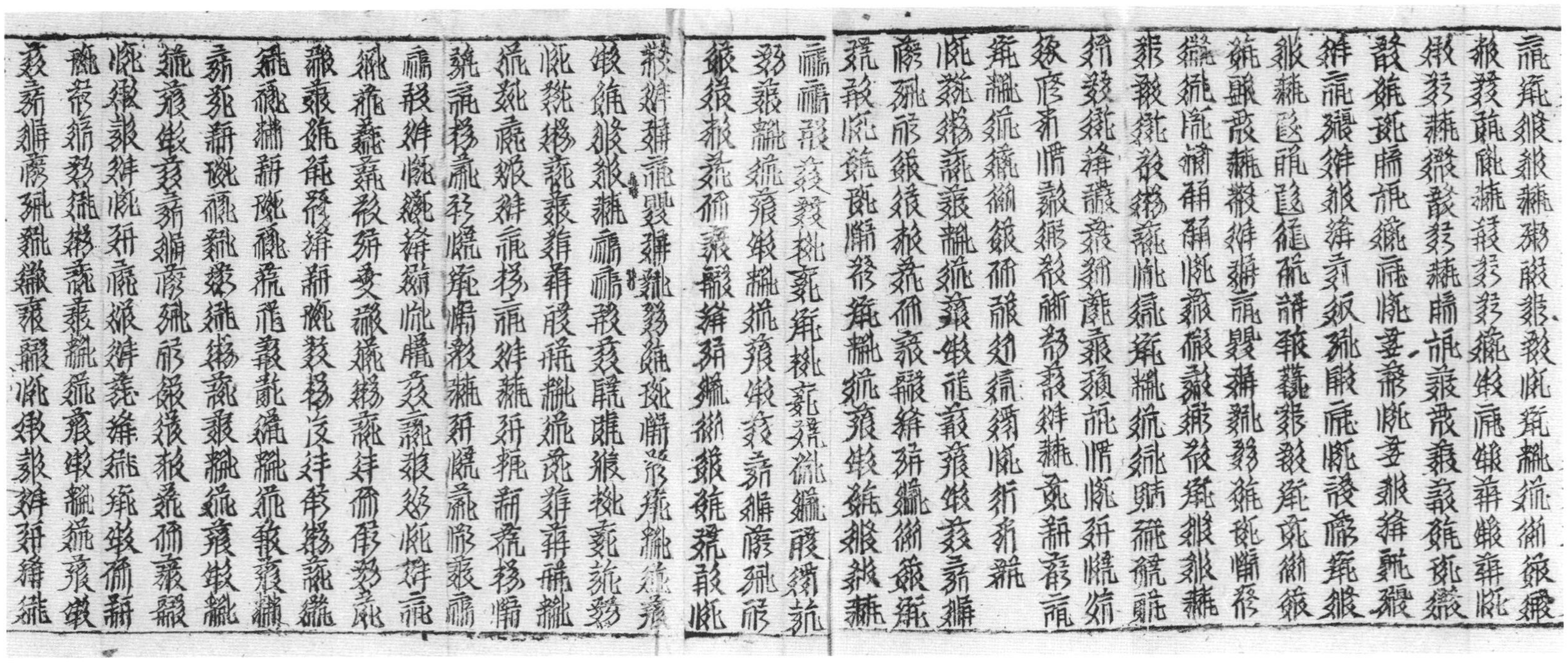

俄 Инв.No.276　佛說佛母出生三法藏般若波羅蜜多經卷第二十　(11–10)

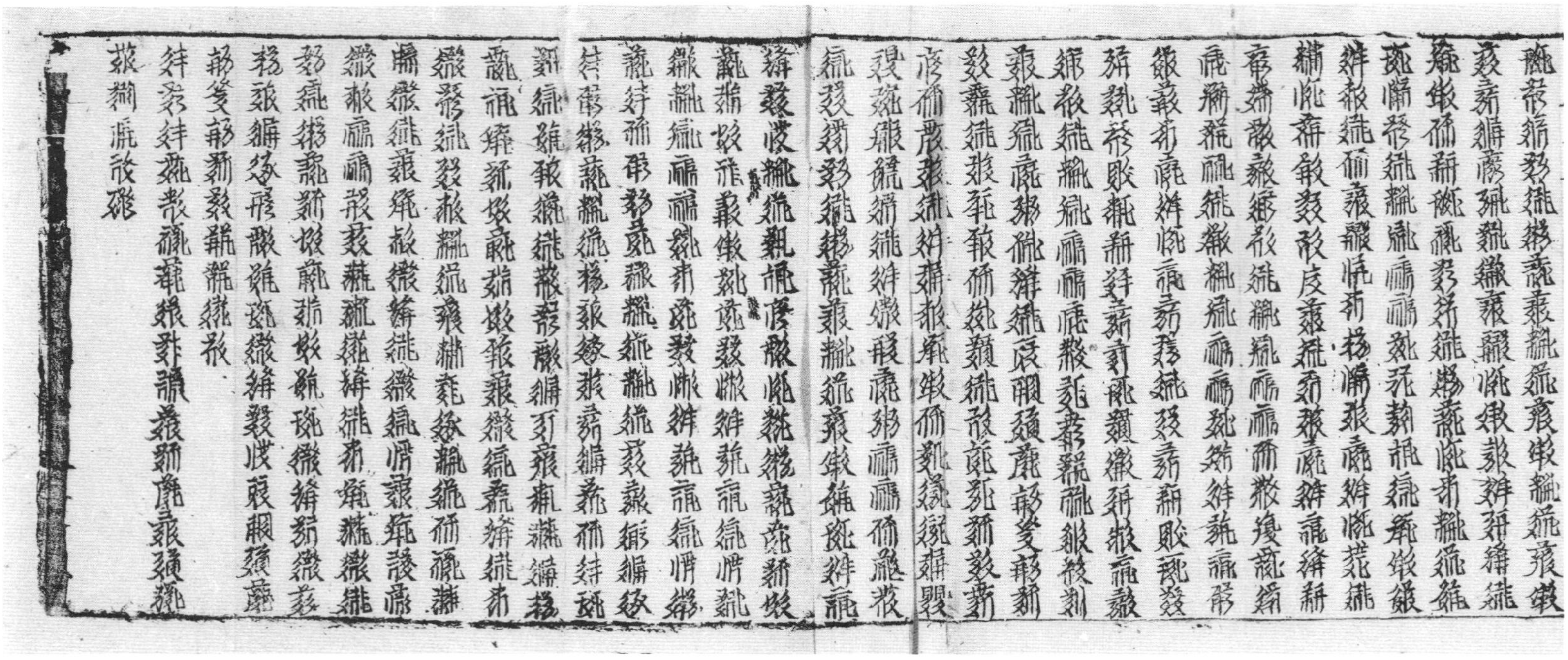

俄 Инв.No.276　佛說佛母出生三法藏般若波羅蜜多經卷第二十　(11–11)

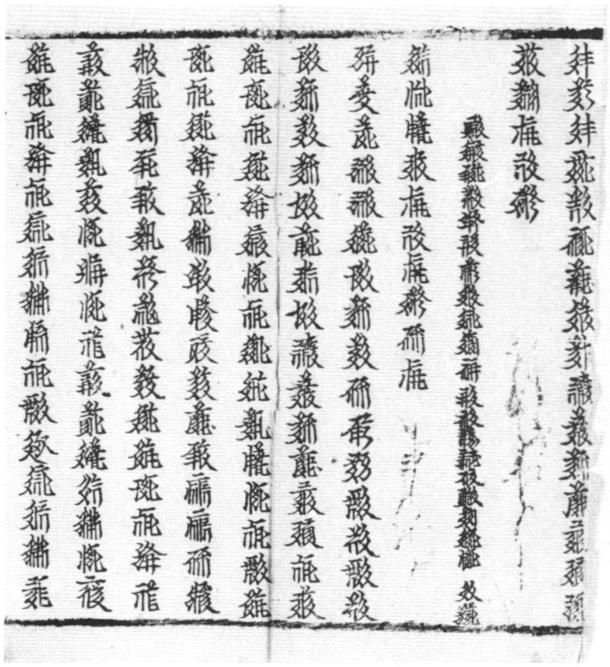

俄 Инв.No.244　佛說佛母出生三法藏般若波羅蜜多經卷第二十　(13–1)

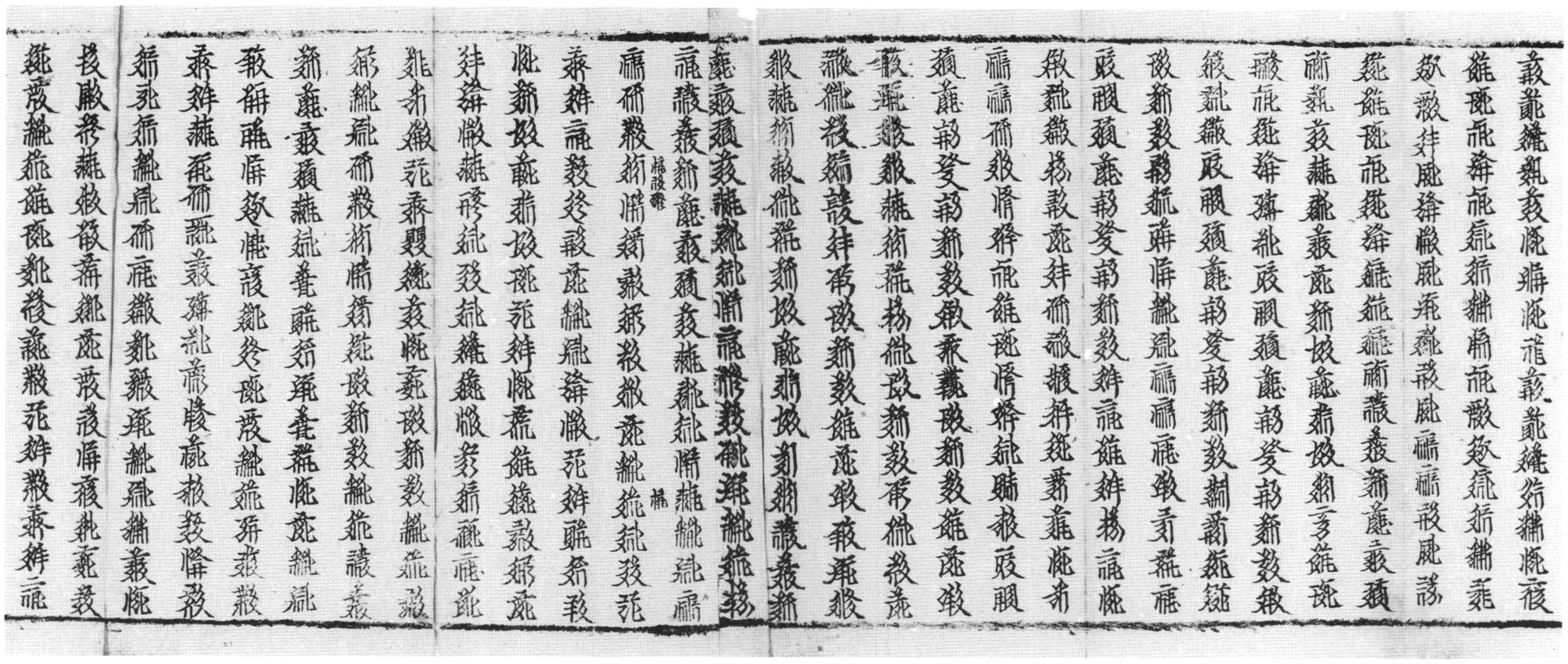

俄 Инв.No.244　佛説佛母出生三法藏般若波羅蜜多經卷第二十　(13-2)

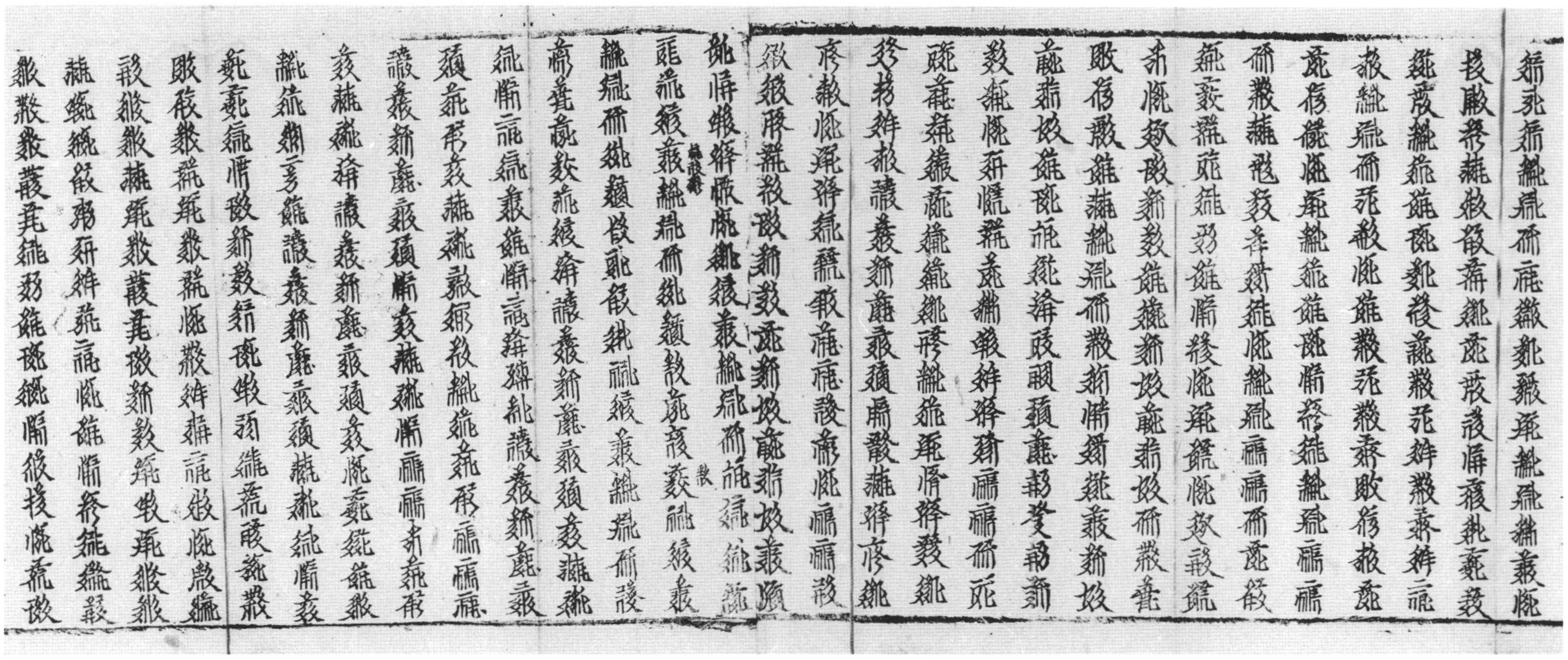

俄 Инв.No.244　佛説佛母出生三法藏般若波羅蜜多經卷第二十　(13-3)

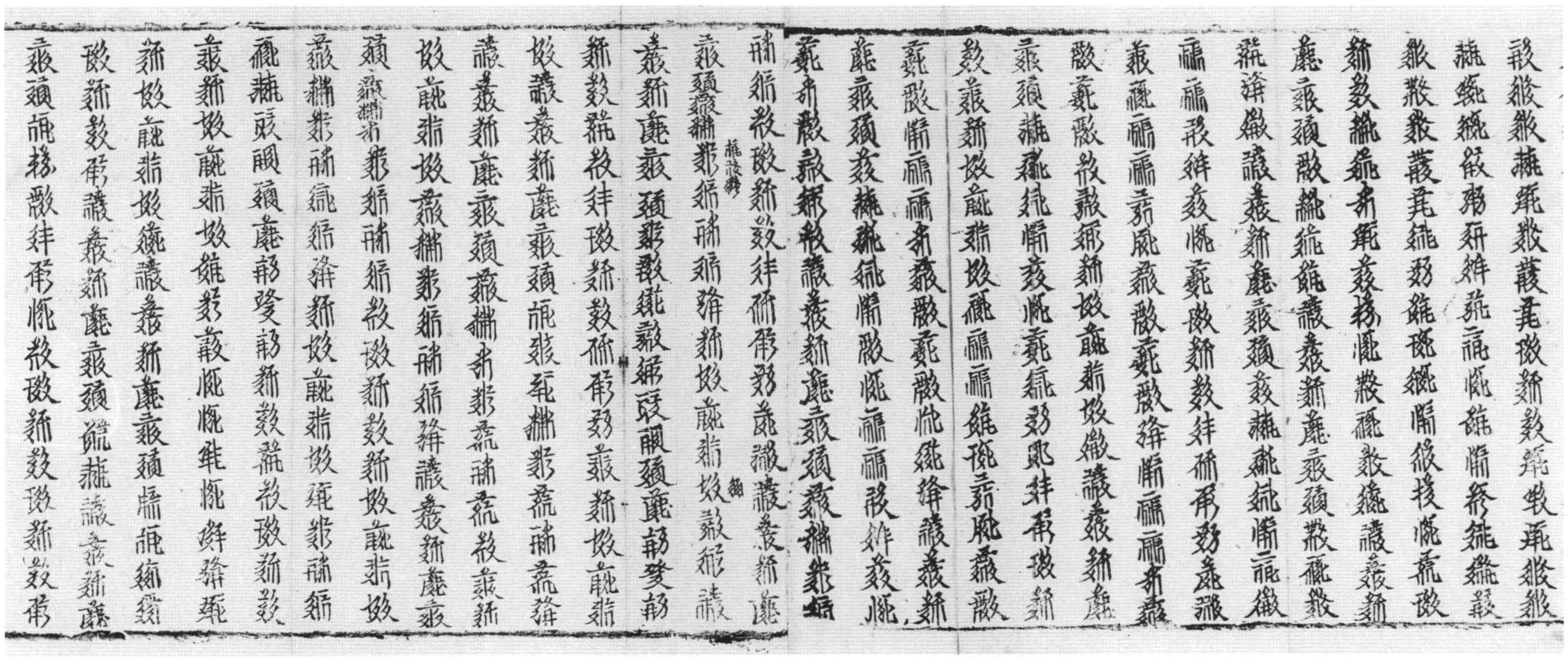

俄 Инв.No.244　佛説佛母出生三法藏般若波羅蜜多經卷第二十　(13-4)

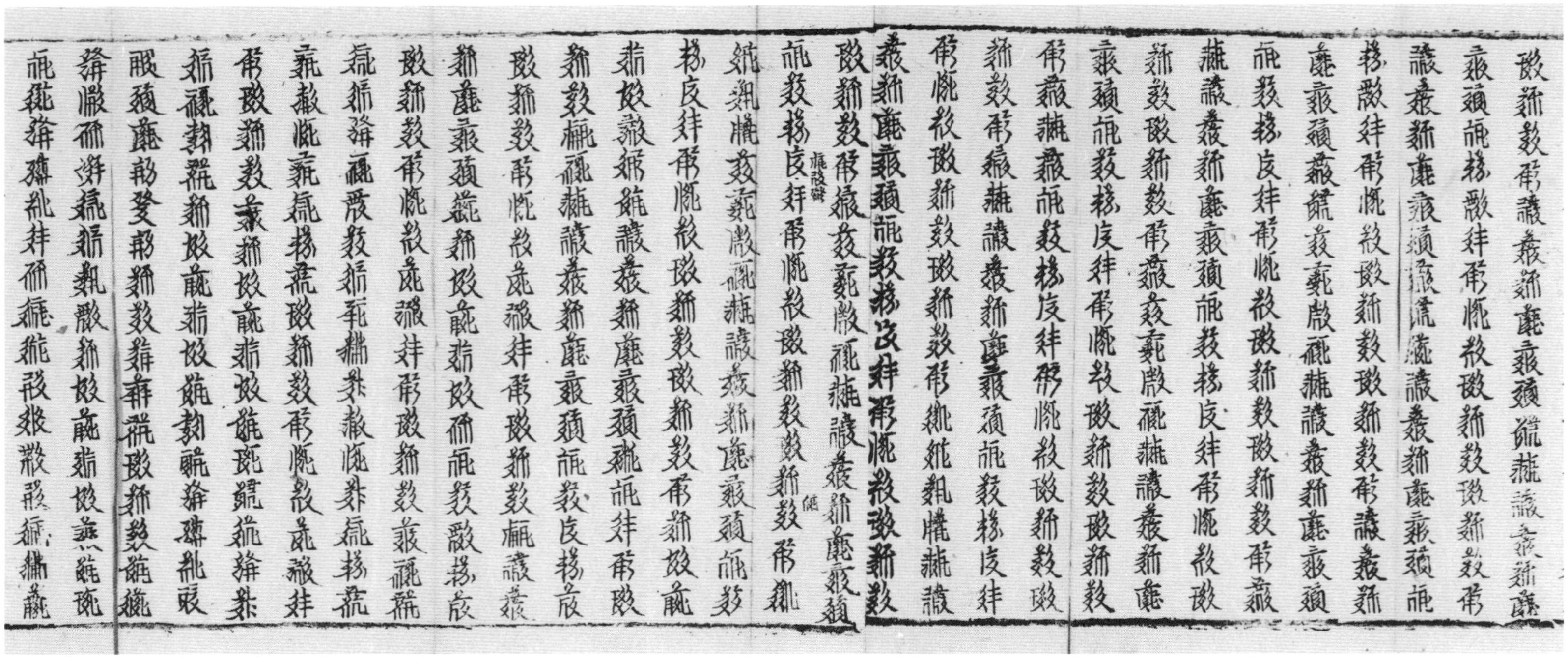

俄 Инв.No.244　佛説佛母出生三法藏般若波羅蜜多經卷第二十　(13-5)

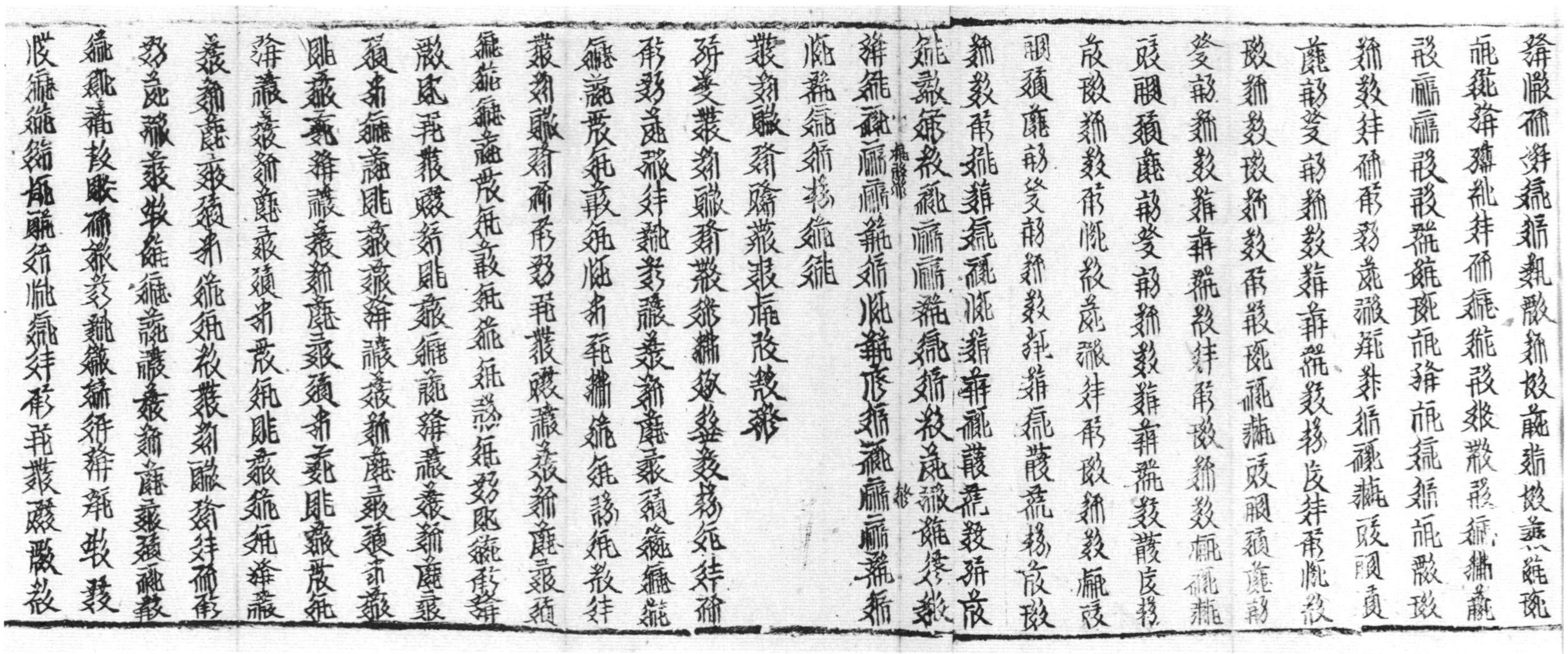

俄 Инв.No.244　佛説佛母出生三法藏般若波羅蜜多經卷第二十　(13-6)

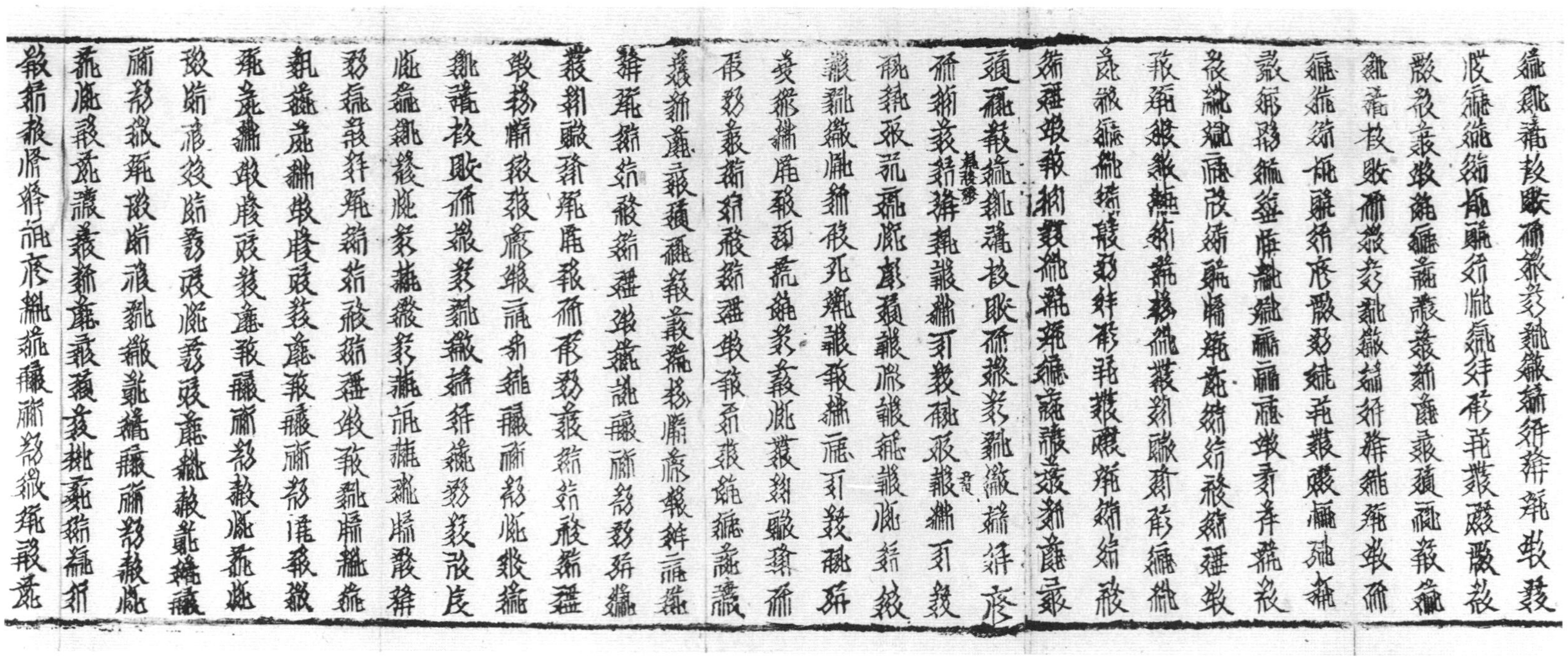

俄 Инв.No.244　佛説佛母出生三法藏般若波羅蜜多經卷第二十　(13-7)

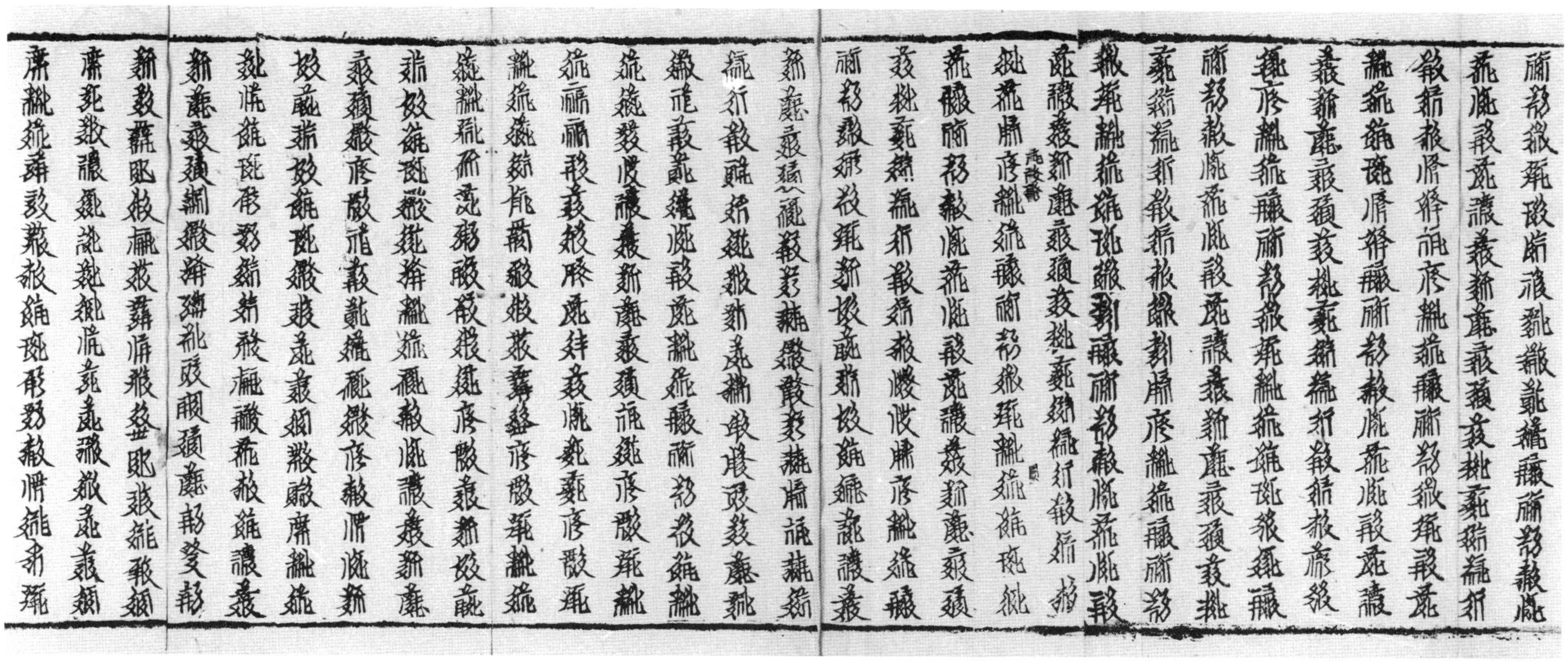

俄Инв.No.244　佛説佛母出生三法藏般若波羅蜜多經卷第二十　(13-8)

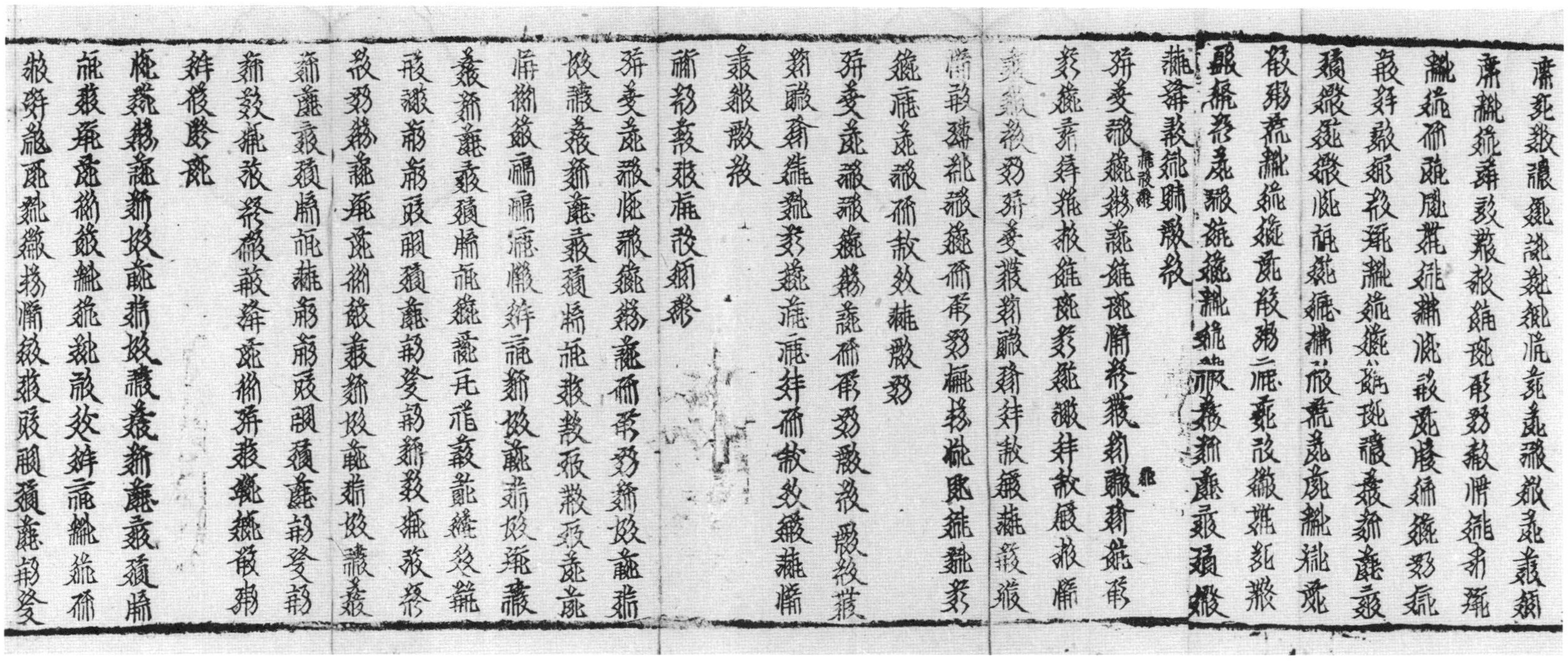

俄Инв.No.244　佛説佛母出生三法藏般若波羅蜜多經卷第二十　(13-9)

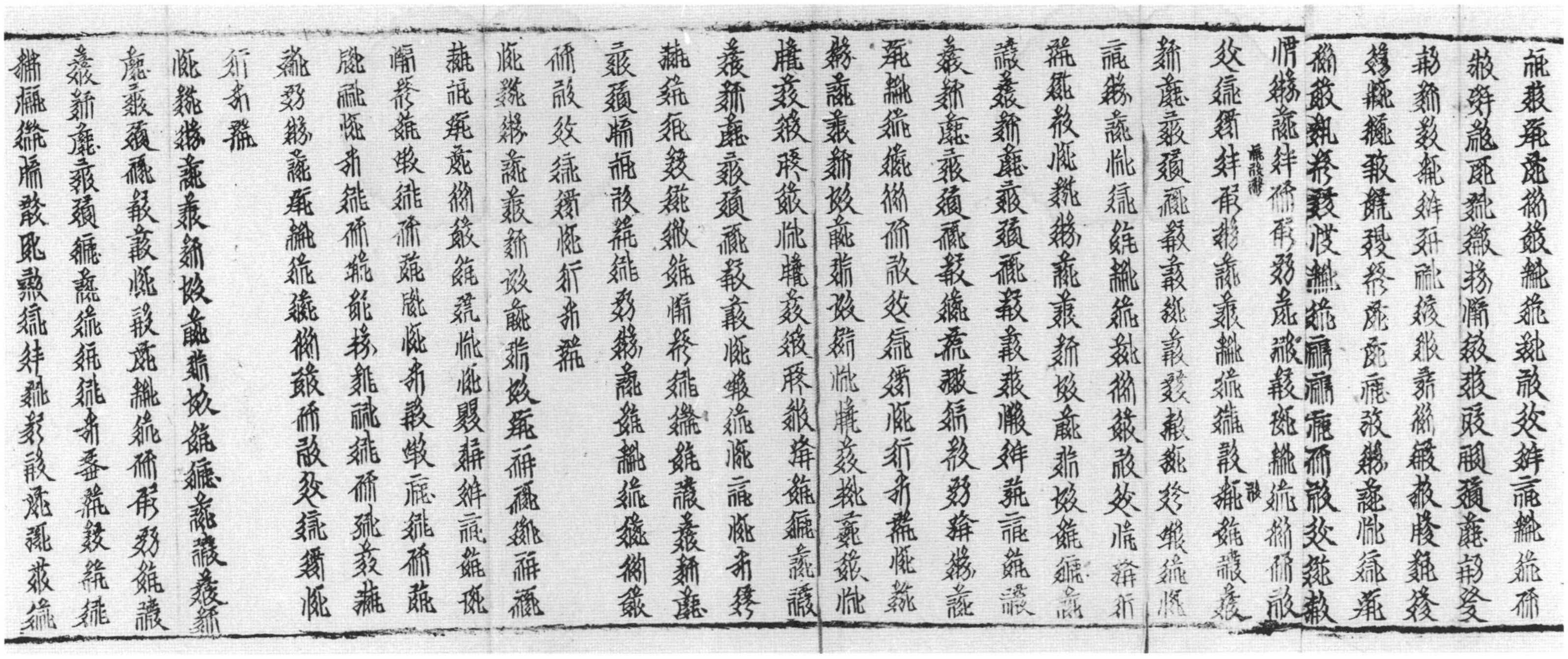

俄Инв.No.244　佛説佛母出生三法藏般若波羅蜜多經卷第二十　(13-10)

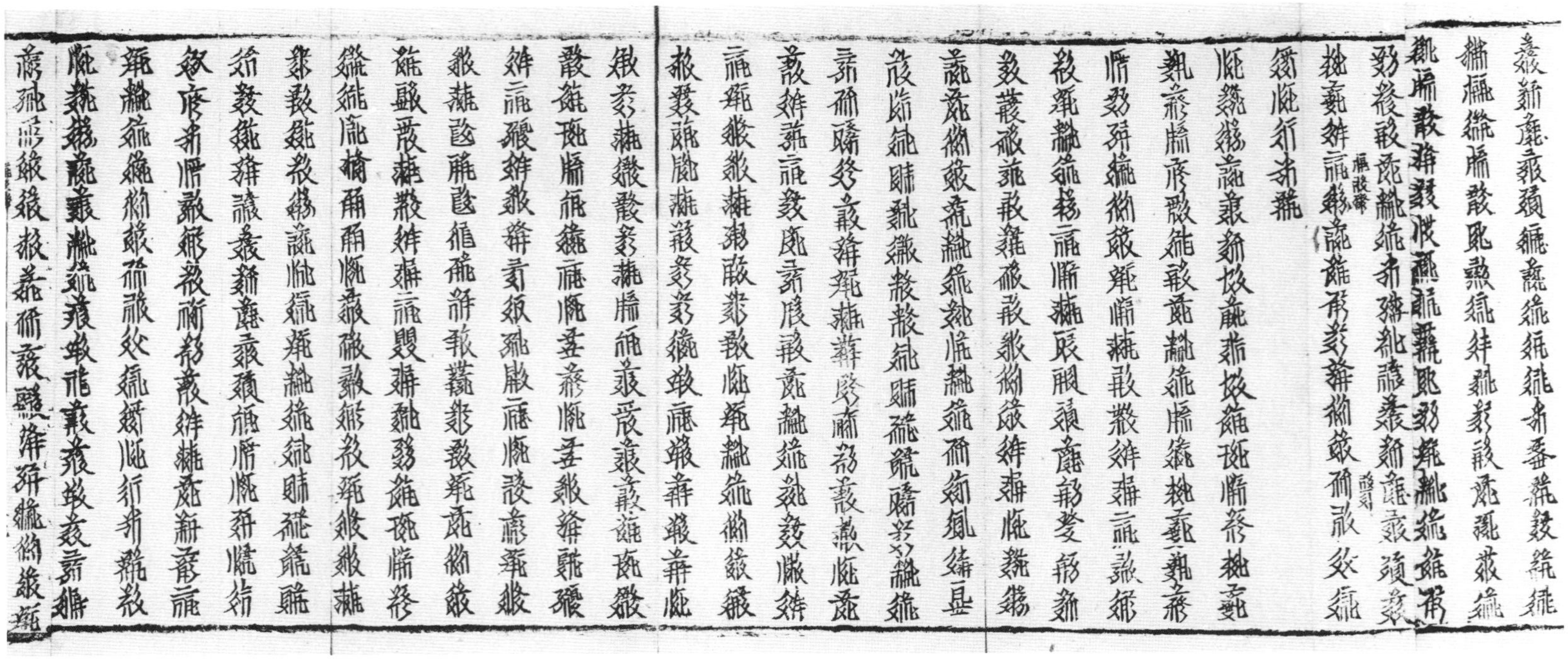

俄 Инв.No.244　佛說佛母出生三法藏般若波羅蜜多經卷第二十　(13–11)

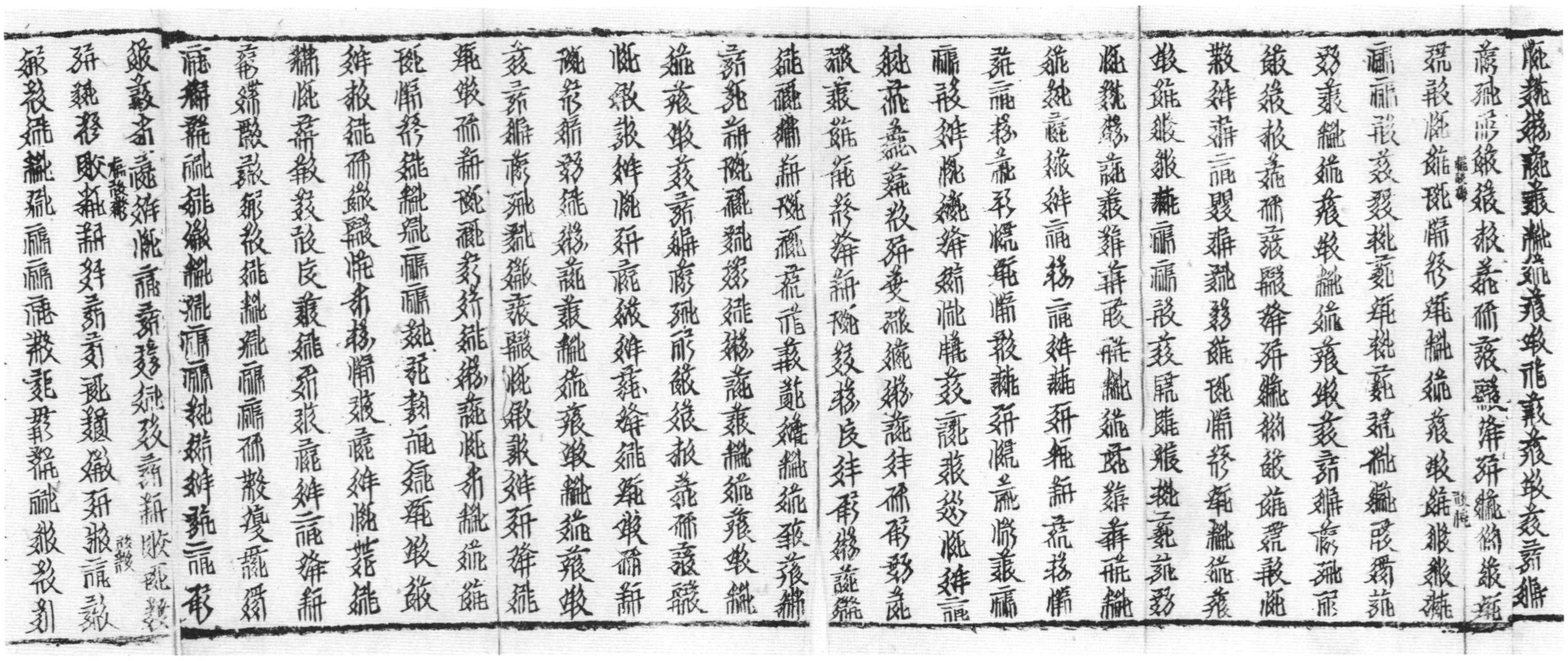

俄 Инв.No.244　佛說佛母出生三法藏般若波羅蜜多經卷第二十　(13–12)

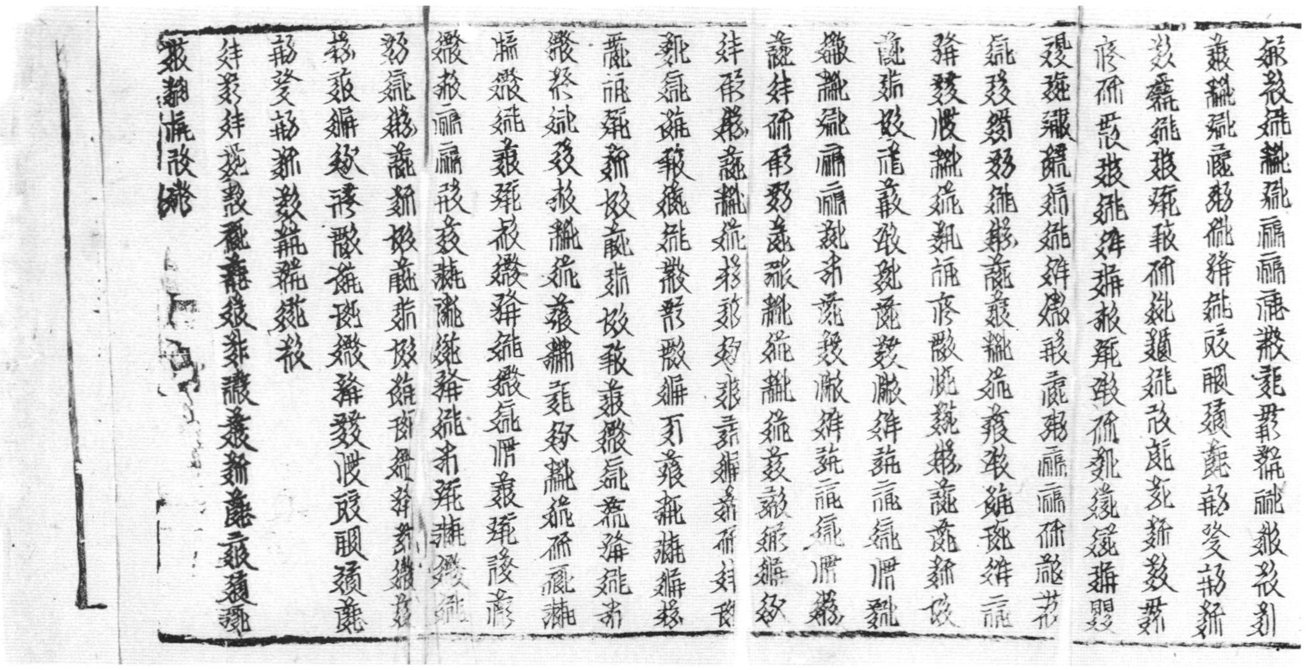

俄 Инв.No.244　佛說佛母出生三法藏般若波羅蜜多經卷第二十　(13–13)

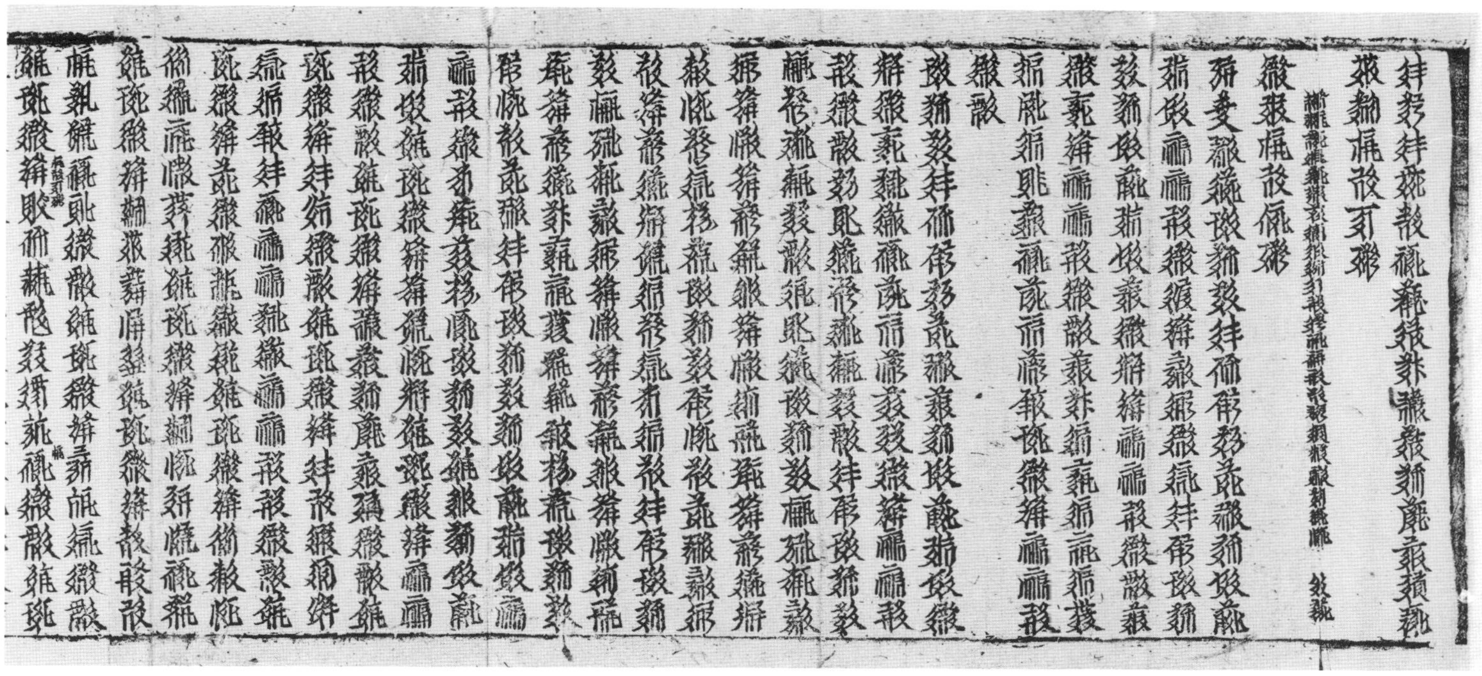

俄 Инв.No.245　佛説佛母出生三法藏般若波羅蜜多經卷第二十一　(11–1)

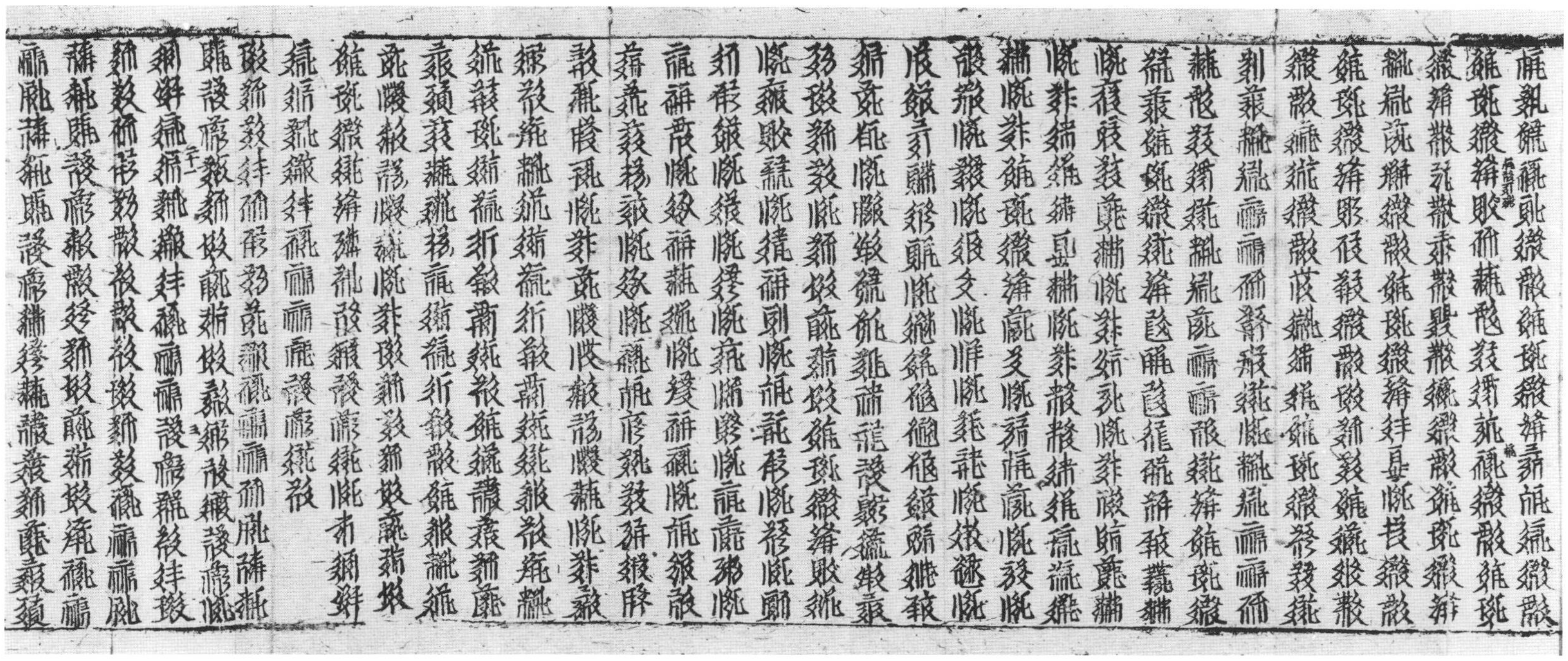

俄 Инв.No.245　佛説佛母出生三法藏般若波羅蜜多經卷第二十一　(11–2)

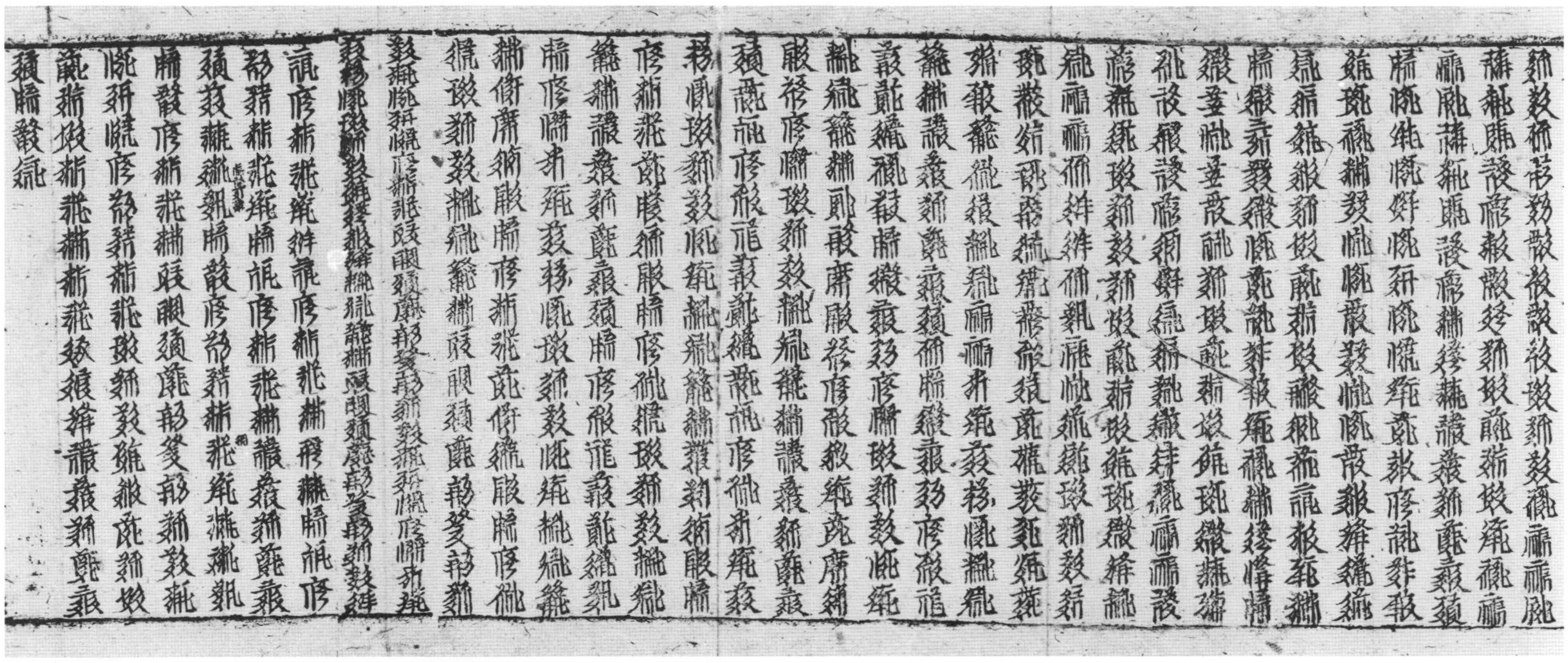

俄 Инв.No.245　佛説佛母出生三法藏般若波羅蜜多經卷第二十一　(11–3)

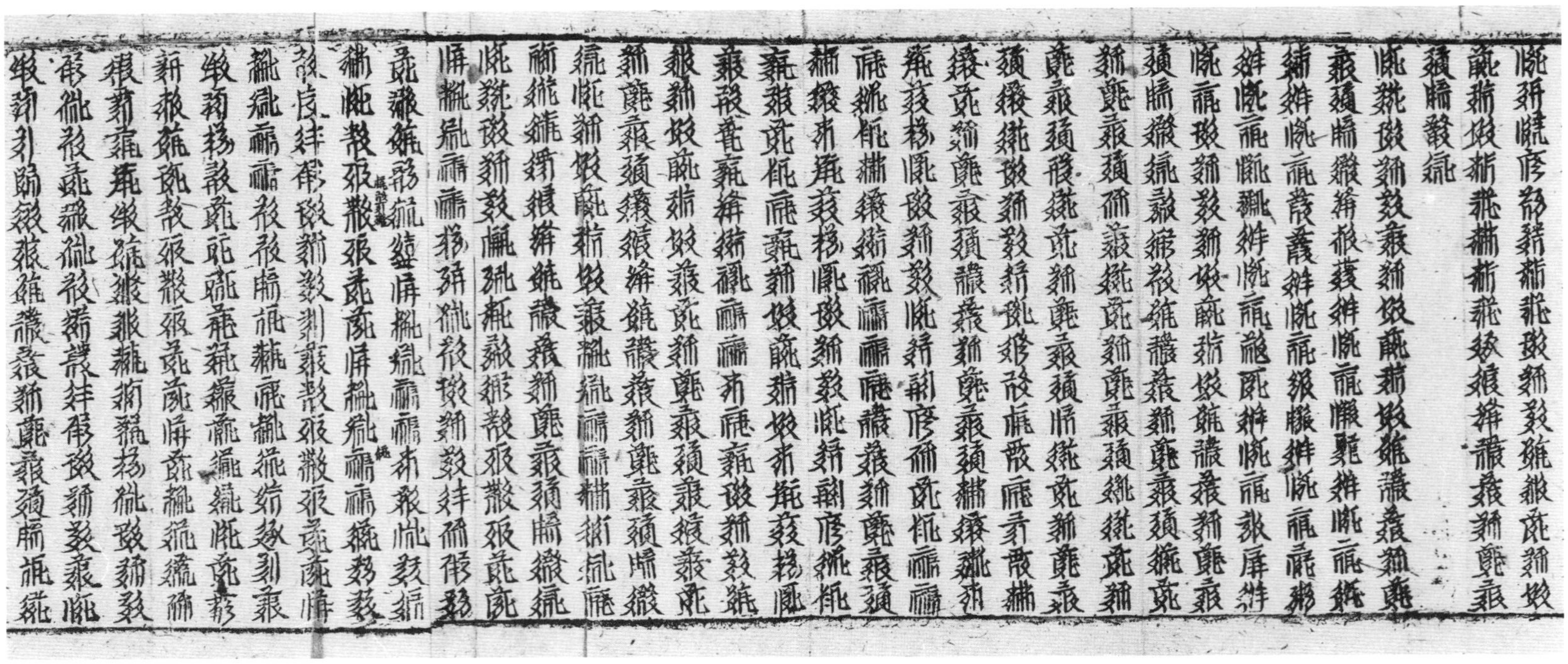

俄 Инв.No.245　佛説佛母出生三法藏般若波羅蜜多經卷第二十一　(11–4)

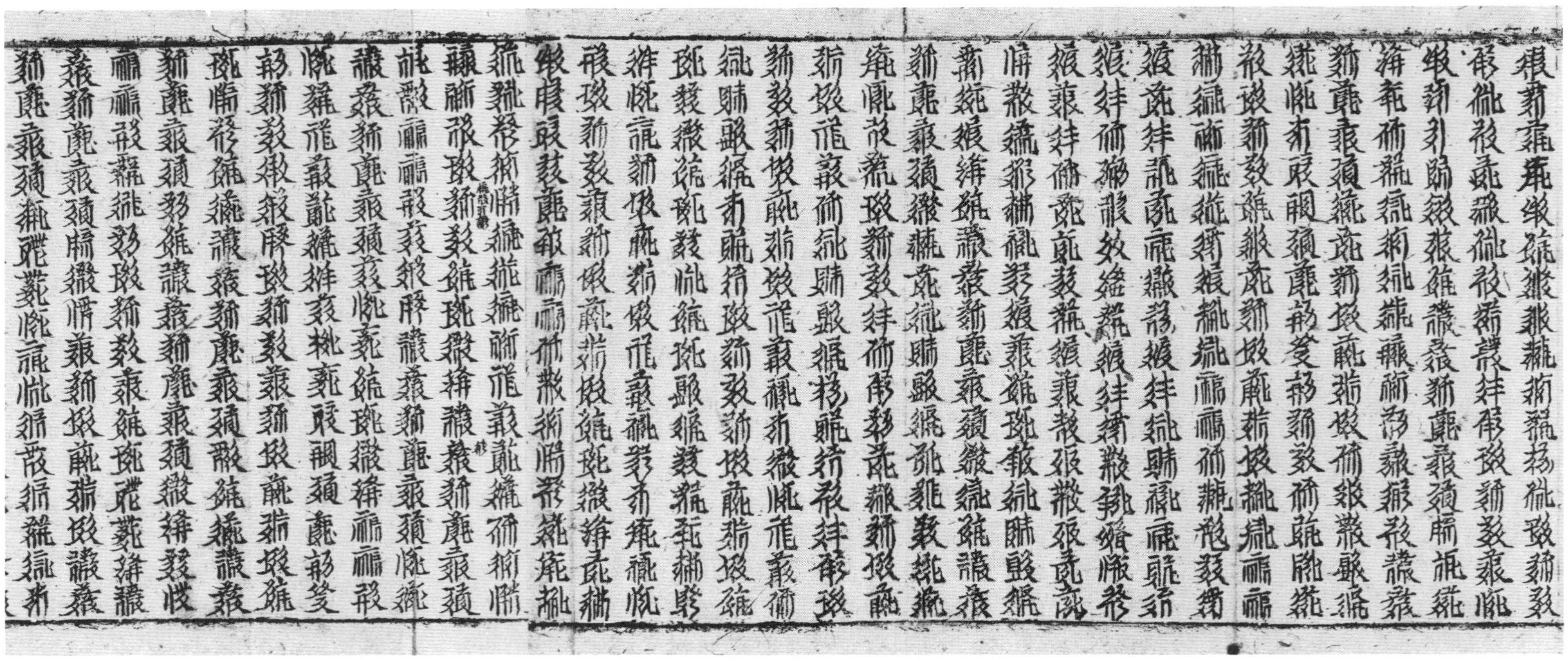

俄 Инв.No.245　佛説佛母出生三法藏般若波羅蜜多經卷第二十一　(11–5)

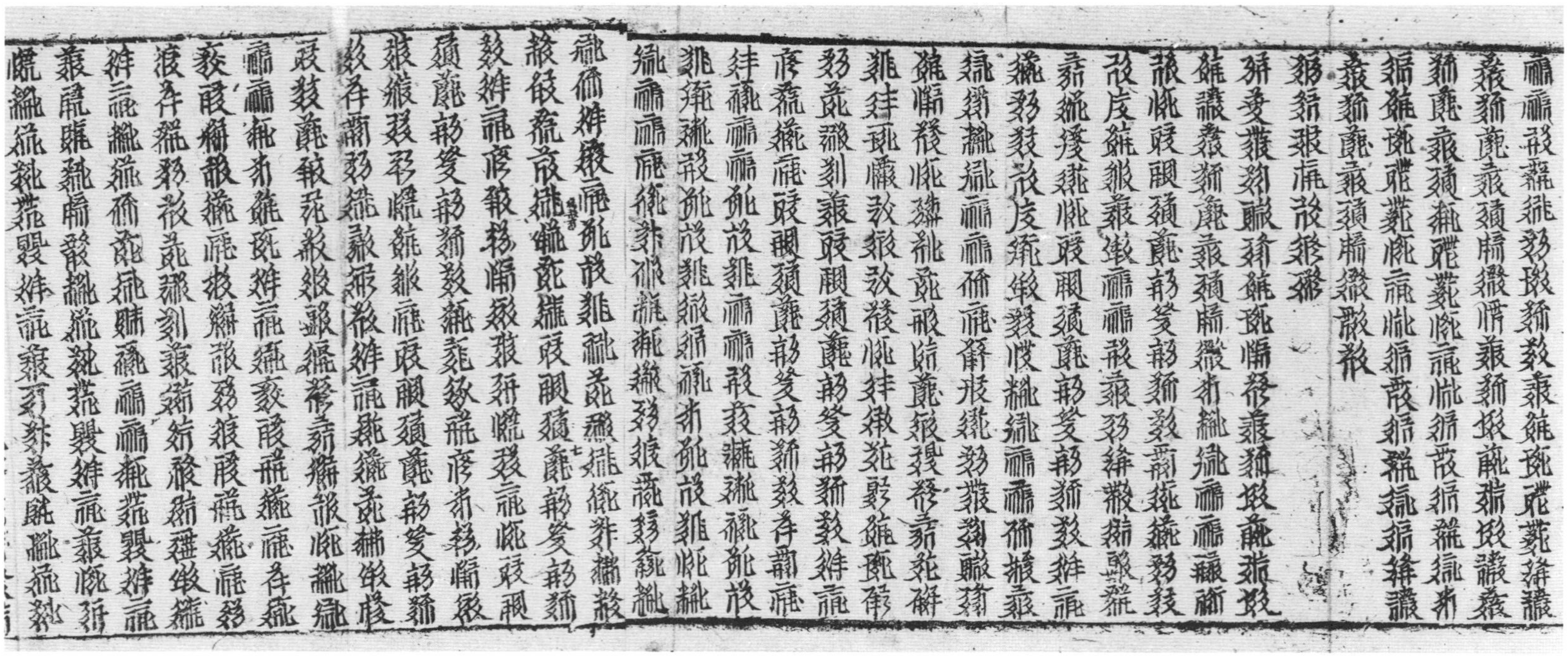

俄 Инв.No.245　佛説佛母出生三法藏般若波羅蜜多經卷第二十一　(11–6)

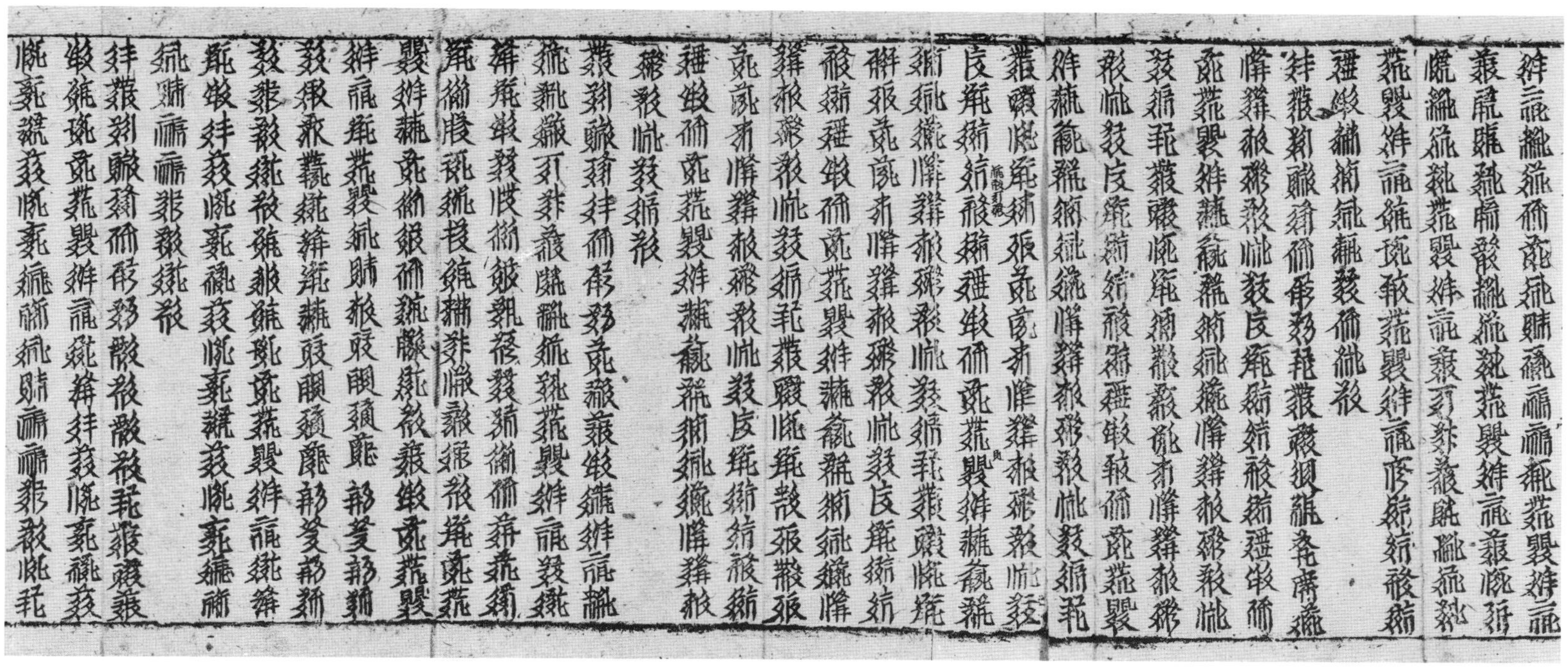

俄 Инв.No.245 佛説佛母出生三法藏般若波羅蜜多經卷第二十一 (11-7)

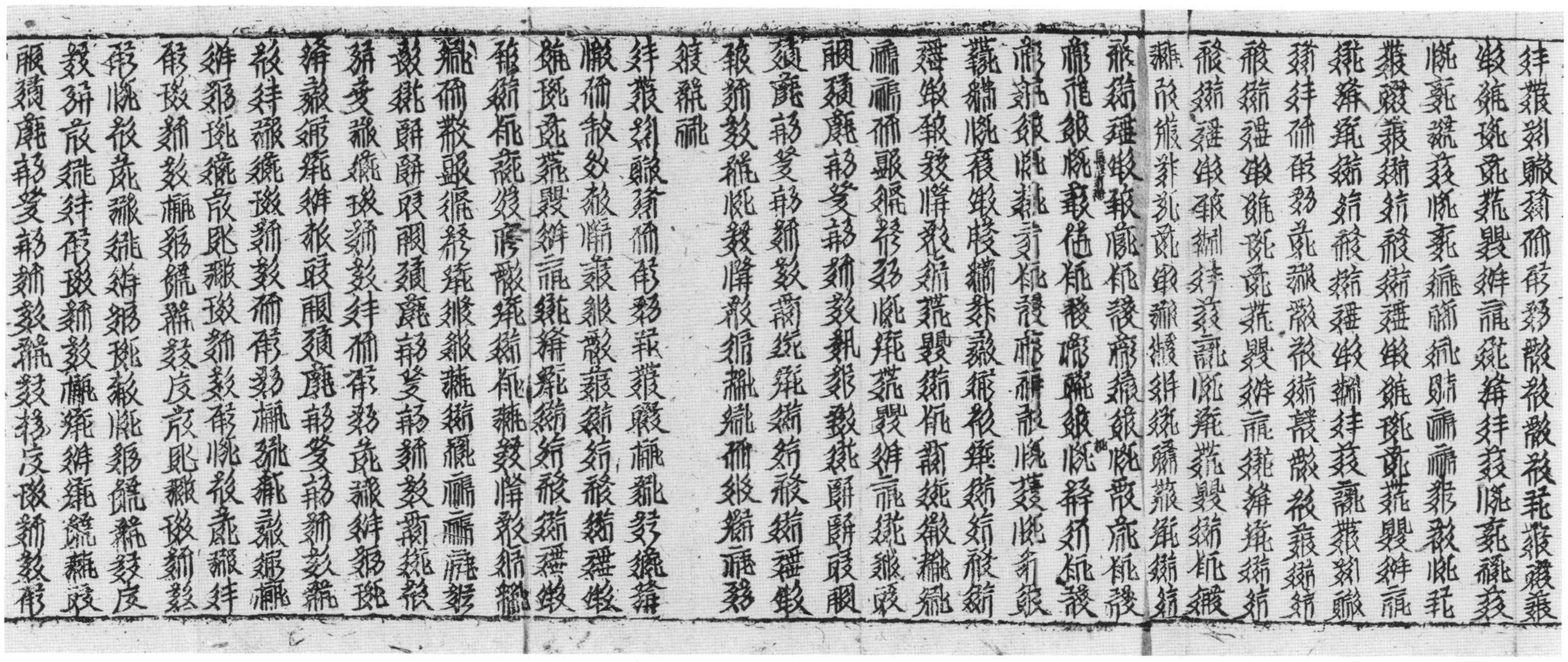

俄 Инв.No.245 佛説佛母出生三法藏般若波羅蜜多經卷第二十一 (11-8)

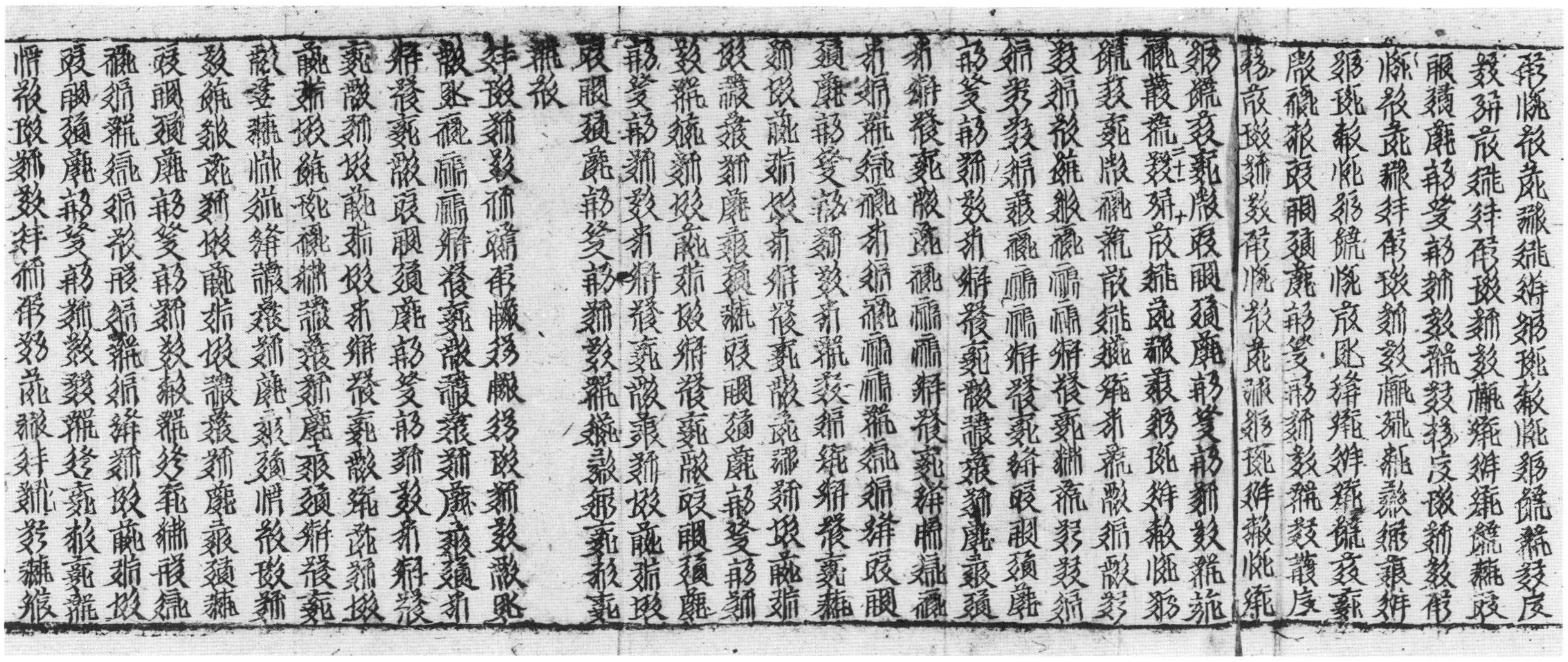

俄 Инв.No.245 佛説佛母出生三法藏般若波羅蜜多經卷第二十一 (11-9)

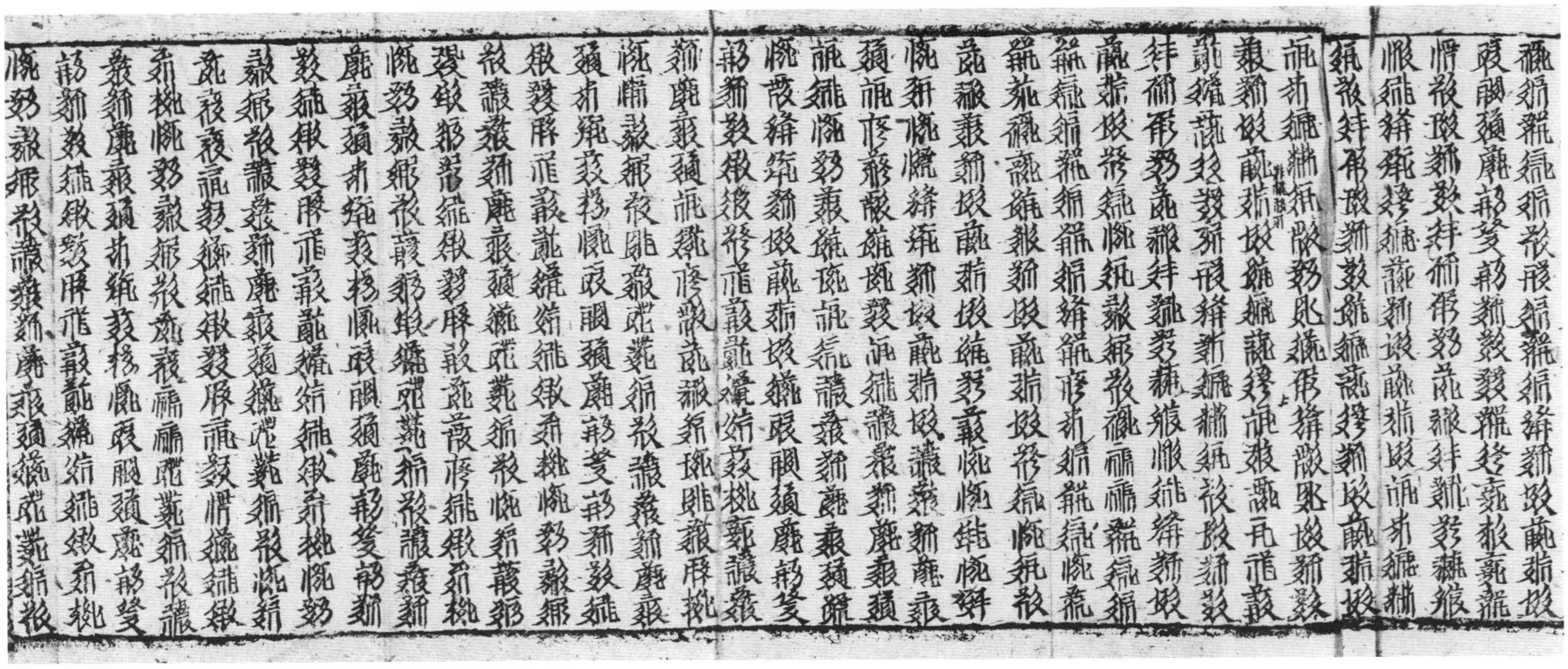

俄 Инв.No.245　佛說佛母出生三法藏般若波羅蜜多經卷第二十一　(11–10)

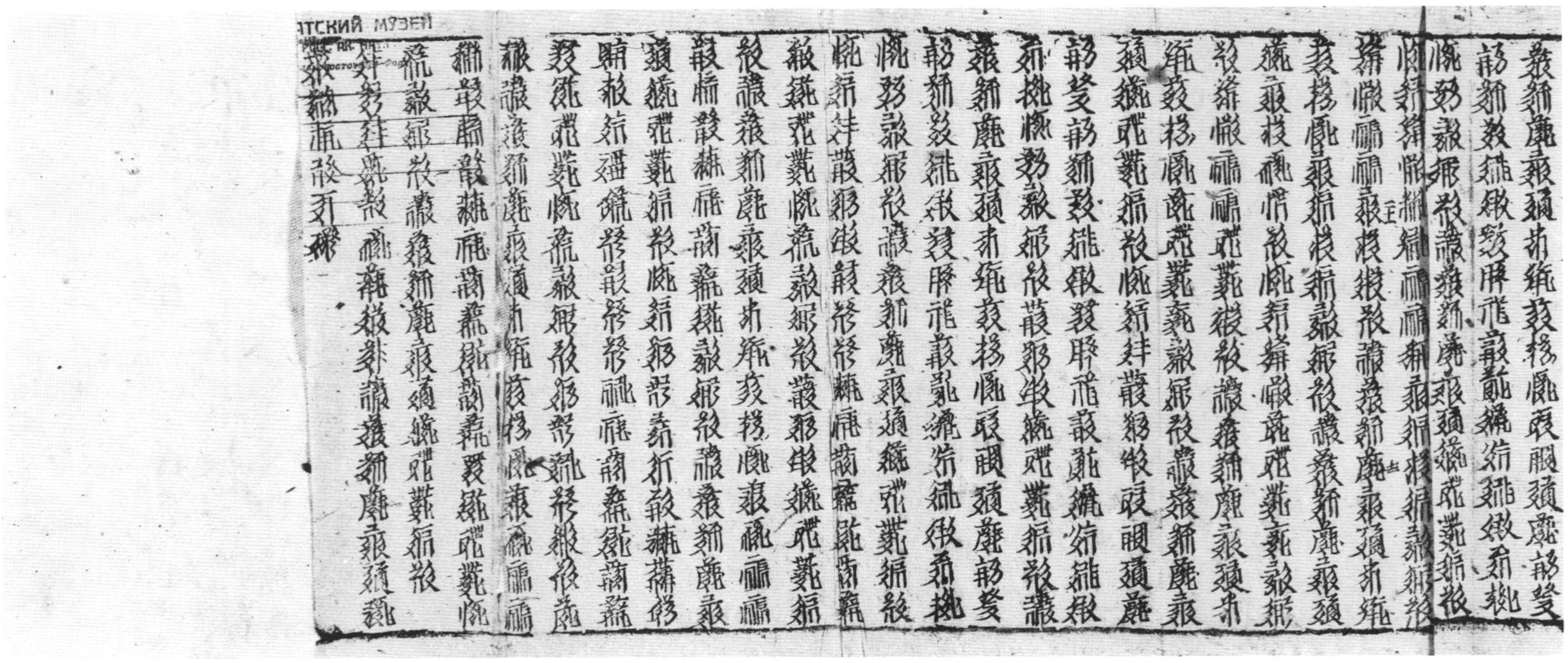

俄 Инв.No.245　佛說佛母出生三法藏般若波羅蜜多經卷第二十一　(11–11)

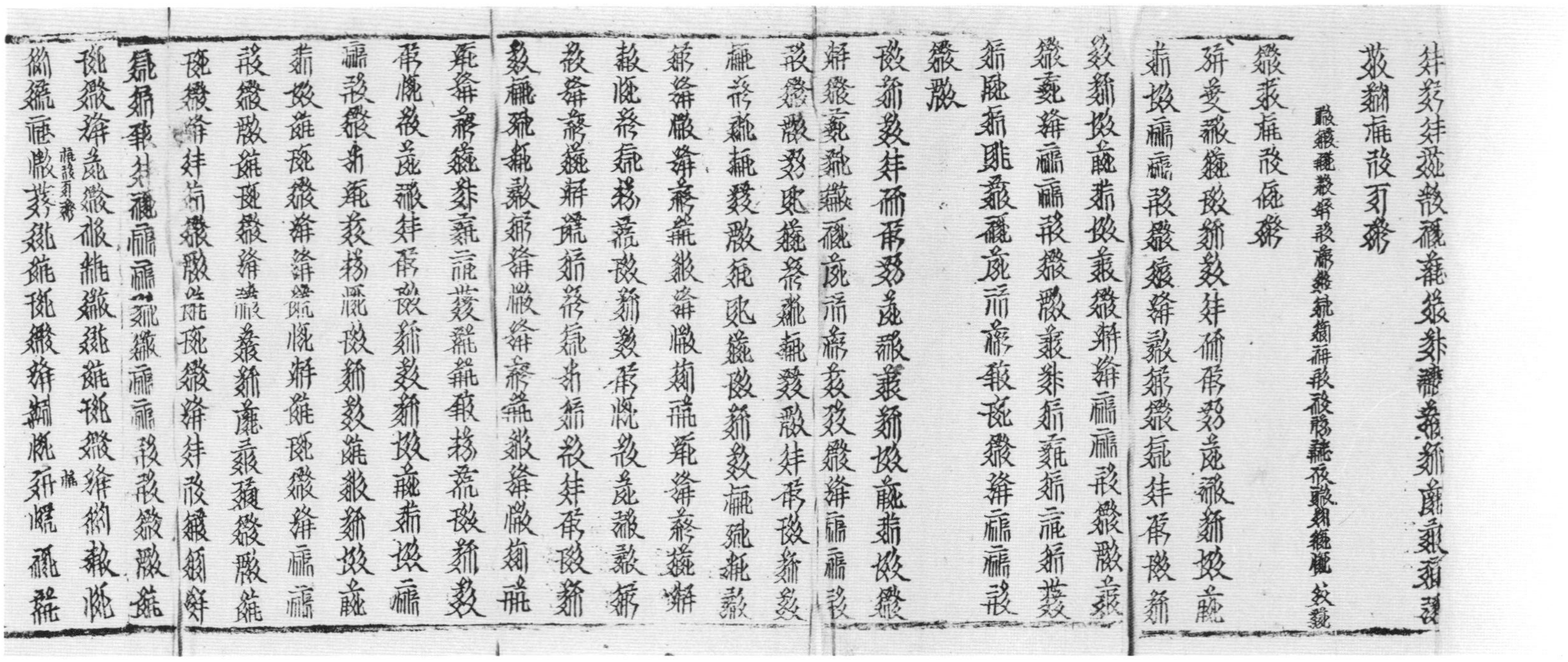

俄 Инв.No.246　佛說佛母出生三法藏般若波羅蜜多經卷第二十一　(13–1)

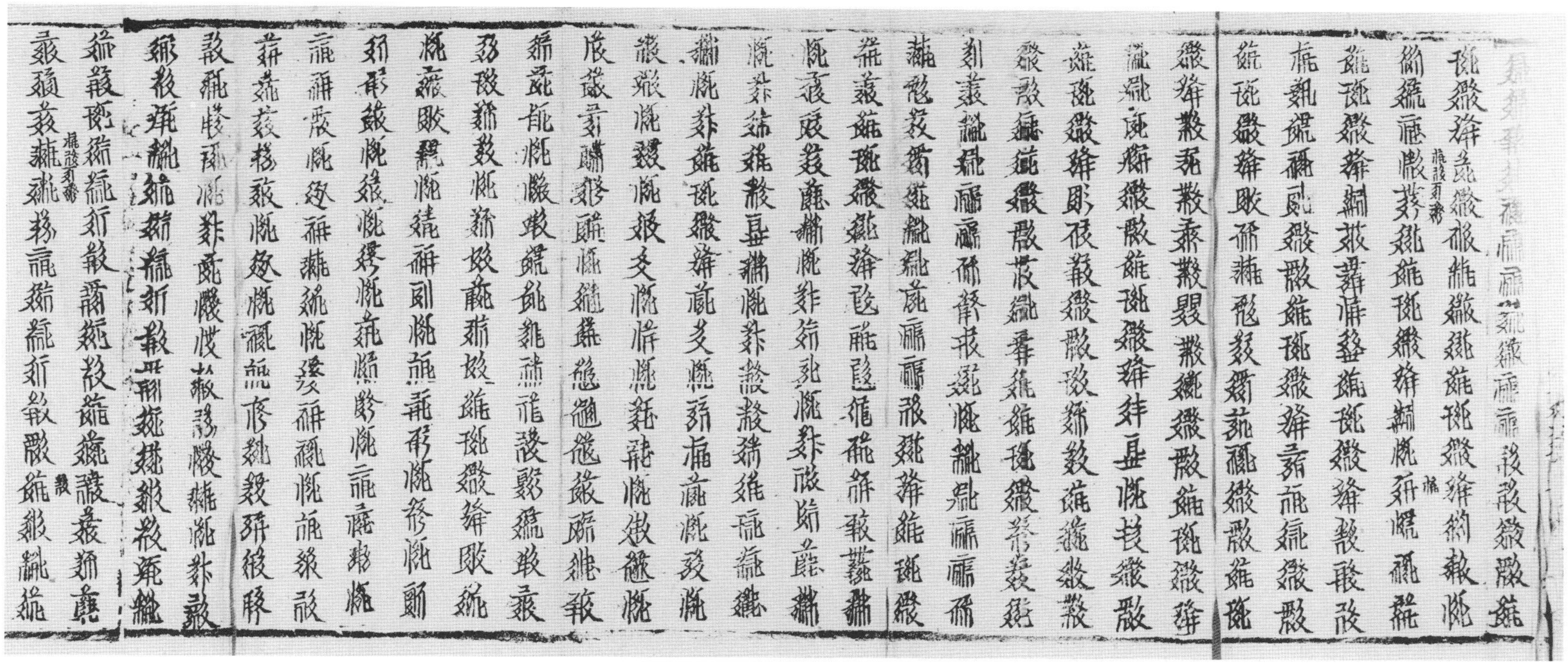

俄 Инв.No.246　佛説佛母出生三法藏般若波羅蜜多經卷第二十一　(13-2)

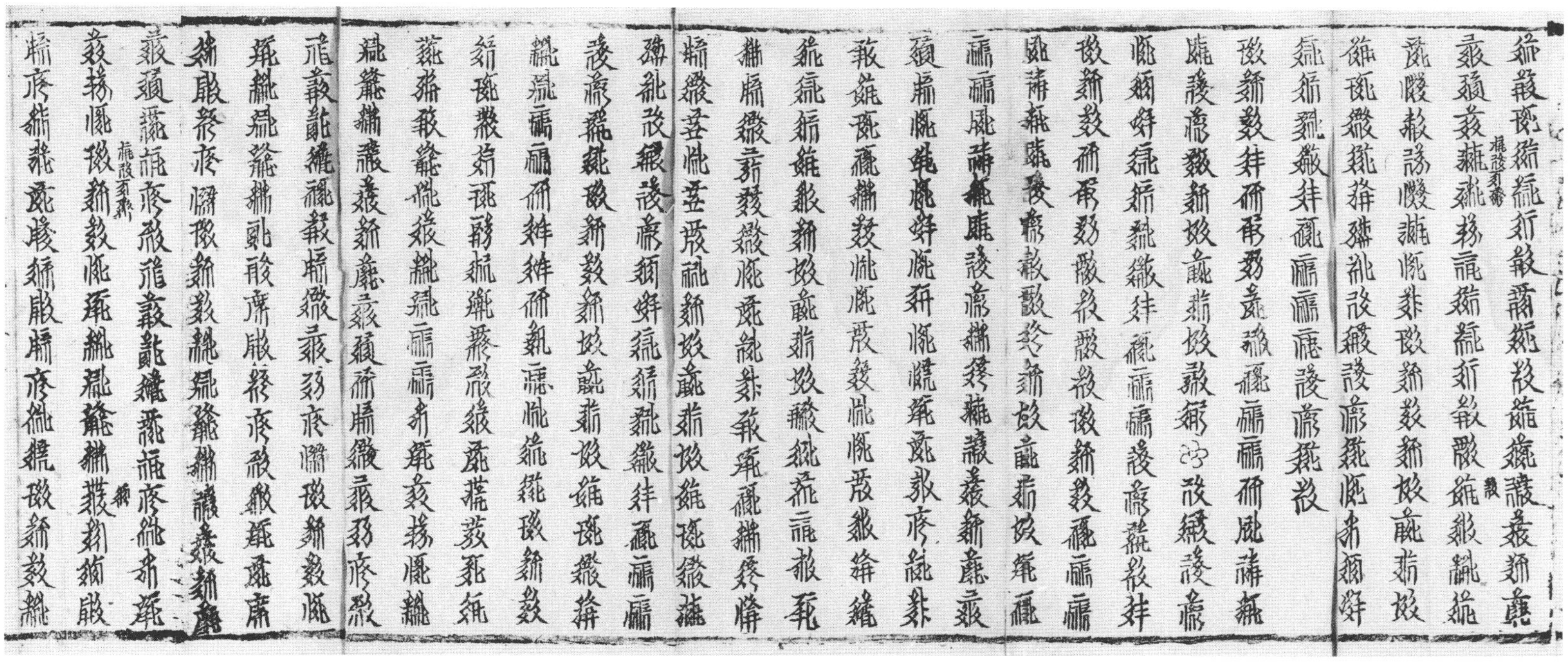

俄 Инв.No.246　佛説佛母出生三法藏般若波羅蜜多經卷第二十一　(13-3)

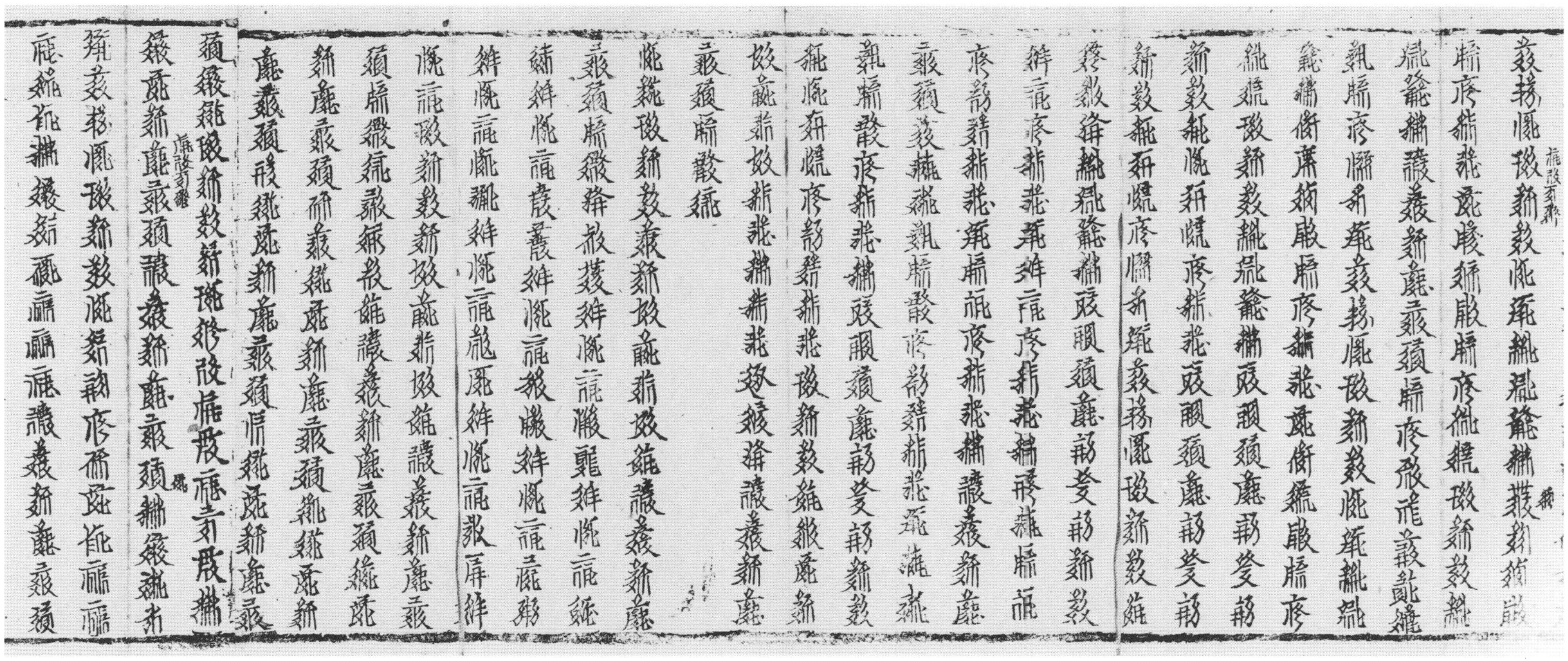

俄 Инв.No.246　佛説佛母出生三法藏般若波羅蜜多經卷第二十一　(13-4)

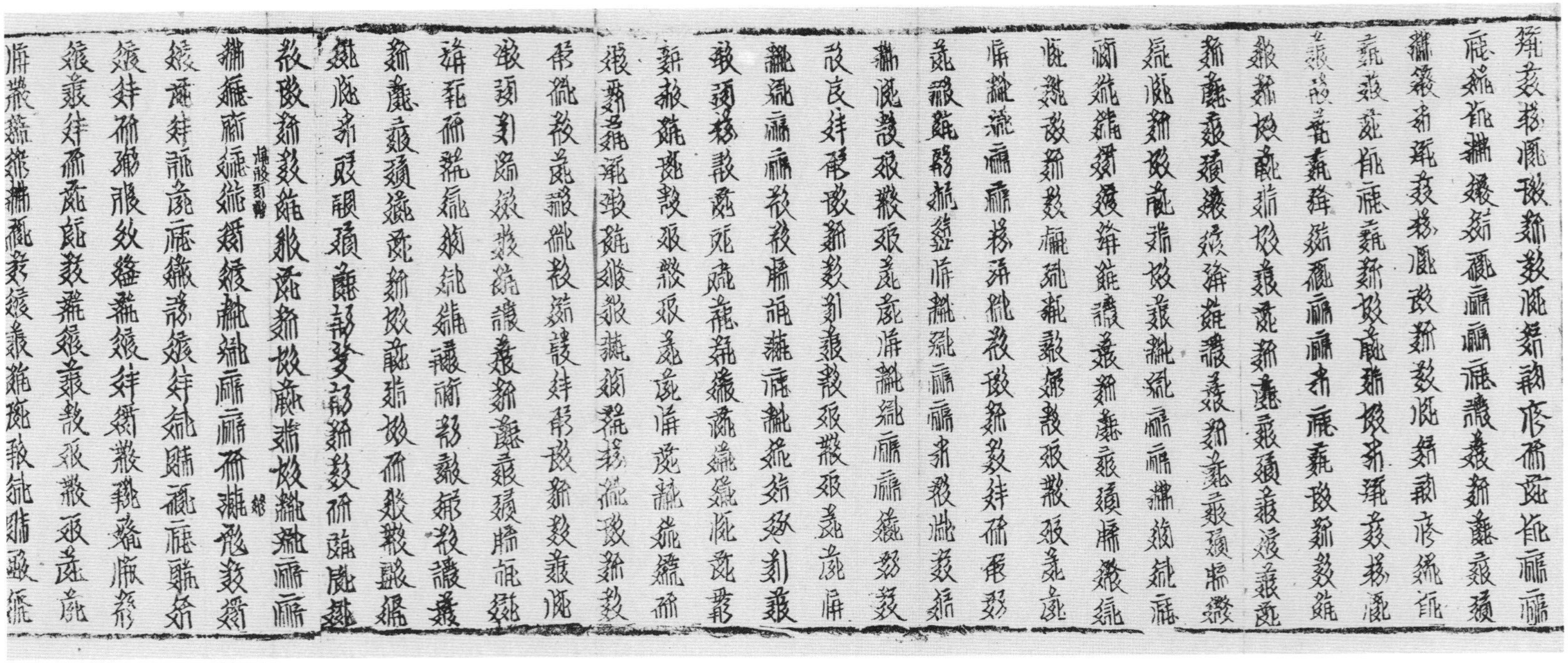

俄 Инв.No.246　佛説佛母出生三法藏般若波羅蜜多經卷第二十一　(13–5)

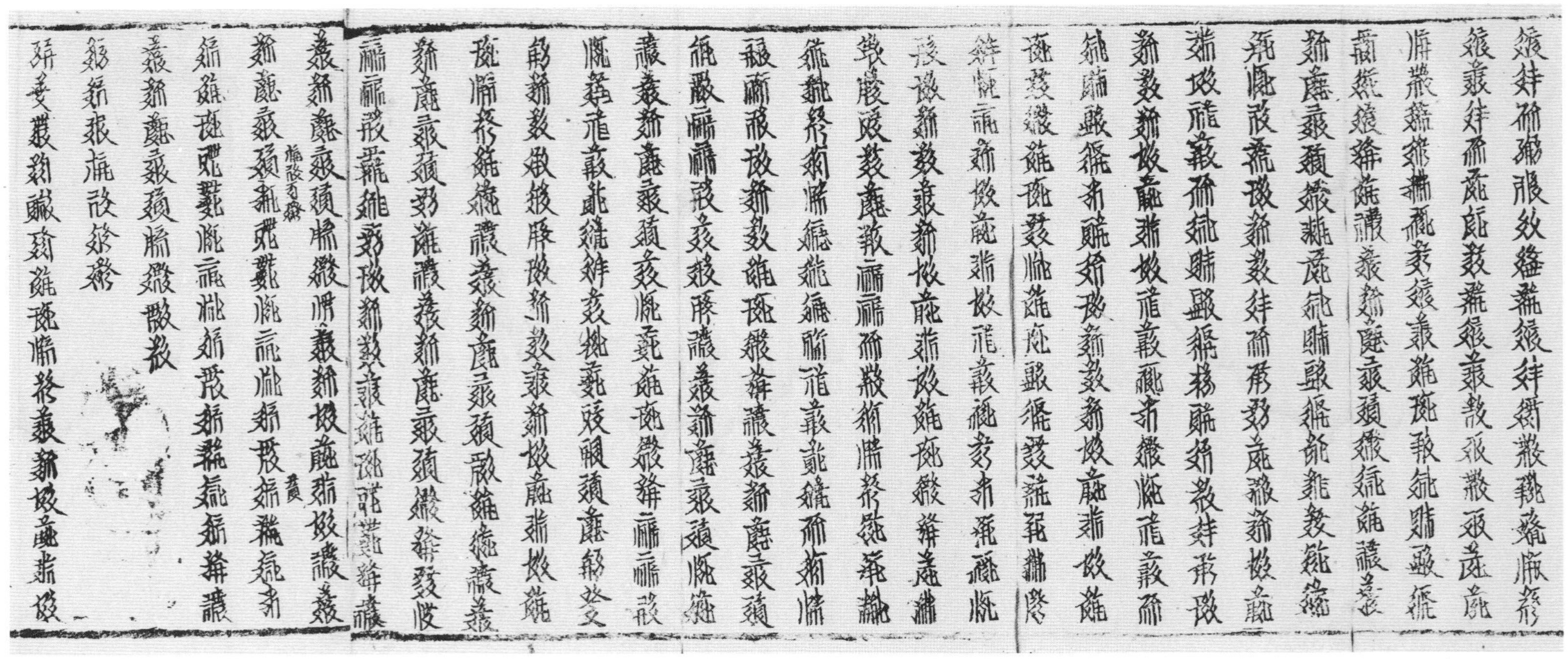

俄 Инв.No.246　佛説佛母出生三法藏般若波羅蜜多經卷第二十一　(13–6)

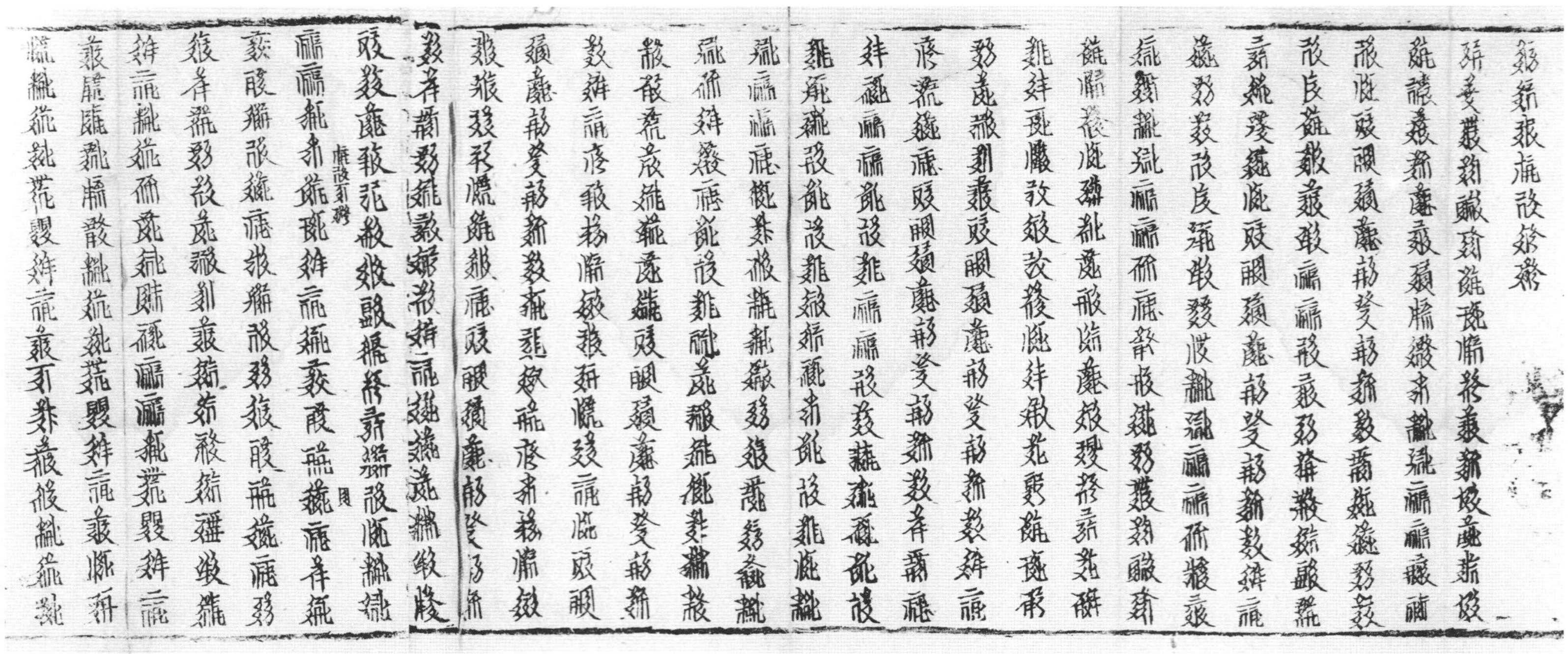

俄 Инв.No.246　佛説佛母出生三法藏般若波羅蜜多經卷第二十一　(13–7)

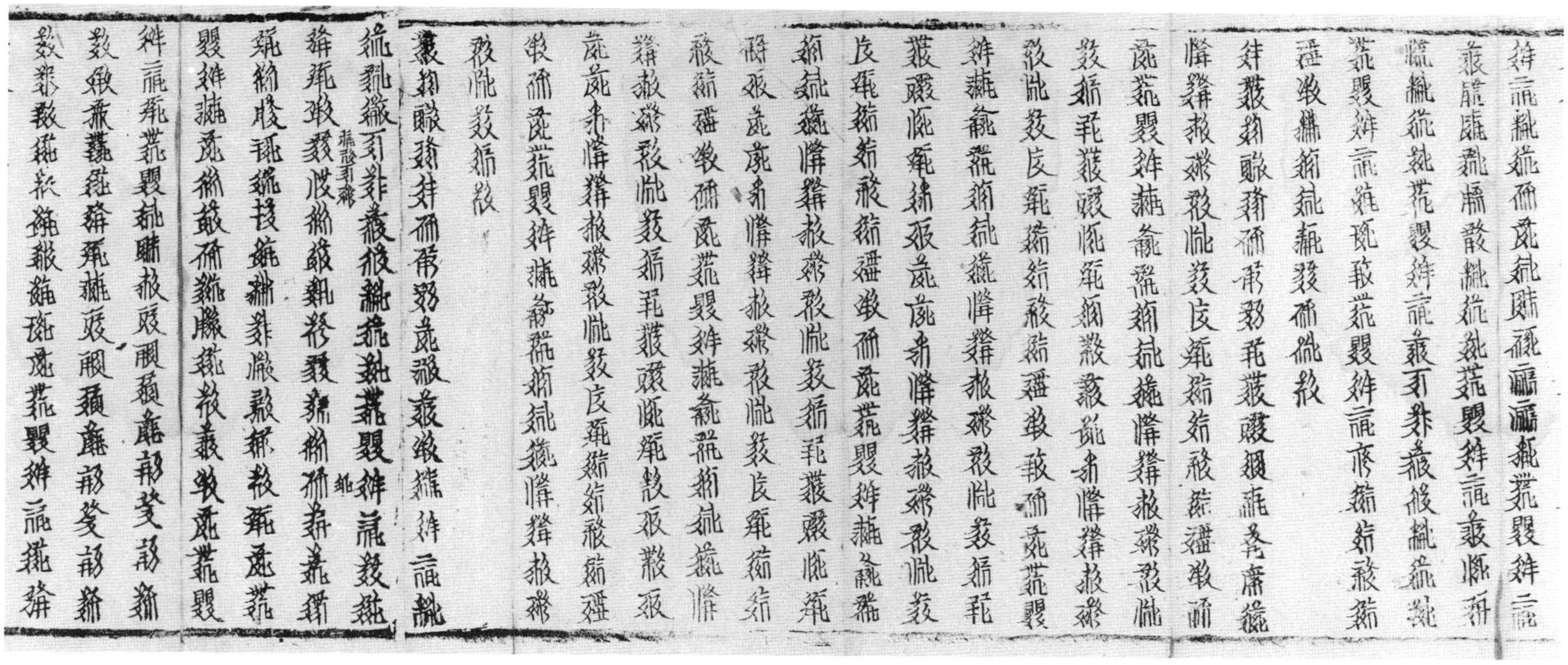

俄 Инв.No.246　佛説佛母出生三法藏般若波羅蜜多經卷第二十一　(13–8)

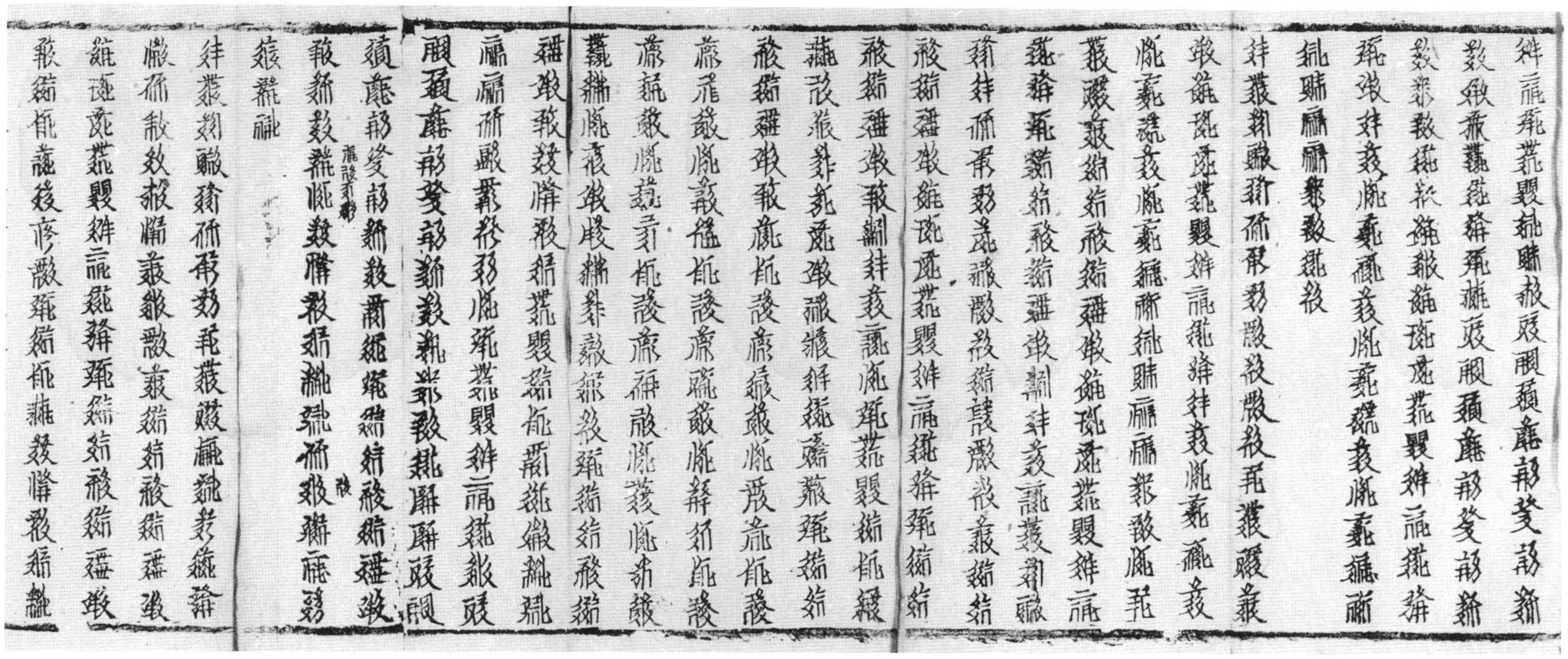

俄 Инв.No.246　佛説佛母出生三法藏般若波羅蜜多經卷第二十一　(13–9)

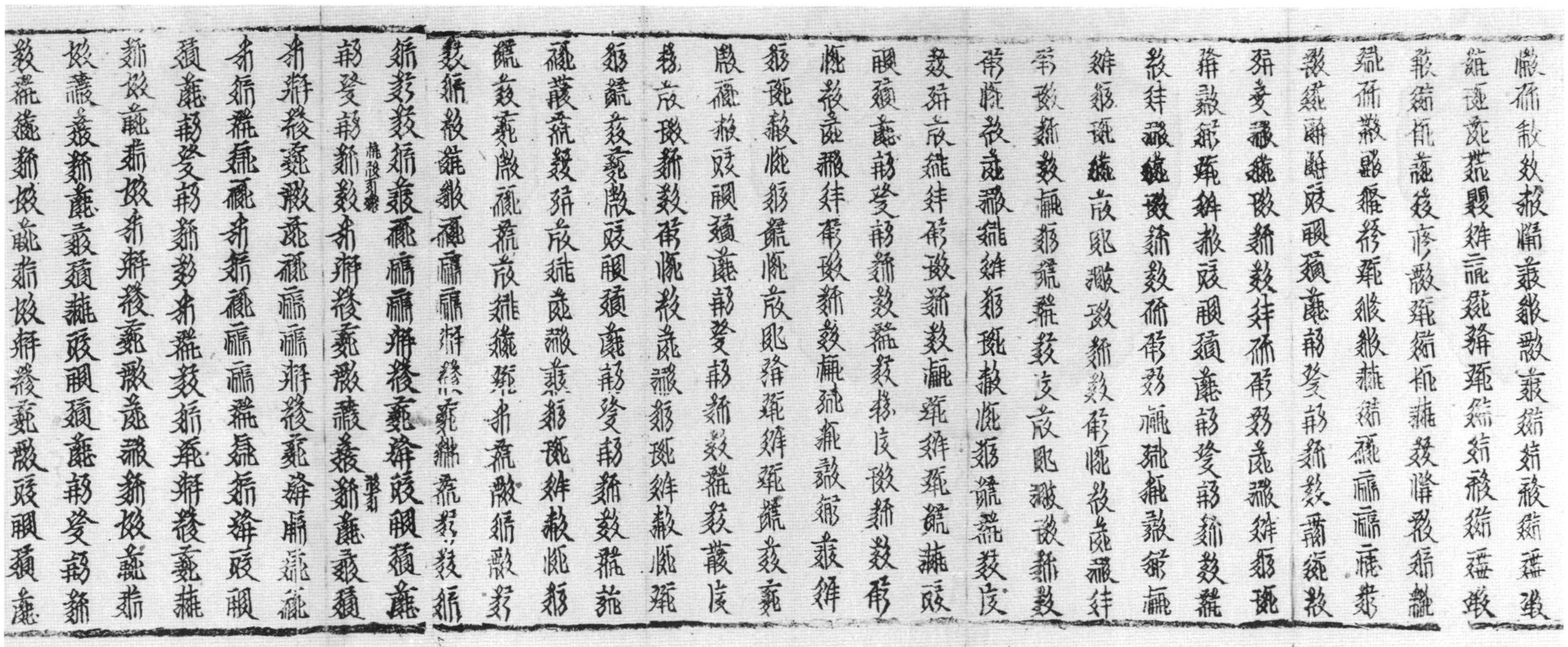

俄 Инв.No.246　佛説佛母出生三法藏般若波羅蜜多經卷第二十一　(13–10)

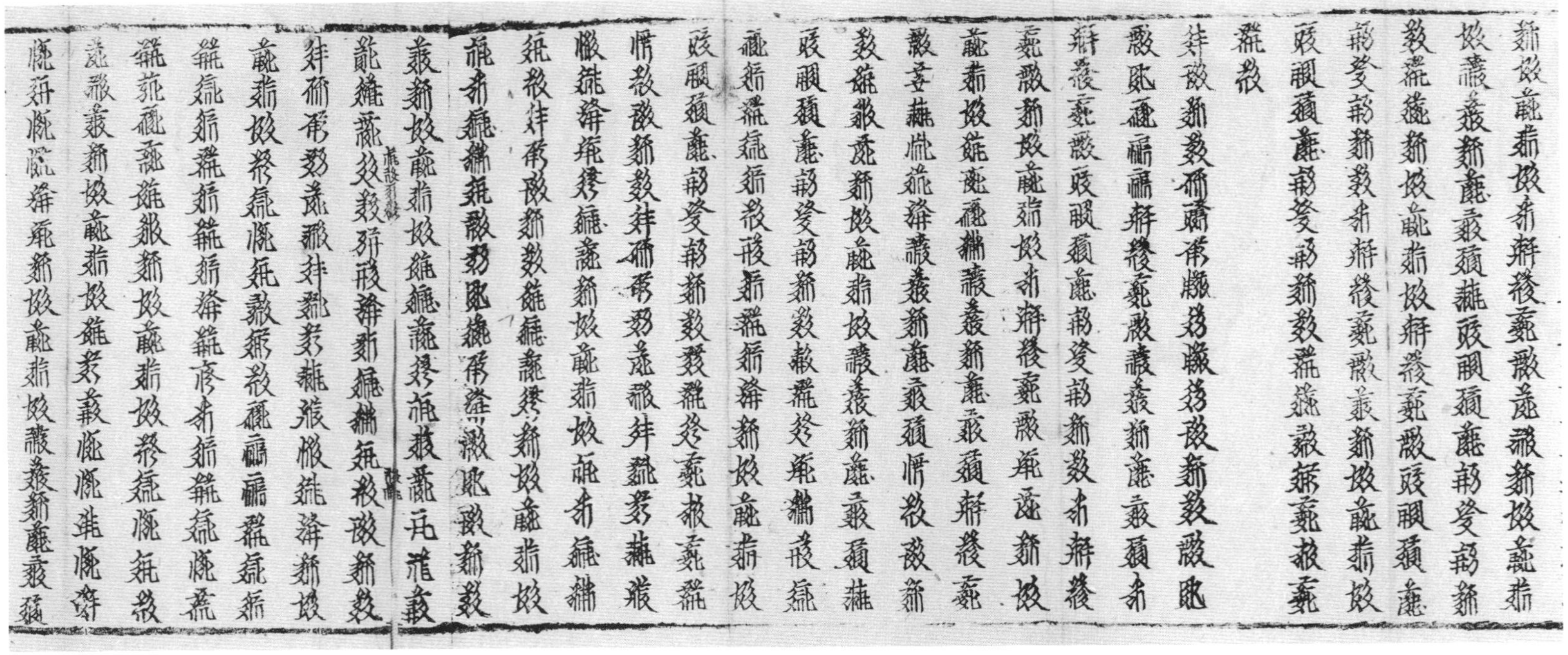

俄 Инв.No.246　佛説佛母出生三法藏般若波羅蜜多經卷第二十一　(13–11)

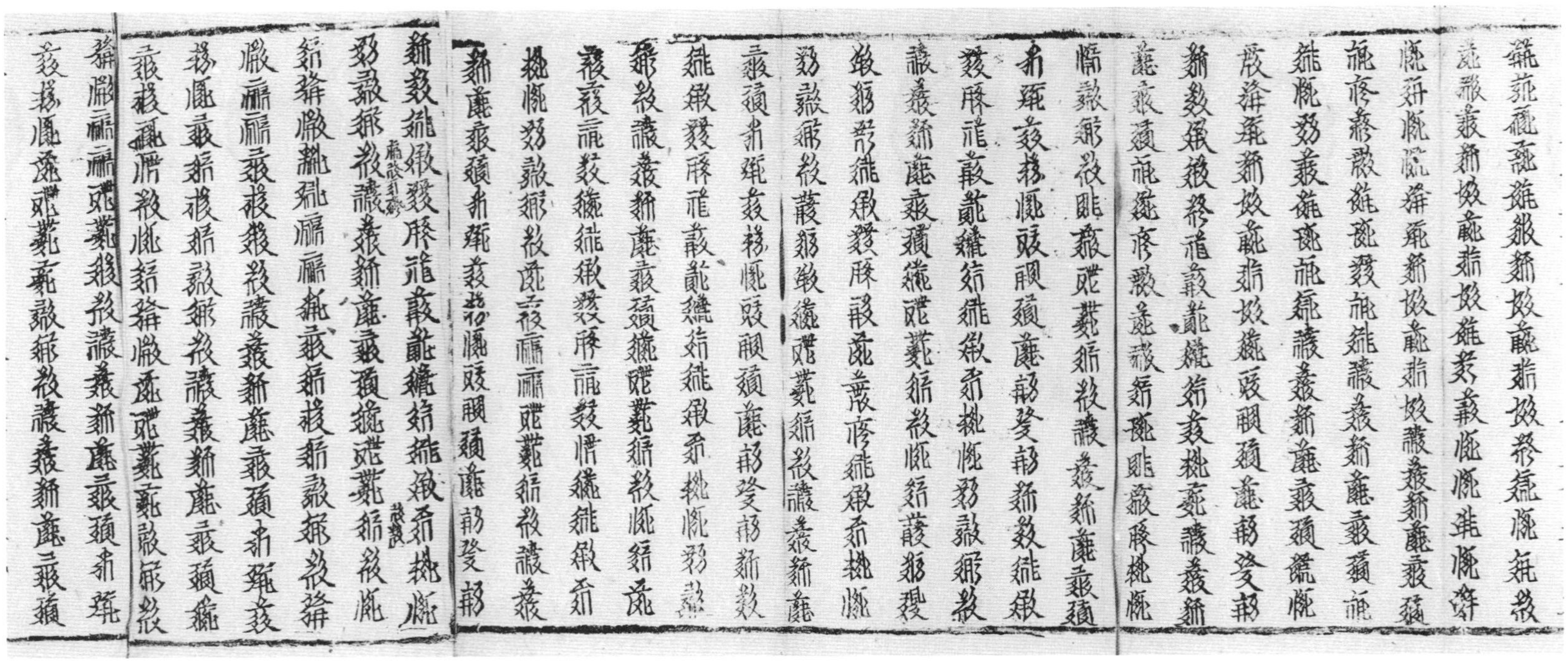

俄 Инв.No.246　佛説佛母出生三法藏般若波羅蜜多經卷第二十一　(13–12)

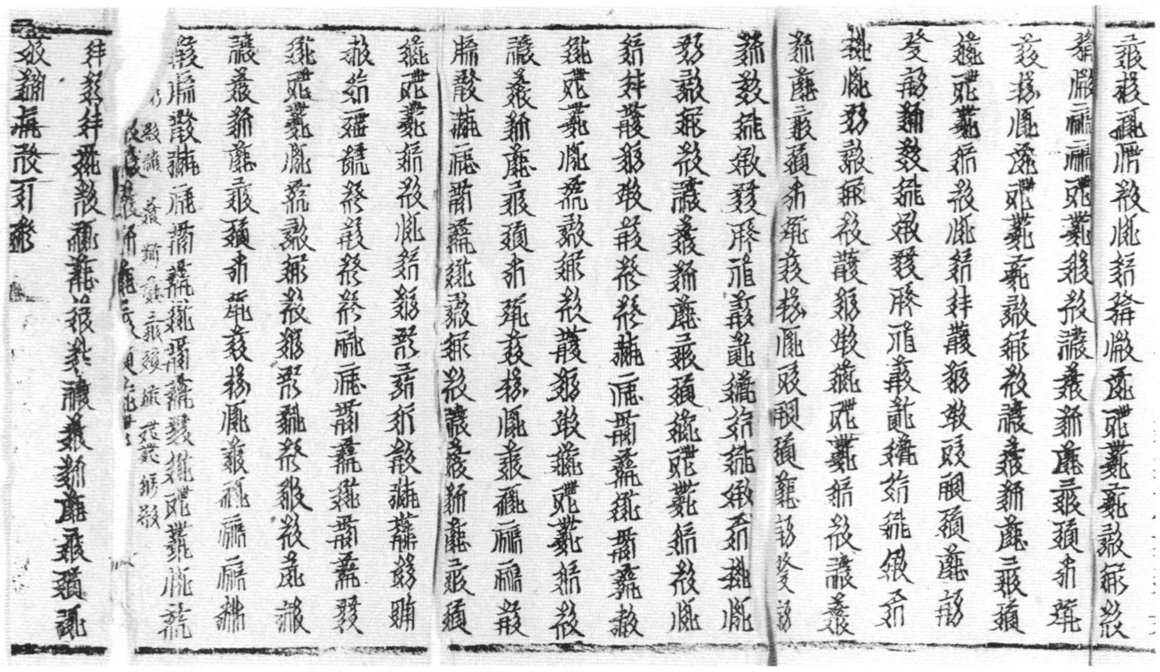

俄 Инв.No.246　佛説佛母出生三法藏般若波羅蜜多經卷第二十一　(13–13)

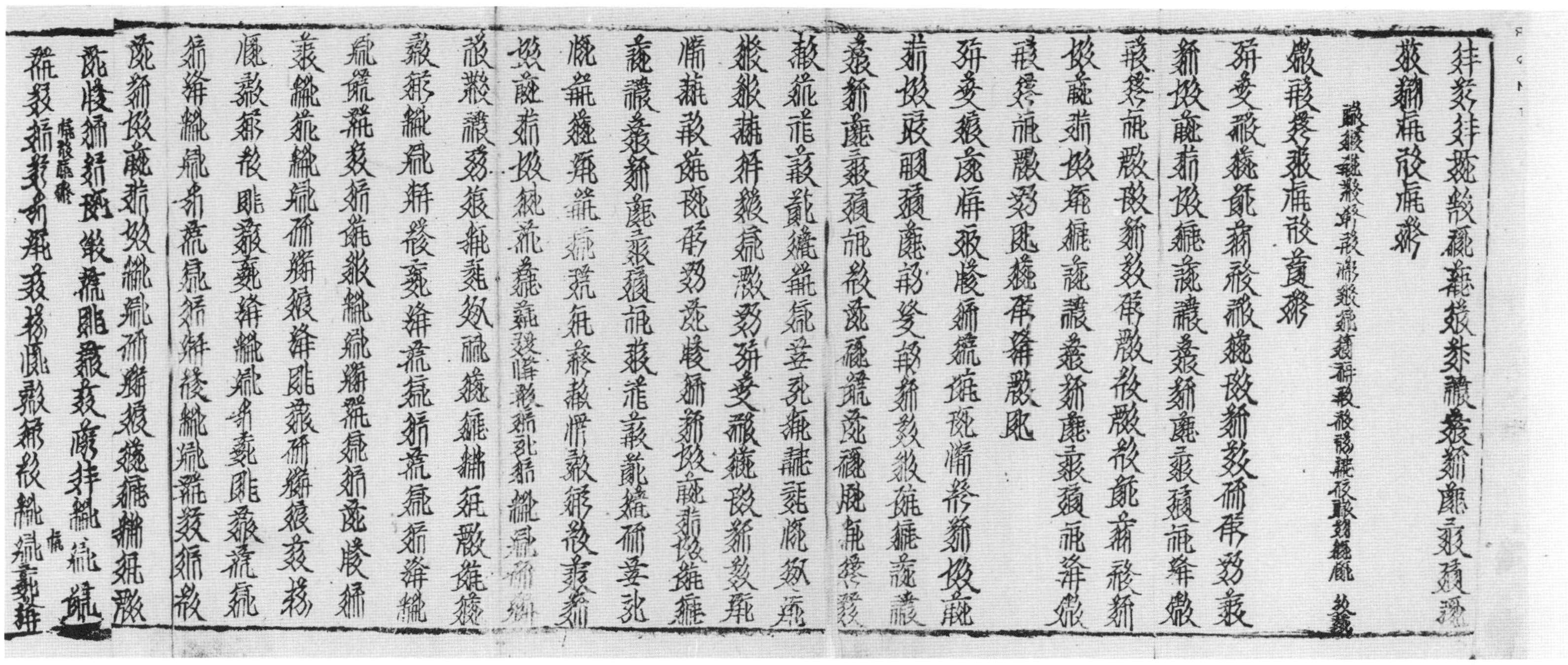

俄 Инв.No.247　佛說佛母出生三法藏般若波羅蜜多經卷第二十二　(13-1)

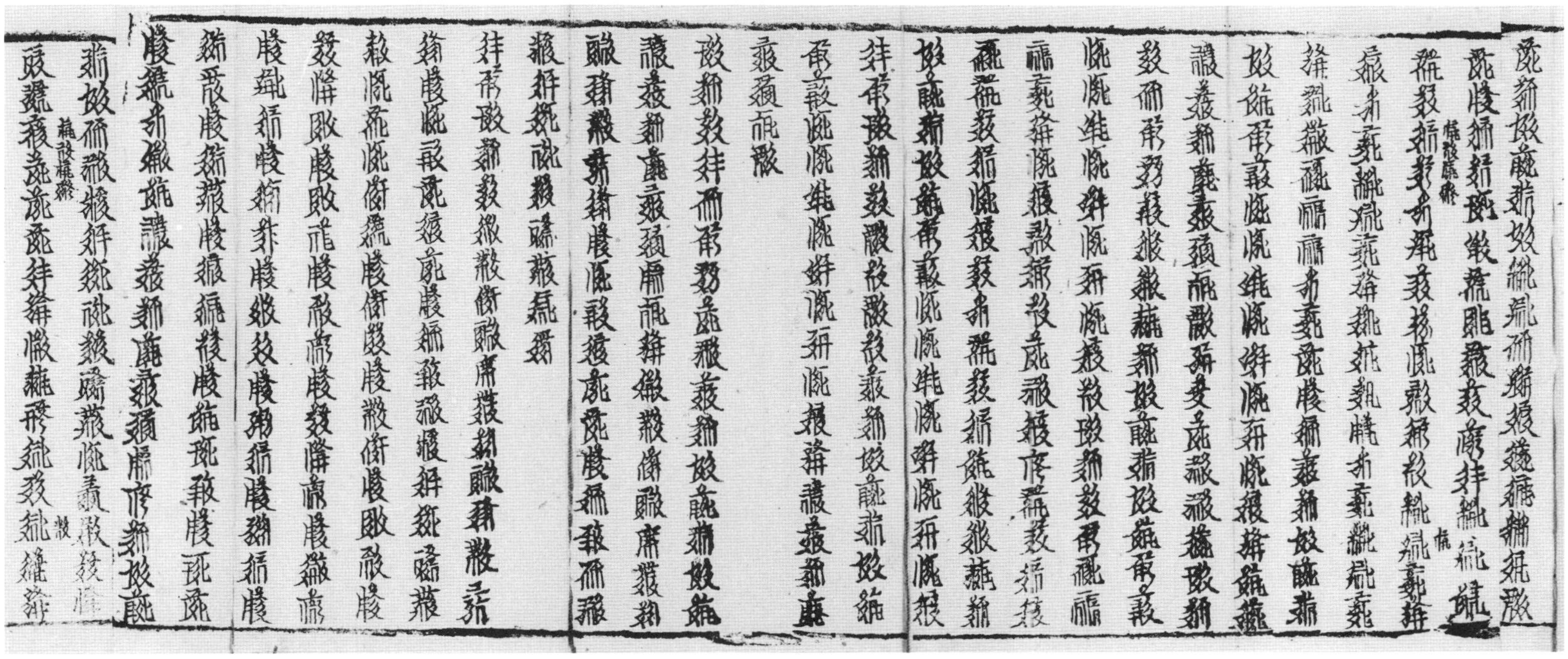

俄 Инв.No.247　佛說佛母出生三法藏般若波羅蜜多經卷第二十二　(13-2)

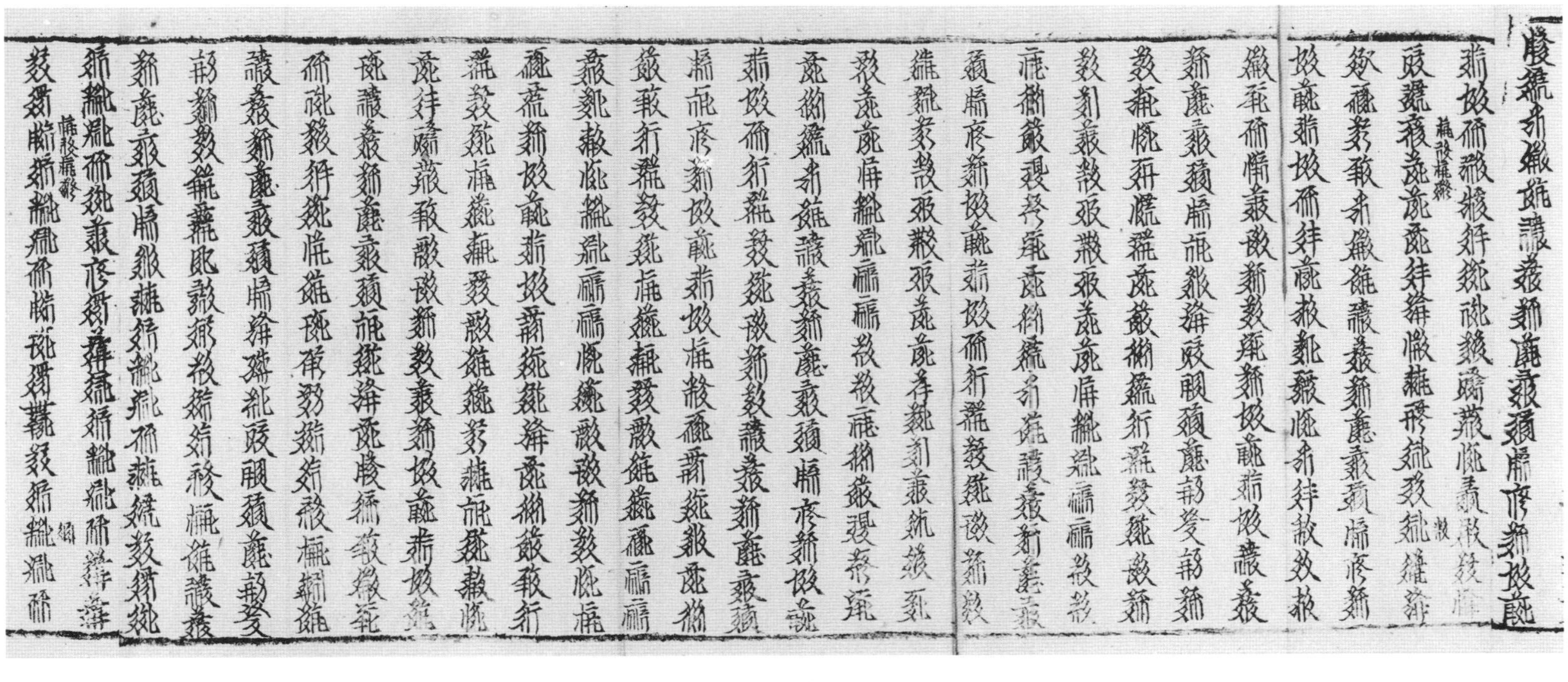

俄 Инв.No.247　佛說佛母出生三法藏般若波羅蜜多經卷第二十二　(13-3)

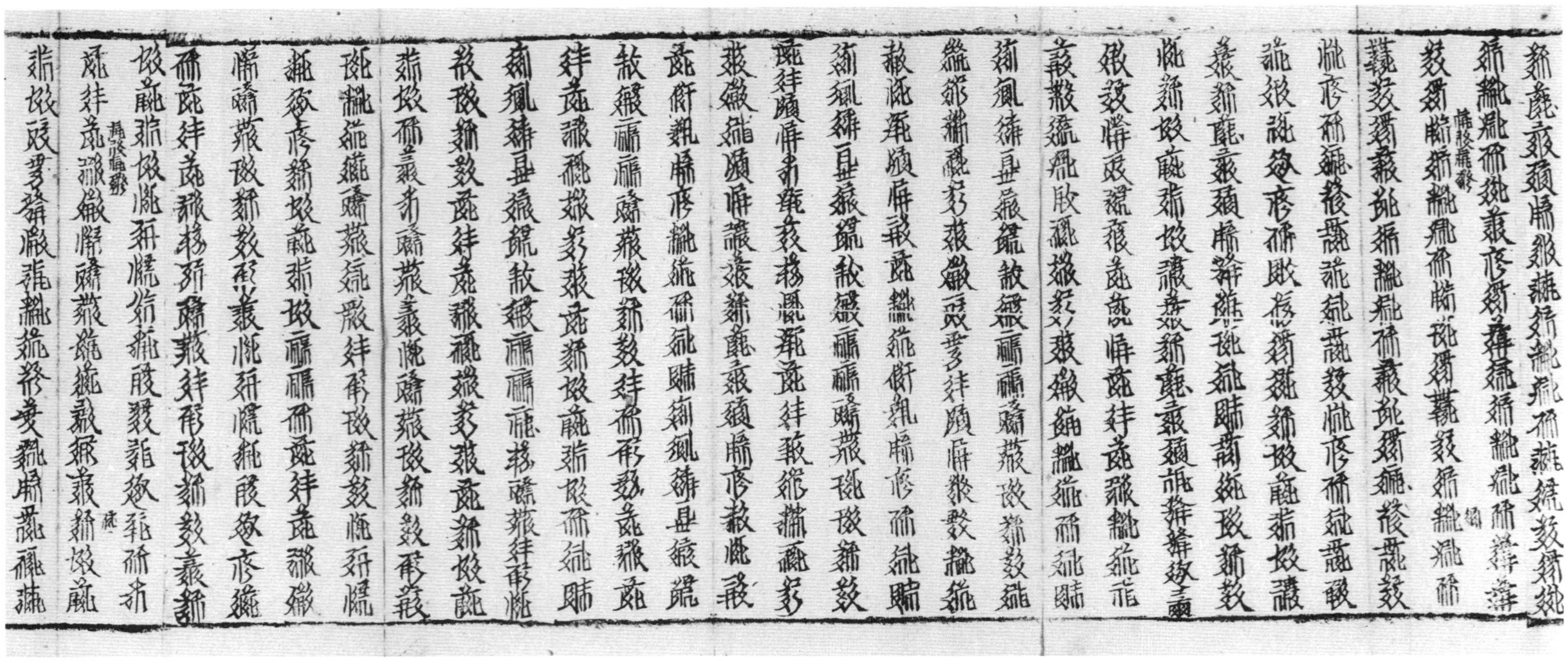

俄 Инв.No.247　佛説佛母出生三法藏般若波羅蜜多經卷第二十二　(13-4)

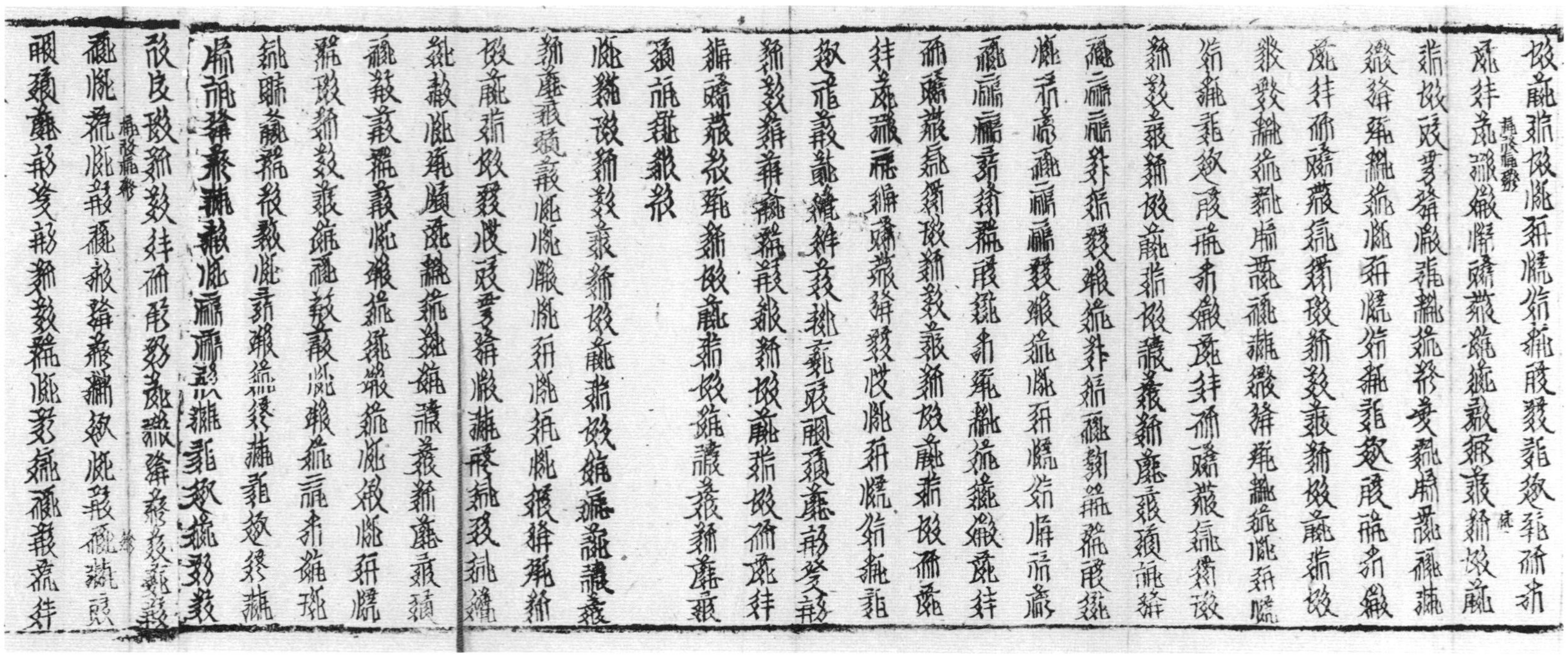

俄 Инв.No.247　佛説佛母出生三法藏般若波羅蜜多經卷第二十二　(13-5)

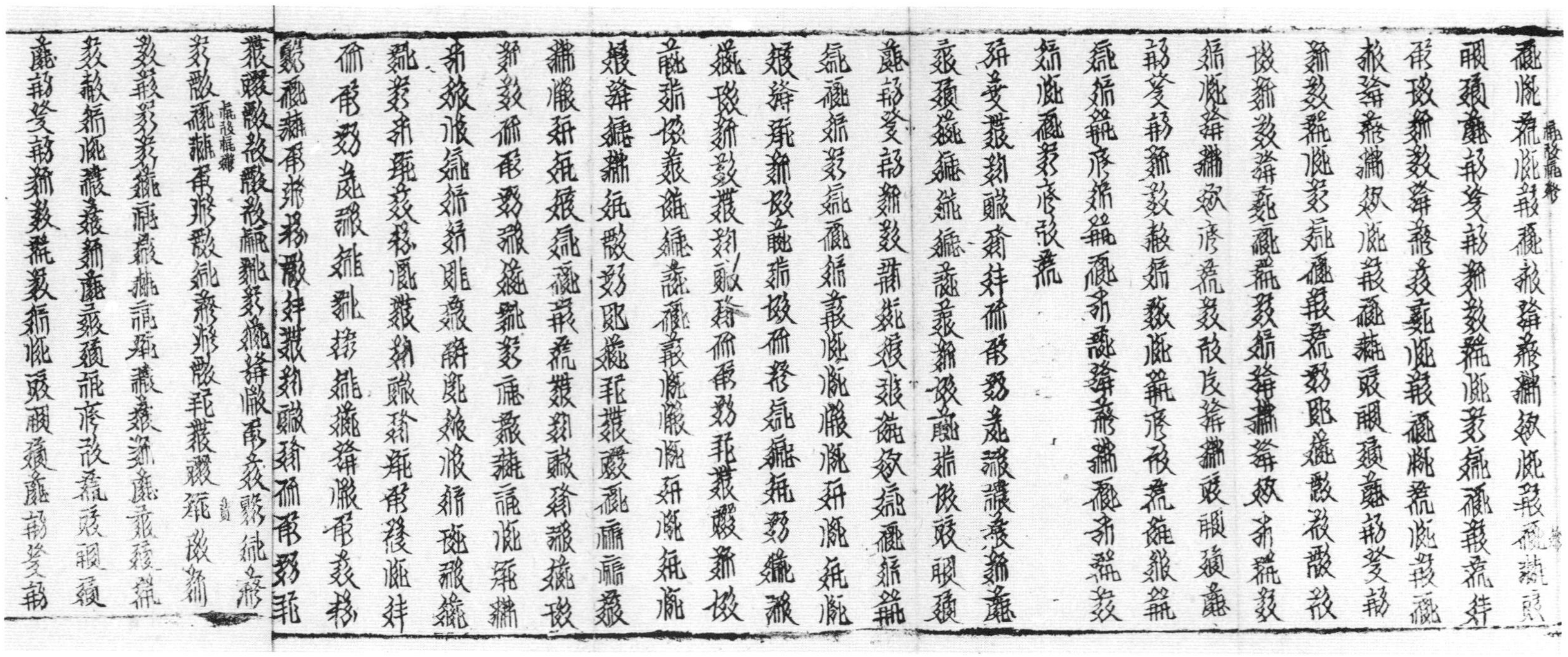

俄 Инв.No.247　佛説佛母出生三法藏般若波羅蜜多經卷第二十二　(13-6)

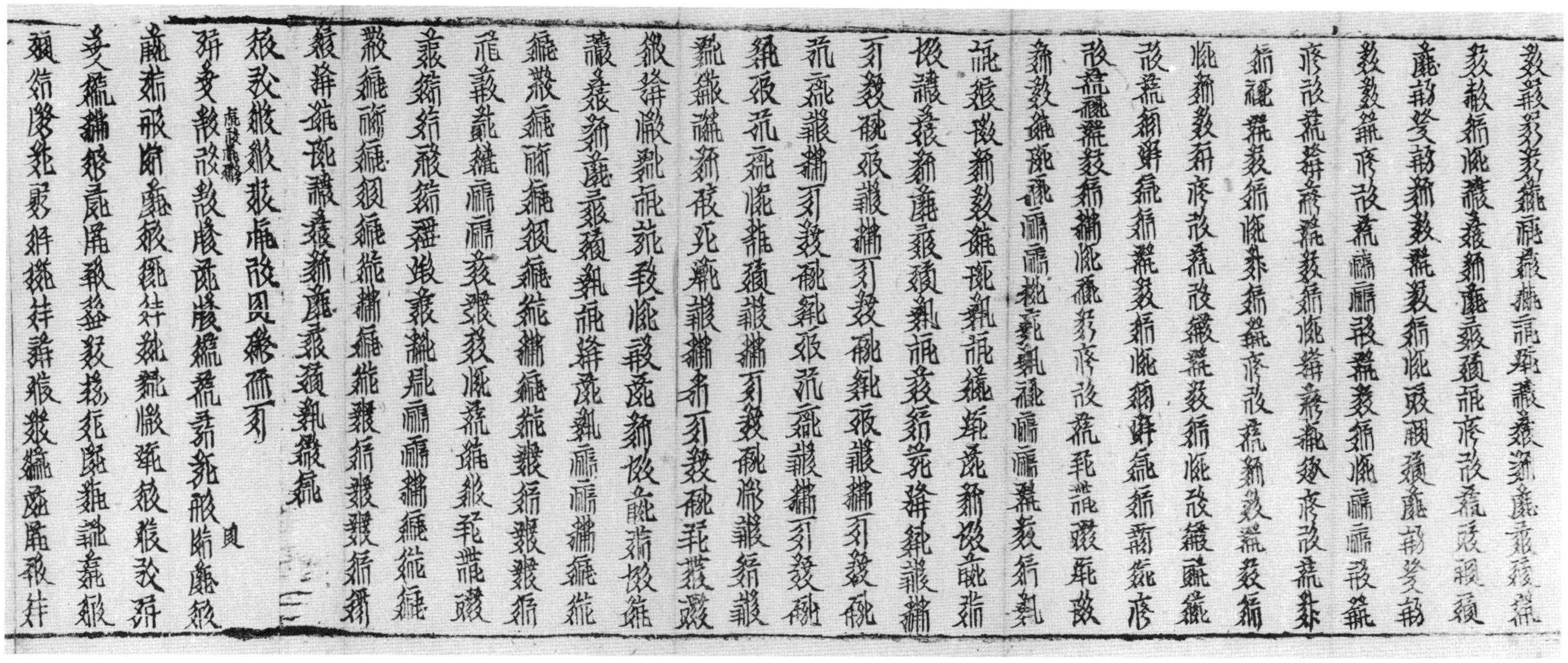

俄 Инв.No.247　佛説佛母出生三法藏般若波羅蜜多經卷第二十二　(13–7)

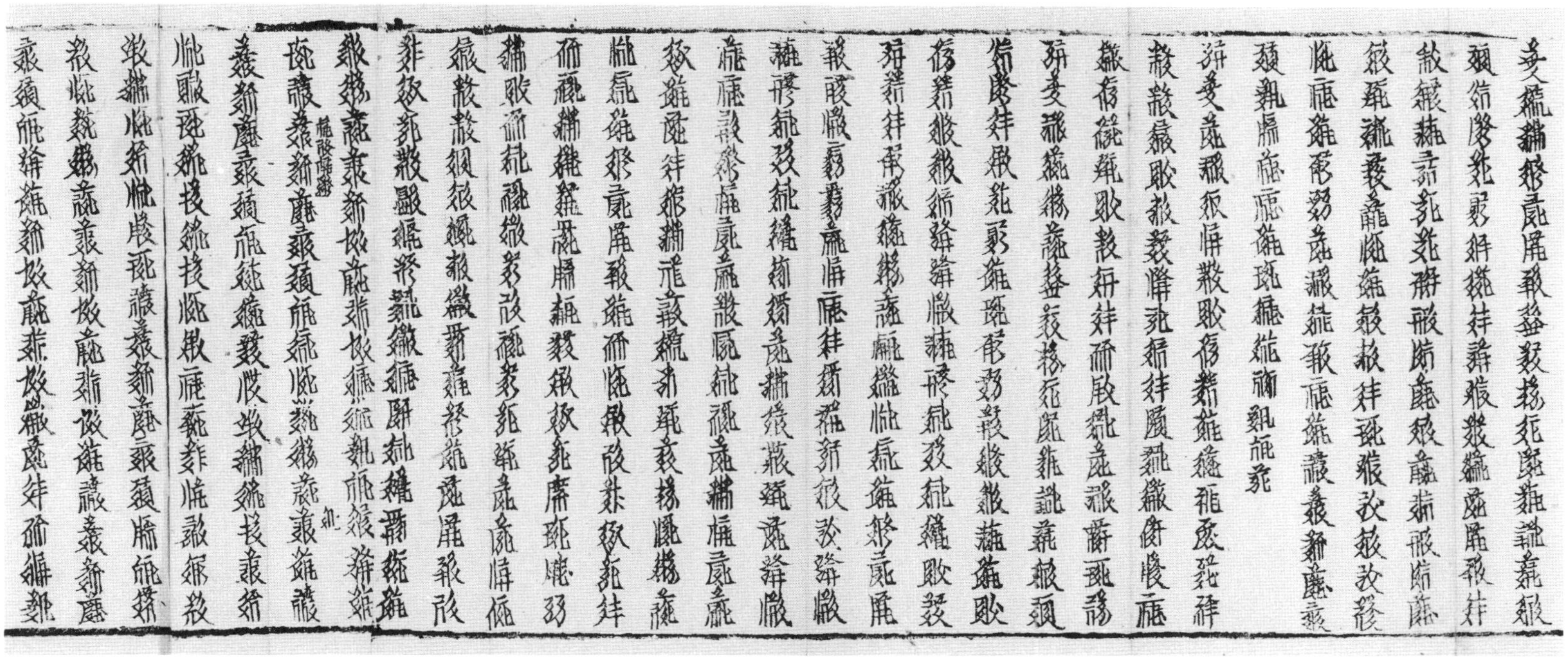

俄 Инв.No.247　佛説佛母出生三法藏般若波羅蜜多經卷第二十二　(13–8)

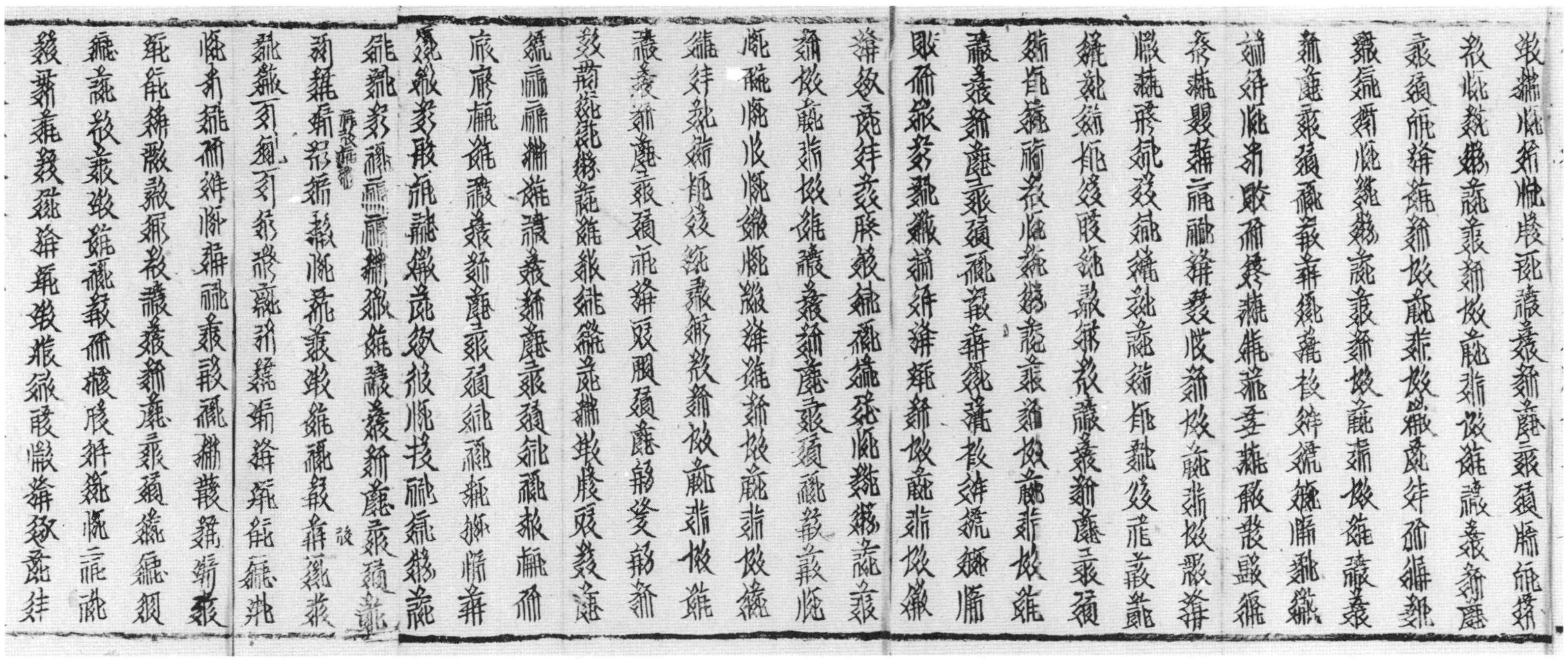

俄 Инв.No.247　佛説佛母出生三法藏般若波羅蜜多經卷第二十二　(13–9)

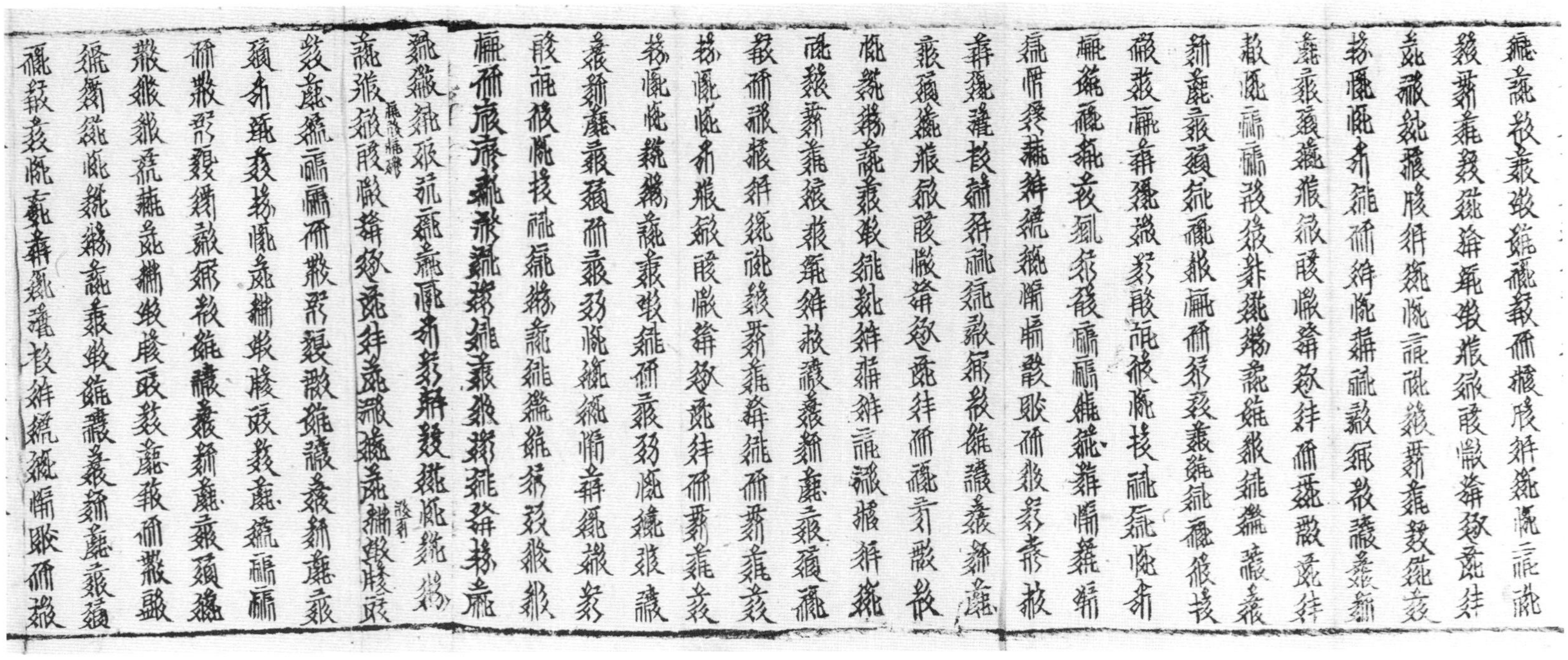

俄Инв.No.247　佛説佛母出生三法藏般若波羅蜜多經卷第二十二　(13-10)

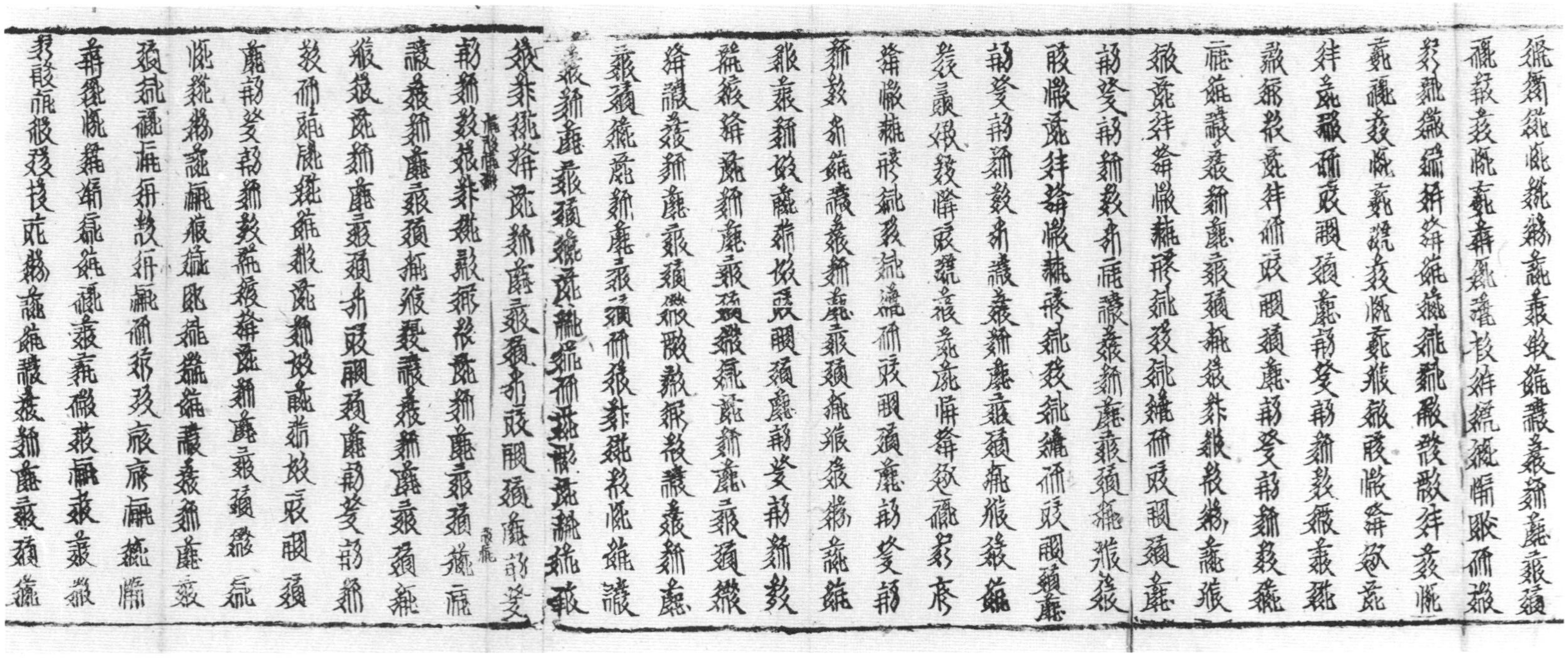

俄Инв.No.247　佛説佛母出生三法藏般若波羅蜜多經卷第二十二　(13-11)

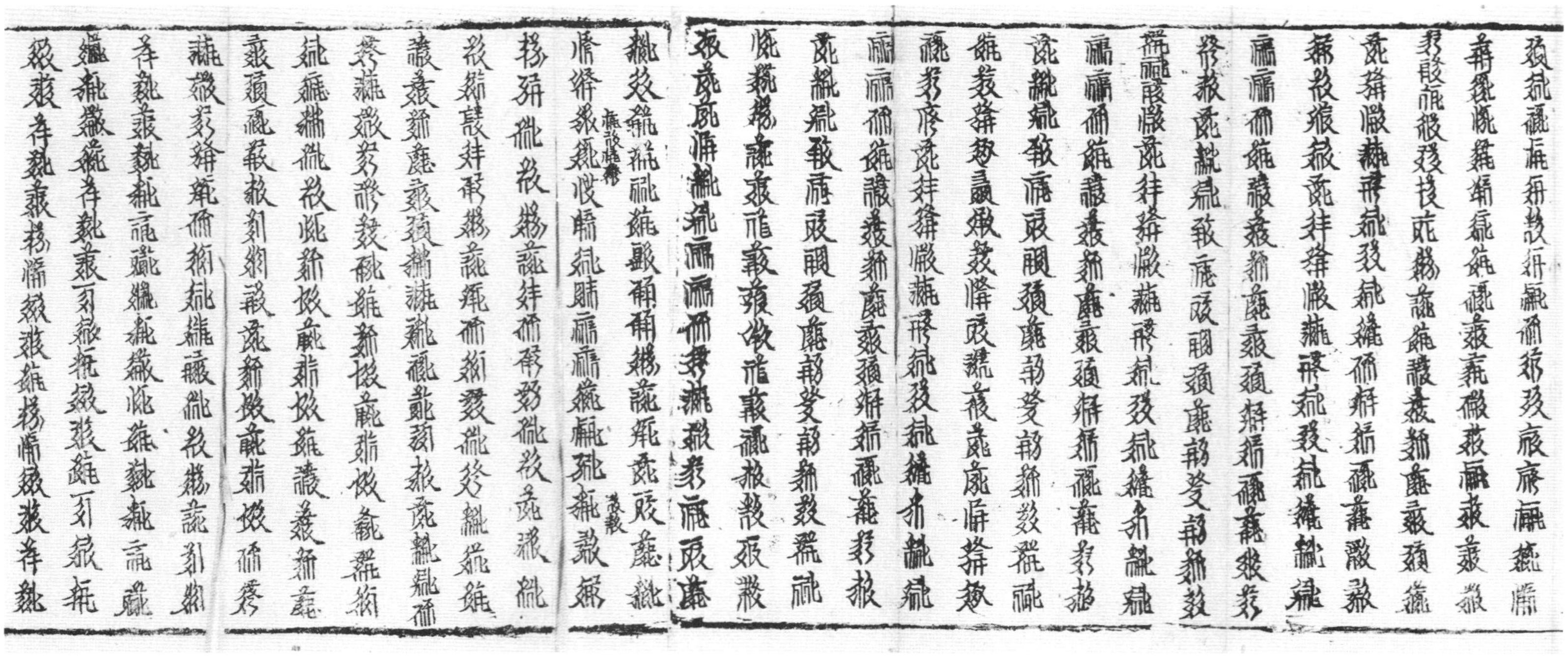

俄Инв.No.247　佛説佛母出生三法藏般若波羅蜜多經卷第二十二　(13-12)

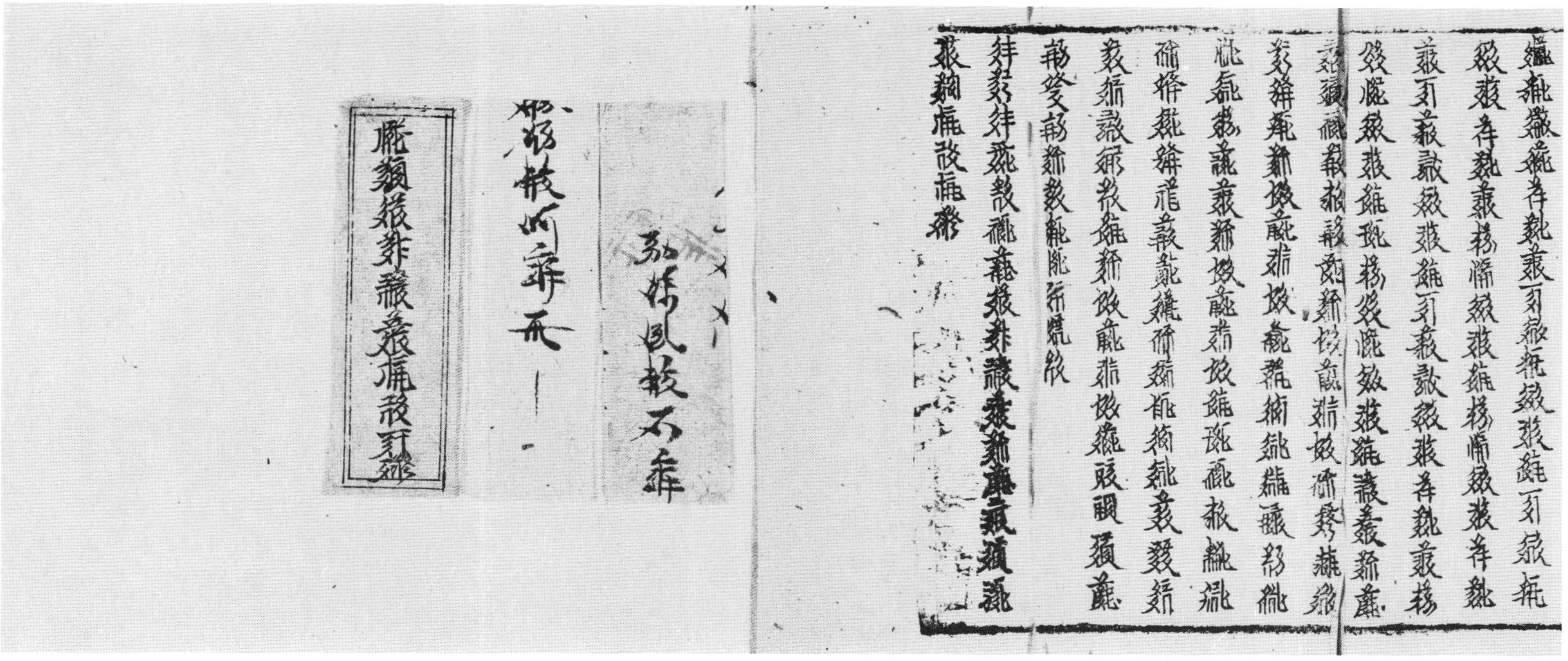

俄 Инв.No.247　佛説佛母出生三法藏般若波羅蜜多經卷第二十二　(13–13)

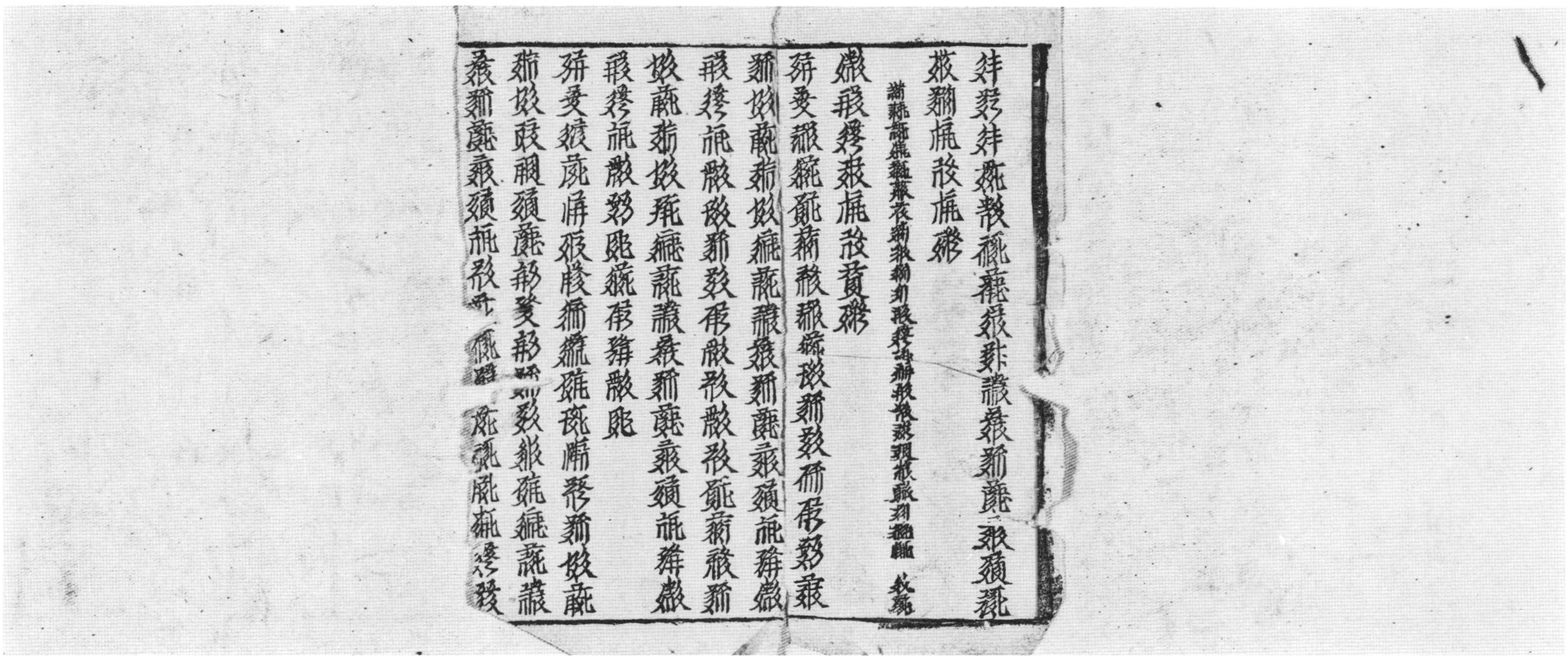

俄 Инв.No.285　佛説佛母出生三法藏般若波羅蜜多經卷第二十二

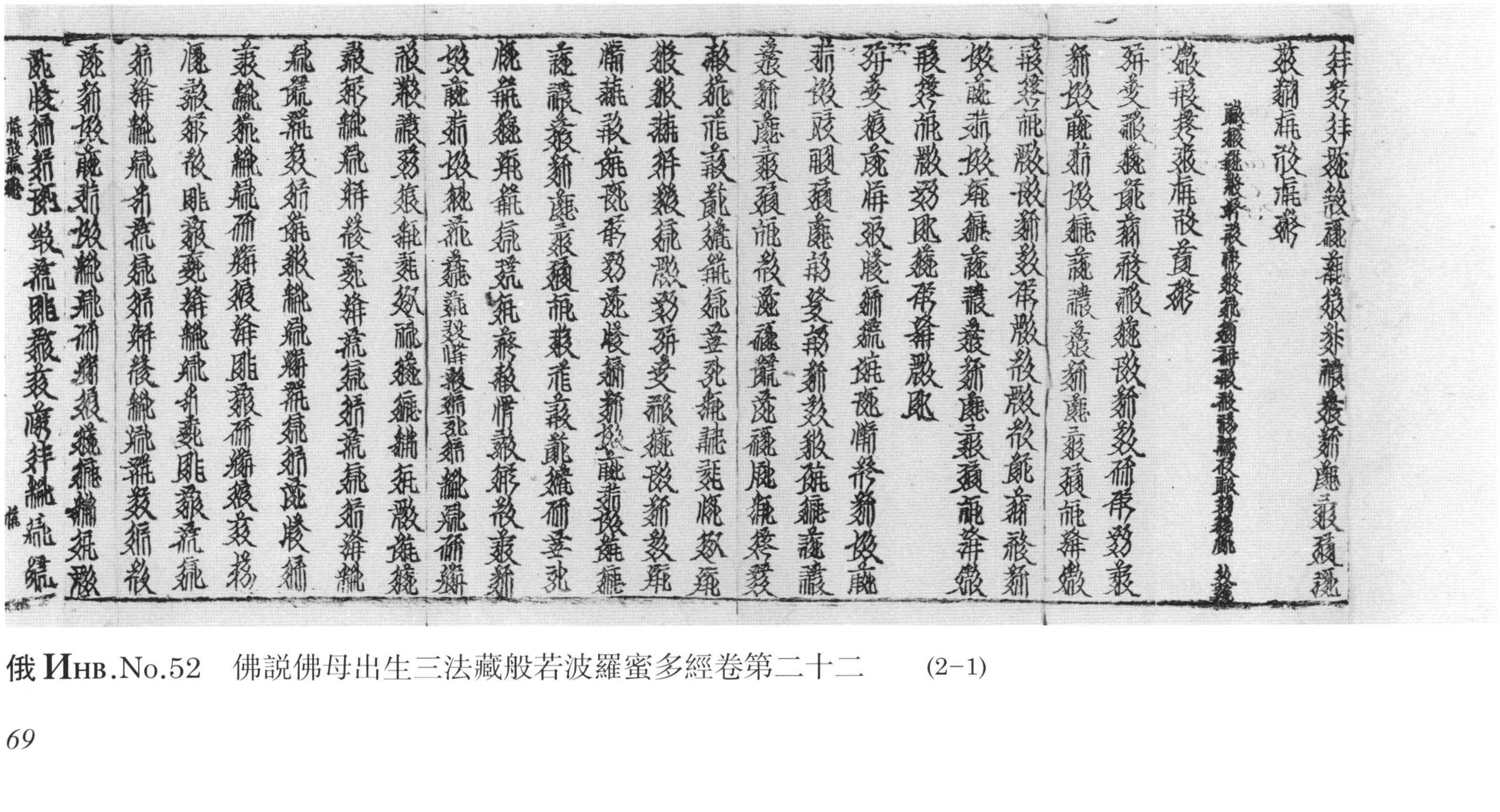

俄 Инв.No.52　佛説佛母出生三法藏般若波羅蜜多經卷第二十二　(2–1)

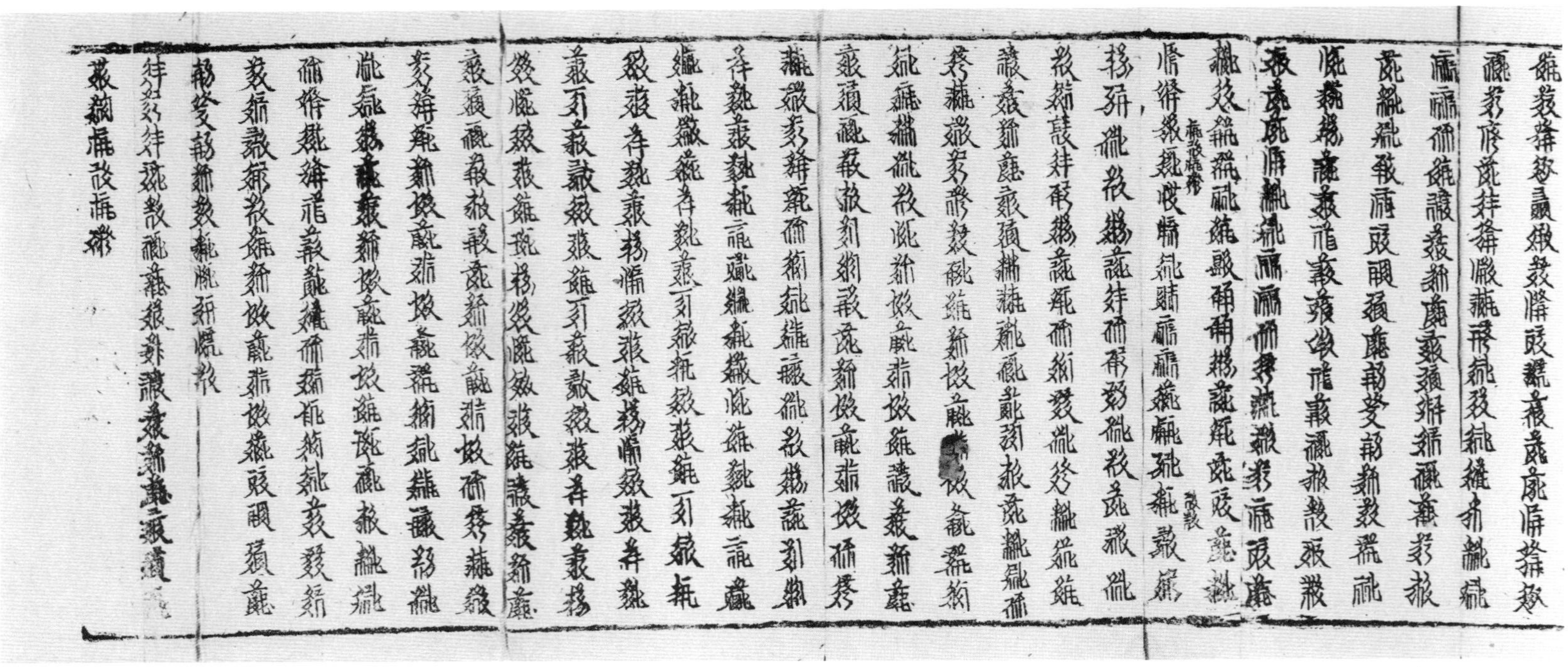

俄Инв.No.52　佛說佛母出生三法藏般若波羅蜜多經卷第二十二　(2-2)

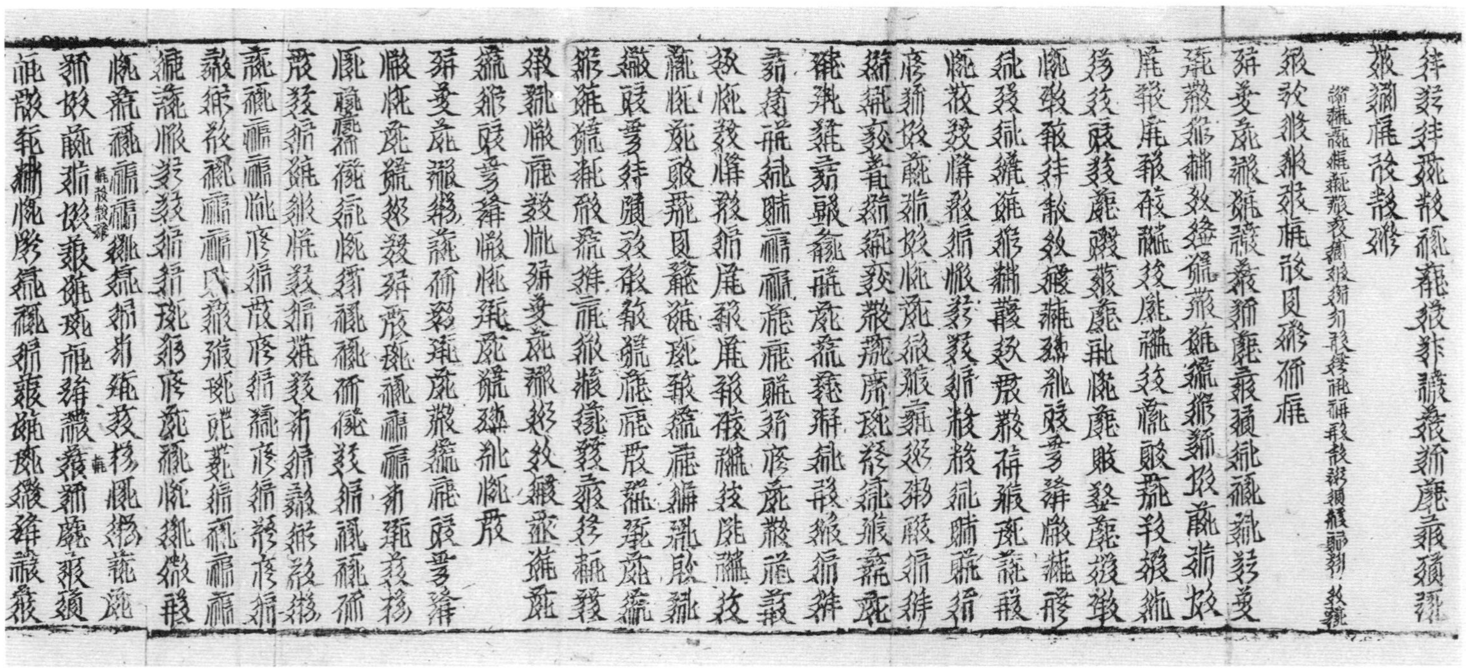

俄Инв.No.249　佛說佛母出生三法藏般若波羅蜜多經卷第二十三　(12-1)

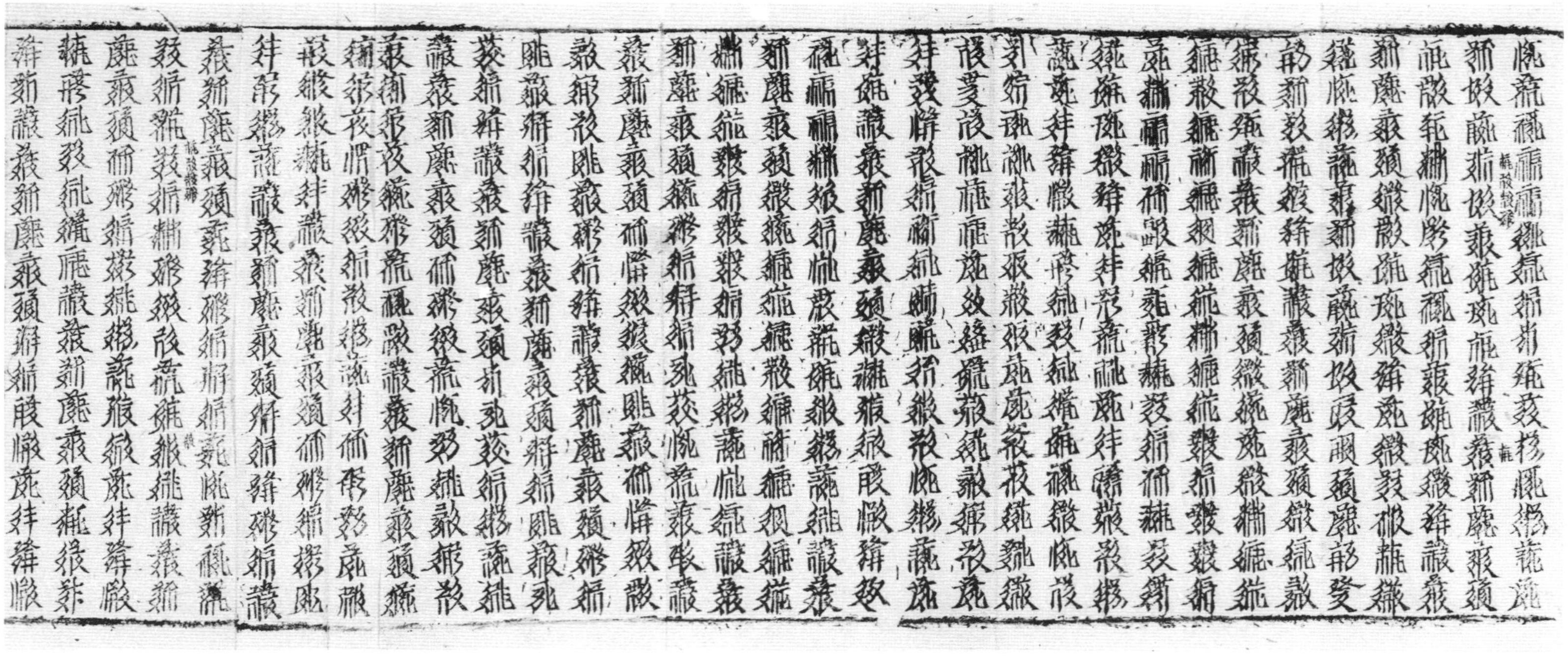

俄Инв.No.249　佛說佛母出生三法藏般若波羅蜜多經卷第二十三　(12-2)

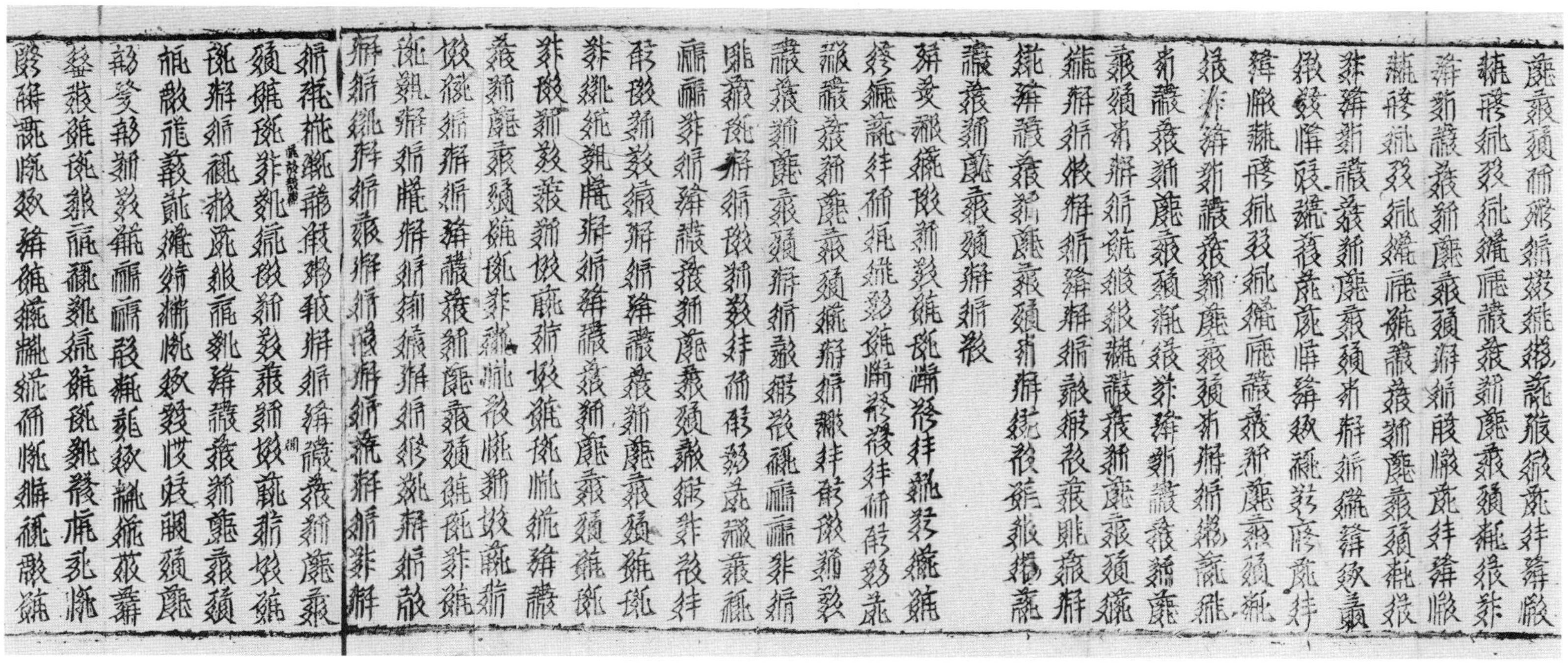

俄 Инв.No.249　佛說佛母出生三法藏般若波羅蜜多經卷第二十三　(12–3)

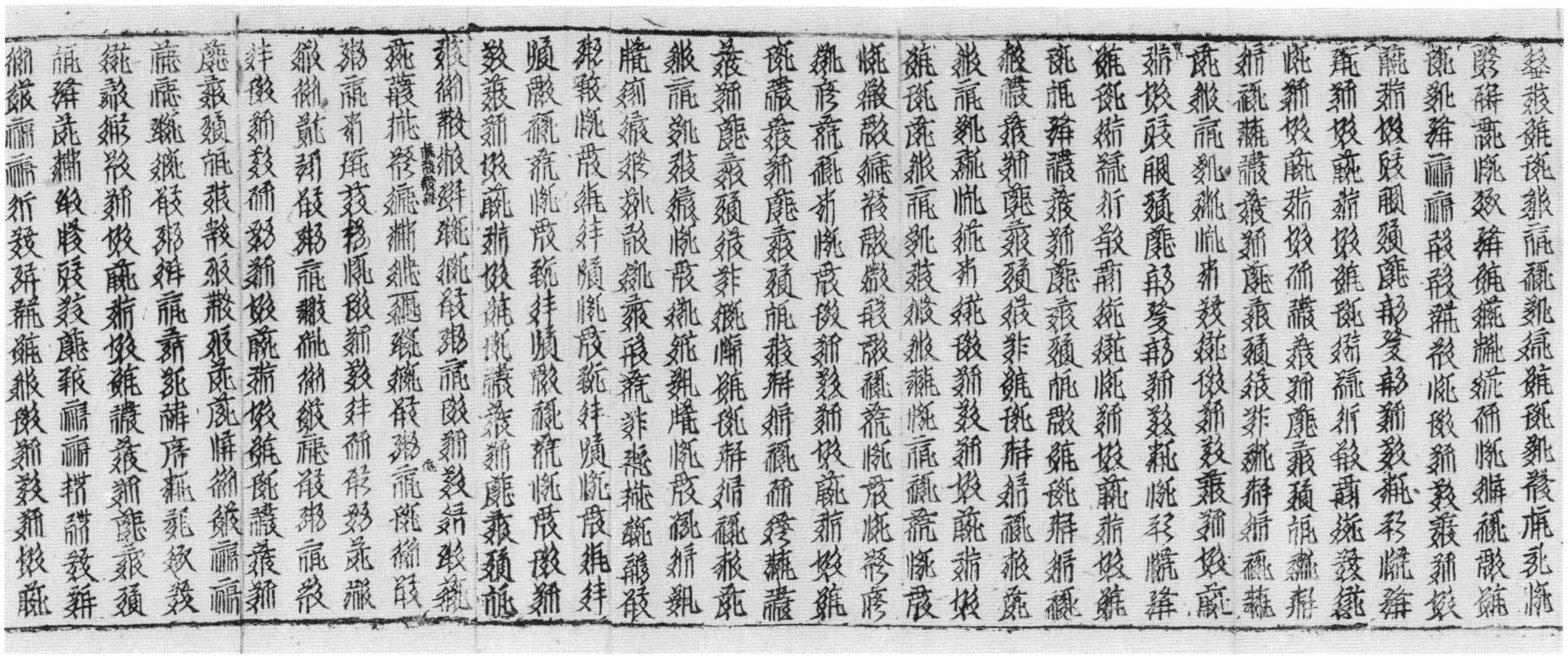

俄 Инв.No.249　佛說佛母出生三法藏般若波羅蜜多經卷第二十三　(12–4)

俄 Инв.No.249　佛說佛母出生三法藏般若波羅蜜多經卷第二十三　(12–5)

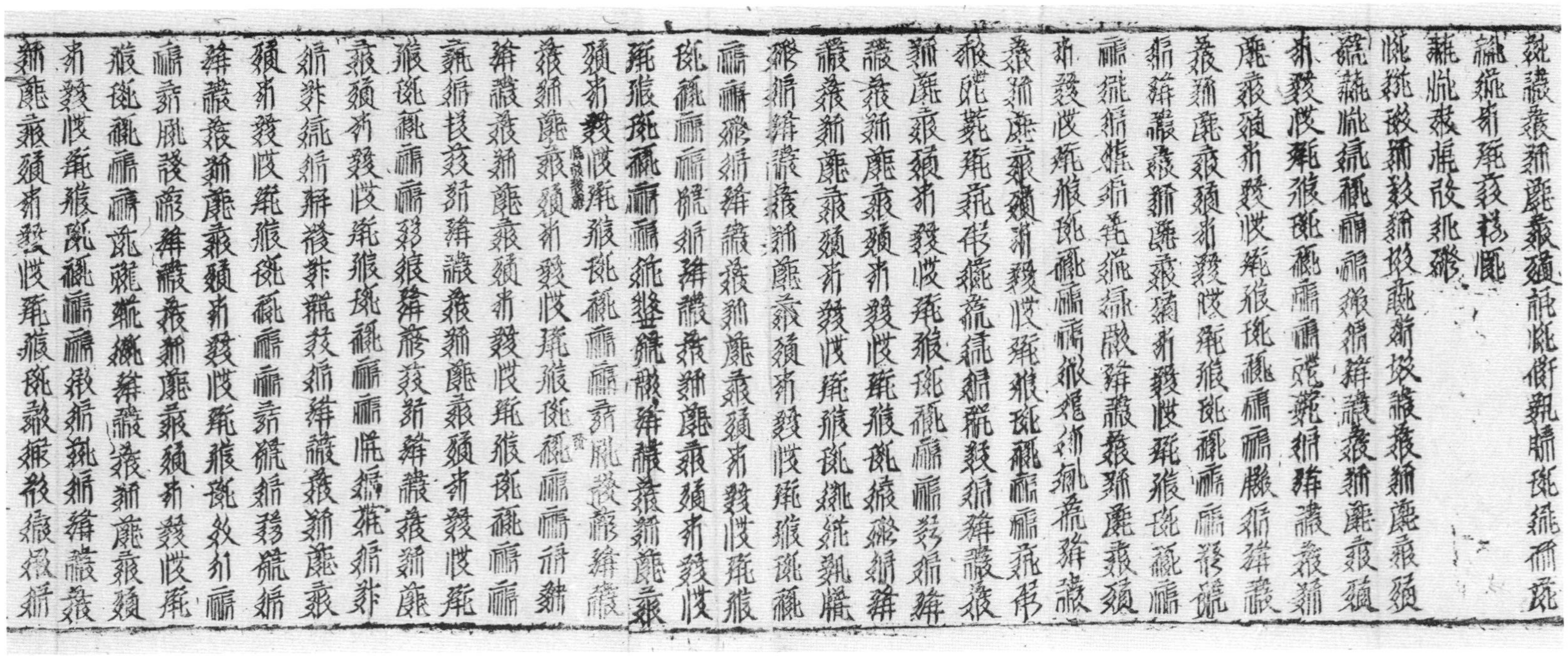

俄 Инв.No.249　佛説佛母出生三法藏般若波羅蜜多經卷第二十三　(12-6)

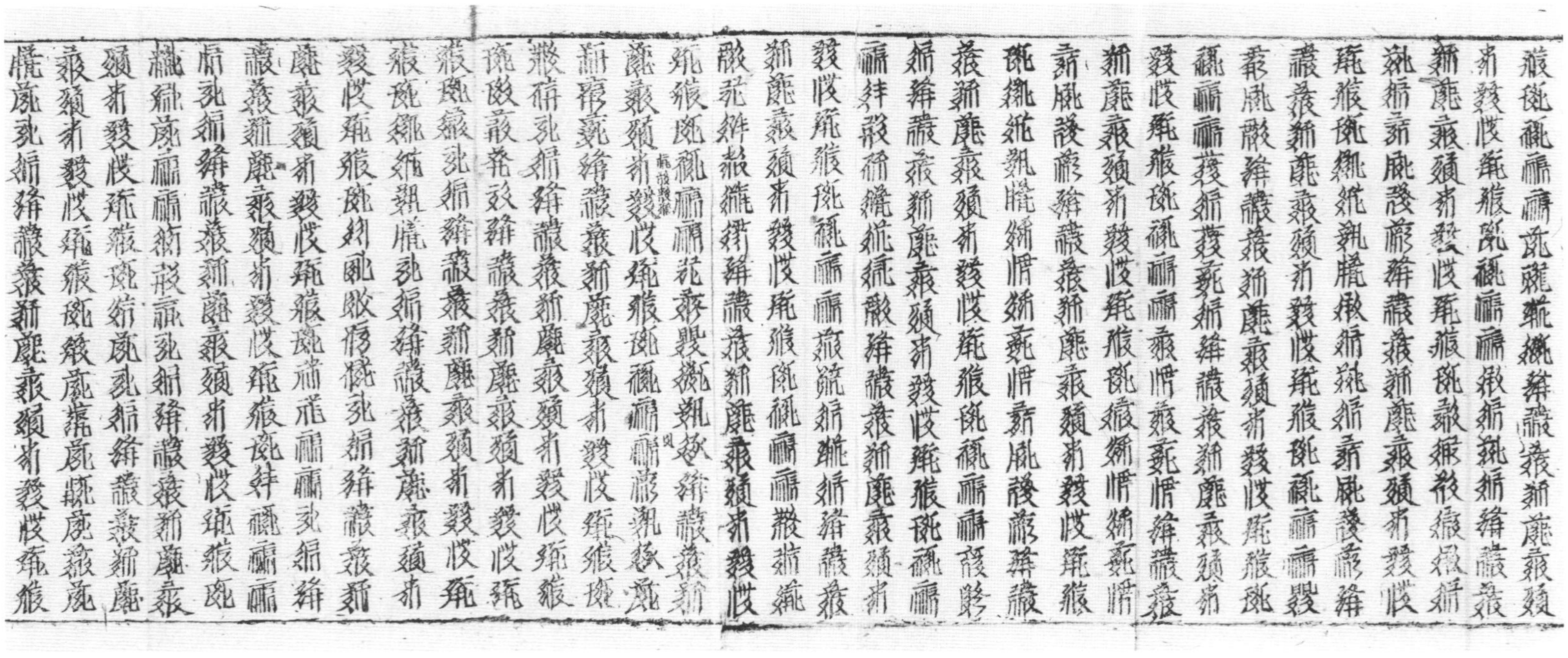

俄 Инв.No.249　佛説佛母出生三法藏般若波羅蜜多經卷第二十三　(12-7)

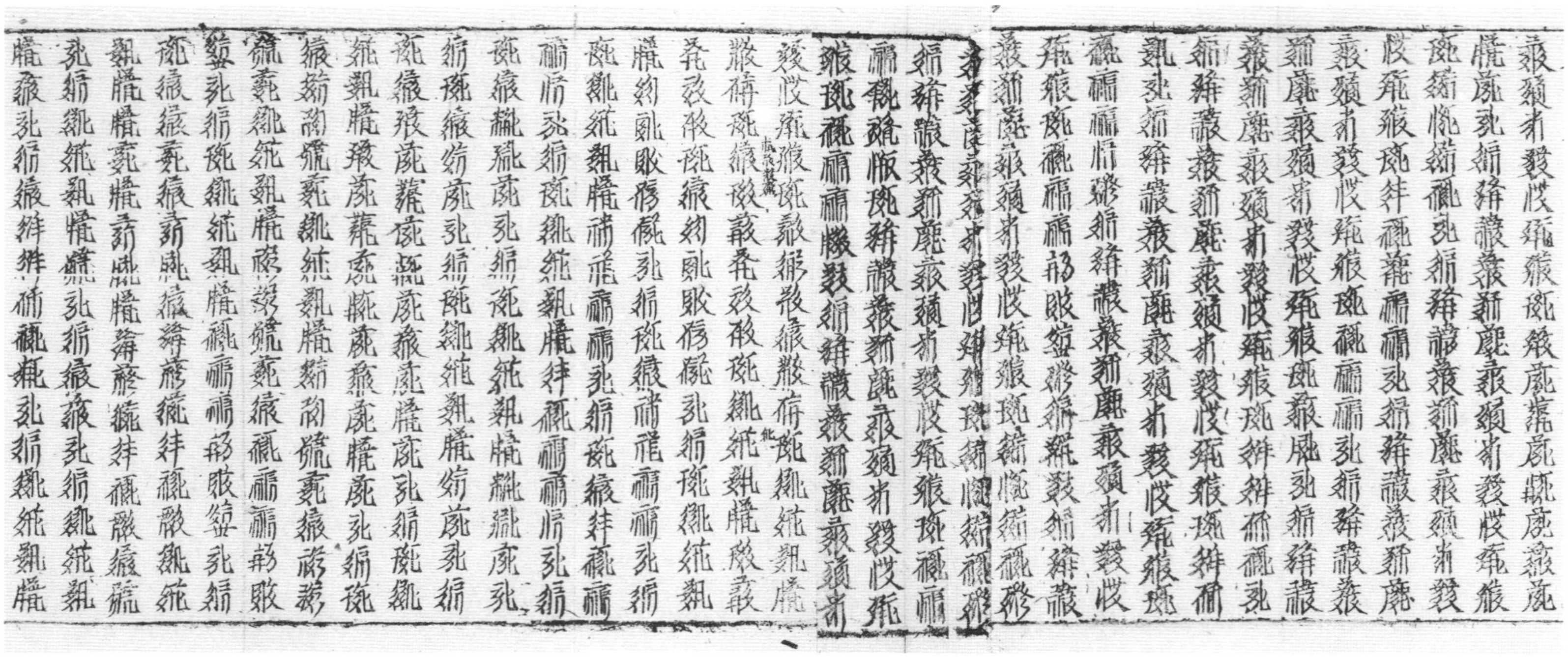

俄 Инв.No.249　佛説佛母出生三法藏般若波羅蜜多經卷第二十三　(12-8)

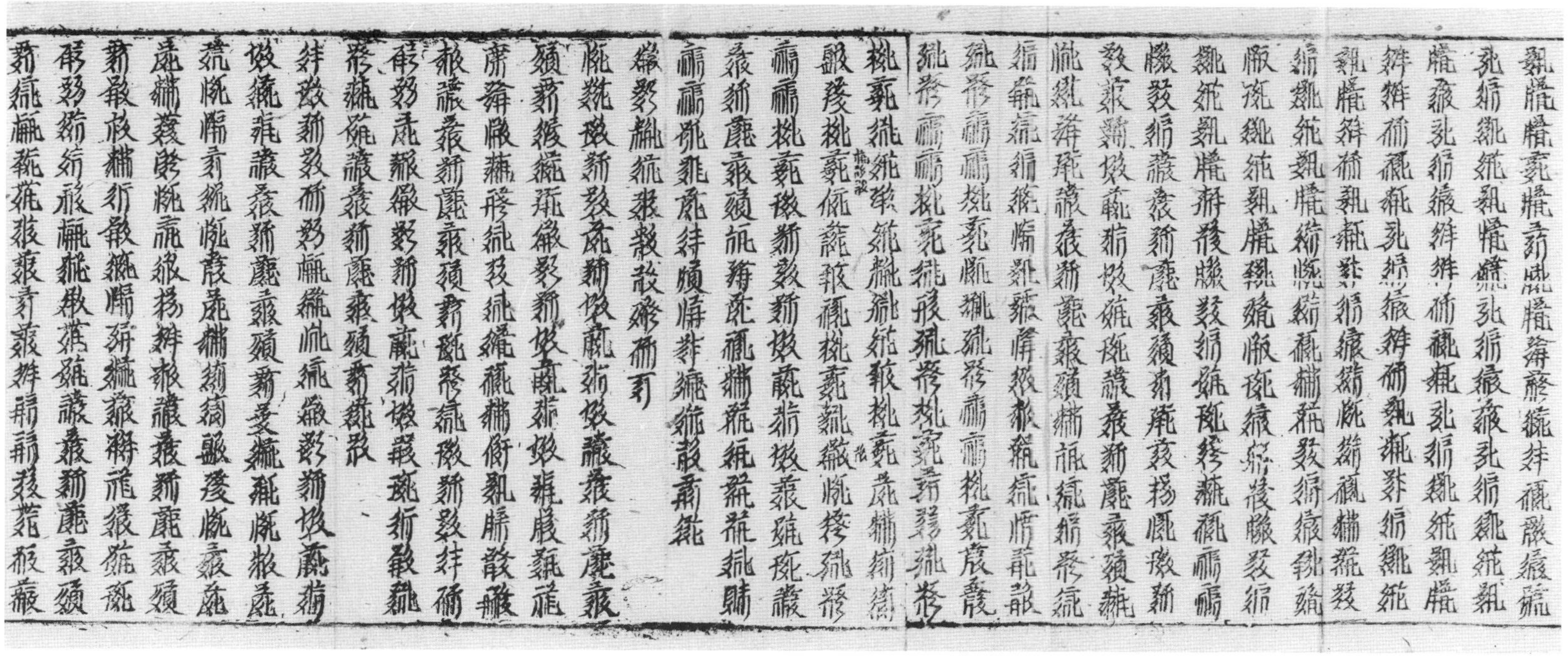

俄 Инв.No.249　佛説佛母出生三法藏般若波羅蜜多經卷第二十三　(12–9)

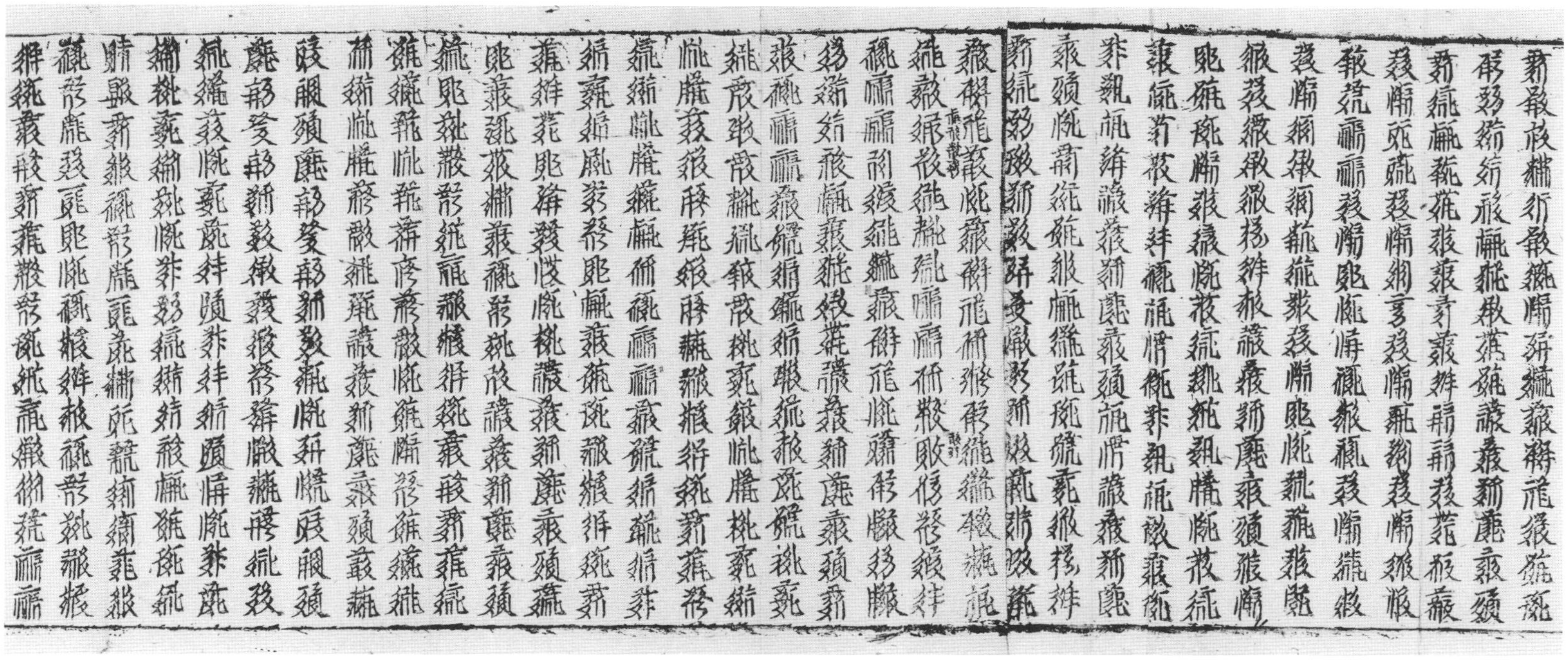

俄 Инв.No.249　佛説佛母出生三法藏般若波羅蜜多經卷第二十三　(12–10)

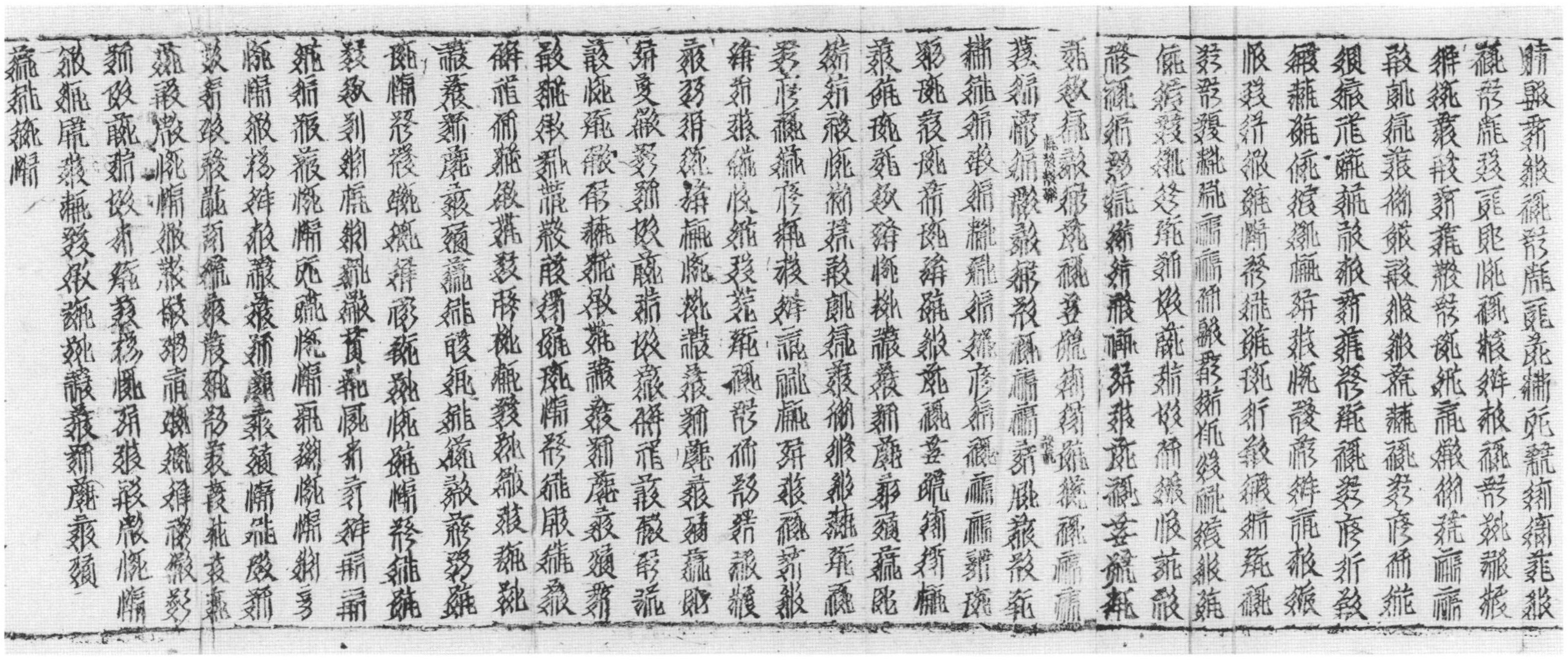

俄 Инв.No.249　佛説佛母出生三法藏般若波羅蜜多經卷第二十三　(12–11)

俄 Инв.No.249　佛説佛母出生三法藏般若波羅蜜多經卷第二十三　(12–12)

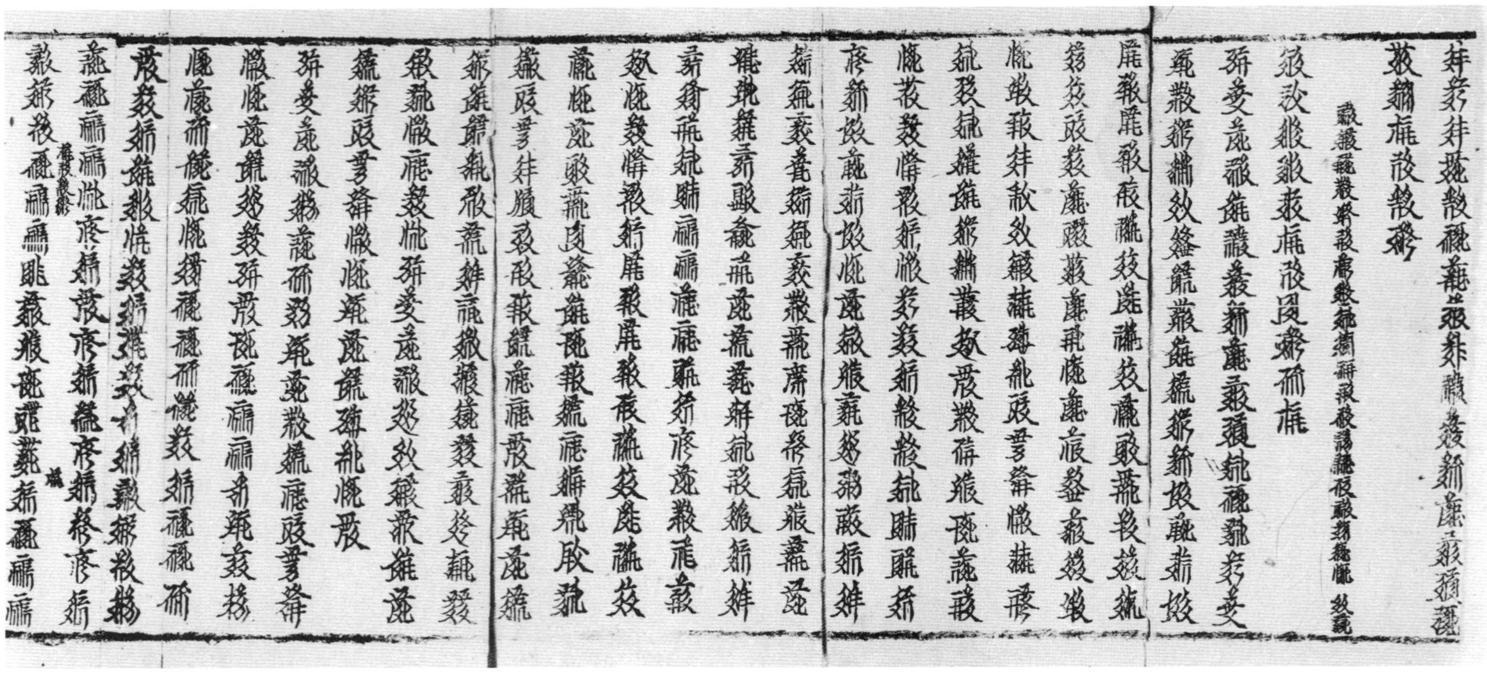

俄 Инв.No.248　佛説佛母出生三法藏般若波羅蜜多經卷第二十三　(2–1)

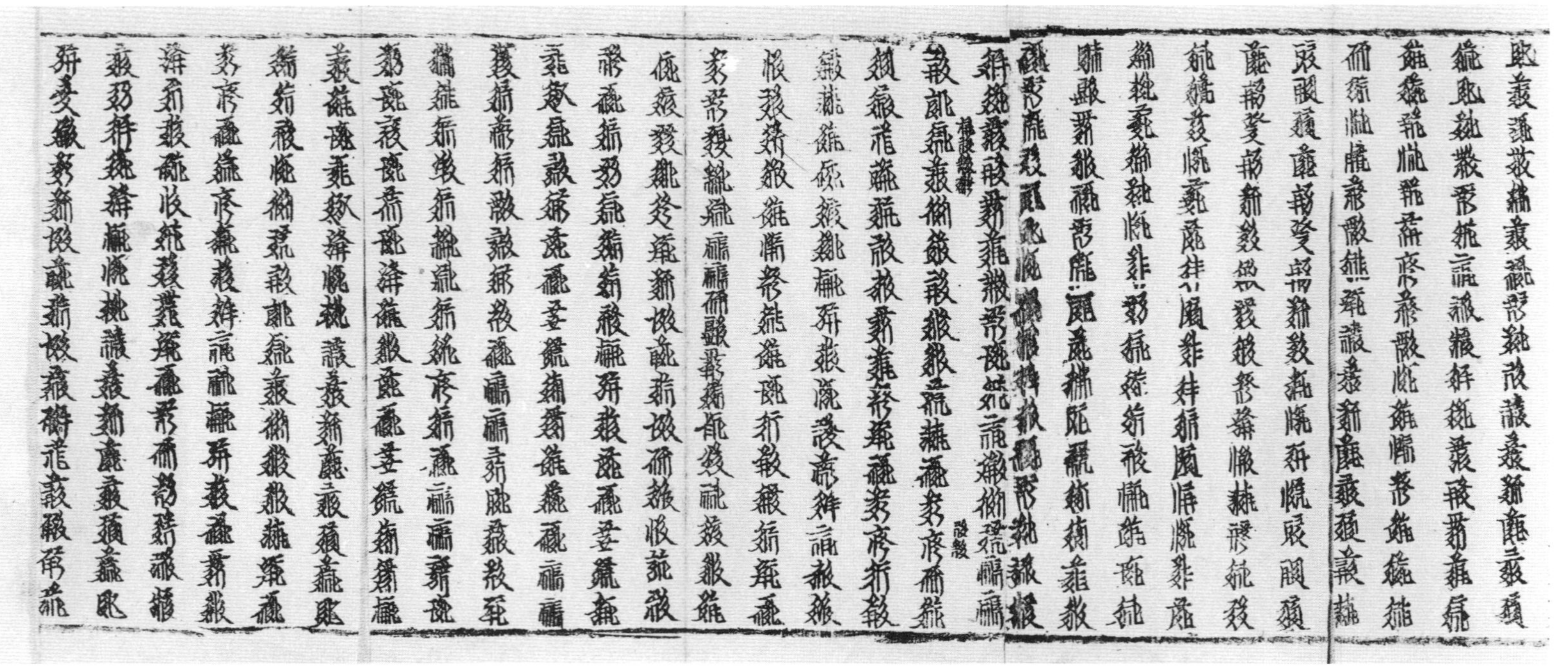

俄 Инв.No.248　佛説佛母出生三法藏般若波羅蜜多經卷第二十三　(2–2)

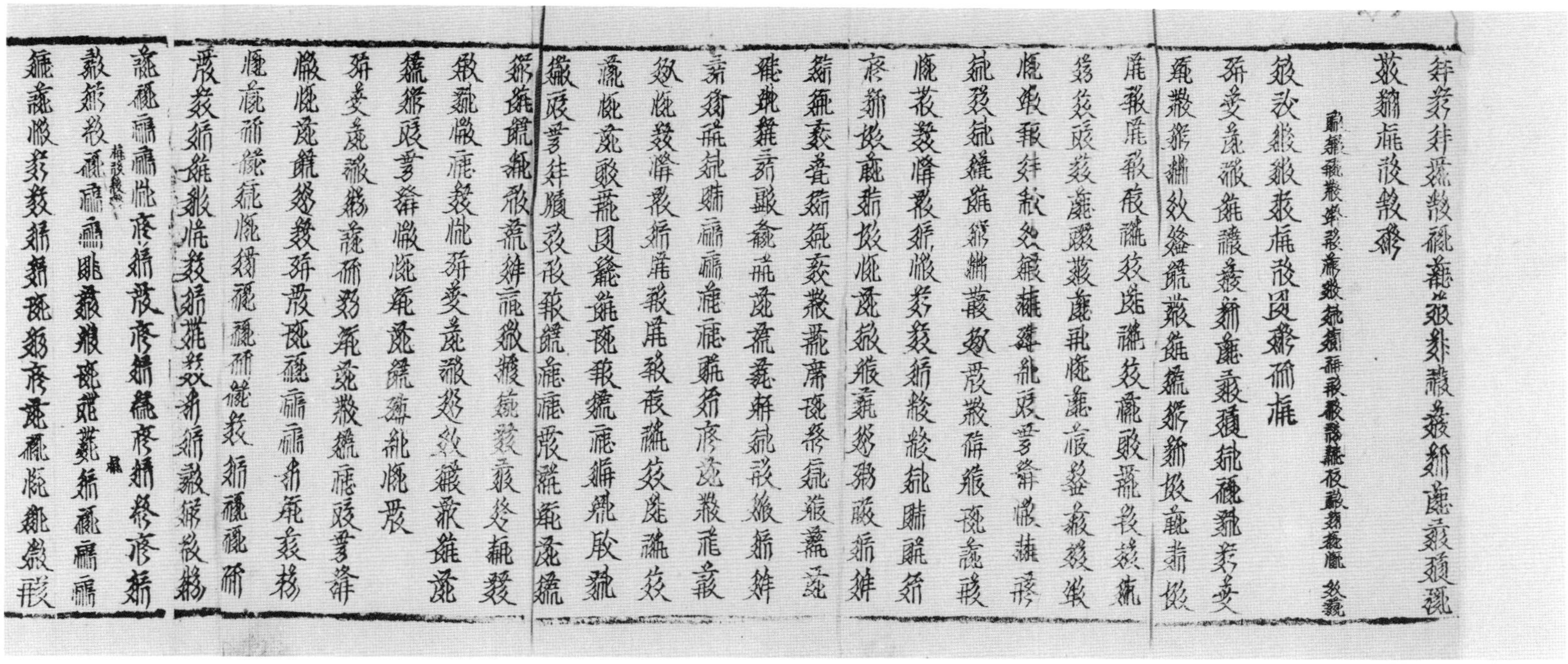

俄 Инв.No.53　佛説佛母出生三法藏般若波羅蜜多經卷第二十三　(2–1)

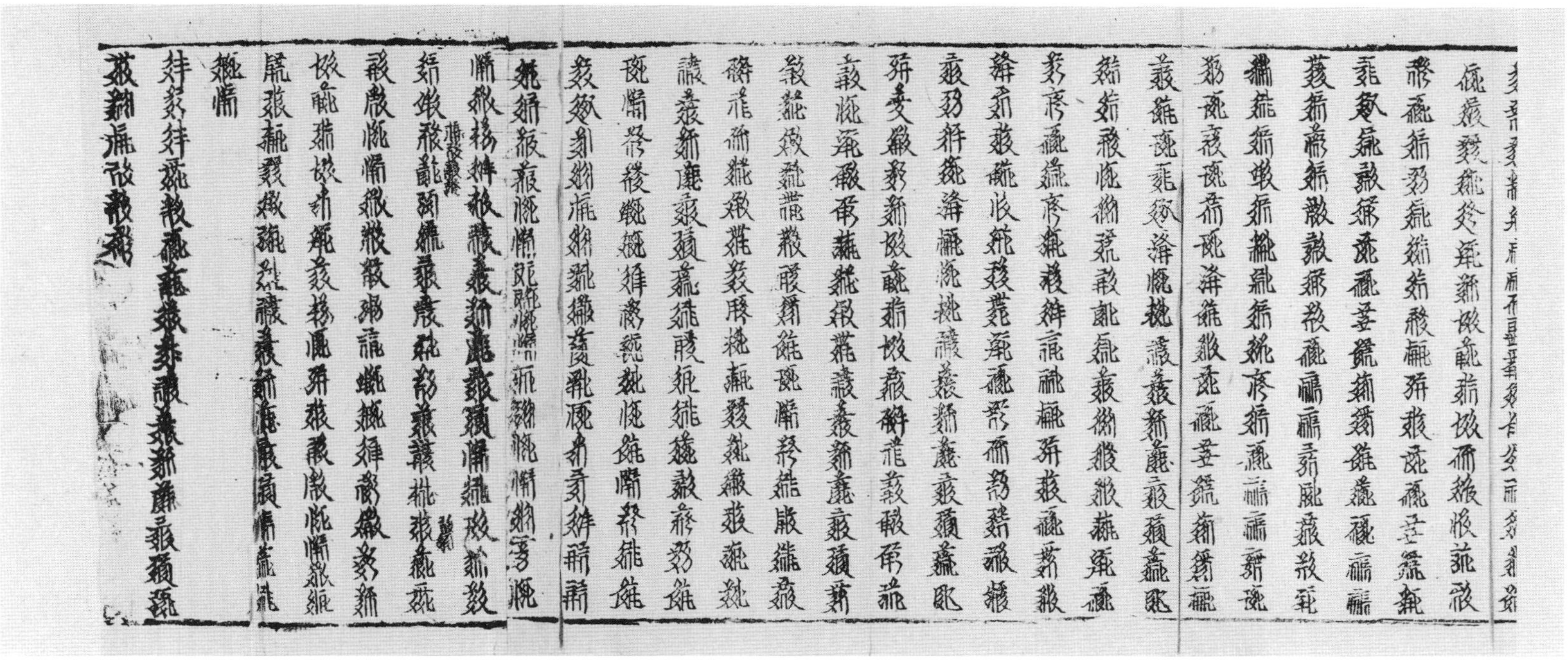

俄 Инв.No.53　佛説佛母出生三法藏般若波羅蜜多經卷第二十三　(2–2)

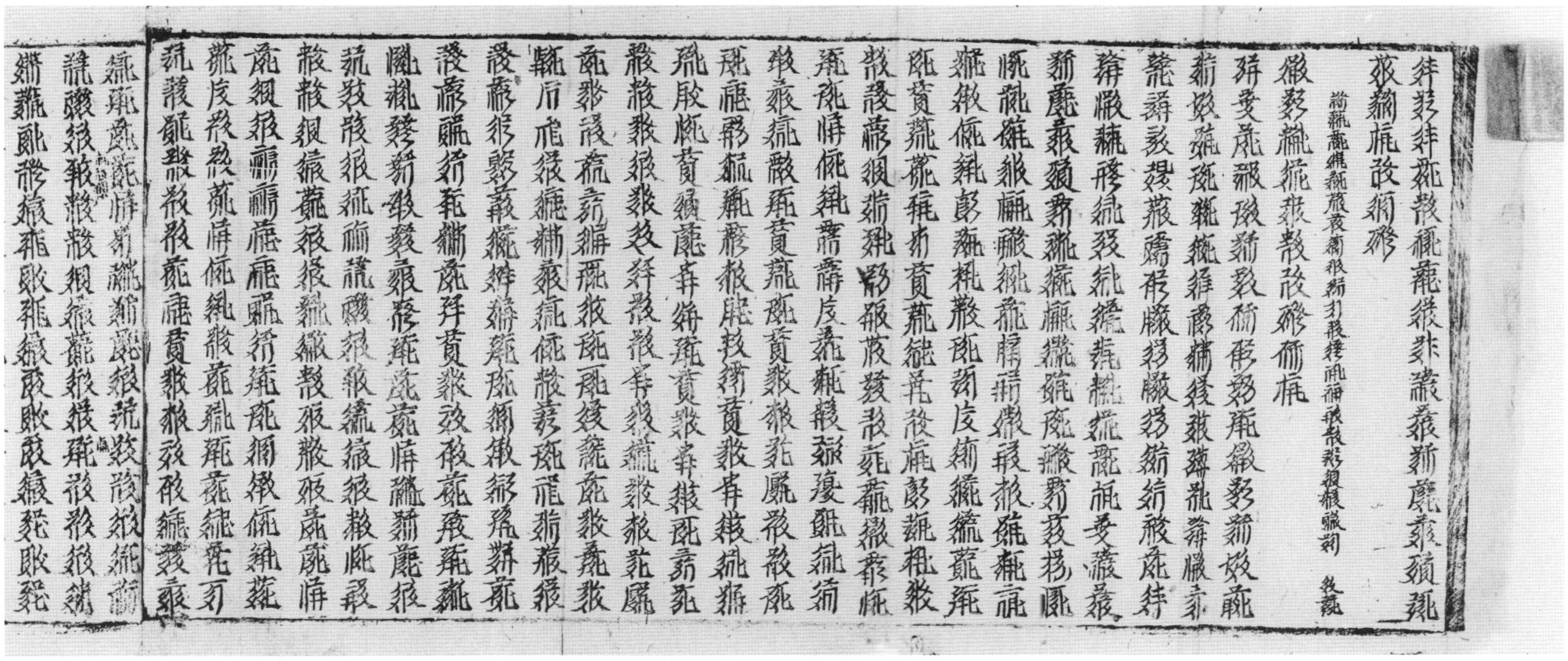

俄 Инв.No.250　佛説佛母出生三法藏般若波羅蜜多經卷第二十四　(12–1)

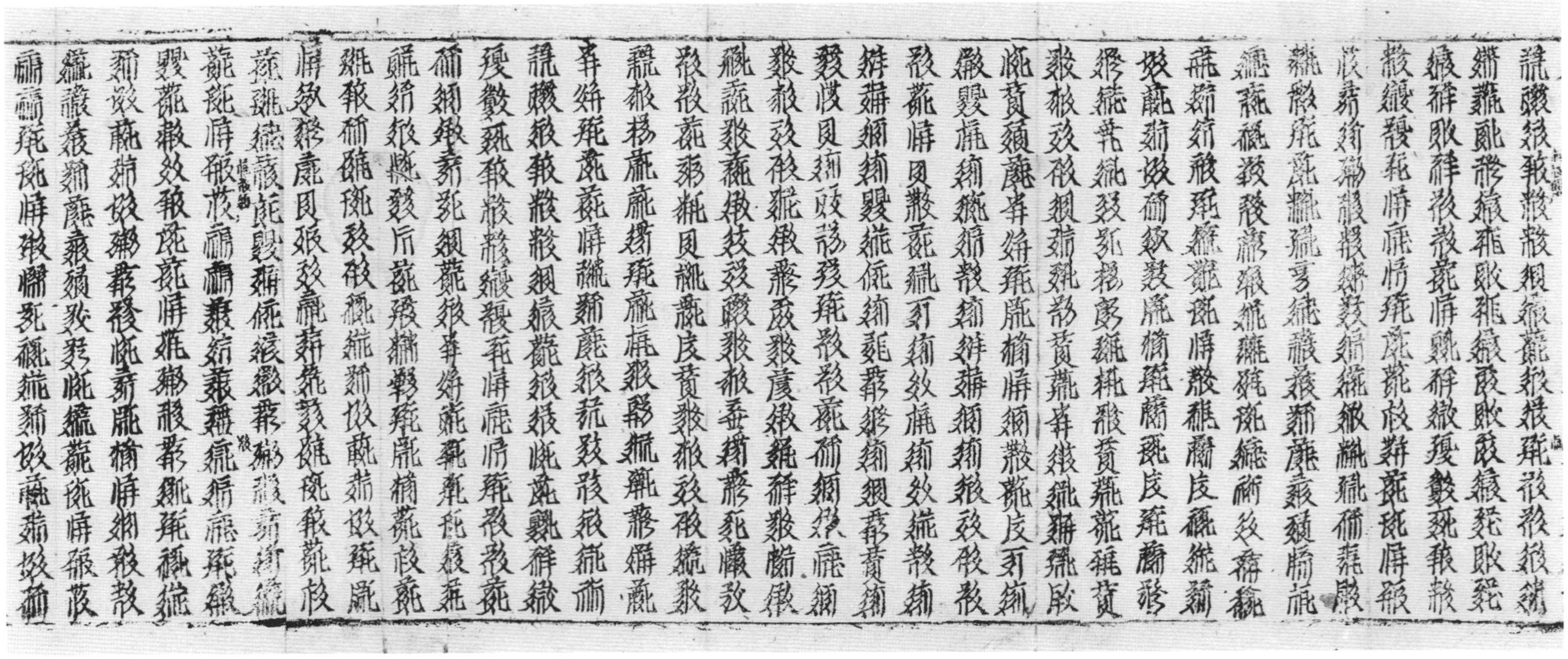

俄 Инв.No.250　佛說佛母出生三法藏般若波羅蜜多經卷第二十四　(12-2)

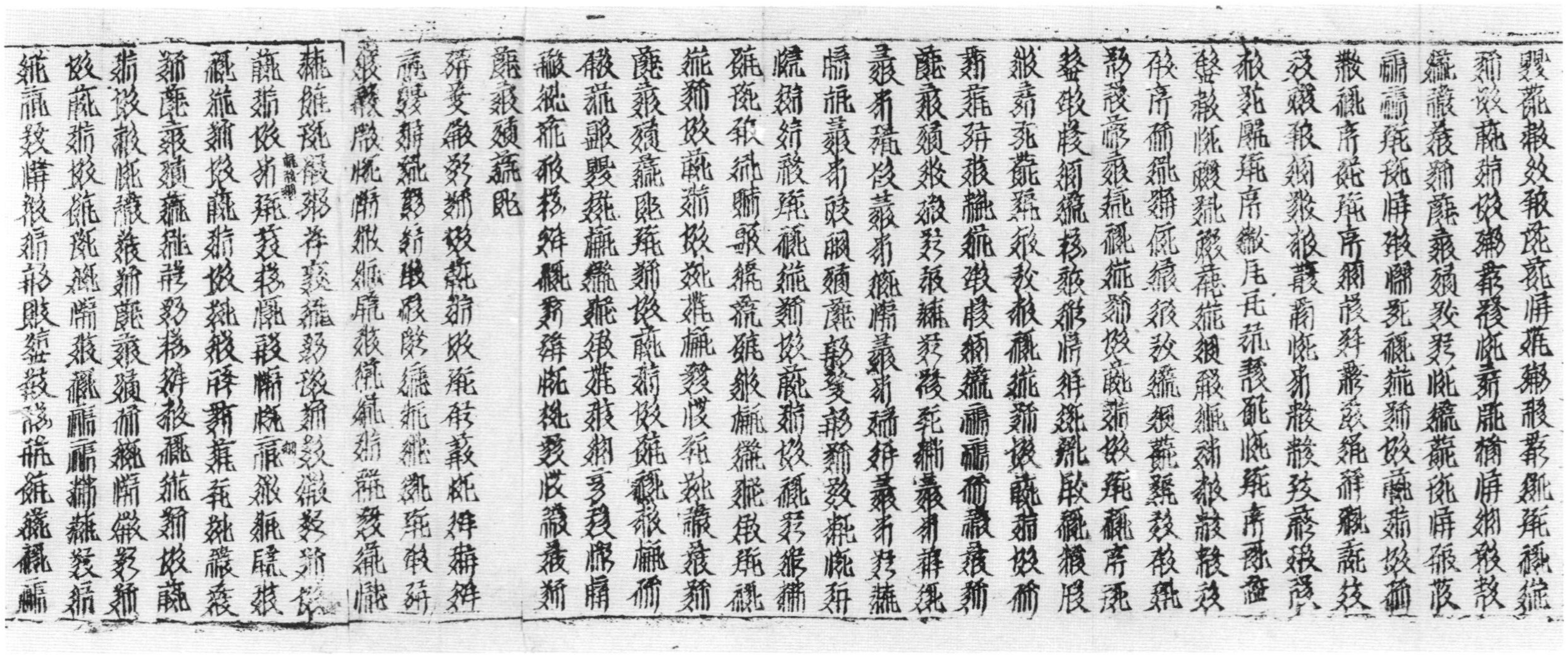

俄 Инв.No.250　佛說佛母出生三法藏般若波羅蜜多經卷第二十四　(12-3)

俄 Инв.No.250　佛說佛母出生三法藏般若波羅蜜多經卷第二十四　(12-4)

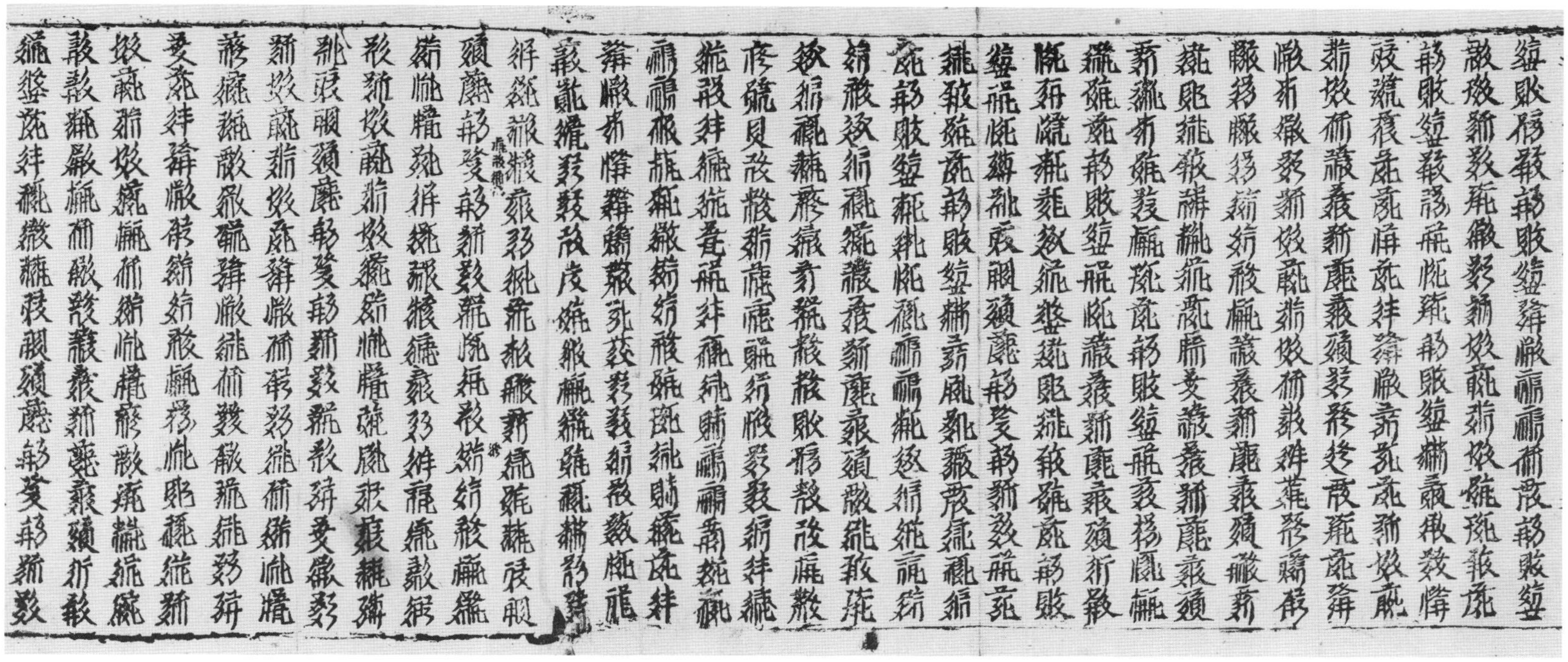

俄 Инв.No.250　佛説佛母出生三法藏般若波羅蜜多經卷第二十四　(12-5)

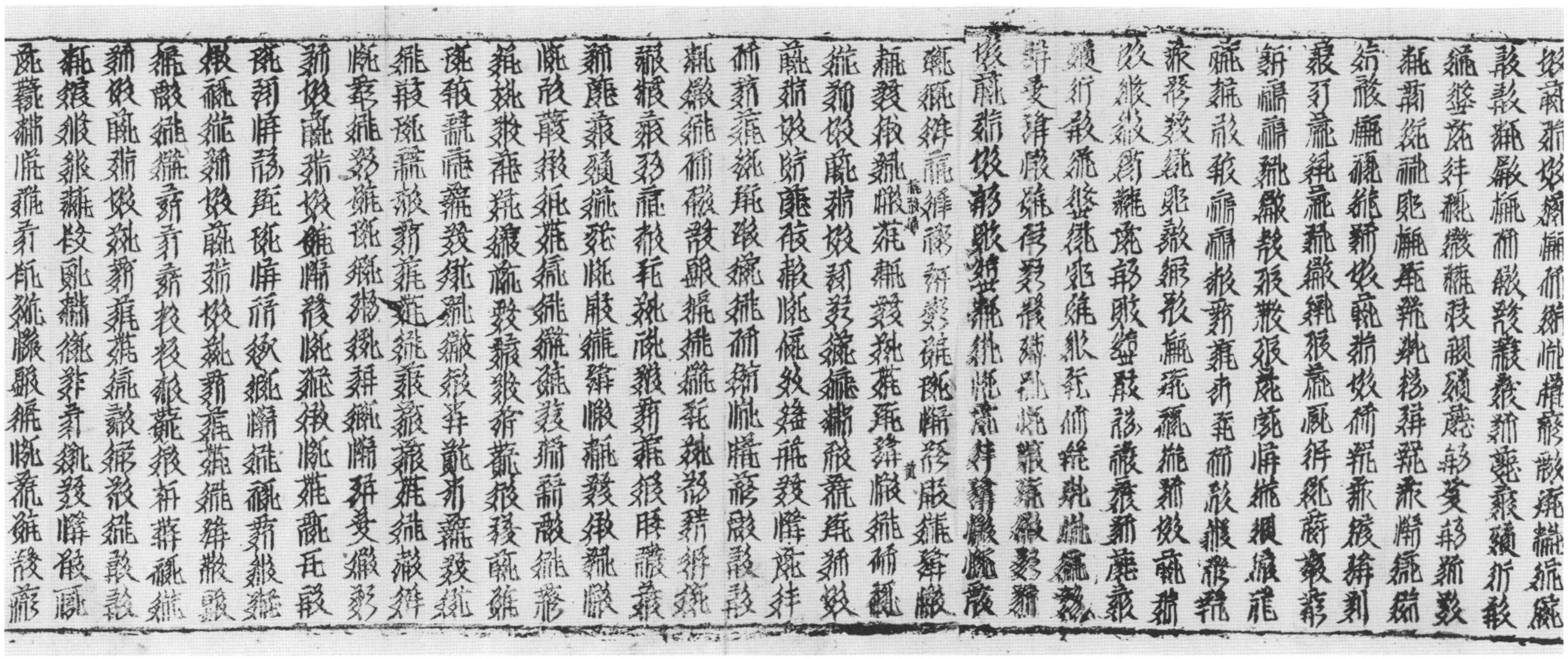

俄 Инв.No.250　佛説佛母出生三法藏般若波羅蜜多經卷第二十四　(12-6)

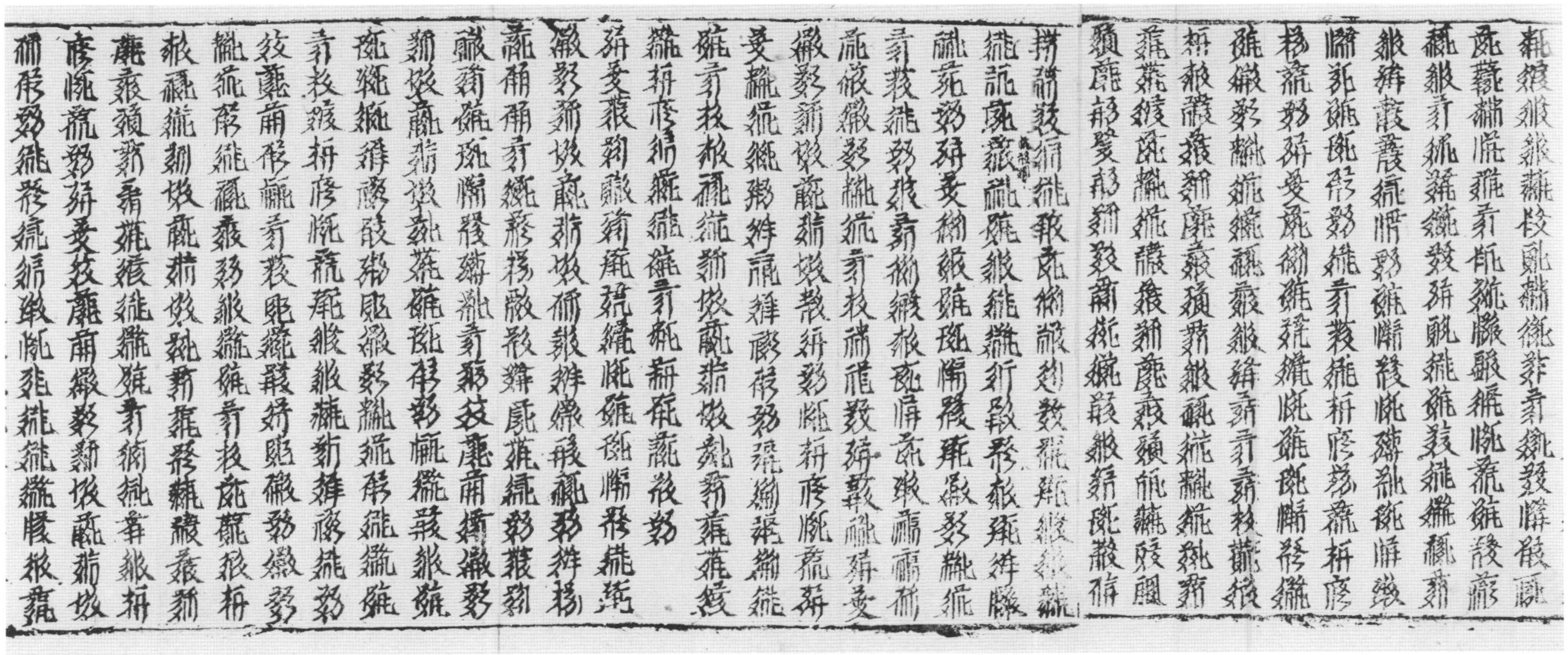

俄 Инв.No.250　佛説佛母出生三法藏般若波羅蜜多經卷第二十四　(12-7)

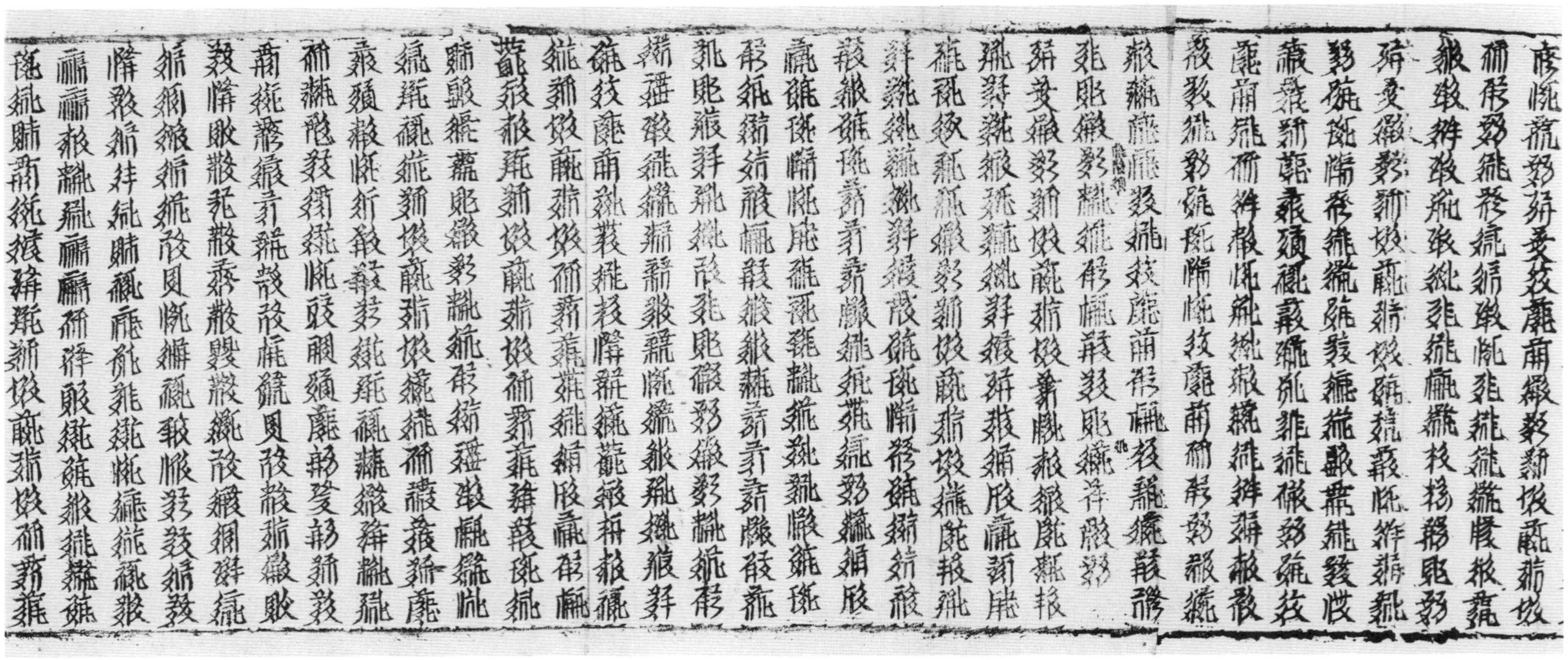

俄 Инв.No.250　佛説佛母出生三法藏般若波羅蜜多經卷第二十四　(12-8)

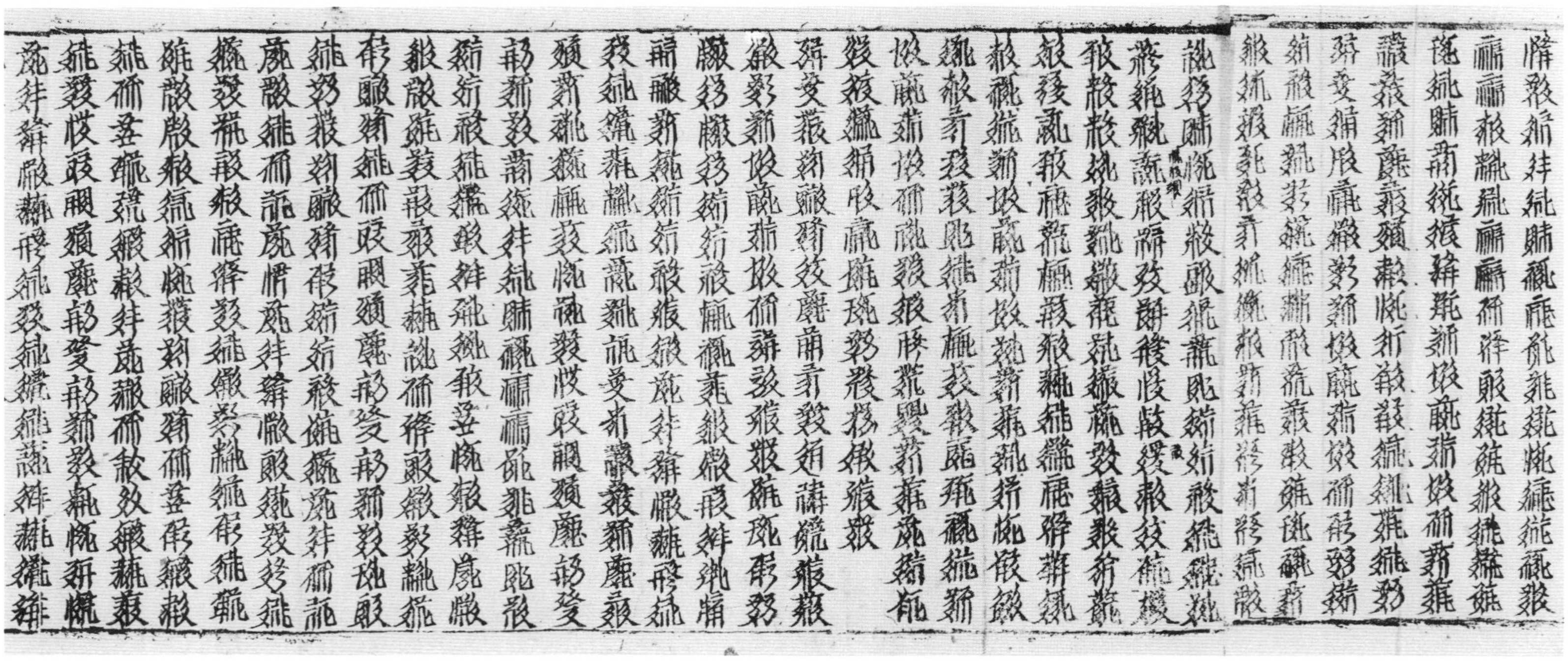

俄 Инв.No.250　佛説佛母出生三法藏般若波羅蜜多經卷第二十四　(12-9)

俄 Инв.No.250　佛説佛母出生三法藏般若波羅蜜多經卷第二十四　(12-10)

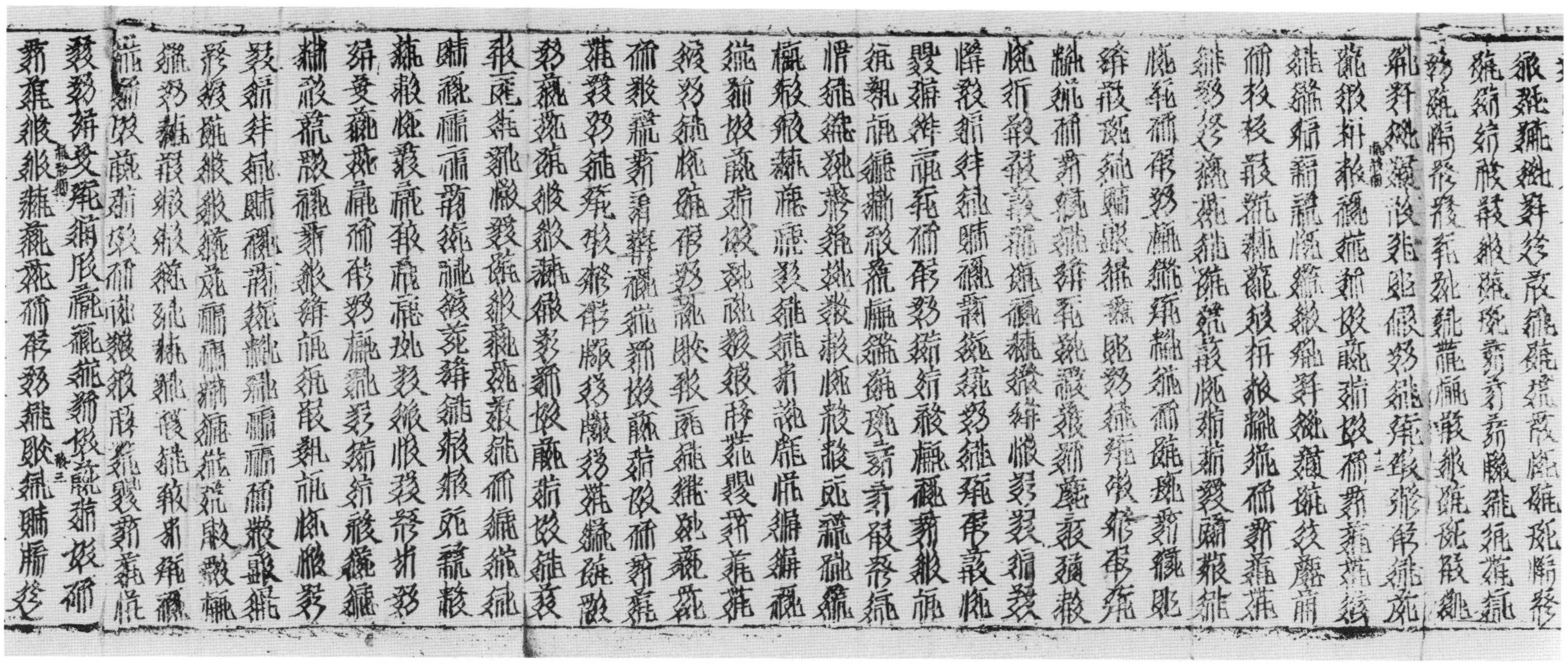

俄 Инв.No.250　佛說佛母出生三法藏般若波羅蜜多經卷第二十四　(12–11)

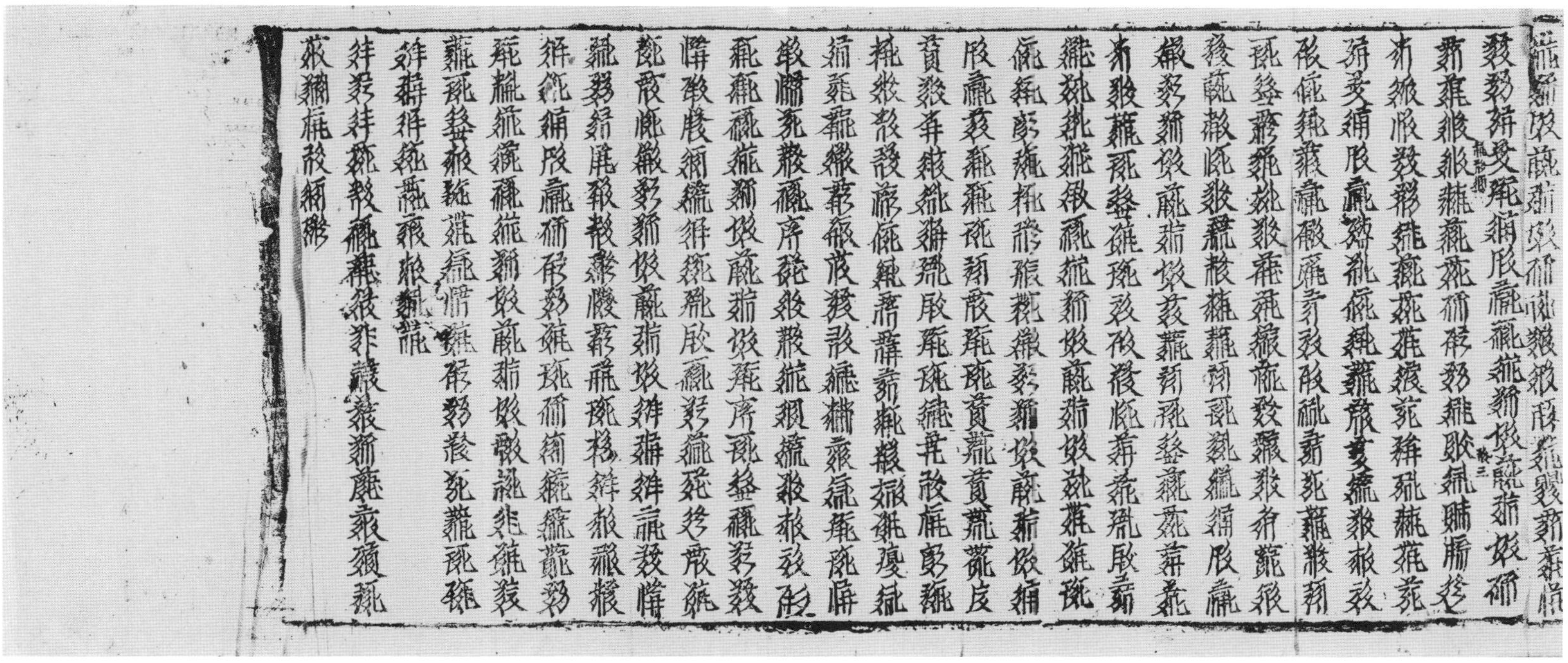

俄 Инв.No.250　佛說佛母出生三法藏般若波羅蜜多經卷第二十四　(12–12)

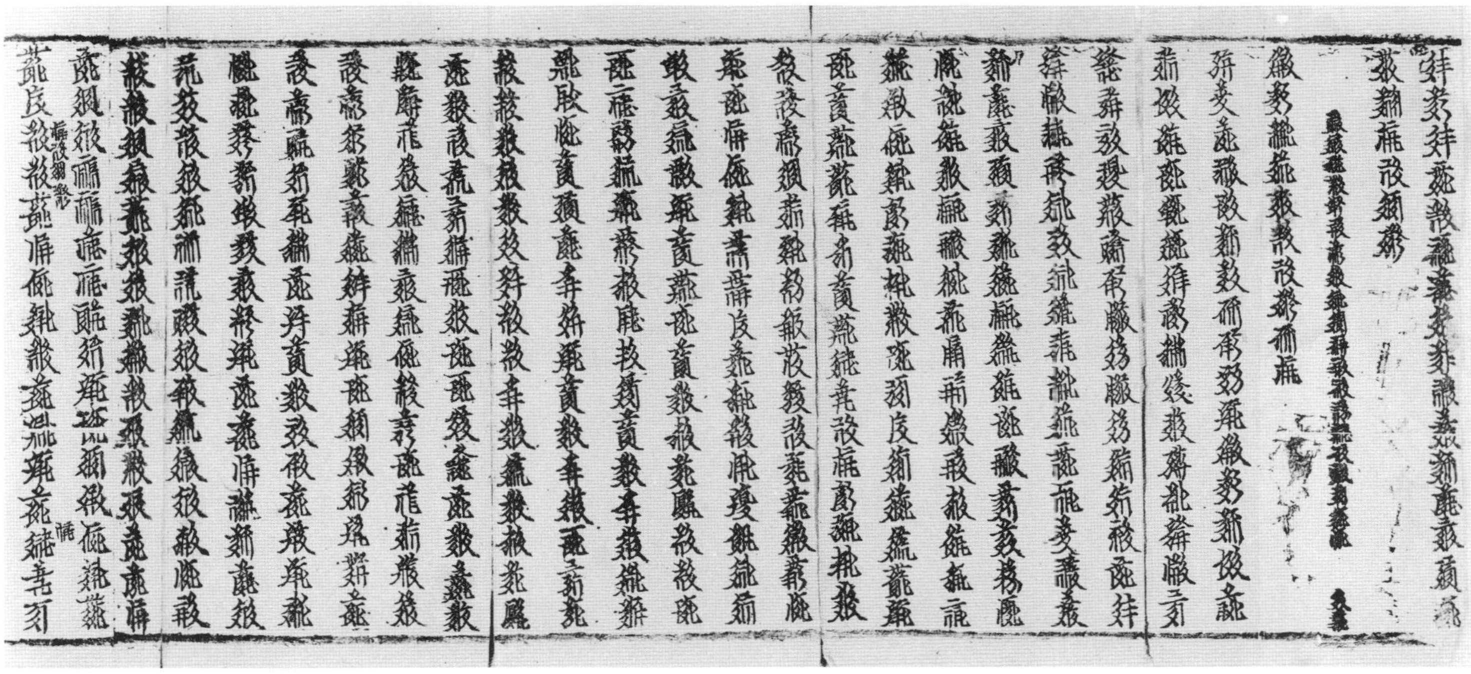

俄 Инв.No.268　佛說佛母出生三法藏般若波羅蜜多經卷第二十四

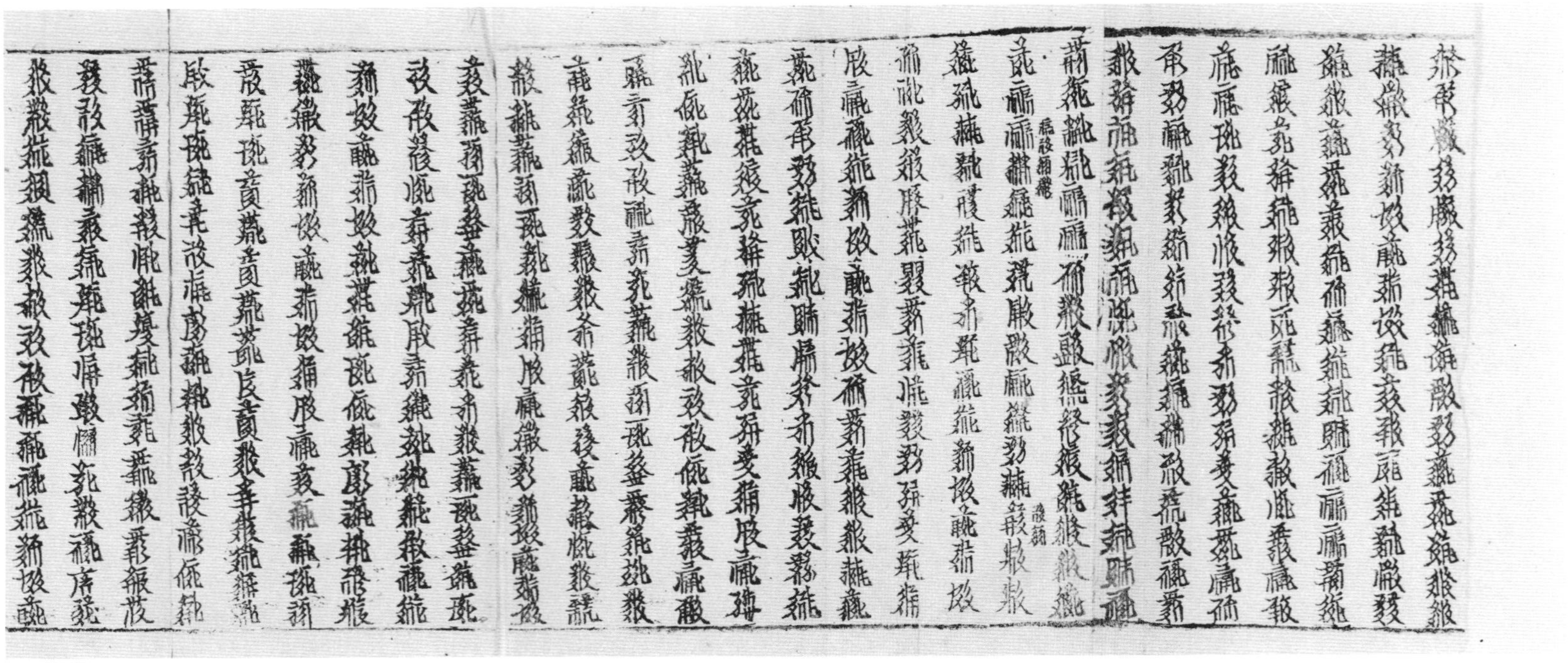

俄 Инв.No.3326　佛説佛母出生三法藏般若波羅蜜多經卷第二十四　(2-1)

俄 Инв.No.3326　佛説佛母出生三法藏般若波羅蜜多經卷第二十四　(2-2)

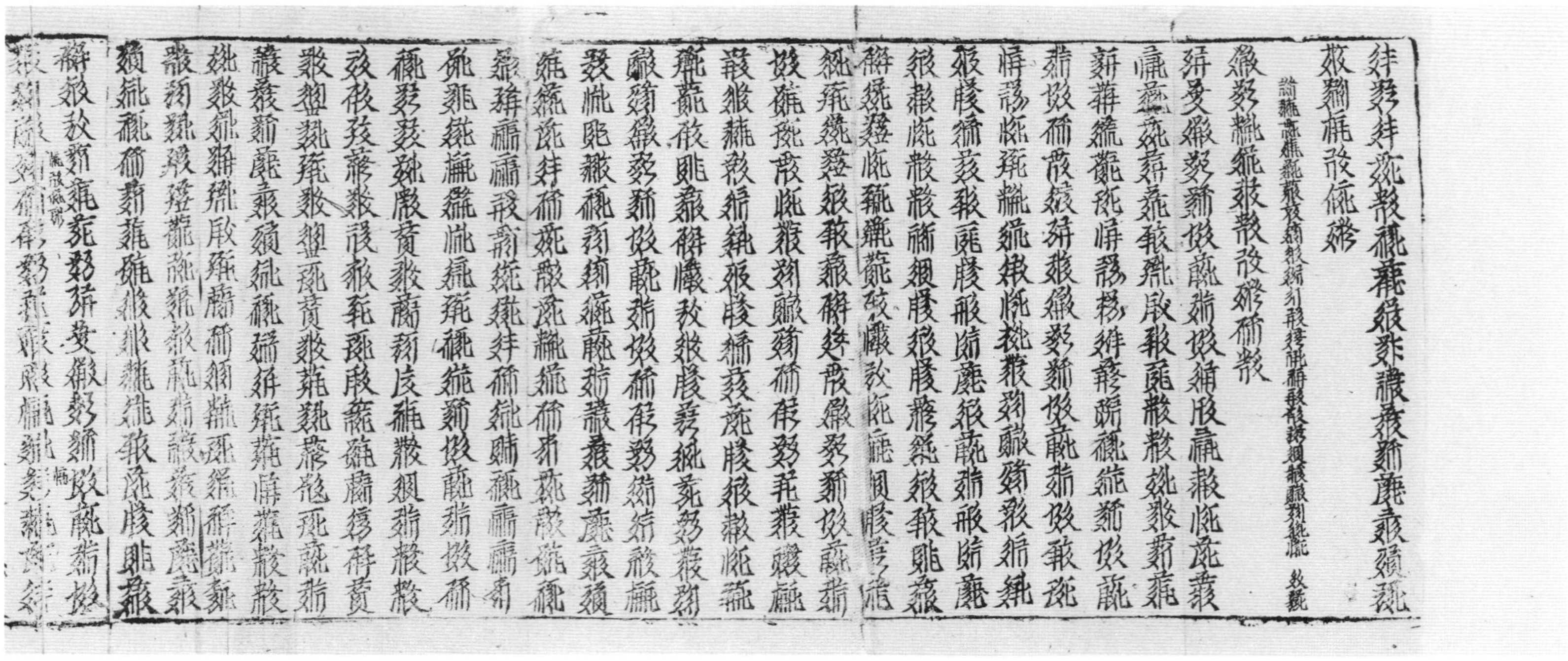

俄 Инв.No.251　佛説佛母出生三法藏般若波羅蜜多經卷第二十五　(13-1)

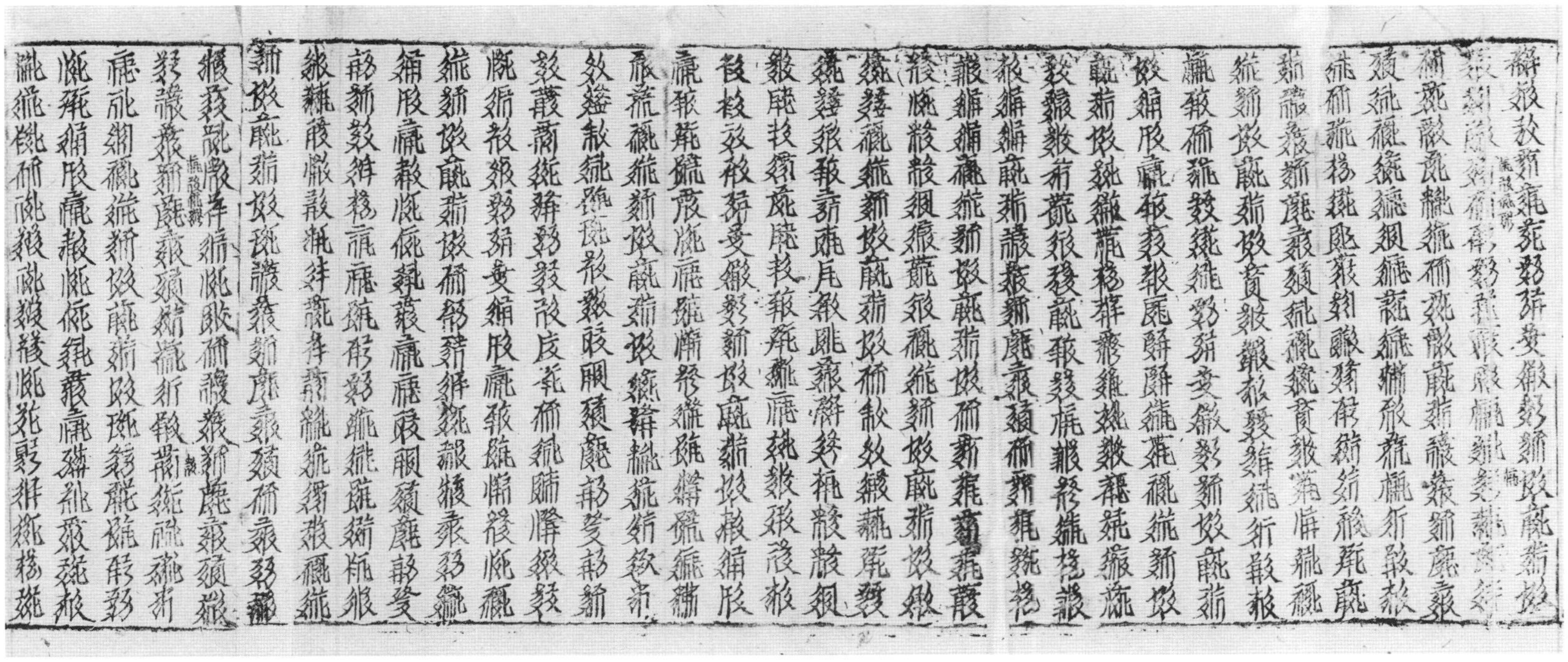

俄 Инв.No.251　佛説佛母出生三法藏般若波羅蜜多經卷第二十五　(13-2)

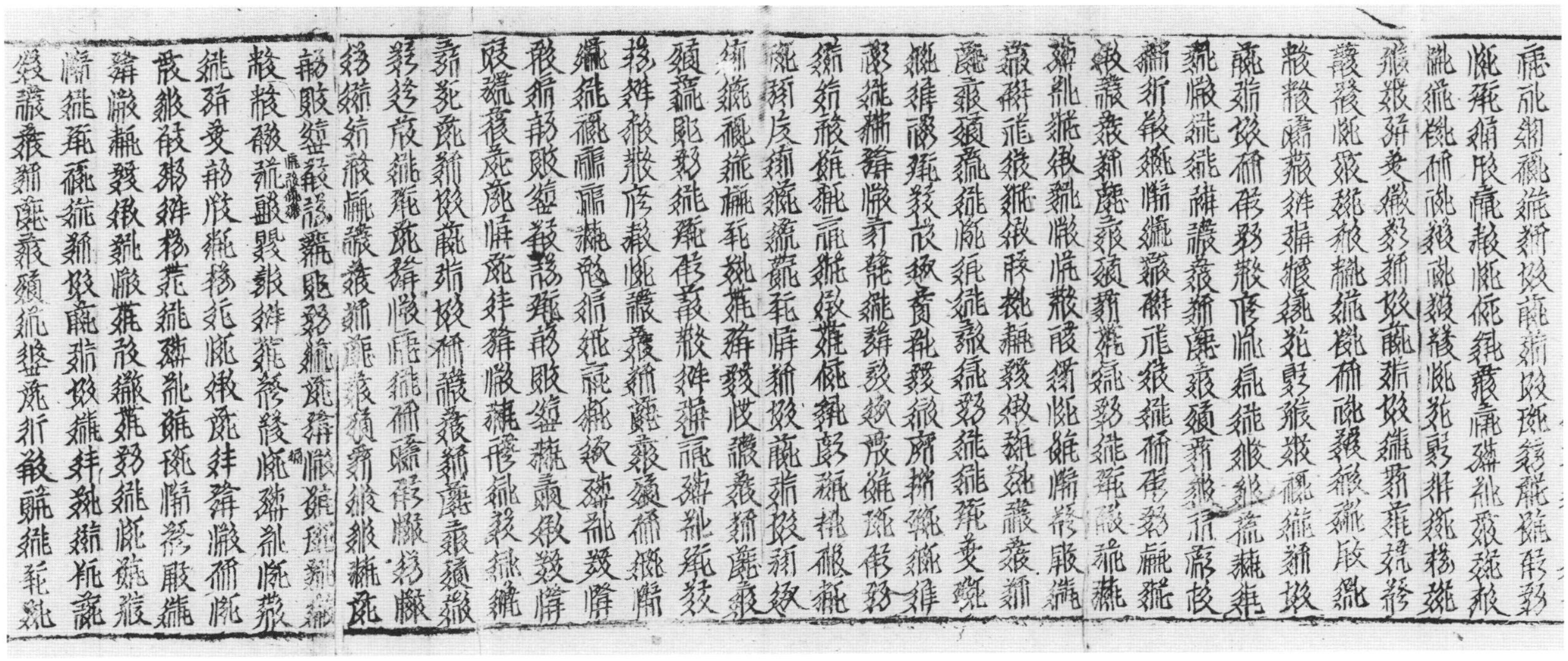

俄 Инв.No.251　佛説佛母出生三法藏般若波羅蜜多經卷第二十五　(13-3)

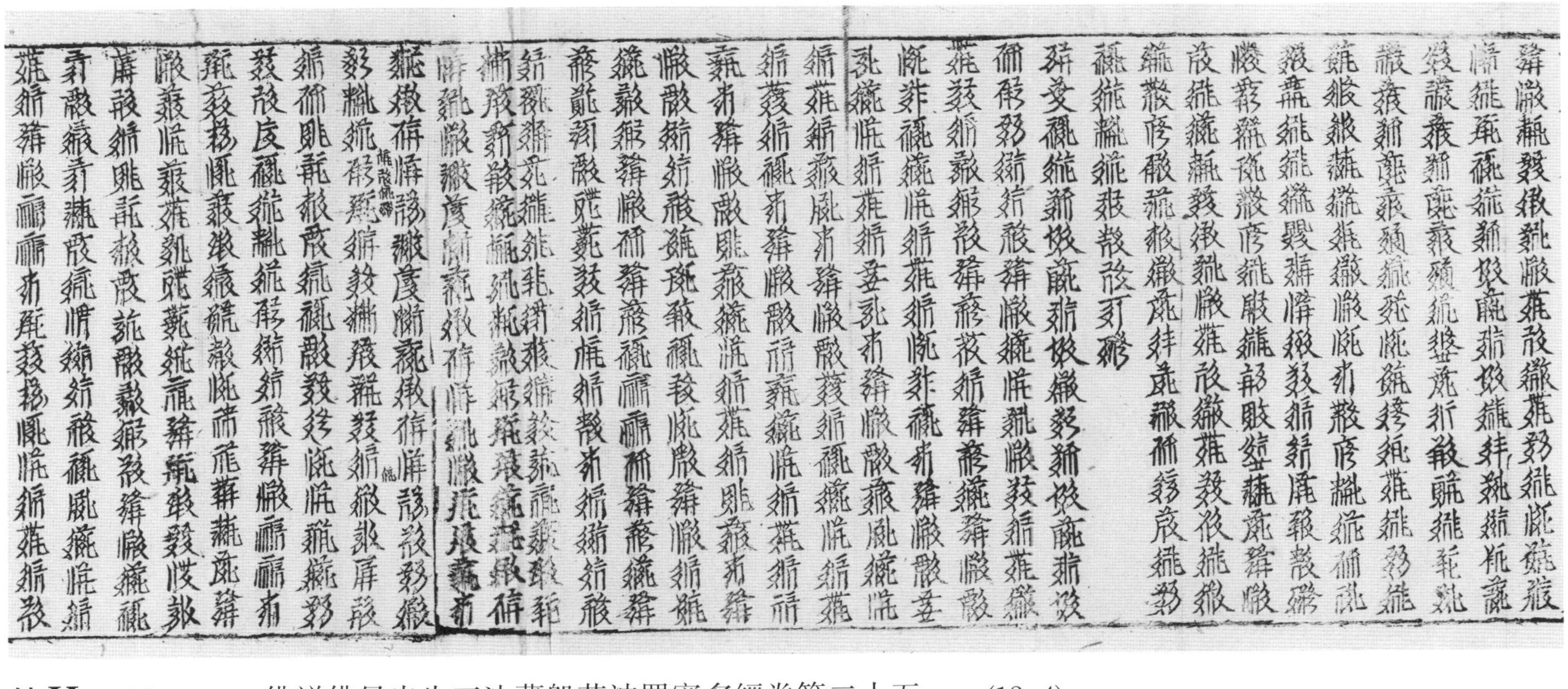

俄 Инв.No.251　佛説佛母出生三法藏般若波羅蜜多經卷第二十五　(13-4)

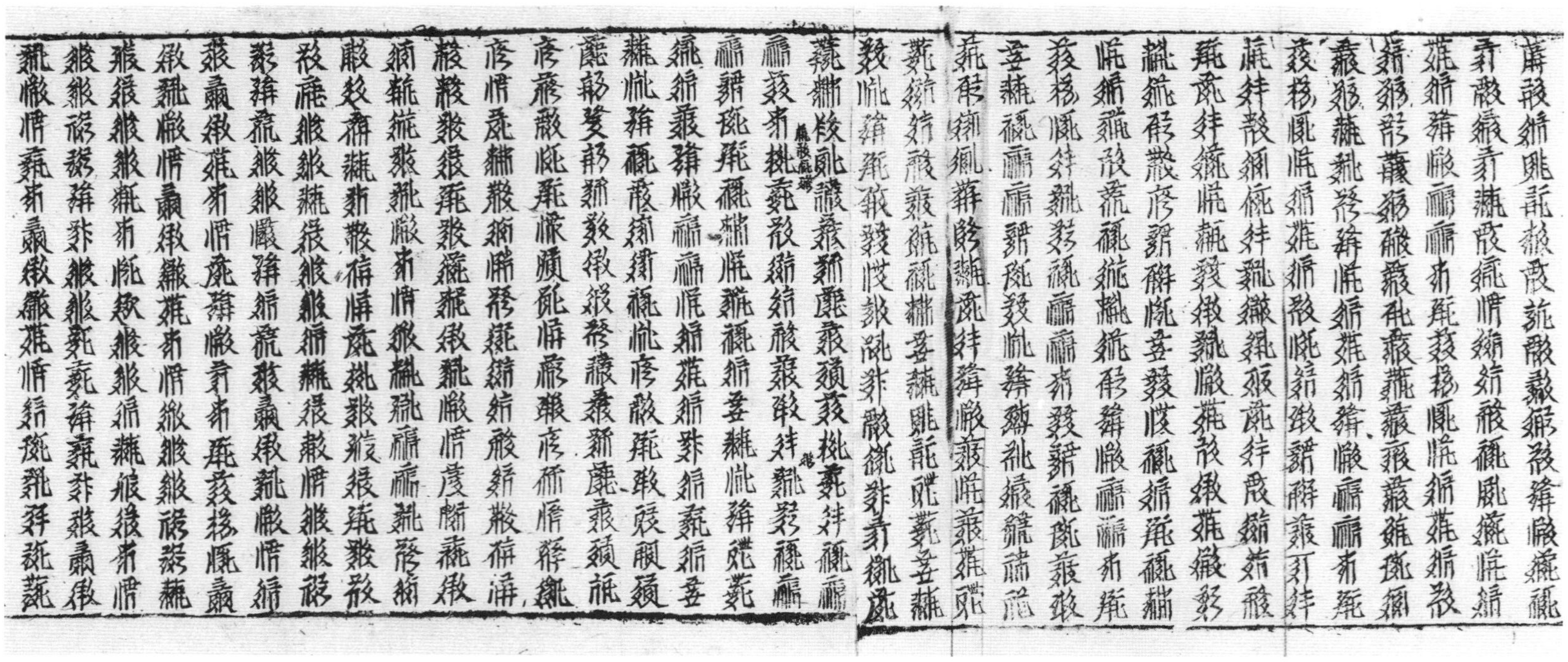

俄 Инв.No.251　佛説佛母出生三法藏般若波羅蜜多經卷第二十五　(13–5)

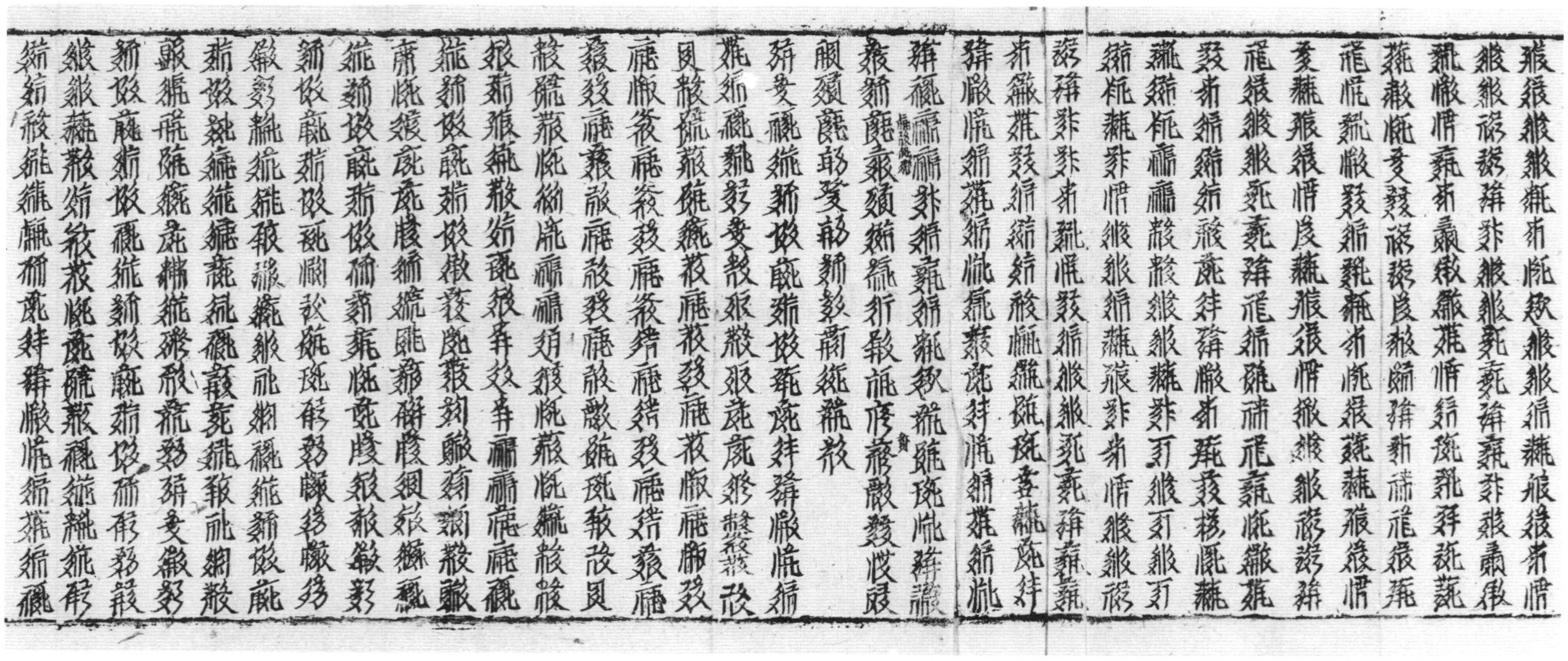

俄 Инв.No.251　佛説佛母出生三法藏般若波羅蜜多經卷第二十五　(13–6)

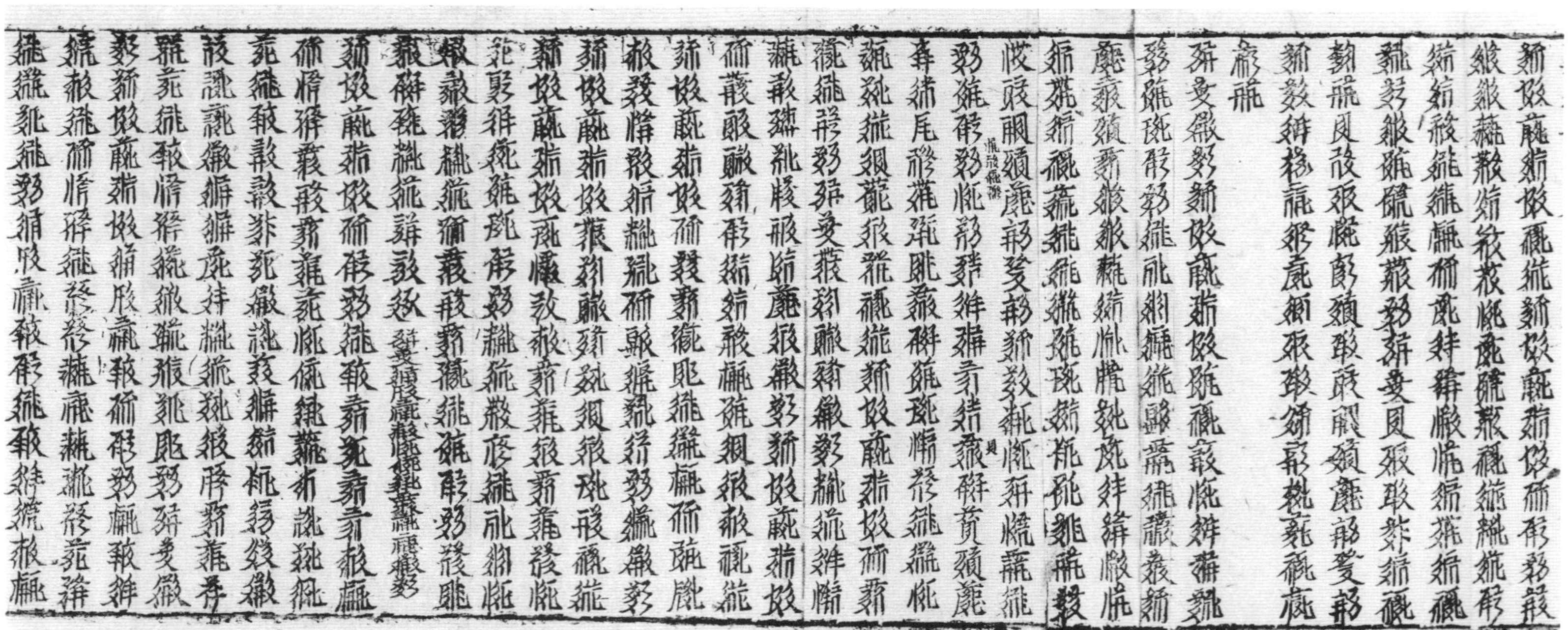

俄 Инв.No.251　佛説佛母出生三法藏般若波羅蜜多經卷第二十五　(13–7)

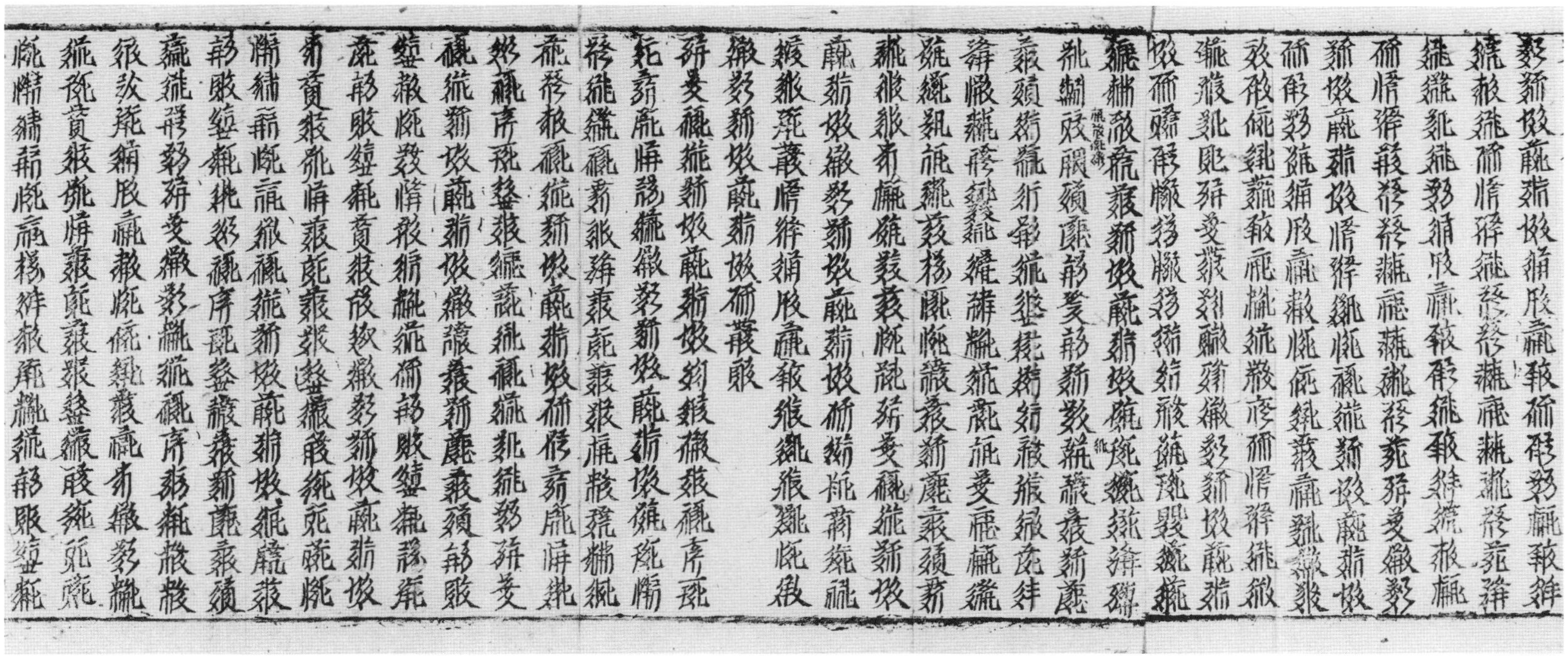

俄 Инв.No.251　佛說佛母出生三法藏般若波羅蜜多經卷第二十五　(13–8)

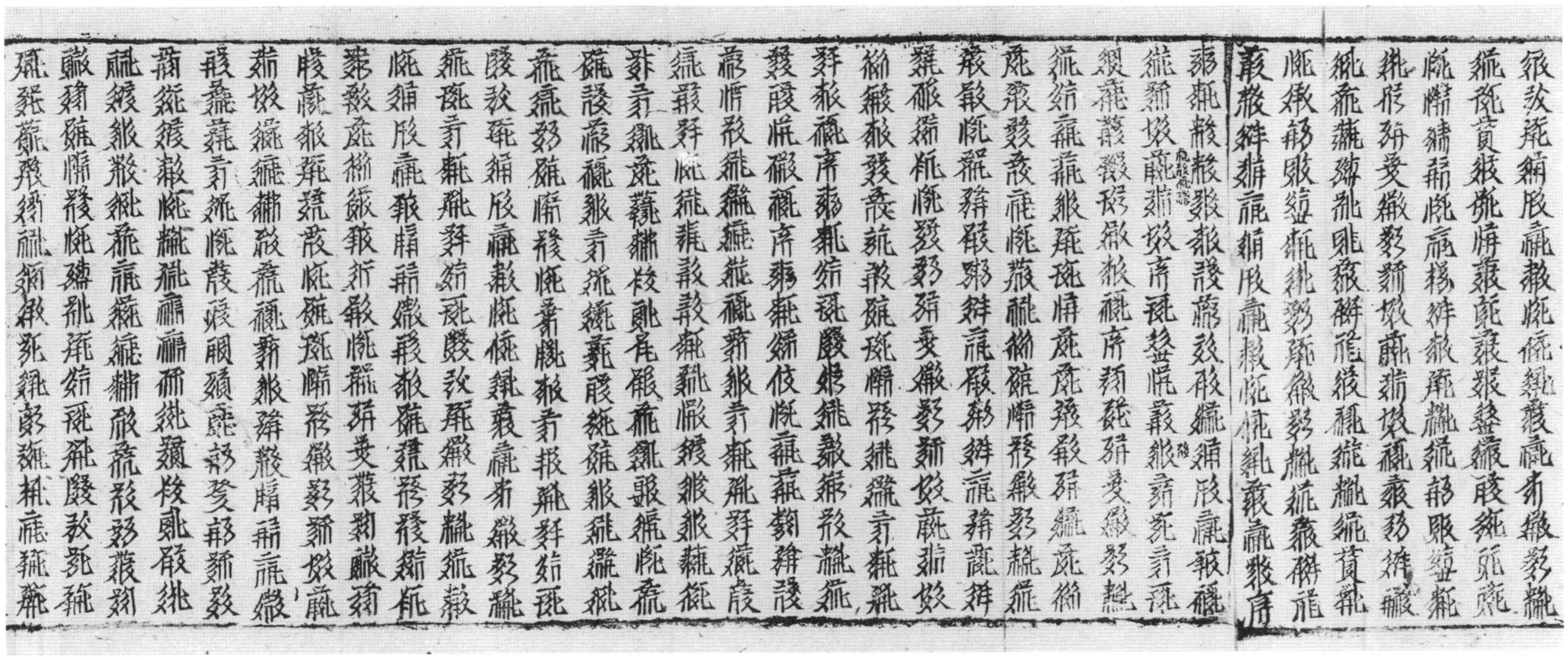

俄 Инв.No.251　佛說佛母出生三法藏般若波羅蜜多經卷第二十五　(13–9)

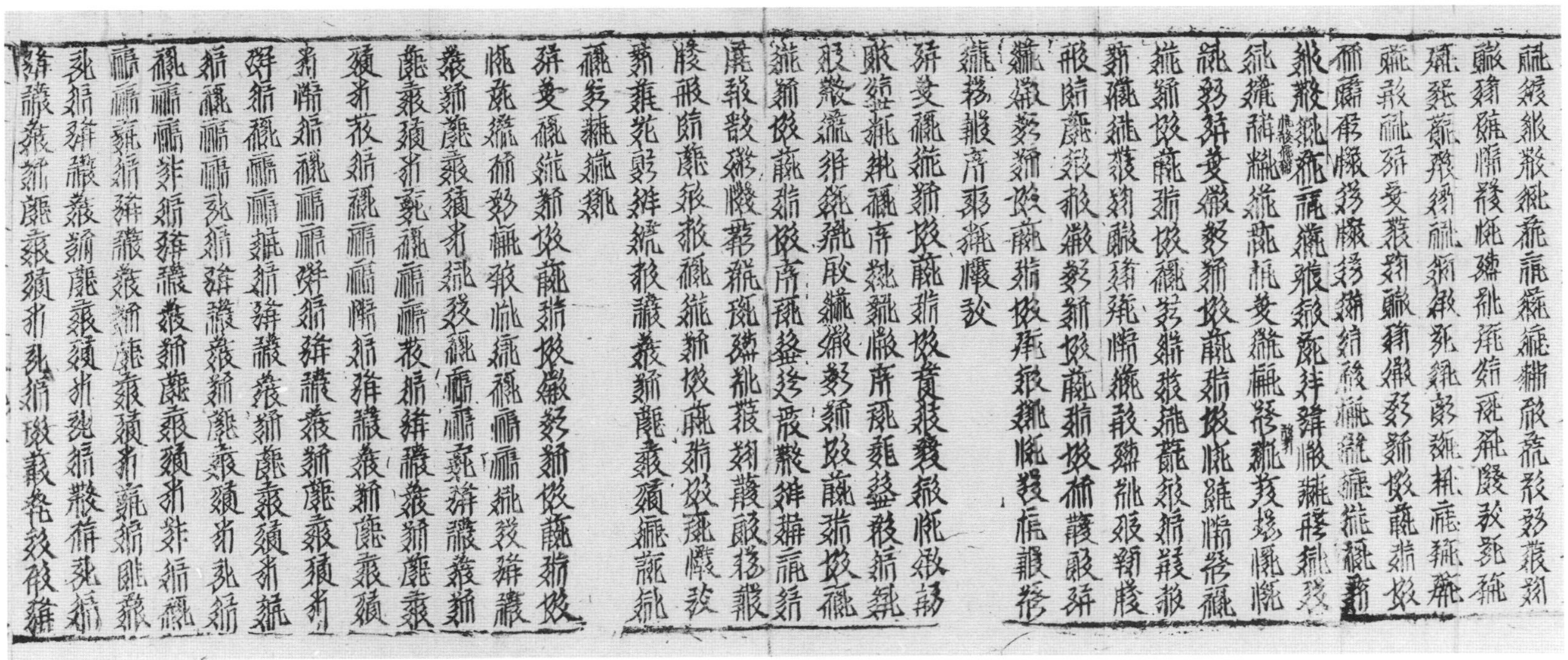

俄 Инв.No.251　佛說佛母出生三法藏般若波羅蜜多經卷第二十五　(13–10)

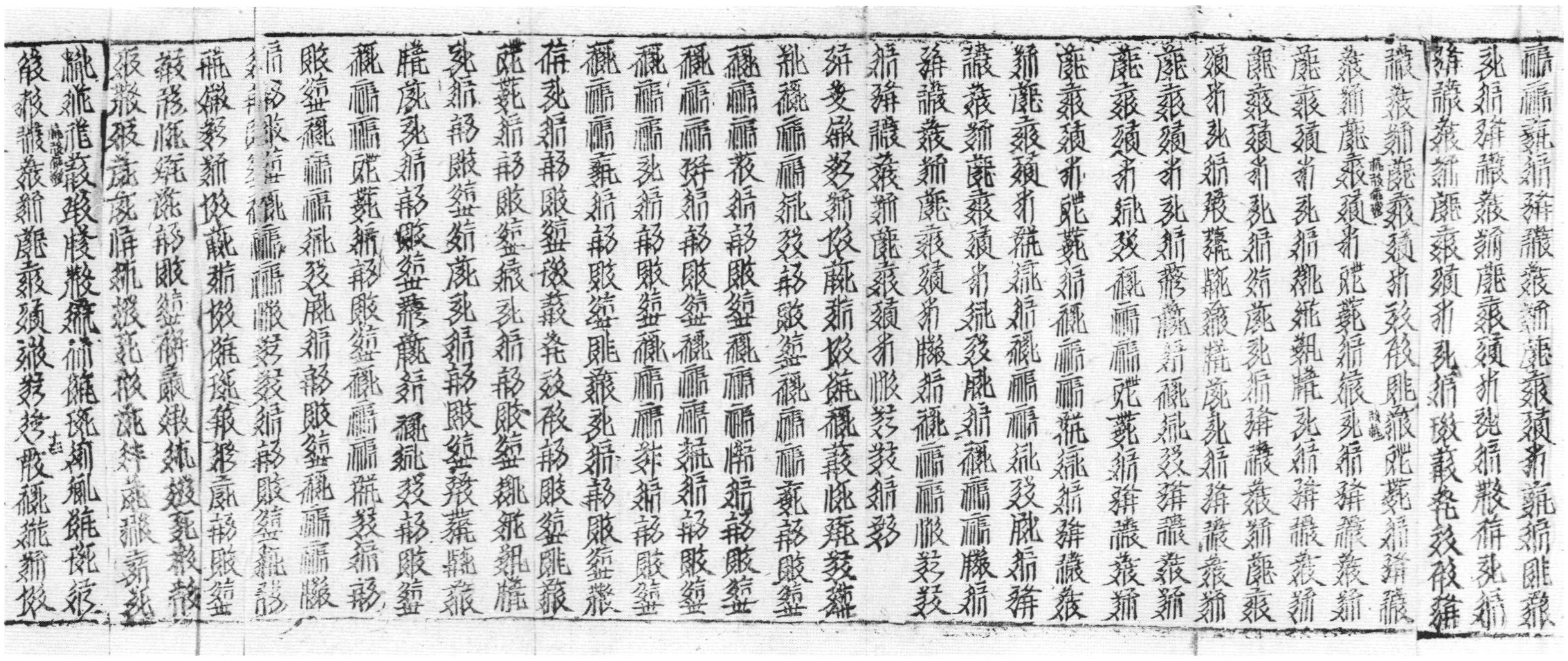

俄 Инв.No.251　佛説佛母出生三法藏般若波羅蜜多經卷第二十五　(13-11)

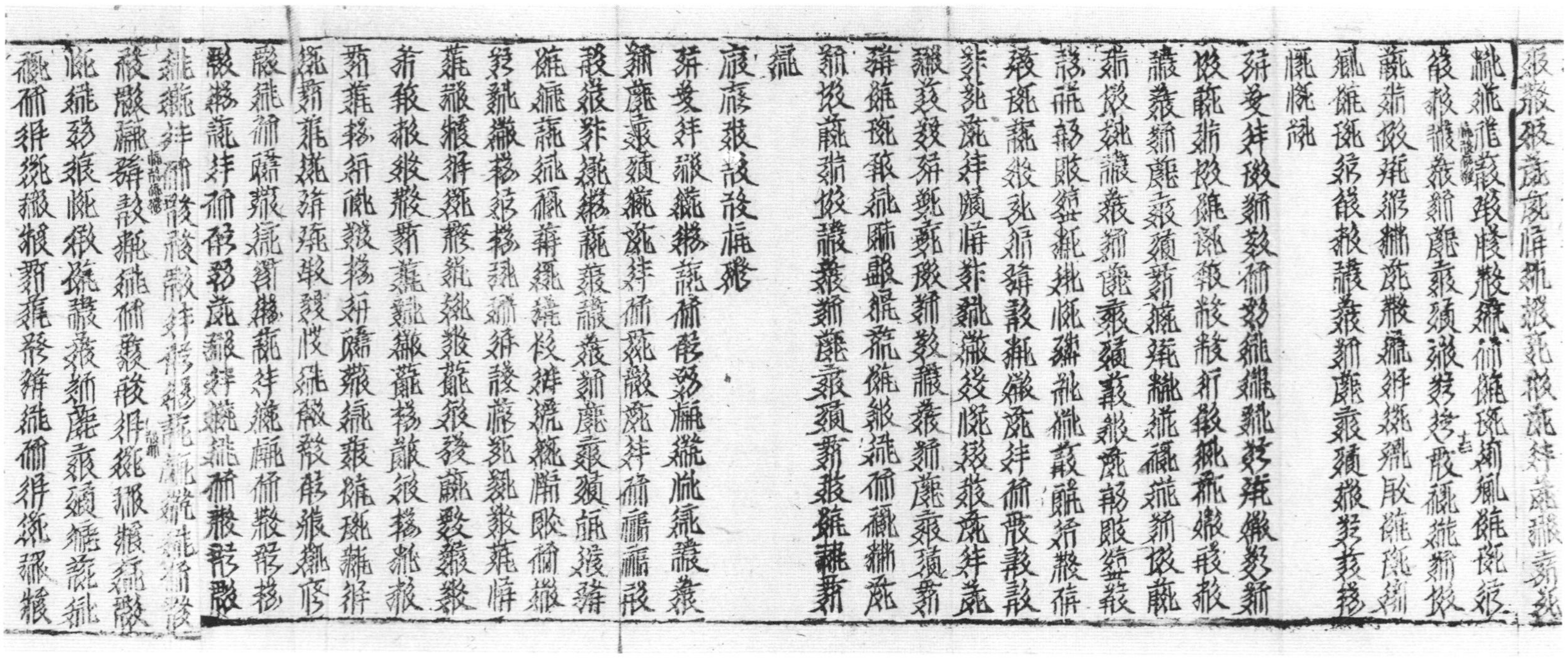

俄 Инв.No.251　佛説佛母出生三法藏般若波羅蜜多經卷第二十五　(13-12)

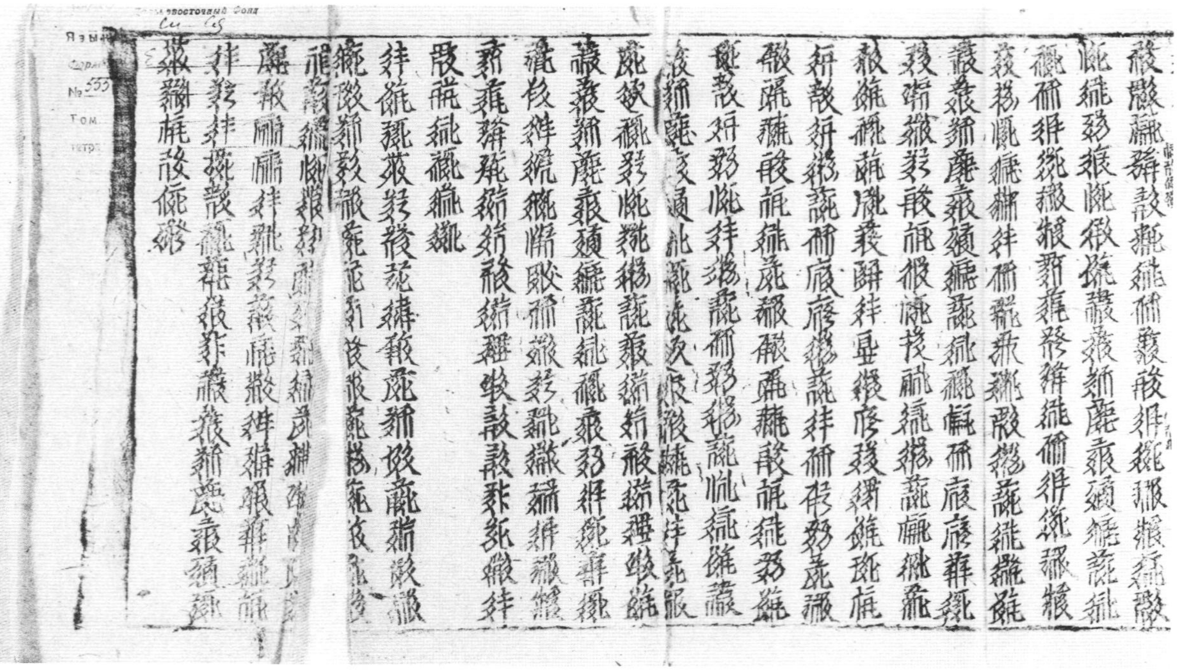

俄 Инв.No.251　佛説佛母出生三法藏般若波羅蜜多經卷第二十五　(13-13)

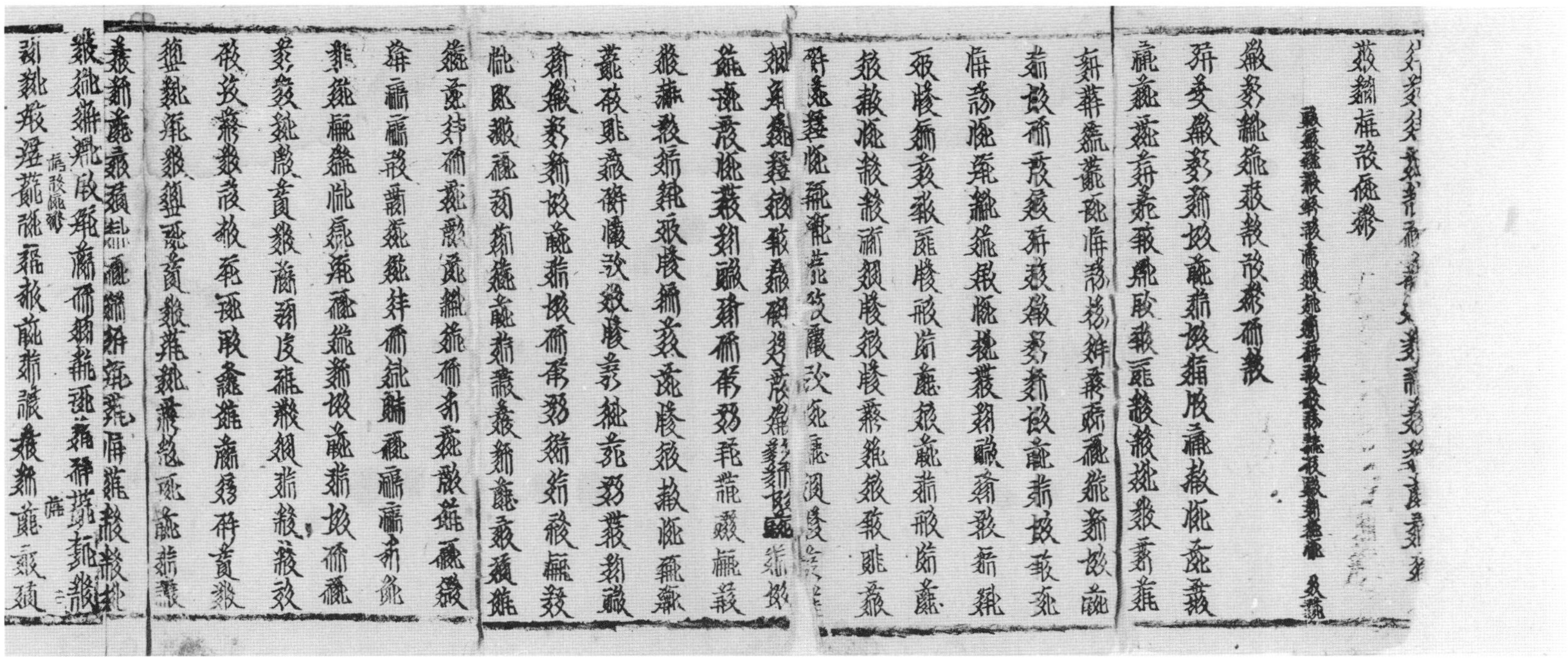

俄 Инв.No.252　佛説佛母出生三法藏般若波羅蜜多經卷第二十五

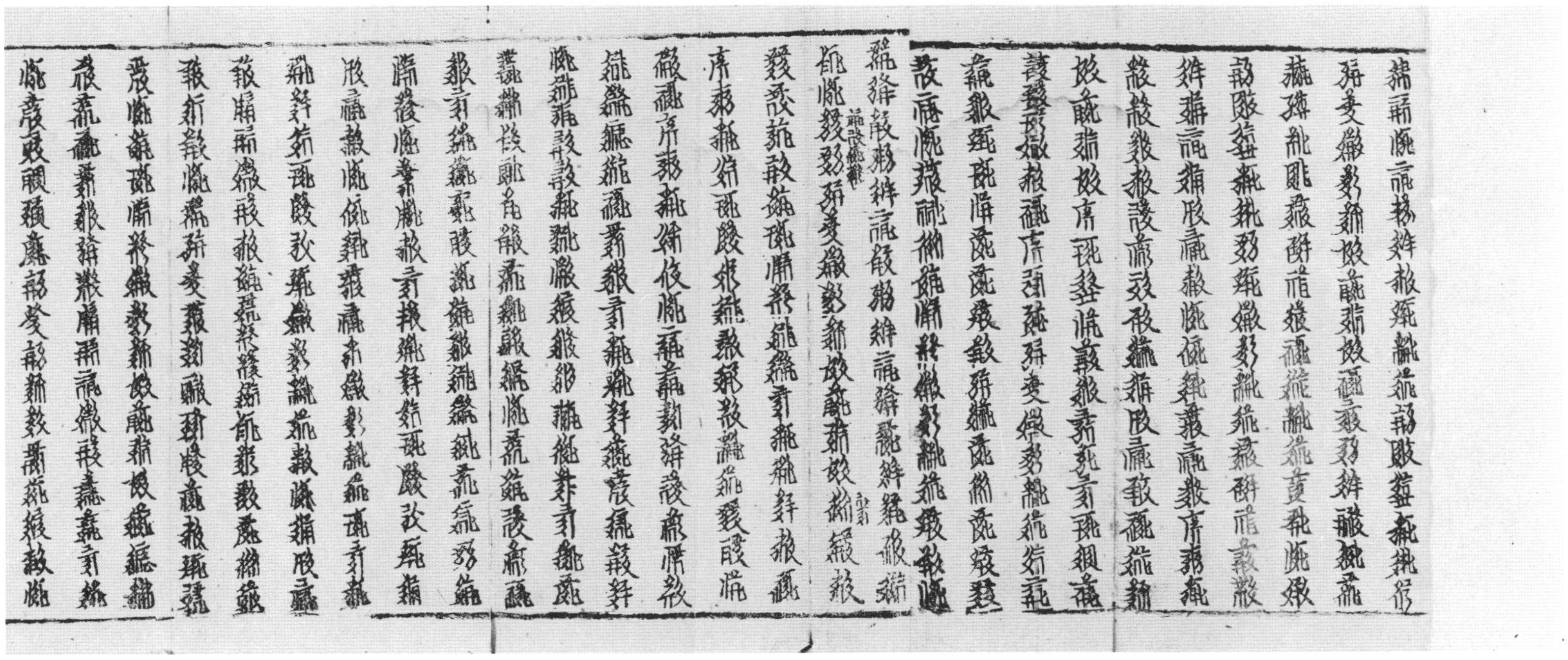

俄 Инв.No.3318　佛説佛母出生三法藏般若波羅蜜多經卷第二十五　　(4-1)

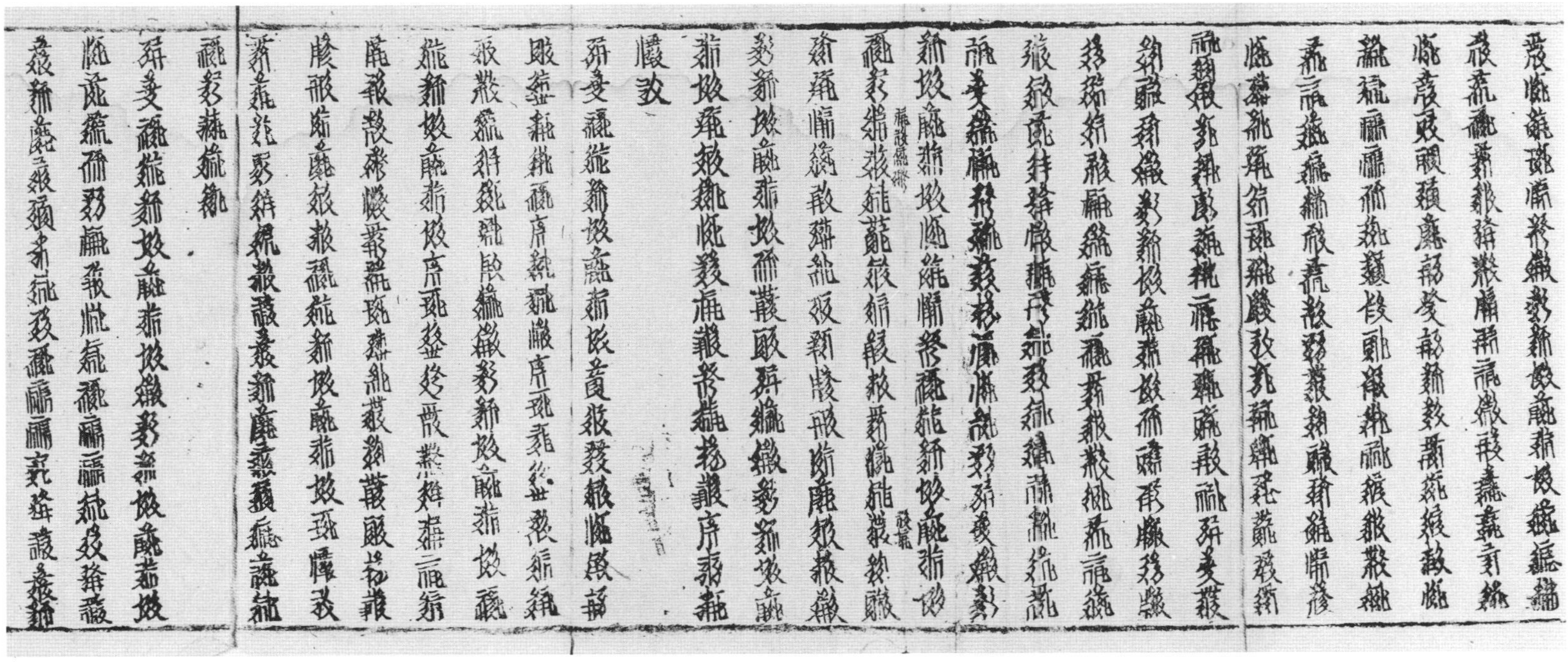

俄 Инв.No.3318　佛説佛母出生三法藏般若波羅蜜多經卷第二十五　　(4-2)

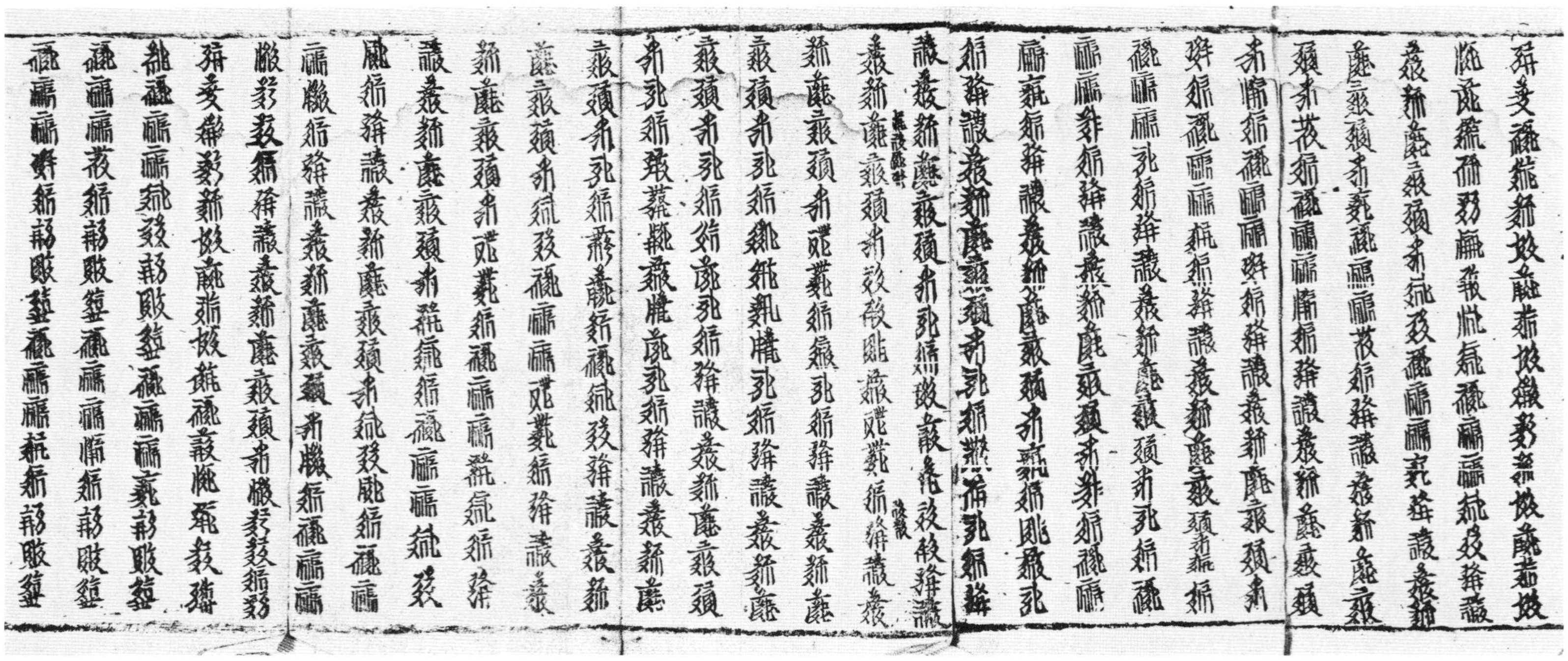

俄 Инв.No.3318　佛説佛母出生三法藏般若波羅蜜多經卷第二十五　(4–3)

俄 Инв.No.3318　佛説佛母出生三法藏般若波羅蜜多經卷第二十五　(4–4)

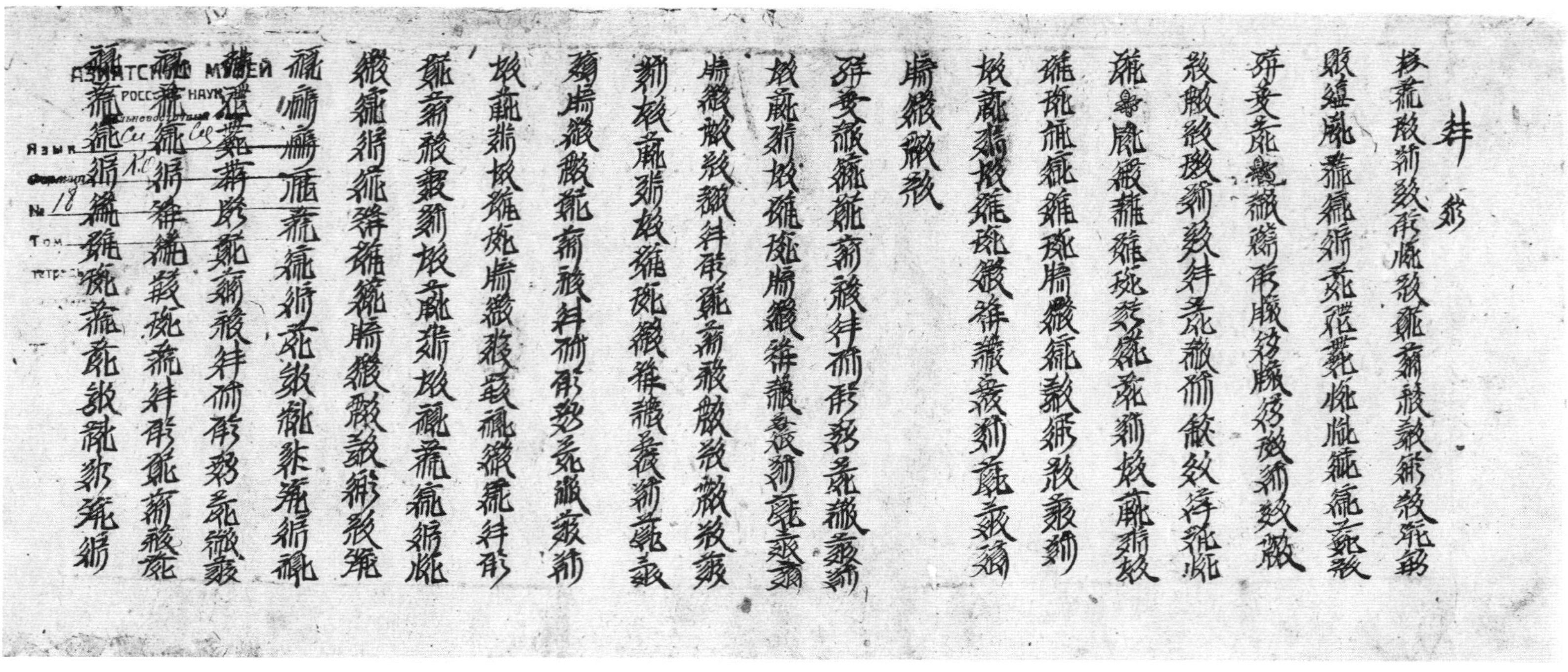

俄 Инв.No.5650 *5747 7066 7372 7644 7656 7669*　佛説佛母出生三法藏般若波羅蜜多經卷第一　(8–1)

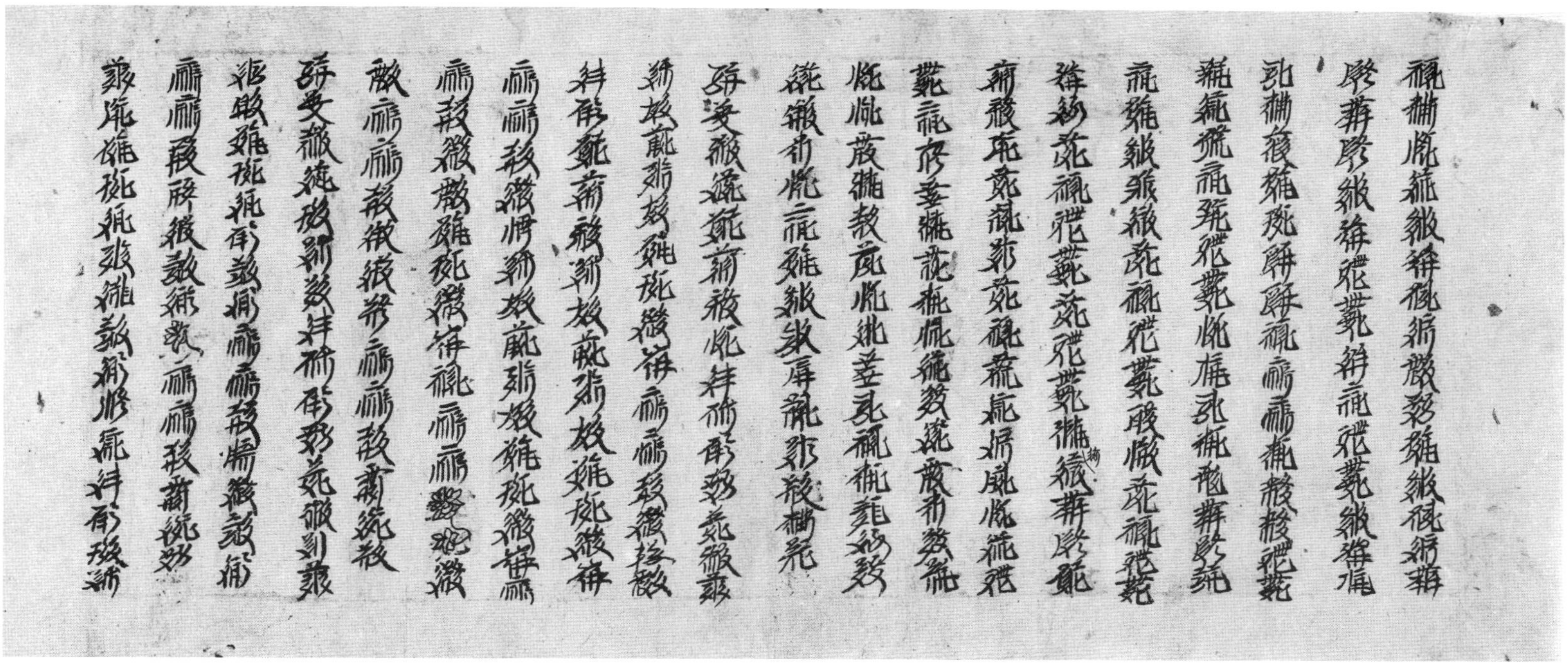

俄 Инв.No.5650 *5747 7066 7372 7644 7656 7669* 佛説佛母出生三法藏般若波羅蜜多經卷第一 (8–2)

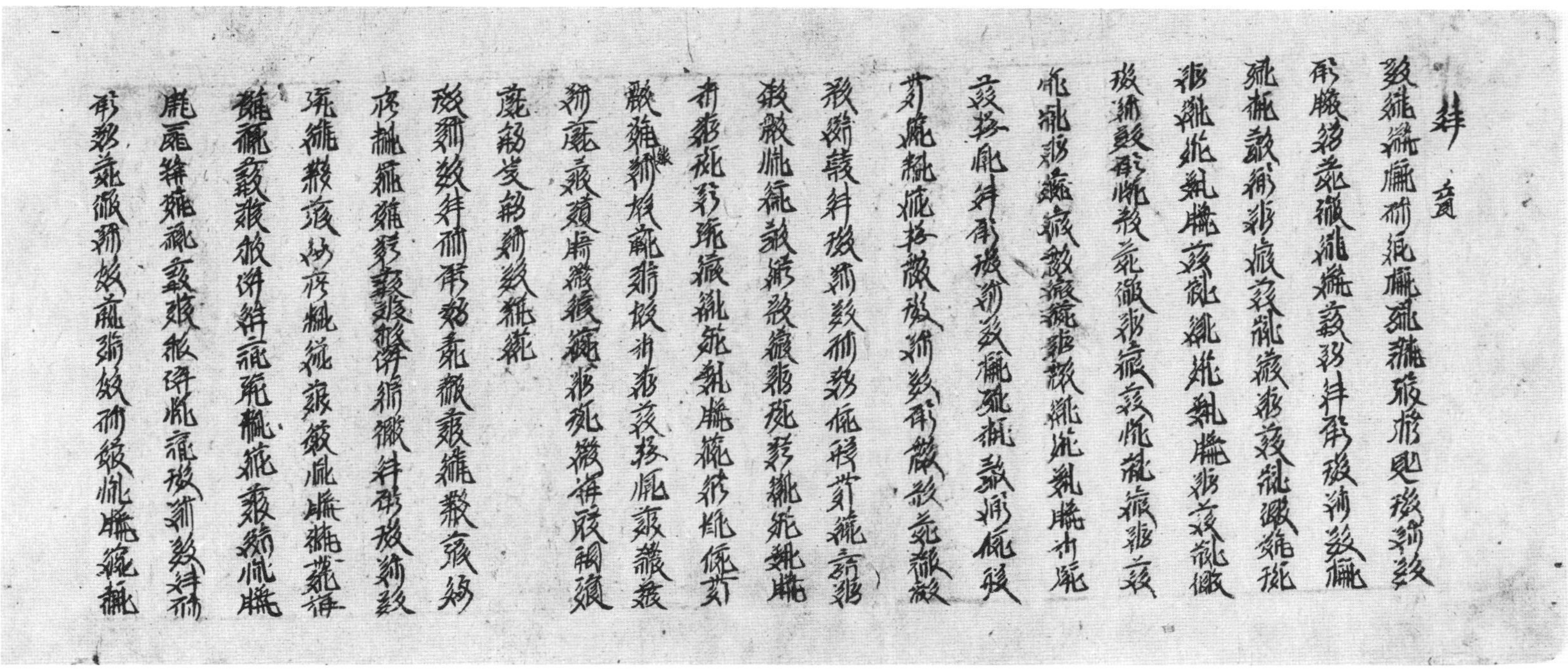

俄 Инв.No.5650 *5747 7066 7372 7644 7656 7669* 佛説佛母出生三法藏般若波羅蜜多經卷第一 (8–3)

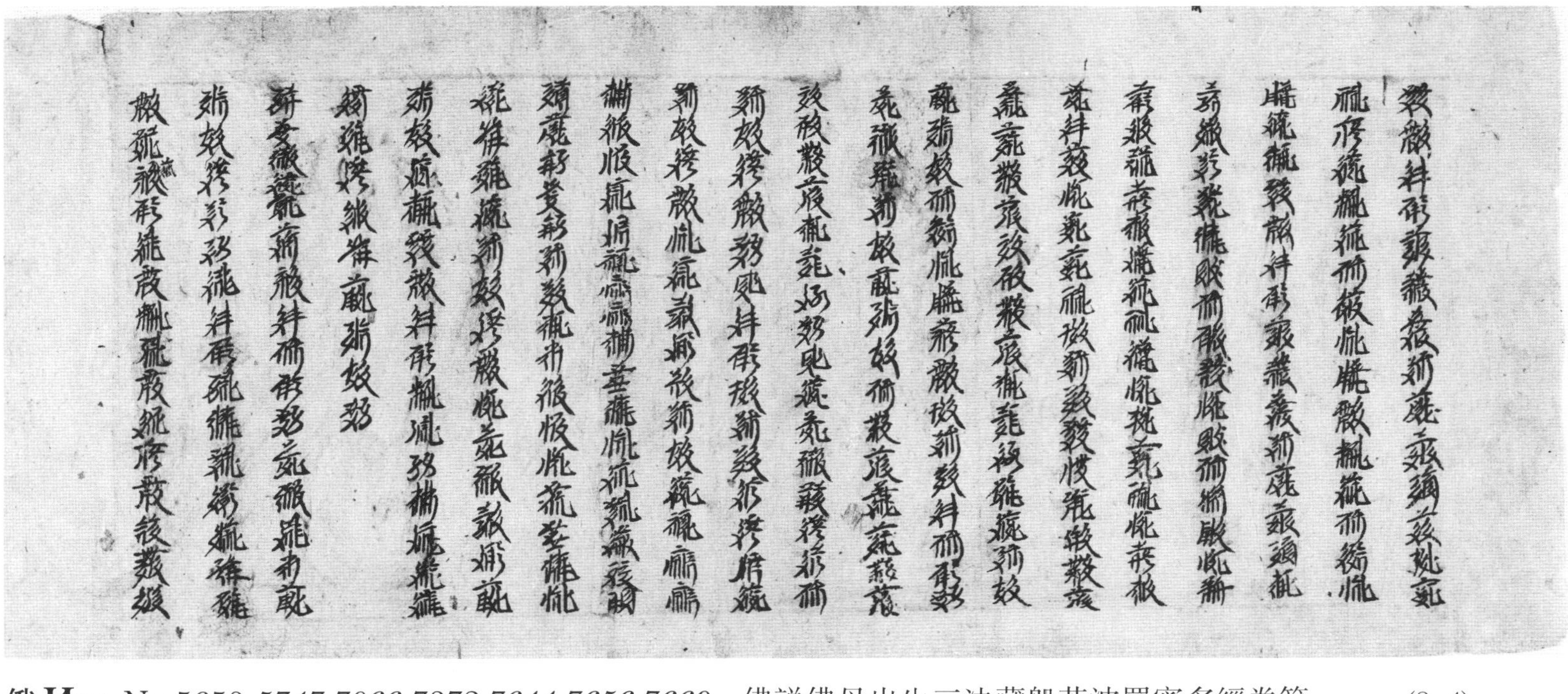

俄 Инв.No.5650 *5747 7066 7372 7644 7656 7669* 佛説佛母出生三法藏般若波羅蜜多經卷第一 (8–4)

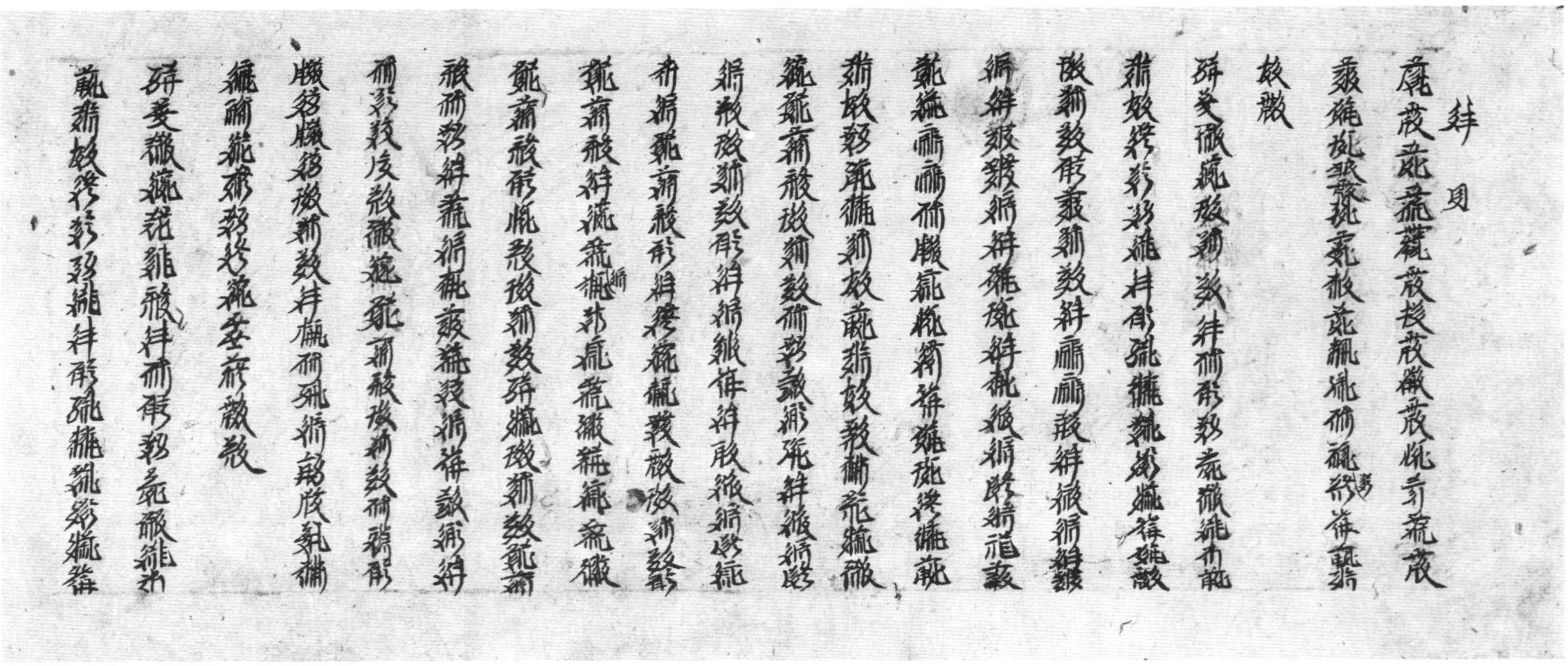

俄 Инв.No.5650 *5747 7066 7372 7644 7656 7669* 佛説佛母出生三法藏般若波羅蜜多經卷第一 (8–5)

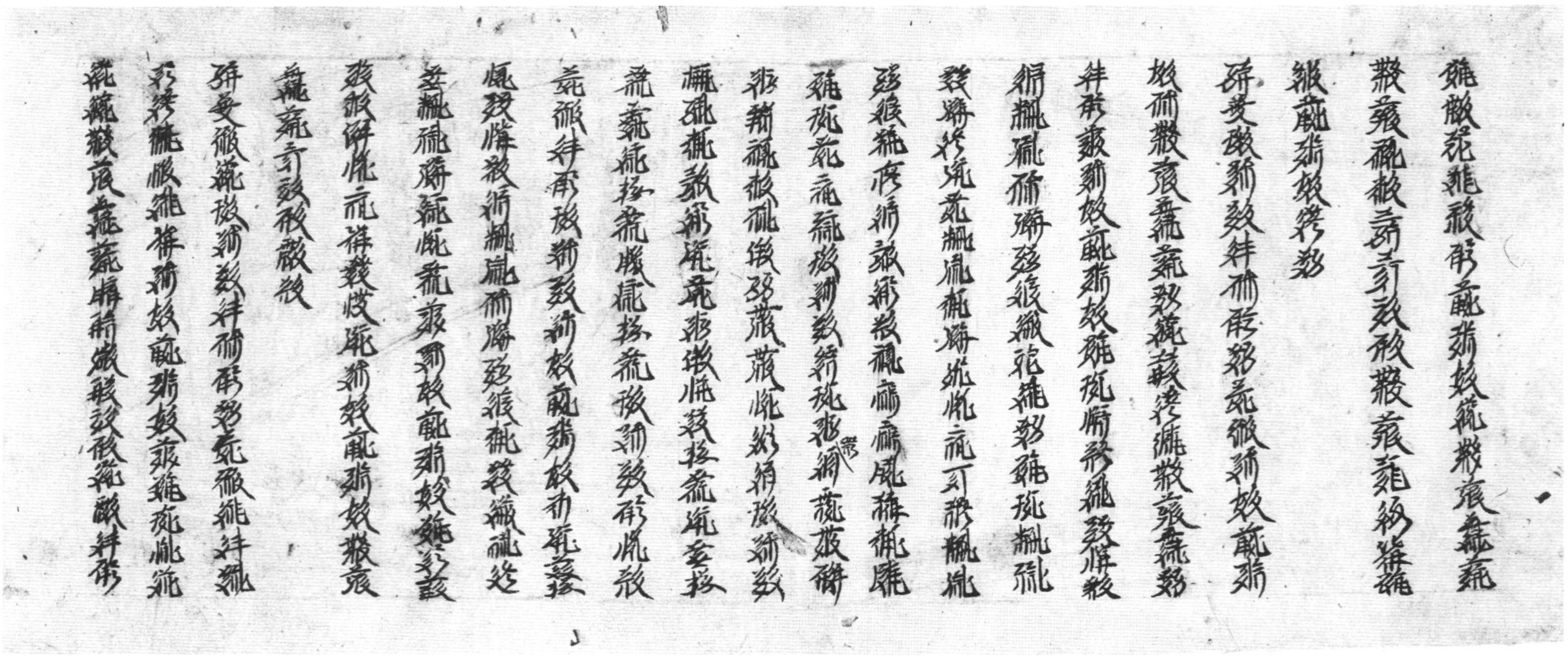

俄 Инв.No.5650 *5747 7066 7372 7644 7656 7669* 佛説佛母出生三法藏般若波羅蜜多經卷第一 (8–6)

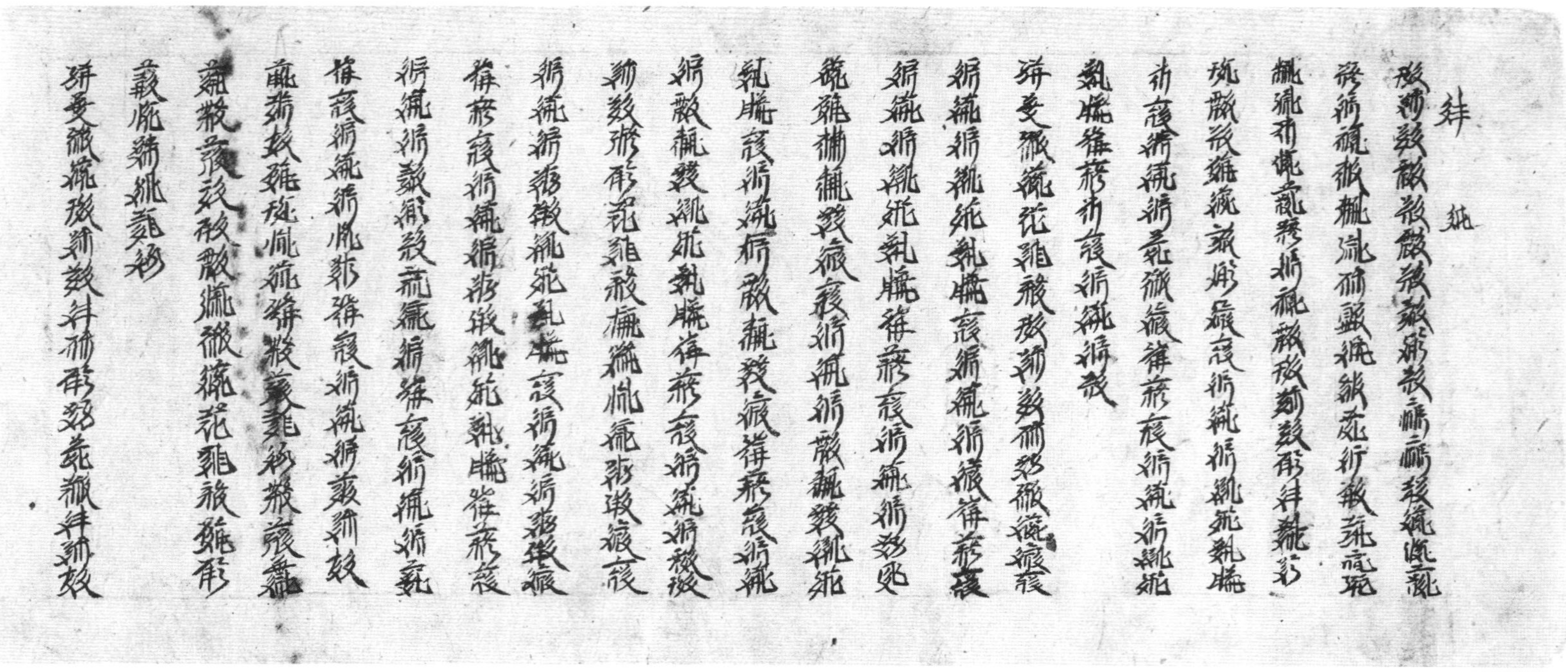

俄 Инв.No.5650 *5747 7066 7372 7644 7656 7669* 佛説佛母出生三法藏般若波羅蜜多經卷第一 (8–7)

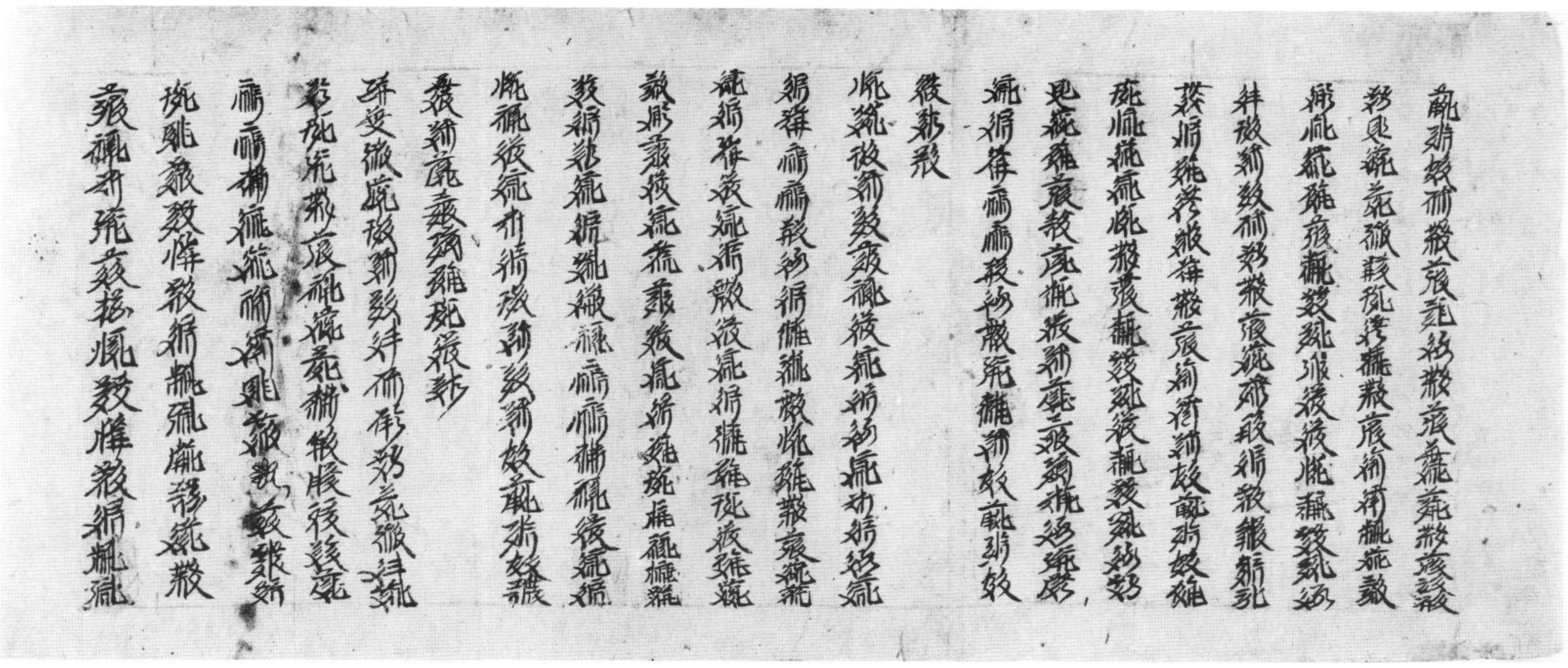

俄 Инв.No.5650 *5747 7066 7372 7644 7656 7669* 佛說佛母出生三法藏般若波羅蜜多經卷第一 (8–8)

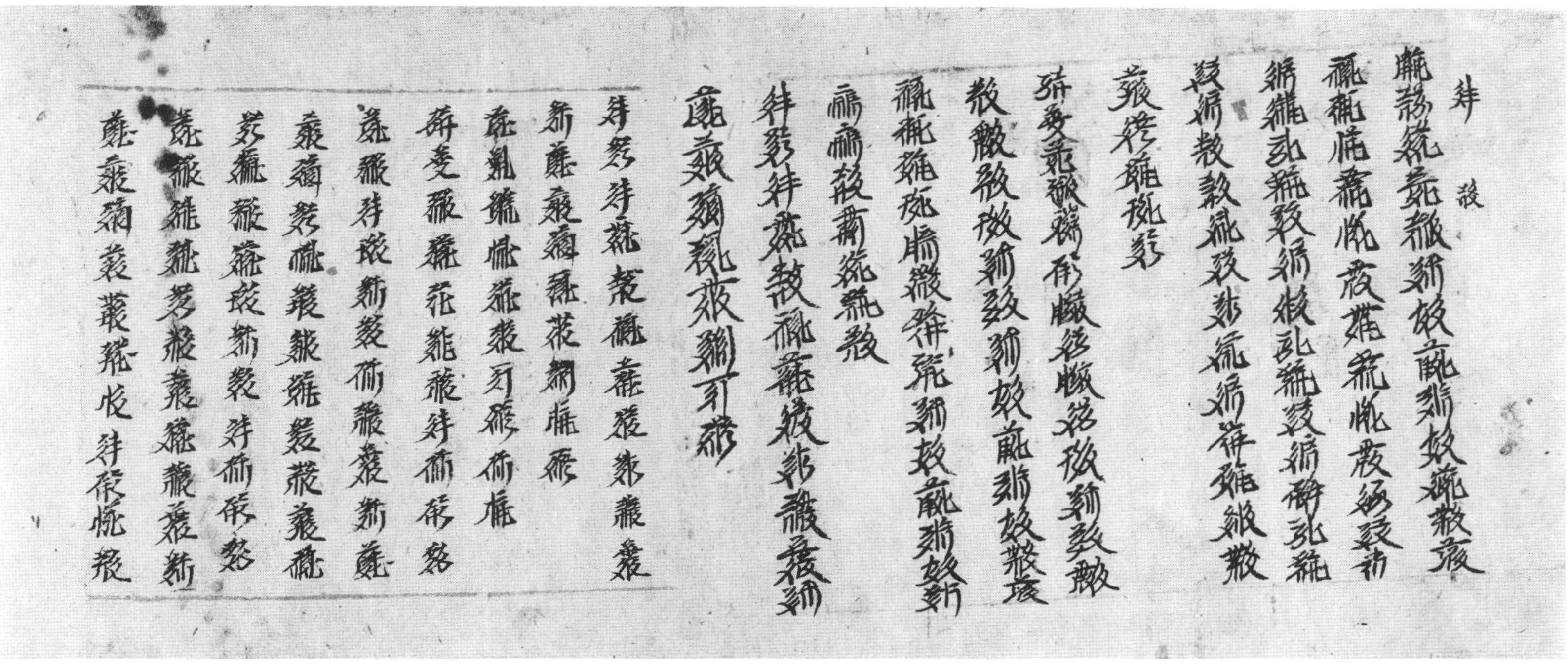

俄 Инв.No.5650 *5747 7066 7372 7644 7656 7669* 佛說佛母出生三法藏般若波羅蜜多經卷第二 (18–1)

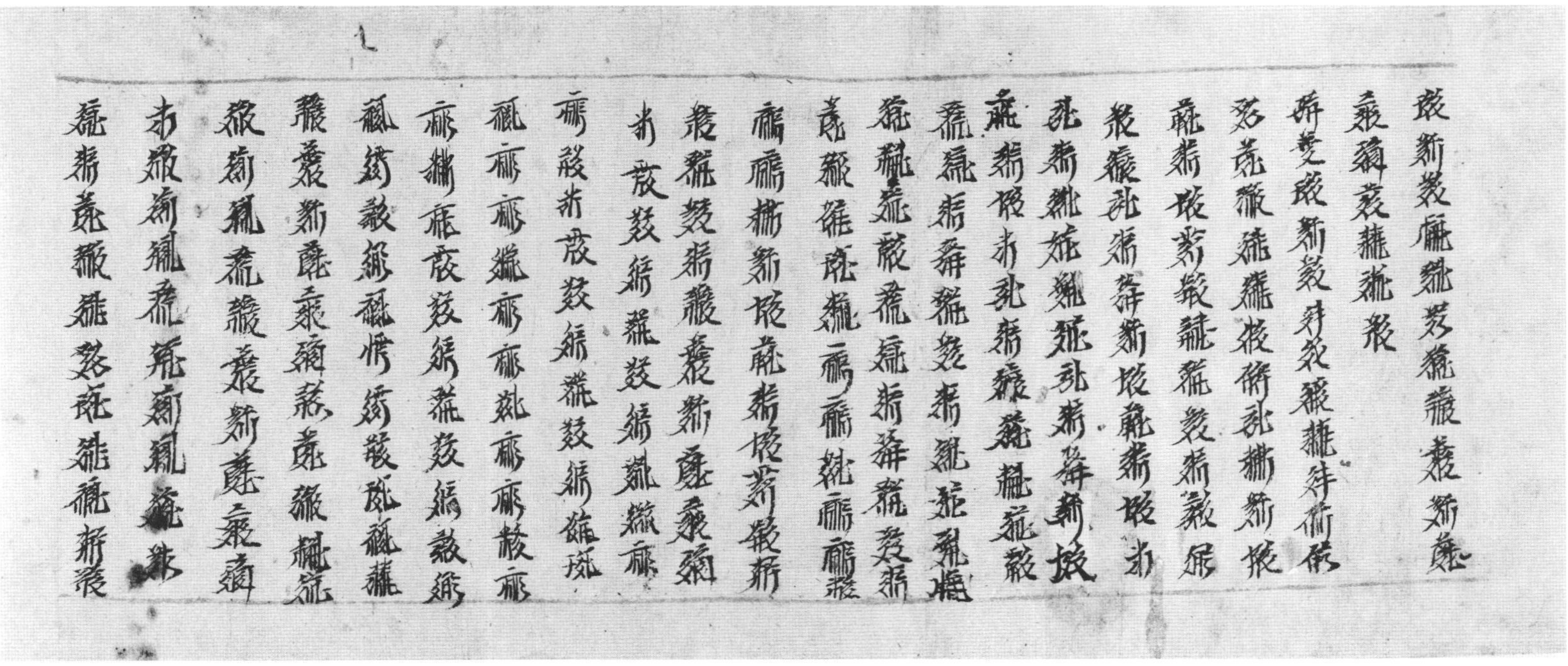

俄 Инв.No.5650 *5747 7066 7372 7644 7656 7669* 佛說佛母出生三法藏般若波羅蜜多經卷第二 (18–2)

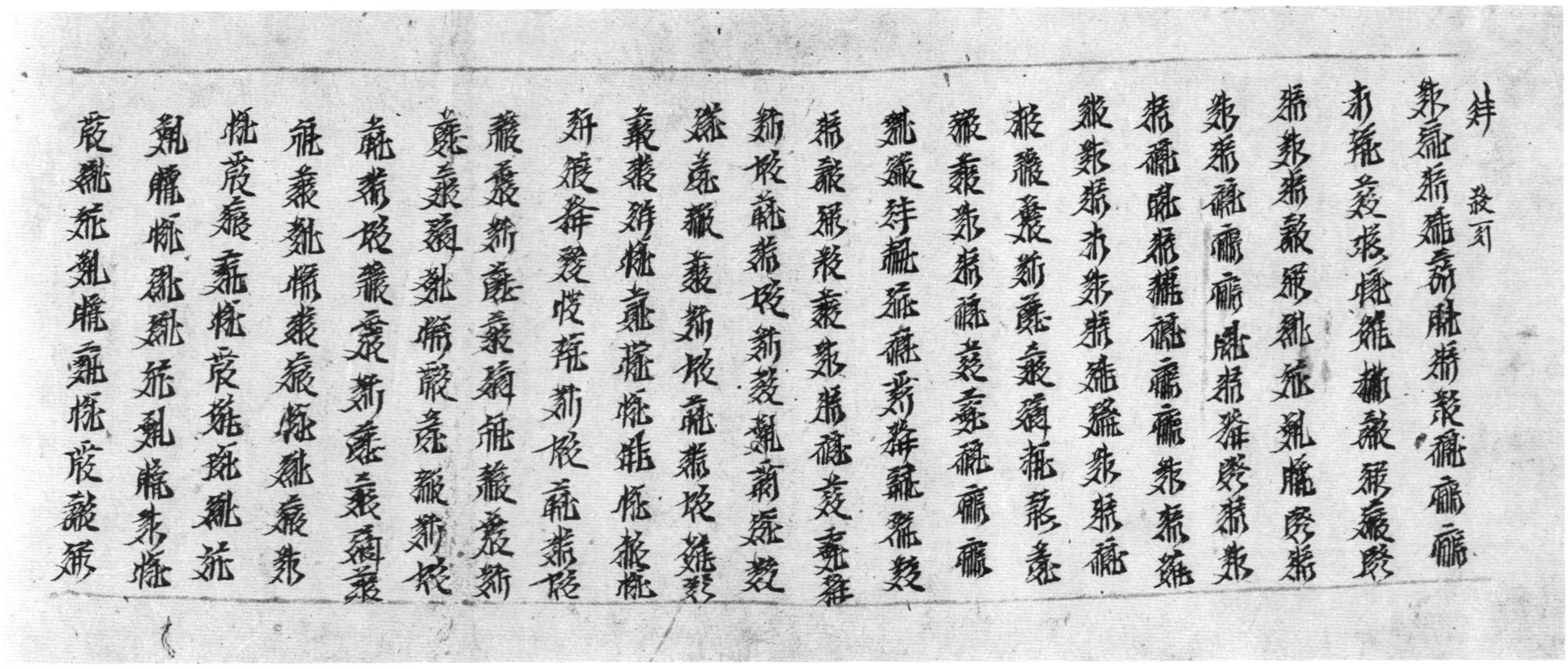

俄 Инв.No.5650 *5747 7066 7372 7644 7656 7669* 佛説佛母出生三法藏般若波羅蜜多經卷第二 (18–3)

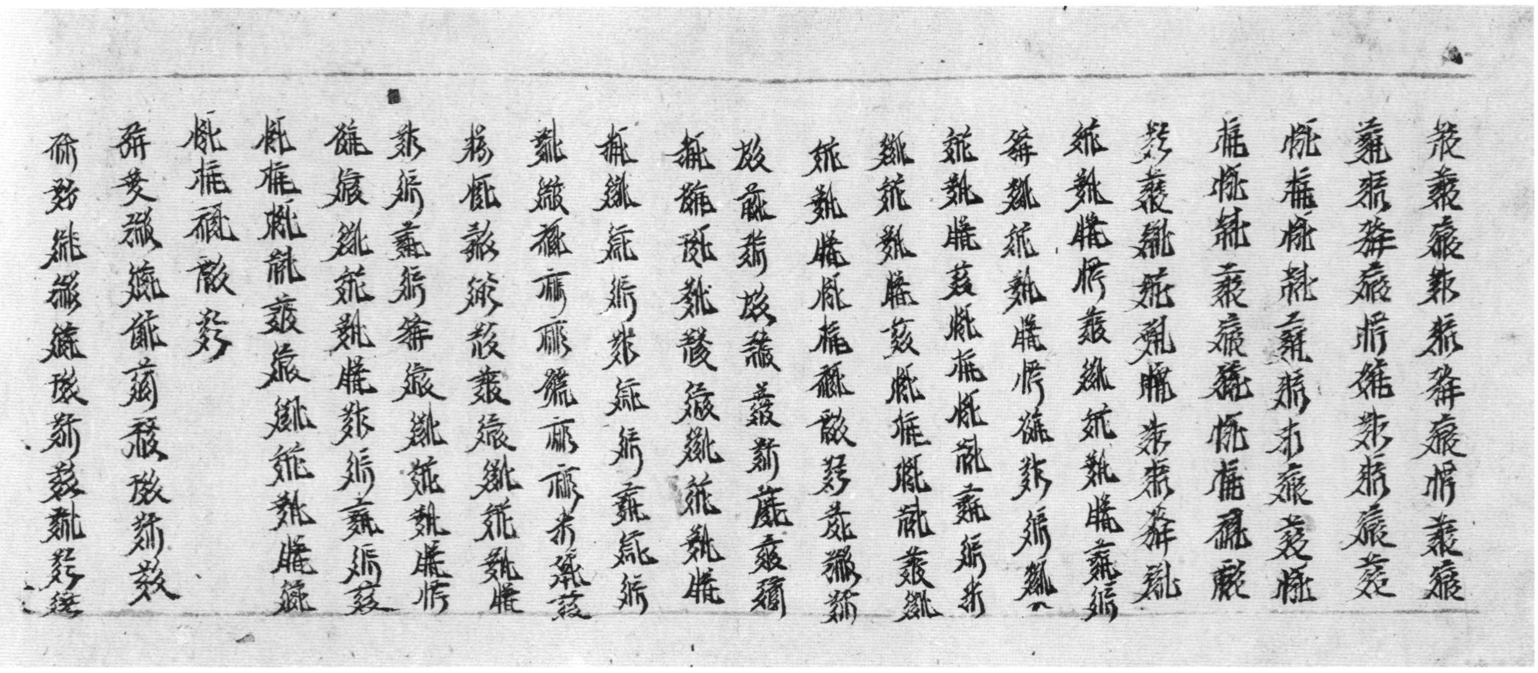

俄 Инв.No.5650 *5747 7066 7372 7644 7656 7669* 佛説佛母出生三法藏般若波羅蜜多經卷第二 (18–4)

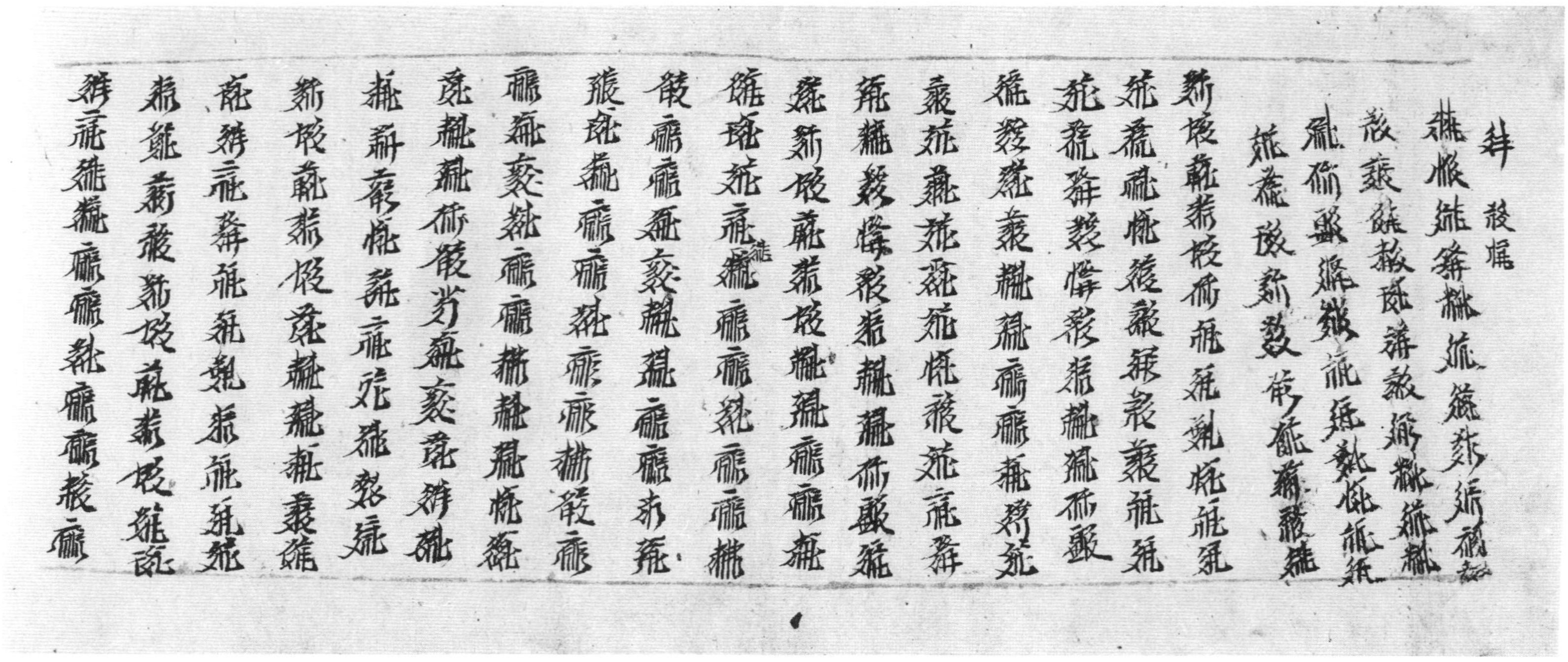

俄 Инв.No.5650 *5747 7066 7372 7644 7656 7669* 佛説佛母出生三法藏般若波羅蜜多經卷第二 (18–5)

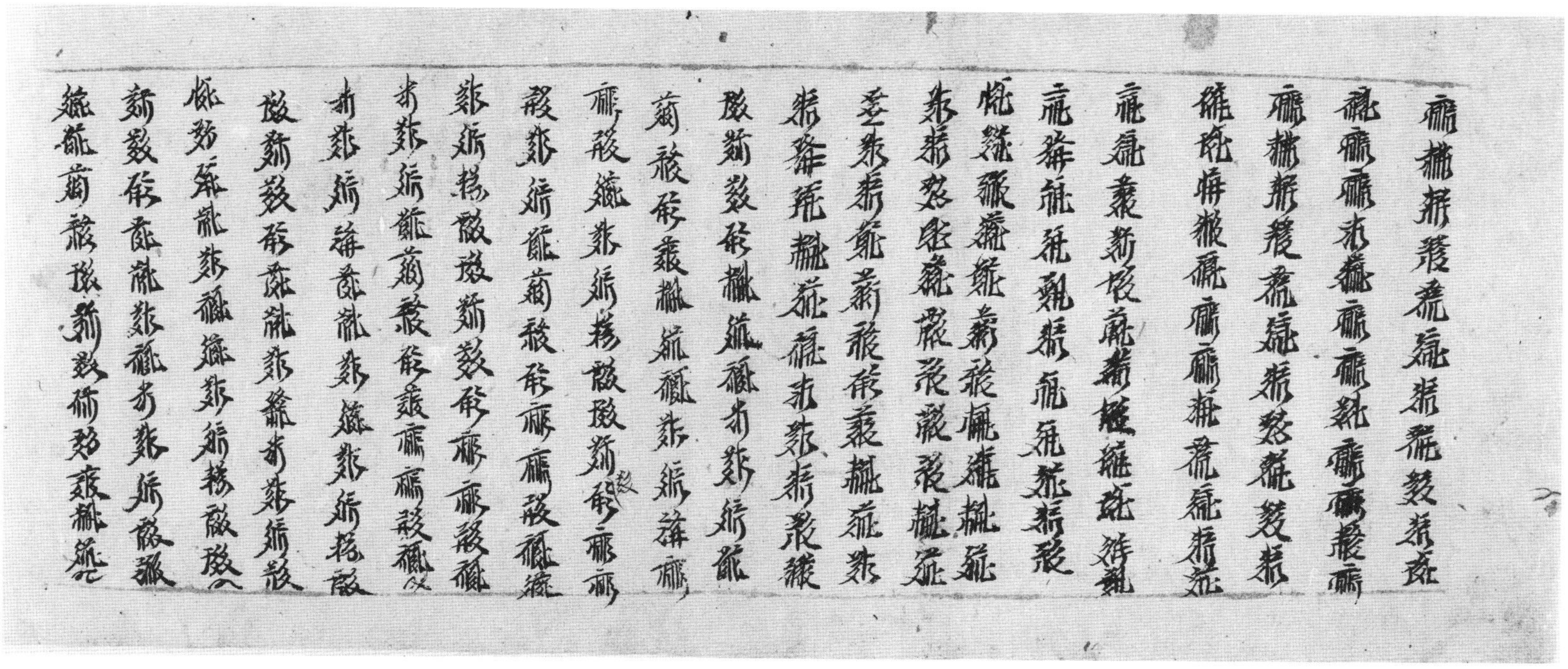

俄 Инв.No.5650 *5747 7066 7372 7644 7656 7669* 佛説佛母出生三法藏般若波羅蜜多經卷第二 (18-6)

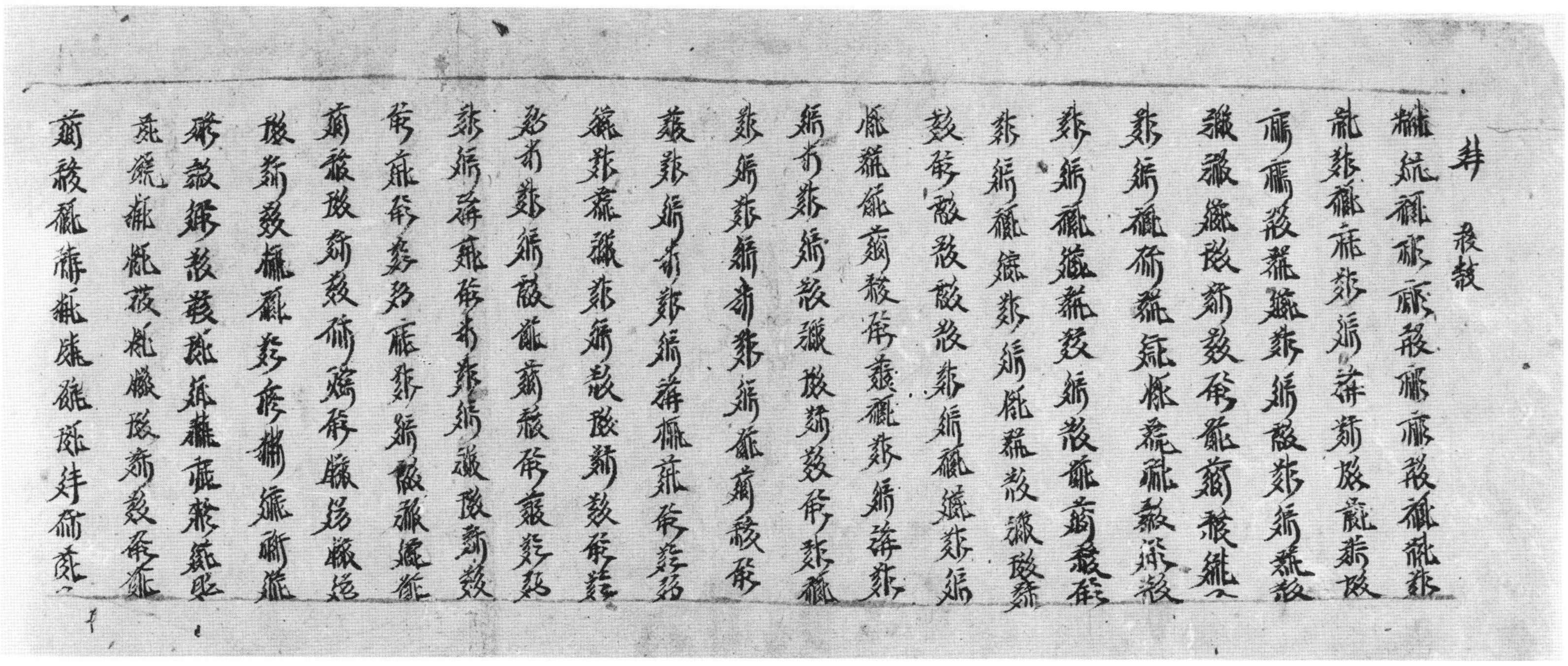

俄 Инв.No.5650 *5747 7066 7372 7644 7656 7669* 佛説佛母出生三法藏般若波羅蜜多經卷第二 (18-7)

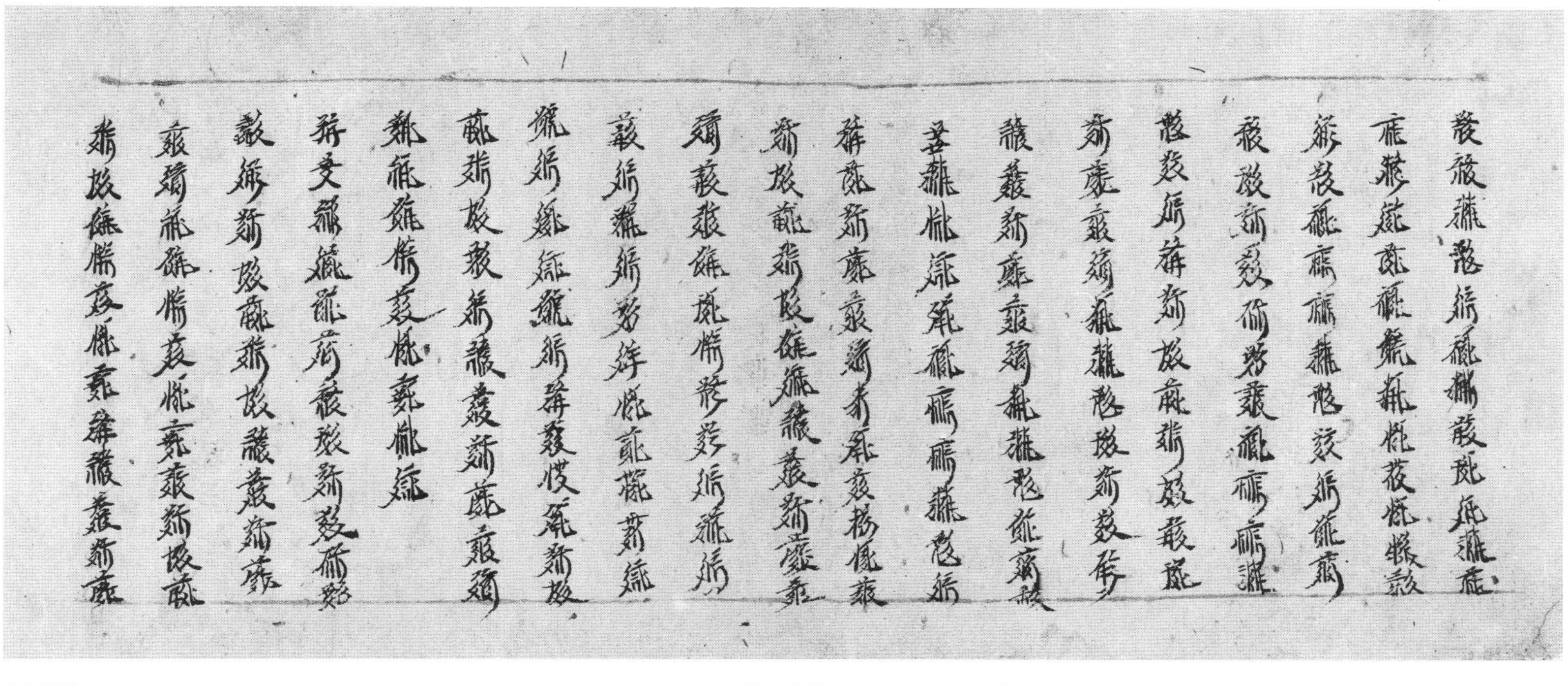

俄 Инв.No.5650 *5747 7066 7372 7644 7656 7669* 佛説佛母出生三法藏般若波羅蜜多經卷第二 (18-8)

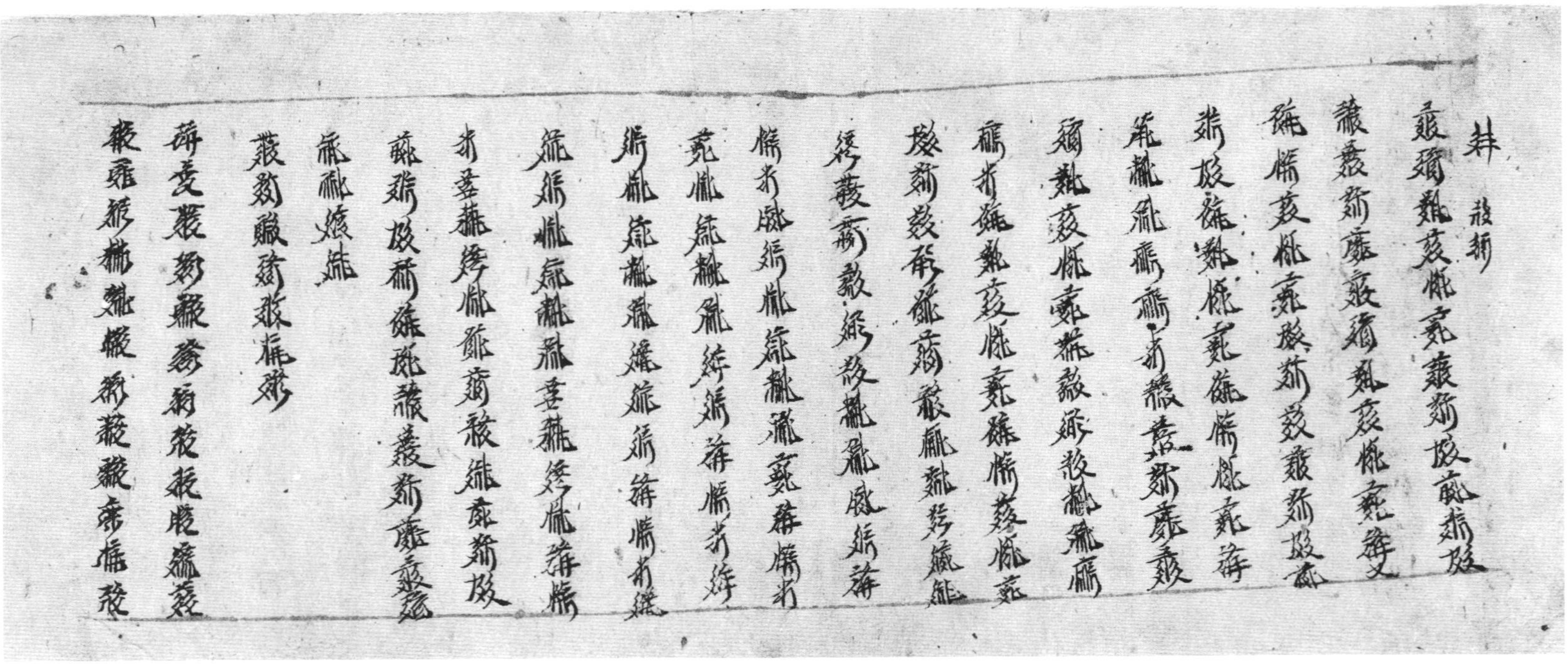

俄 Инв.No.5650 *5747 7066 7372 7644 7656 7669* 佛說佛母出生三法藏般若波羅蜜多經卷第二 (18–9)

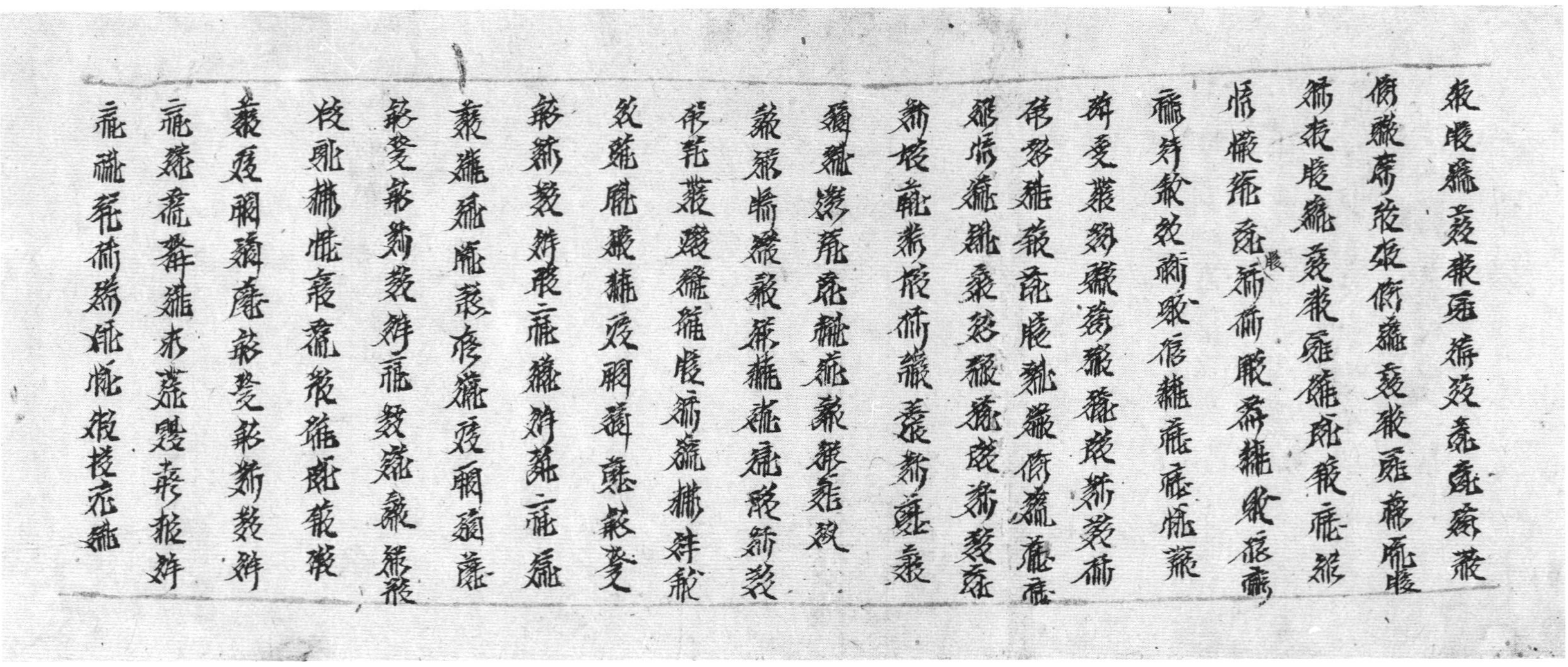

俄 Инв.No.5650 *5747 7066 7372 7644 7656 7669* 佛說佛母出生三法藏般若波羅蜜多經卷第二 (18–10)

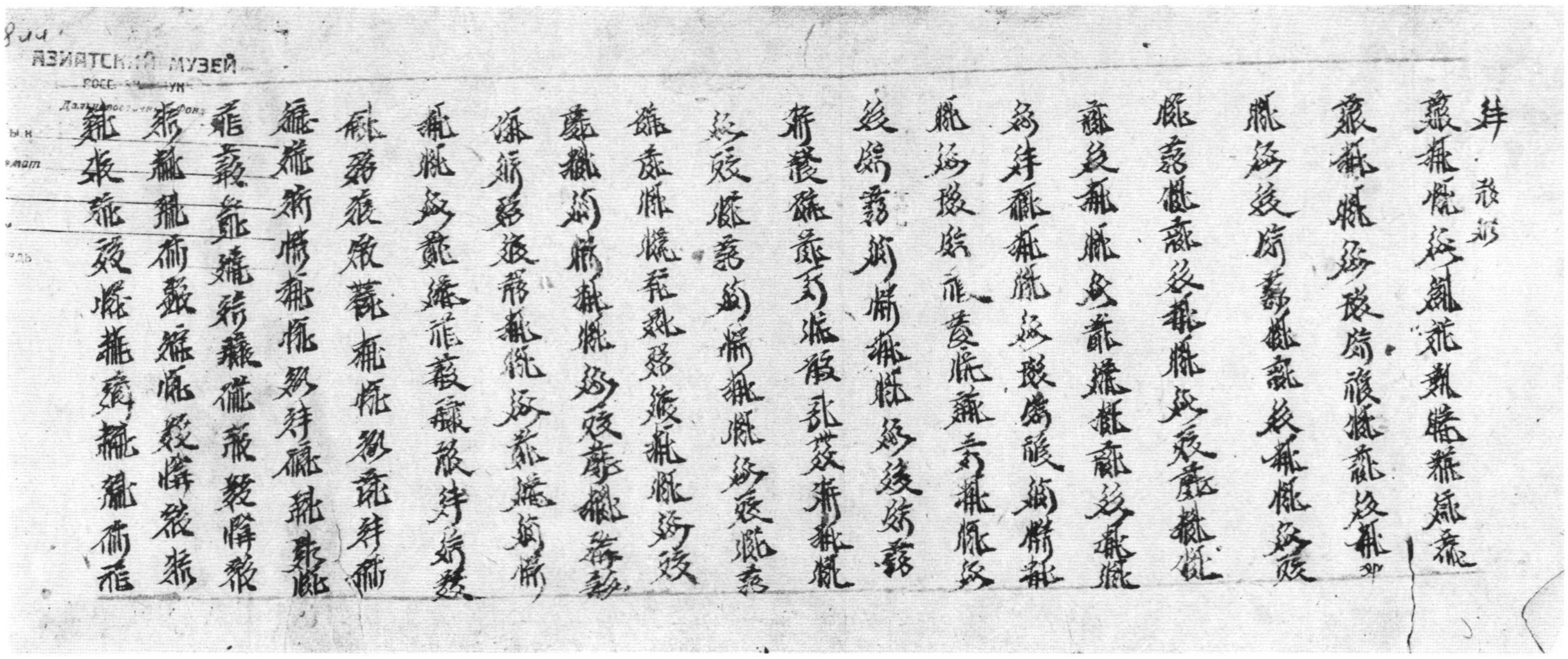

俄 Инв.No.5650 *5747 7066 7372 7644 7656 7669* 佛說佛母出生三法藏般若波羅蜜多經卷第二 (18–11)

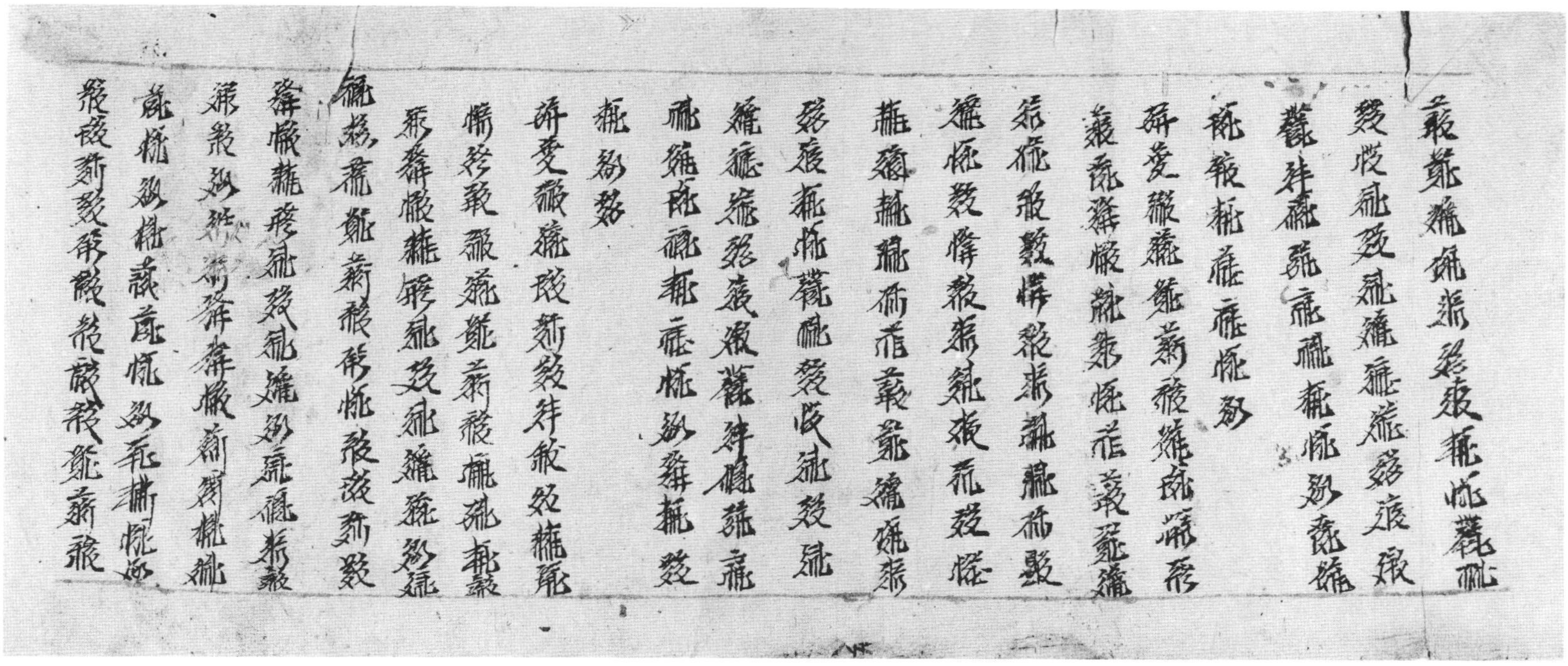

俄 Инв.No.5650 *5747 7066 7372 7644 7656 7669* 佛説佛母出生三法藏般若波羅蜜多經卷第二 (18–12)

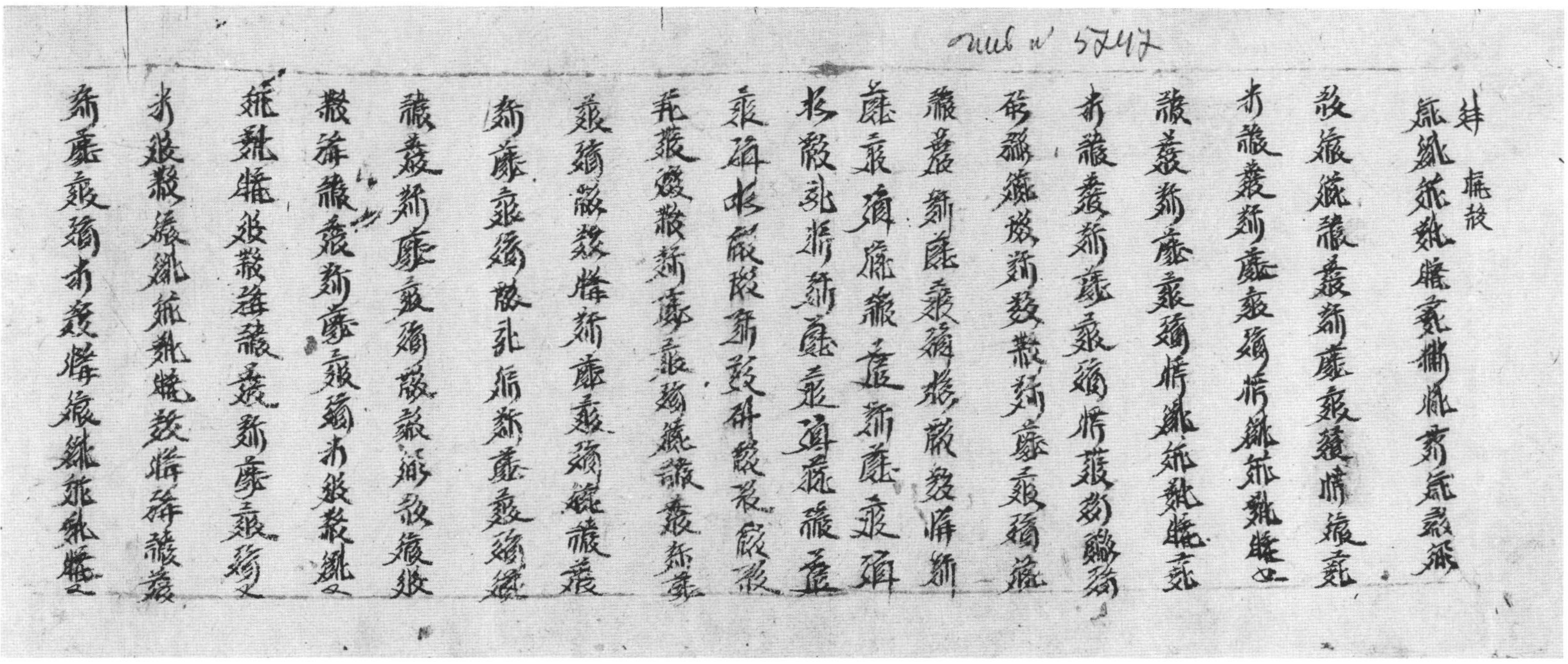

俄 Инв.No.5650 *5747 7066 7372 7644 7656 7669* 佛説佛母出生三法藏般若波羅蜜多經卷第二 (18–13)

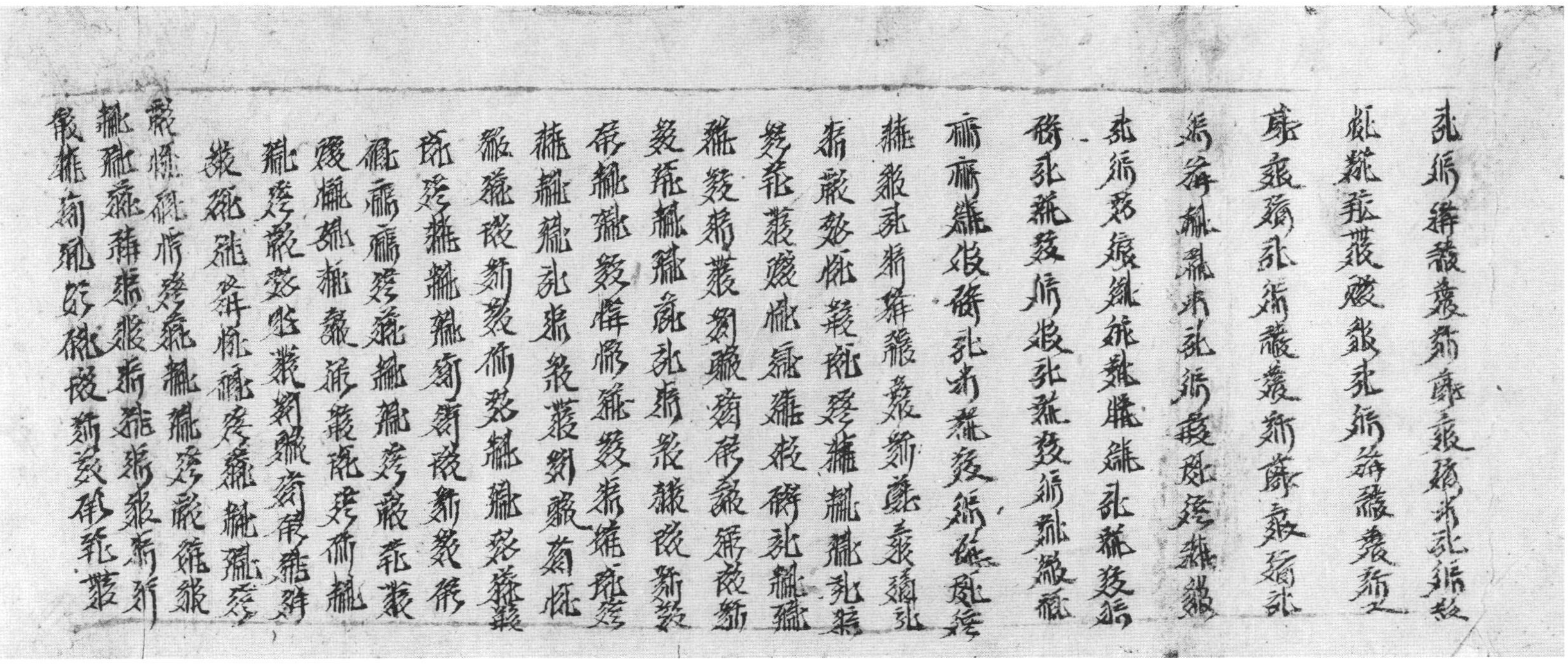

俄 Инв.No.5650 *5747 7066 7372 7644 7656 7669* 佛説佛母出生三法藏般若波羅蜜多經卷第二 (18–14)

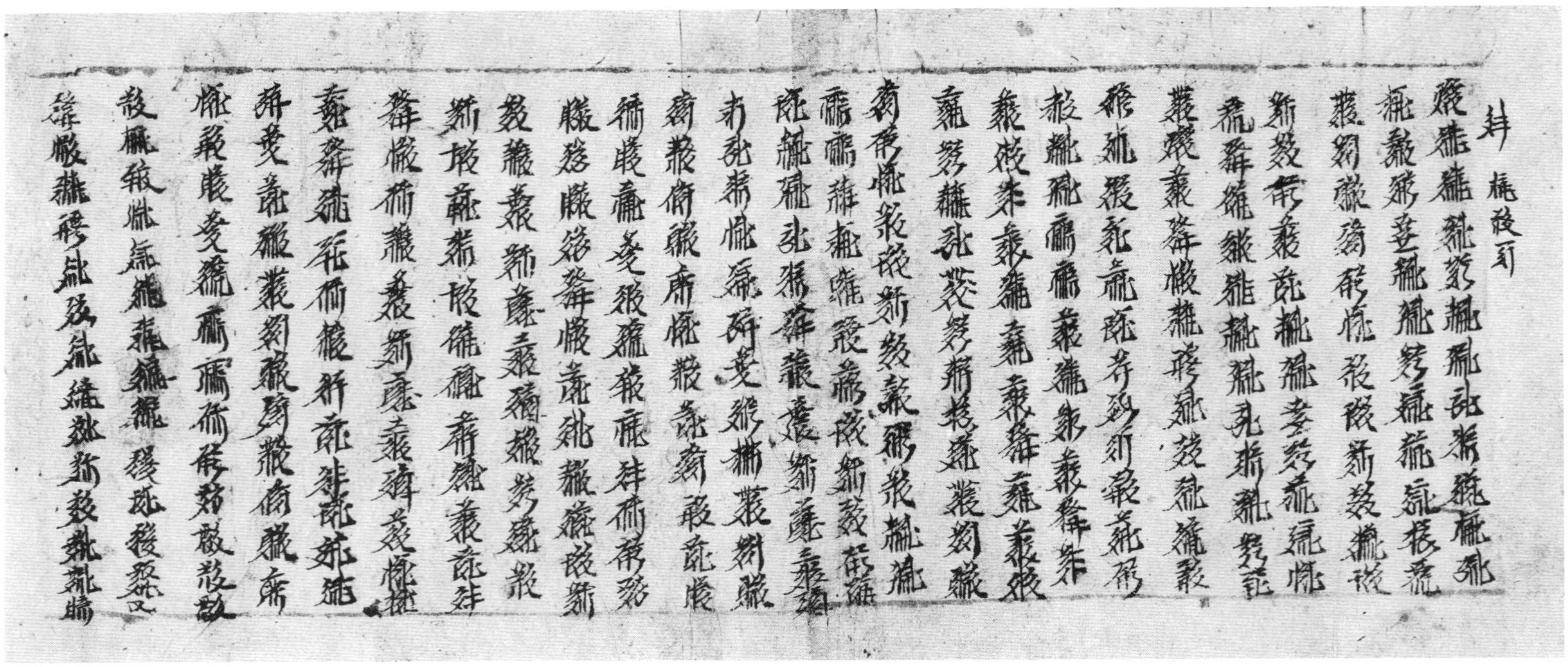

俄 Инв.No.5650 *5747 7066 7372 7644 7656 7669* 佛說佛母出生三法藏般若波羅蜜多經卷第二 (18–15)

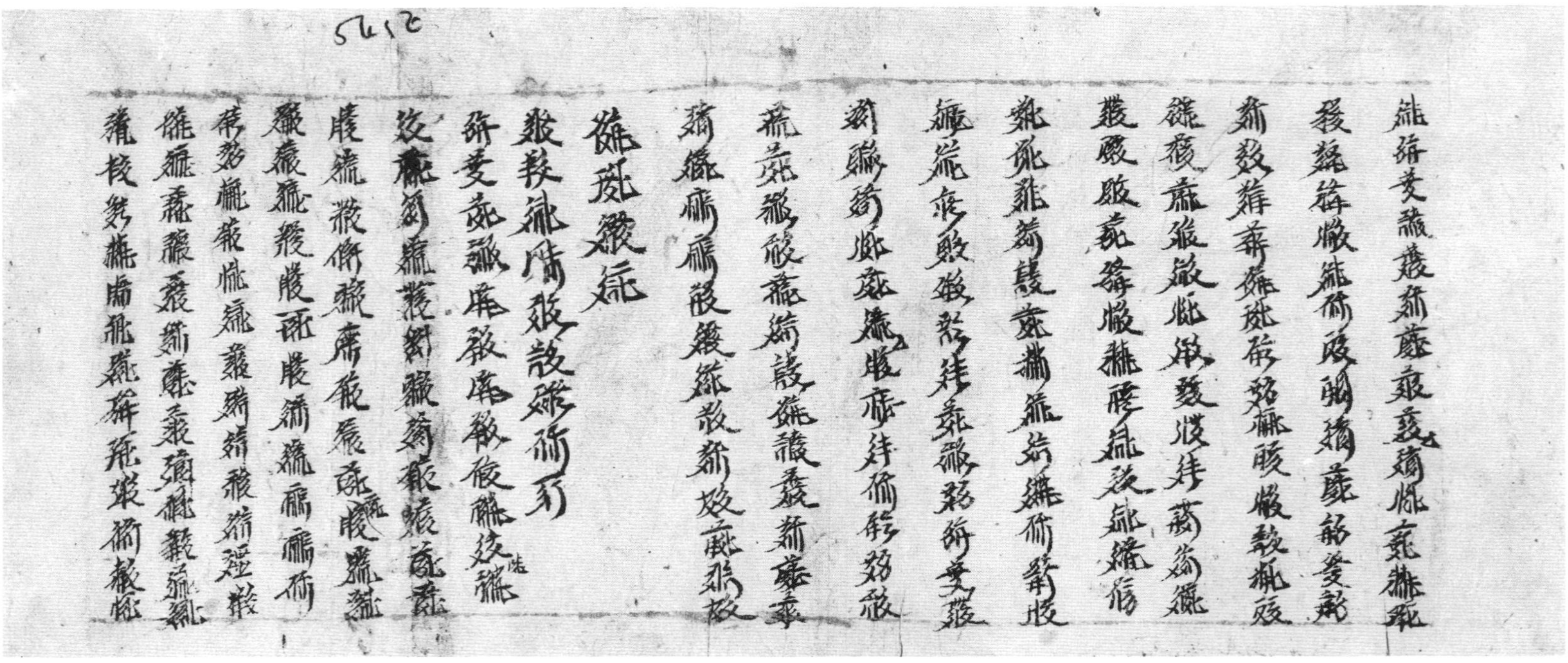

俄 Инв.No.5650 *5747 7066 7372 7644 7656 7669* 佛說佛母出生三法藏般若波羅蜜多經卷第二 (18–16)

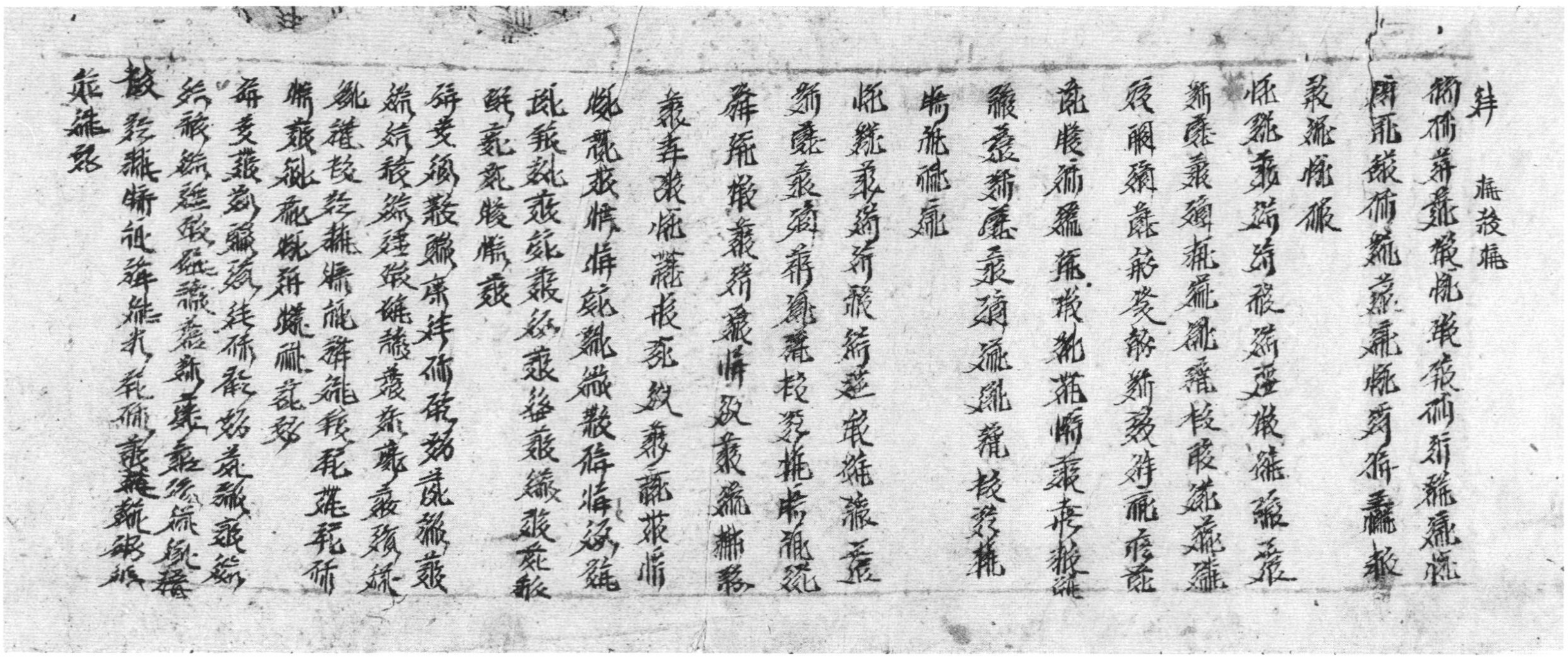

俄 Инв.No.5650 *5747 7066 7372 7644 7656 7669* 佛說佛母出生三法藏般若波羅蜜多經卷第二 (18–17)

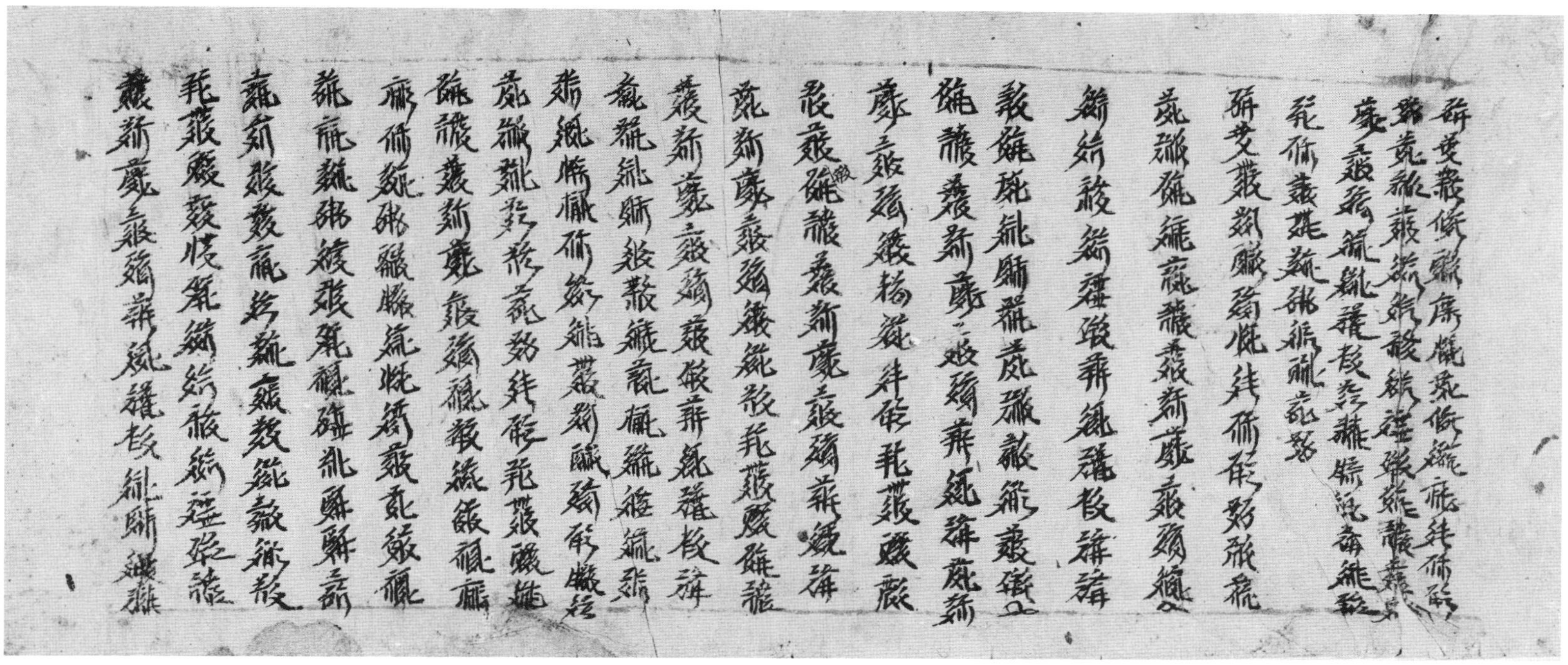

俄 **Инв**.No.5650 *5747 7066 7372 7644 7656 7669* 佛説佛母出生三法藏般若波羅蜜多經卷第二 (18–18)

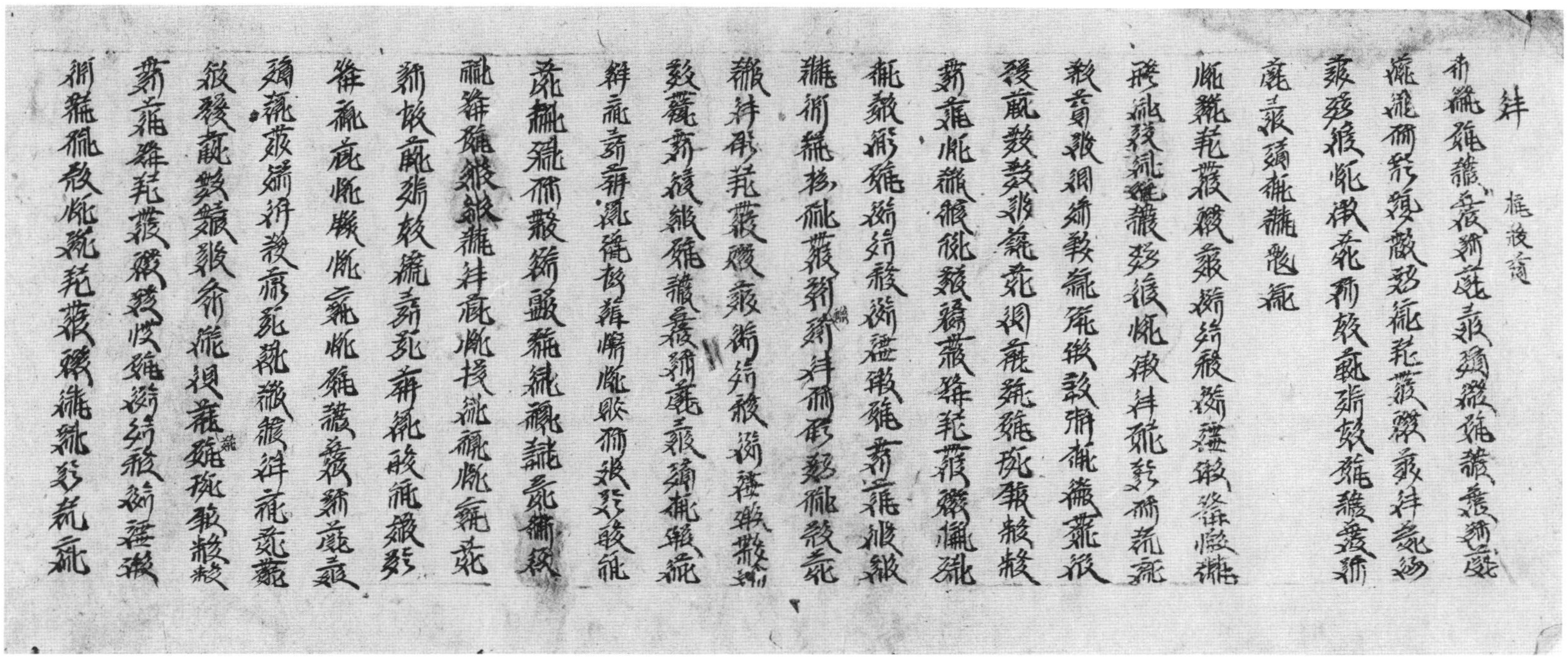

俄 **Инв**.No.5650 *5747 7066 7372 7644 7656 7669* 佛説佛母出生三法藏般若波羅蜜多經卷第三 (13–1)

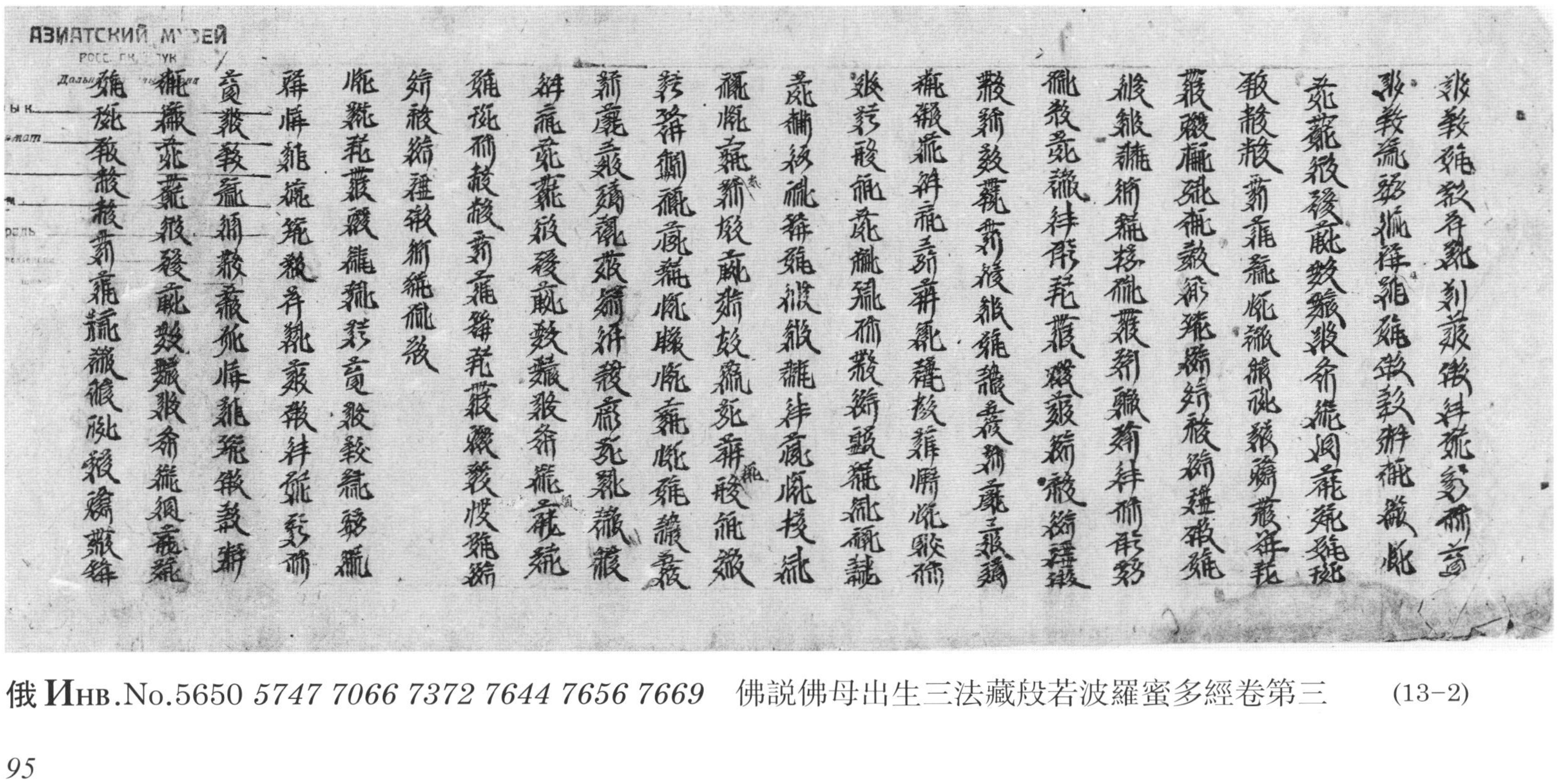

俄 **Инв**.No.5650 *5747 7066 7372 7644 7656 7669* 佛説佛母出生三法藏般若波羅蜜多經卷第三 (13–2)

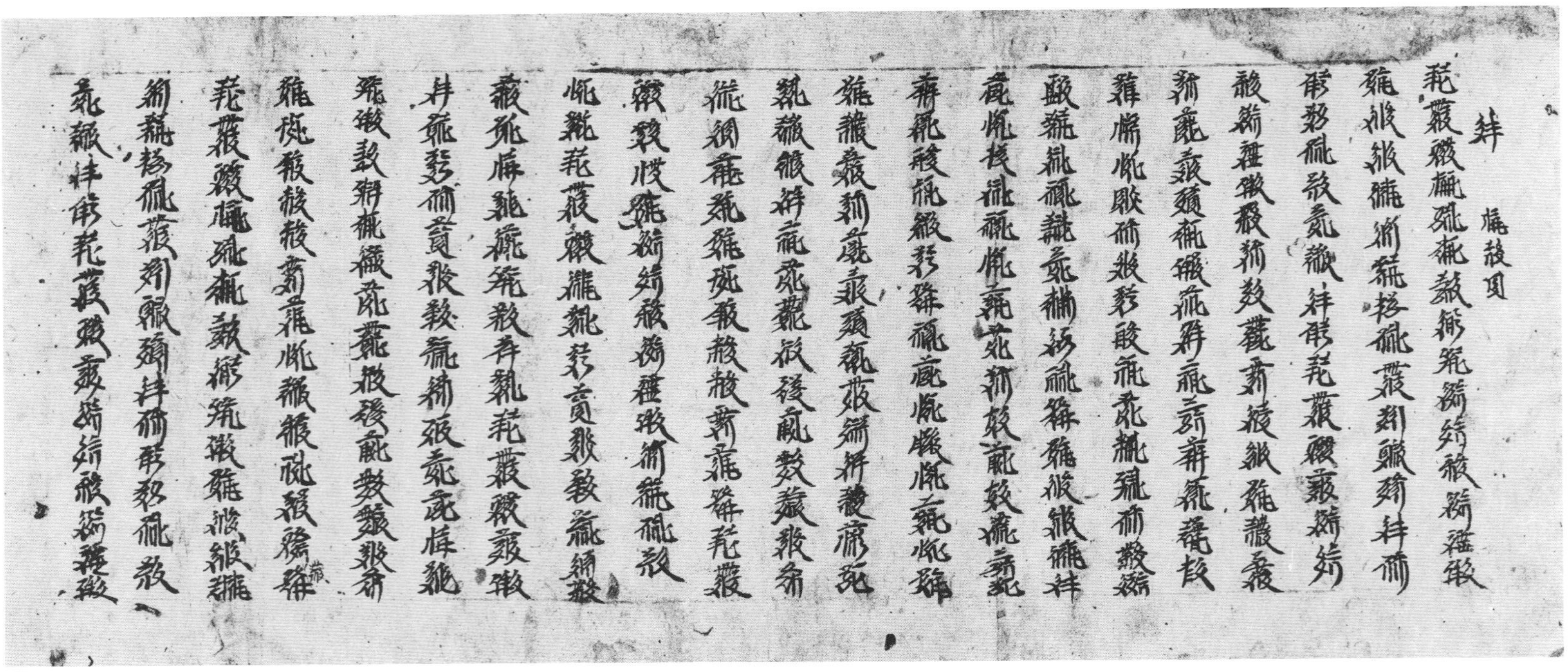

俄 Инв.No.5650 *5747 7066 7372 7644 7656 7669* 佛說佛母出生三法藏般若波羅蜜多經卷第三 (13-3)

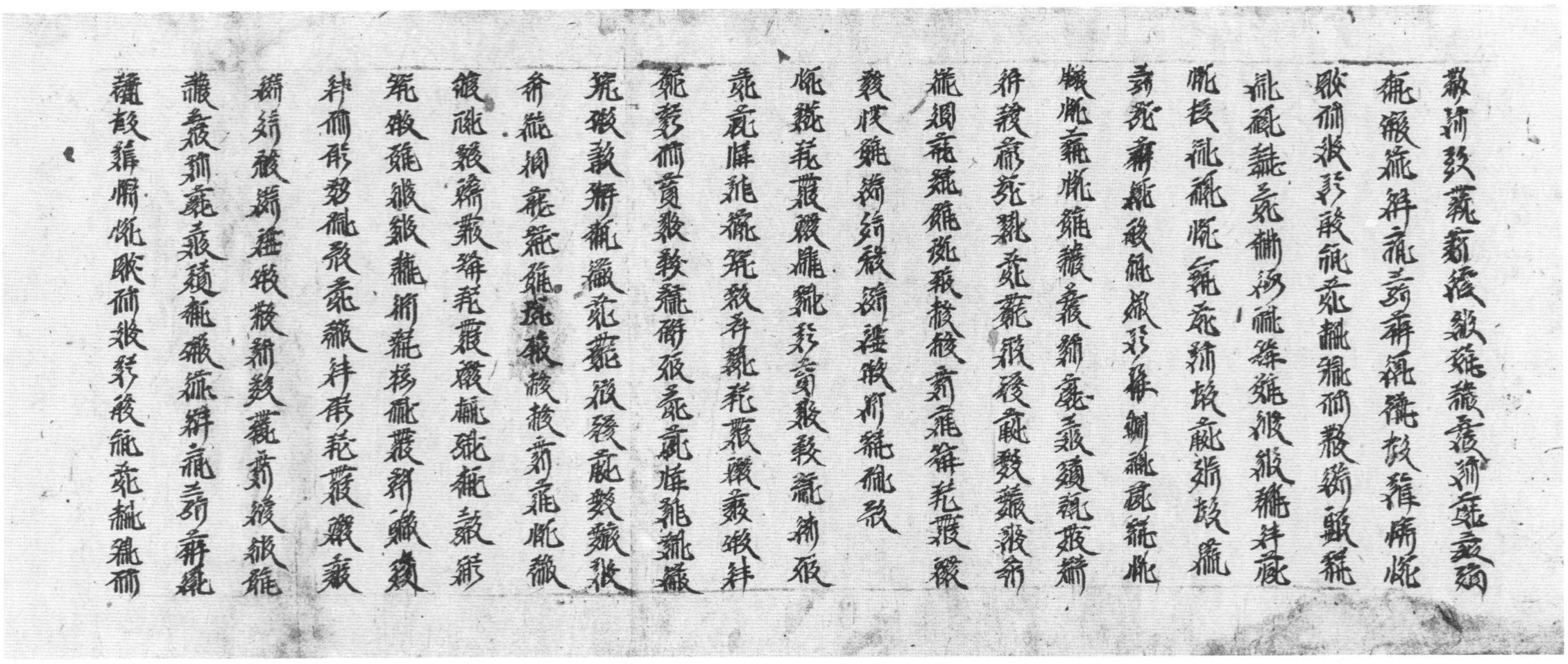

俄 Инв.No.5650 *5747 7066 7372 7644 7656 7669* 佛說佛母出生三法藏般若波羅蜜多經卷第三 (13-4)

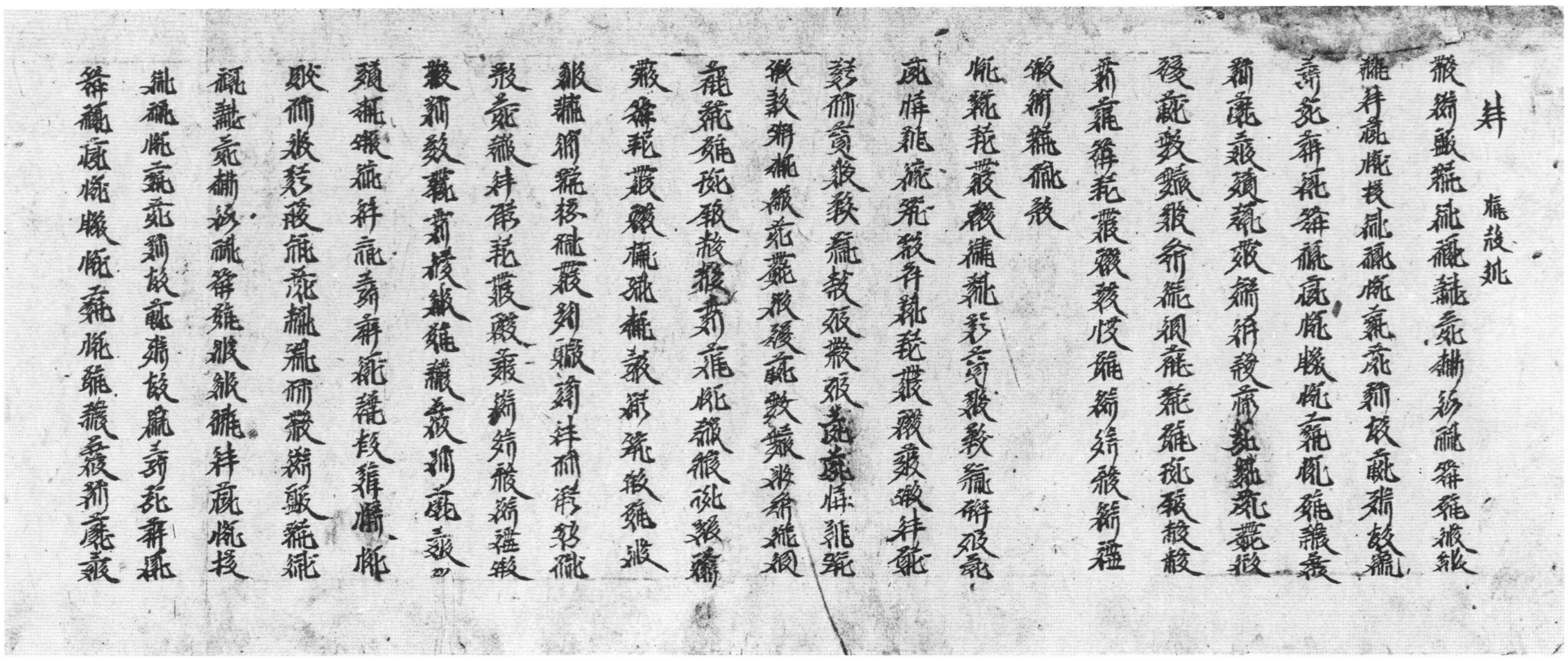

俄 Инв.No.5650 *5747 7066 7372 7644 7656 7669* 佛說佛母出生三法藏般若波羅蜜多經卷第三 (13-5)

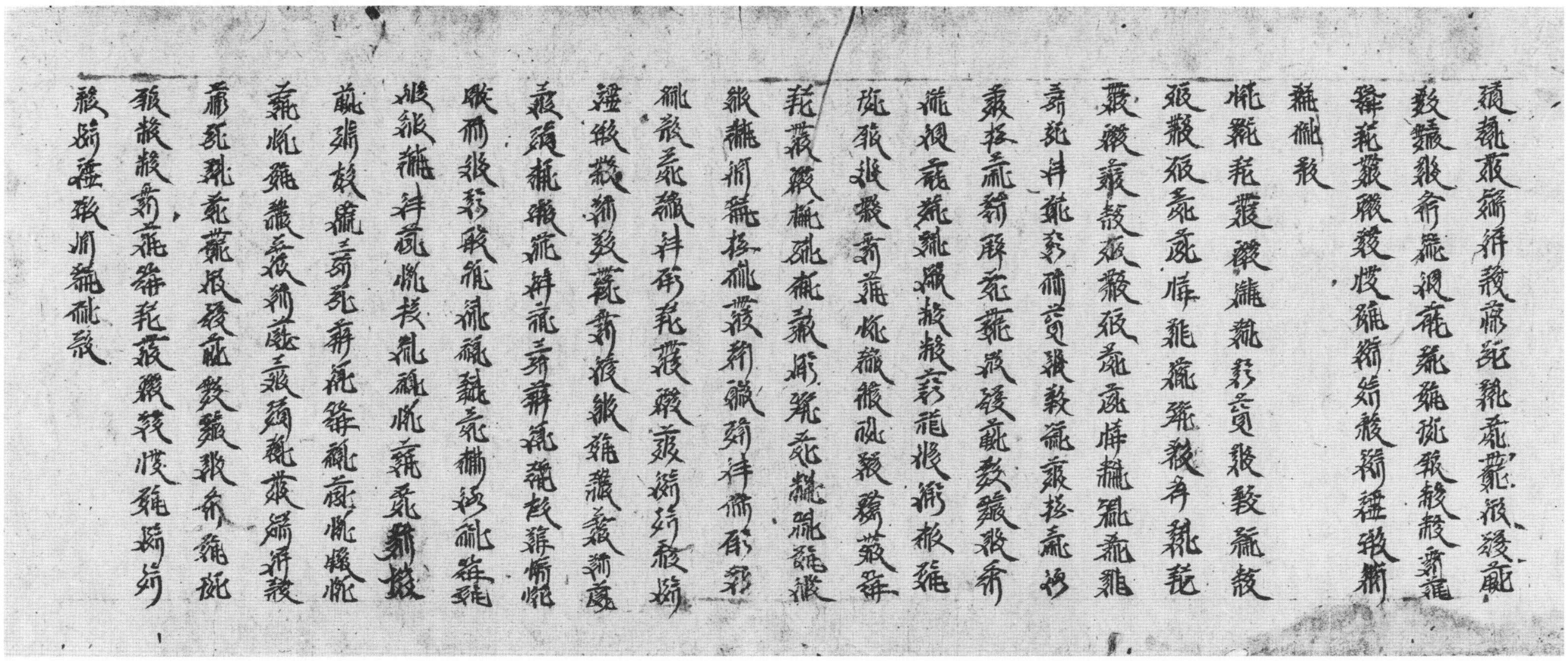

俄 Инв.No.5650 *5747 7066 7372 7644 7656 7669* 佛說佛母出生三法藏般若波羅蜜多經卷第三 (13-6)

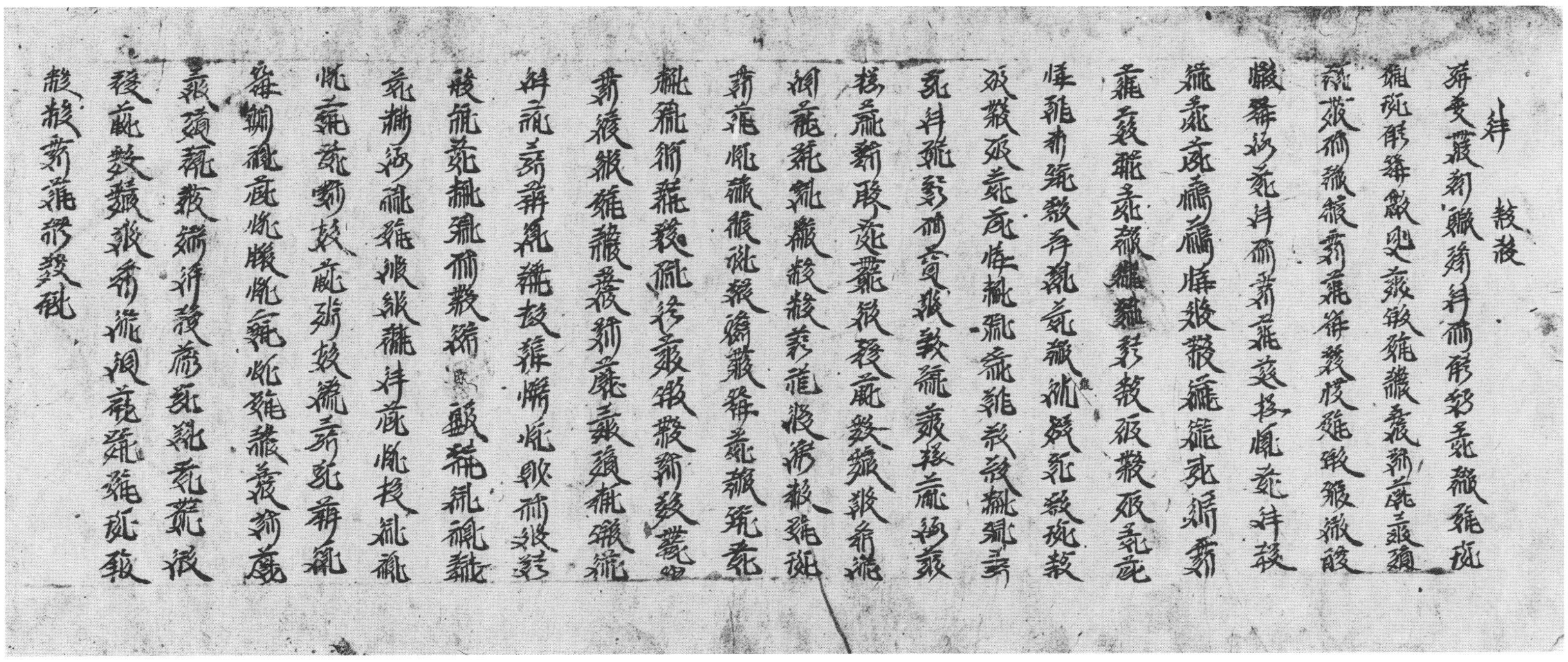

俄 Инв.No.5650 *5747 7066 7372 7644 7656 7669* 佛說佛母出生三法藏般若波羅蜜多經卷第三 (13-7)

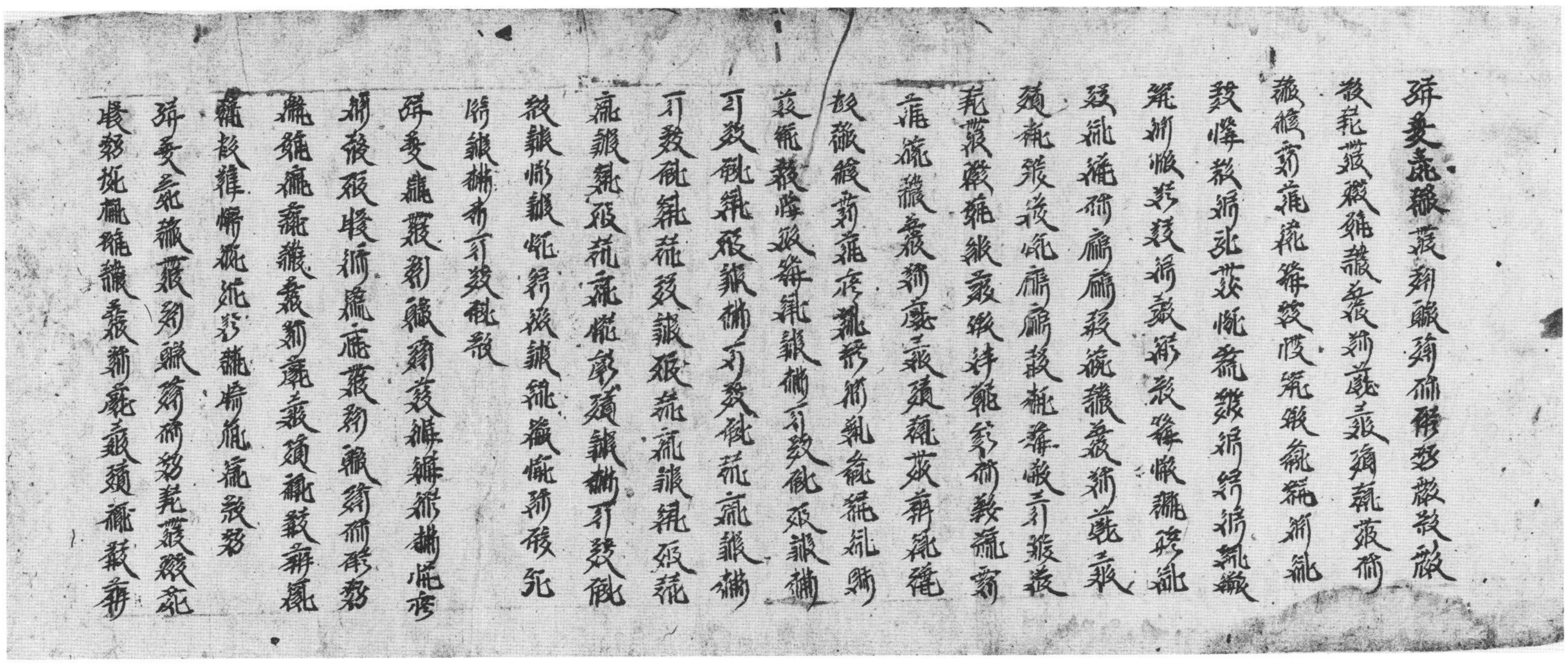

俄 Инв.No.5650 *5747 7066 7372 7644 7656 7669* 佛說佛母出生三法藏般若波羅蜜多經卷第三 (13-8)

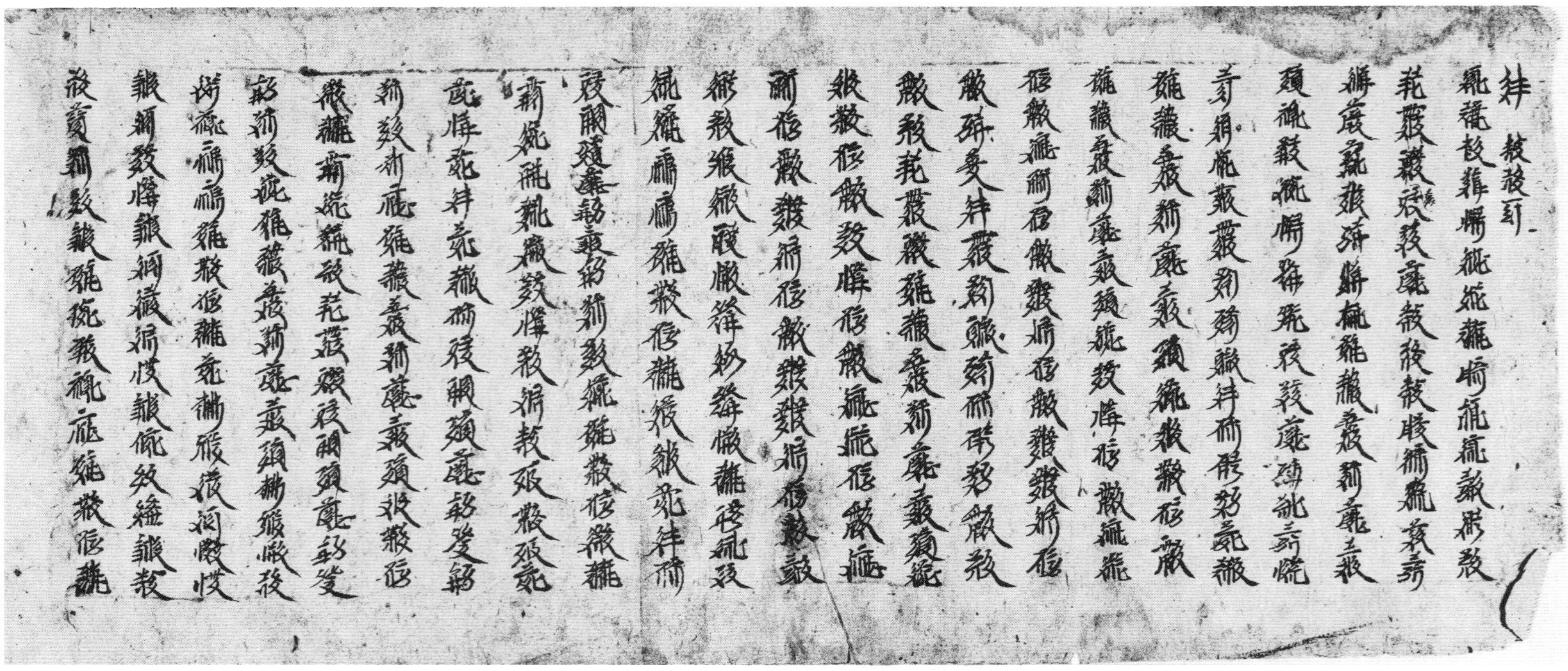

俄 Инв.No.5650 *5747 7066 7372 7644 7656 7669* 佛說佛母出生三法藏般若波羅蜜多經卷第三 (13–9)

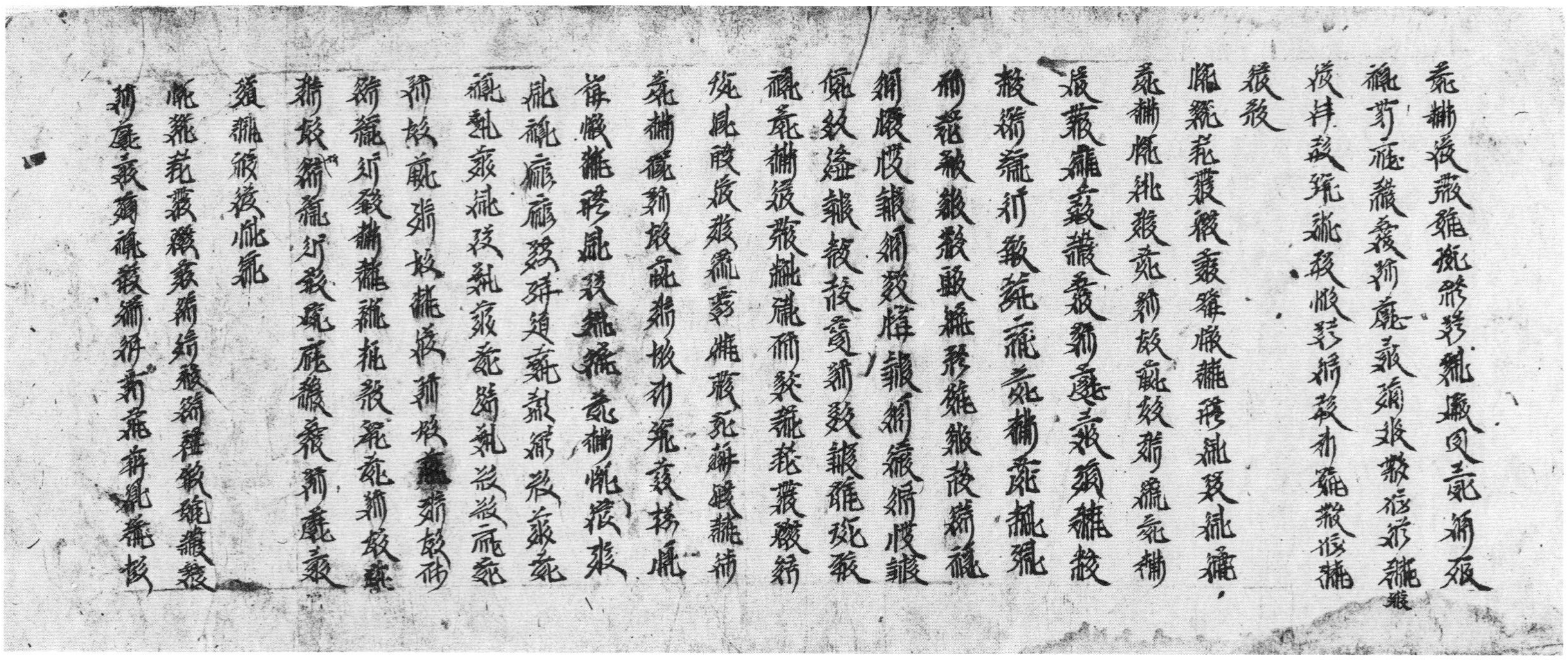

俄 Инв.No.5650 *5747 7066 7372 7644 7656 7669* 佛說佛母出生三法藏般若波羅蜜多經卷第三 (13–10)

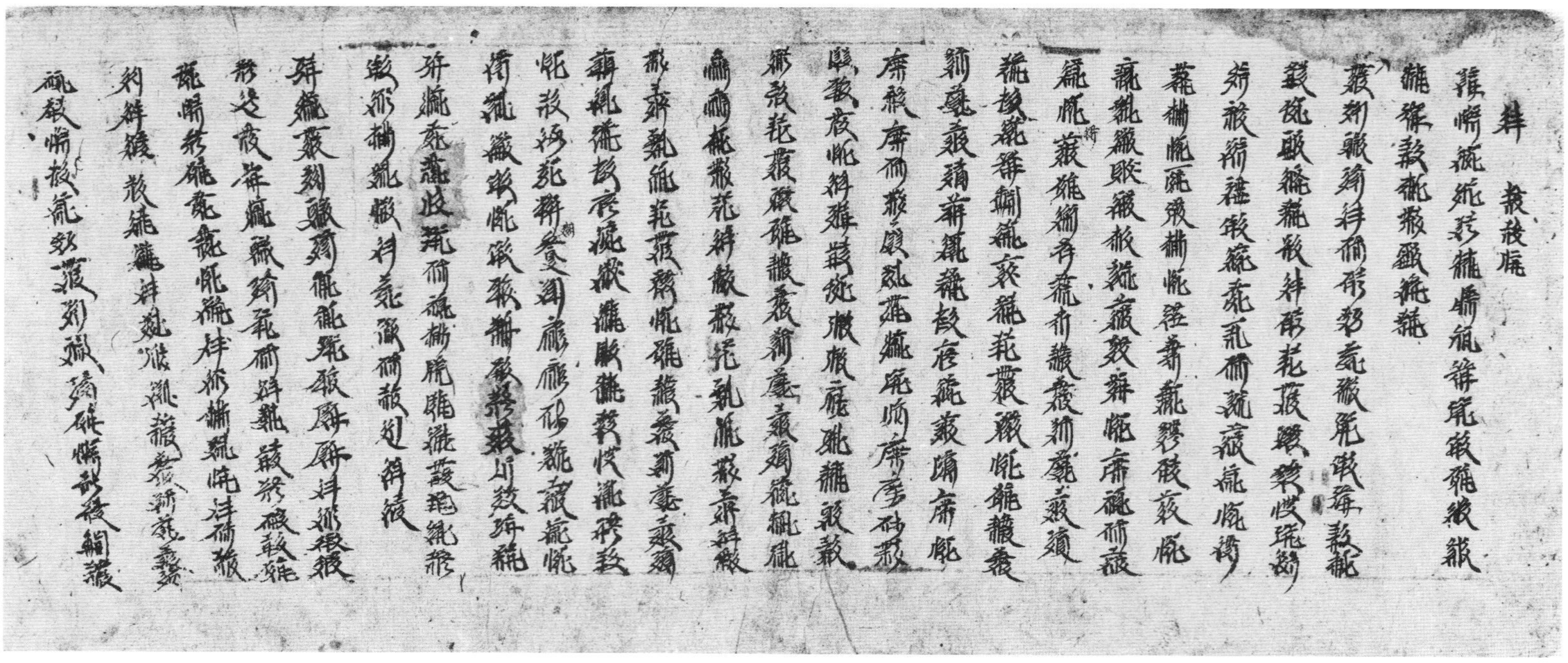

俄 Инв.No.5650 *5747 7066 7372 7644 7656 7669* 佛說佛母出生三法藏般若波羅蜜多經卷第三 (13–11)

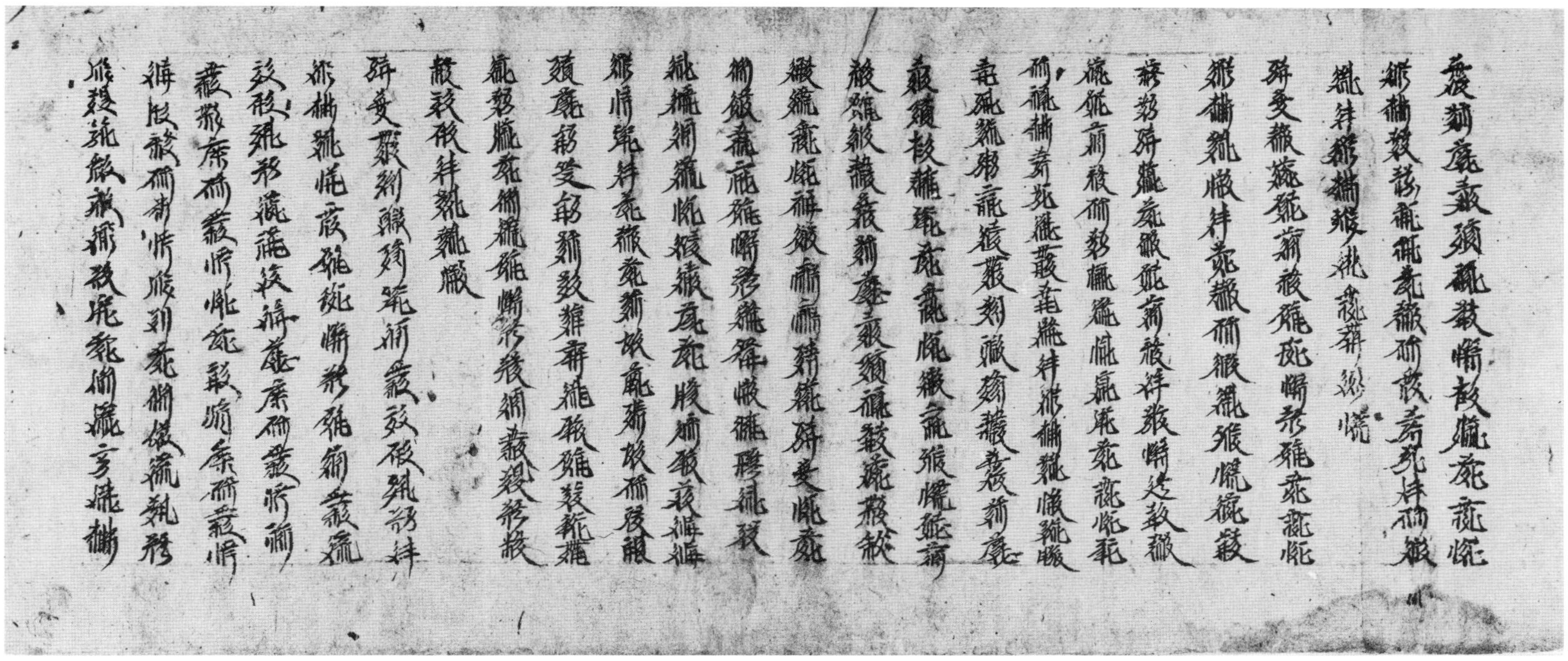

俄 Инв.No.5650 *5747 7066 7372 7644 7656 7669* 佛說佛母出生三法藏般若波羅蜜多經卷第三 (13-12)

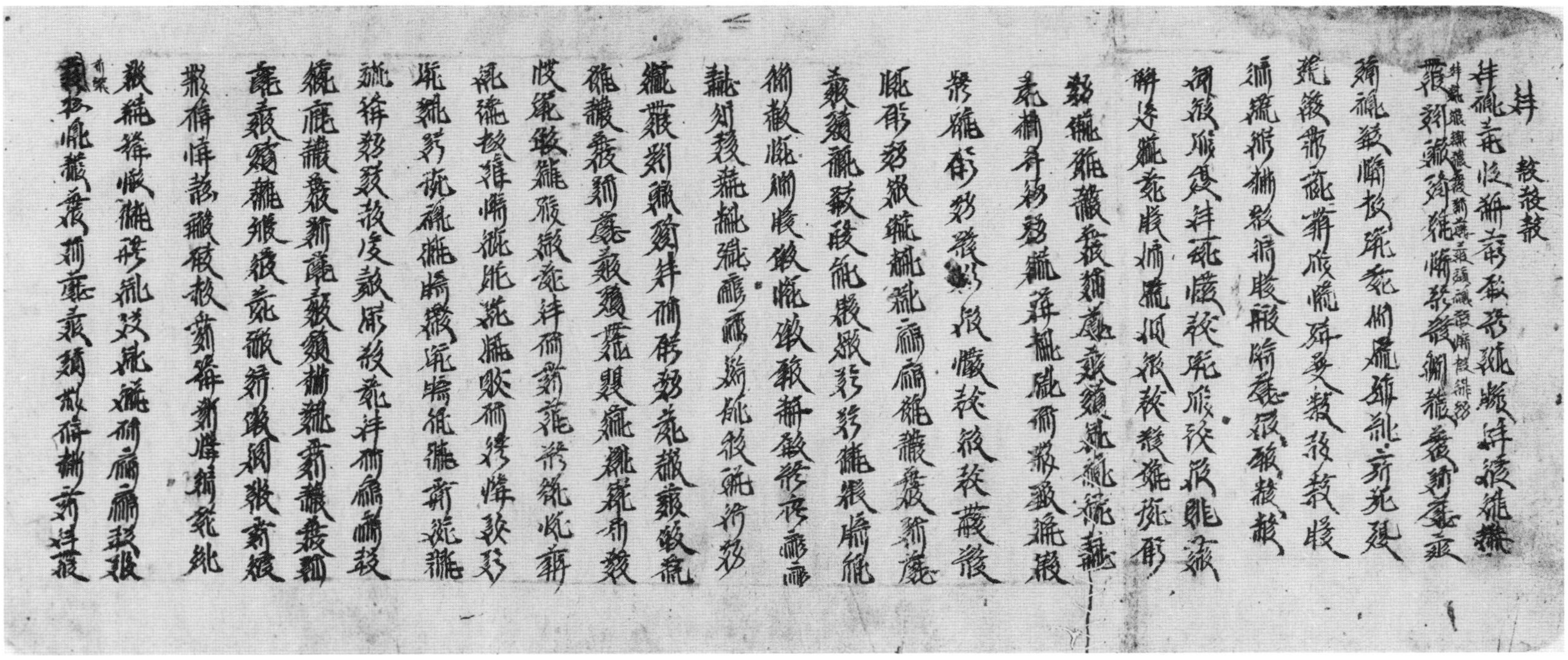

俄 Инв.No.5650 *5747 7066 7372 7644 7656 7669* 佛說佛母出生三法藏般若波羅蜜多經卷第三 (13-13)

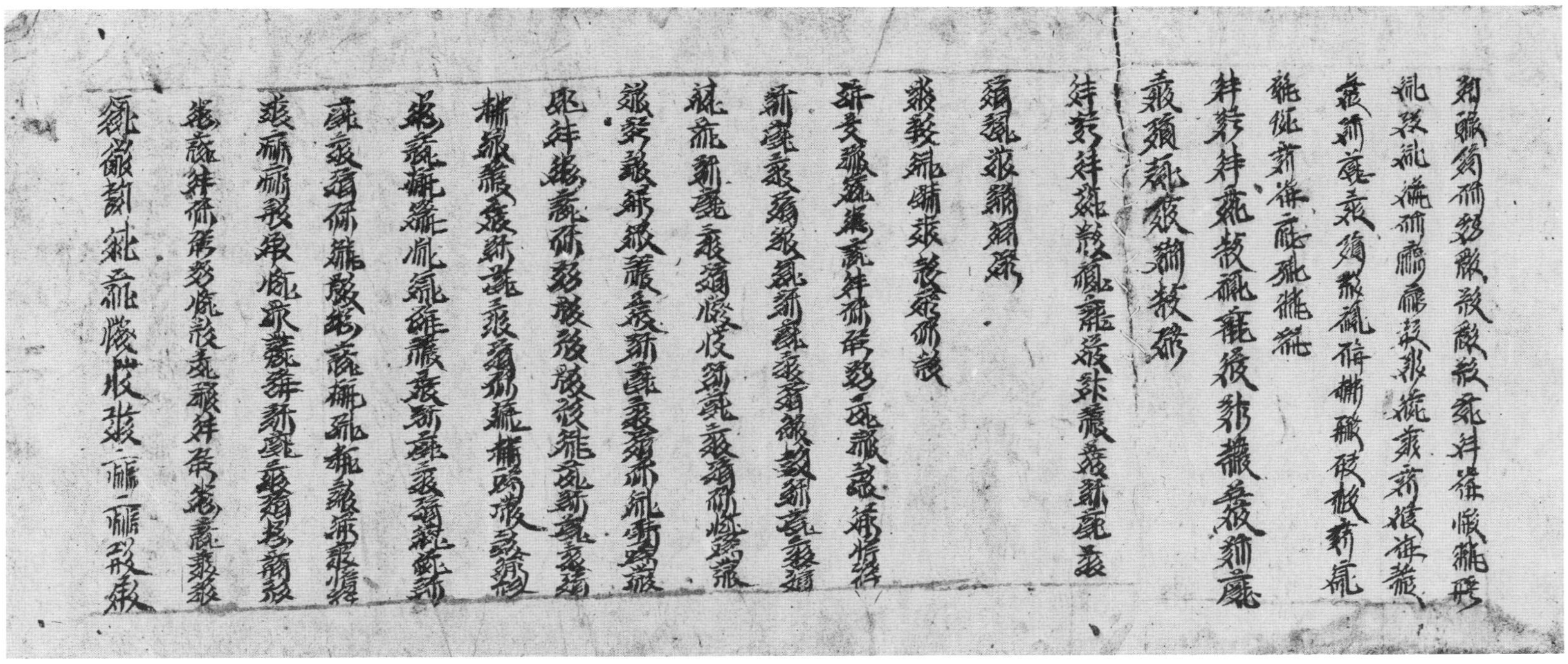

俄 Инв.No.5650 *5747 7066 7372 7644 7656 7669* 佛說佛母出生三法藏般若波羅蜜多經卷第四 (11-1)

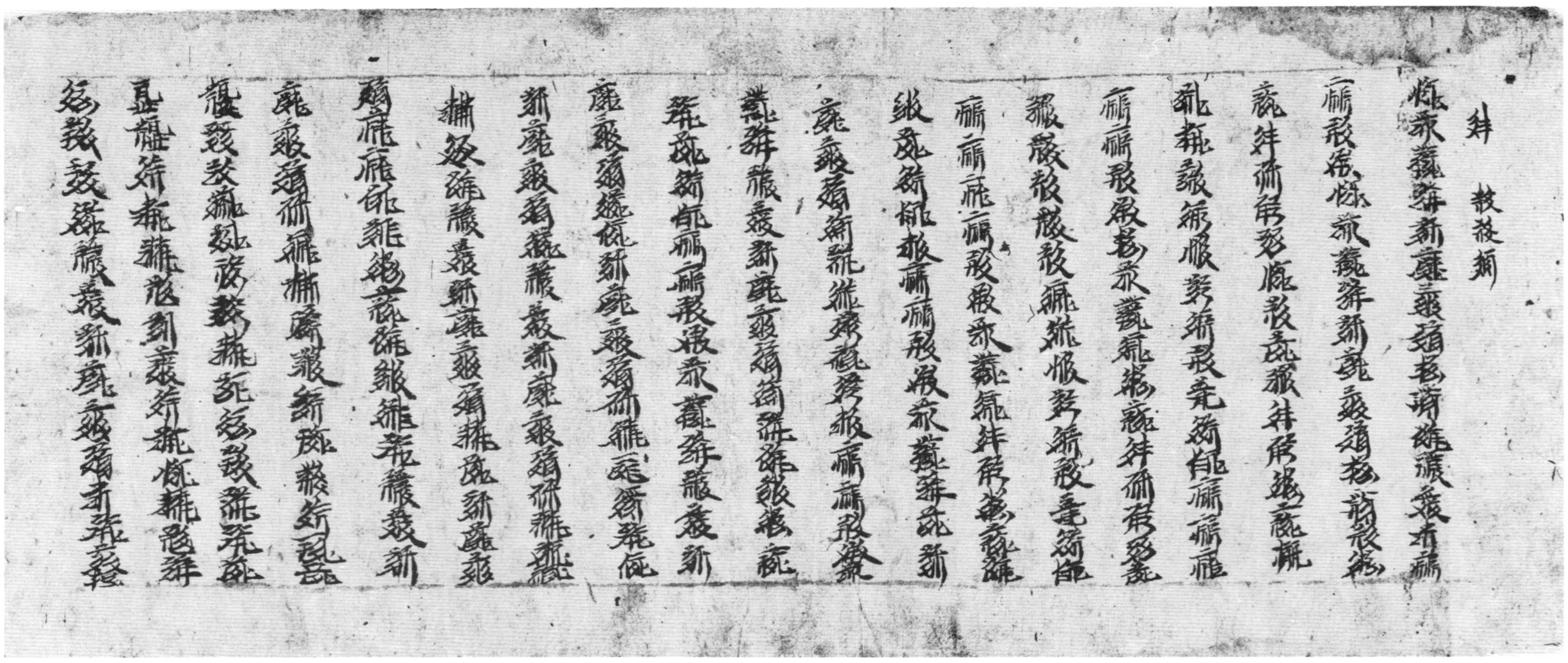

俄 Инв.No.5650 *5747 7066 7372 7644 7656 7669* 佛説佛母出生三法藏般若波羅蜜多經卷第四 (11-2)

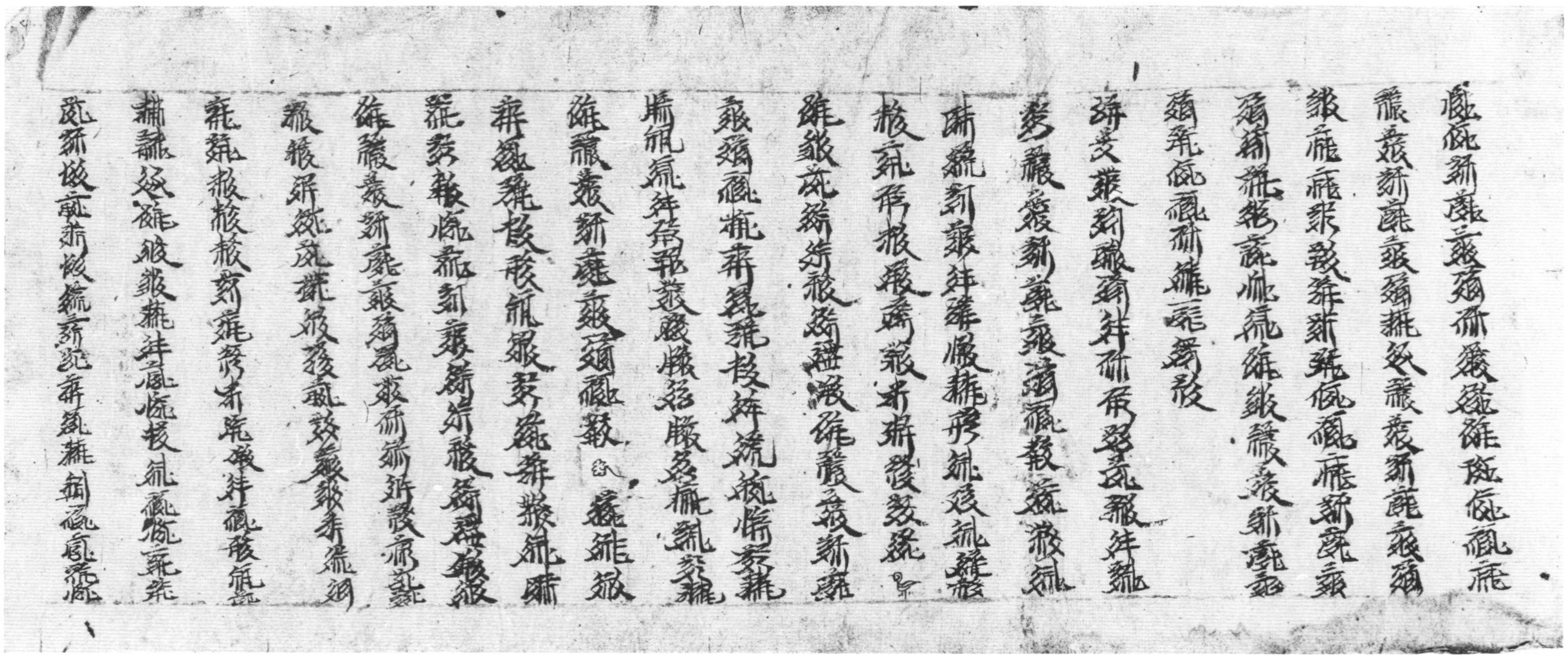

俄 Инв.No.5650 *5747 7066 7372 7644 7656 7669* 佛説佛母出生三法藏般若波羅蜜多經卷第四 (11-3)

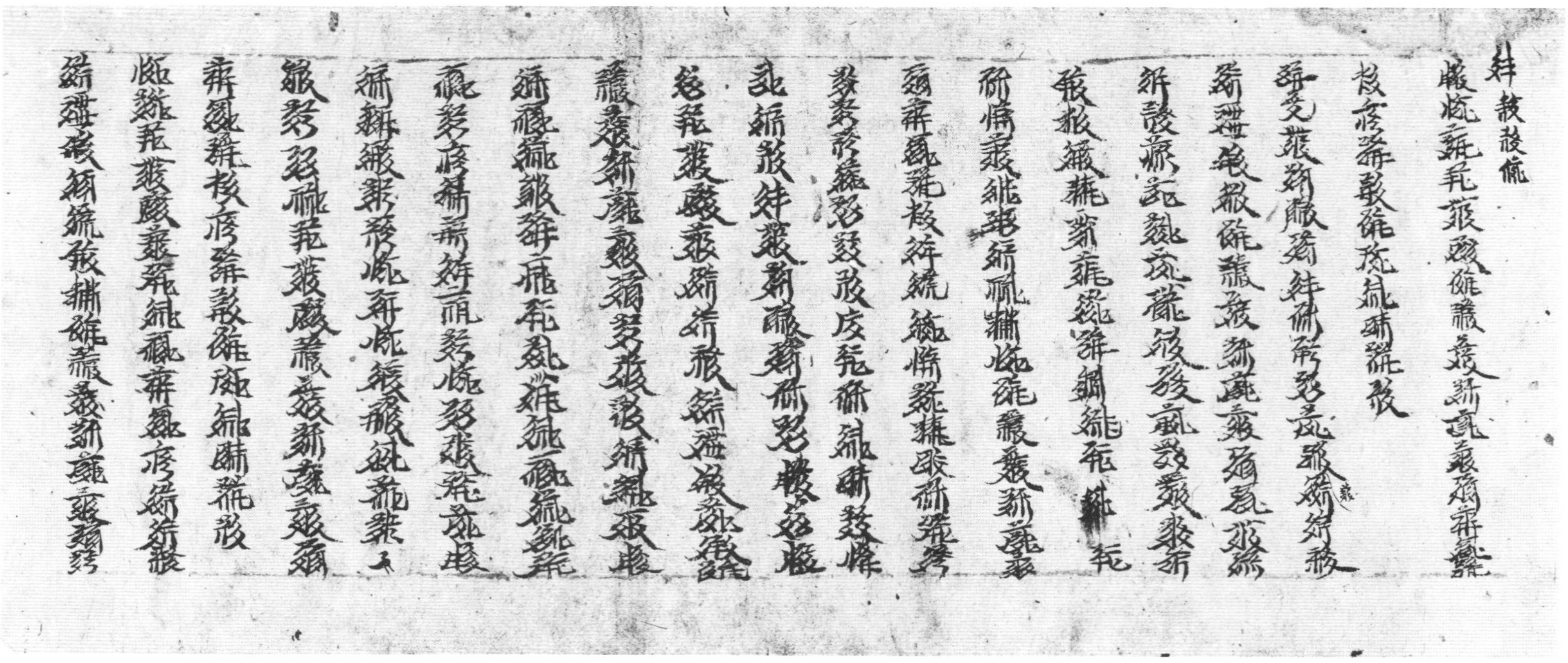

俄 Инв.No.5650 *5747 7066 7372 7644 7656 7669* 佛説佛母出生三法藏般若波羅蜜多經卷第四 (11-4)

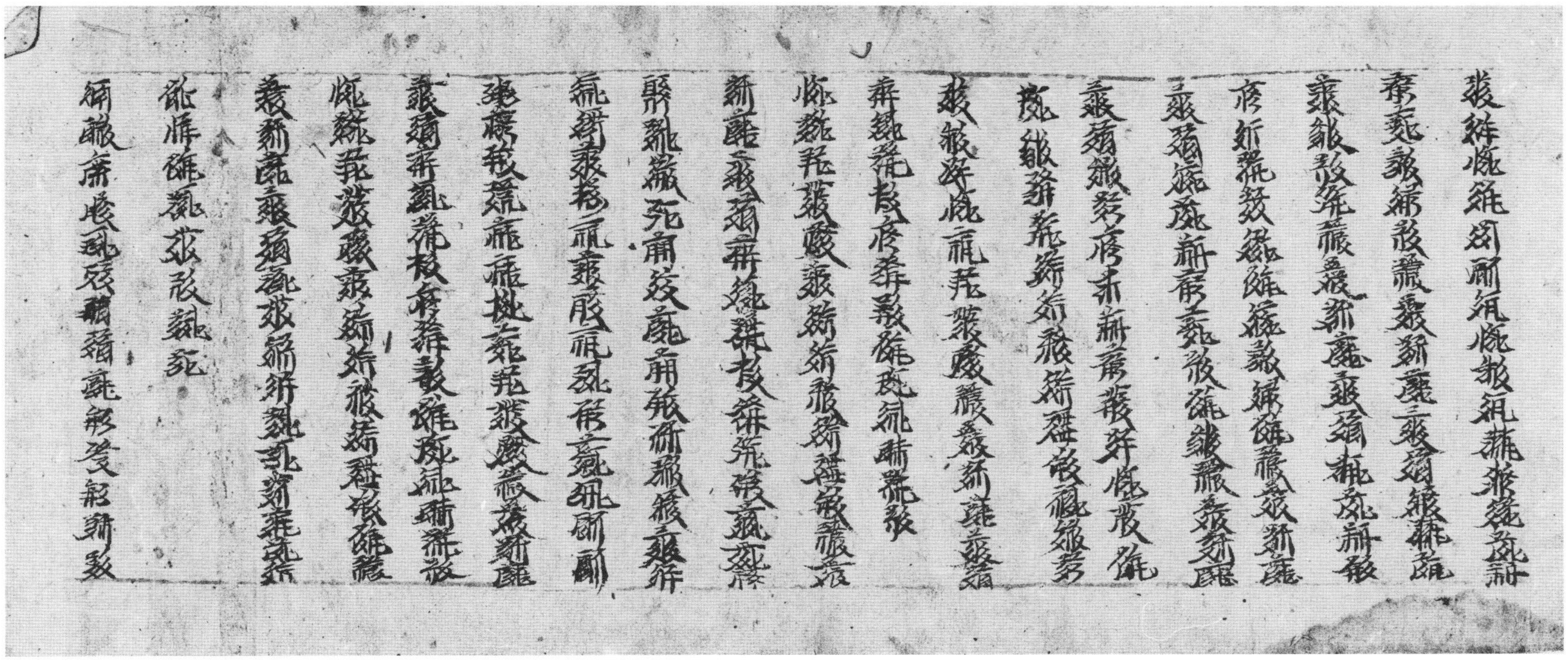

俄 Инв.No.5650 *5747 7066 7372 7644 7656 7669* 佛說佛母出生三法藏般若波羅蜜多經卷第四 (11–5)

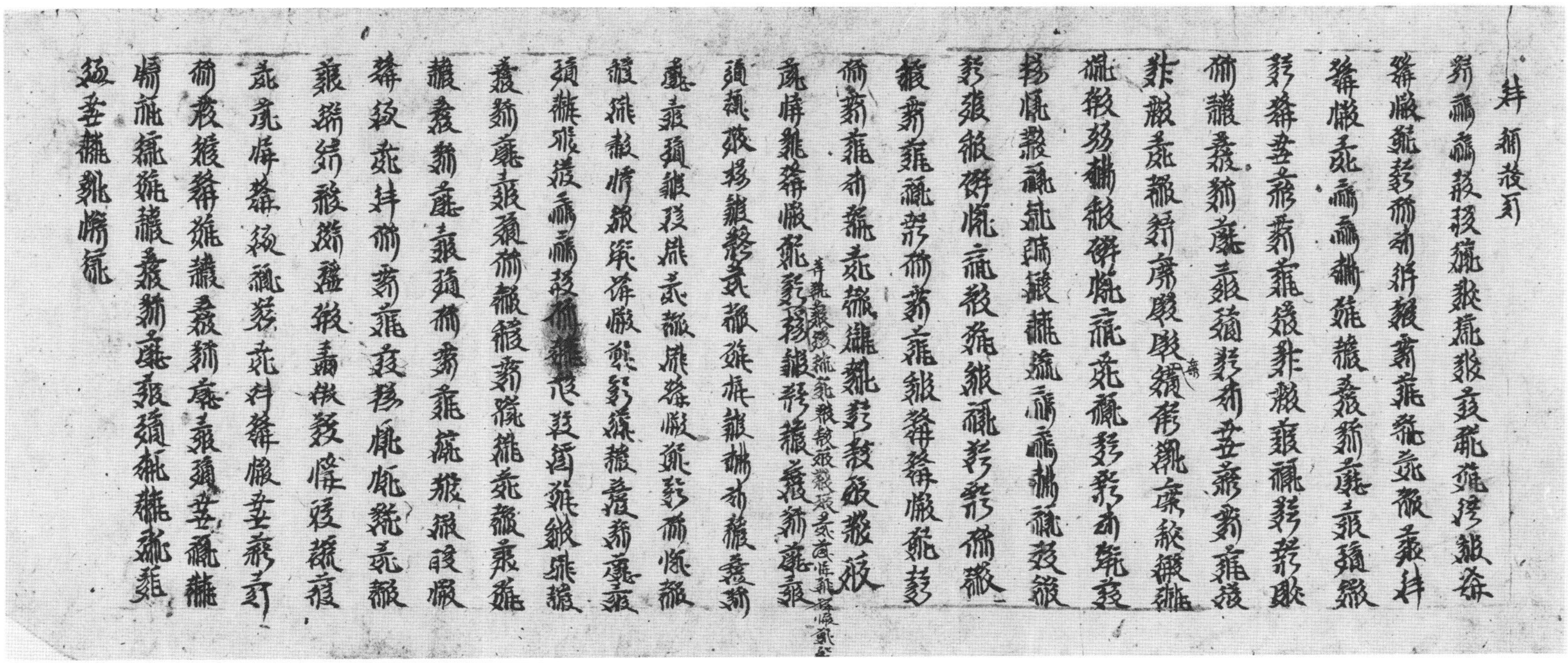

俄 Инв.No.5650 *5747 7066 7372 7644 7656 7669* 佛說佛母出生三法藏般若波羅蜜多經卷第四 (11–6)

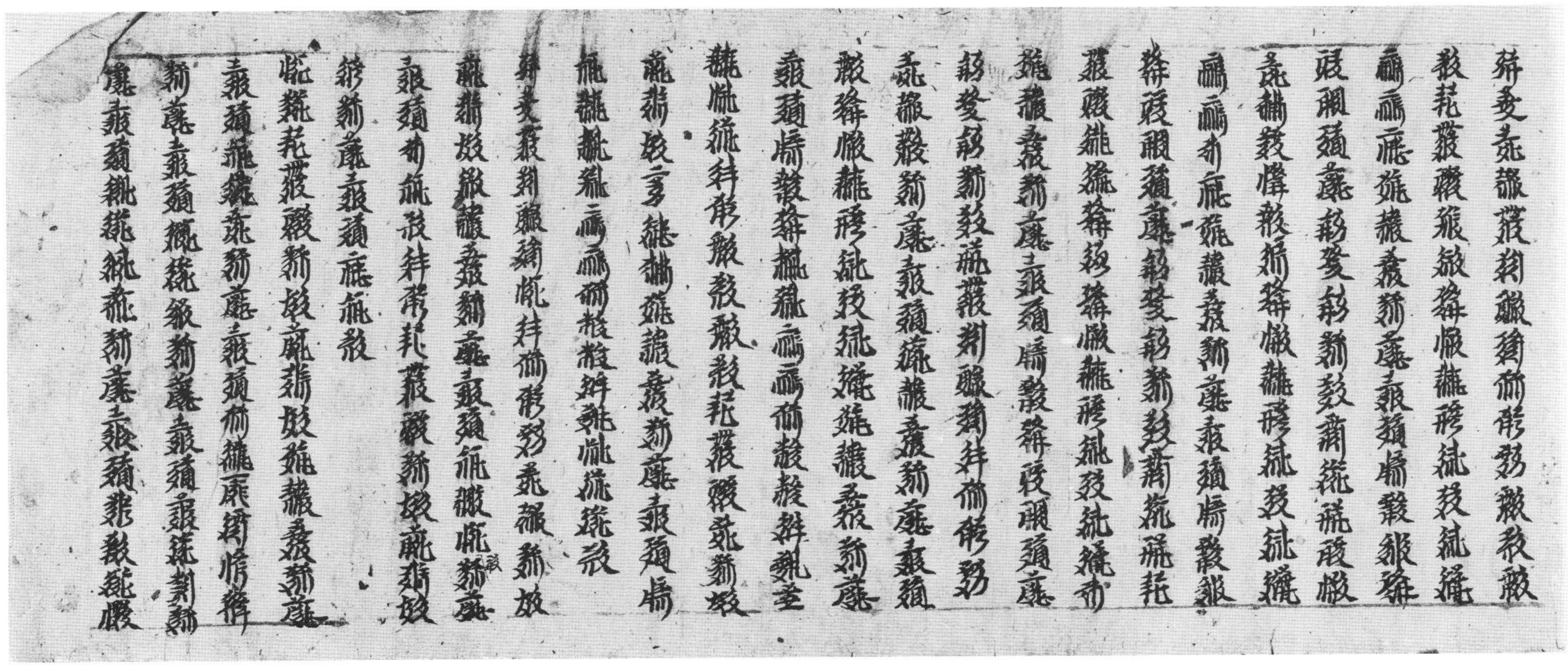

俄 Инв.No.5650 *5747 7066 7372 7644 7656 7669* 佛說佛母出生三法藏般若波羅蜜多經卷第四 (11–7)

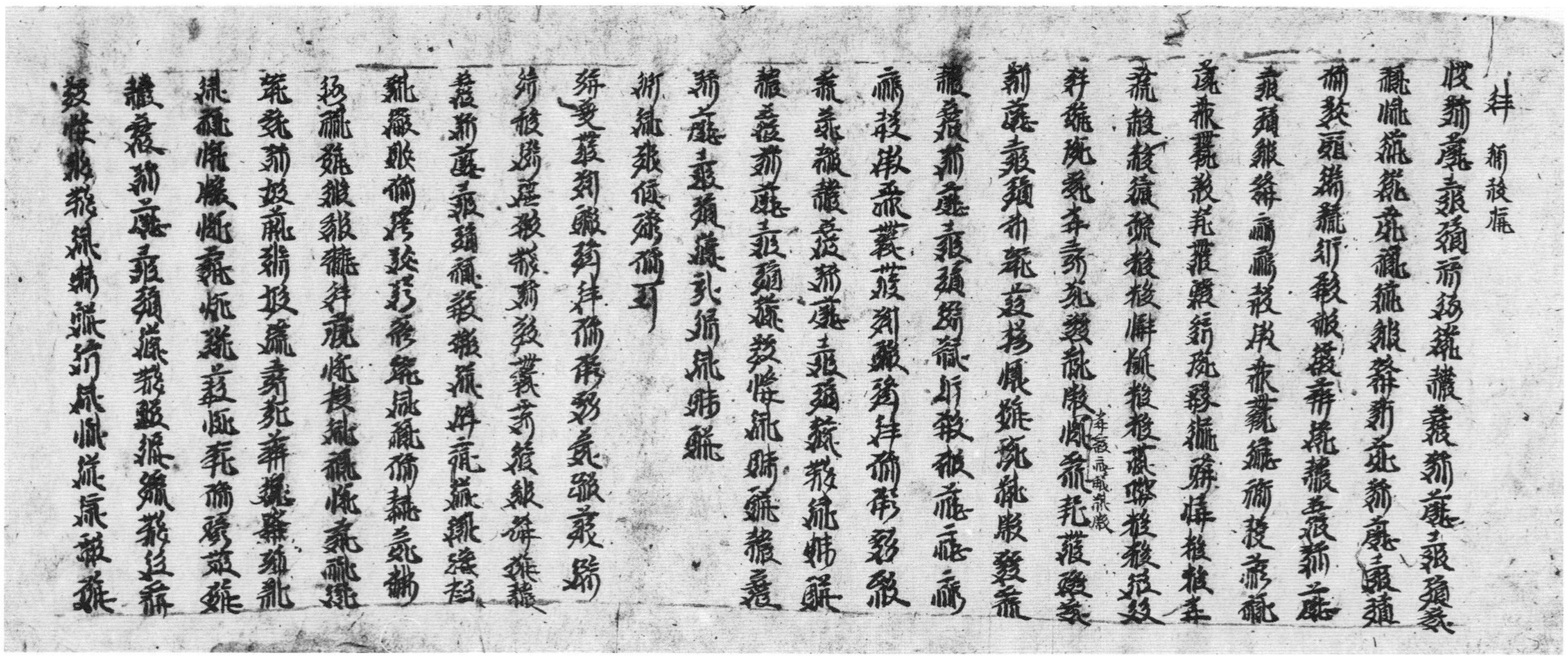

俄 Инв.No.5650 *5747 7066 7372 7644 7656 7669* 佛說佛母出生三法藏般若波羅蜜多經卷第四 (11–8)

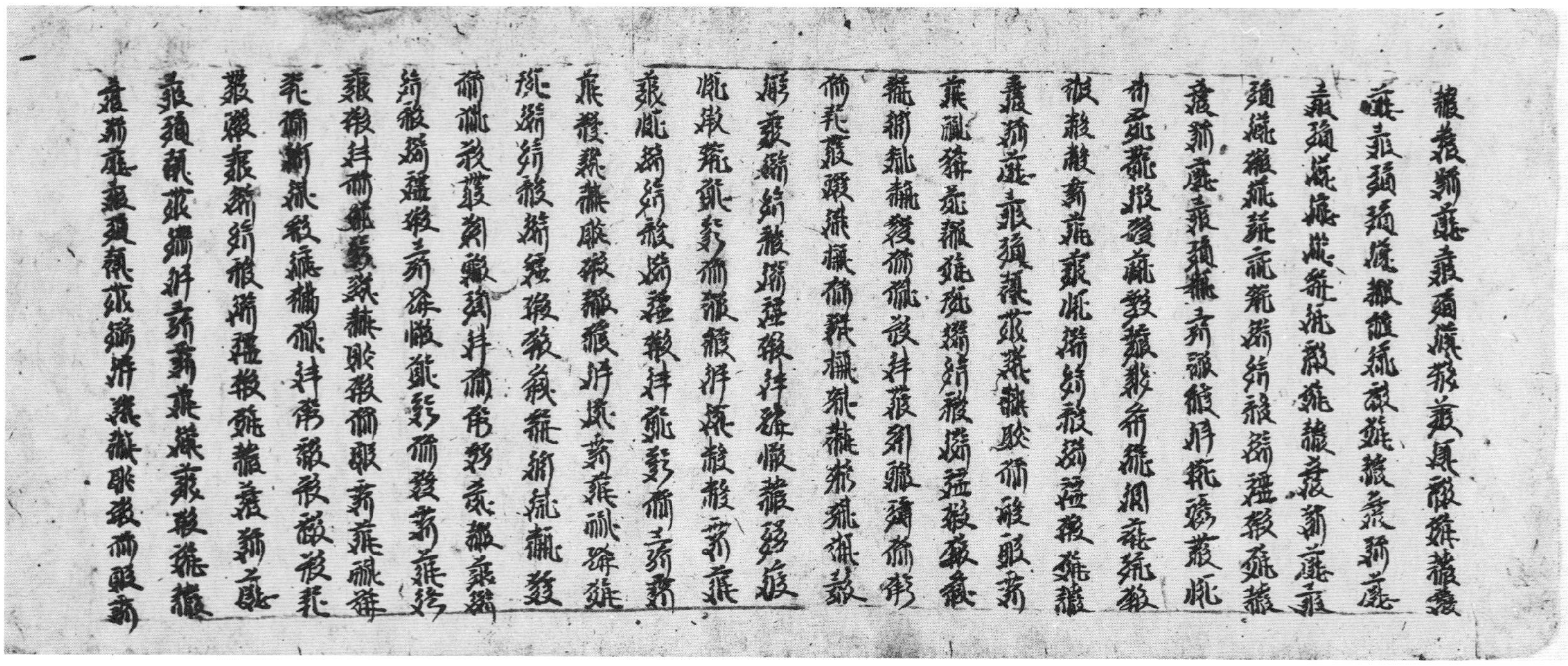

俄 Инв.No.5650 *5747 7066 7372 7644 7656 7669* 佛說佛母出生三法藏般若波羅蜜多經卷第四 (11–9)

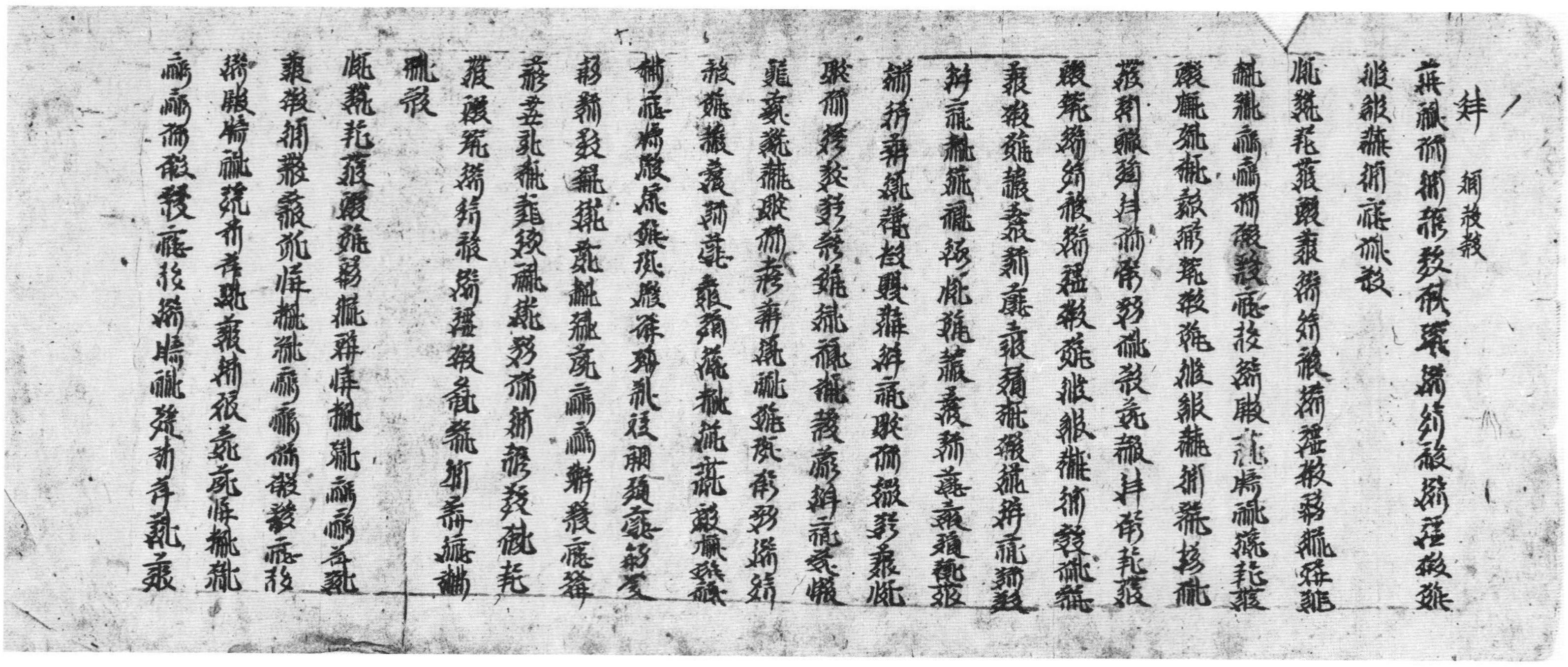

俄 Инв.No.5650 *5747 7066 7372 7644 7656 7669* 佛說佛母出生三法藏般若波羅蜜多經卷第四 (11–10)

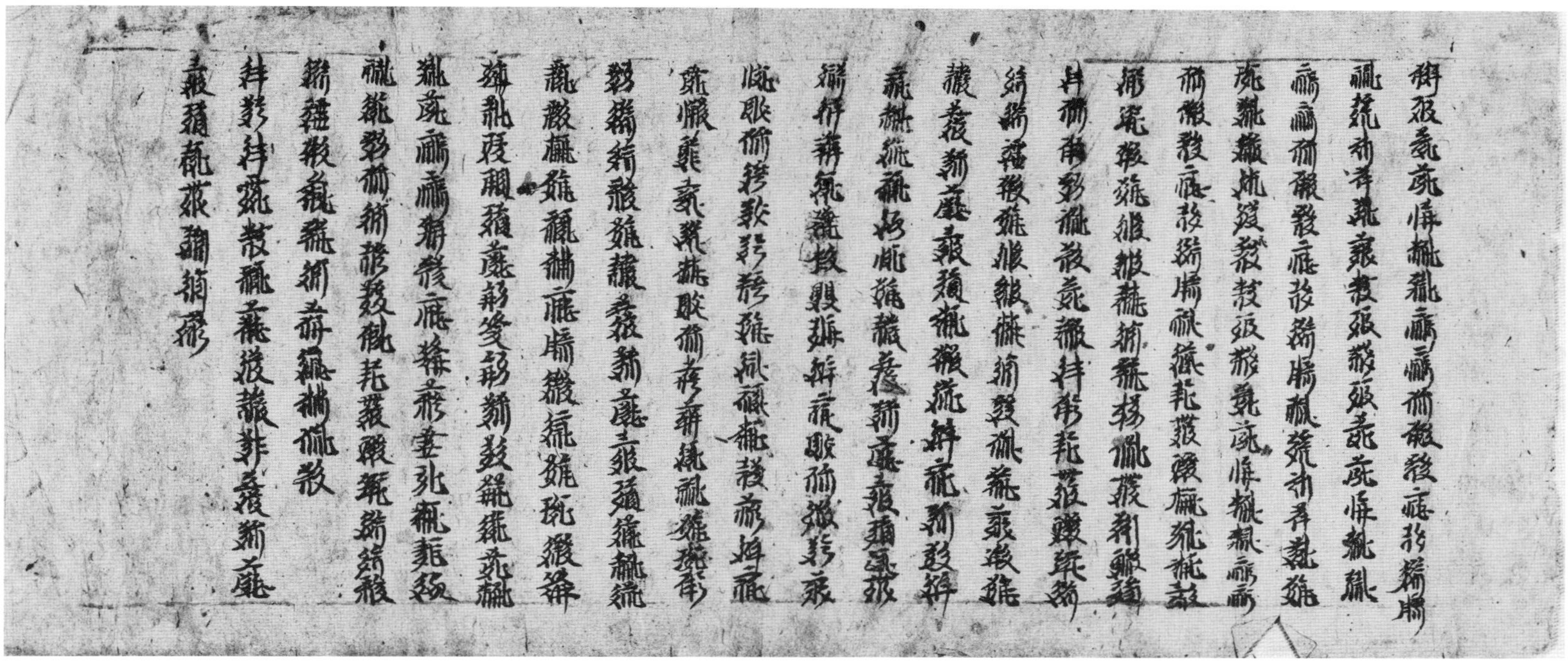

俄 Инв.No.5650 *5747 7066 7372 7644 7656 7669* 佛説佛母出生三法藏般若波羅蜜多經卷第四 (11-11)

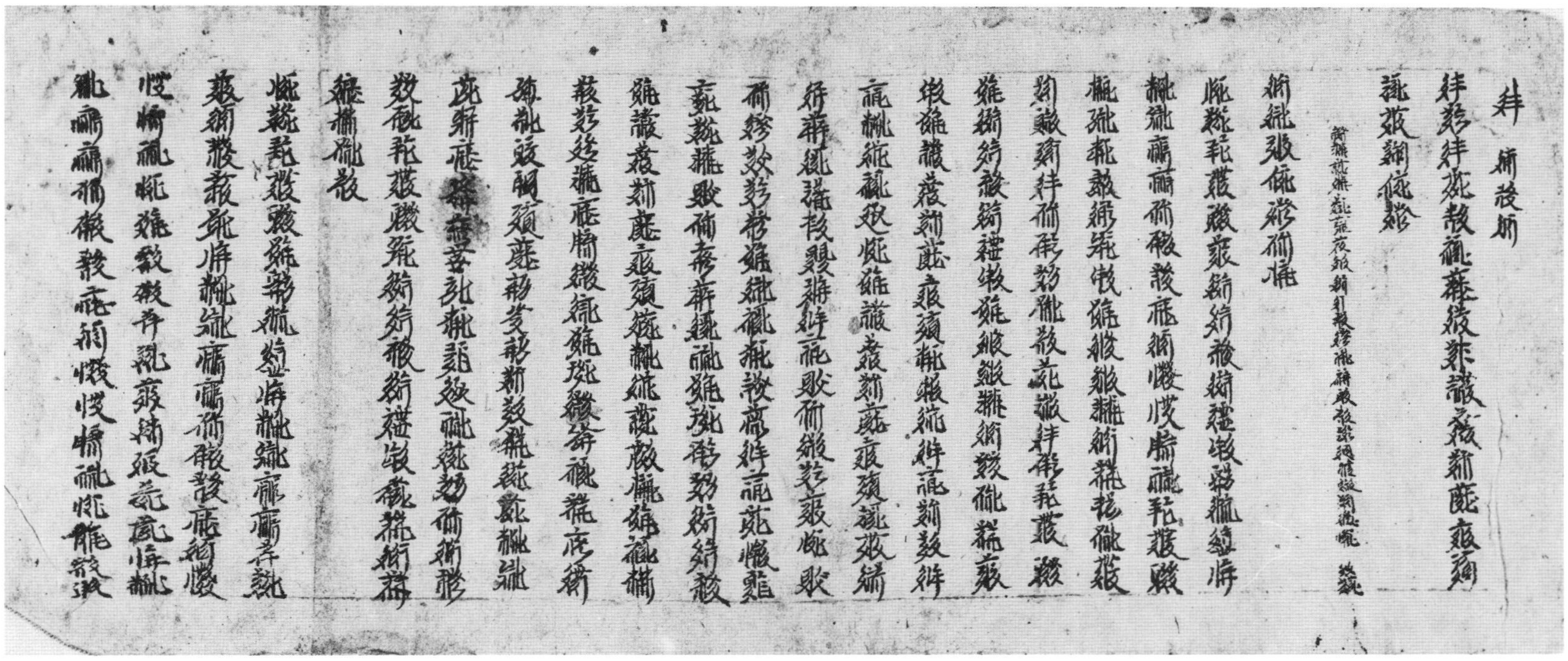

俄 Инв.No.5650 *5747 7066 7372 7644 7656 7669* 佛説佛母出生三法藏般若波羅蜜多經卷第五 (10-1)

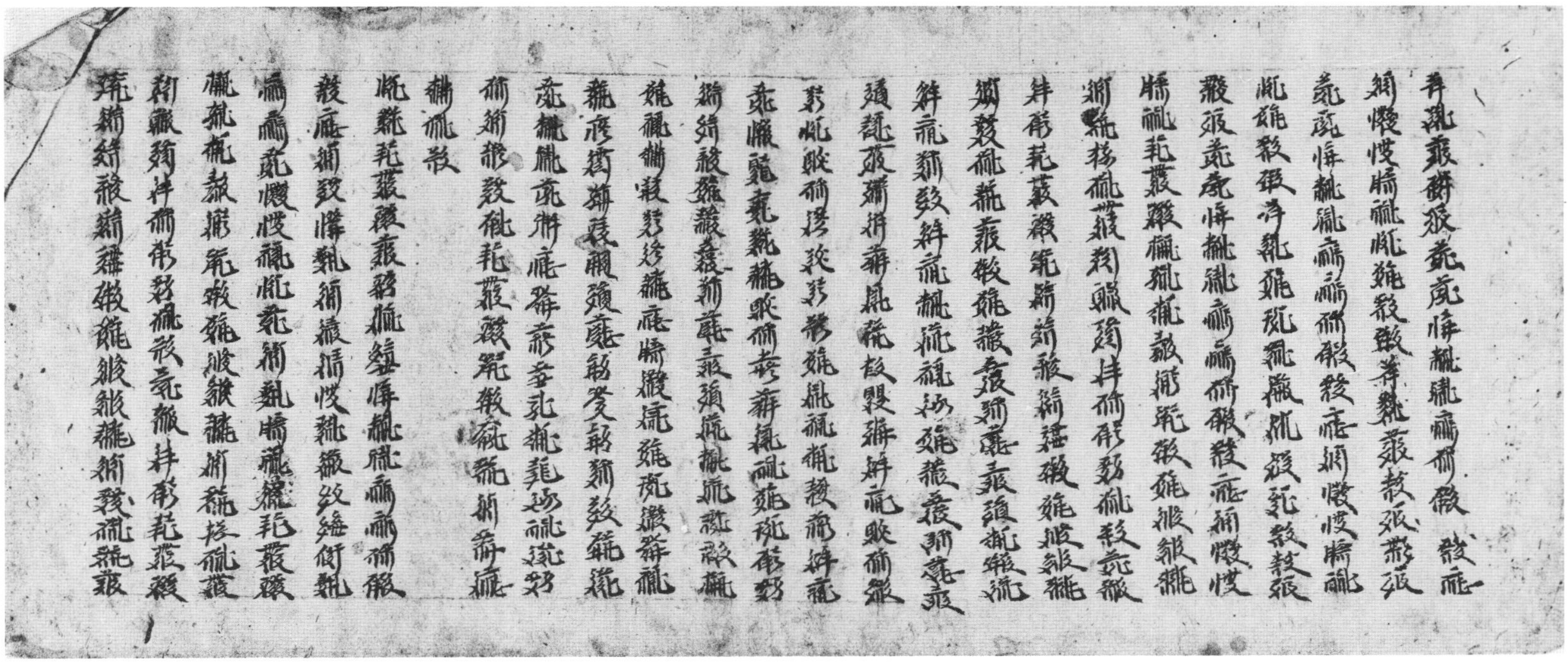

俄 Инв.No.5650 *5747 7066 7372 7644 7656 7669* 佛説佛母出生三法藏般若波羅蜜多經卷第五 (10-2)

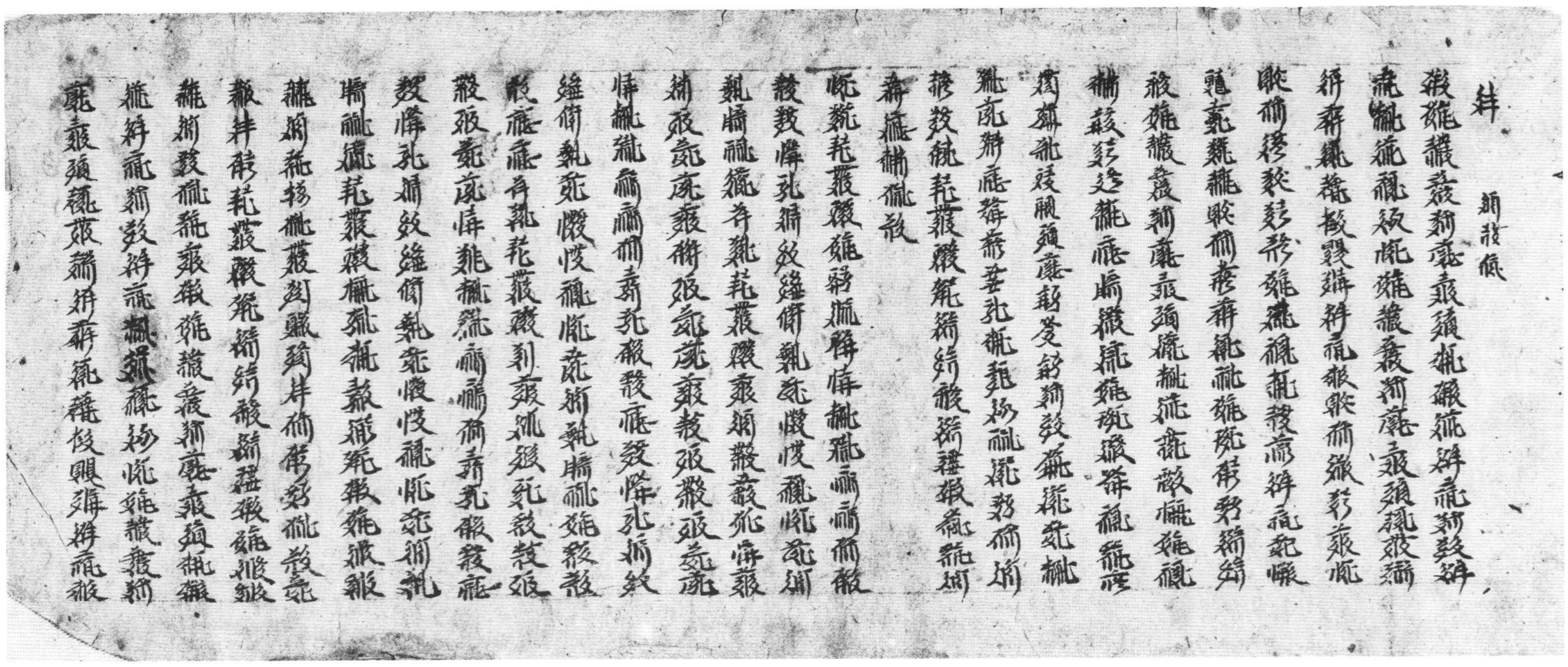

俄 Инв.No.5650 *5747 7066 7372 7644 7656 7669* 佛説佛母出生三法藏般若波羅蜜多經卷第五 (10-3)

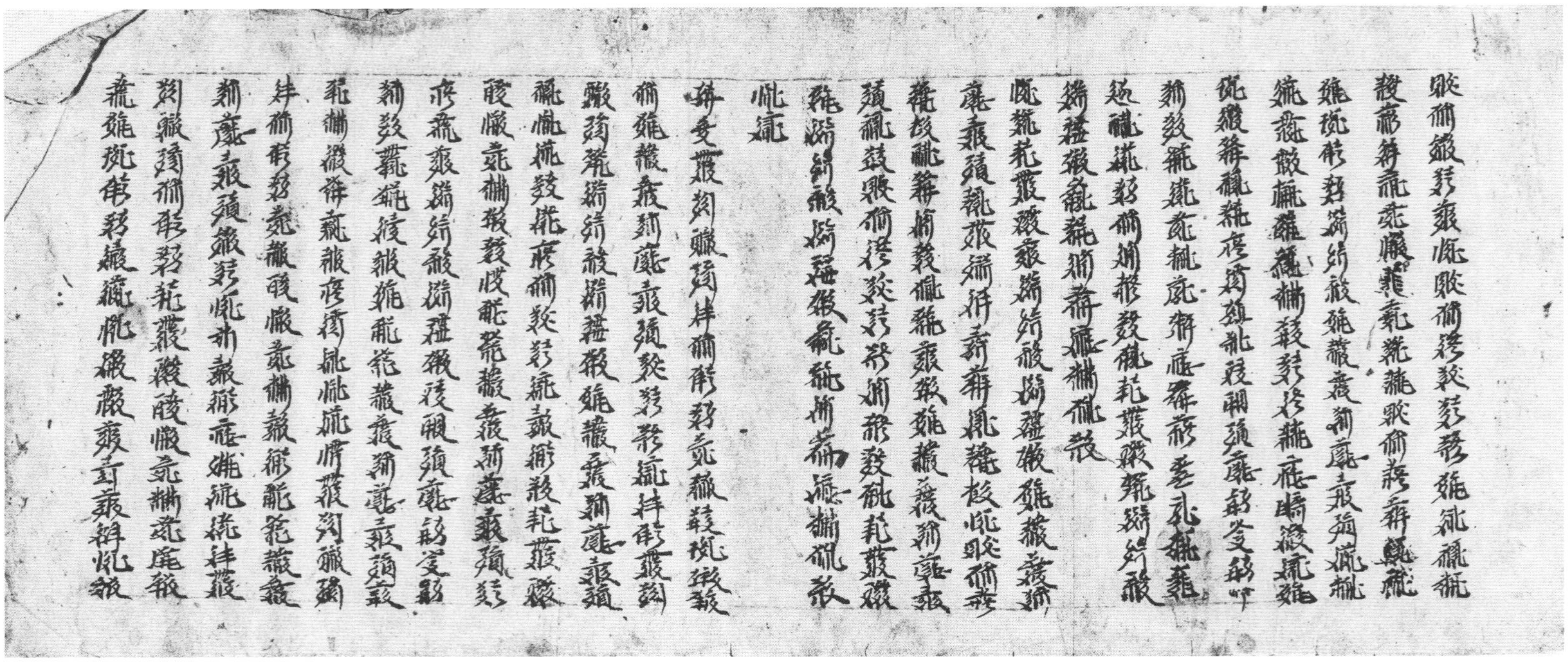

俄 Инв.No.5650 *5747 7066 7372 7644 7656 7669* 佛説佛母出生三法藏般若波羅蜜多經卷第五 (10-4)

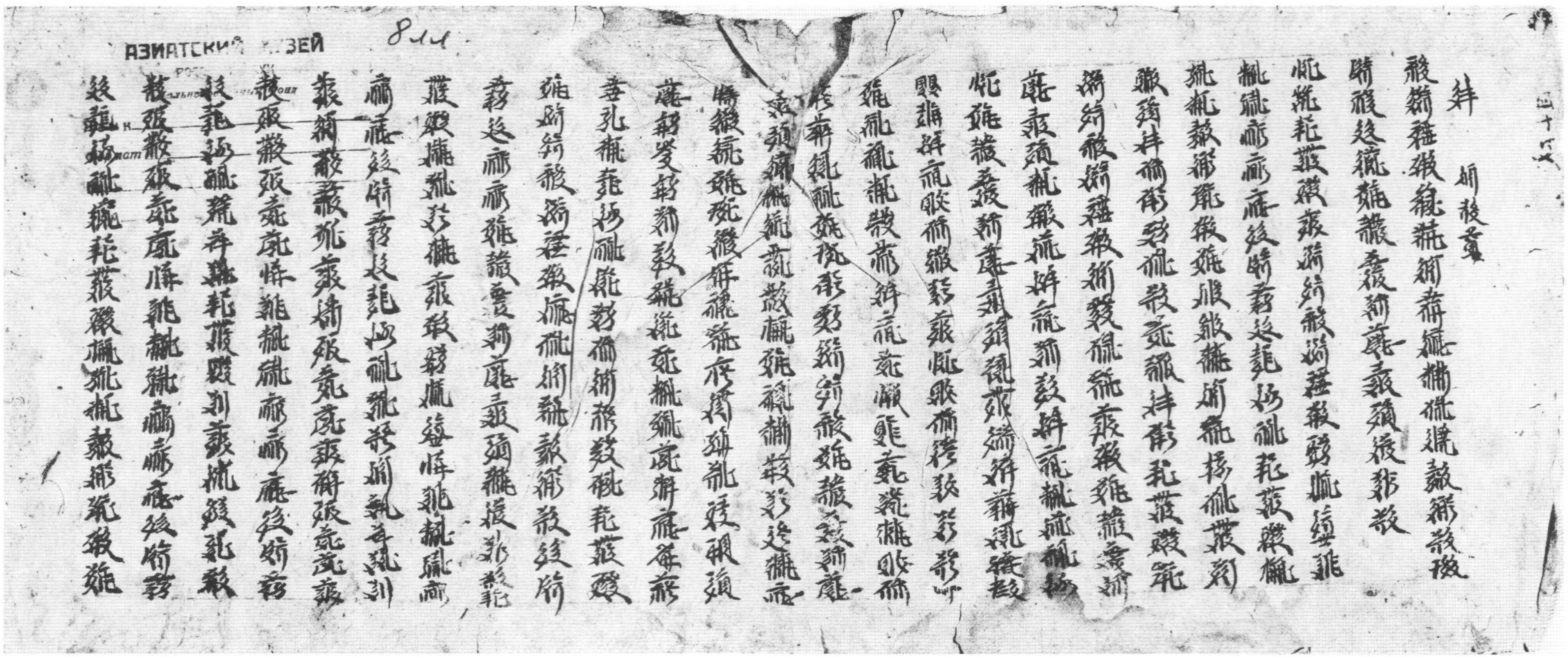

俄 Инв.No.5650 *5747 7066 7372 7644 7656 7669* 佛説佛母出生三法藏般若波羅蜜多經卷第五 (10-5)

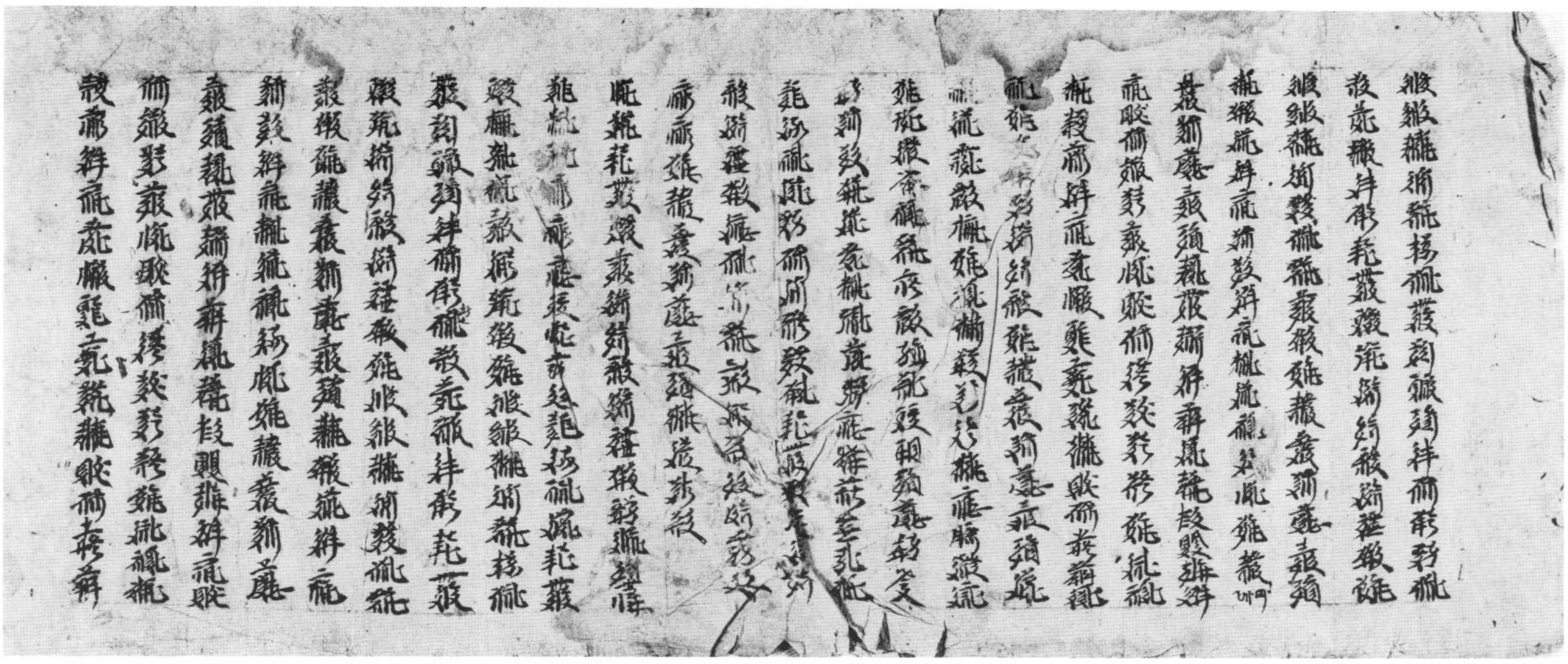

俄 Инв.No.5650 *5747 7066 7372 7644 7656 7669* 佛説佛母出生三法藏般若波羅蜜多經卷第五 (10-6)

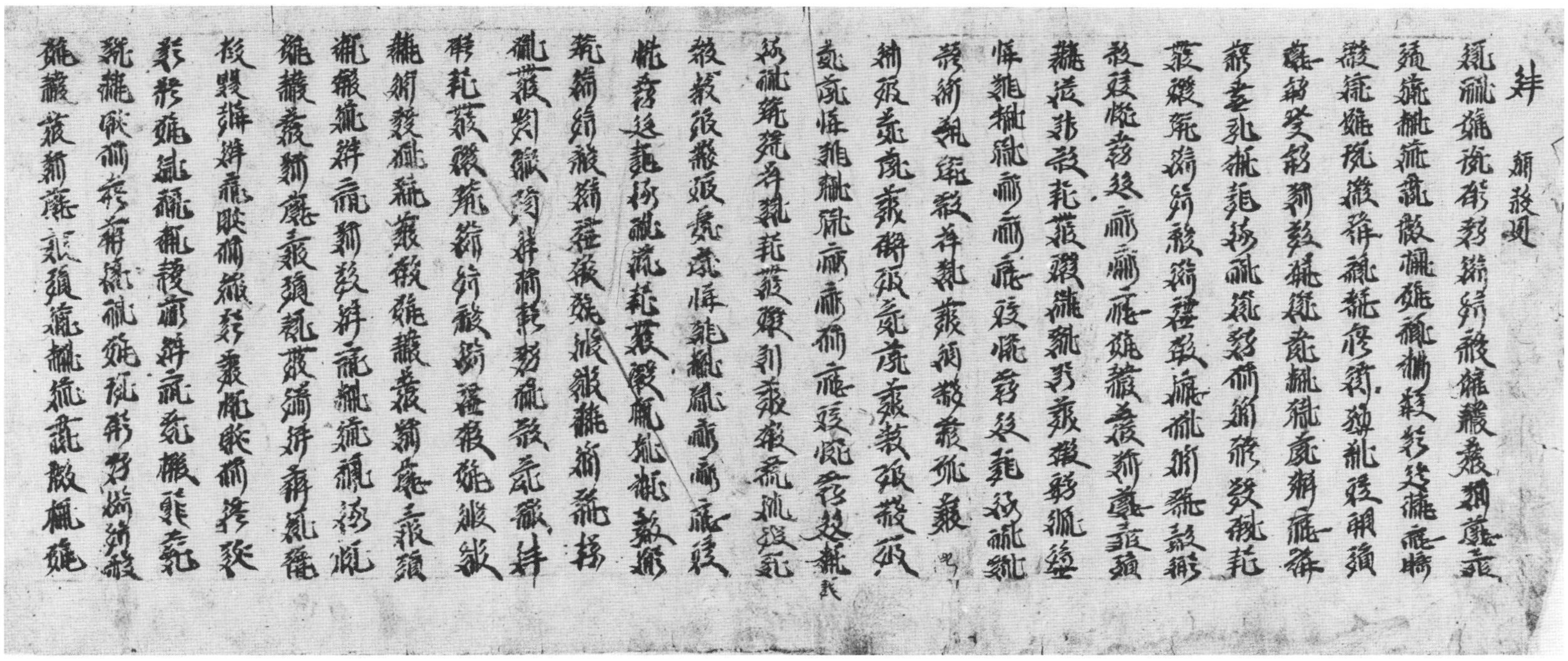

俄 Инв.No.5650 *5747 7066 7372 7644 7656 7669* 佛説佛母出生三法藏般若波羅蜜多經卷第五 (10-7)

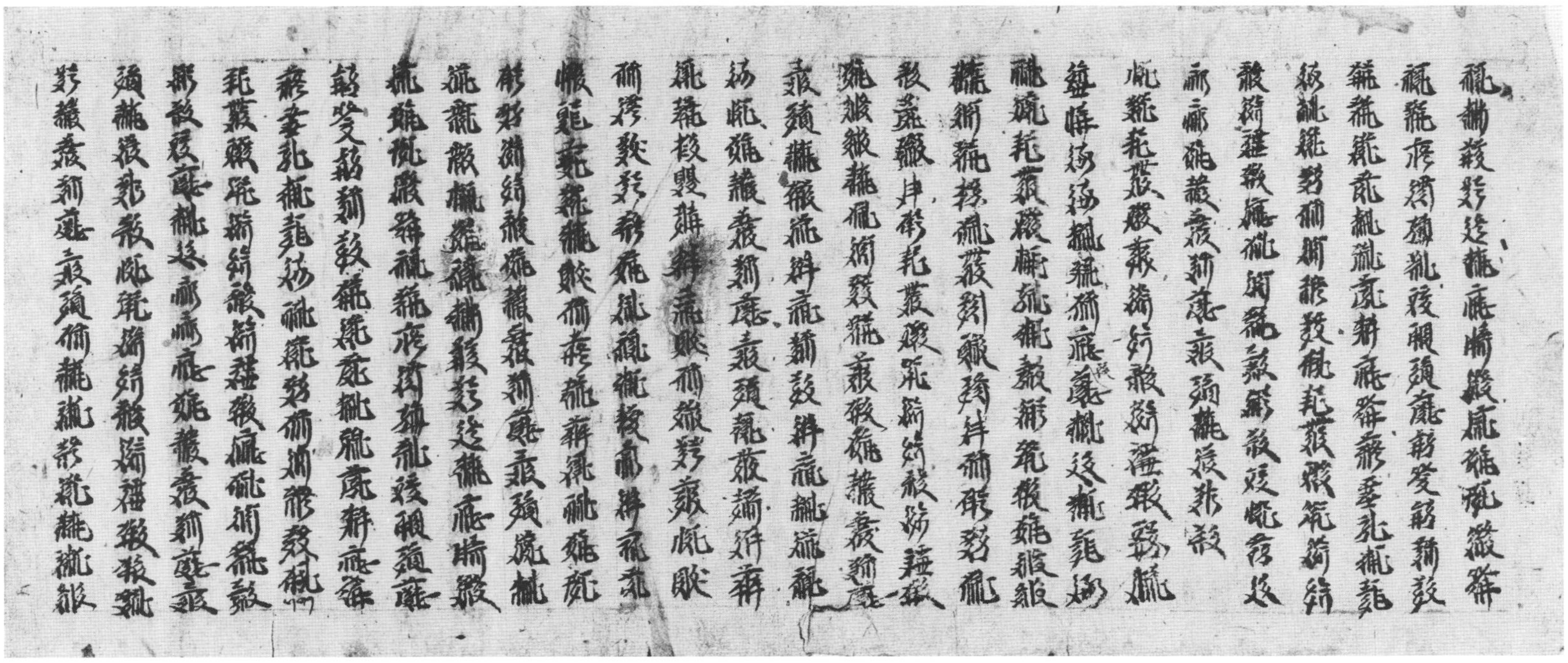

俄 Инв.No.5650 *5747 7066 7372 7644 7656 7669* 佛説佛母出生三法藏般若波羅蜜多經卷第五 (10-8)

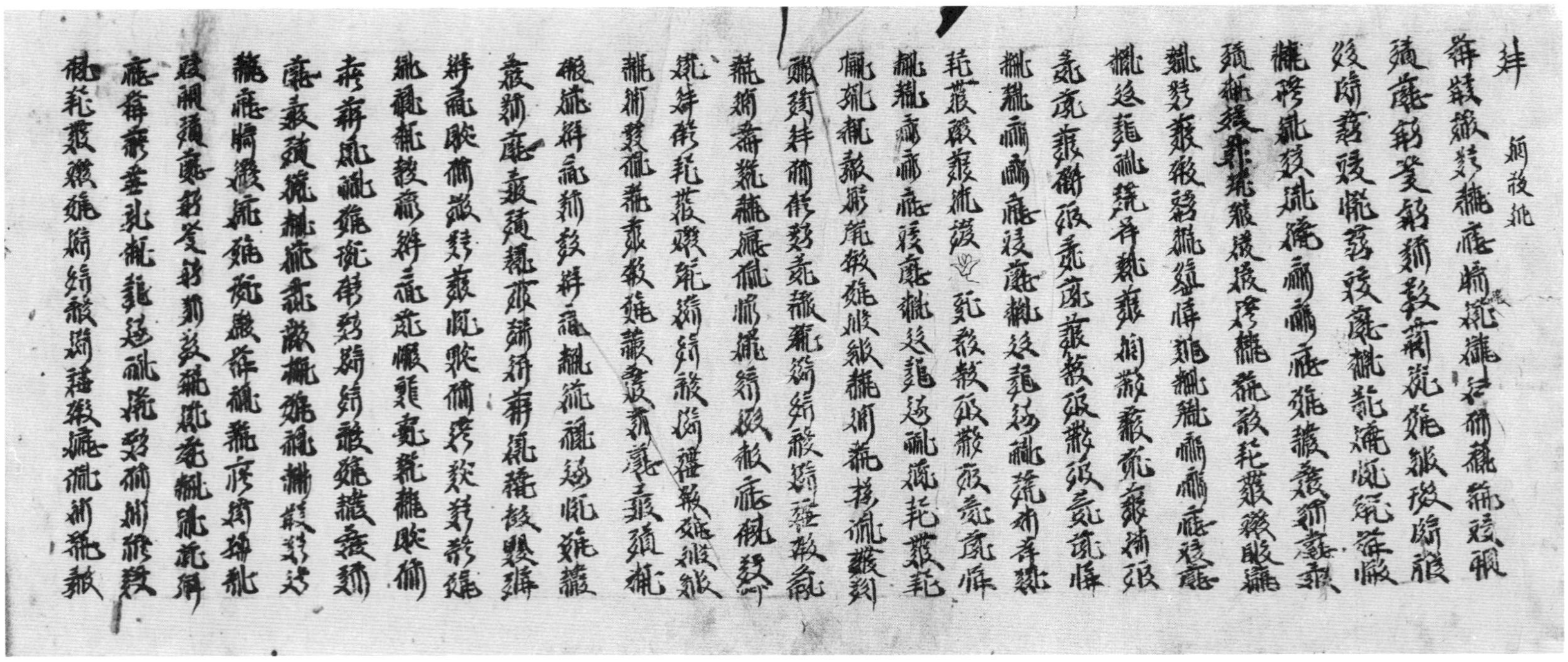

俄 Инв.No.5650 *5747 7066 7372 7644 7656 7669* 佛説佛母出生三法藏般若波羅蜜多經卷第五 (10–9)

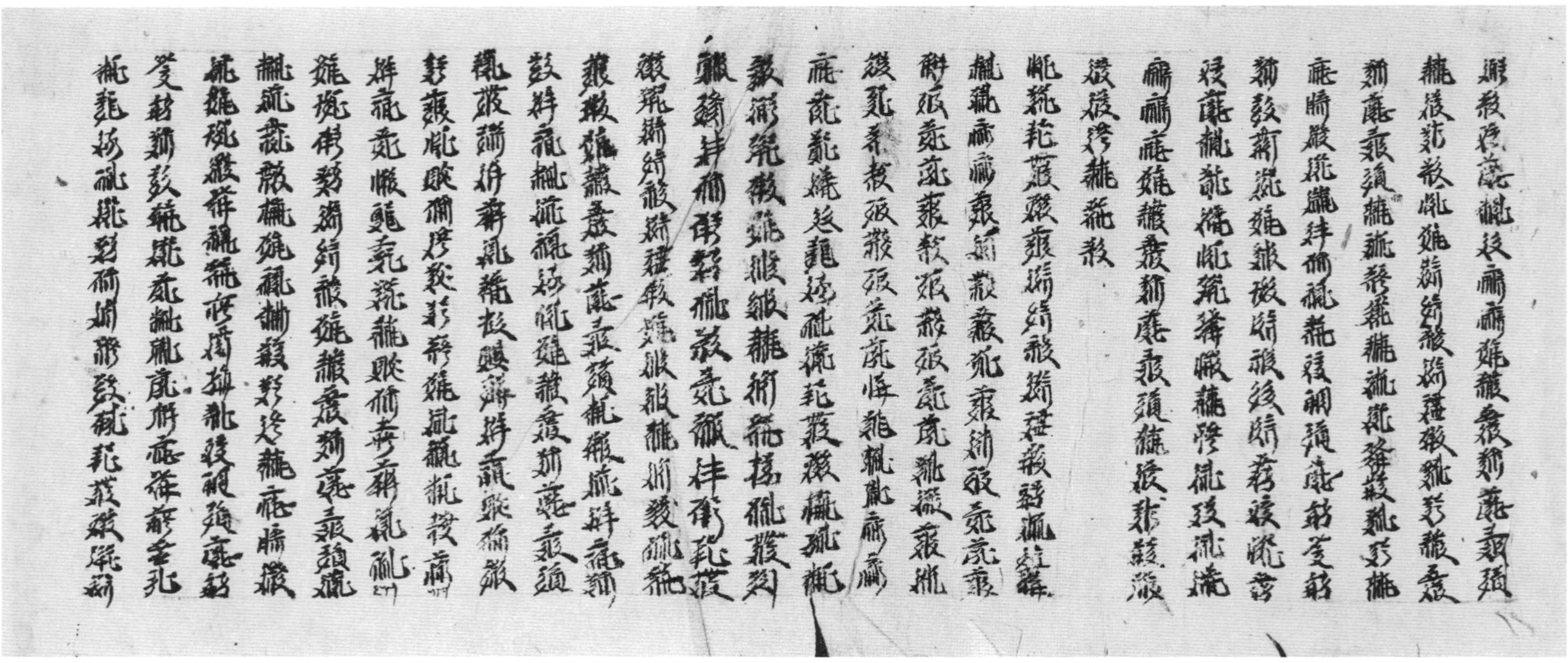

俄 Инв.No.5650 *5747 7066 7372 7644 7656 7669* 佛説佛母出生三法藏般若波羅蜜多經卷第五 (10–10)

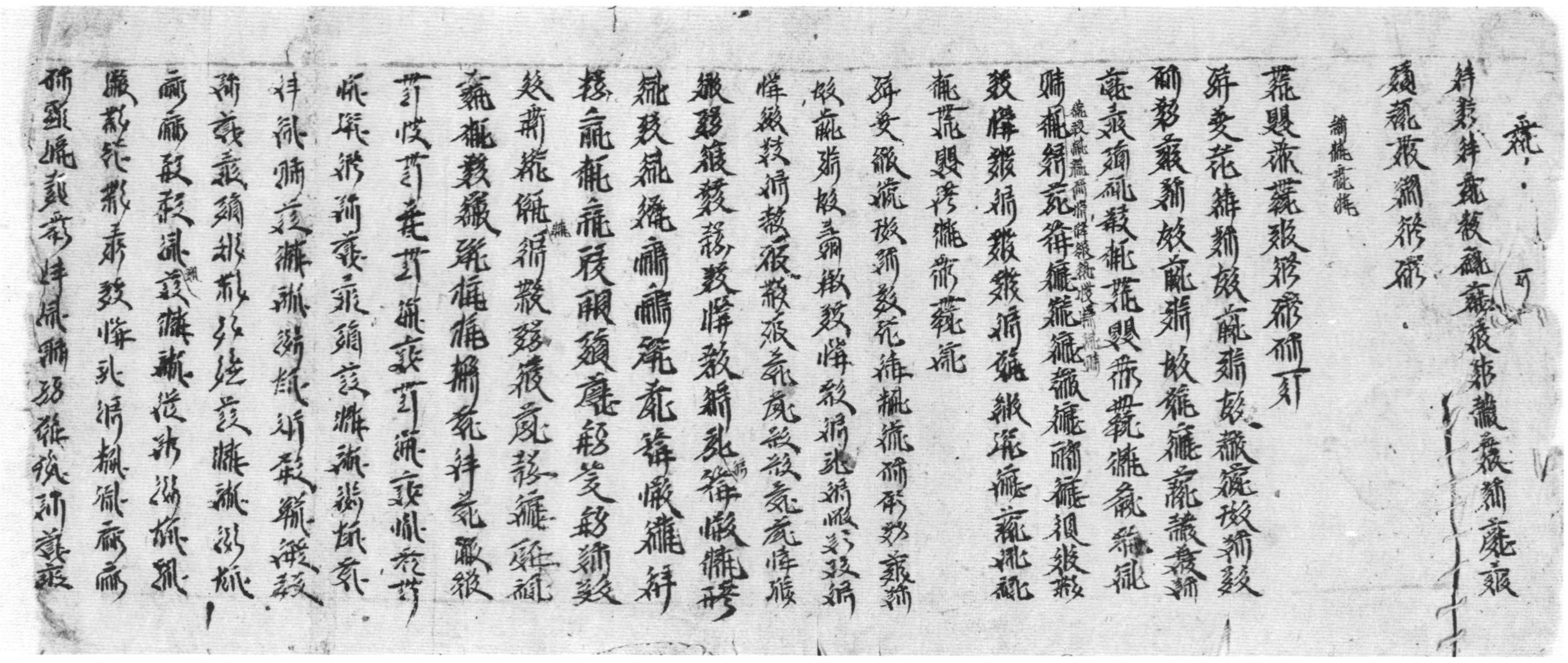

俄 Инв.No.5650 *5747 7066 7372 7644 7656 7669* 佛説佛母出生三法藏般若波羅蜜多經卷第六 (14–1)

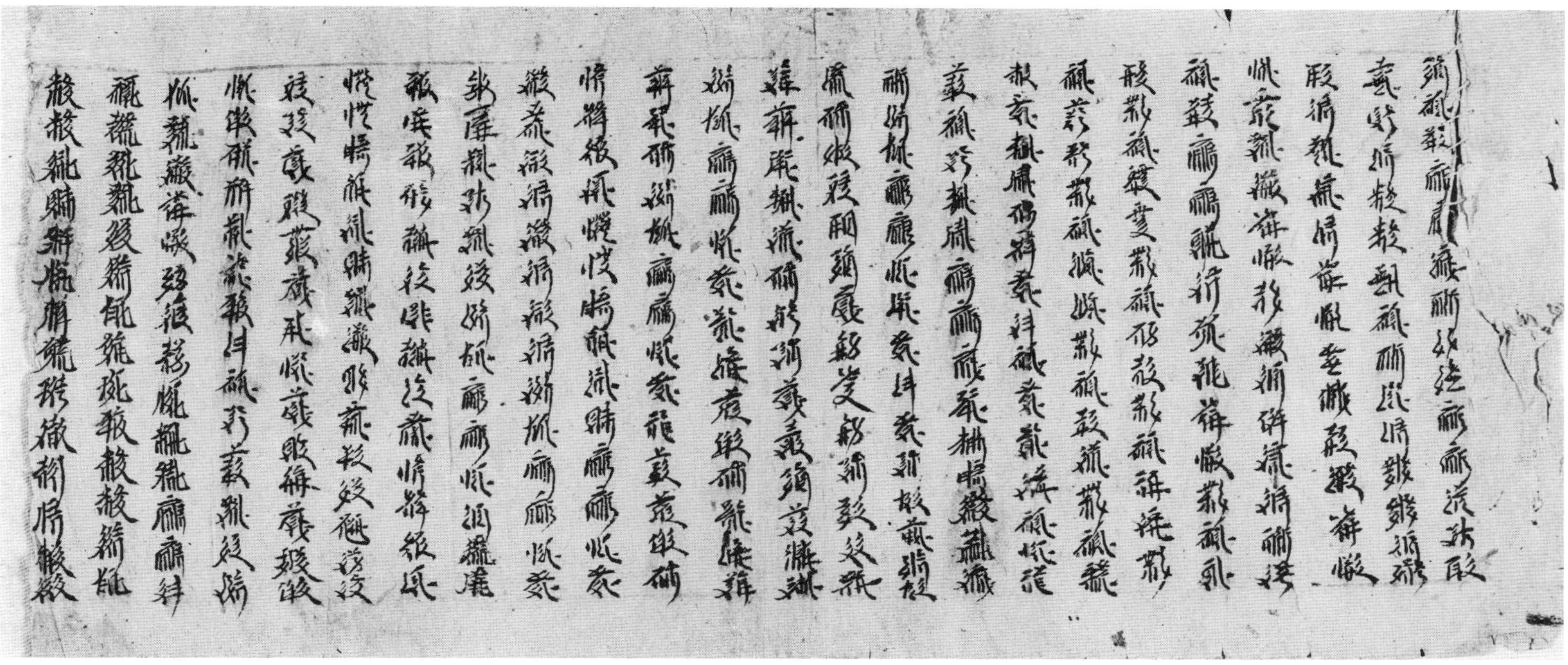

俄 Инв.No.5650 *5747 7066 7372 7644 7656 7669* 佛説佛母出生三法藏般若波羅蜜多經卷第六 (14-2)

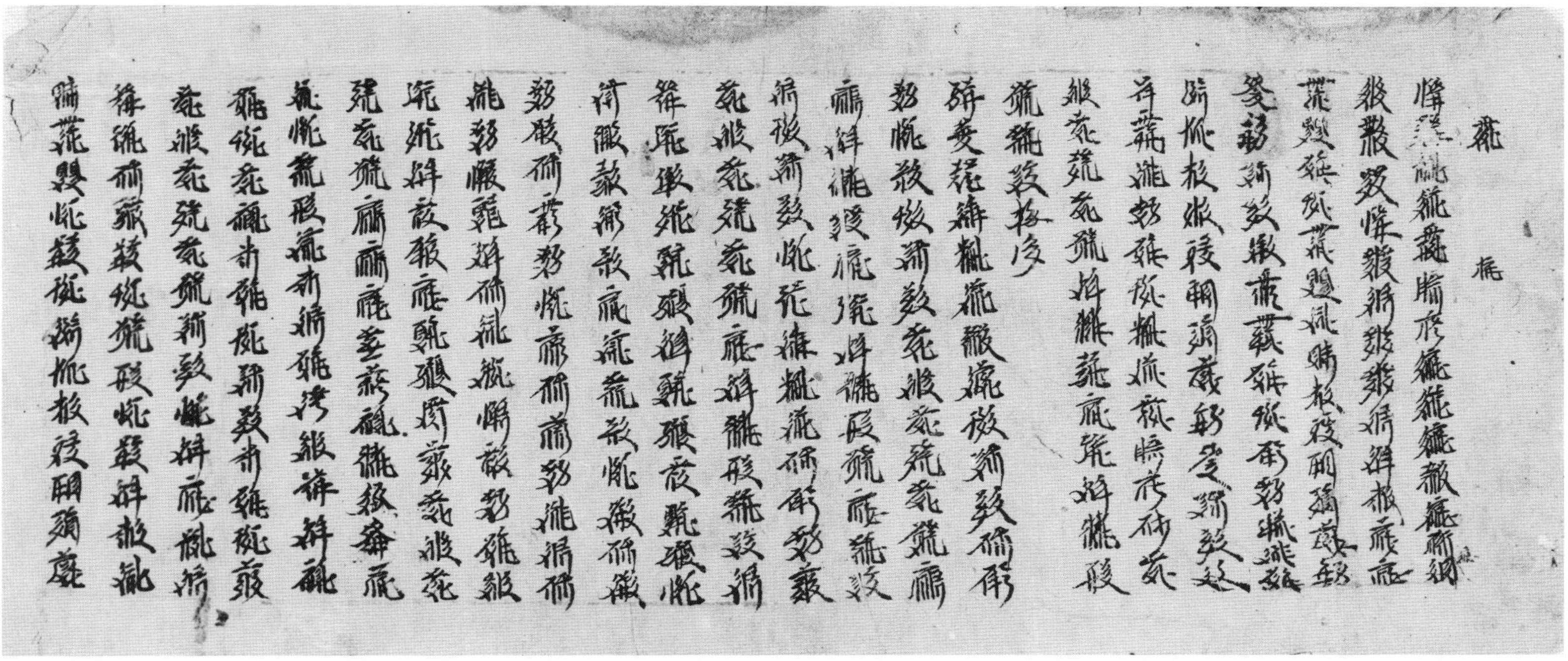

俄 Инв.No.5650 *5747 7066 7372 7644 7656 7669* 佛説佛母出生三法藏般若波羅蜜多經卷第六 (14-3)

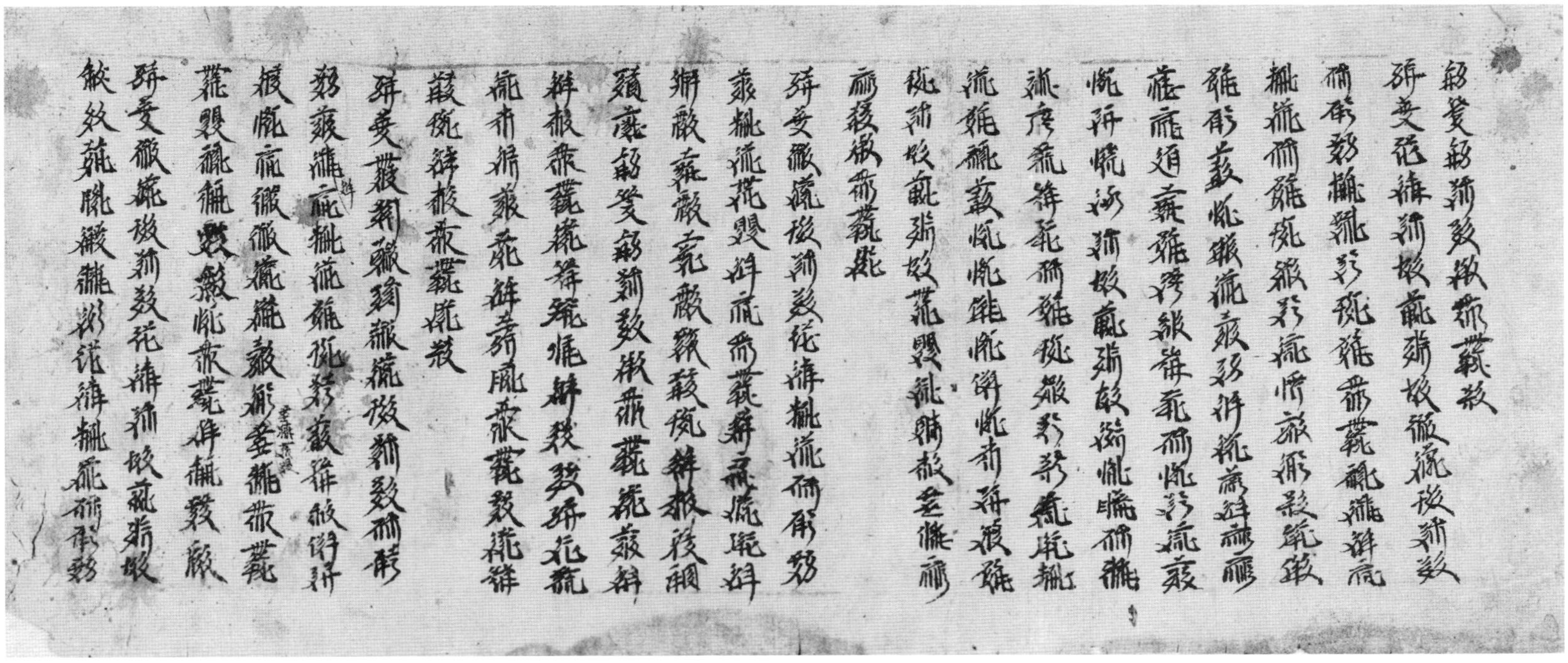

俄 Инв.No.5650 *5747 7066 7372 7644 7656 7669* 佛説佛母出生三法藏般若波羅蜜多經卷第六 (14-4)

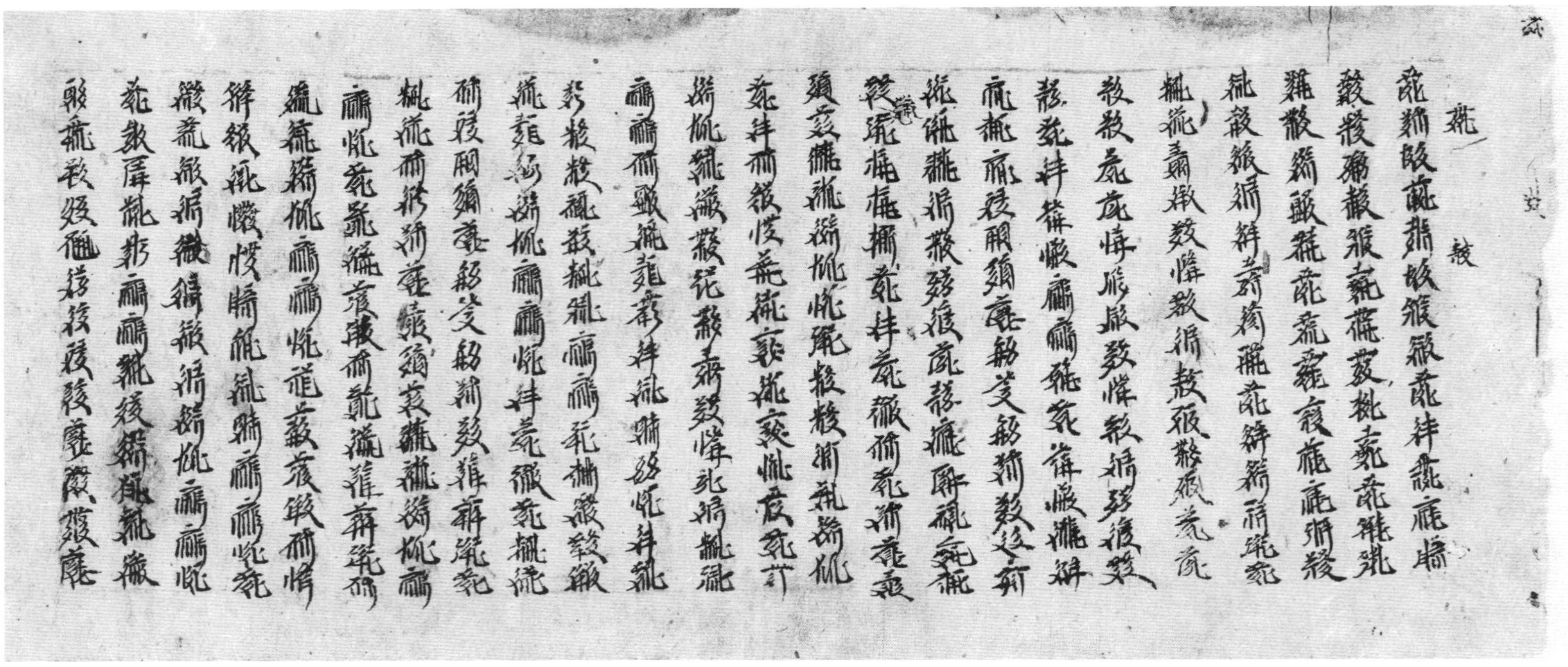

俄 Инв.No.5650 *5747 7066 7372 7644 7656 7669* 佛説佛母出生三法藏般若波羅蜜多經卷第六 (14–5)

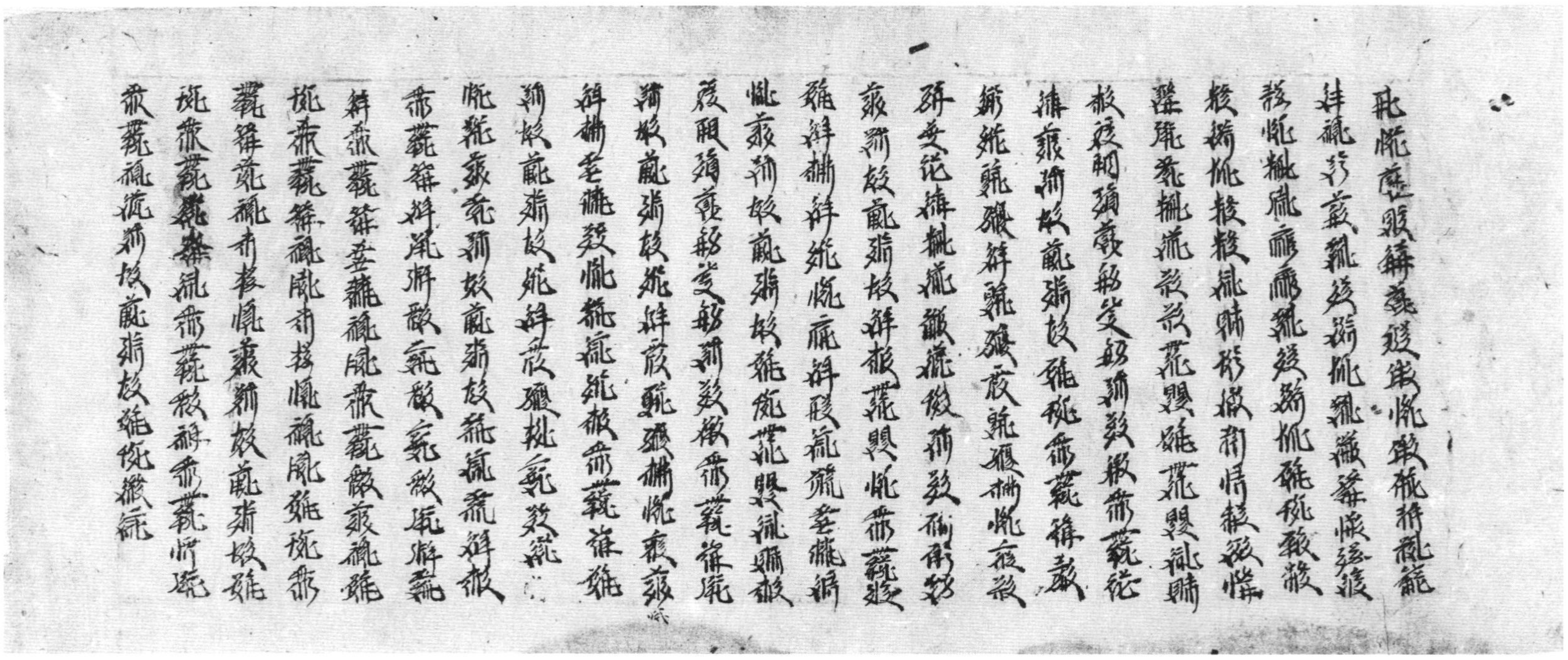

俄 Инв.No.5650 *5747 7066 7372 7644 7656 7669* 佛説佛母出生三法藏般若波羅蜜多經卷第六 (14–6)

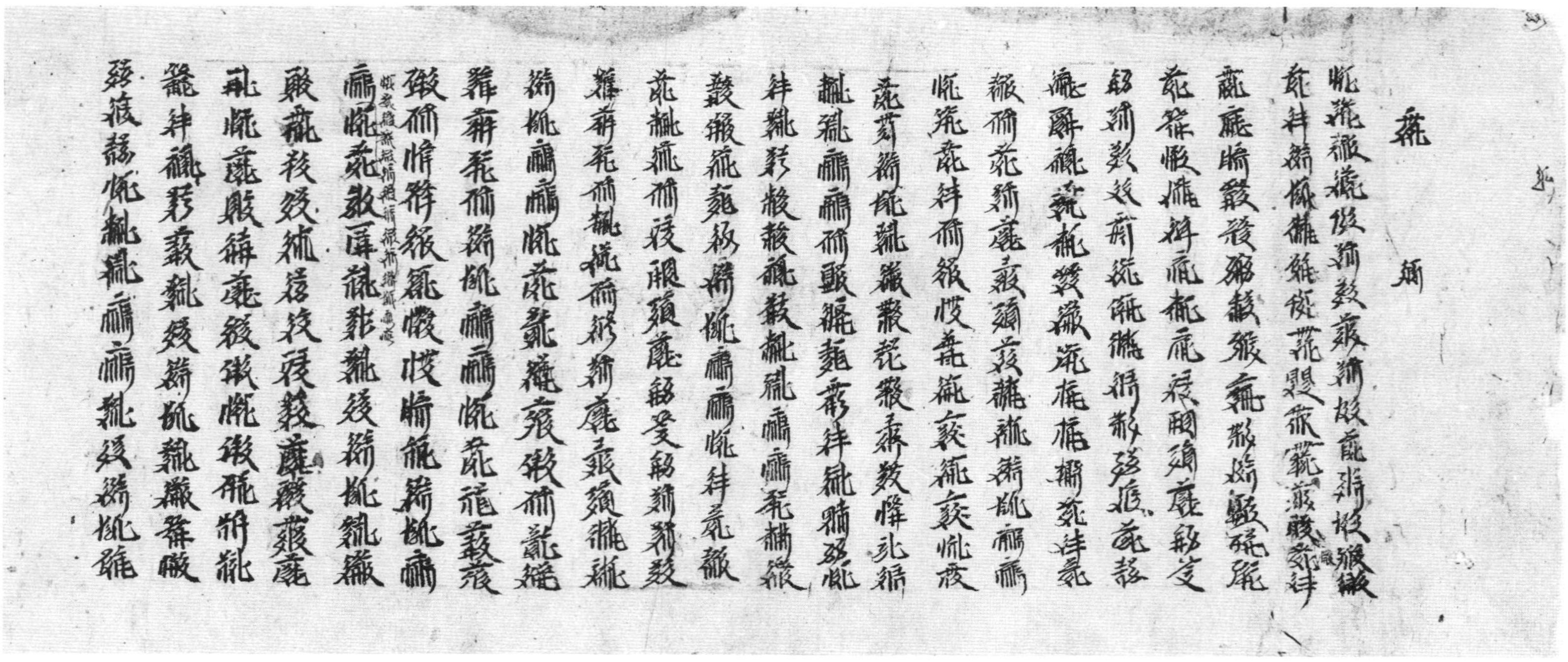

俄 Инв.No.5650 *5747 7066 7372 7644 7656 7669* 佛説佛母出生三法藏般若波羅蜜多經卷第六 (14–7)

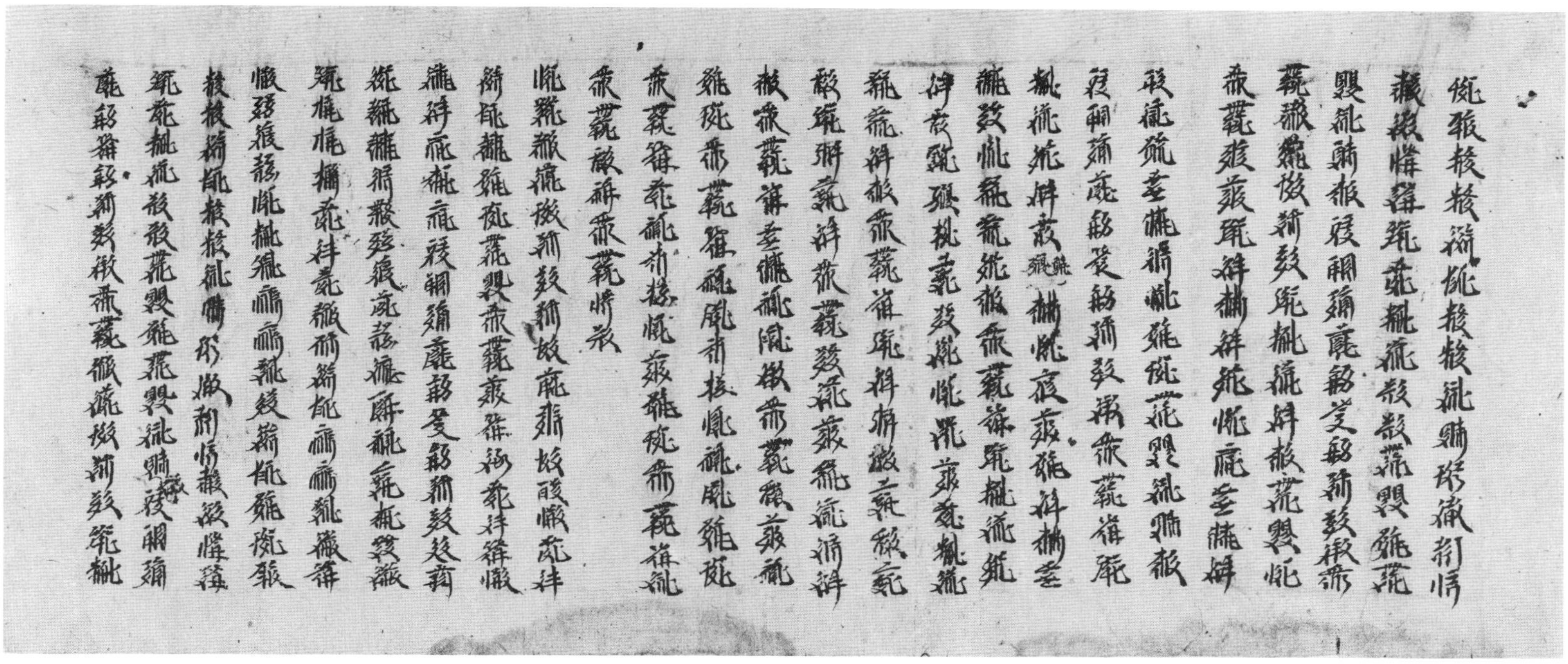

俄 Инв.No.5650 *5747 7066 7372 7644 7656 7669* 佛説佛母出生三法藏般若波羅蜜多經卷第六 (14-8)

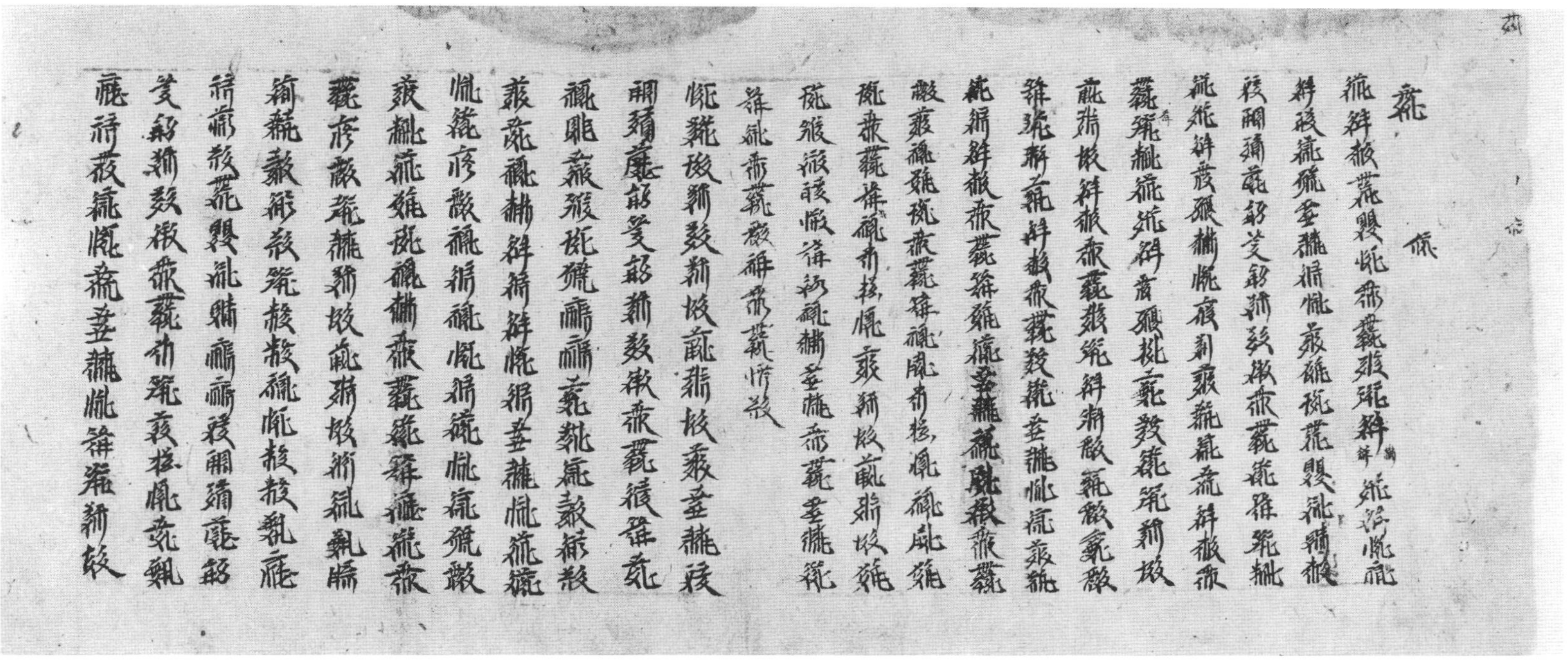

俄 Инв.No.5650 *5747 7066 7372 7644 7656 7669* 佛説佛母出生三法藏般若波羅蜜多經卷第六 (14-9)

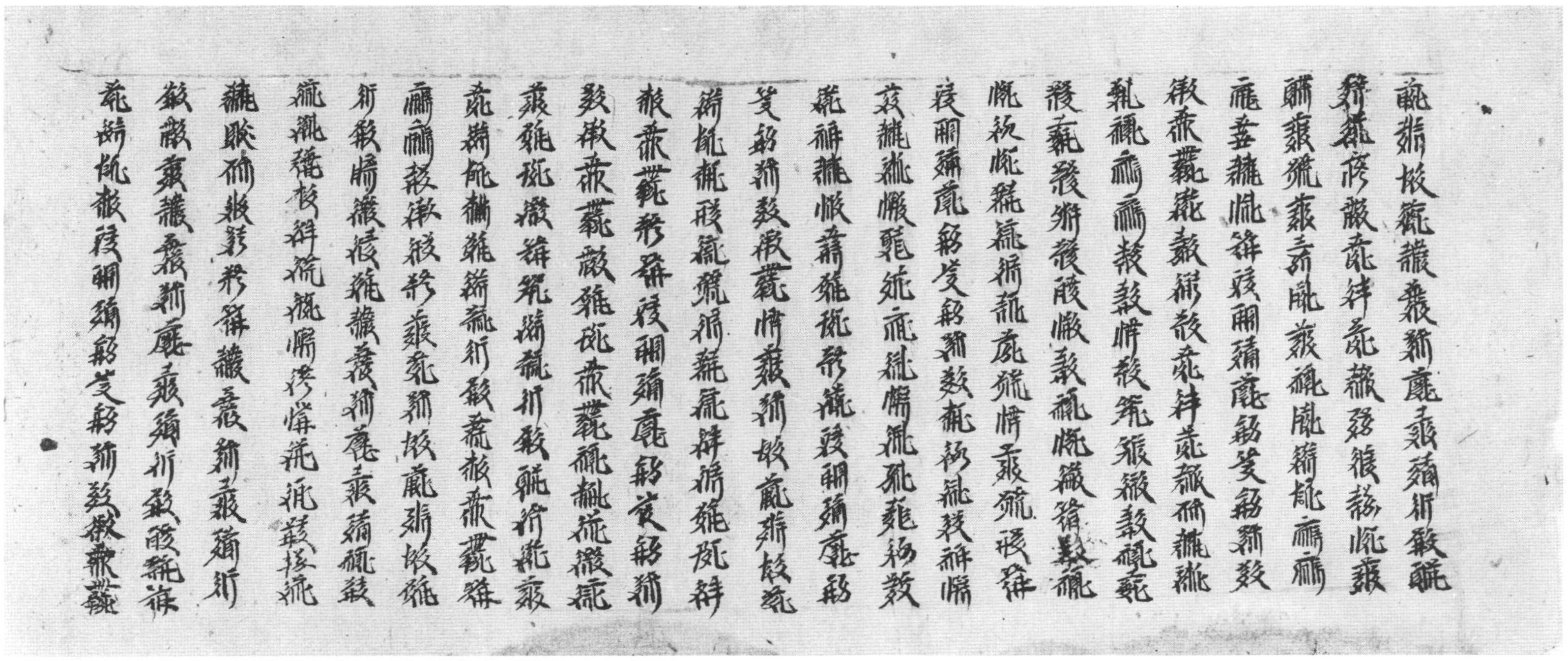

俄 Инв.No.5650 *5747 7066 7372 7644 7656 7669* 佛説佛母出生三法藏般若波羅蜜多經卷第六 (14-10)

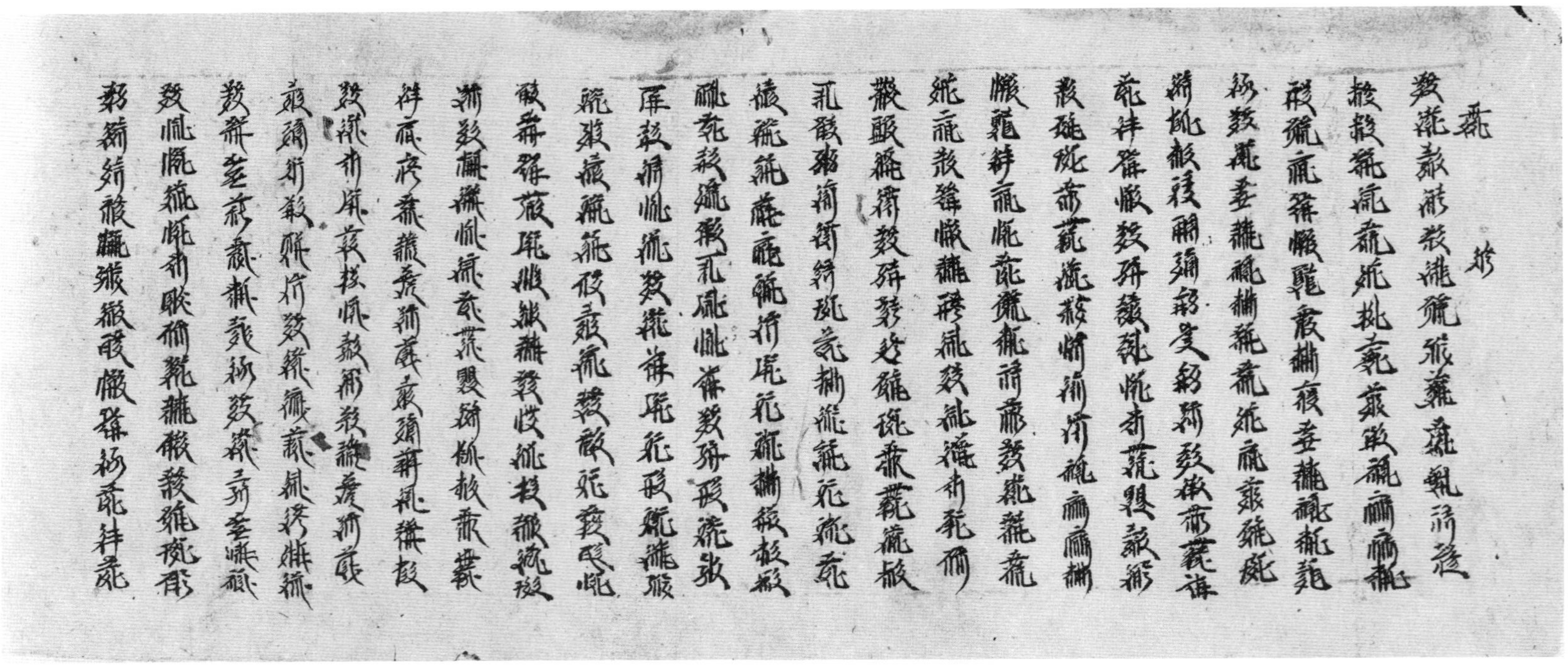

俄 Инв.No.5650 *5747 7066 7372 7644 7656 7669* 佛説佛母出生三法藏般若波羅蜜多經卷第六 (14-11)

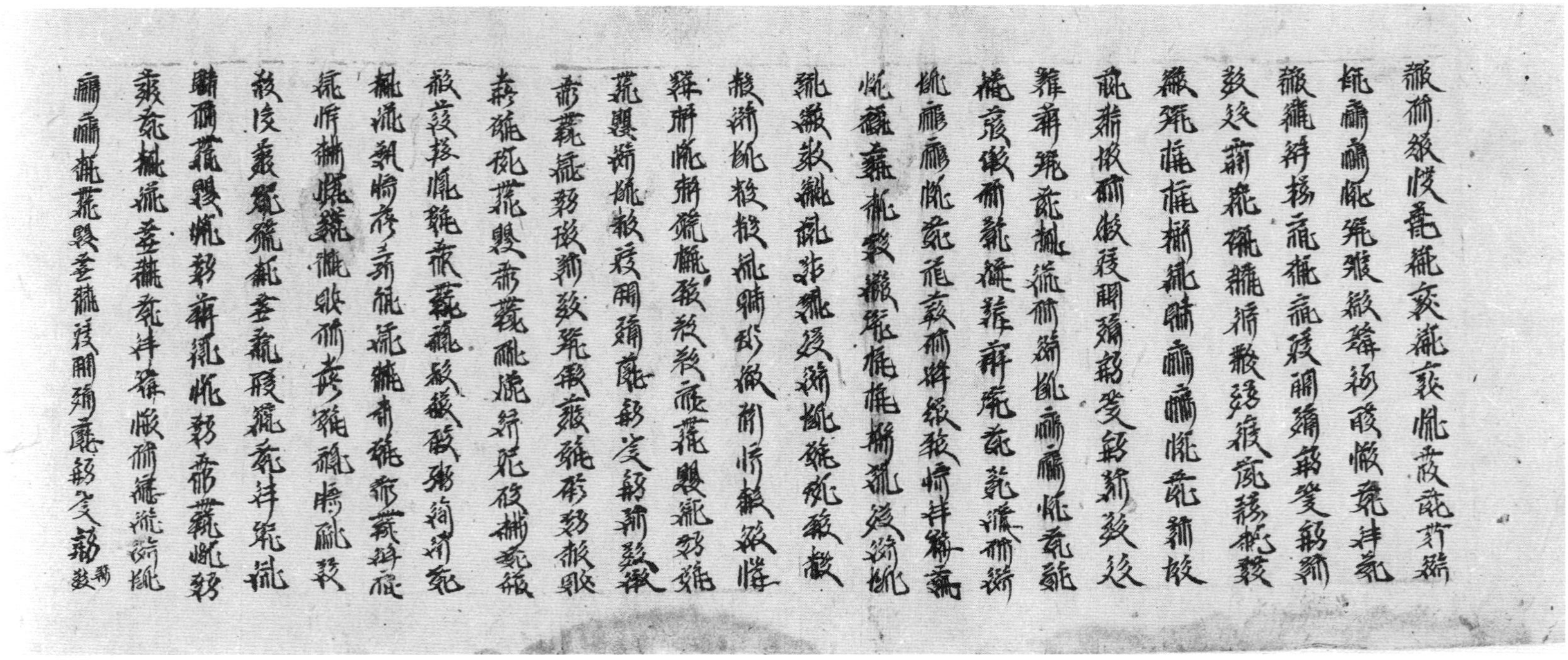

俄 Инв.No.5650 *5747 7066 7372 7644 7656 7669* 佛説佛母出生三法藏般若波羅蜜多經卷第六 (14-12)

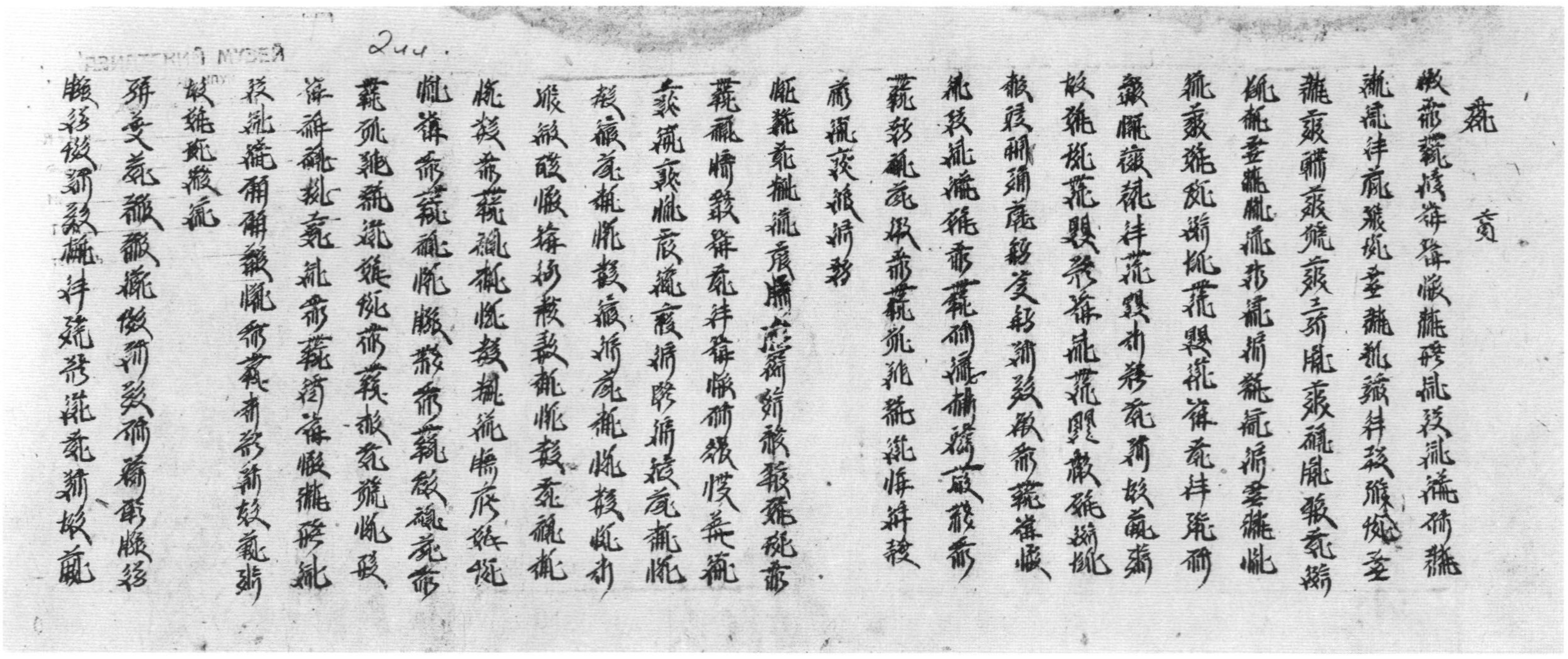

俄 Инв.No.5650 *5747 7066 7372 7644 7656 7669* 佛説佛母出生三法藏般若波羅蜜多經卷第六 (14-13)

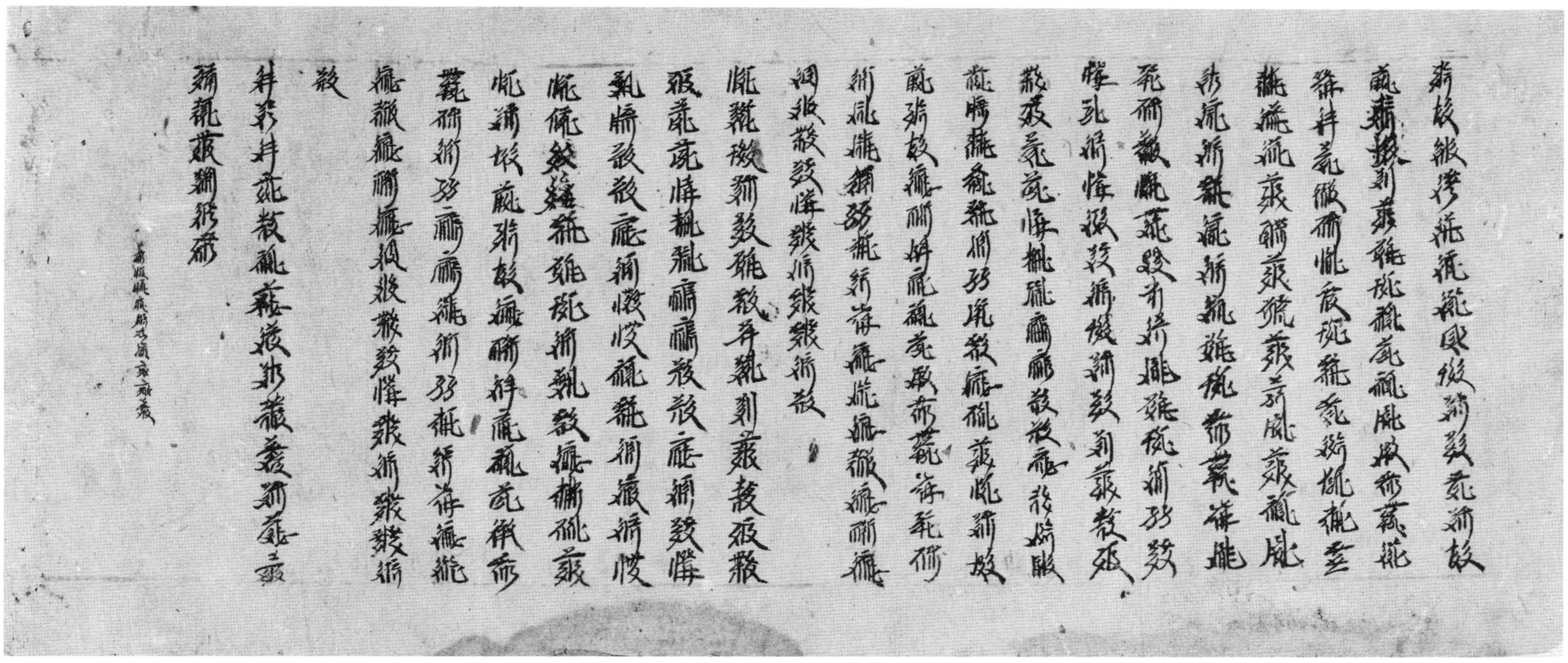

俄 Инв.No.5650 *5747 7066 7372 7644 7656 7669* 佛説佛母出生三法藏般若波羅蜜多經卷第六 (14–14)

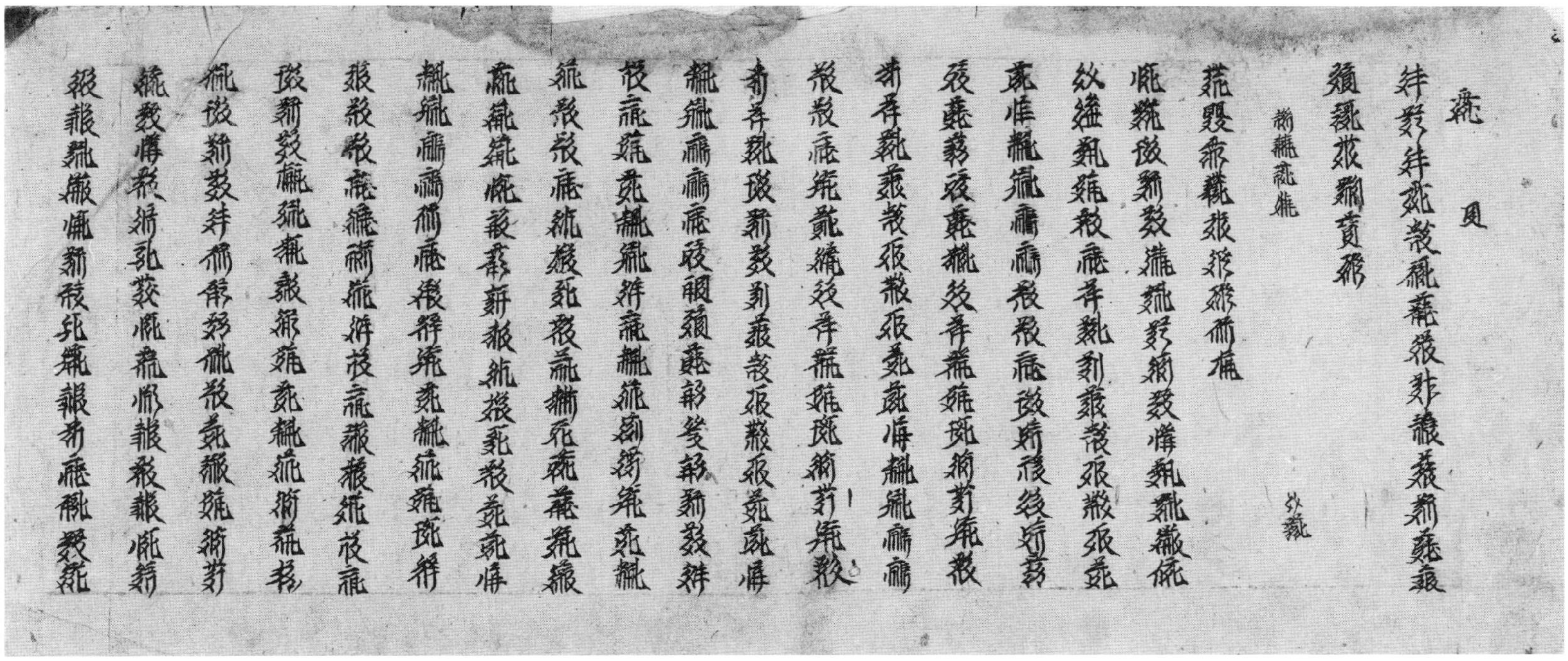

俄 Инв.No.5650 *5747 7066 7372 7644 7656 7669* 佛説佛母出生三法藏般若波羅蜜多經卷第七 (13–1)

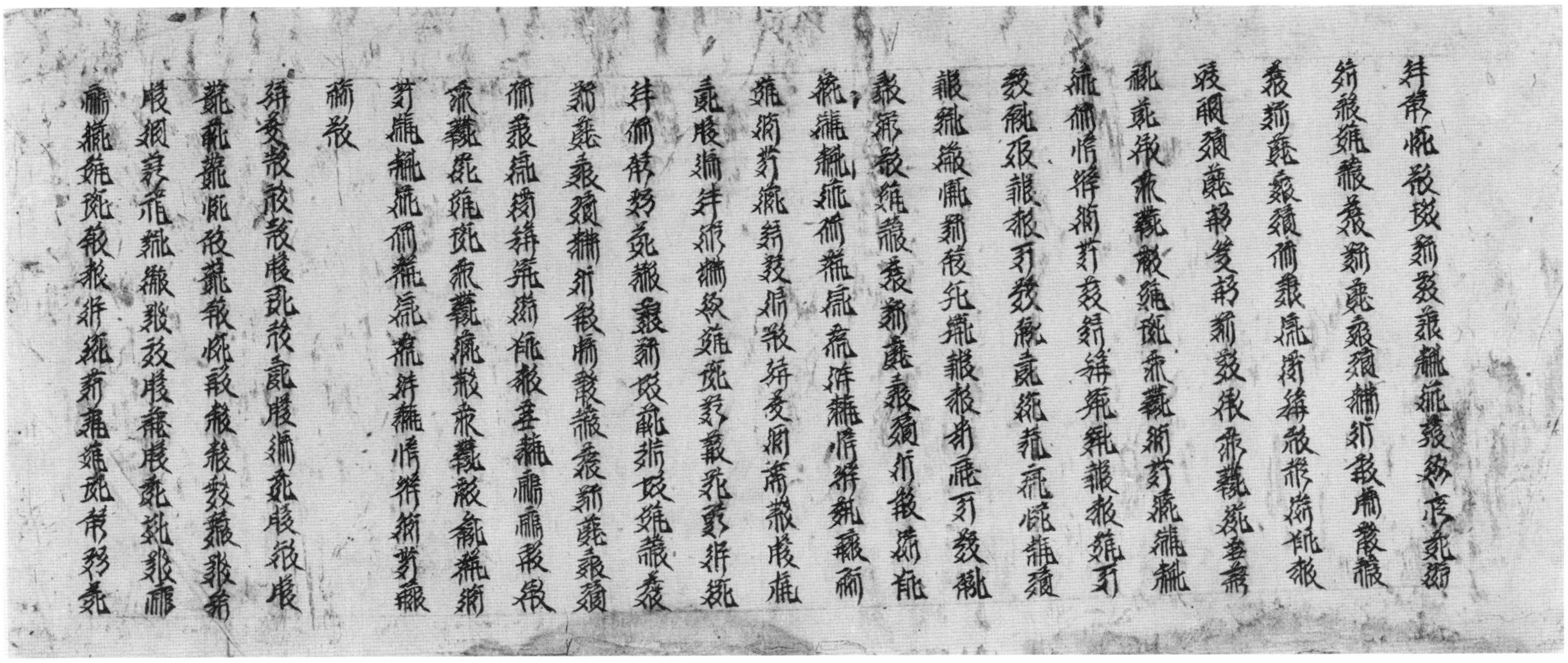

俄 Инв.No.5650 *5747 7066 7372 7644 7656 7669* 佛説佛母出生三法藏般若波羅蜜多經卷第七 (13–2)

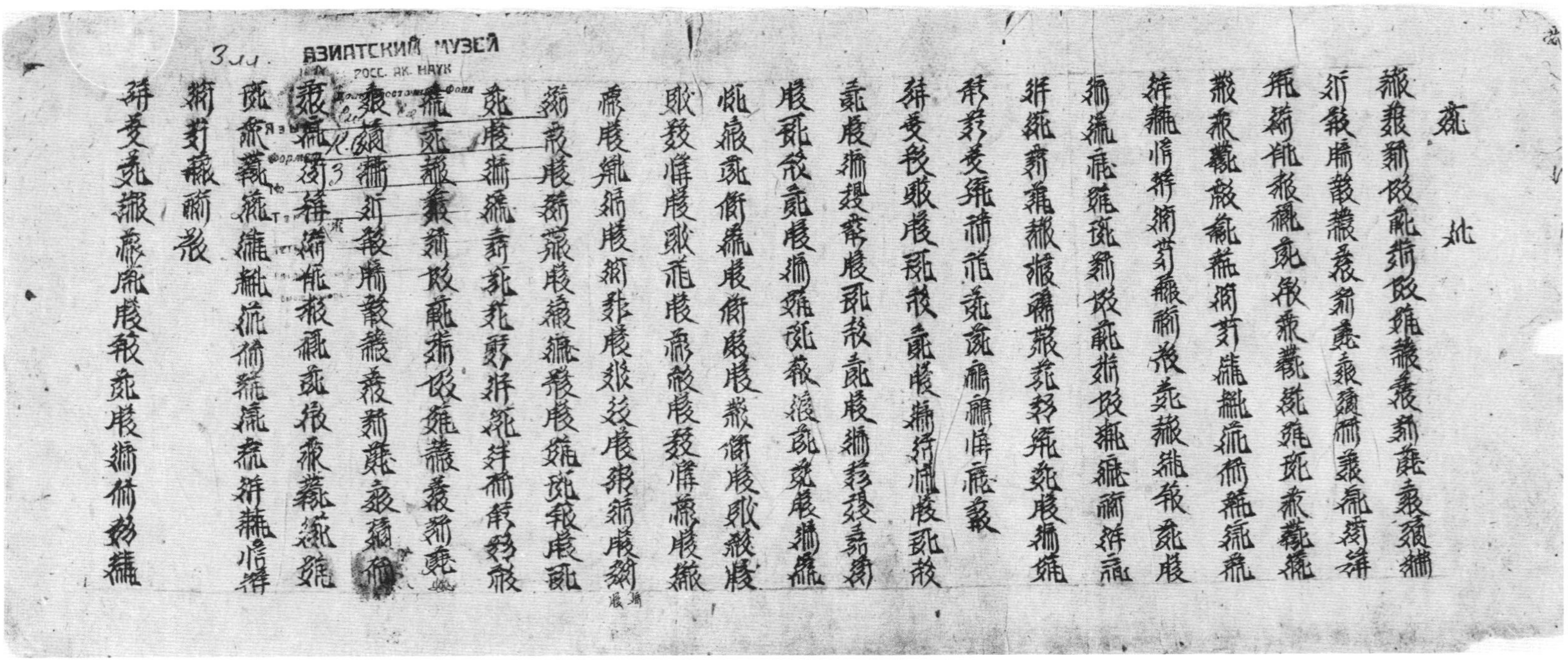

俄 **Инв**.No.5650 *5747 7066 7372 7644 7656 7669* 佛説佛母出生三法藏般若波羅蜜多經卷第七 (13-3)

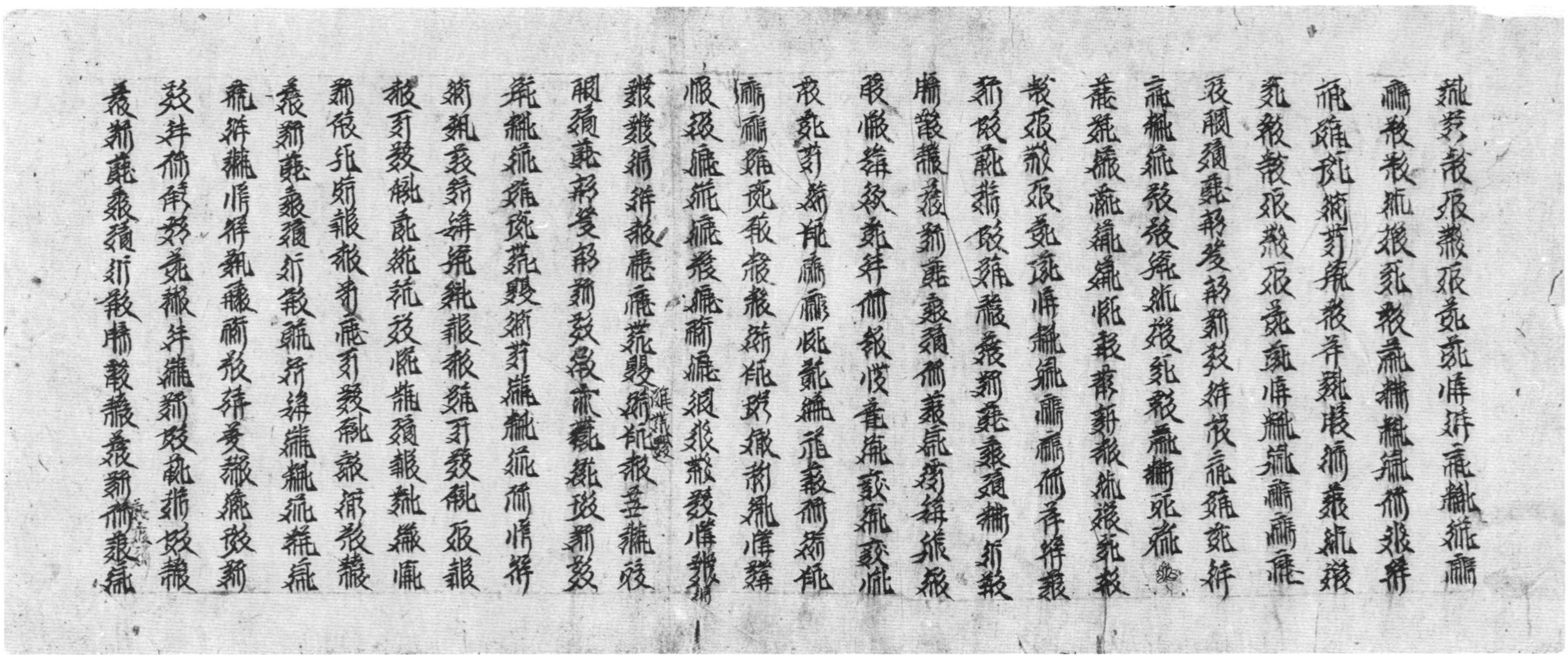

俄 **Инв**.No.5650 *5747 7066 7372 7644 7656 7669* 佛説佛母出生三法藏般若波羅蜜多經卷第七 (13-4)

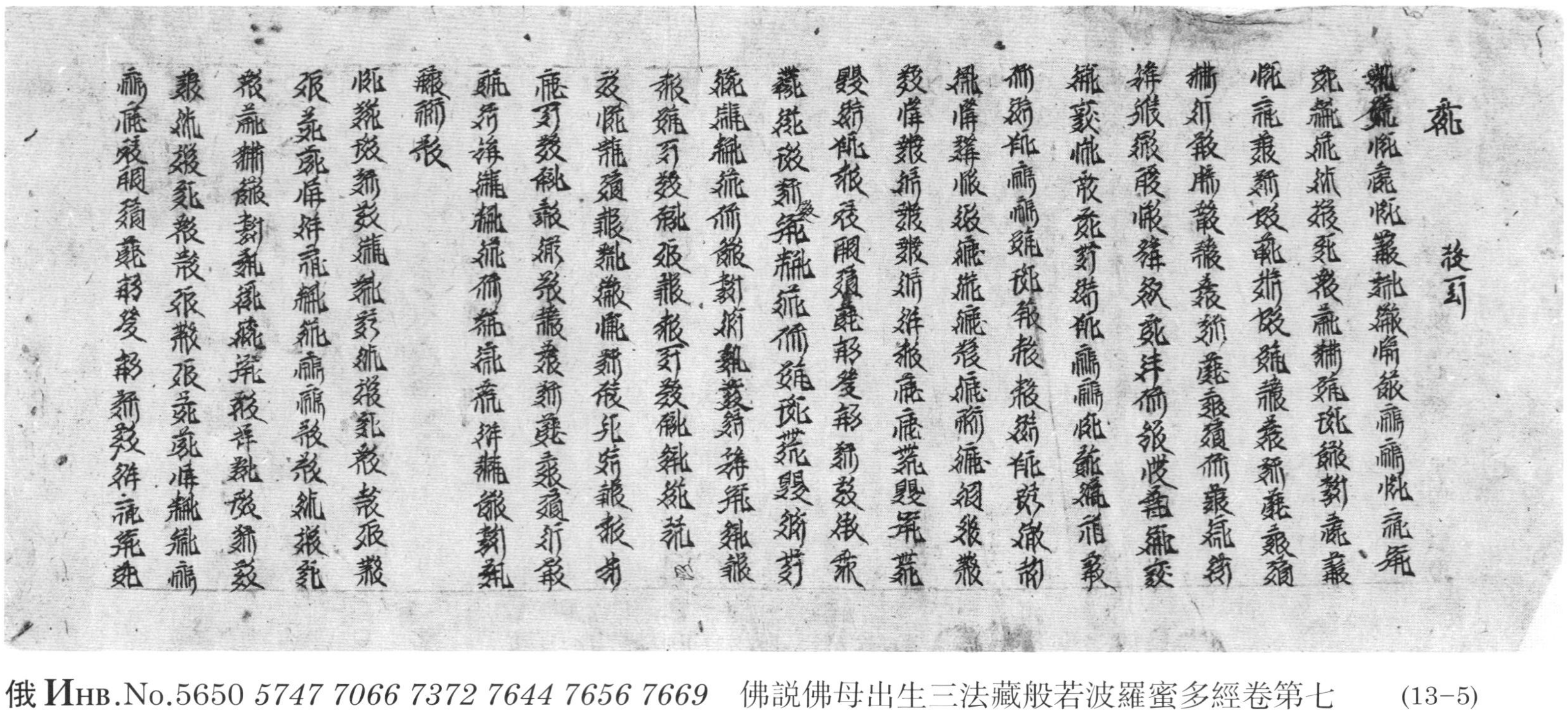

俄 **Инв**.No.5650 *5747 7066 7372 7644 7656 7669* 佛説佛母出生三法藏般若波羅蜜多經卷第七 (13-5)

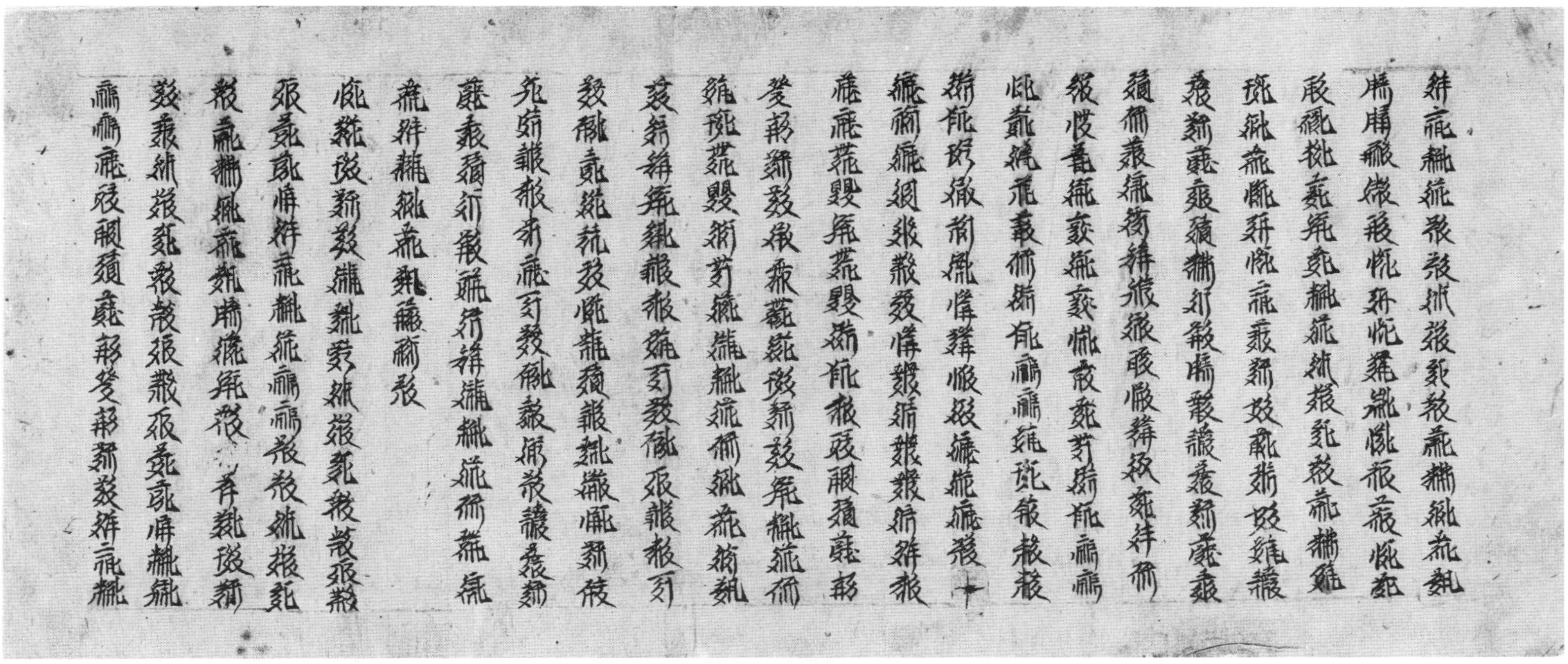

俄 Инв.No.5650 *5747 7066 7372 7644 7656 7669* 佛説佛母出生三法藏般若波羅蜜多經卷第七 (13−6)

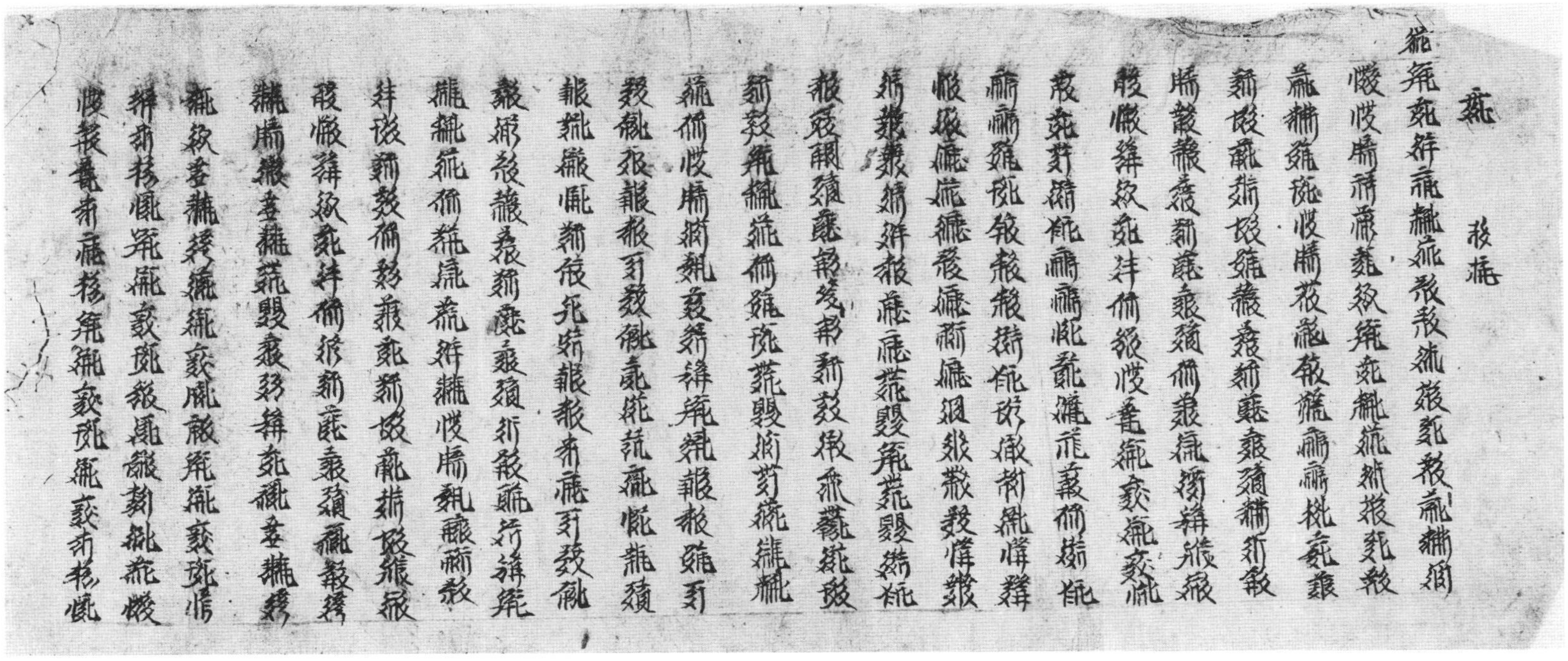

俄 Инв.No.5650 *5747 7066 7372 7644 7656 7669* 佛説佛母出生三法藏般若波羅蜜多經卷第七 (13−7)

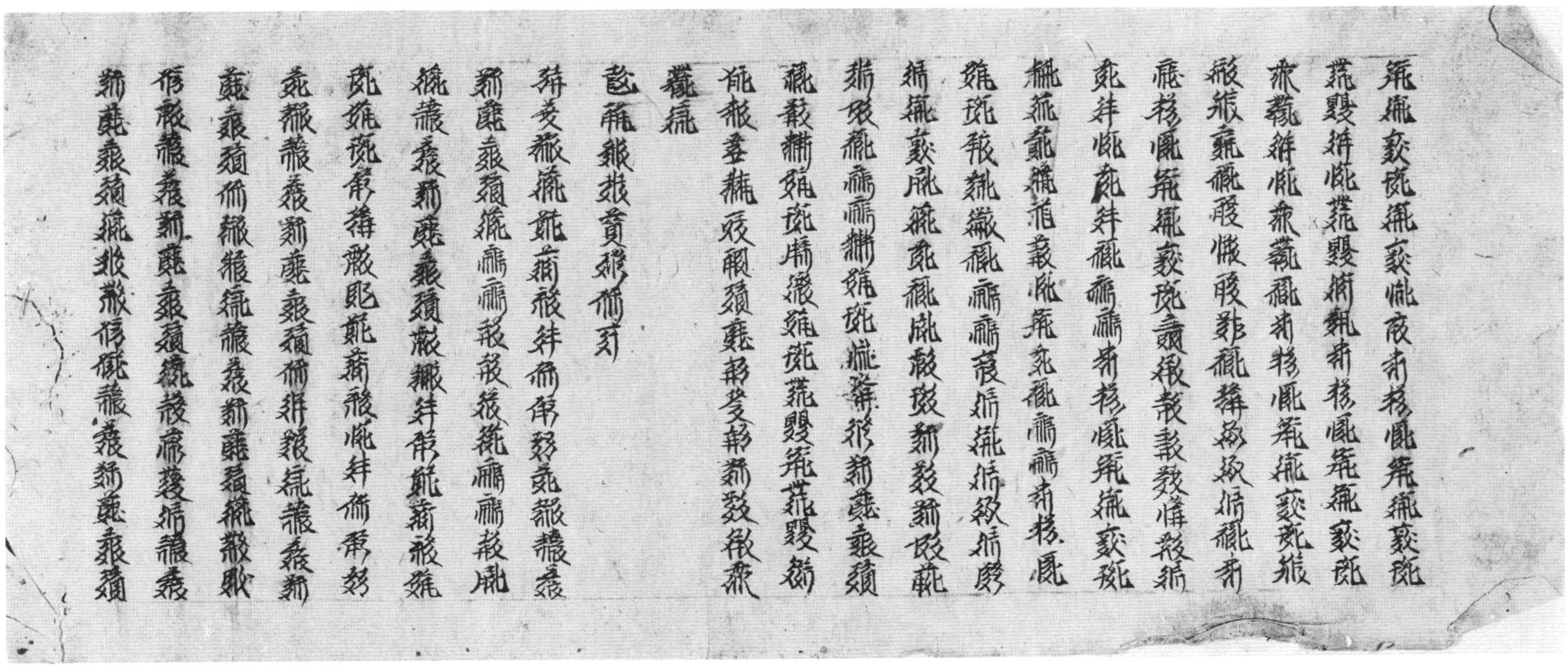

俄 Инв.No.5650 *5747 7066 7372 7644 7656 7669* 佛説佛母出生三法藏般若波羅蜜多經卷第七 (13−8)

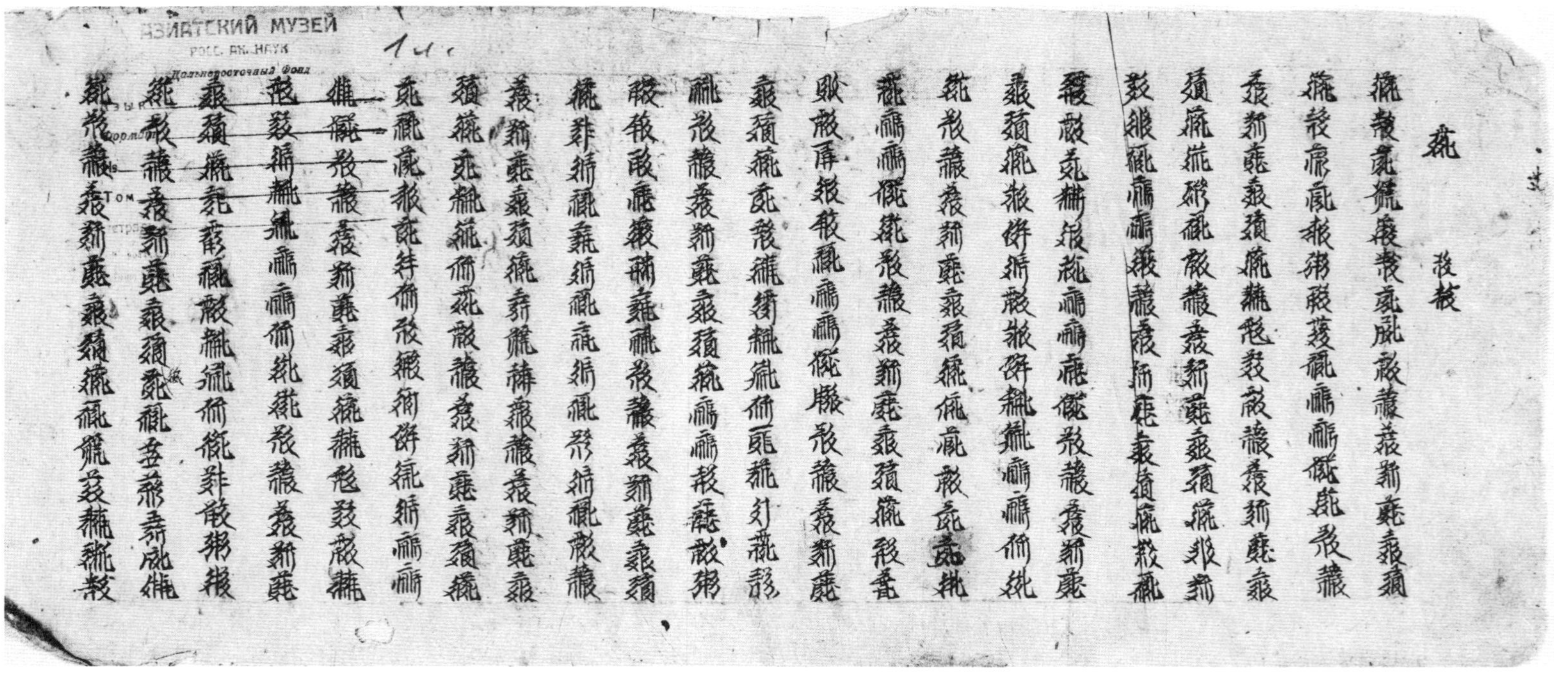

俄 Инв.No.5650 *5747 7066 7372 7644 7656 7669* 佛説佛母出生三法藏般若波羅蜜多經卷第七 (13–9)

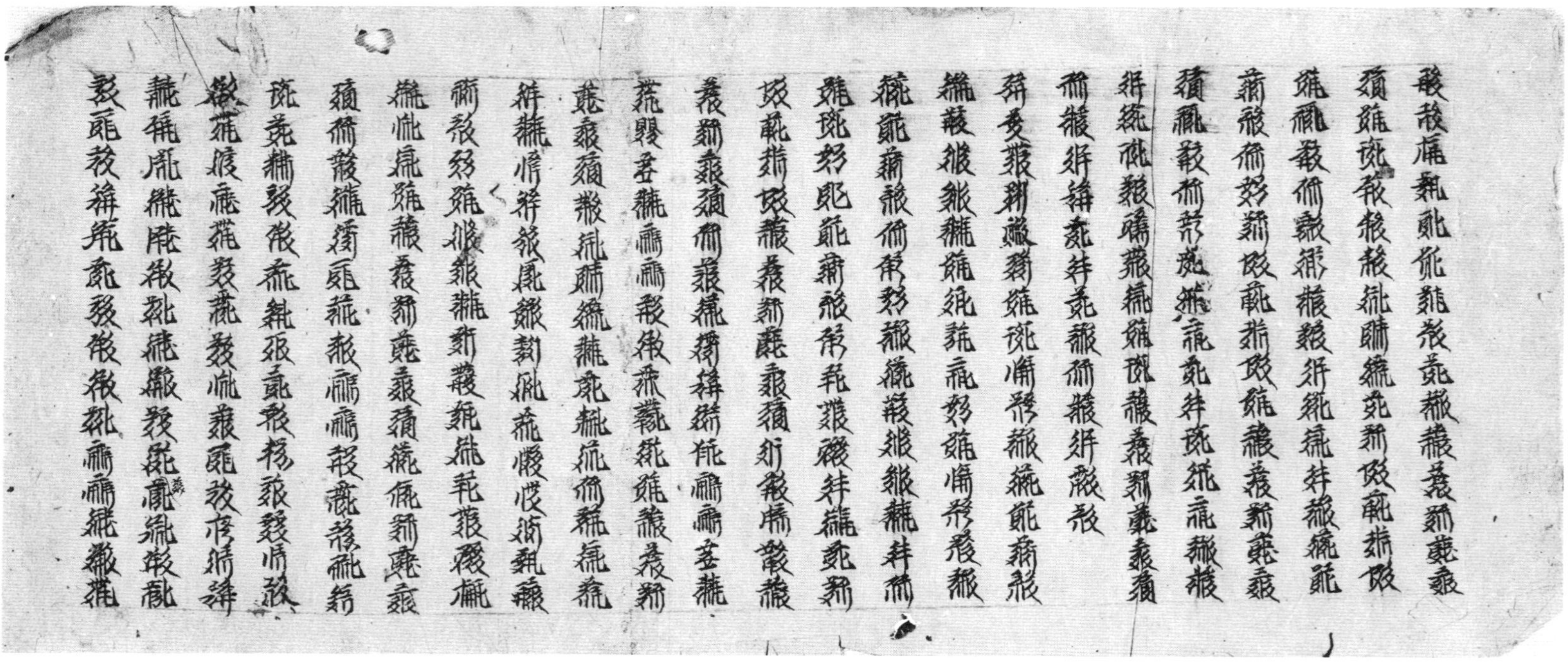

俄 Инв.No.5650 *5747 7066 7372 7644 7656 7669* 佛説佛母出生三法藏般若波羅蜜多經卷第七 (13–10)

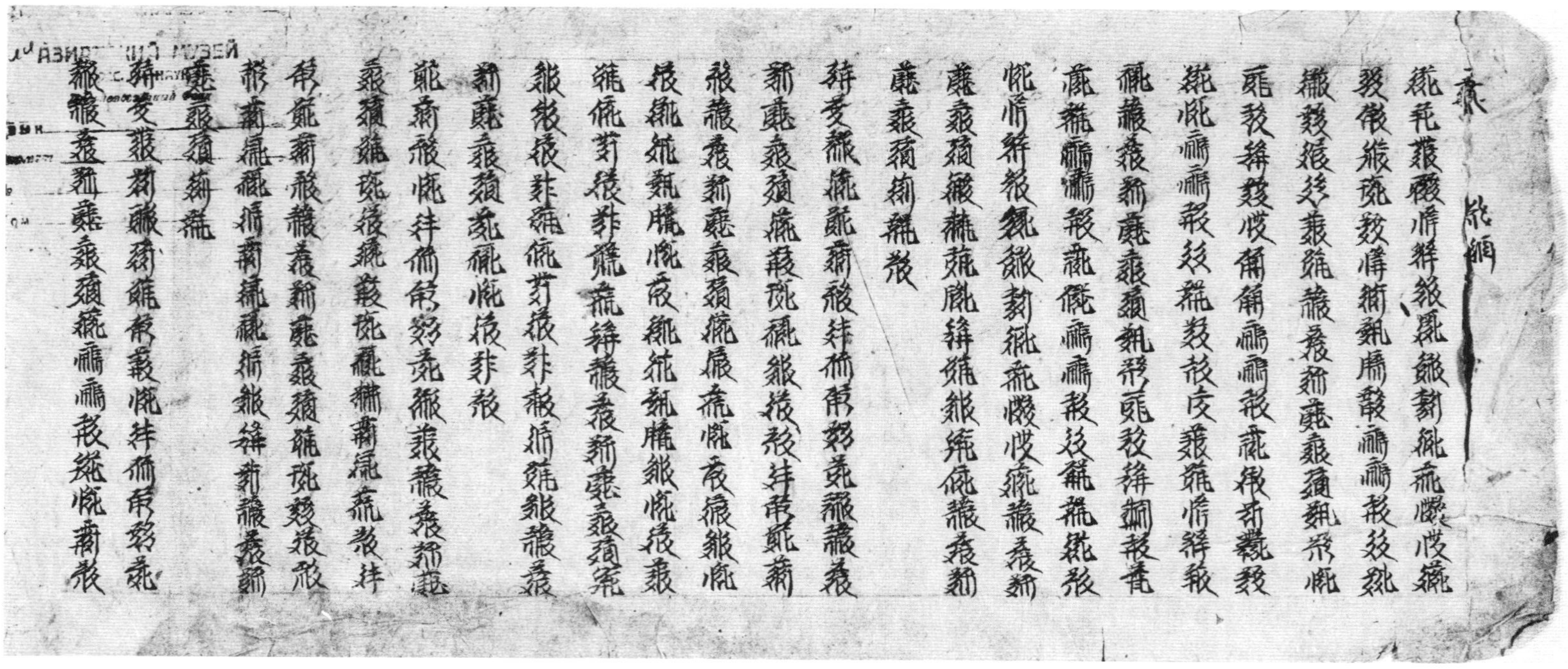

俄 Инв.No.5650 *5747 7066 7372 7644 7656 7669* 佛説佛母出生三法藏般若波羅蜜多經卷第七 (13–11)

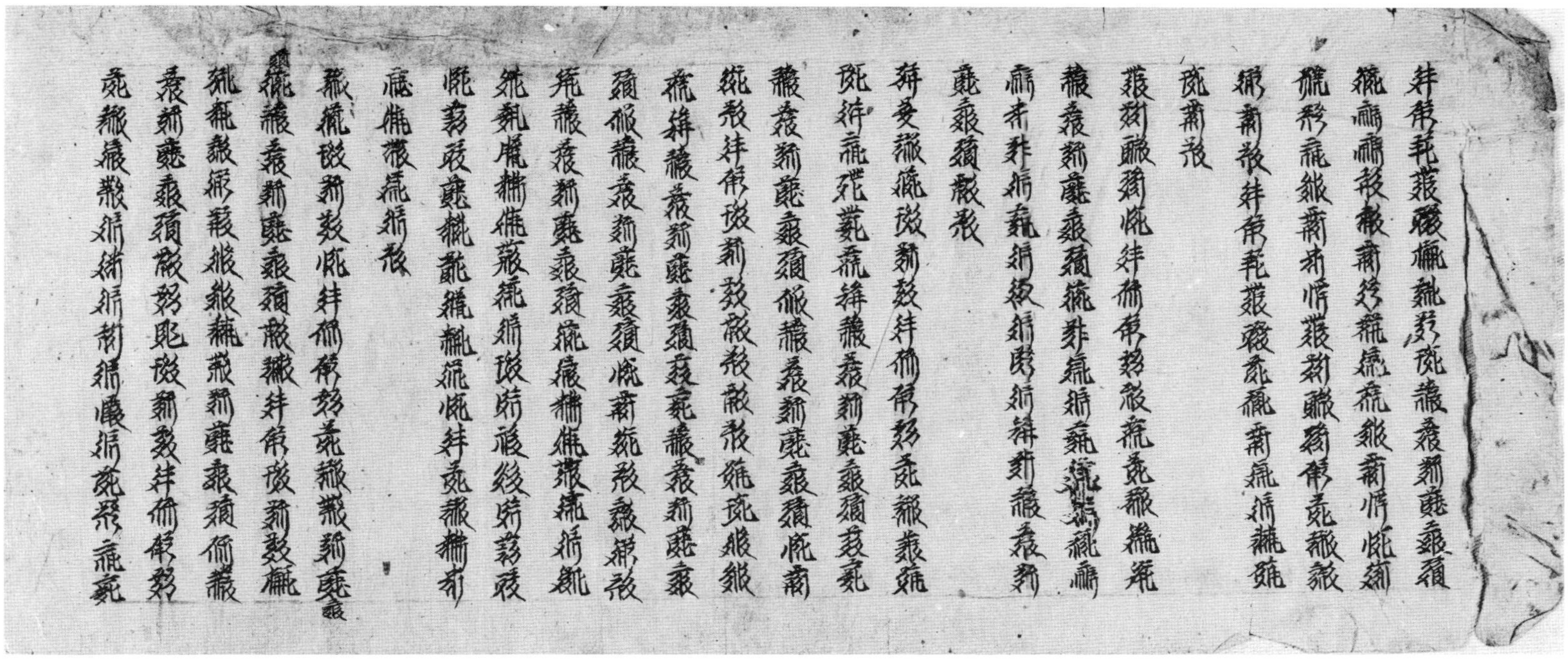

俄 Инв.No.5650 *5747 7066 7372 7644 7656 7669* 佛説佛母出生三法藏般若波羅蜜多經卷第七 (13–12)

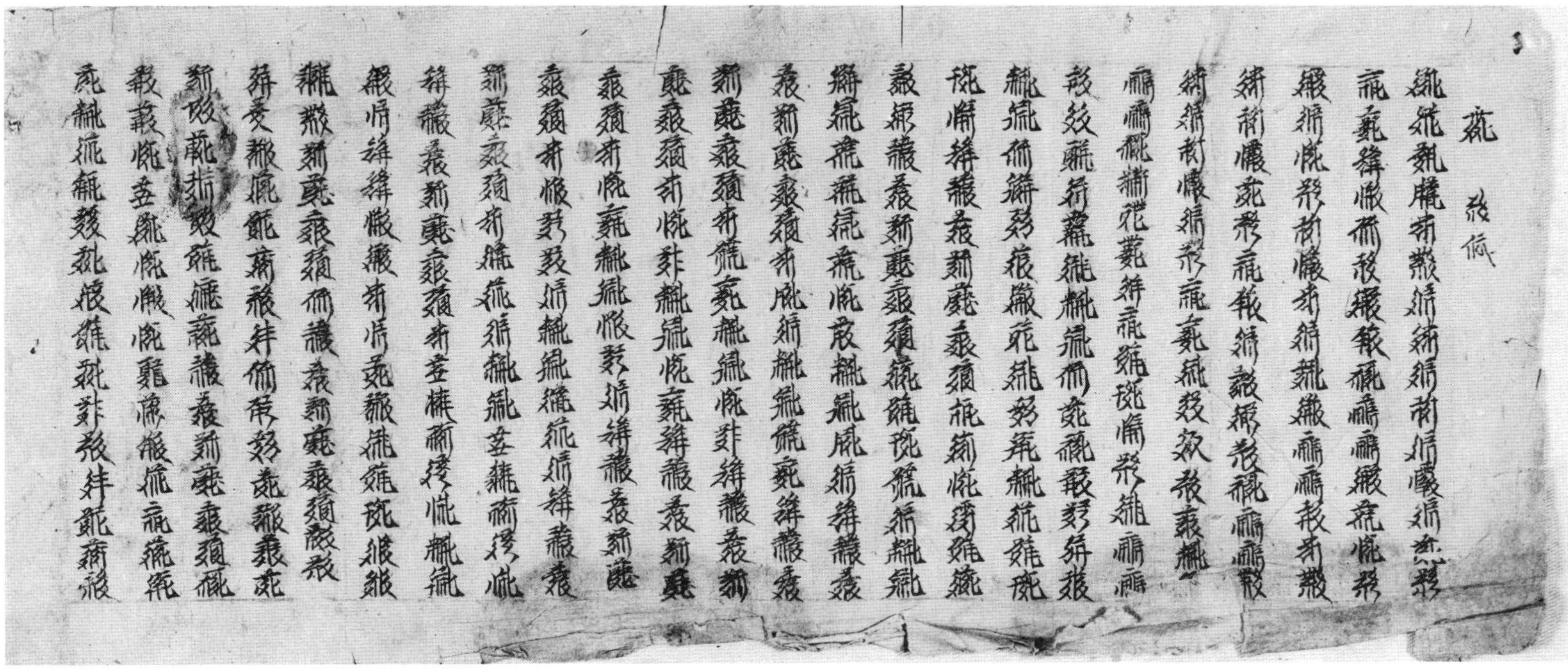

俄 Инв.No.5650 *5747 7066 7372 7644 7656 7669* 佛説佛母出生三法藏般若波羅蜜多經卷第七 (13–13)

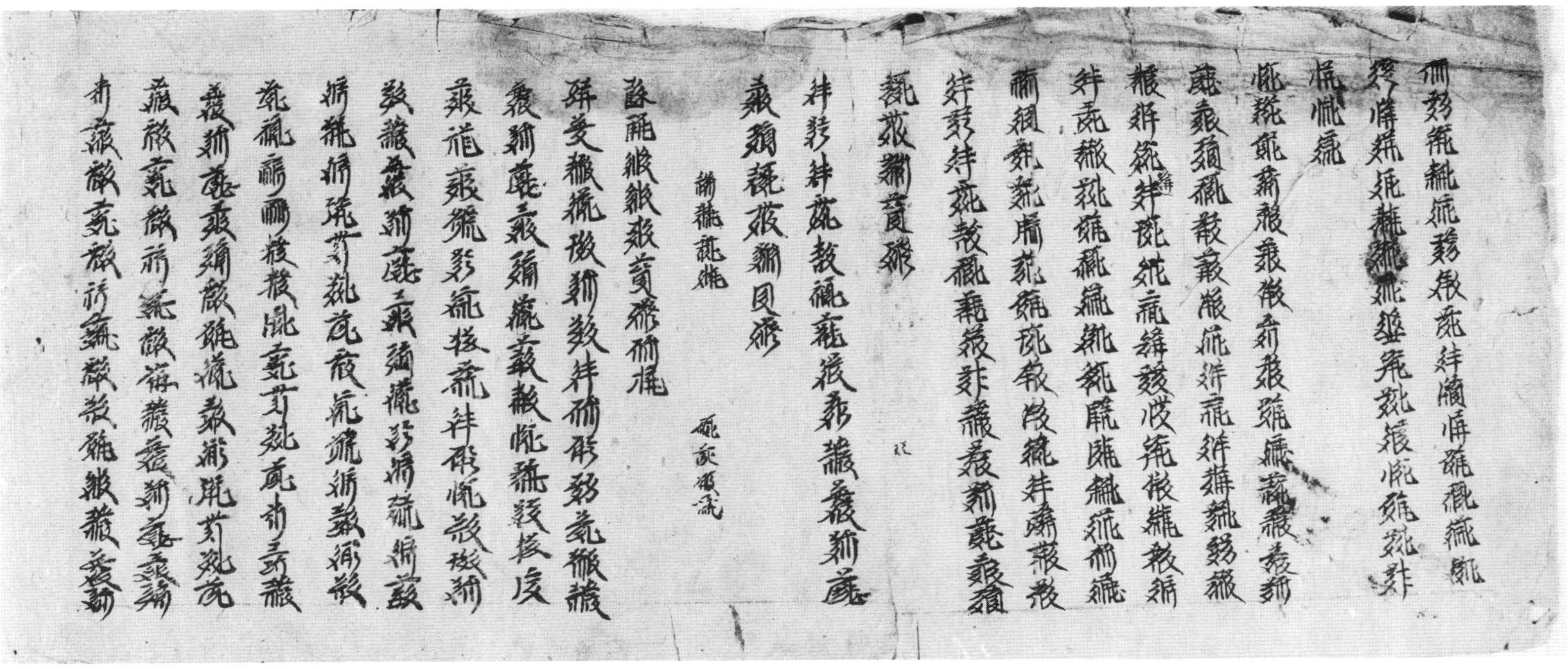

俄 Инв.No.5650 *5747 7066 7372 7644 7656 7669* 佛説佛母出生三法藏般若波羅蜜多經卷第八 (14–1)

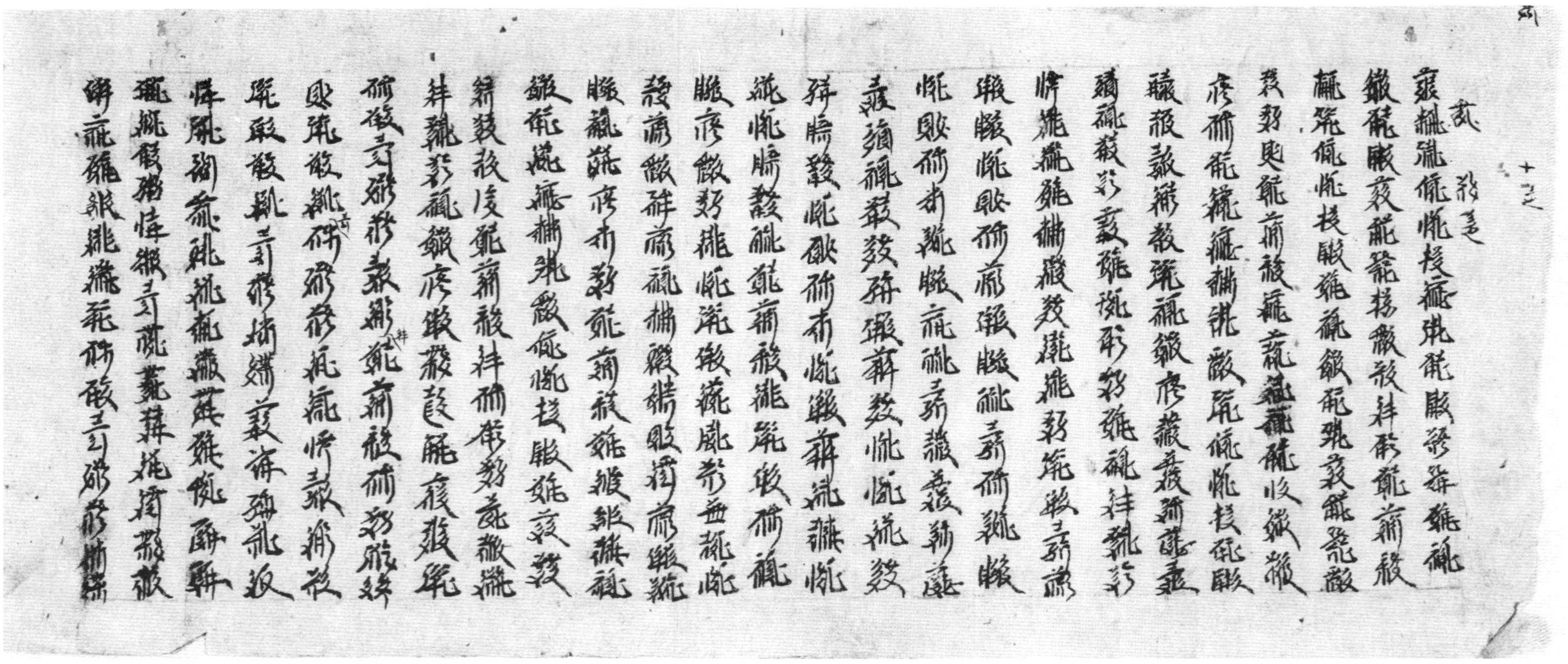

俄 Инв.No.5650 *5747 7066 7372 7644 7656 7669* 佛説佛母出生三法藏般若波羅蜜多經卷第八 (14-2)

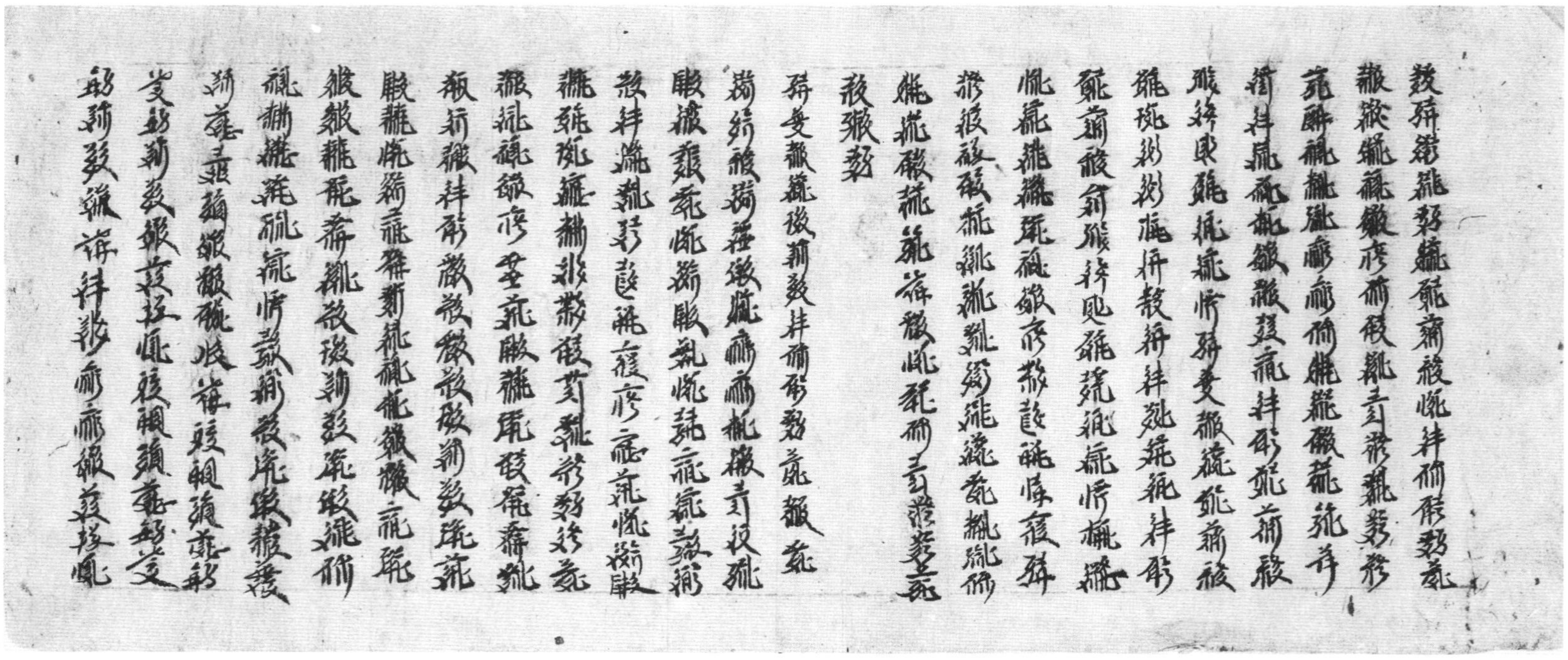

俄 Инв.No.5650 *5747 7066 7372 7644 7656 7669* 佛説佛母出生三法藏般若波羅蜜多經卷第八 (14-3)

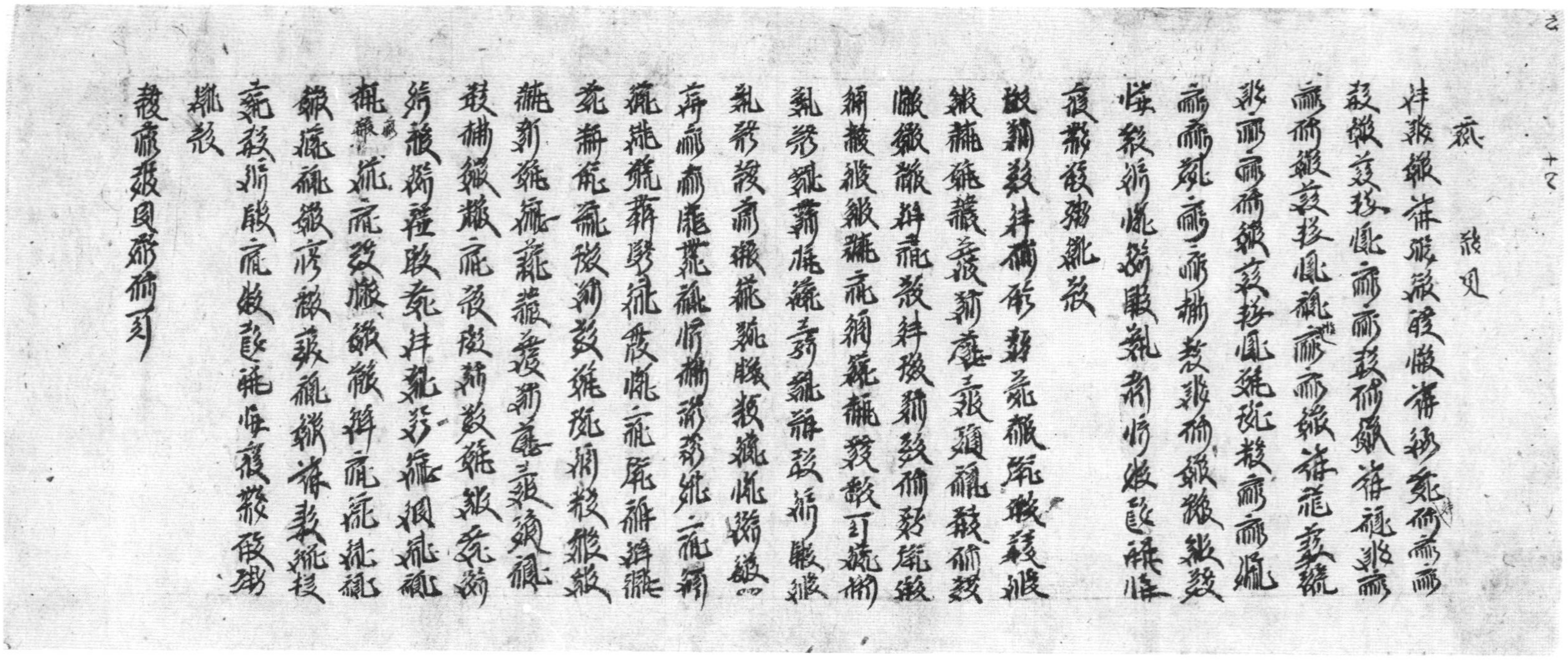

俄 Инв.No.5650 *5747 7066 7372 7644 7656 7669* 佛説佛母出生三法藏般若波羅蜜多經卷第八 (14-4)

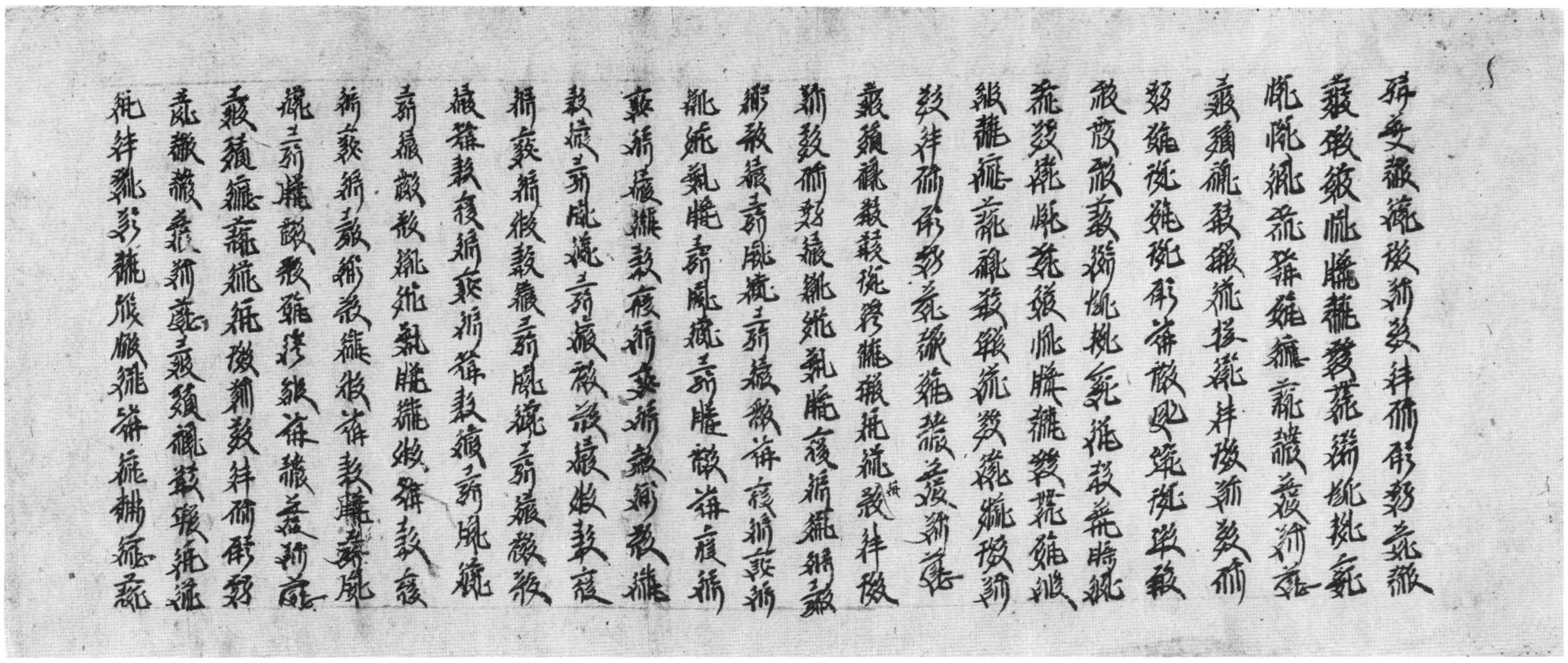

俄 Инв.No.5650 *5747 7066 7372 7644 7656 7669* 佛説佛母出生三法藏般若波羅蜜多經卷第八 (14-5)

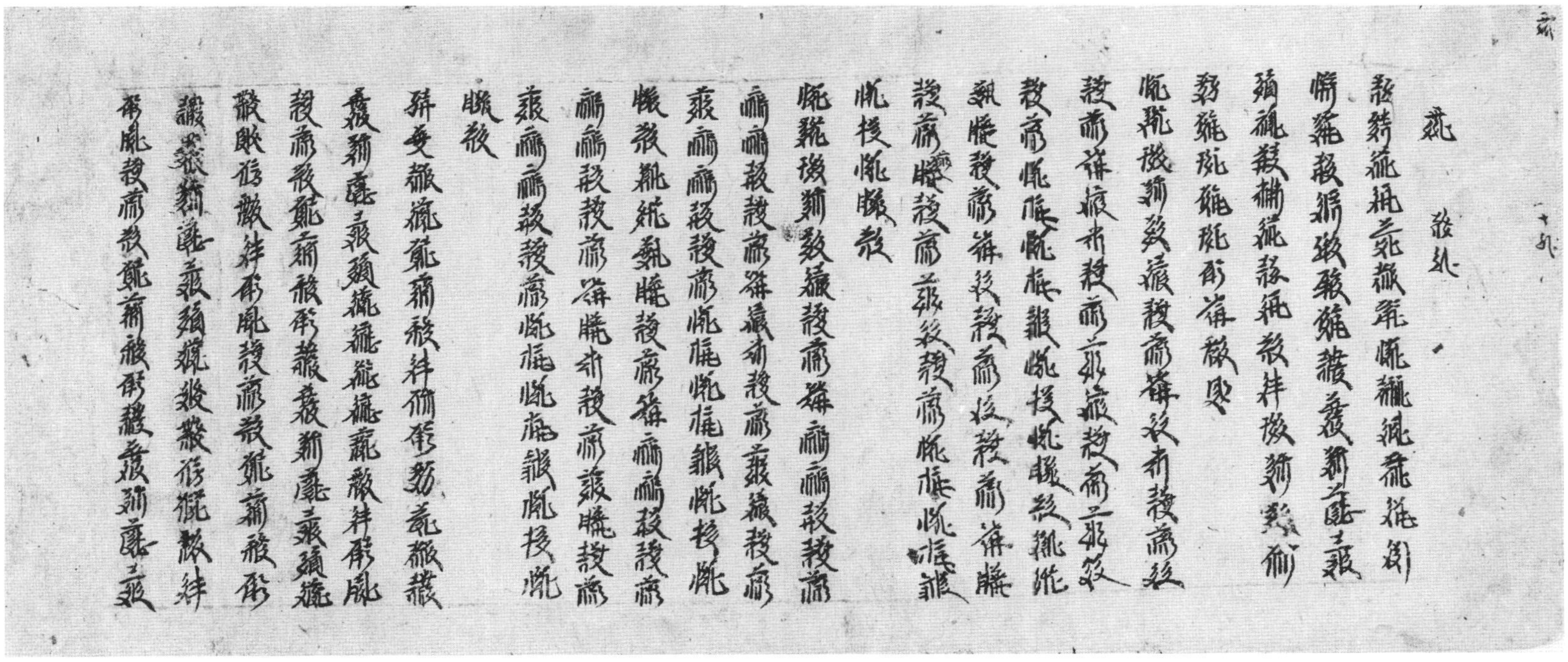

俄 Инв.No.5650 *5747 7066 7372 7644 7656 7669* 佛説佛母出生三法藏般若波羅蜜多經卷第八 (14-6)

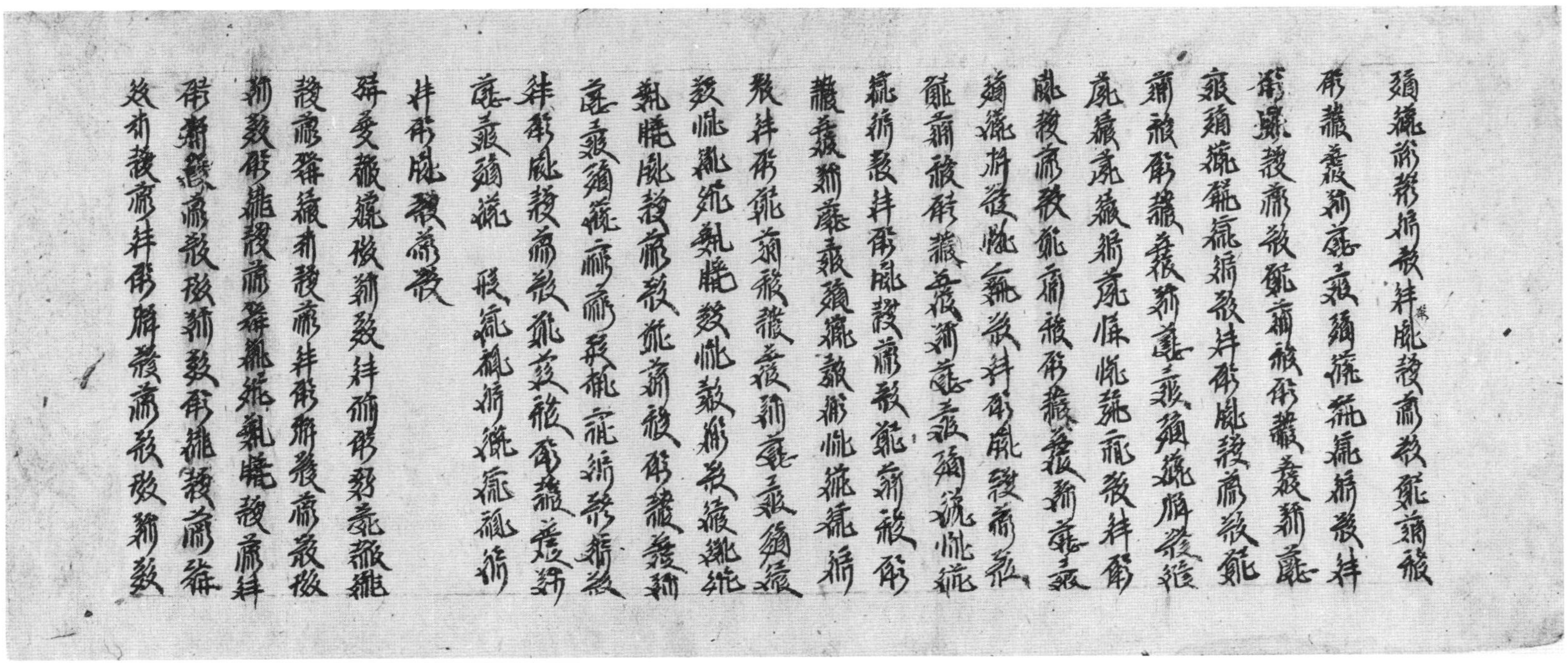

俄 Инв.No.5650 *5747 7066 7372 7644 7656 7669* 佛説佛母出生三法藏般若波羅蜜多經卷第八 (14-7)

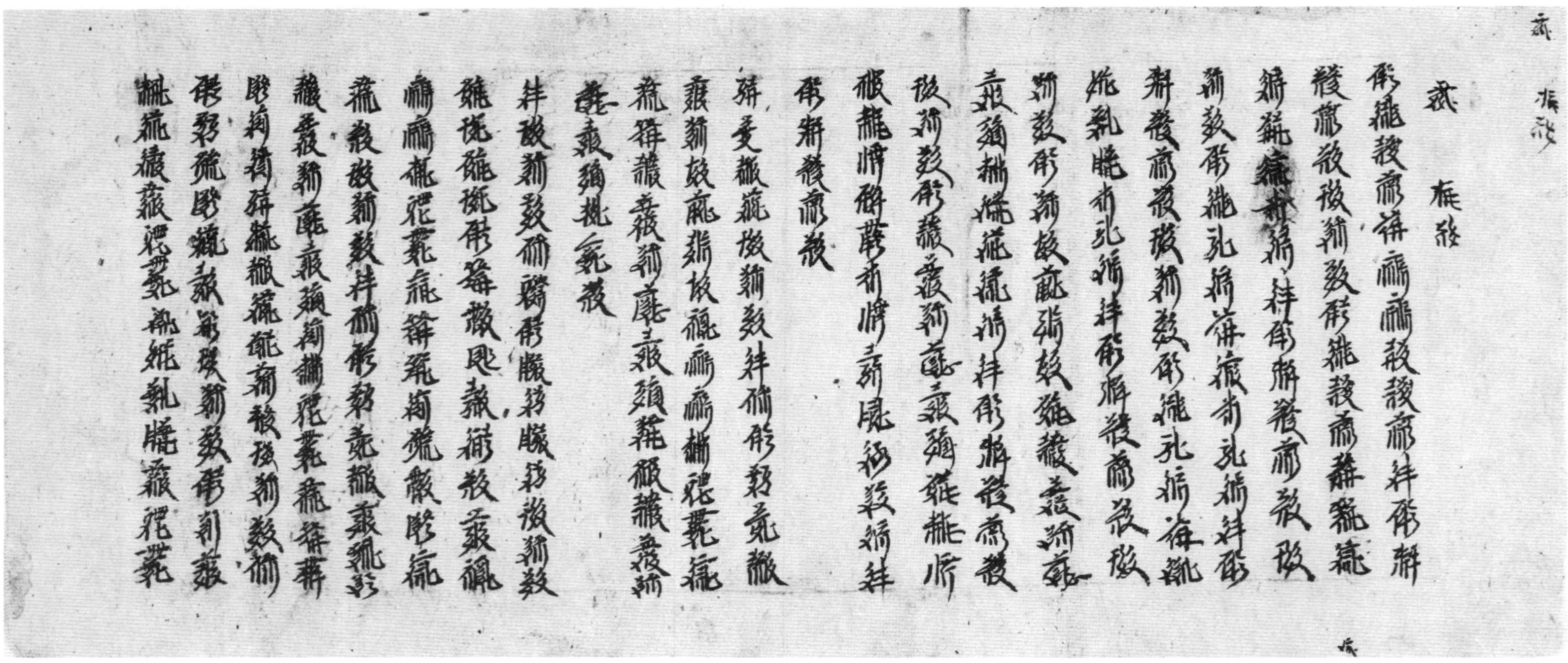

俄 Инв.No.5650 *5747 7066 7372 7644 7656 7669* 佛説佛母出生三法藏般若波羅蜜多經卷第八 (14–8)

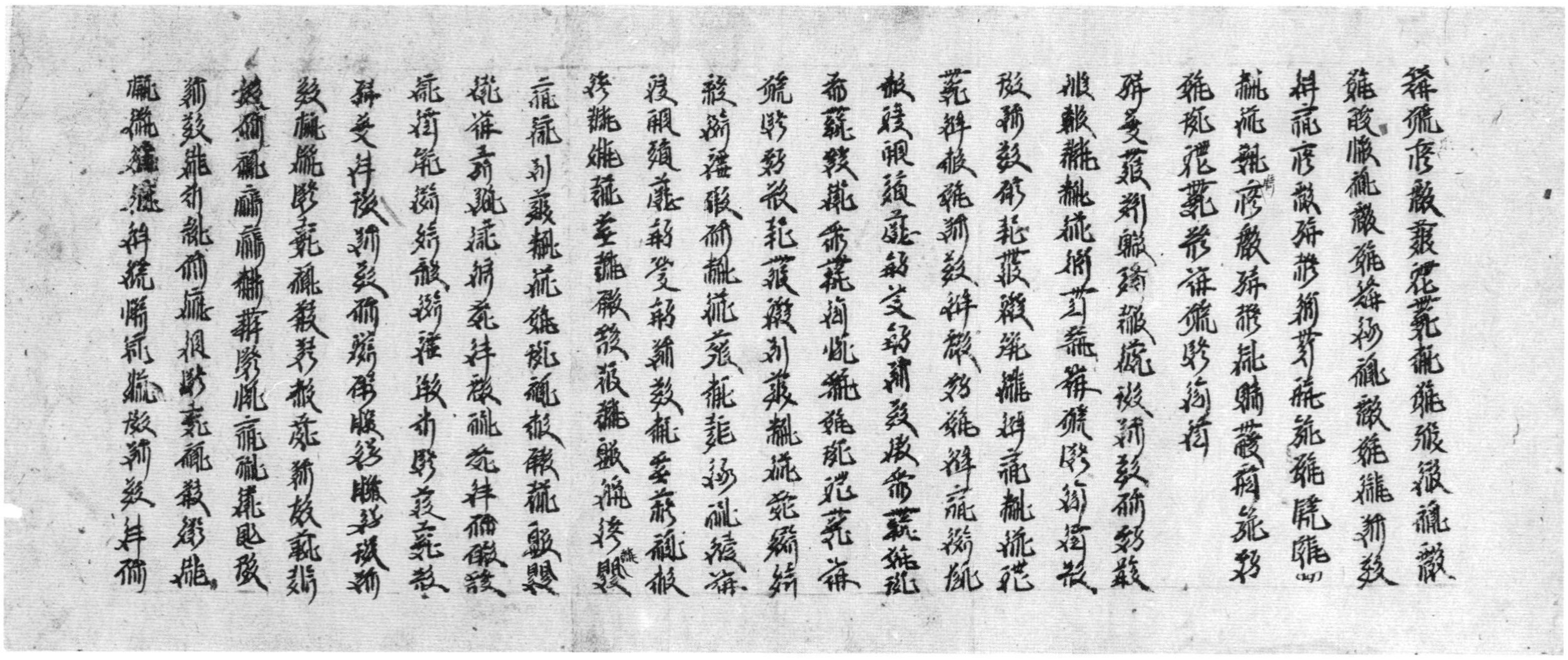

俄 Инв.No.5650 *5747 7066 7372 7644 7656 7669* 佛説佛母出生三法藏般若波羅蜜多經卷第八 (14–9)

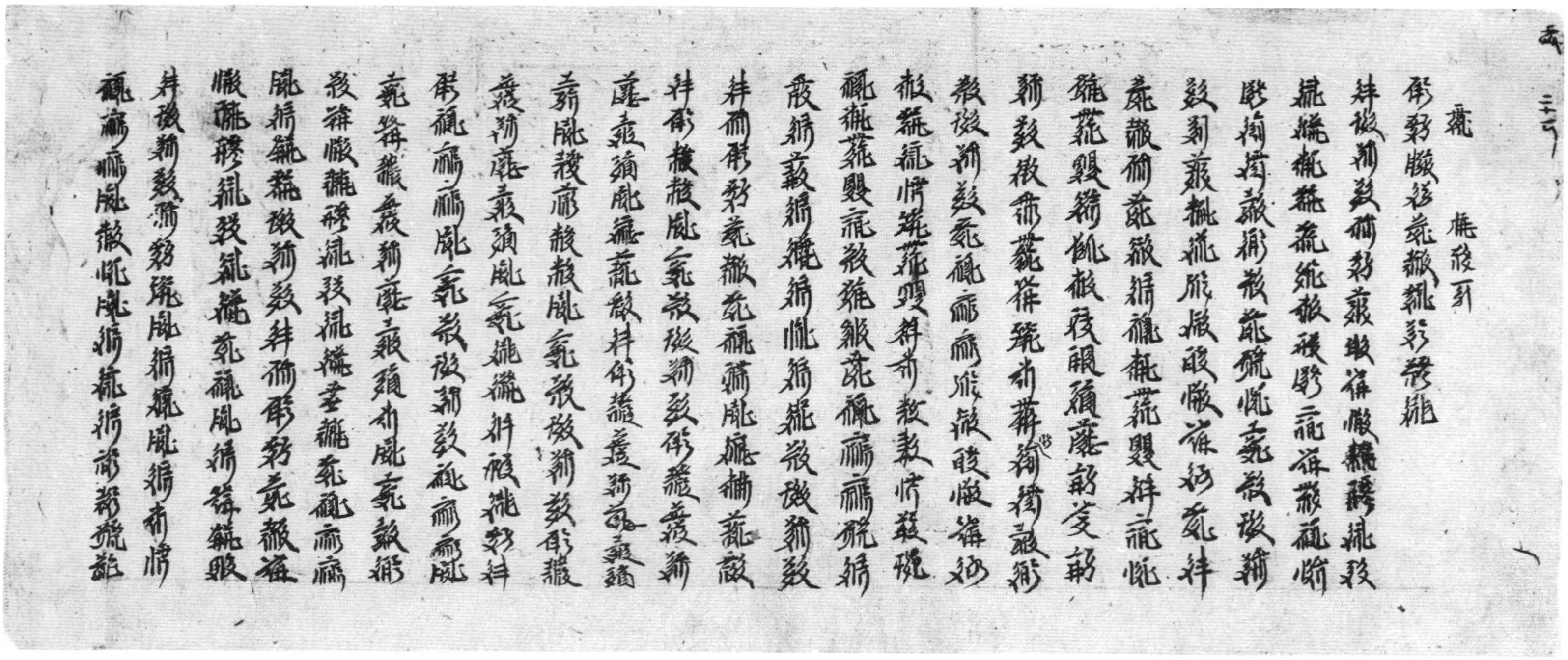

俄 Инв.No.5650 *5747 7066 7372 7644 7656 7669* 佛説佛母出生三法藏般若波羅蜜多經卷第八 (14–10)

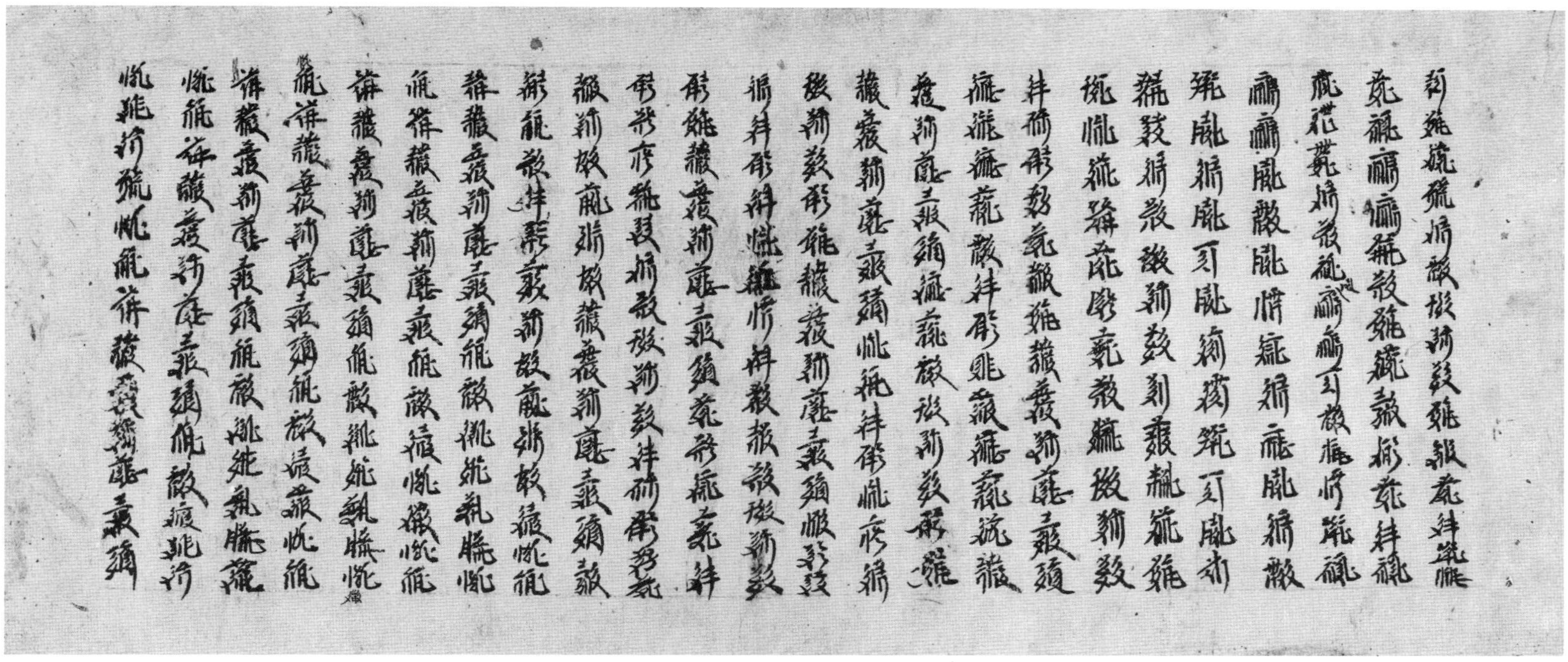

俄 Инв.No.5650 *5747 7066 7372 7644 7656 7669* 佛說佛母出生三法藏股若波羅蜜多經卷第八 (14–11)

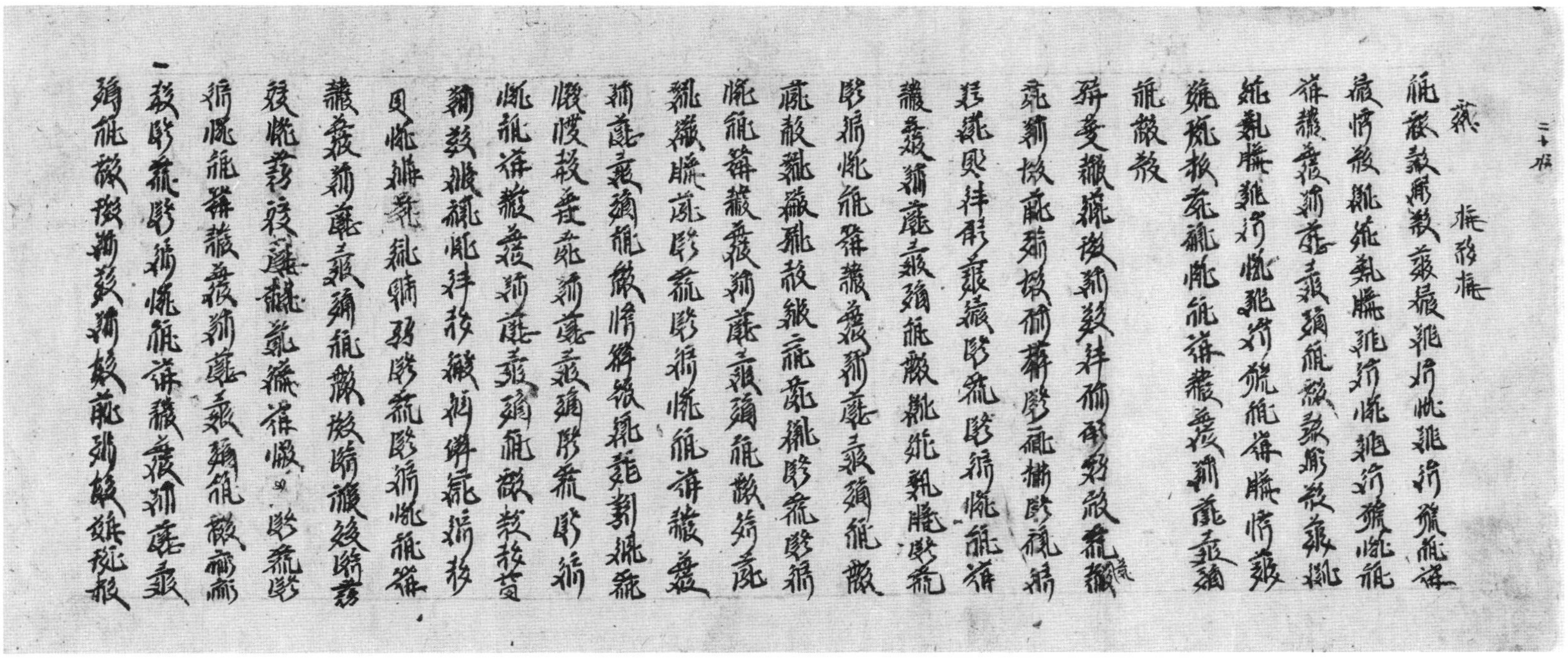

俄 Инв.No.5650 *5747 7066 7372 7644 7656 7669* 佛說佛母出生三法藏般若波羅蜜多經卷第八 (14–12)

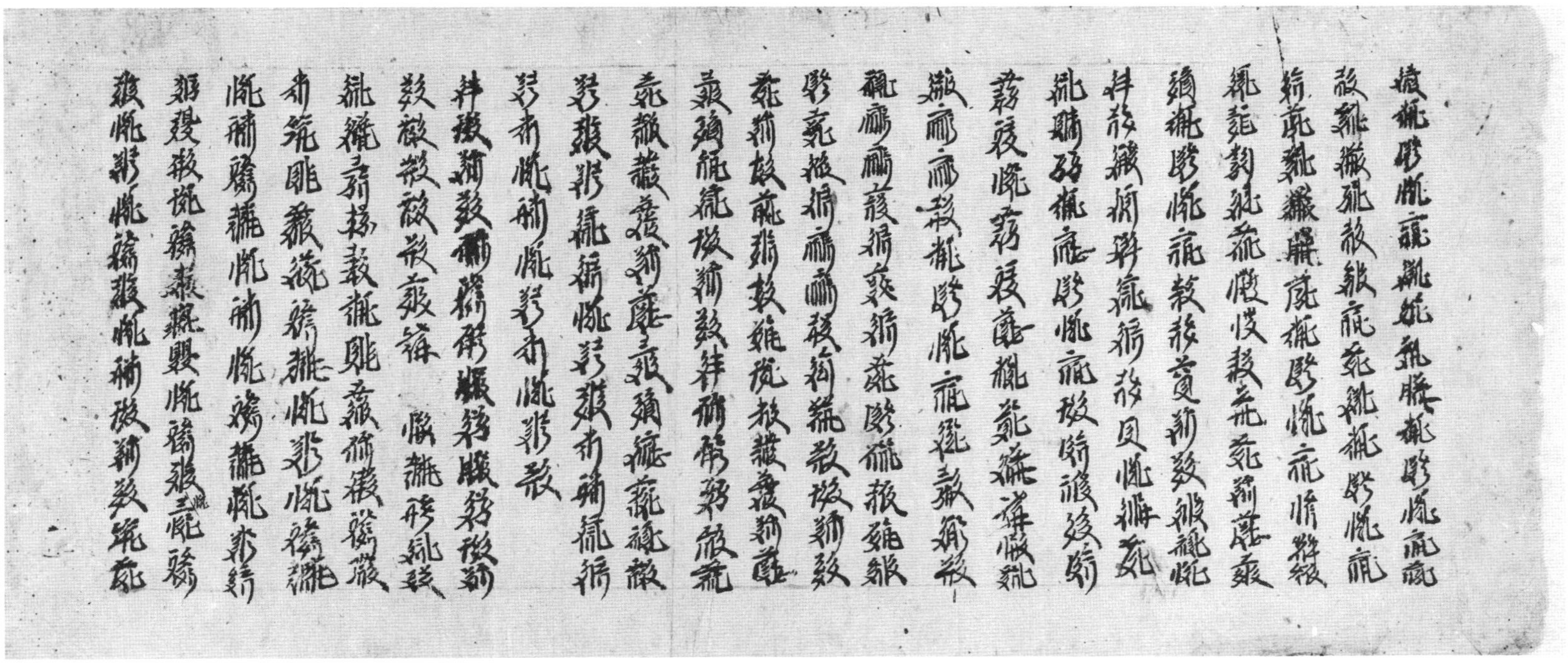

俄 Инв.No.5650 *5747 7066 7372 7644 7656 7669* 佛說佛母出生三法藏般若波羅蜜多經卷第八 (14–13)

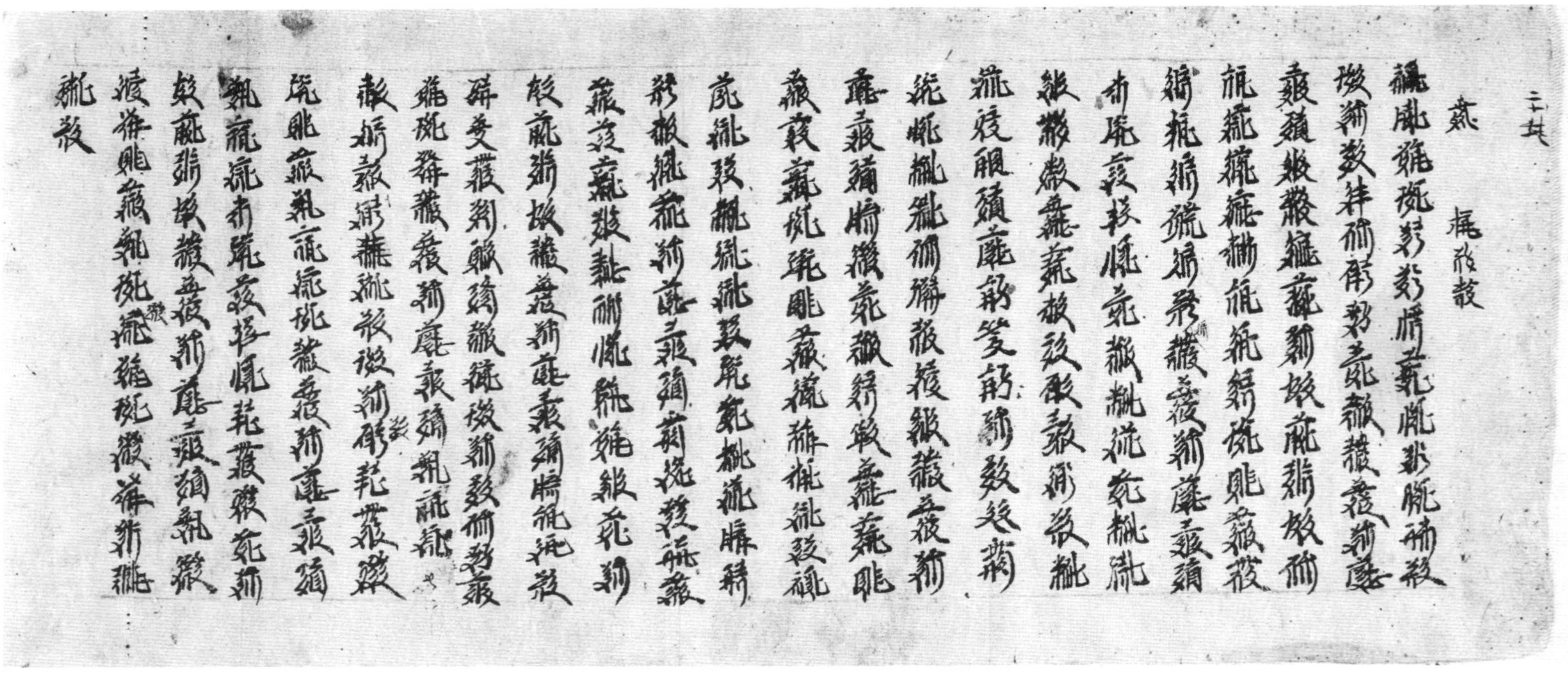

俄 Инв.No.5650 *5747 7066 7372 7644 7656 7669* 佛説佛母出生三法藏般若波羅蜜多經卷第八 (14–14)

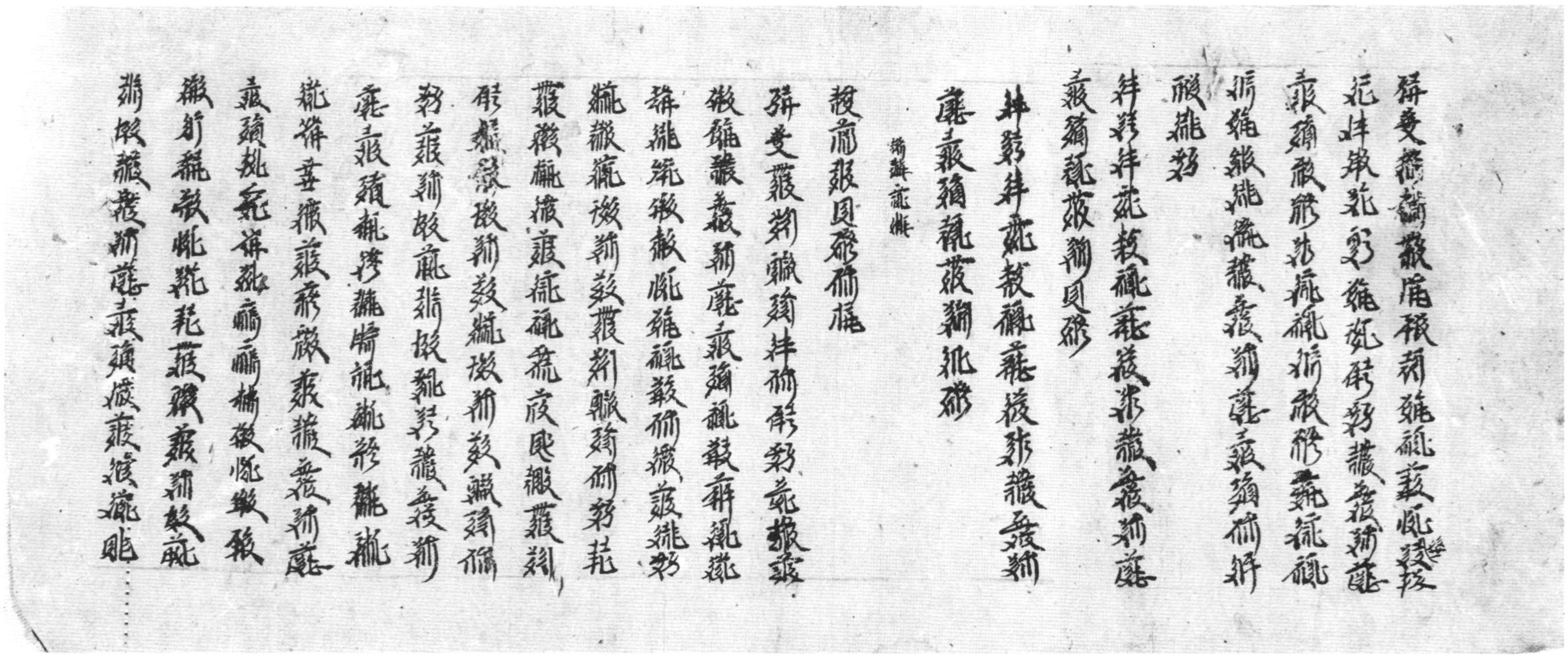

俄 Инв.No.5650 *5747 7066 7372 7644 7656 7669* 佛説佛母出生三法藏般若波羅蜜多經卷第九 (16–1)

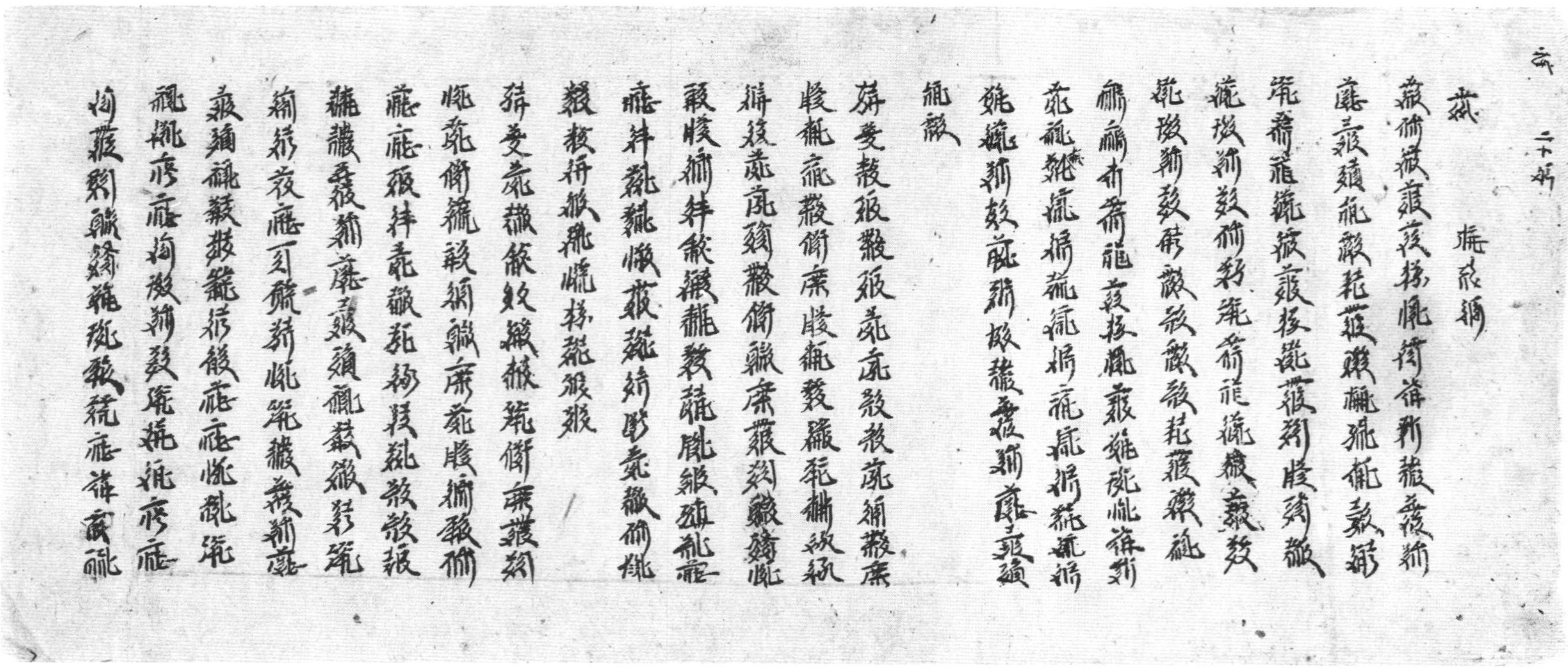

俄 Инв.No.5650 *5747 7066 7372 7644 7656 7669* 佛説佛母出生三法藏般若波羅蜜多經卷第九 (16–2)

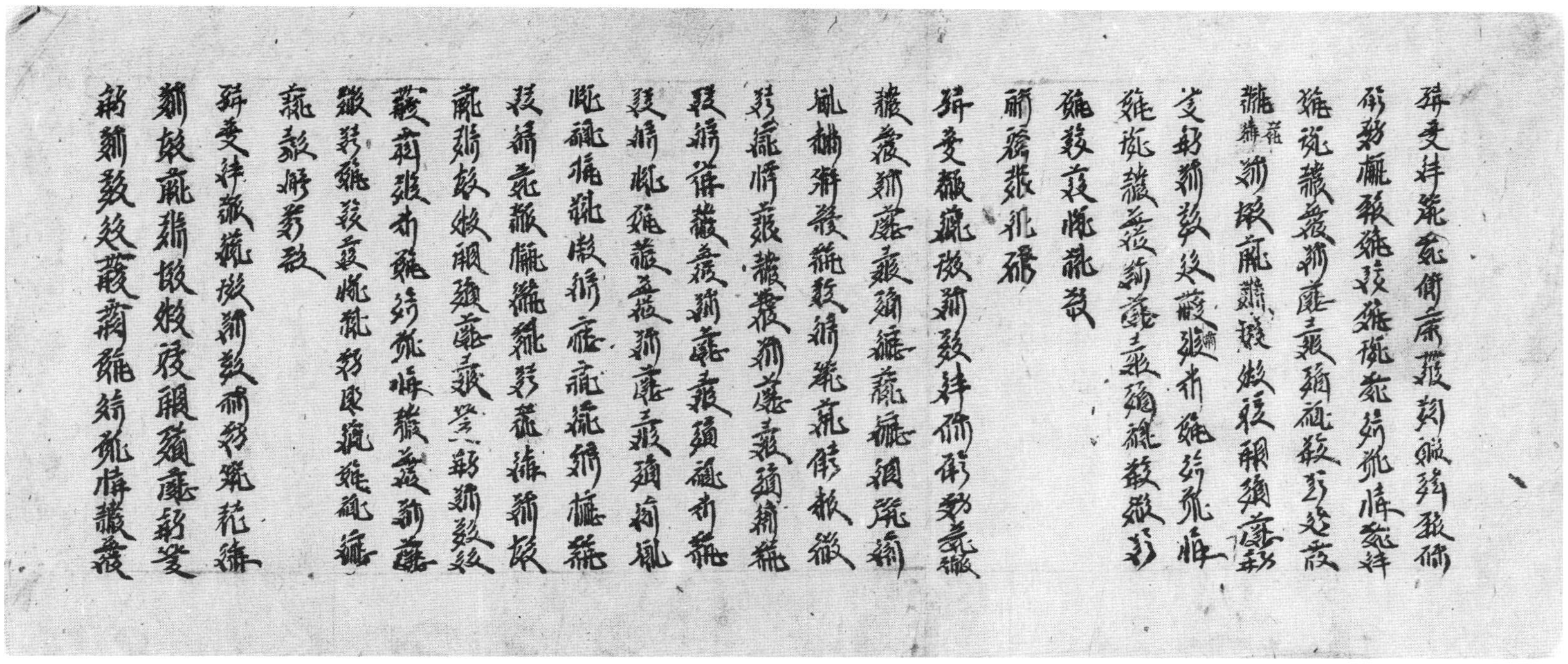

俄 Инв.No.5650 *5747 7066 7372 7644 7656 7669* 佛説佛母出生三法藏般若波羅蜜多經卷第九 (16–3)

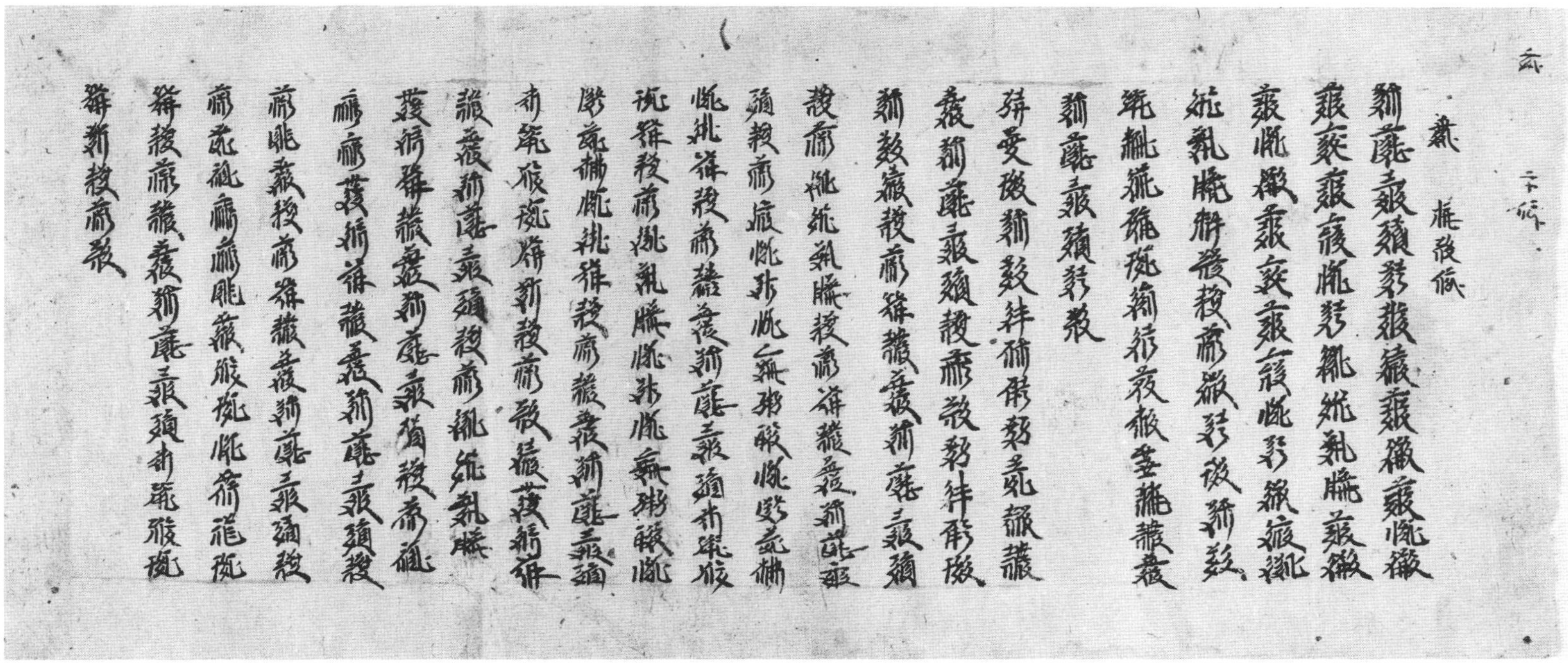

俄 Инв.No.5650 *5747 7066 7372 7644 7656 7669* 佛説佛母出生三法藏般若波羅蜜多經卷第九 (16–4)

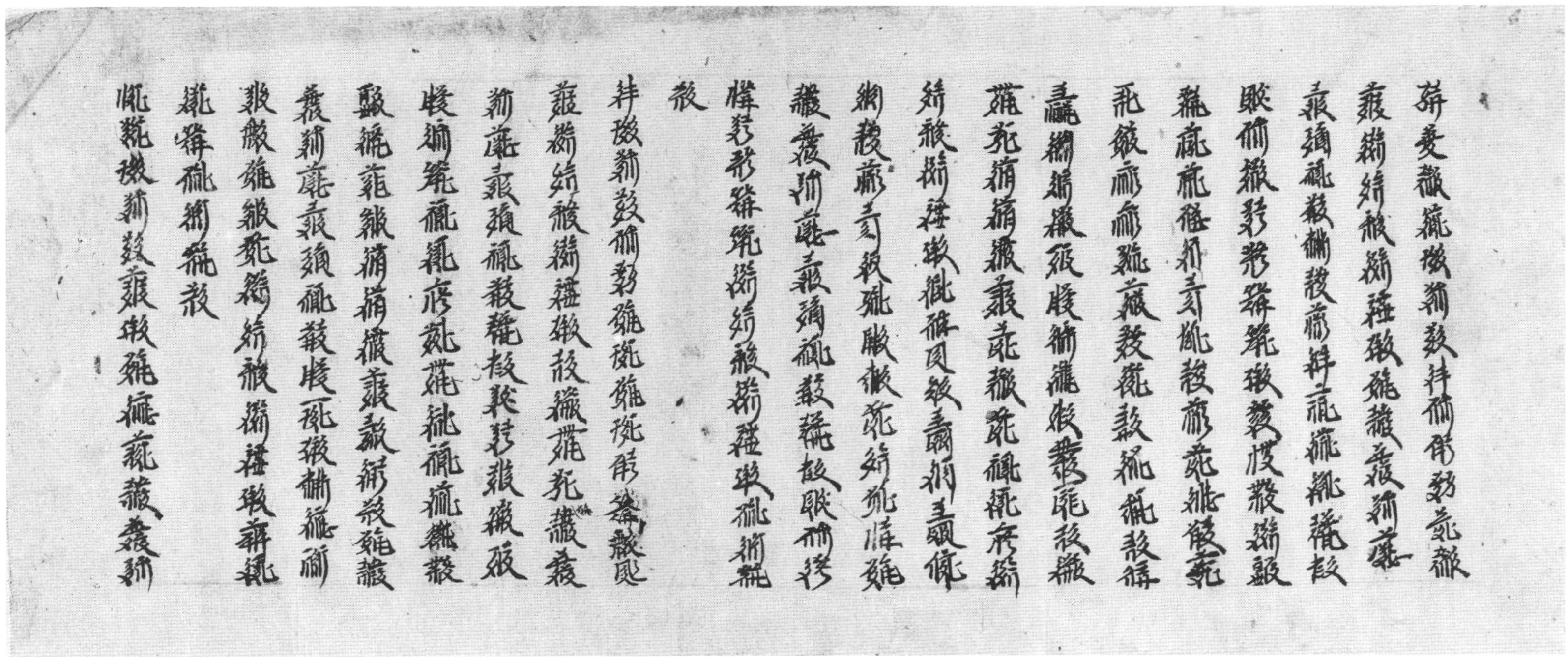

俄 Инв.No.5650 *5747 7066 7372 7644 7656 7669* 佛説佛母出生三法藏般若波羅蜜多經卷第九 (16–5)

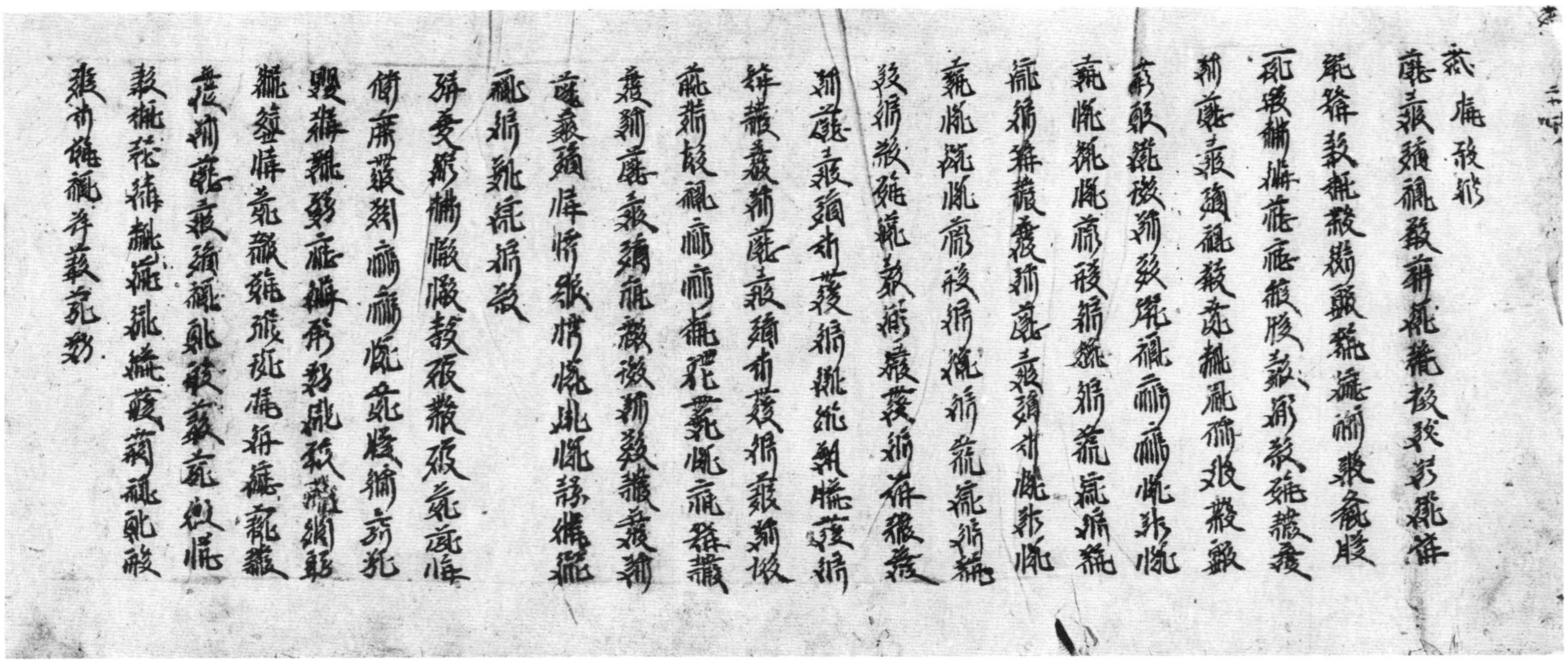

俄 Инв.No.5650 *5747 7066 7372 7644 7656 7669* 佛説佛母出生三法藏般若波羅蜜多經卷第九 (16–6)

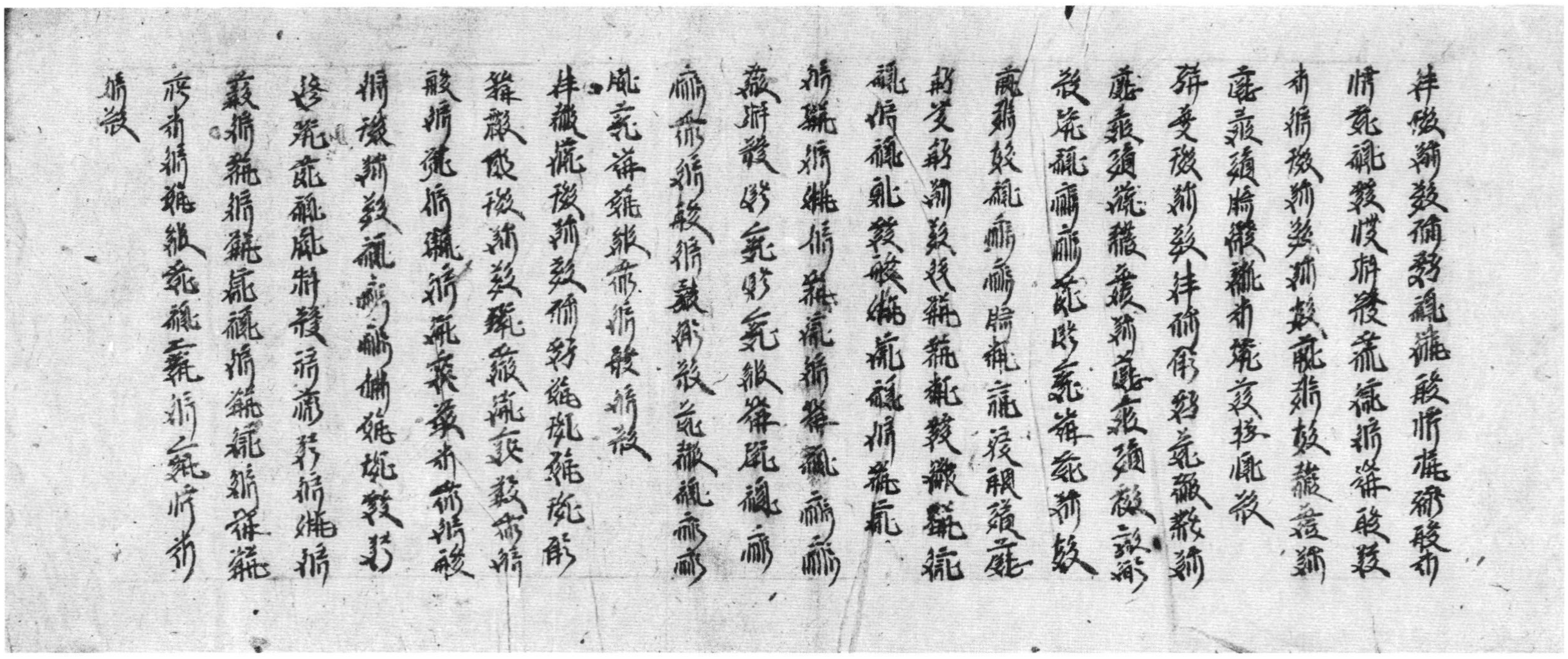

俄 Инв.No.5650 *5747 7066 7372 7644 7656 7669* 佛説佛母出生三法藏般若波羅蜜多經卷第九 (16–7)

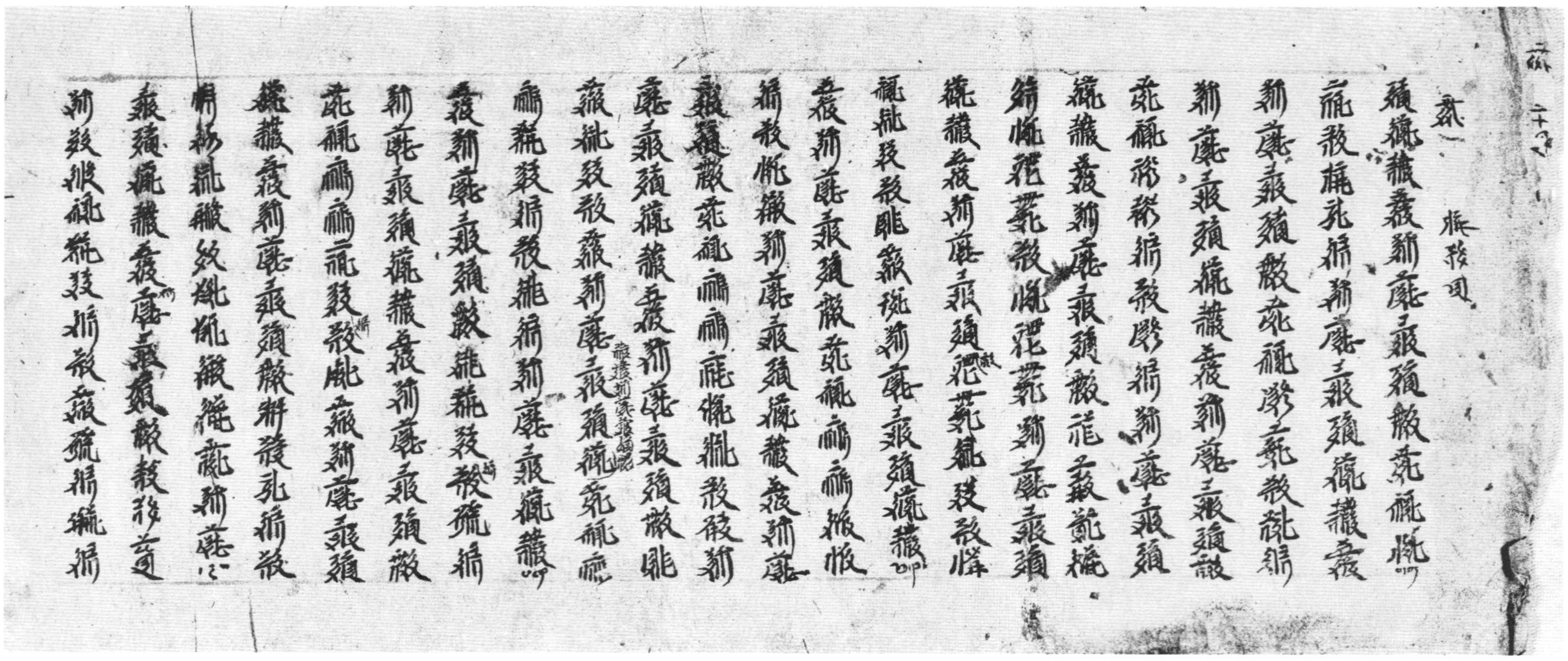

俄 Инв.No.5650 *5747 7066 7372 7644 7656 7669* 佛説佛母出生三法藏般若波羅蜜多經卷第九 (16–8)

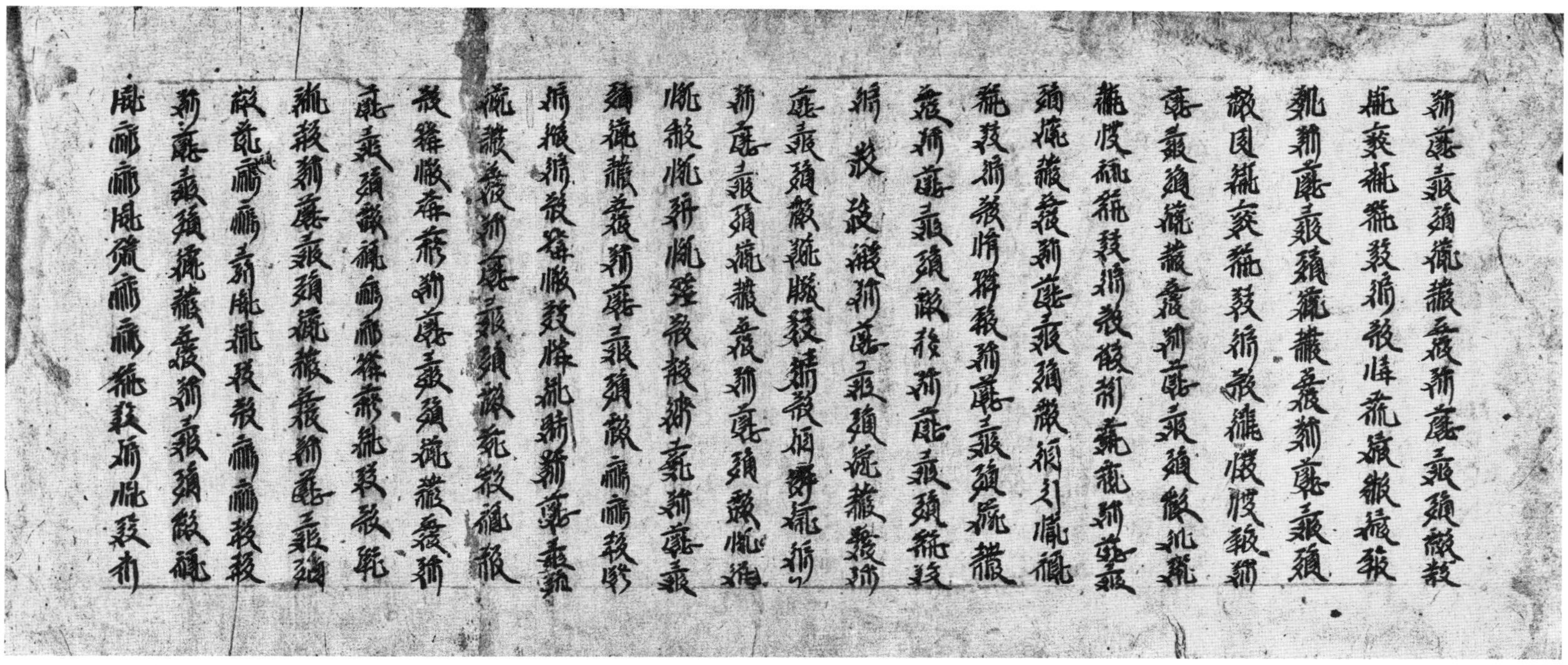

俄 Инв.No.5650 *5747 7066 7372 7644 7656 7669* 佛説佛母出生三法藏般若波羅蜜多經卷第九 (16–9)

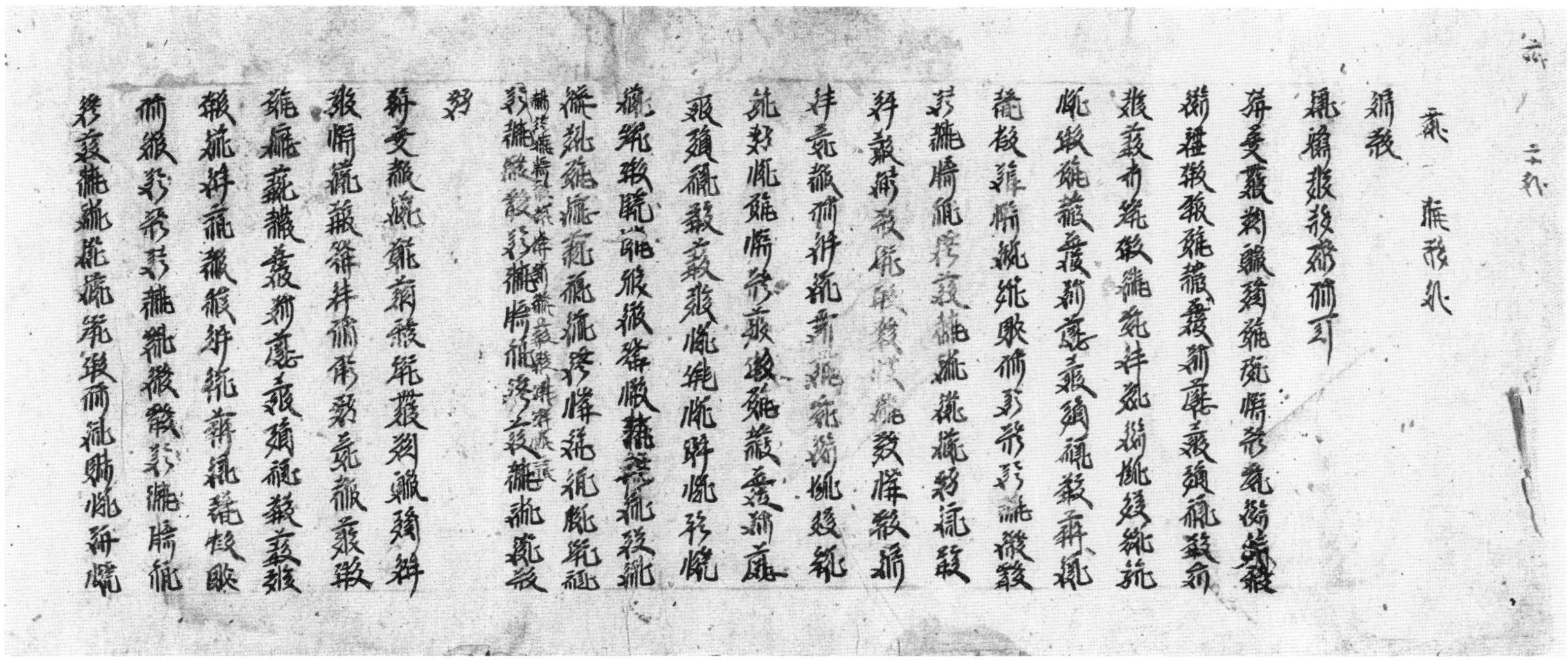

俄 Инв.No.5650 *5747 7066 7372 7644 7656 7669* 佛説佛母出生三法藏般若波羅蜜多經卷第九 (16–10)

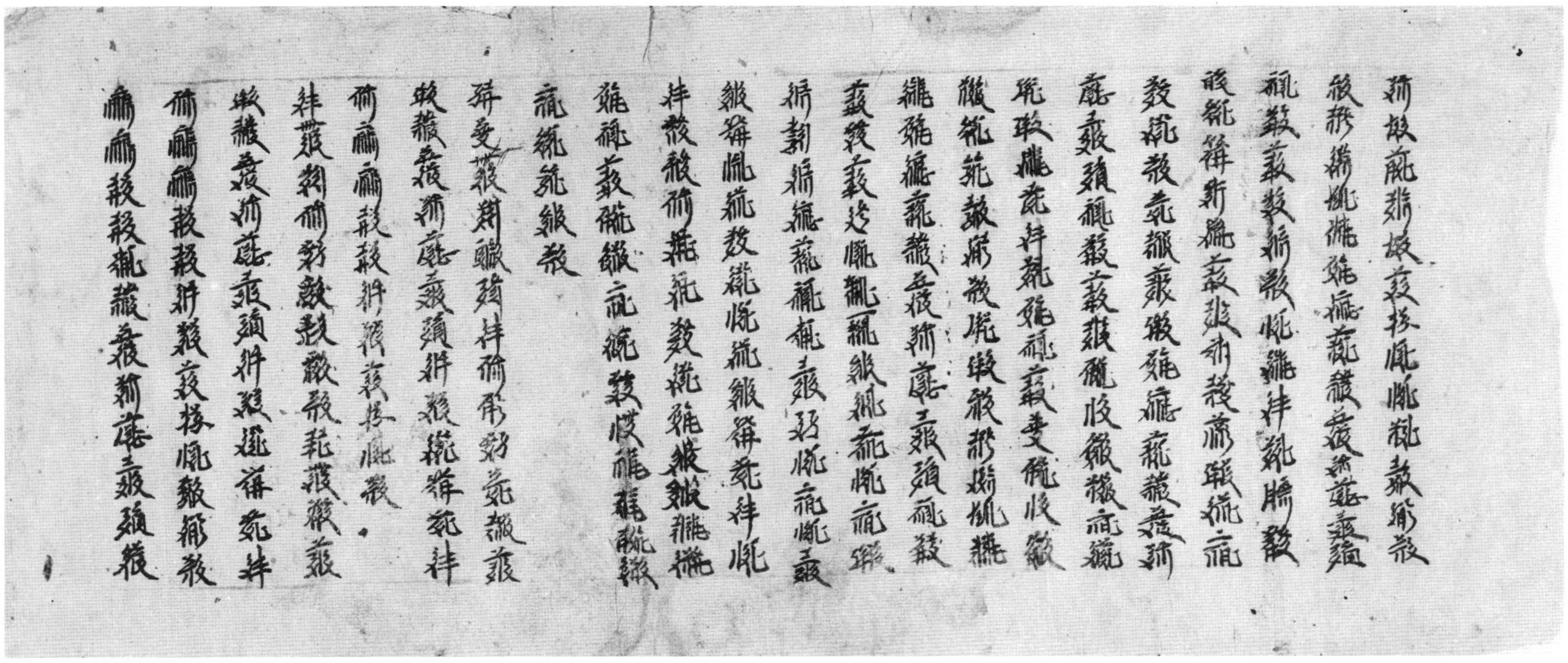

俄 Инв.No.5650 *5747 7066 7372 7644 7656 7669* 佛説佛母出生三法藏般若波羅蜜多經卷第九 (16–11)

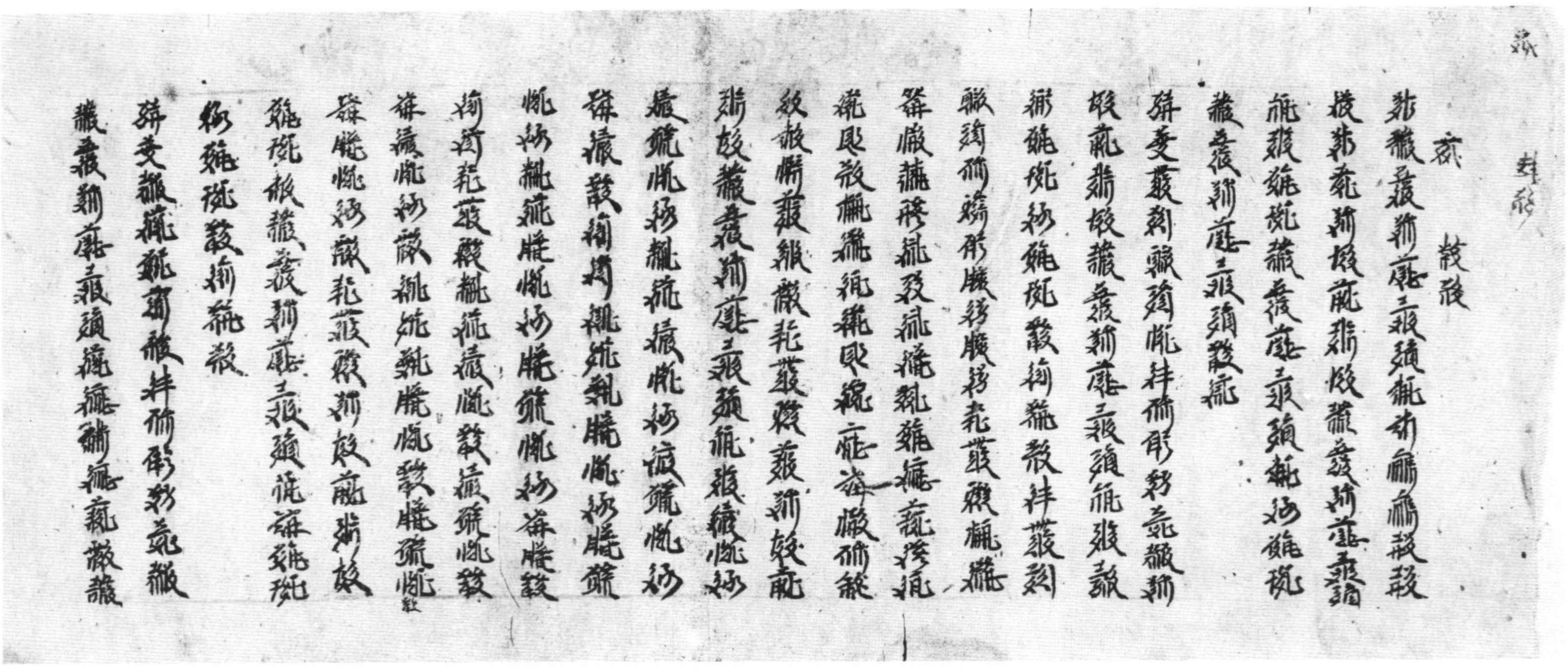

俄 Инв.No.5650 *5747 7066 7372 7644 7656 7669* 佛說佛母出生三法藏般若波羅蜜多經卷第九 (16-12)

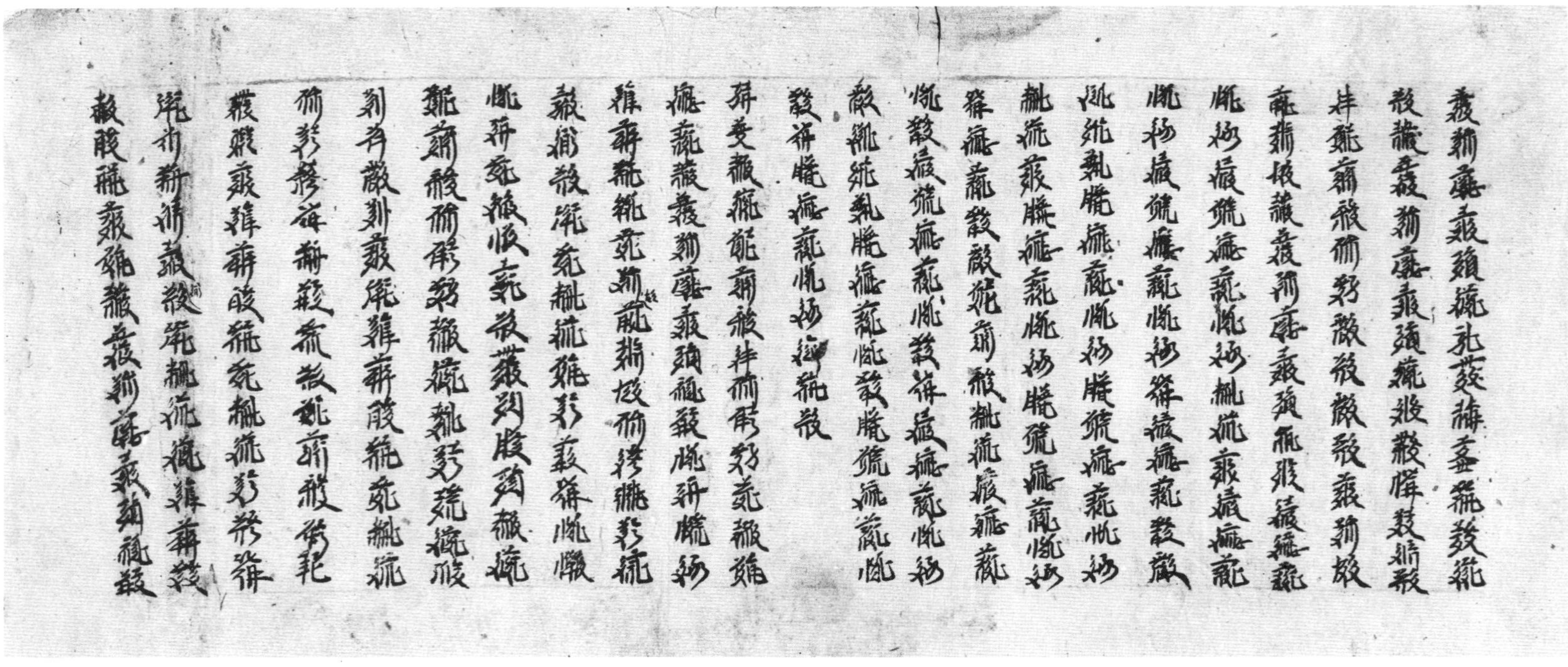

俄 Инв.No.5650 *5747 7066 7372 7644 7656 7669* 佛說佛母出生三法藏般若波羅蜜多經卷第九 (16-13)

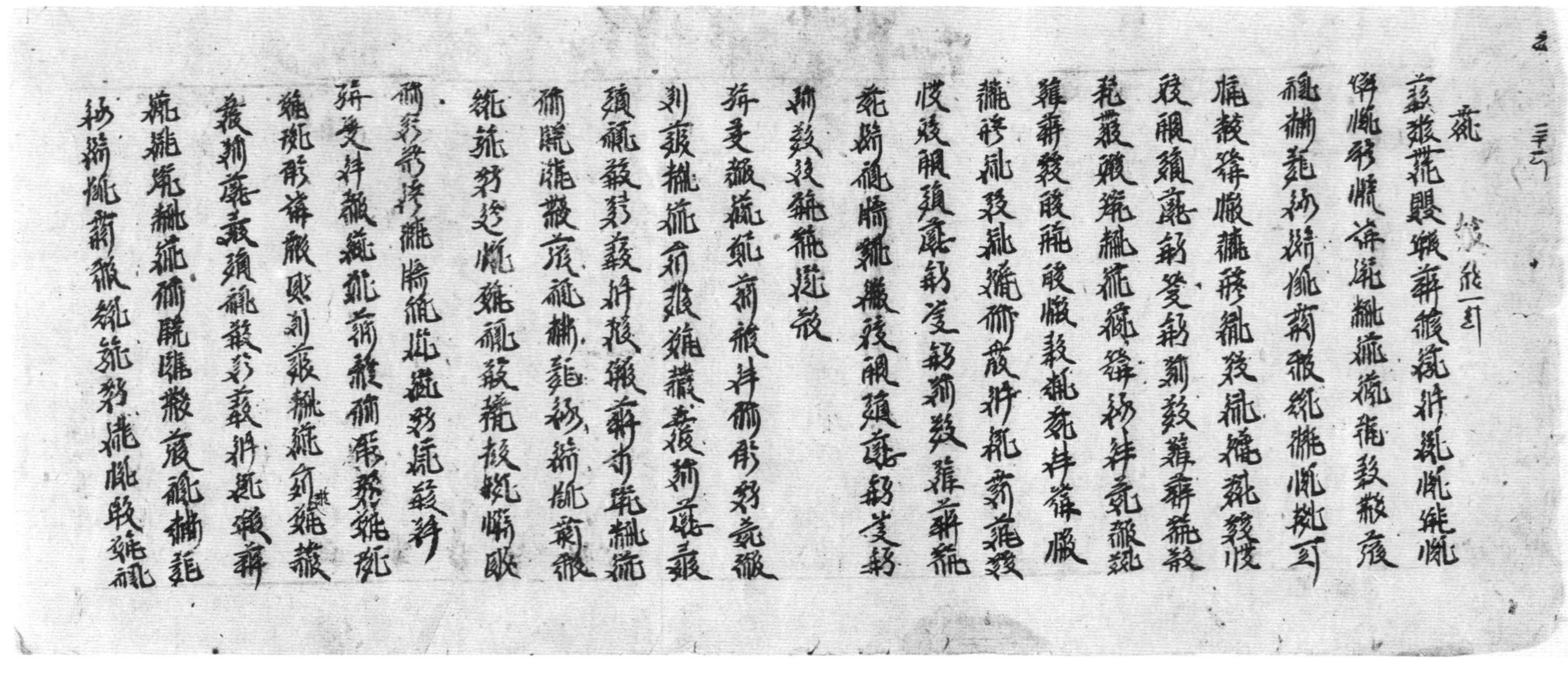

俄 Инв.No.5650 *5747 7066 7372 7644 7656 7669* 佛說佛母出生三法藏般若波羅蜜多經卷第九 (16-14)

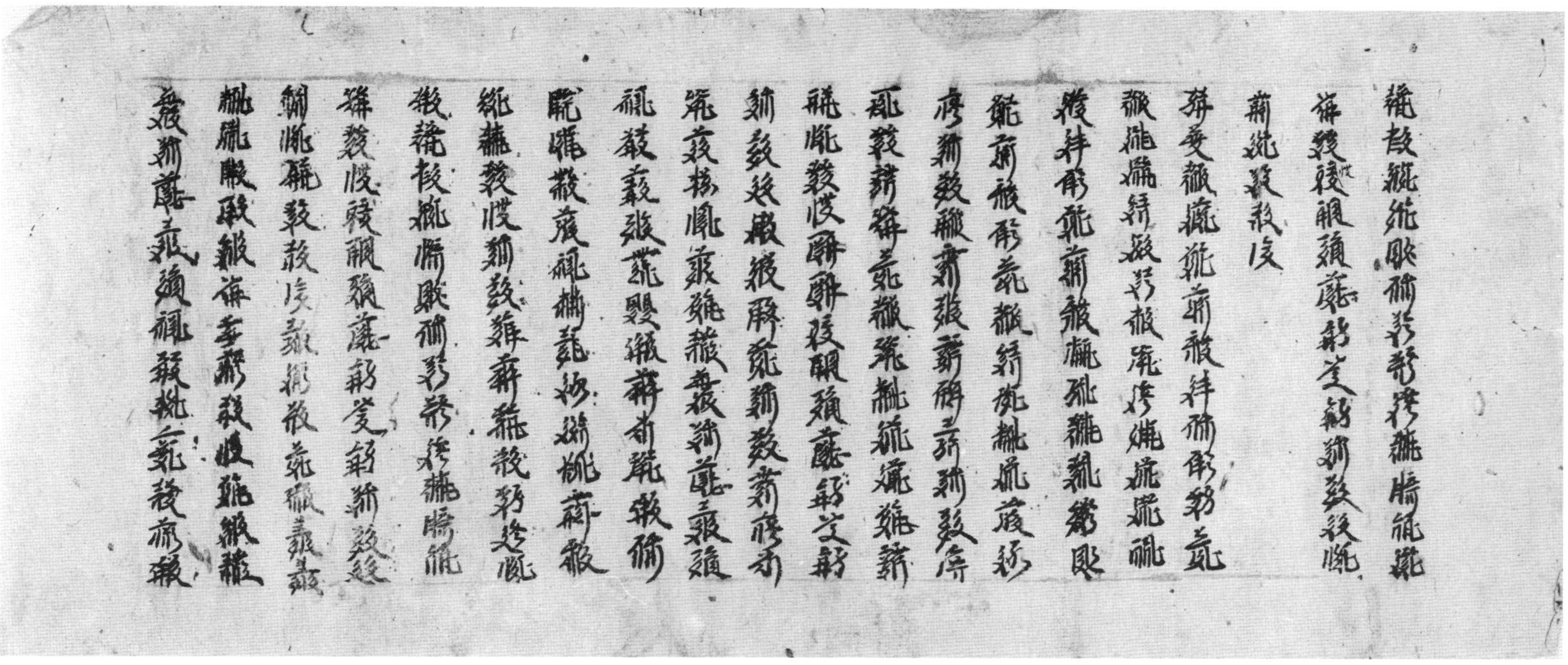

俄 Инв.No.5650 *5747 7066 7372 7644 7656 7669* 佛説佛母出生三法藏般若波羅蜜多經卷第九 (16-15)

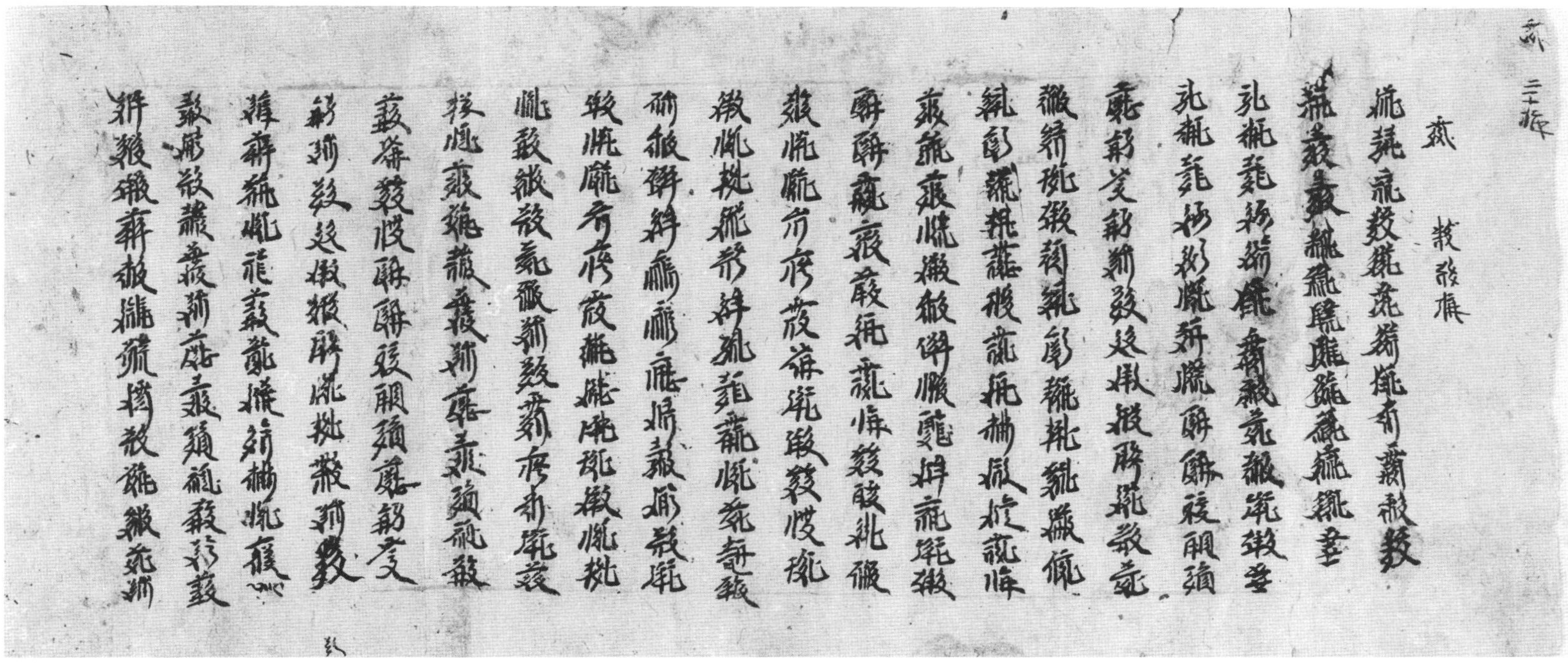

俄 Инв.No.5650 *5747 7066 7372 7644 7656 7669* 佛説佛母出生三法藏般若波羅蜜多經卷第九 (16-16)

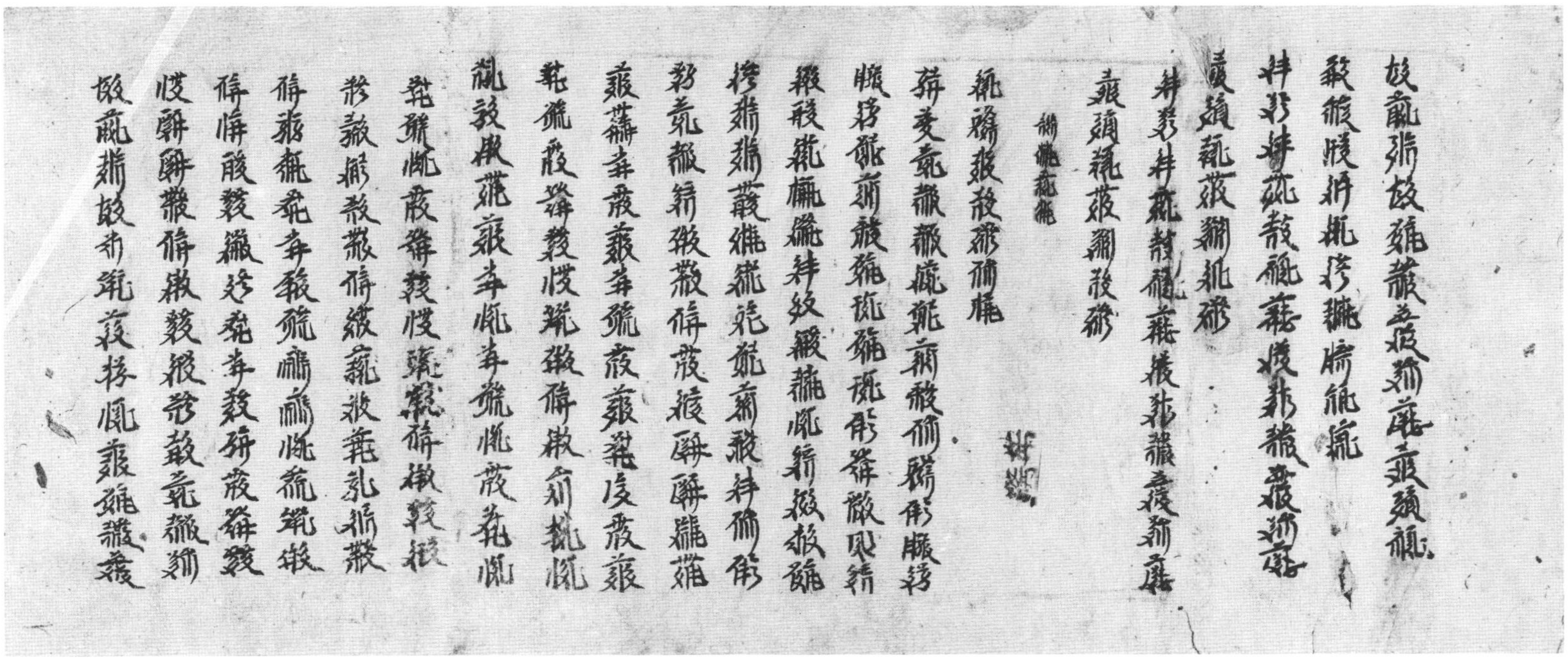

俄 Инв.No.5650 *5747 7066 7372 7644 7656 7669* 佛説佛母出生三法藏般若波羅蜜多經卷第十 (7-1)

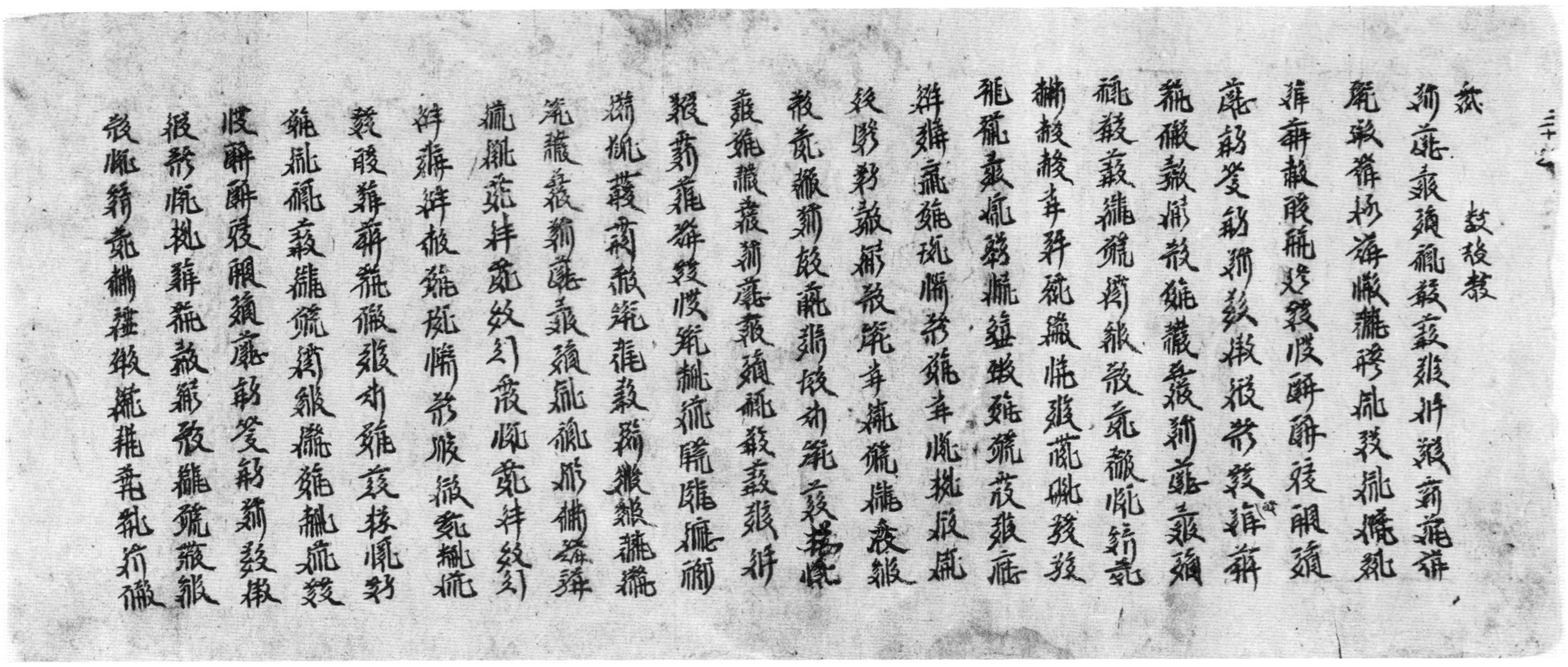

俄 Инв.No.5650 *5747 7066 7372 7644 7656 7669* 佛說佛母出生三法藏般若波羅蜜多經卷第十 (7-2)

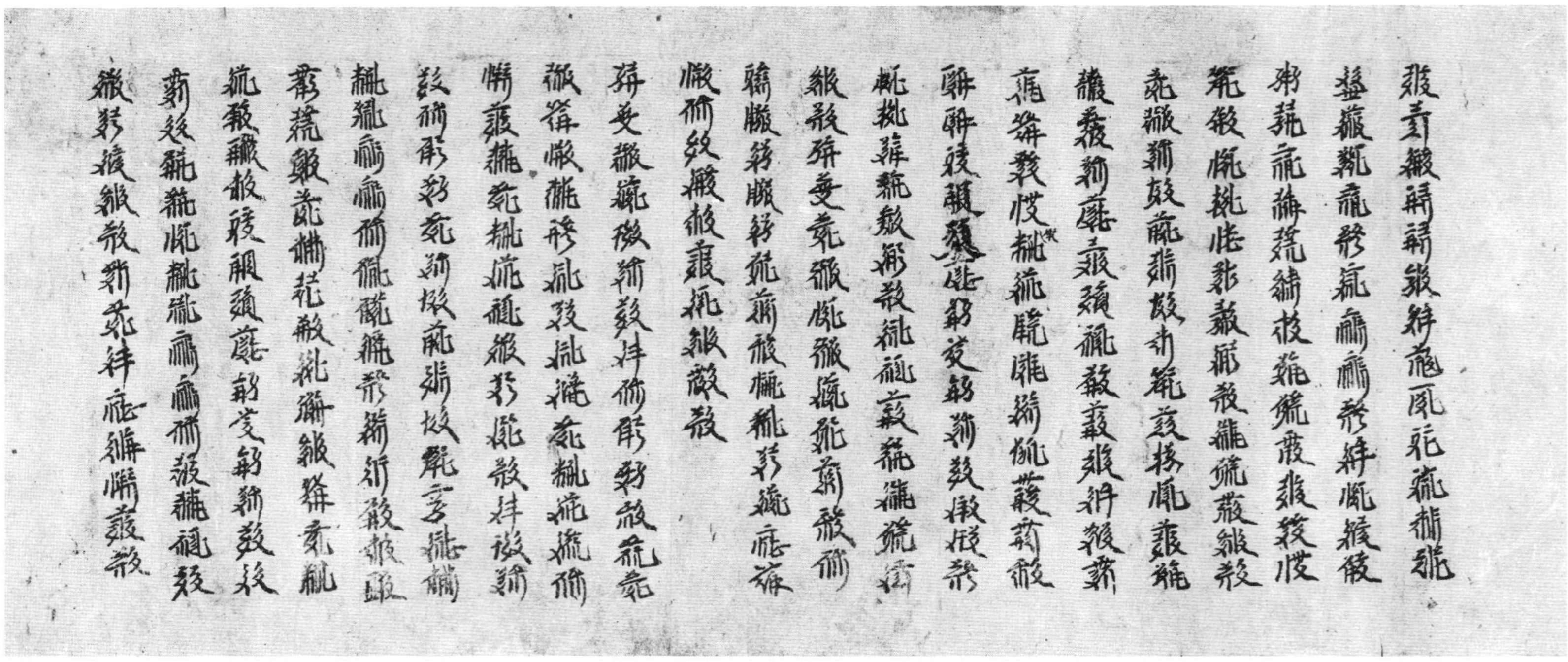

俄 Инв.No.5650 *5747 7066 7372 7644 7656 7669* 佛說佛母出生三法藏般若波羅蜜多經卷第十 (7-3)

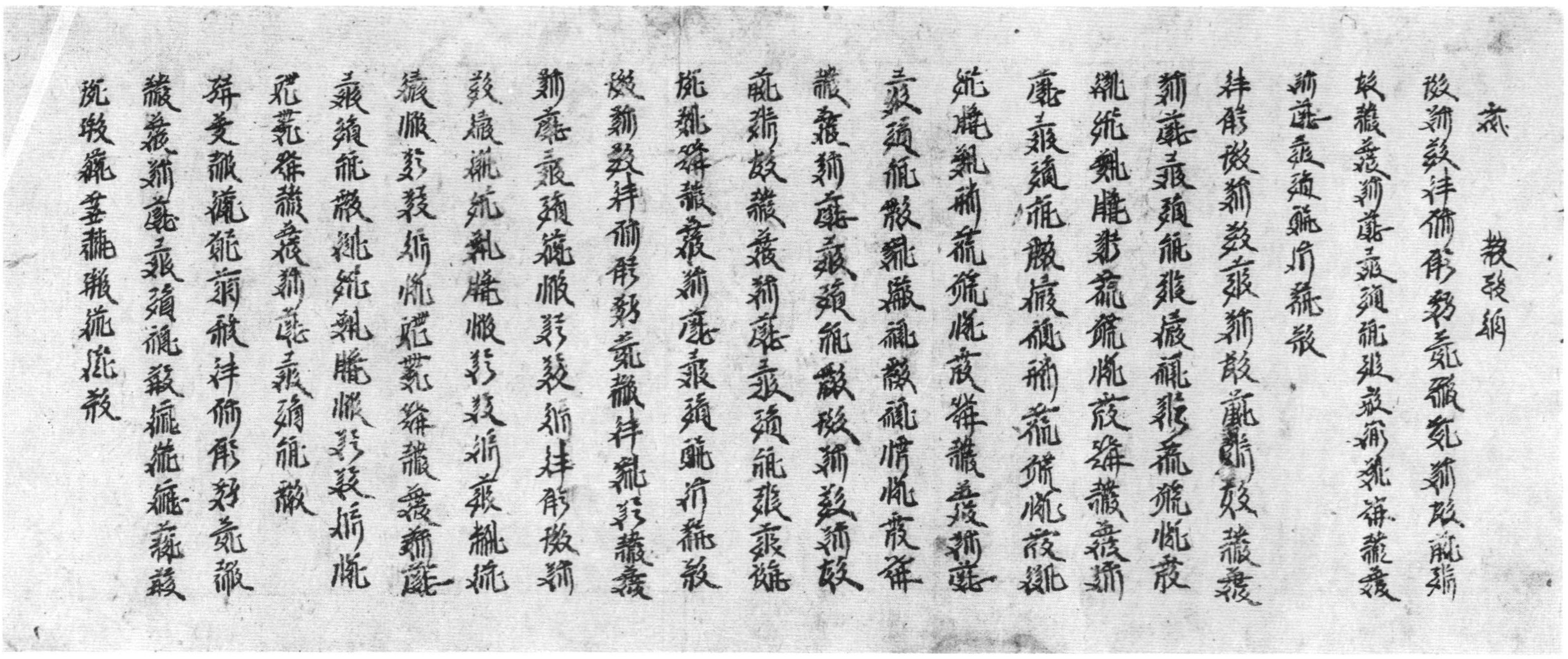

俄 Инв.No.5650 *5747 7066 7372 7644 7656 7669* 佛說佛母出生三法藏般若波羅蜜多經卷第十 (7-4)

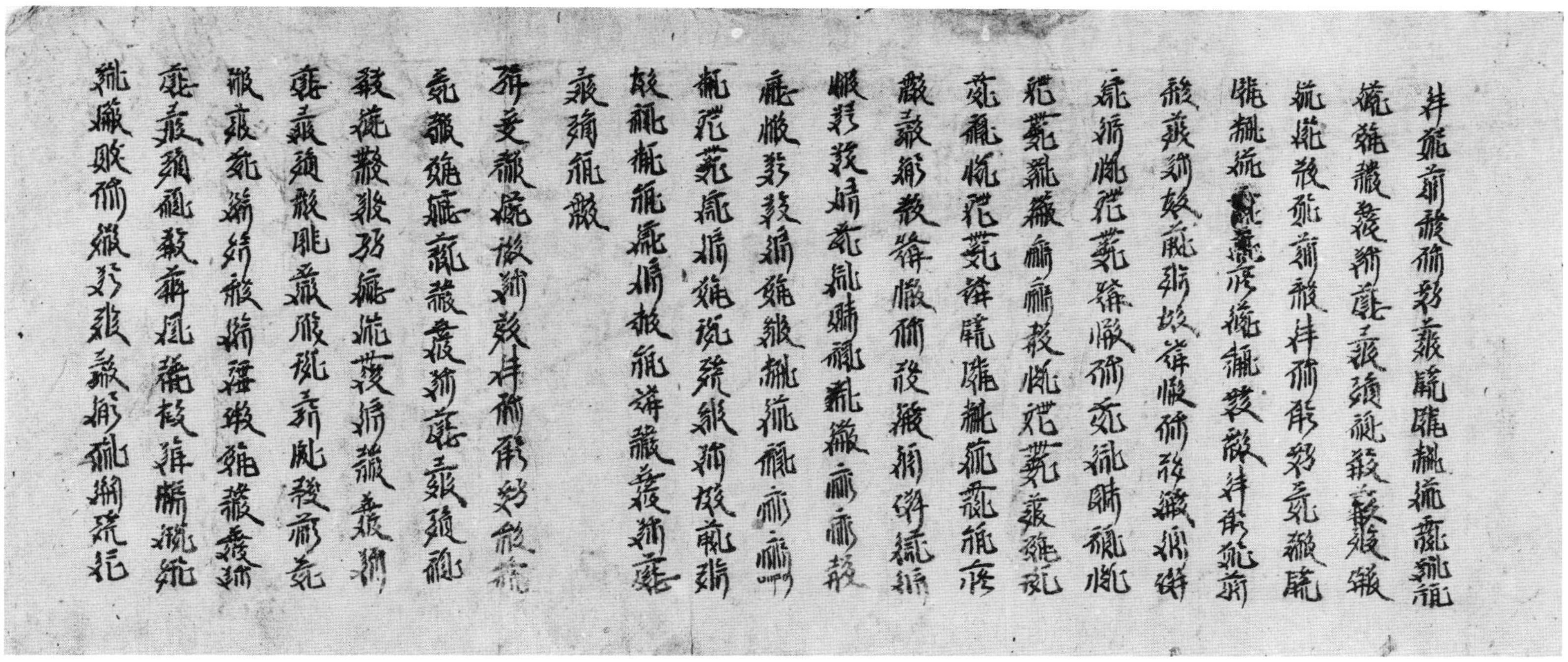

俄 **Инв**.No.5650 *5747 7066 7372 7644 7656 7669*　佛說佛母出生三法藏般若波羅蜜多經卷第十　(7–5)

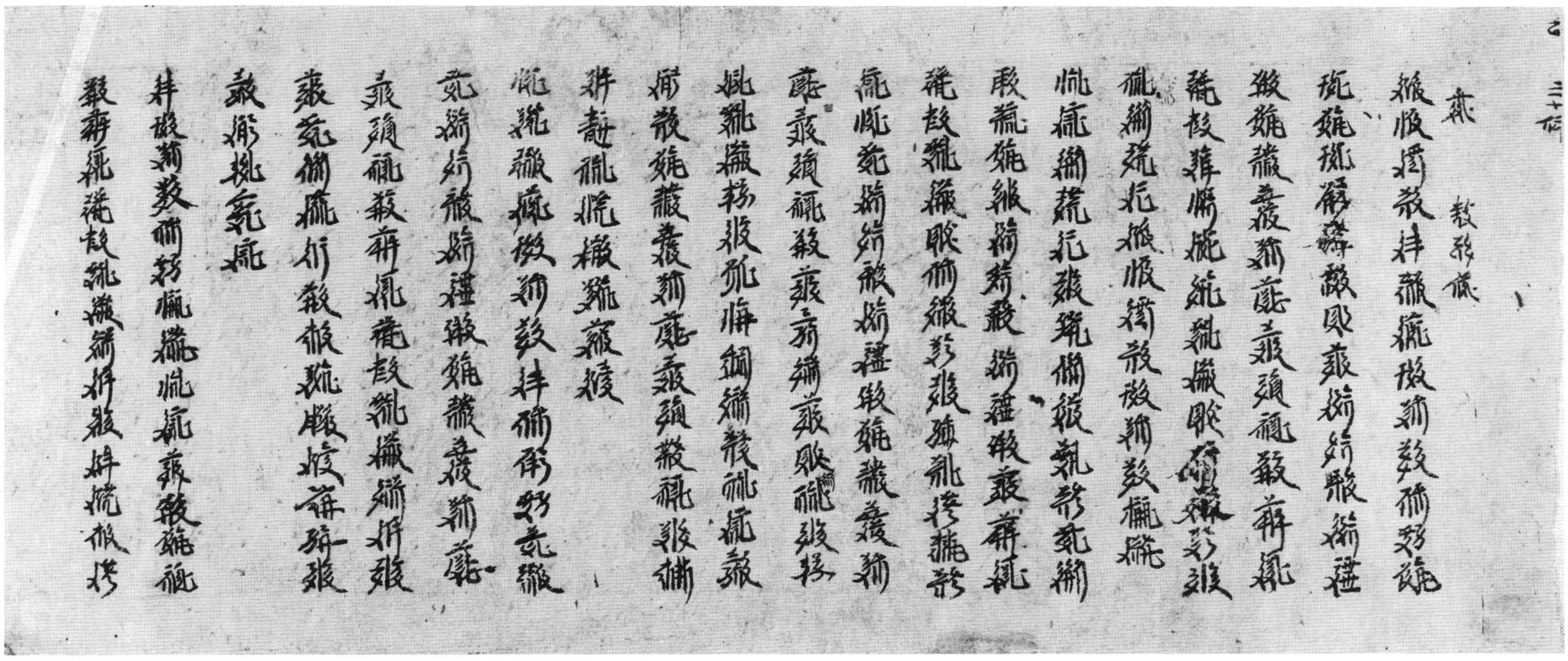

俄 **Инв**.No.5650 *5747 7066 7372 7644 7656 7669*　佛說佛母出生三法藏般若波羅蜜多經卷第十　(7–6)

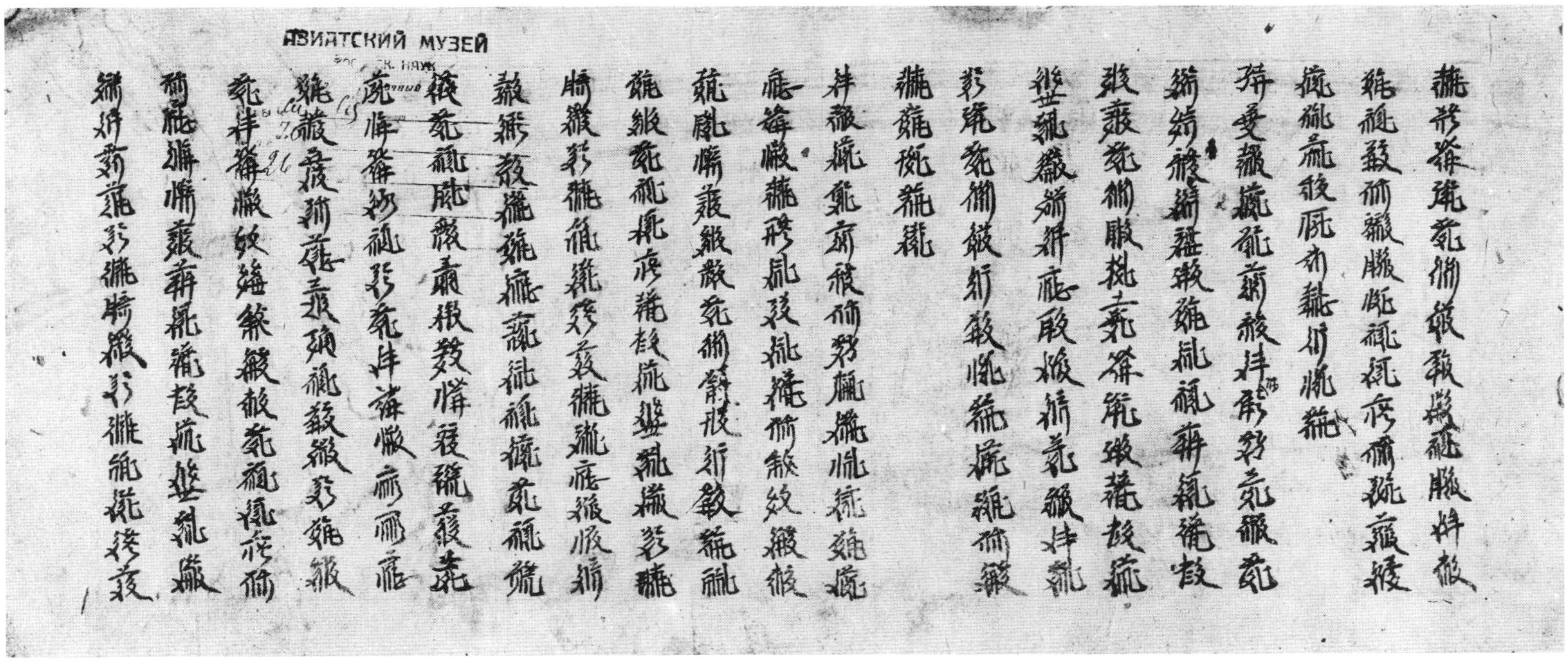

俄 **Инв**.No.5650 *5747 7066 7372 7644 7656 7669*　佛說佛母出生三法藏般若波羅蜜多經卷第十　(7–7)

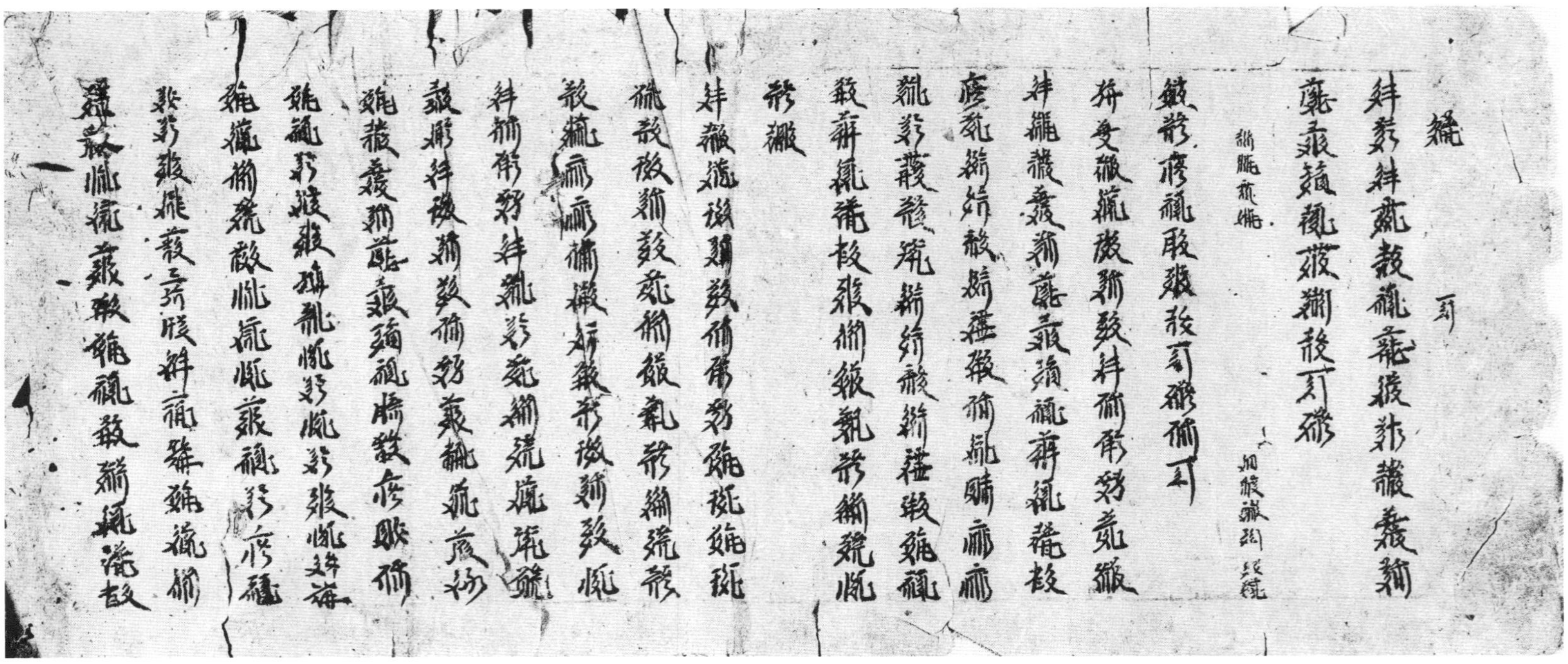

俄 Инв.No.5650 *5747 7066 7372 7644 7656 7669* 佛說佛母出生三法藏般若波羅蜜多經卷第十一 (2–1)

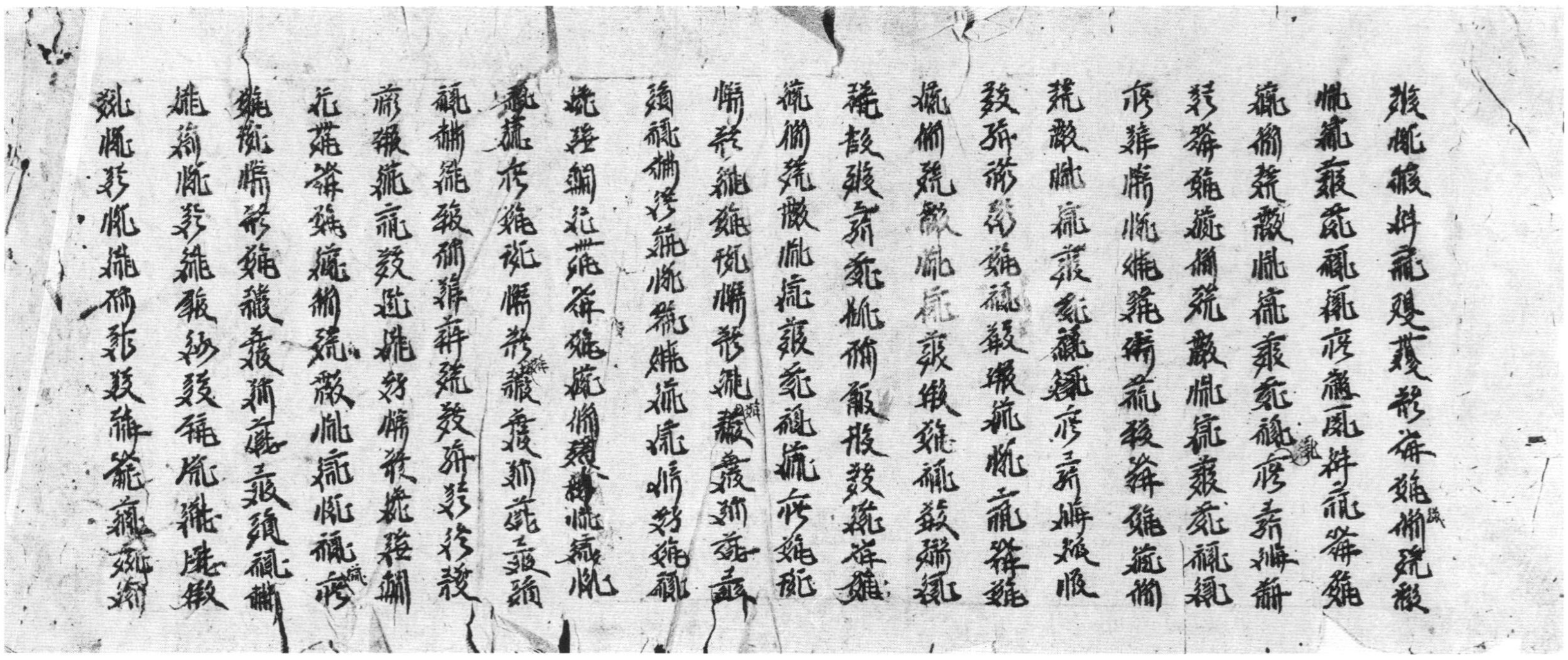

俄 Инв.No.5650 *5747 7066 7372 7644 7656 7669* 佛說佛母出生三法藏般若波羅蜜多經卷第十一 (2–2)

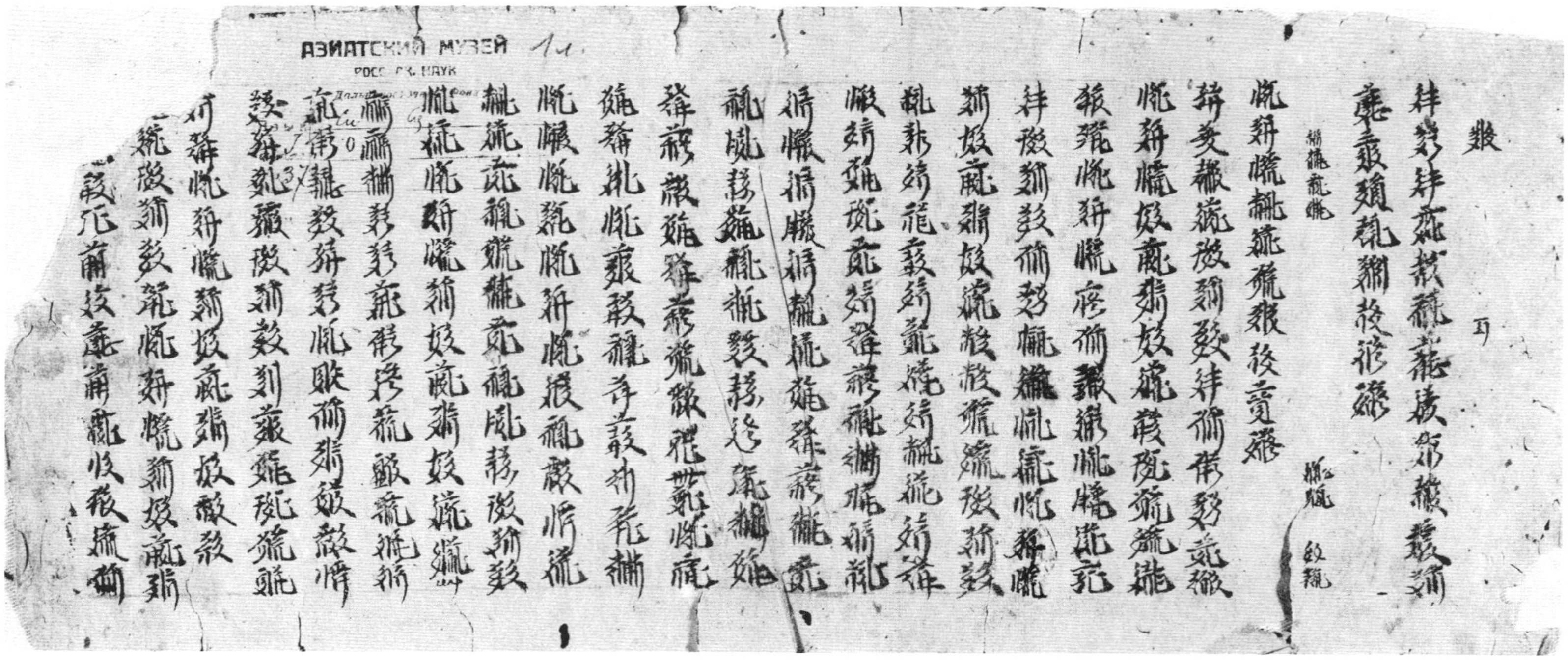

俄 Инв.No.5650 *5747 7066 7372 7644 7656 7669* 佛說佛母出生三法藏般若波羅蜜多經卷第十六 (2–1)

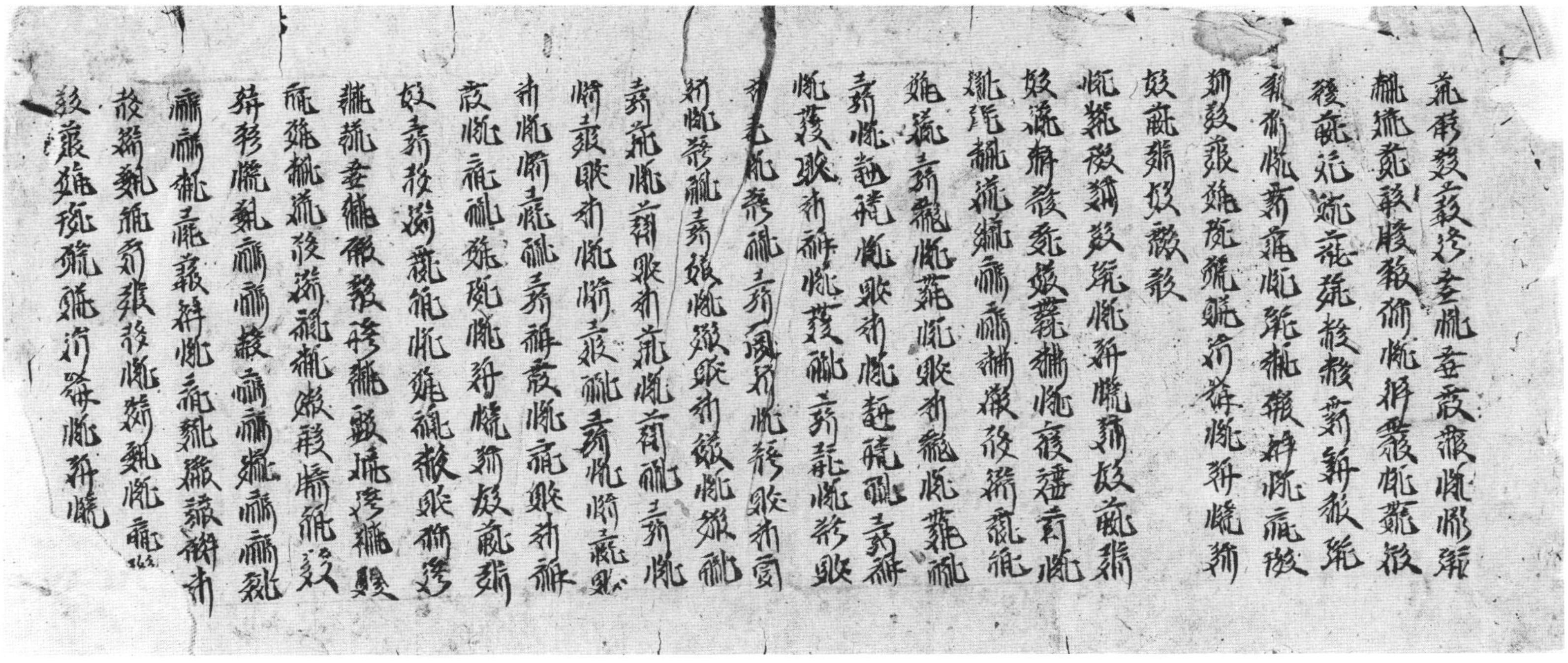

俄 Инв.No.5650 *5747 7066 7372 7644 7656 7669*　佛説佛母出生三法藏般若波羅蜜多經卷第十六　(2–2)

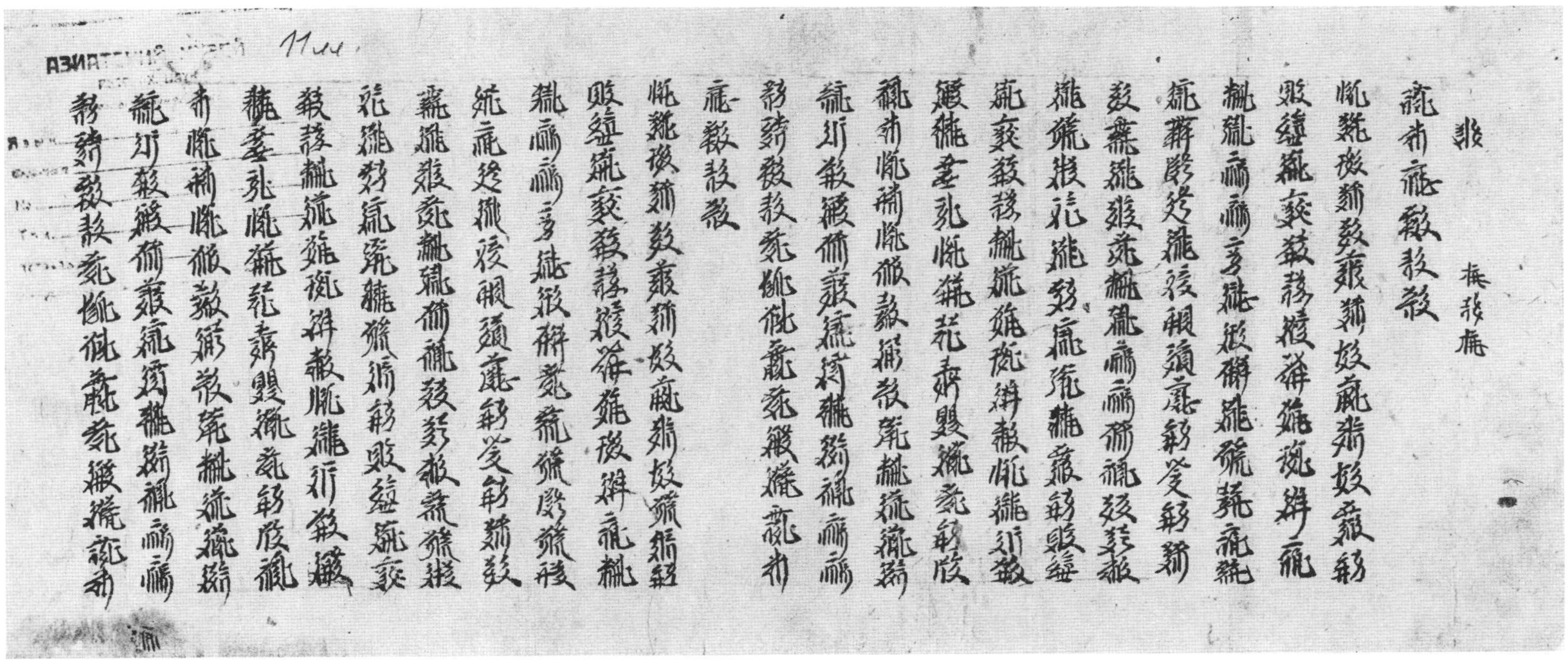

俄 Инв.No.5650 *5747 7066 7372 7644 7656 7669*　佛説佛母出生三法藏般若波羅蜜多經卷第十八　(4–1)

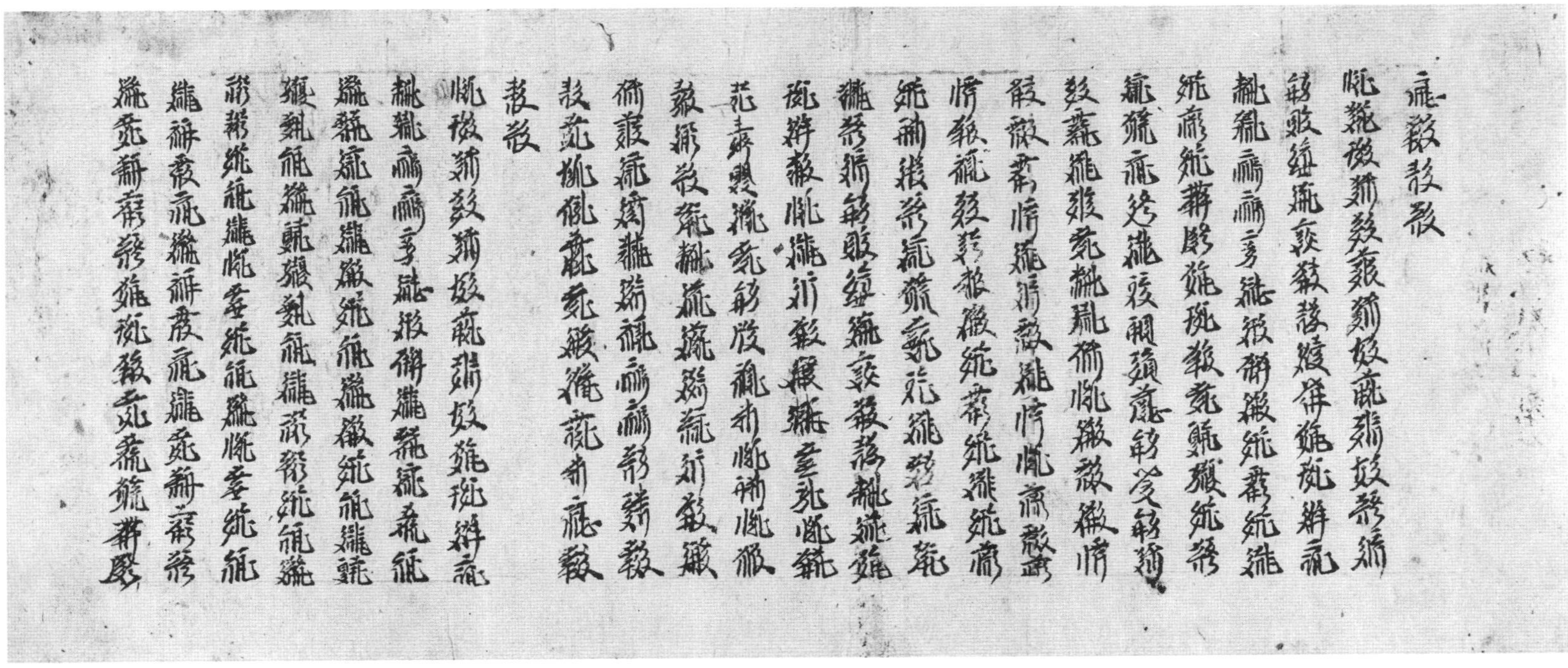

俄 Инв.No.5650 *5747 7066 7372 7644 7656 7669*　佛説佛母出生三法藏般若波羅蜜多經卷第十八　(4–2)

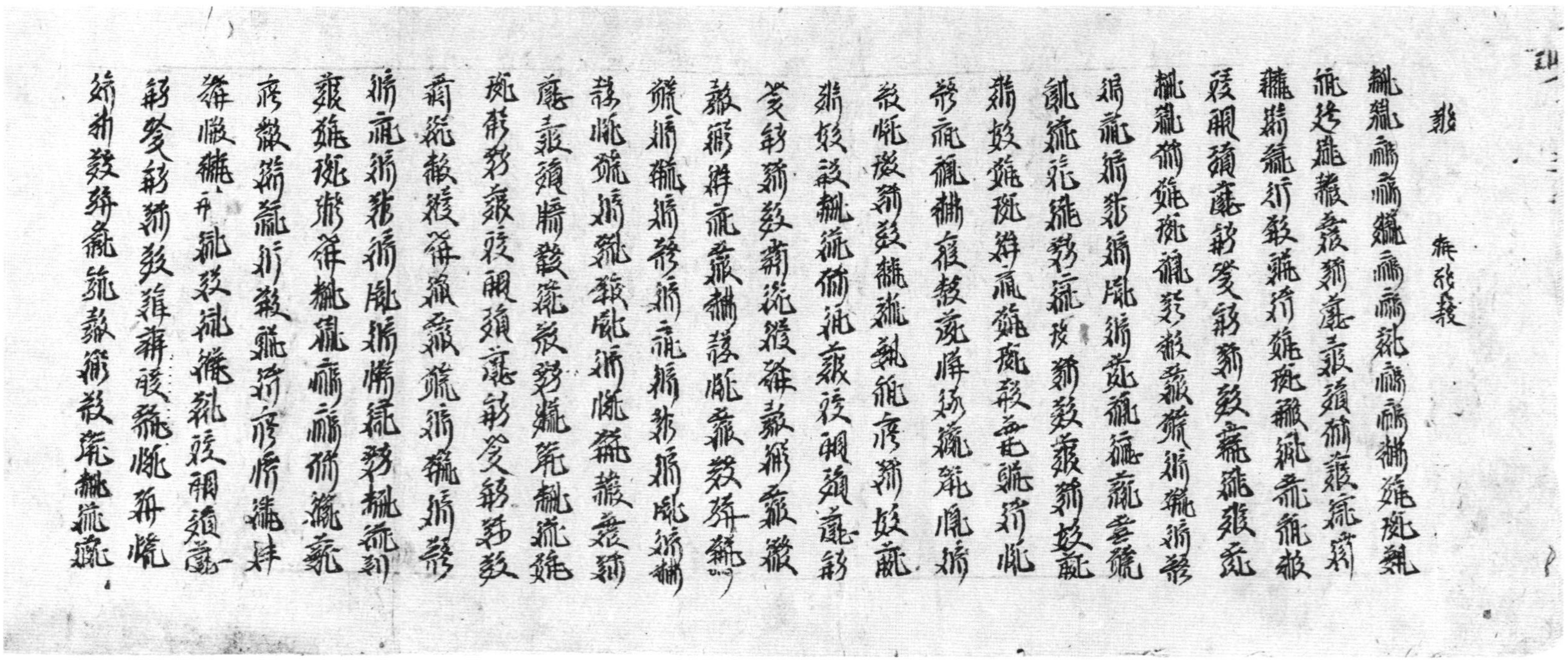

俄 Инв.No.5650 *5747 7066 7372 7644 7656 7669* 佛說佛母出生三法藏般若波羅蜜多經卷第十八 (4–3)

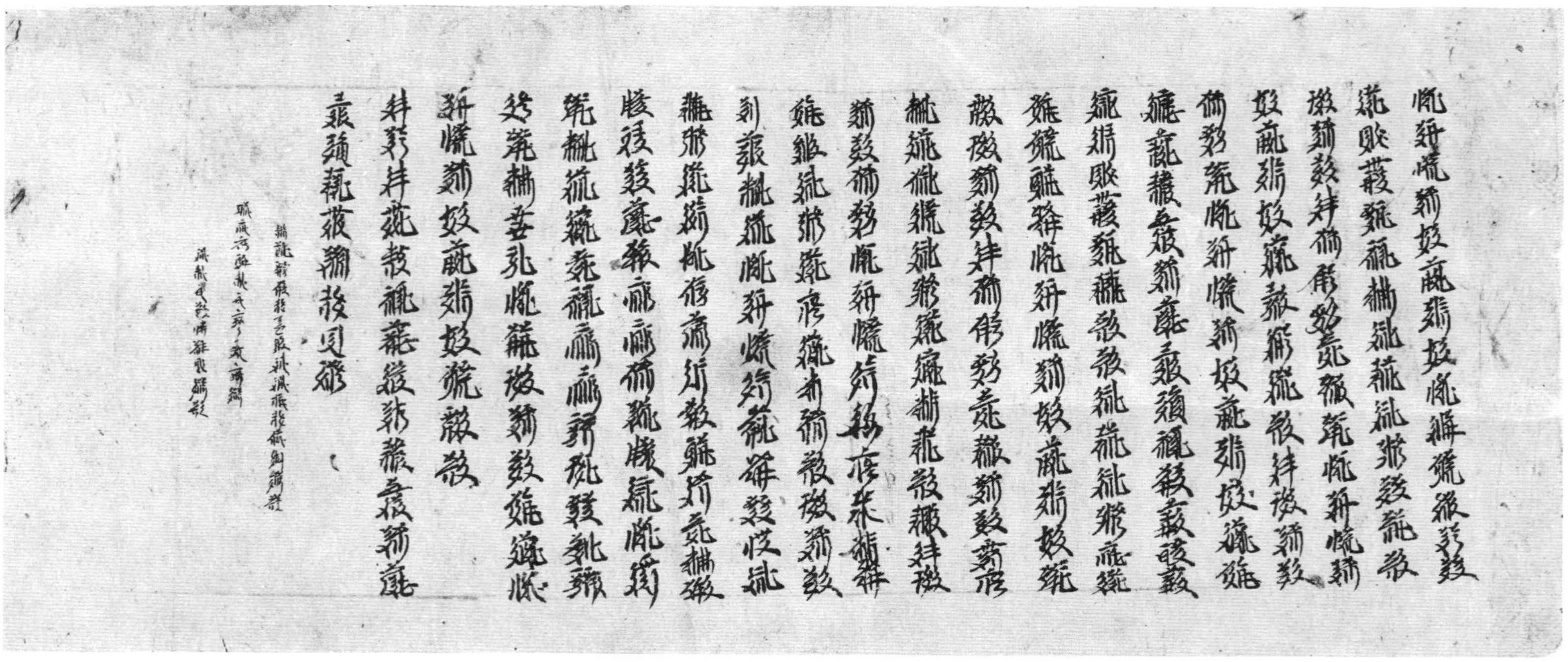

俄 Инв.No.5650 *5747 7066 7372 7644 7656 7669* 佛說佛母出生三法藏般若波羅蜜多經卷第十八 (4–4)

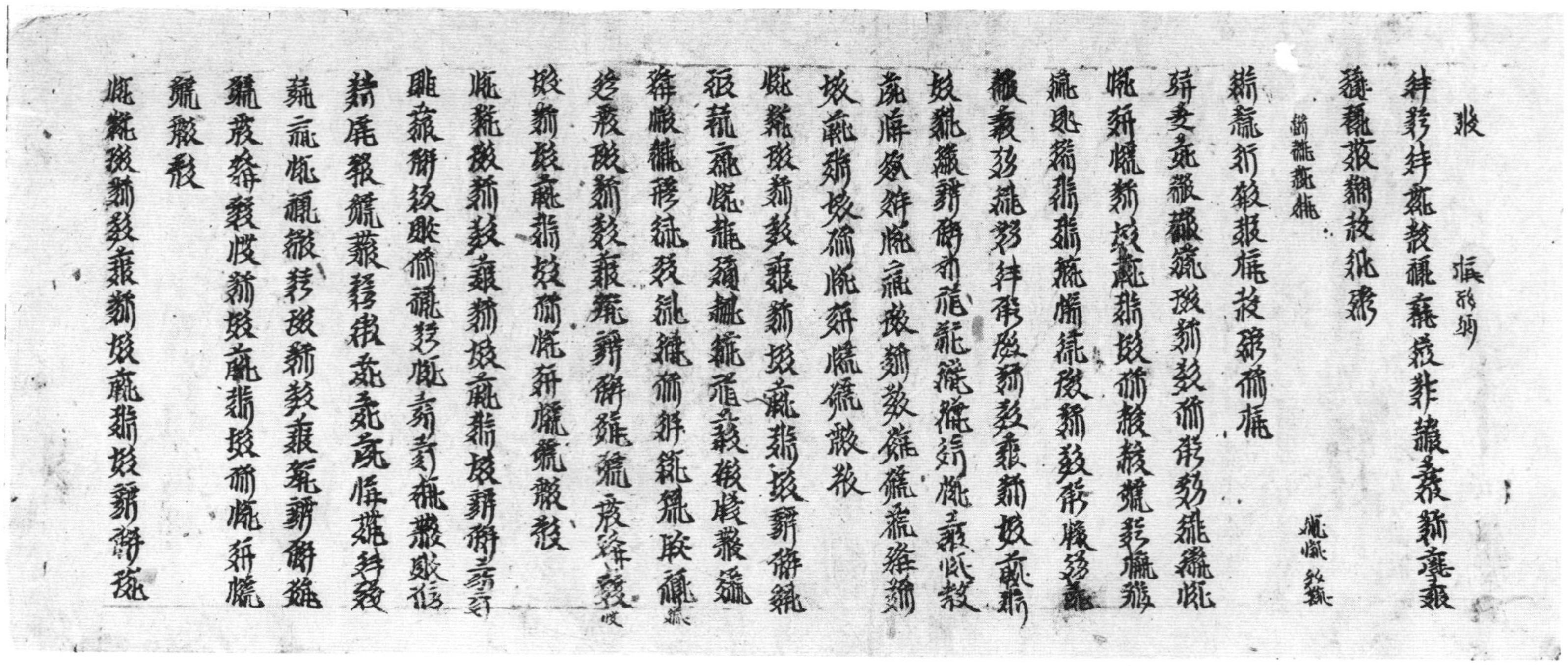

俄 Инв.No.5650 *5747 7066 7372 7644 7656 7669* 佛說佛母出生三法藏般若波羅蜜多經卷第十九 (15–1)

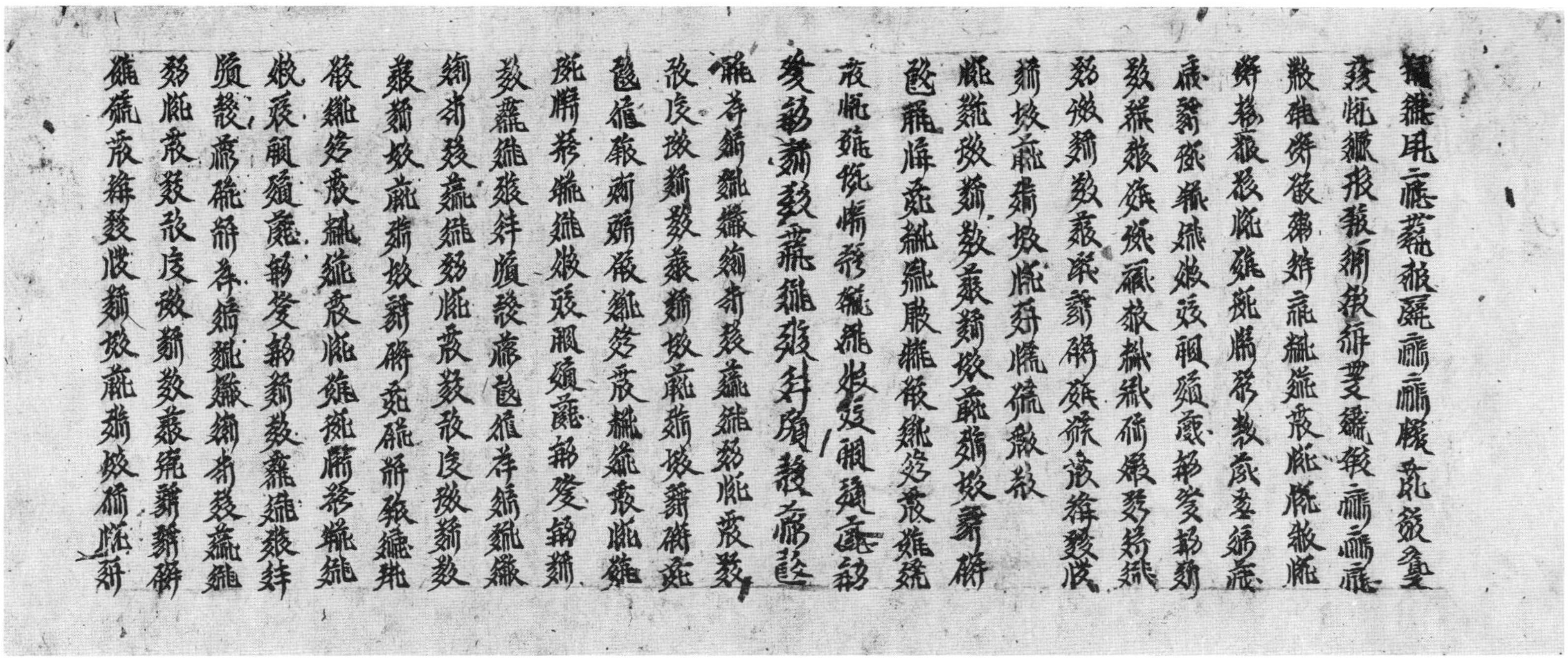

俄 Инв.No.5650 *5747 7066 7372 7644 7656 7669* 佛說佛母出生三法藏般若波羅蜜多經卷第十九 (15-2)

俄 Инв.No.5650 *5747 7066 7372 7644 7656 7669* 佛說佛母出生三法藏般若波羅蜜多經卷第十九 (15-3)

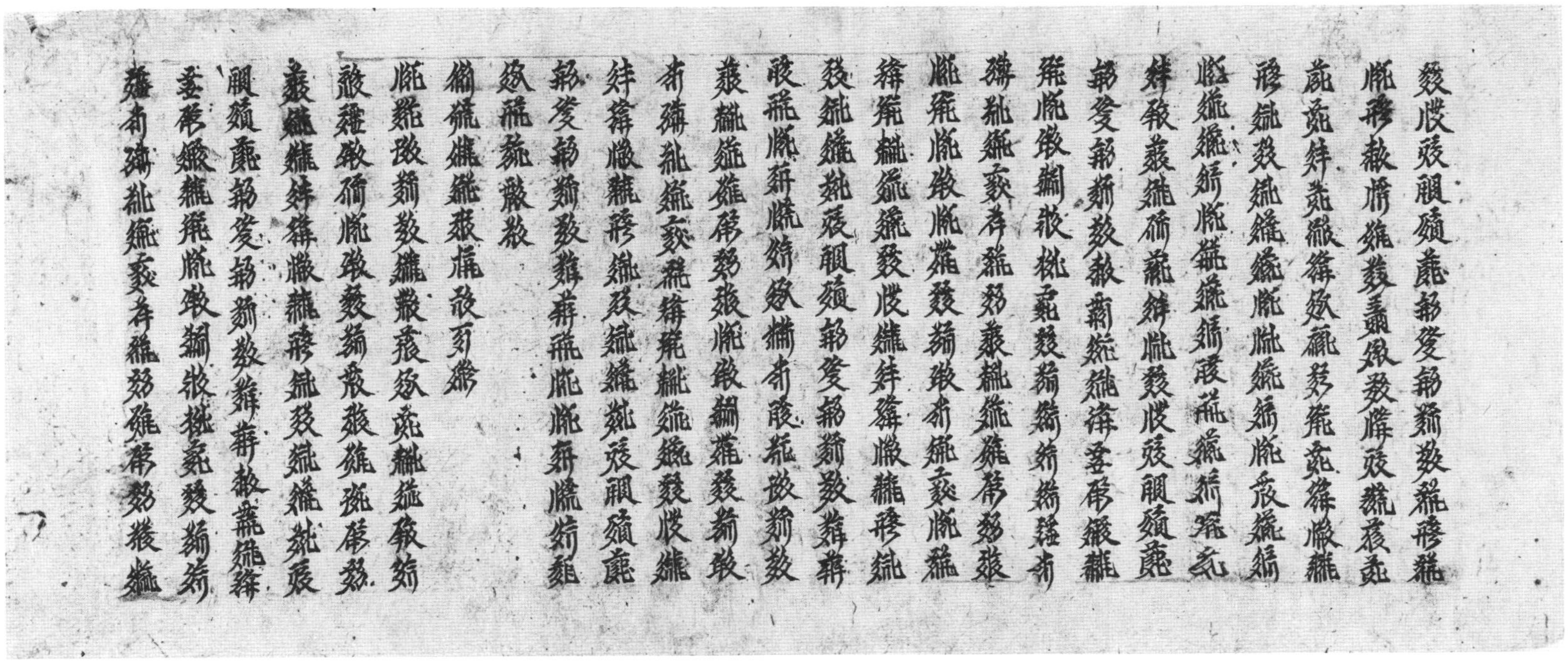

俄 Инв.No.5650 *5747 7066 7372 7644 7656 7669* 佛說佛母出生三法藏般若波羅蜜多經卷第十九 (15-4)

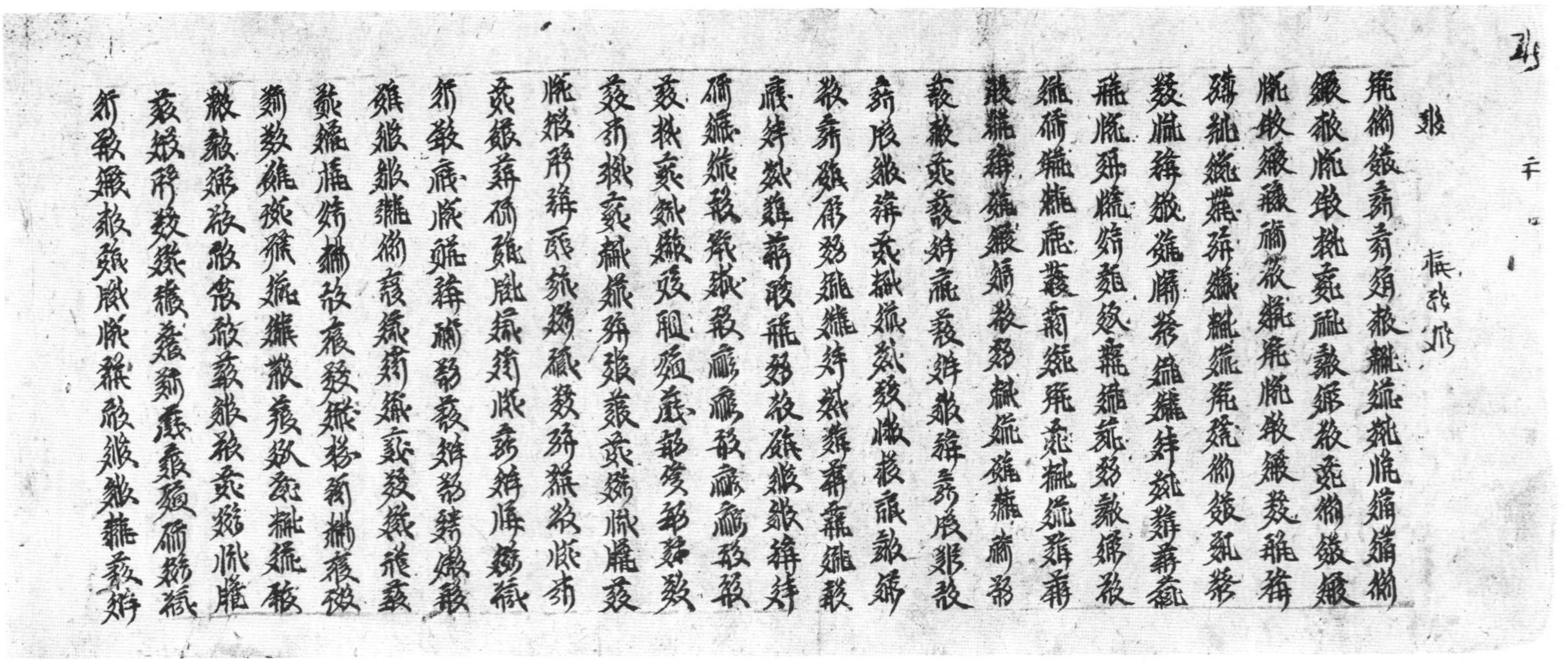

俄 Инв.No.5650 *5747 7066 7372 7644 7656 7669* 佛説佛母出生三法藏般若波羅蜜多經卷第十九 (15-5)

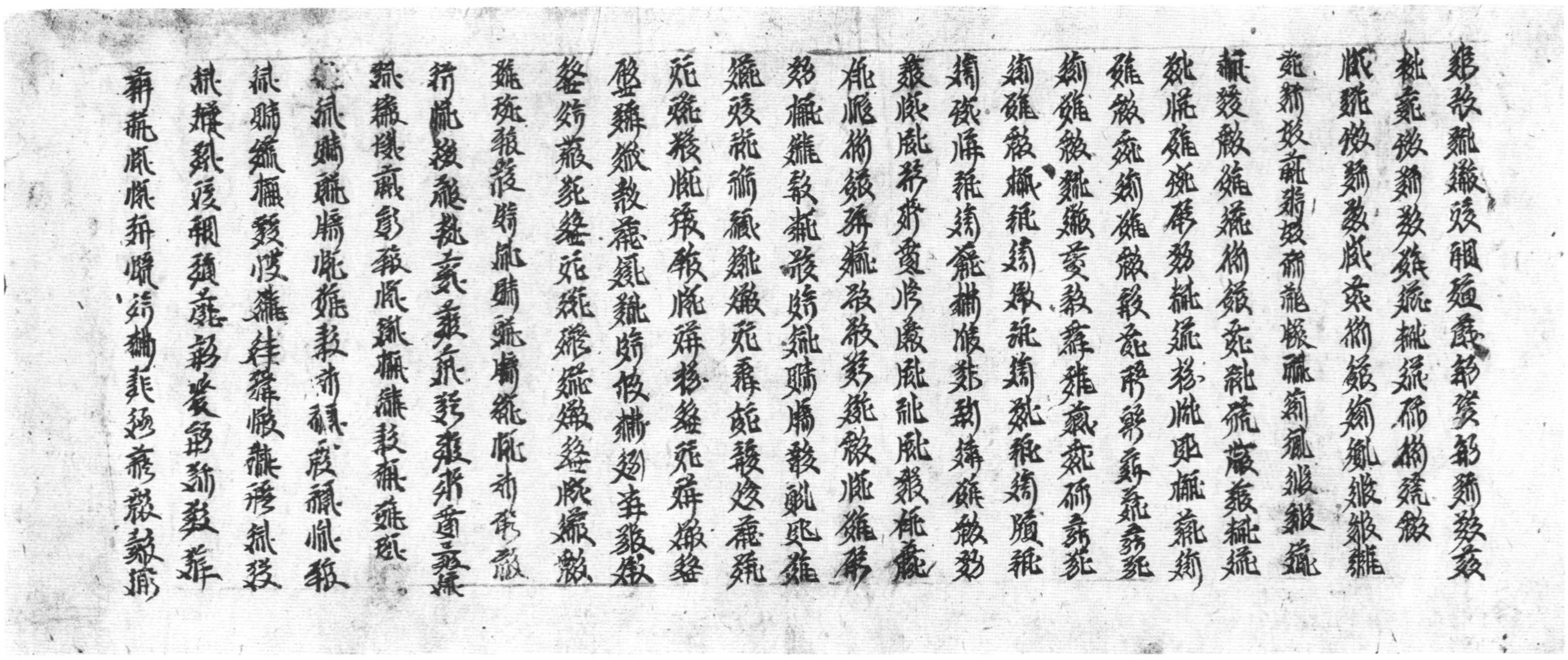

俄 Инв.No.5650 *5747 7066 7372 7644 7656 7669* 佛説佛母出生三法藏般若波羅蜜多經卷第十九 (15-6)

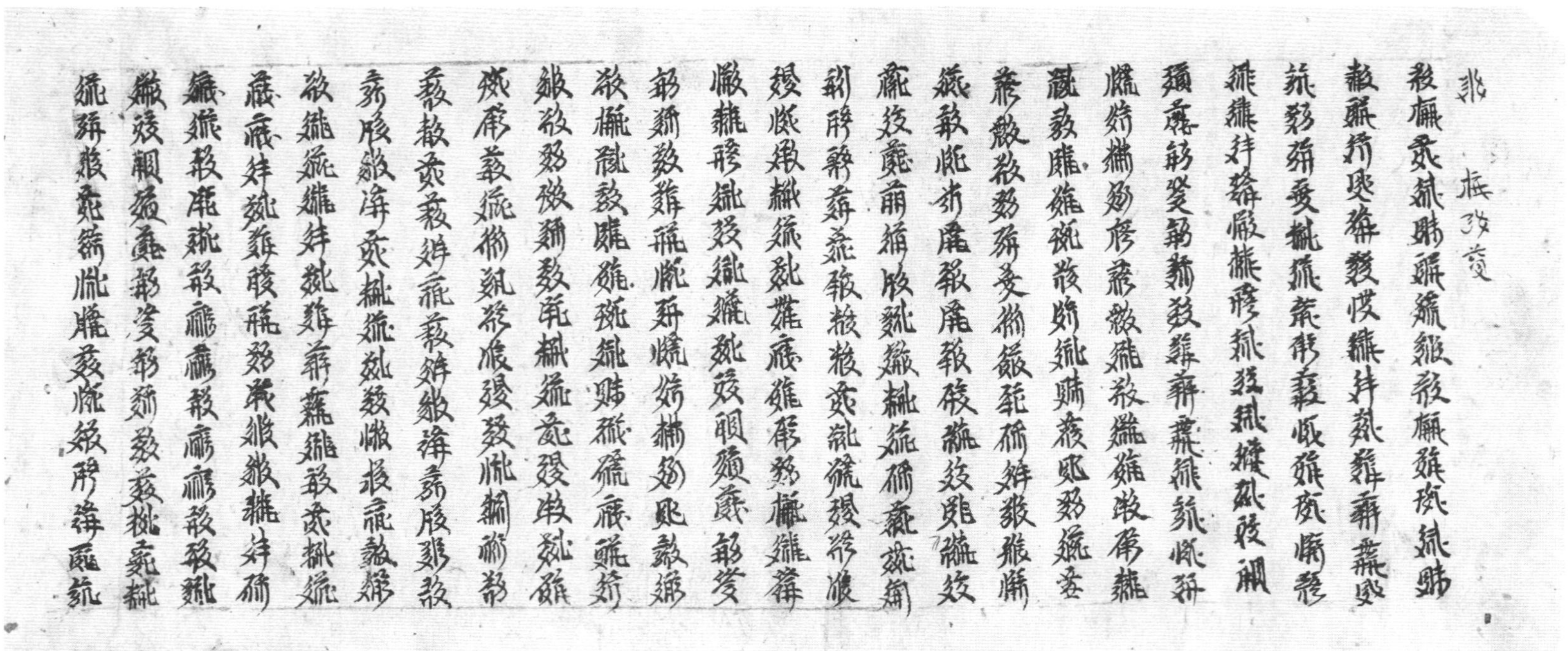

俄 Инв.No.5650 *5747 7066 7372 7644 7656 7669* 佛説佛母出生三法藏般若波羅蜜多經卷第十九 (15-7)

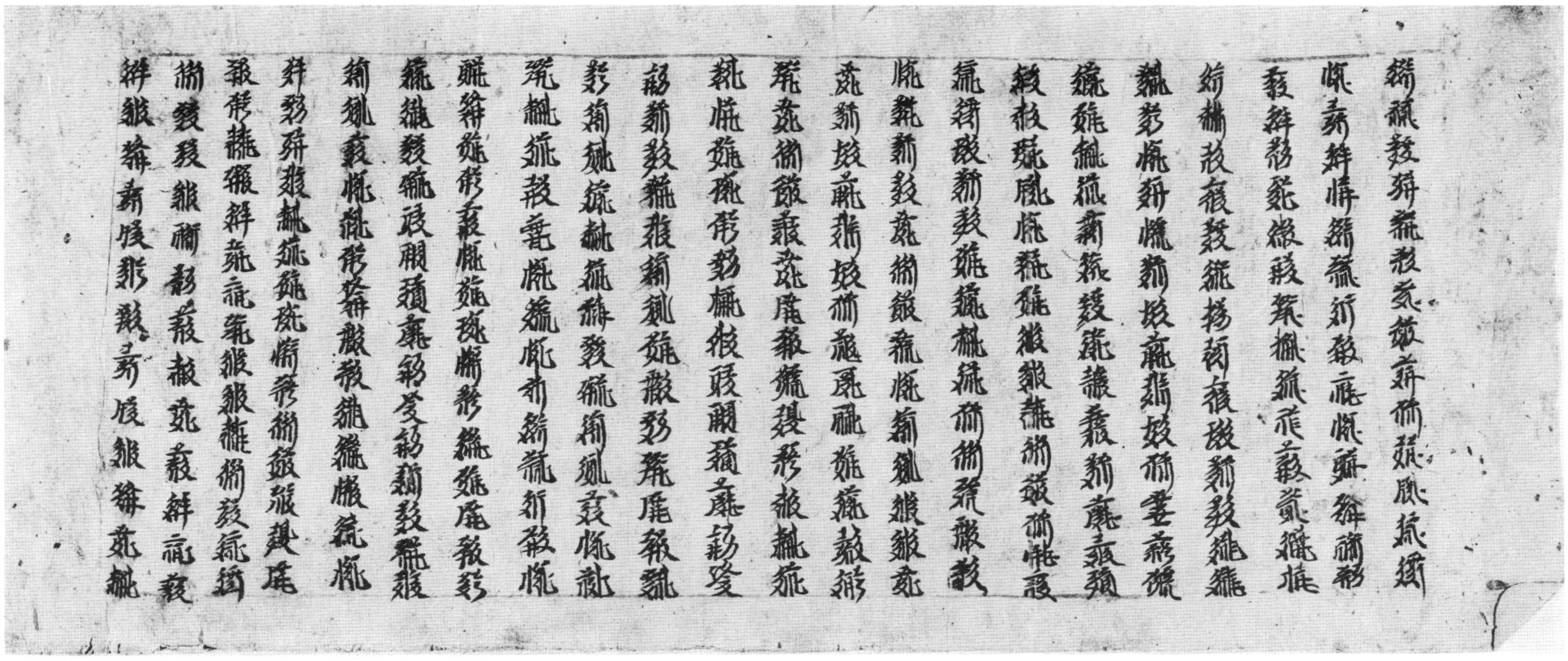

俄 **Инв**.No.5650 *5747 7066 7372 7644 7656 7669* 佛説佛母出生三法藏般若波羅蜜多經卷第十九 (15–8)

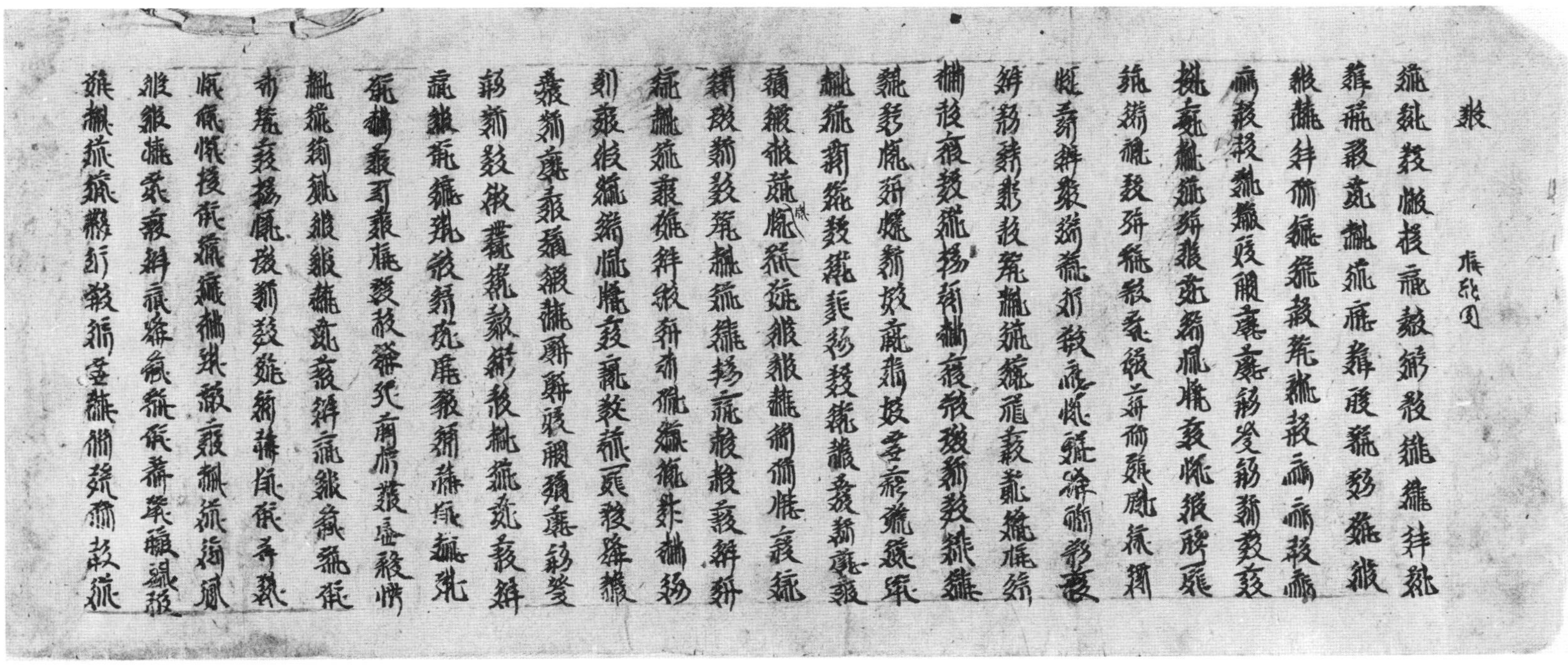

俄 **Инв**.No.5650 *5747 7066 7372 7644 7656 7669* 佛説佛母出生三法藏般若波羅蜜多經卷第十九 (15–9)

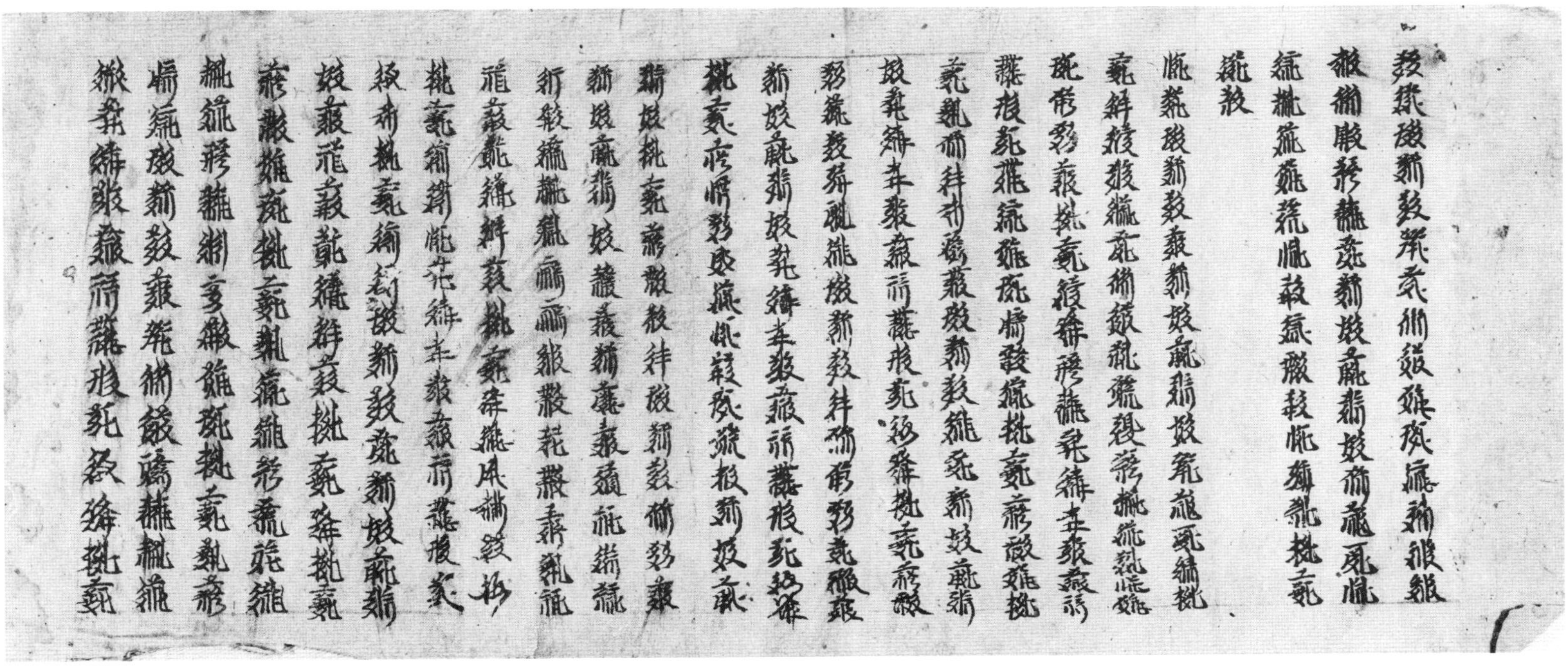

俄 **Инв**.No.5650 *5747 7066 7372 7644 7656 7669* 佛説佛母出生三法藏般若波羅蜜多經卷第十九 (15–10)

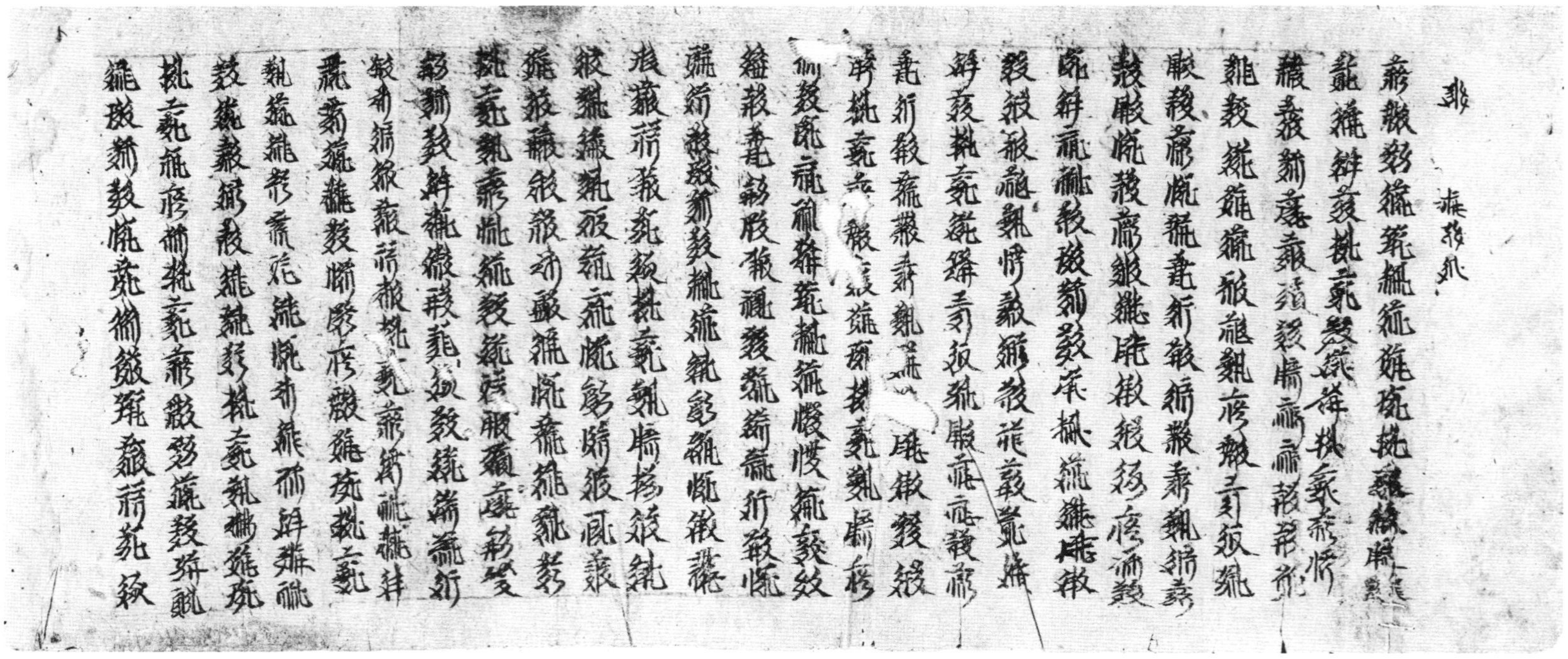

俄 Инв.No.5650 *5747 7066 7372 7644 7656 7669* 佛說佛母出生三法藏般若波羅蜜多經卷第十九 (15–11)

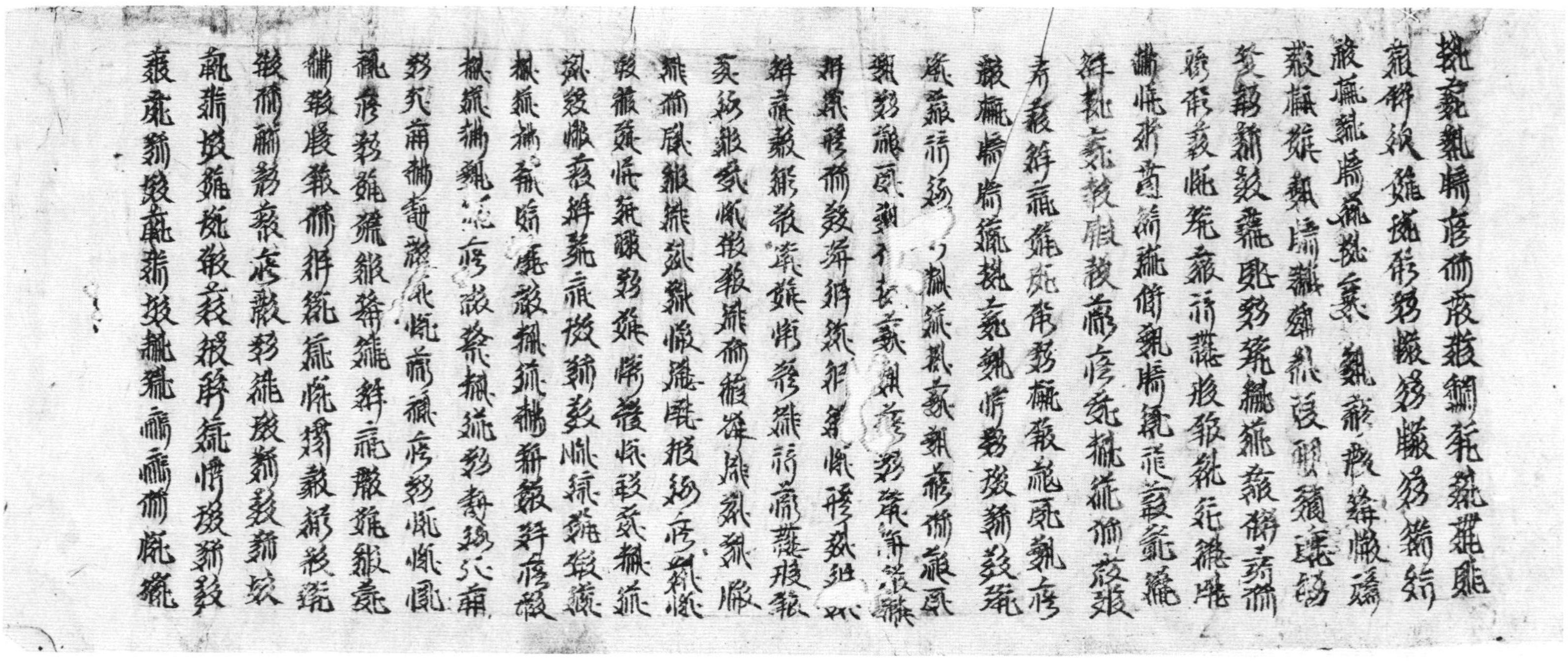

俄 Инв.No.5650 *5747 7066 7372 7644 7656 7669* 佛說佛母出生三法藏般若波羅蜜多經卷第十九 (15–12)

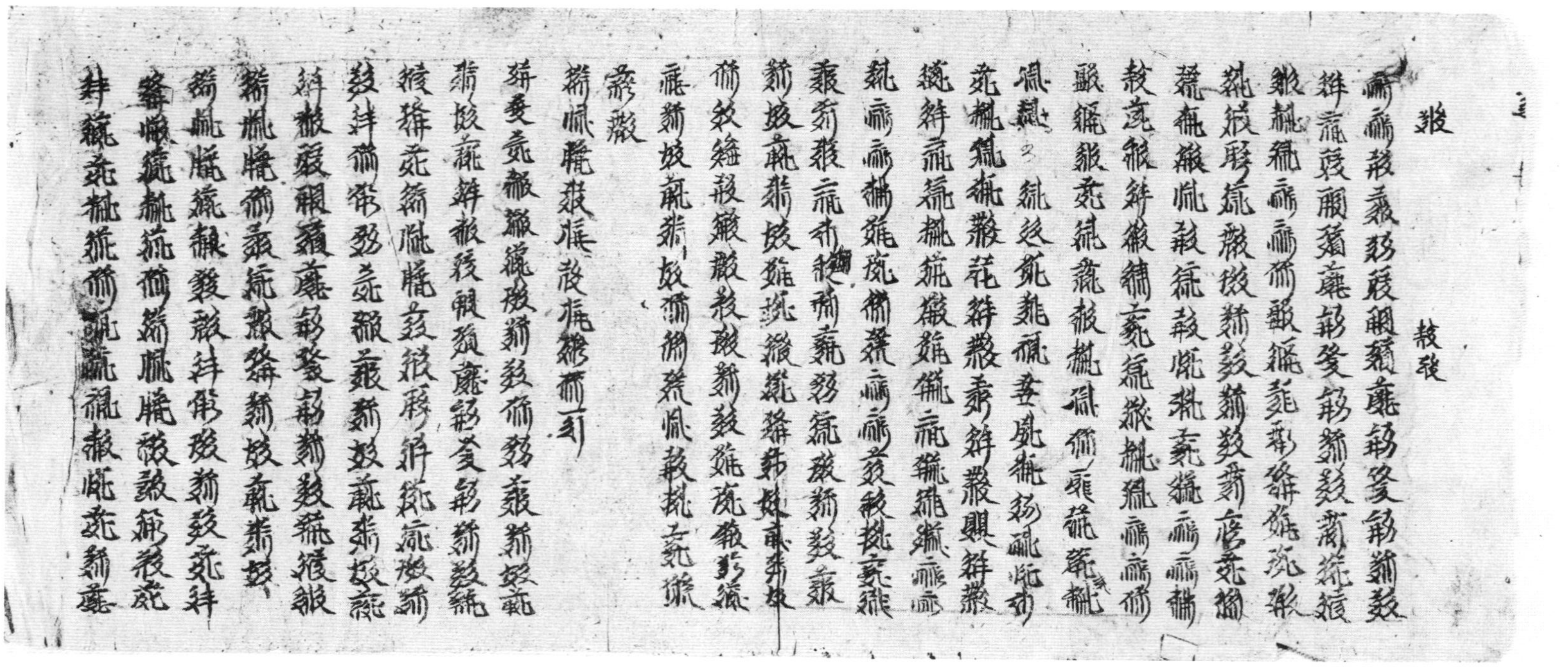

俄 Инв.No.5650 *5747 7066 7372 7644 7656 7669* 佛說佛母出生三法藏般若波羅蜜多經卷第十九 (15–13)

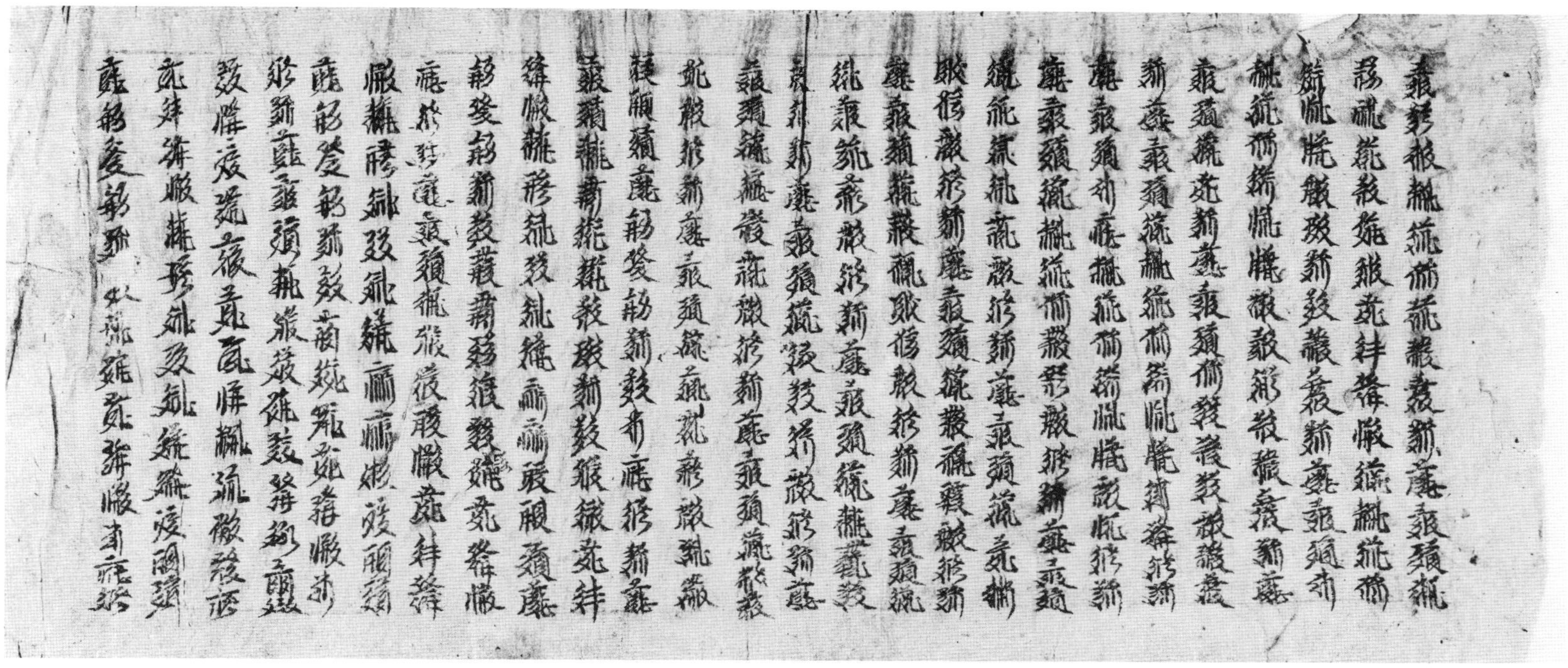

俄 Инв.No.5650 *5747 7066 7372 7644 7656 7669* 佛説佛母出生三法藏般若波羅蜜多經卷第十九 (15–14)

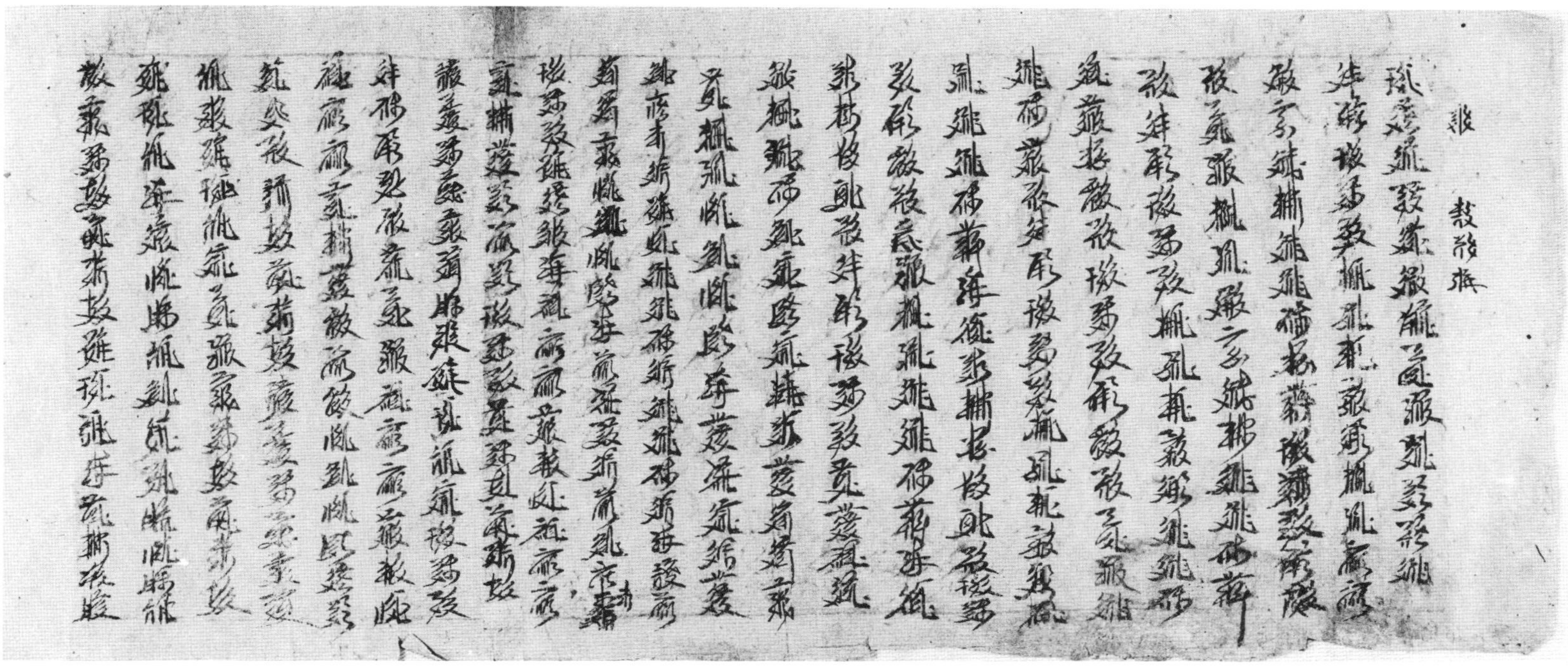

俄 Инв.No.5650 *5747 7066 7372 7644 7656 7669* 佛説佛母出生三法藏般若波羅蜜多經卷第十九 (15–15)

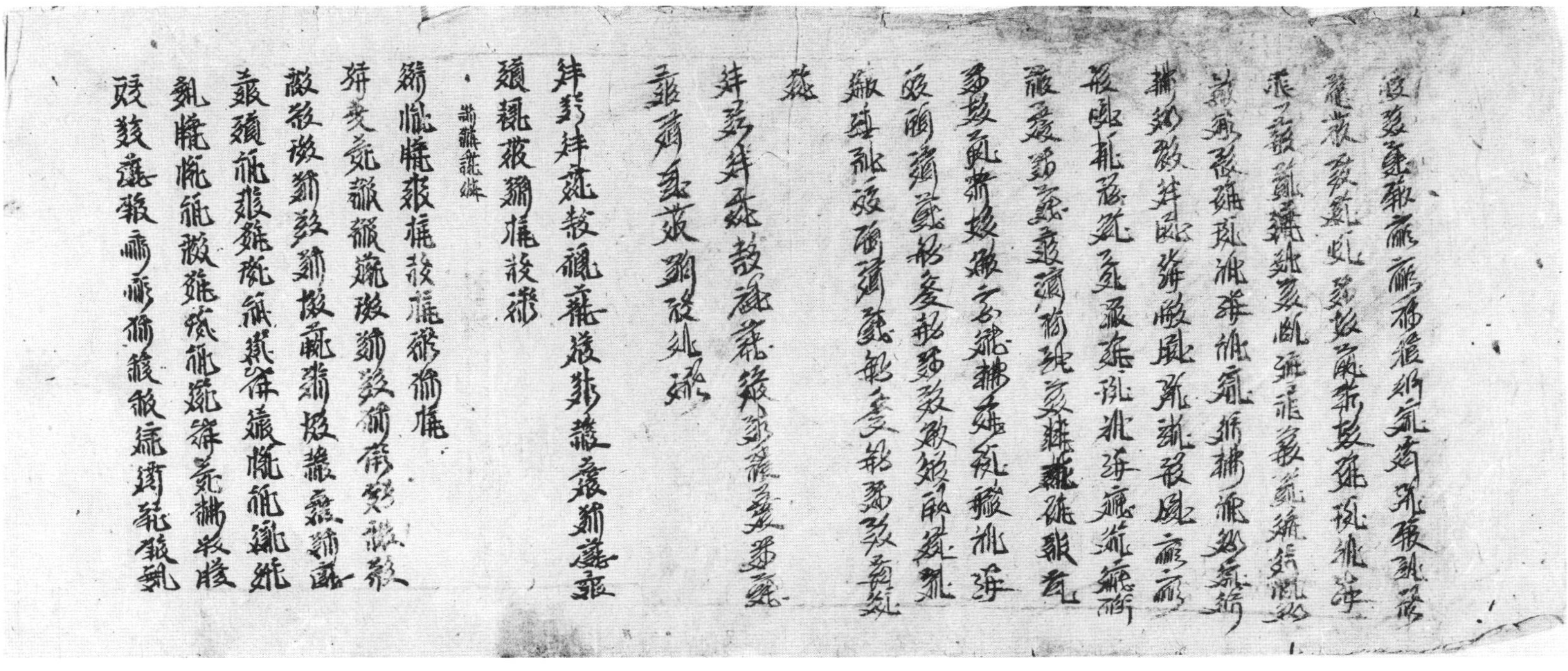

俄 Инв.No.5650 *5747 7066 7372 7644 7656 7669* 佛説佛母出生三法藏般若波羅蜜多經卷第二十 (15–1)

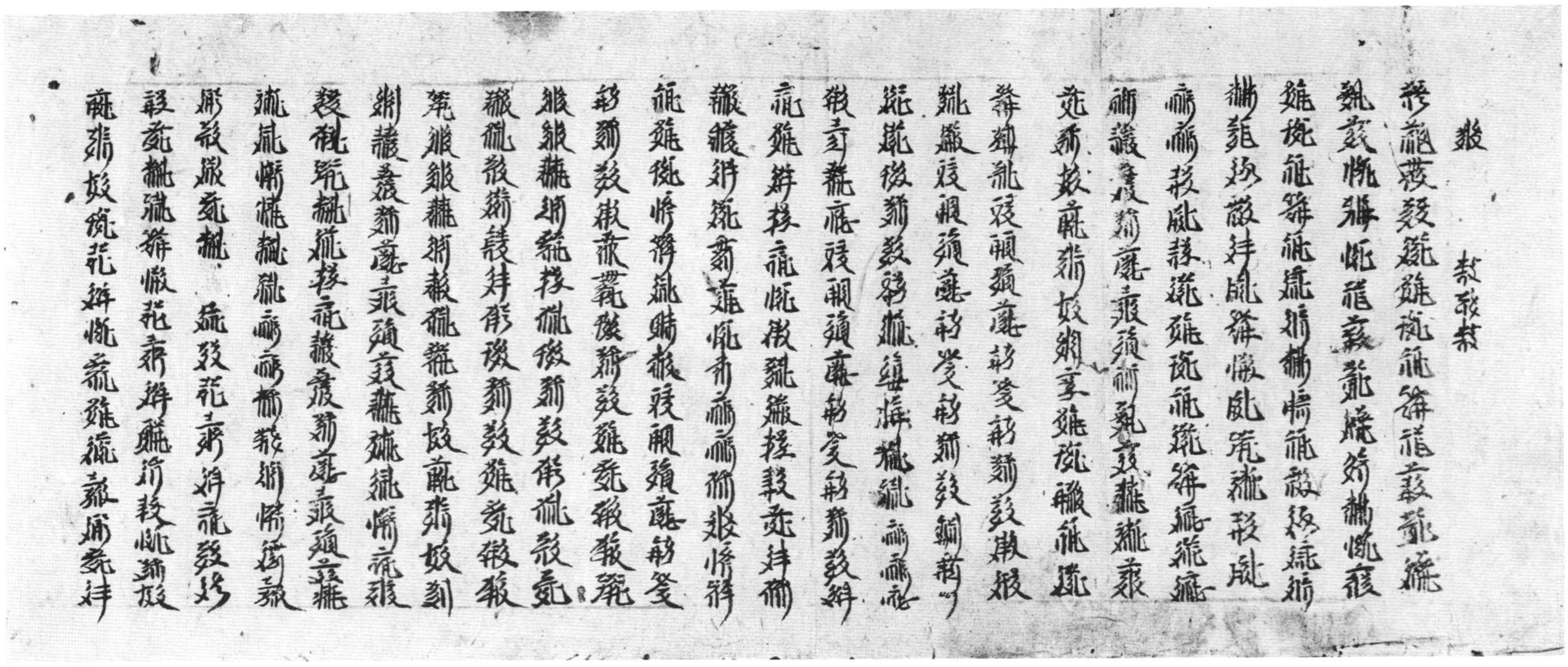

俄 Инв.No.5650 *5747 7066 7372 7644 7656 7669* 佛説佛母出生三法藏般若波羅蜜多經卷第二十 (15-2)

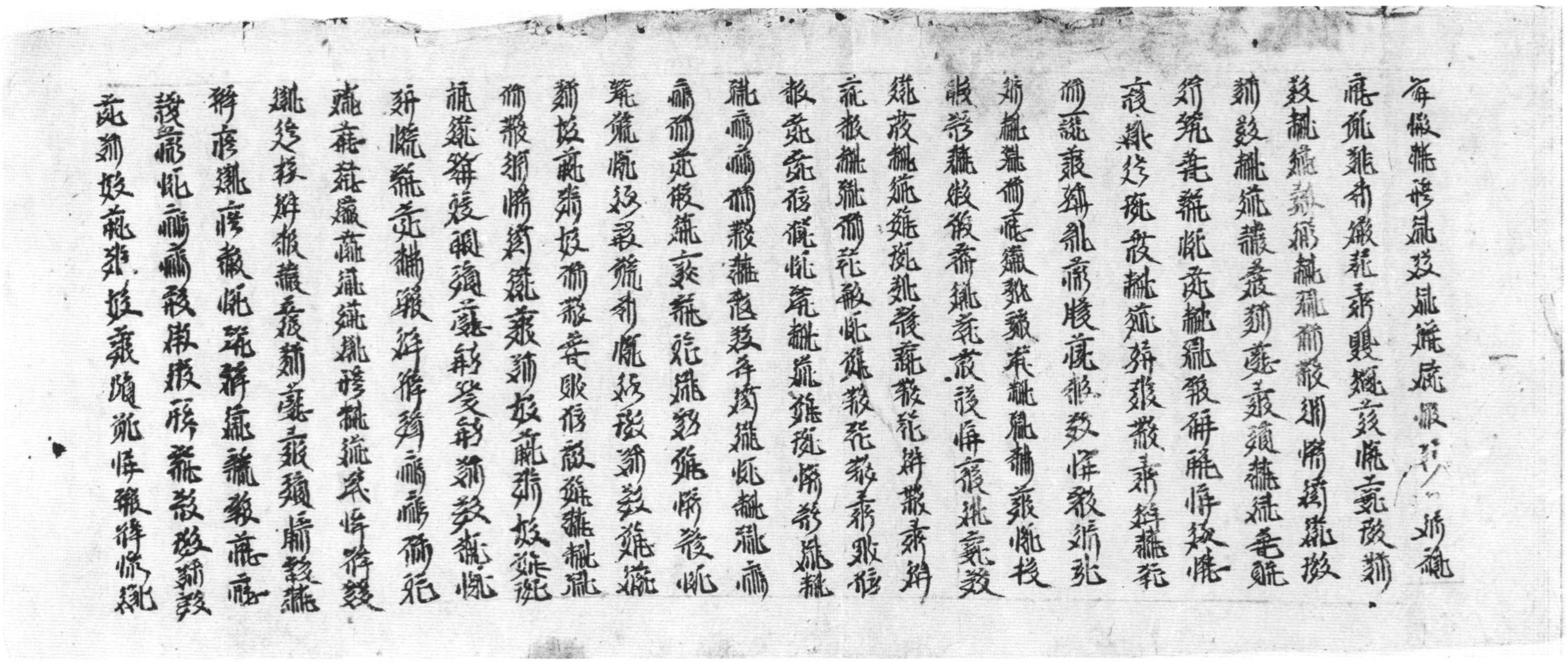

俄 Инв.No.5650 *5747 7066 7372 7644 7656 7669* 佛説佛母出生三法藏般若波羅蜜多經卷第二十 (15-3)

俄 Инв.No.5650 *5747 7066 7372 7644 7656 7669* 佛説佛母出生三法藏般若波羅蜜多經卷第二十 (15-4)

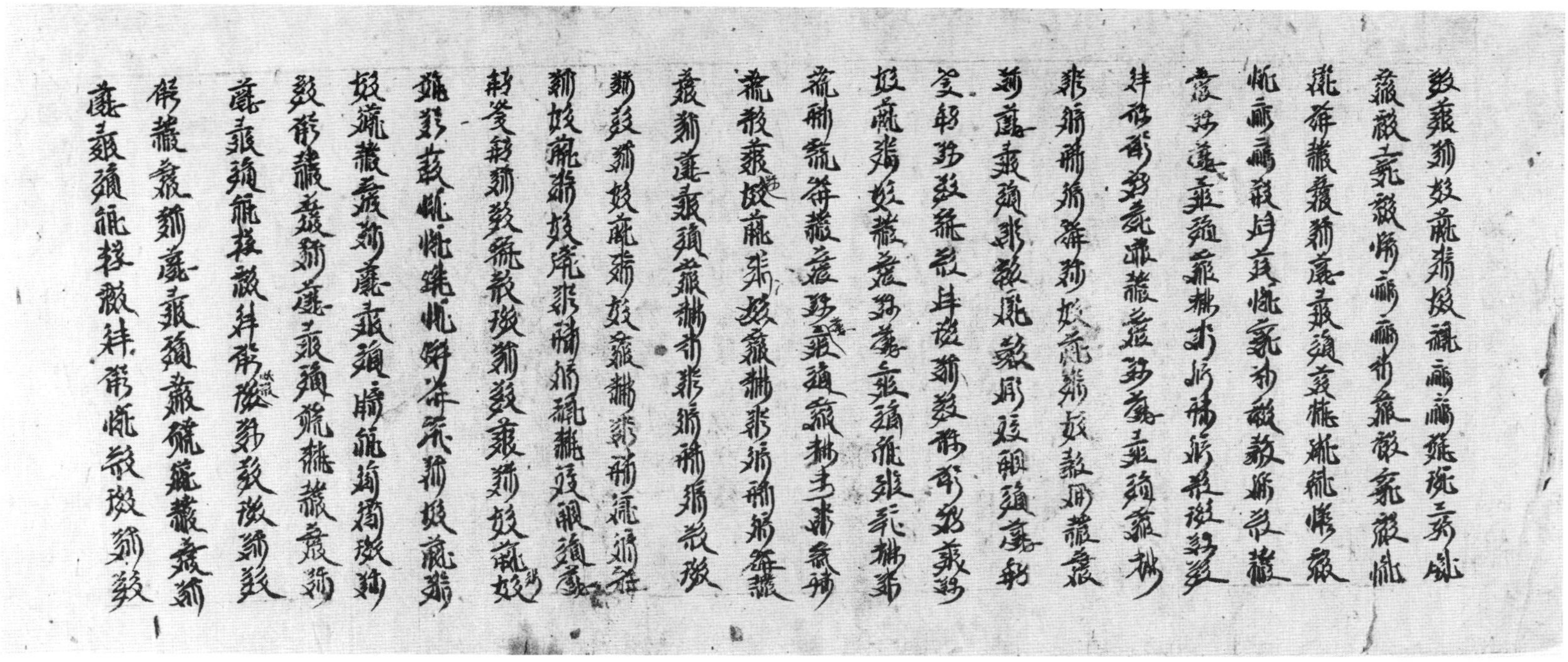

俄 Инв.No.5650 *5747 7066 7372 7644 7656 7669* 佛説佛母出生三法藏股若波羅蜜多經卷第二十 (15–5)

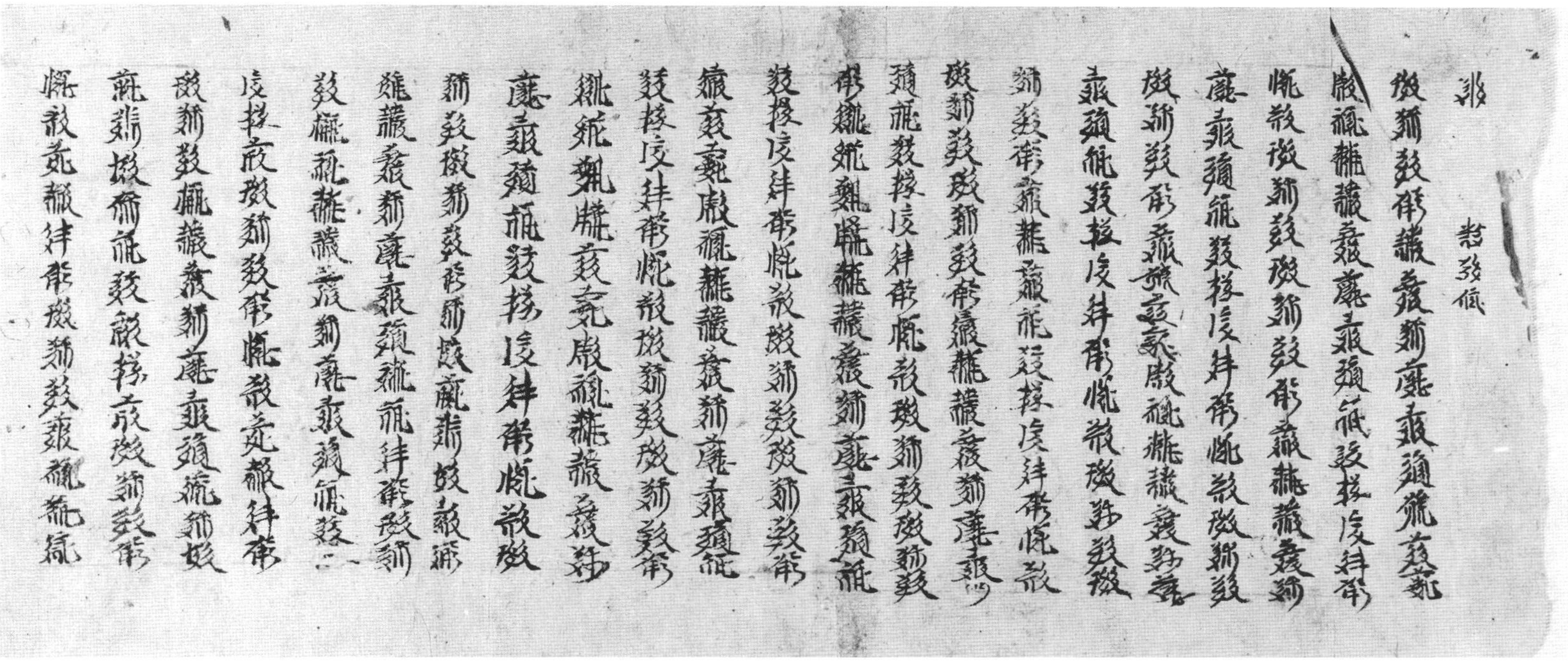

俄 Инв.No.5650 *5747 7066 7372 7644 7656 7669* 佛説佛母出生三法藏般若波羅蜜多經卷第二十 (15–6)

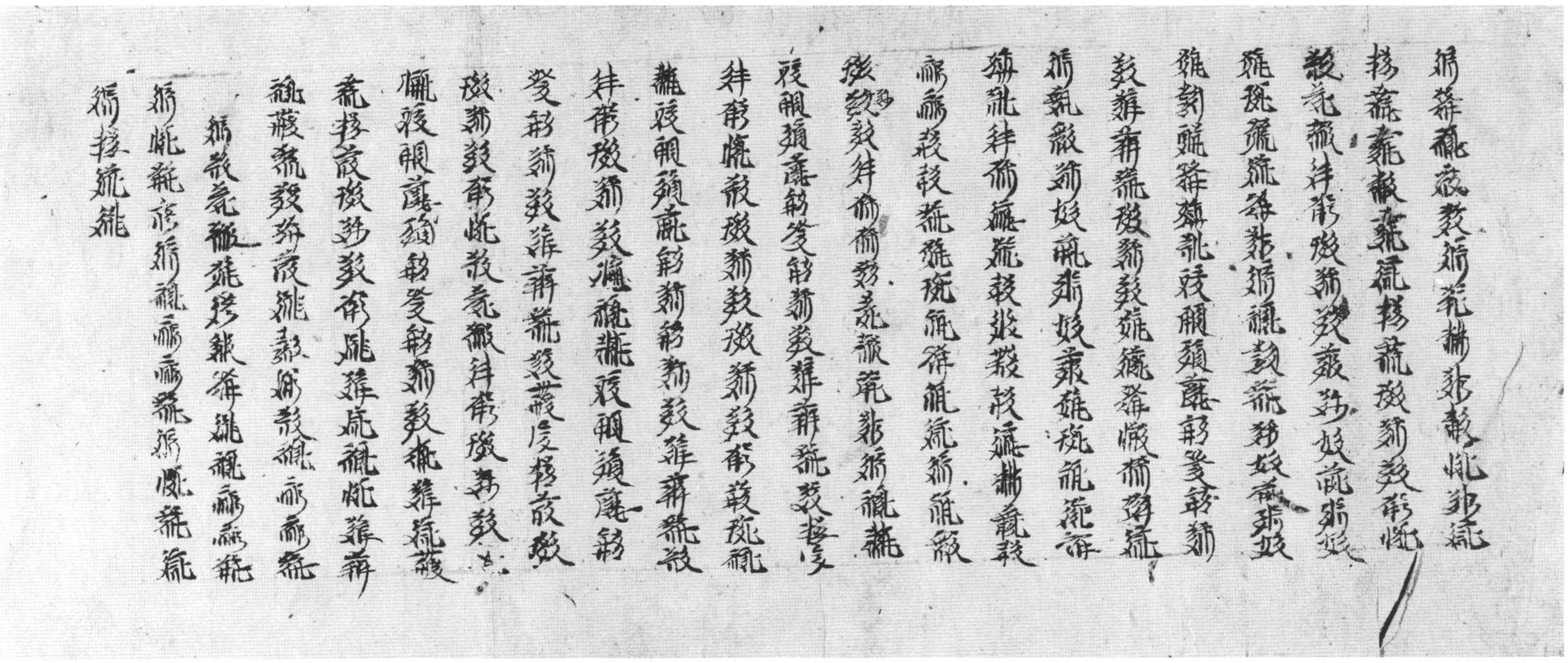

俄 Инв.No.5650 *5747 7066 7372 7644 7656 7669* 佛説佛母出生三法藏般若波羅蜜多經卷第二十 (15–7)

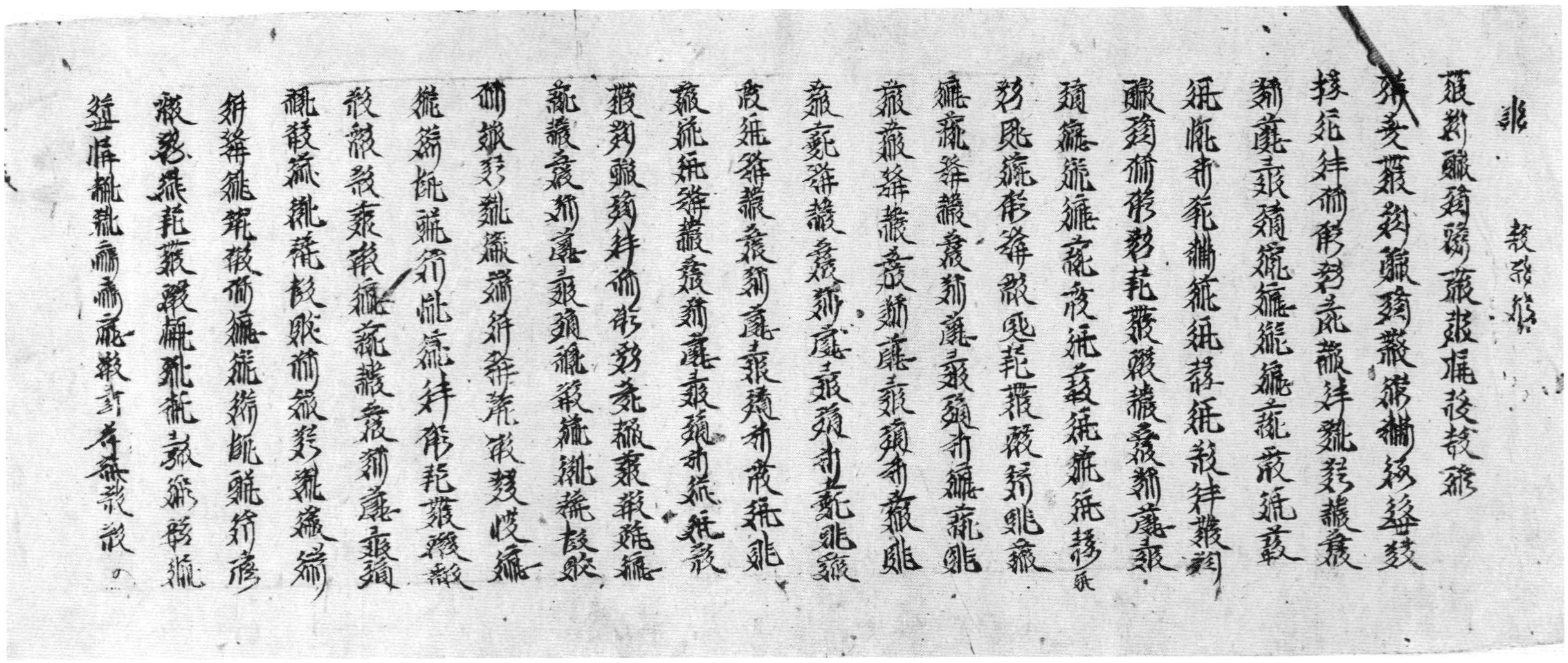

俄 Инв.No.5650 *5747 7066 7372 7644 7656 7669* 佛説佛母出生三法藏般若波羅蜜多經卷第二十 (15–8)

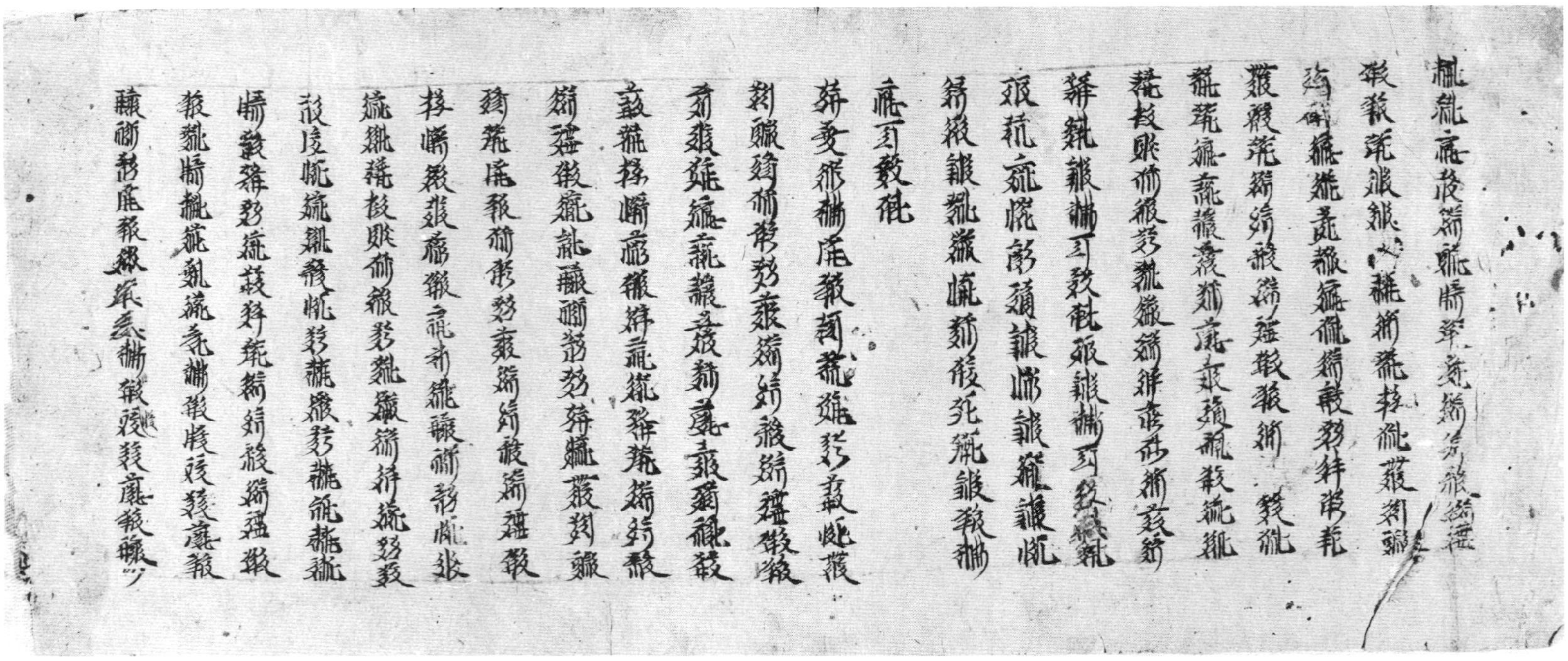

俄 Инв.No.5650 *5747 7066 7372 7644 7656 7669* 佛説佛母出生三法藏般若波羅蜜多經卷第二十 (15–9)

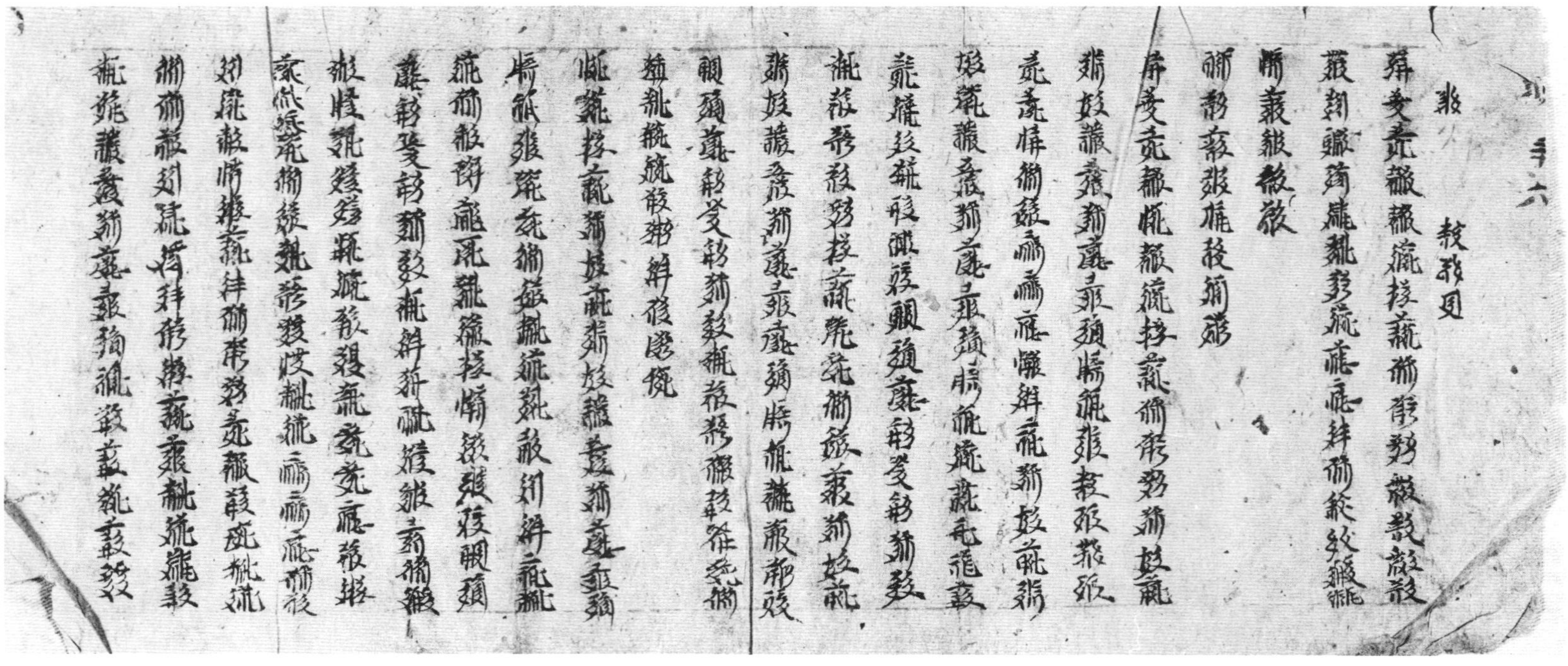

俄 Инв.No.5650 *5747 7066 7372 7644 7656 7669* 佛説佛母出生三法藏般若波羅蜜多經卷第二十 (15–10)

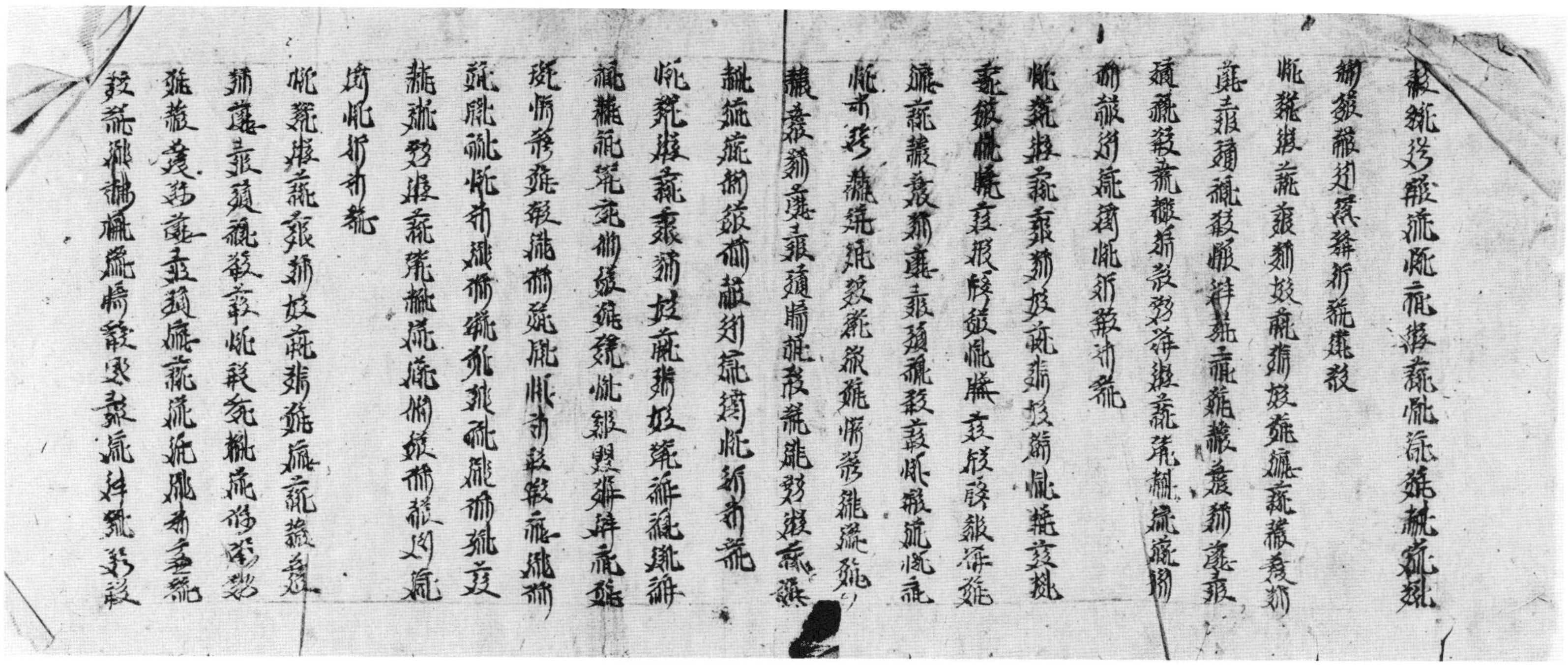

俄 **Инв**.No.5650 *5747 7066 7372 7644 7656 7669*　佛説佛母出生三法藏般若波羅蜜多經卷第二十　(15–11)

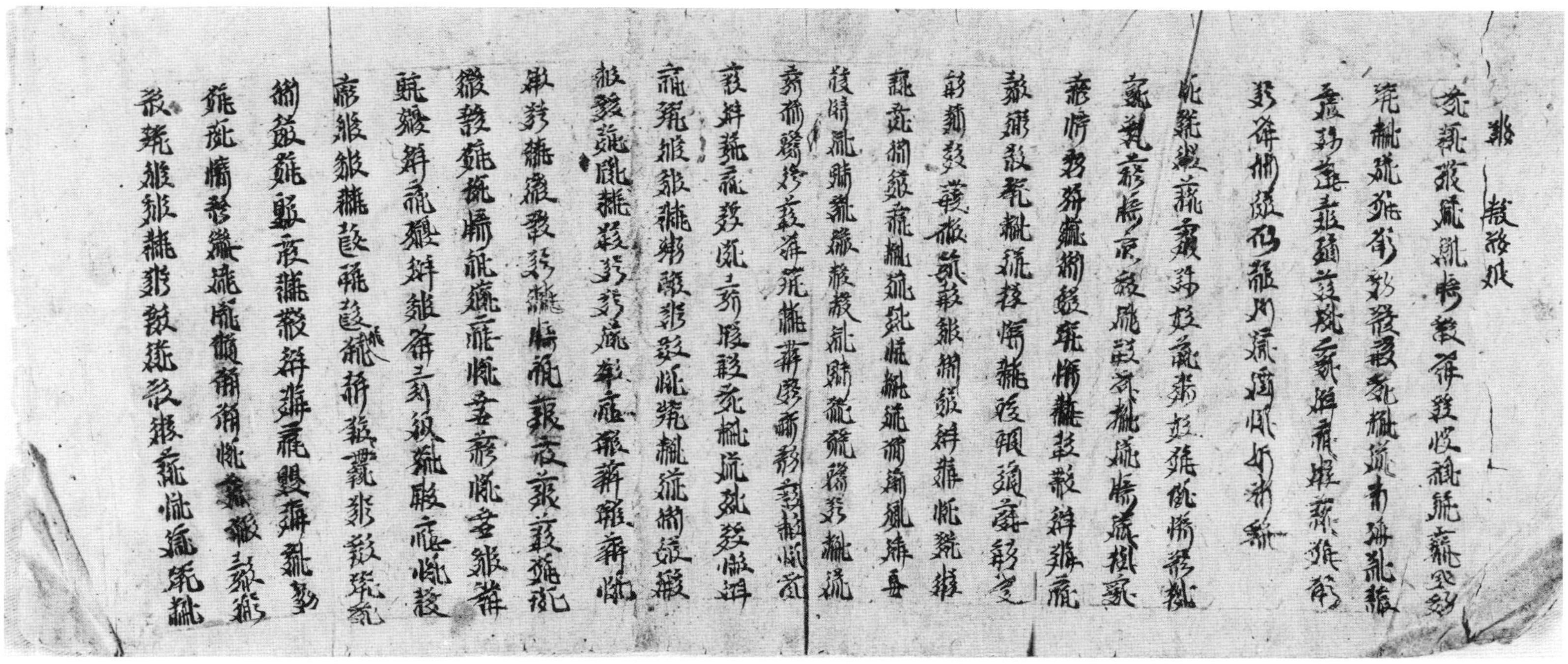

俄 **Инв**.No.5650 *5747 7066 7372 7644 7656 7669*　佛説佛母出生三法藏殷若波羅蜜多經卷第二十　(15–12)

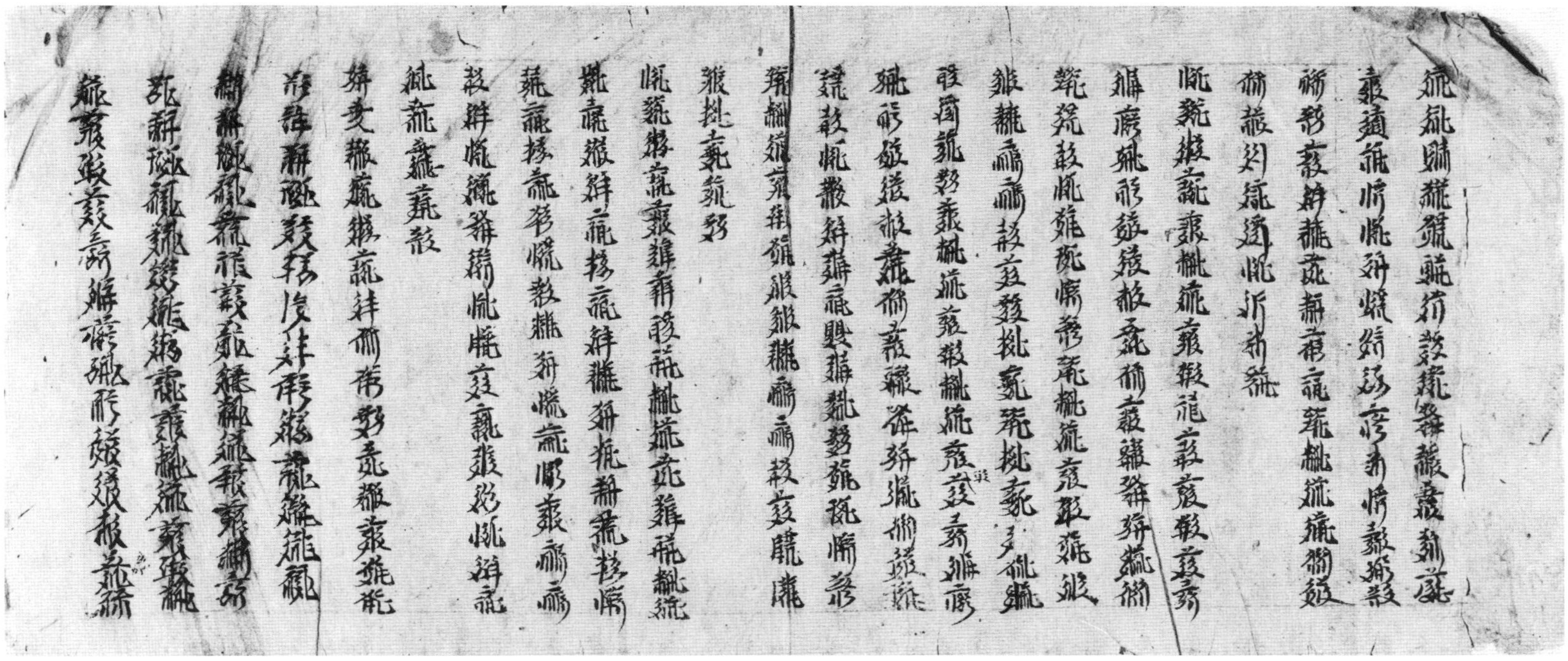

俄 **Инв**.No.5650 *5747 7066 7372 7644 7656 7669*　佛説佛母出生三法藏般若波羅蜜多經卷第二十　(15–13)

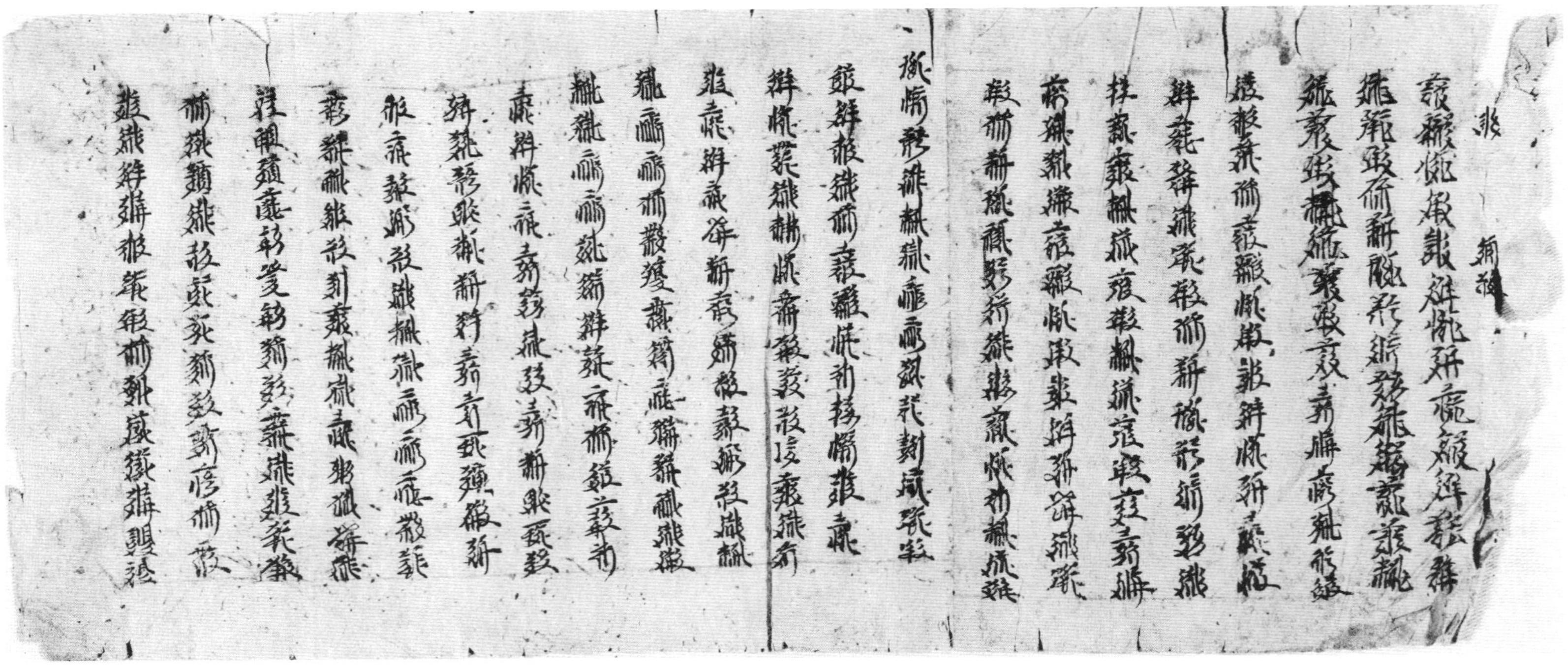

俄 Инв.No.5650 *5747 7066 7372 7644 7656 7669* 佛説佛母出生三法藏般若波羅蜜多經卷第二十 (15–14)

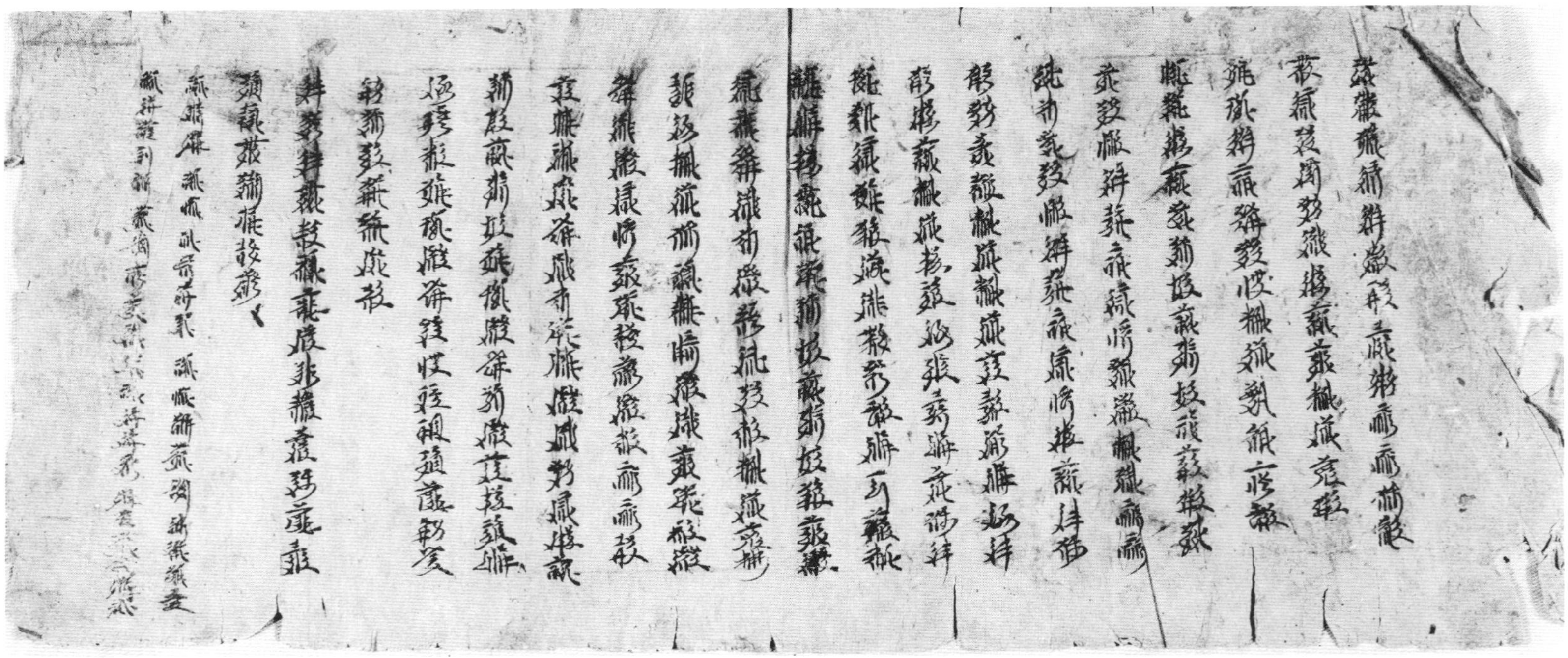

俄 Инв.No.5650 *5747 7066 7372 7644 7656 7669* 佛説佛母出生三法藏般若波羅蜜多經卷第二十 (15–15)

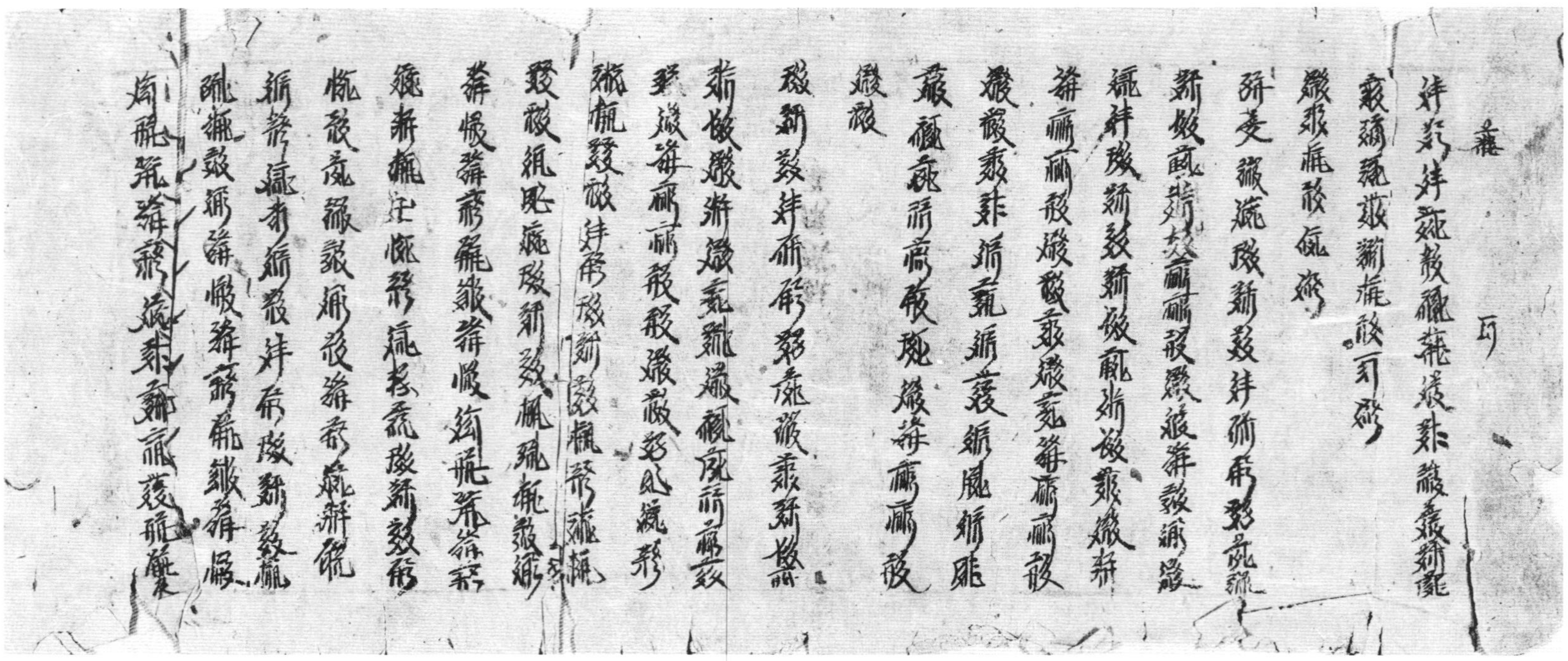

俄 Инв.No.5650 *5747 7066 7372 7644 7656 7669* 佛説佛母出生三法藏般若波羅蜜多經卷第二十一 (10–1)

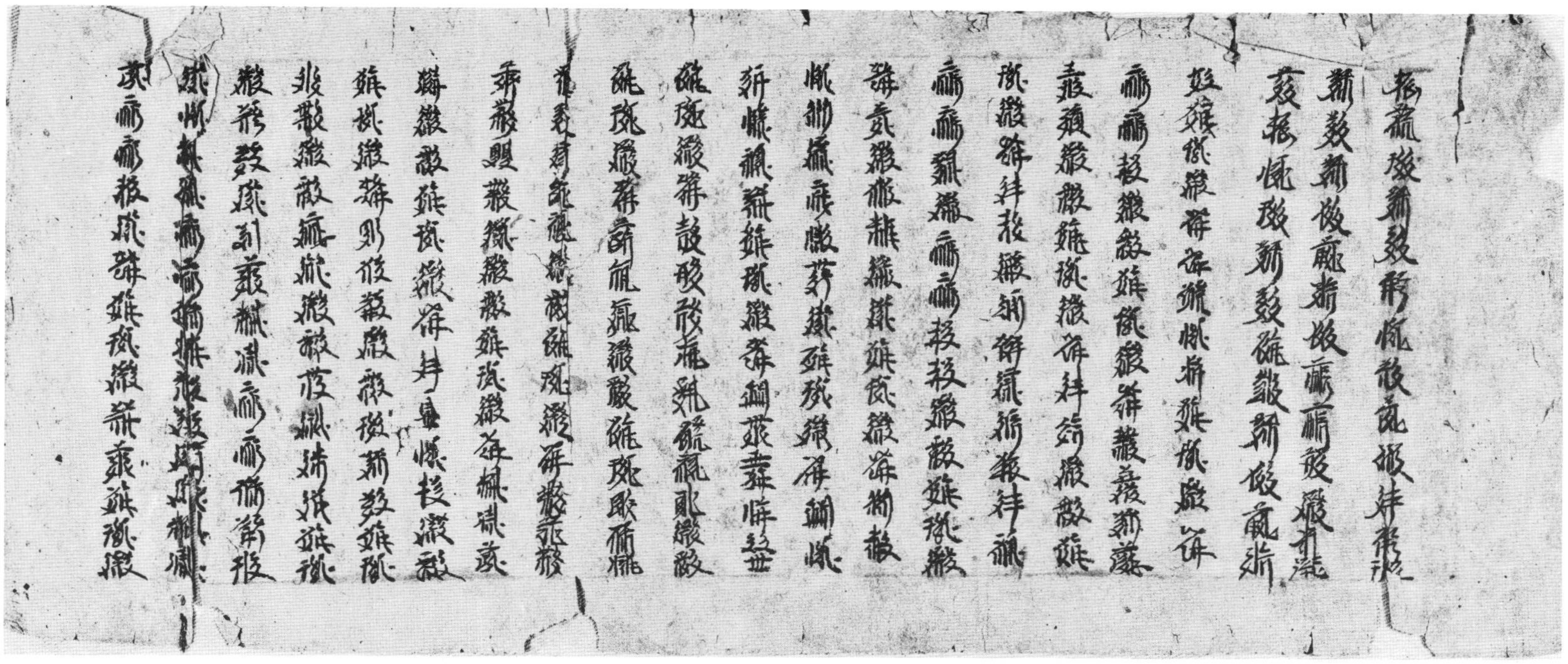

俄 Инв.No.5650 *5747 7066 7372 7644 7656 7669* 佛說佛母出生三法藏般若波羅蜜多經卷第二十一 (10-2)

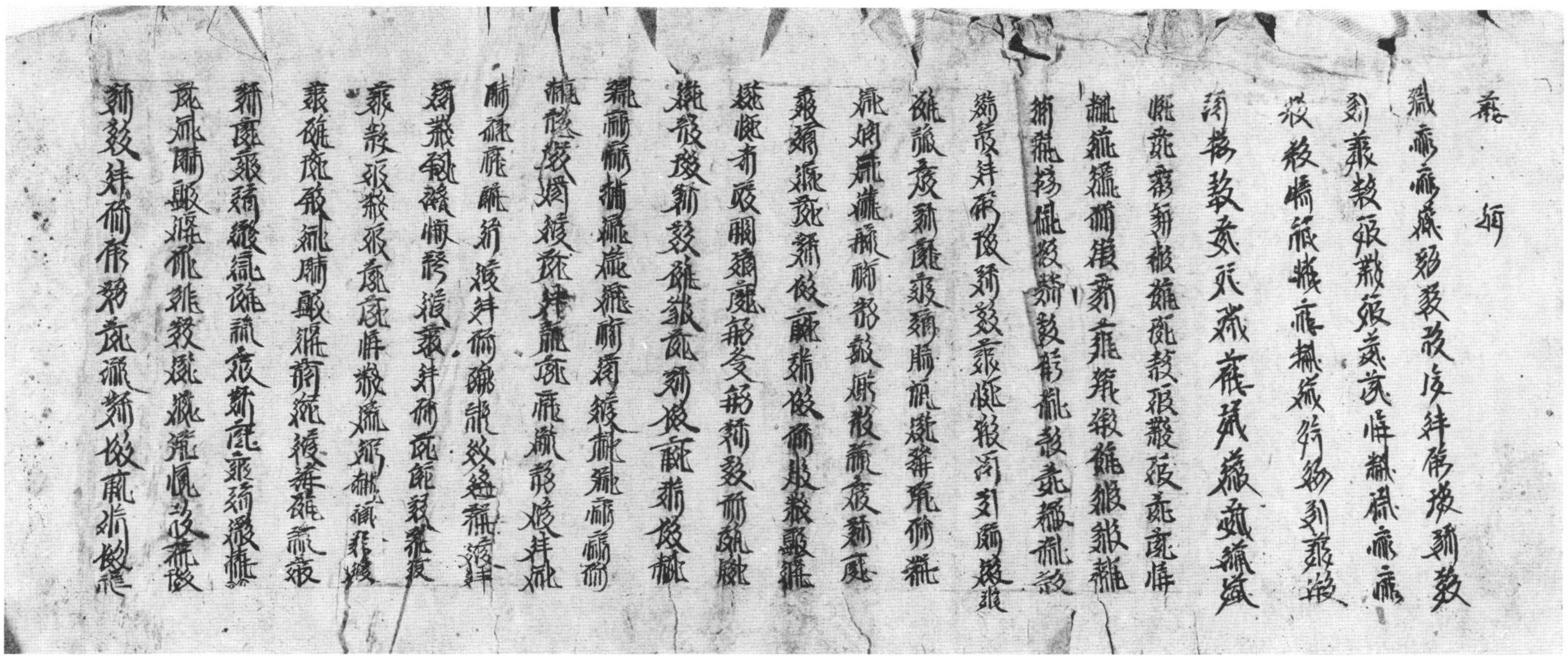

俄 Инв.No.5650 *5747 7066 7372 7644 7656 7669* 佛說佛母出生三法藏般若波羅蜜多經卷第二十一 (10-3)

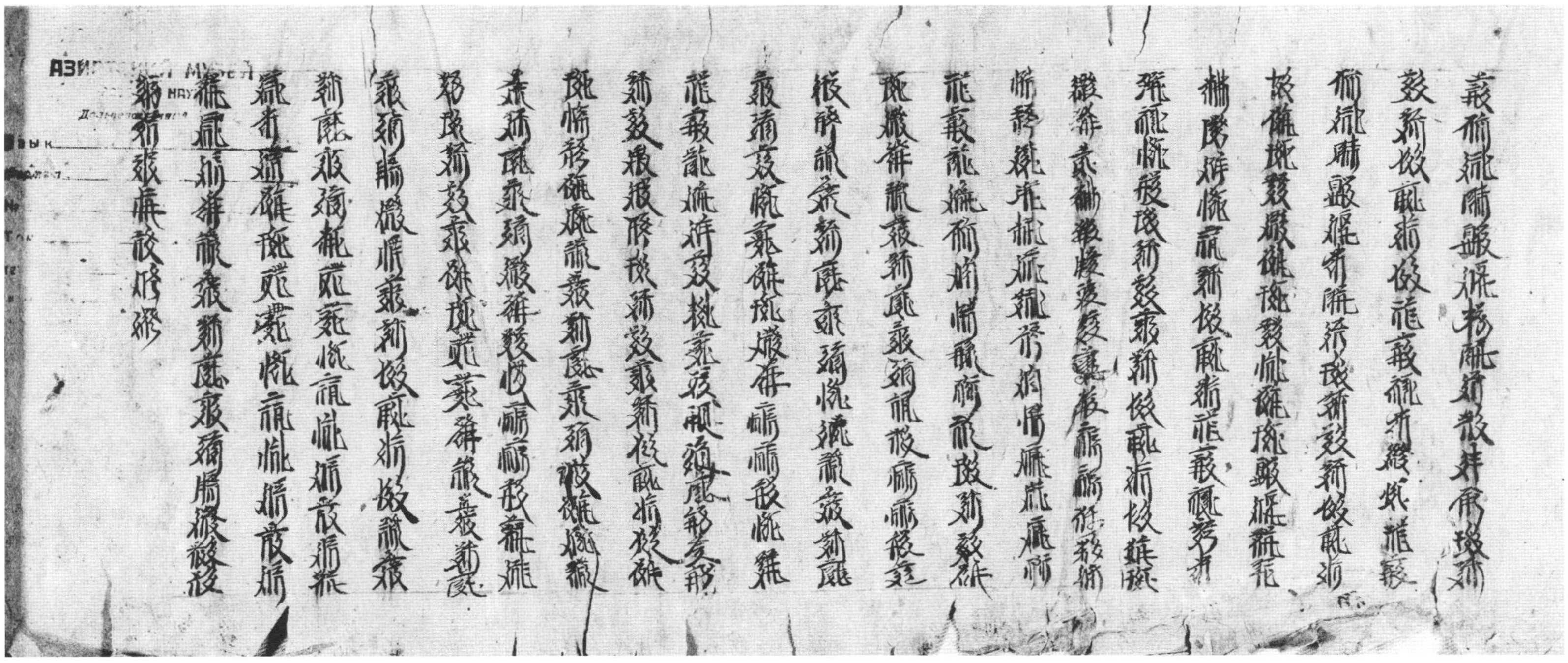

俄 Инв.No.5650 *5747 7066 7372 7644 7656 7669* 佛說佛母出生三法藏般若波羅蜜多經卷第二十一 (10-4)

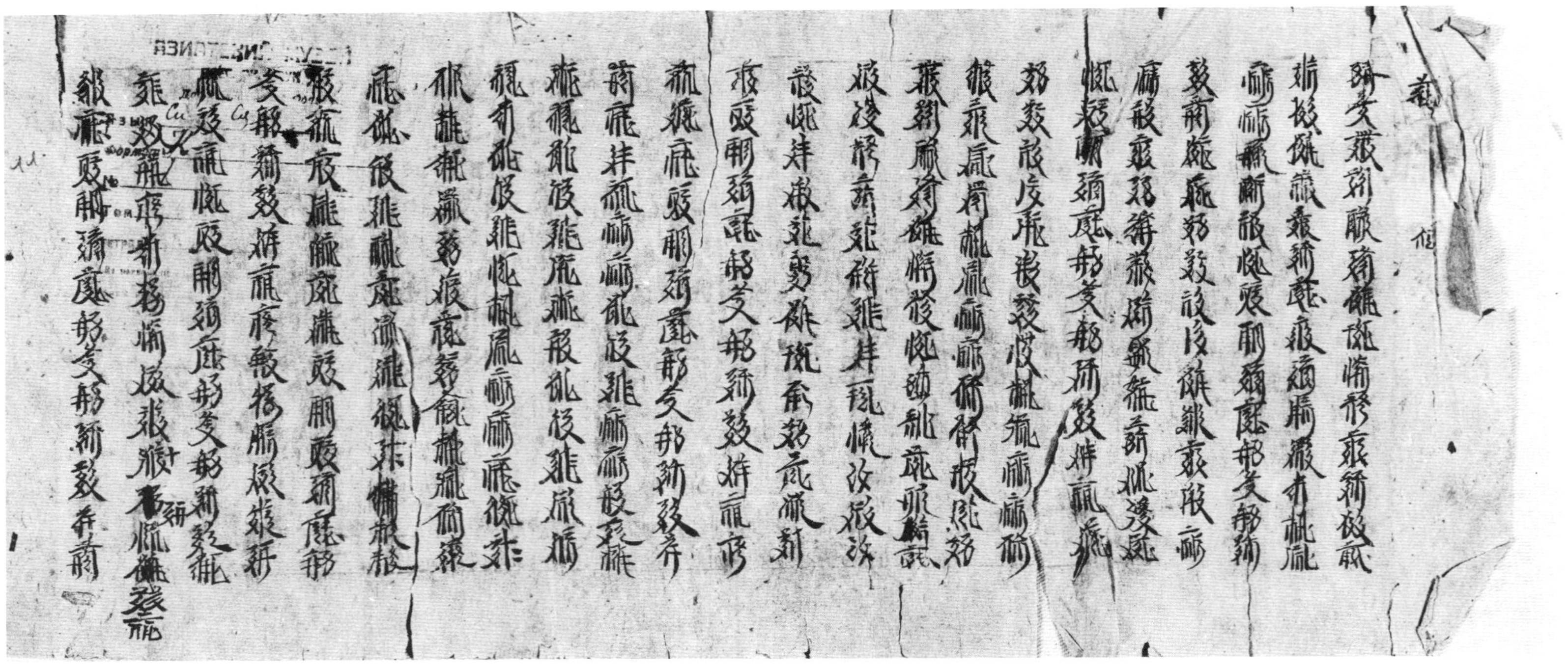

俄 **Инв**.No.5650 *5747 7066 7372 7644 7656 7669*　佛説佛母出生三法藏般若波羅蜜多經卷第二十一　(10–5)

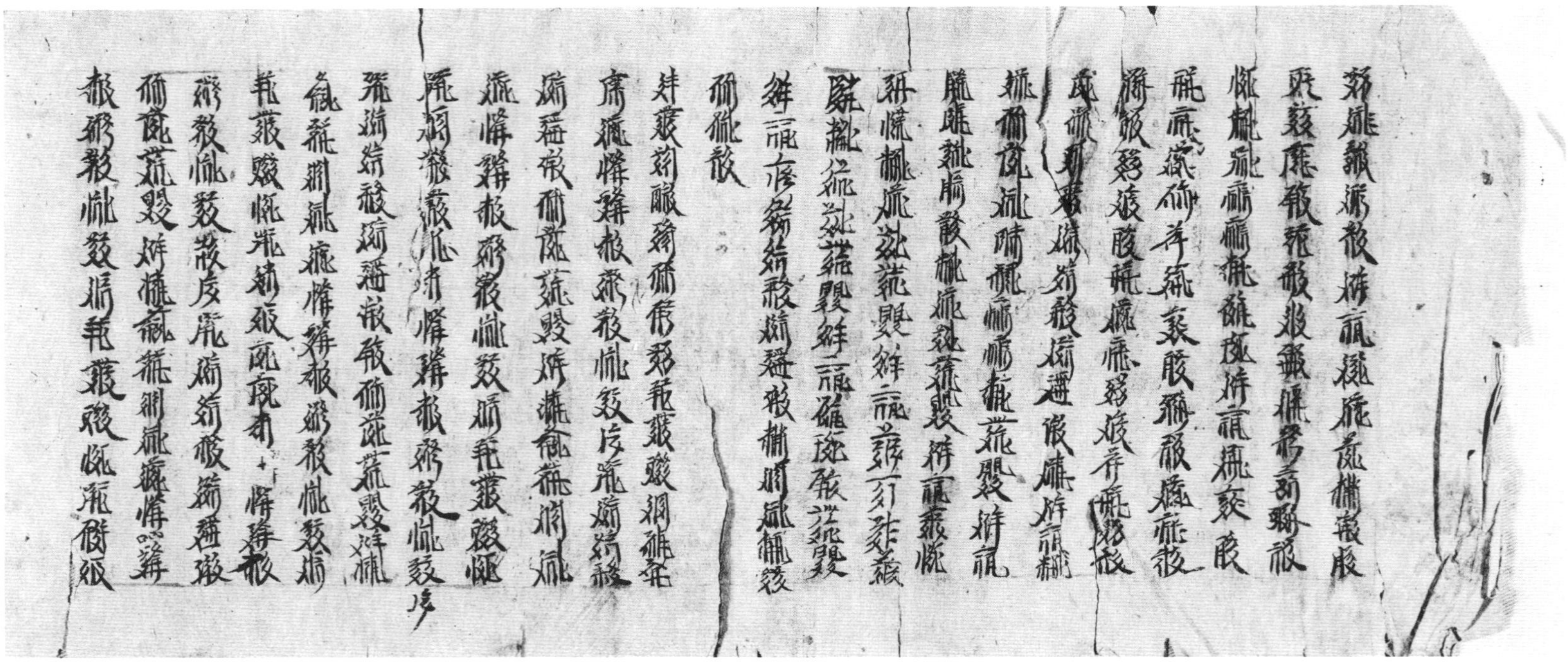

俄 **Инв**.No.5650 *5747 7066 7372 7644 7656 7669*　佛説佛母出生三法藏般若波羅蜜多經卷第二十一　(10–6)

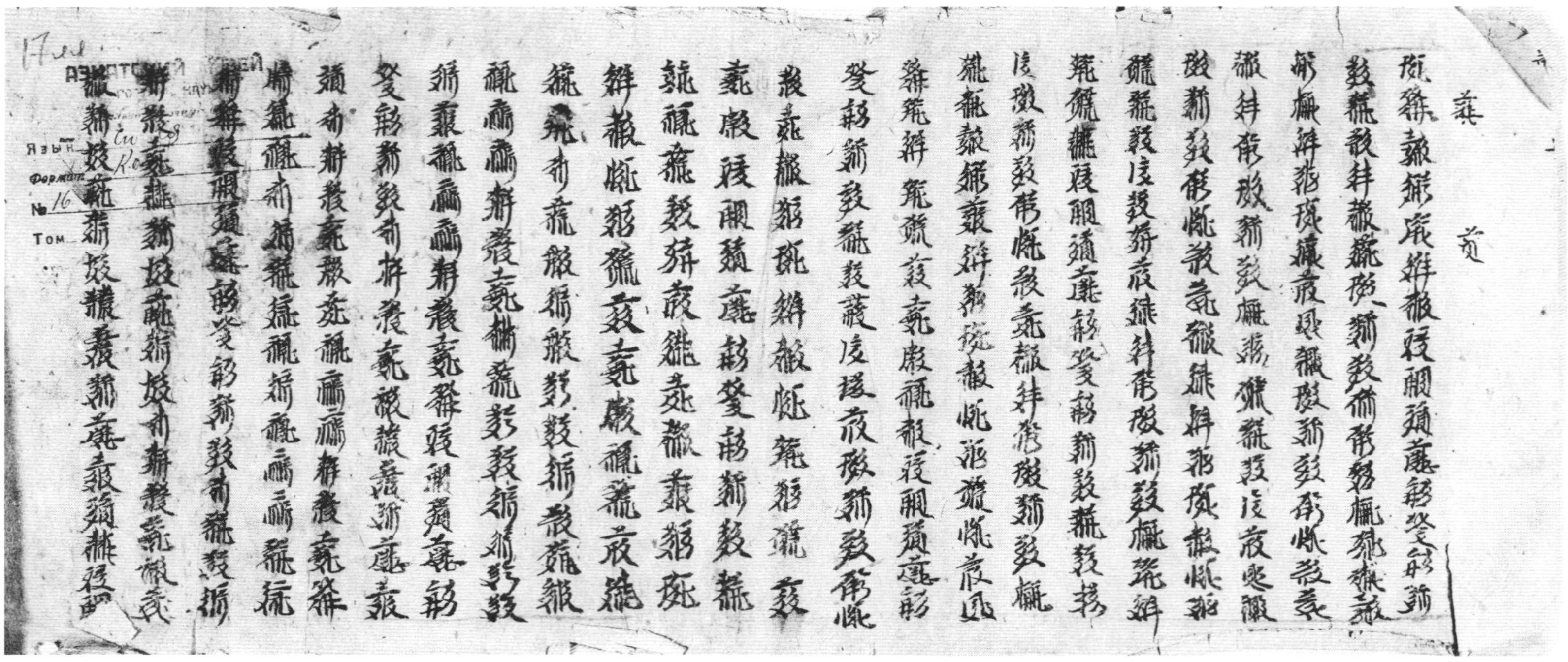

俄 **Инв**.No.5650 *5747 7066 7372 7644 7656 7669*　佛説佛母出生三法藏般若波羅蜜多經卷第二十一　(10–7)

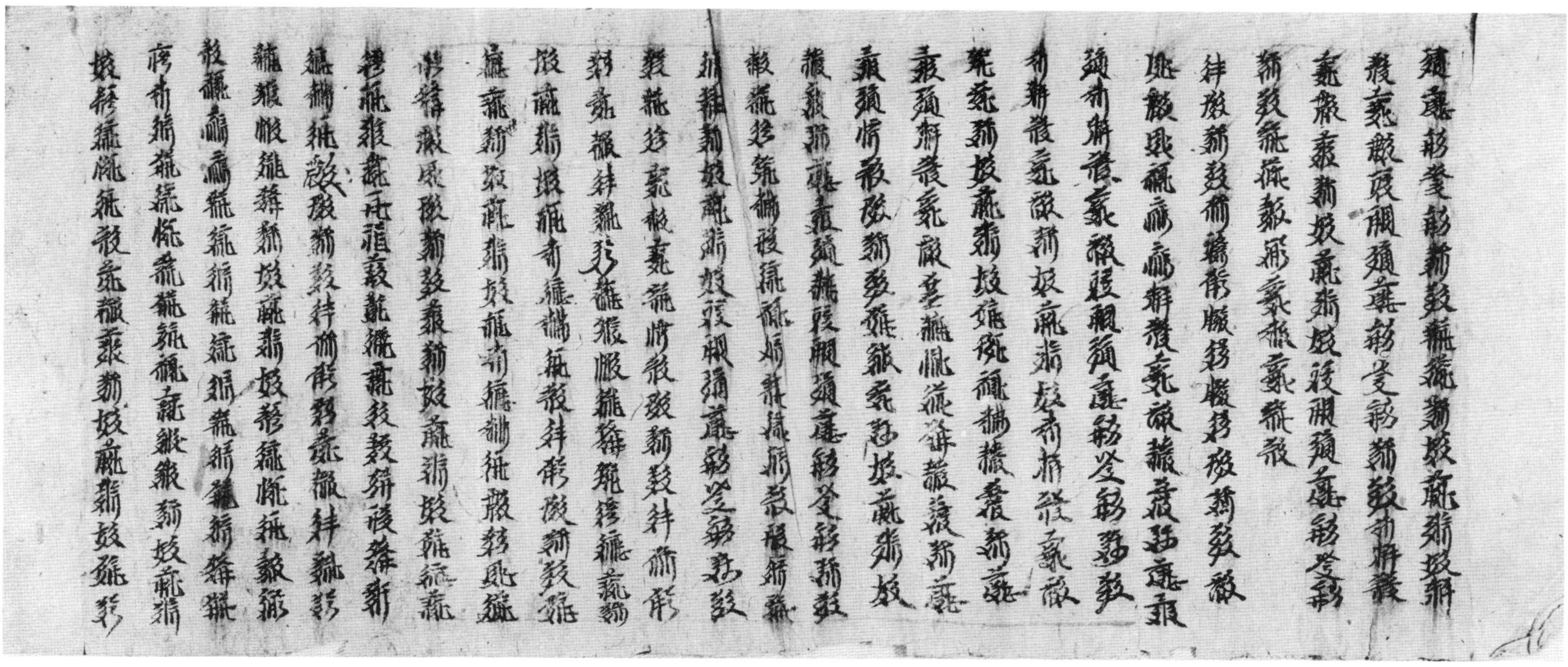

俄 Инв.No.5650 *5747 7066 7372 7644 7656 7669* 佛說佛母出生三法藏般若波羅蜜多經卷第二十一 (10–8)

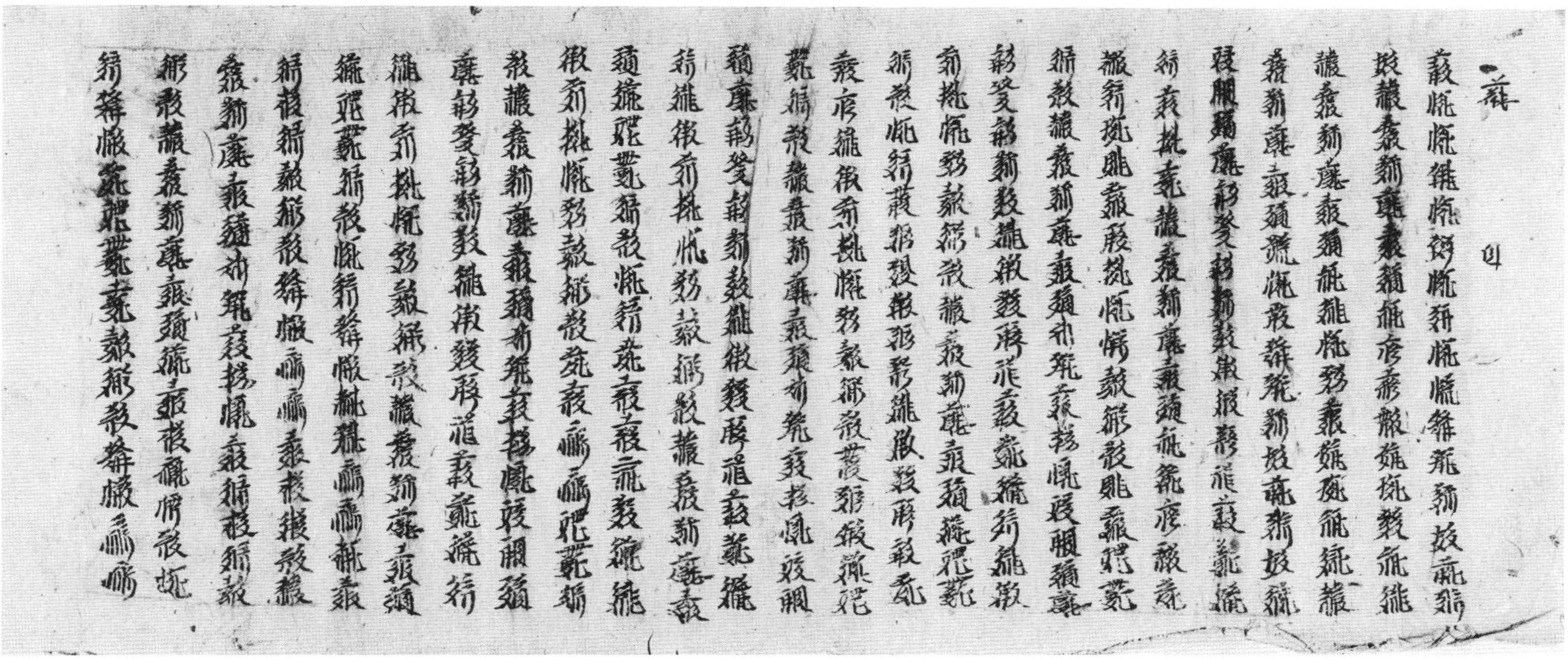

俄 Инв.No.5650 *5747 7066 7372 7644 7656 7669* 佛說佛母出生三法藏般若波羅蜜多經卷第二十一 (10–9)

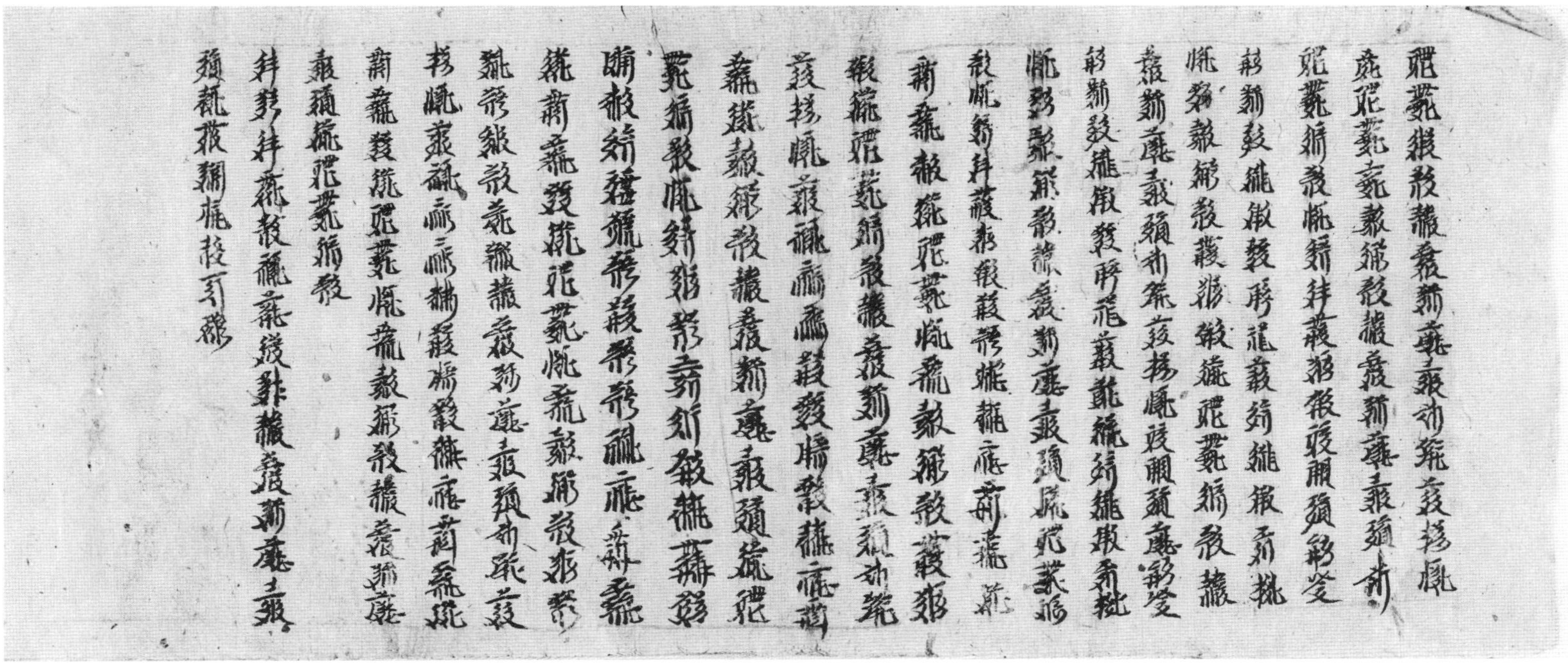

俄 Инв.No.5650 *5747 7066 7372 7644 7656 7669* 佛說佛母出生三法藏般若波羅蜜多經卷第二十一 (10–10)

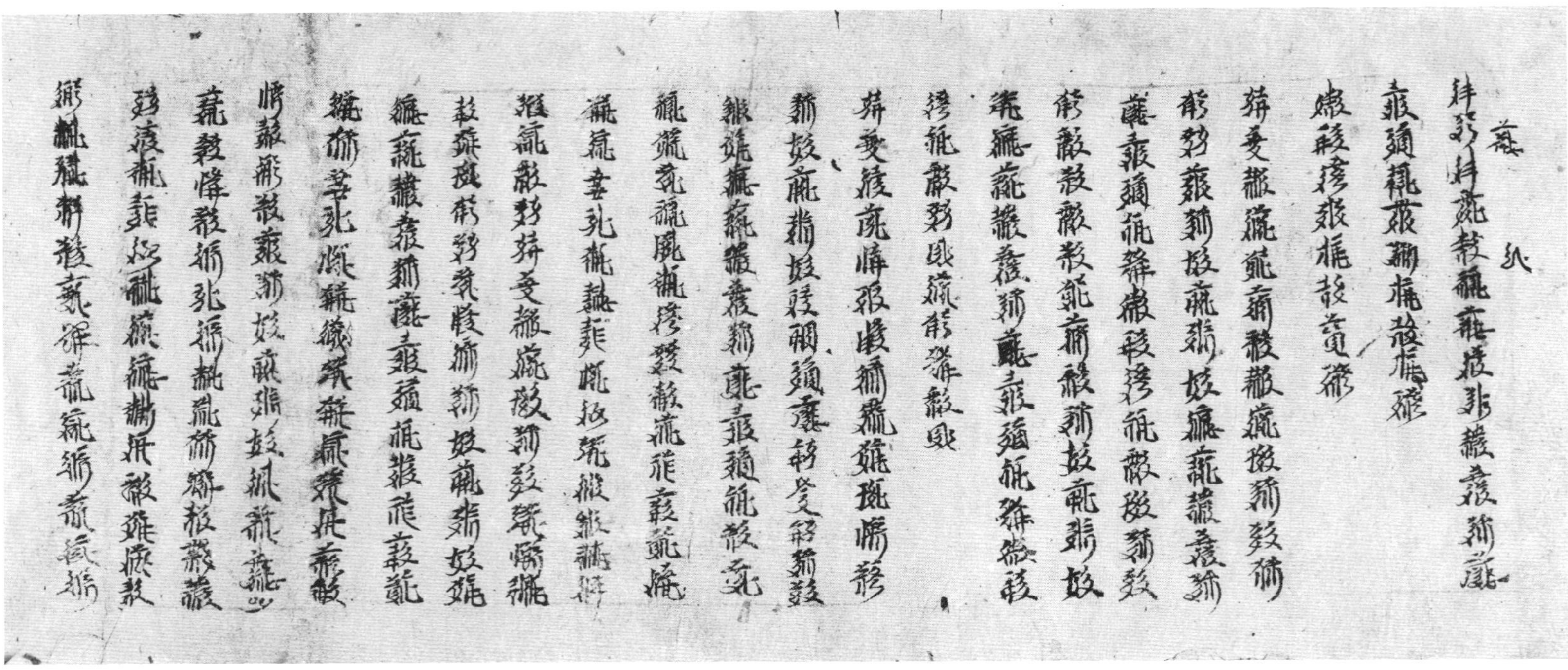

俄 Инв.No.5650 *5747 7066 7372 7644 7656 7669* 佛説佛母出生三法藏般若波羅蜜多經卷第二十二 (16–1)

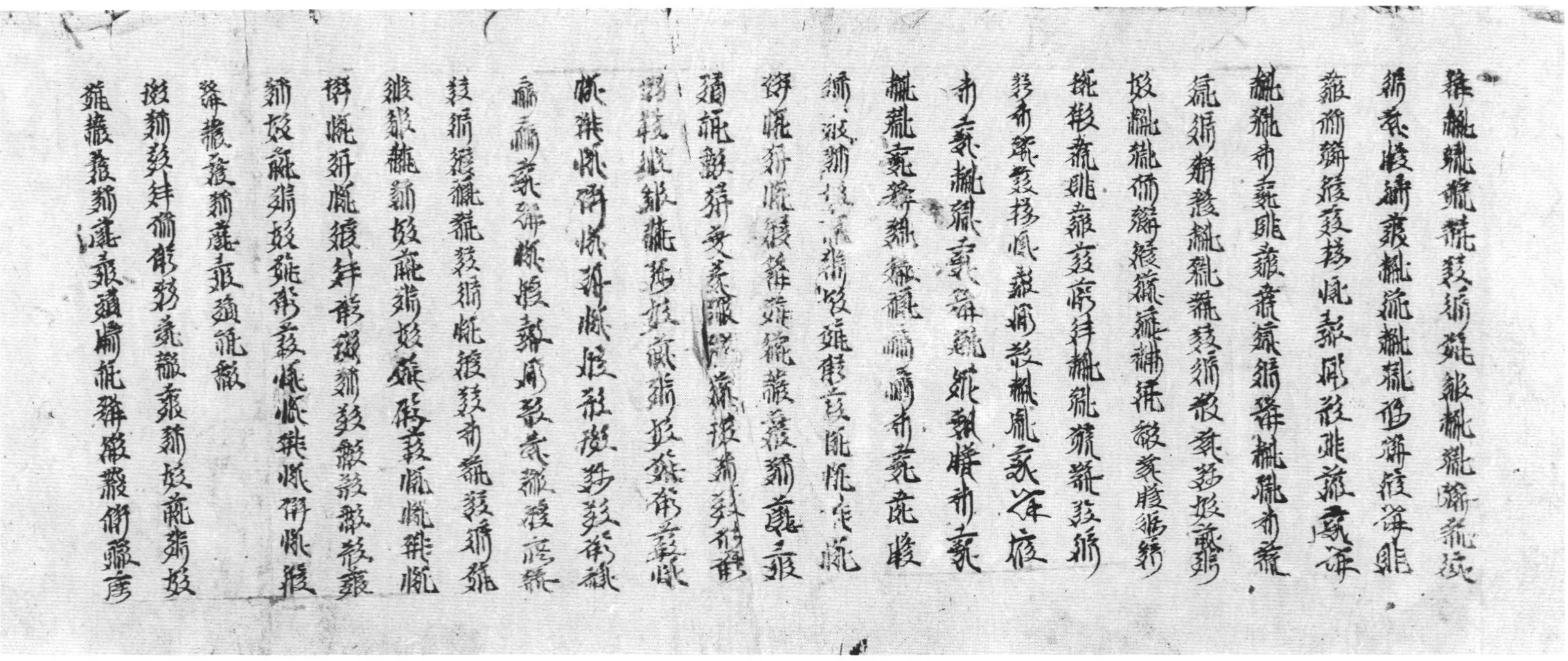

俄 Инв.No.5650 *5747 7066 7372 7644 7656 7669* 佛説佛母出生三法藏般若波羅蜜多經卷第二十二 (16–2)

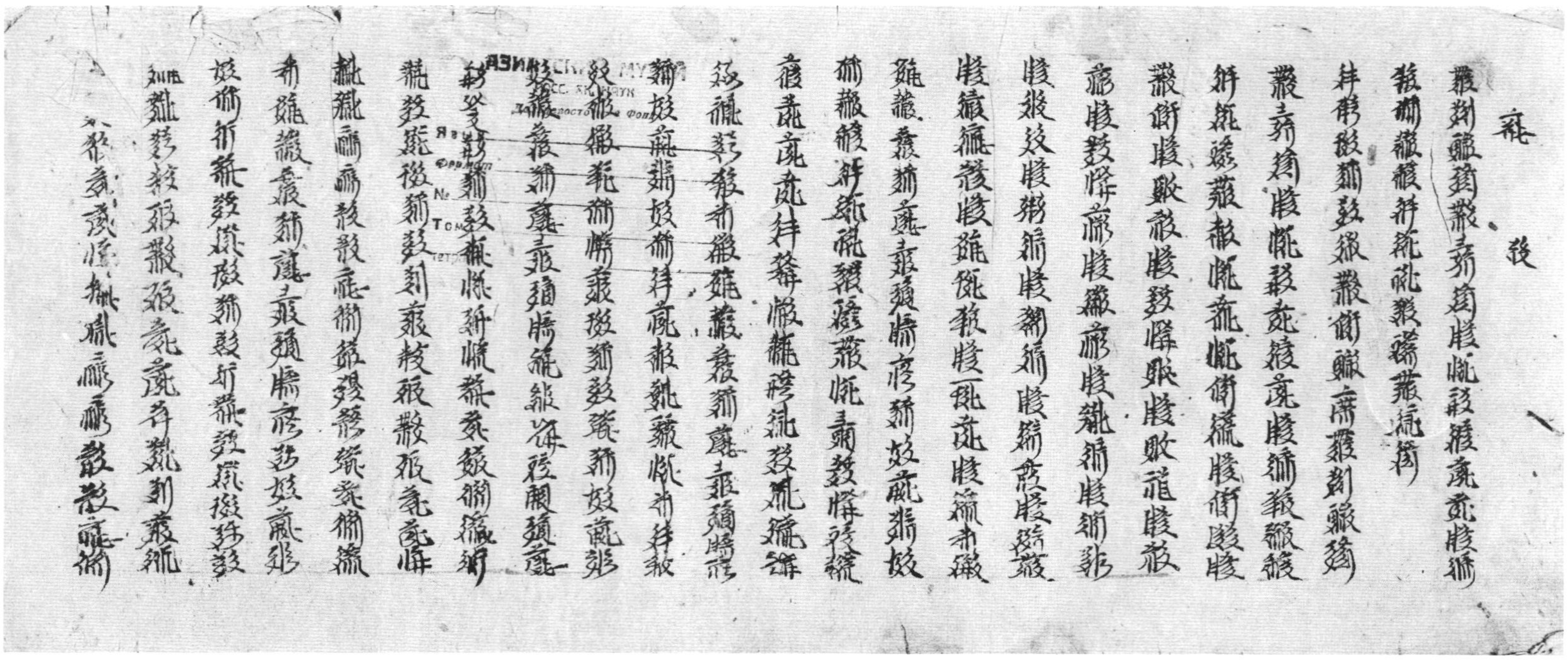

俄 Инв.No.5650 *5747 7066 7372 7644 7656 7669* 佛説佛母出生三法藏般若波羅蜜多經卷第二十二 (16–3)

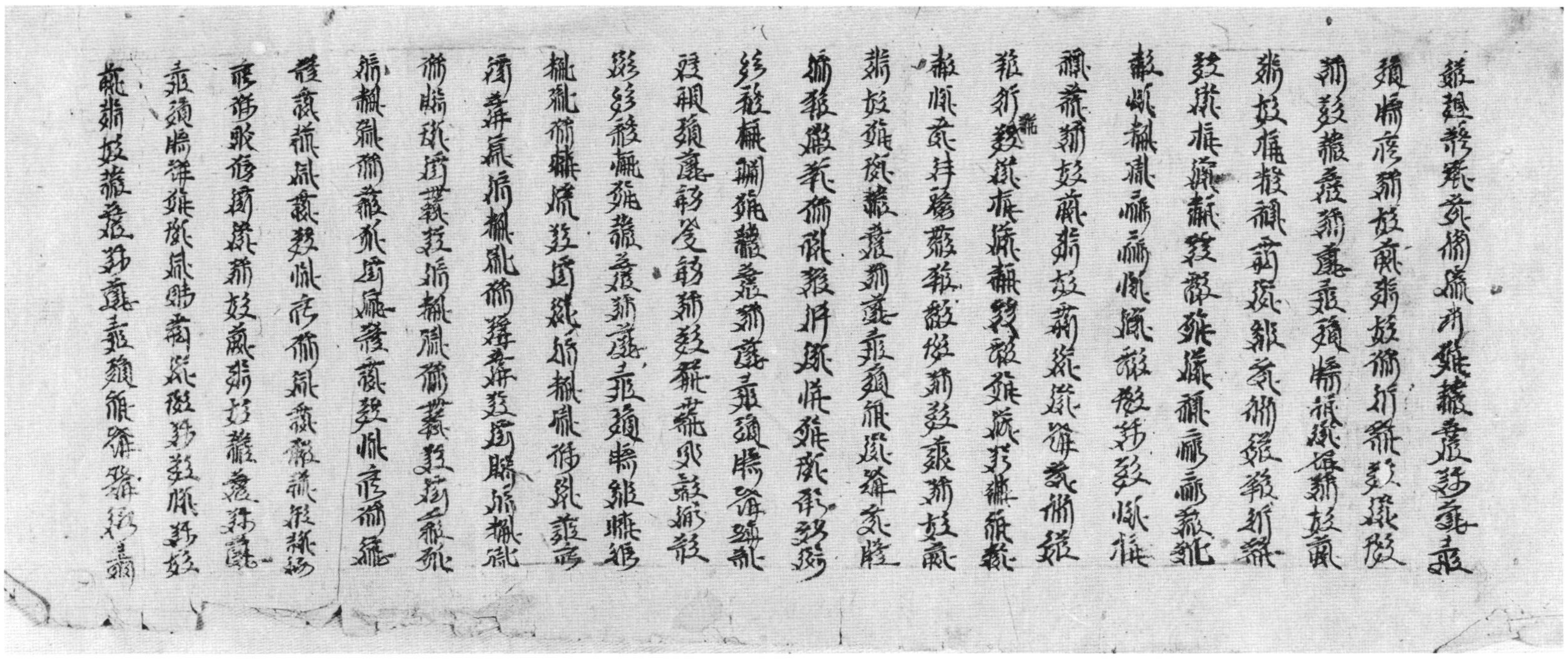

俄 Инв.No.5650 *5747 7066 7372 7644 7656 7669* 佛說佛母出生三法藏般若波羅蜜多經卷第二十二 (16-4)

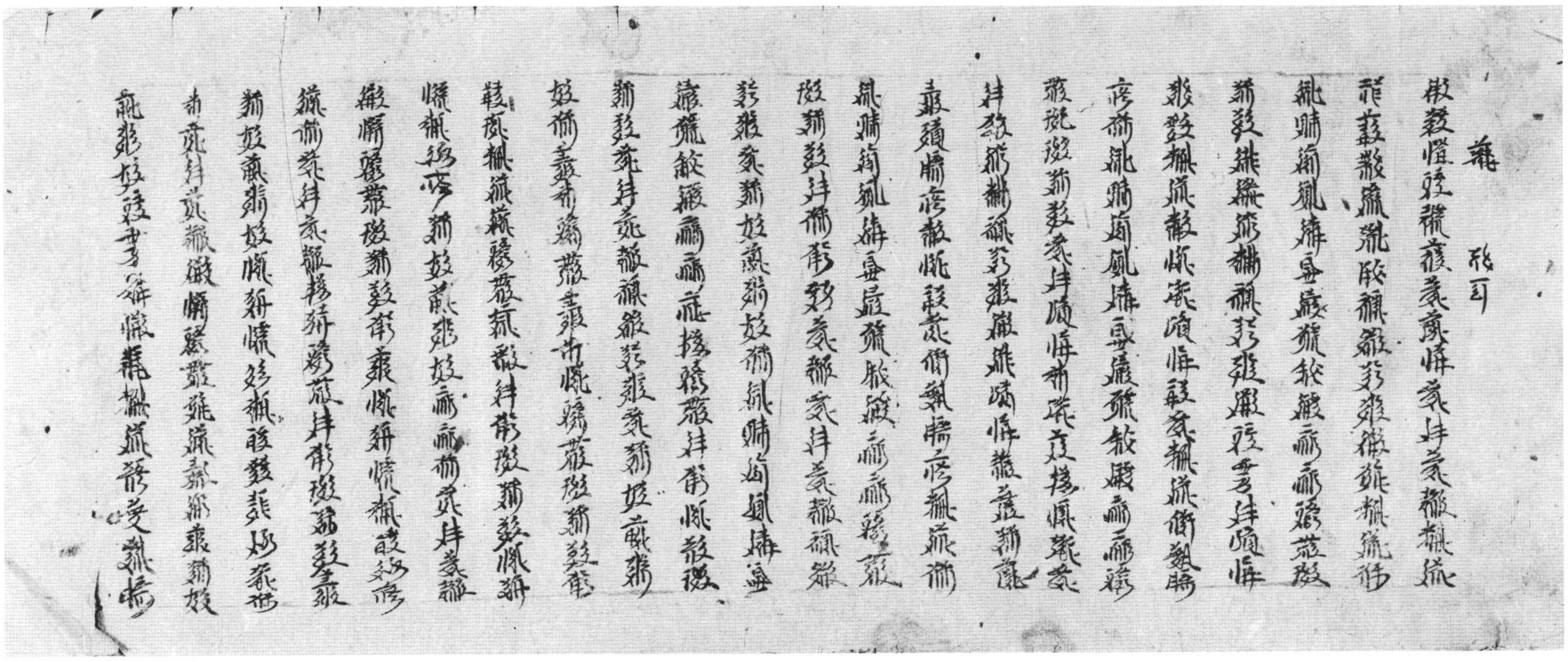

俄 Инв.No.5650 *5747 7066 7372 7644 7656 7669* 佛說佛母出生三法藏般若波羅蜜多經卷第二十二 (16-5)

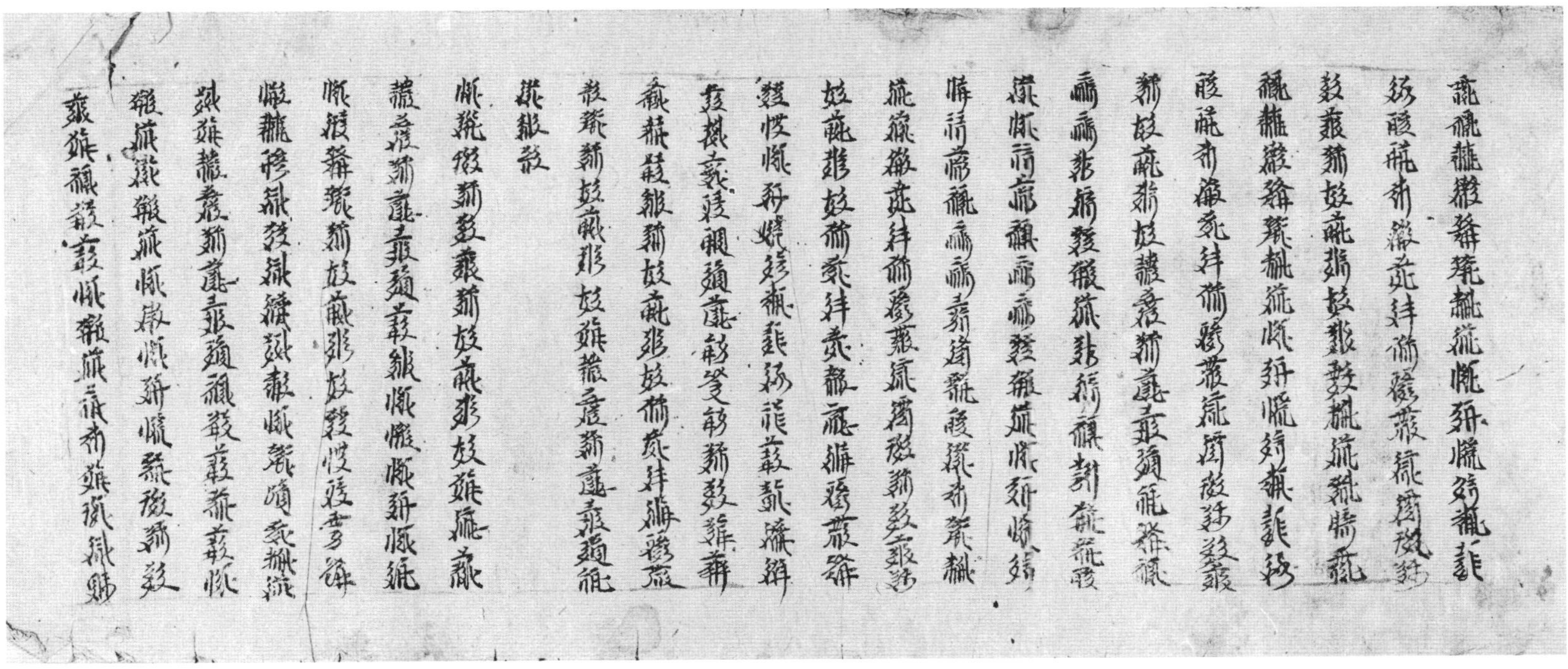

俄 Инв.No.5650 *5747 7066 7372 7644 7656 7669* 佛說佛母出生三法藏般若波羅蜜多經卷第二十二 (16-6)

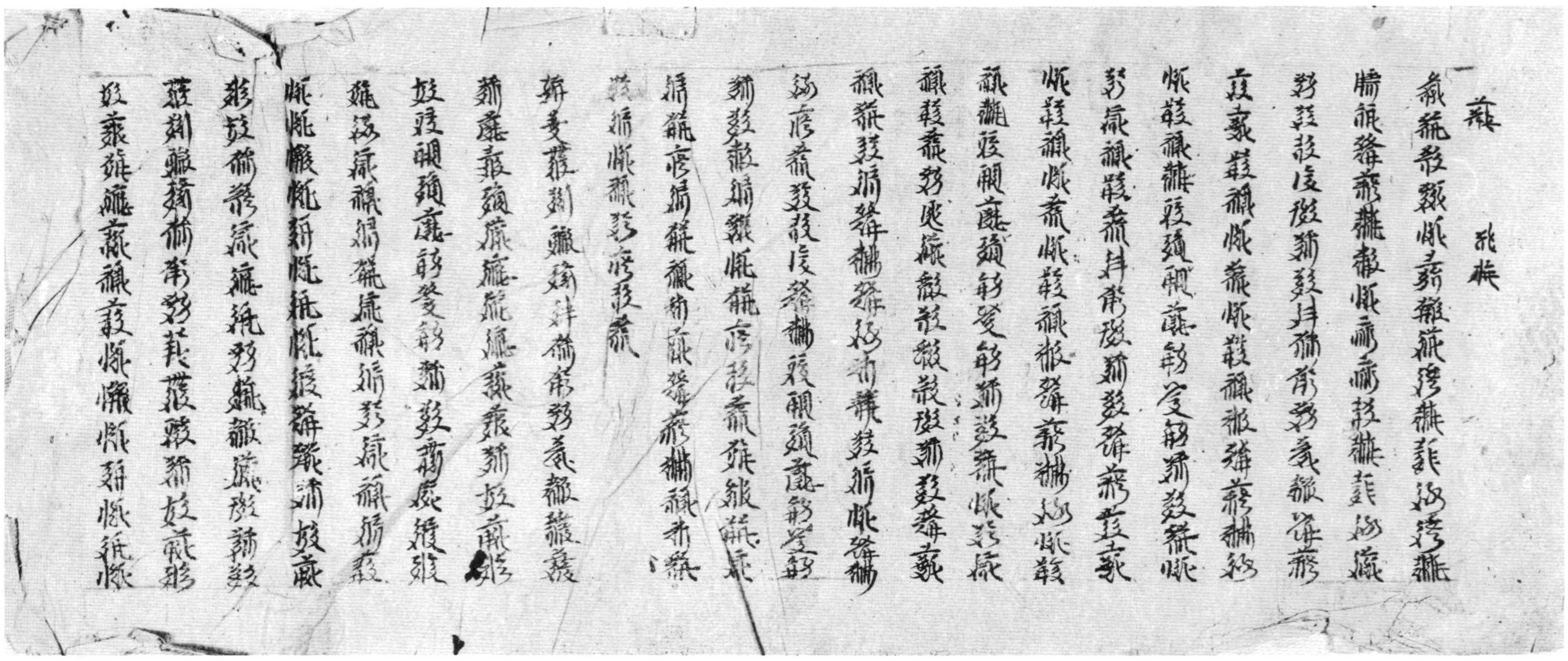

俄 Инв.No.5650 *5747 7066 7372 7644 7656 7669* 佛說佛母出生三法藏般若波羅蜜多經卷第二十二 (16–7)

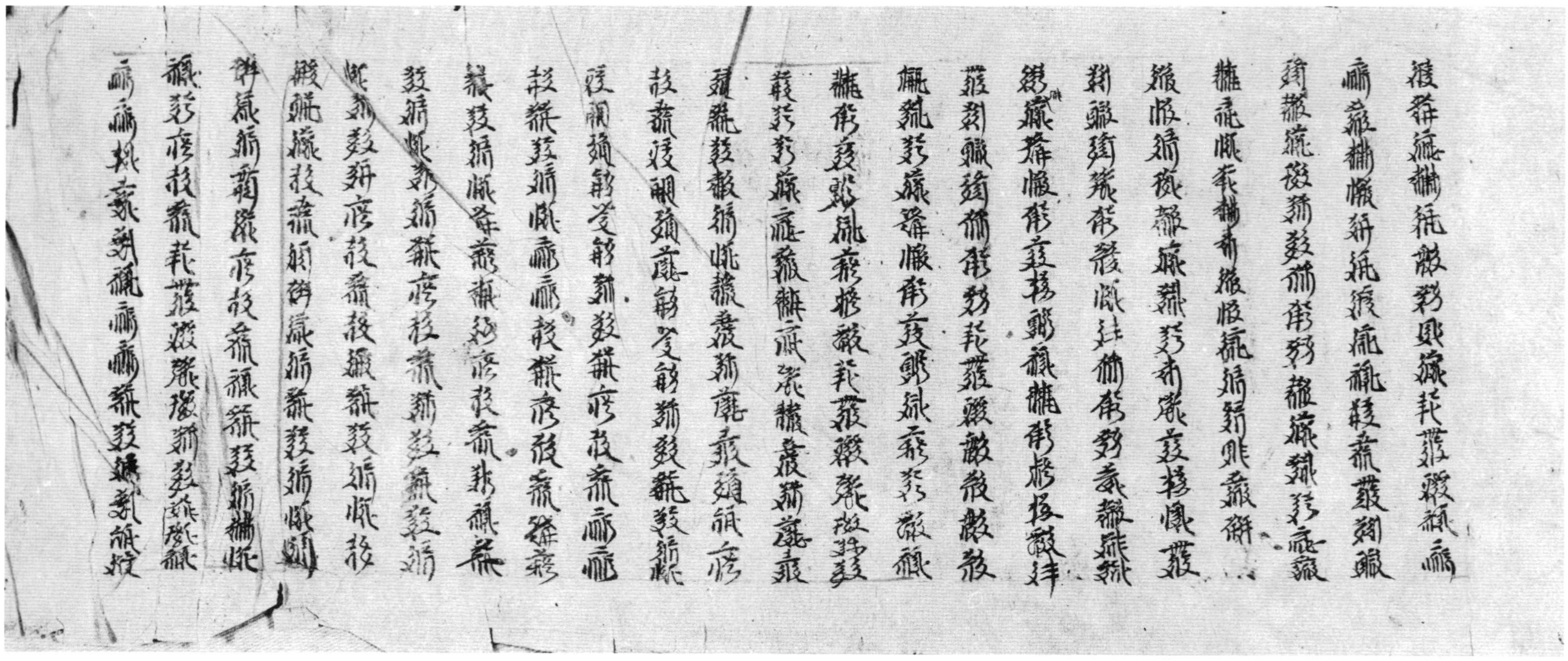

俄 Инв.No.5650 *5747 7066 7372 7644 7656 7669* 佛說佛母出生三法藏般若波羅蜜多經卷第二十二 (16–8)

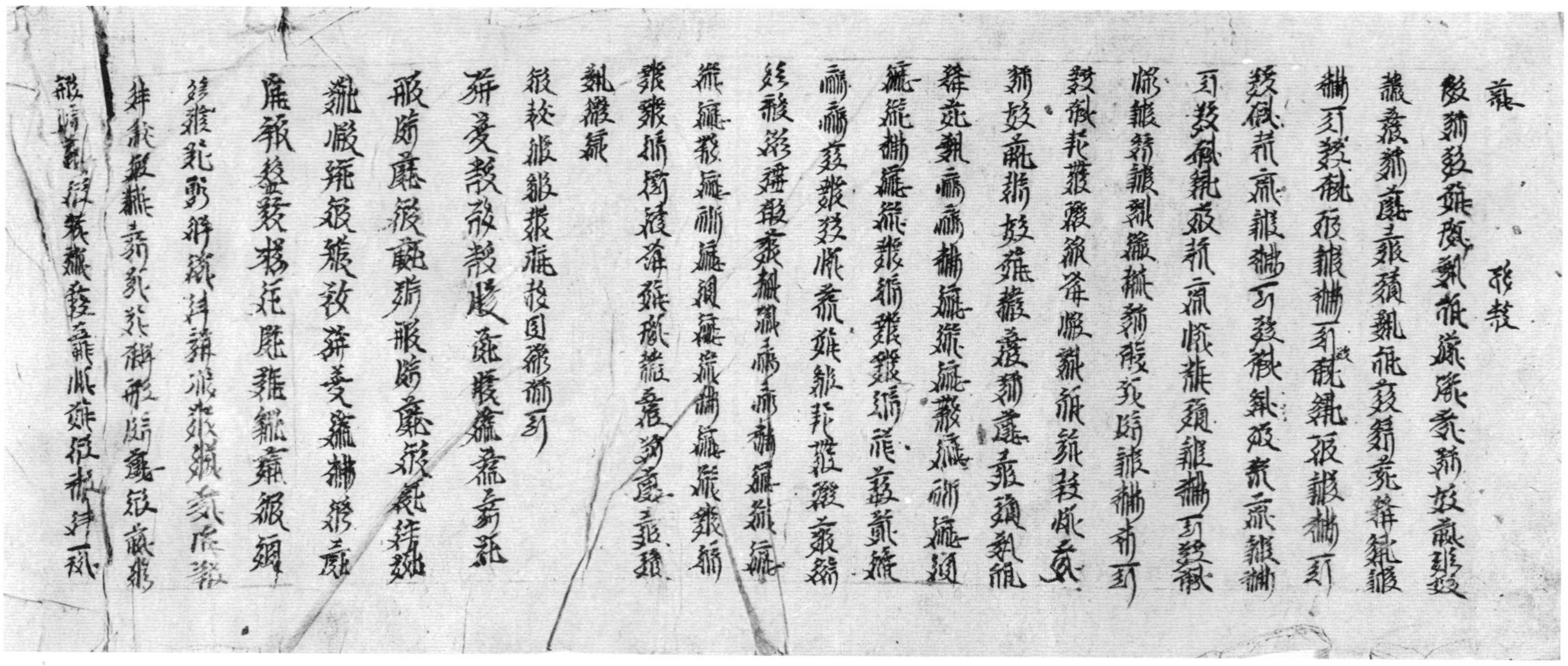

俄 Инв.No.5650 *5747 7066 7372 7644 7656 7669* 佛說佛母出生三法藏般若波羅蜜多經卷第二十二 (16–9)

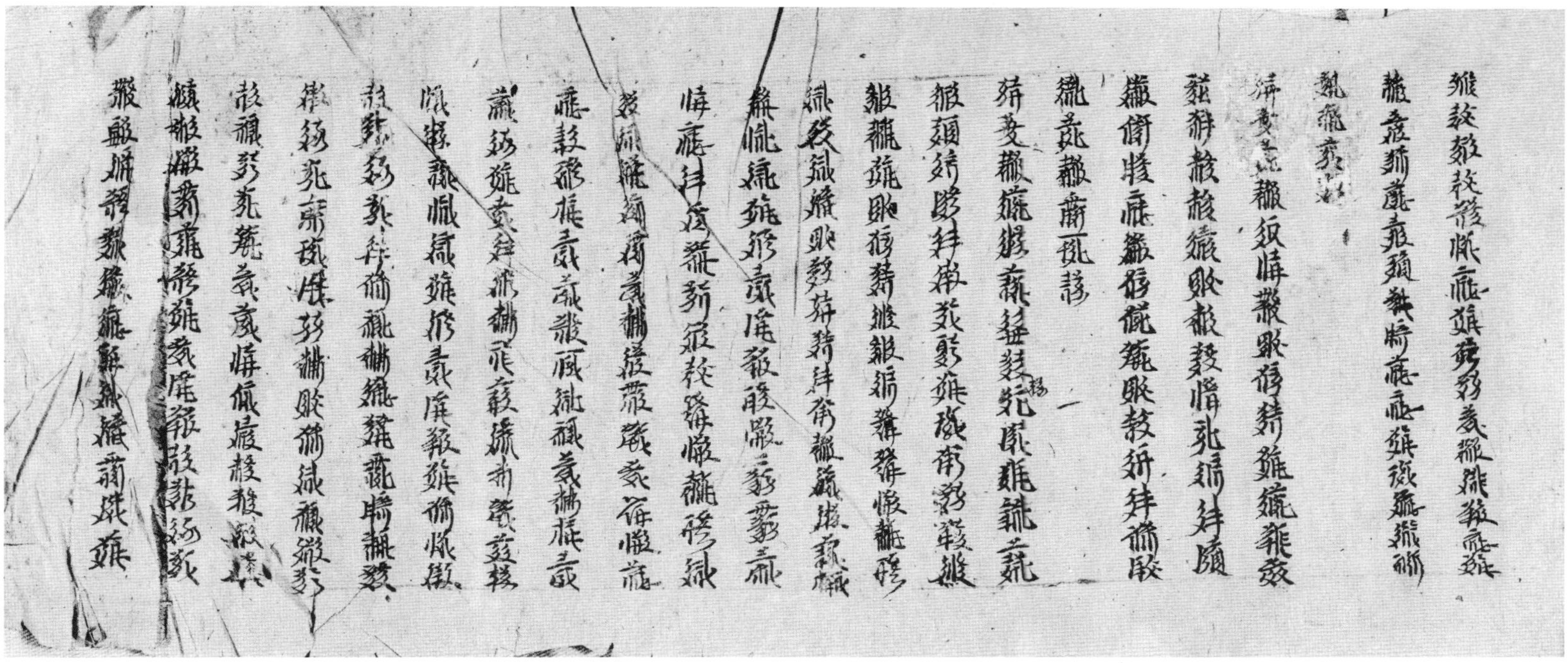

俄 **Инв**.No.5650 *5747 7066 7372 7644 7656 7669* 佛説佛母出生三法藏般若波羅蜜多經卷第二十二 (16–10)

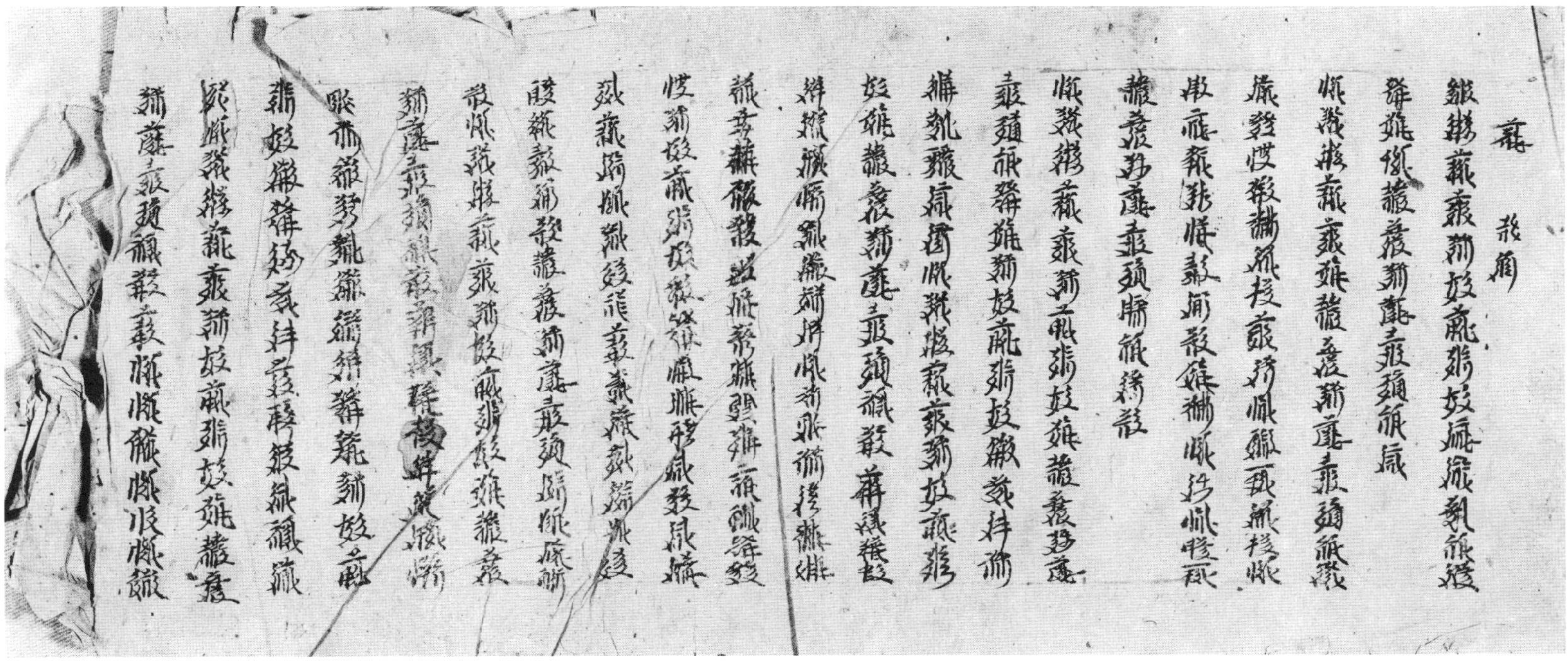

俄 **Инв**.No.5650 *5747 7066 7372 7644 7656 7669* 佛説佛母出生三法藏般若波羅蜜多經卷第二十二 (16–11)

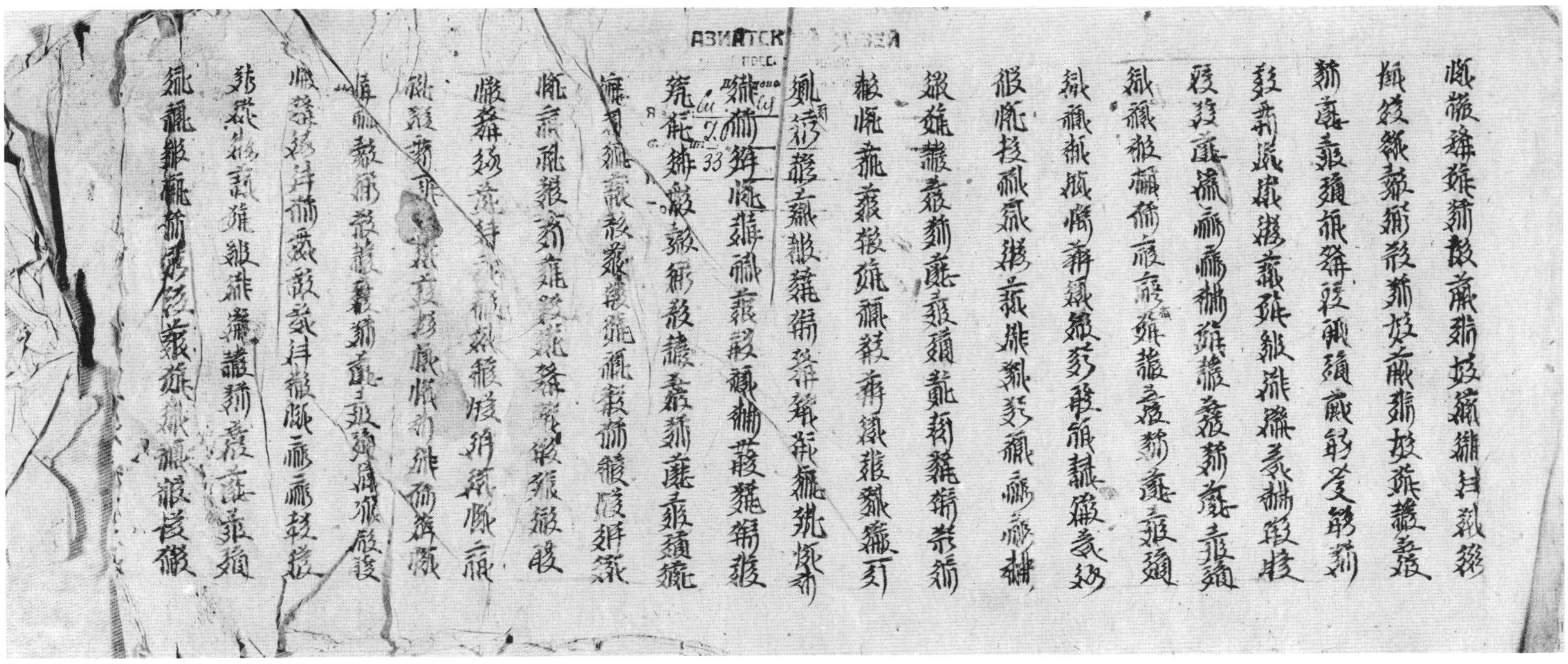

俄 **Инв**.No.5650 *5747 7066 7372 7644 7656 7669* 佛説佛母出生三法藏般若波羅蜜多經卷第二十二 (16–12)

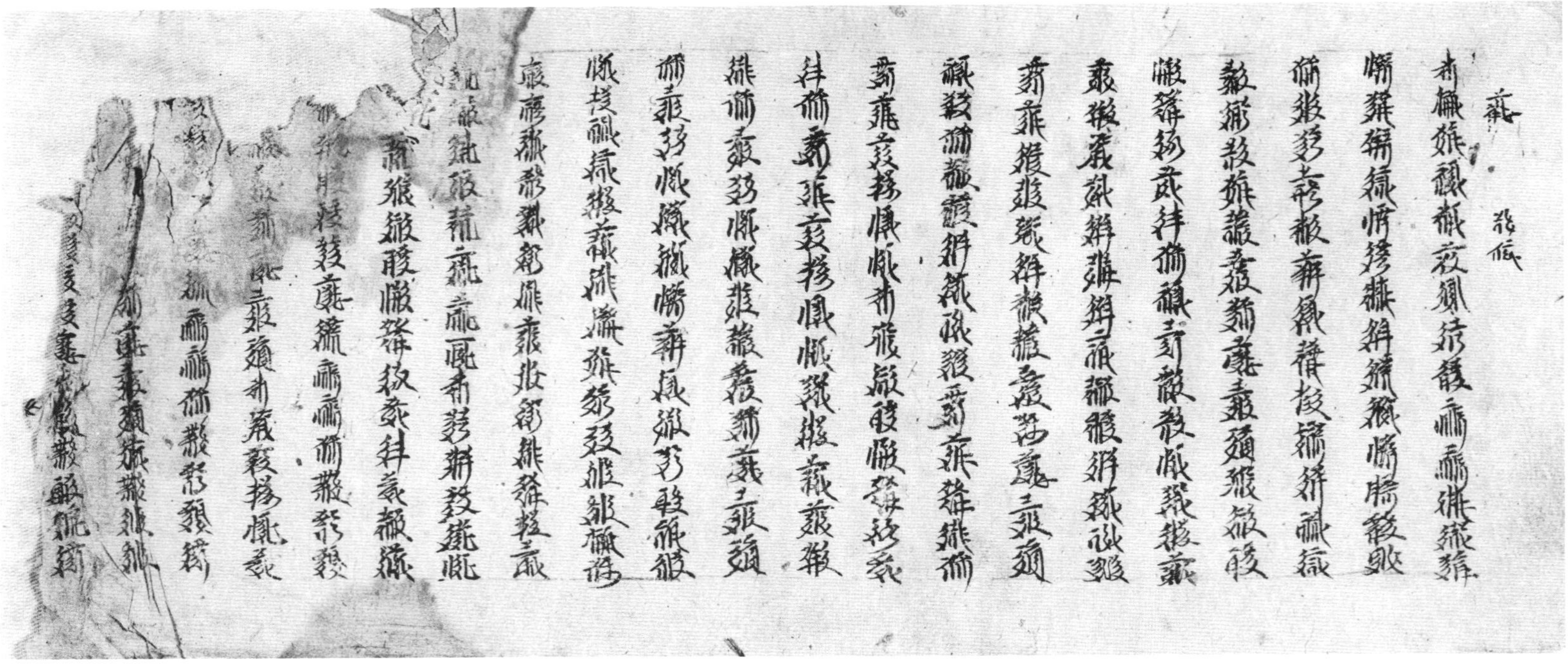

俄 Инв.No.5650 *5747 7066 7372 7644 7656 7669* 佛說佛母出生三法藏般若波羅蜜多經卷第二十二 (16–13)

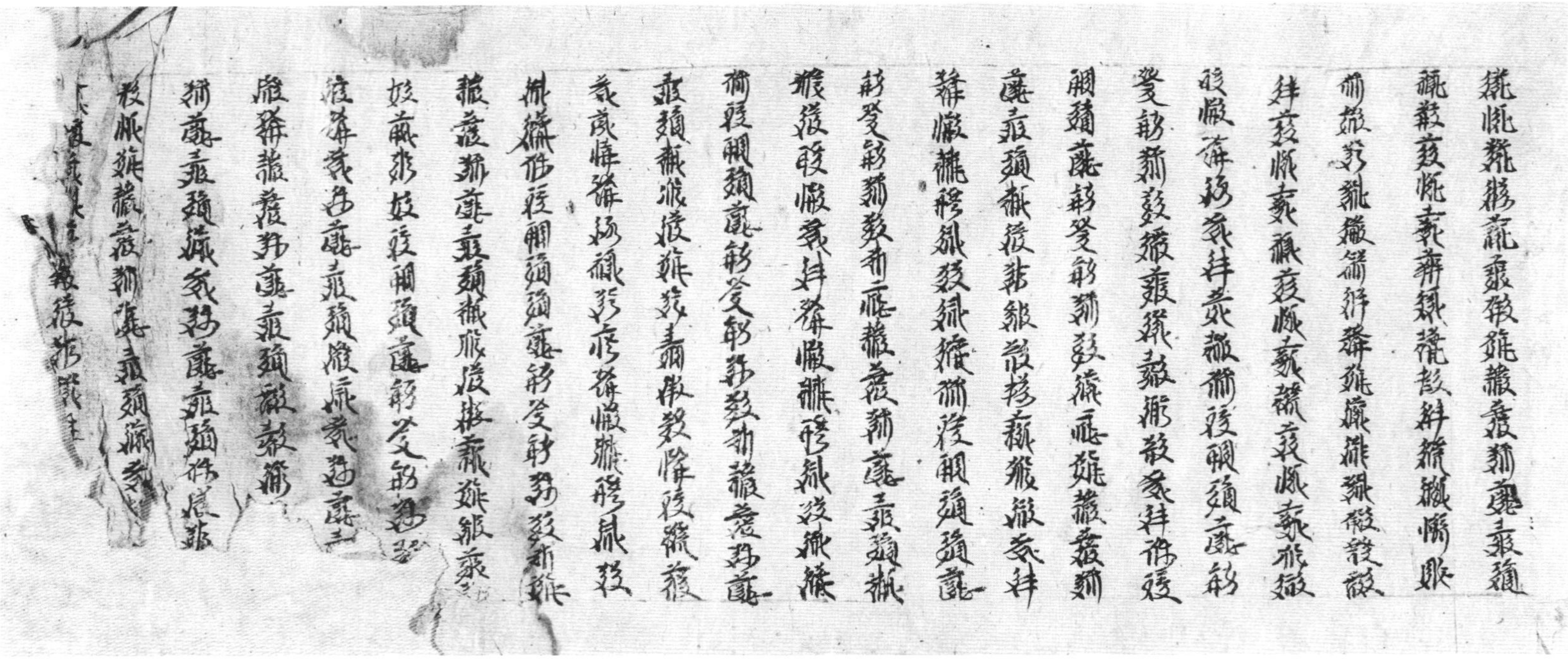

俄 Инв.No.5650 *5747 7066 7372 7644 7656 7669* 佛說佛母出生三法藏般若波羅蜜多經卷第二十二 (16–14)

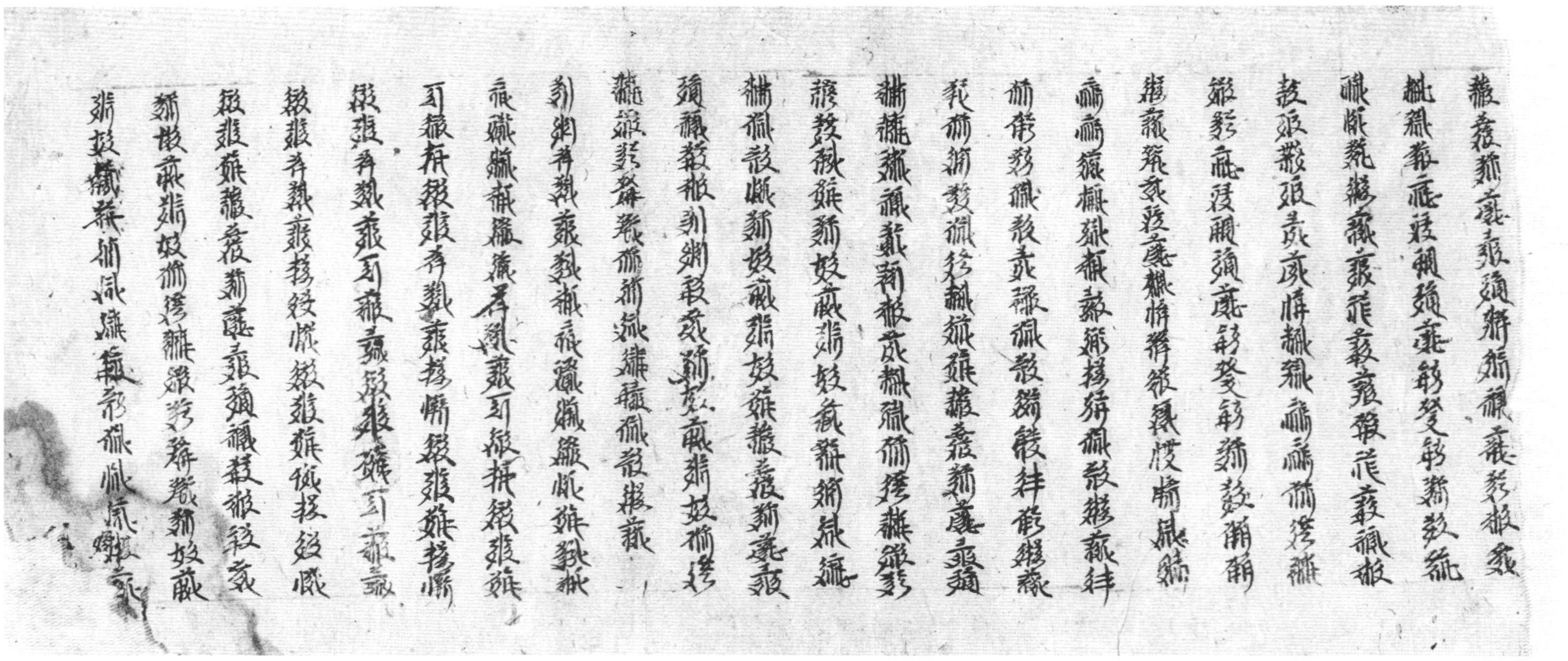

俄 Инв.No.5650 *5747 7066 7372 7644 7656 7669* 佛說佛母出生三法藏般若波羅蜜多經卷第二十二 (16–15)

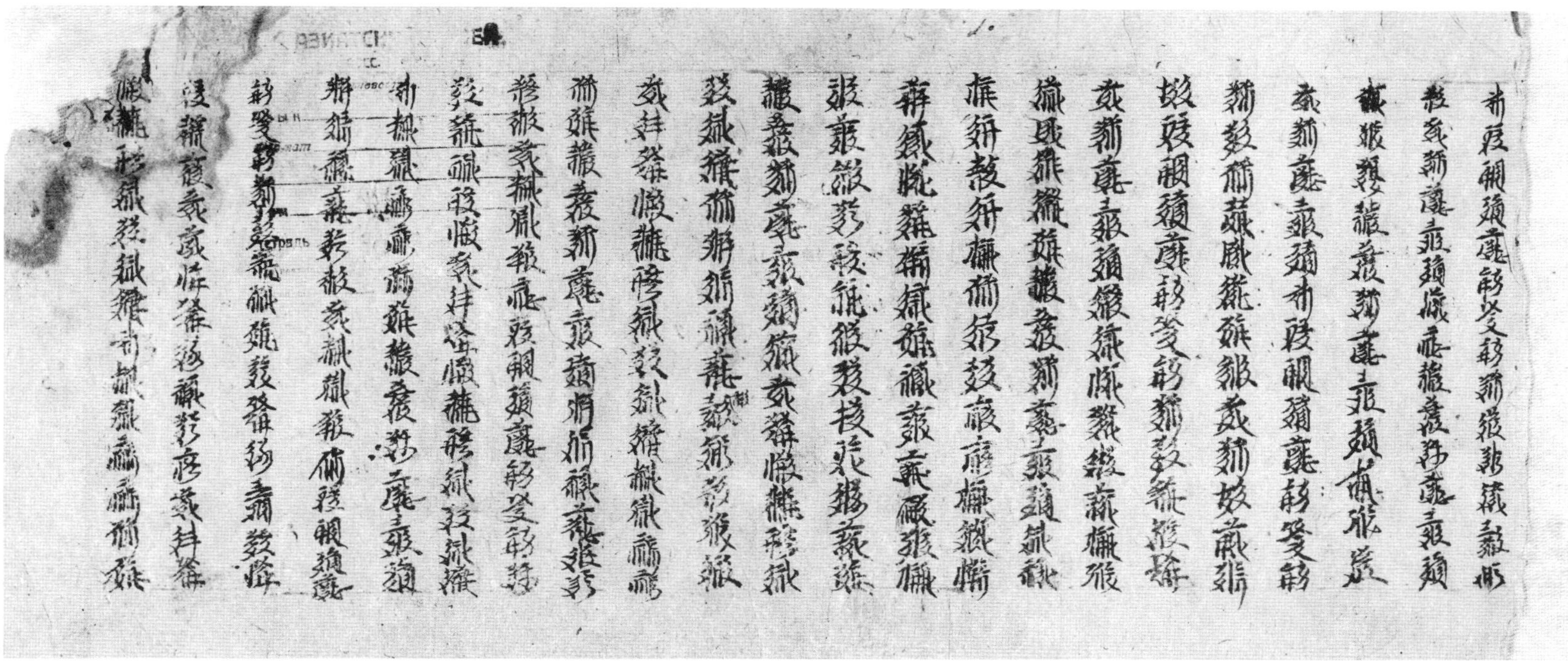

俄 Инв.No.5650 *5747 7066 7372 7644 7656 7669* 佛説佛母出生三法藏般若波羅蜜多經卷第二十二 (16–16)

俄 Инв.No.5650 *5747 7066 7372 7644 7656 7669* 佛説佛母出生三法藏般若波羅蜜多經卷第二十三 (13–1)

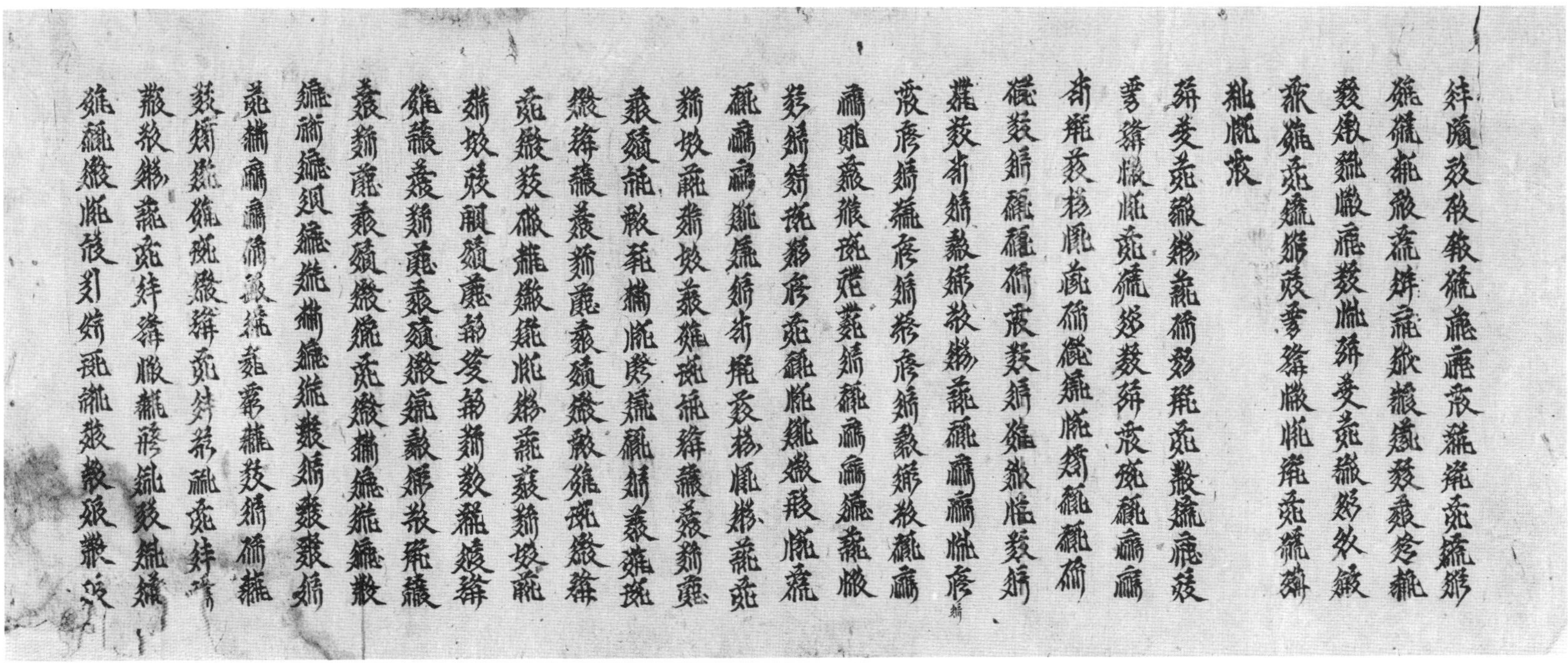

俄 Инв.No.5650 *5747 7066 7372 7644 7656 7669* 佛説佛母出生三法藏般若波羅蜜多經卷第二十三 (13–2)

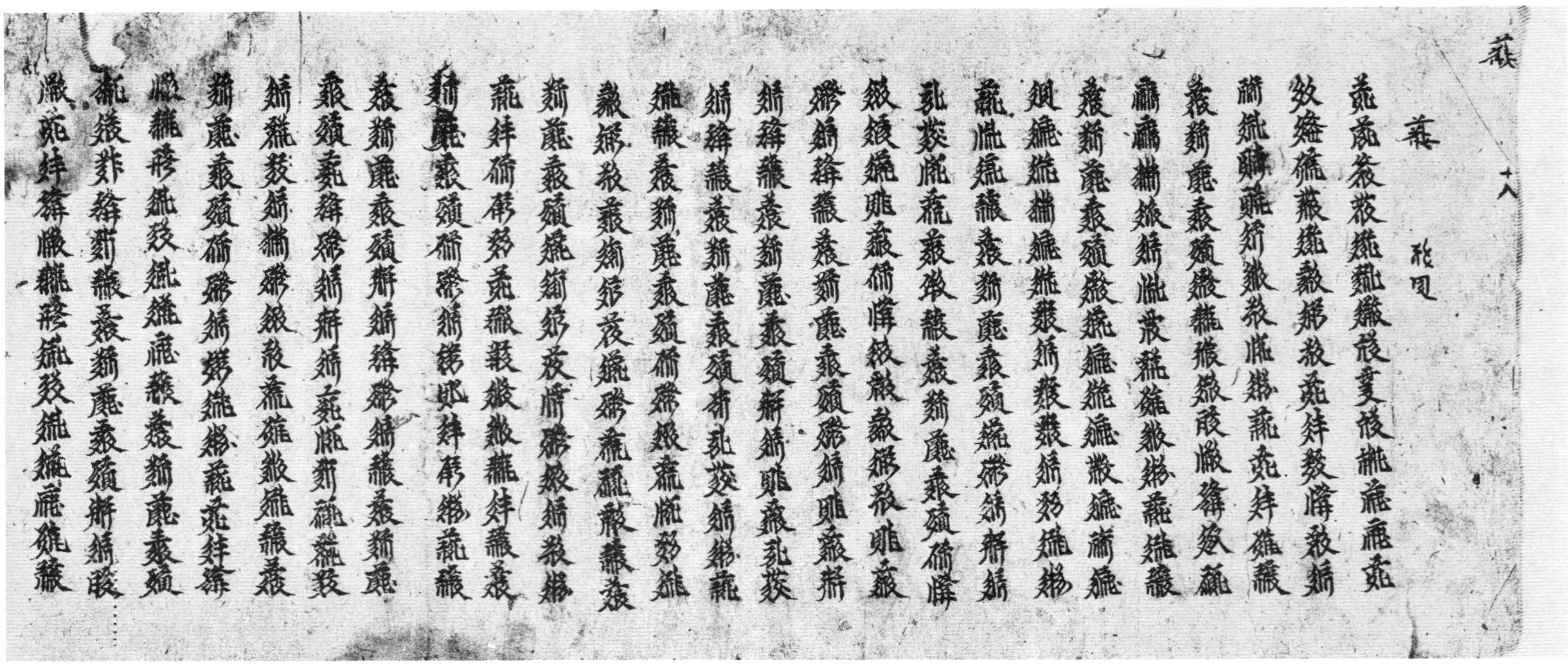

俄 **Инв**.No.5650 *5747 7066 7372 7644 7656 7669* 佛説佛母出生三法藏般若波羅蜜多經卷第二十三 (13-3)

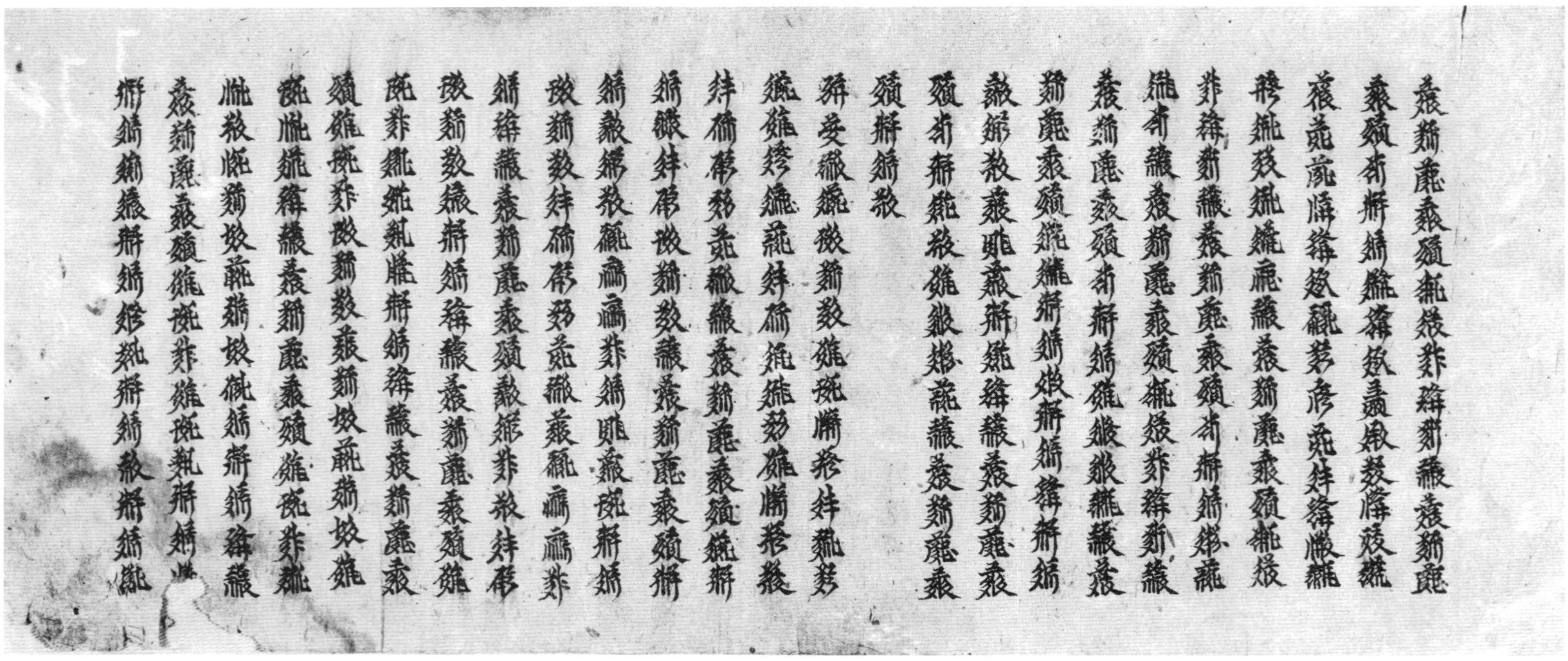

俄 **Инв**.No.5650 *5747 7066 7372 7644 7656 7669* 佛説佛母出生三法藏般若波羅蜜多經卷第二十三 (13-4)

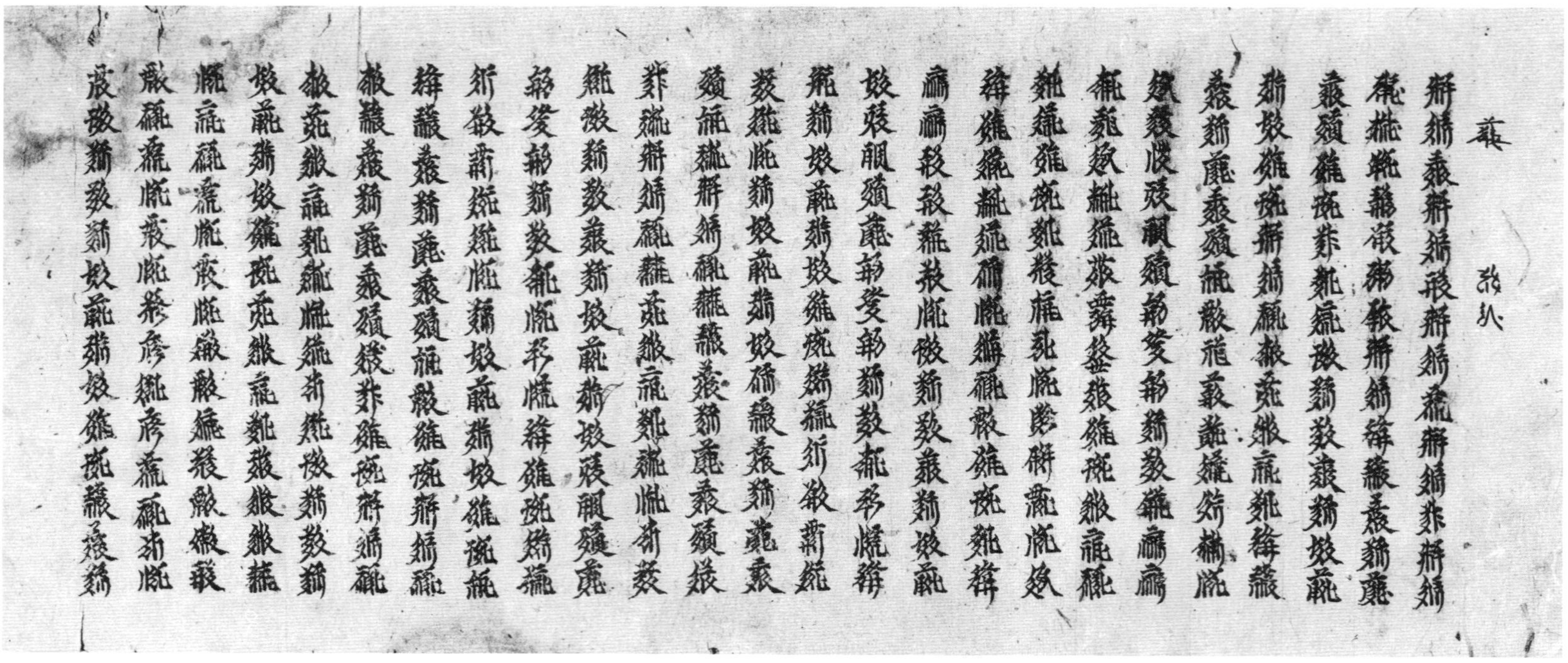

俄 **Инв**.No.5650 *5747 7066 7372 7644 7656 7669* 佛説佛母出生三法藏般若波羅蜜多經卷第二十三 (13-5)

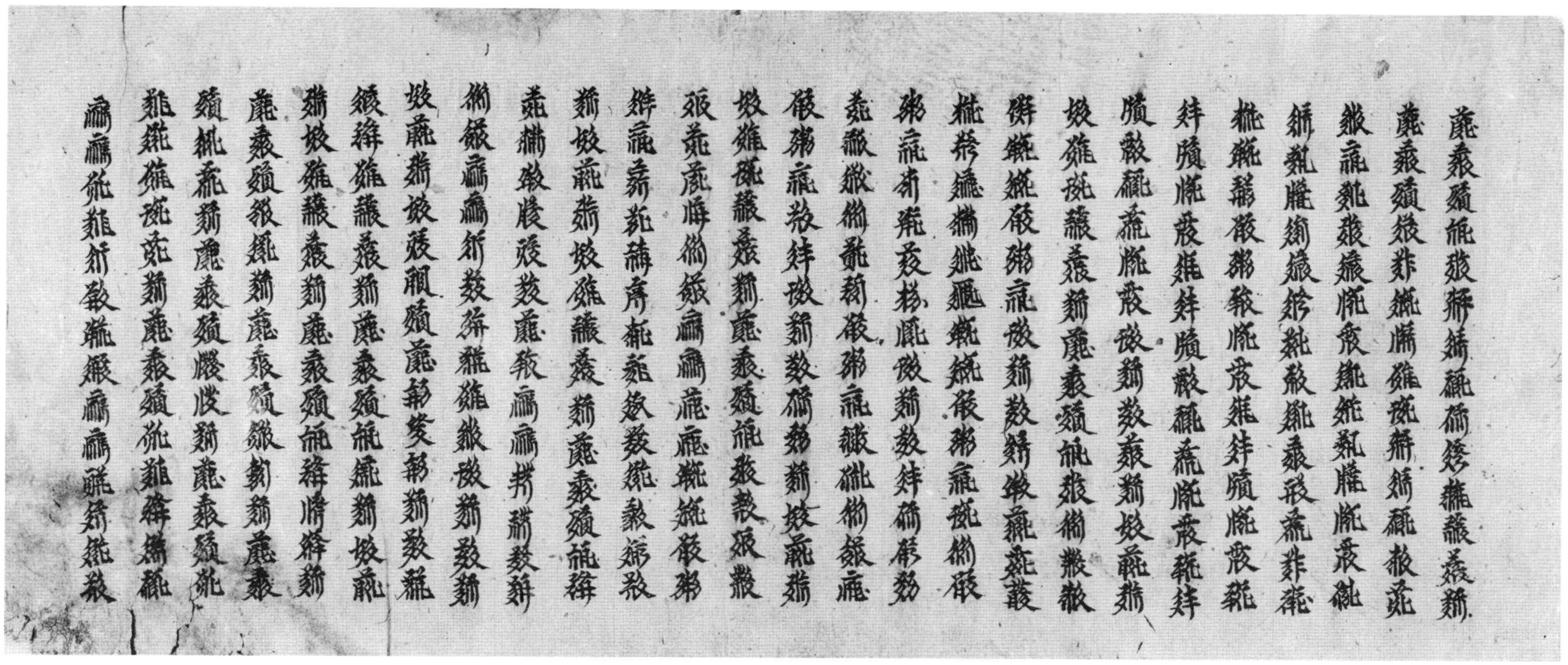

俄 Инв.No.5650 *5747 7066 7372 7644 7656 7669* 佛説佛母出生三法藏般若波羅蜜多經卷第二十三 (13–6)

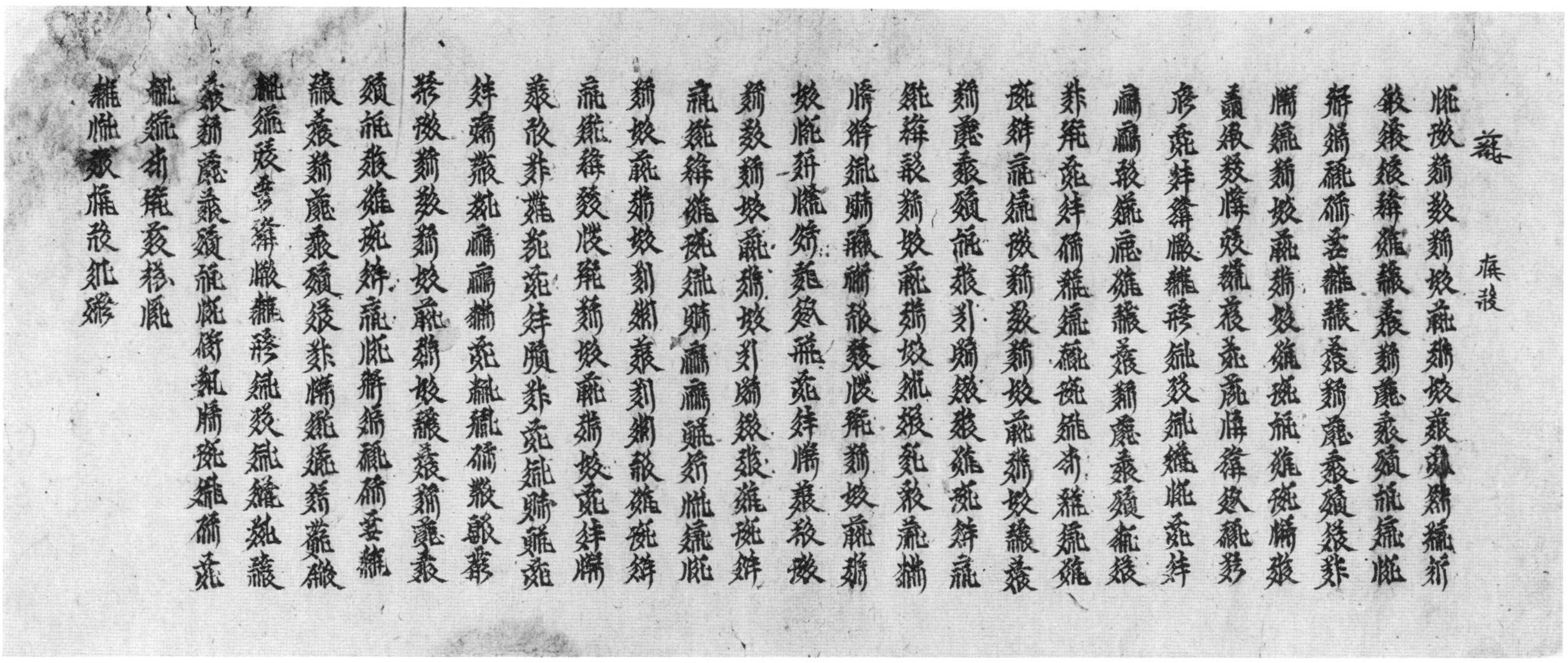

俄 Инв.No.5650 *5747 7066 7372 7644 7656 7669* 佛説佛母出生三法藏般若波羅蜜多經卷第二十三 (13–7)

俄 Инв.No.5650 *5747 7066 7372 7644 7656 7669* 佛説佛母出生三法藏般若波羅蜜多經卷第二十三 (13–8)

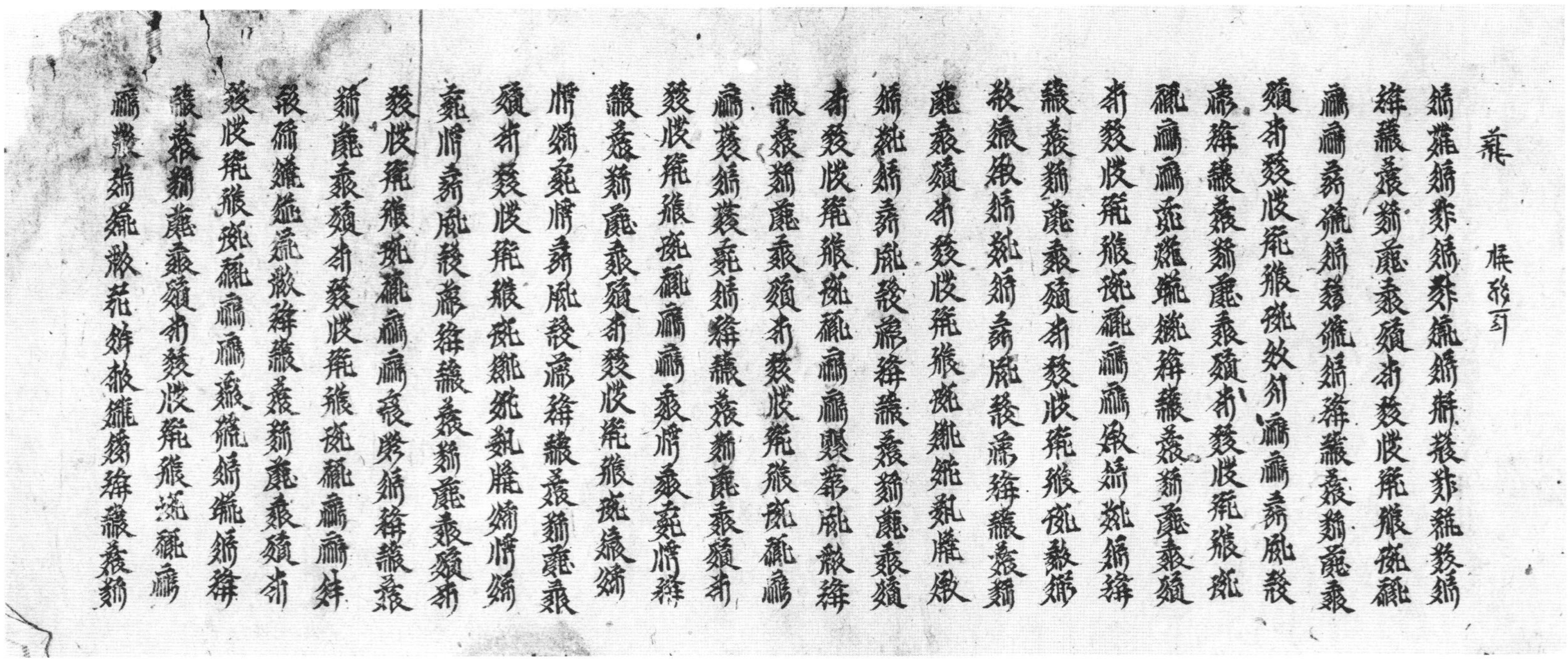

俄 Инв.No.5650 *5747 7066 7372 7644 7656 7669* 佛說佛母出生三法藏般若波羅蜜多經卷第二十三 (13-9)

俄 Инв.No.5650 *5747 7066 7372 7644 7656 7669* 佛說佛母出生三法藏般若波羅蜜多經卷第二十三 (13-10)

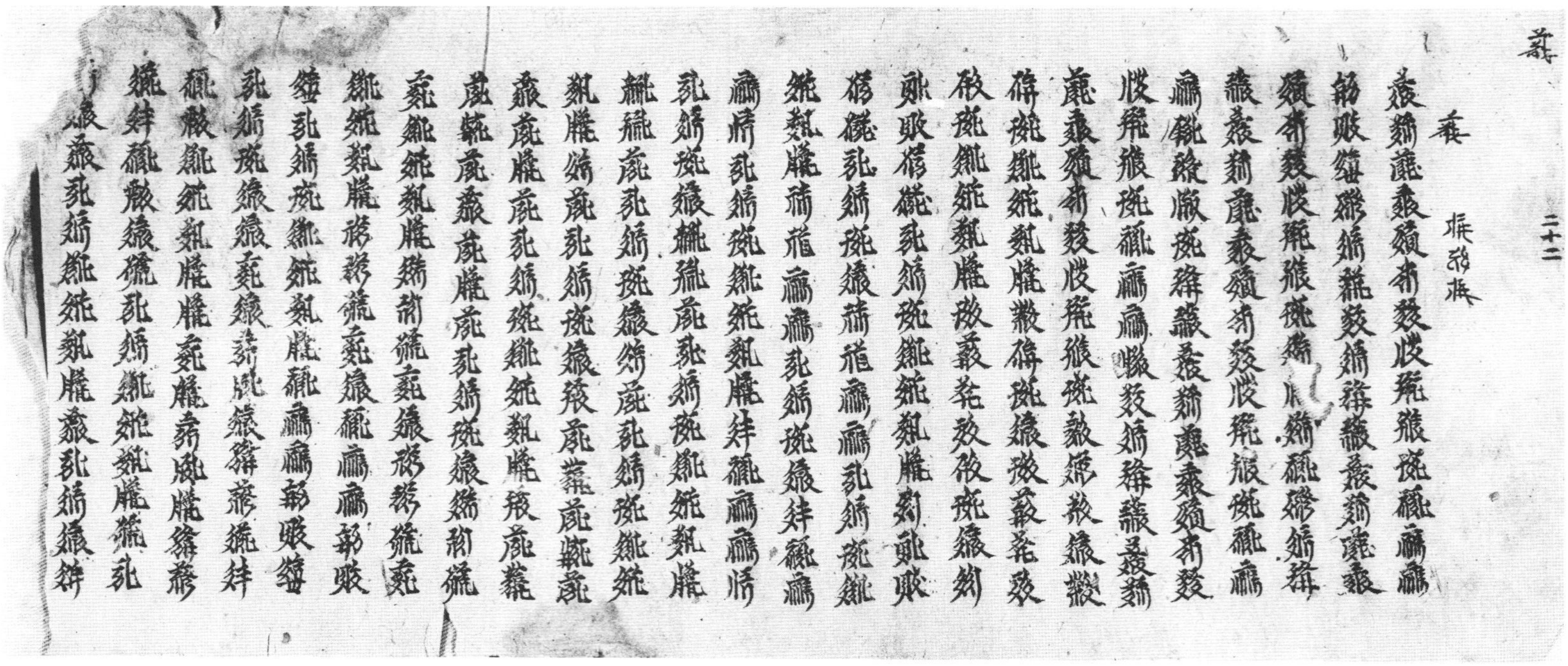

俄 Инв.No.5650 *5747 7066 7372 7644 7656 7669* 佛說佛母出生三法藏般若波羅蜜多經卷第二十三 (13-11)

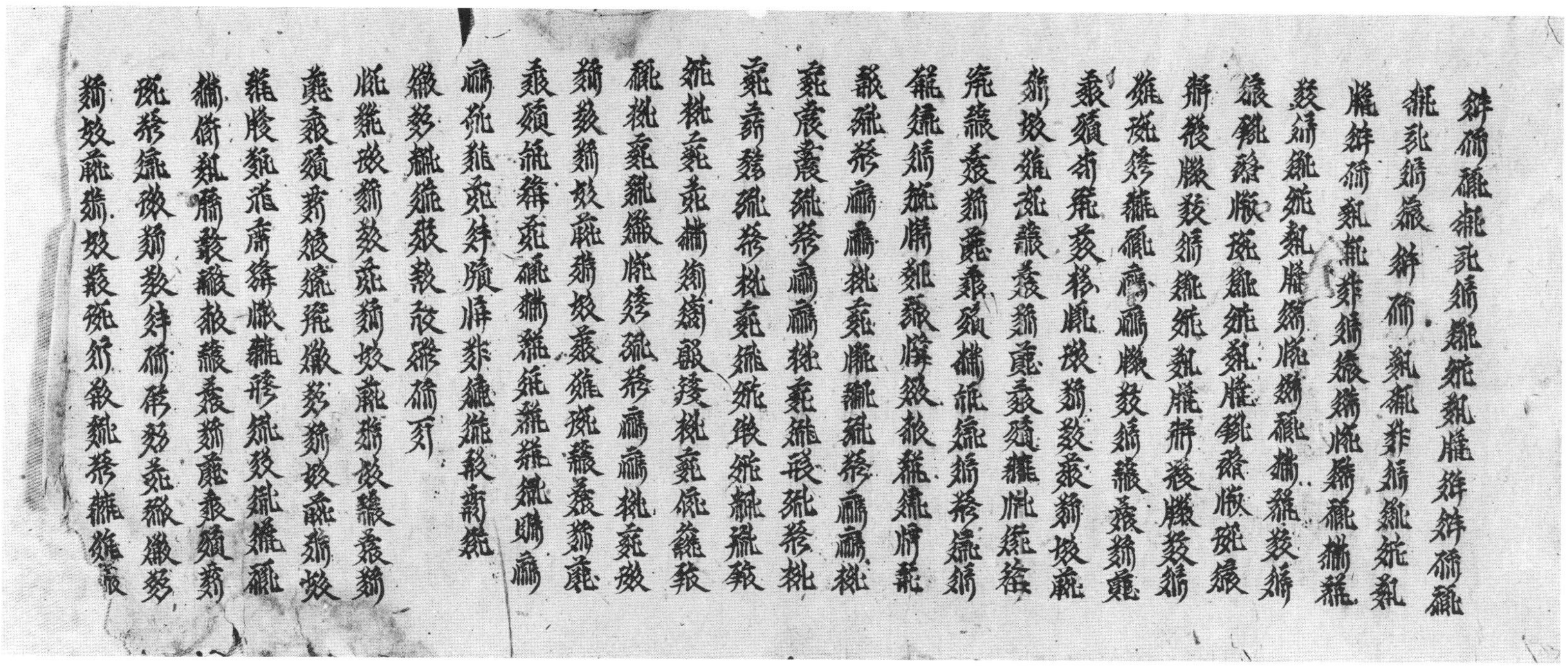

俄 Инв.No.5650 *5747 7066 7372 7644 7656 7669* 佛説佛母出生三法藏般若波羅蜜多經卷第二十三 (13–12)

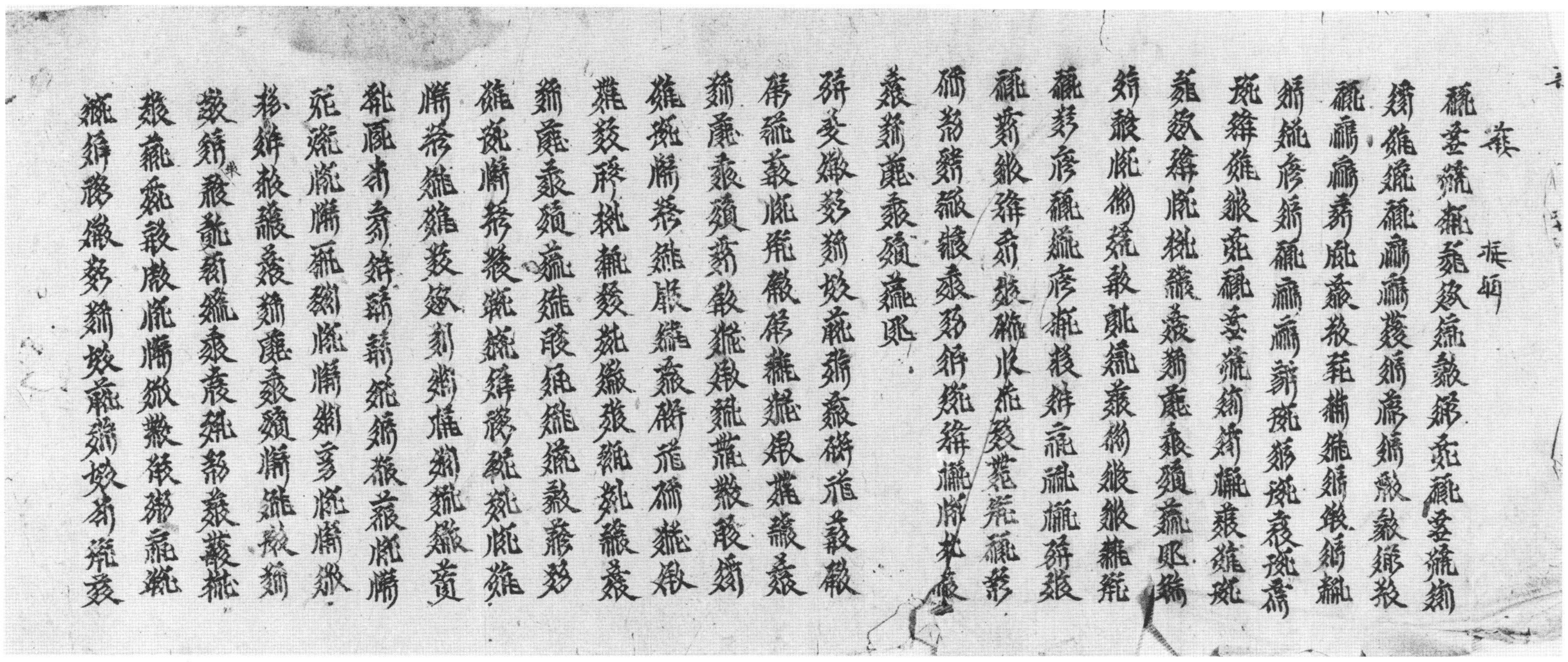

俄 Инв.No.5650 *5747 7066 7372 7644 7656 7669* 佛説佛母出生三法藏般若波羅蜜多經卷第二十三 (13–13)

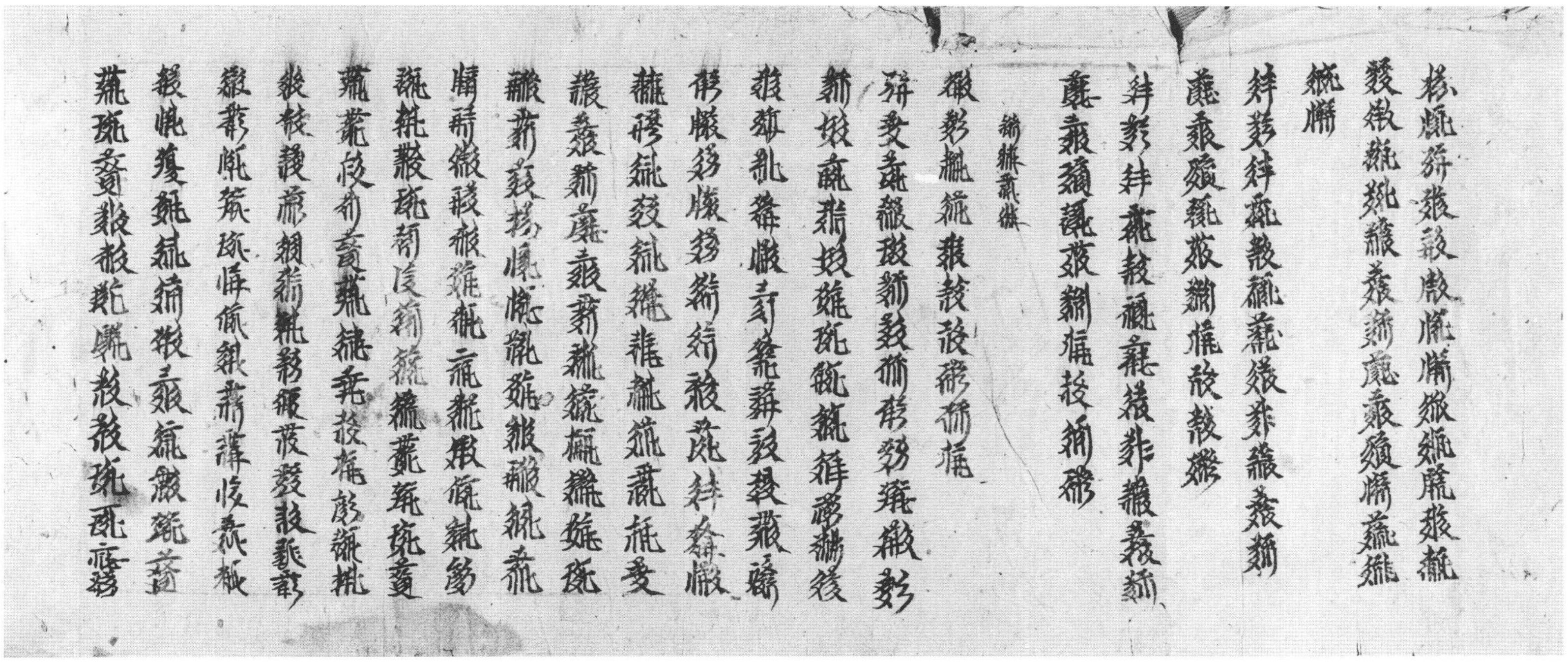

俄 Инв.No.5650 *5747 7066 7372 7644 7656 7669* 佛説佛母出生三法藏般若波羅蜜多經卷第二十四 (2–1)

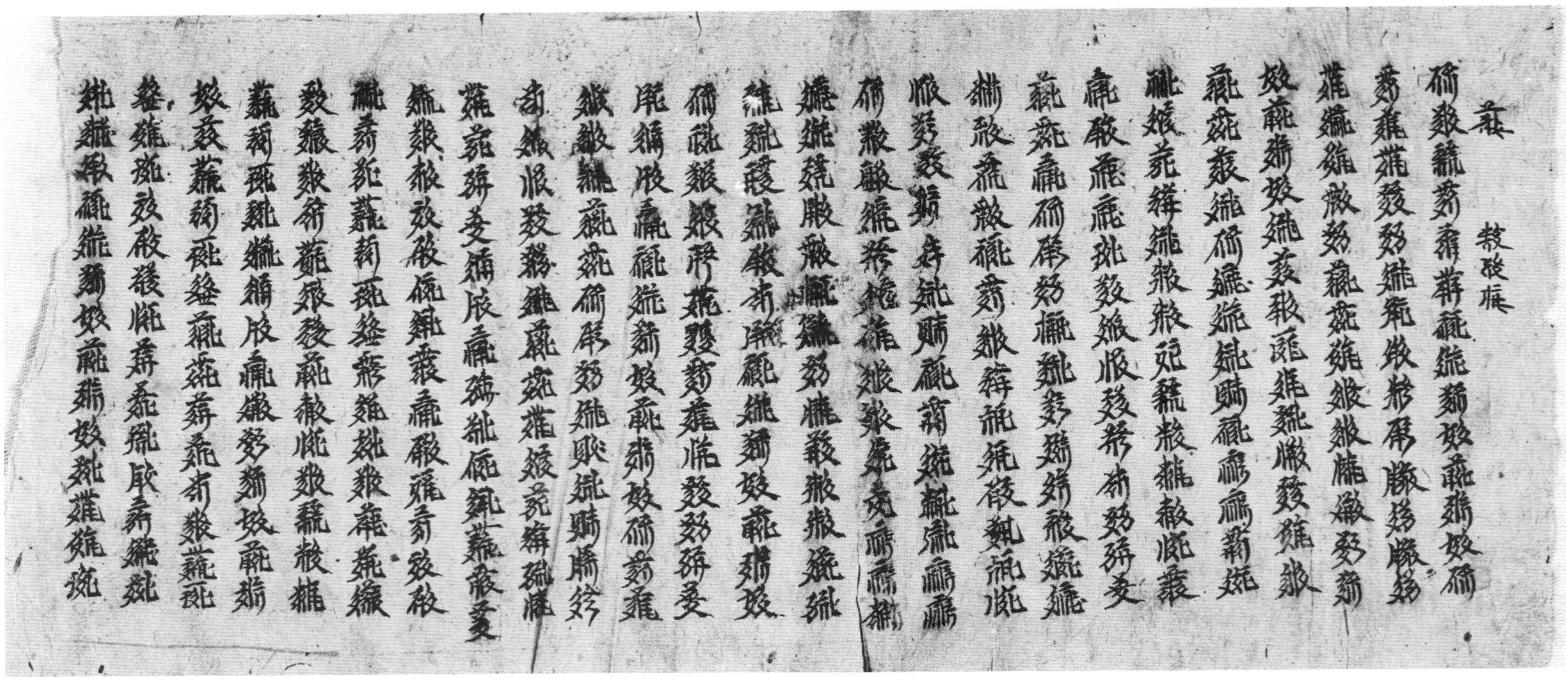

俄 Инв.No.5650 *5747 7066 7372 7644 7656 7669* 佛說佛母出生三法藏般若波羅蜜多經卷第二十四 (2-2)

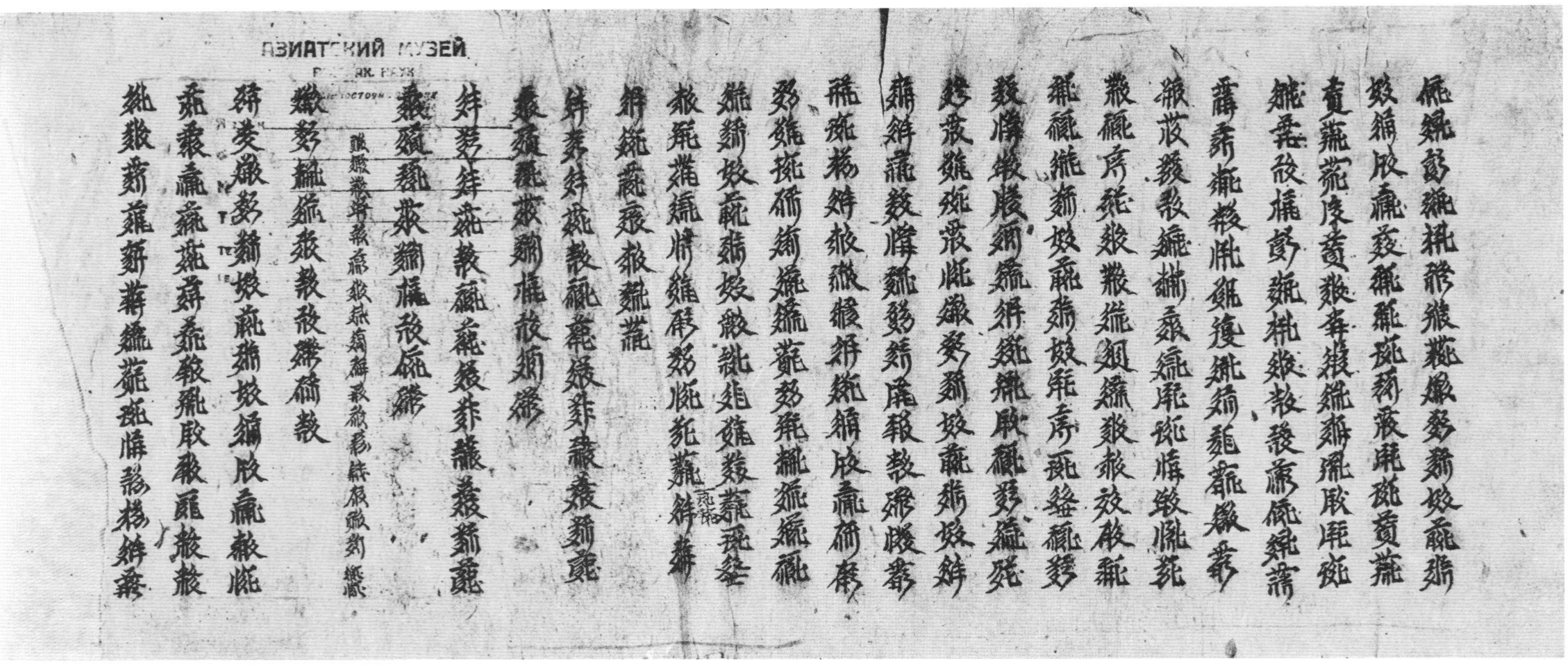

俄 Инв.No.5650 *5747 7066 7372 7644 7656 7669* 佛說佛母出生三法藏般若波羅蜜多經卷第二十五 (15-1)

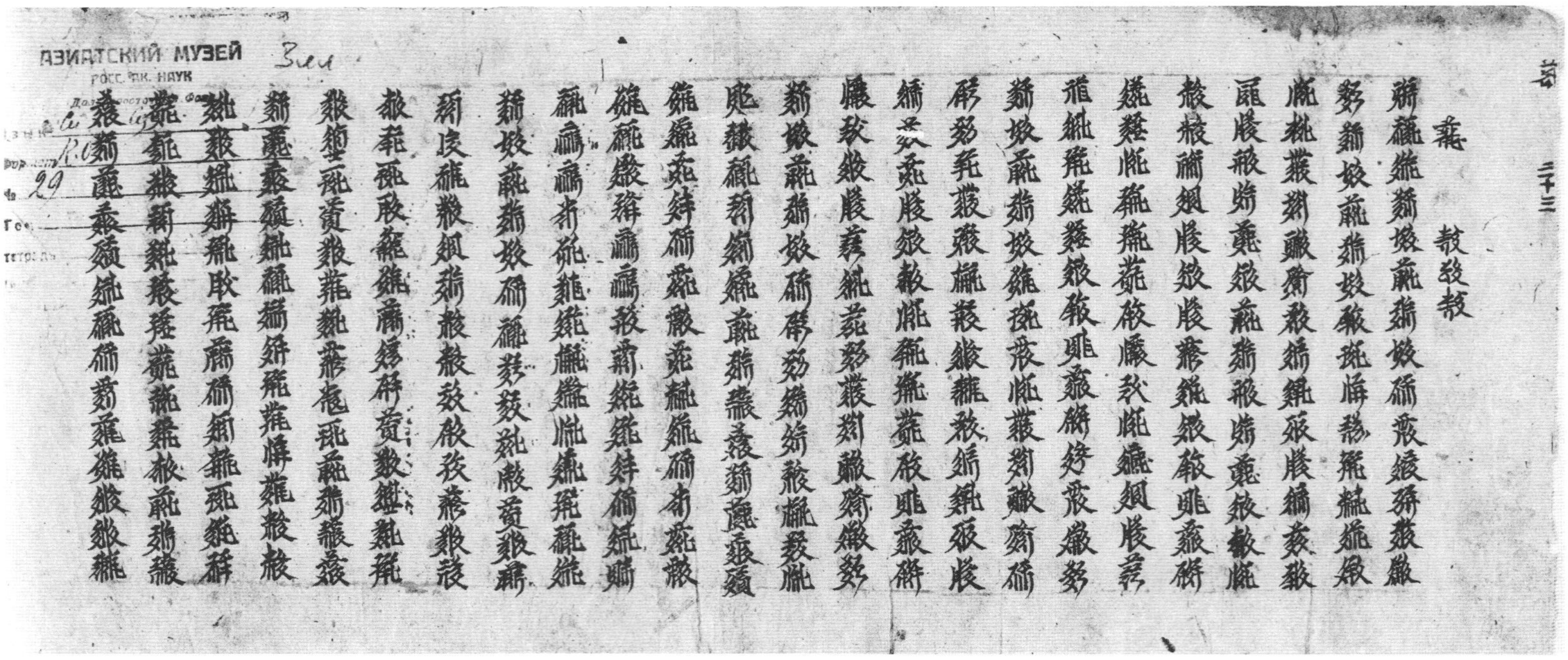

俄 Инв.No.5650 *5747 7066 7372 7644 7656 7669* 佛說佛母出生三法藏般若波羅蜜多經卷第二十五 (15-2)

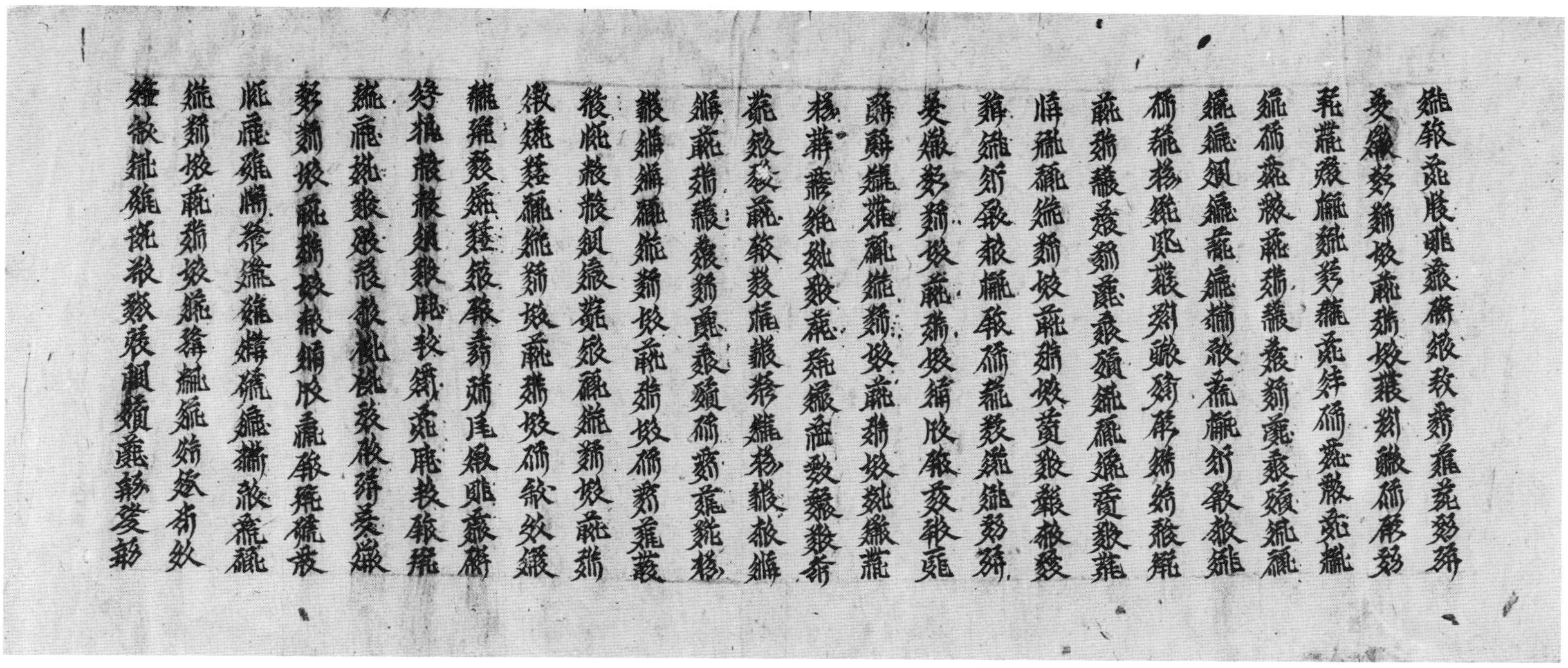

俄 **Инв**.No.5650 *5747 7066 7372 7644 7656 7669* 佛説佛母出生三法藏般若波羅蜜多經卷第二十五 (15–3)

俄 **Инв**.No.5650 *5747 7066 7372 7644 7656 7669* 佛説佛母出生三法藏般若波羅蜜多經卷第二十五 (15–4)

俄 **Инв**.No.5650 *5747 7066 7372 7644 7656 7669* 佛説佛母出生三法藏般若波羅蜜多經卷第二十五 (15–5)

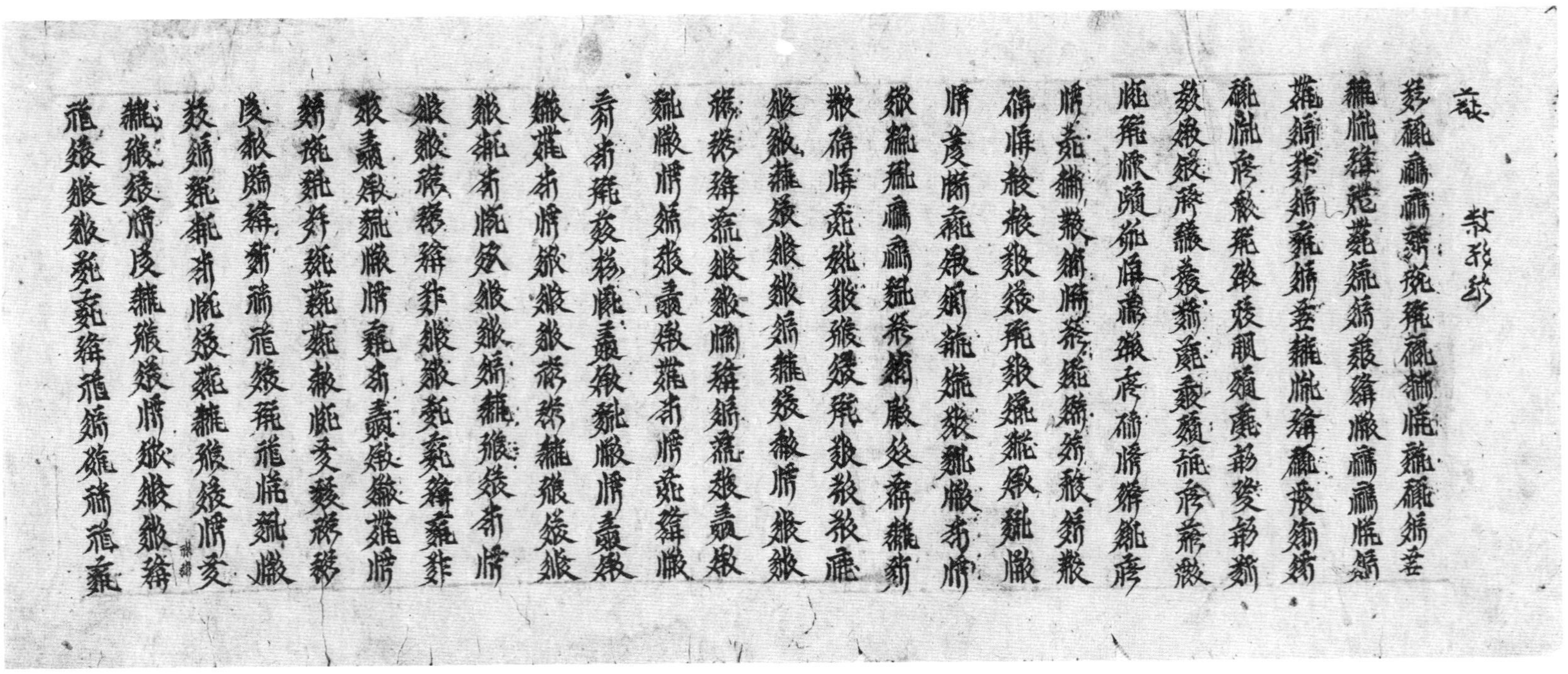

俄 Инв.No.5650 *5747 7066 7372 7644 7656 7669* 佛説佛母出生三法藏般若波羅蜜多經卷第二十五 (15-6)

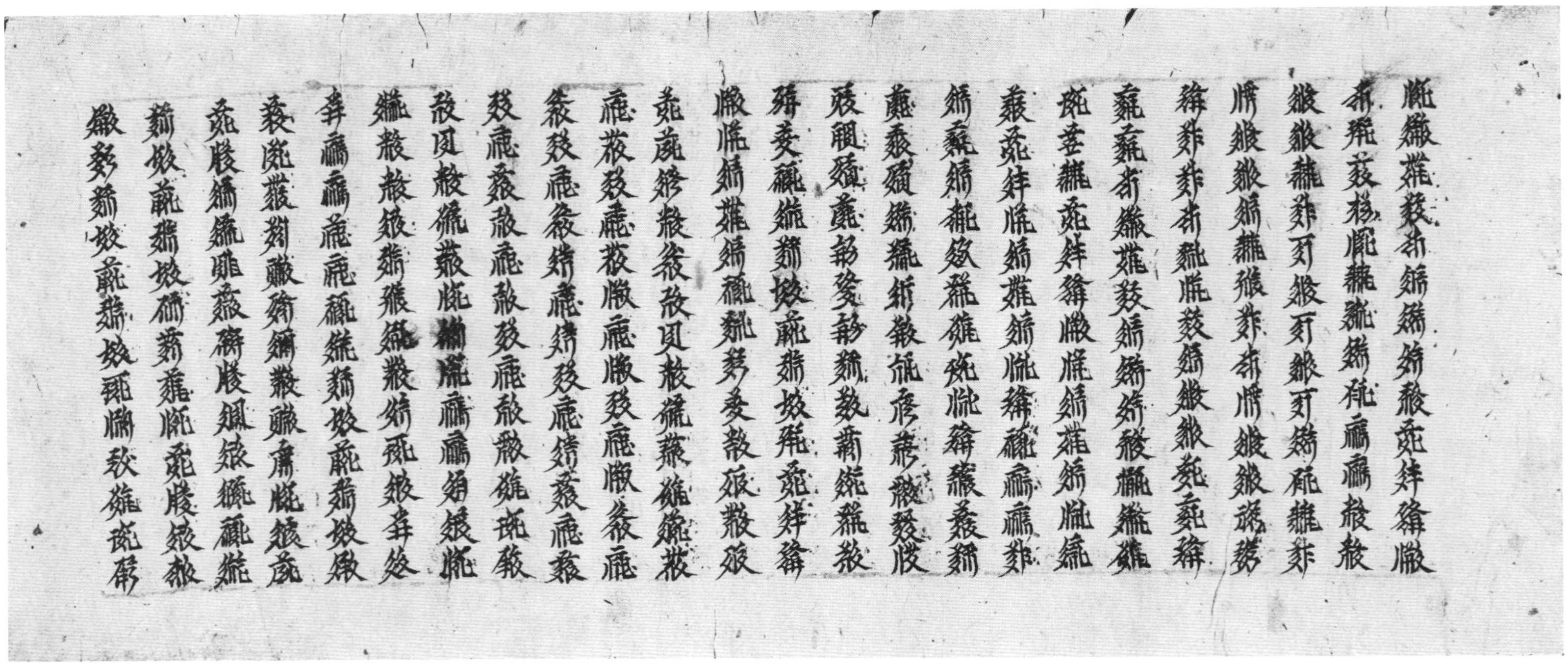

俄 Инв.No.5650 *5747 7066 7372 7644 7656 7669* 佛説佛母出生三法藏般若波羅蜜多經卷第二十五 (15-7)

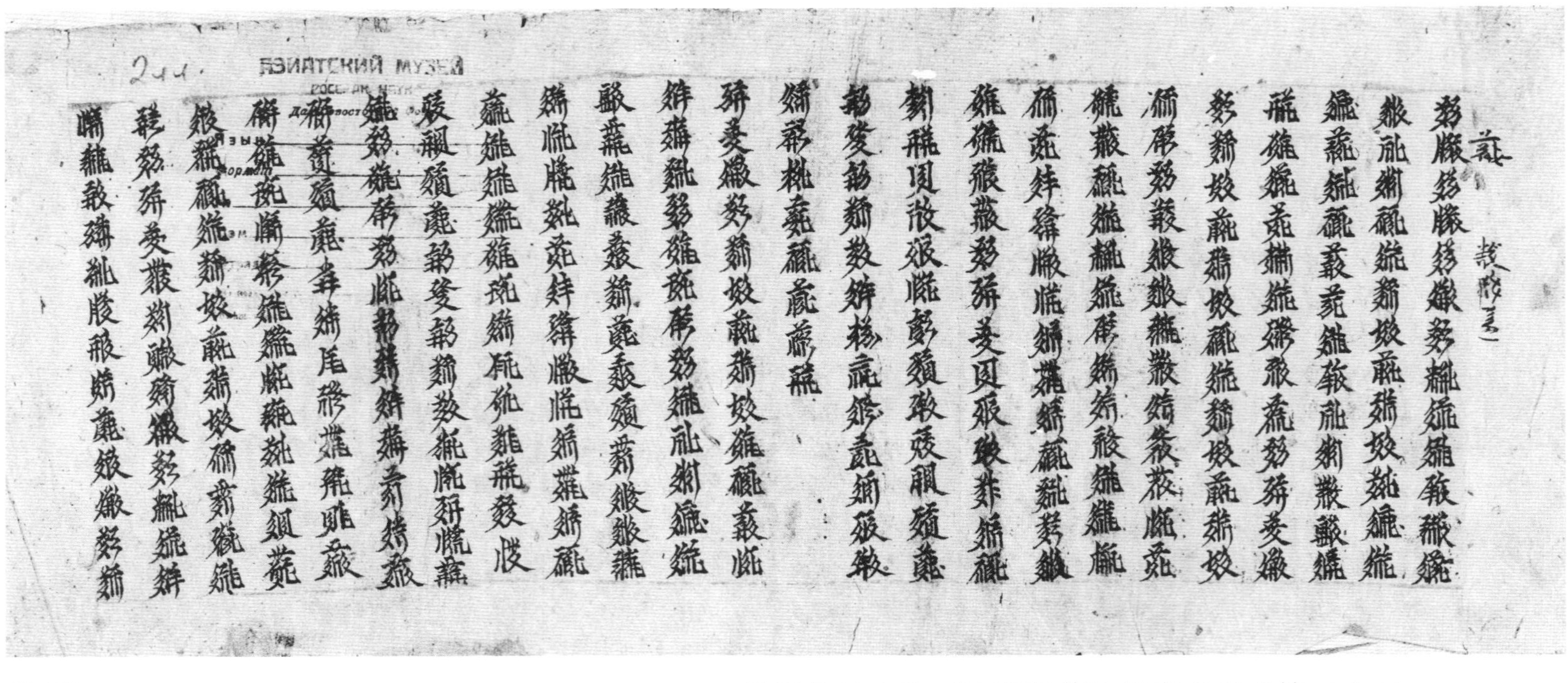

俄 Инв.No.5650 *5747 7066 7372 7644 7656 7669* 佛説佛母出生三法藏般若波羅蜜多經卷第二十五 (15-8)

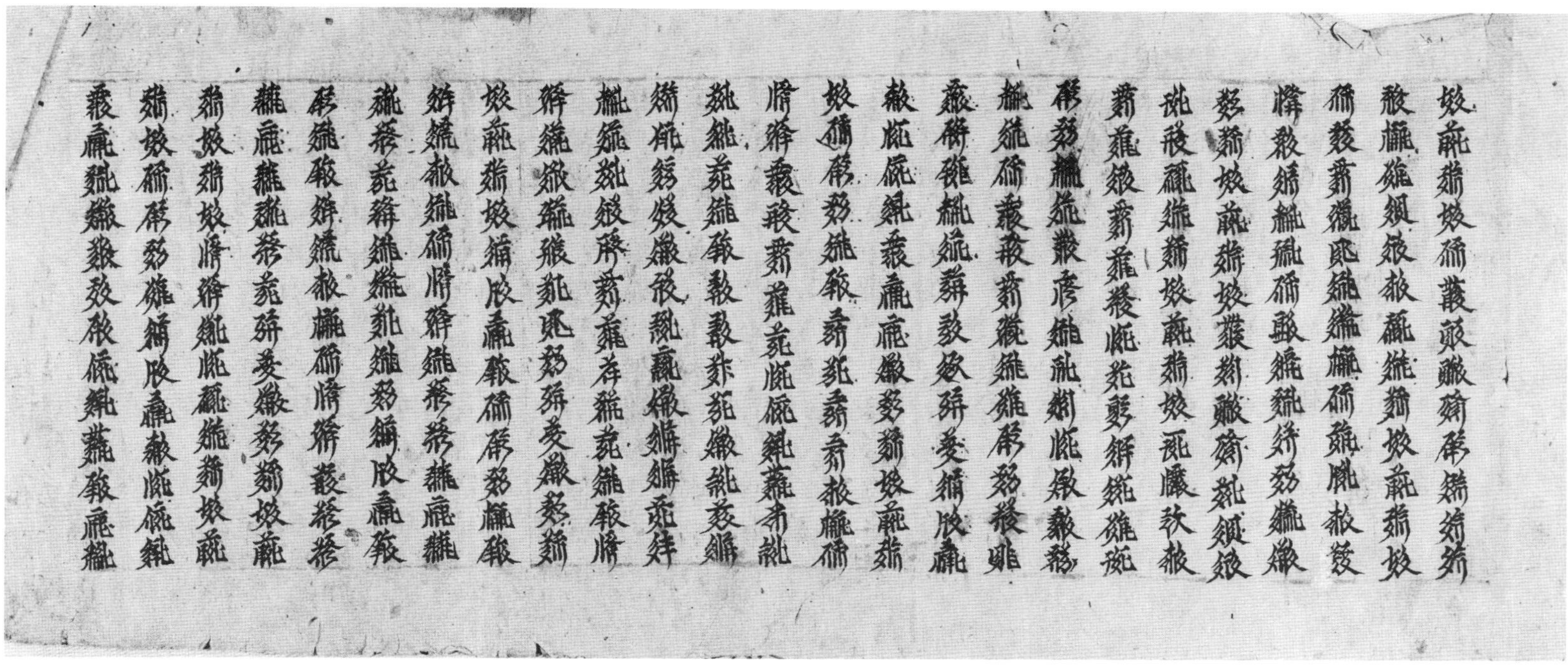

俄 Инв.No.5650 *5747 7066 7372 7644 7656 7669* 佛說佛母出生三法藏般若波羅蜜多經卷第二十五 (15-9)

俄 Инв.No.5650 *5747 7066 7372 7644 7656 7669* 佛說佛母出生三法藏般若波羅蜜多經卷第二十五 (15-10)

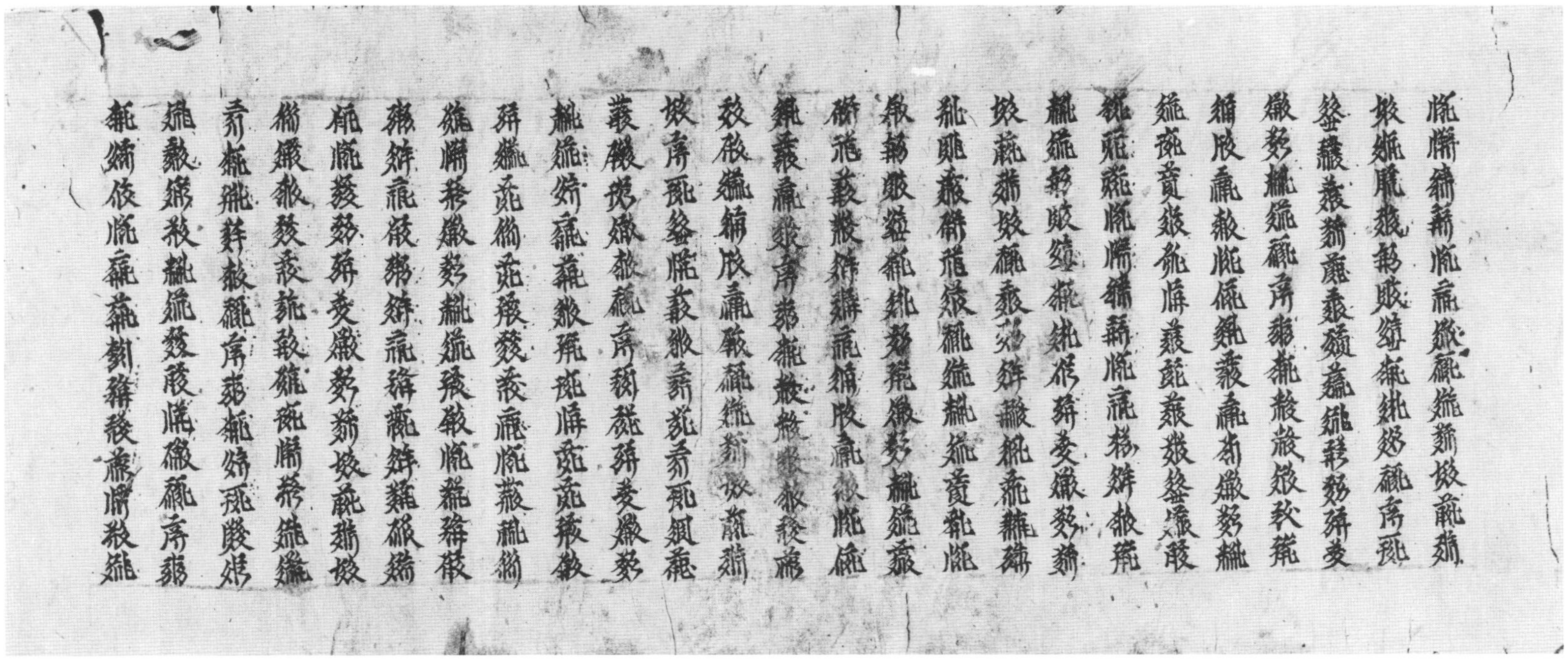

俄 Инв.No.5650 *5747 7066 7372 7644 7656 7669* 佛說佛母出生三法藏般若波羅蜜多經卷第二十五 (15-11)

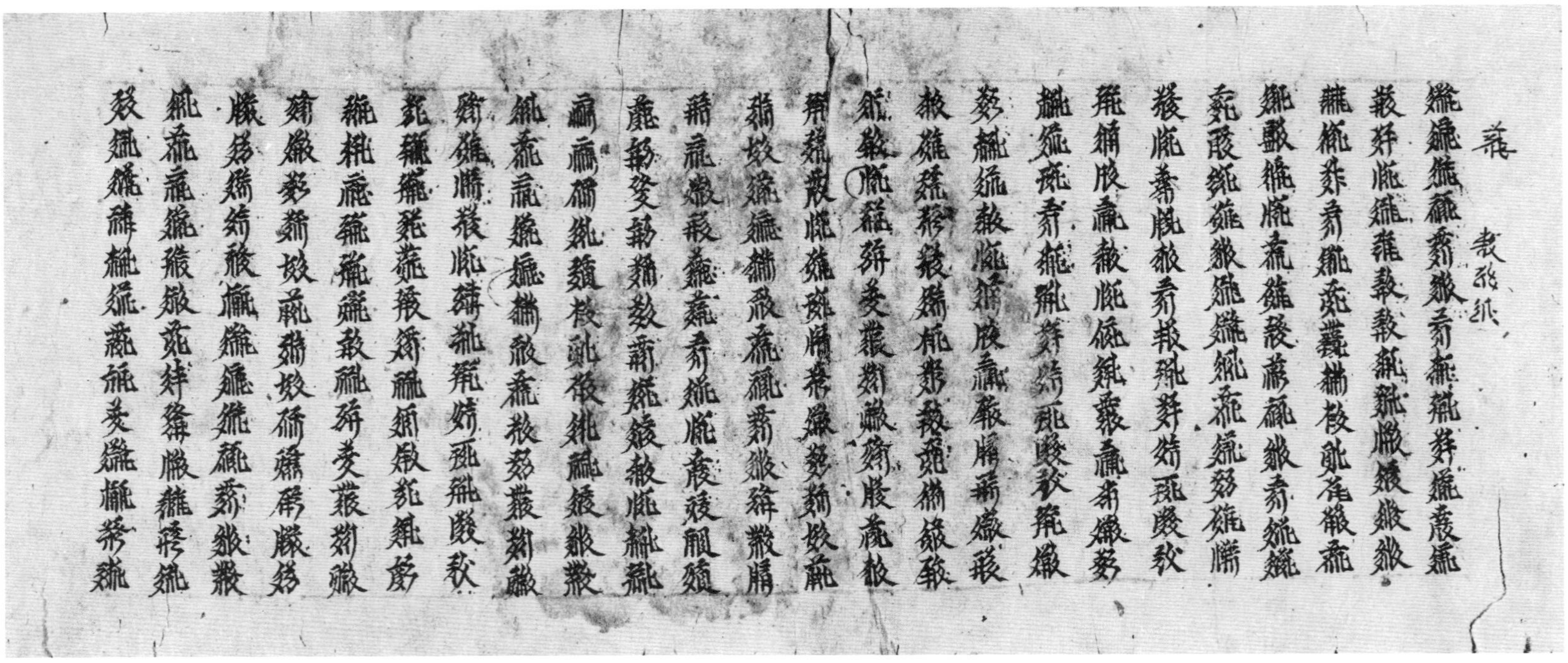

俄 Инв.No.5650 *5747 7066 7372 7644 7656 7669* 佛説佛母出生三法藏般若波羅蜜多經卷第二十五 (15-12)

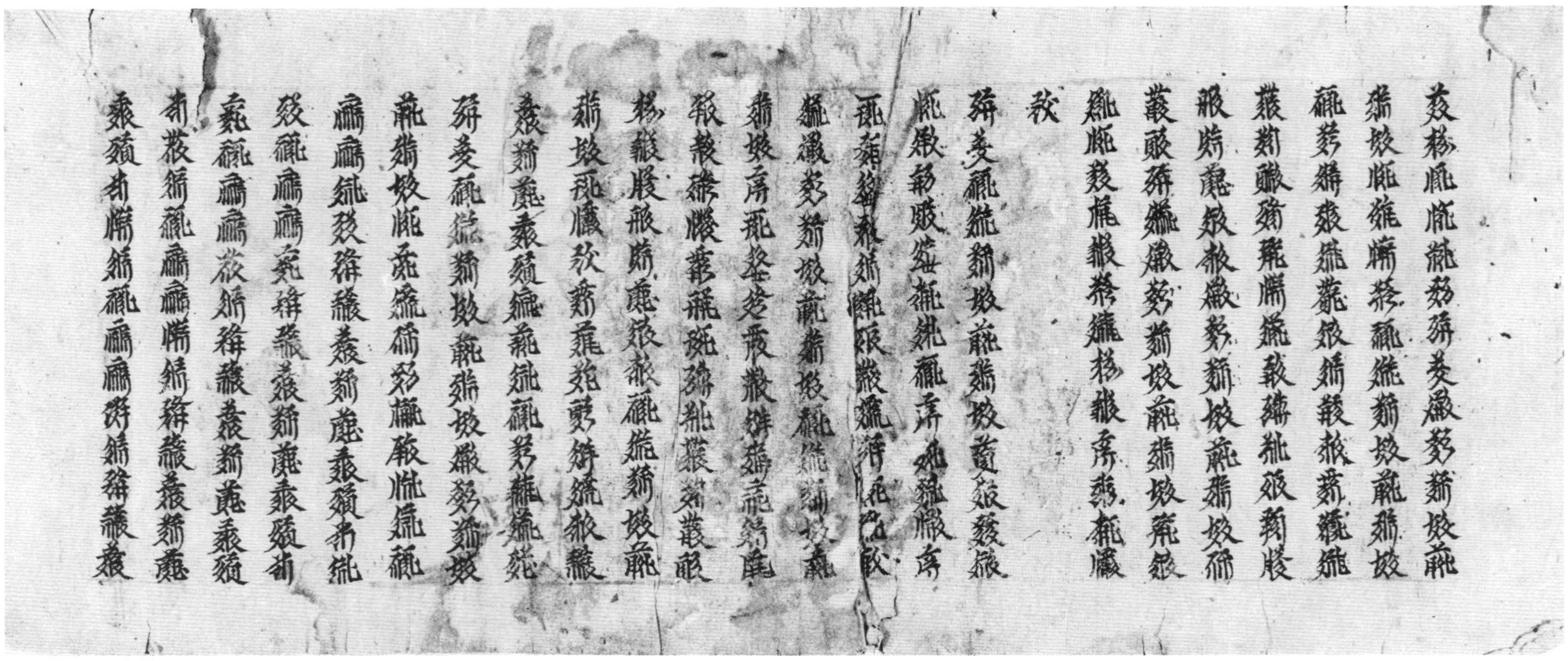

俄 Инв.No.5650 *5747 7066 7372 7644 7656 7669* 佛説佛母出生三法藏般若波羅蜜多經卷第二十五 (15-13)

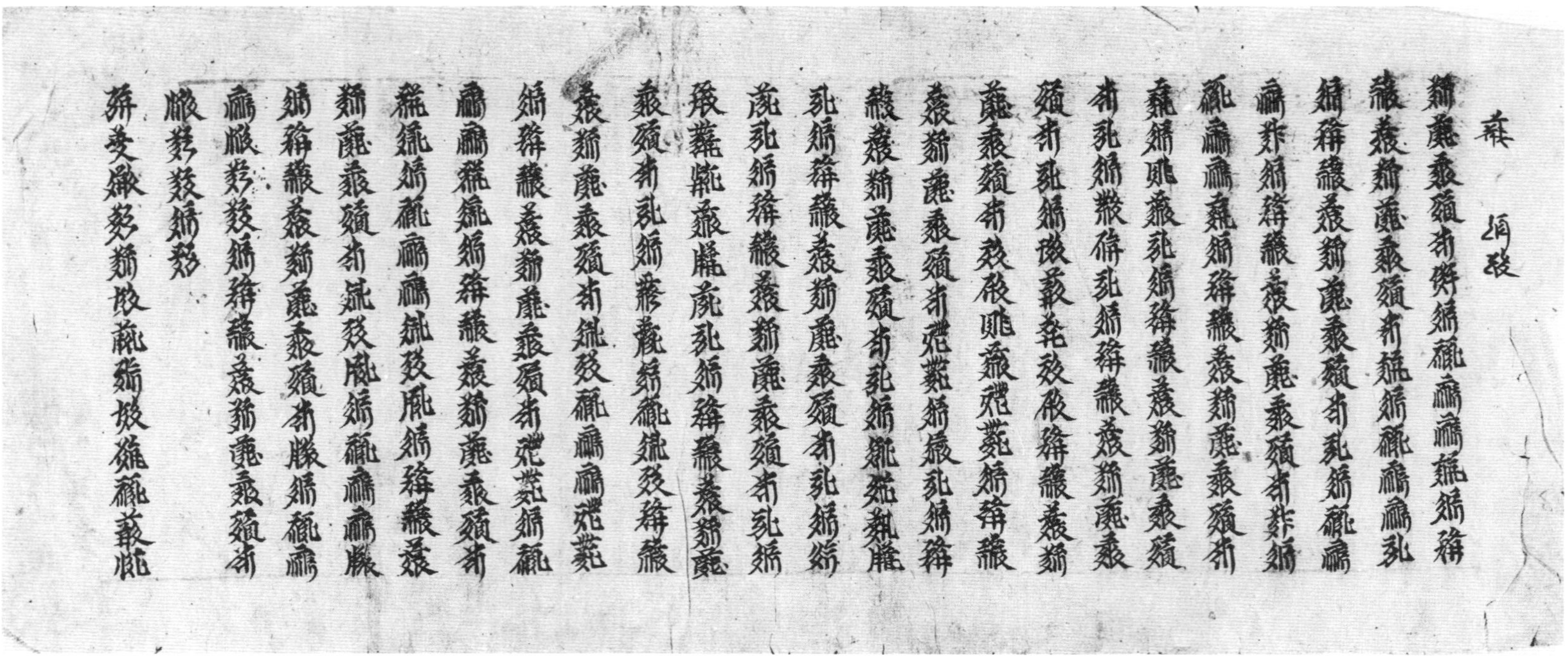

俄 Инв.No.5650 *5747 7066 7372 7644 7656 7669* 佛説佛母出生三法藏般若波羅蜜多經卷第二十五 (15-14)

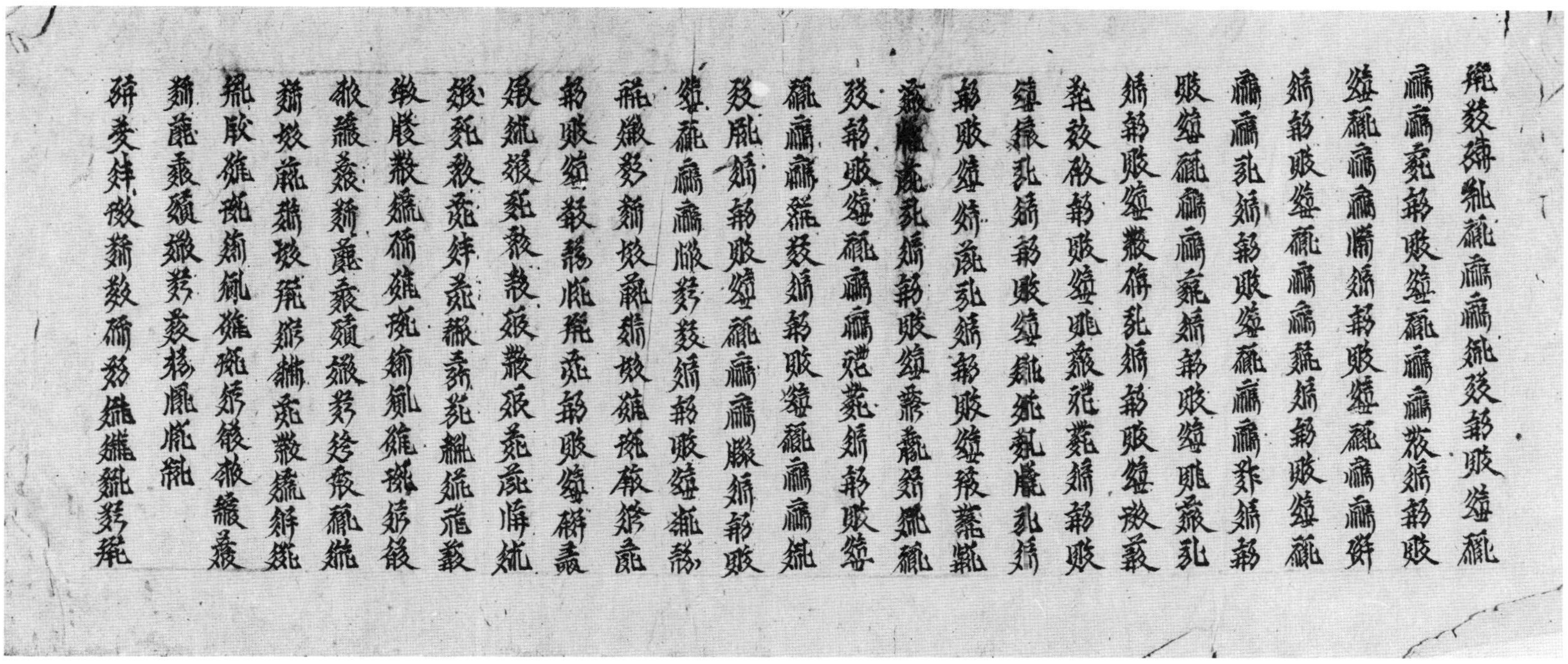

俄 Инв.No.5650 *5747 7066 7372 7644 7656 7669* 佛説佛母出生三法藏般若波羅蜜多經卷第二十五 (15-15)

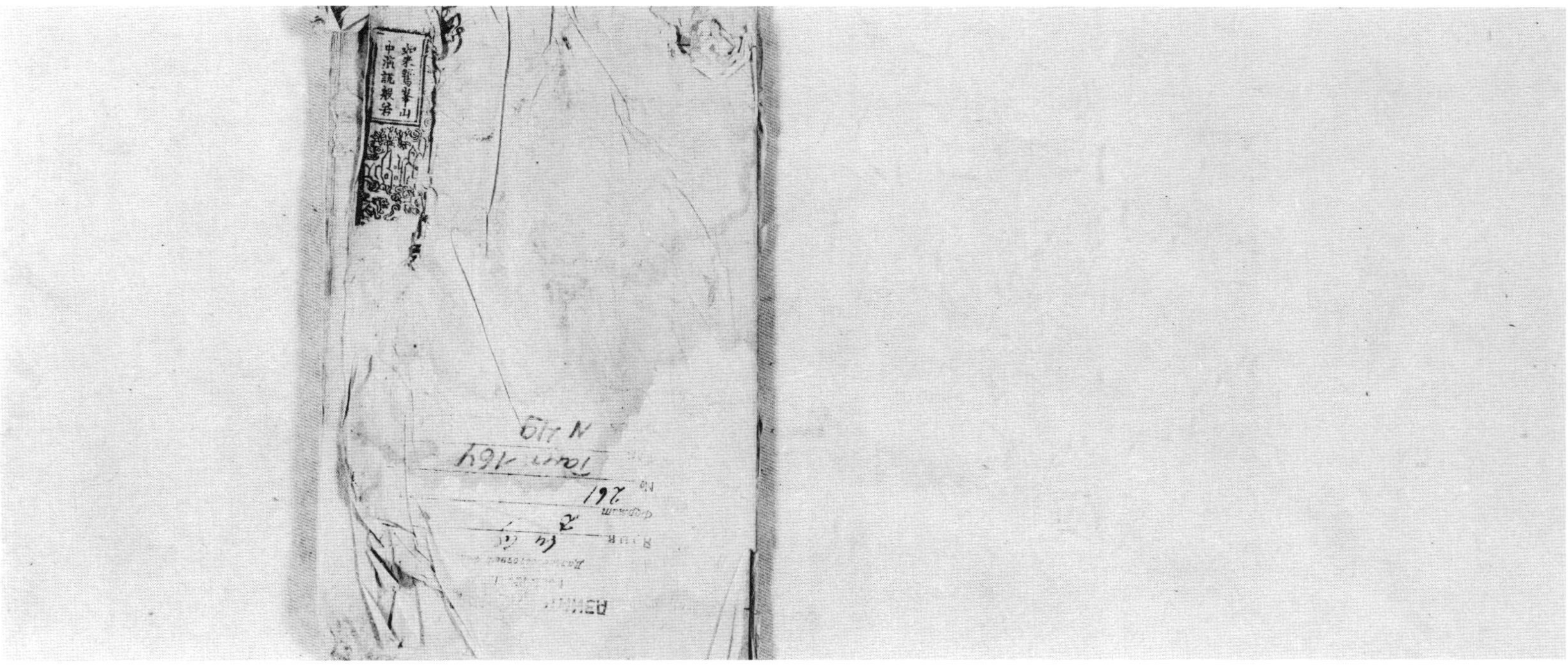

俄 Инв.No.49 佛説佛母出生三法藏般若波羅蜜多經卷第一 (31-1)

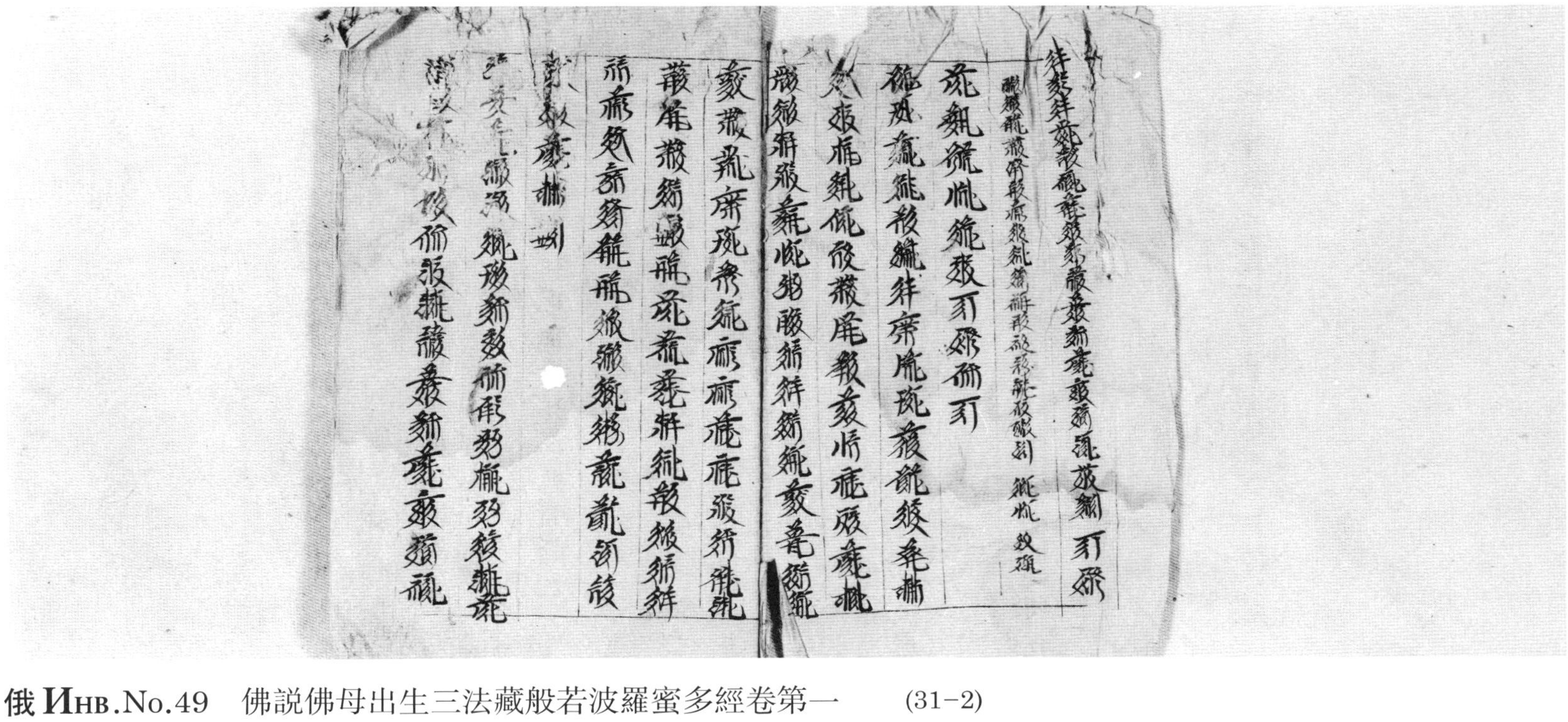

俄 Инв.No.49 佛説佛母出生三法藏般若波羅蜜多經卷第一 (31-2)

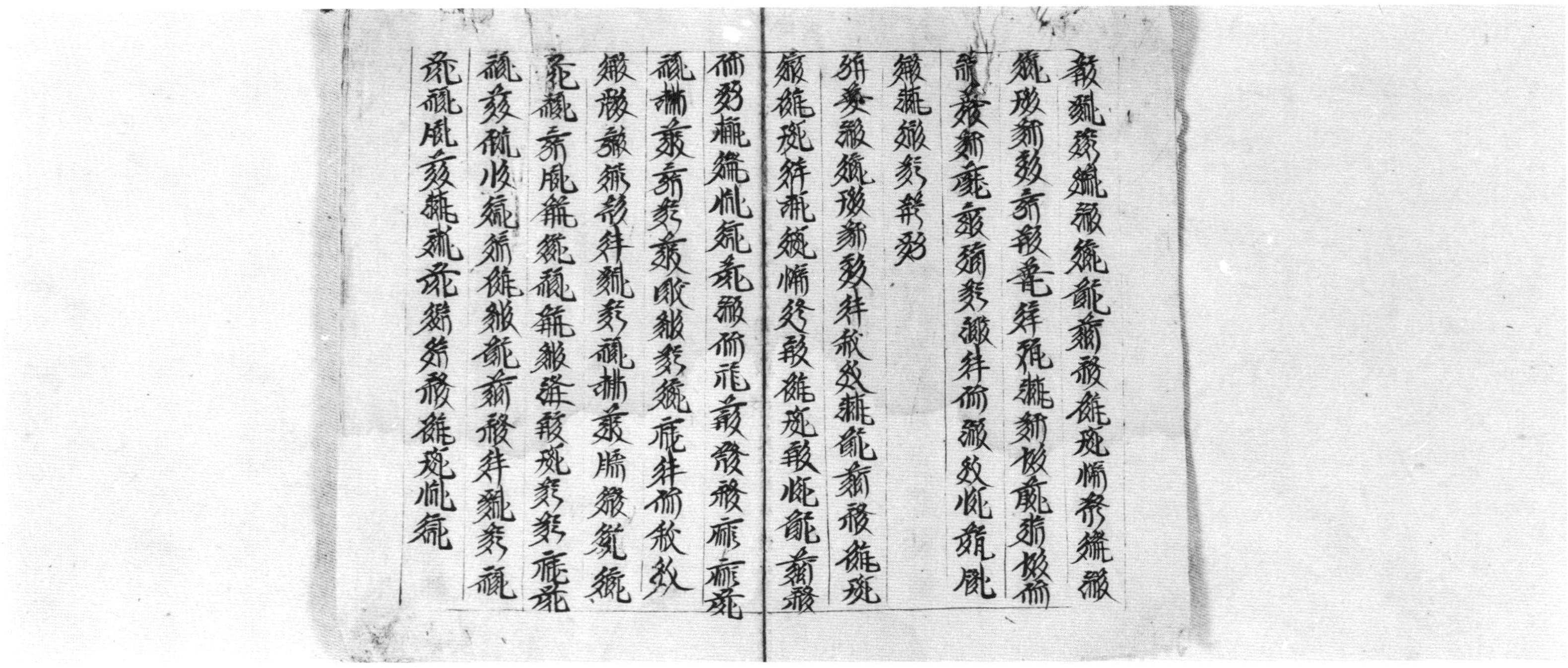

俄 Инв.No.49　佛說佛母出生三法藏般若波羅蜜多經卷第一　(31-3)

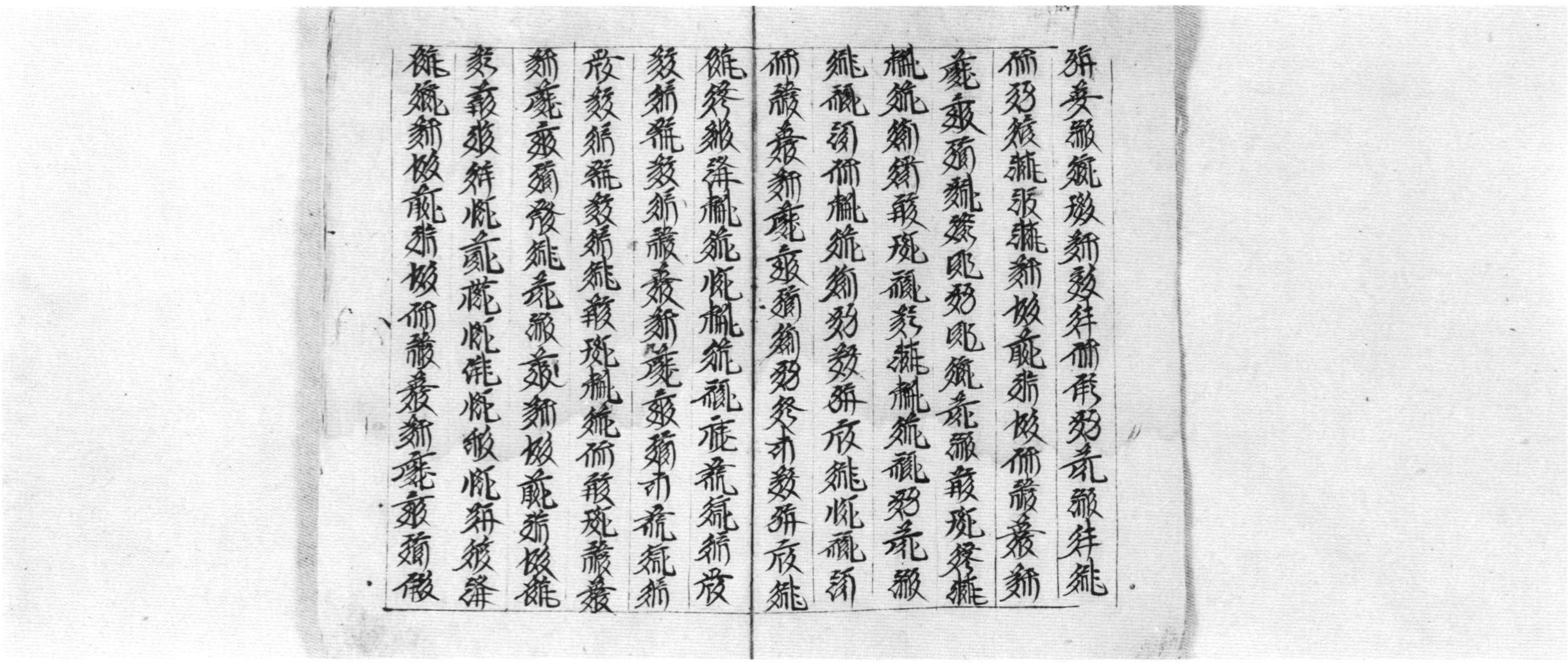

俄 Инв.No.49　佛說佛母出生三法藏般若波羅蜜多經卷第一　(31-4)

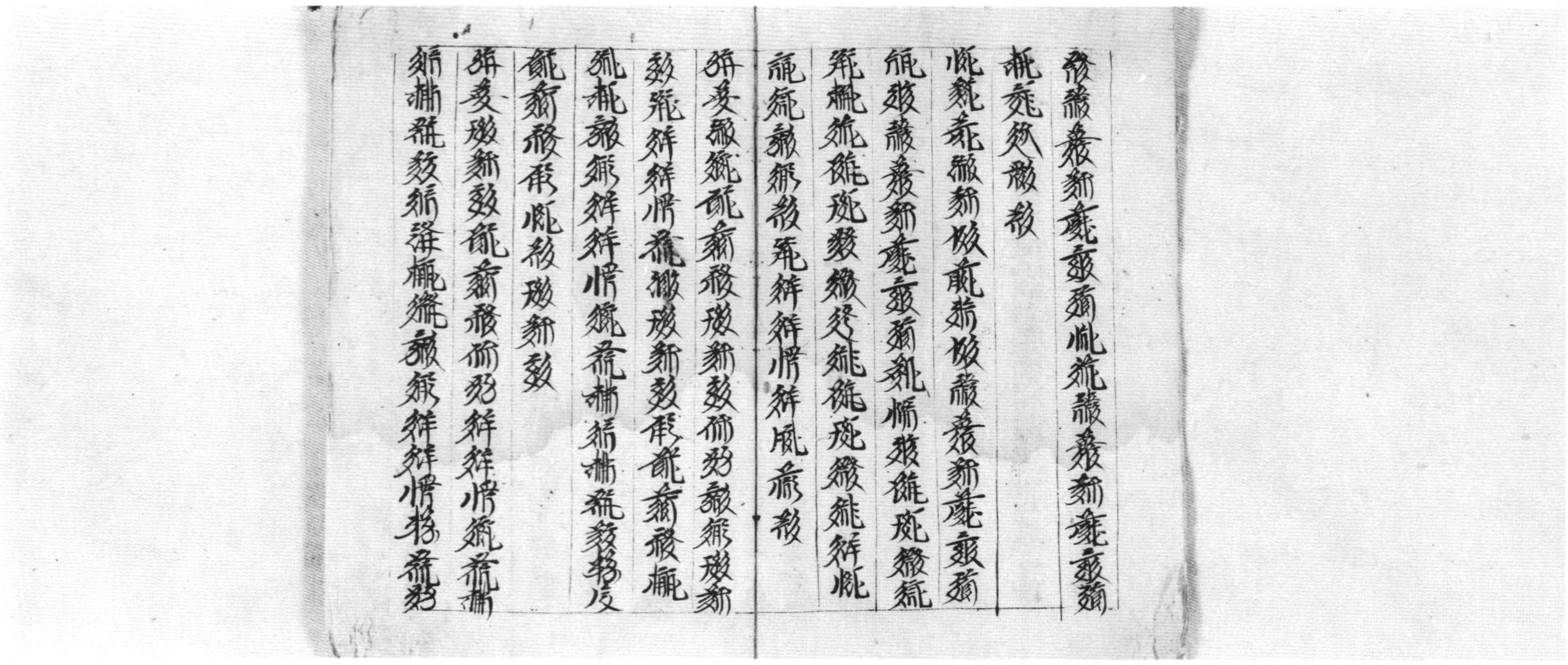

俄 Инв.No.49　佛說佛母出生三法藏般若波羅蜜多經卷第一　(31-5)

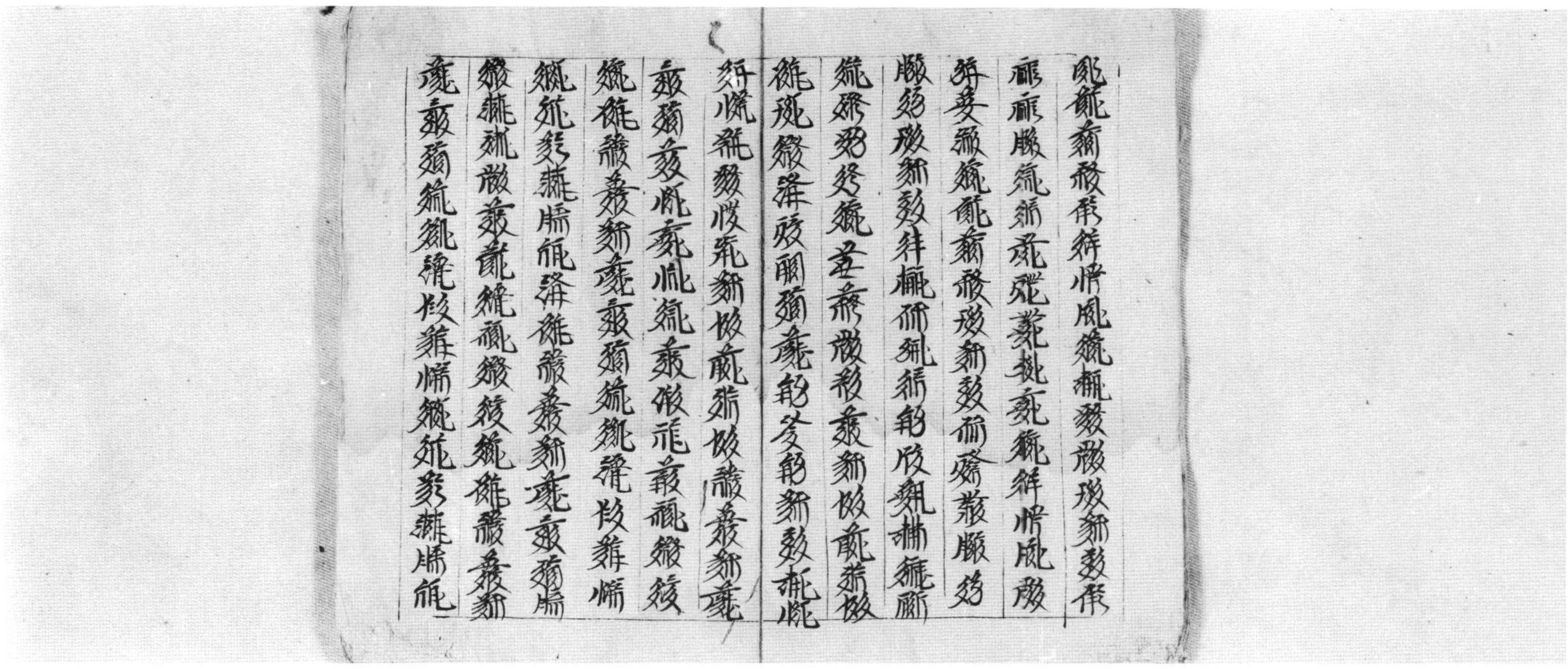

俄 Инв.No.49　佛説佛母出生三法藏般若波羅蜜多經卷第一　(31-6)

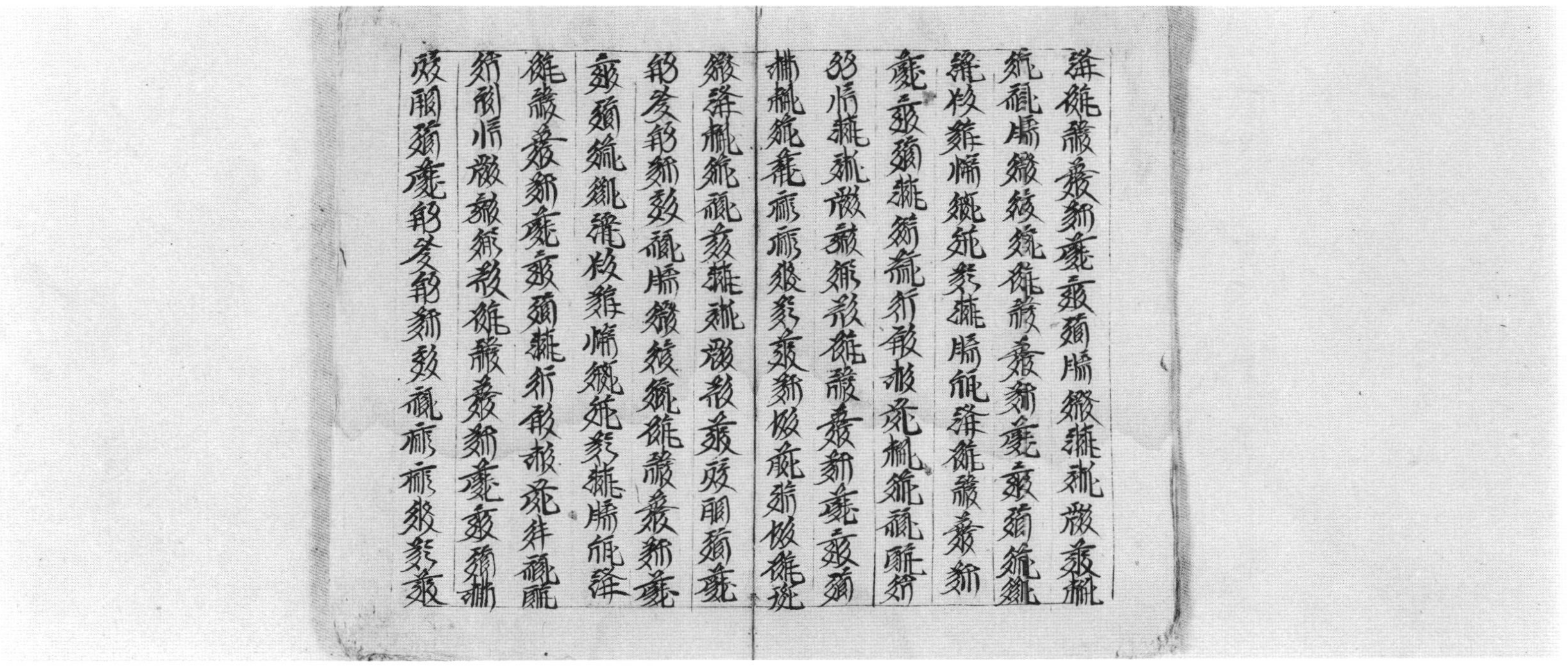

俄 Инв.No.49　佛説佛母出生三法藏般若波羅蜜多經卷第一　(31-7)

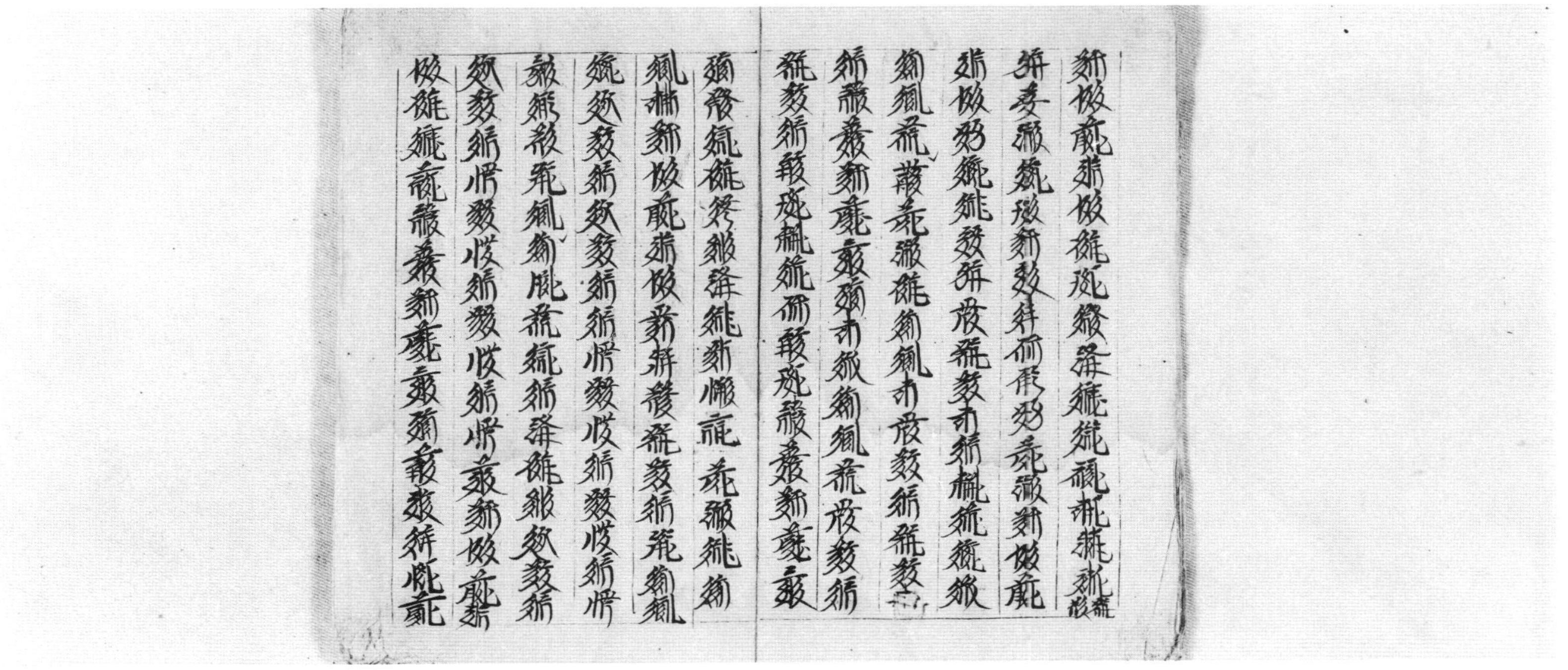

俄 Инв.No.49　佛説佛母出生三法藏般若波羅蜜多經卷第一　(31-8)

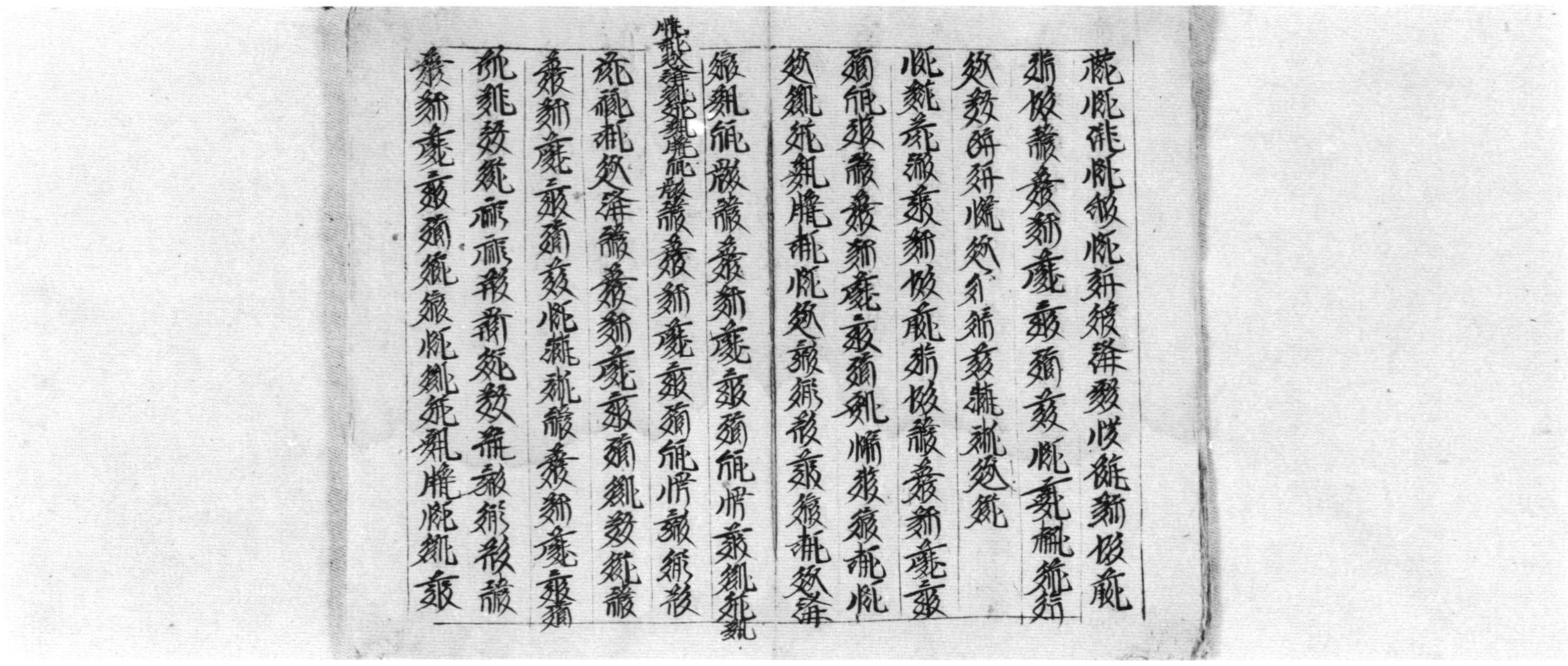

俄 Инв.No.49　佛説佛母出生三法藏般若波羅蜜多經卷第一　(31–9)

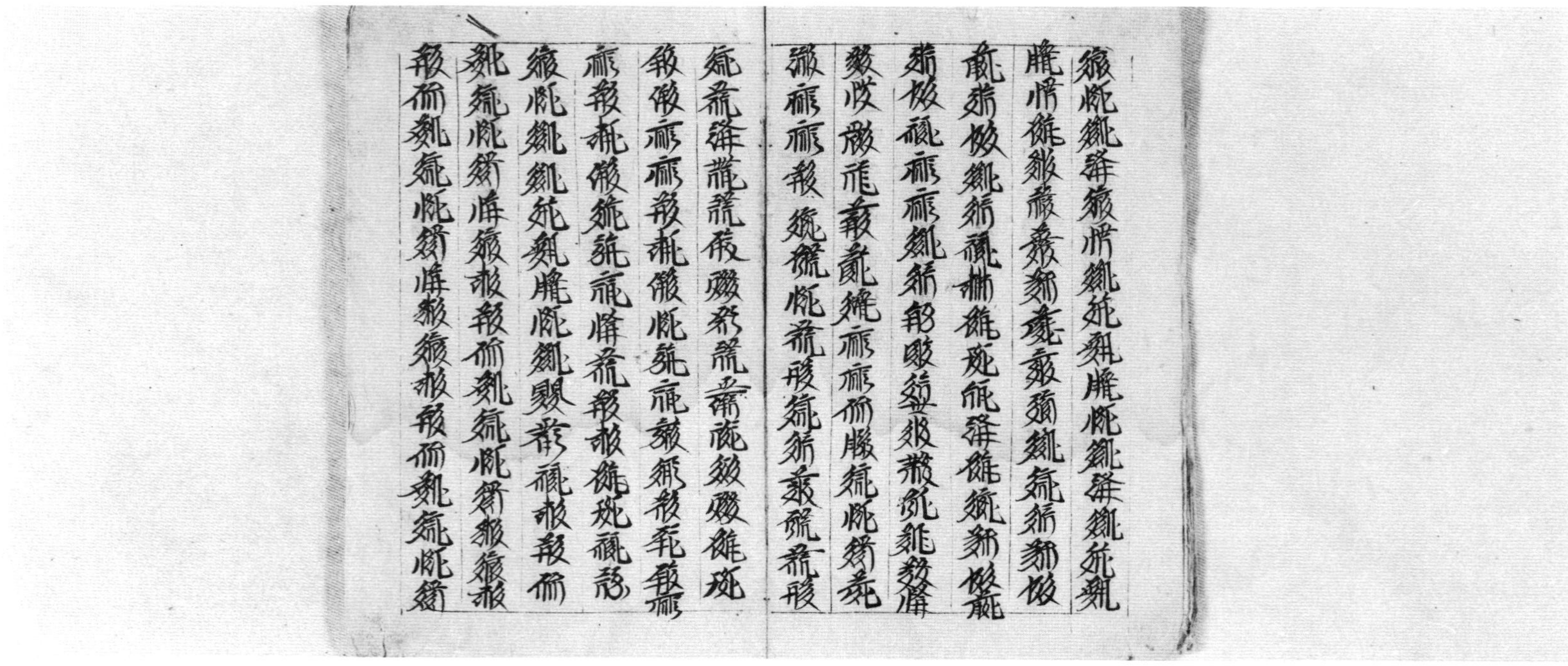

俄 Инв.No.49　佛説佛母出生三法藏般若波羅蜜多經卷第一　(31–10)

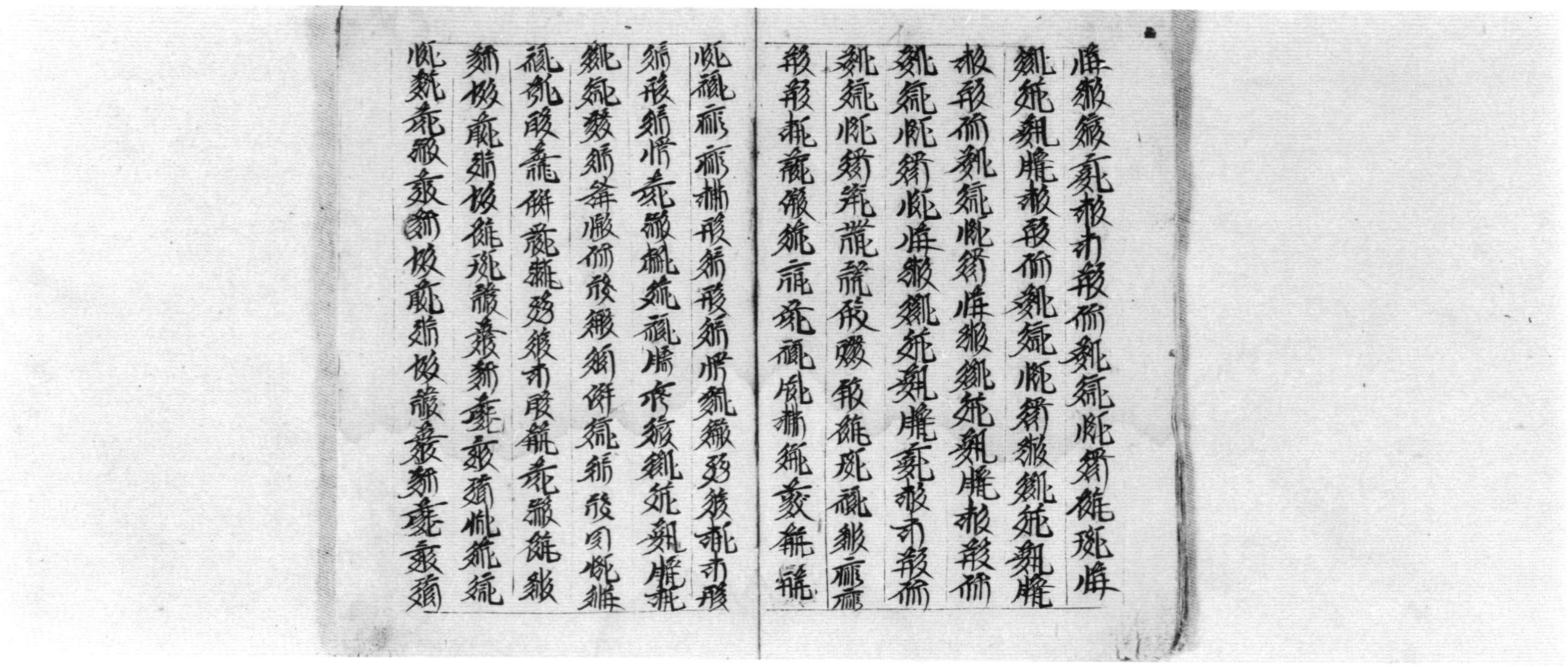

俄 Инв.No.49　佛説佛母出生三法藏般若波羅蜜多經卷第一　(31–11)

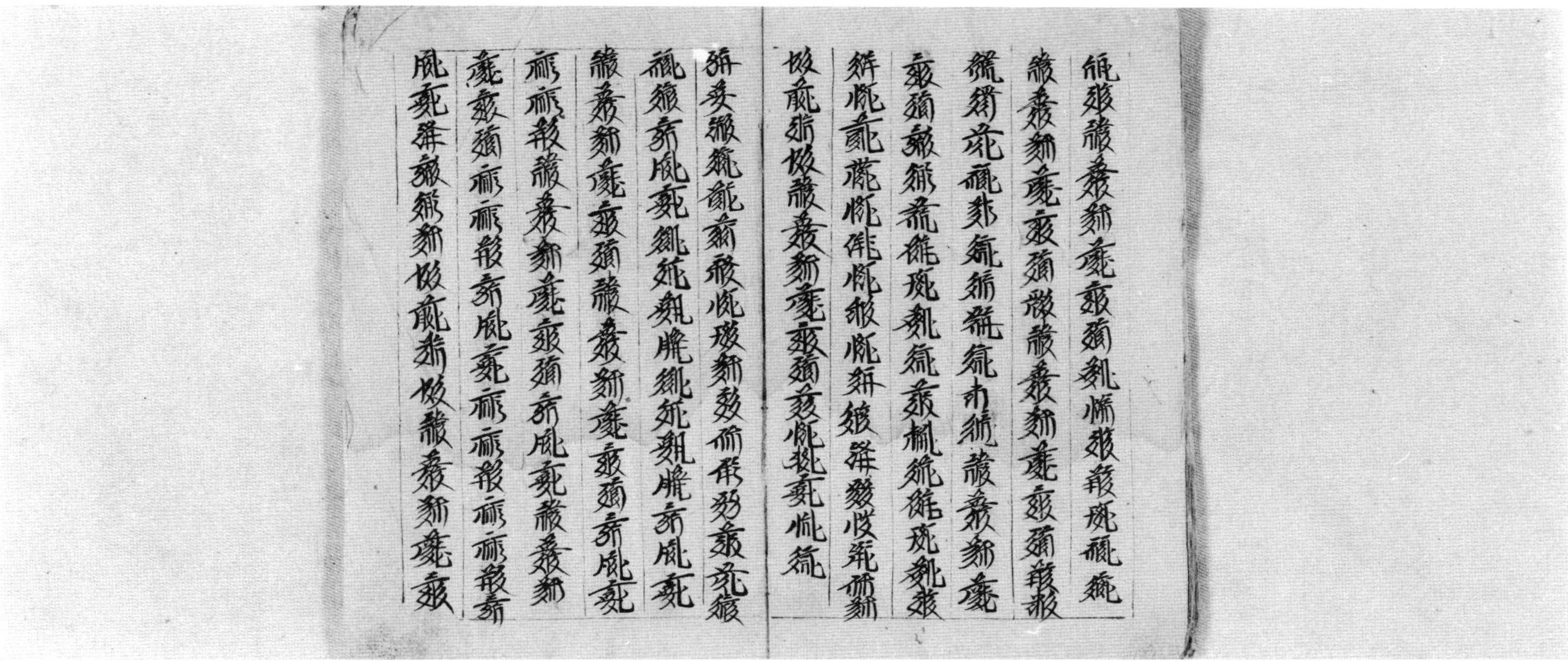

俄 Инв.No.49　佛說佛母出生三法藏般若波羅蜜多經卷第一　(31–12)

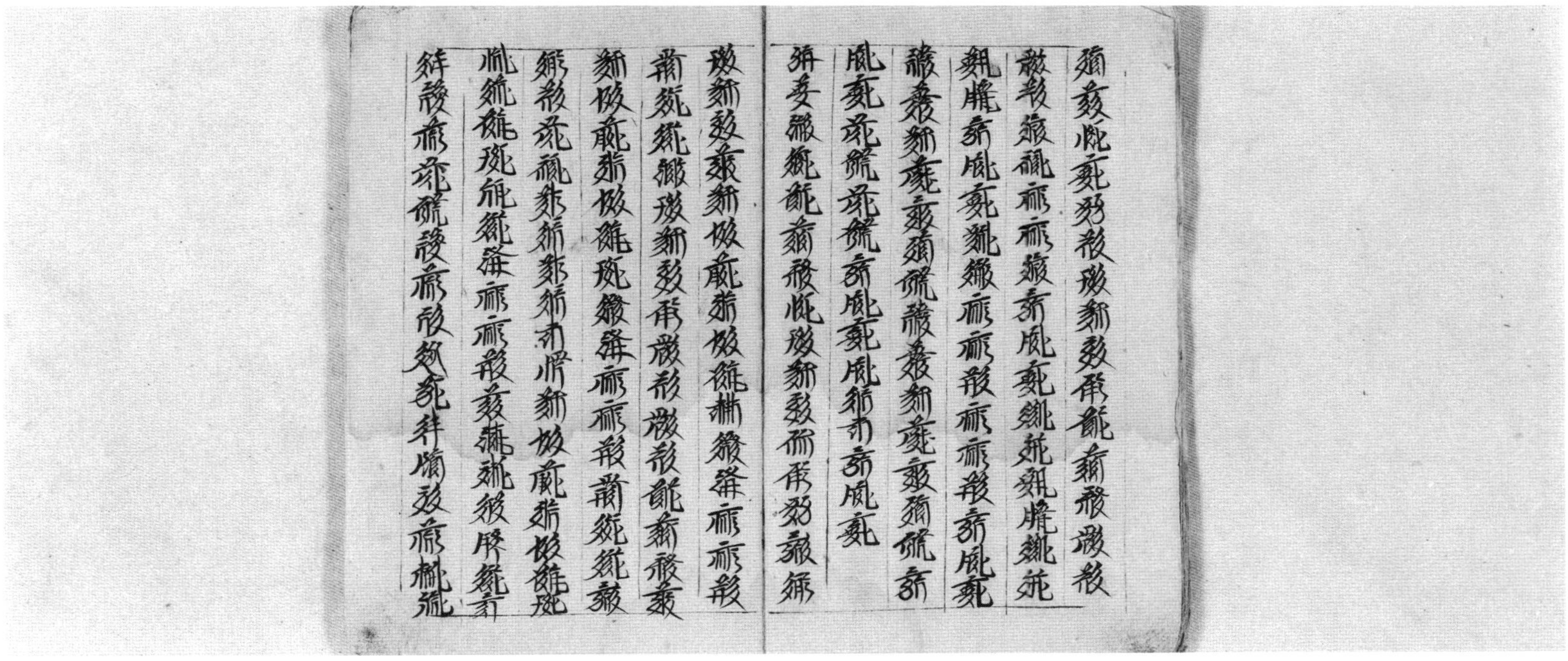

俄 Инв.No.49　佛說佛母出生三法藏般若波羅蜜多經卷第一　(31–13)

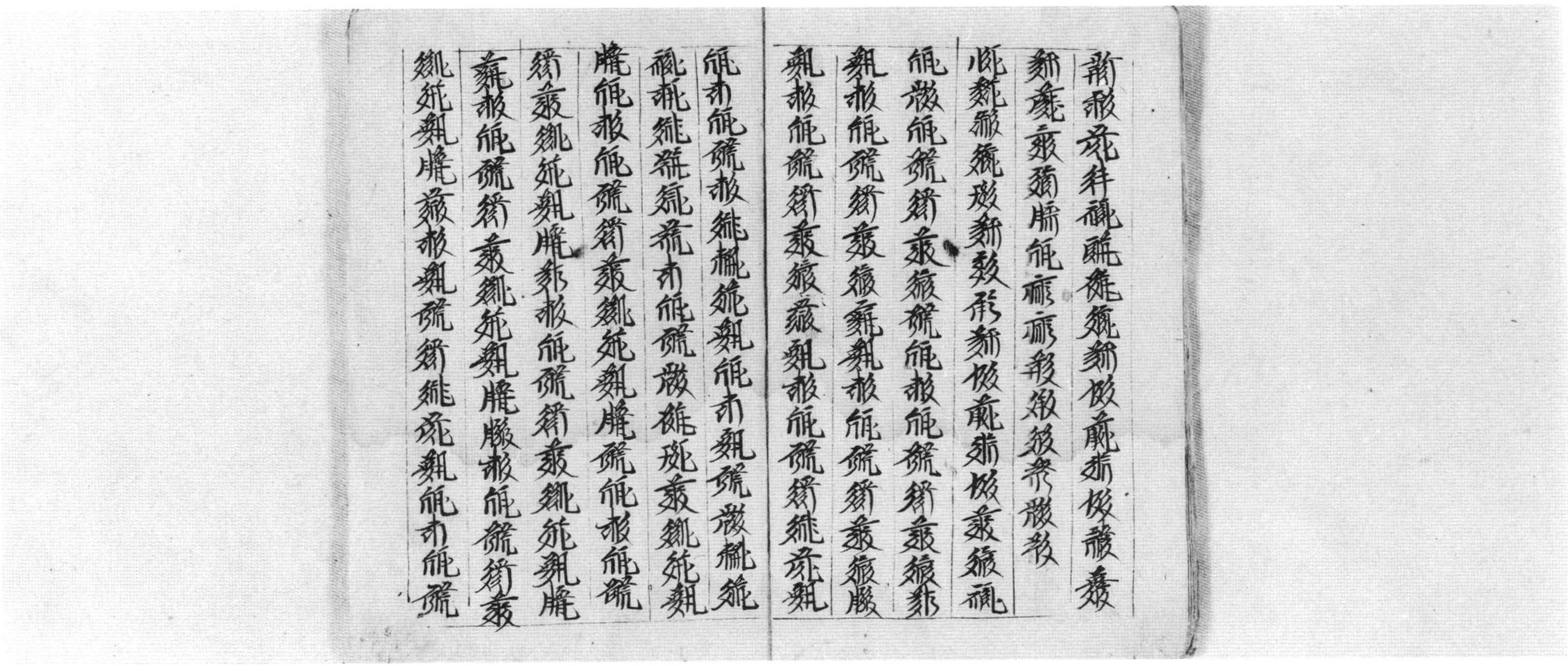

俄 Инв.No.49　佛說佛母出生三法藏般若波羅蜜多經卷第一　(31–14)

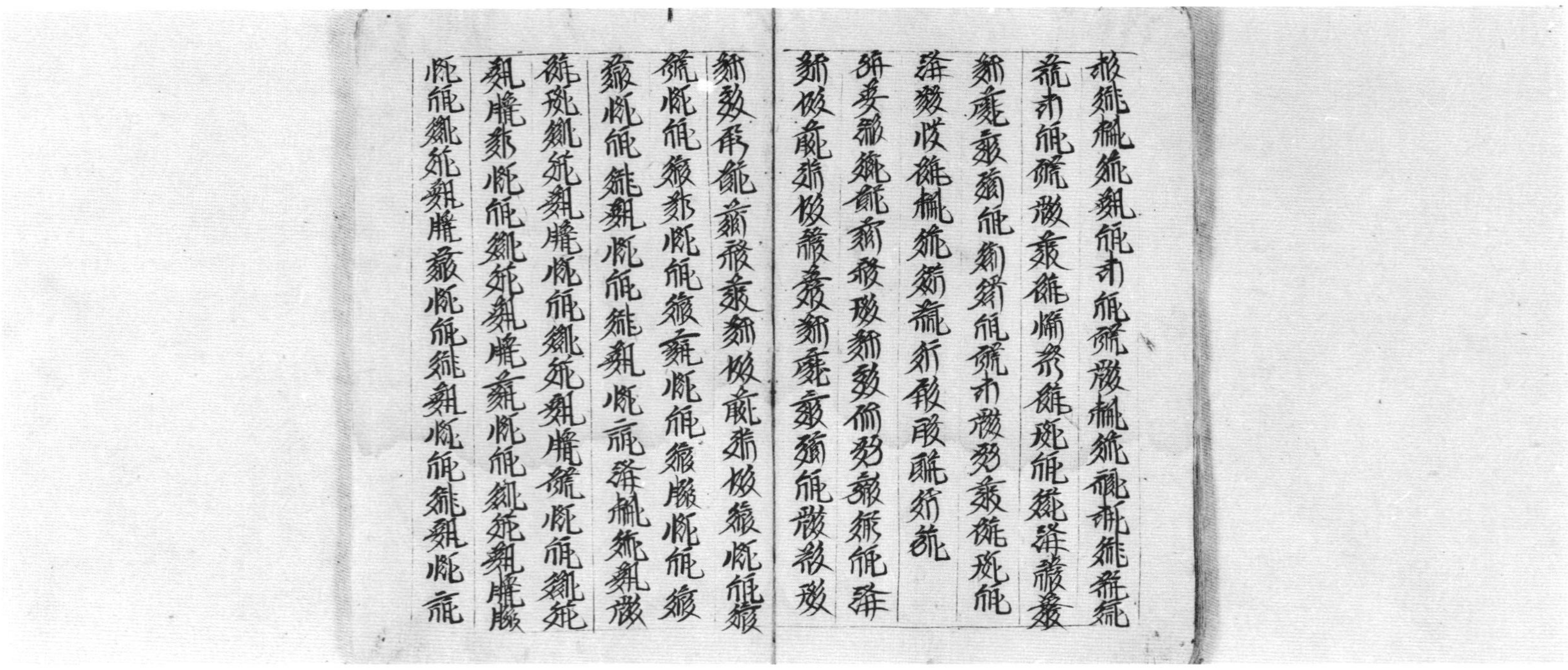

俄 Инв.No.49　佛說佛母出生三法藏般若波羅蜜多經卷第一　(31–15)

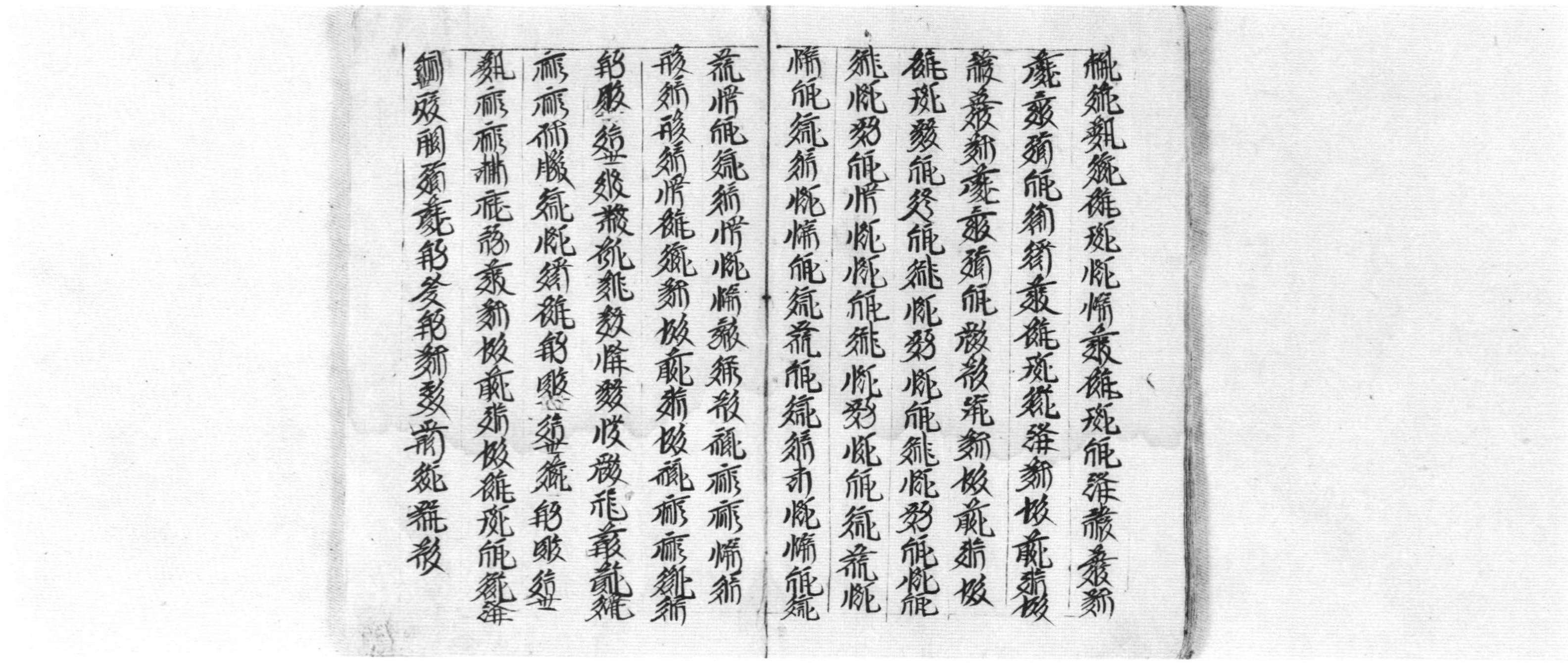

俄 Инв.No.49　佛說佛母出生三法藏般若波羅蜜多經卷第一　(31–16)

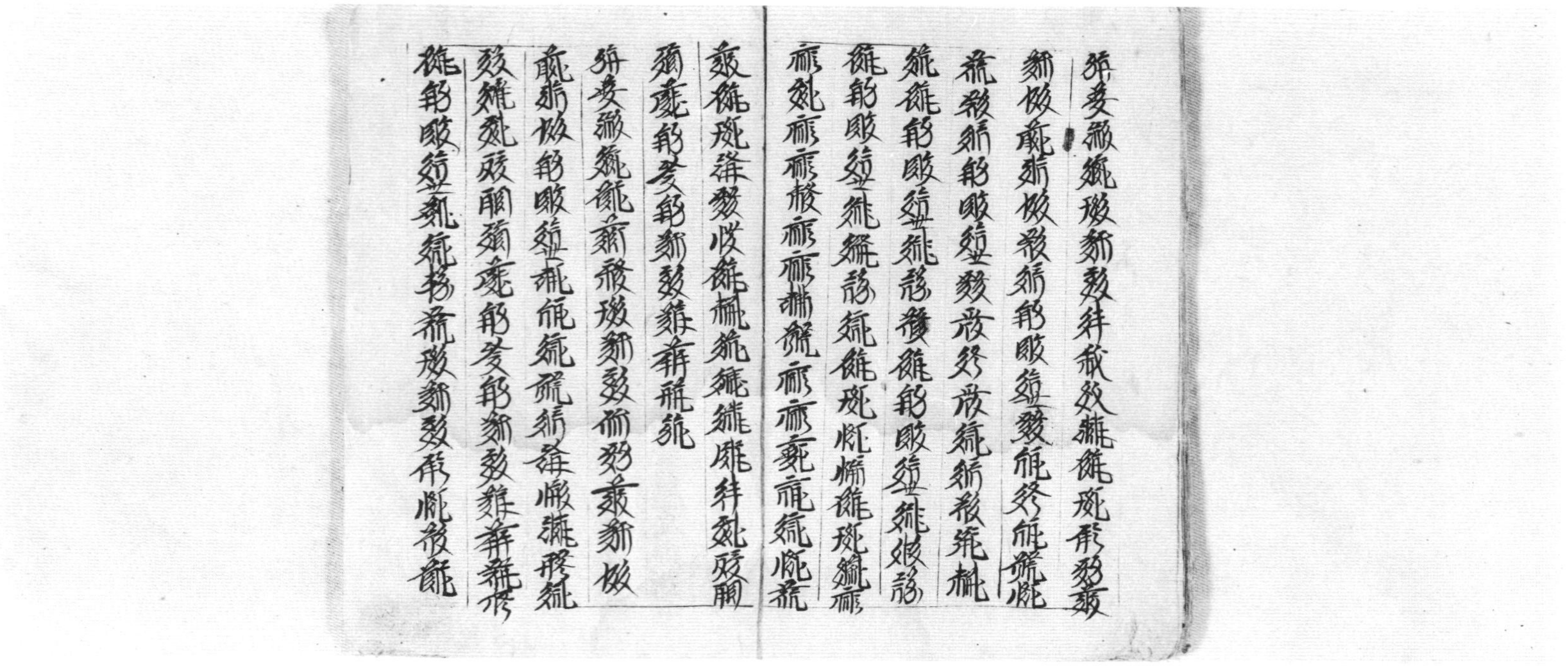

俄 Инв.No.49　佛說佛母出生三法藏般若波羅蜜多經卷第一　(31–17)

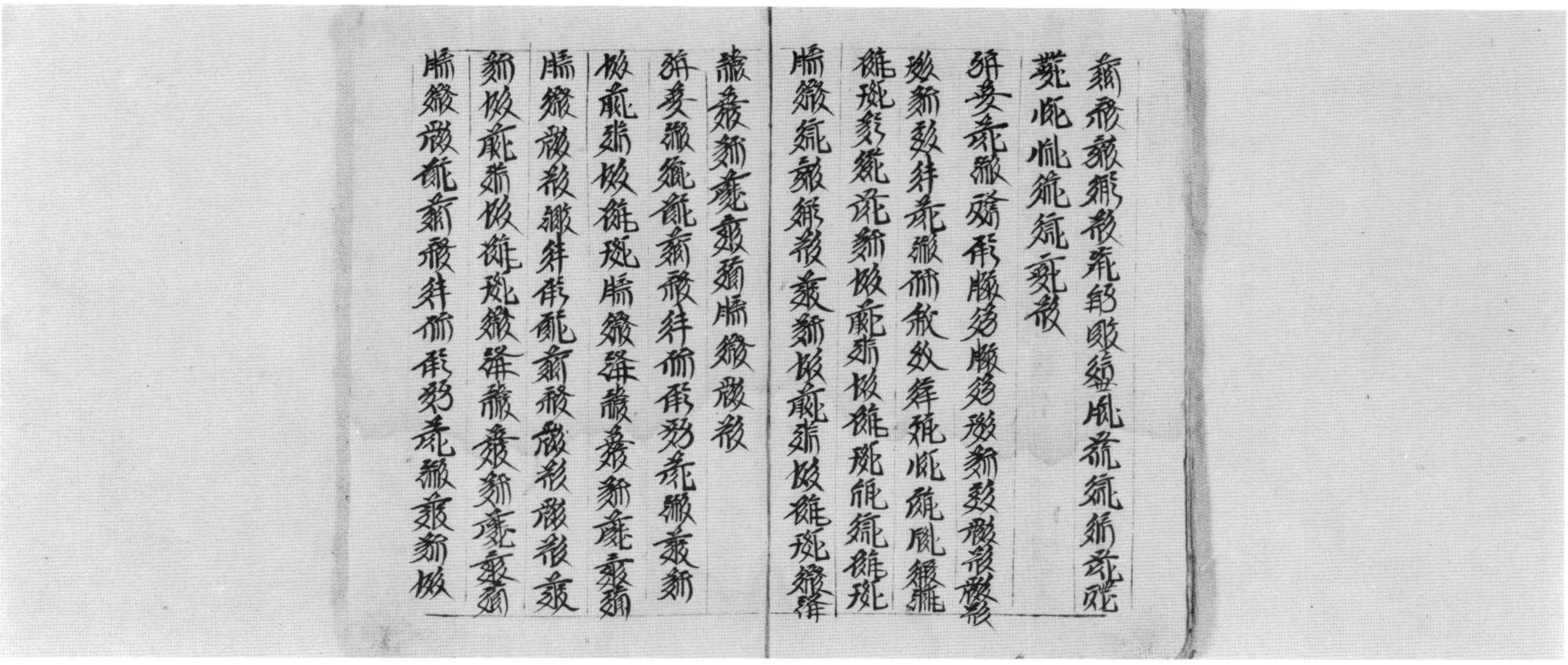

俄 Инв.No.49　佛説佛母出生三法藏般若波羅蜜多經卷第一　(31–18)

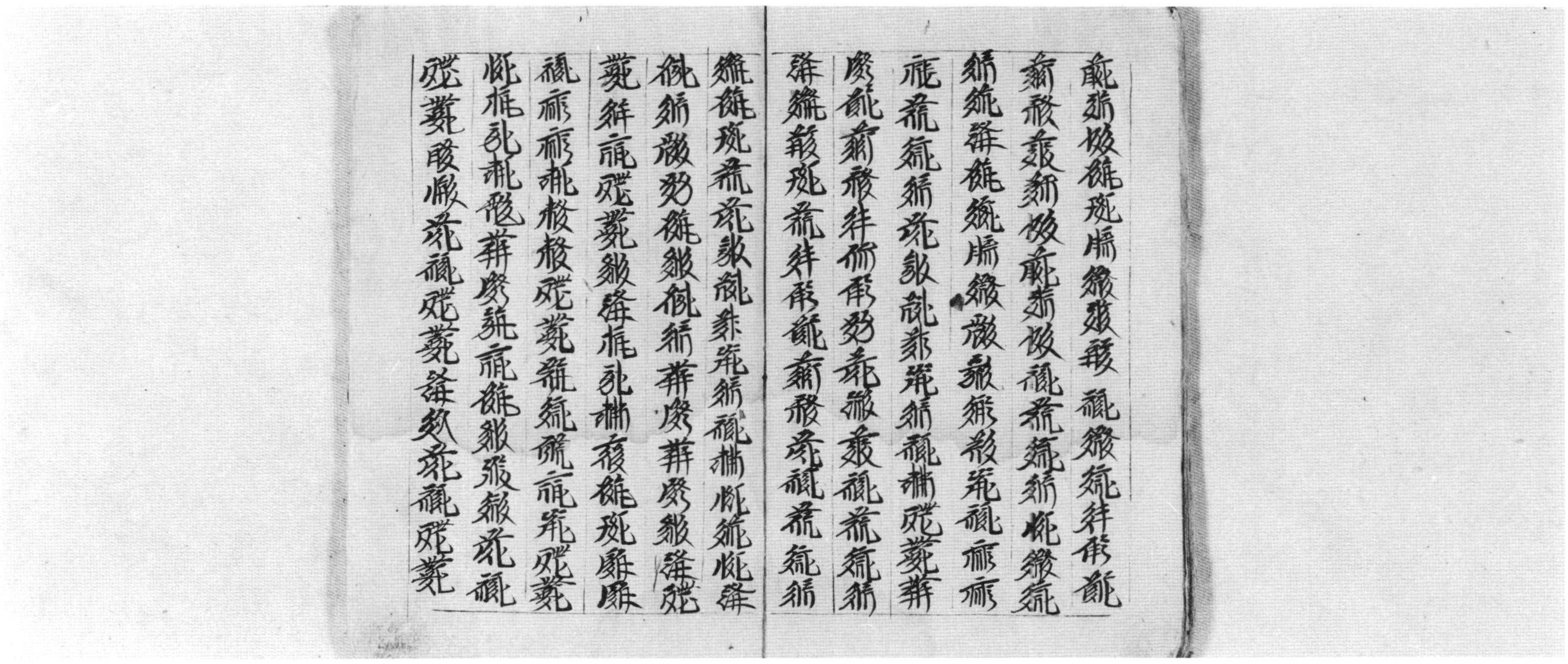

俄 Инв.No.49　佛説佛母出生三法藏般若波羅蜜多經卷第一　(31–19)

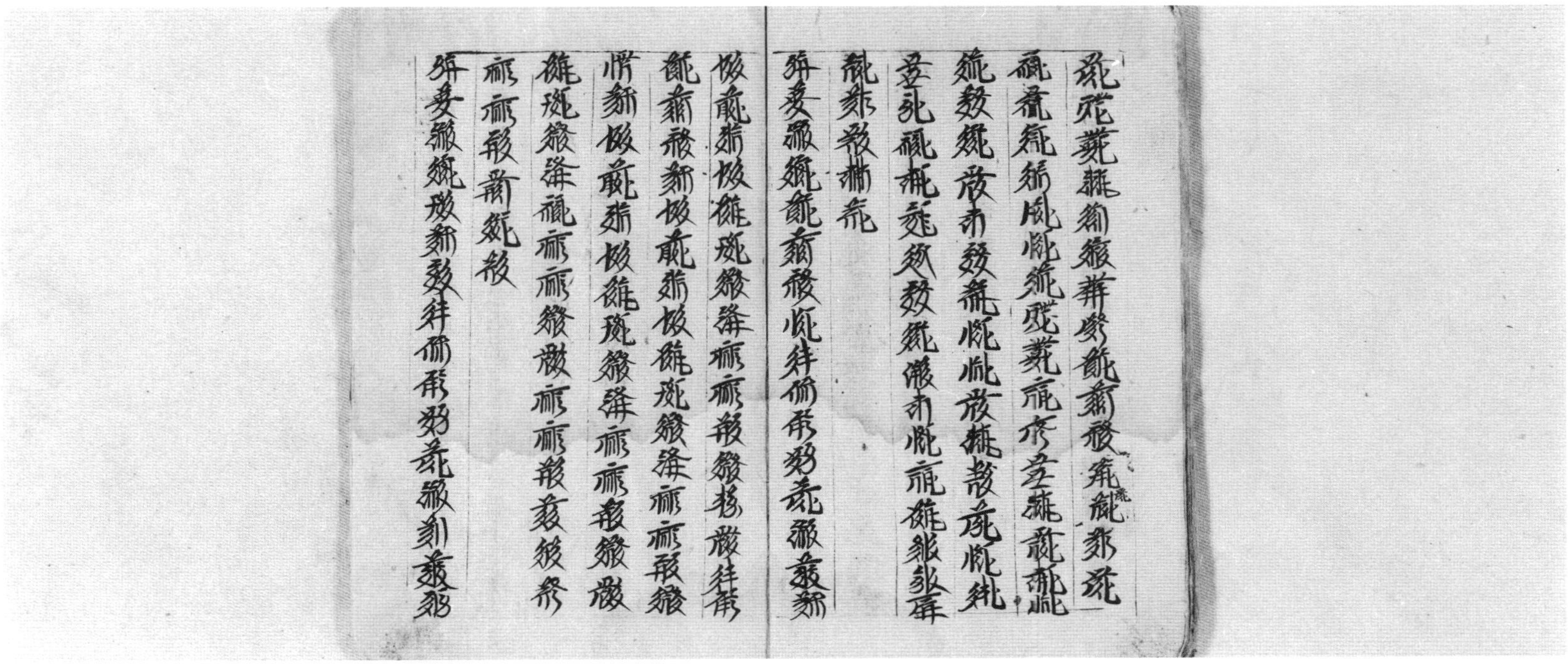

俄 Инв.No.49　佛説佛母出生三法藏般若波羅蜜多經卷第一　(31–20)

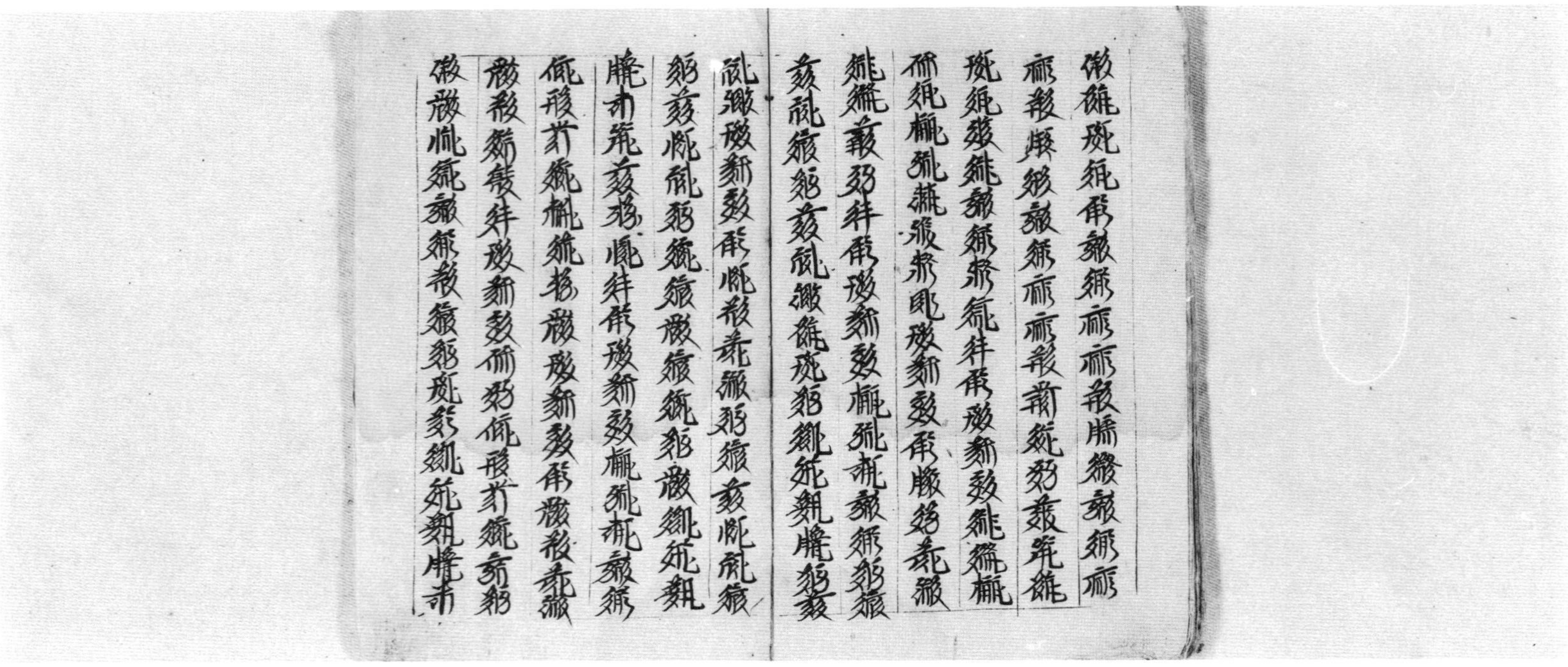

俄 Инв.No.49　佛説佛母出生三法藏般若波羅蜜多經卷第一　(31–21)

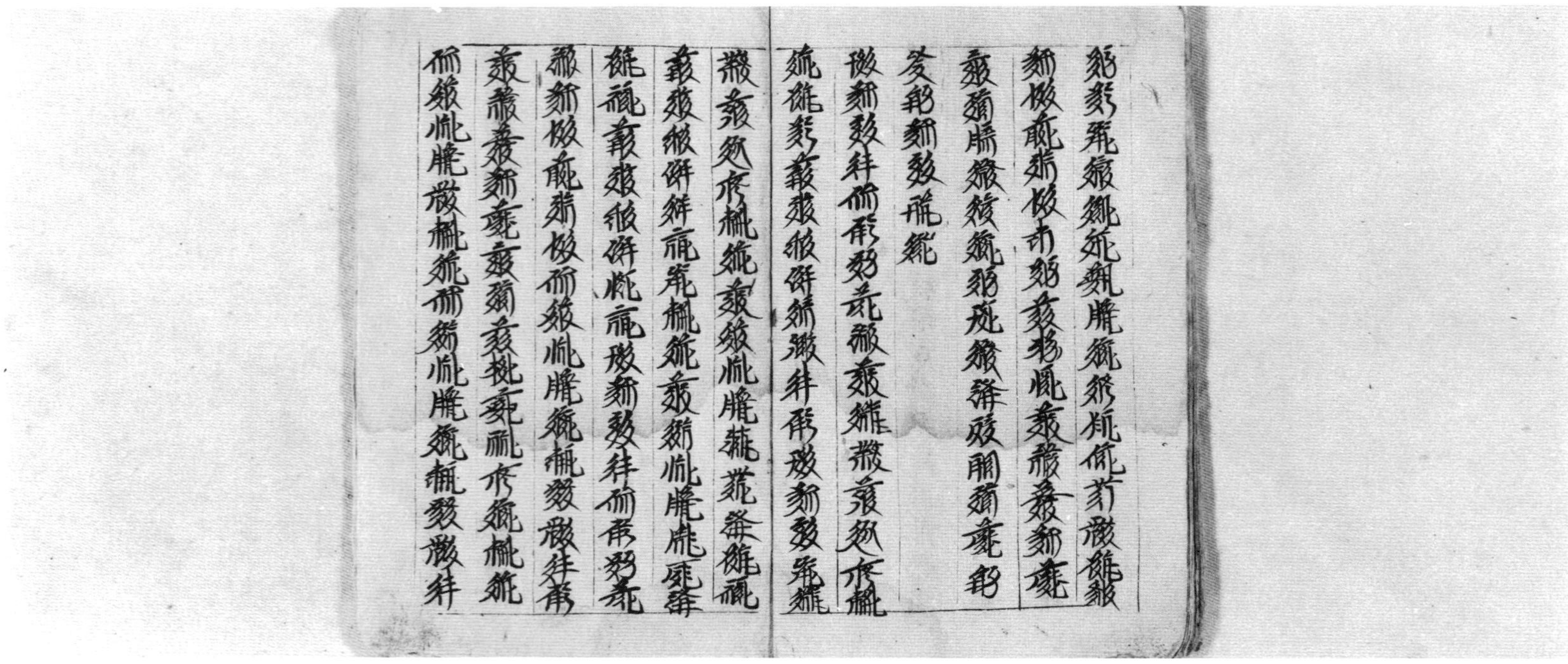

俄 Инв.No.49　佛説佛母出生三法藏般若波羅蜜多經卷第一　(31–22)

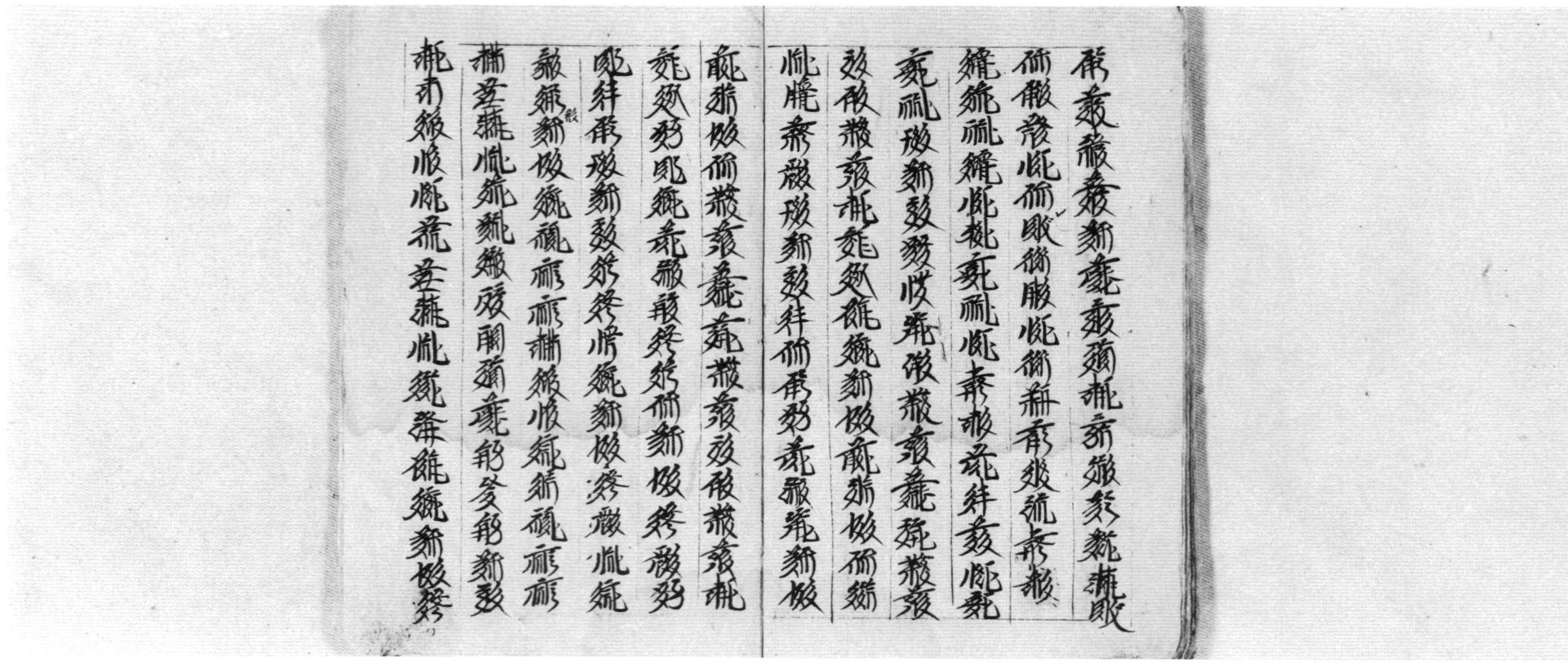

俄 Инв.No.49　佛説佛母出生三法藏般若波羅蜜多經卷第一　(31–23)

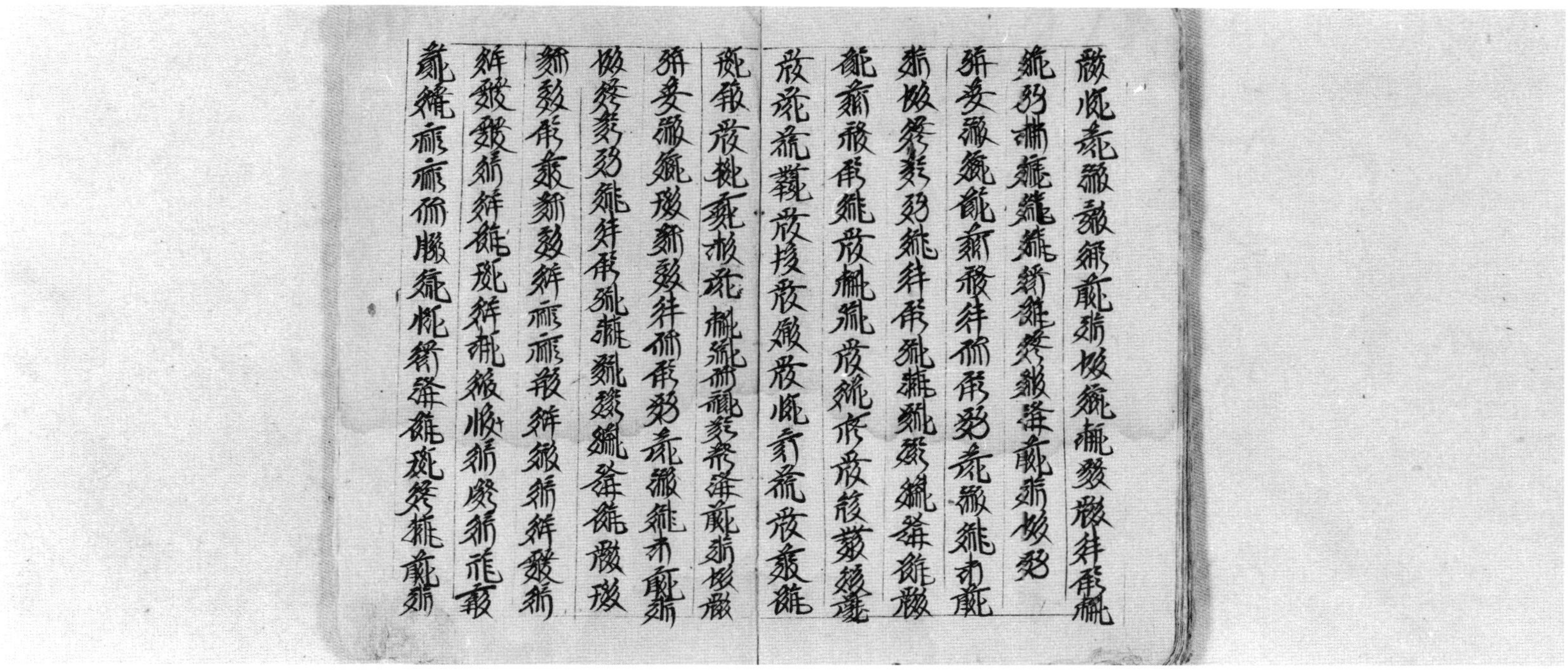

俄 Инв.No.49　佛說佛母出生三法藏般若波羅蜜多經卷第一　(31–24)

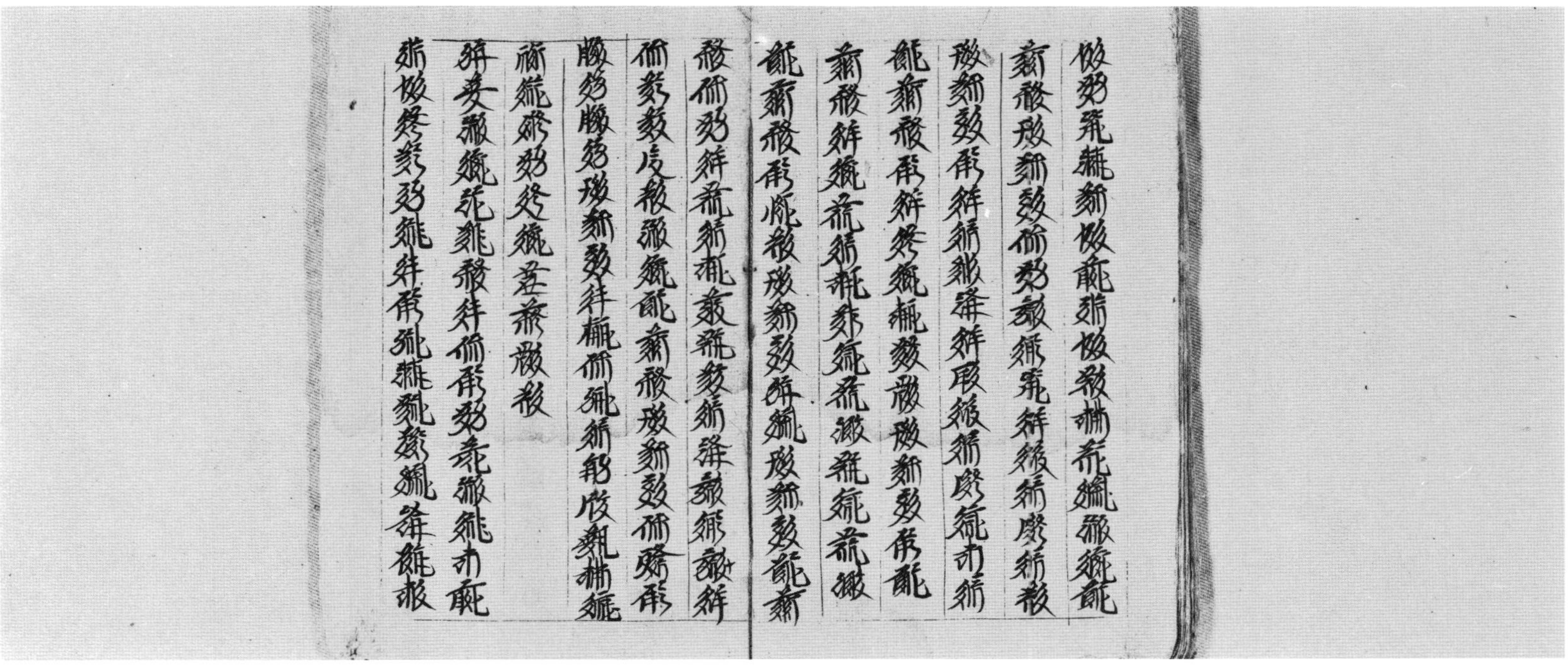

俄 Инв.No.49　佛說佛母出生三法藏般若波羅蜜多經卷第一　(31–25)

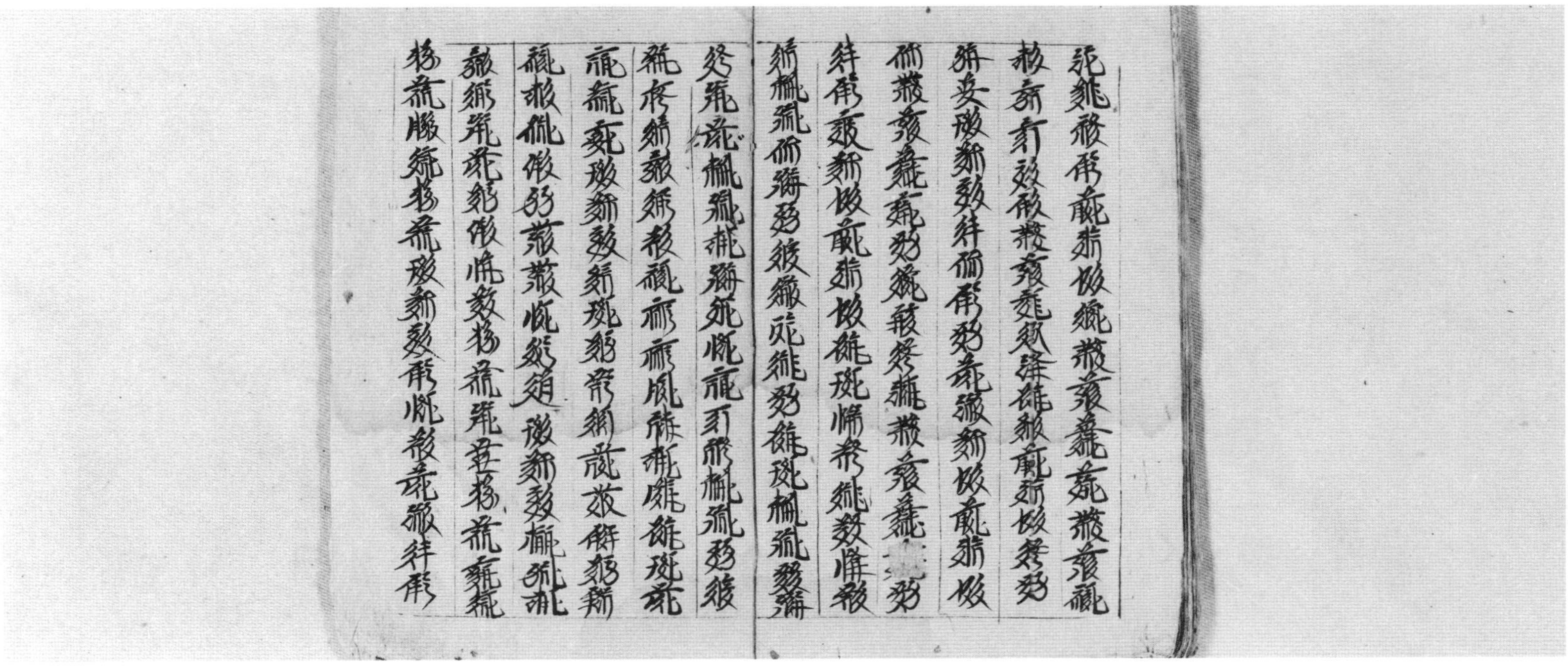

俄 Инв.No.49　佛說佛母出生三法藏般若波羅蜜多經卷第一　(31–26)

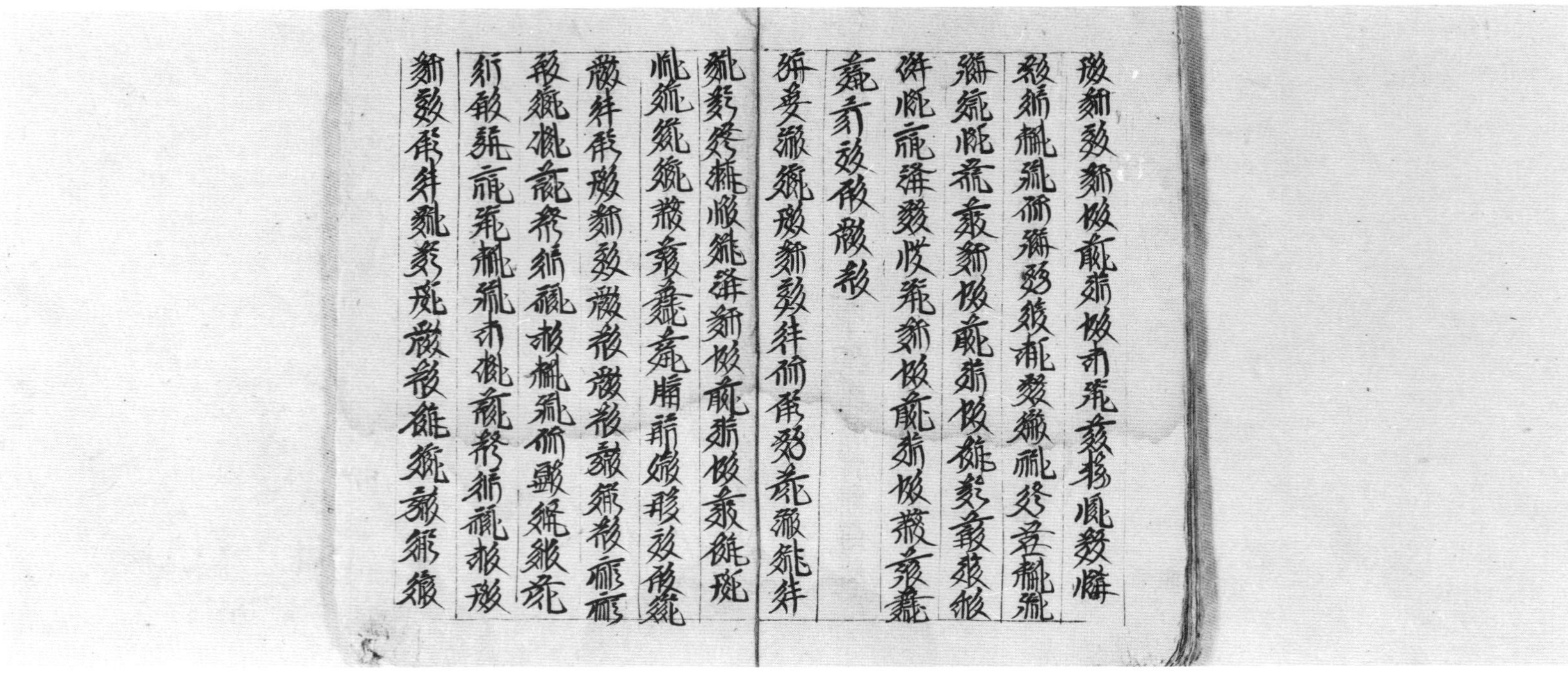

俄 Инв.No.49　佛説佛母出生三法藏般若波羅蜜多經卷第一　　(31-27)

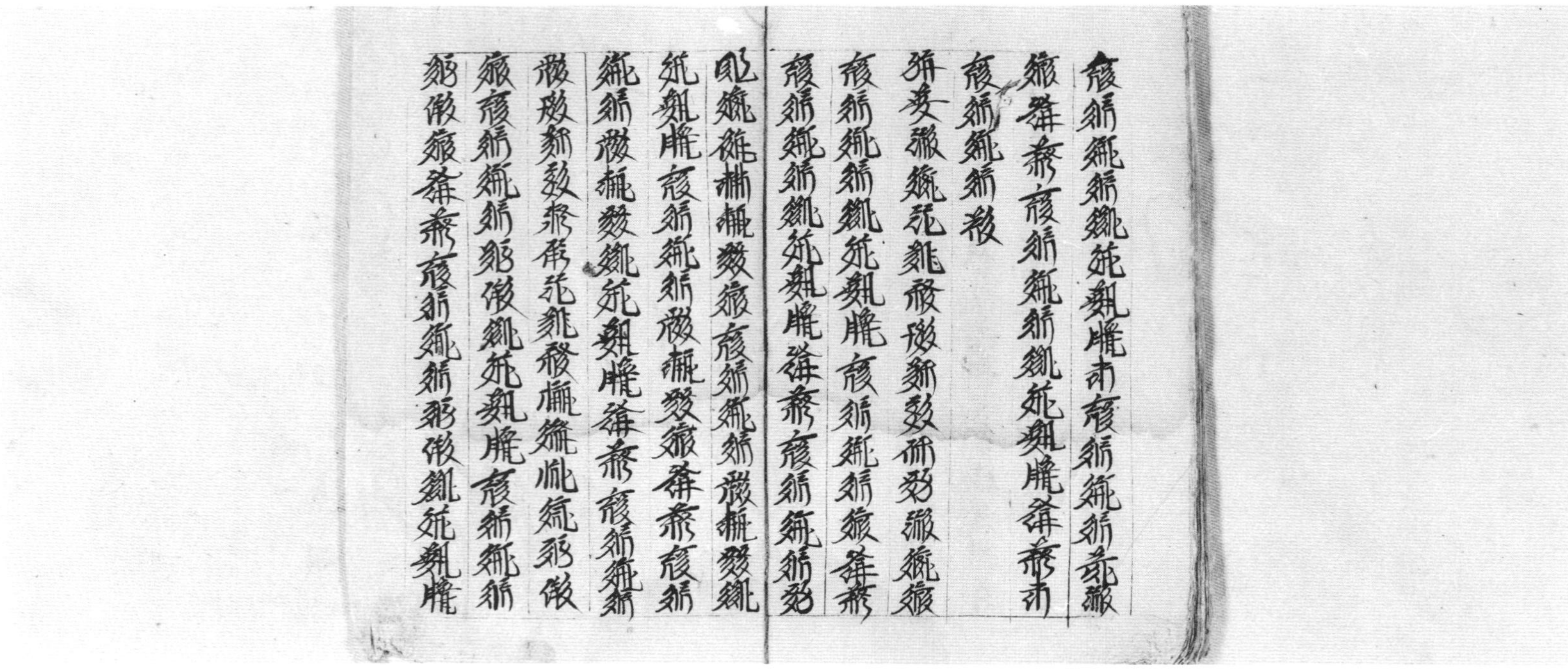

俄 Инв.No.49　佛説佛母出生三法藏般若波羅蜜多經卷第一　　(31-28)

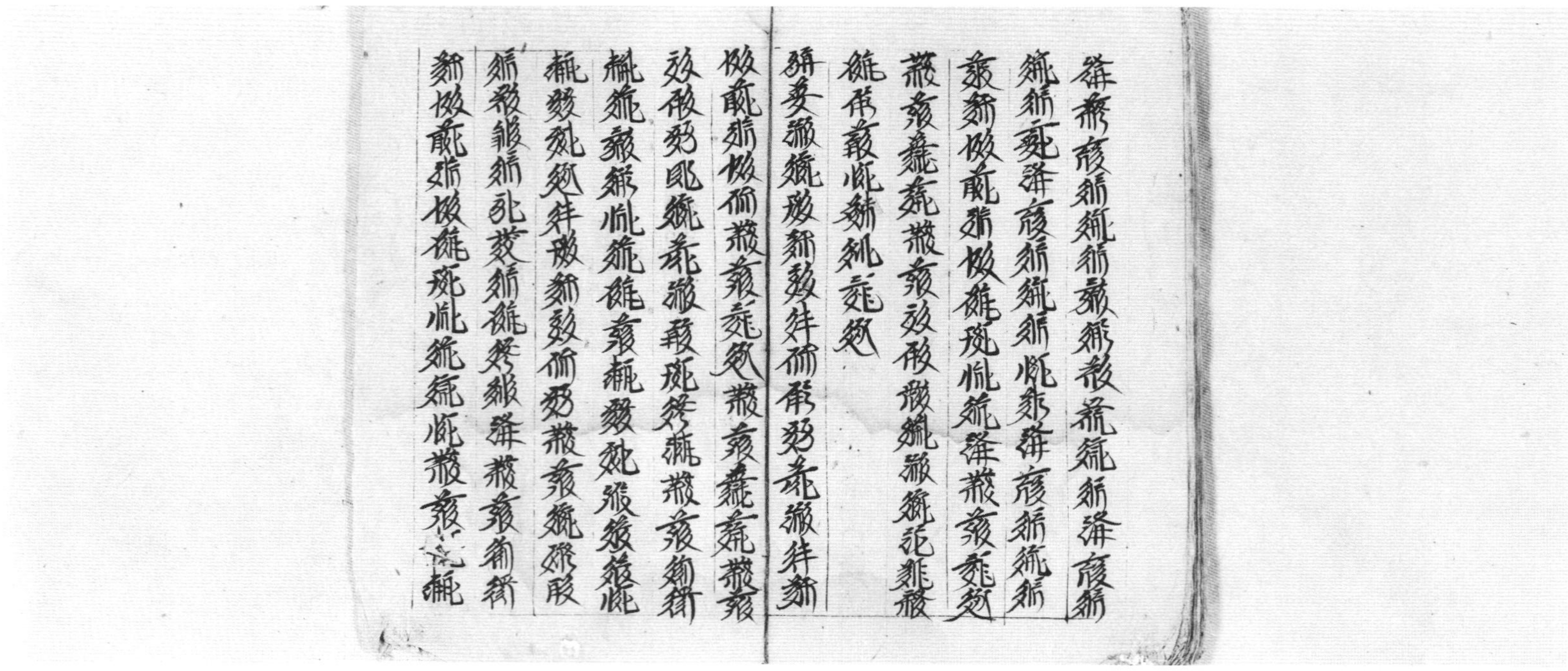

俄 Инв.No.49　佛説佛母出生三法藏般若波羅蜜多經卷第一　　(31-29)

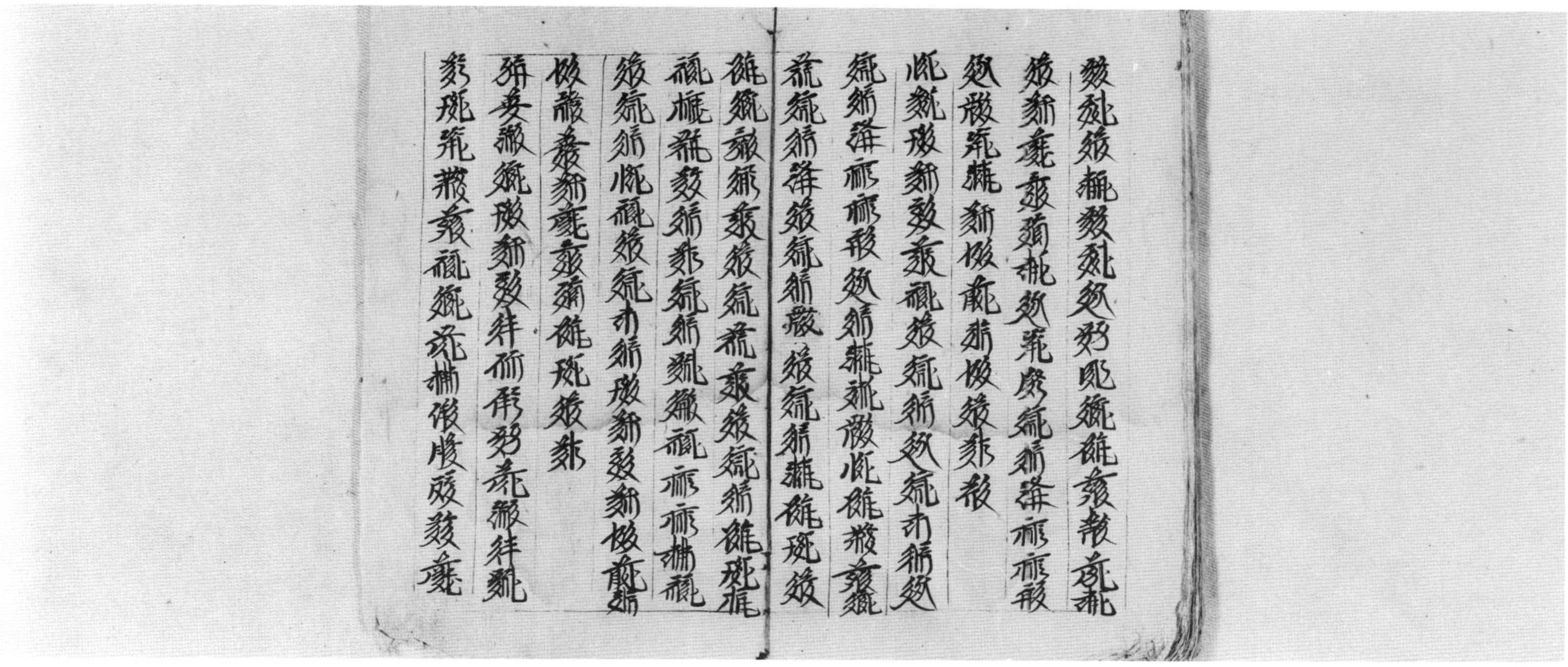

俄 Инв.No.49　佛說佛母出生三法藏般若波羅蜜多經卷第一　(31-30)

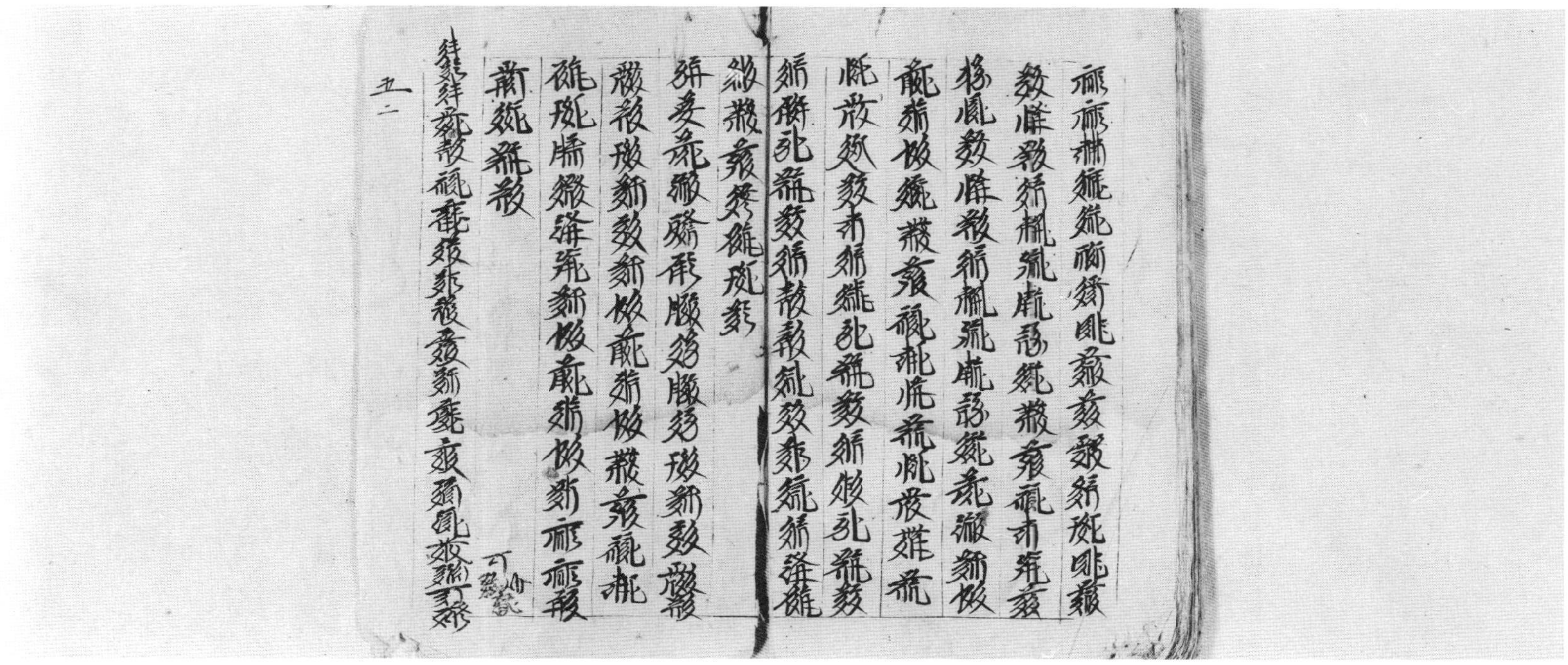

俄 Инв.No.49　佛說佛母出生三法藏般若波羅蜜多經卷第一　(31-31)

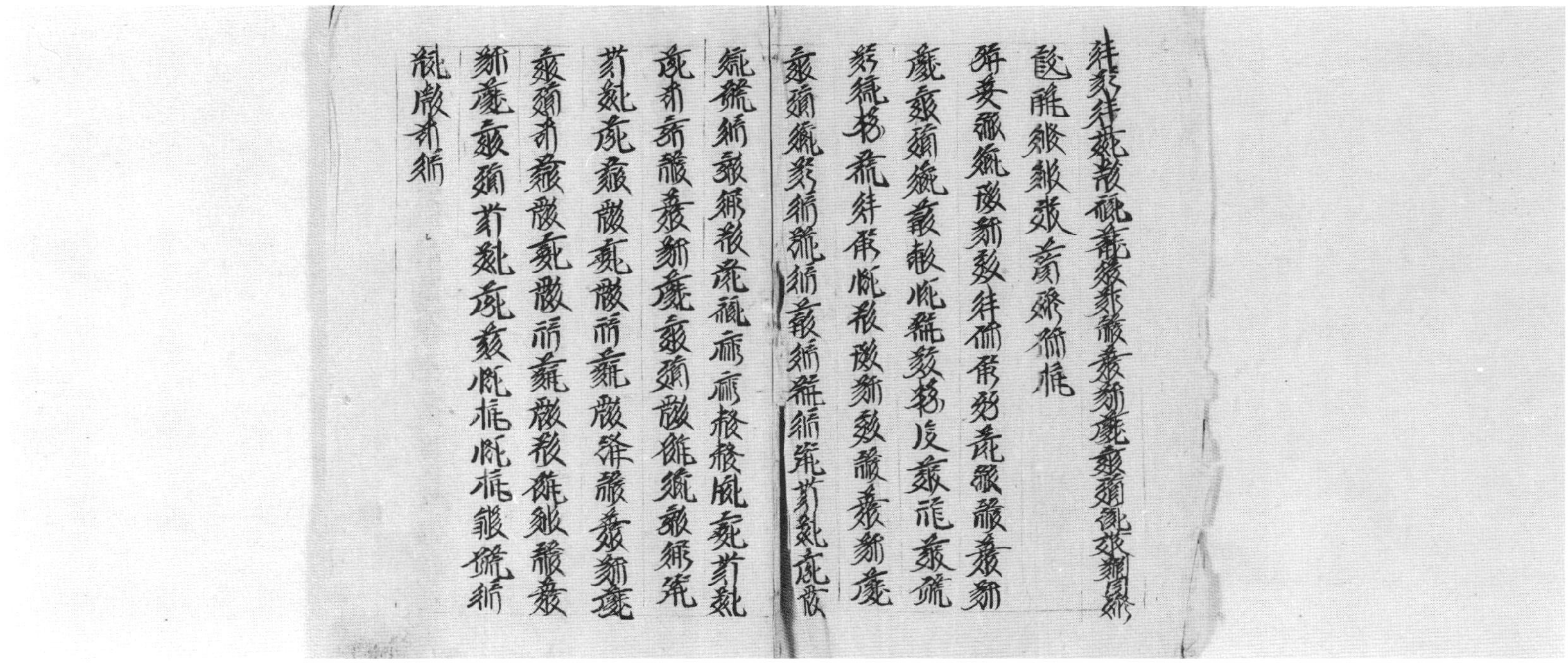

俄 Инв.No.56　佛說佛母出生三法藏般若波羅蜜多經卷第八　(2-1)

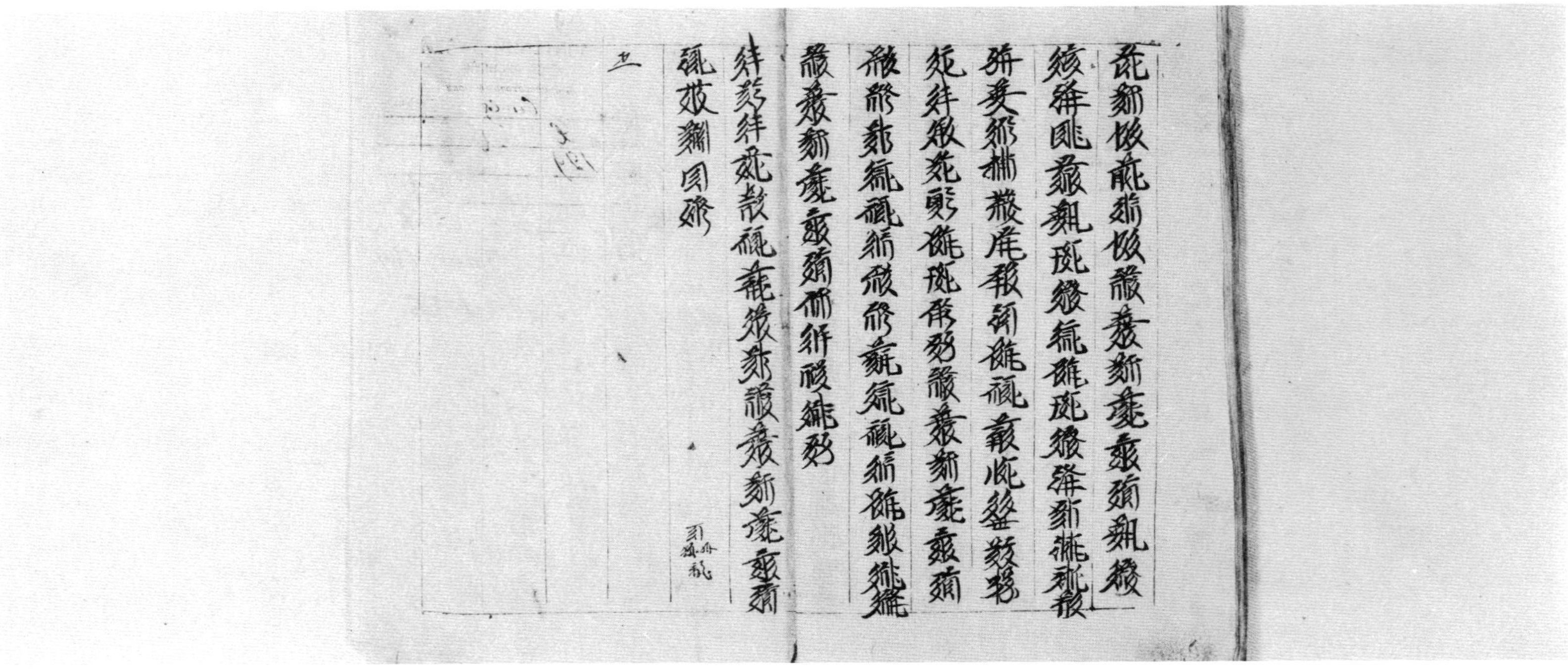

俄 Инв. No.56　佛説佛母出生三法藏般若波羅蜜多經卷第八　(2–2)

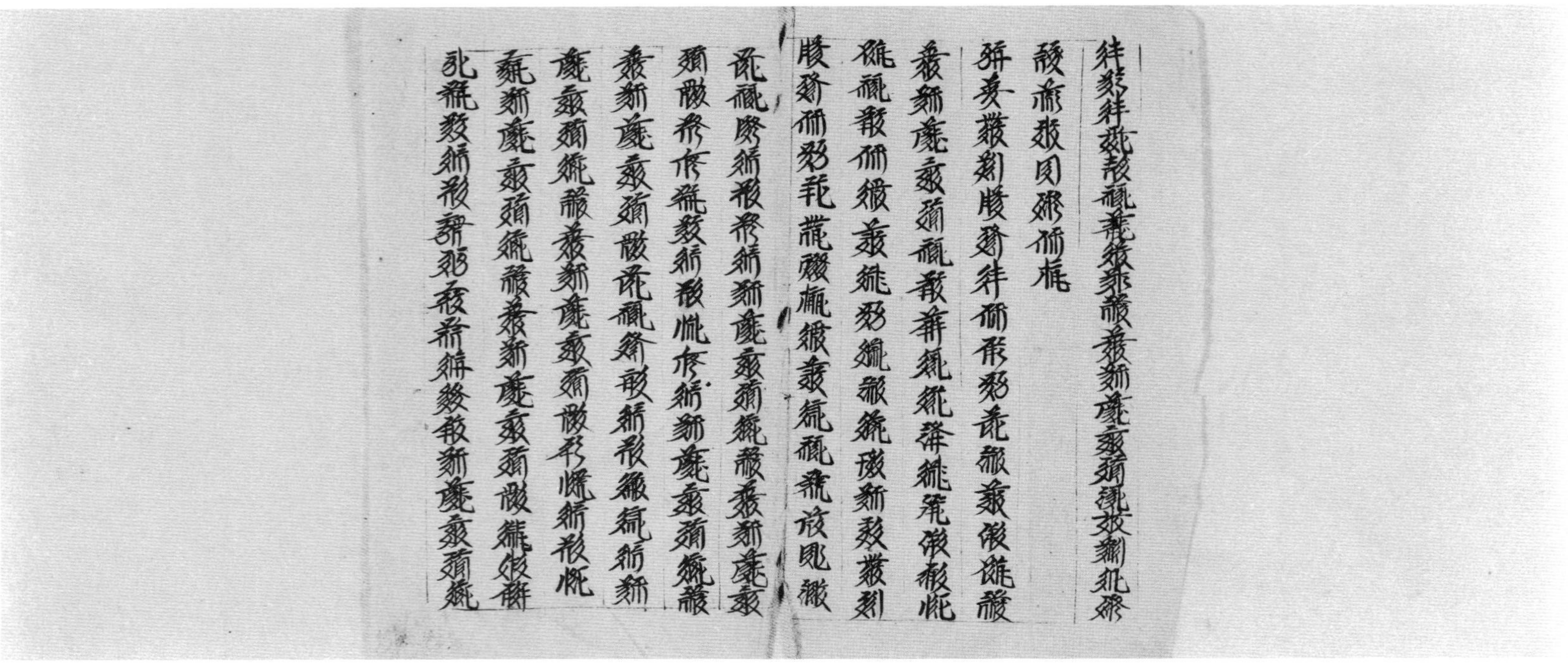

俄 Инв. No.5012　佛説佛母出生三法藏般若波羅蜜多經卷第九

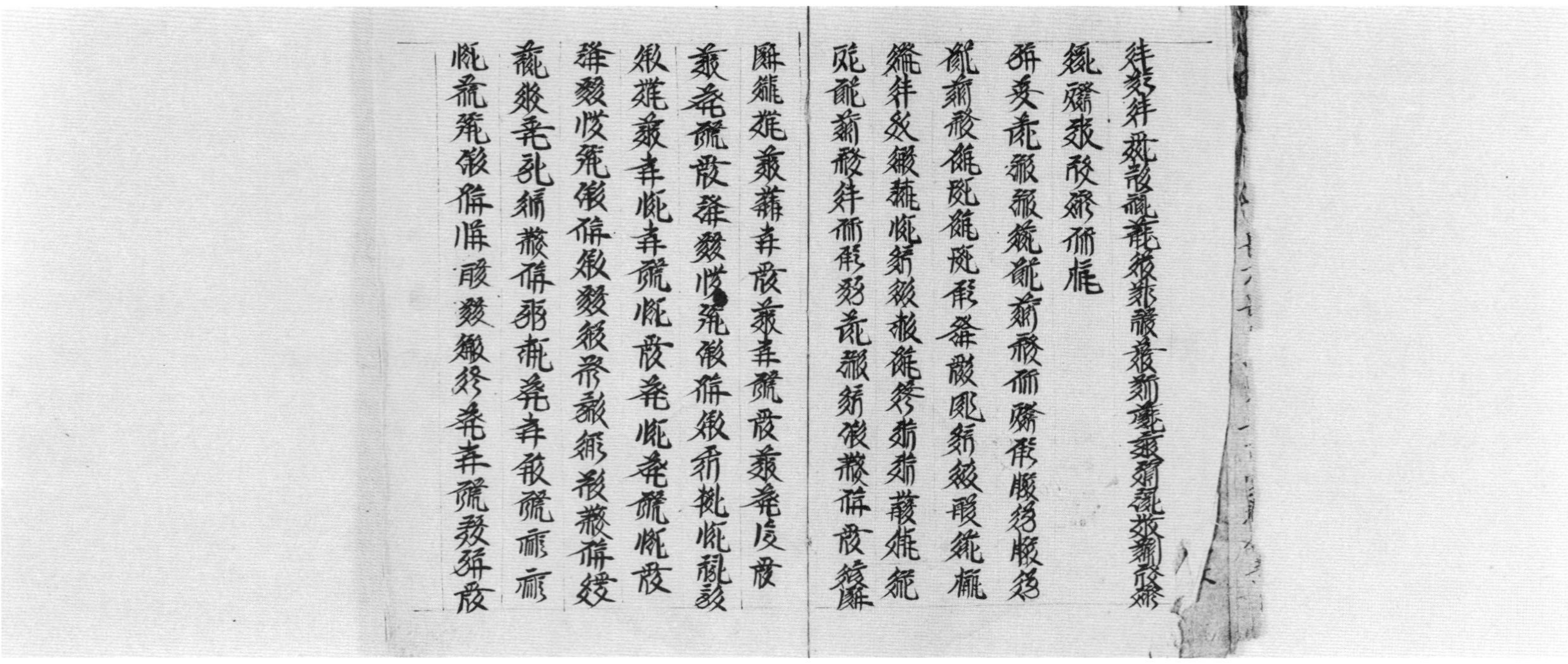

俄 Инв. No.25　佛説佛母出生三法藏般若波羅蜜多經卷第十

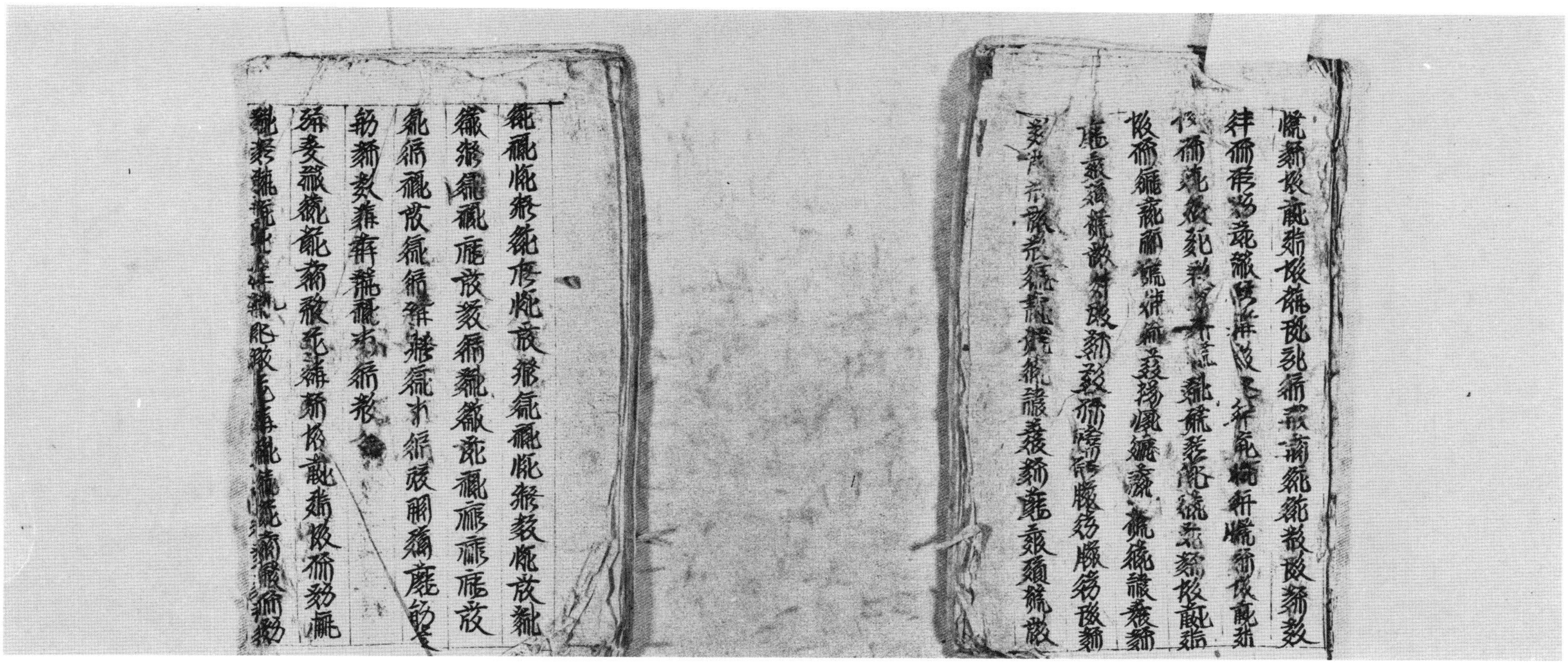

俄 Инв.No.270　佛說佛母出生三法藏般若波羅蜜多經卷第十七

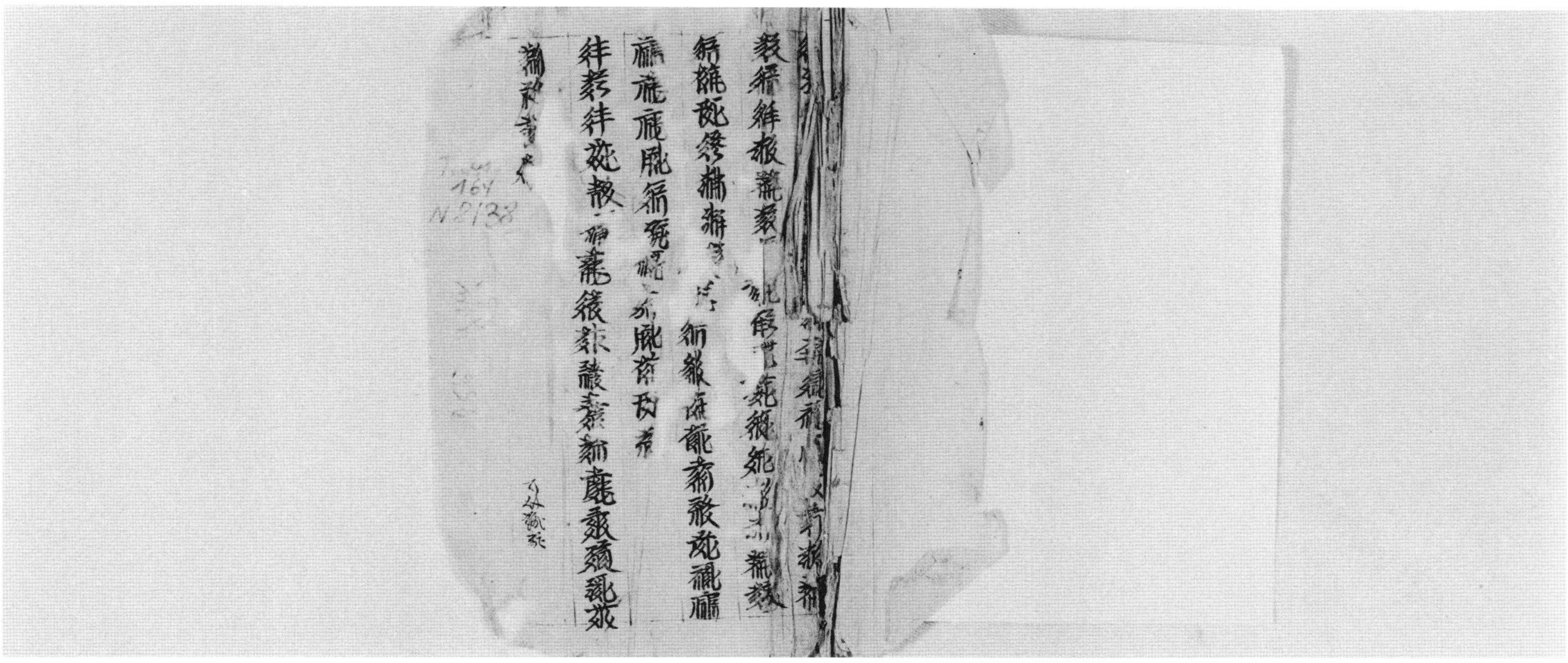

俄 Инв.No.8138　佛說佛母出生三法藏般若波羅蜜多經卷第十七

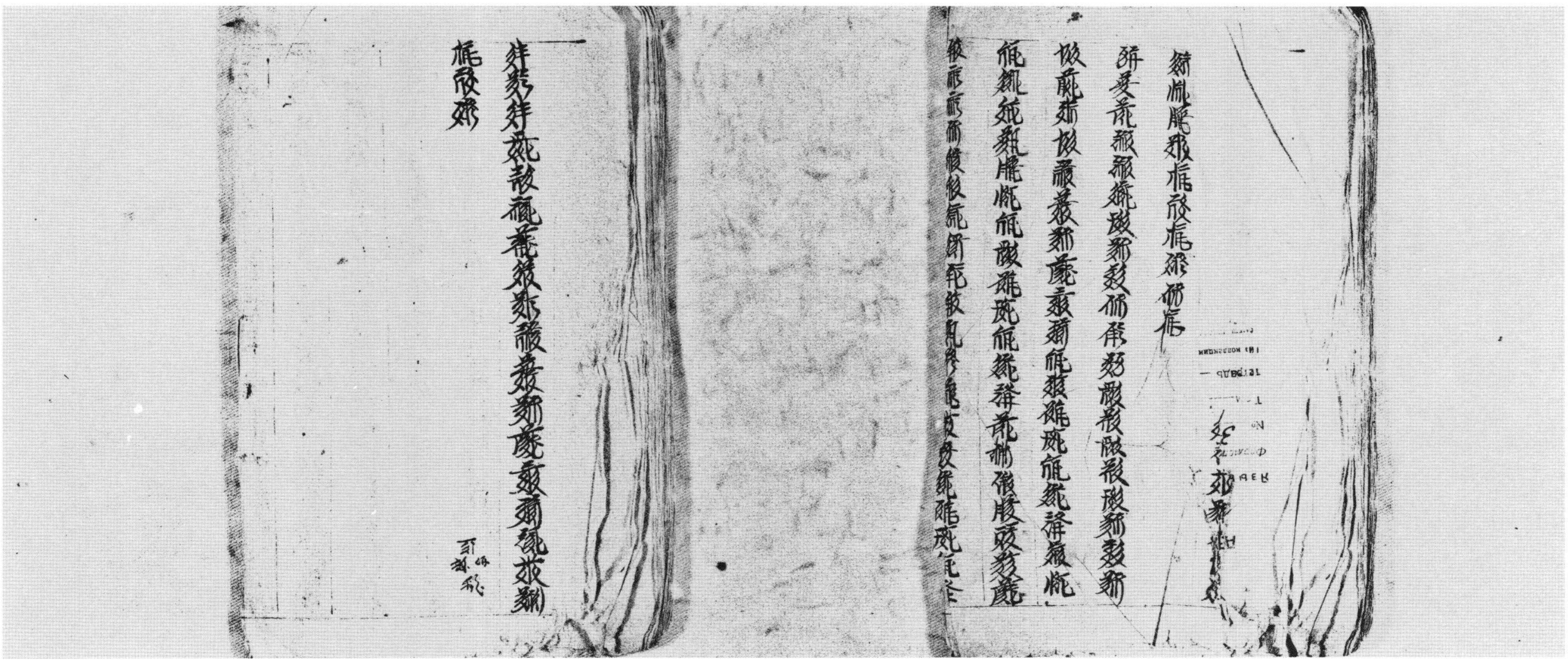

俄 Инв.No.277　佛說佛母出生三法藏般若波羅蜜多經卷第二十

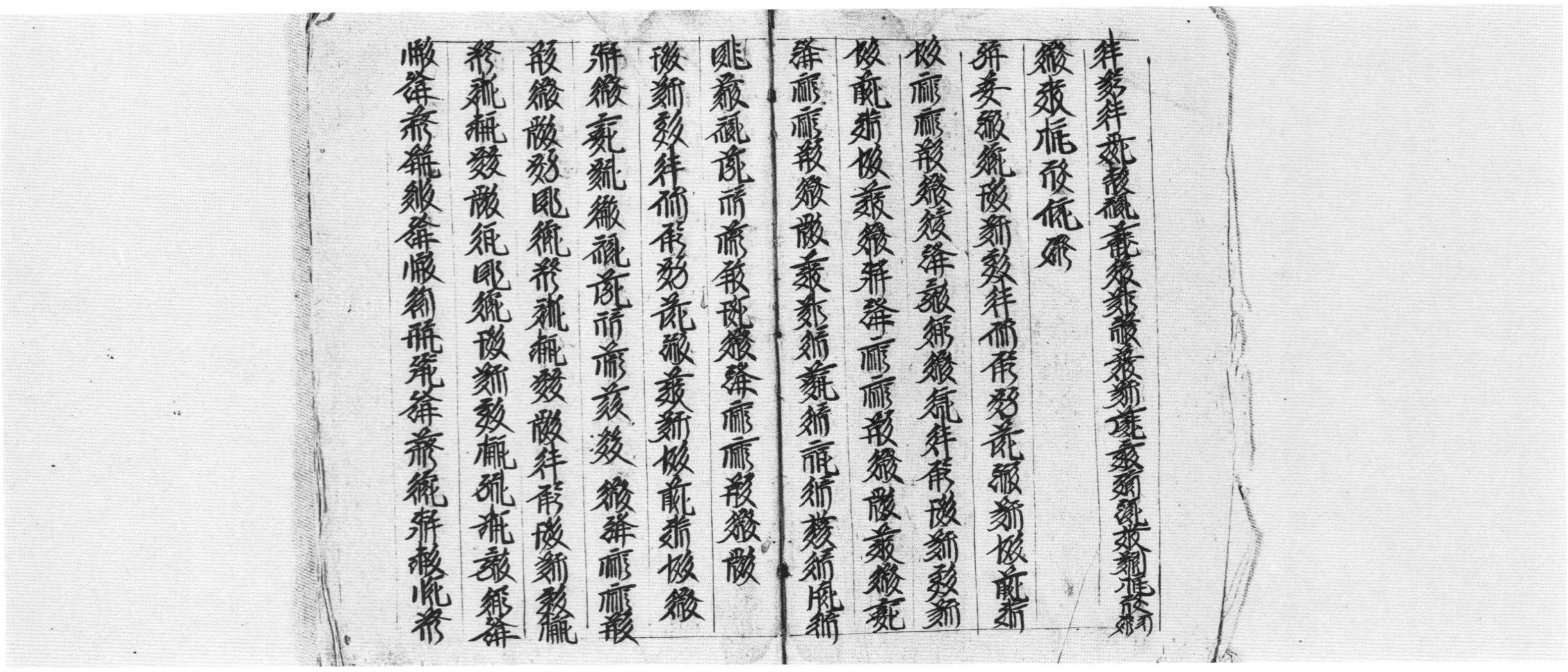

俄 Инв.No.54　佛説佛母出生三法藏般若波羅蜜多經卷第二十一

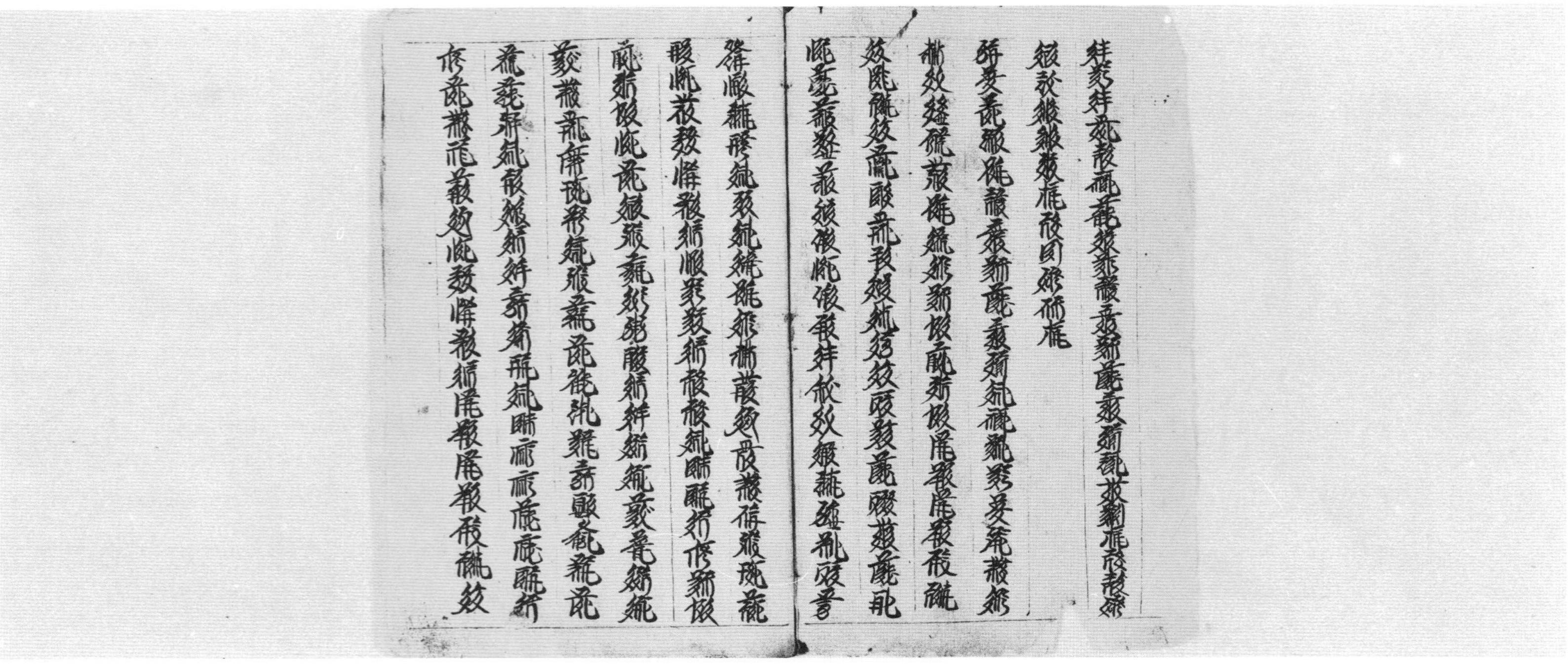

俄 Инв.No.56　佛説佛母出生三法藏般若波羅蜜多經卷第二十三

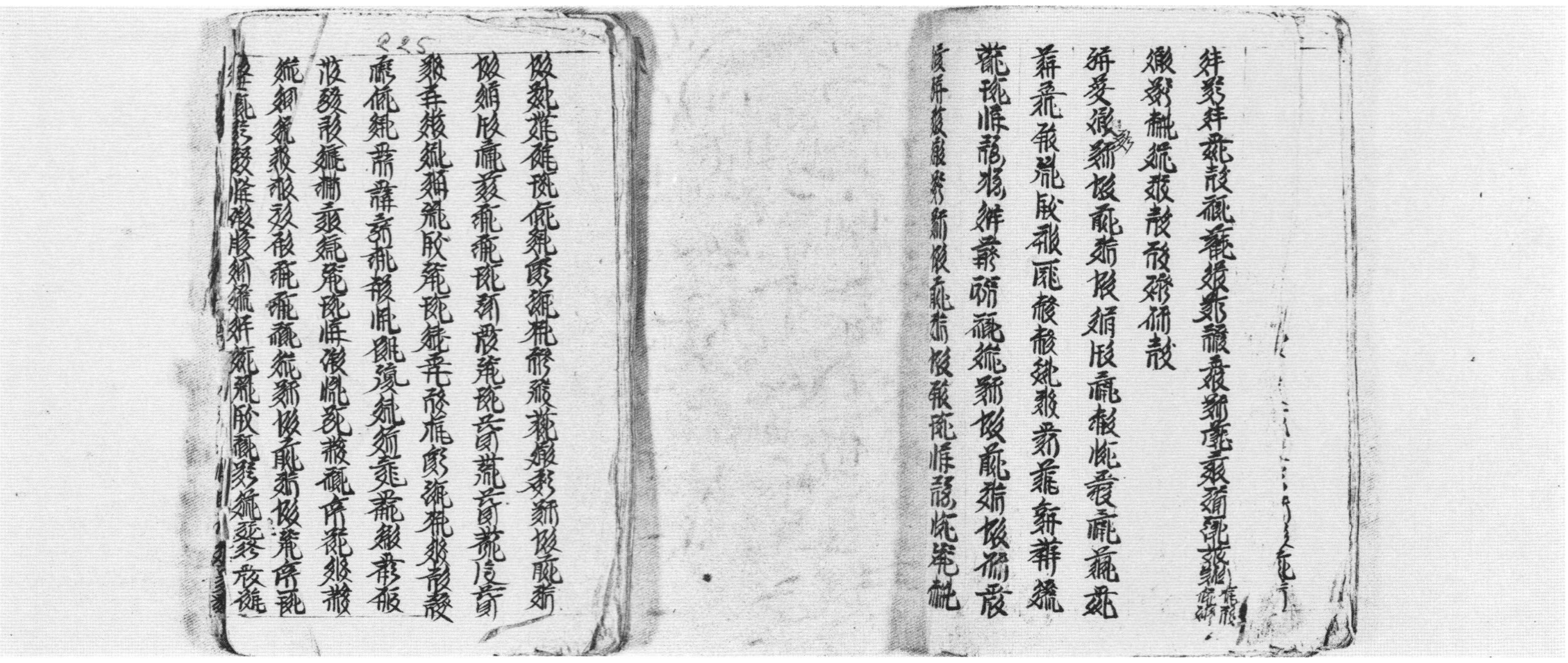

俄 Инв.No.225　佛説佛母出生三法藏般若波羅蜜多經卷第二十五

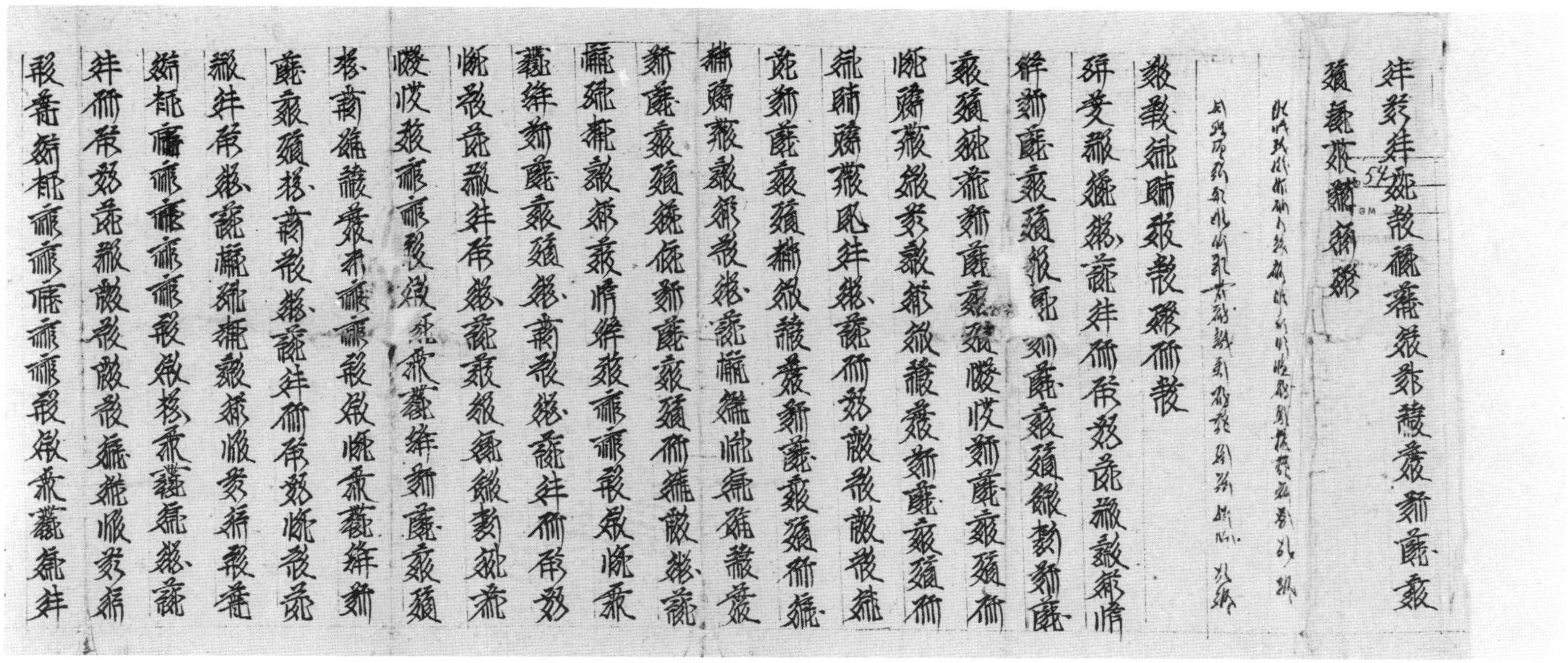

俄 Инв.No.8181　佛説佛母出生三法藏般若波羅蜜多經卷第四　(2–1)

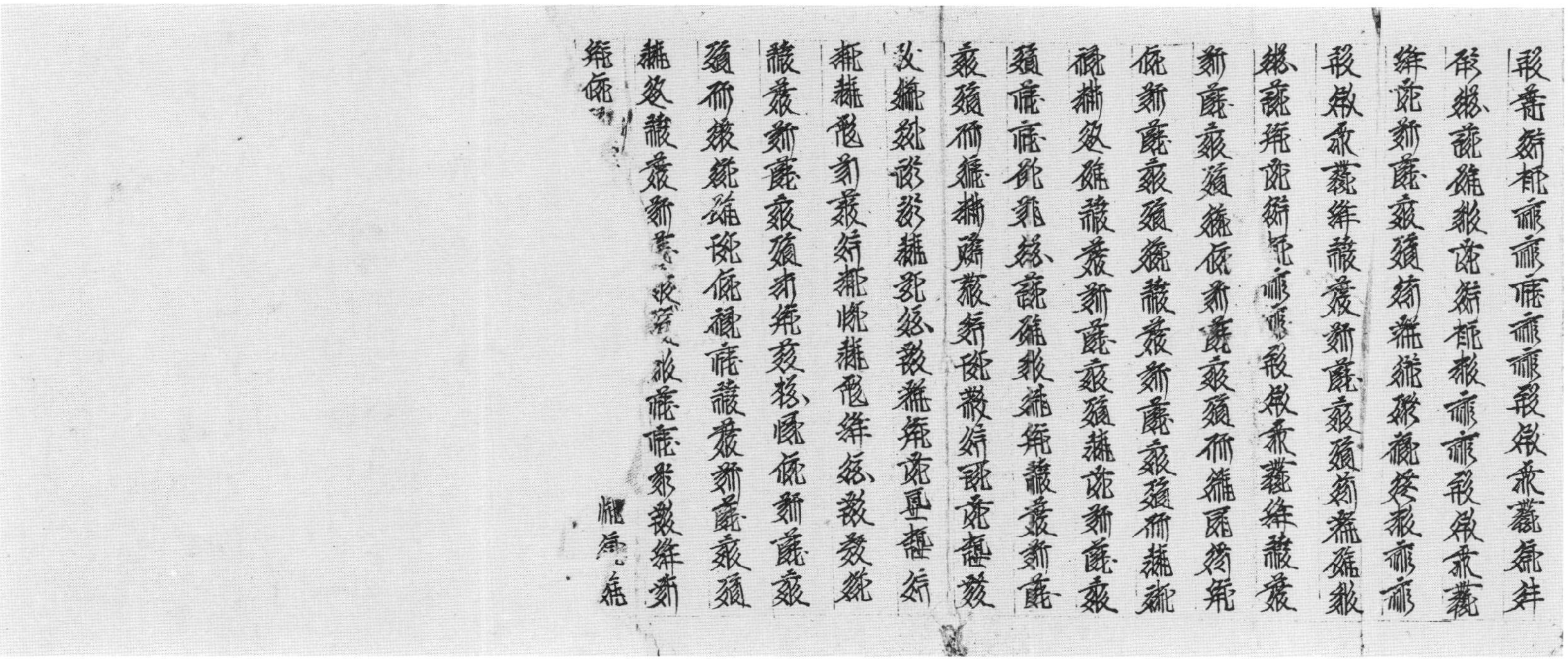

俄 Инв.No.8181　佛説佛母出生三法藏般若波羅蜜多經卷第四　(2–2)

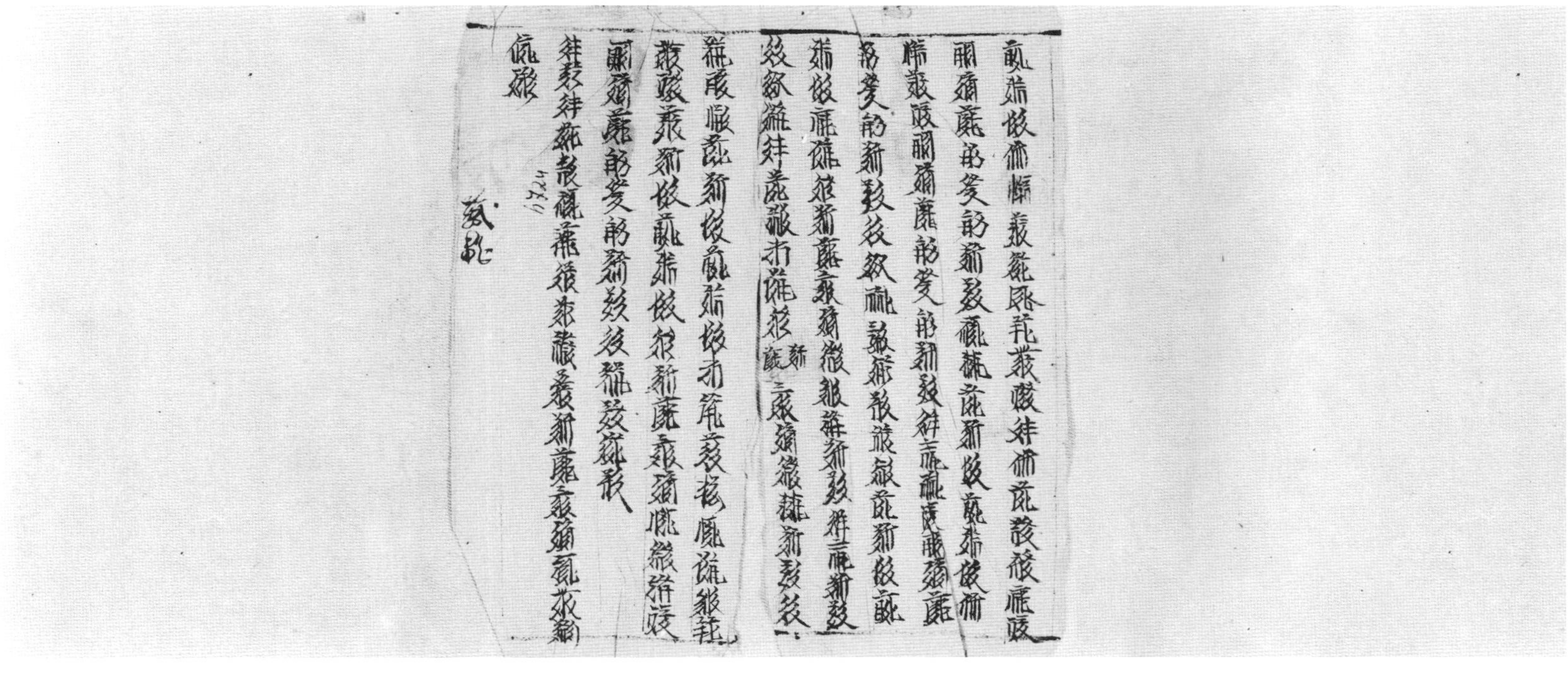

俄 Инв.No.6724　佛説佛母出生三法藏般若波羅蜜多經卷第五

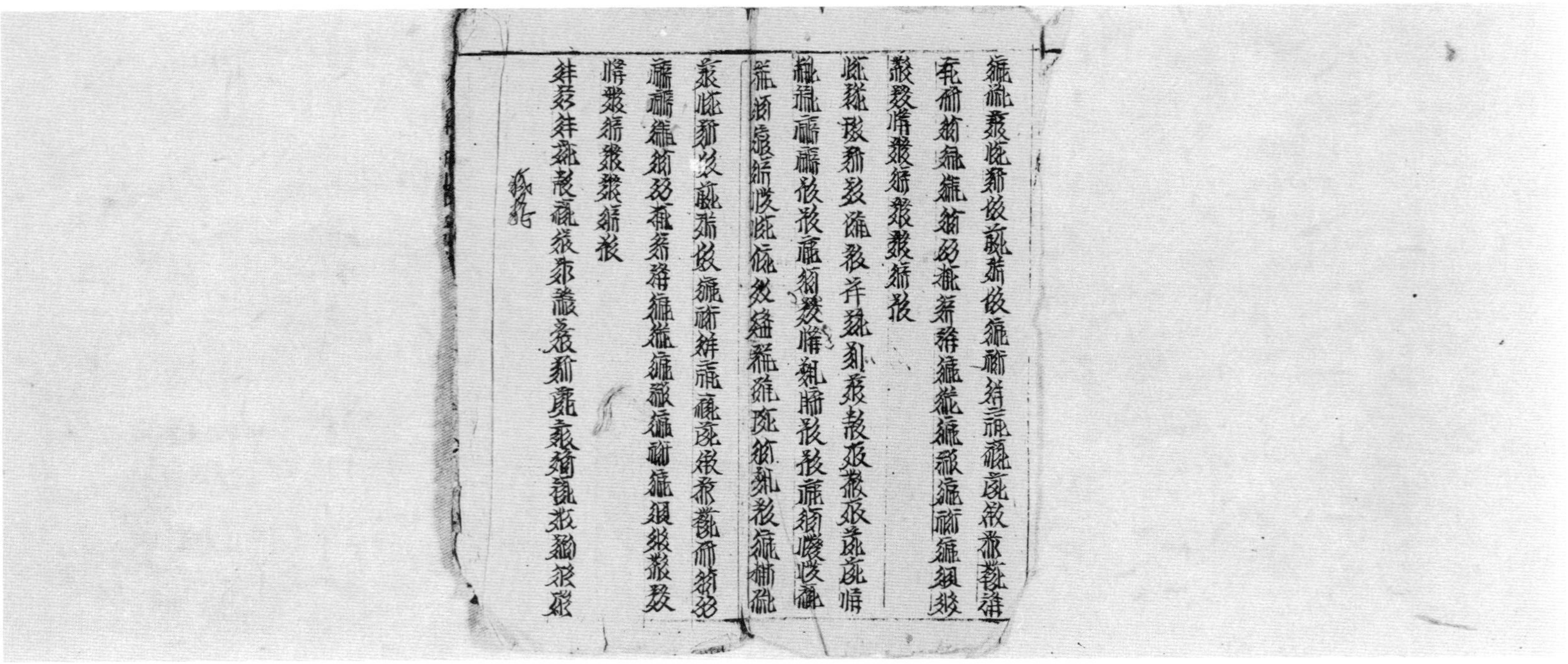

俄 Инв.No.292　佛説佛母出生三法藏般若波羅蜜多經卷第六

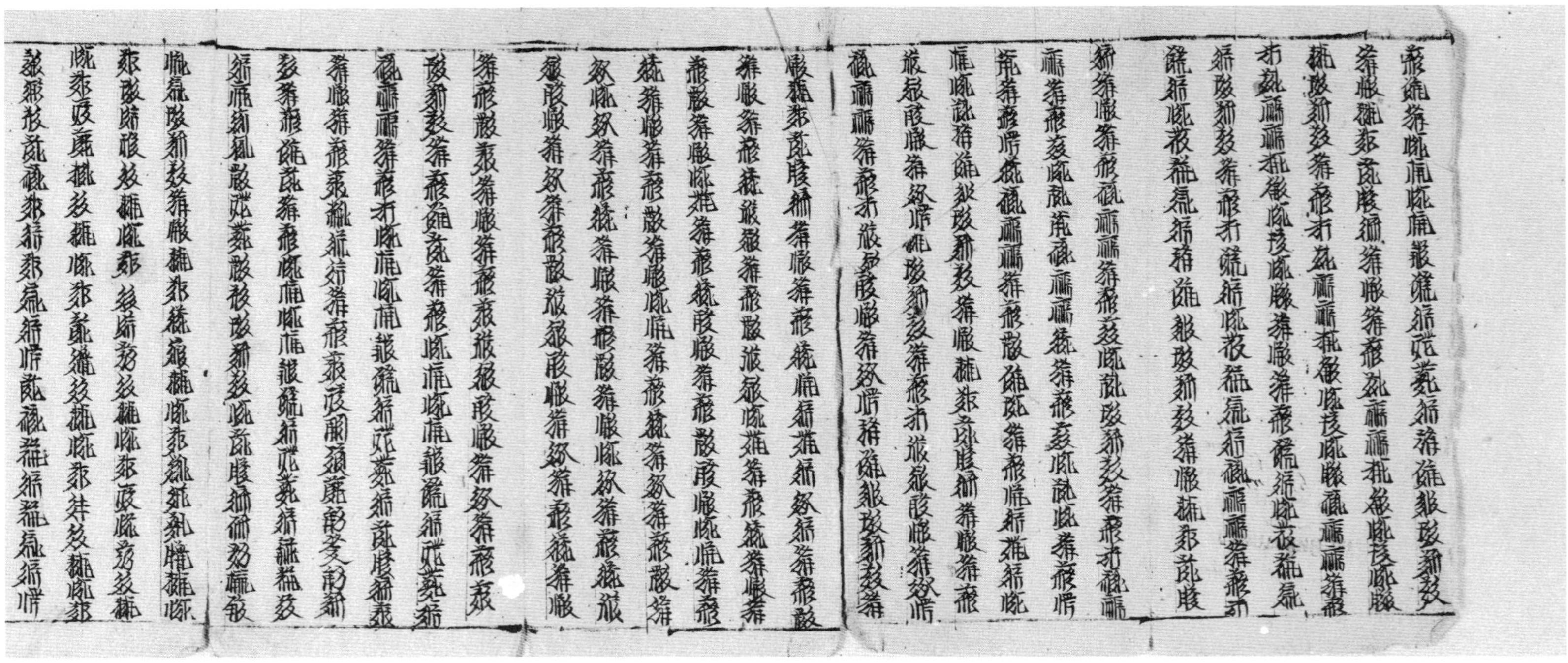

俄 Инв.No.6724　佛説佛母出生三法藏般若波羅蜜多經卷第十五　(5–1)

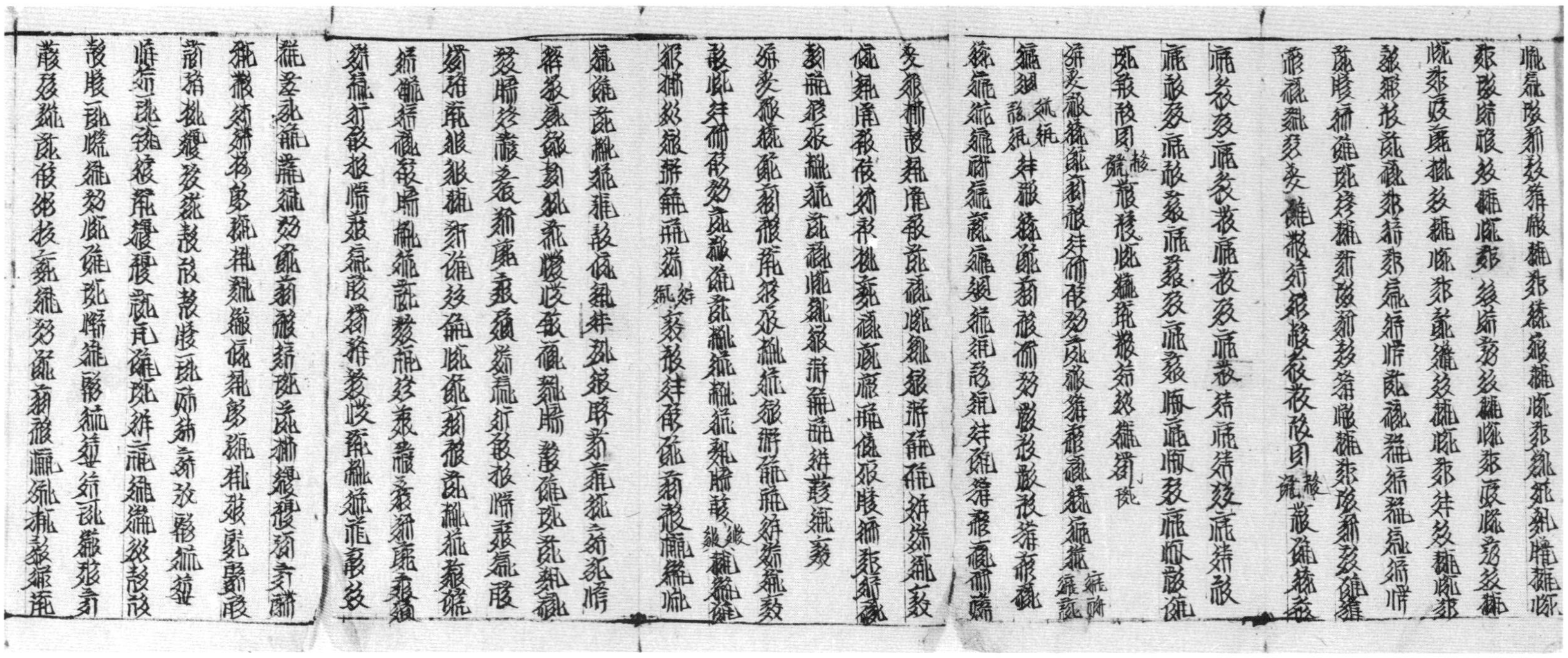

俄 Инв.No.6724　佛説佛母出生三法藏般若波羅蜜多經卷第十五　(5–2)

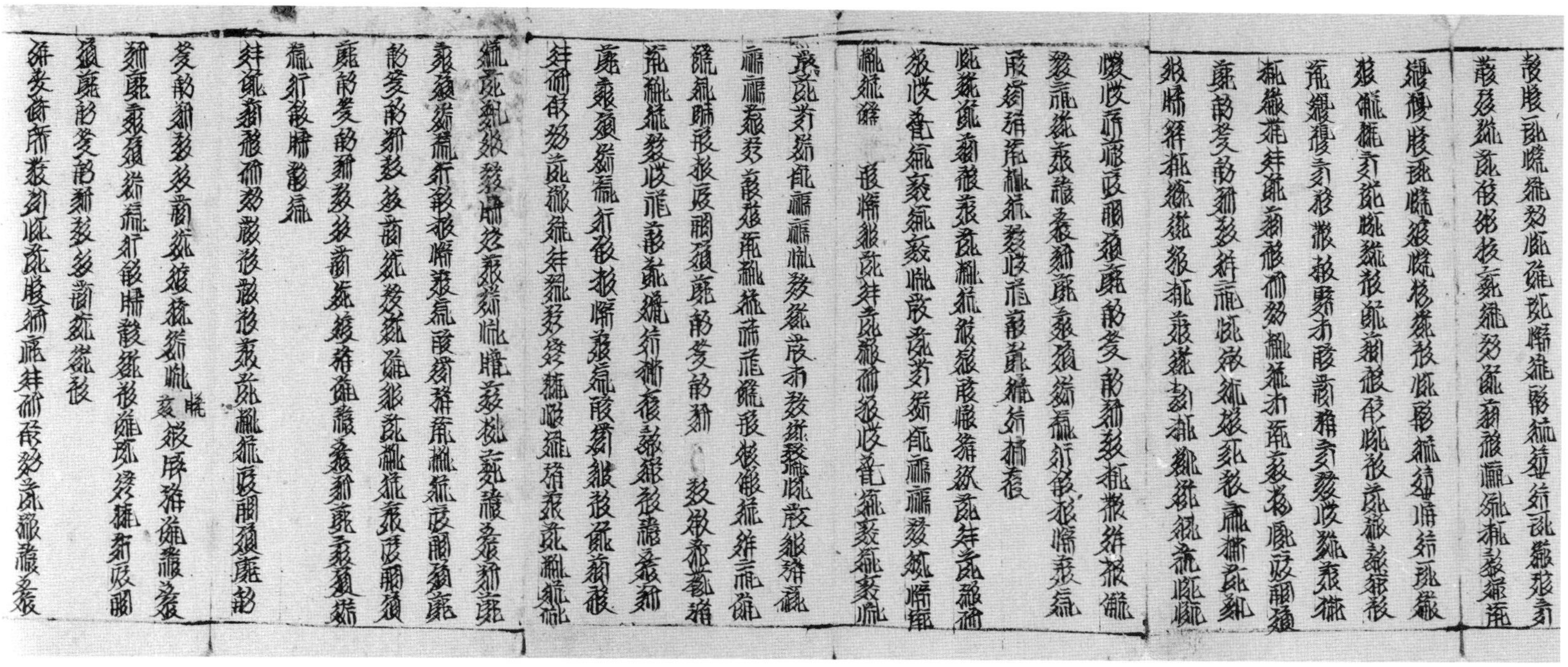

俄 Инв.No.6724　佛説佛母出生三法藏般若波羅蜜多經卷第十五　(5-3)

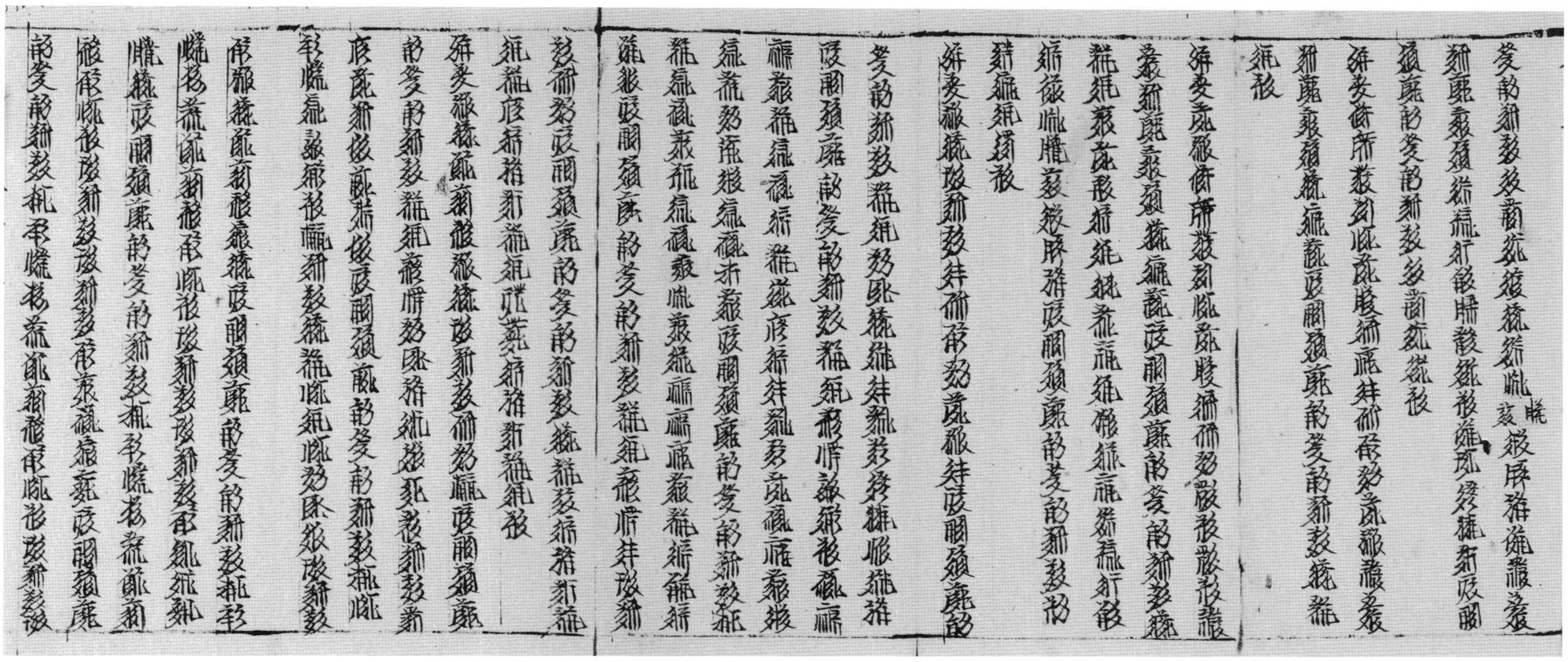

俄 Инв.No.6724　佛説佛母出生三法藏般若波羅蜜多經卷第十五　(5-4)

俄 Инв.No.6724　佛説佛母出生三法藏般若波羅蜜多經卷第十五　(5-5)

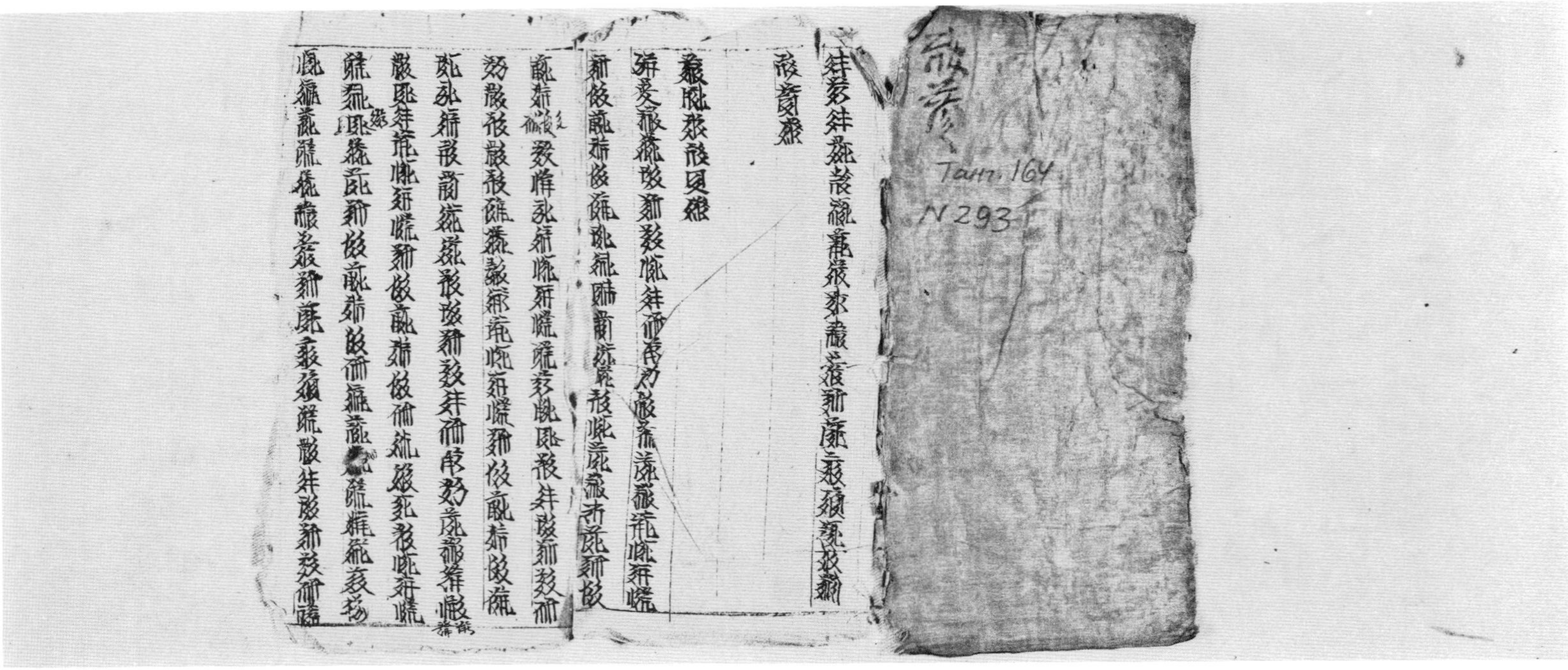

俄 **Инв**.No.293　佛説佛母出生三法藏般若波羅蜜多經卷第十七

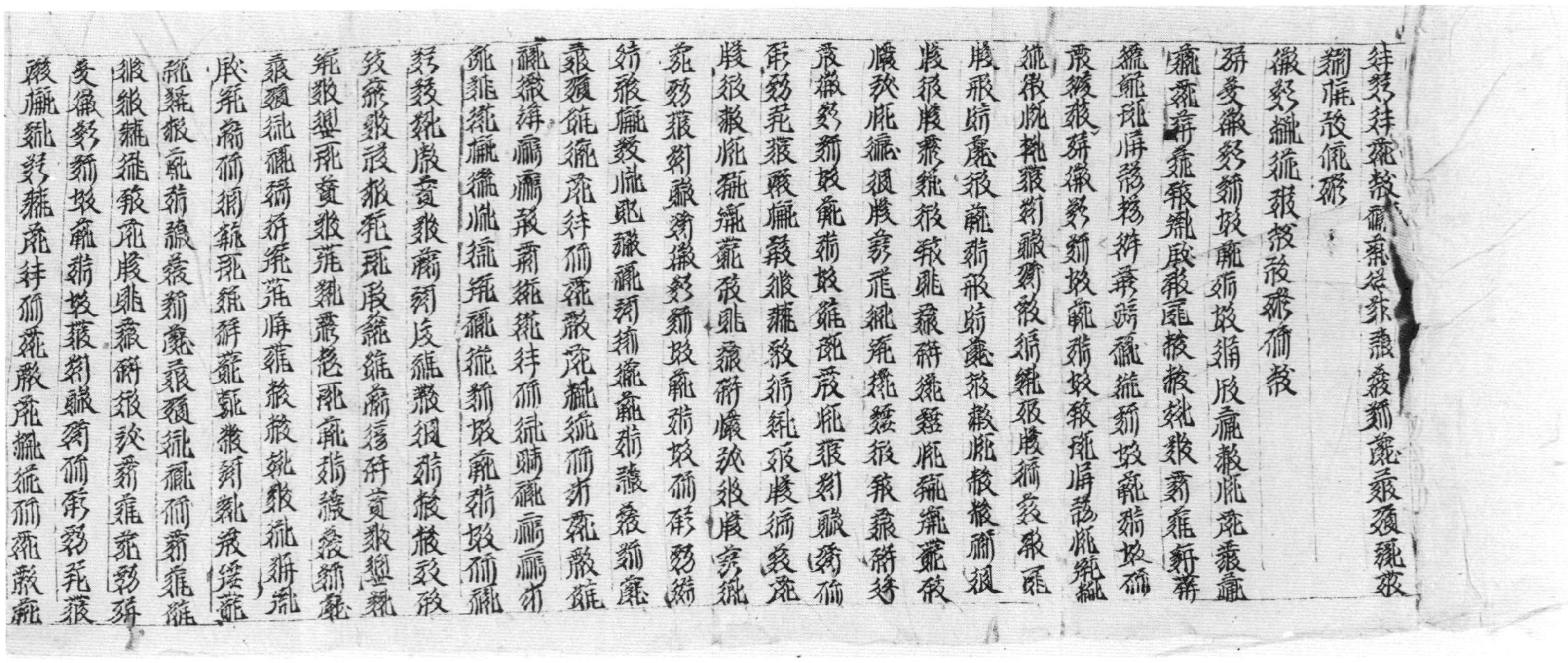

俄 **Инв**.No.3545　佛説佛母出生三法藏般若波羅蜜多經卷第二十五

俄 **Инв**.No.6651　佛説大方廣善巧方便經卷第四　(2-1)

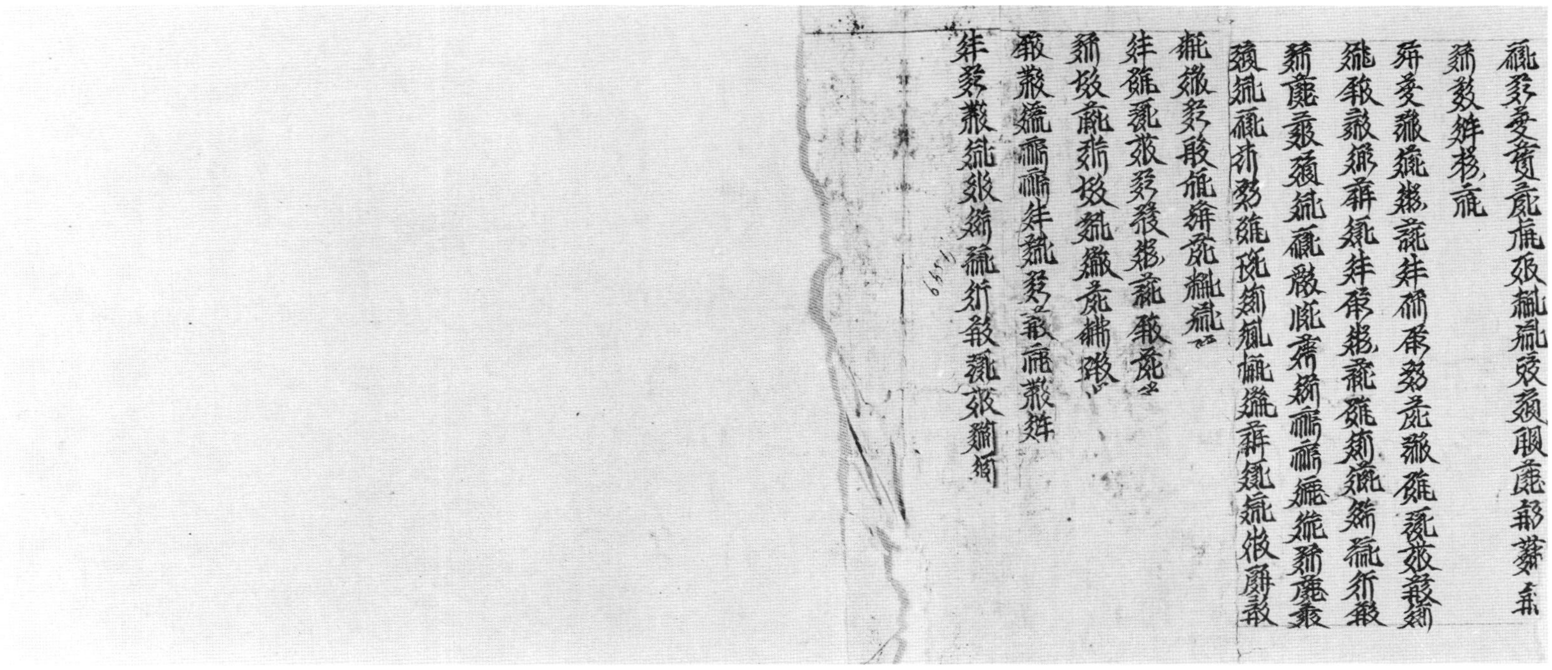

俄Инв.No.6651　佛説大方廣善巧方便經卷第四　(2–2)

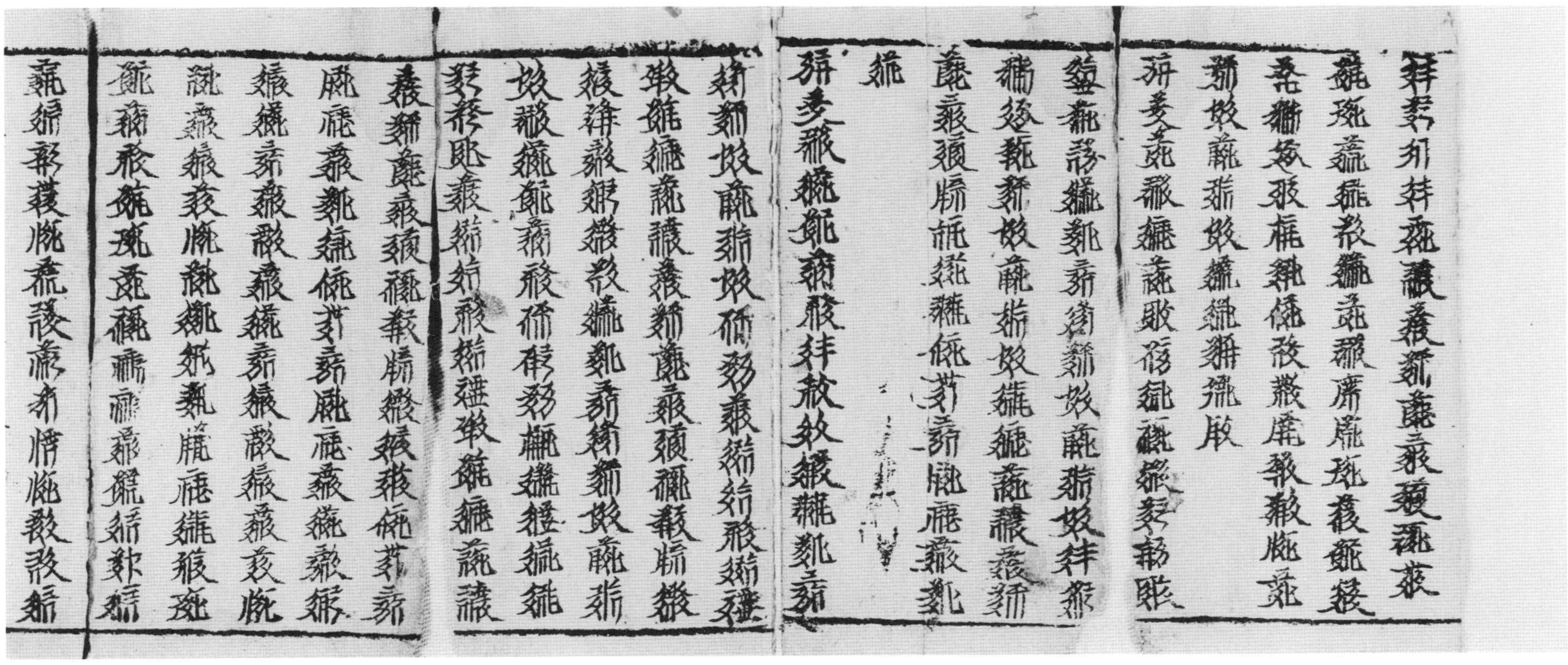

俄Инв.No.590　佛説聖佛母般若波羅蜜多經　(2–1)

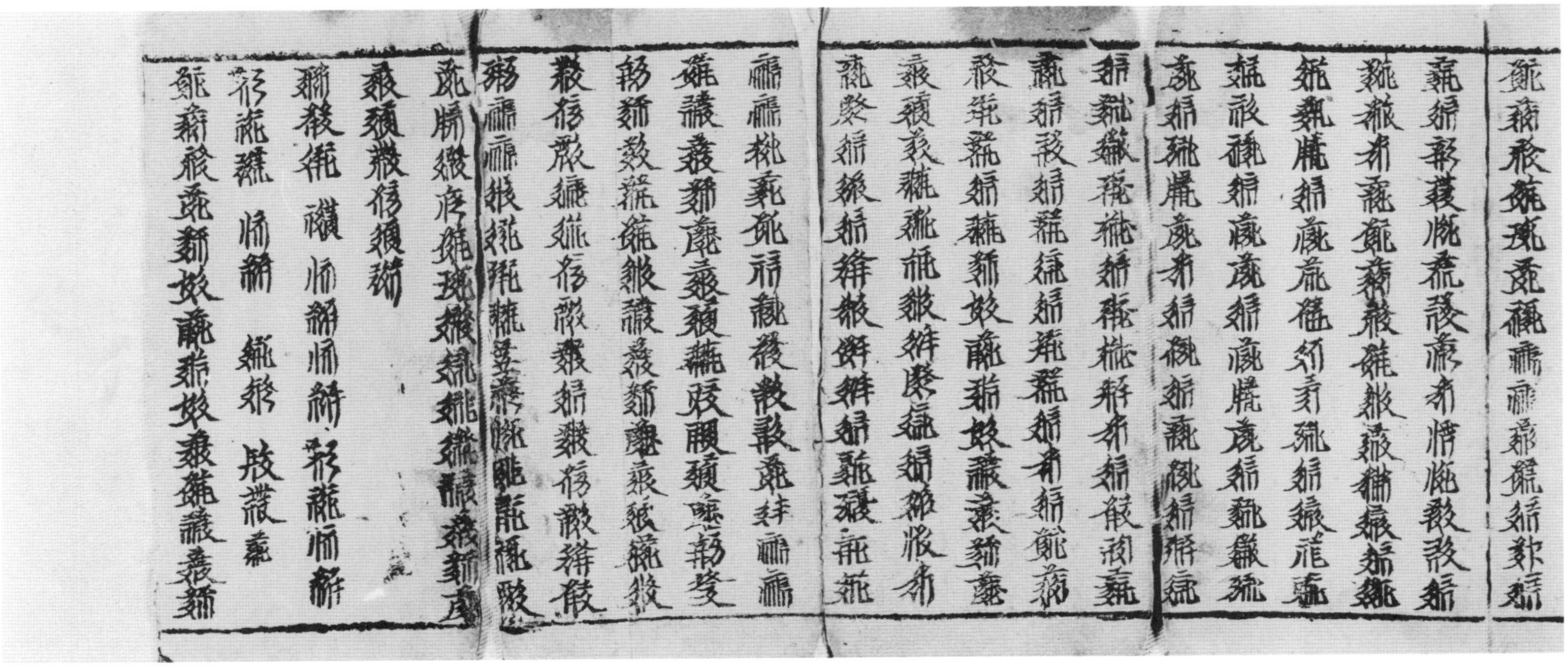

俄Инв.No.590　佛説聖佛母般若波羅蜜多經　(2–2)

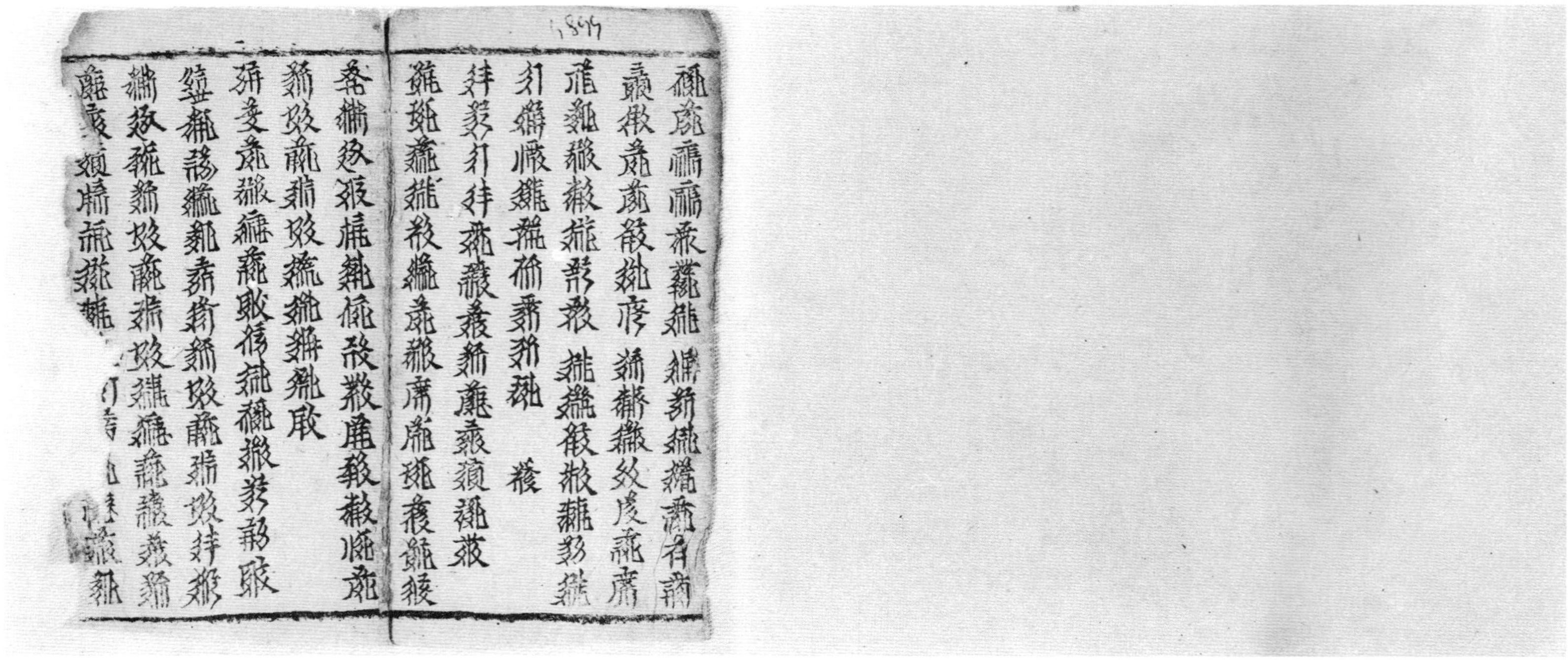

俄 Инв.No.6899　佛説聖佛母般若波羅蜜多經　(3–1)

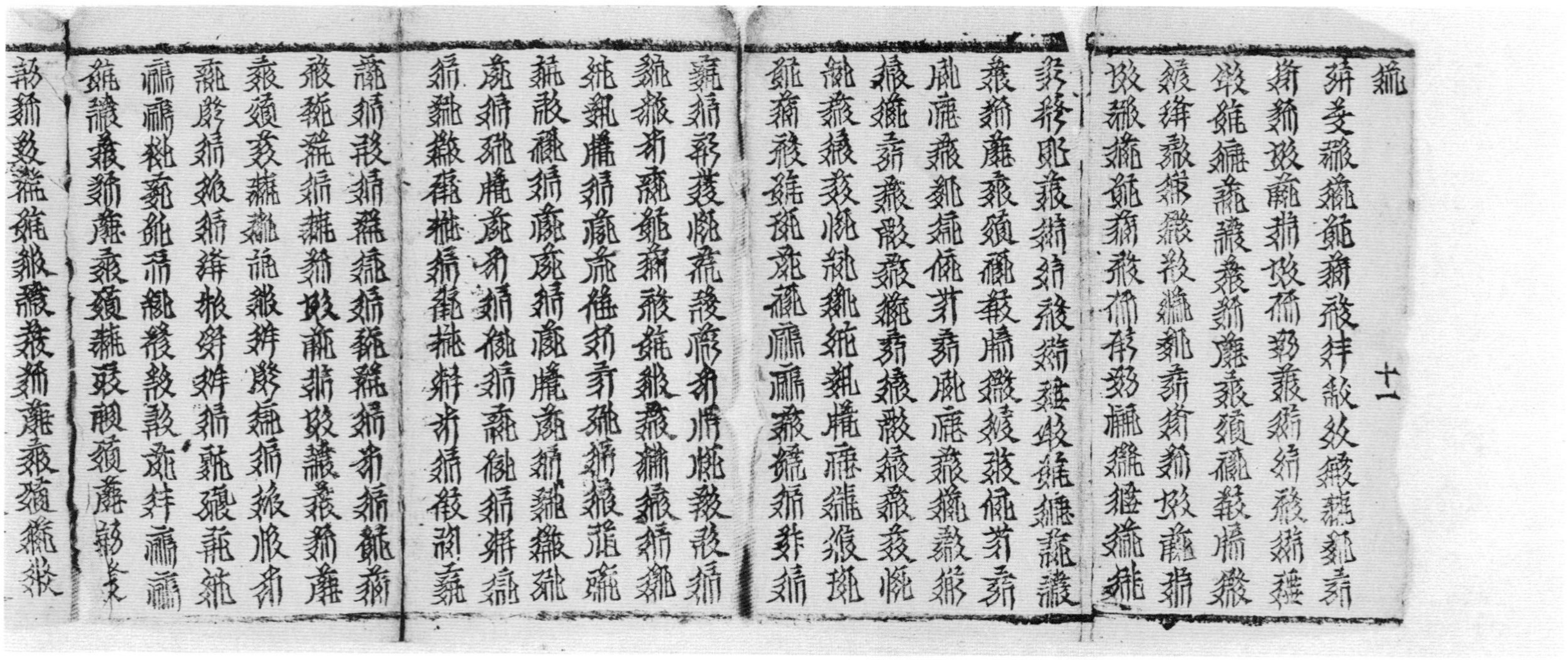

俄 Инв.No.6899　佛説聖佛母般若波羅蜜多經　(3–2)

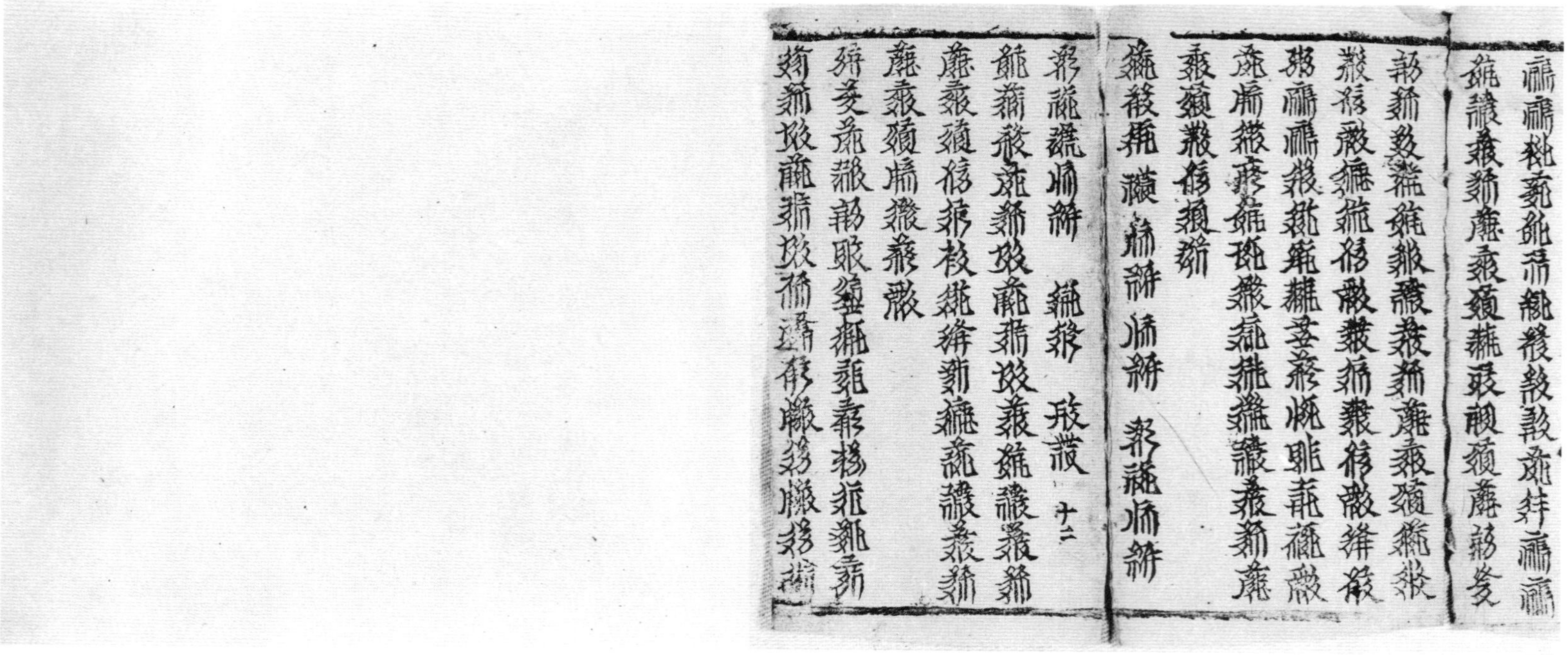

俄 Инв.No.6899　佛説聖佛母般若波羅蜜多經　(3–3)

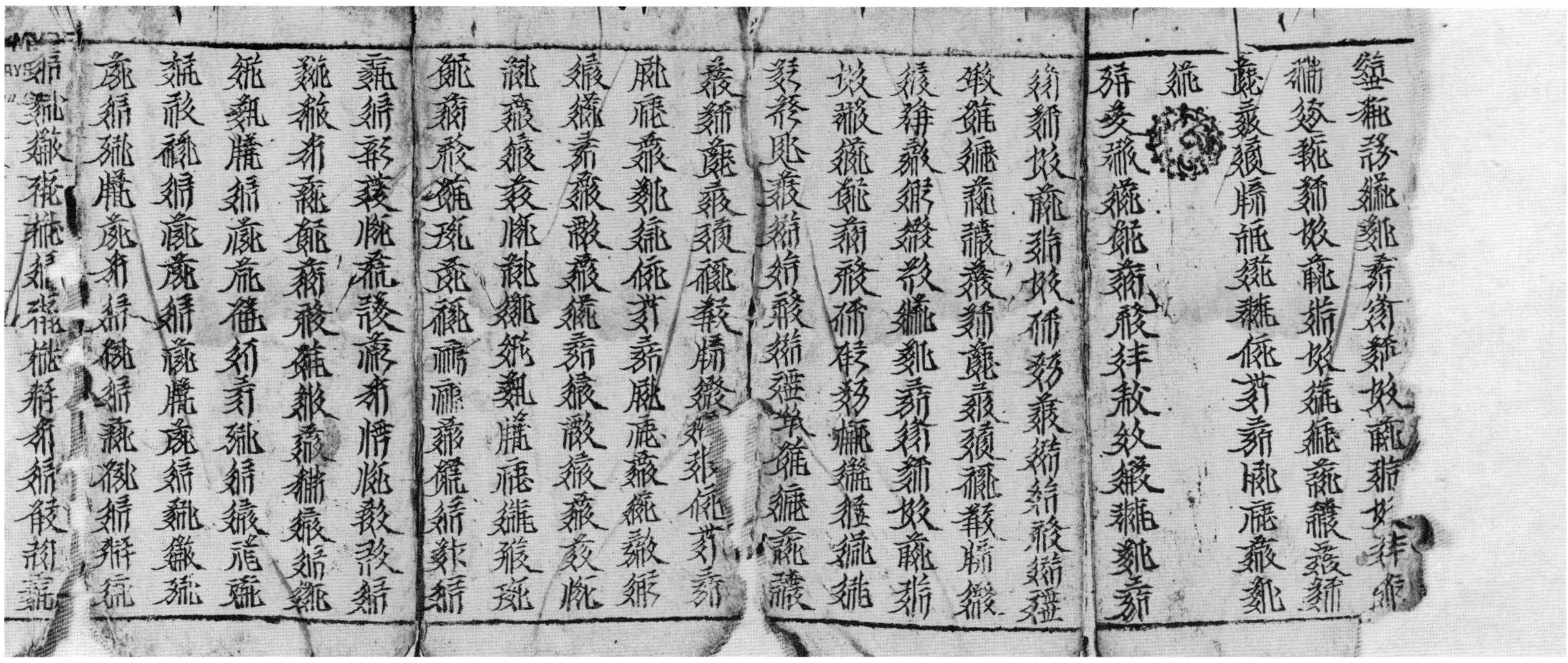

俄 Инв. No.601　佛説聖佛母般若波羅蜜多經　(2-1)

俄 Инв. No.601　佛説聖佛母般若波羅蜜多經　(2-2)

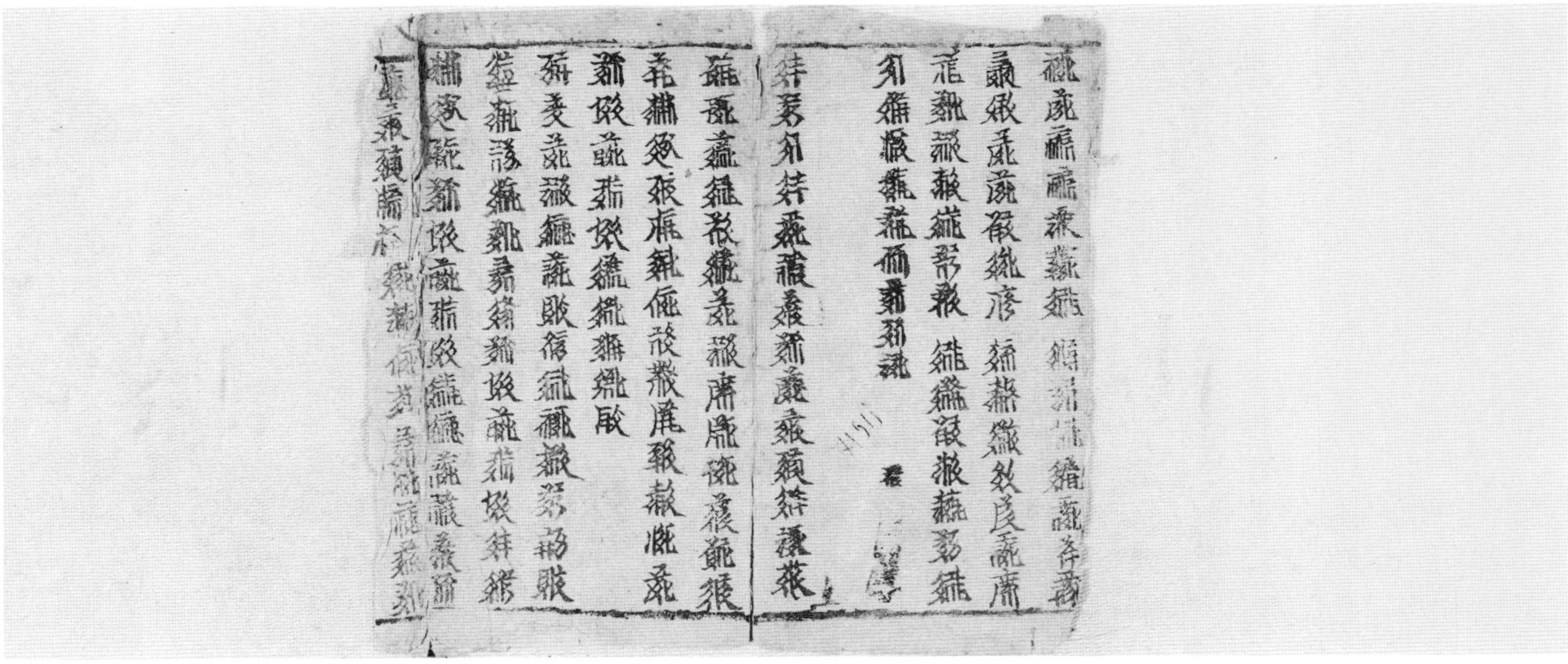

俄 Инв. No.7191　佛説聖佛母般若波羅蜜多心經

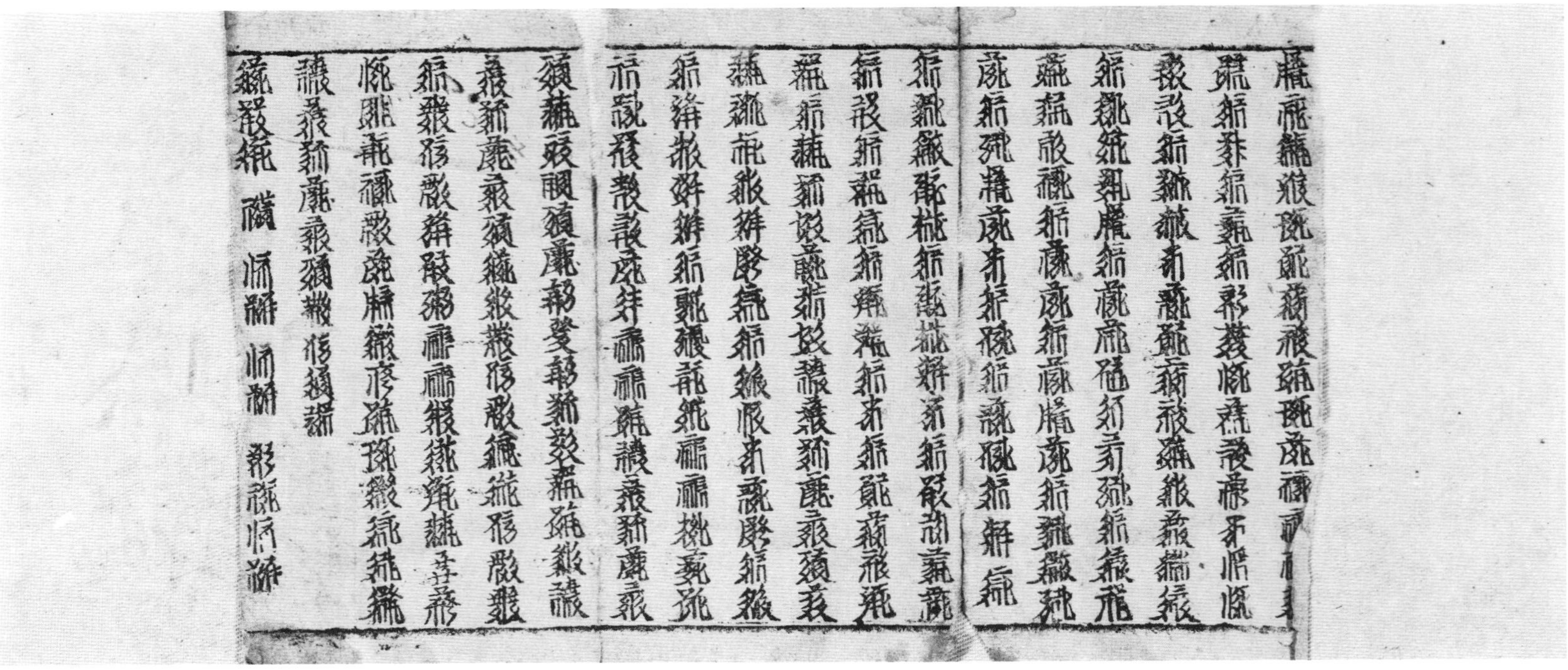

俄 Инв.No.594　佛説聖佛母般若波羅蜜多心經

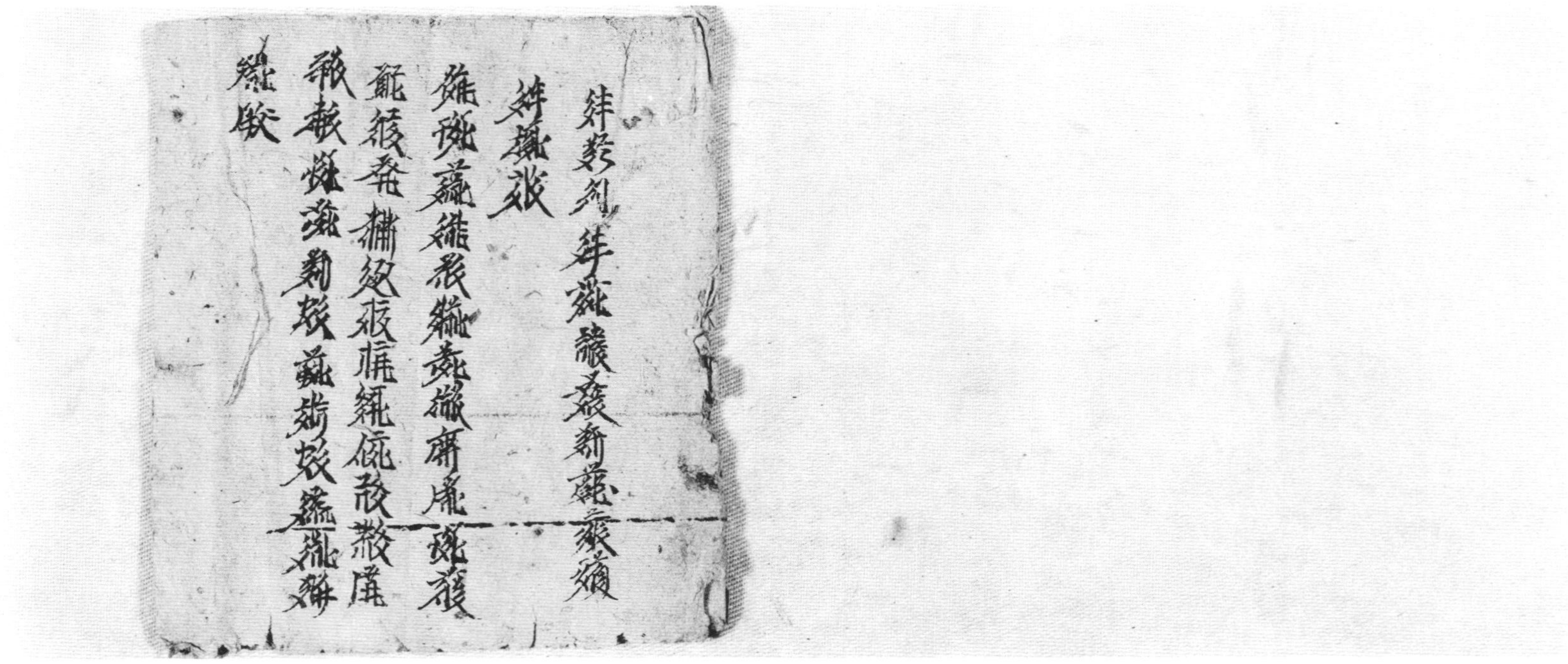

俄 Инв.No.5988　佛説聖佛母般若波羅蜜多心經　(5-1)

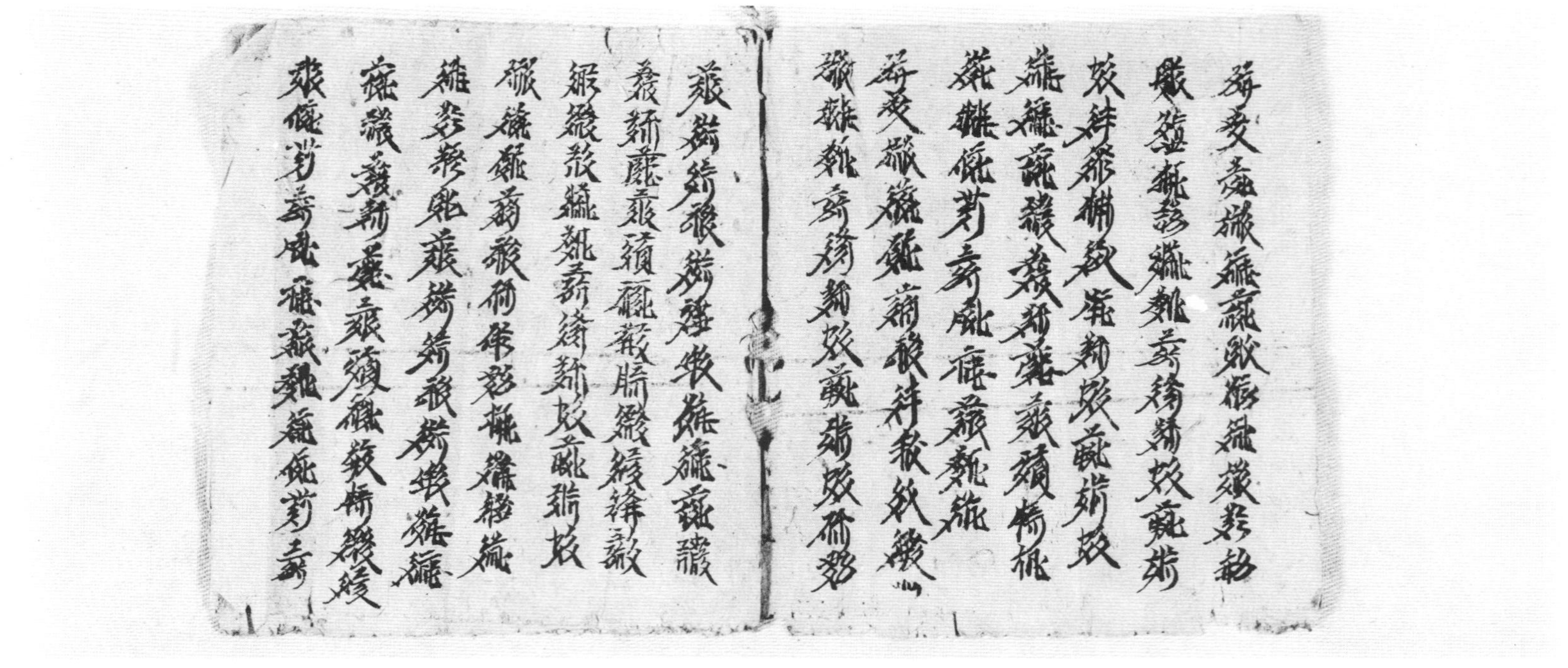

俄 Инв.No.5988　佛説聖佛母般若波羅蜜多心經　(5-2)

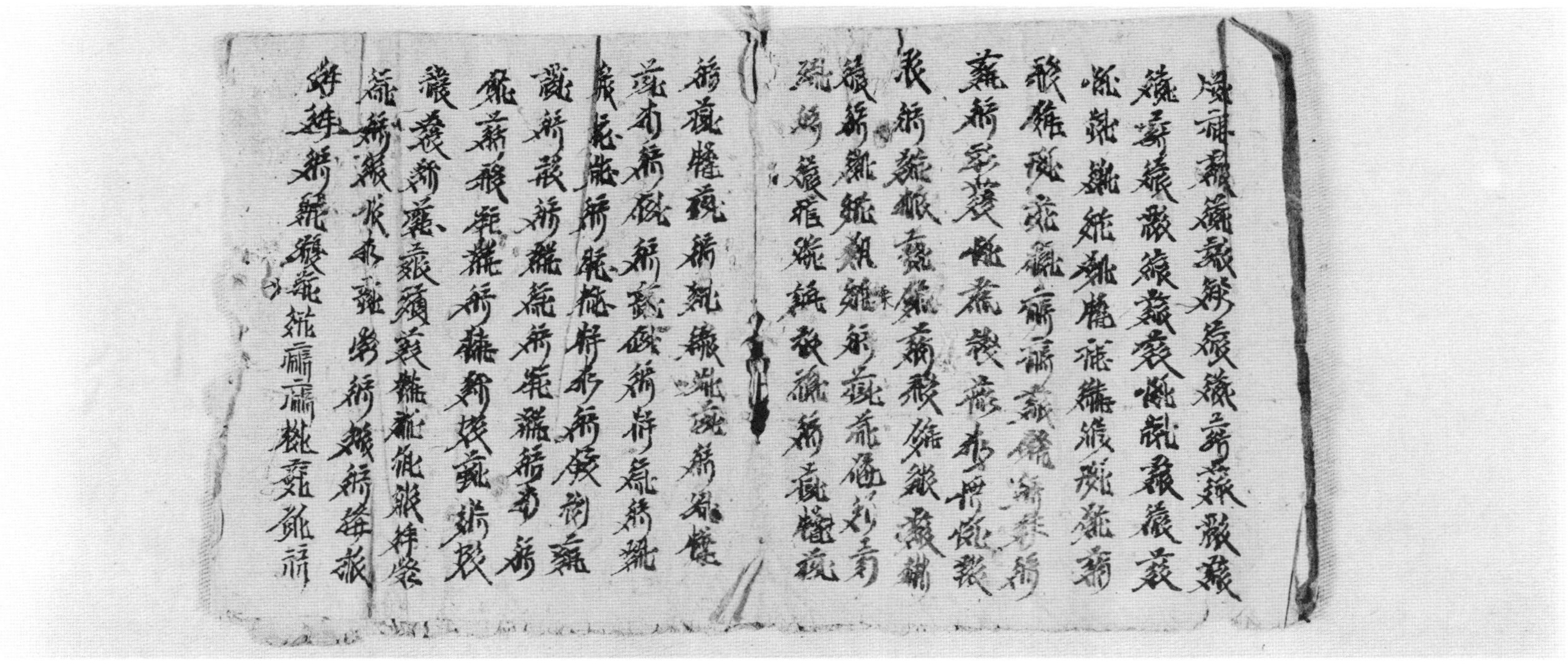

俄 Инв.No.5988　佛説聖佛母般若波羅蜜多心經　(5–3)

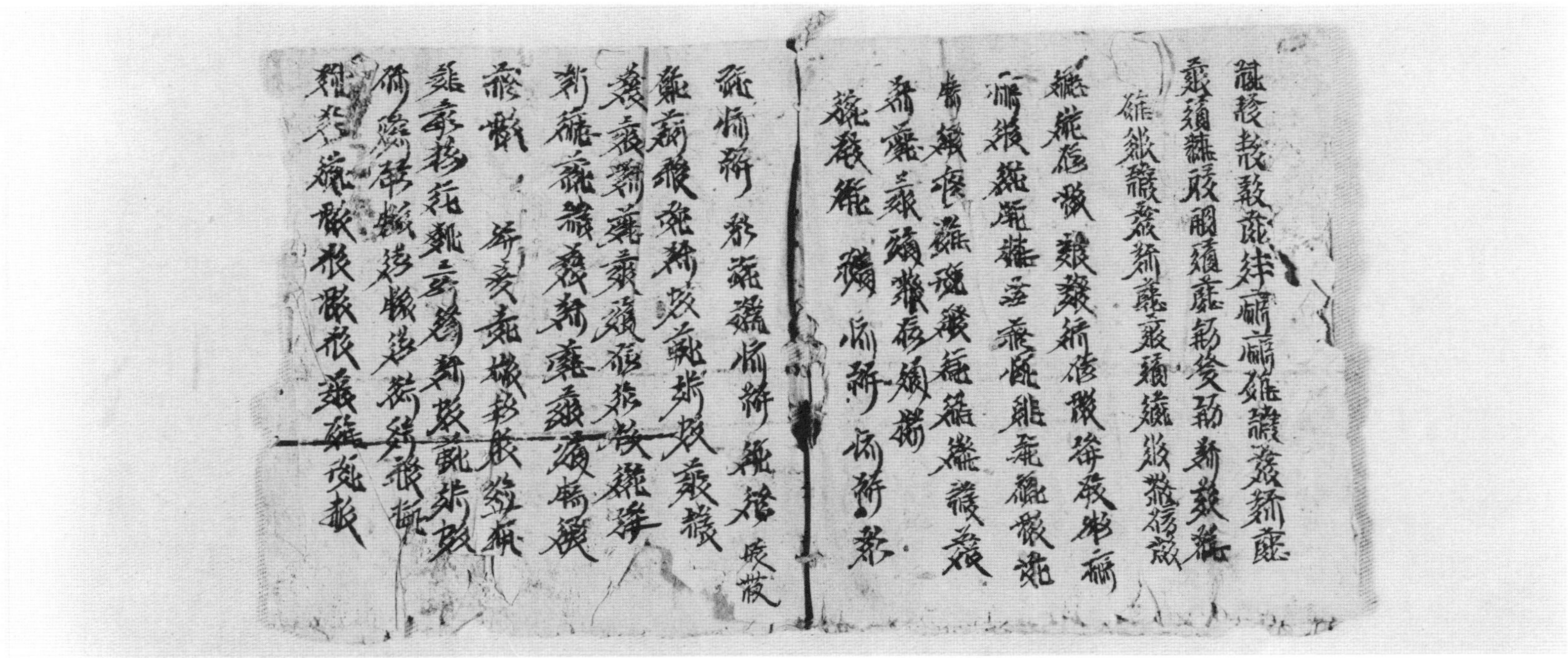

俄 Инв.No.5988　佛説聖佛母般若波羅蜜多心經　(5–4)

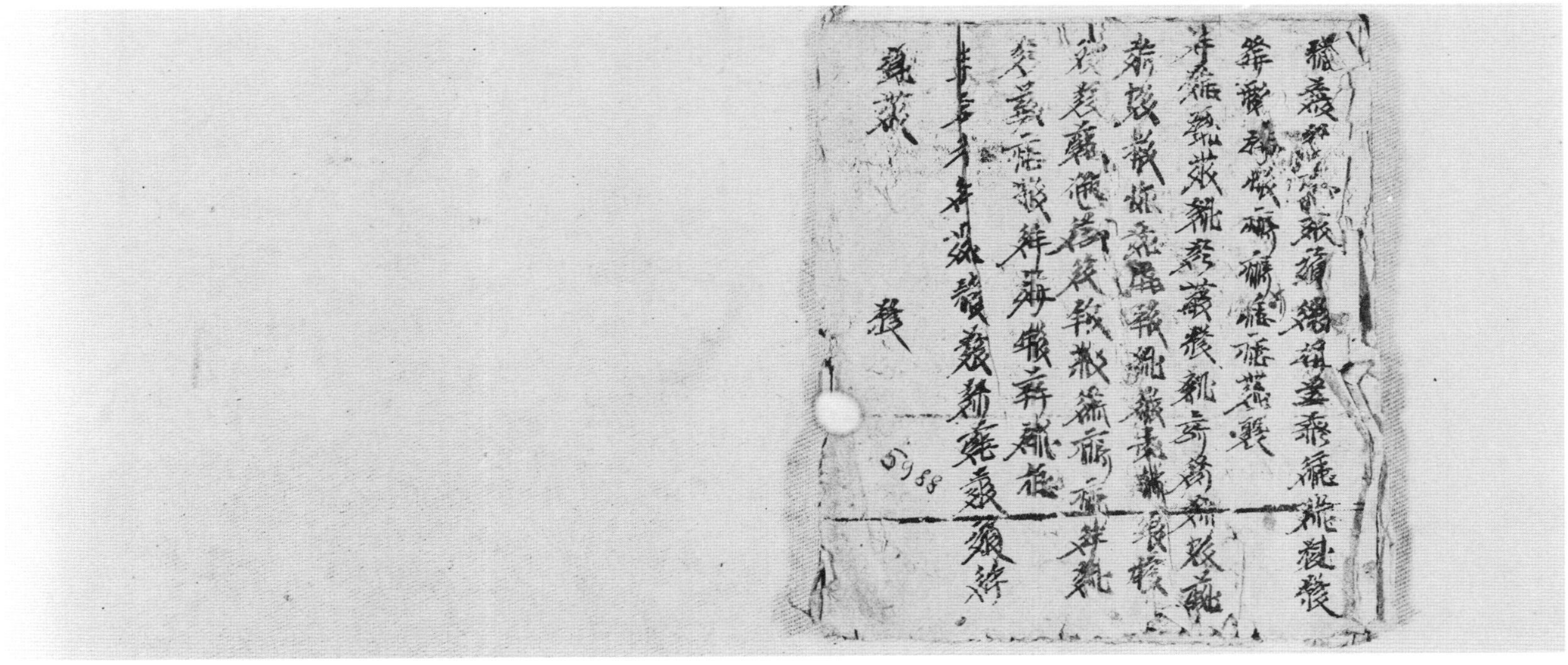

俄 Инв.No.5988　佛説聖佛母般若波羅蜜多心經　(5–5)

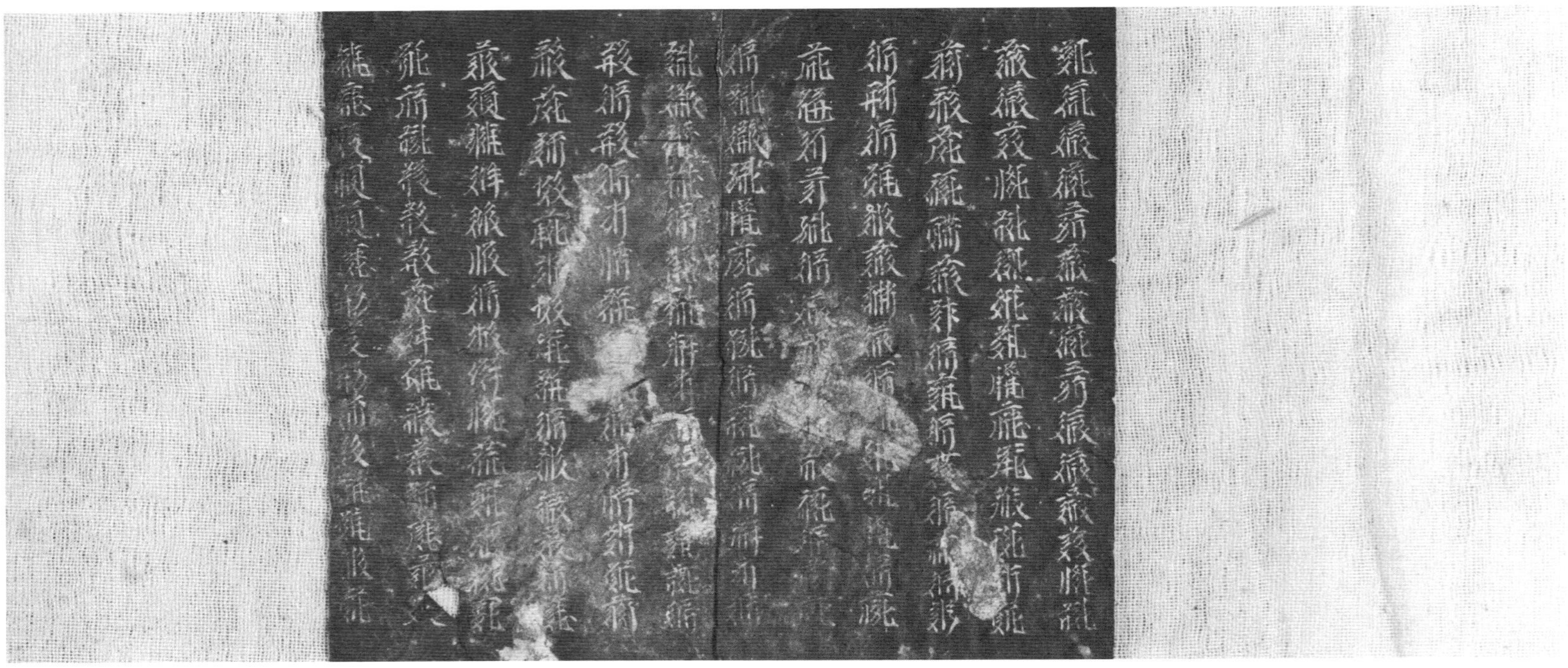

俄 Инв.No.7457　佛説聖佛母般若波羅蜜多心經

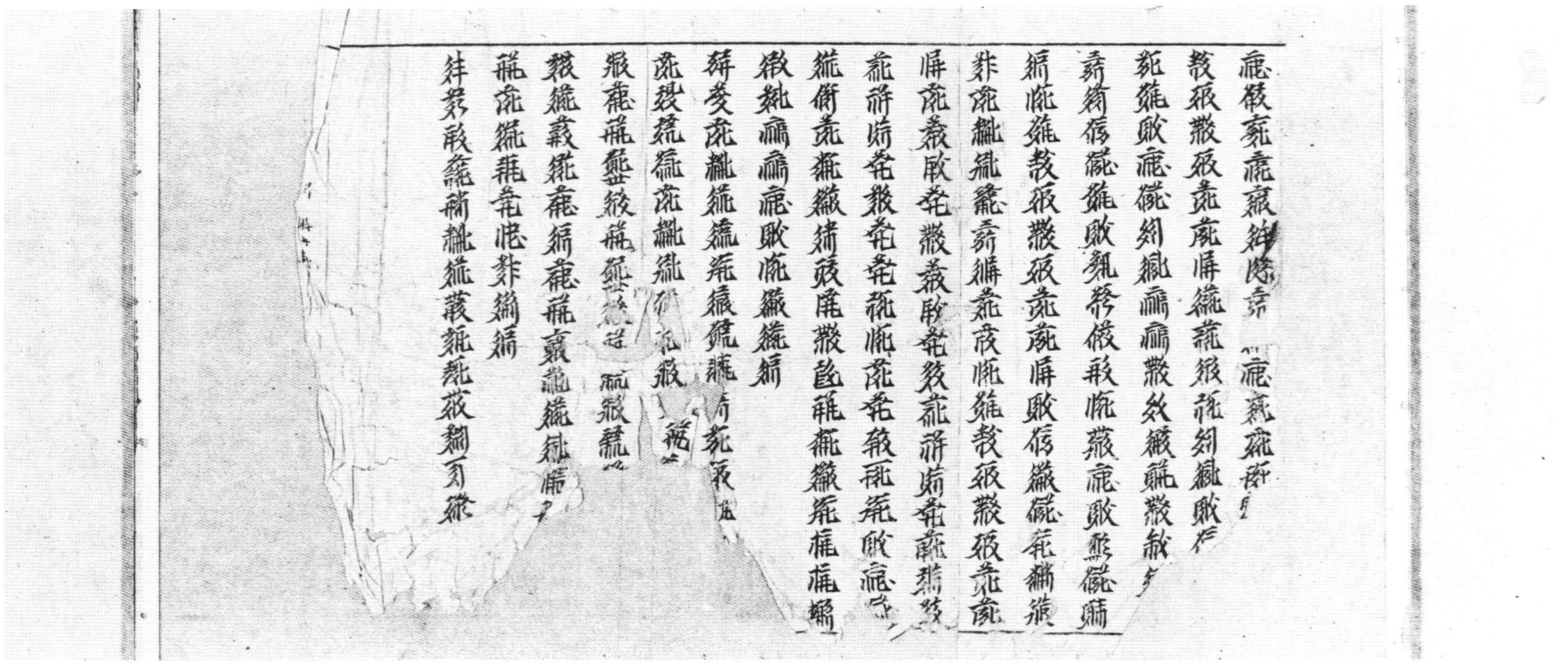

俄 Инв.No.2426　佛説除蓋障菩薩所問經卷第一

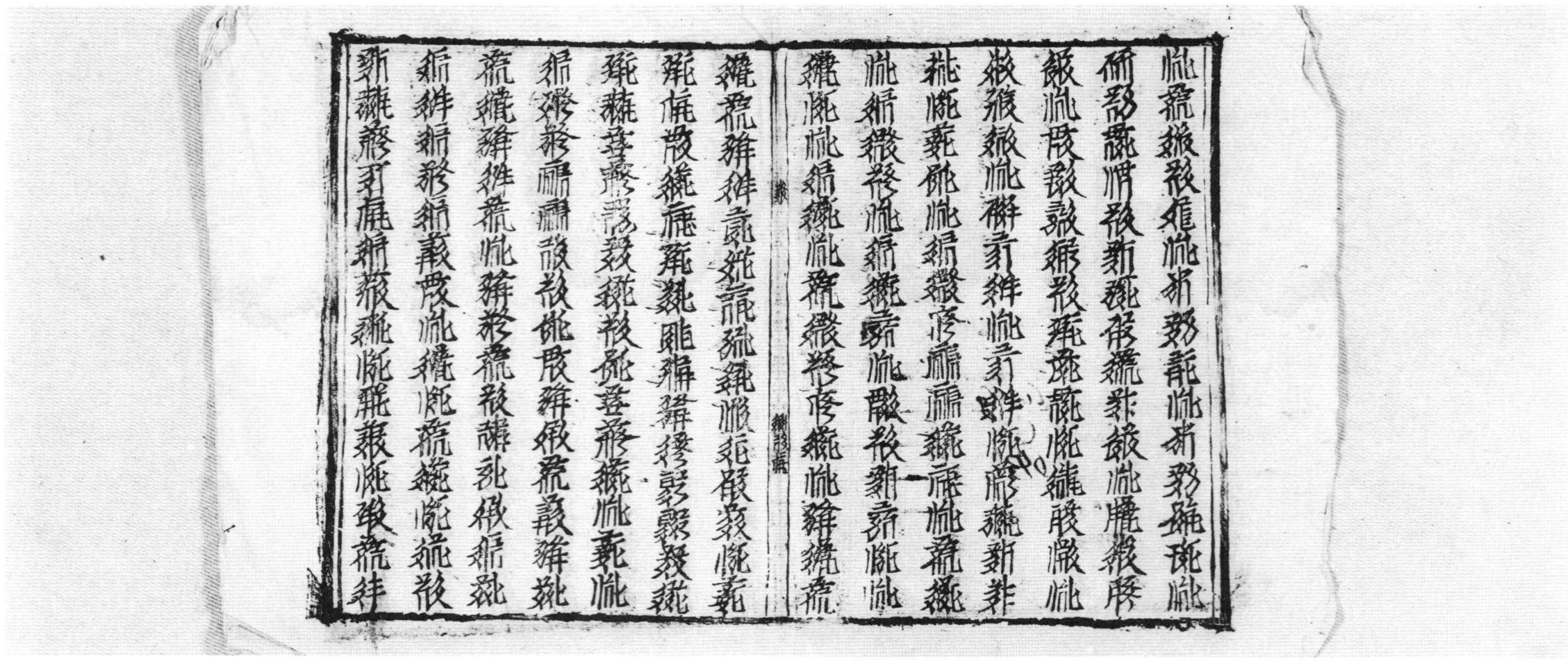

俄 Инв.No.46　寶藏論　　(9-1)

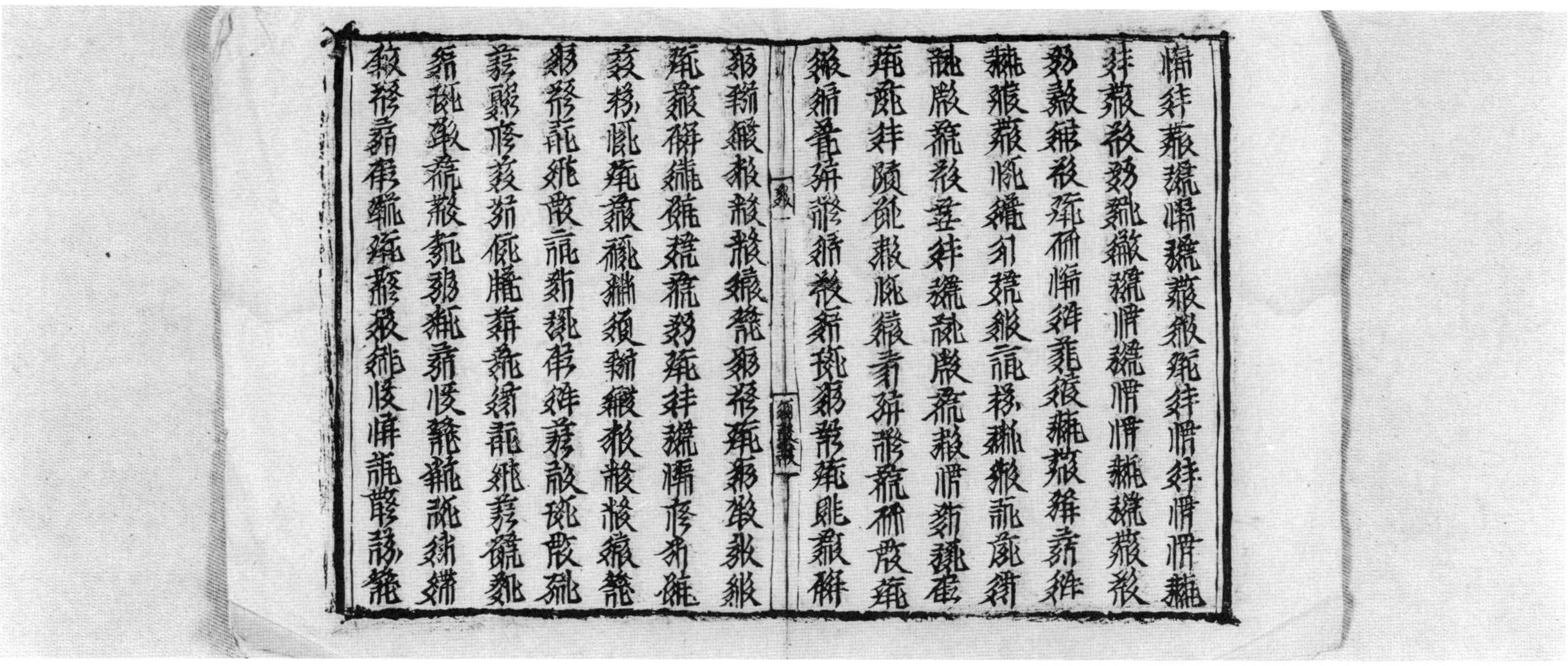

俄 Инв.No.46 寶藏論 (9-2)

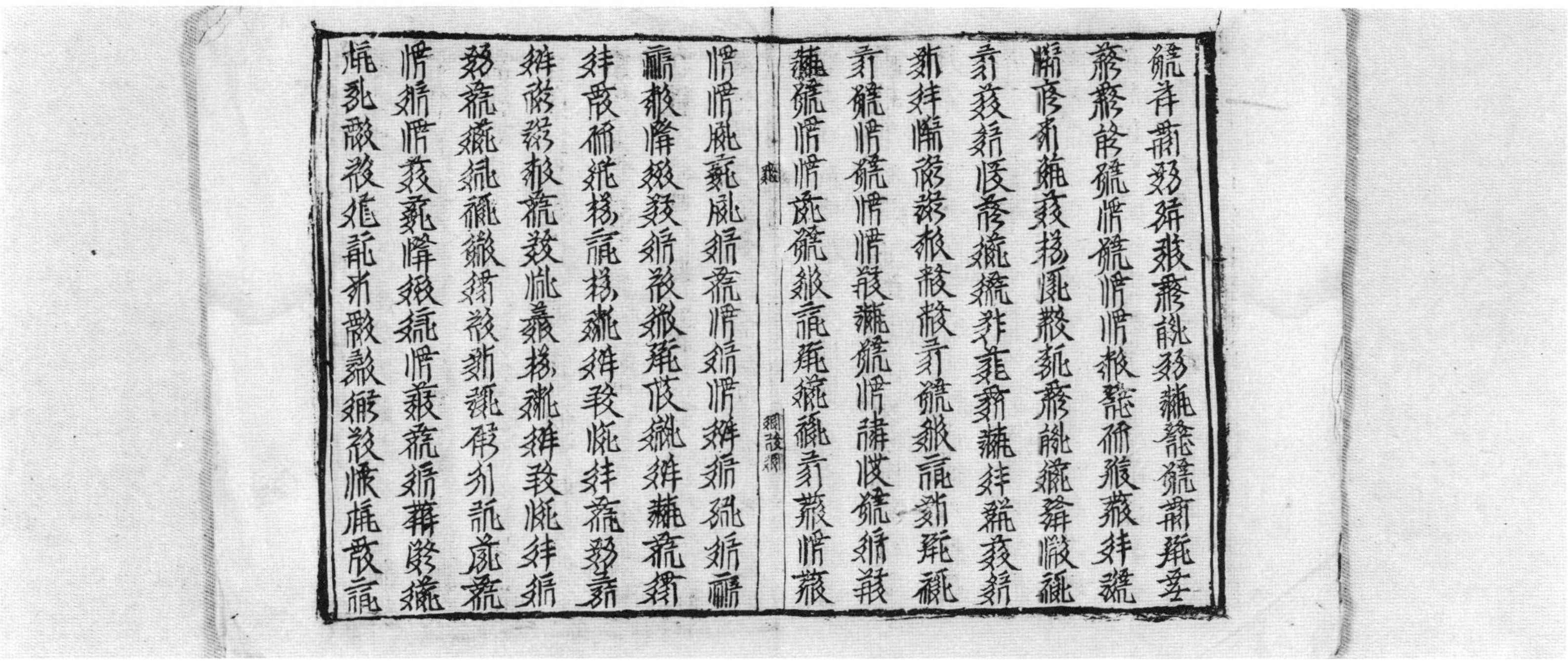

俄 Инв.No.46 寶藏論 (9-3)

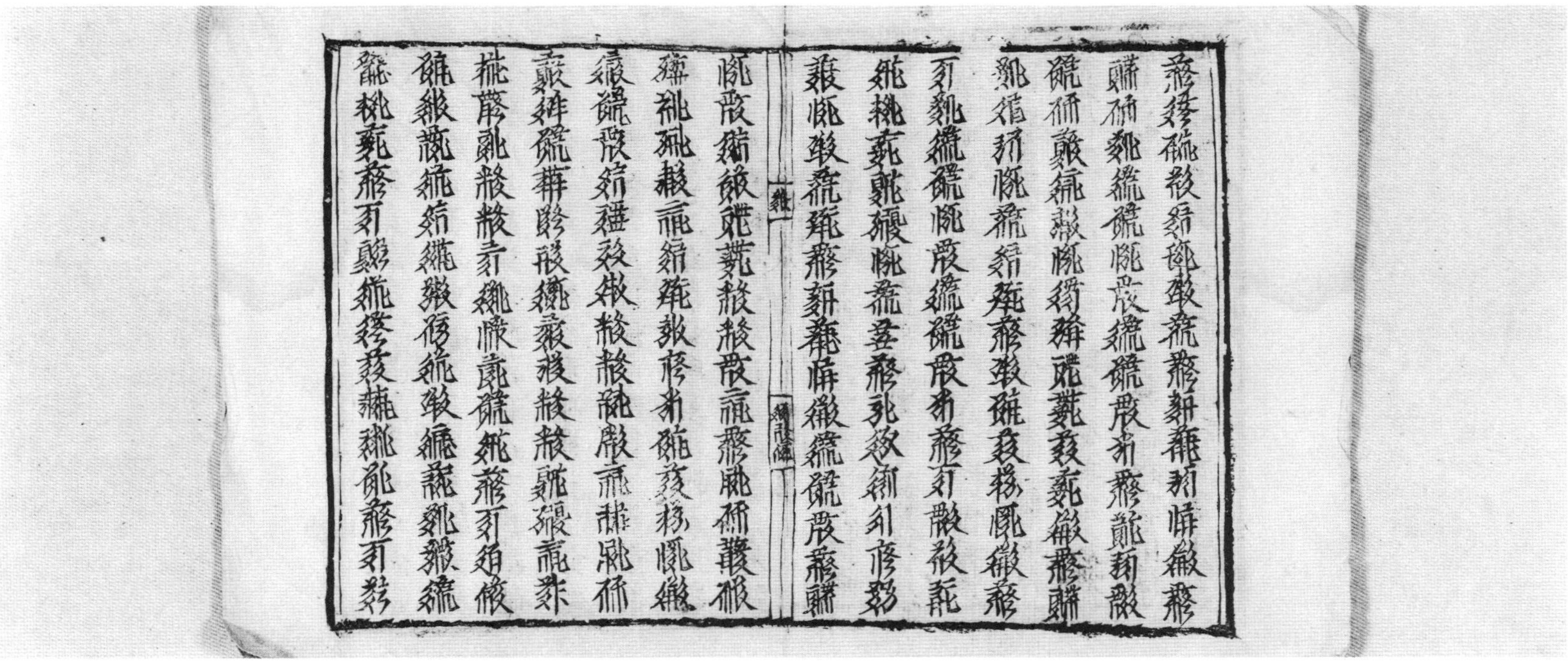

俄 Инв.No.46 寶藏論 (9-4)

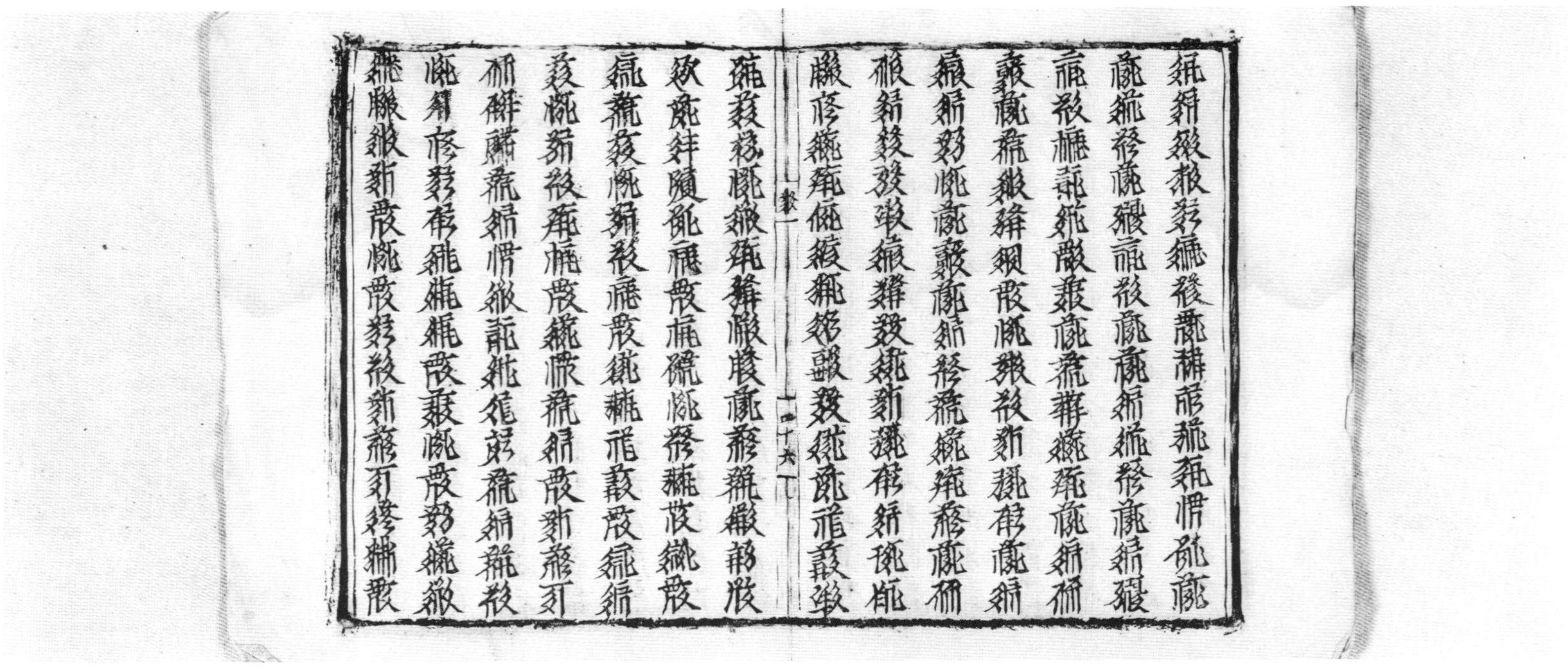

俄 Инв.No.46　寶藏論　　(9–5)

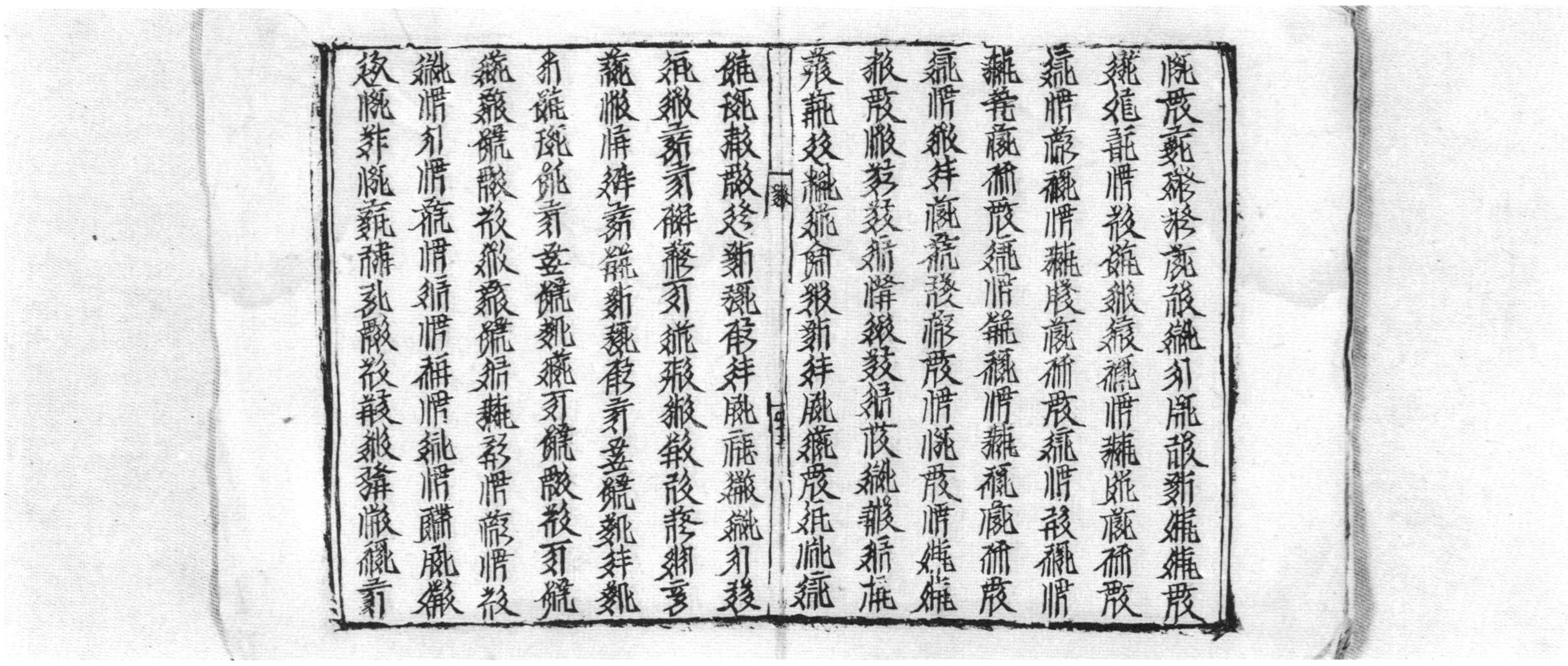

俄 Инв.No.46　寶藏論　　(9–6)

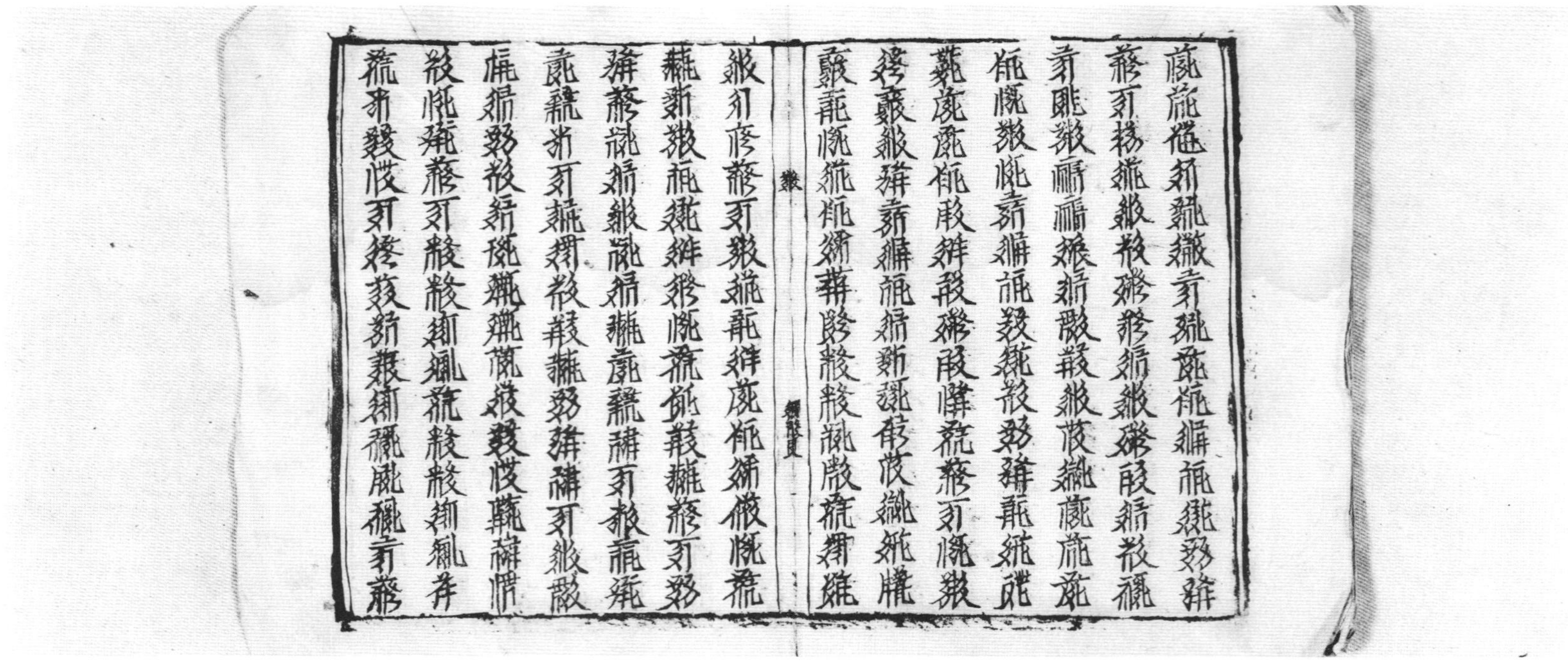

俄 Инв.No.46　寶藏論　　(9–7)

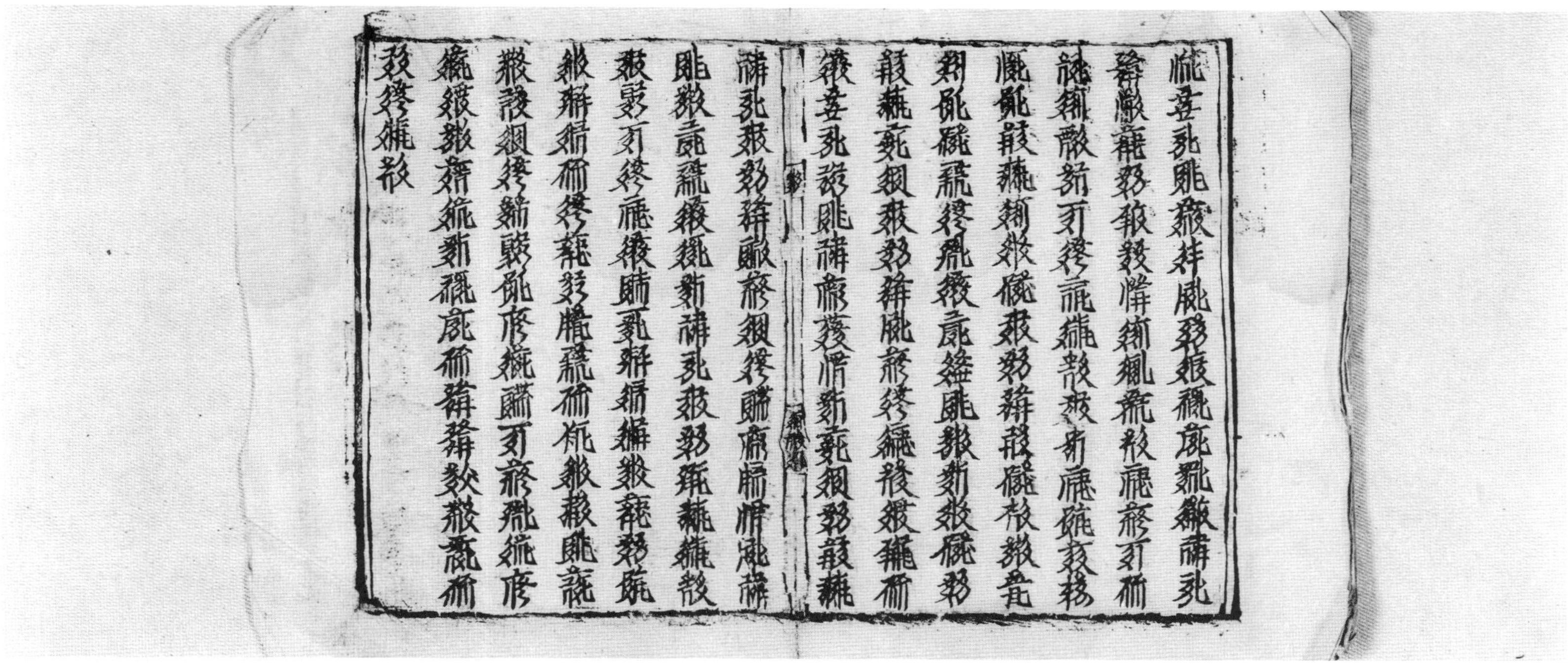

俄 Инв.No.46　寶藏論　(9–8)

俄 Инв.No.46　寶藏論　(9–9)

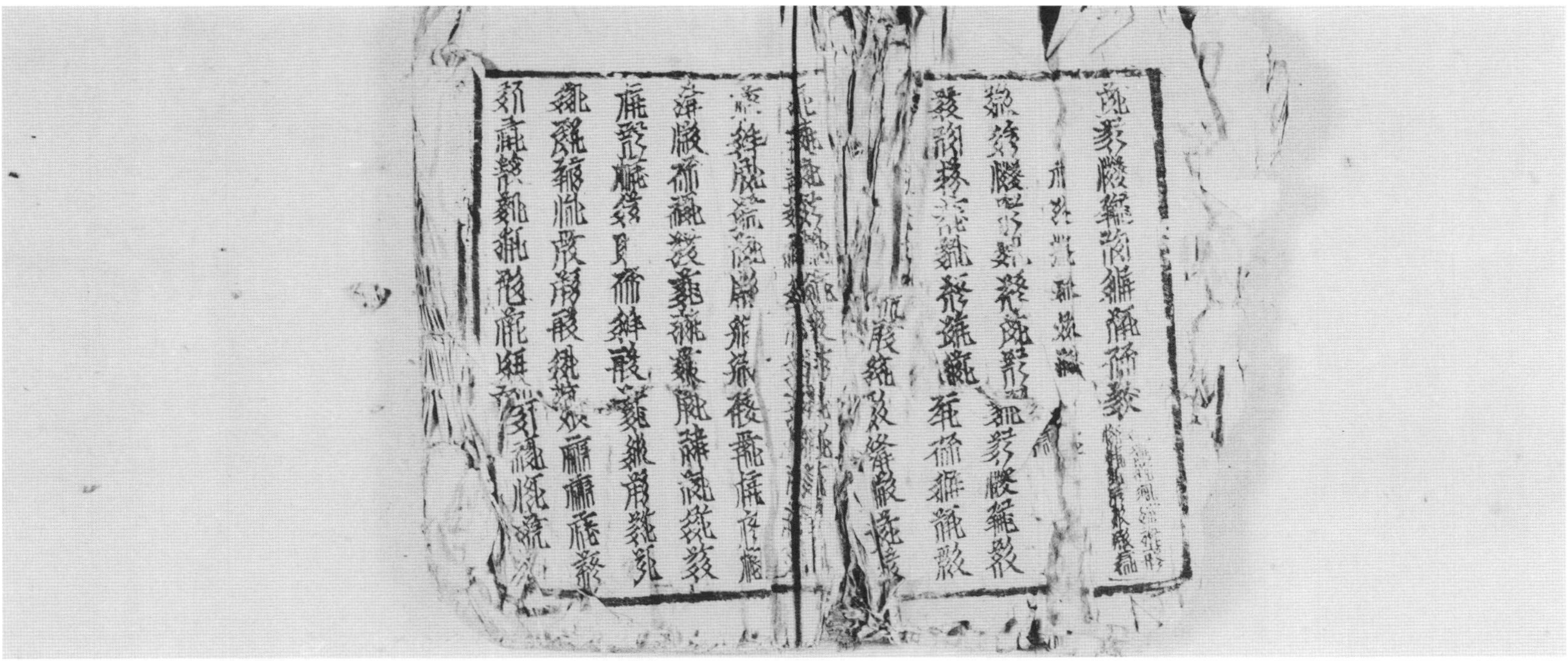

俄 Инв.No.735　諸説禪源集都序上卷　(82–1)

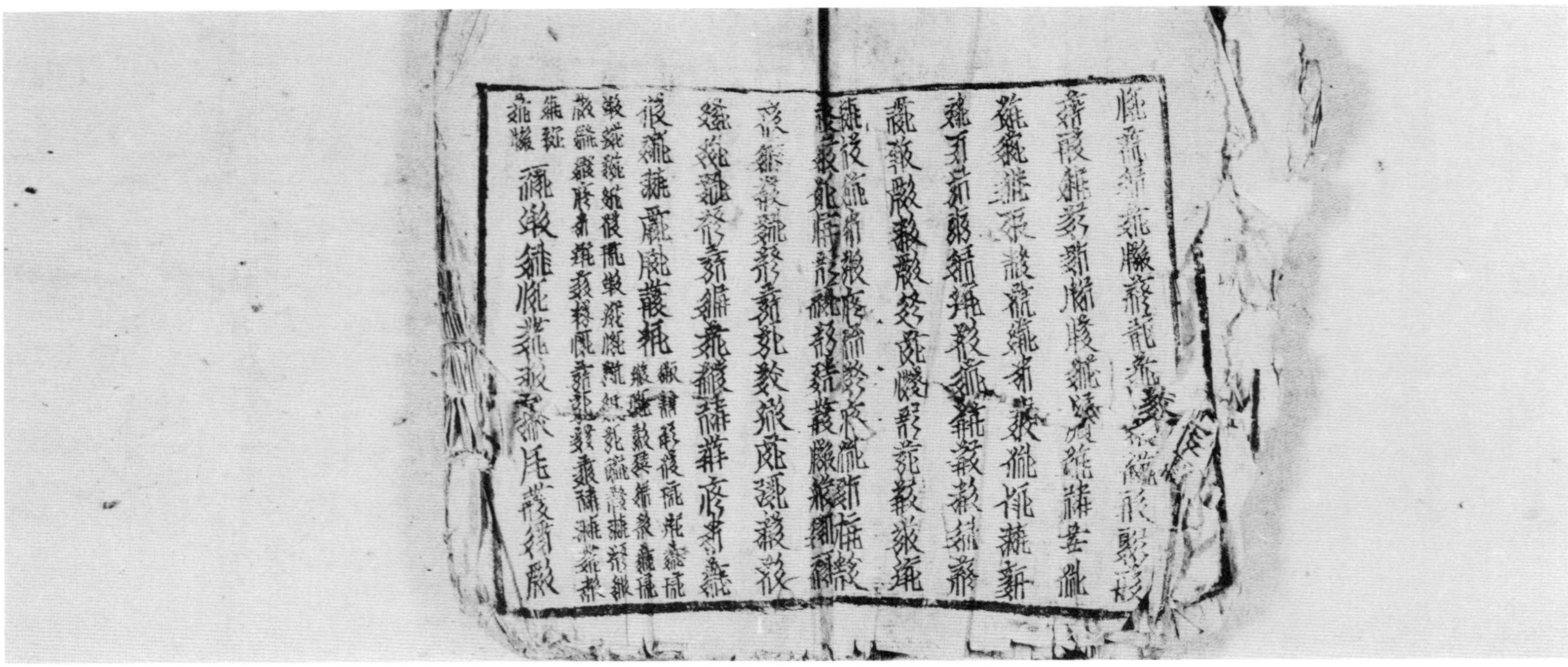

俄 Инв.No.735　諸説禪源集都序上卷　(82-2)

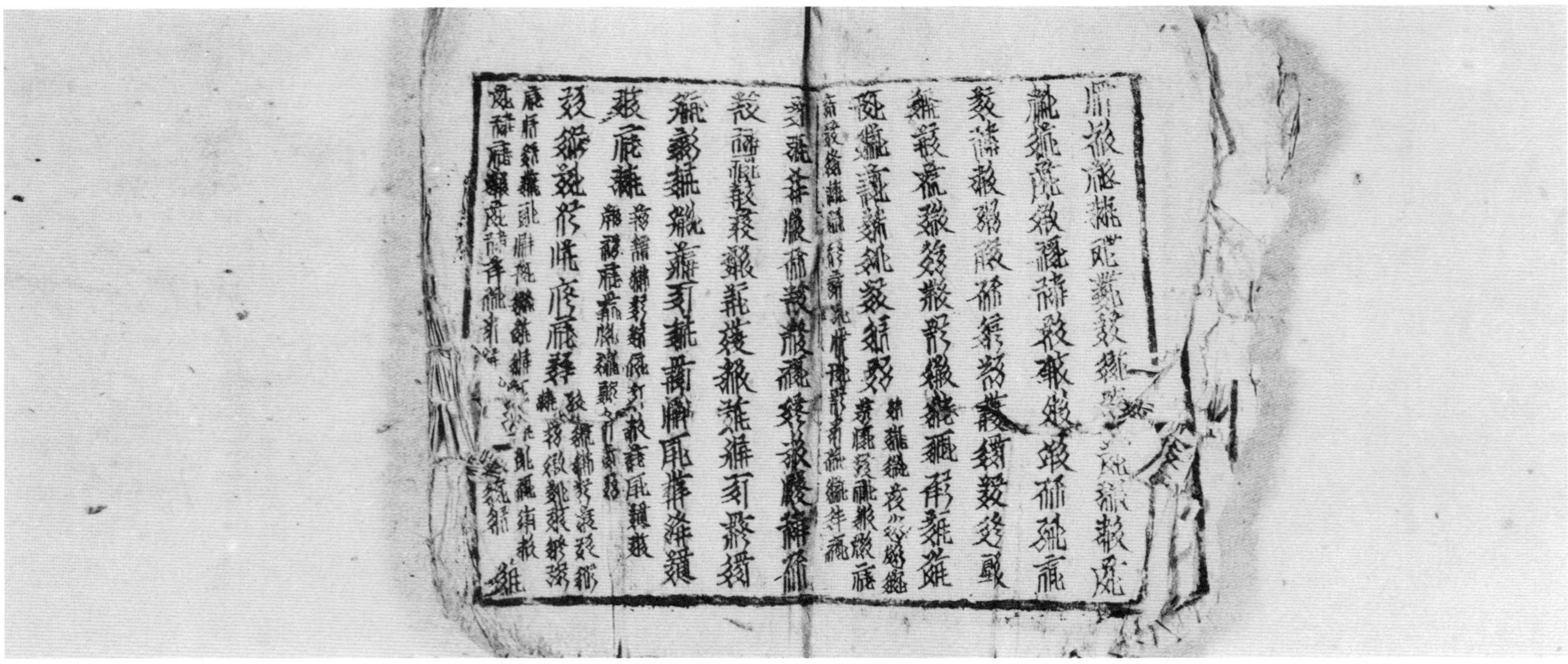

俄 Инв.No.735　諸説禪源集都序上卷　(82-3)

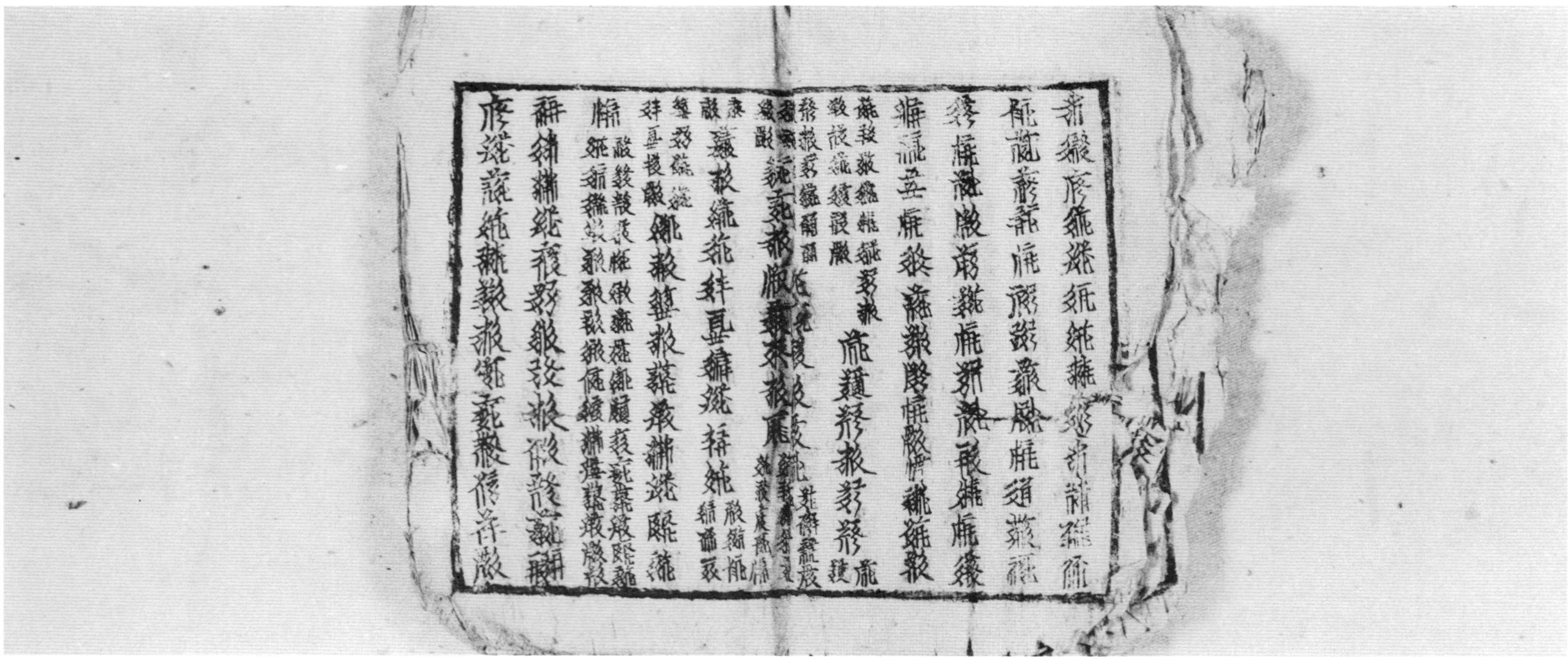

俄 Инв.No.735　諸説禪源集都序上卷　(82-4)

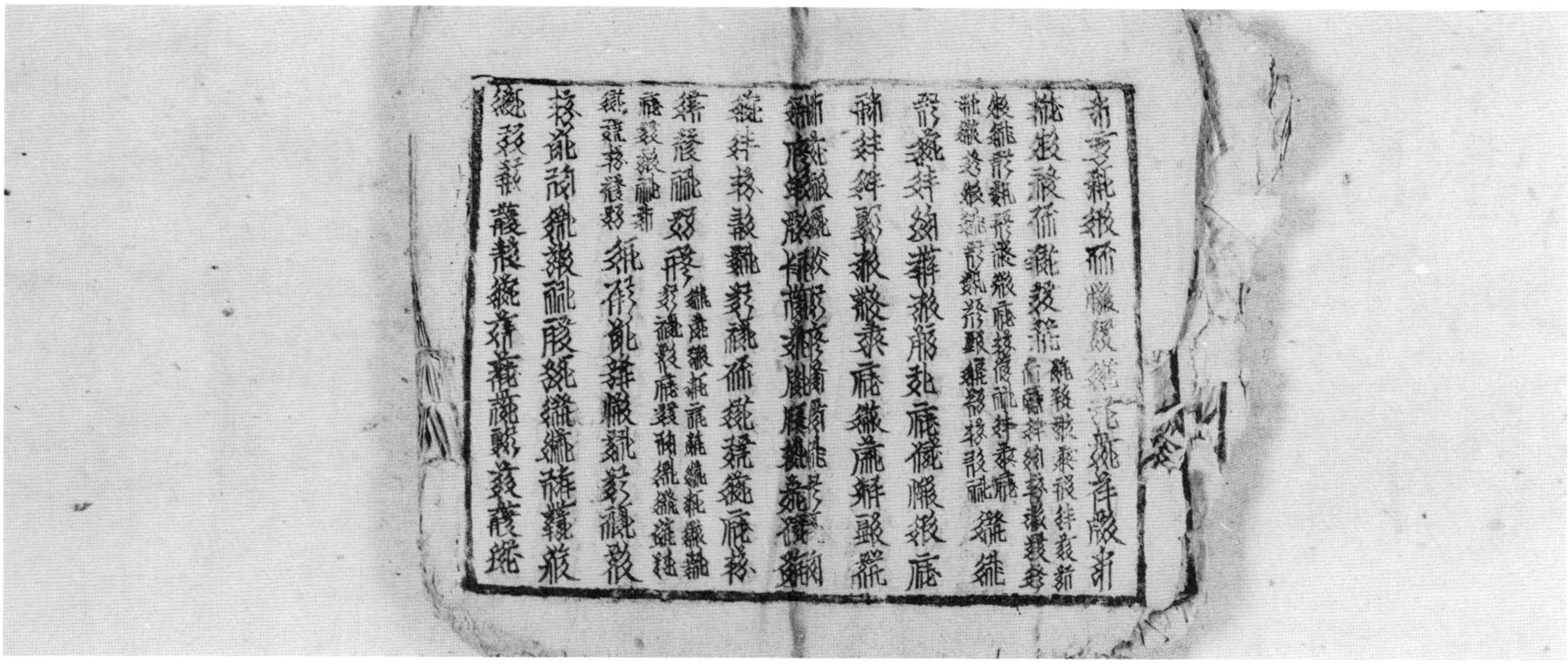

俄 Инв.No.735 諸説禪源集都序上卷 (82-5)

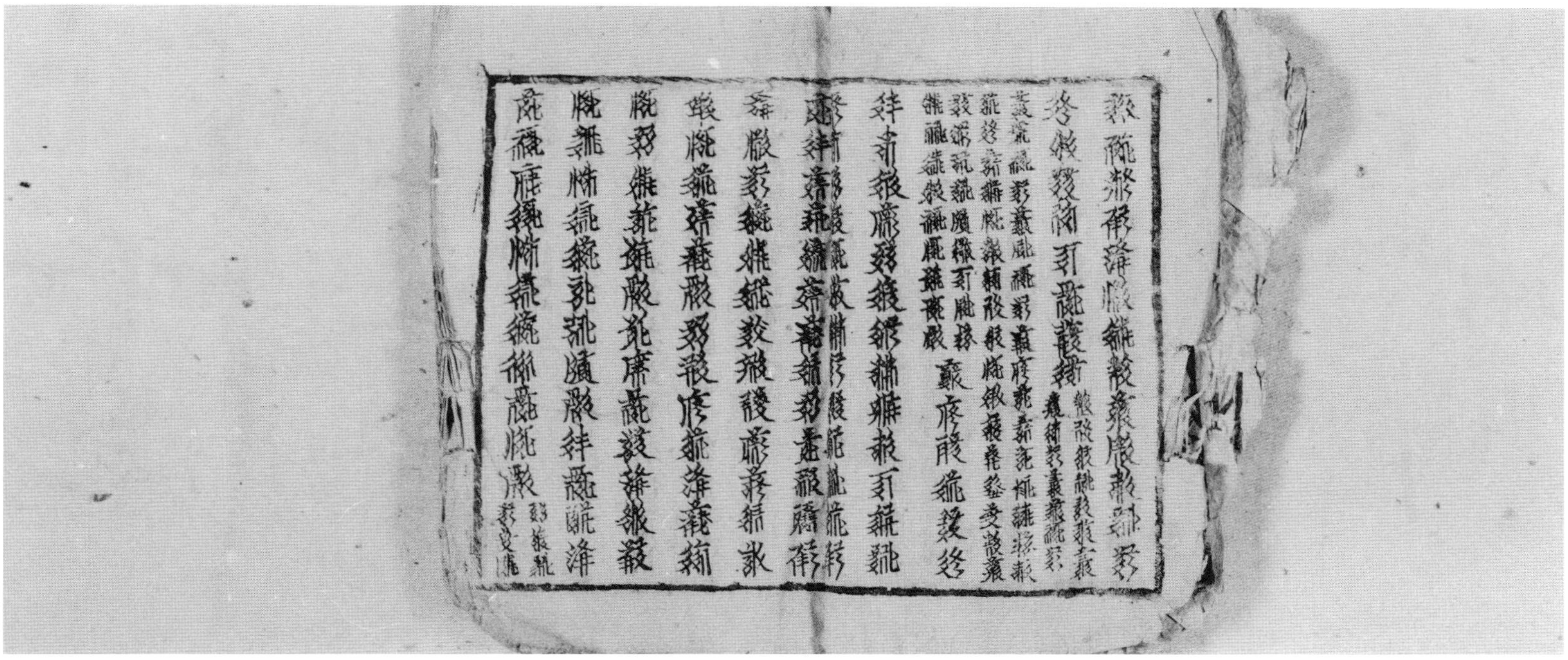

俄 Инв.No.735 諸説禪源集都序上卷 (82-6)

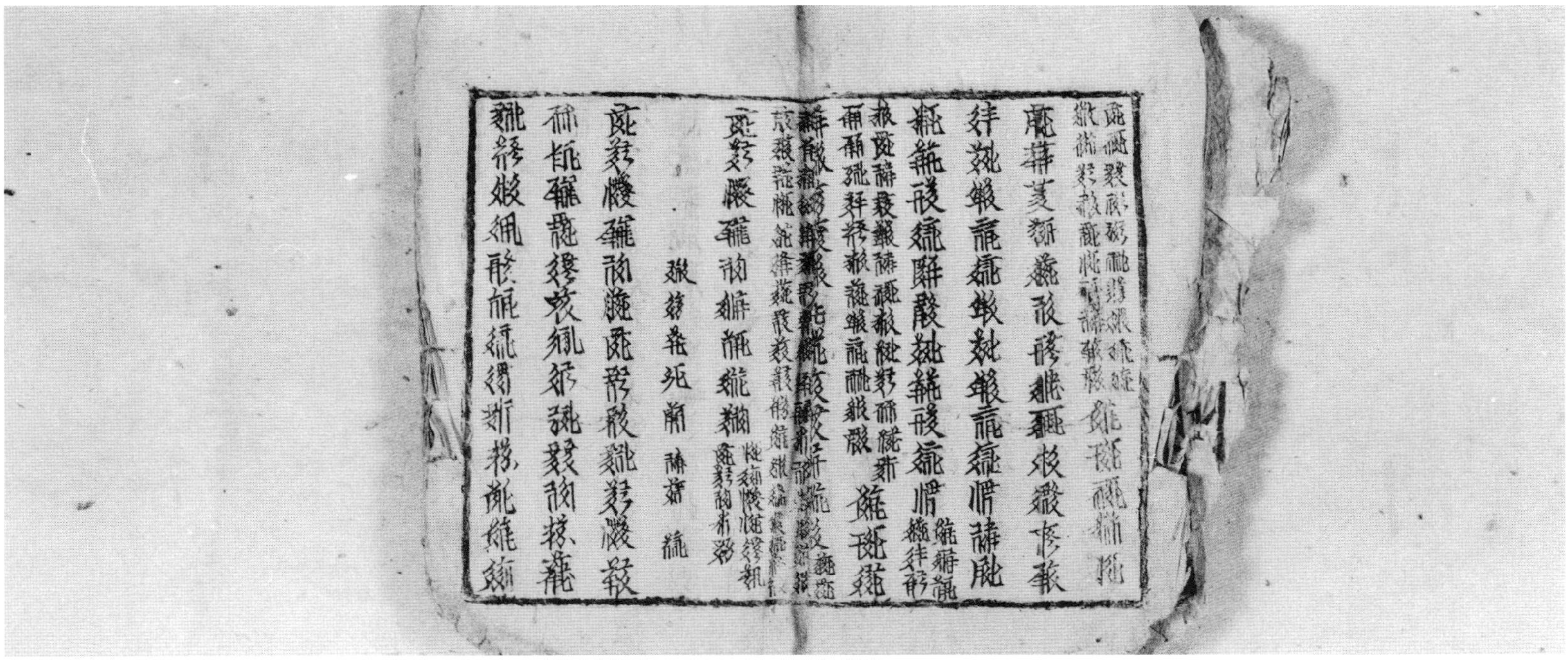

俄 Инв.No.735 諸説禪源集都序上卷 (82-7)

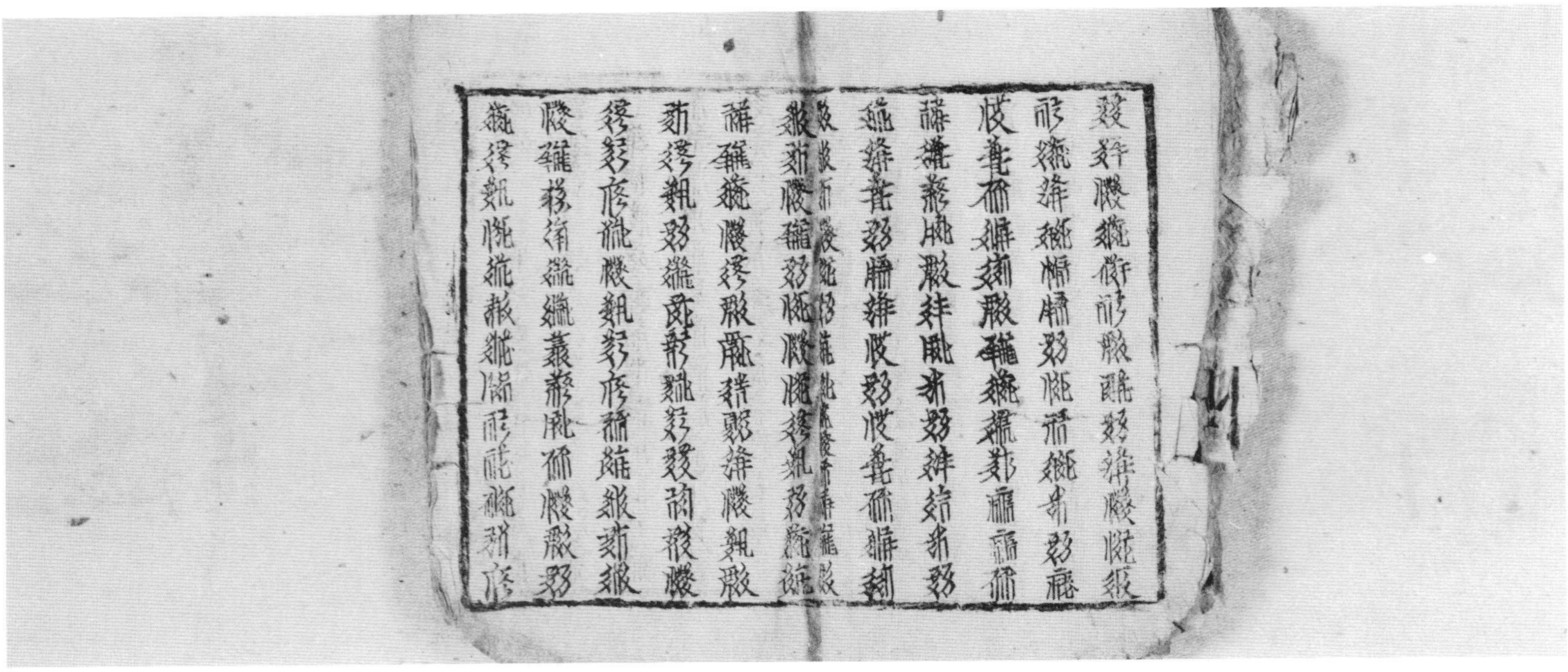

俄 Инв.No.735　諸說禪源集都序上卷　(82–8)

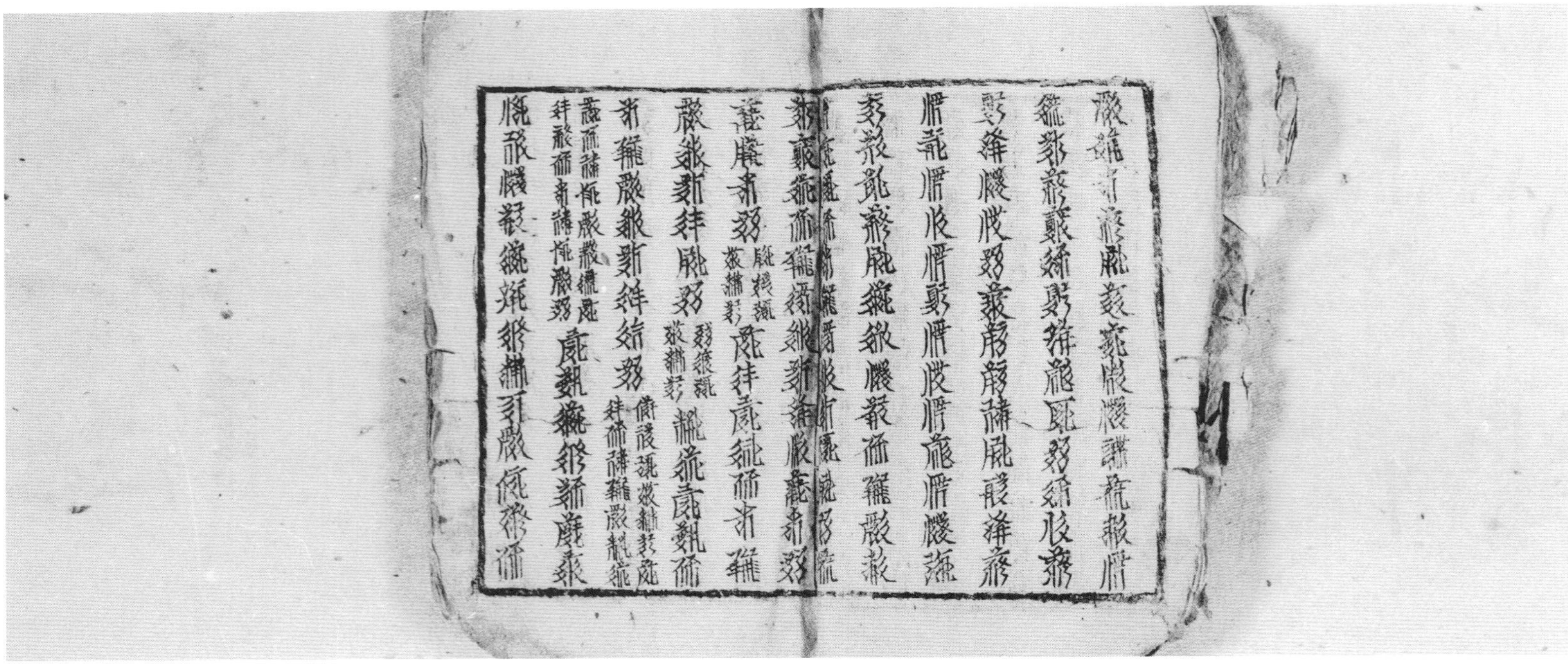

俄 Инв.No.735　諸說禪源集都序上卷　(82–9)

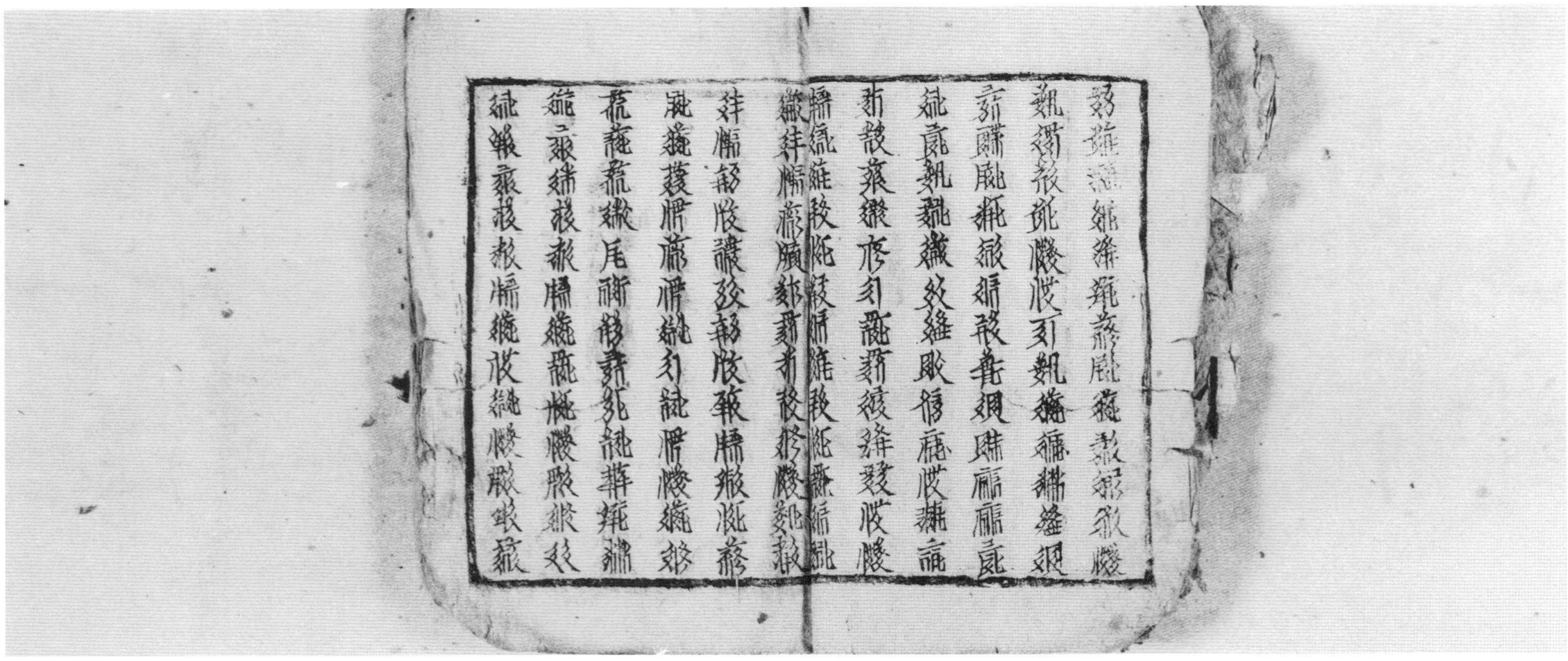

俄 Инв.No.735　諸說禪源集都序上卷　(82–10)

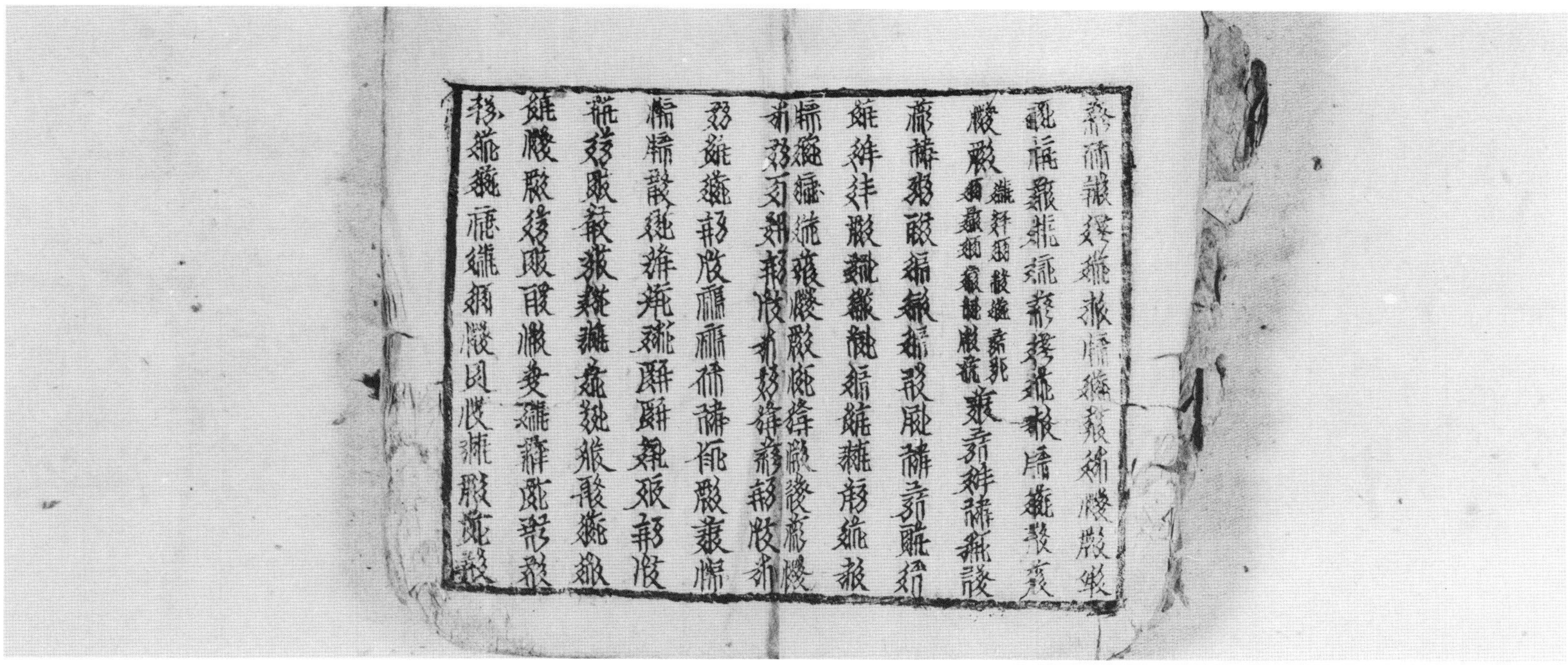

俄 Инв.No.735　諸説禪源集都序上卷　(82-11)

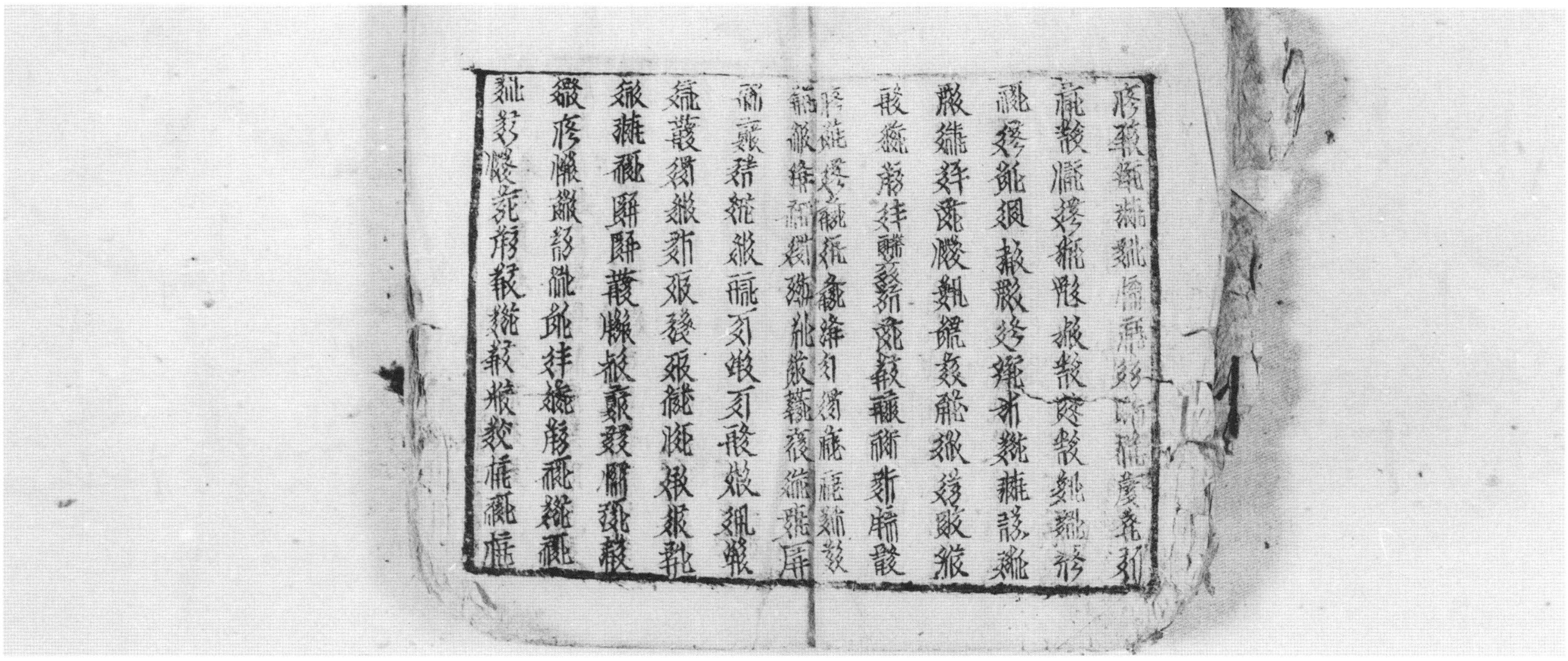

俄 Инв.No.735　諸説禪源集都序上卷　(82-12)

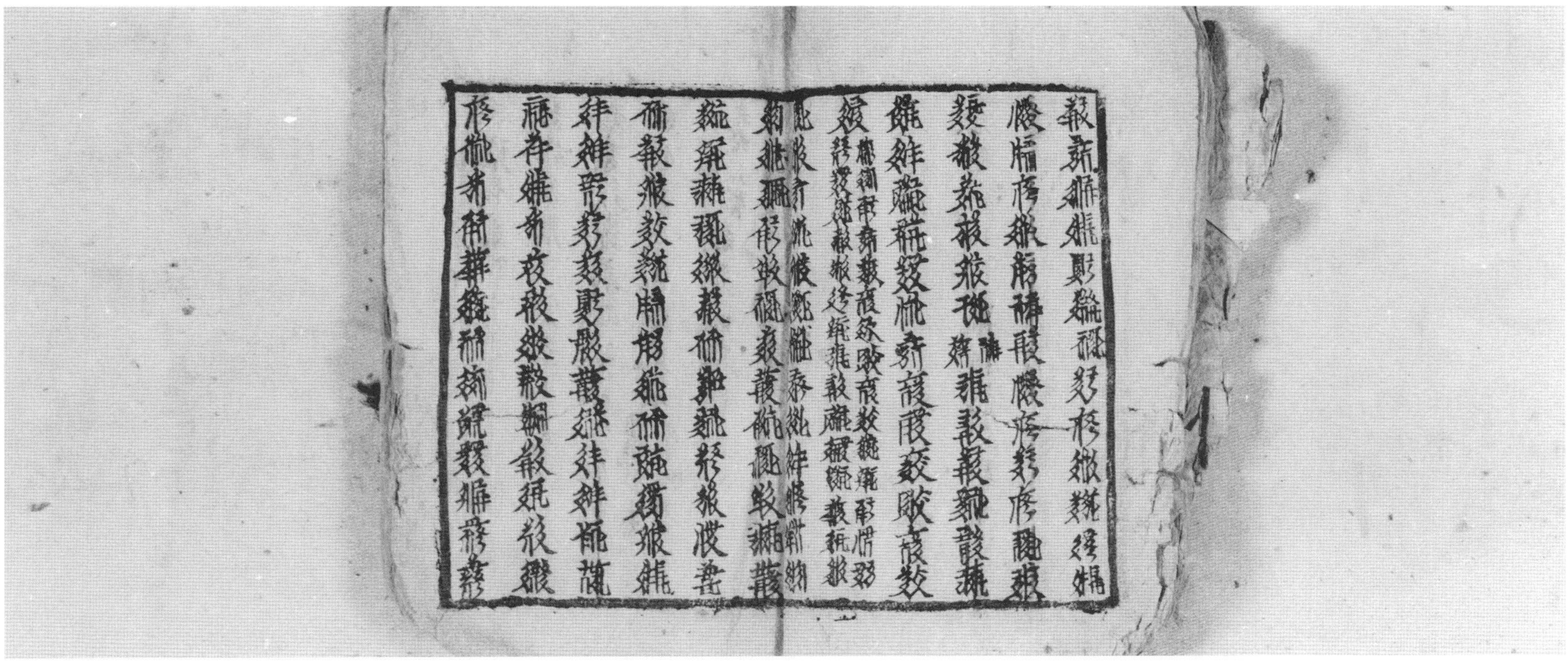

俄 Инв.No.735　諸説禪源集都序上卷　(82-13)

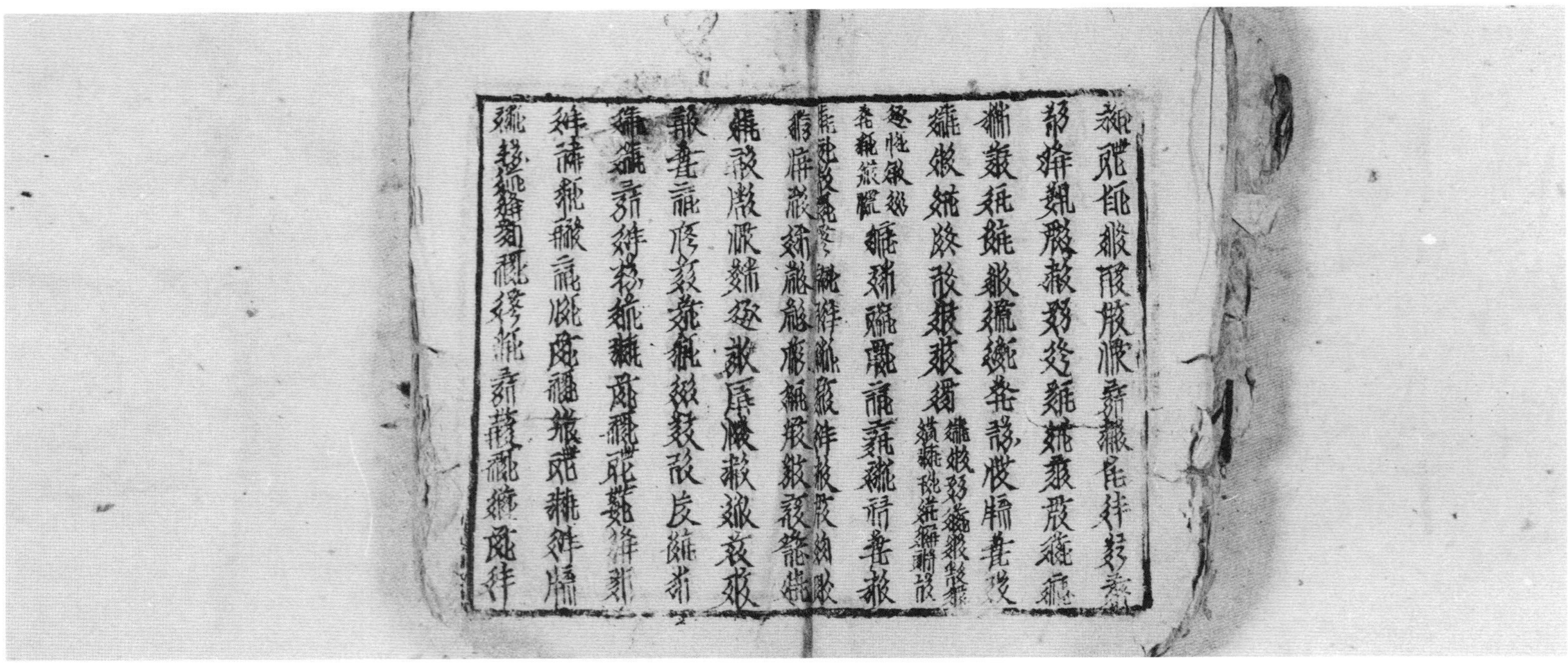

俄 Инв.No.735　諸説禪源集都序上卷　(82–14)

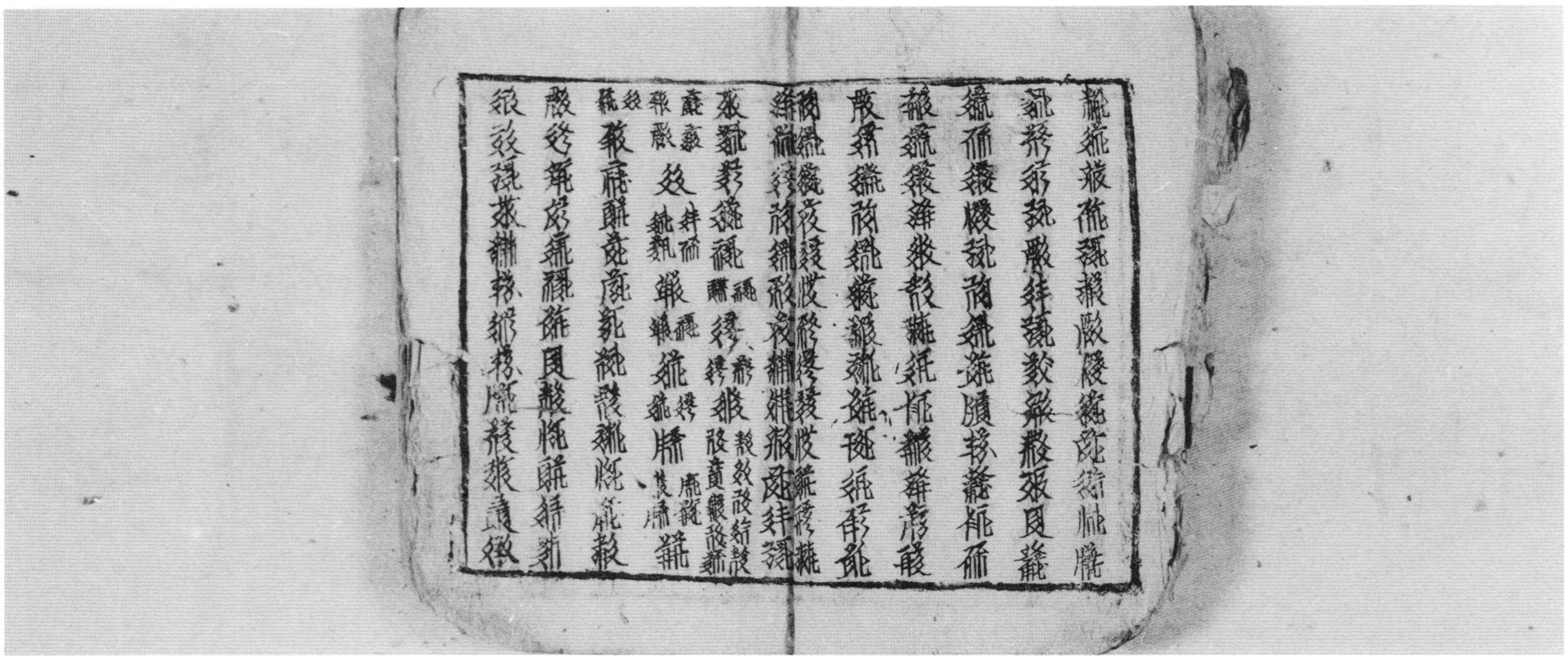

俄 Инв.No.735　諸説禪源集都序上卷　(82–15)

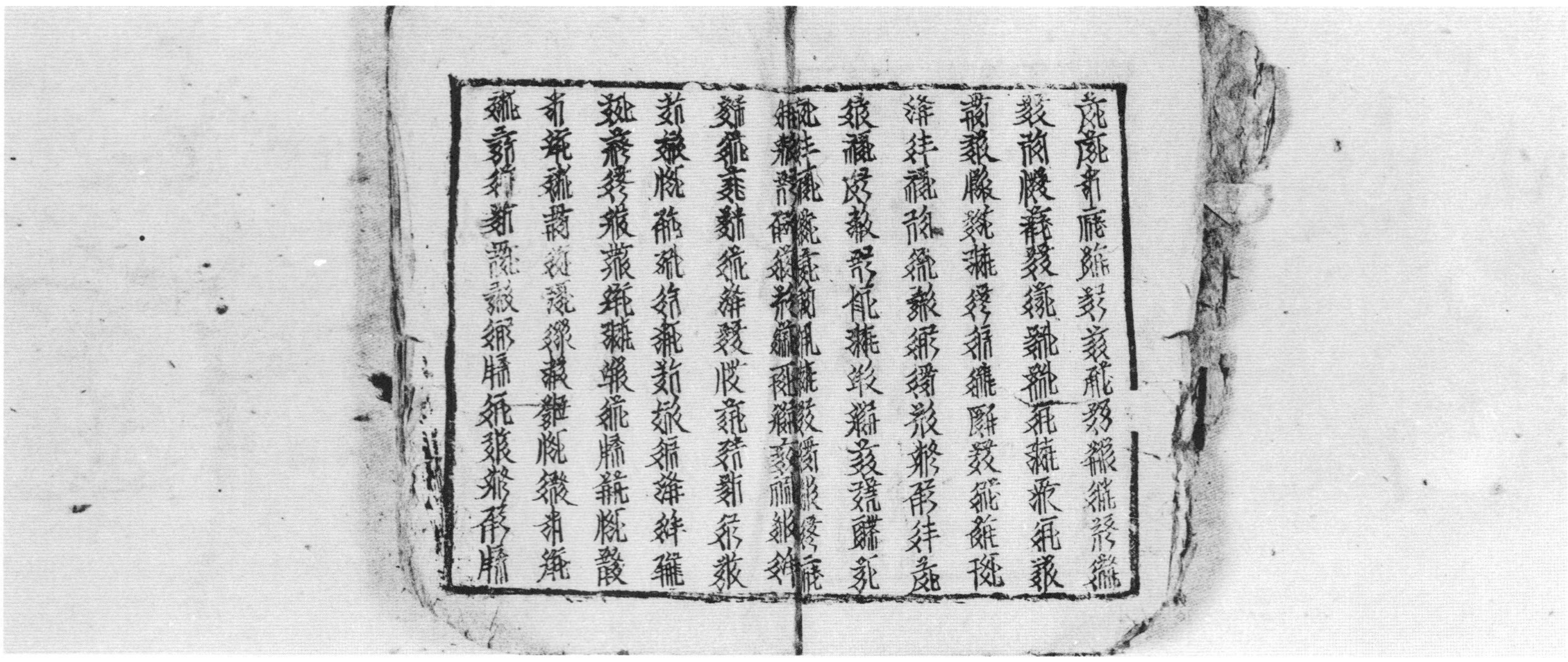

俄 Инв.No.735　諸説禪源集都序上卷　(82–16)

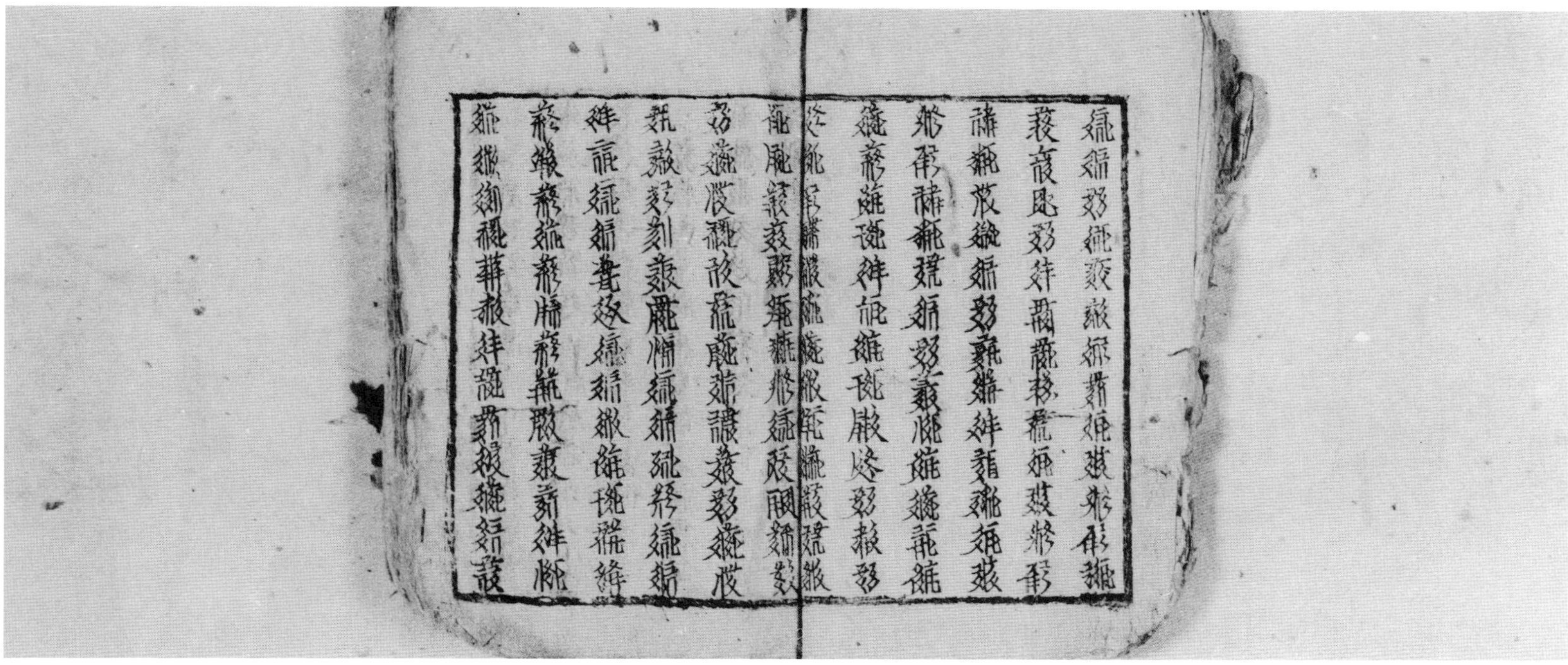

俄 Инв.No.735 諸説禪源集都序上卷 (82-17)

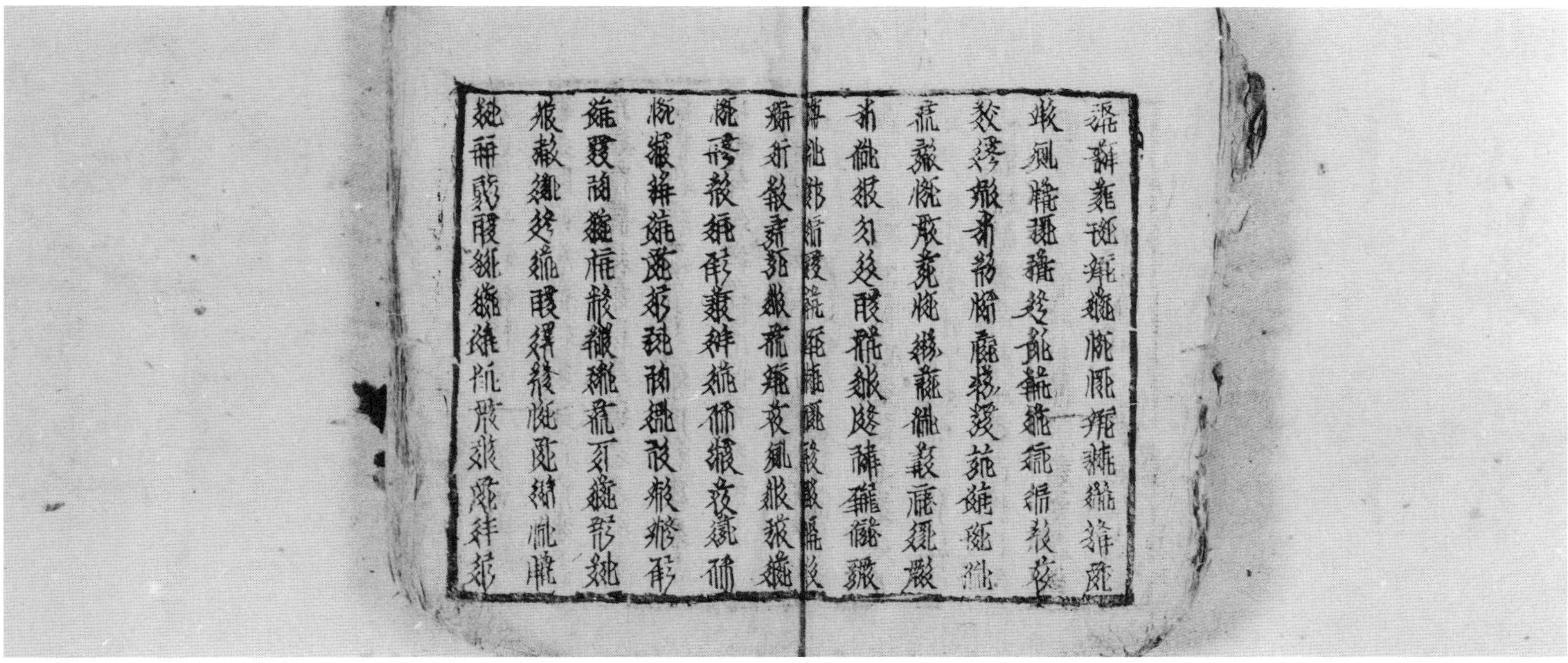

俄 Инв.No.735 諸説禪源集都序上卷 (82-18)

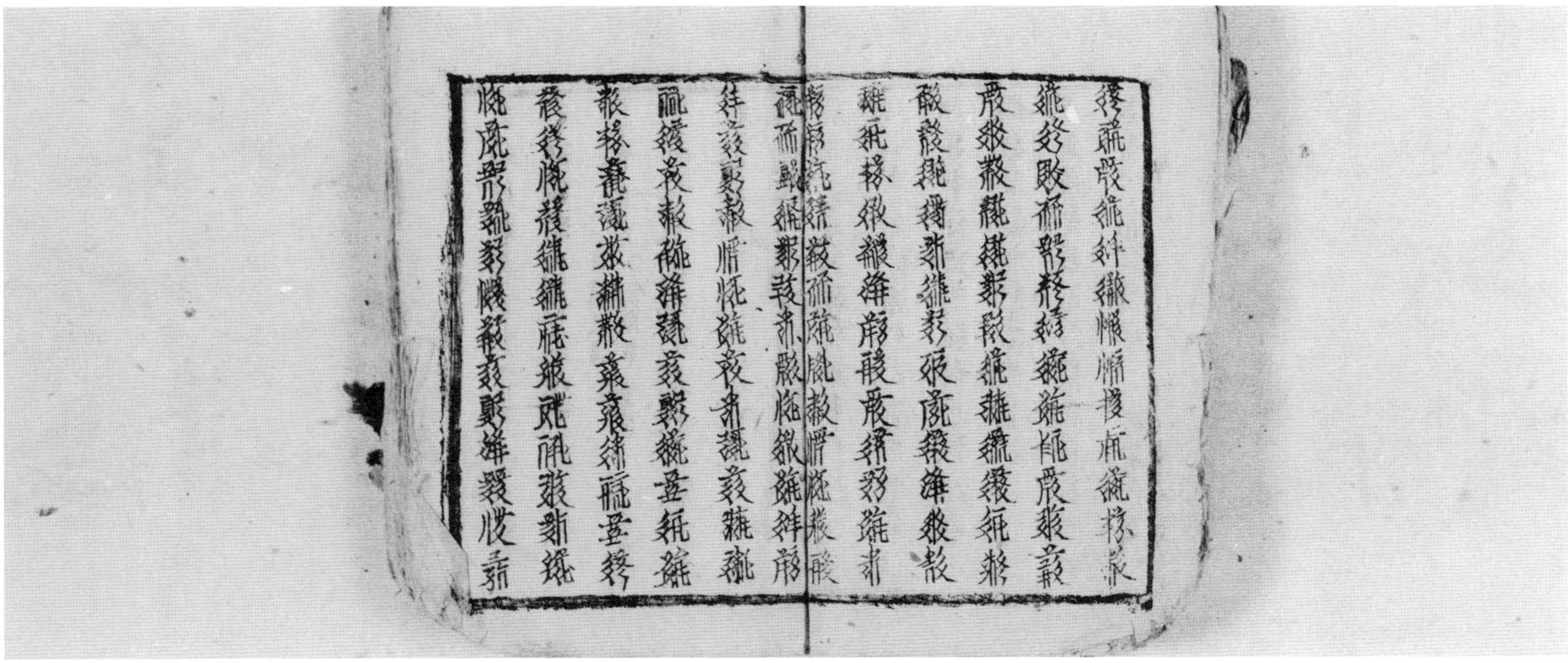

俄 Инв.No.735 諸説禪源集都序上卷 (82-19)

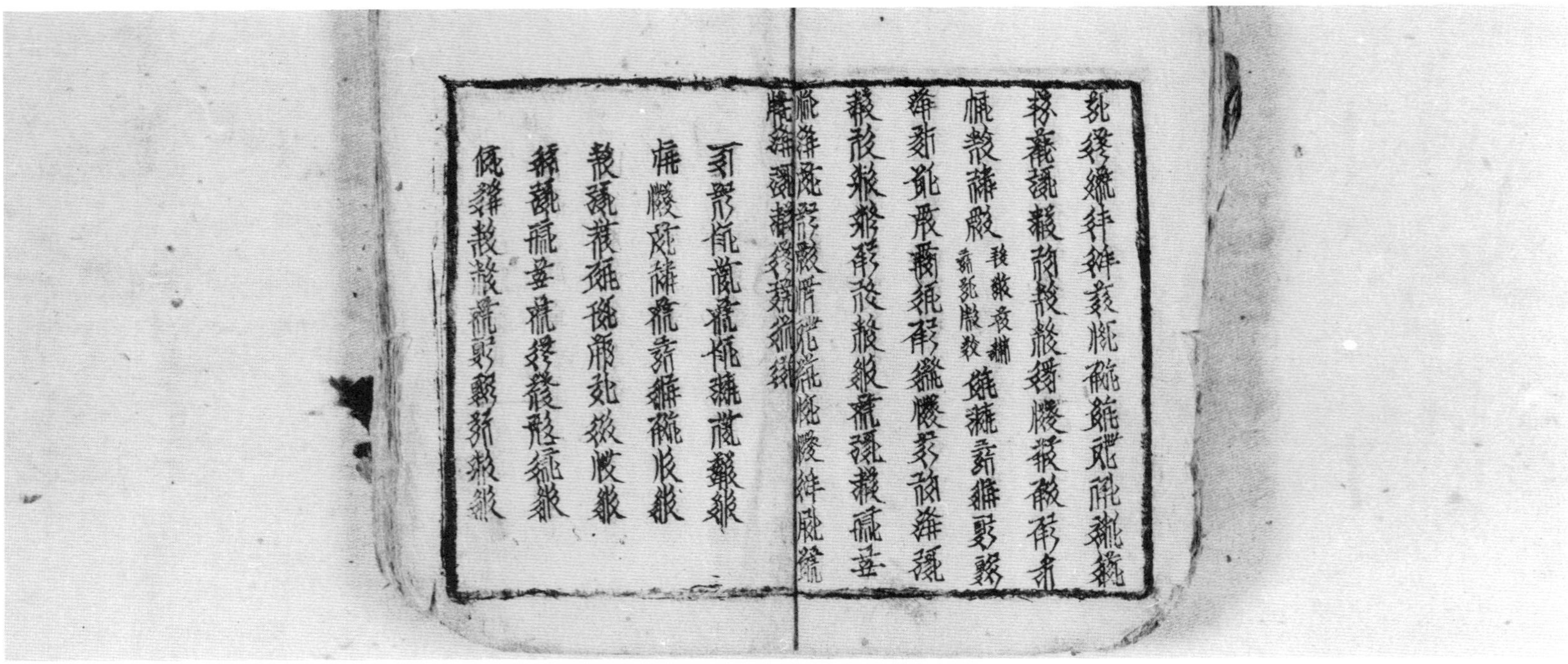

俄 Инв.No.735　諸説禪源集都序上卷　　(82-20)

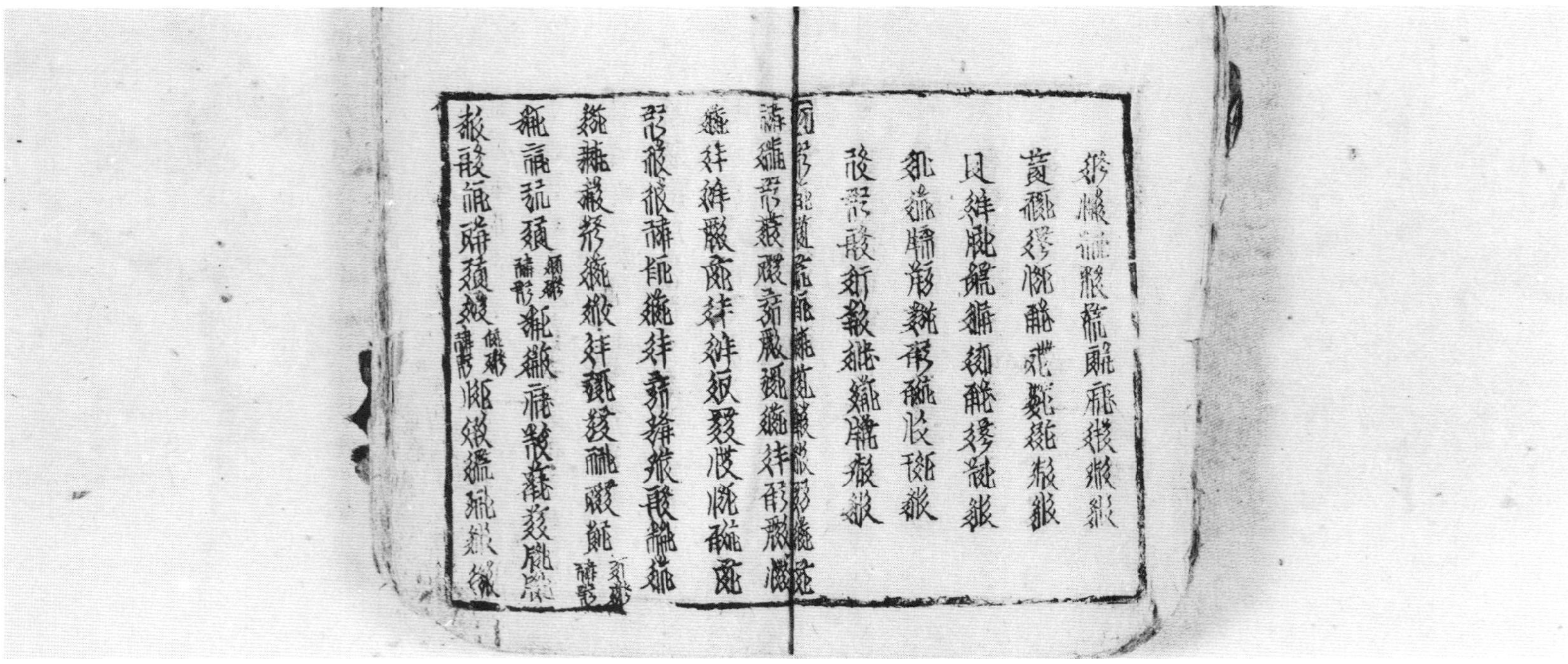

俄 Инв.No.735　諸説禪源集都序上卷　　(82-21)

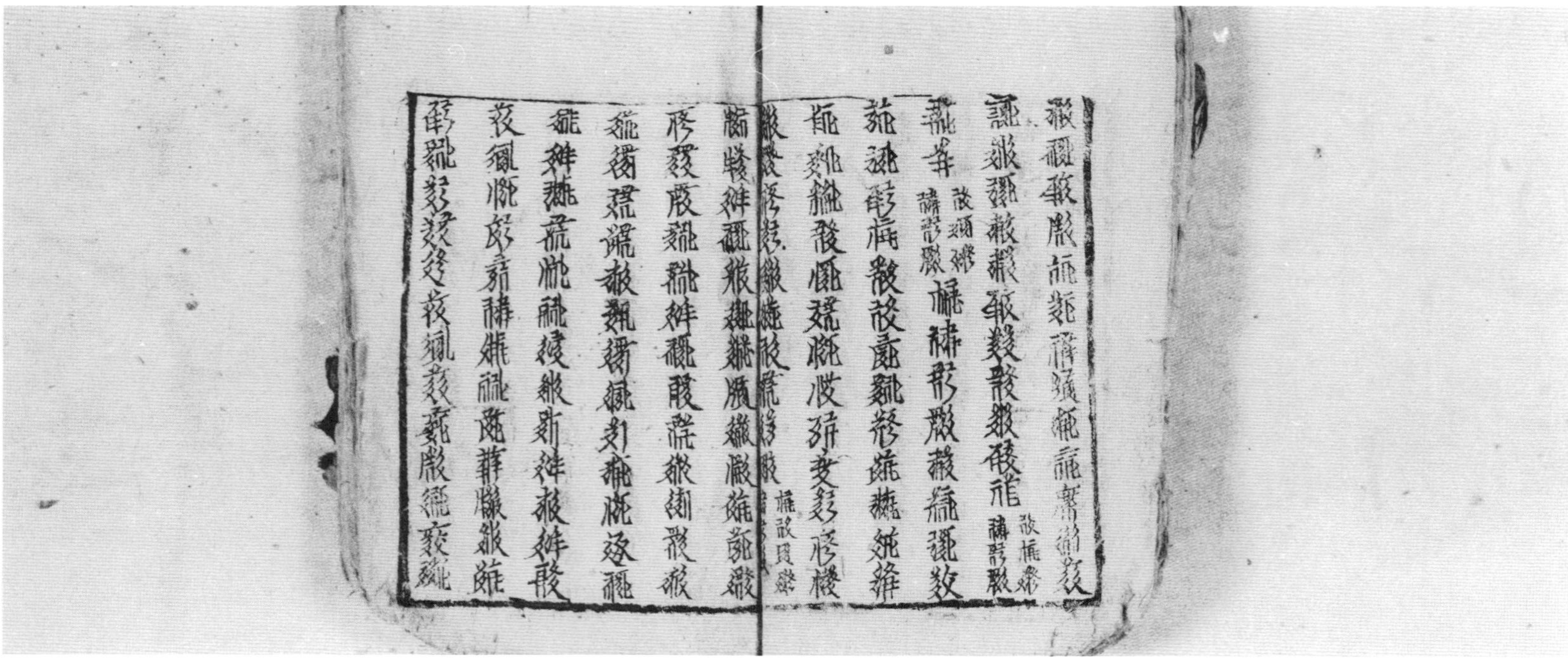

俄 Инв.No.735　諸説禪源集都序上卷　　(82-22)

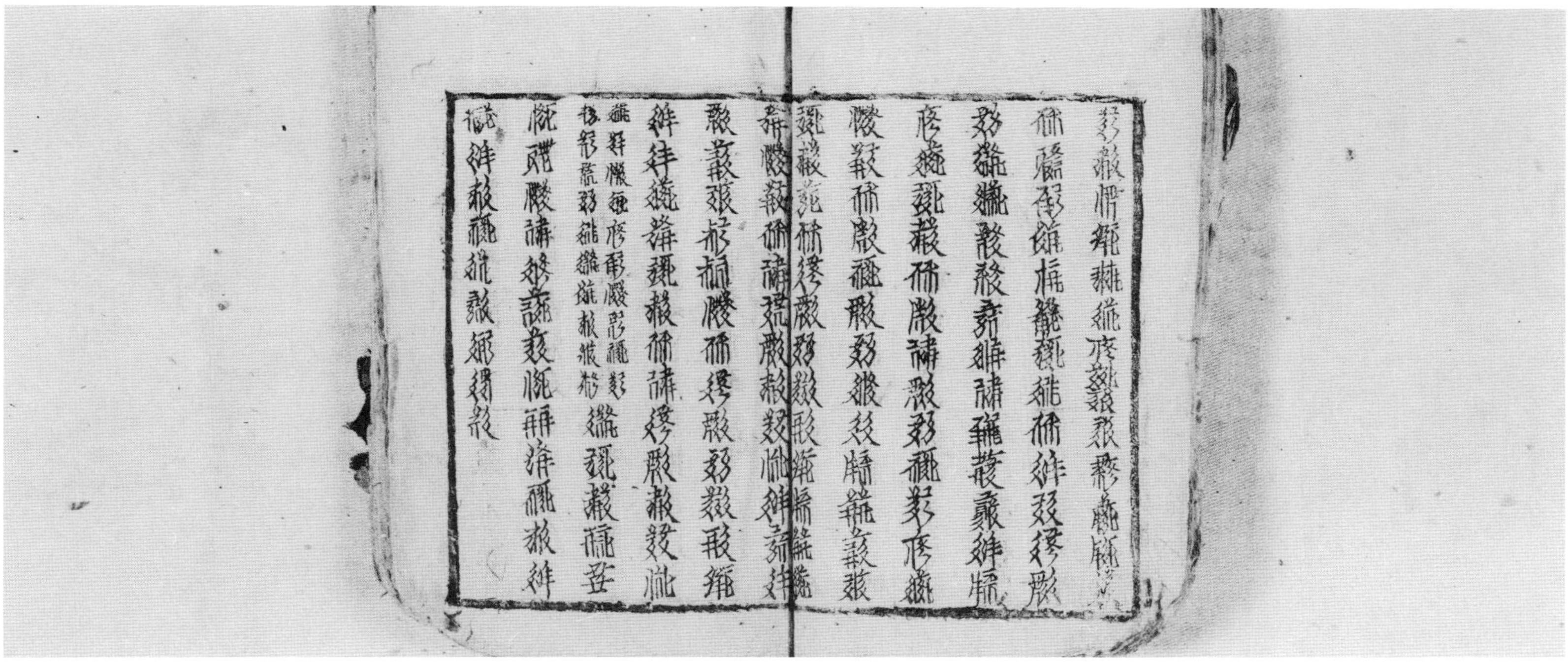

俄 Инв.No.735　諸説禪源集都序上卷　(82-23)

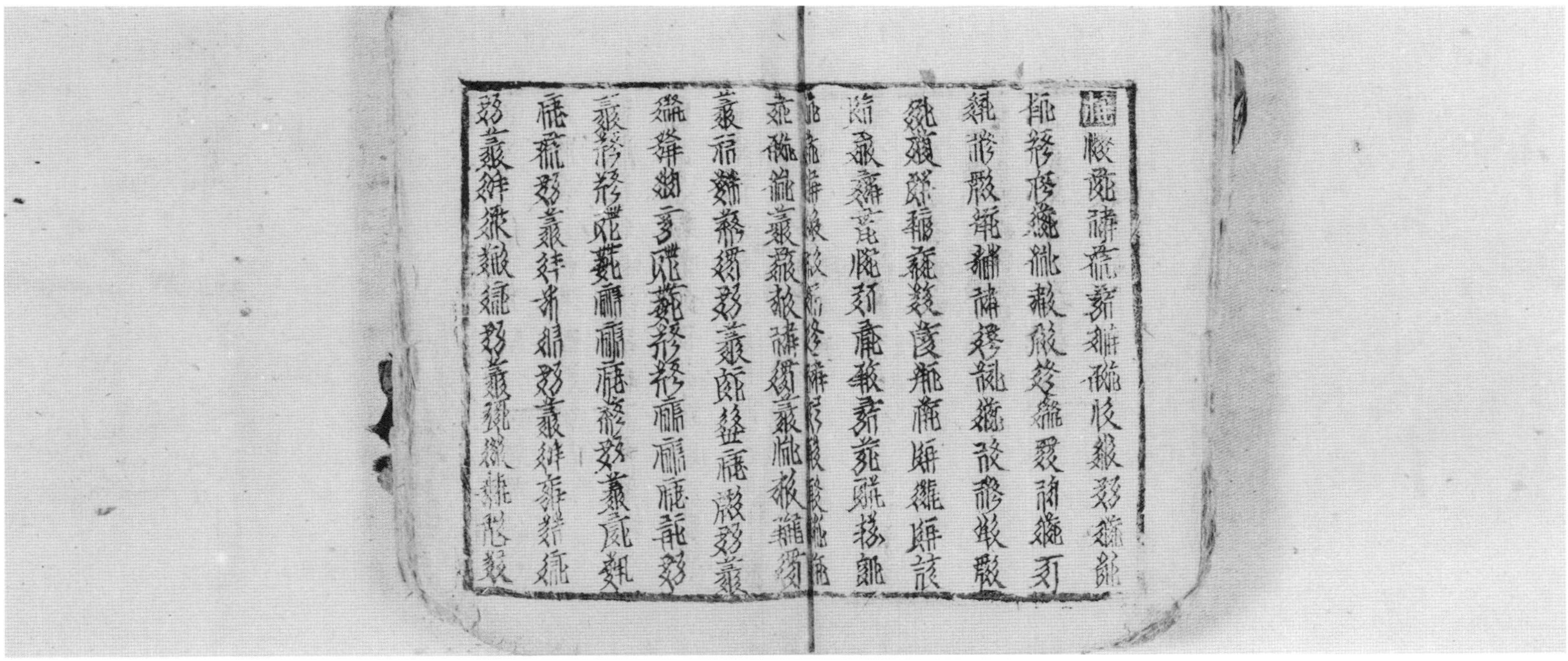

俄 Инв.No.735　諸説禪源集都序上卷　(82-24)

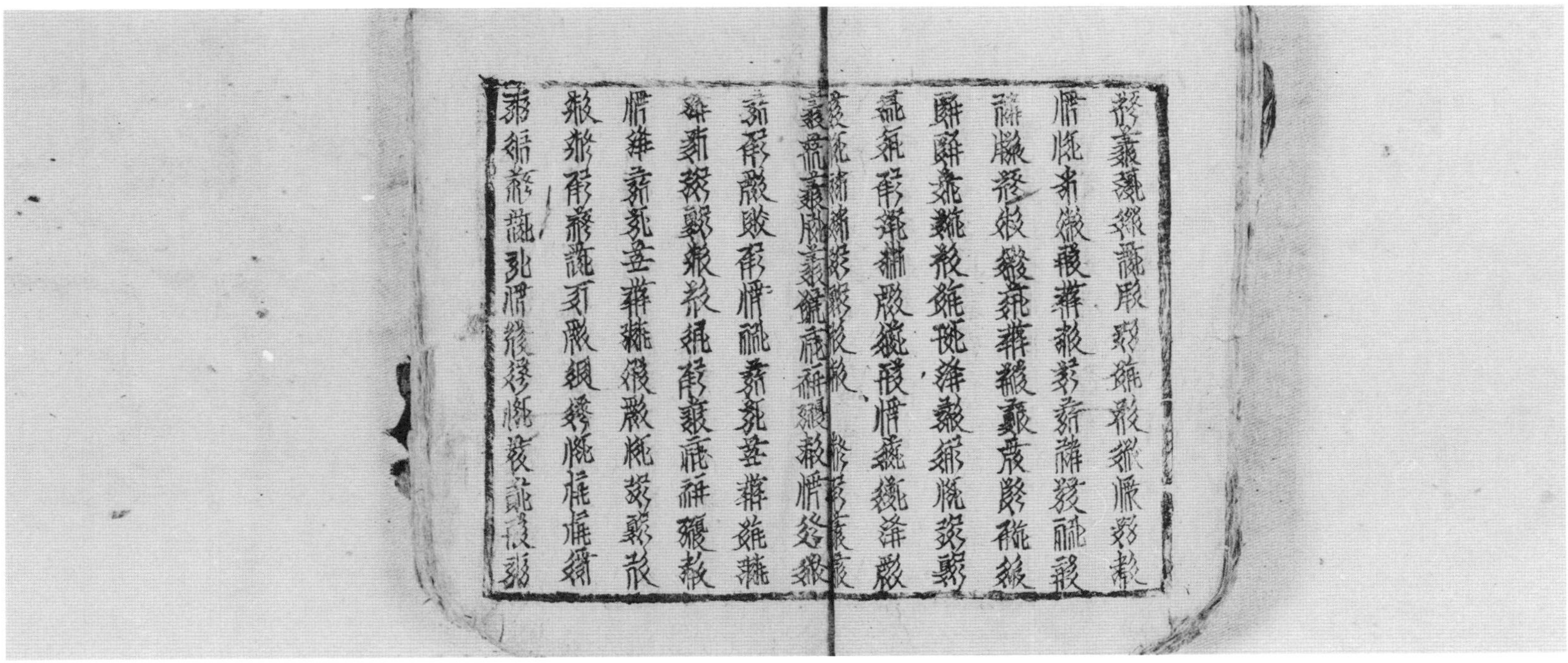

俄 Инв.No.735　諸説禪源集都序上卷　(82-25)

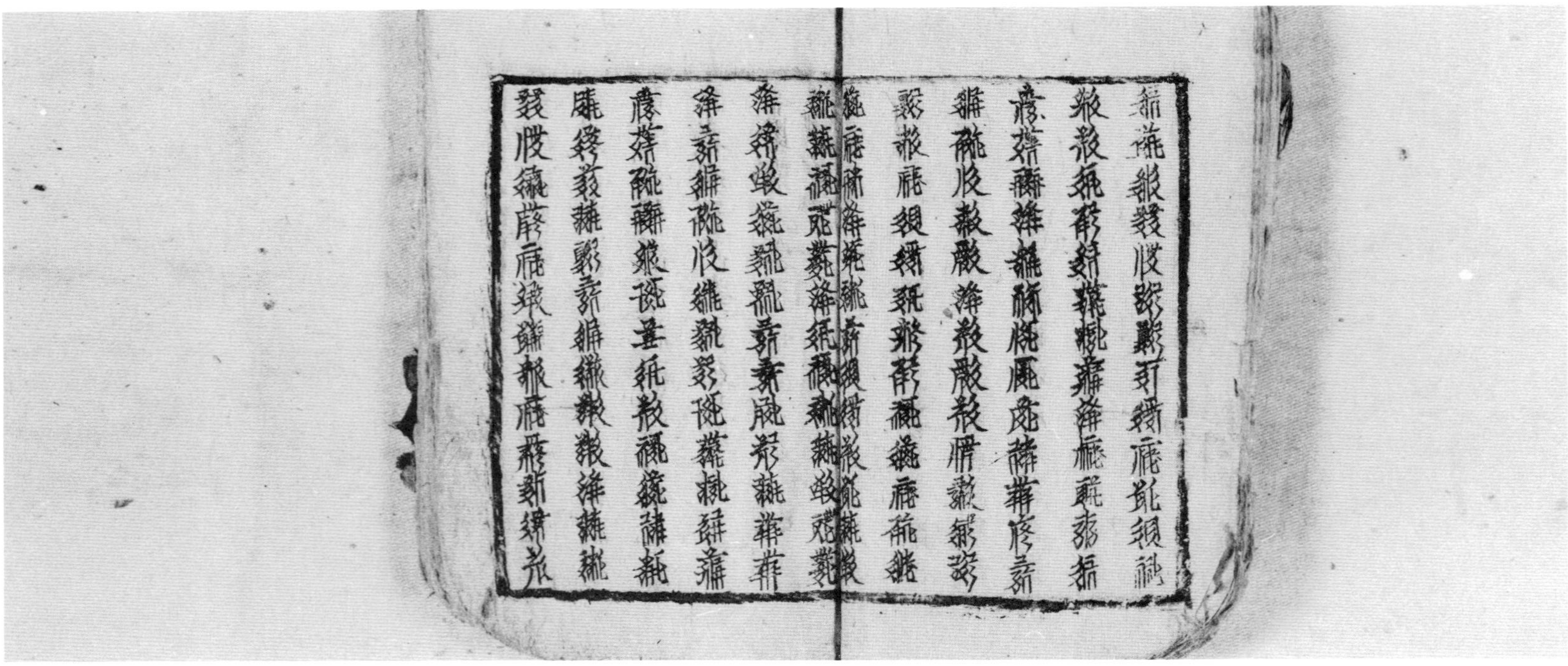

俄 Инв.No.735　諸説禪源集都序上卷　(82–26)

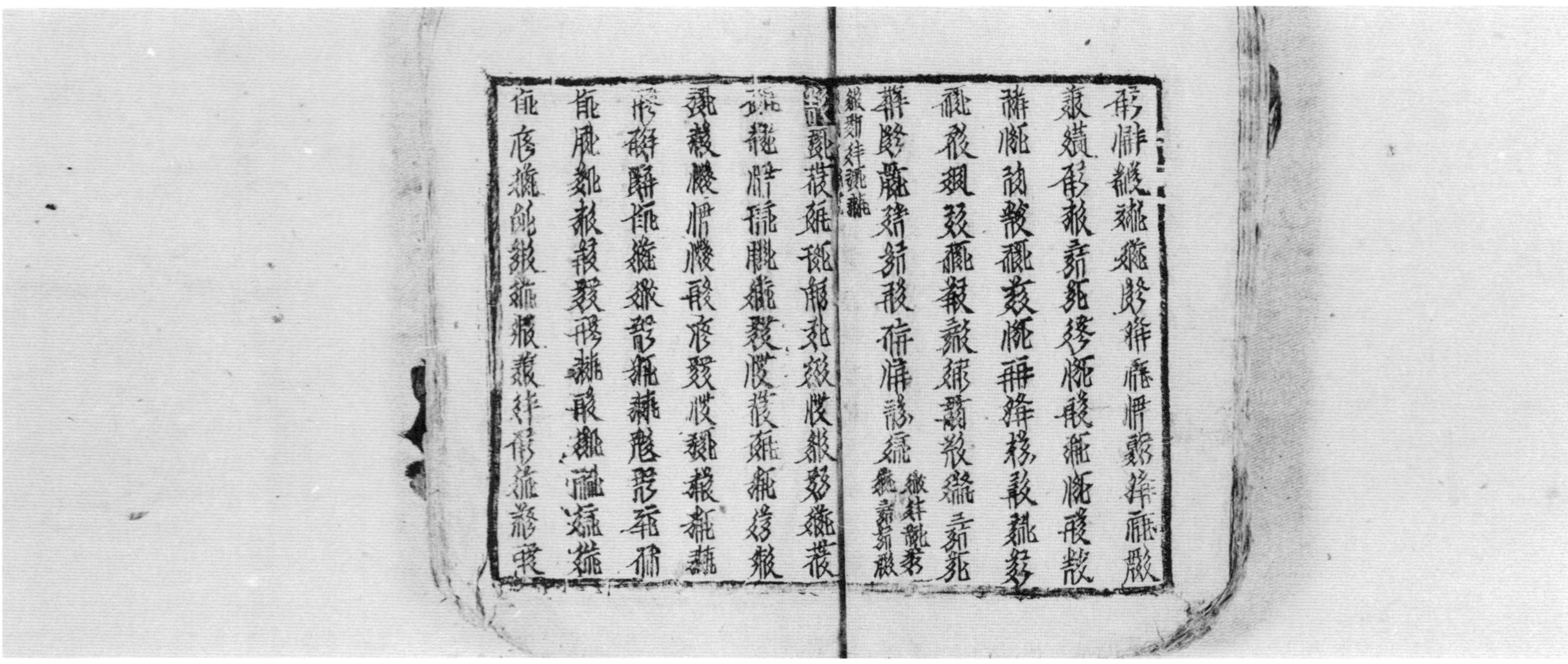

俄 Инв.No.735　諸説禪源集都序上卷　(82–27)

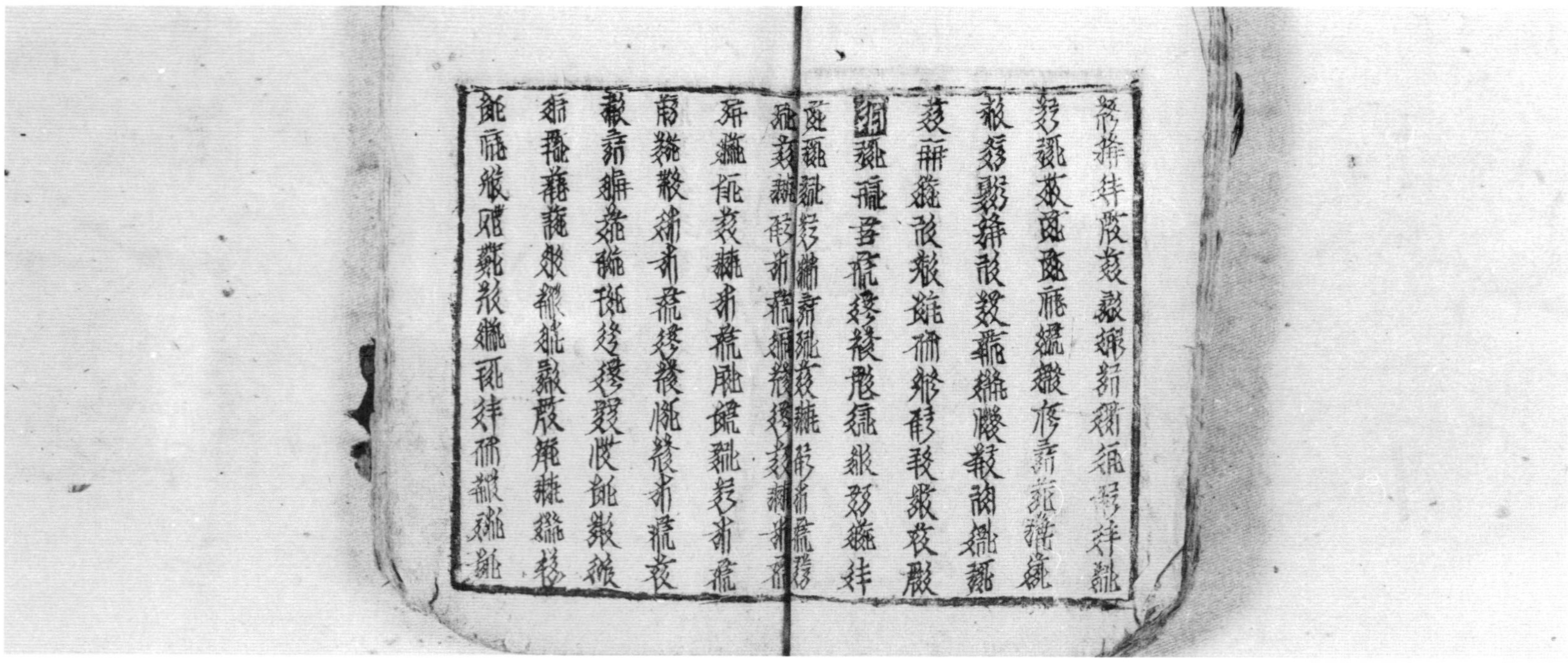

俄 Инв.No.735　諸説禪源集都序上卷　(82–28)

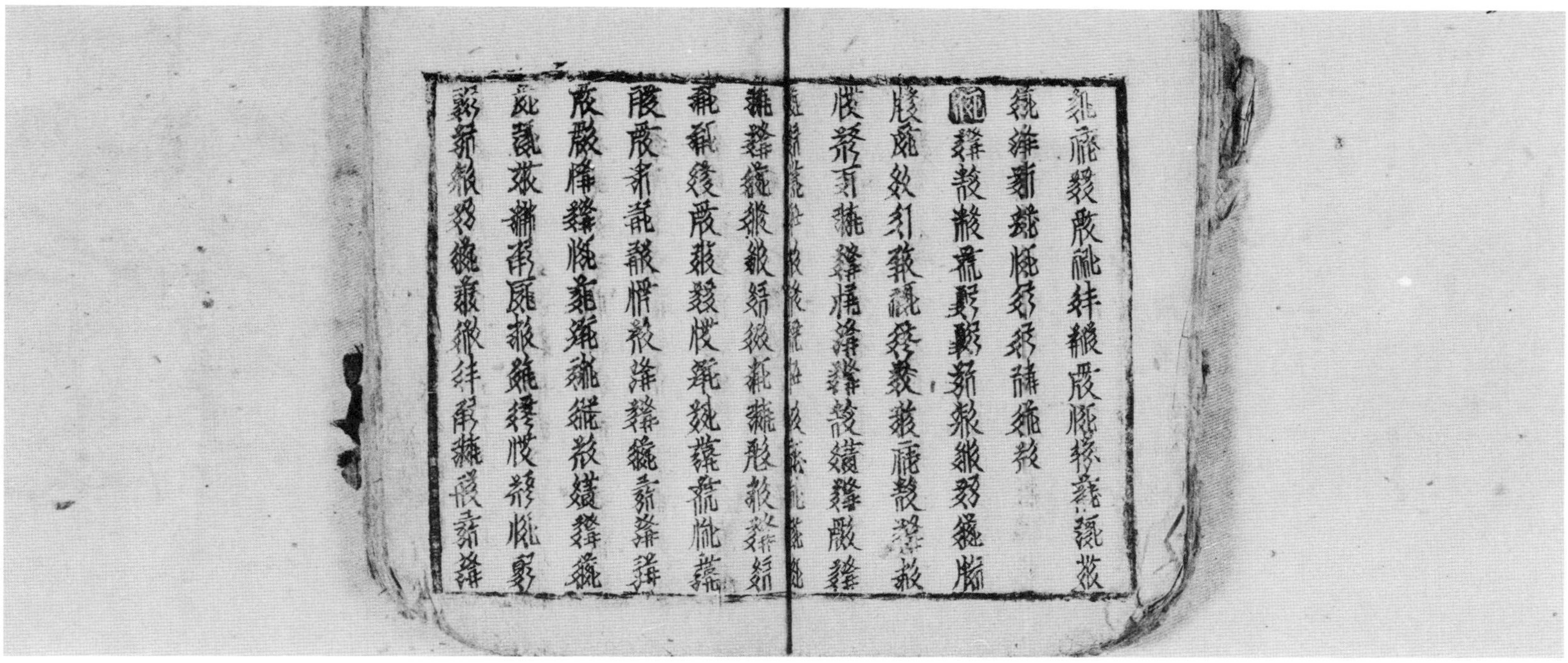

俄 Инв.No.735　諸説禪源集都序上卷　(82–29)

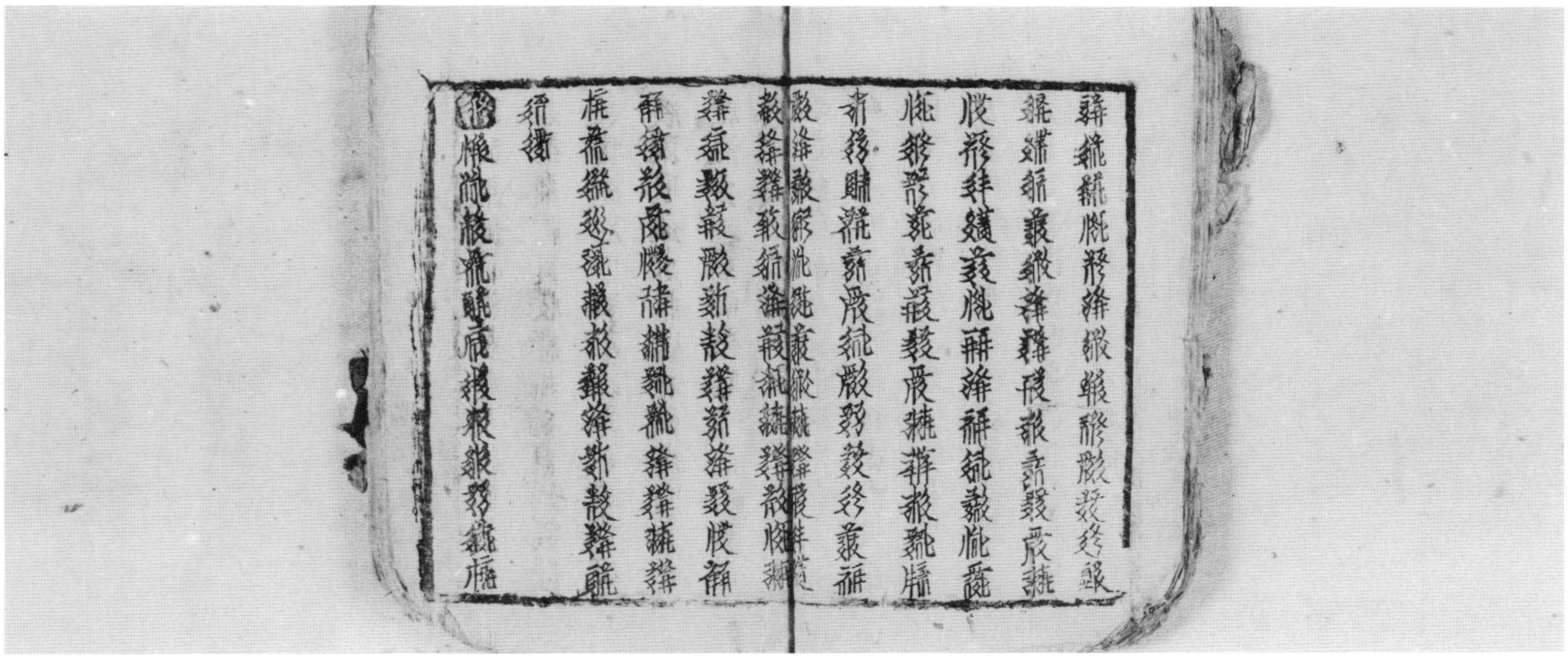

俄 Инв.No.735　諸説禪源集都序上卷　(82–30)

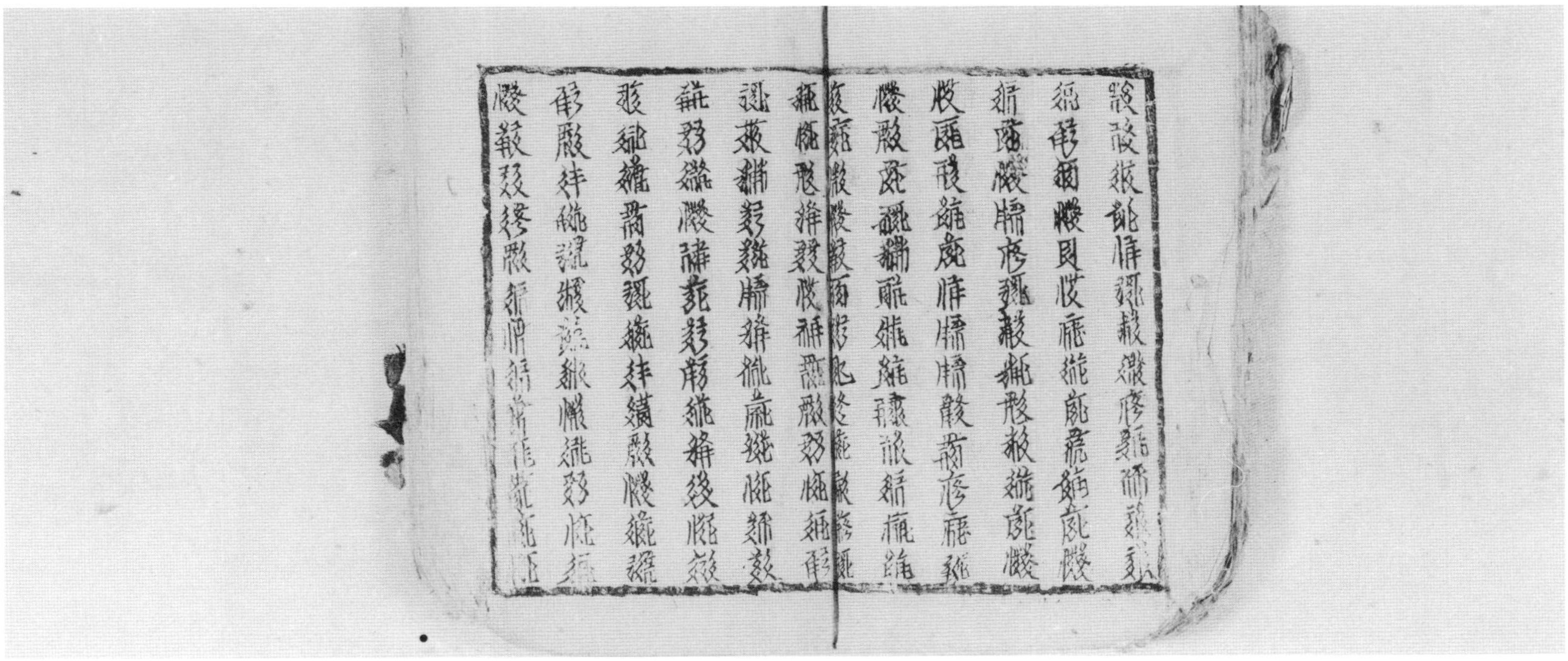

俄 Инв.No.735　諸説禪源集都序上卷　(82–31)

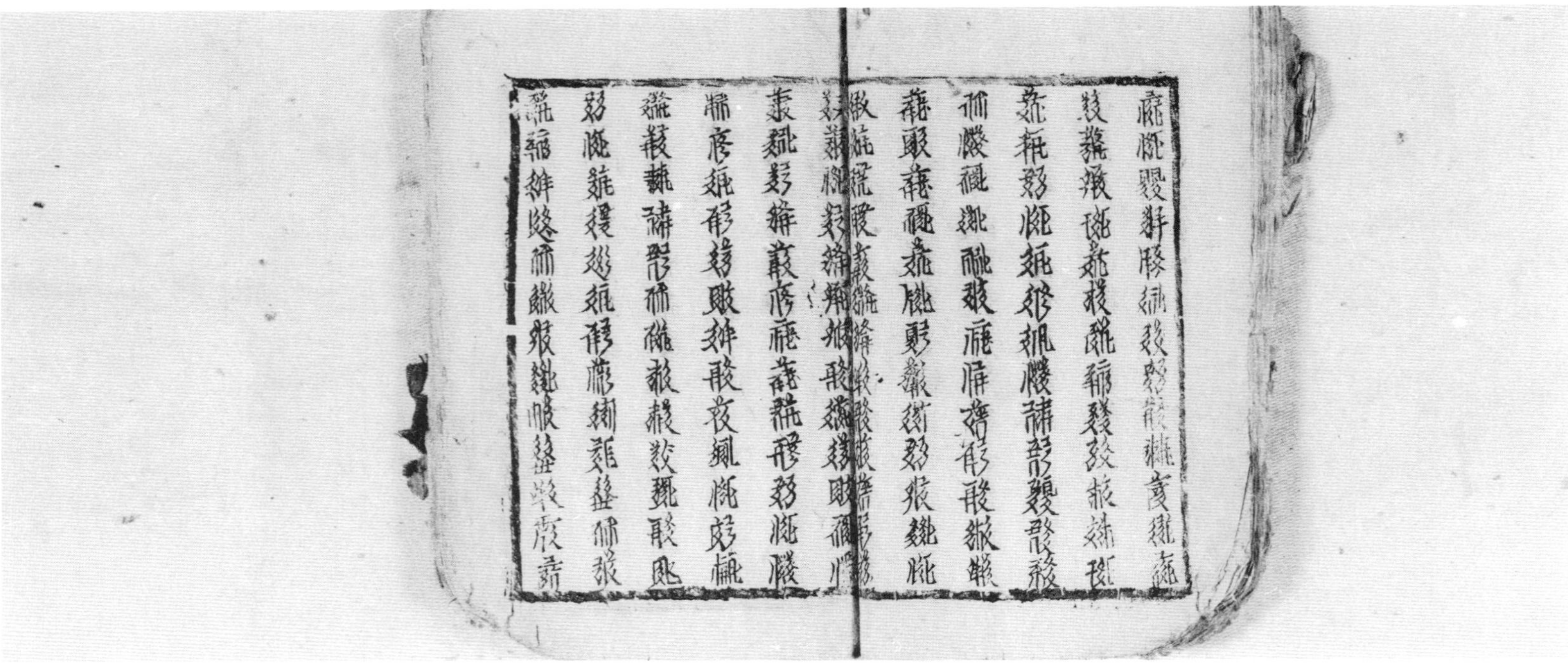

俄 Инв.No.735　諸説禪源集都序上卷　(82–32)

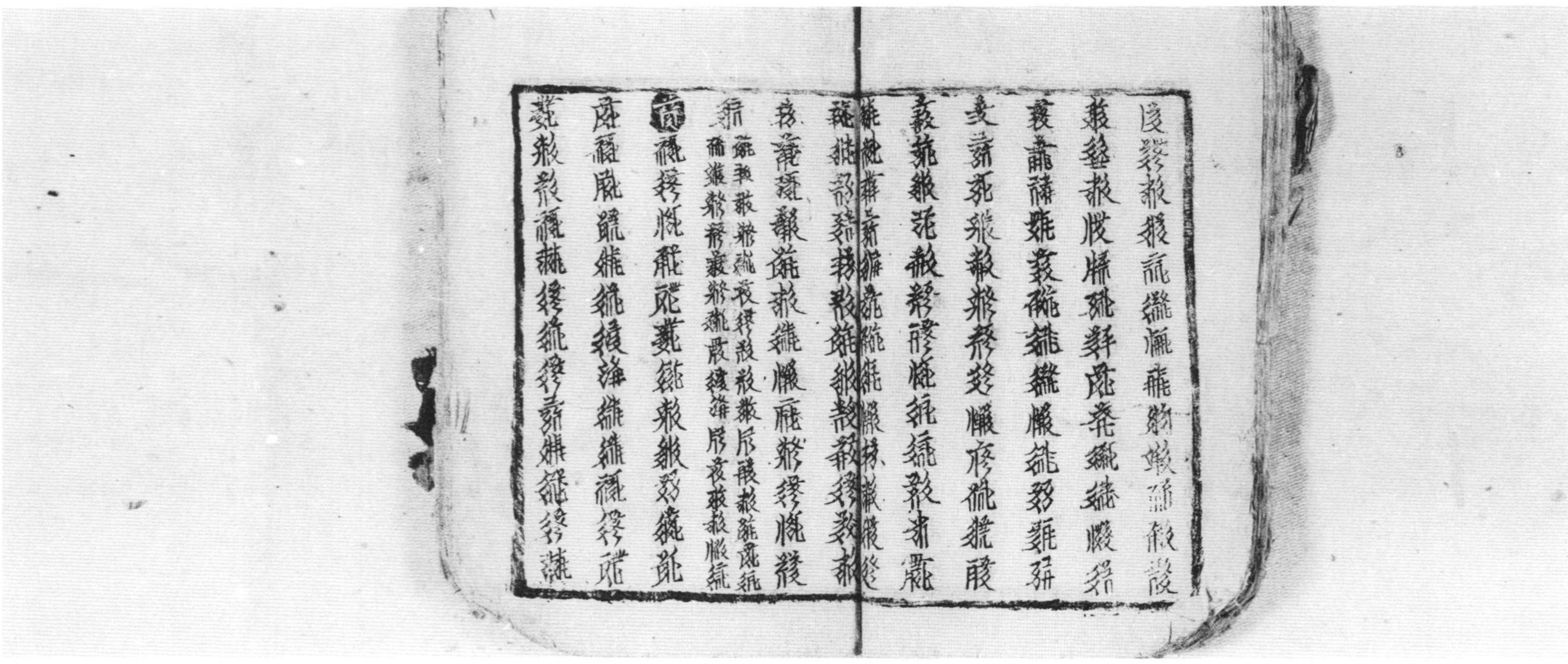

俄 Инв.No.735　諸説禪源集都序上卷　(82–33)

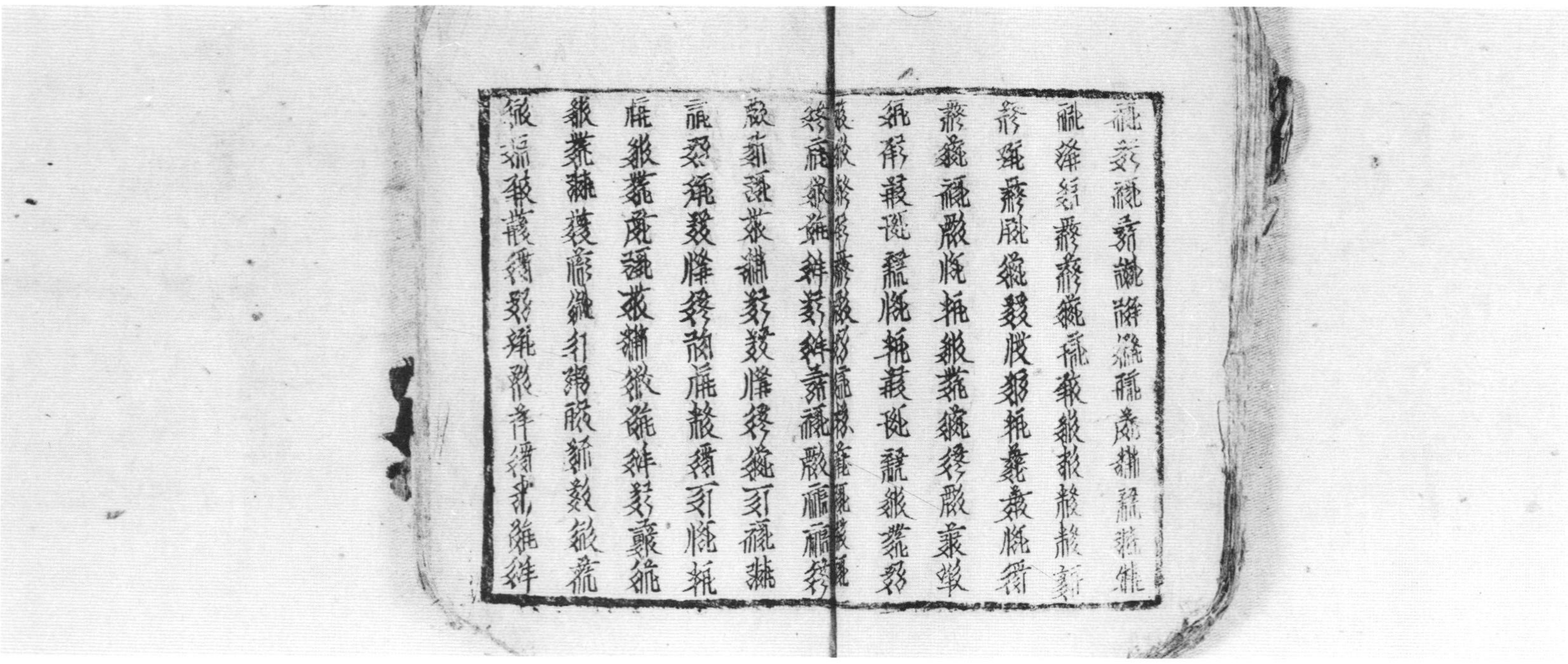

俄 Инв.No.735　諸説禪源集都序上卷　(82–34)

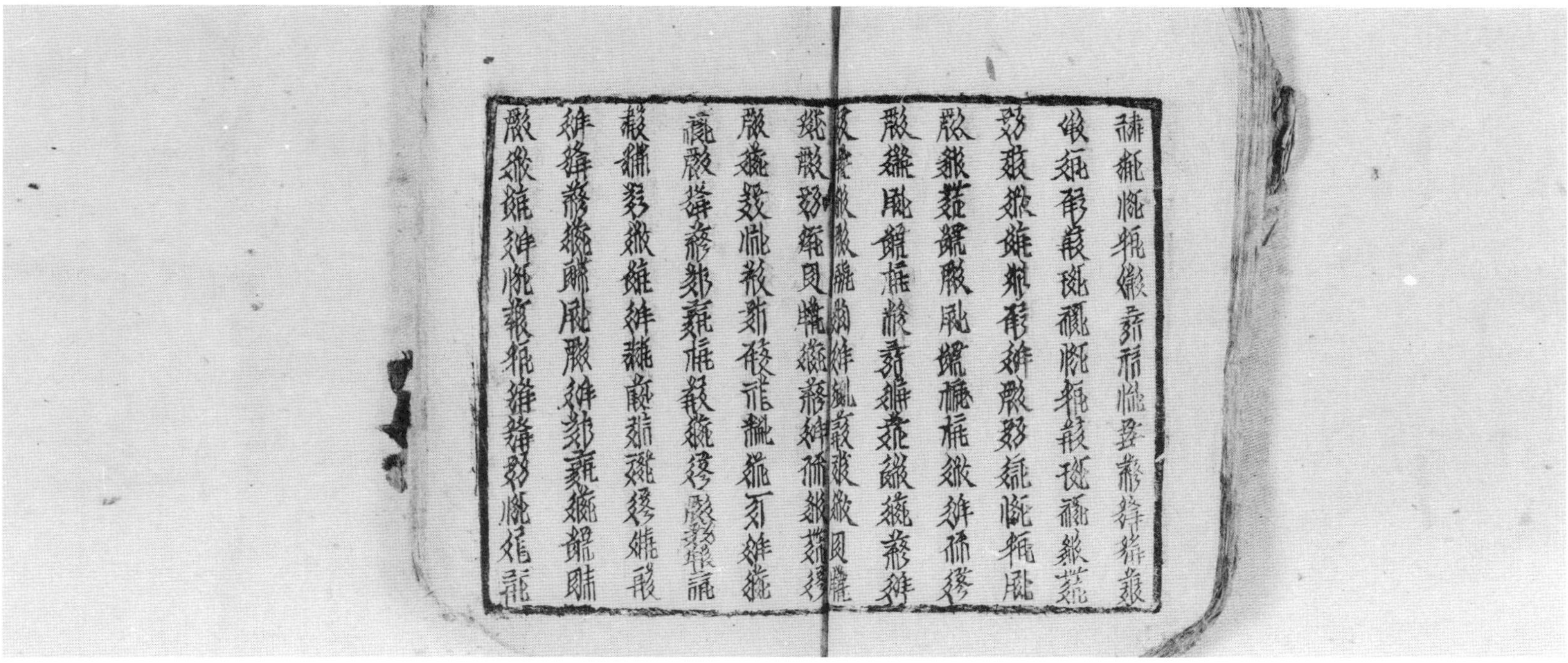

俄 Инв.No.735　諸説禪源集都序上卷　(82-35)

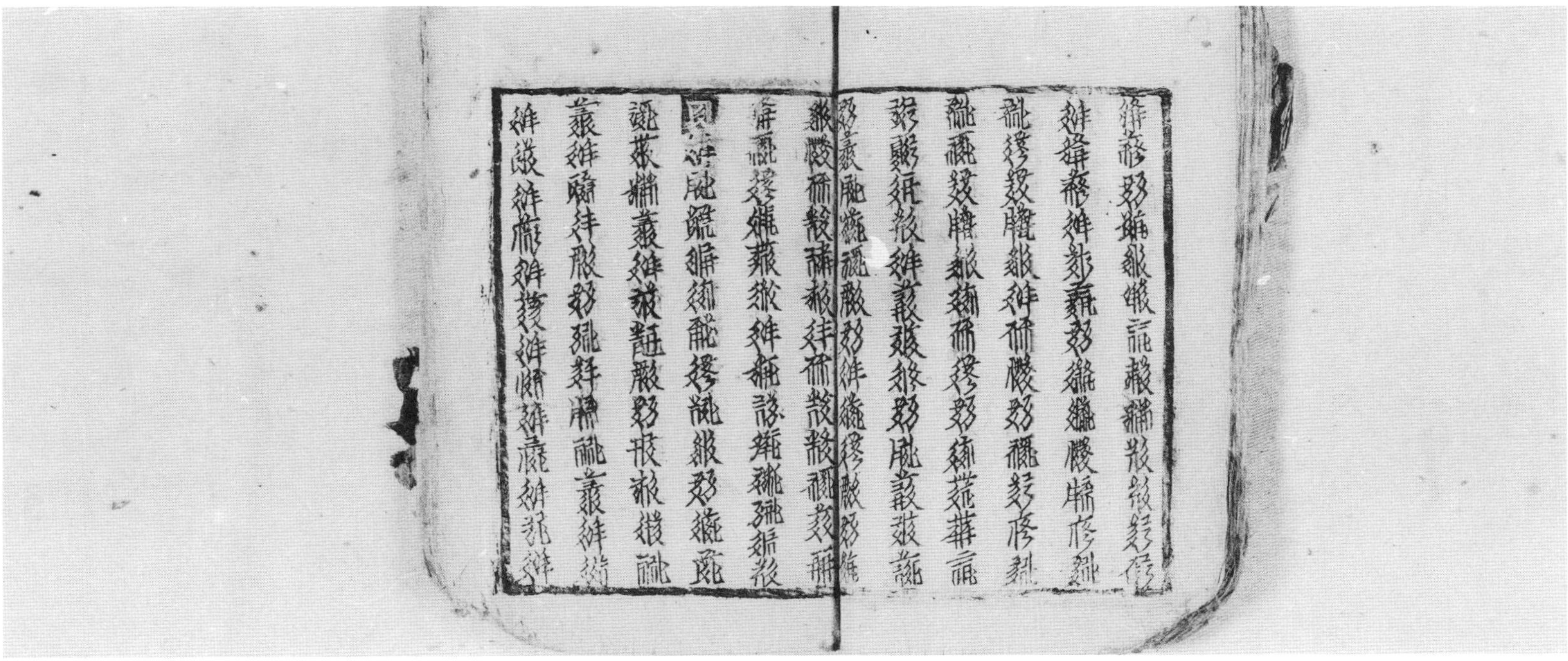

俄 Инв.No.735　諸説禪源集都序上卷　(82-36)

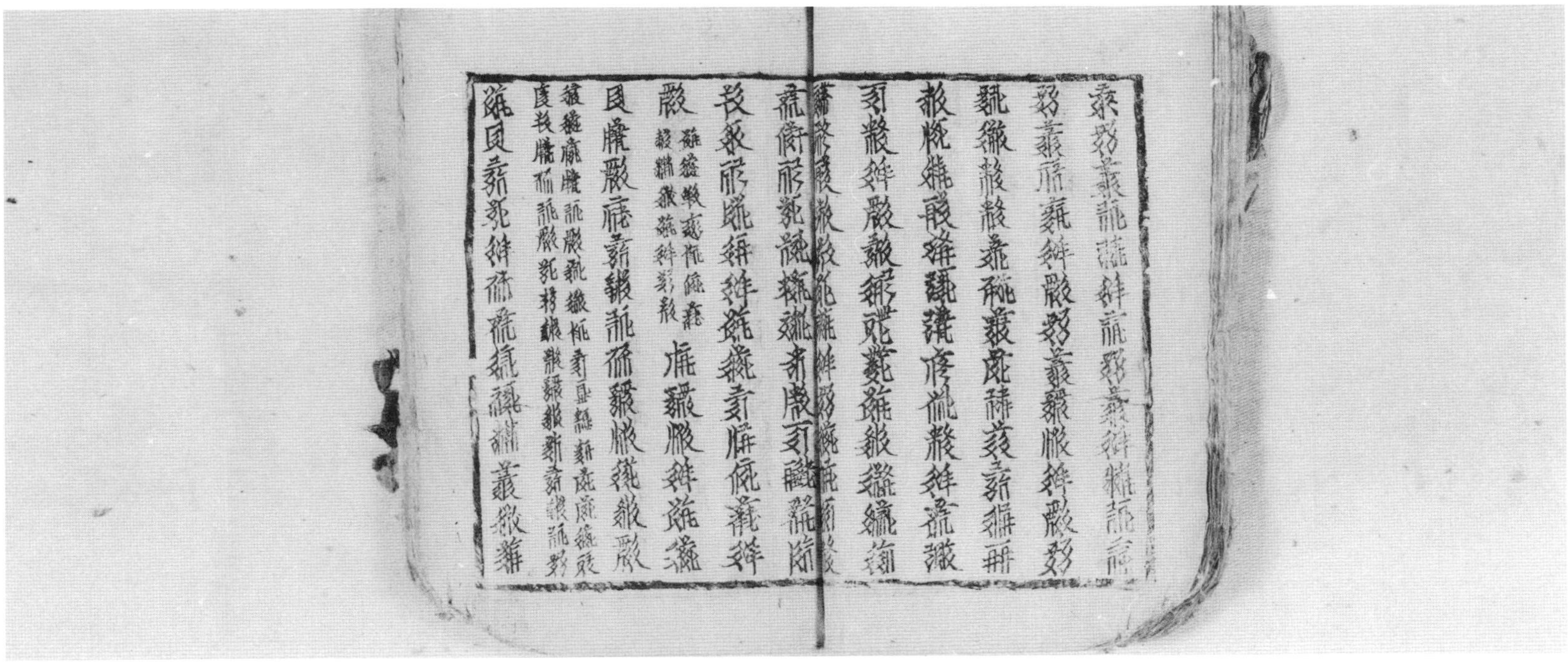

俄 Инв.No.735　諸説禪源集都序上卷　(82-37)

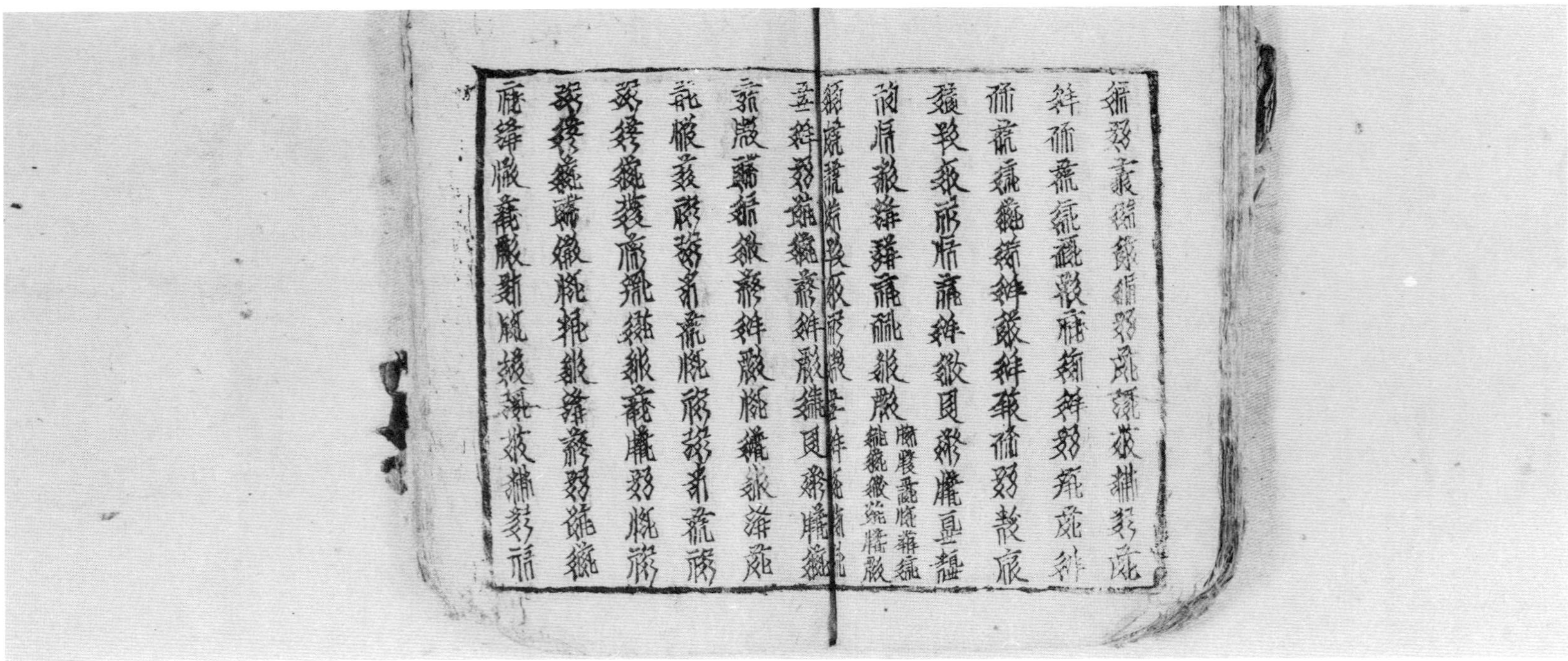

俄 Инв.No.735　諸説禪源集都序上卷　(82–38)

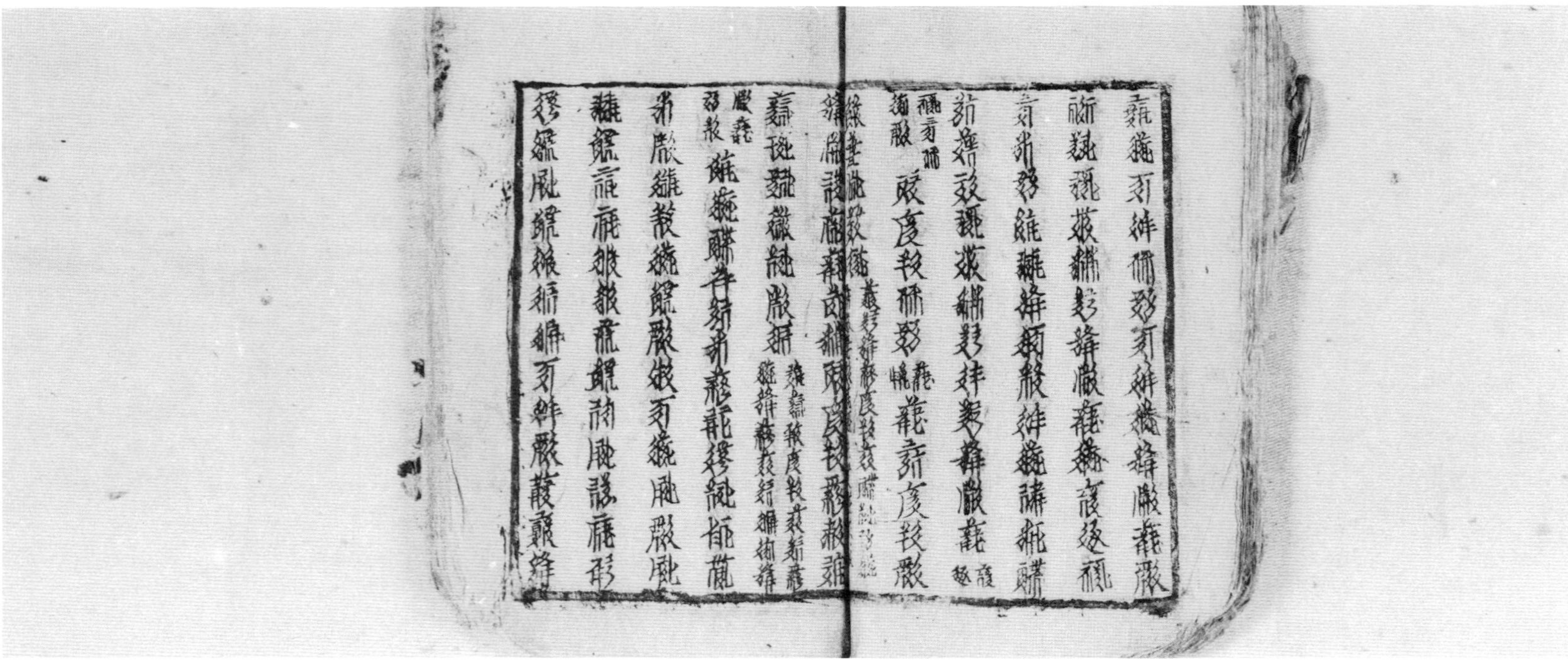

俄 Инв.No.735　諸説禪源集都序上卷　(82–39)

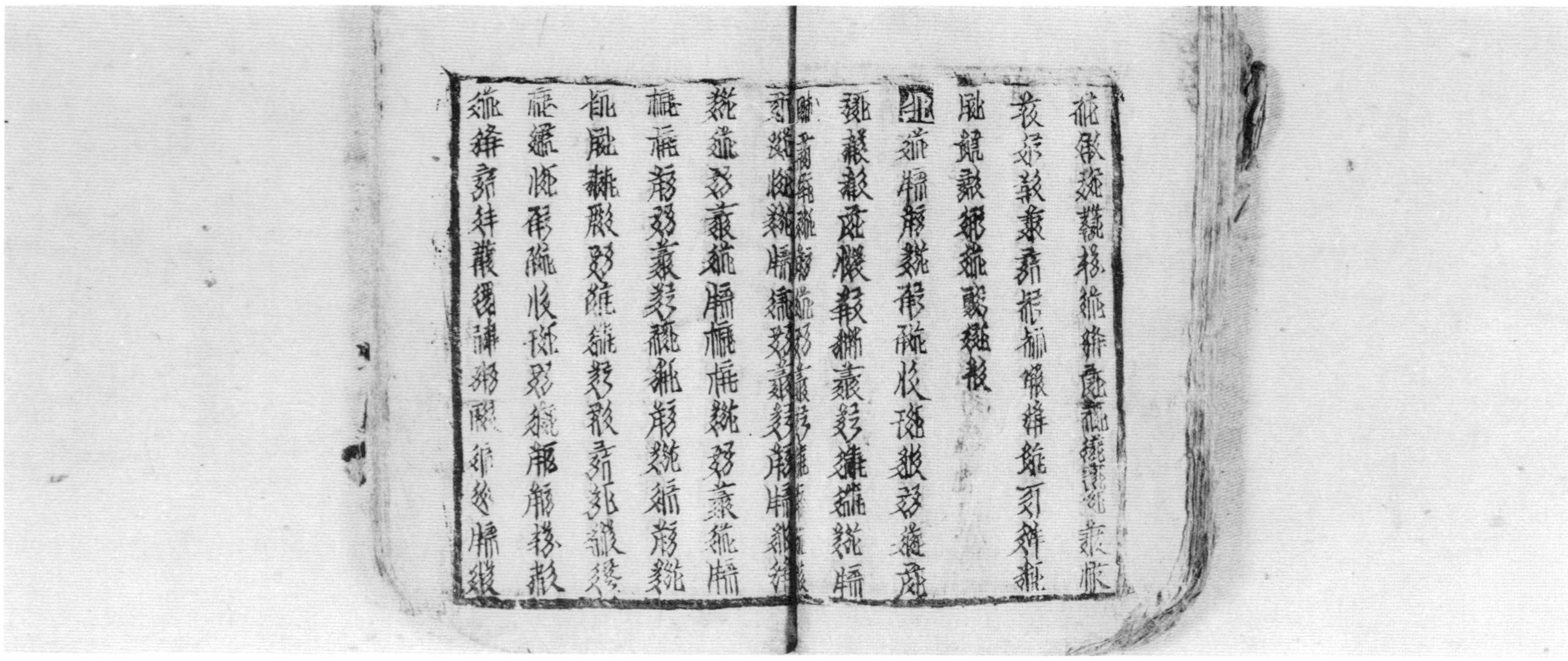

俄 Инв.No.735　諸説禪源集都序上卷　(82–40)

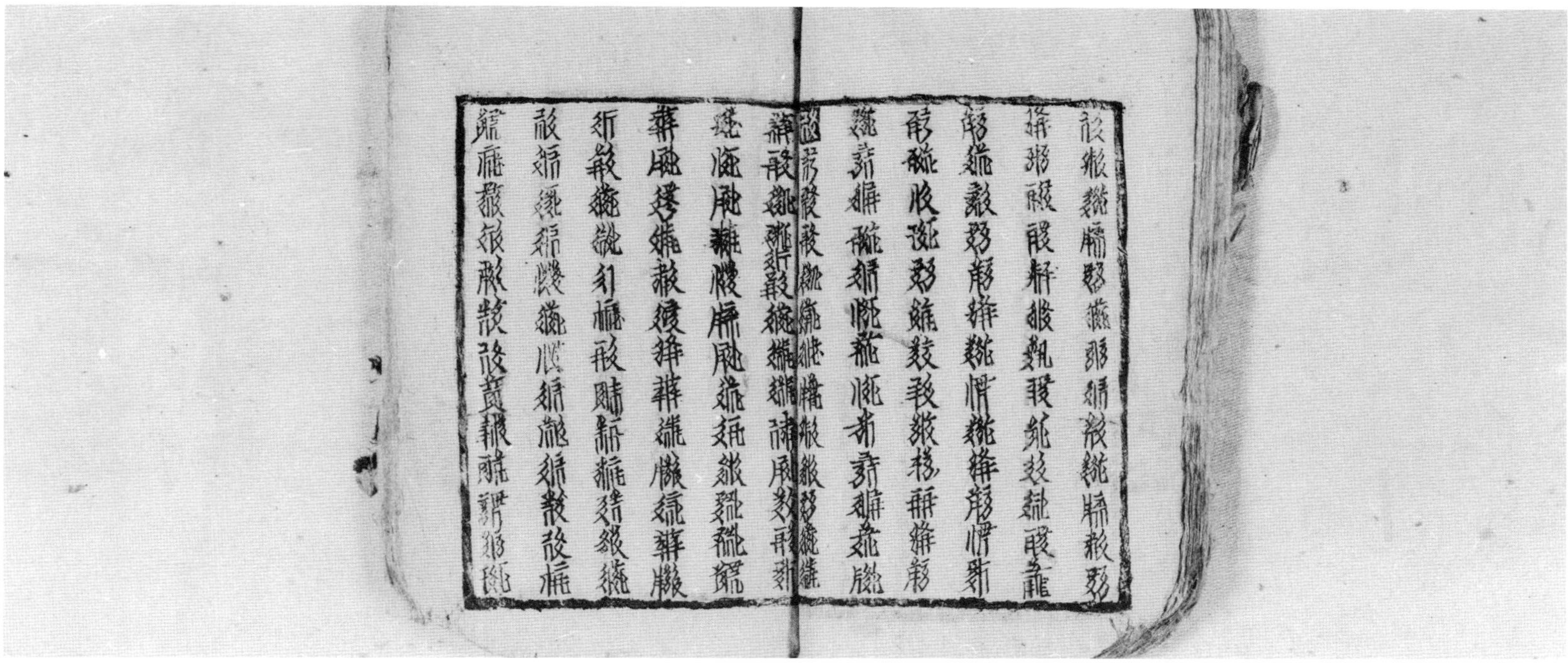

俄 Инв.No.735　諸説禪源集都序上卷　　(82–41)

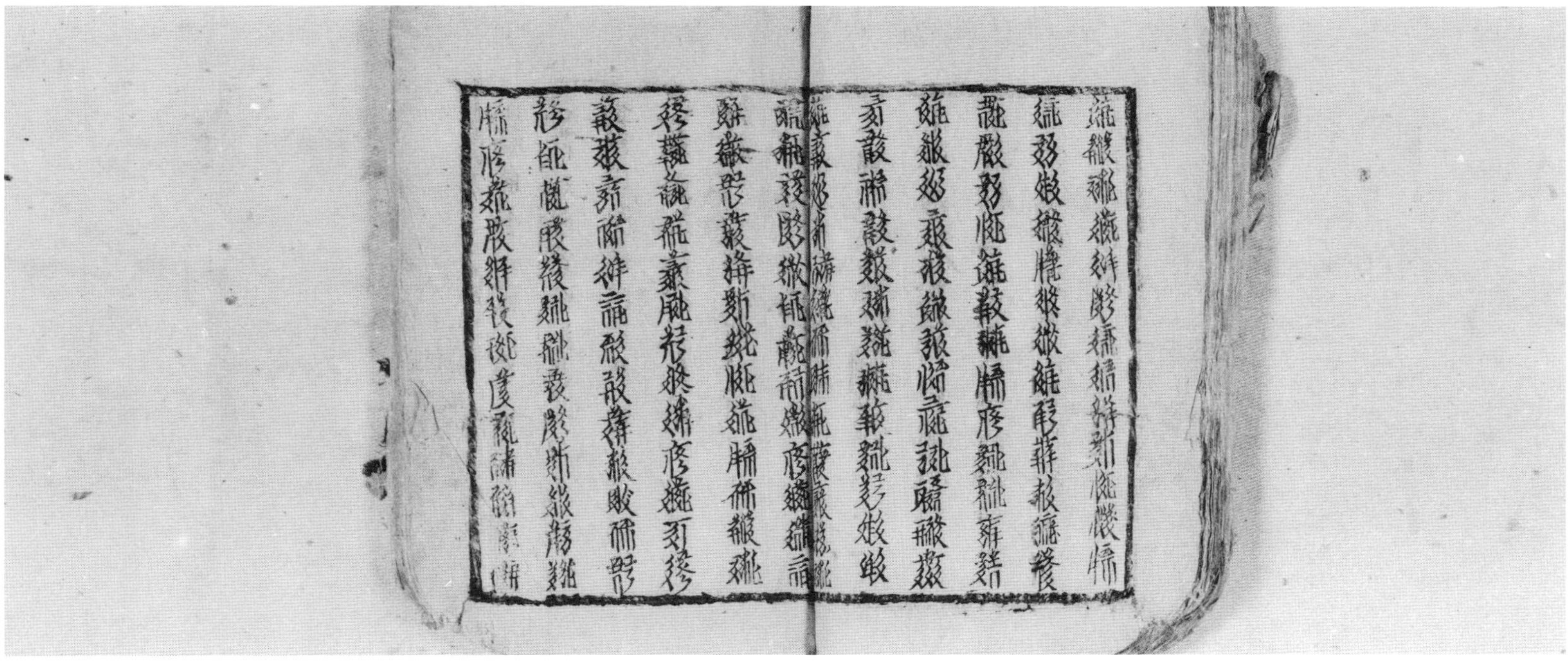

俄 Инв.No.735　諸説禪源集都序上卷　　(82–42)

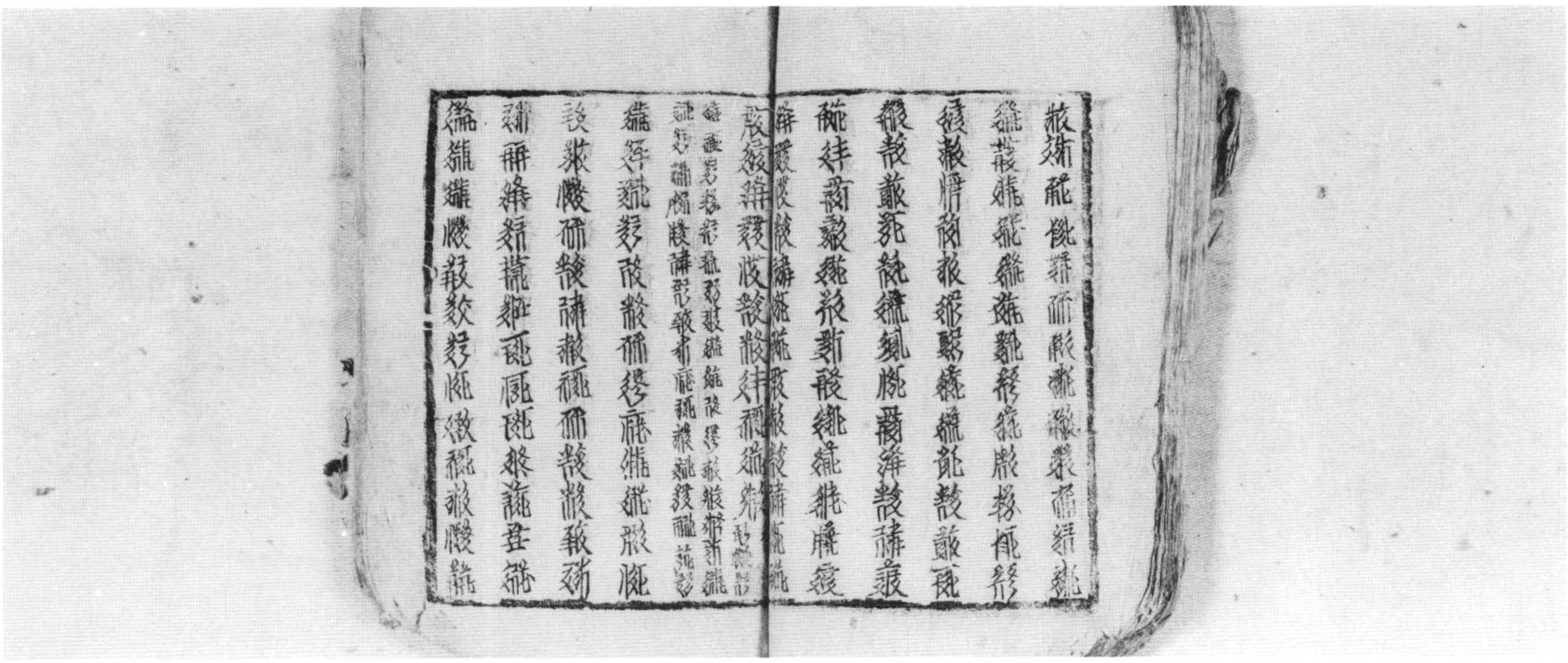

俄 Инв.No.735　諸説禪源集都序上卷　　(82–43)

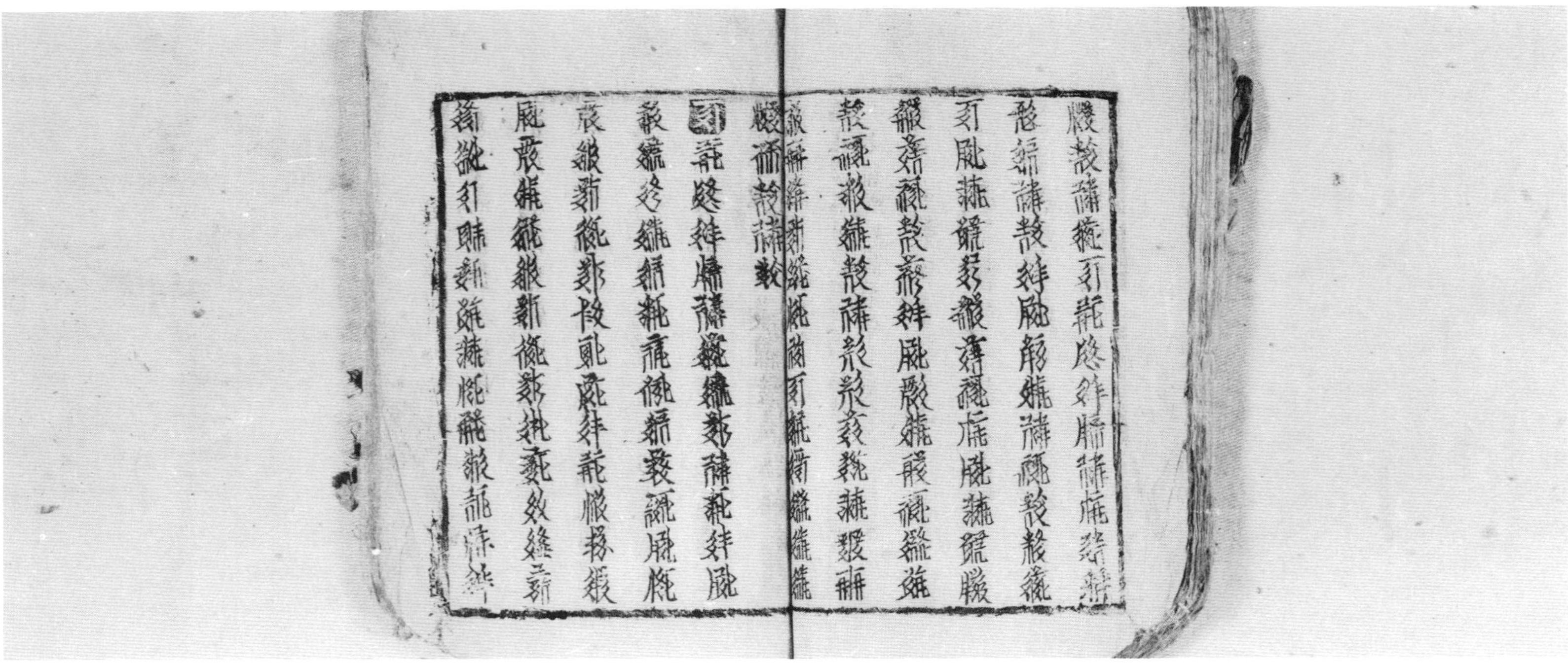

俄 Инв.No.735　諸説禪源集都序上卷　　(82-44)

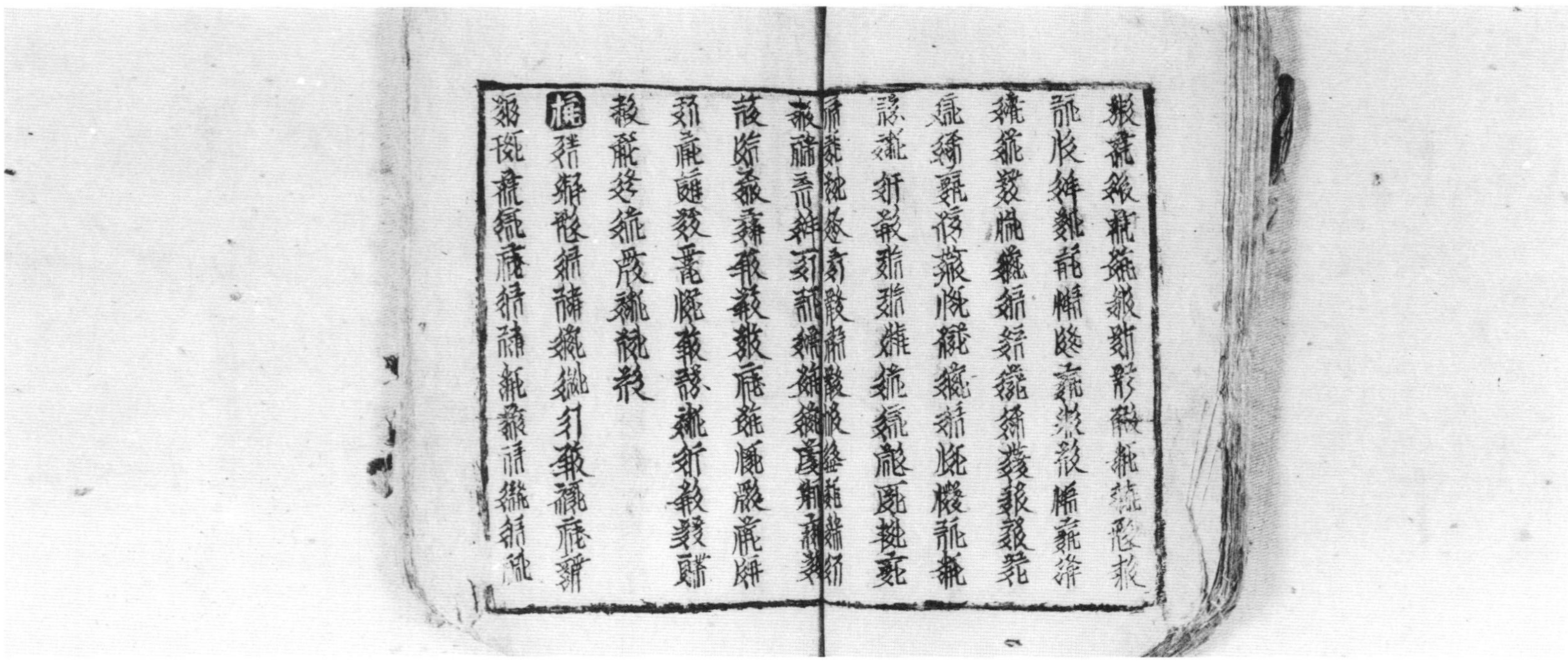

俄 Инв.No.735　諸説禪源集都序上卷　　(82-45)

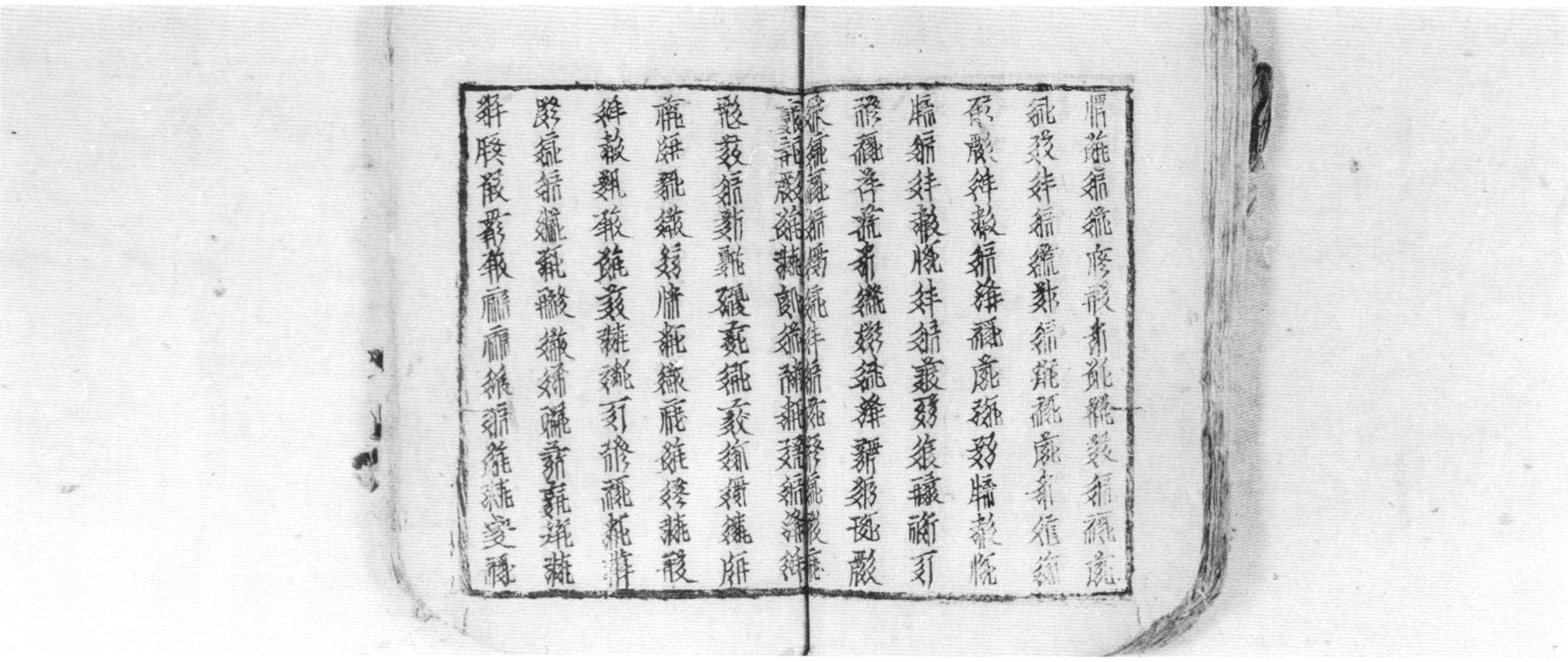

俄 Инв.No.735　諸説禪源集都序上卷　　(82-46)

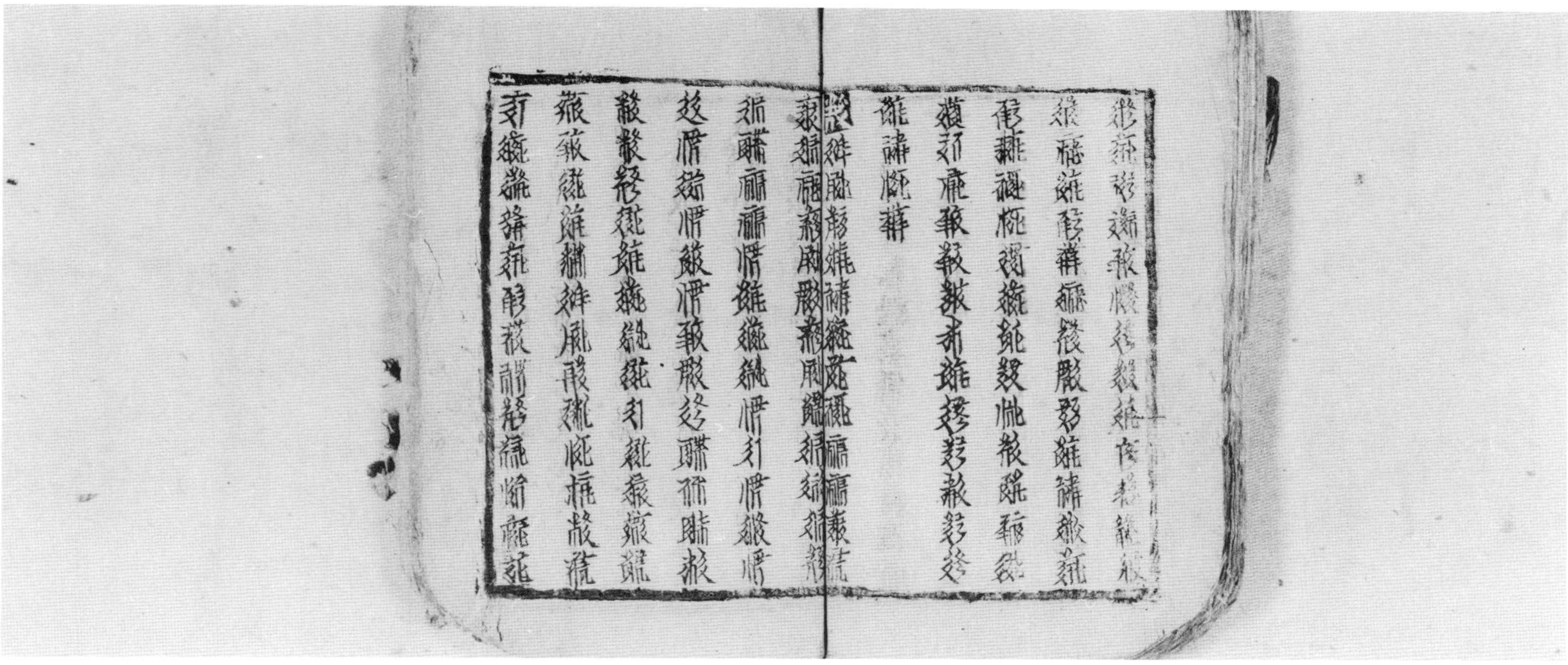

俄 Инв.No.735　諸説禪源集都序上卷　(82–47)

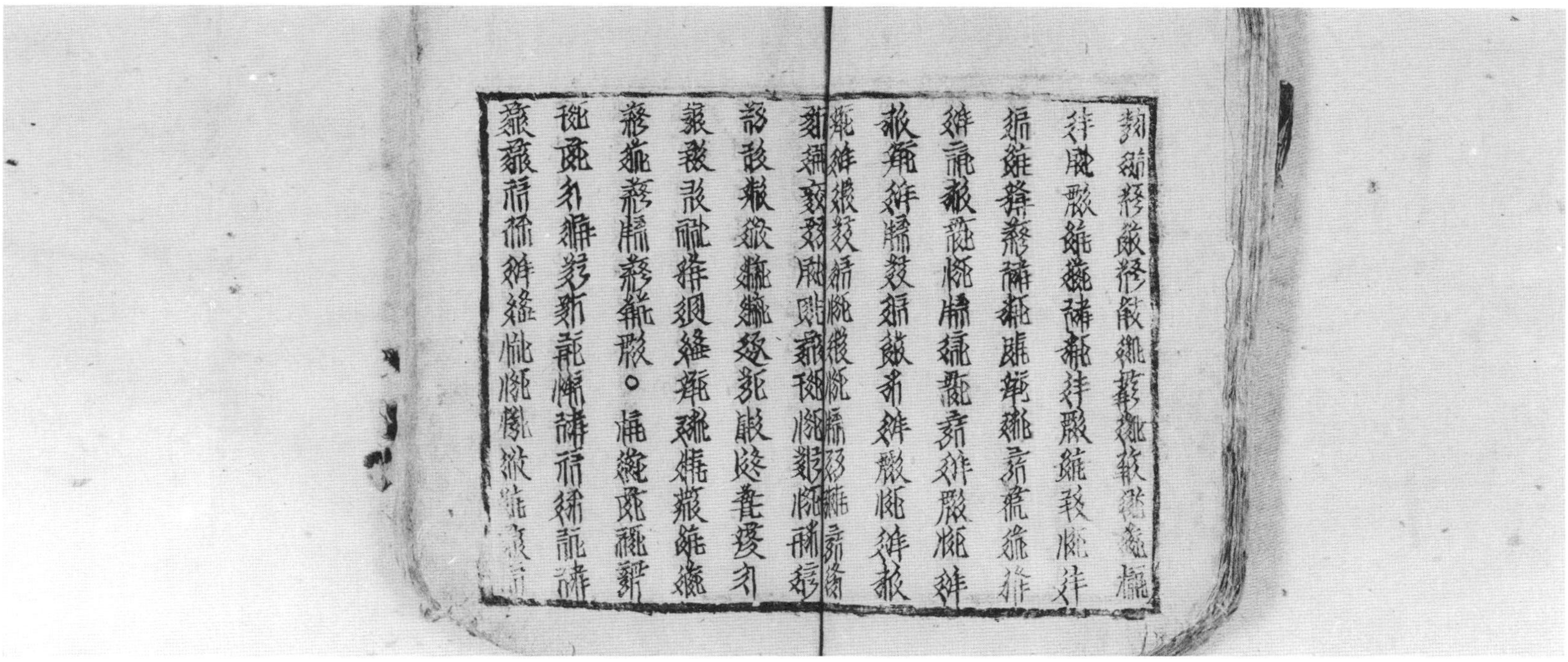

俄 Инв.No.735　諸説禪源集都序上卷　(82–48)

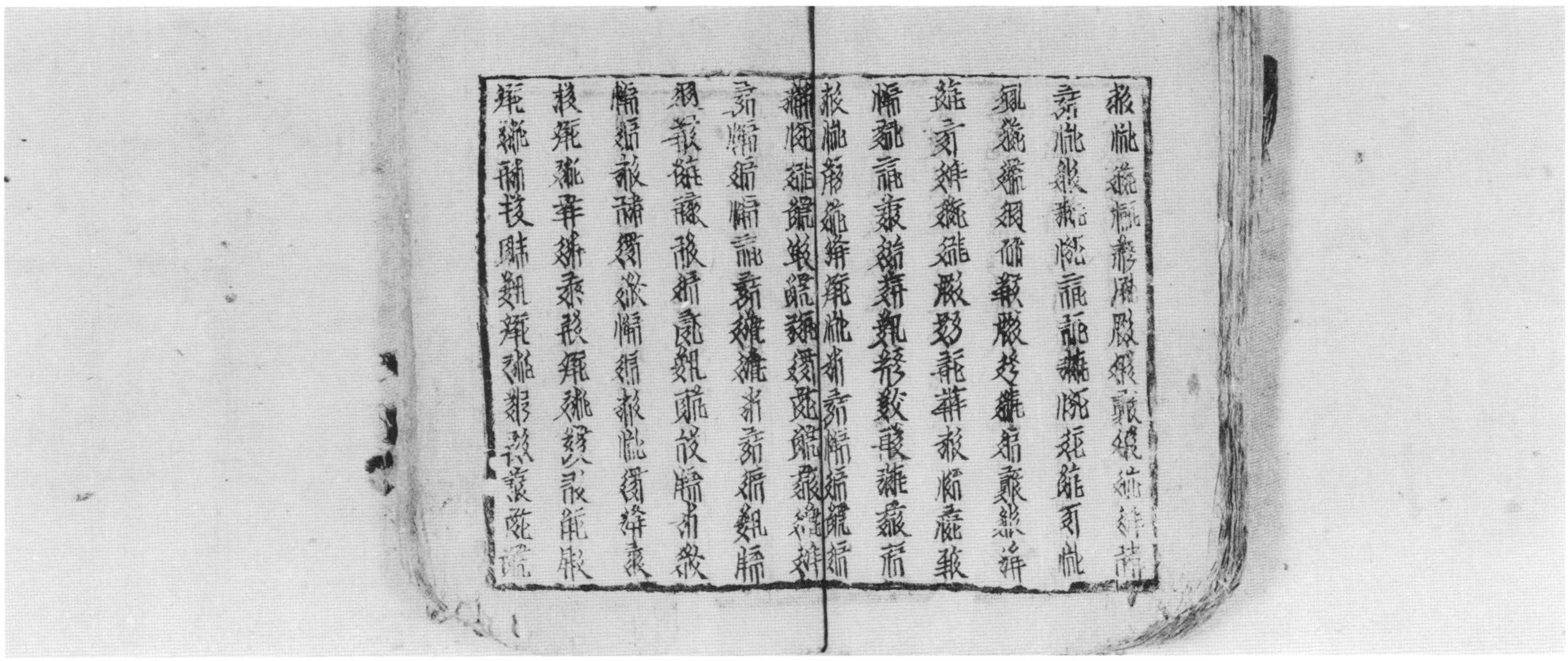

俄 Инв.No.735　諸説禪源集都序上卷　(82–49)

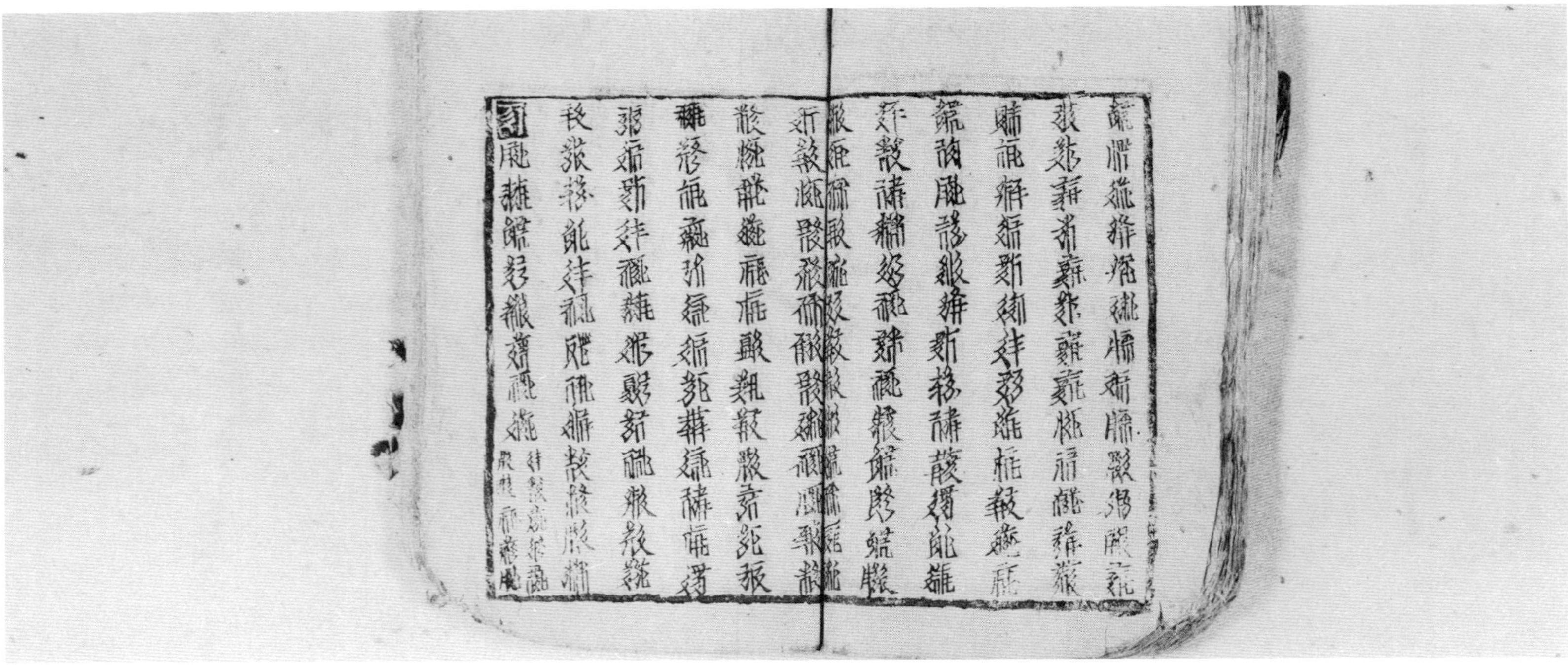

俄 Инв. No.735　諸説禪源集都序上卷　(82–50)

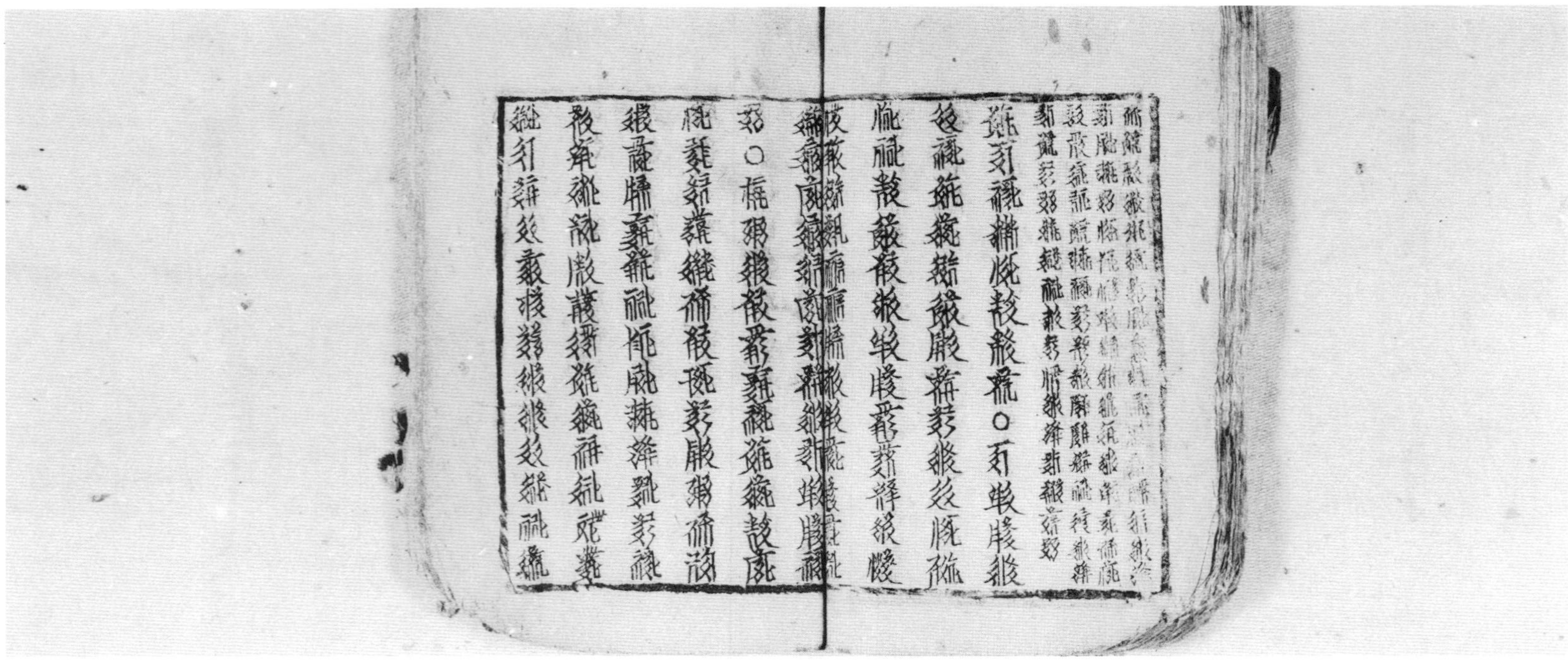

俄 Инв. No.735　諸説禪源集都序上卷　(82–51)

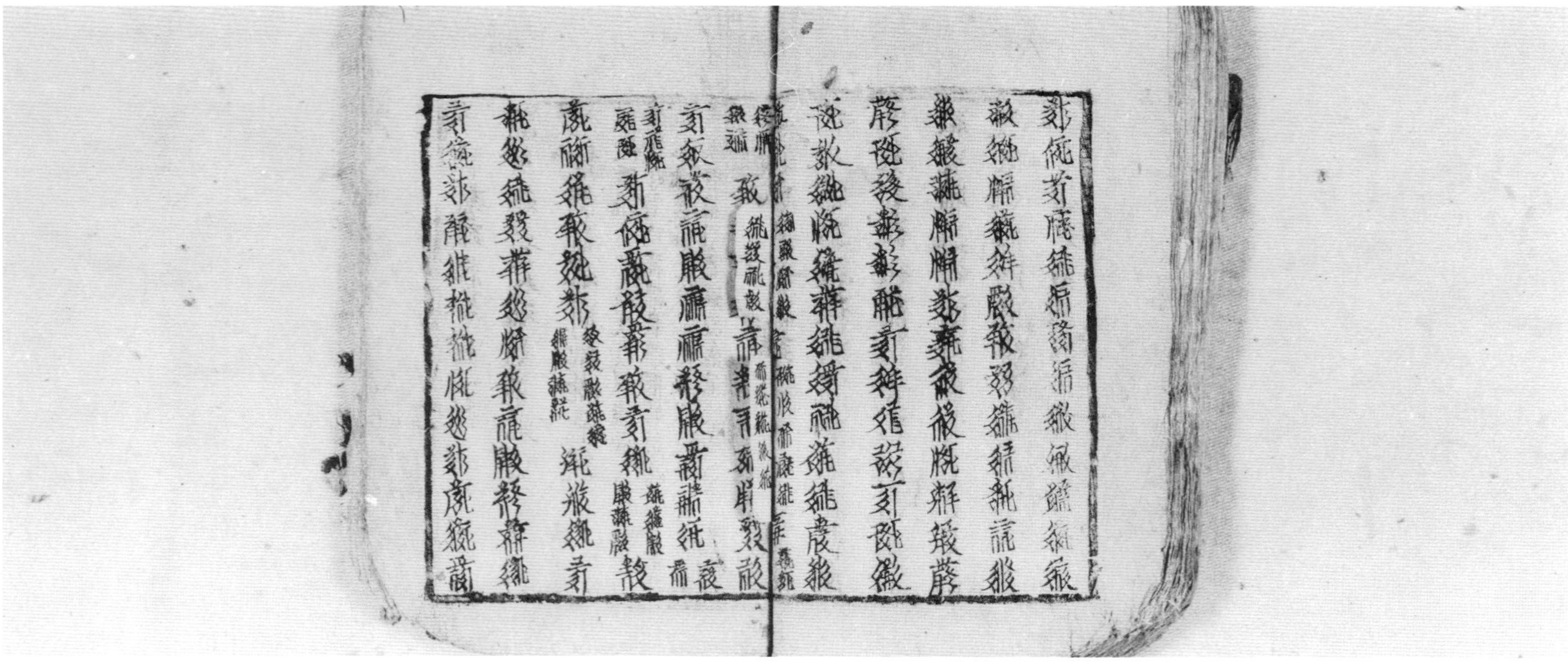

俄 Инв. No.735　諸説禪源集都序上卷　(82–52)

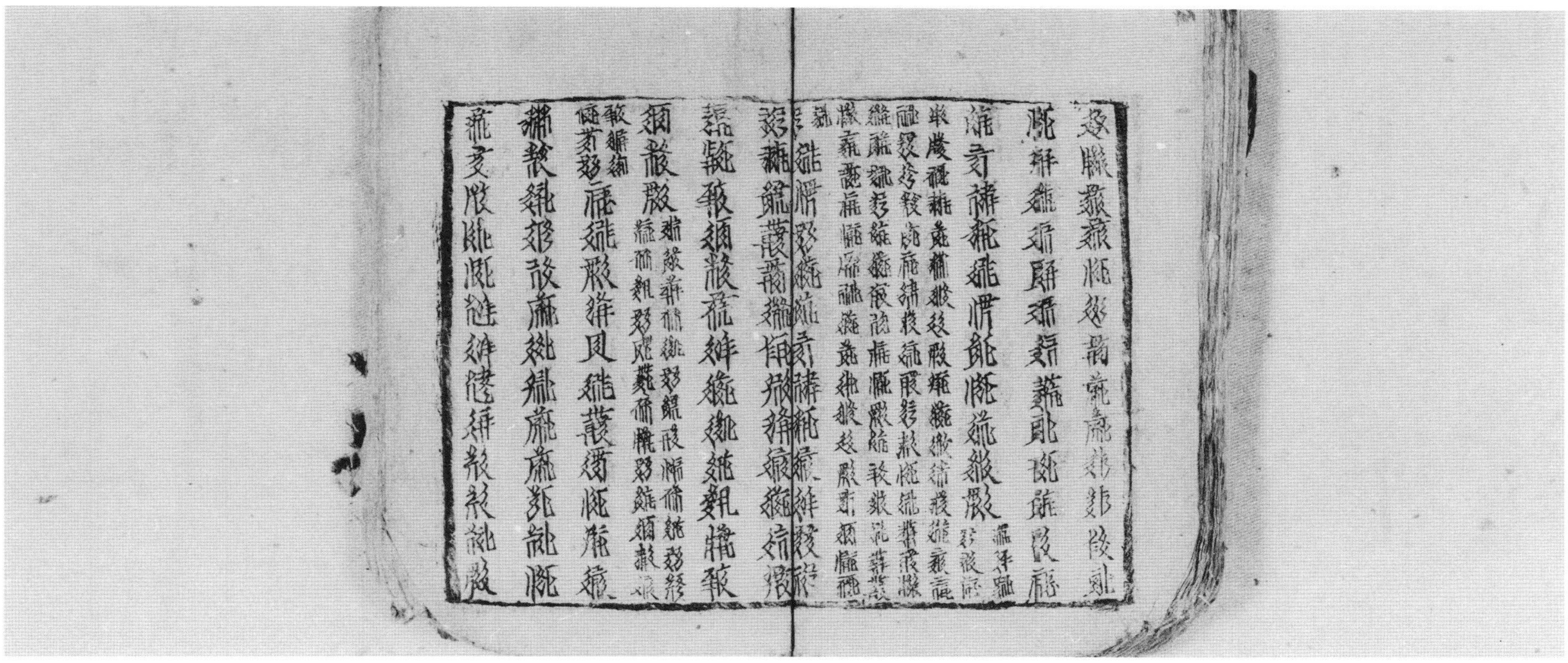

俄 Инв.No.735　諸説禪源集都序上卷　(82-53)

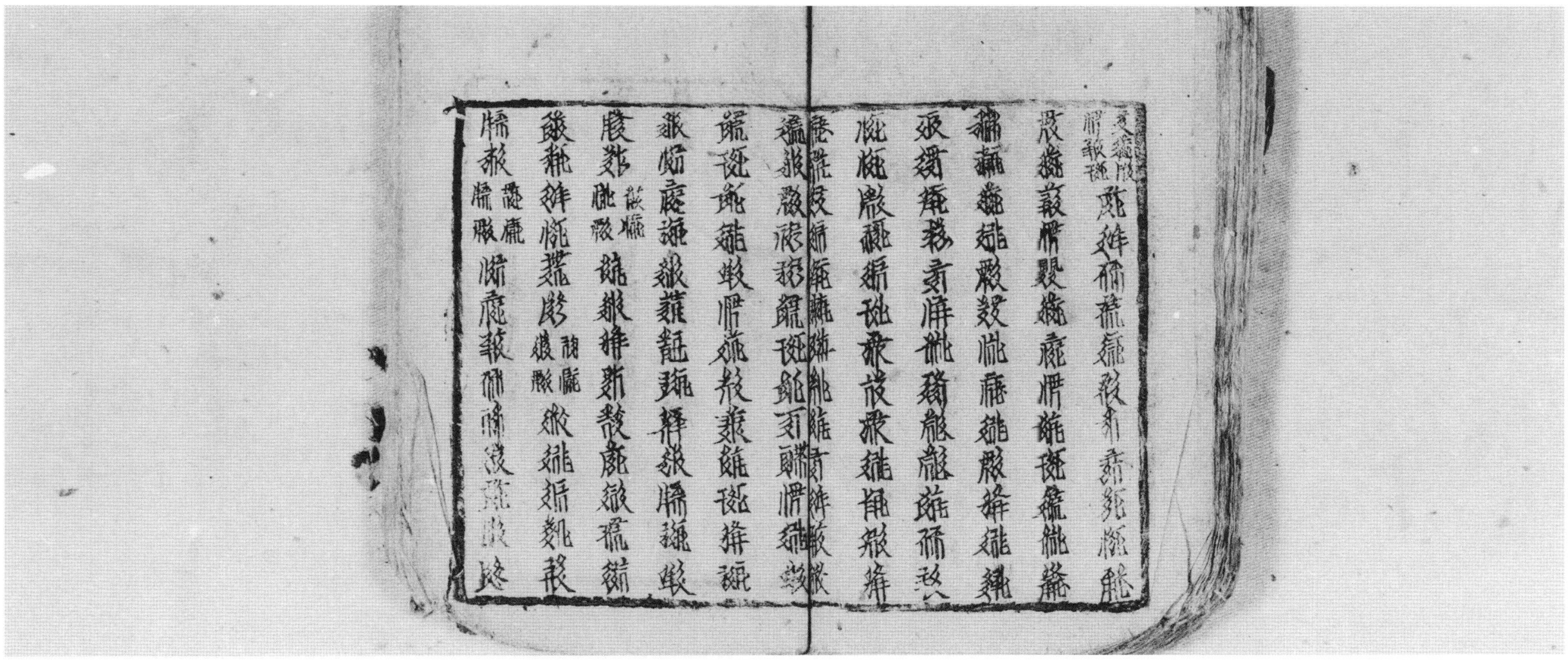

俄 Инв.No.735　諸説禪源集都序上卷　(82-54)

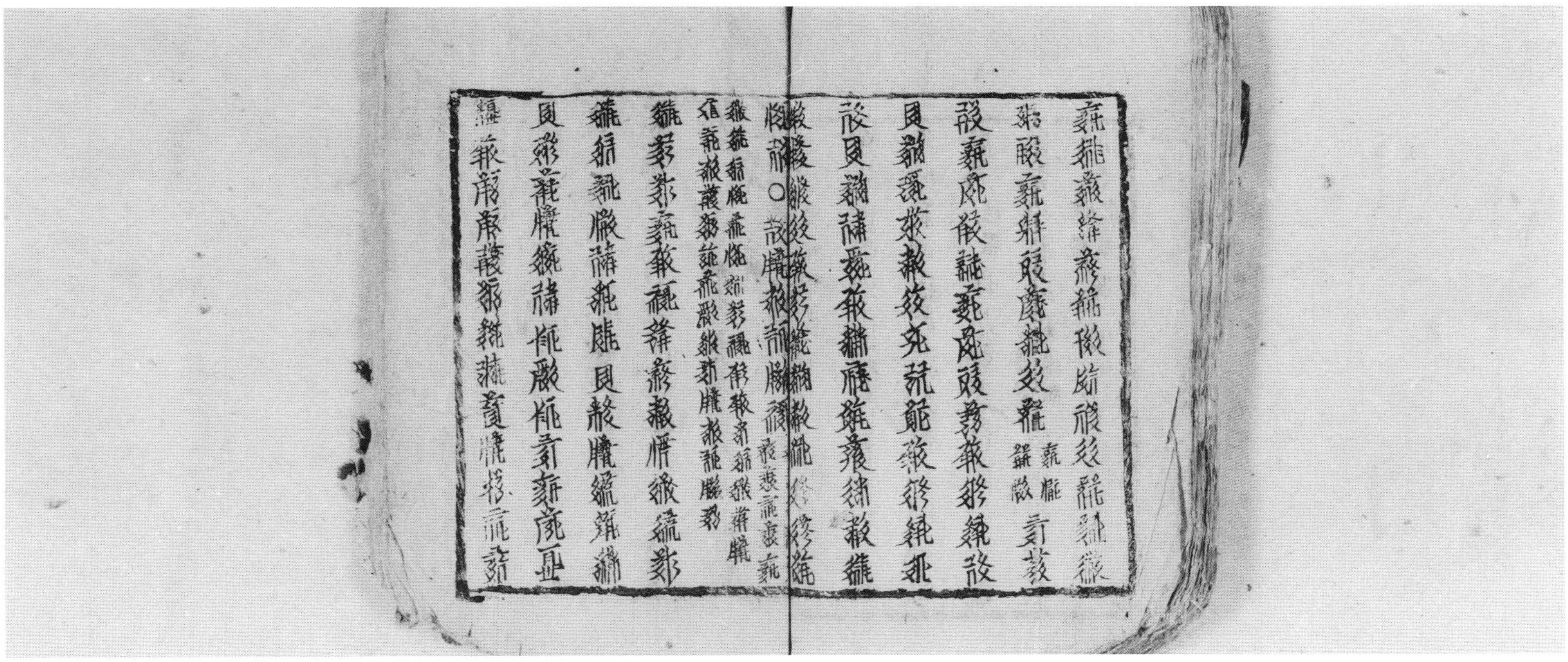

俄 Инв.No.735　諸説禪源集都序上卷　(82-55)

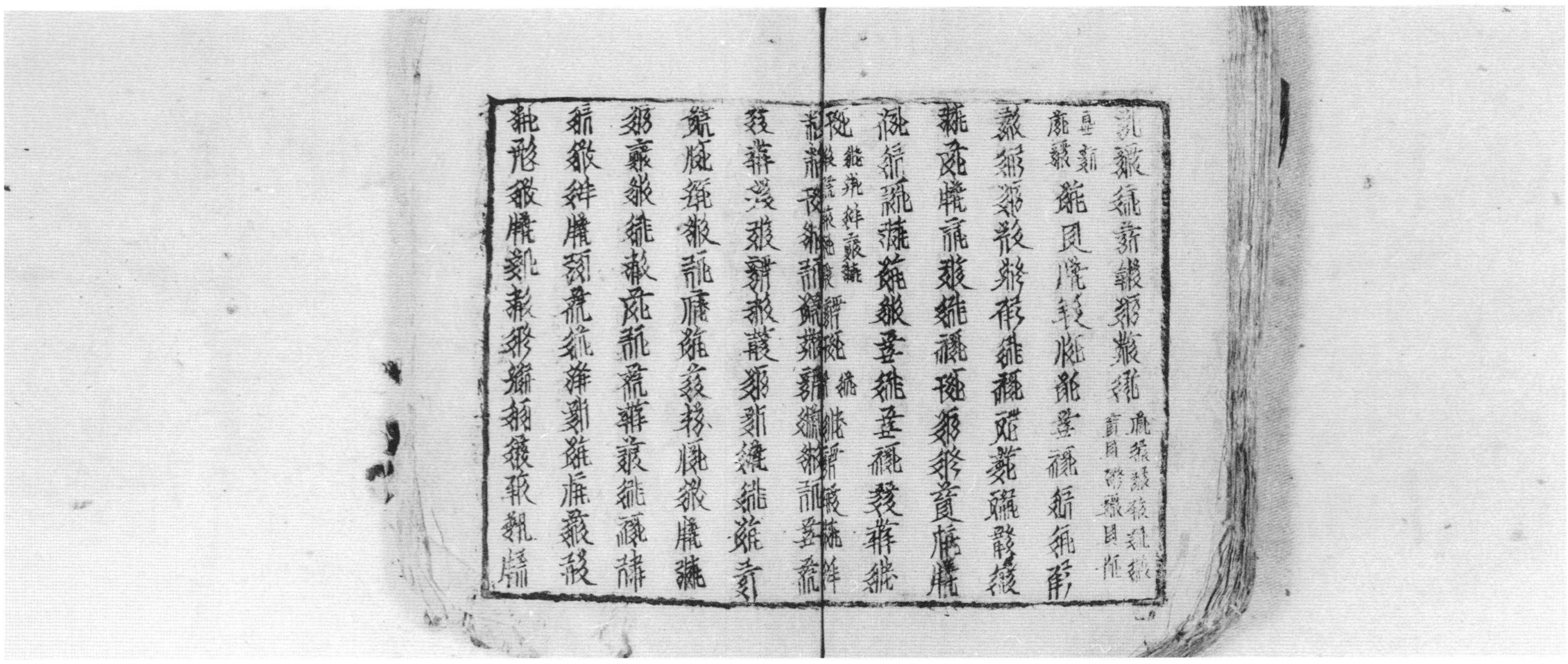

俄 Инв.No.735　諸説禪源集都序上卷　(82-56)

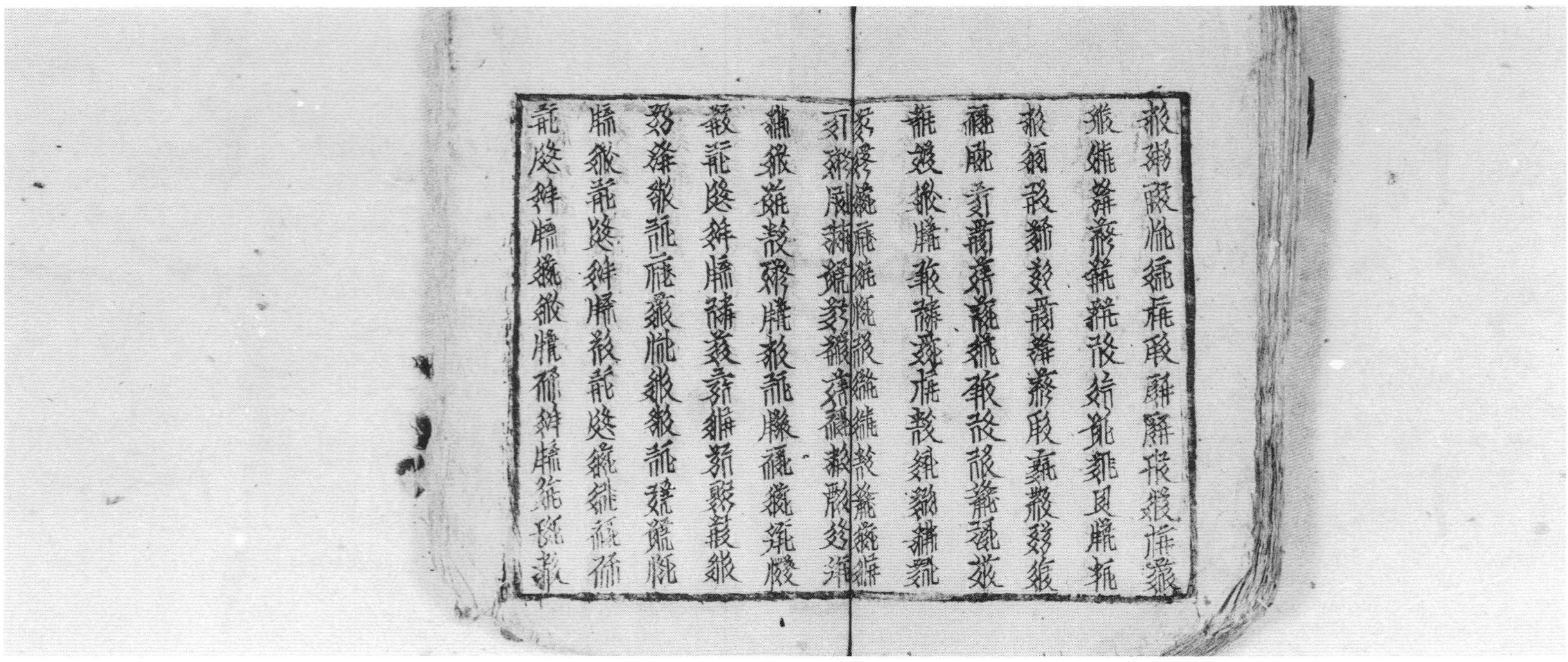

俄 Инв.No.735　諸説禪源集都序上卷　(82-57)

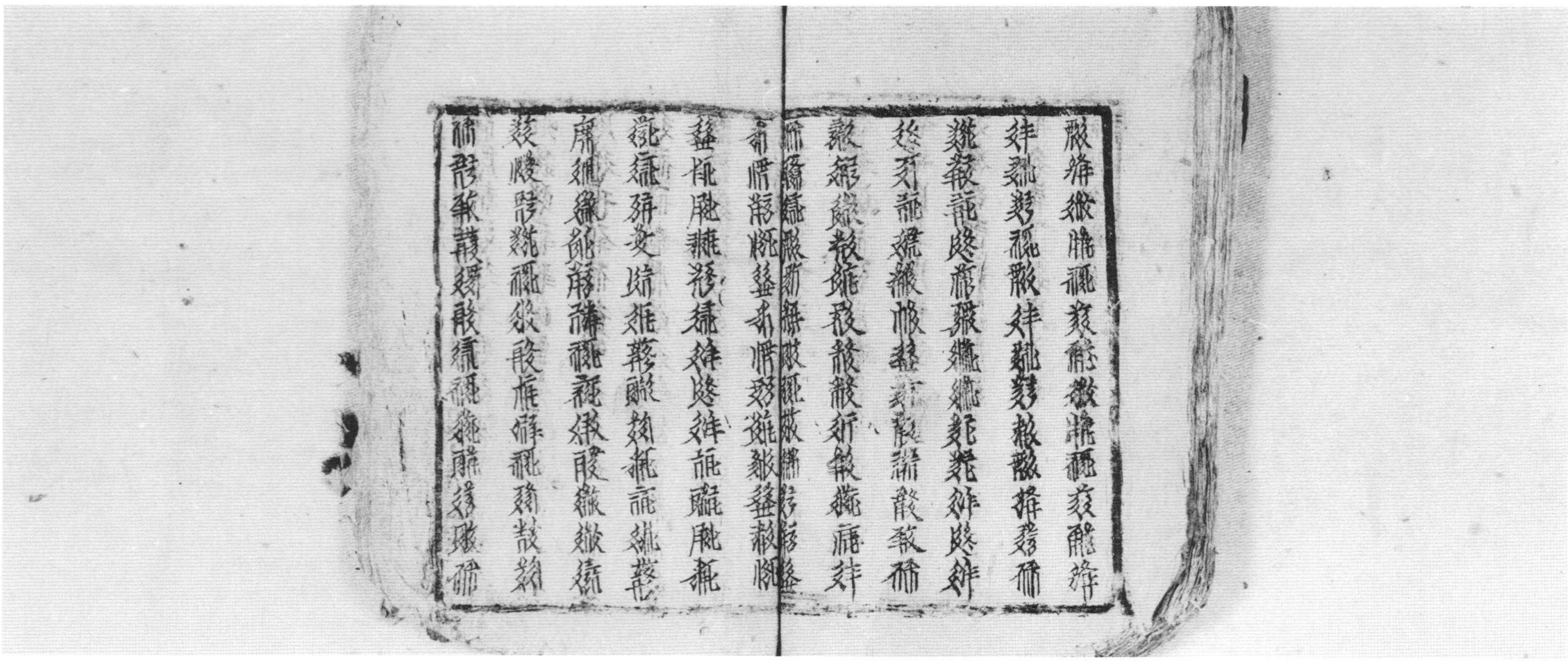

俄 Инв.No.735　諸説禪源集都序上卷　(82-58)

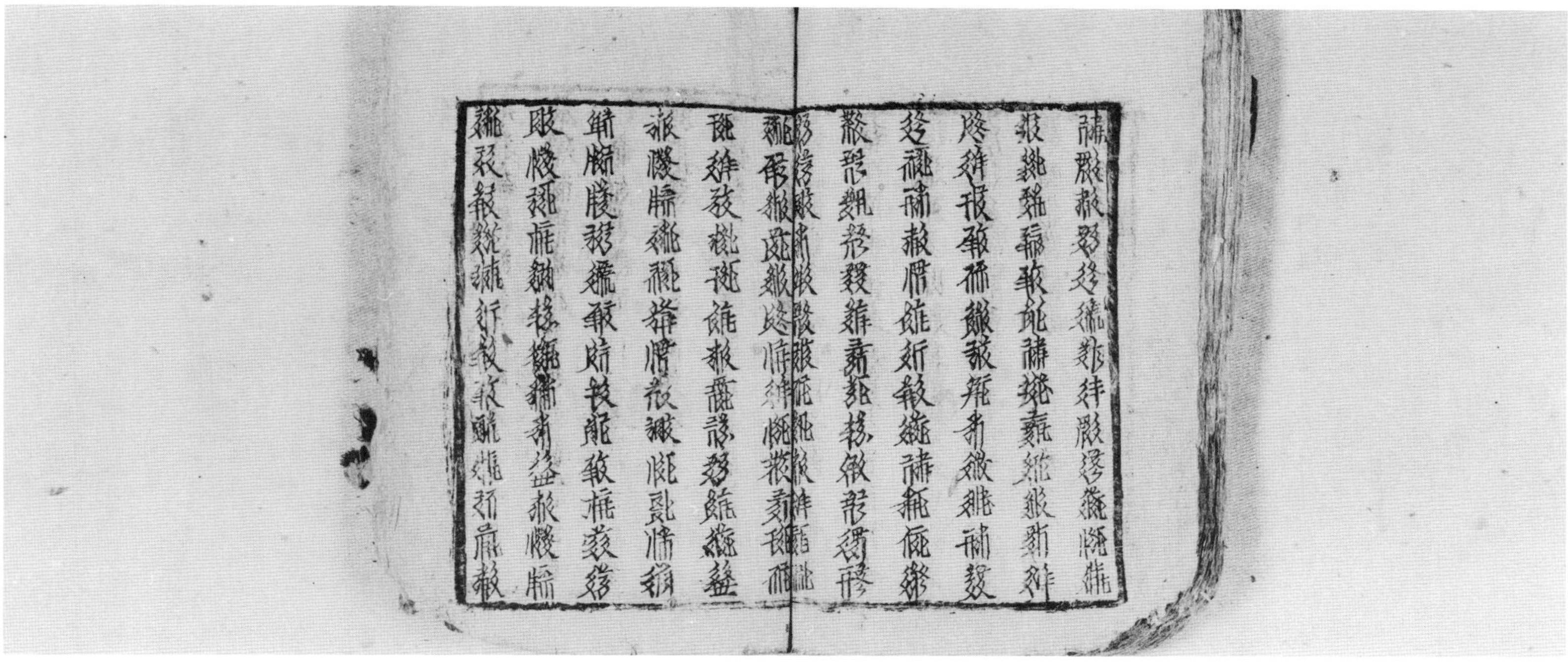

俄 Инв.No.735　諸説禪源集都序上卷　(82–59)

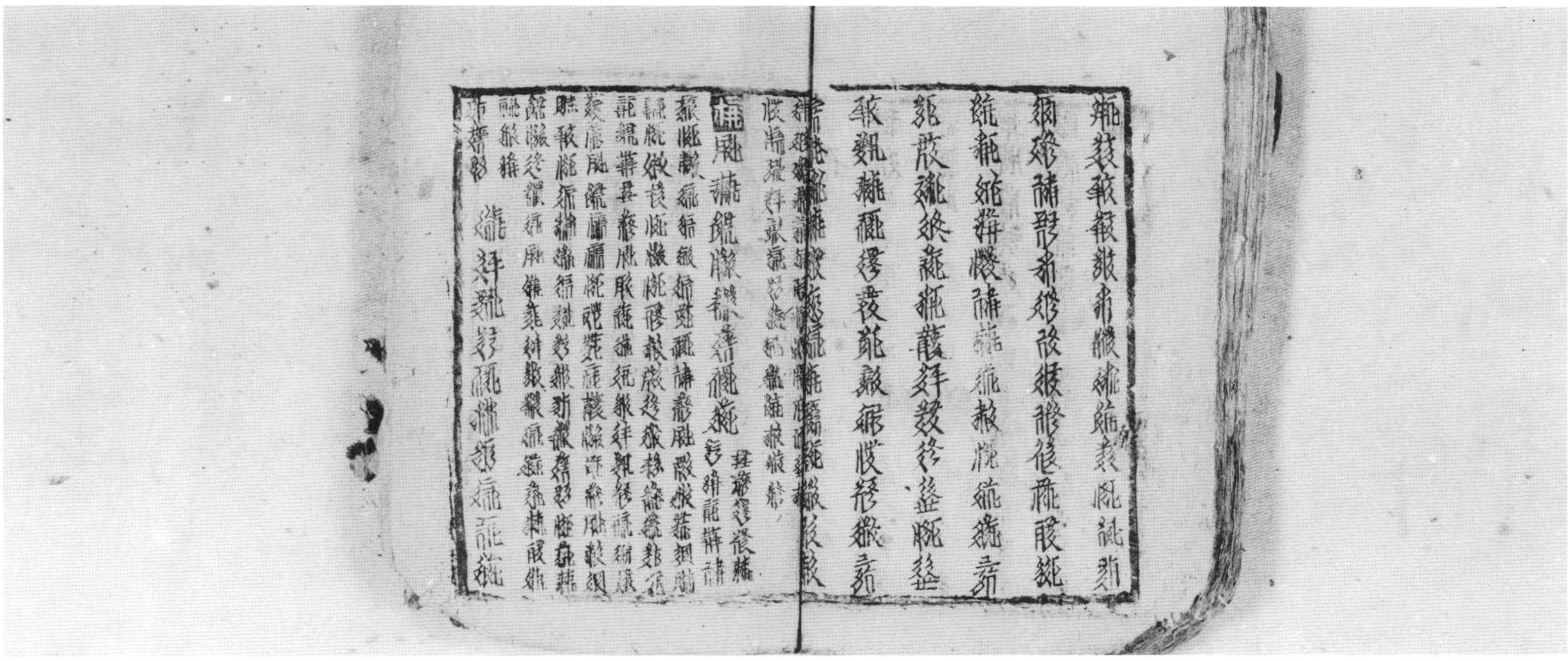

俄 Инв.No.735　諸説禪源集都序上卷　(82–60)

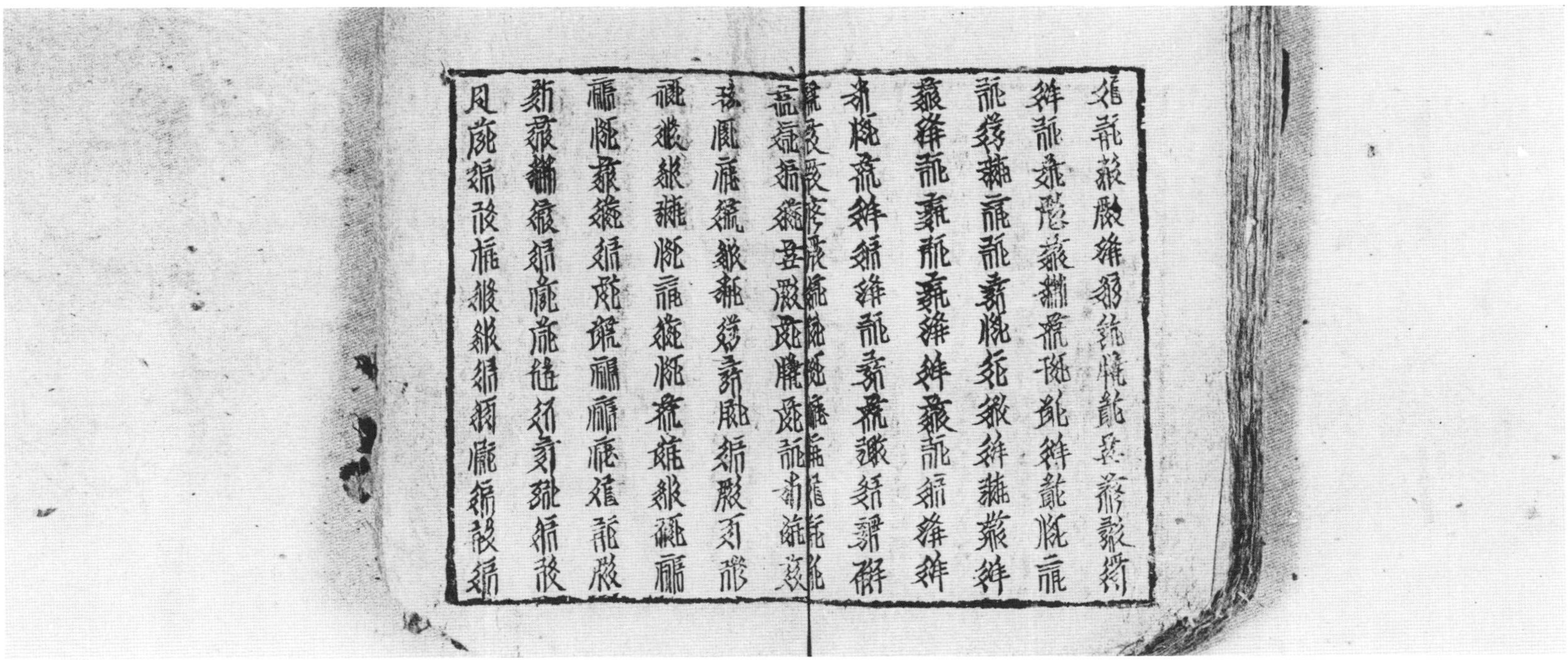

俄 Инв.No.735　諸説禪源集都序上卷　(82–61)

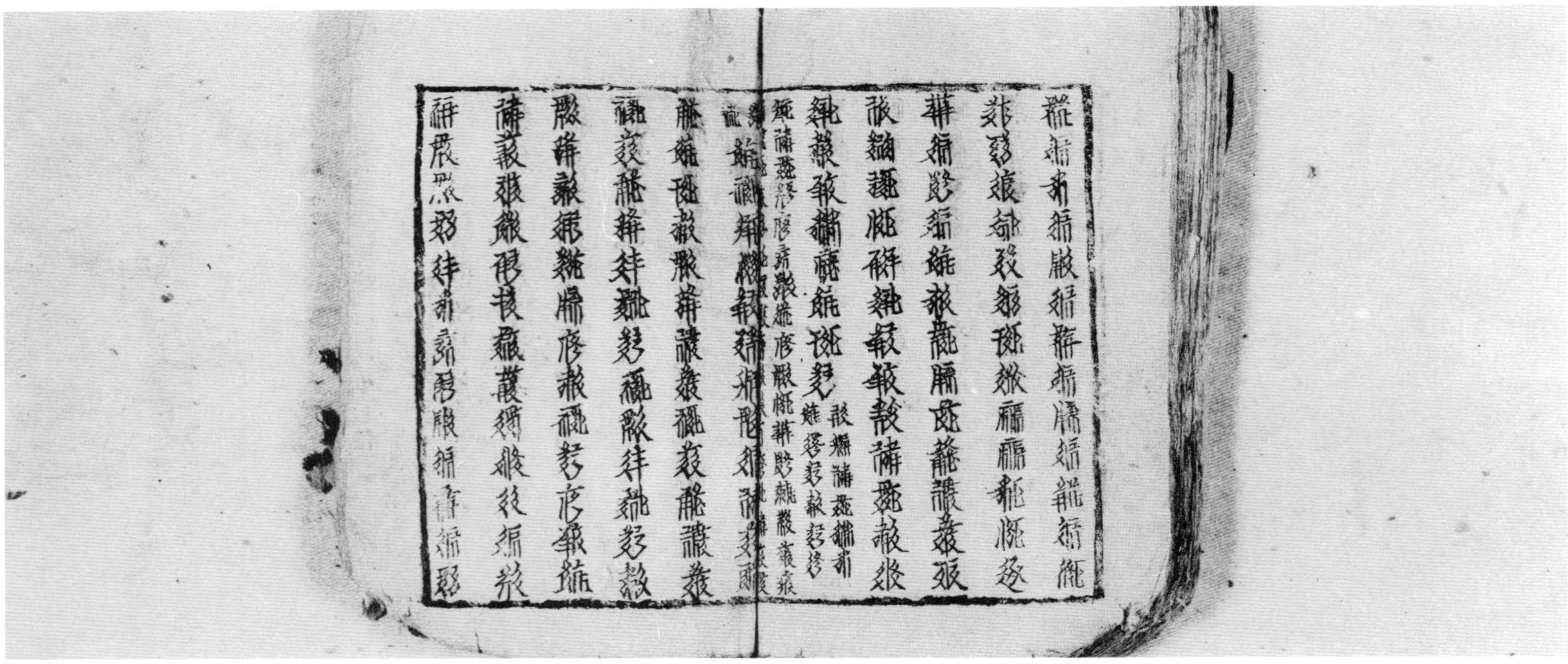

俄 Инв.No.735　諸説禪源集都序上卷　(82-62)

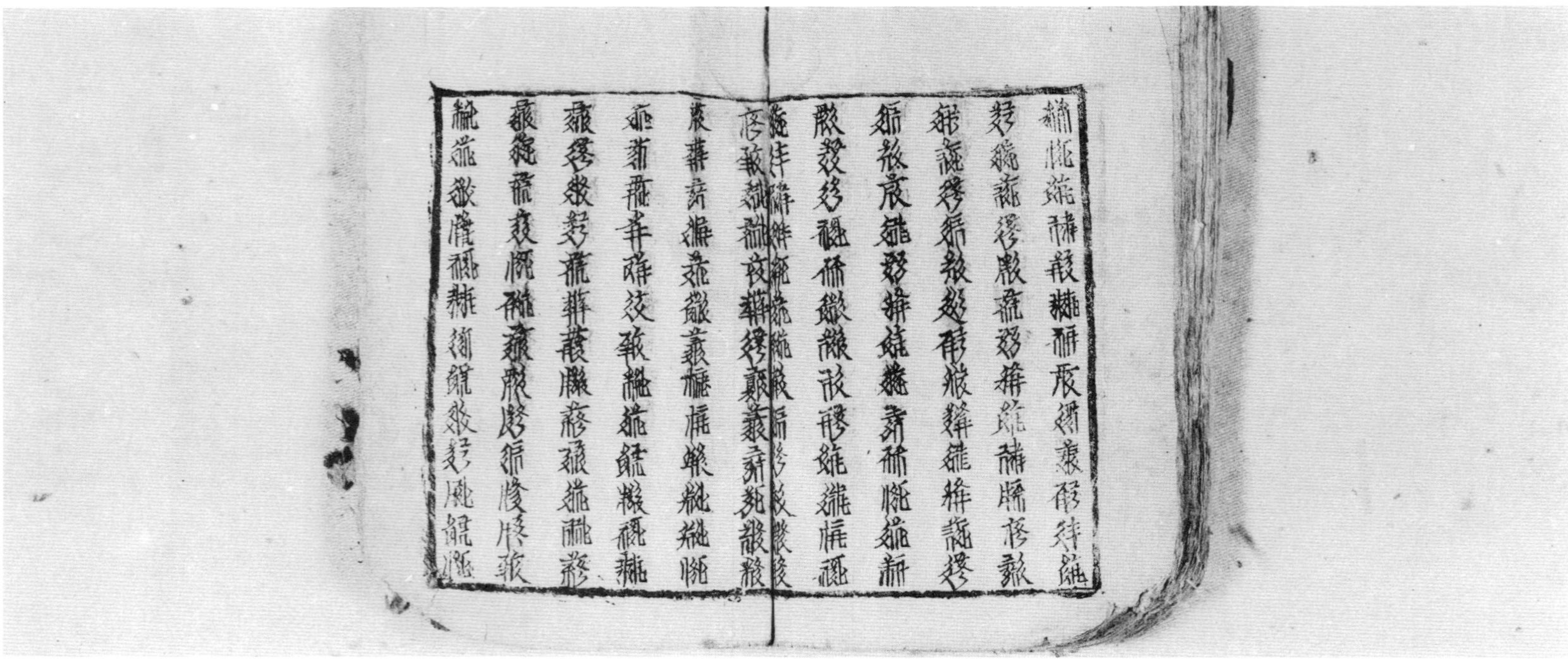

俄 Инв.No.735　諸説禪源集都序上卷　(82-63)

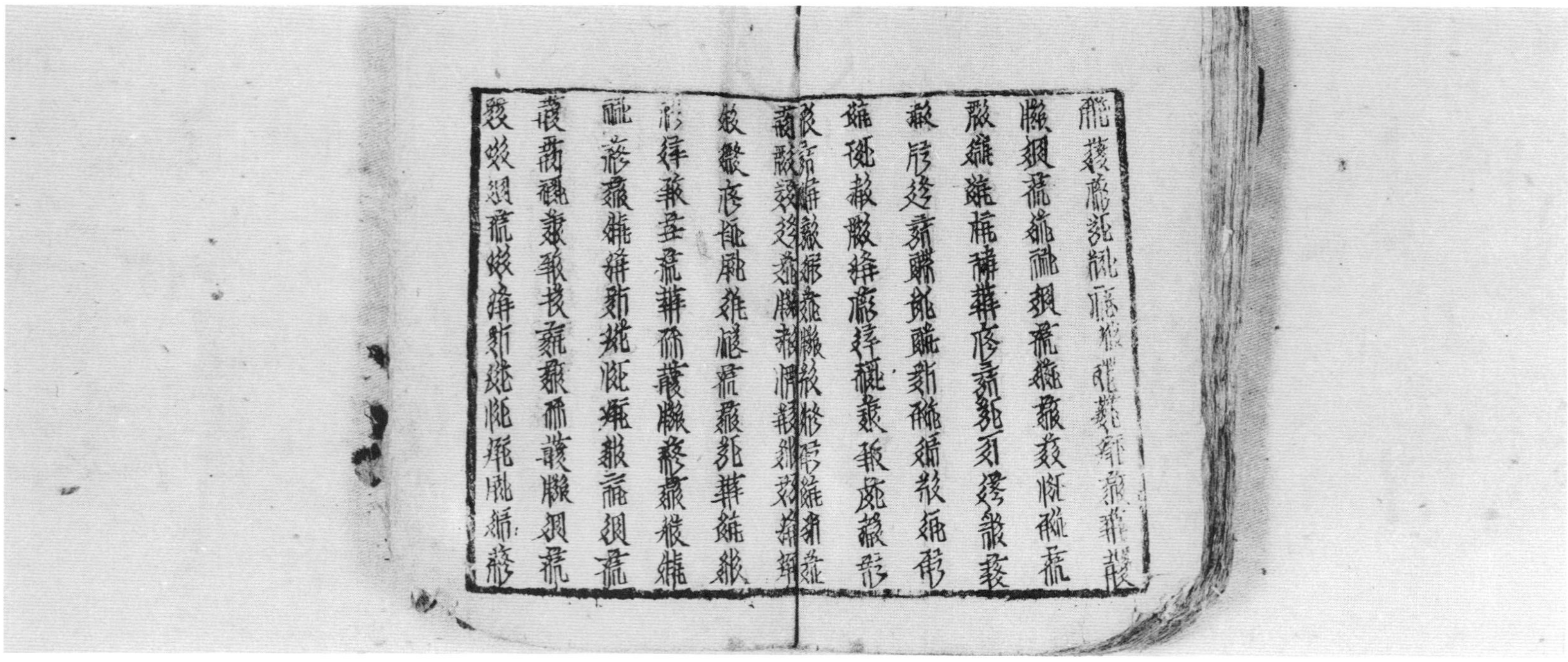

俄 Инв.No.735　諸説禪源集都序上卷　(82-64)

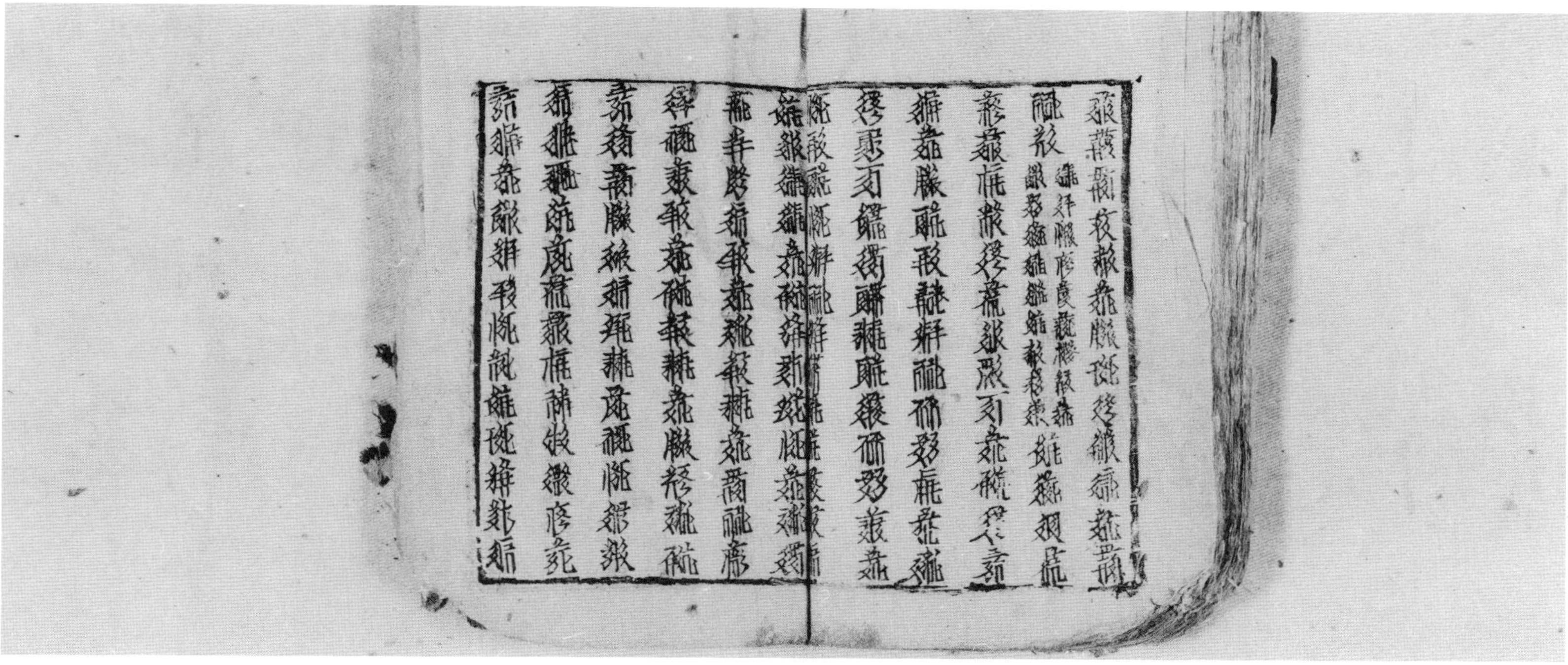

俄 Инв.No.735　諸説禪源集都序上卷　　(82−65)

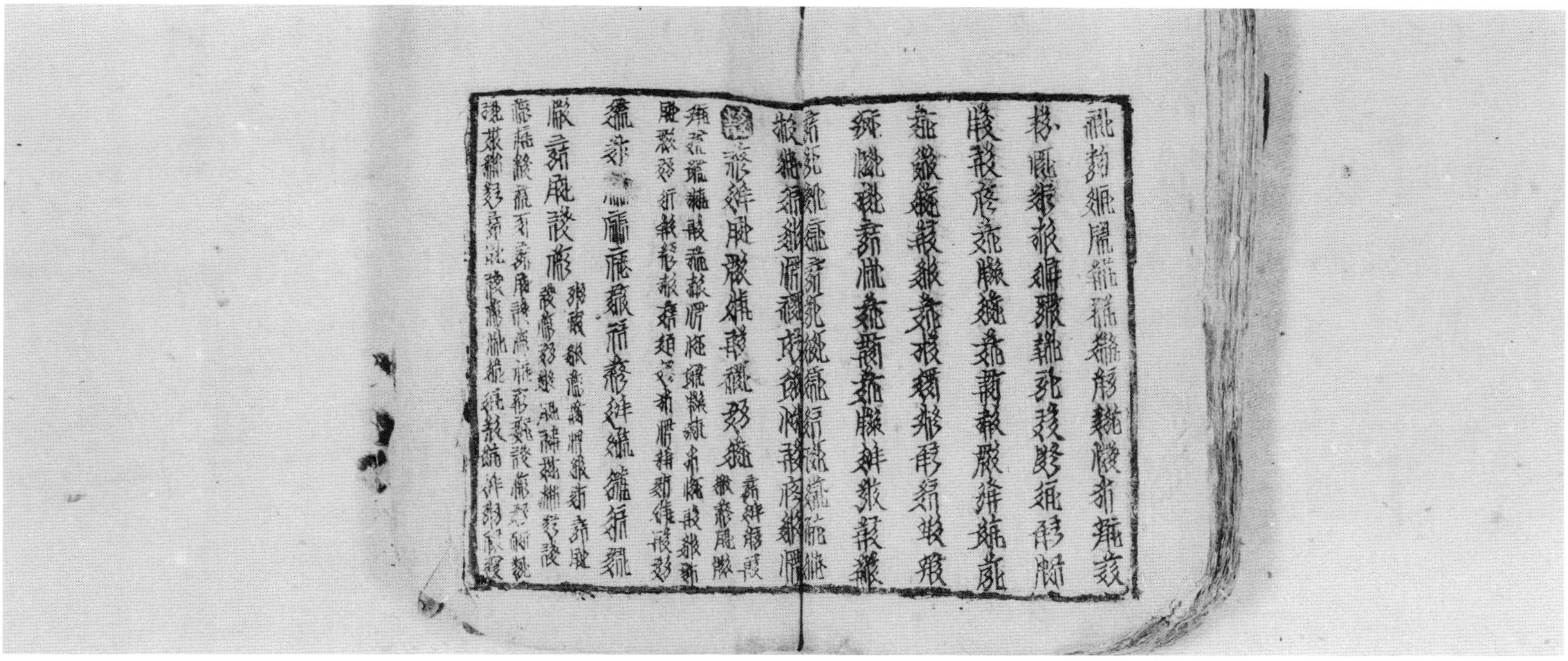

俄 Инв.No.735　諸説禪源集都序上卷　　(82−66)

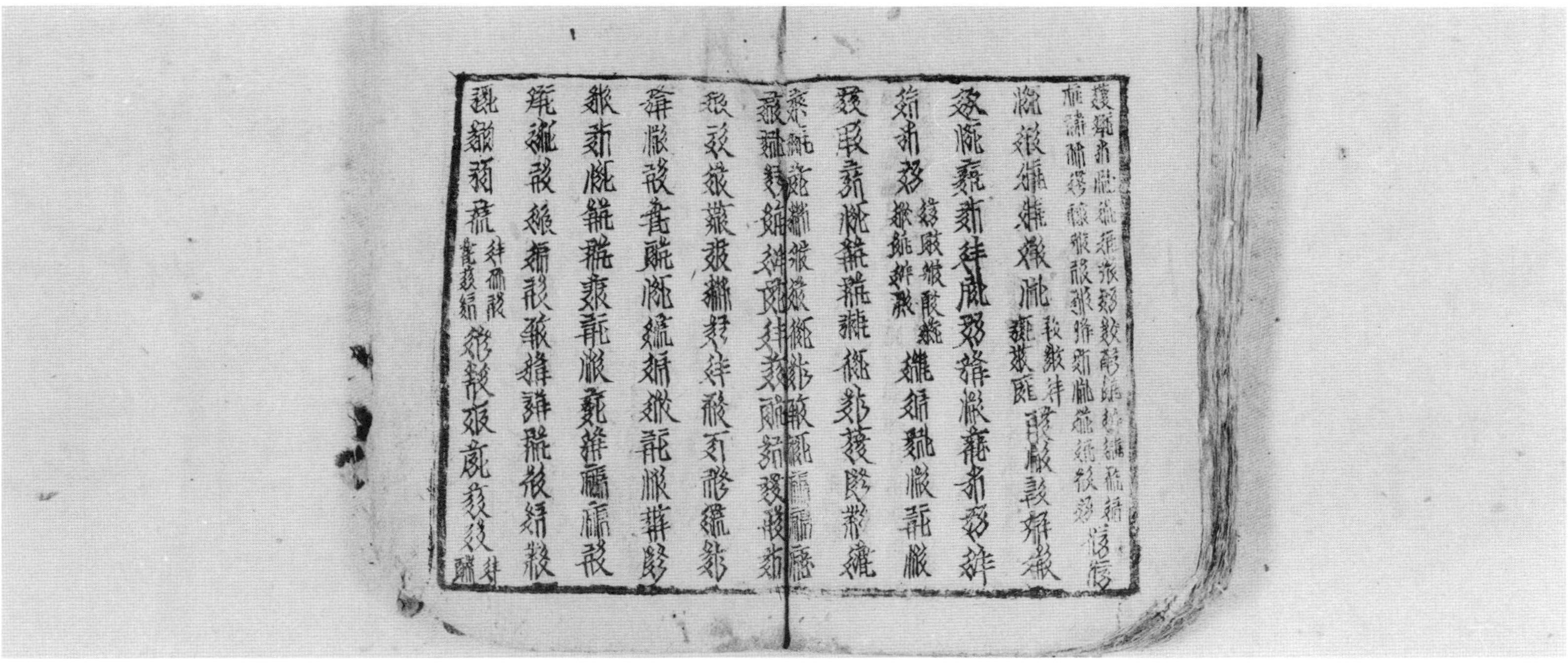

俄 Инв.No.735　諸説禪源集都序上卷　　(82−67)

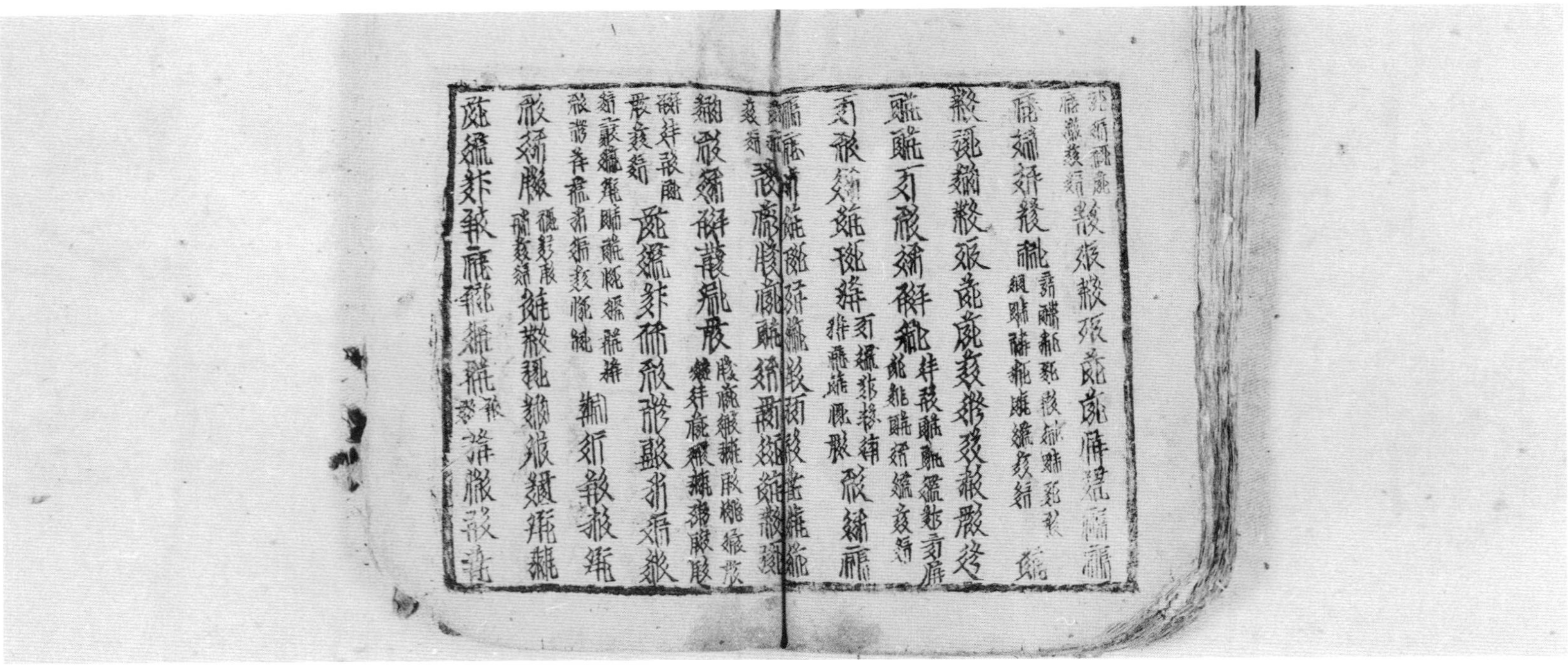

俄 Инв.No.735　諸説禪源集都序上卷　(82-68)

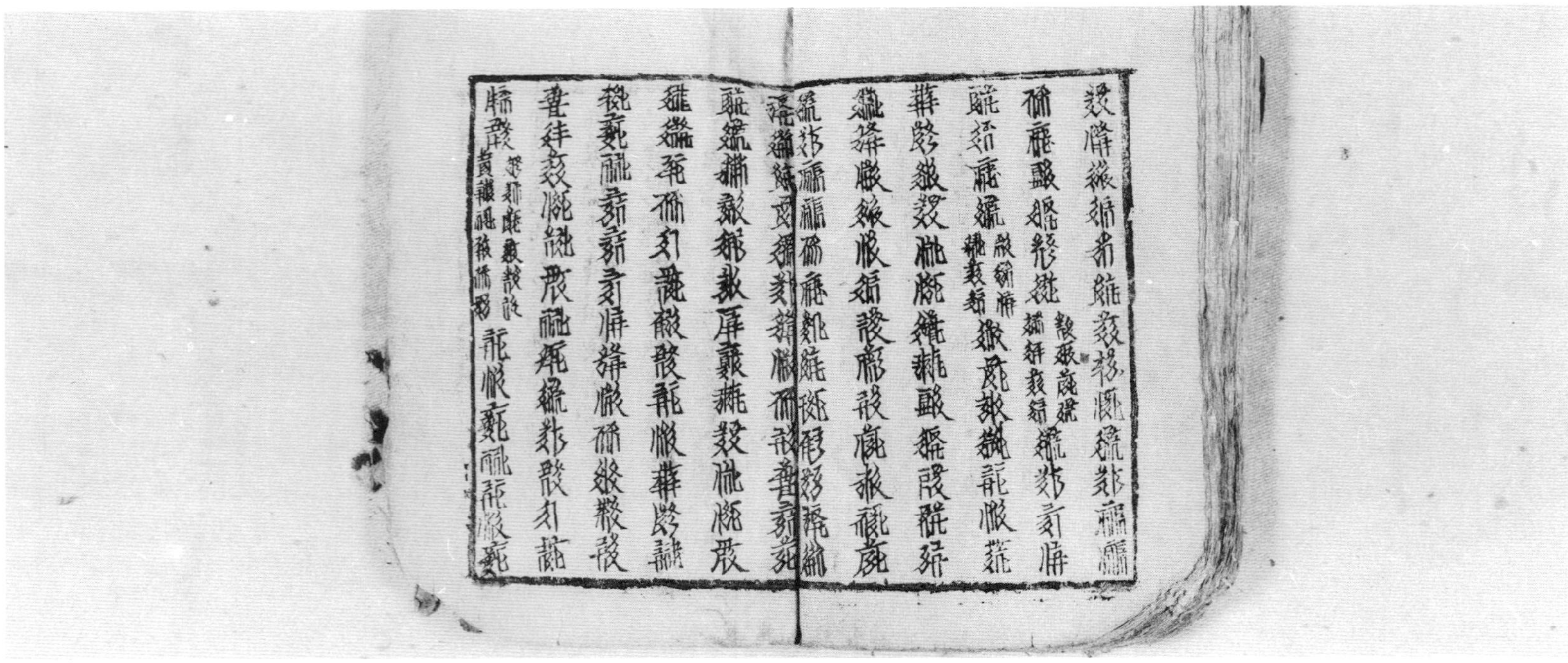

俄 Инв.No.735　諸説禪源集都序上卷　(82-69)

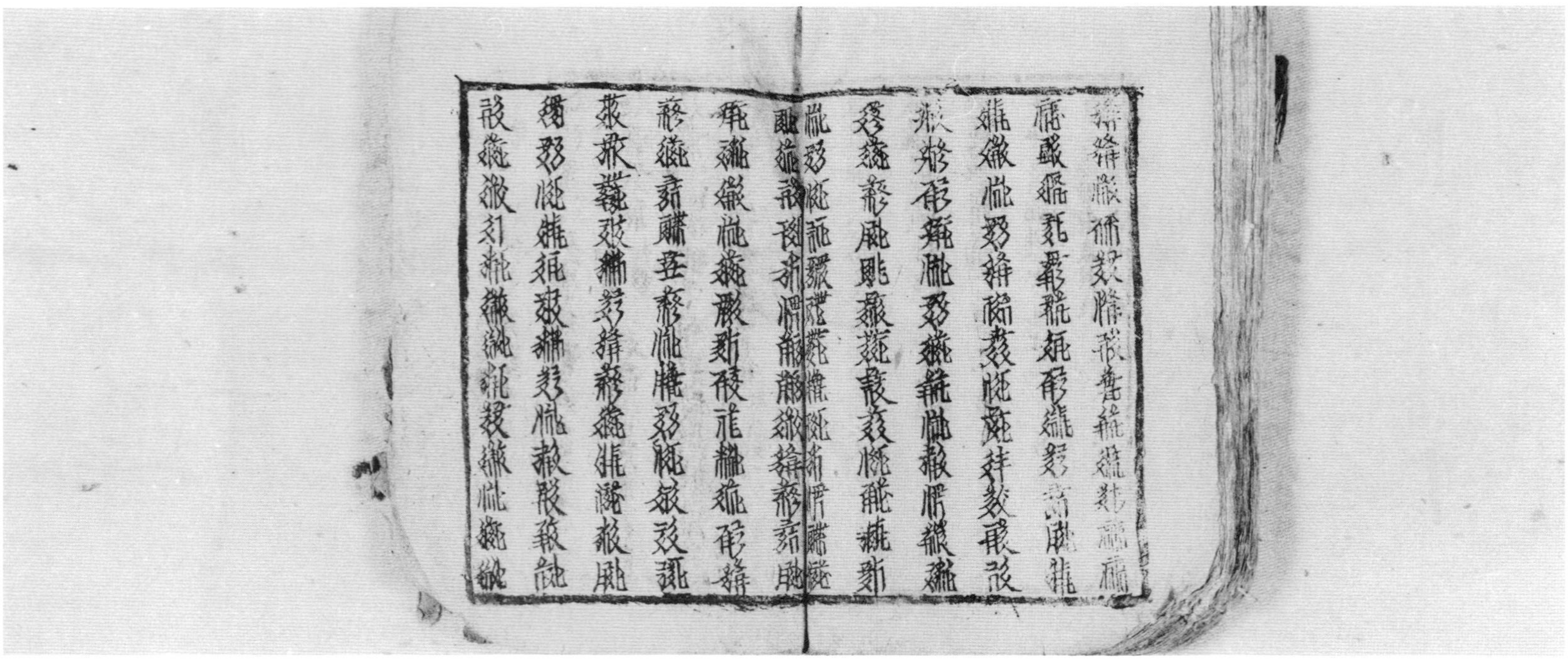

俄 Инв.No.735　諸説禪源集都序上卷　(82-70)

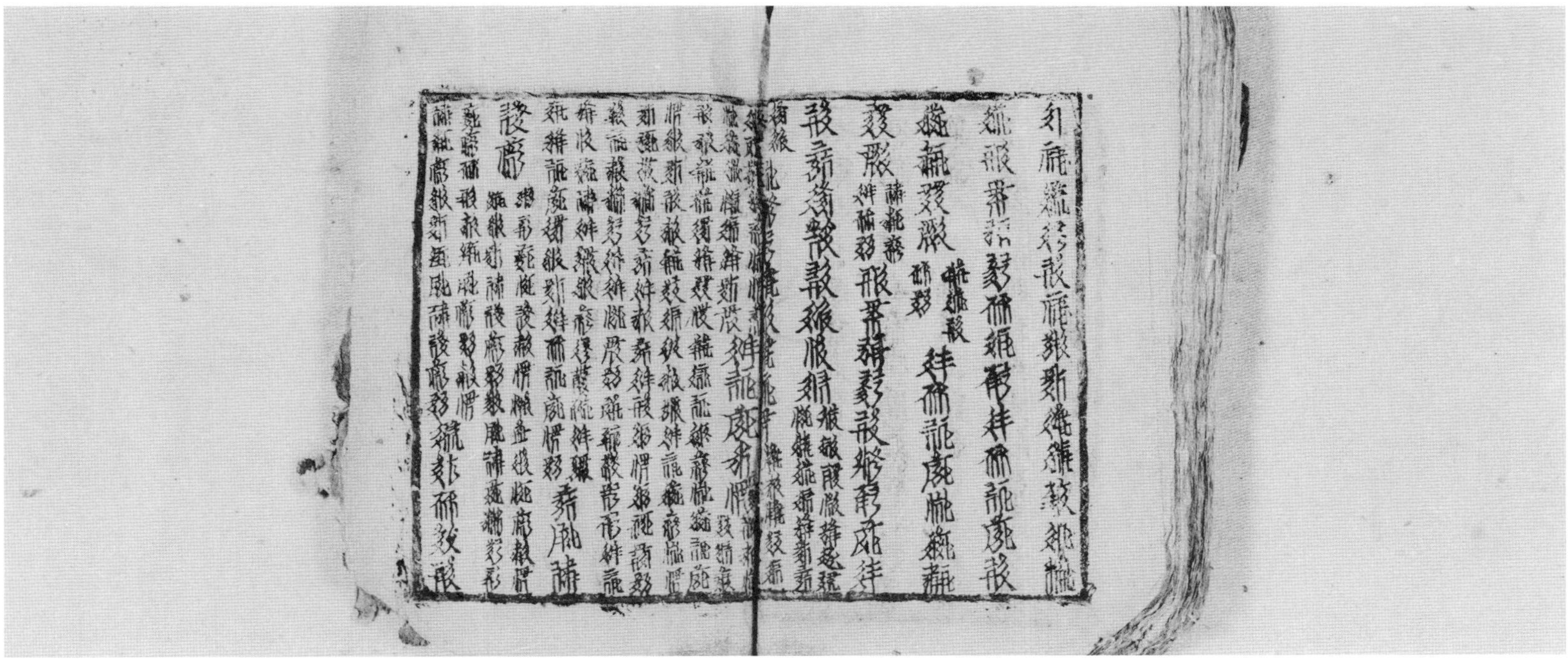

俄 Инв.No.735　諸説禪源集都序上卷　(82−71)

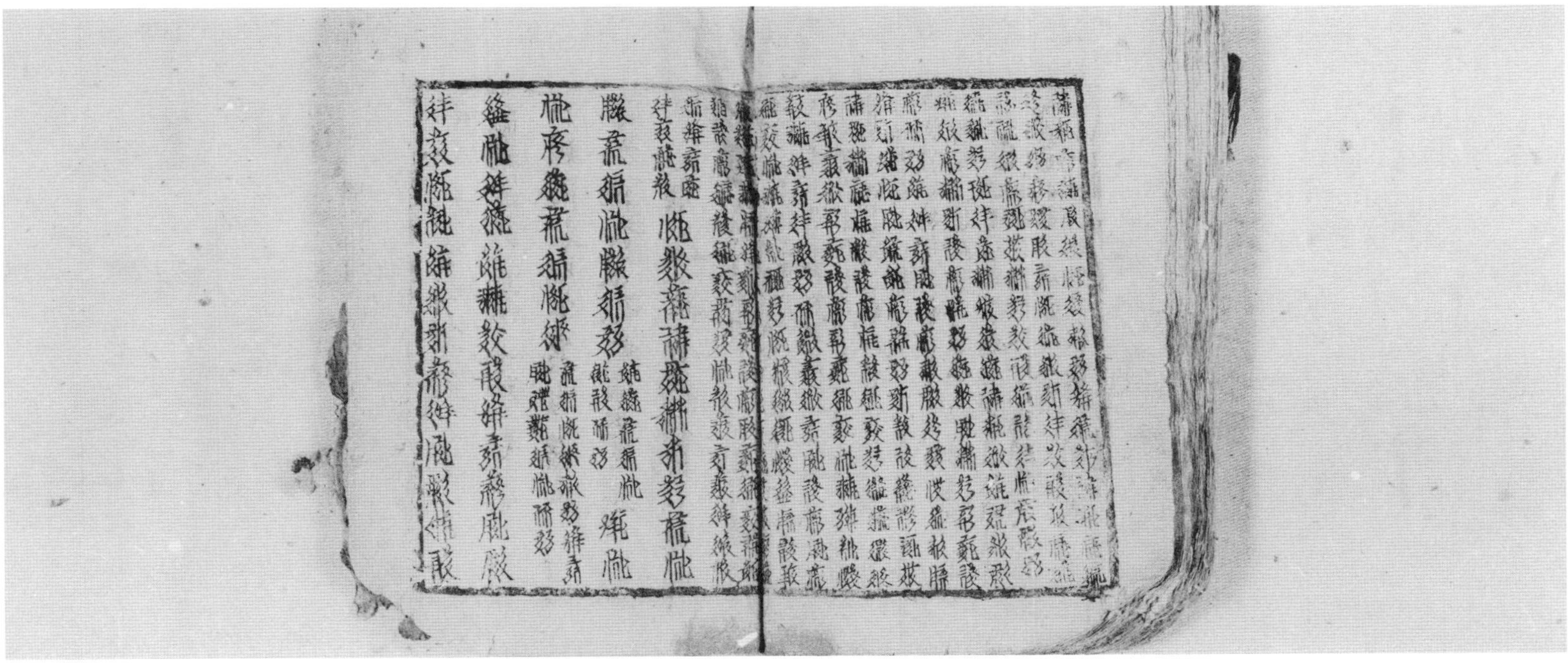

俄 Инв.No.735　諸説禪源集都序上卷　(82−72)

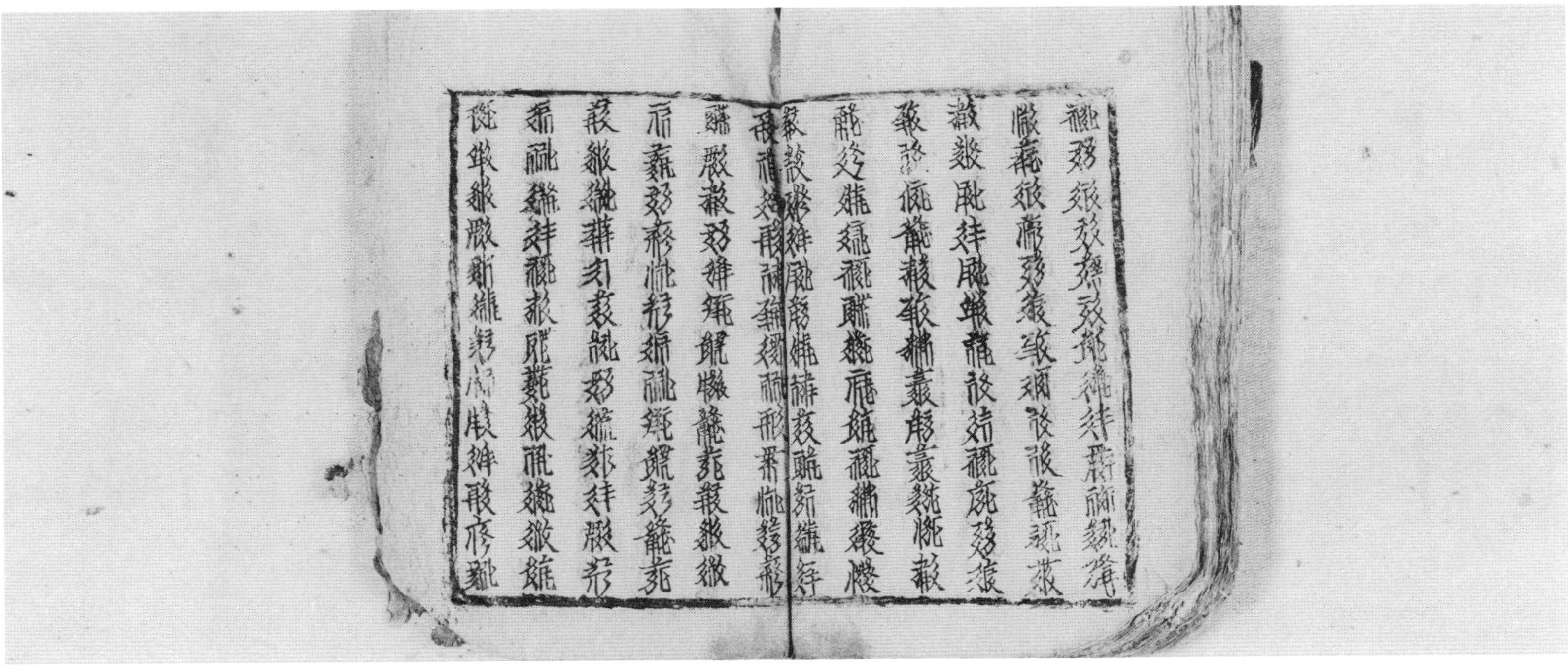

俄 Инв.No.735　諸説禪源集都序上卷　(82−73)

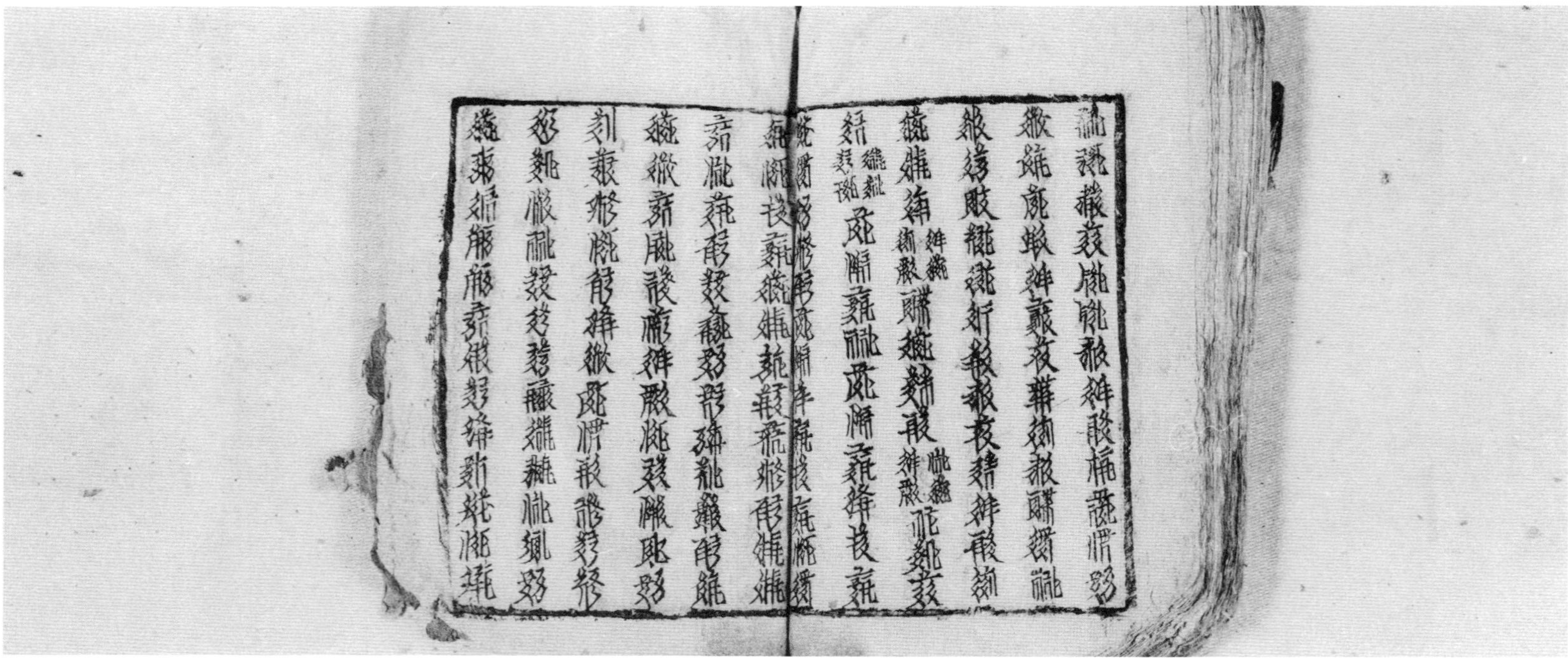

俄 Инв.No.735　諸説禪源集都序上卷　(82–74)

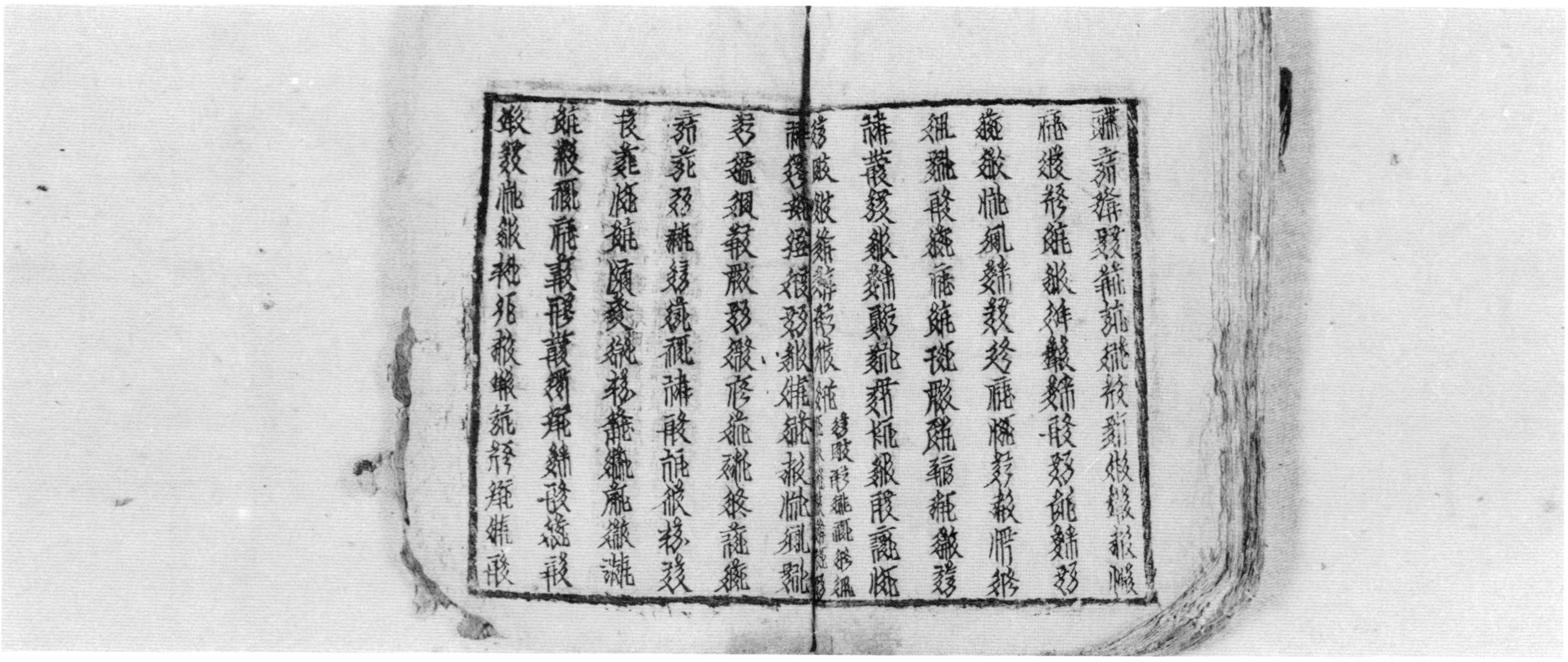

俄 Инв.No.735　諸説禪源集都序上卷　(82–75)

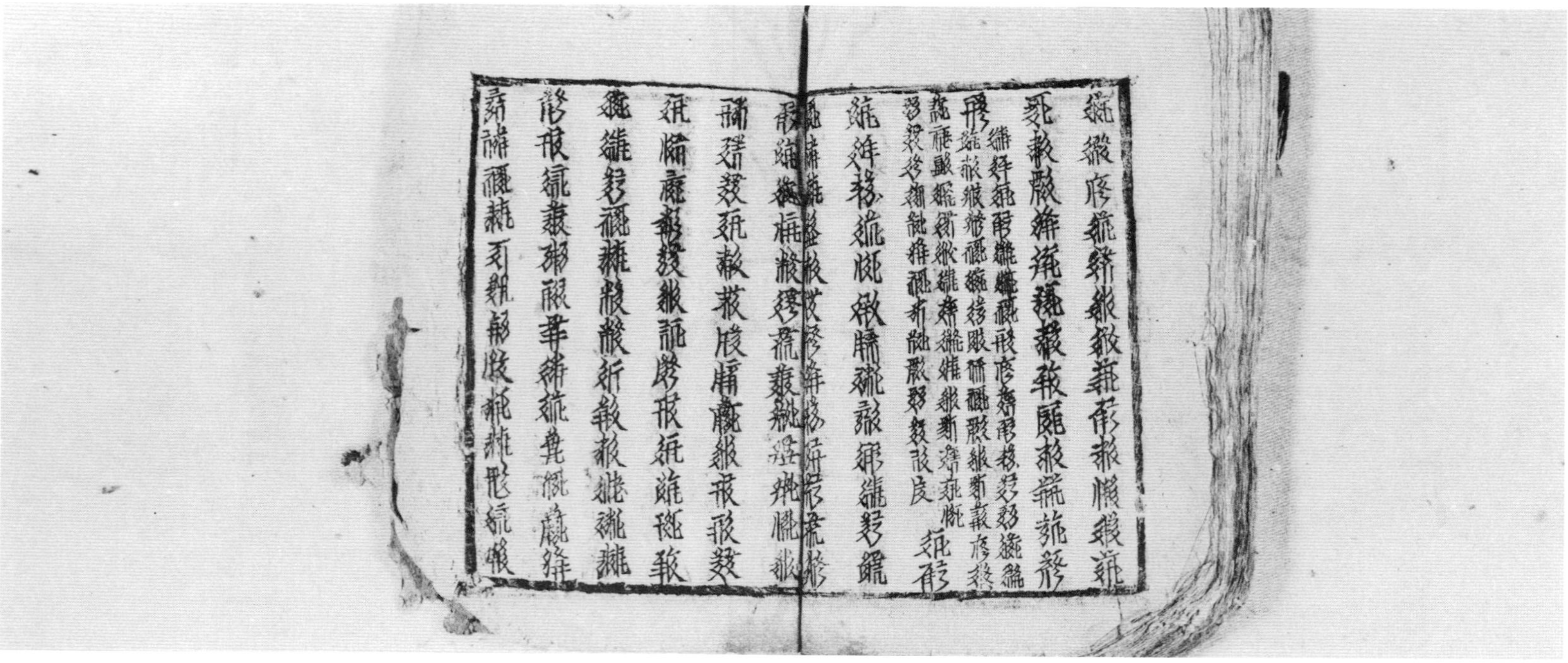

俄 Инв.No.735　諸説禪源集都序上卷　(82–76)

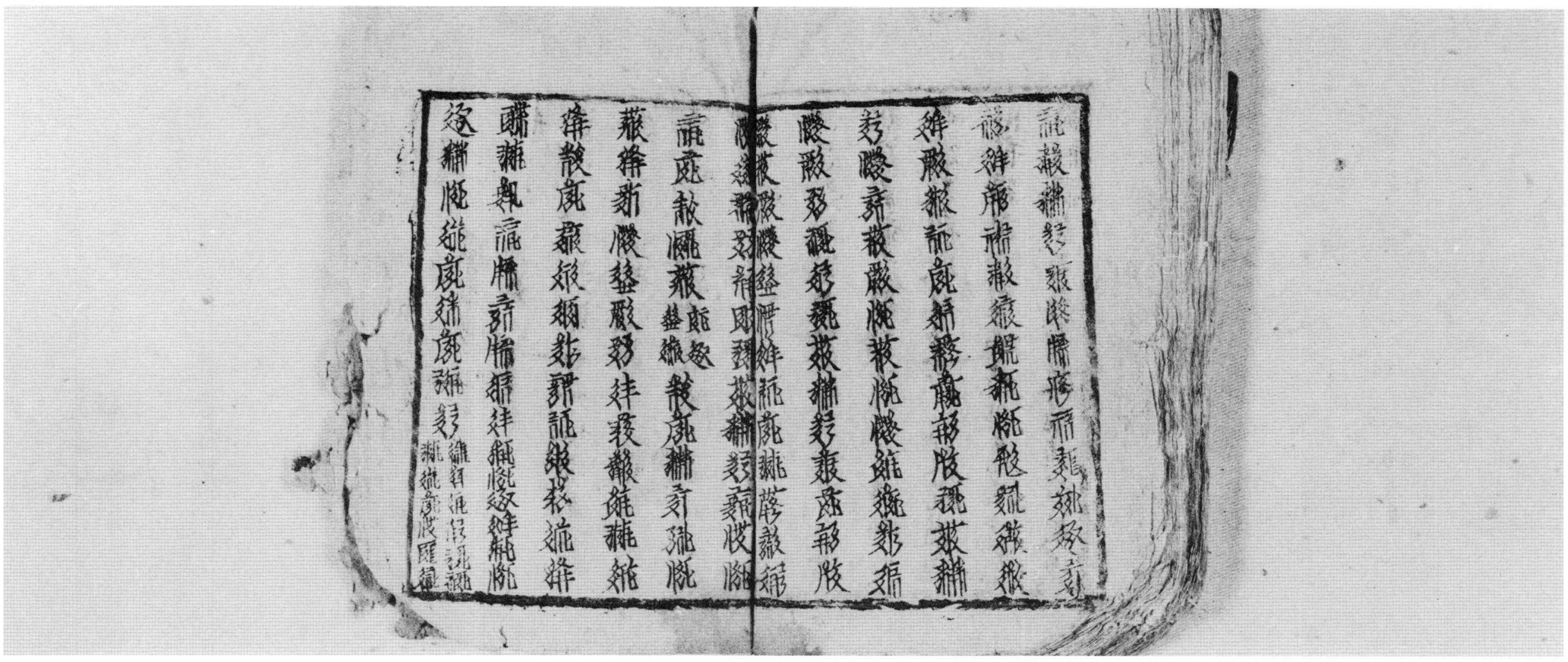

俄 Инв.No.735　諸說禪源集都序上卷　　(82–77)

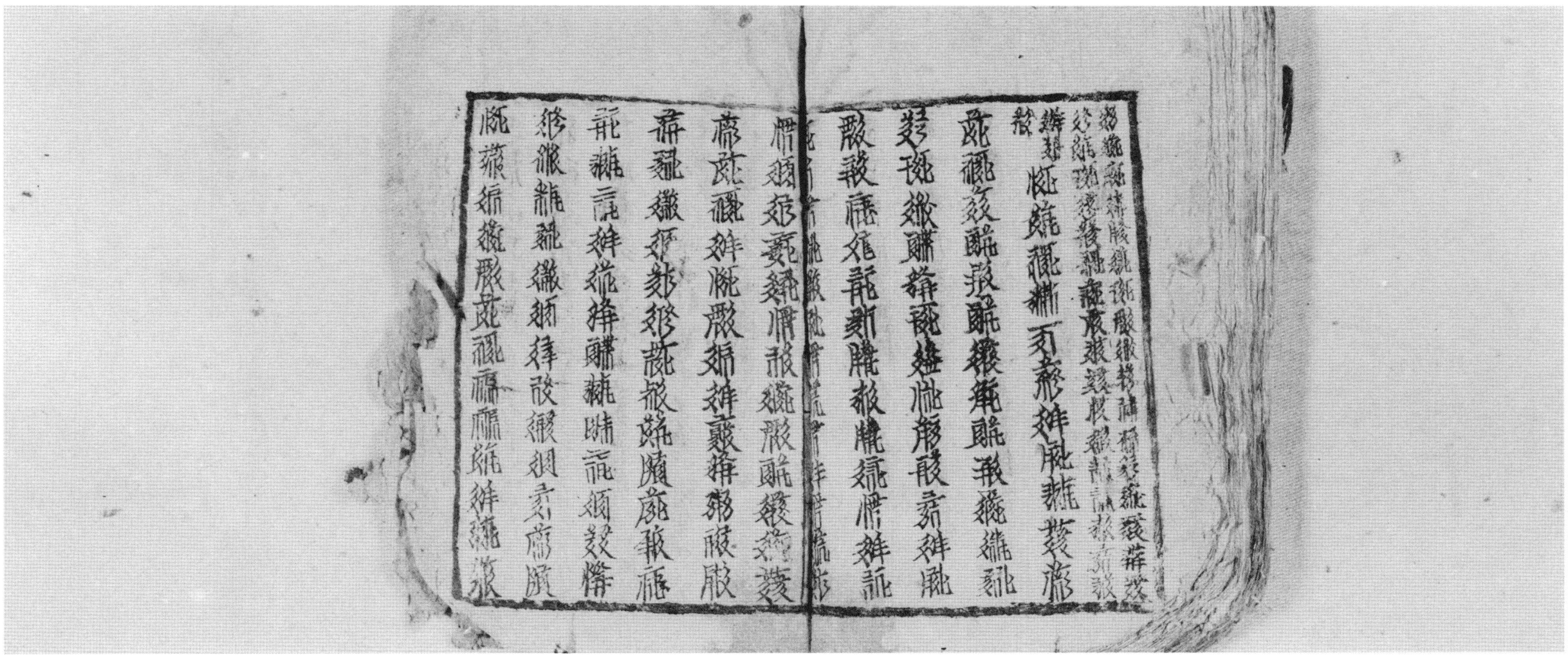

俄 Инв.No.735　諸說禪源集都序上卷　　(82–78)

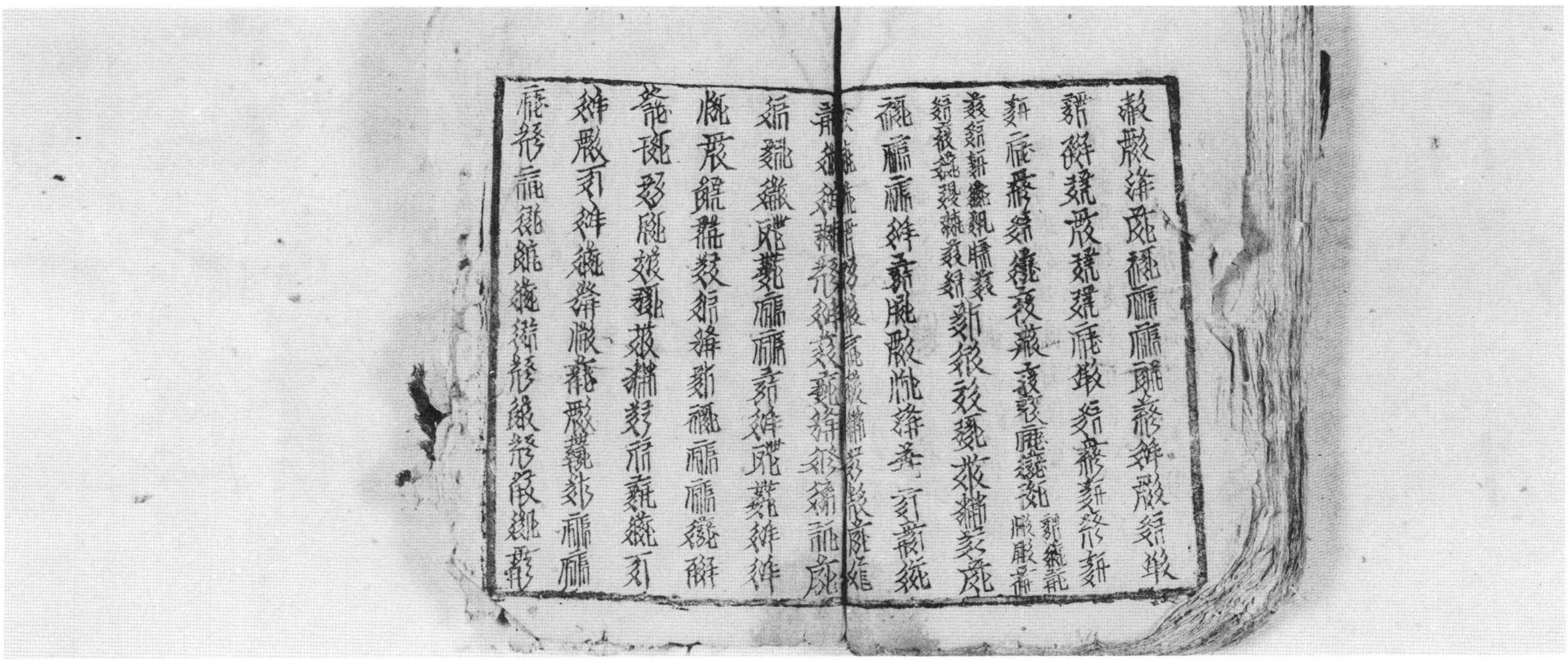

俄 Инв.No.735　諸說禪源集都序上卷　　(82–79)

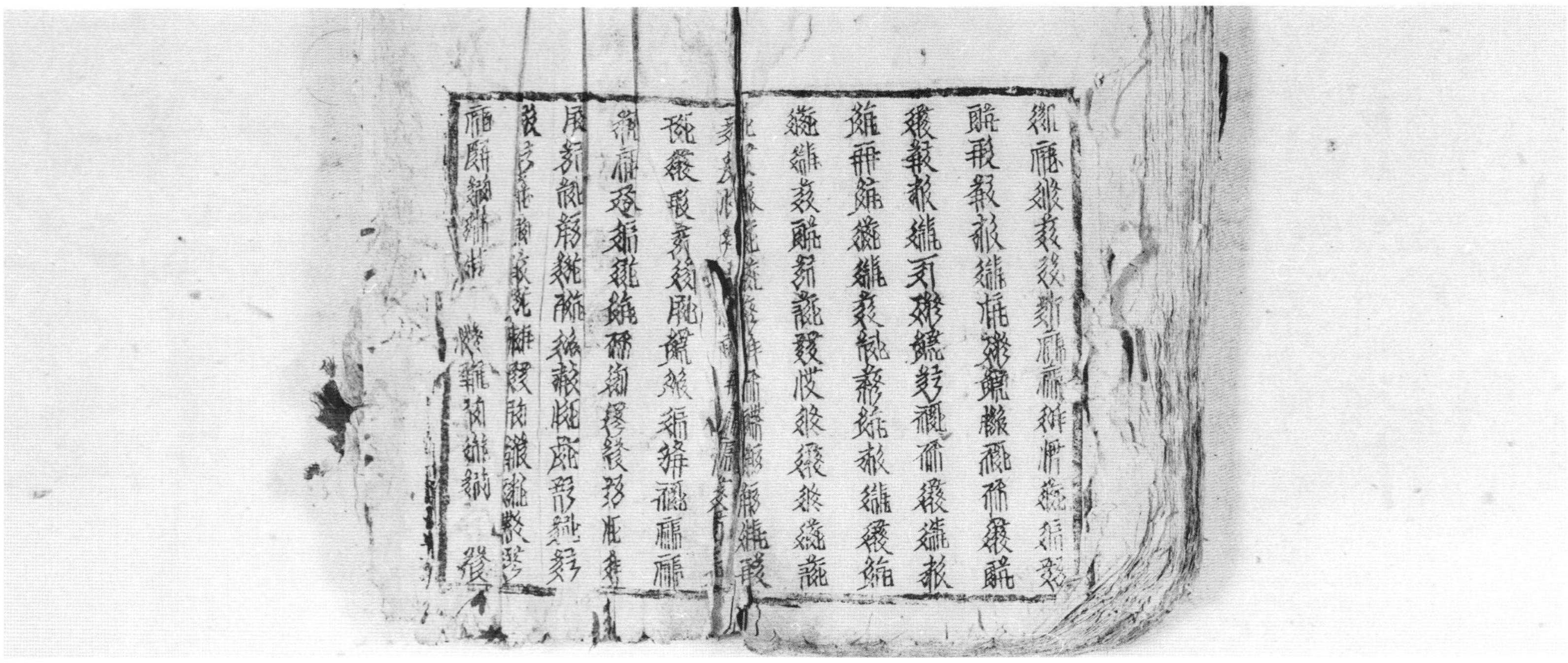

俄 Инв.No.735　諸説禪源集都序上卷　　(82-80)

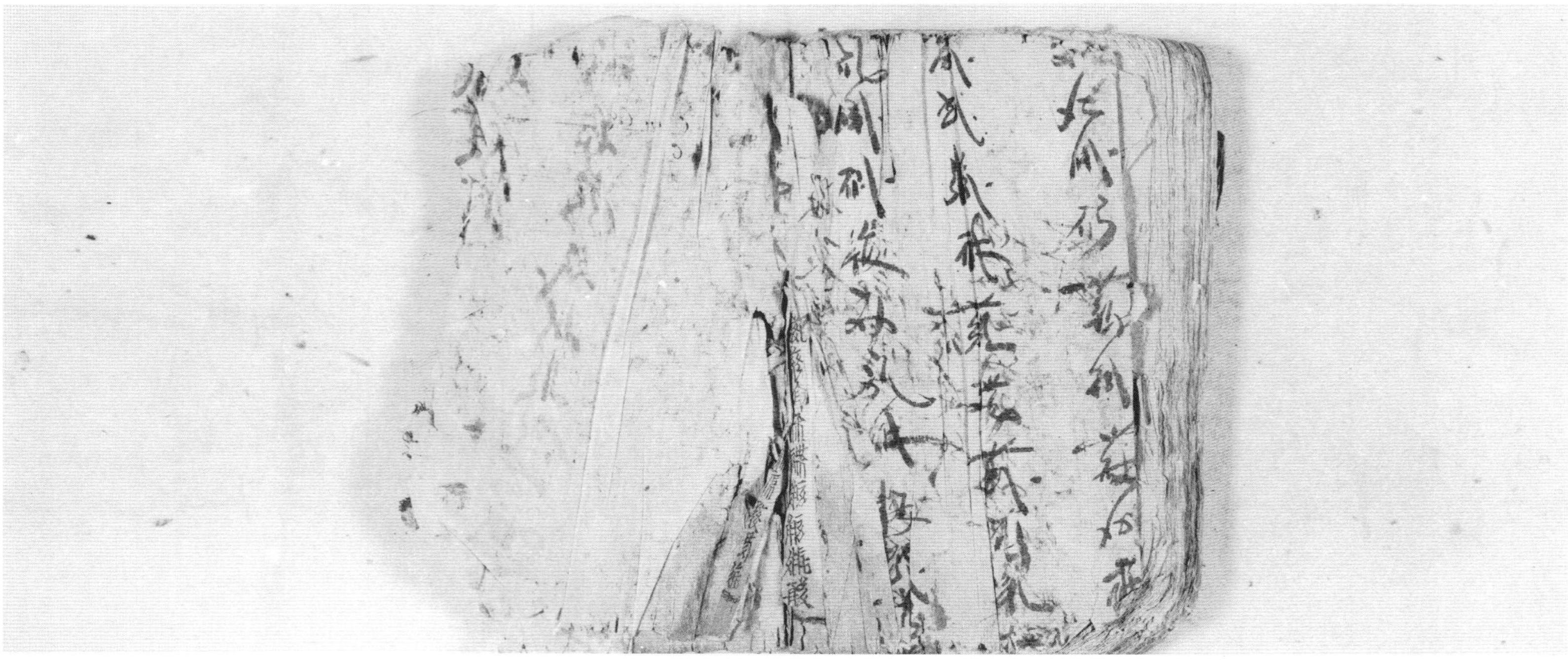

俄 Инв.No.735　諸説禪源集都序上卷　　(82-81)

俄 Инв.No.735　諸説禪源集都序上卷　　(82-82)

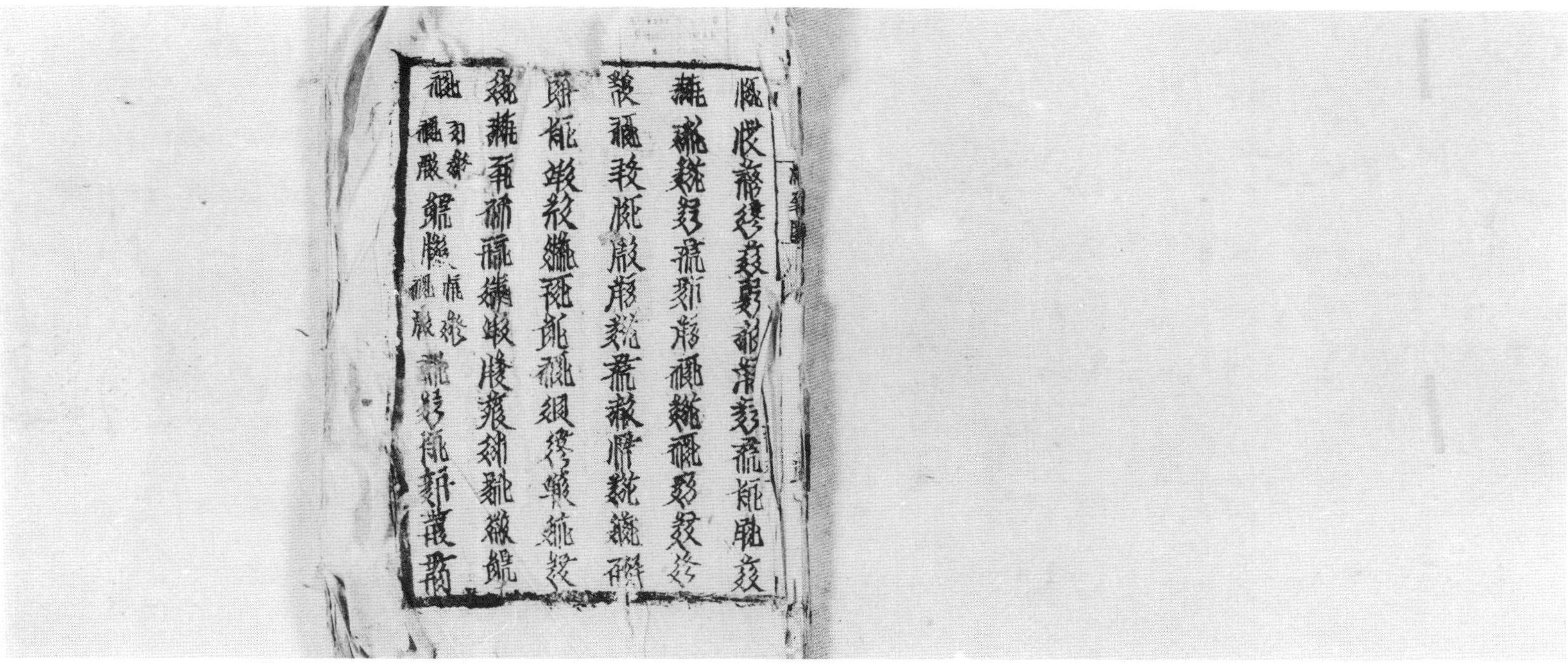

俄 Инв.No.800　諸説禪源集都序下卷　(20–1)

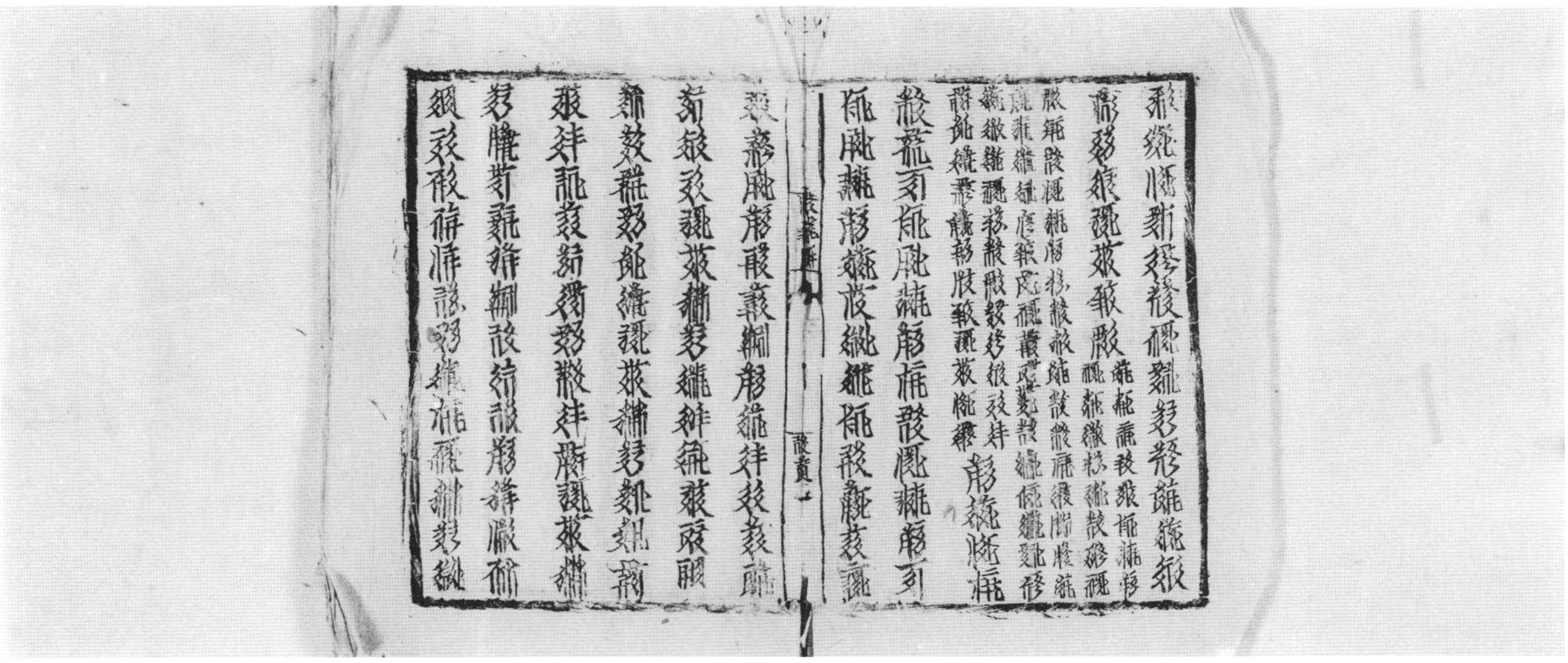

俄 Инв.No.800　諸説禪源集都序下卷　(20–2)

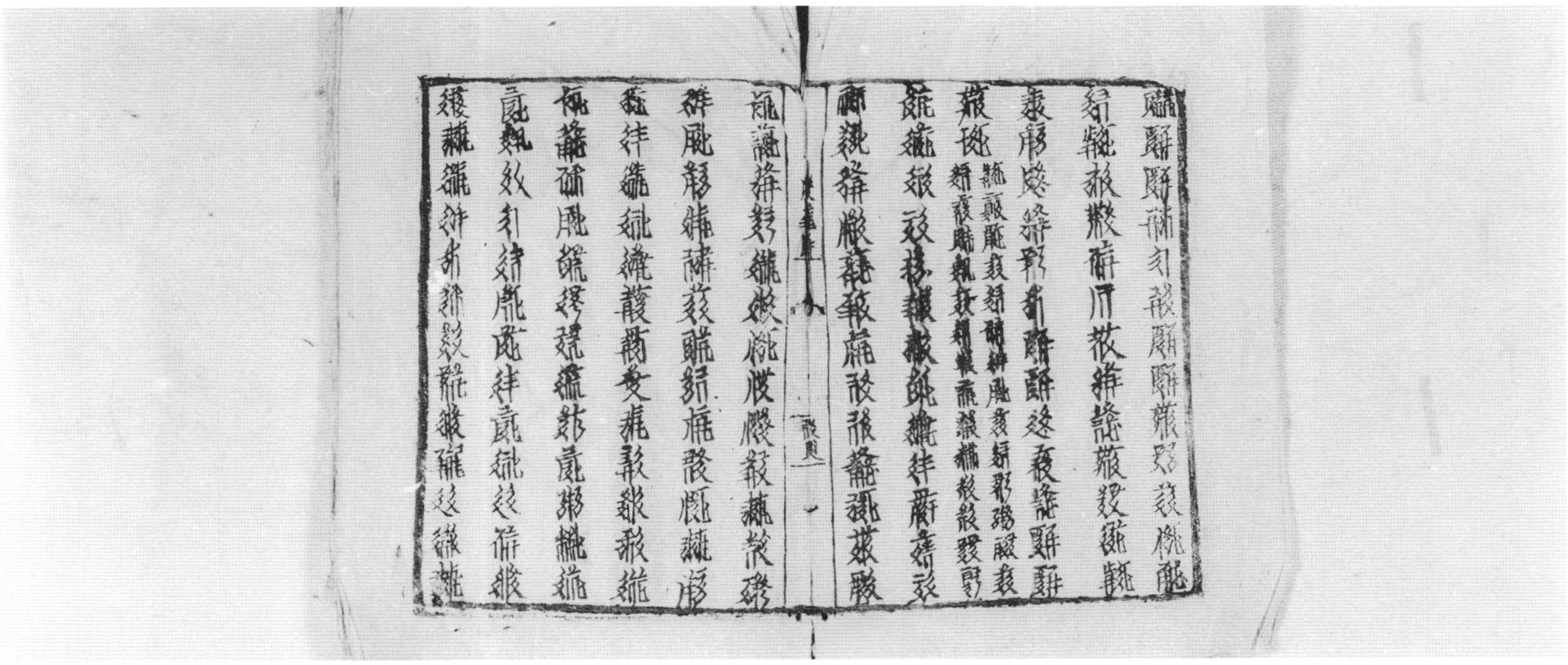

俄 Инв.No.800　諸説禪源集都序下卷　(20–3)

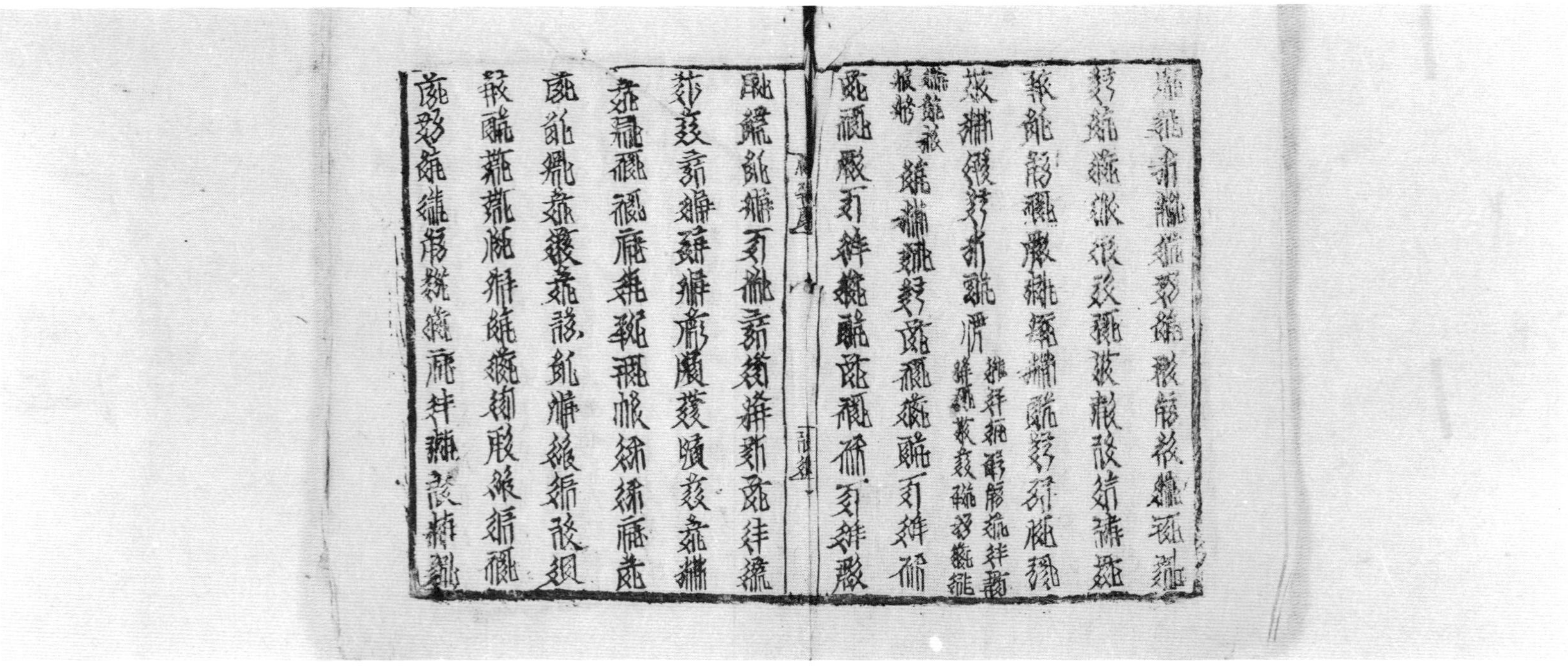

俄 Инв.No.800　諸説禪源集都序下卷　(20-4)

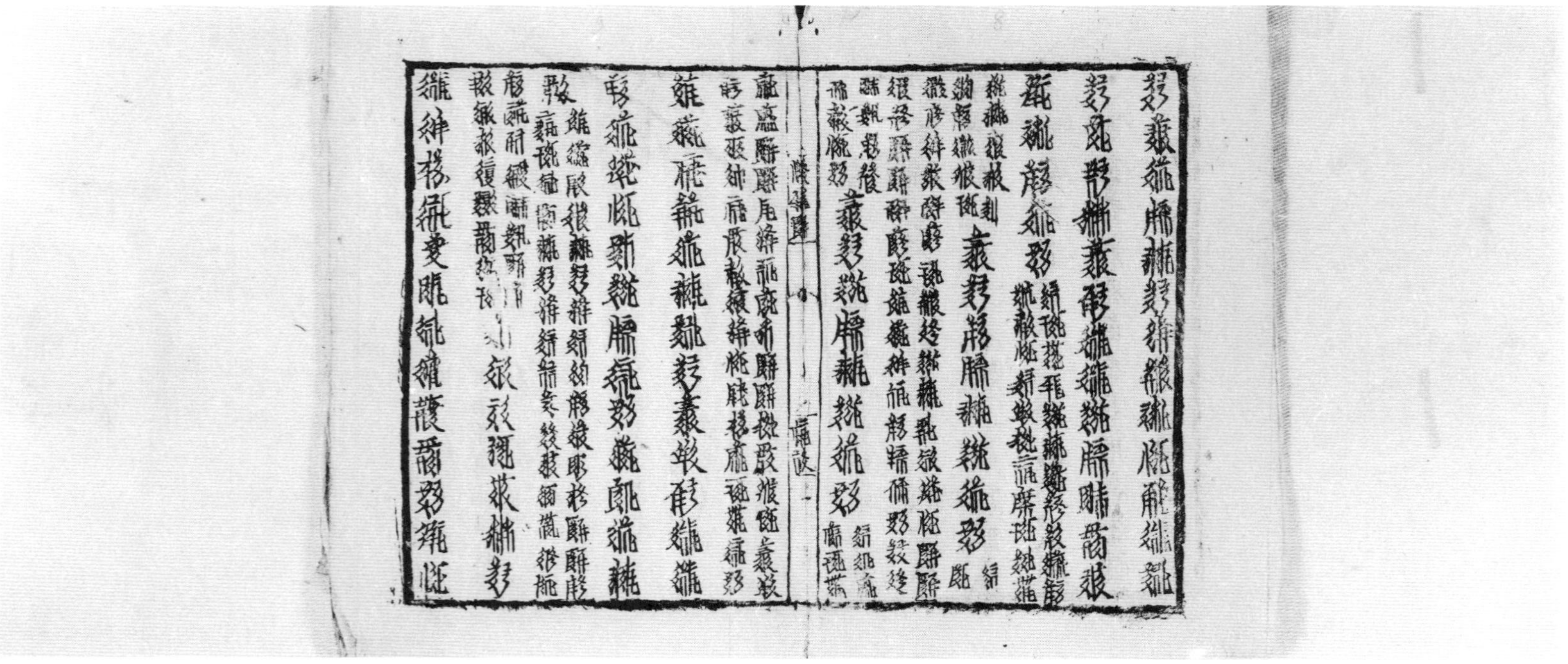

俄 Инв.No.800　諸説禪源集都序下卷　(20-5)

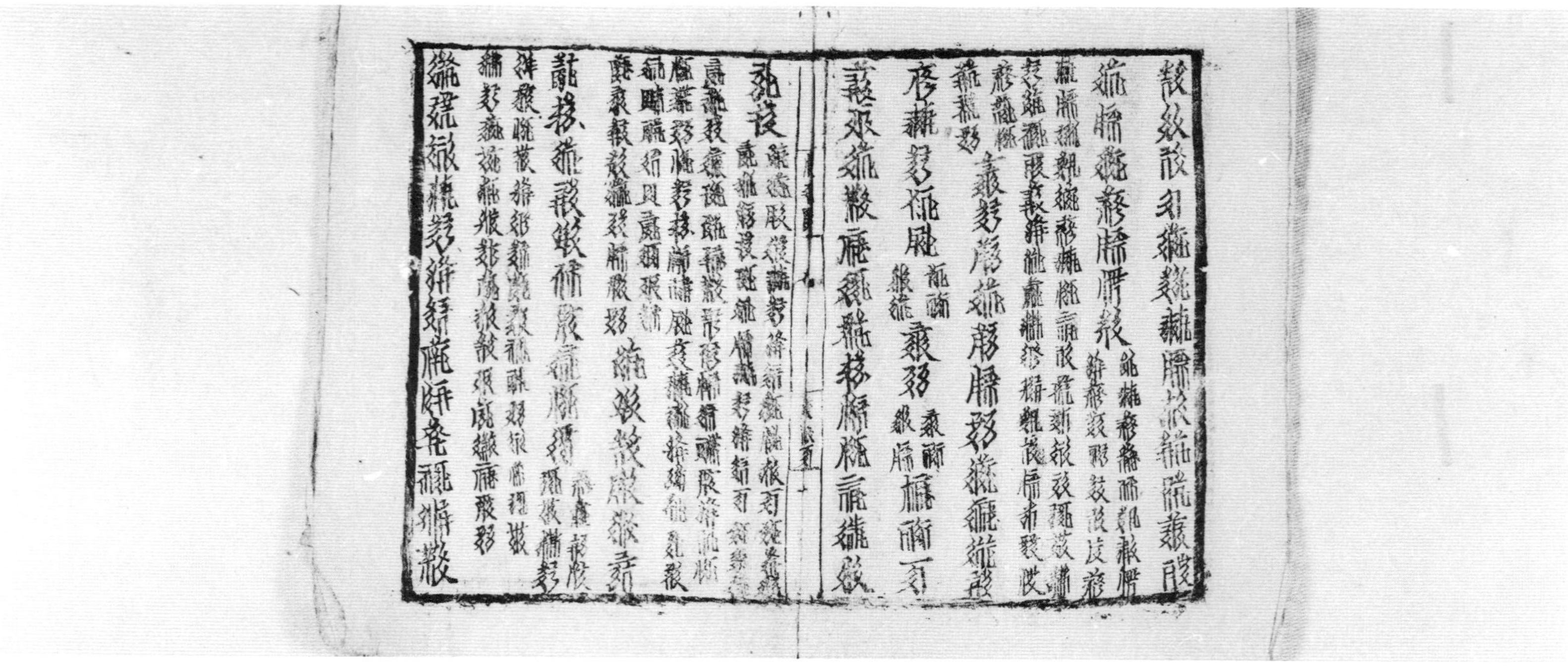

俄 Инв.No.800　諸説禪源集都序下卷　(20-6)

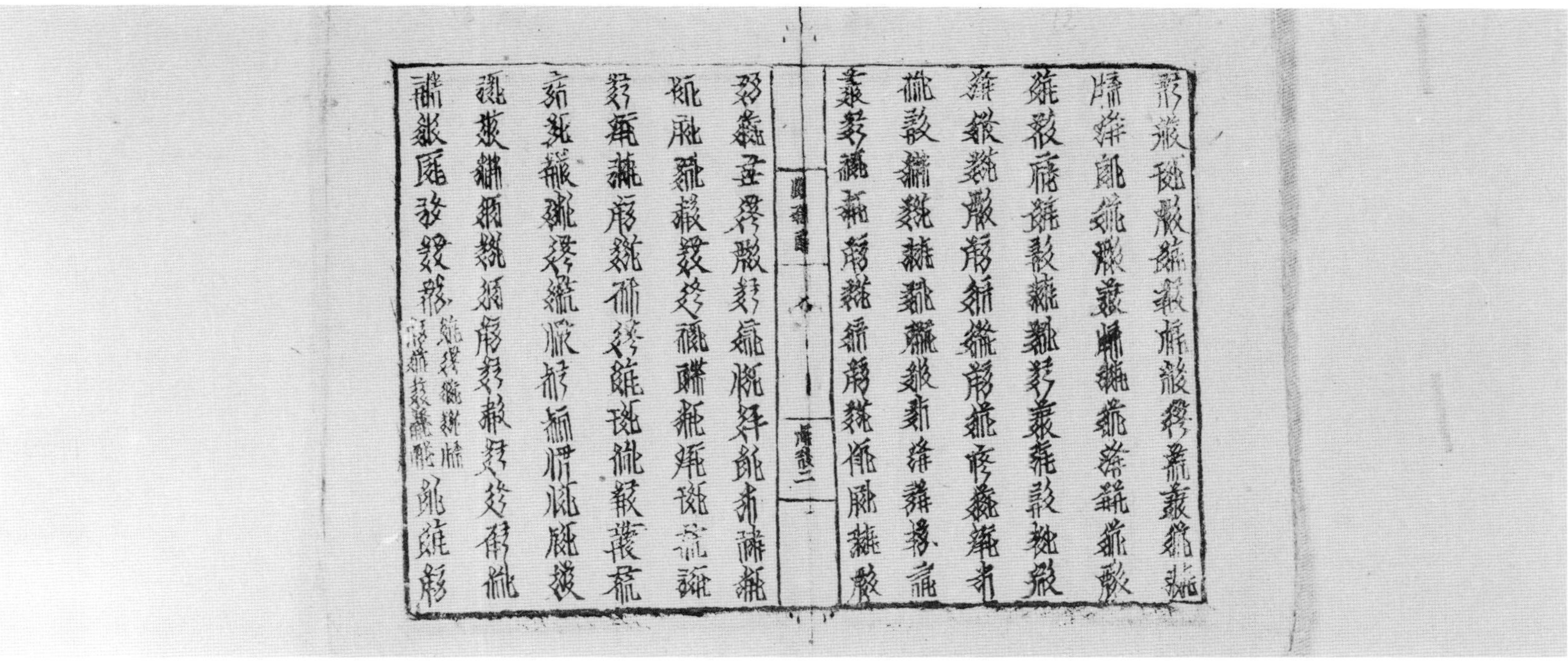

俄 Инв.No.800　諸説禪源集都序下卷　(20–7)

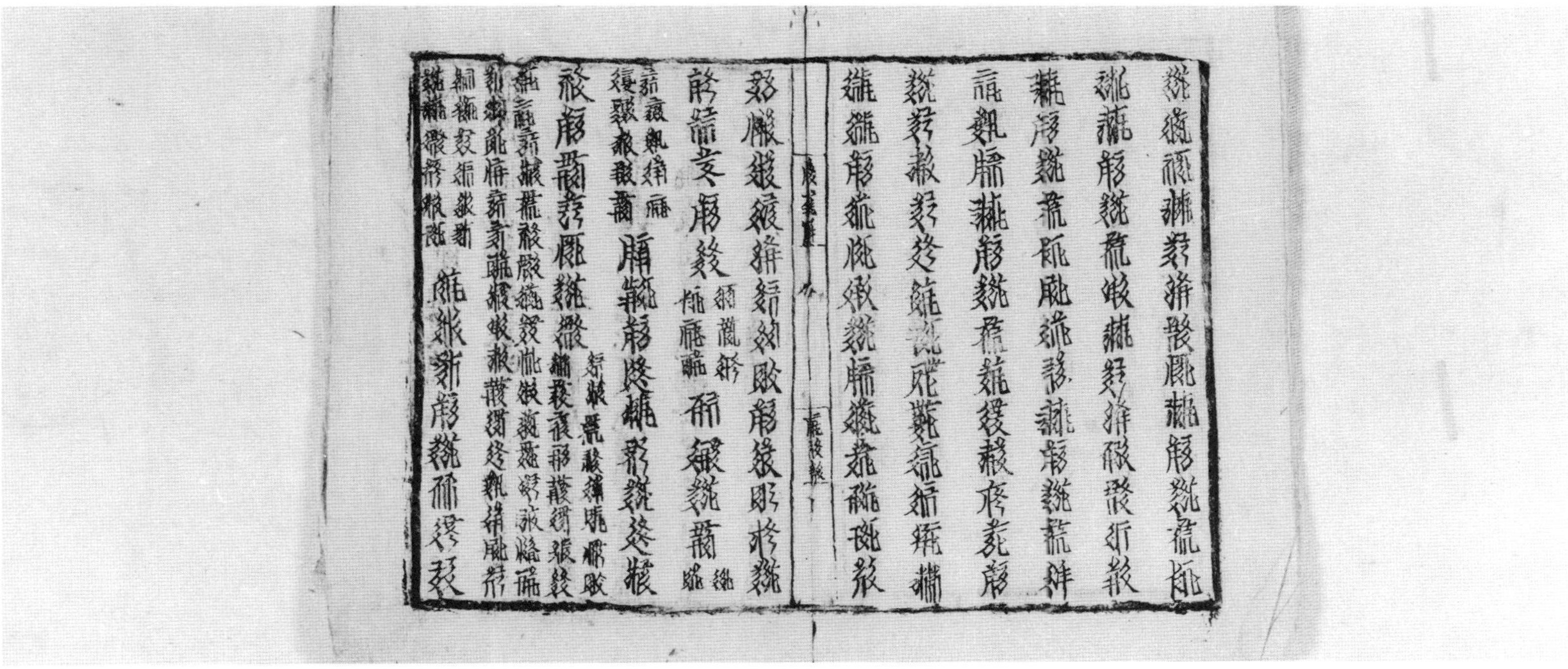

俄 Инв.No.800　諸説禪源集都序下卷　(20–8)

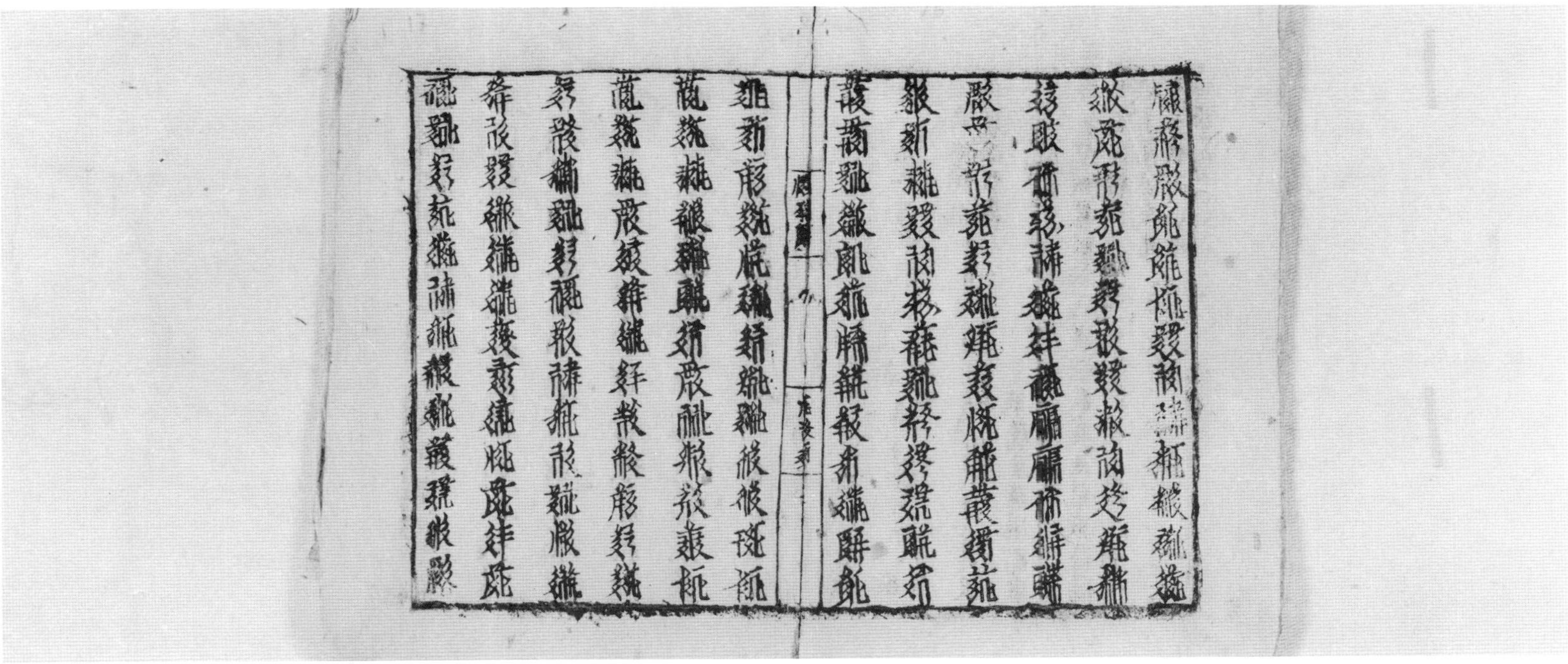

俄 Инв.No.800　諸説禪源集都序下卷　(20–9)

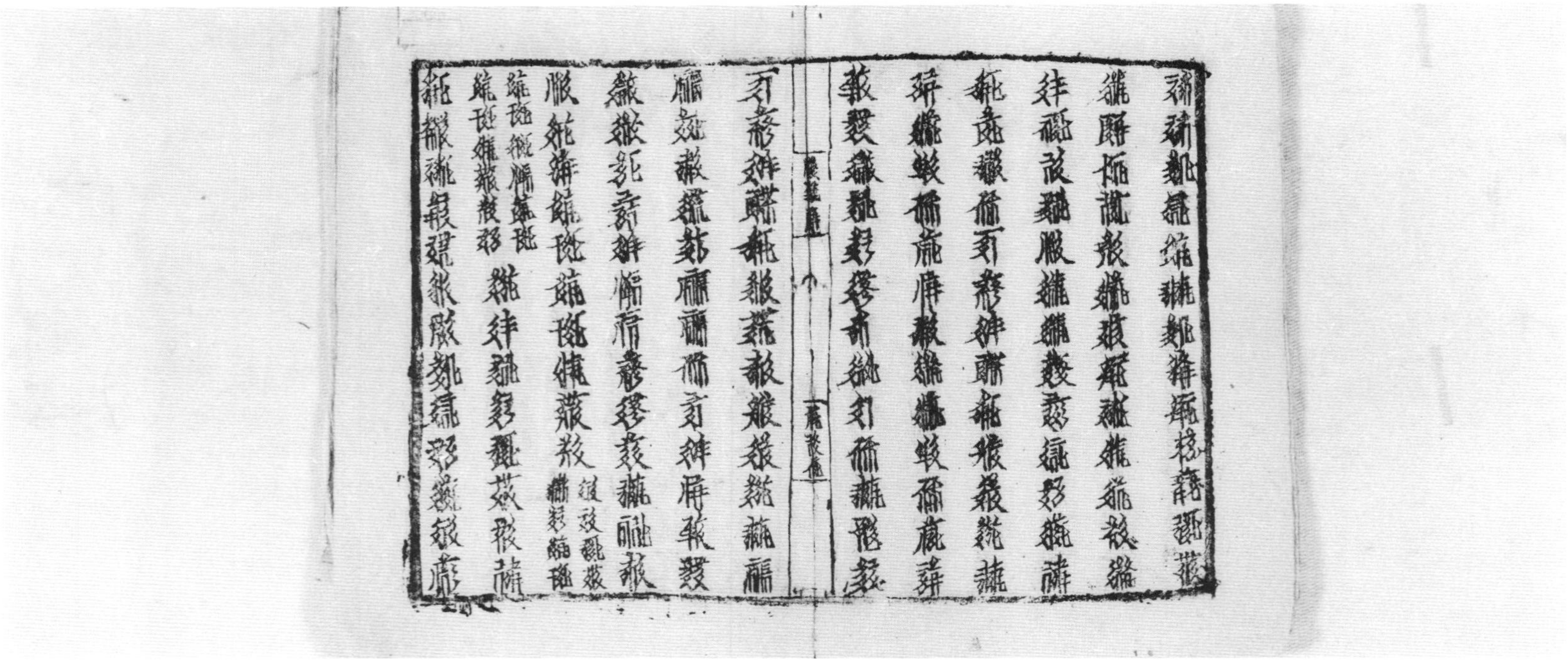

俄 Инв.No.800　諸説禪源集都序下卷　(20–10)

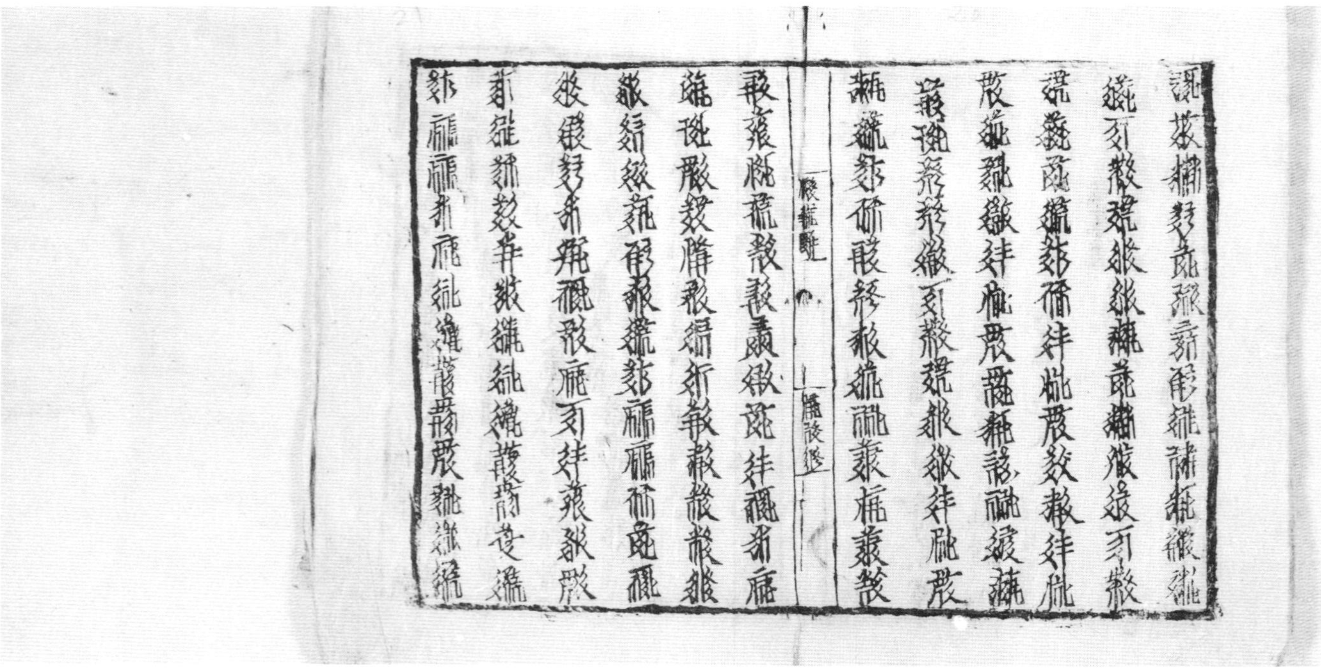

俄 Инв.No.800　諸説禪源集都序下卷　(20–11)

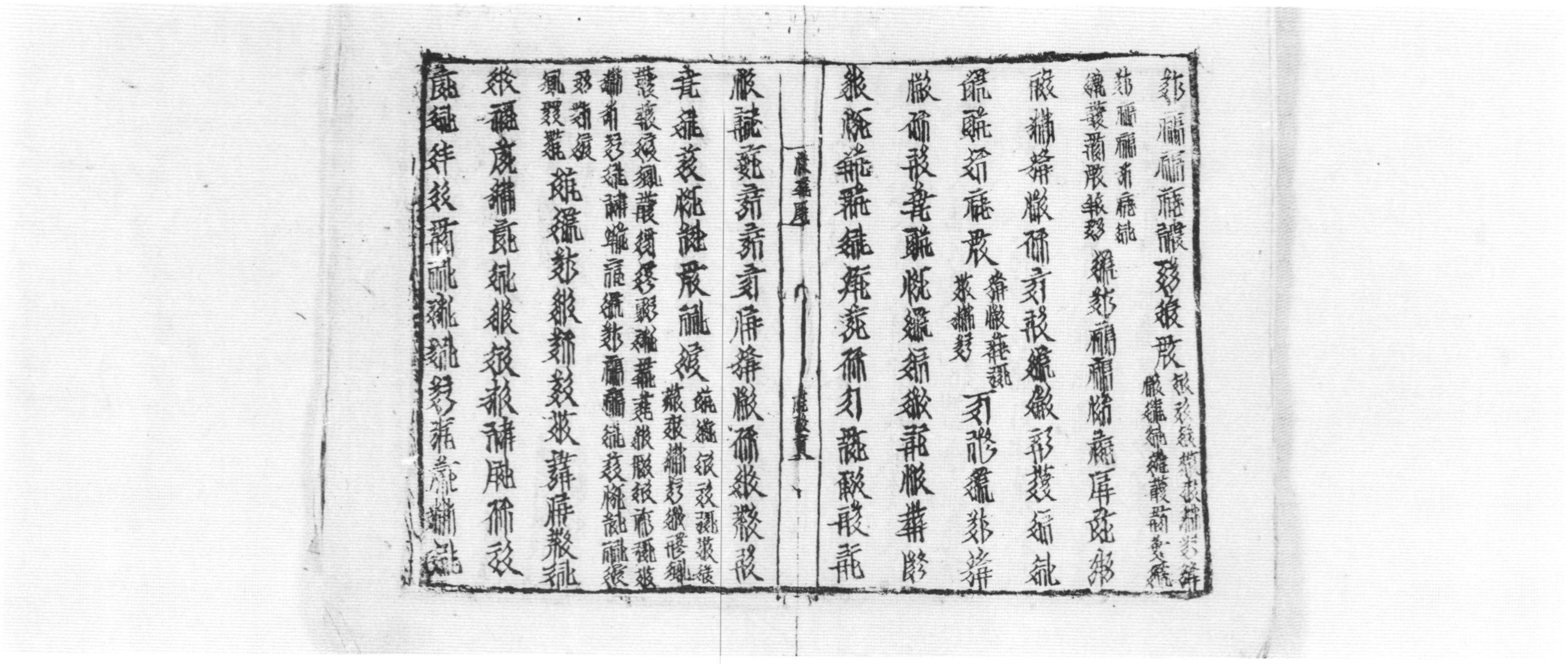

俄 Инв.No.800　諸説禪源集都序下卷　(20–12)

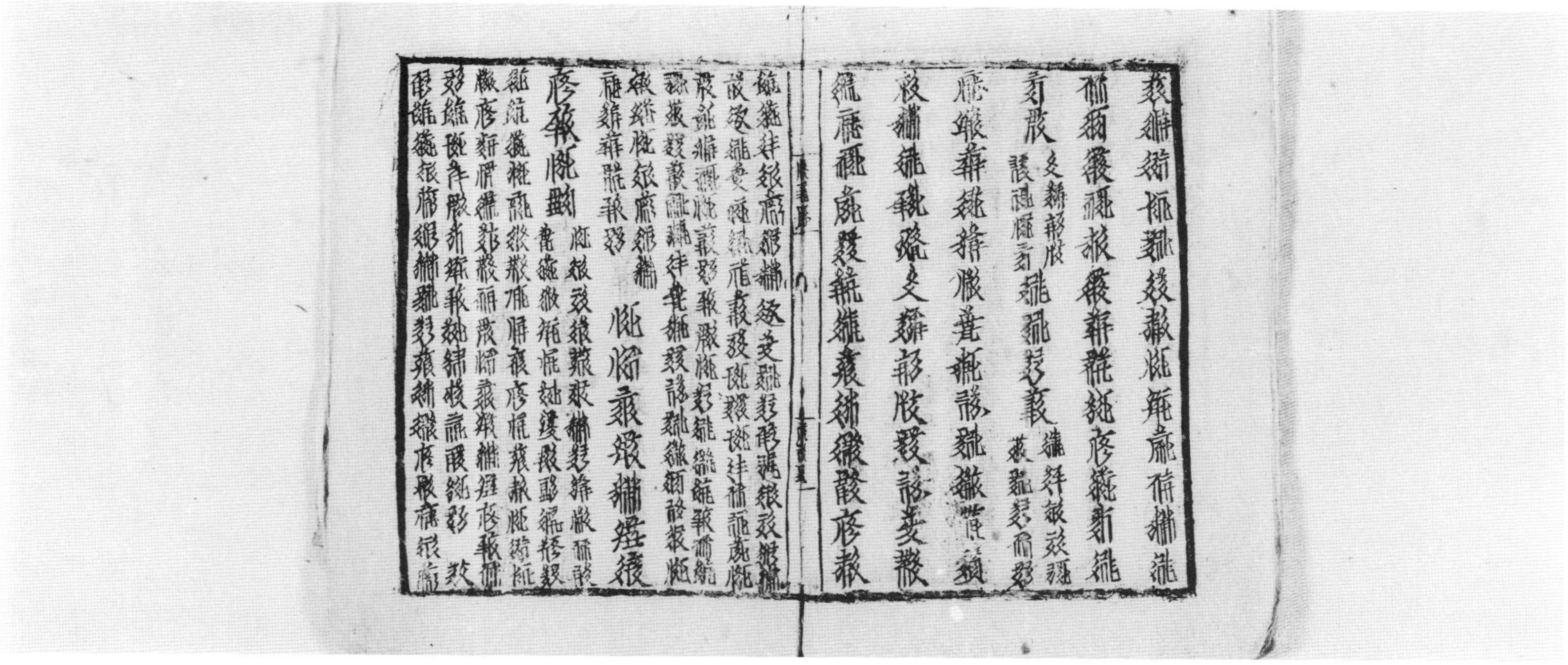

俄 Инв.No.800　諸説禪源集都序下卷　(20–13)

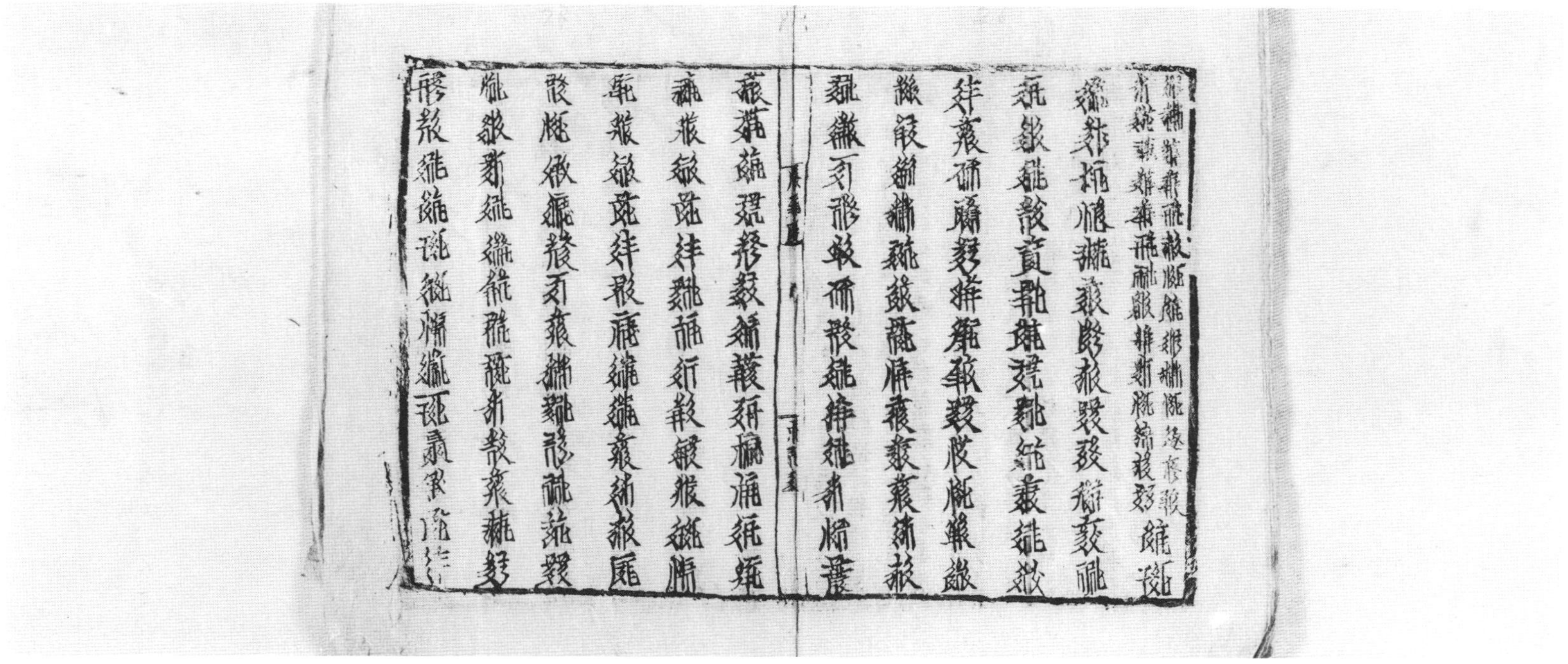

俄 Инв.No.800　諸説禪源集都序下卷　(20–14)

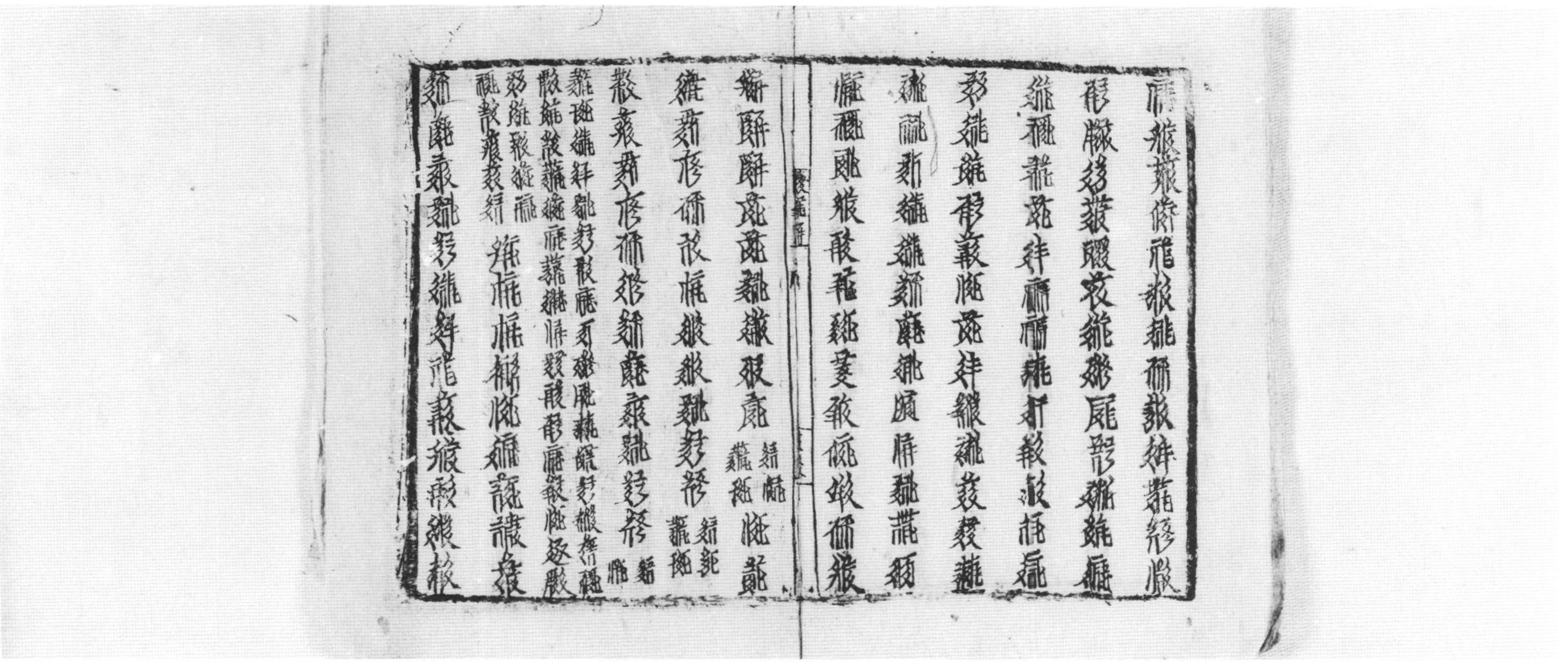

俄 Инв.No.800　諸説禪源集都序下卷　(20–15)

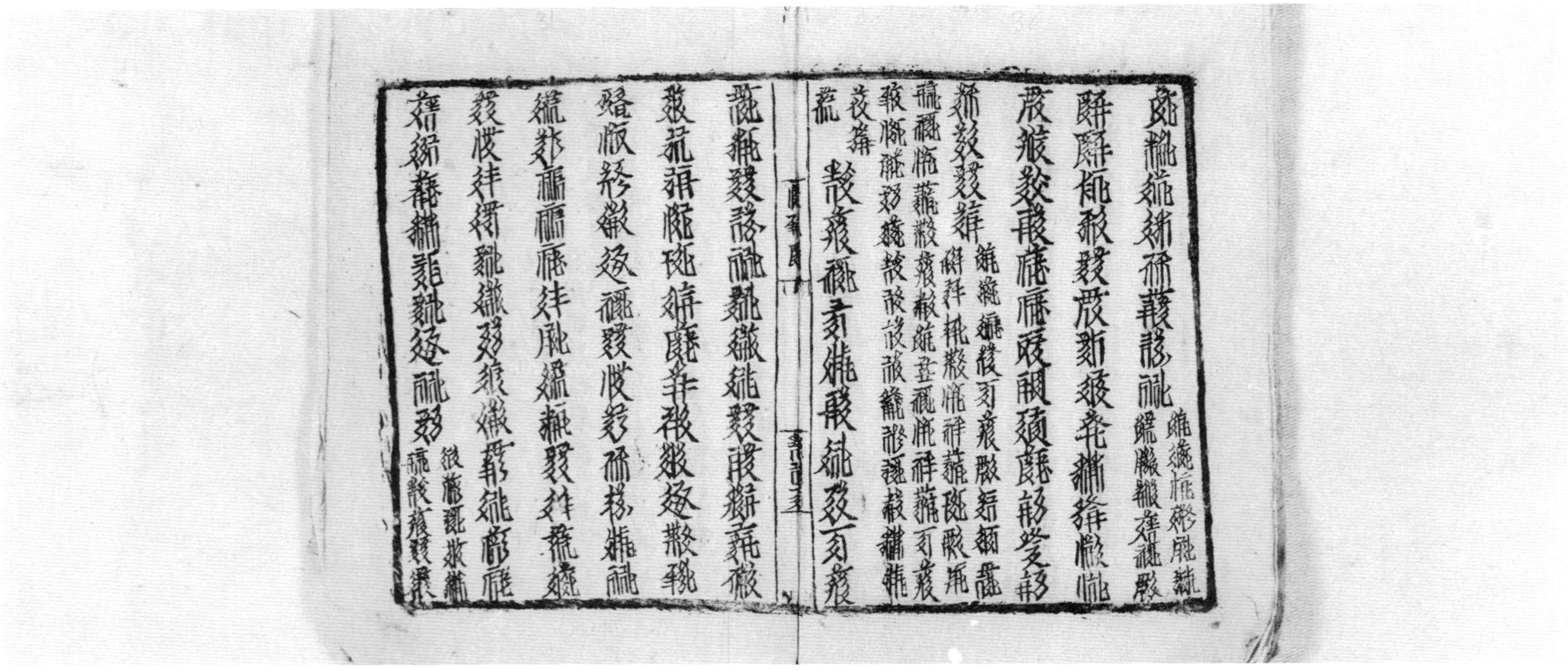

俄 Инв.No.800　諸説禪源集都序下卷　　(20–16)

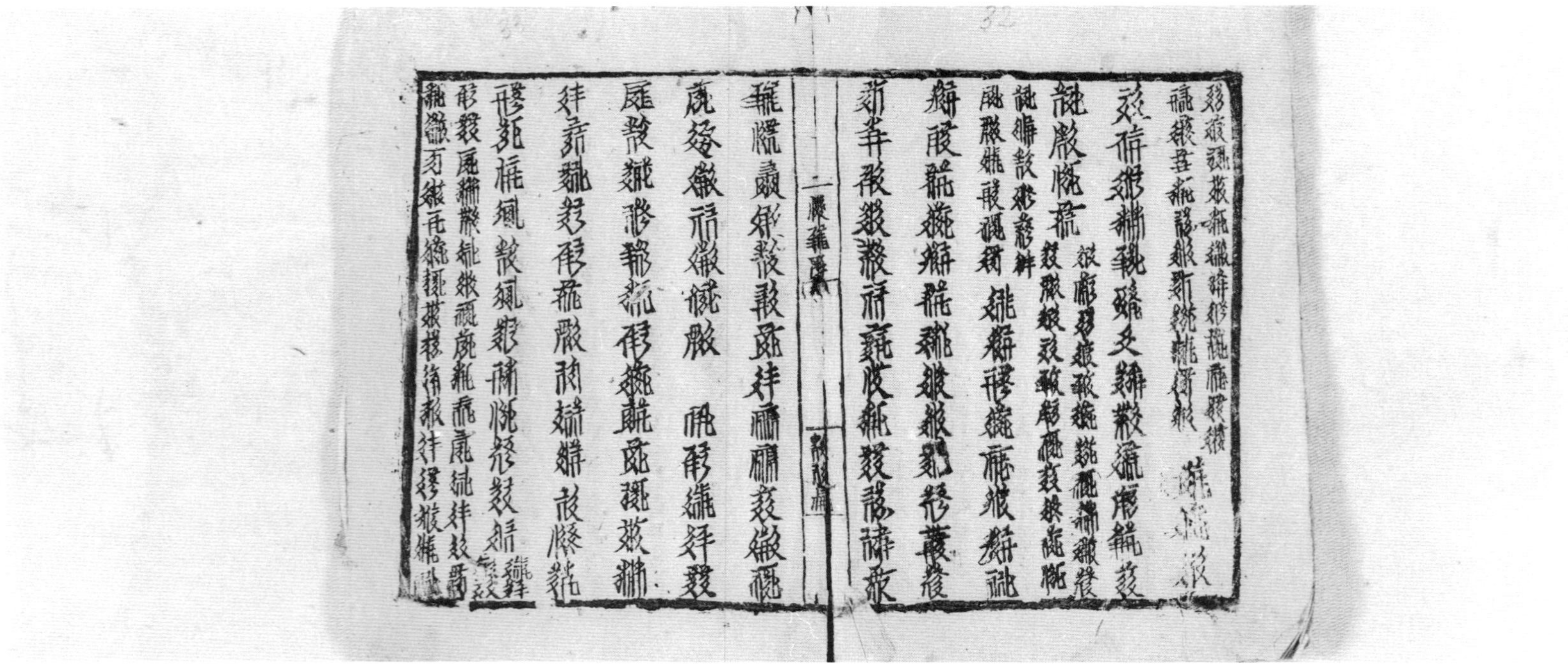

俄 Инв.No.800　諸説禪源集都序下卷　　(20–17)

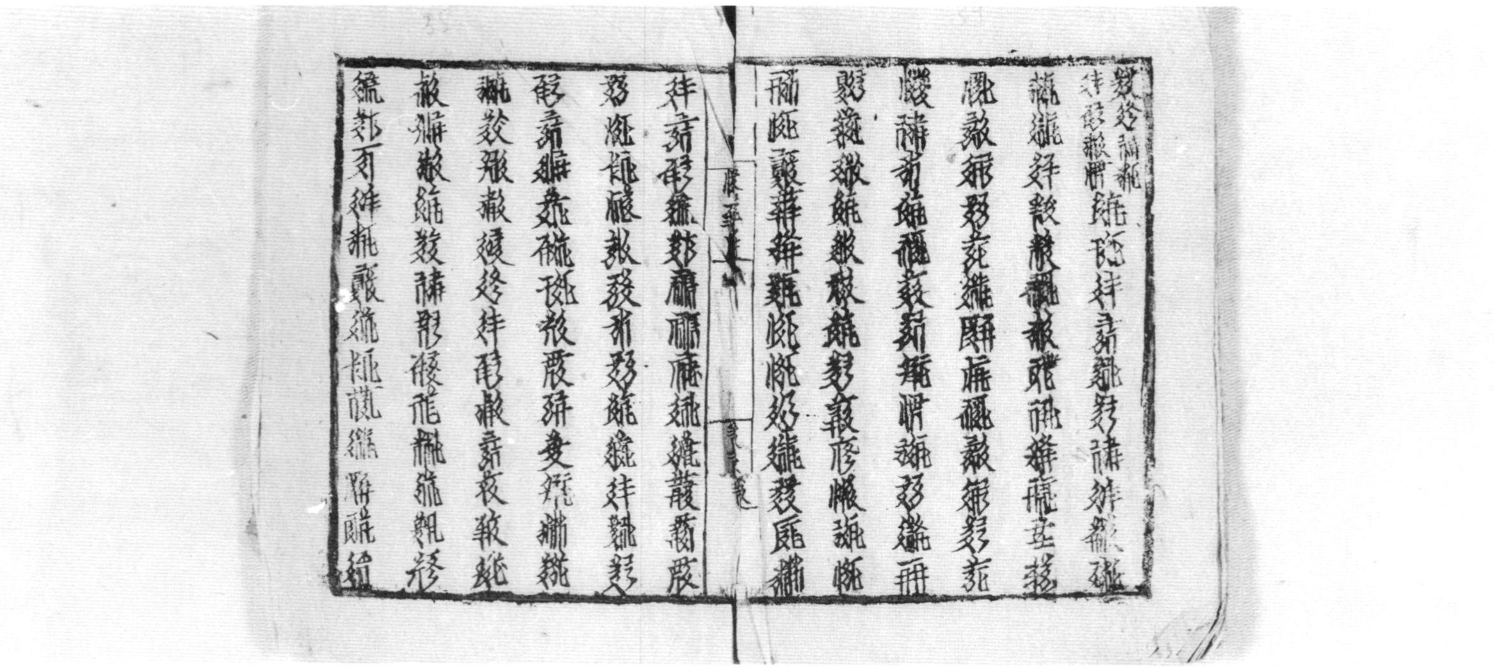

俄 Инв.No.800　諸説禪源集都序下卷　　(20–18)

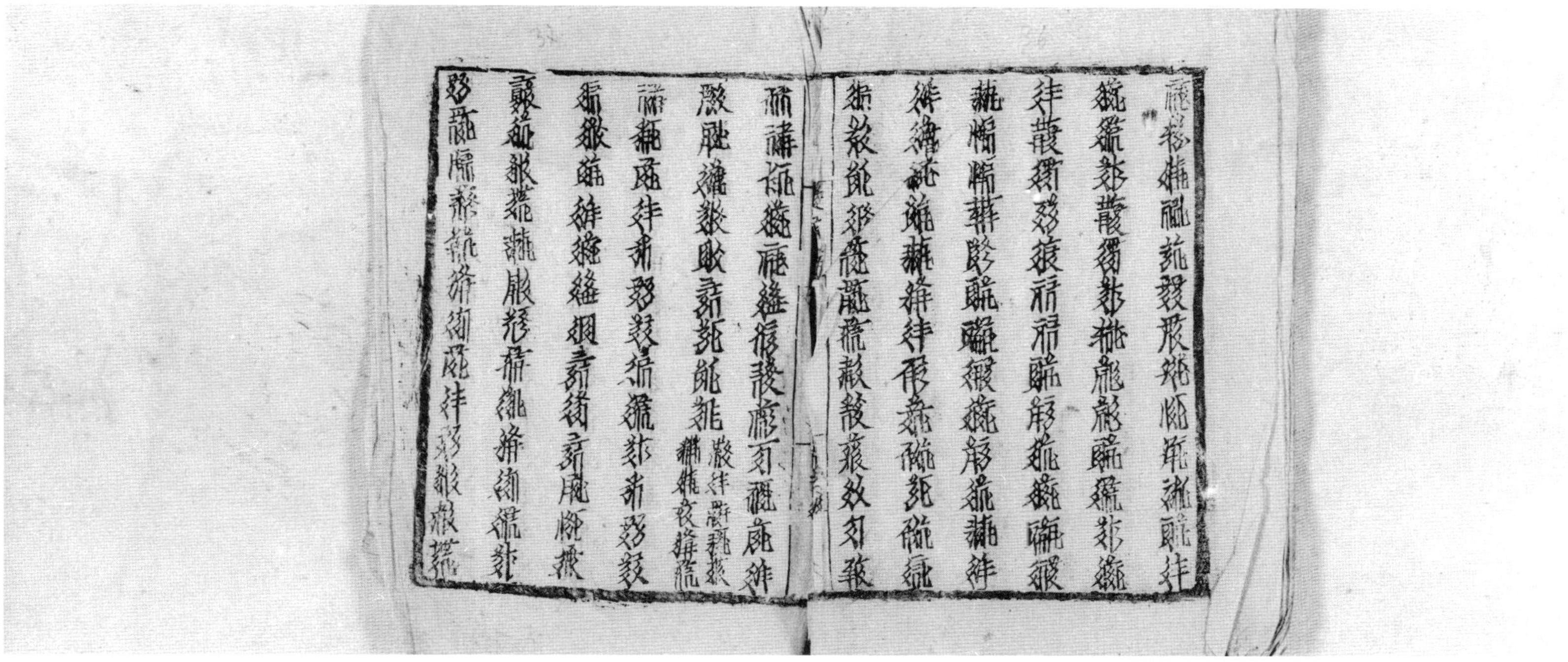

俄 Инв.No.800　諸説禪源集都序下卷　(20–19)

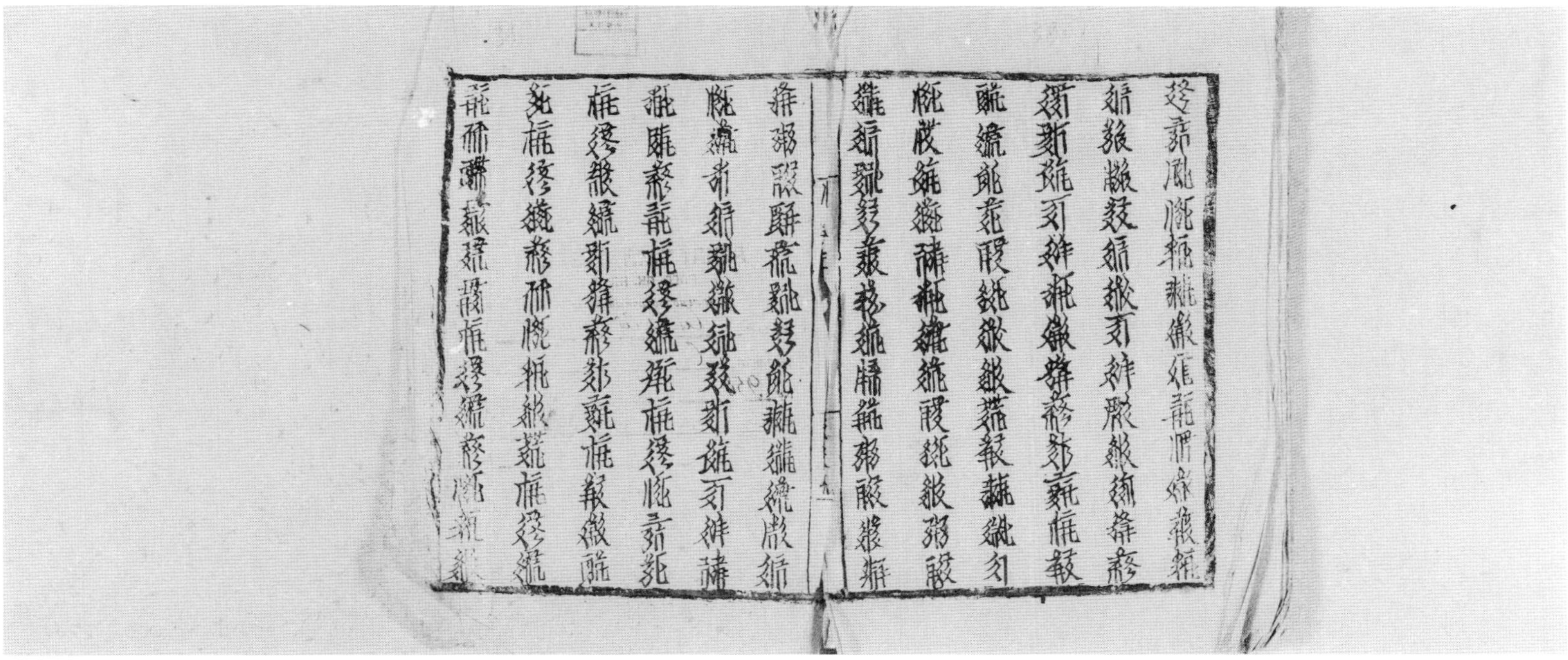

俄 Инв.No.800　諸説禪源集都序下卷　(20–20)

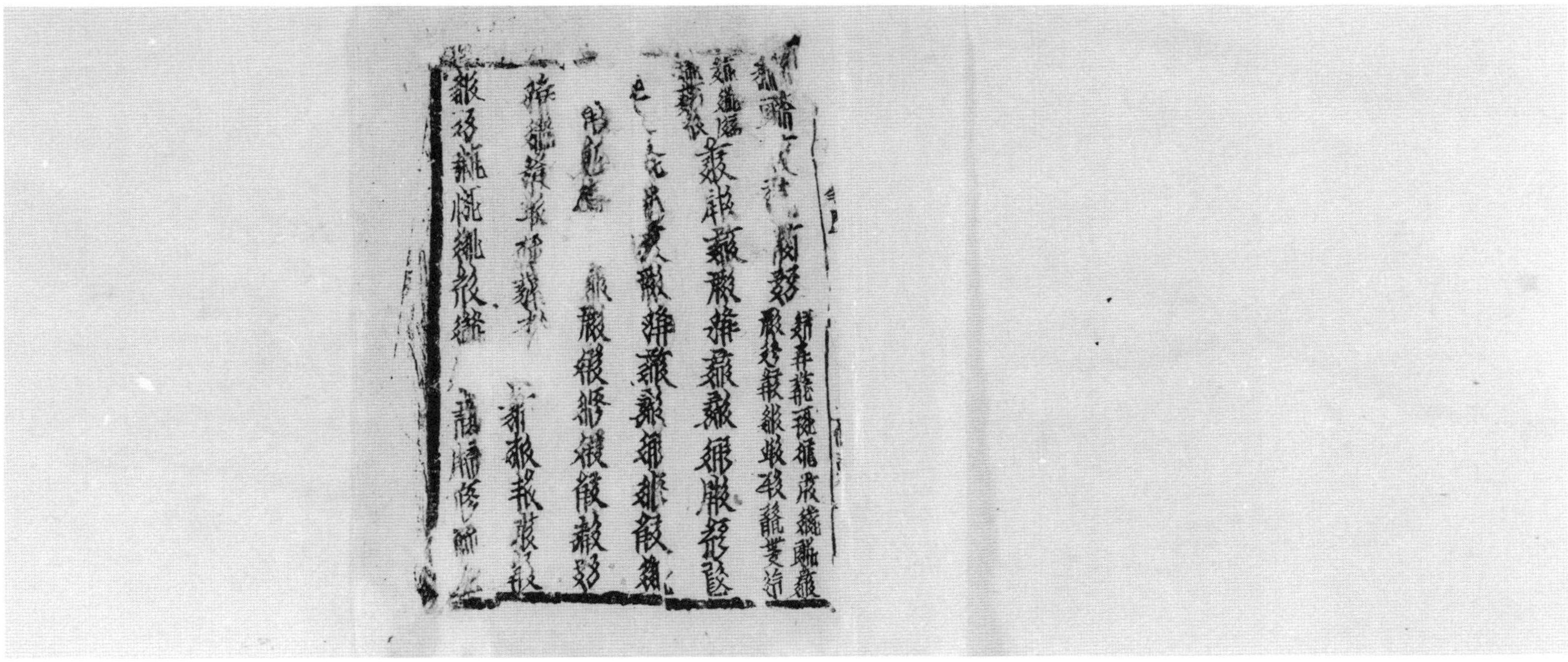

俄 Инв.No.7119　諸説禪源集都序下卷　(8–1)

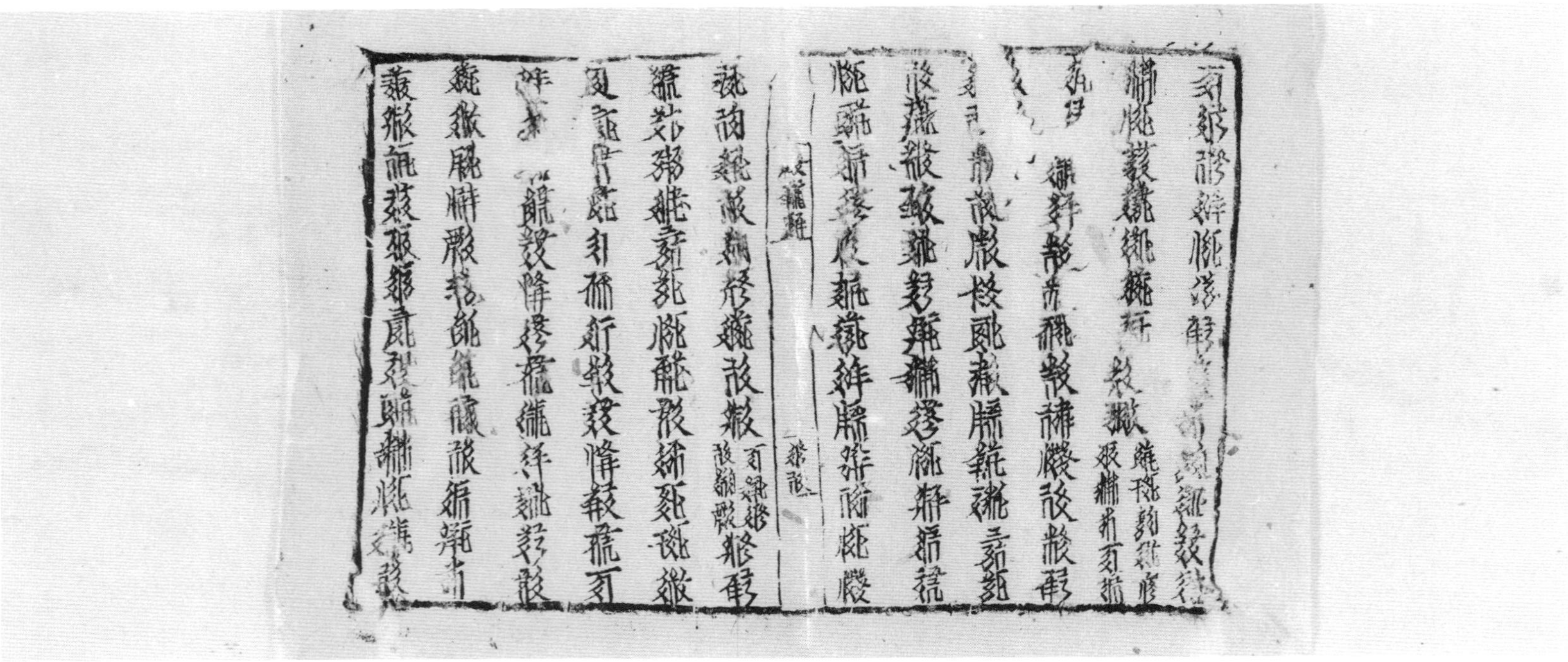

俄 Инв.No.7119　諸説禪源集都序下卷　　(8-2)

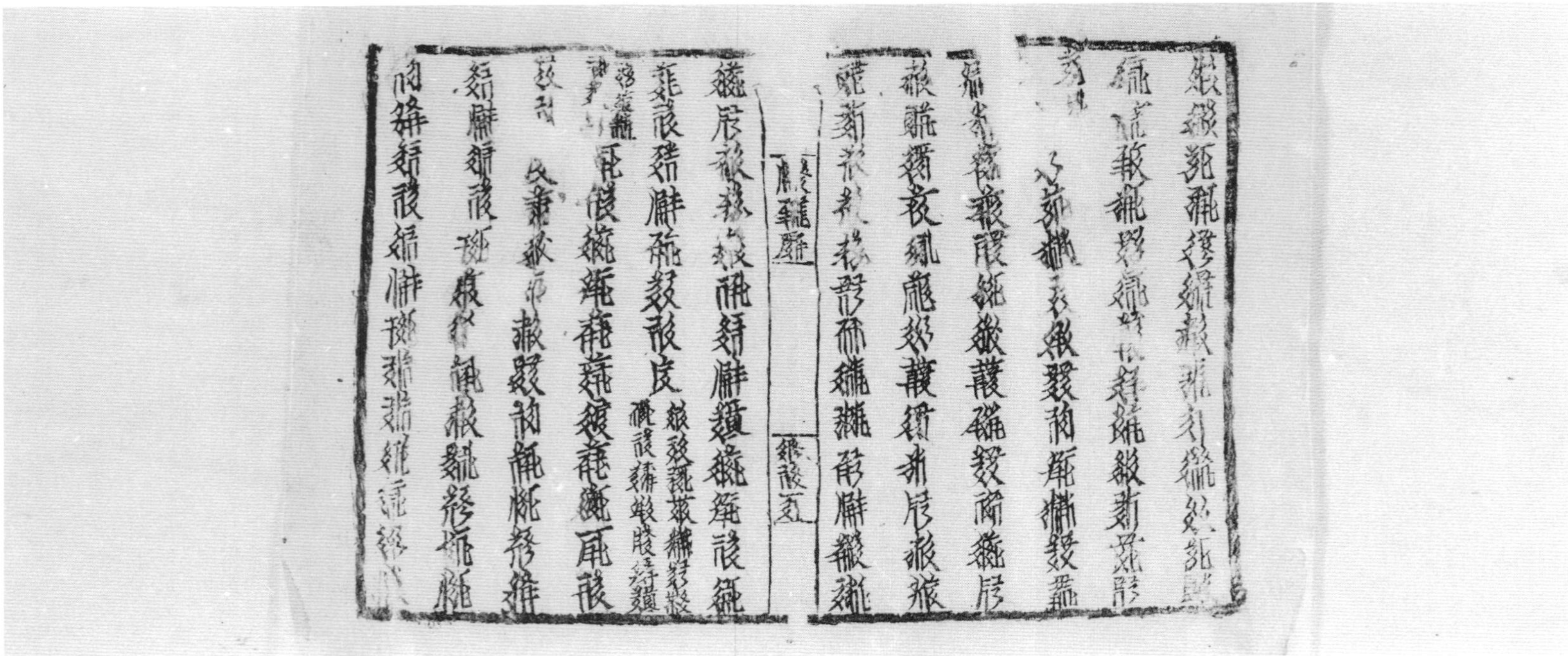

俄 Инв.No.7119　諸説禪源集都序下卷　　(8-3)

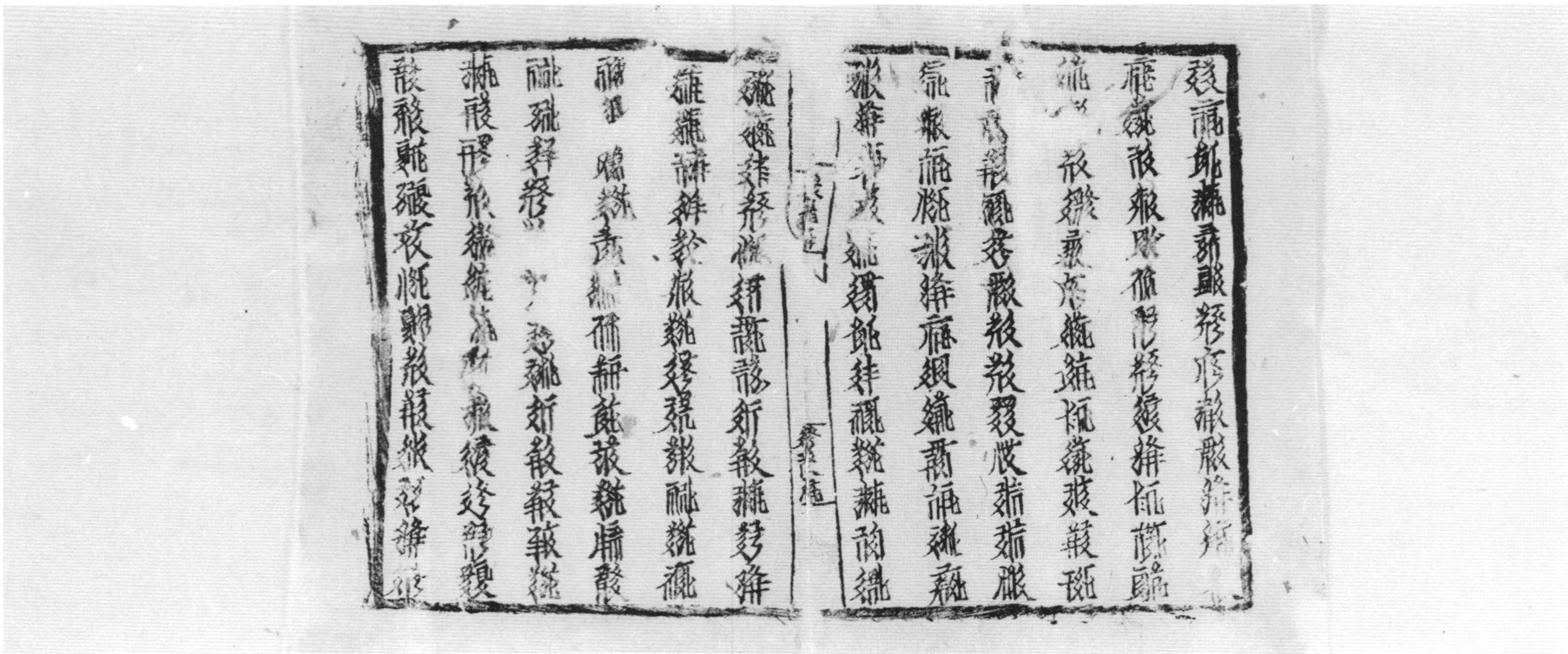

俄 Инв.No.7119　諸説禪源集都序下卷　　(8-4)

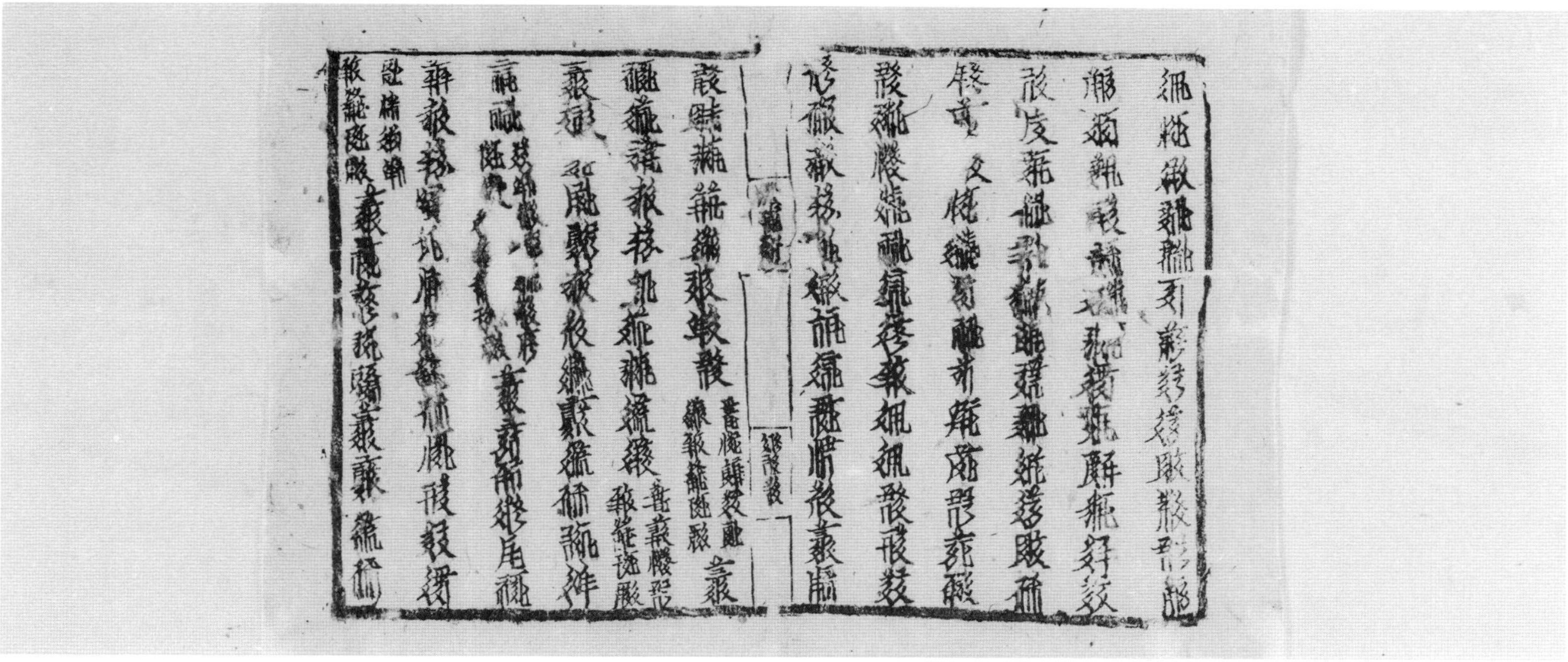

俄 Инв.No.7119　諸説禪源集都序下卷　(8-5)

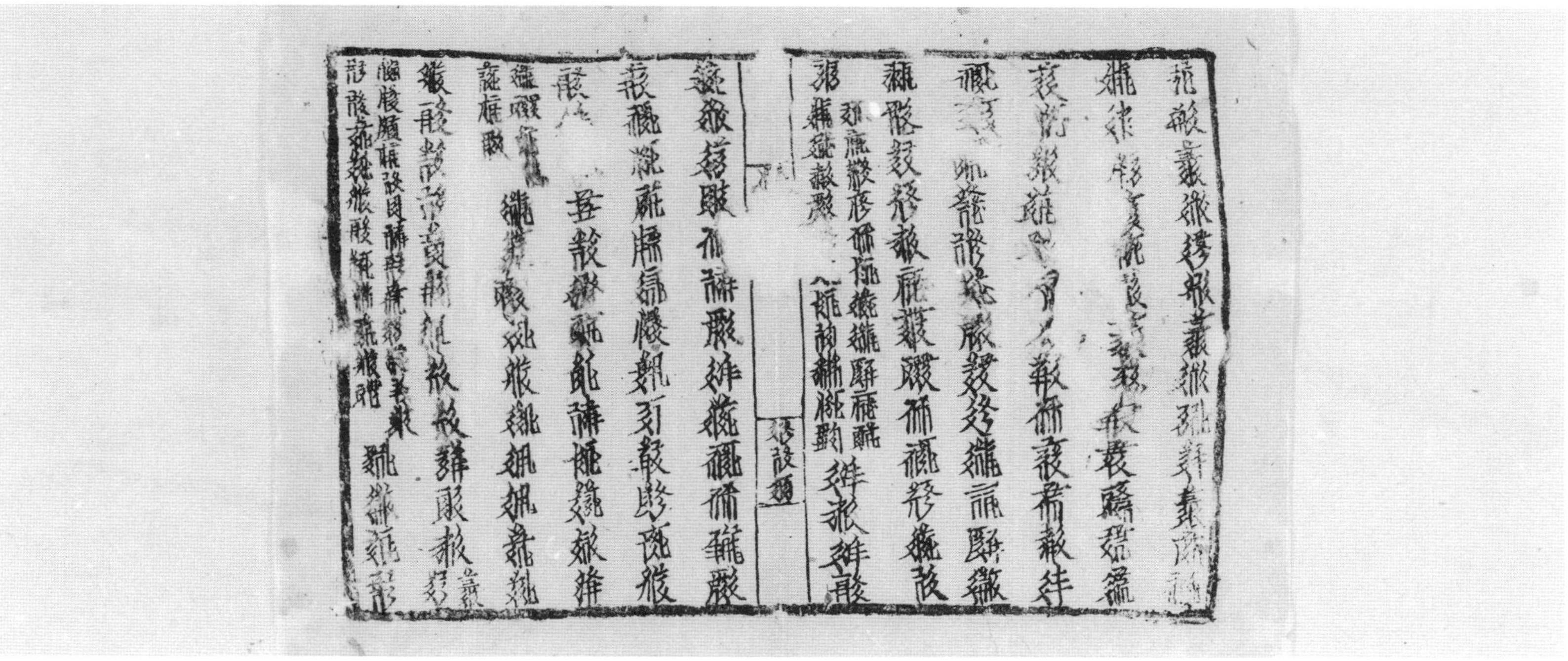

俄 Инв.No.7119　諸説禪源集都序下卷　(8-6)

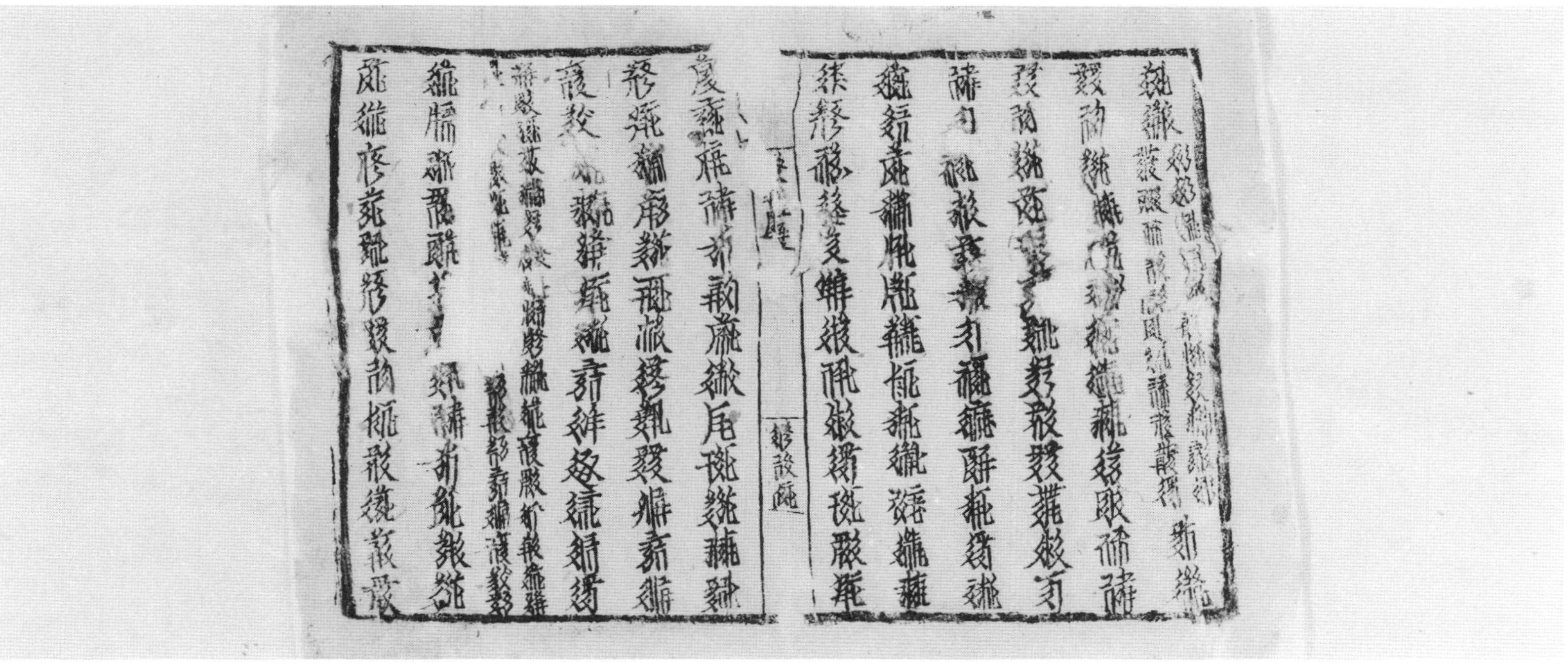

俄 Инв.No.7119　諸説禪源集都序下卷　(8-7)

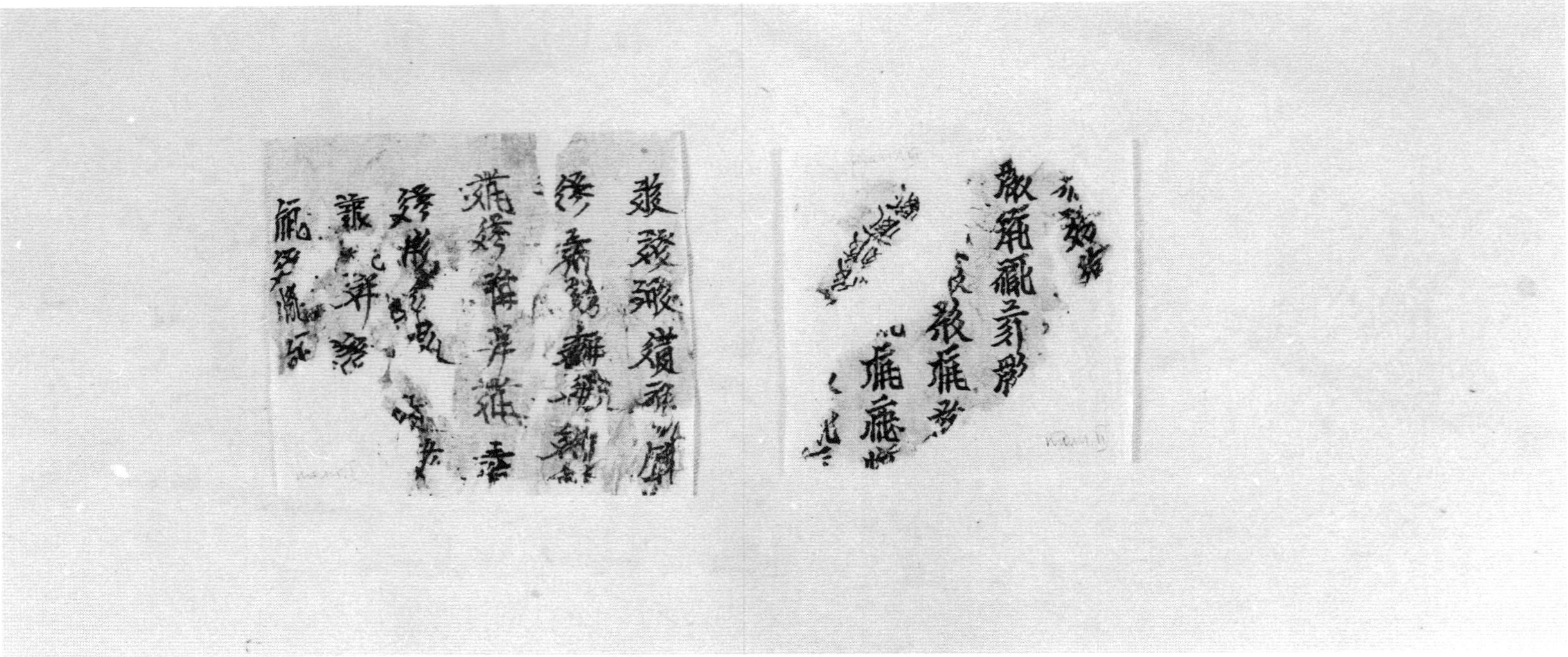

俄 Инв.No.7119　諸説禪源集都序下卷　(8–8)

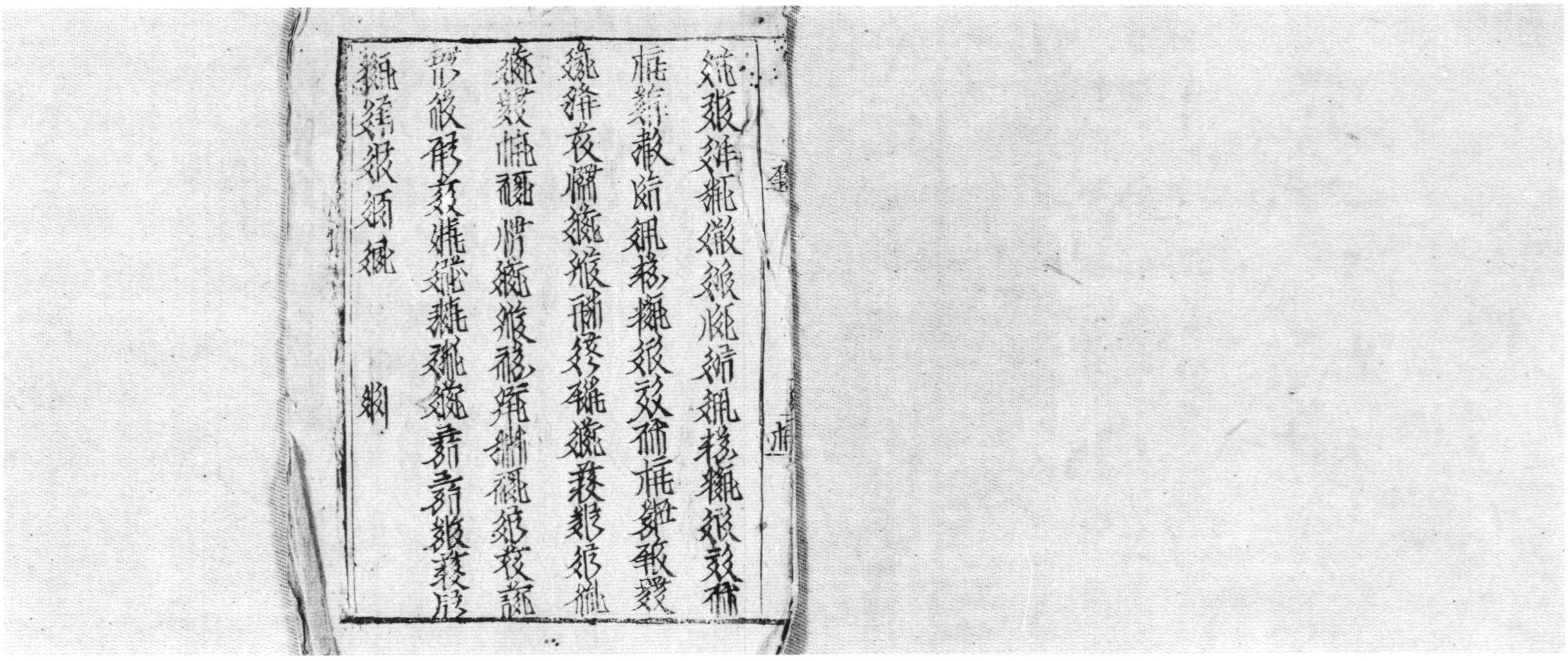

俄 Инв.No.739　金師子章雲間類解　(18–1)

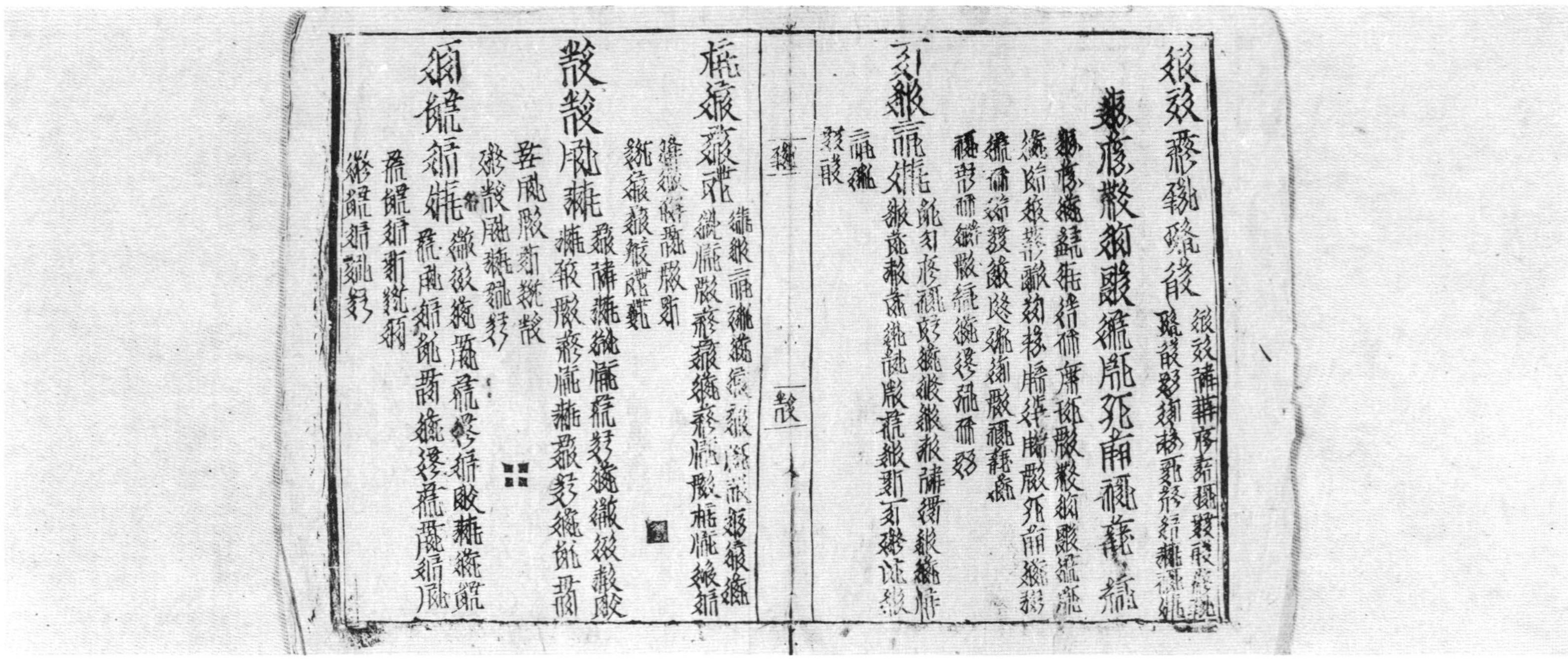

俄 Инв.No.739　金師子章雲間類解　(18–2)

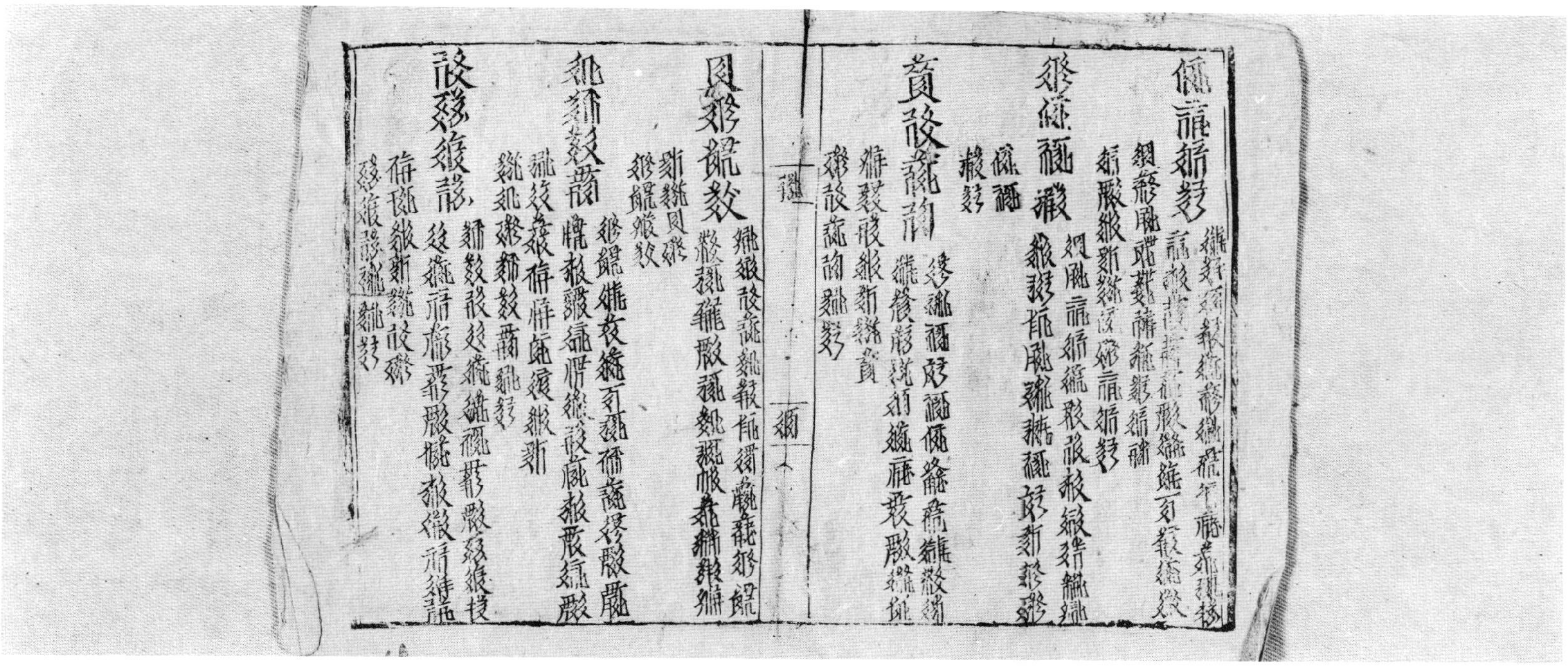

俄 Инв.No.739　金師子章雲間類解　　(18–3)

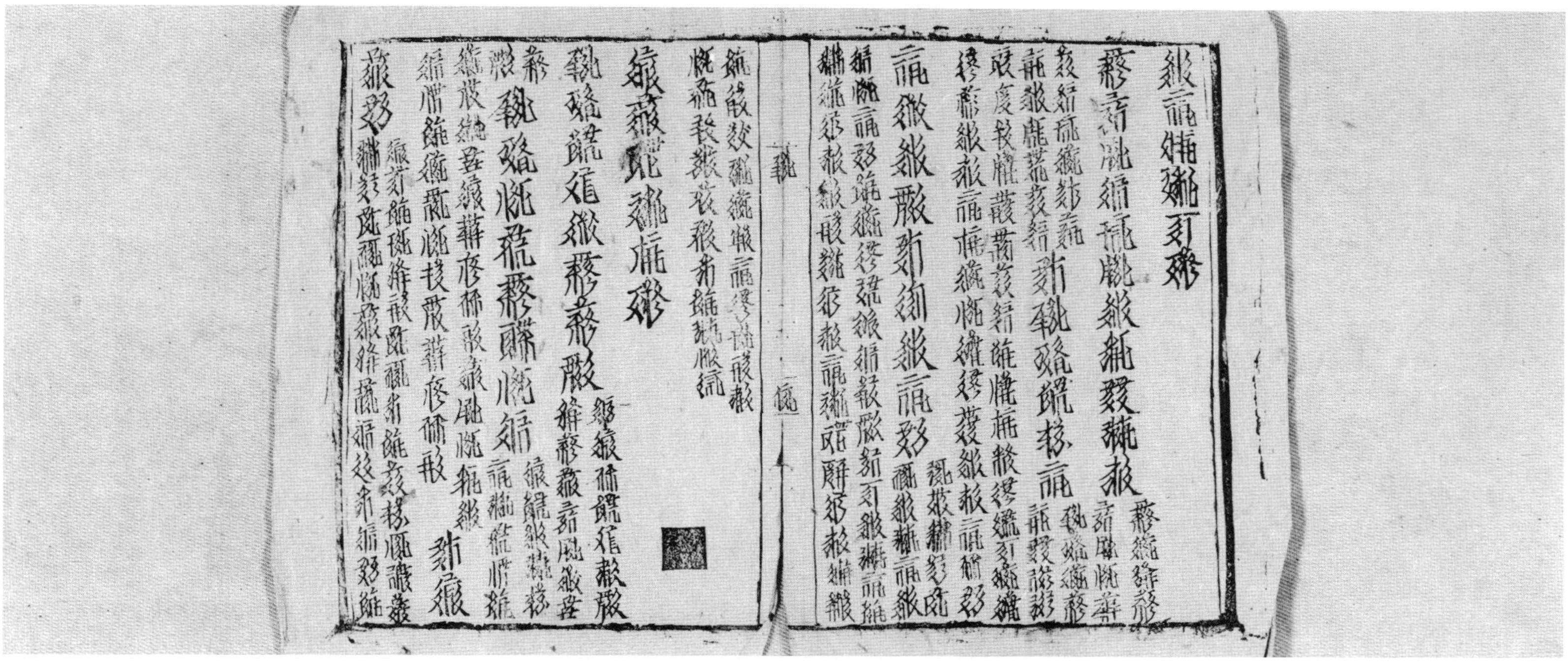

俄 Инв.No.739　金師子章雲間類解　　(18–4)

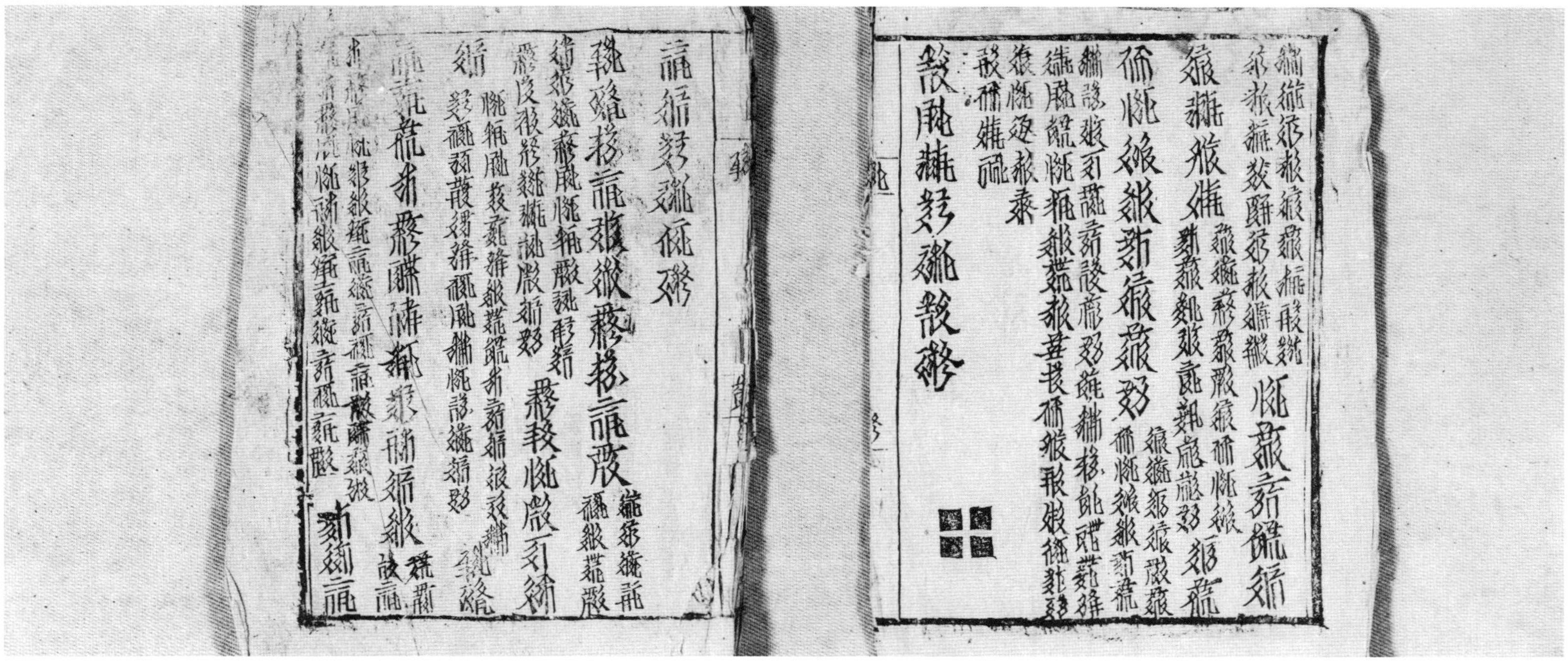

俄 Инв.No.739　金師子章雲間類解　　(18–5)

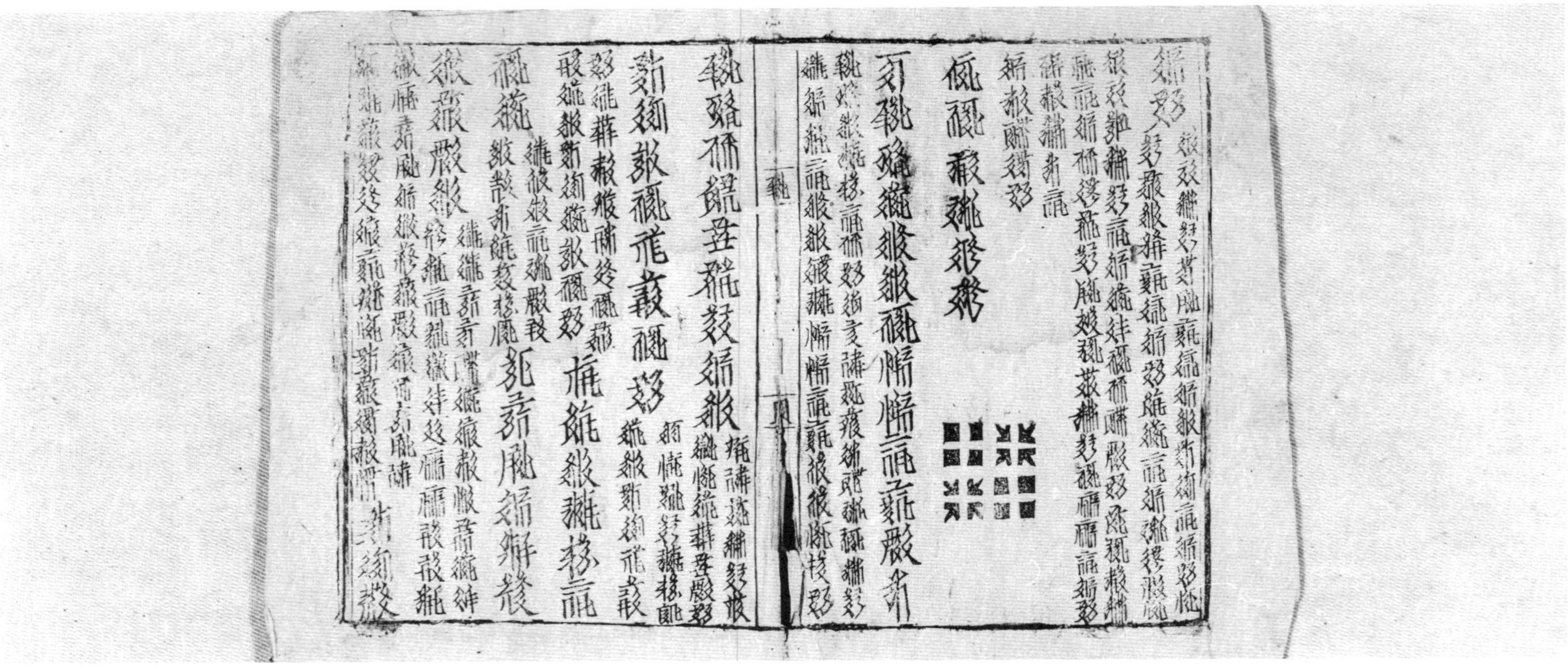

俄 Инв.No.739　金師子章雲間類解　(18−6)

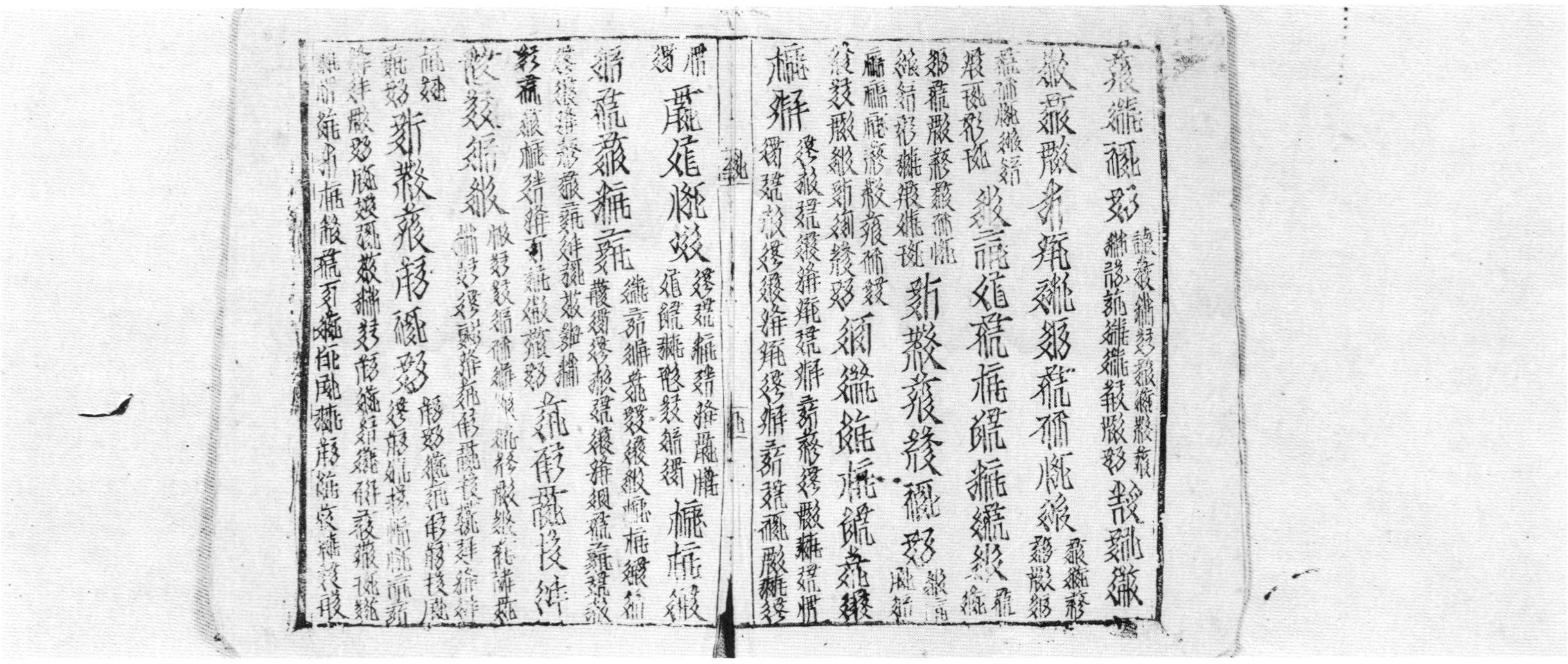

俄 Инв.No.739　金師子章雲間類解　(18−7)

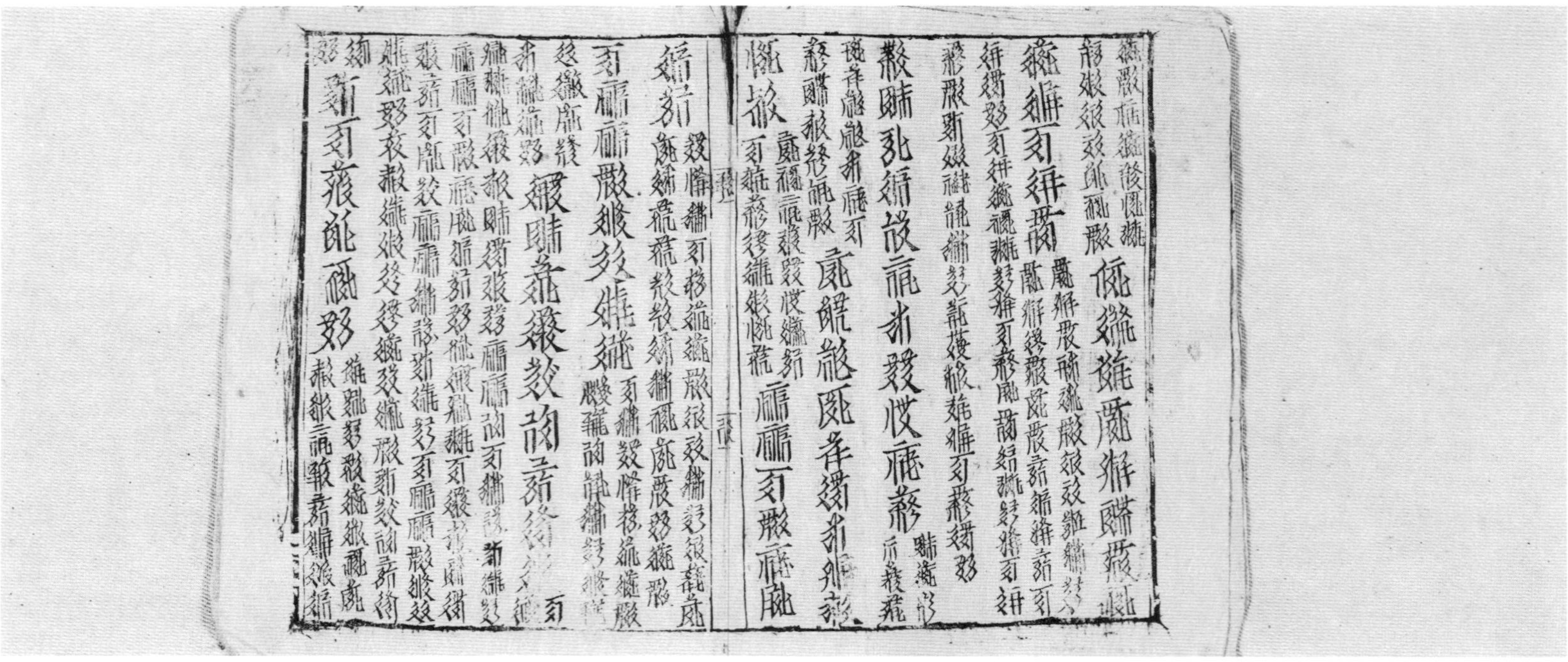

俄 Инв.No.739　金師子章雲間類解　(18−8)

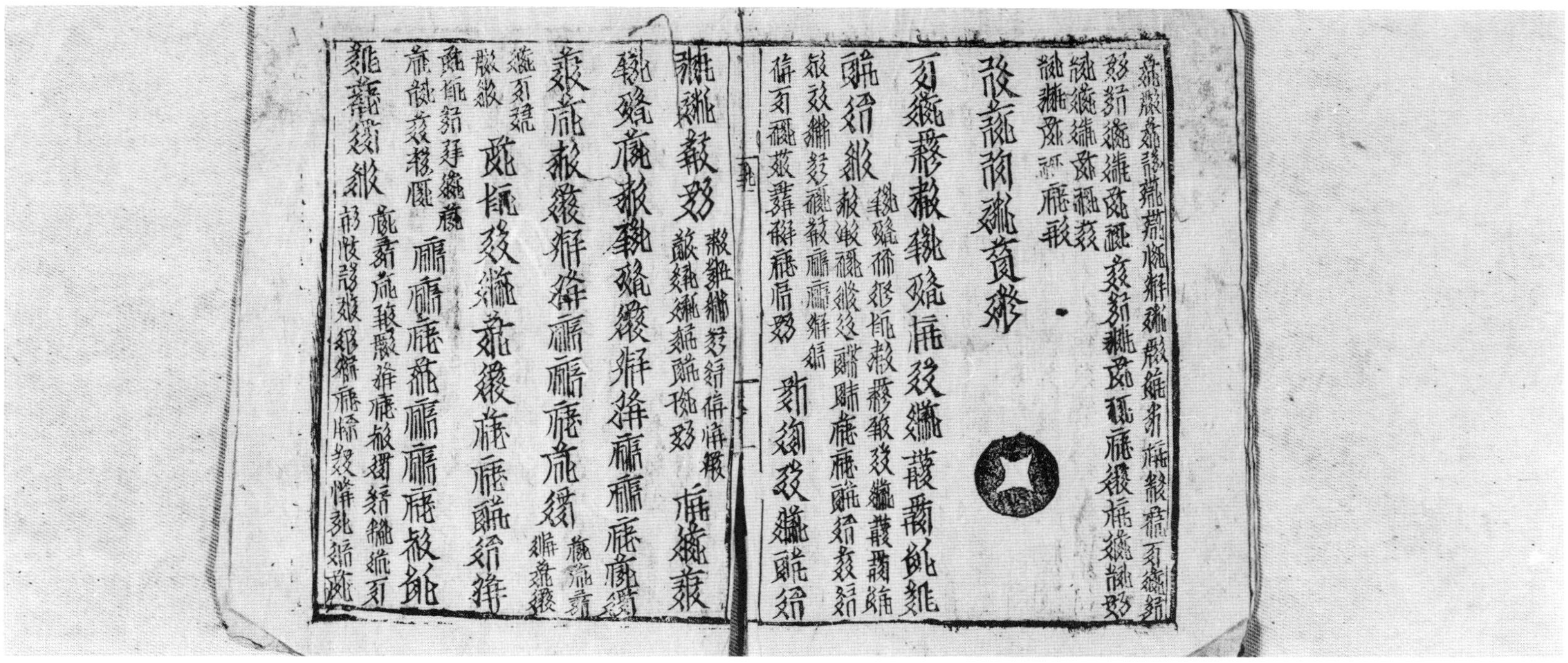

俄 Инв.No.739　金師子章雲間類解　　(18-9)

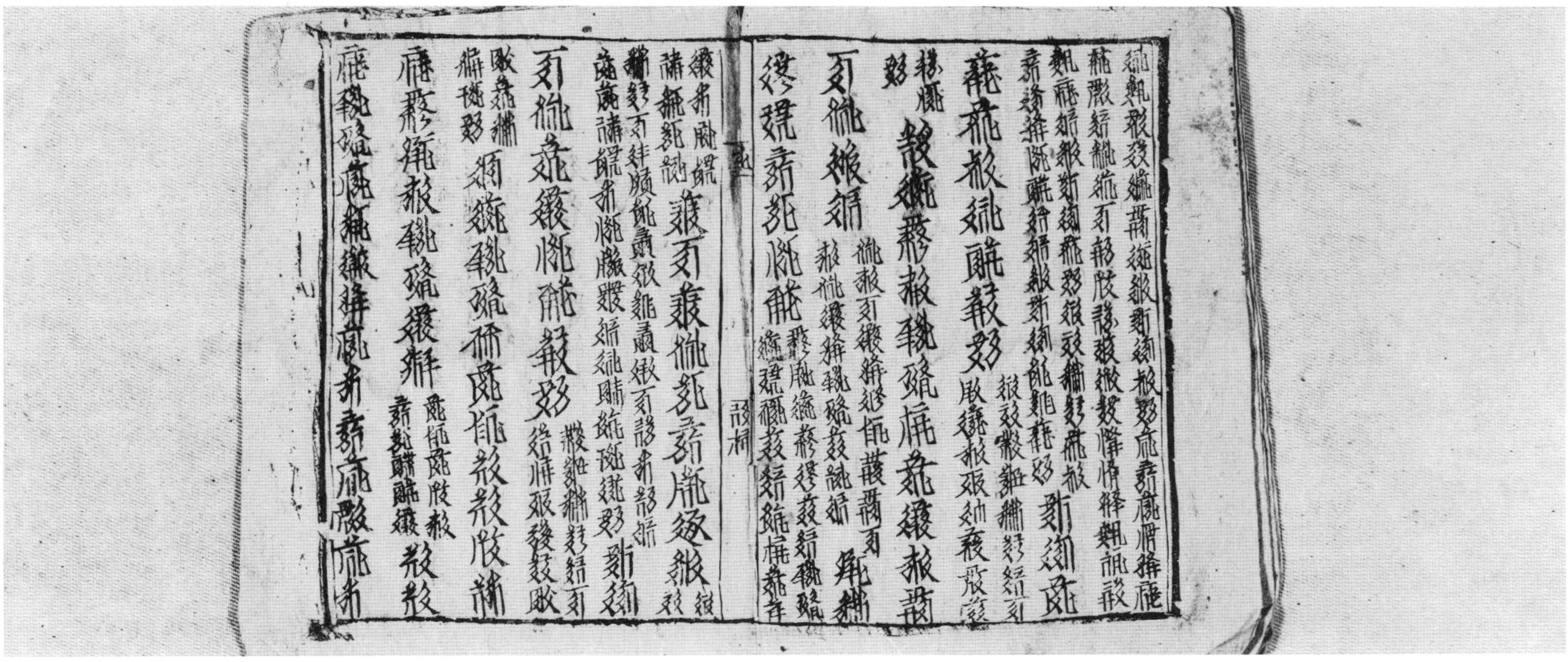

俄 Инв.No.739　金師子章雲間類解　　(18-10)

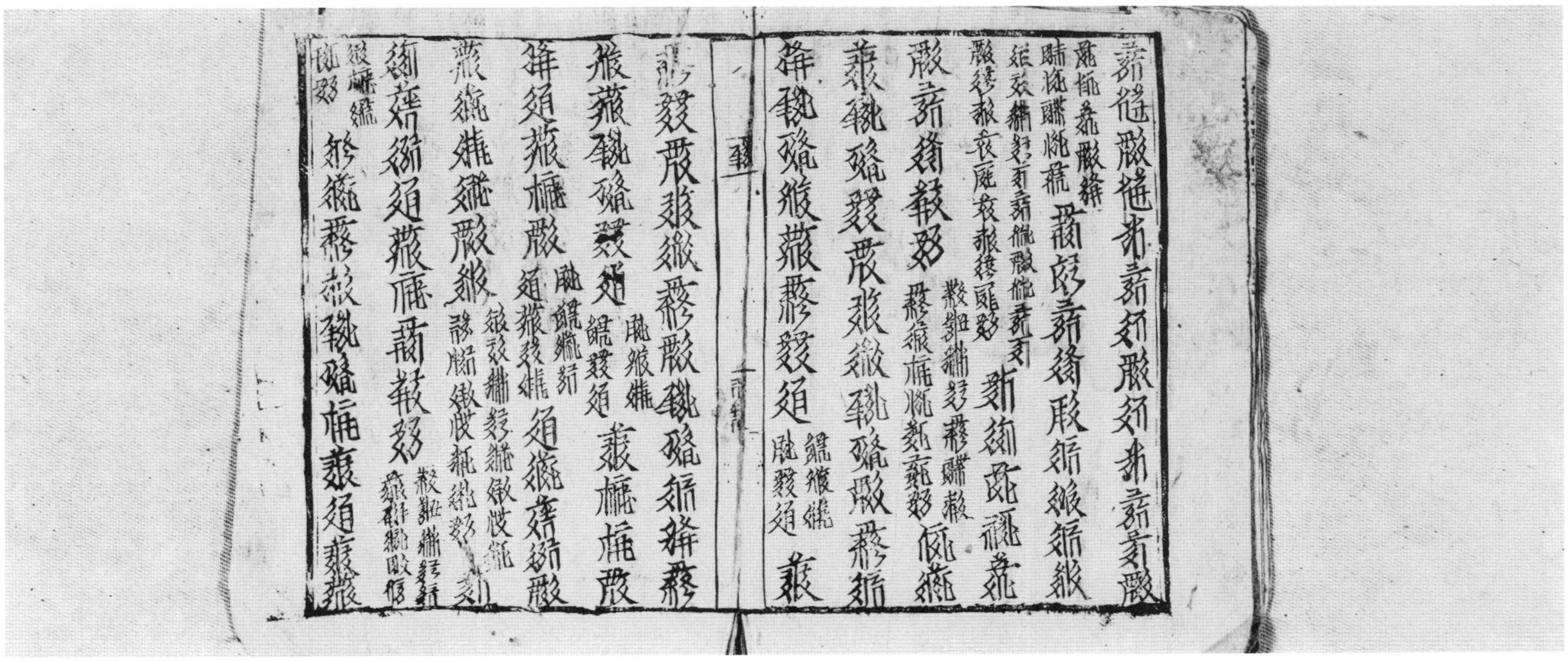

俄 Инв.No.739　金師子章雲間類解　　(18-11)

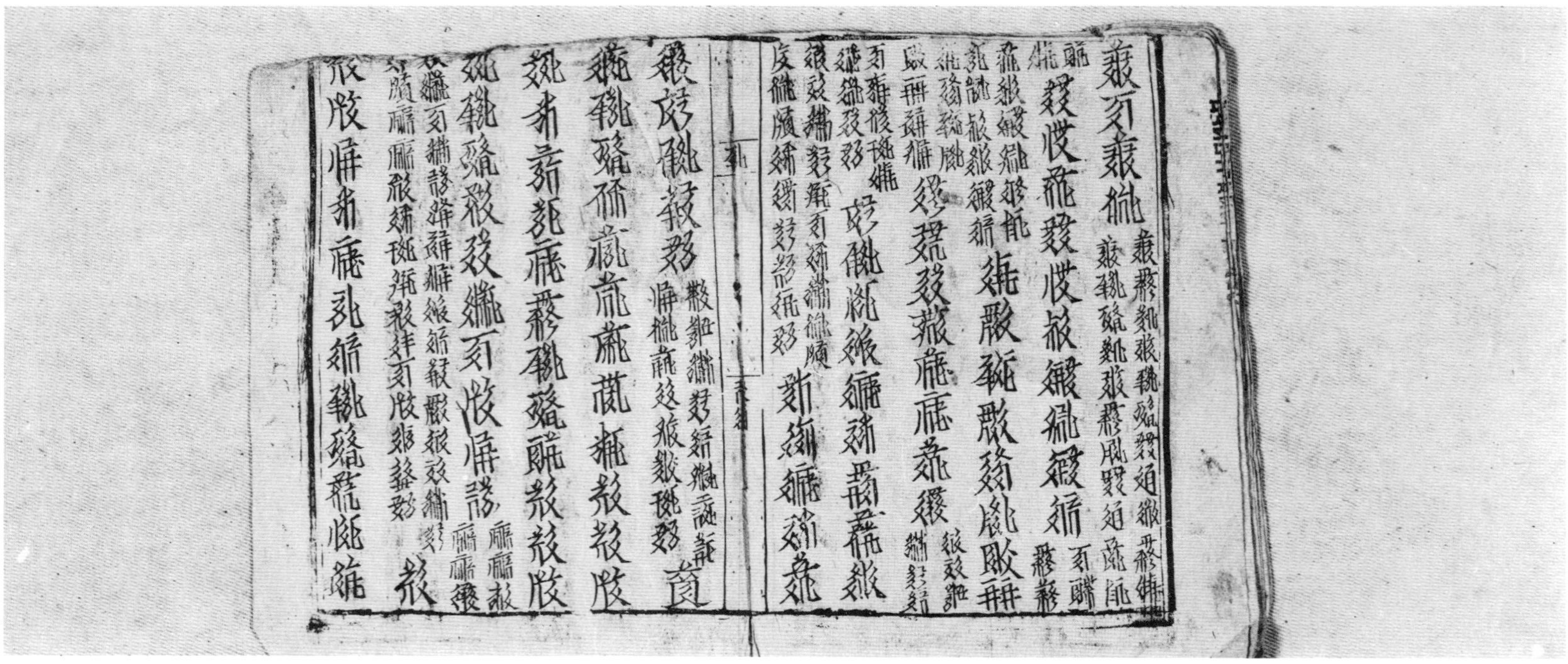

俄 Инв.No.739　金師子章雲間類解　(18–12)

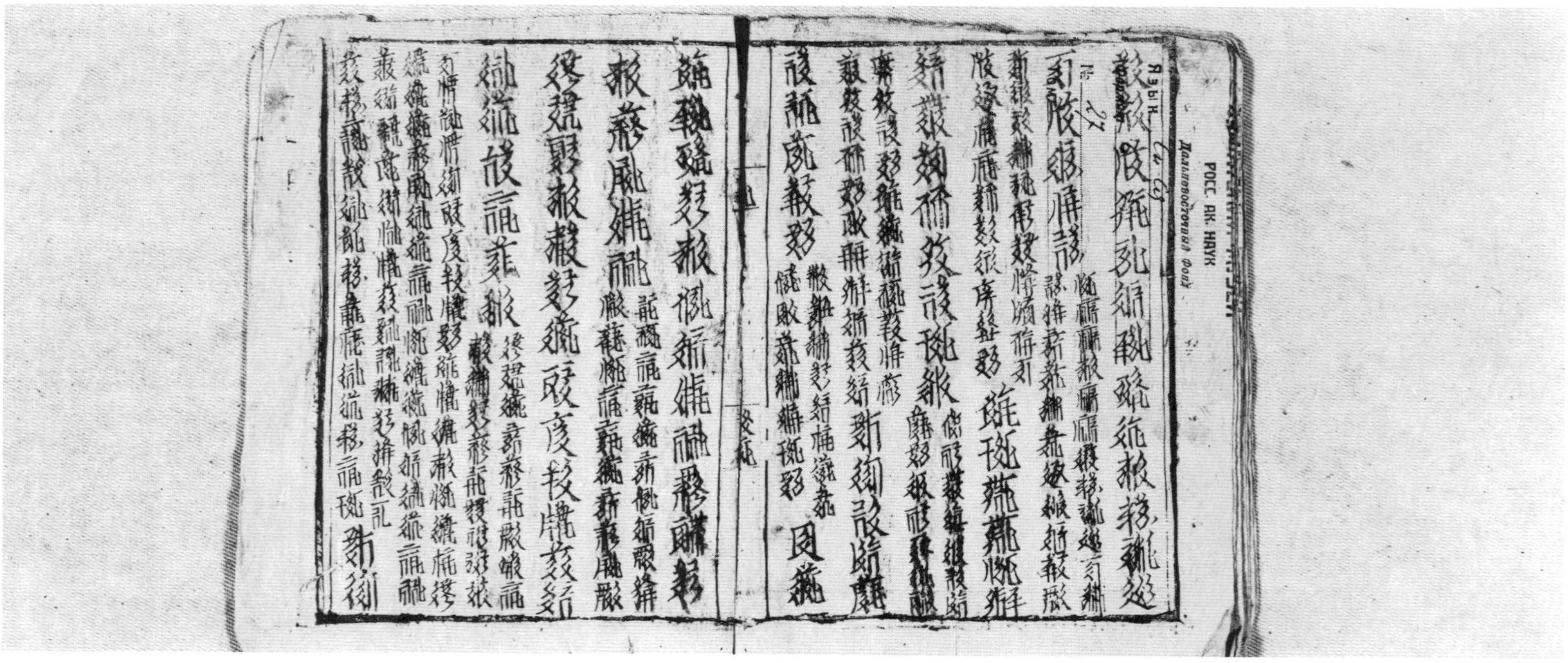

俄 Инв.No.739　金師子章雲間類解　(18–13)

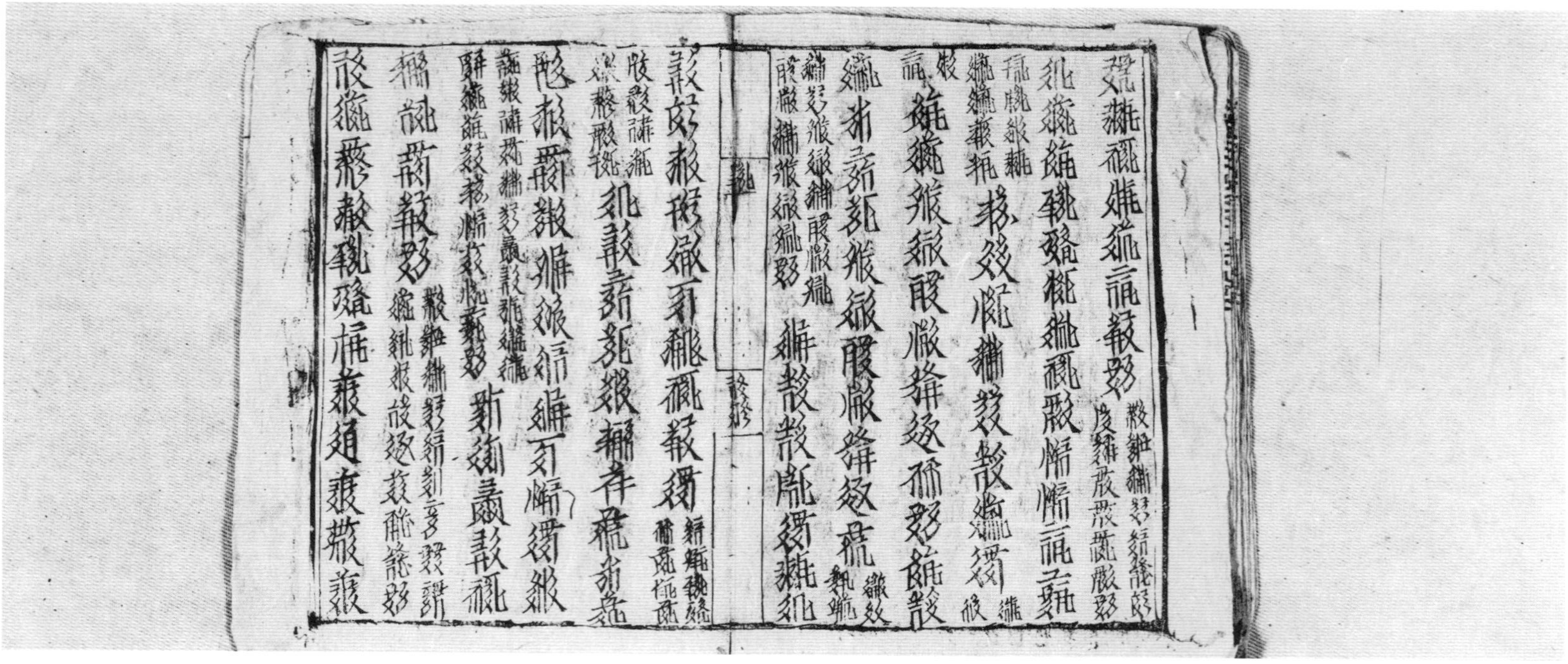

俄 Инв.No.739　金師子章雲間類解　(18–14)

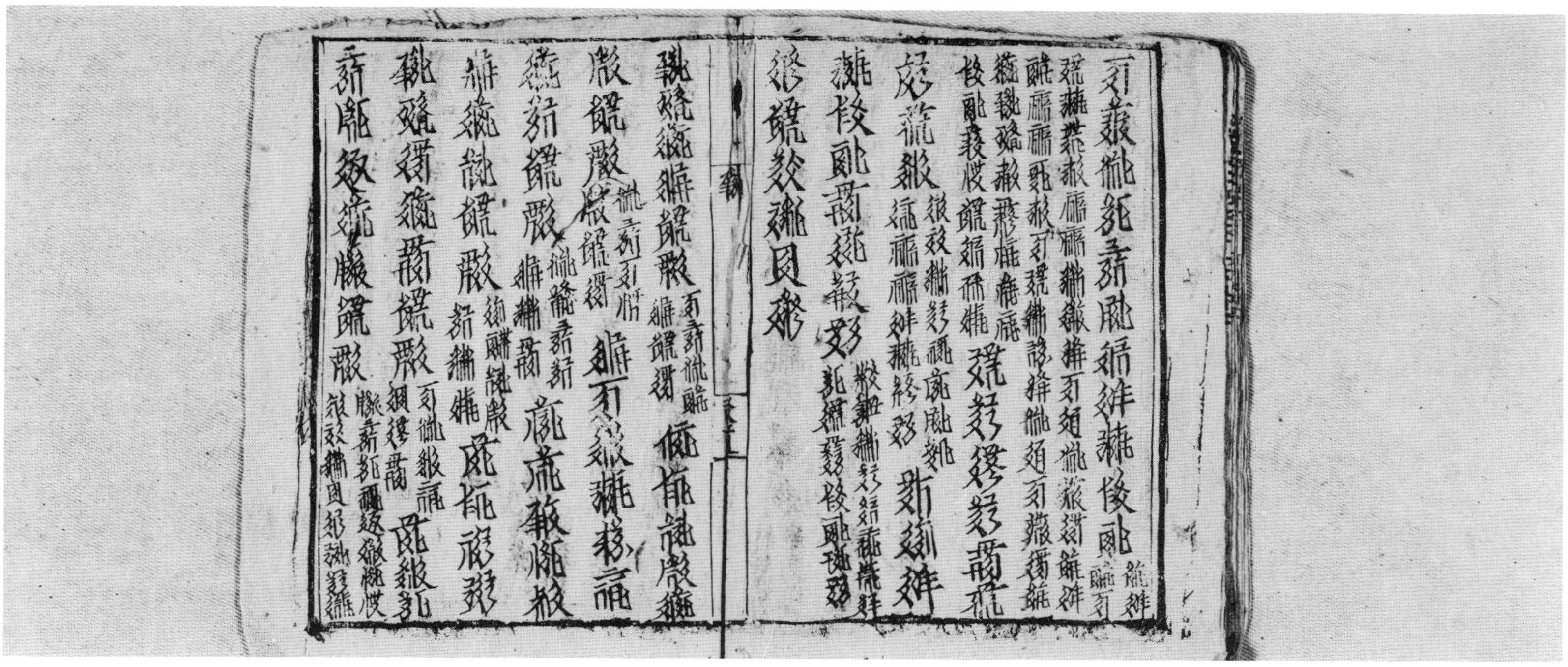

俄 Инв.No.739 金師子章雲間類解 (18-15)

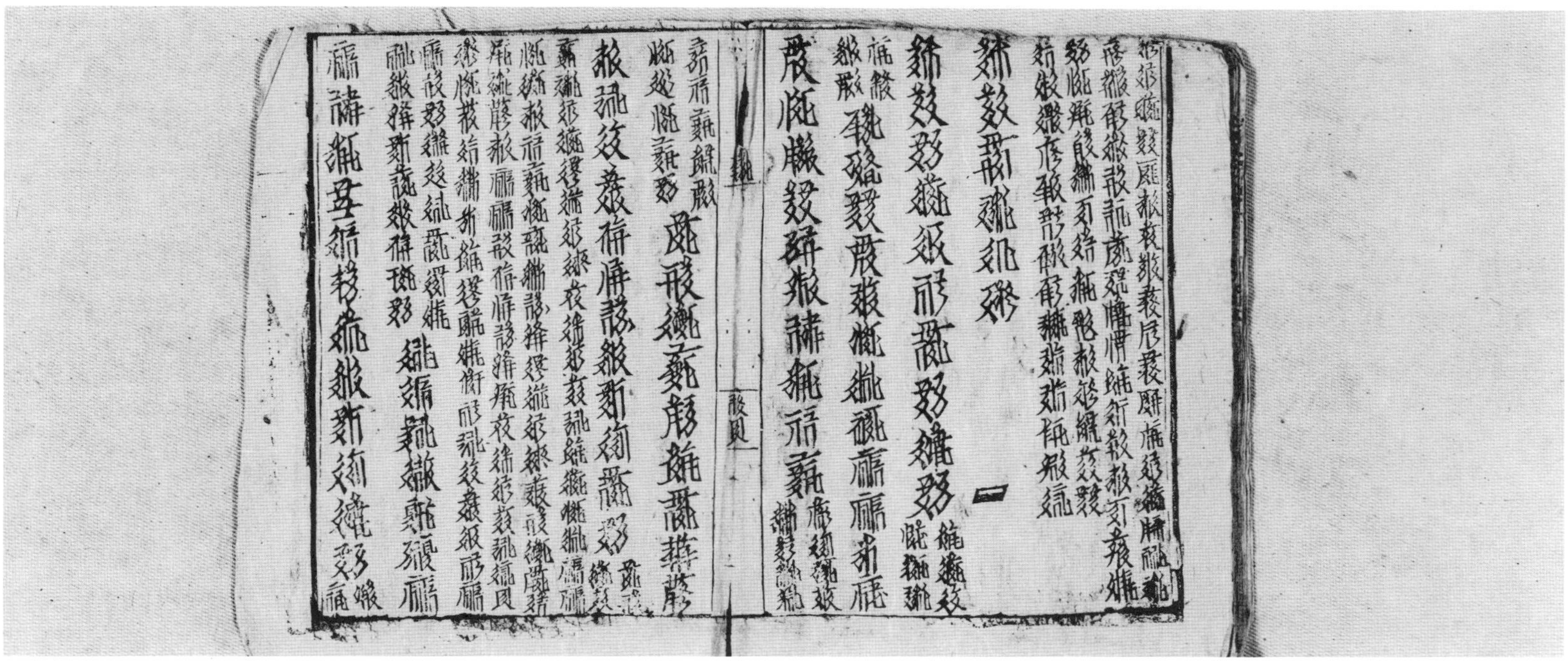

俄 Инв.No.739 金師子章雲間類解 (18-16)

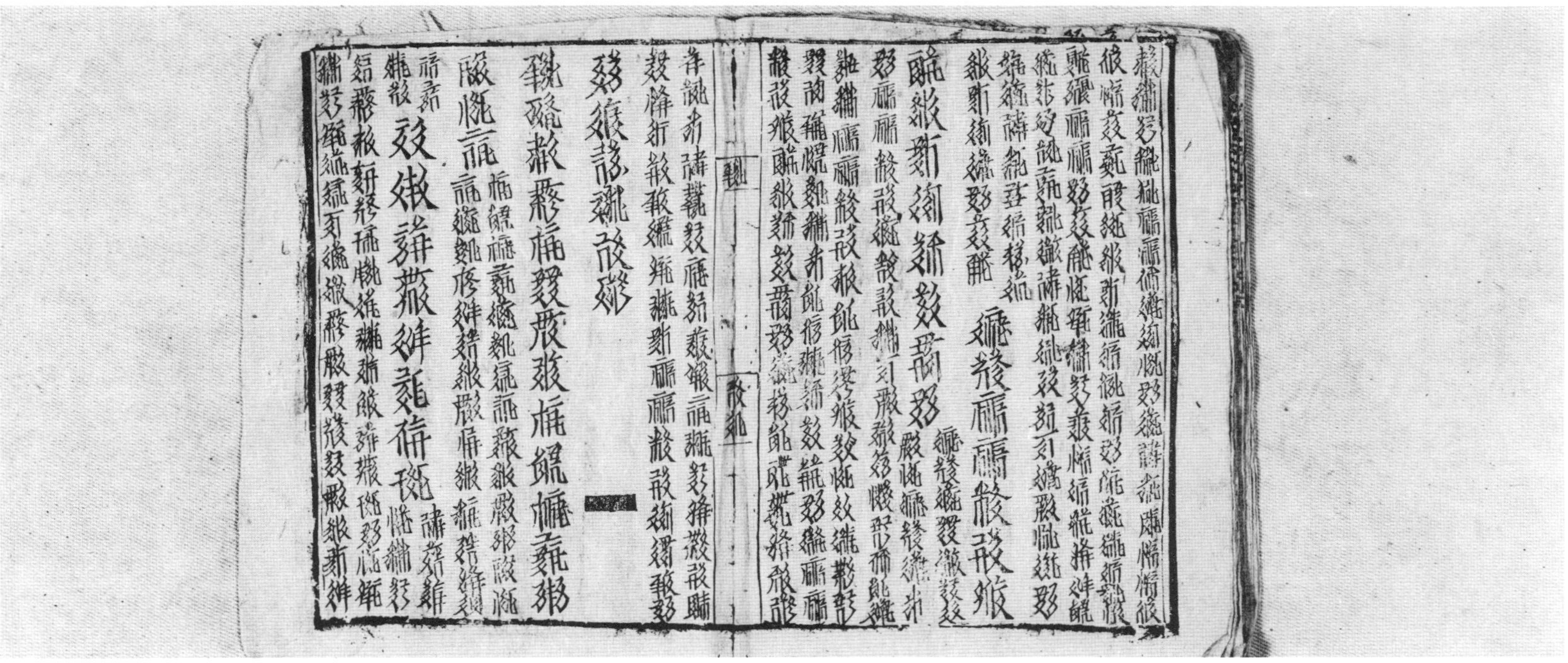

俄 Инв.No.739 金師子章雲間類解 (18-17)

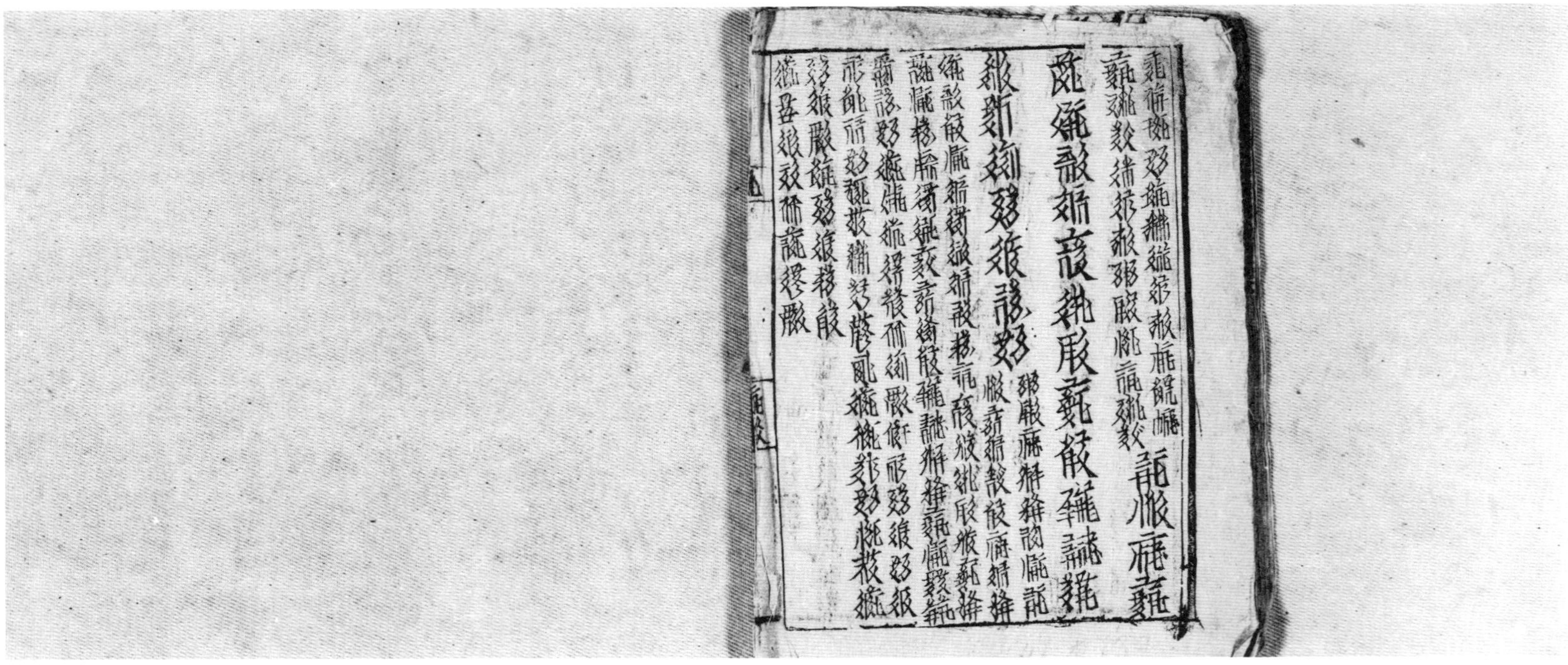

俄 Инв.No.739　金師子章雲間類解　(18–18)

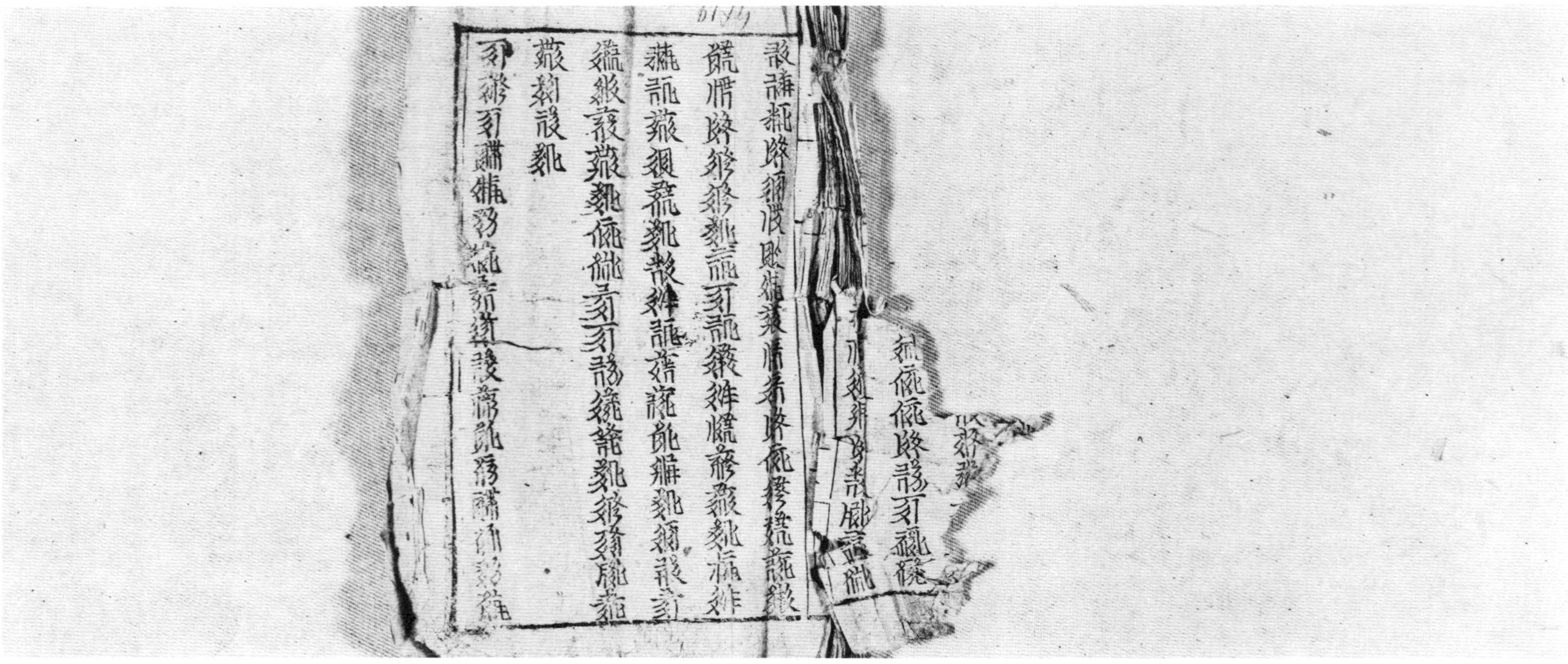

俄 Инв.No.6174　修華嚴奥旨妄盡還源觀　(12–1)

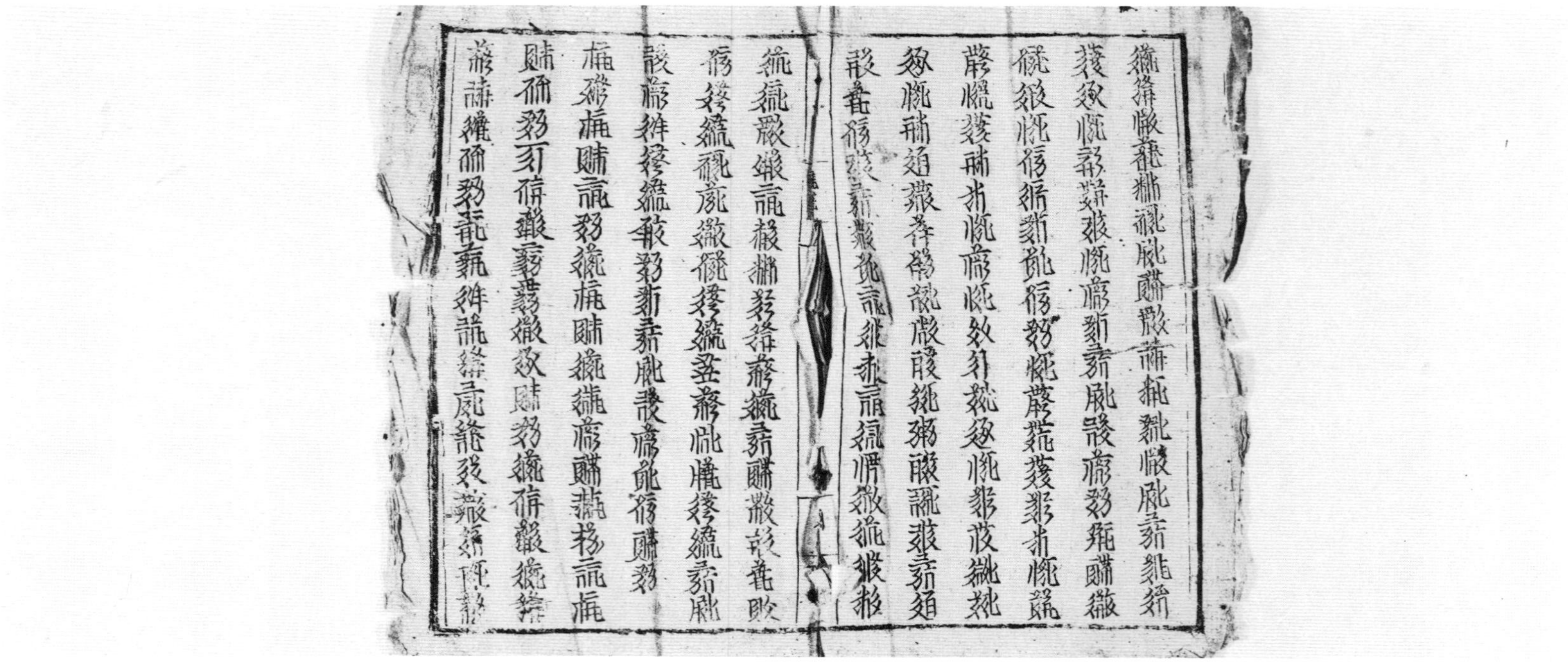

俄 Инв.No.6174　修華嚴奥旨妄盡還源觀　(12–2)

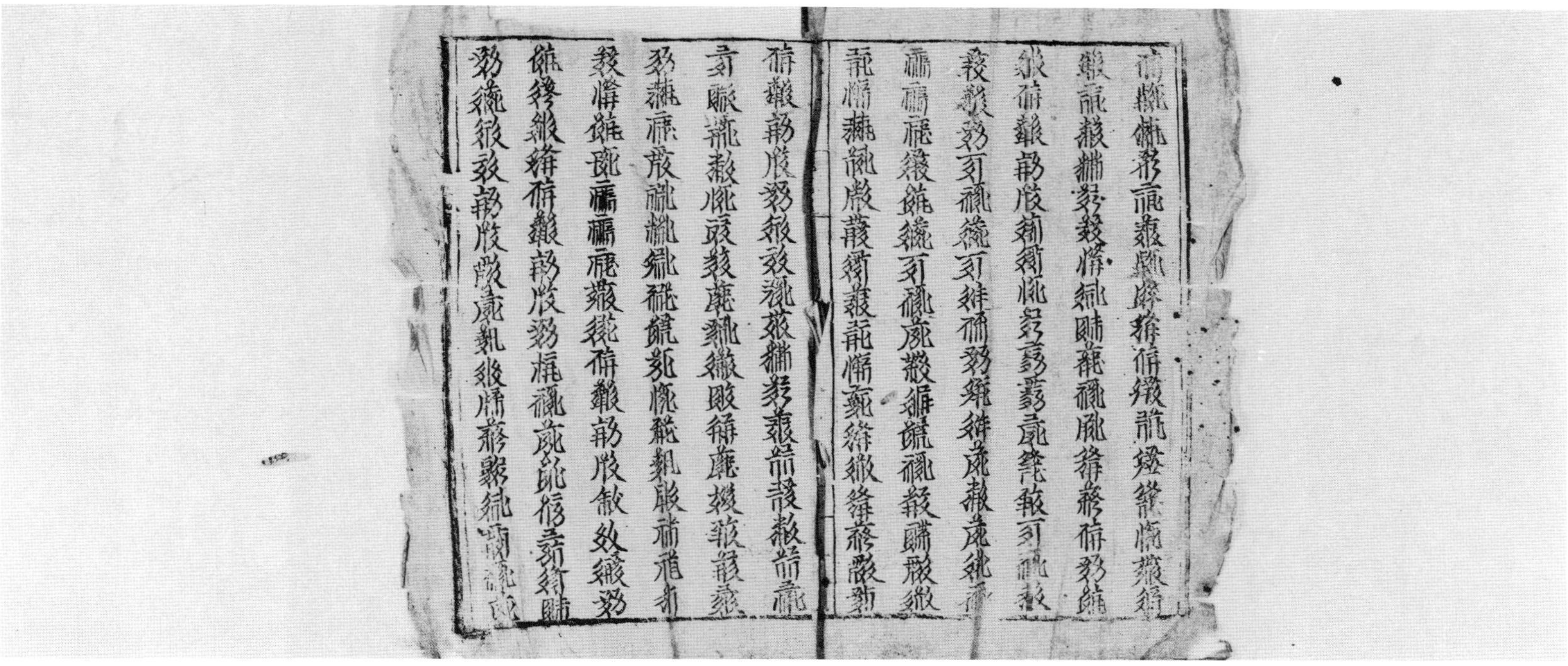

俄 Инв.No.6174　修華嚴奥旨妄盡還源觀　(12-3)

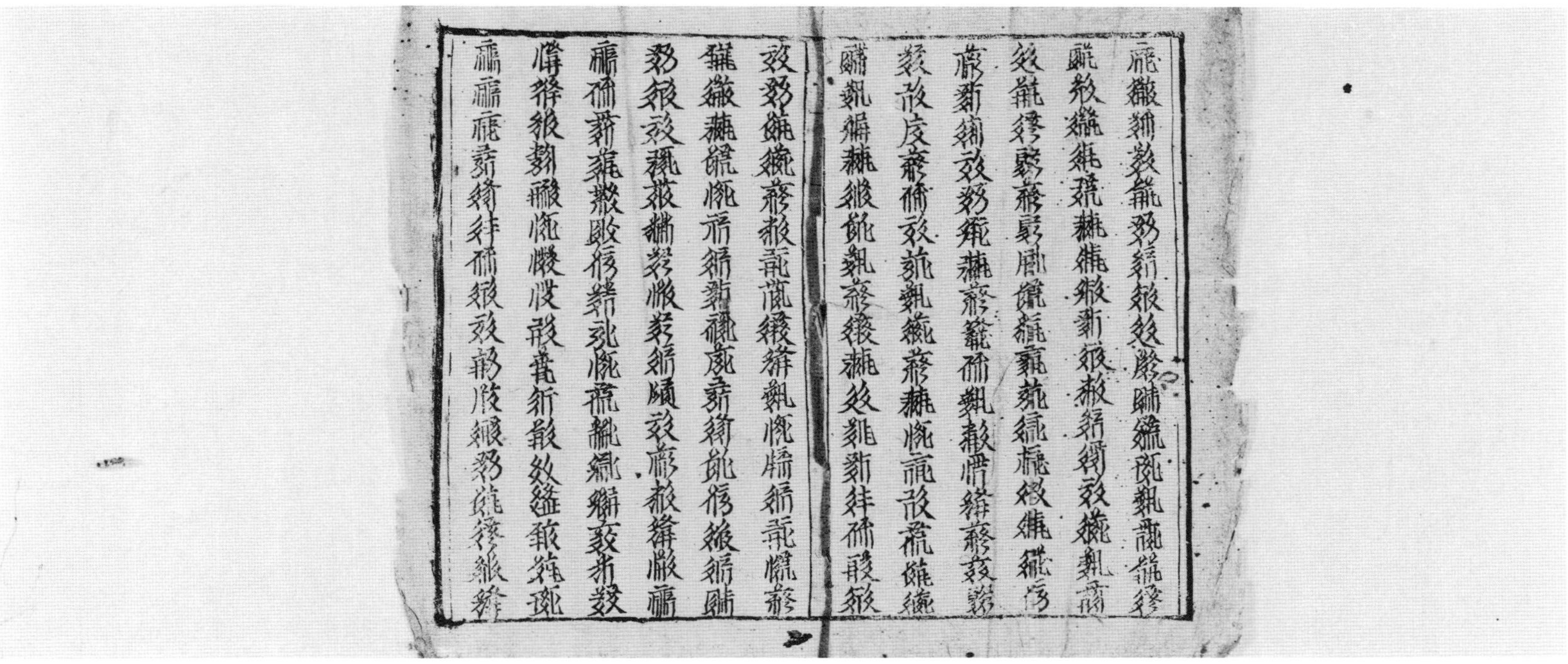

俄 Инв.No.6174　修華嚴奥旨妄盡還源觀　(12-4)

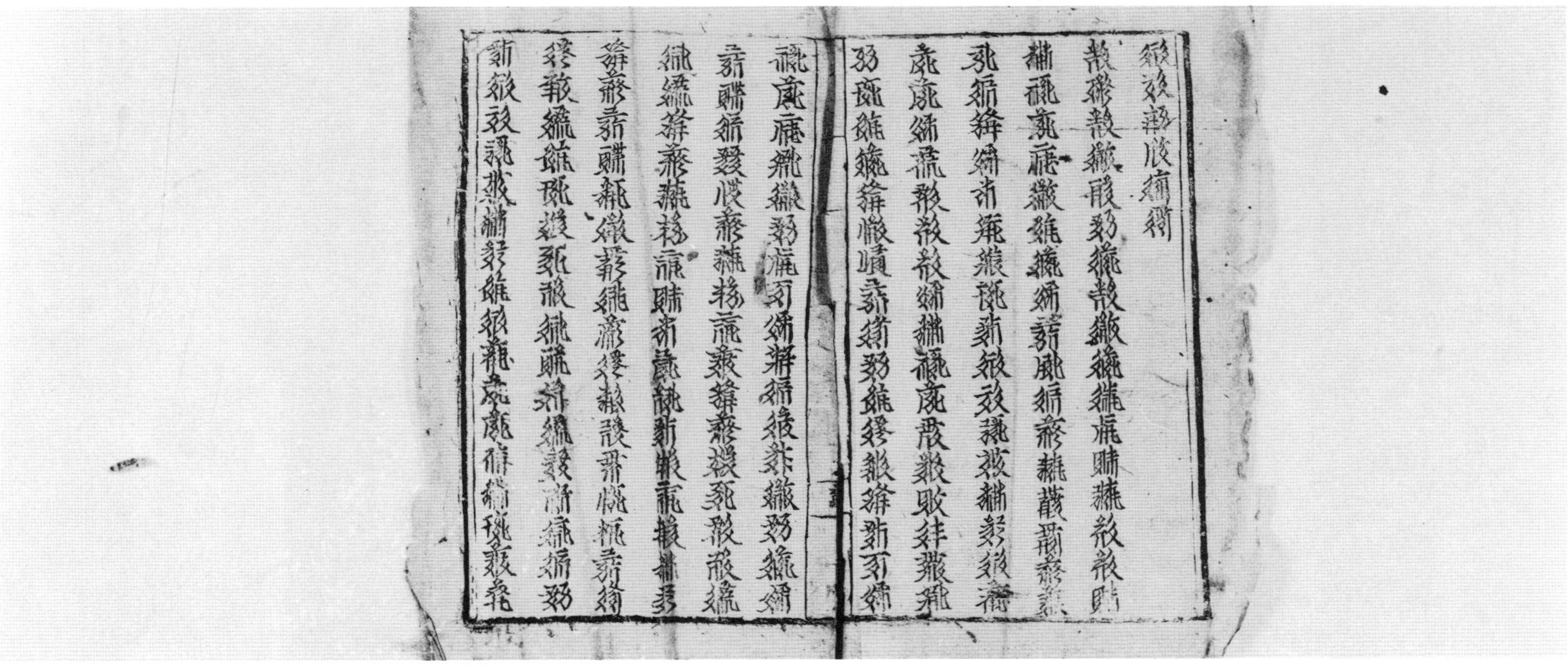

俄 Инв.No.6174　修華嚴奥旨妄盡還源觀　(12-5)

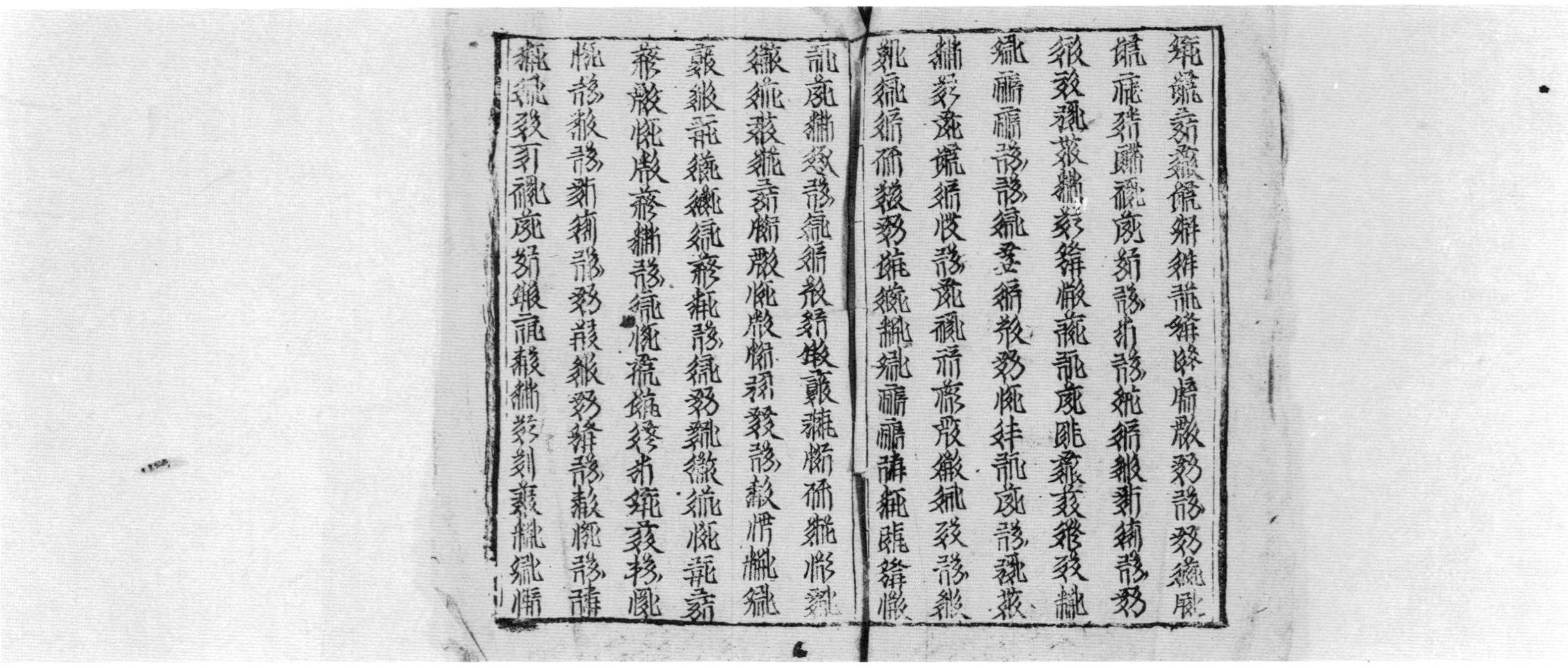

俄 Инв.No.6174　修華嚴奧旨妄盡還源觀　　(12-6)

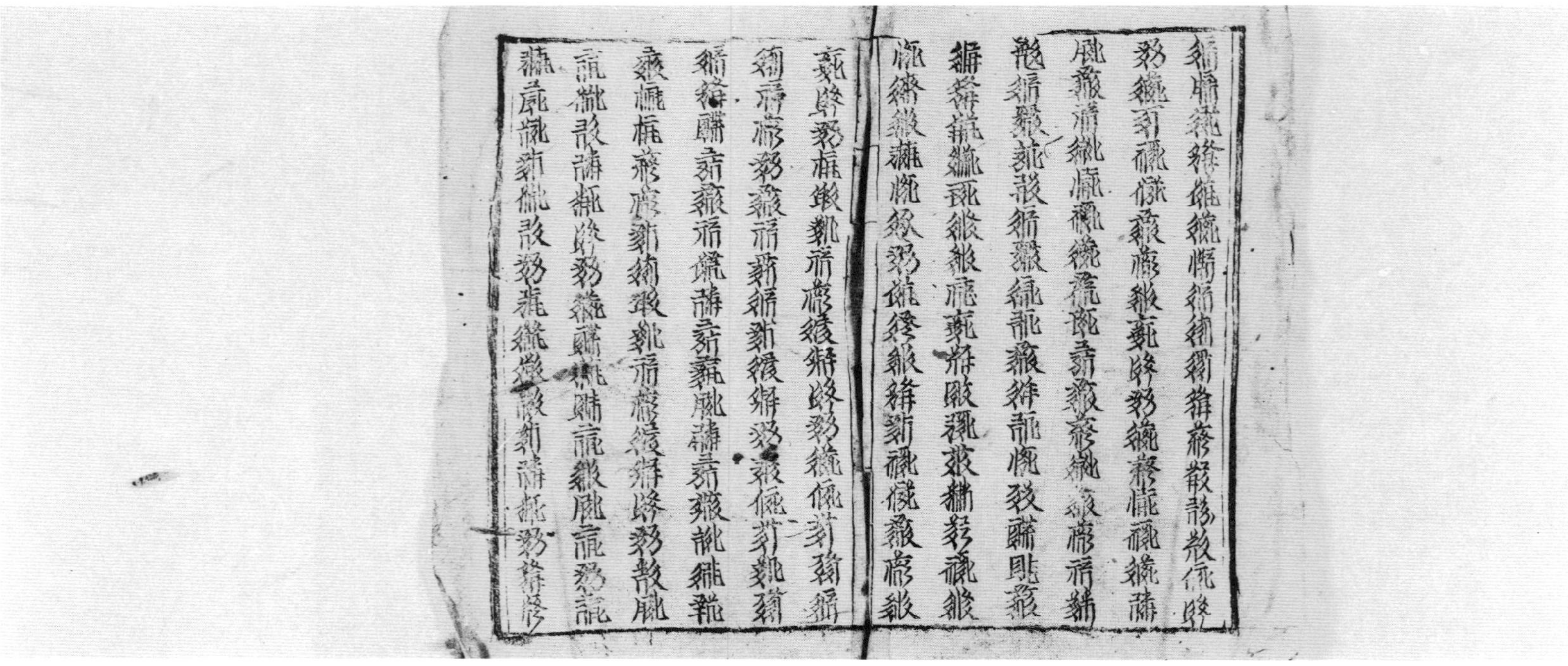

俄 Инв.No.6174　修華嚴奧旨妄盡還源觀　　(12-7)

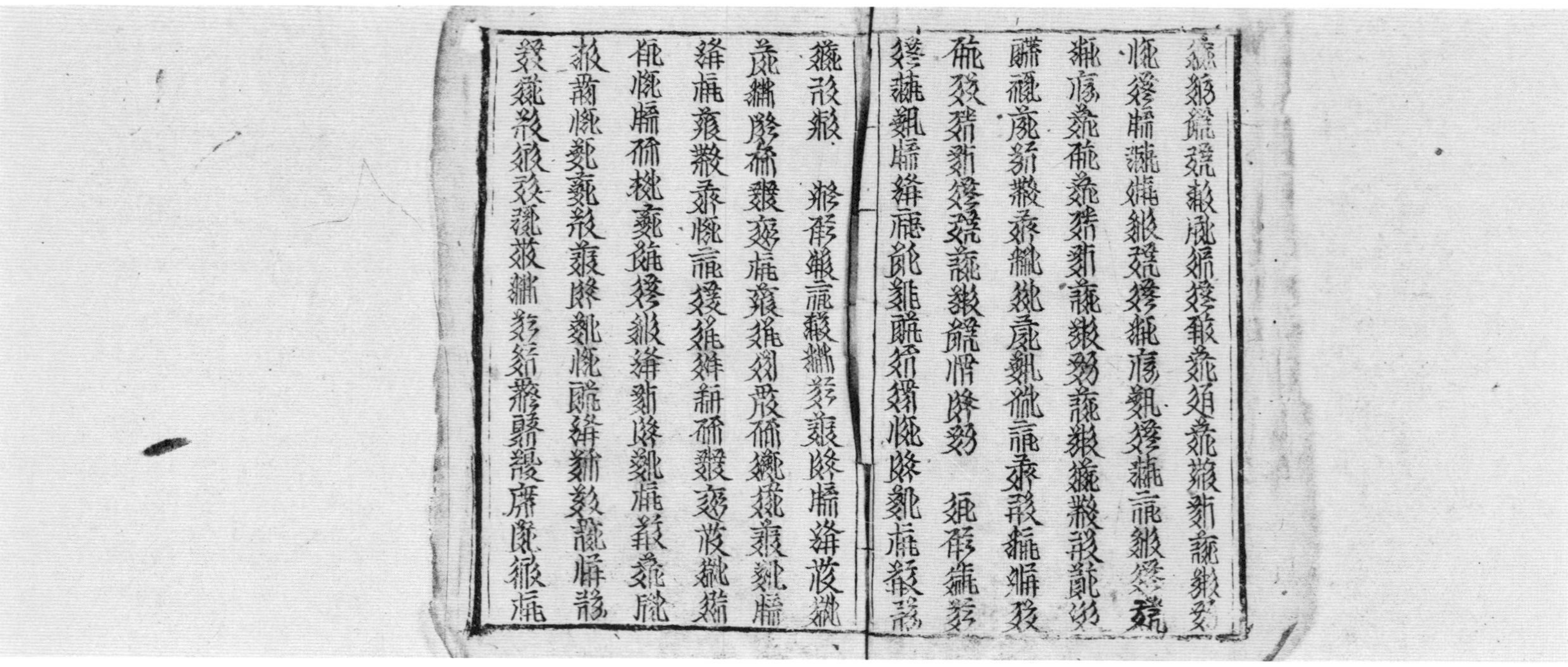

俄 Инв.No.6174　修華嚴奧旨妄盡還源觀　　(12-8)

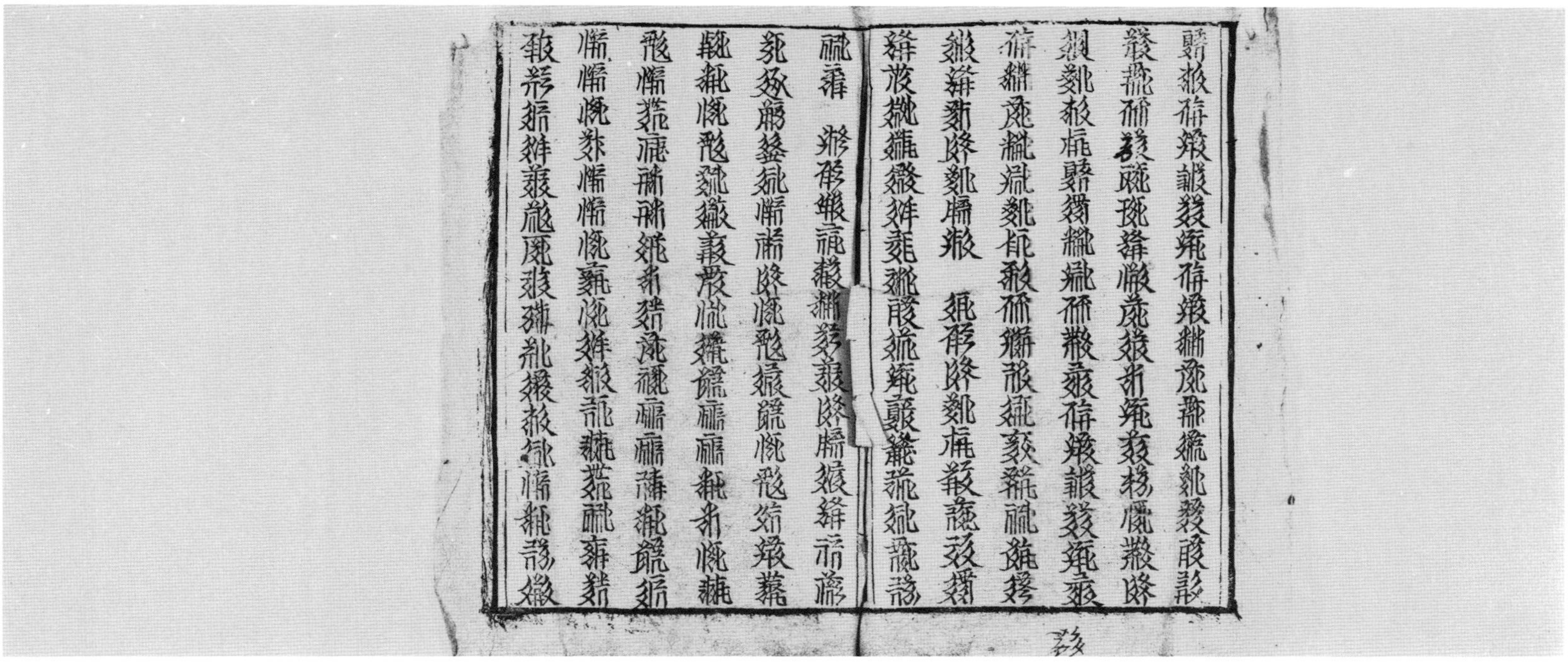

俄 Инв.No.6174　修華嚴奥旨妄盡還源觀　(12-9)

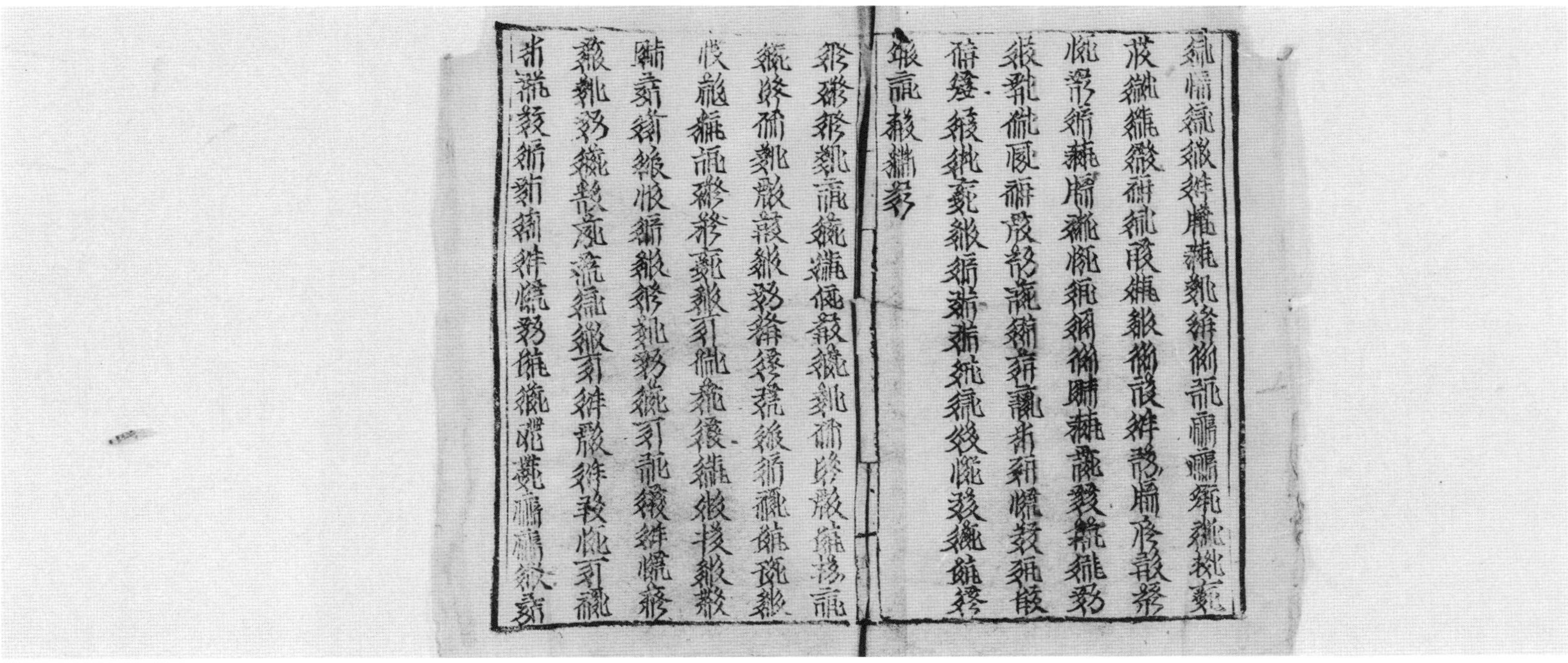

俄 Инв.No.6174　修華嚴奥旨妄盡還源觀　(12-10)

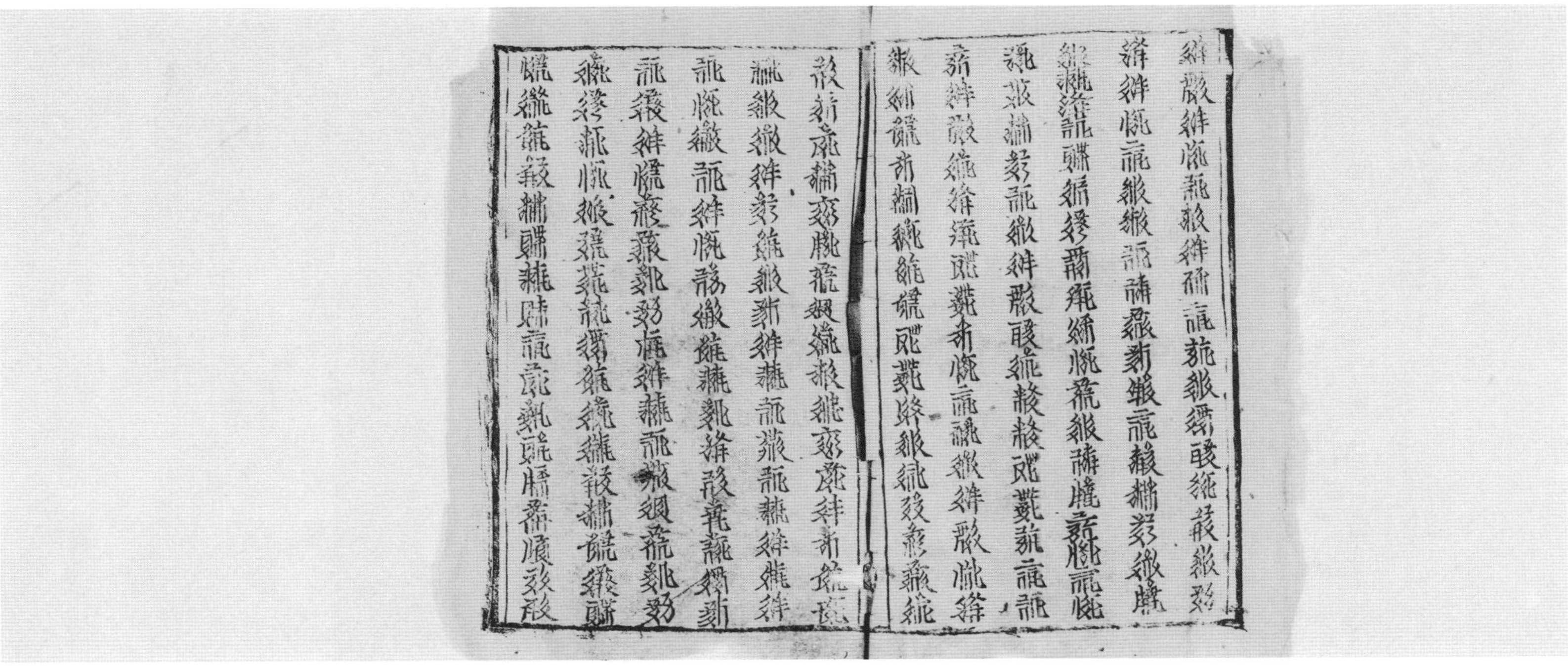

俄 Инв.No.6174　修華嚴奥旨妄盡還源觀　(12-11)

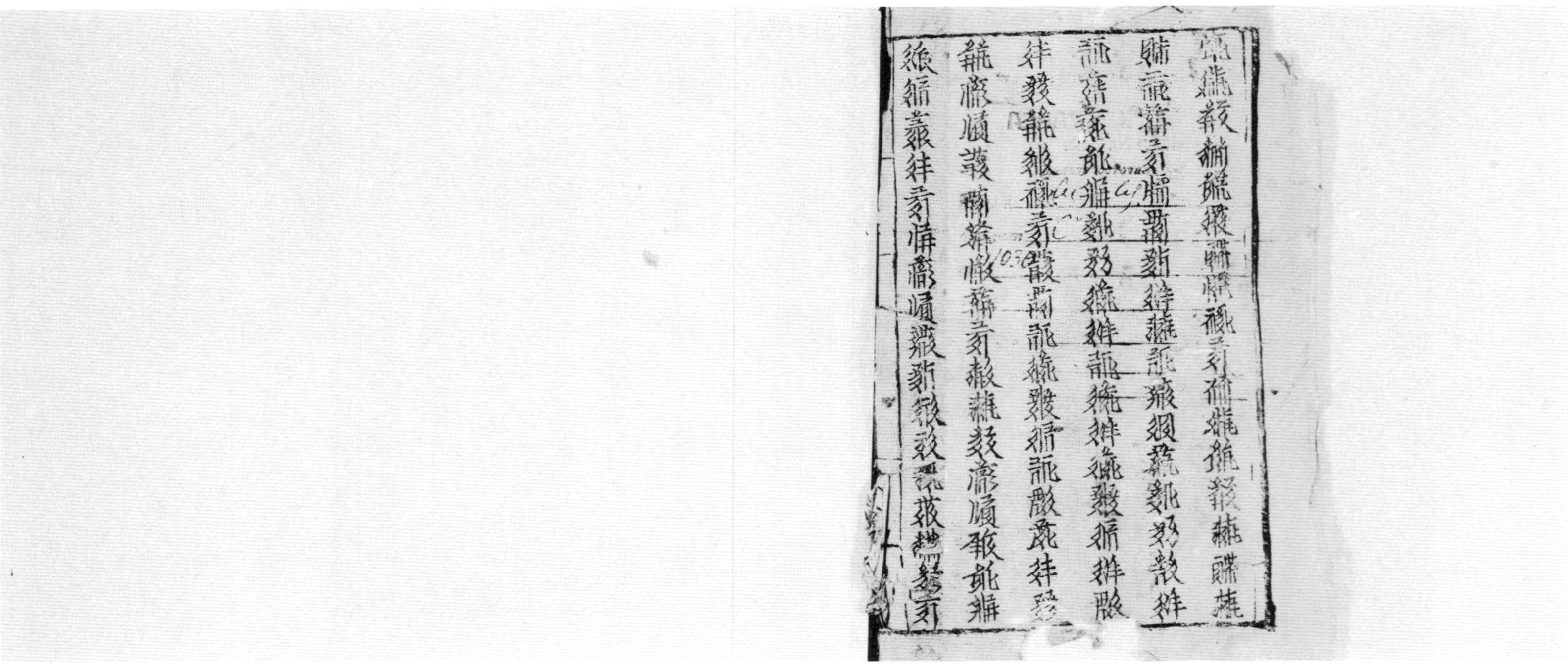

俄 Инв.No.6174　修華嚴奧旨妄盡還源觀　(12–12)

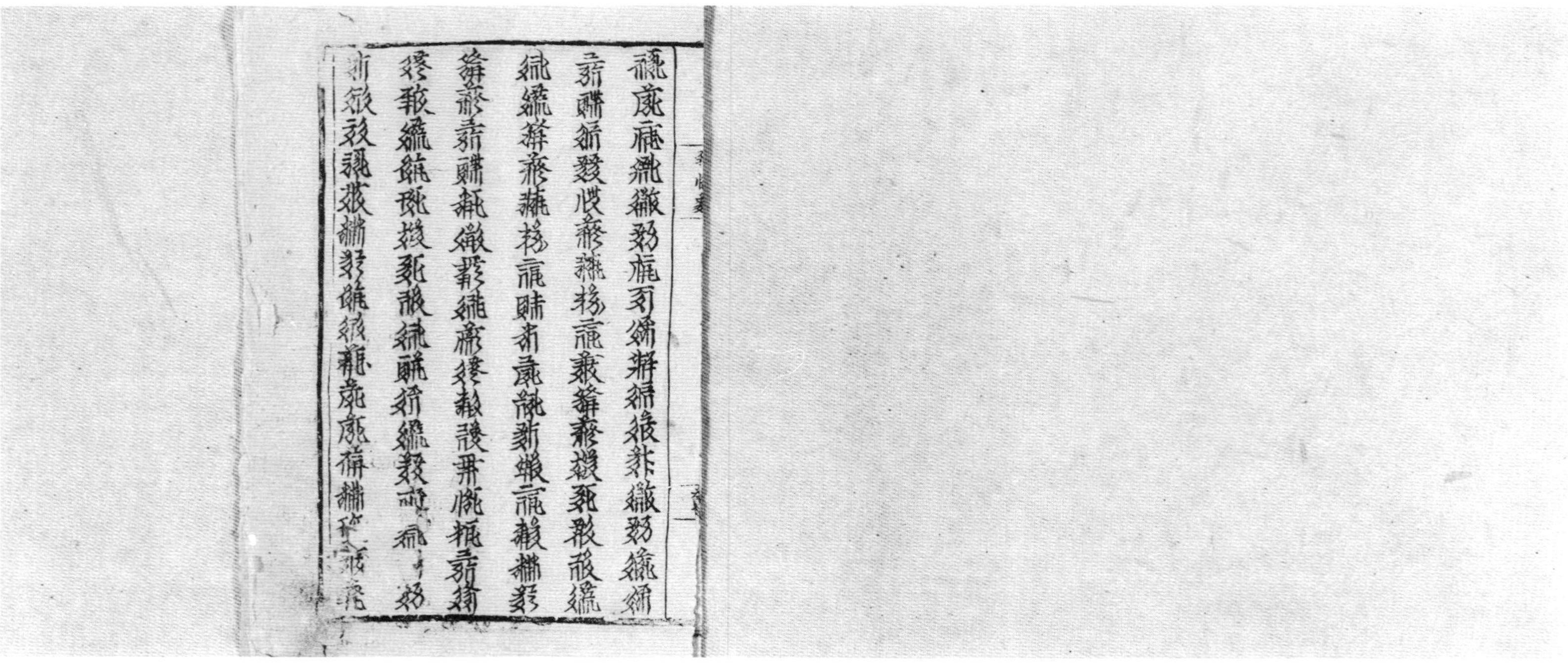

俄 Инв.No.7118 *7689*　修華嚴奧旨妄盡還源觀　(14–1)

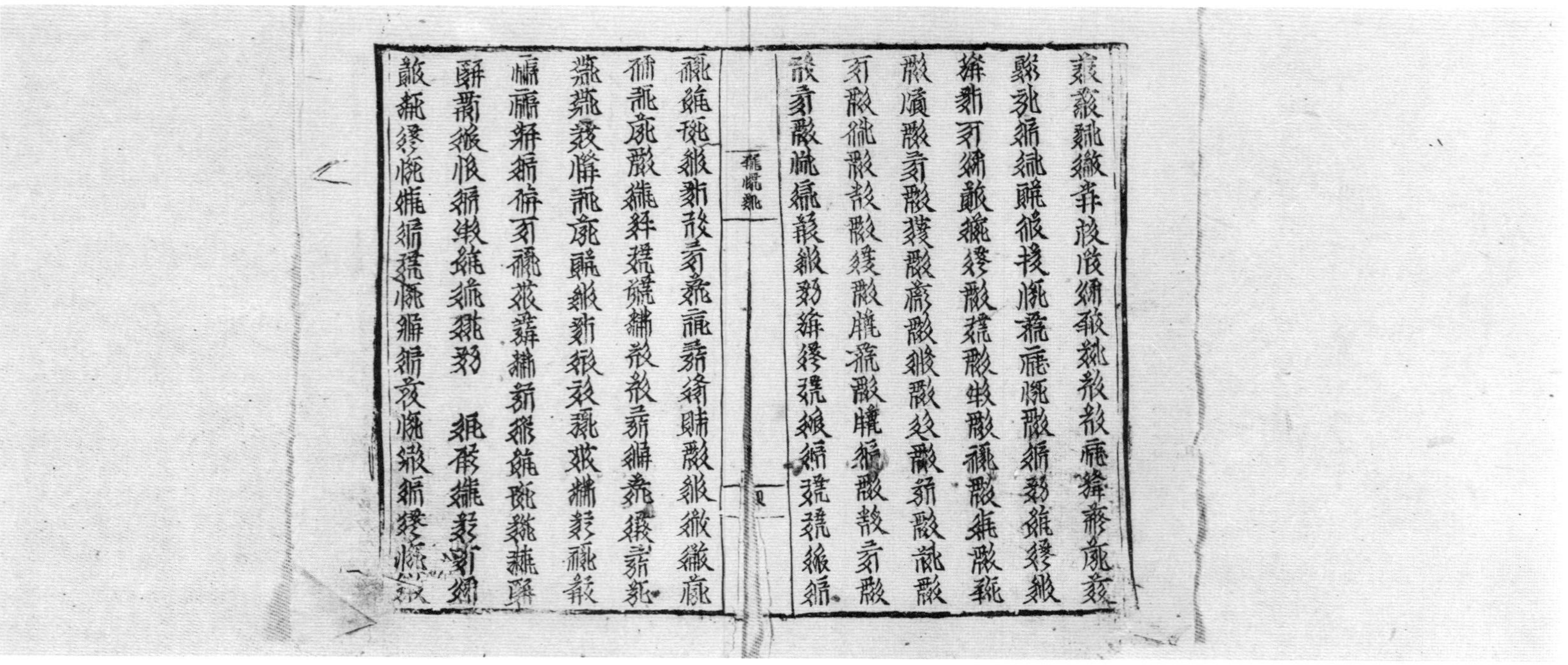

俄 Инв.No.7118 *7689*　修華嚴奧旨妄盡還源觀　(14–2)

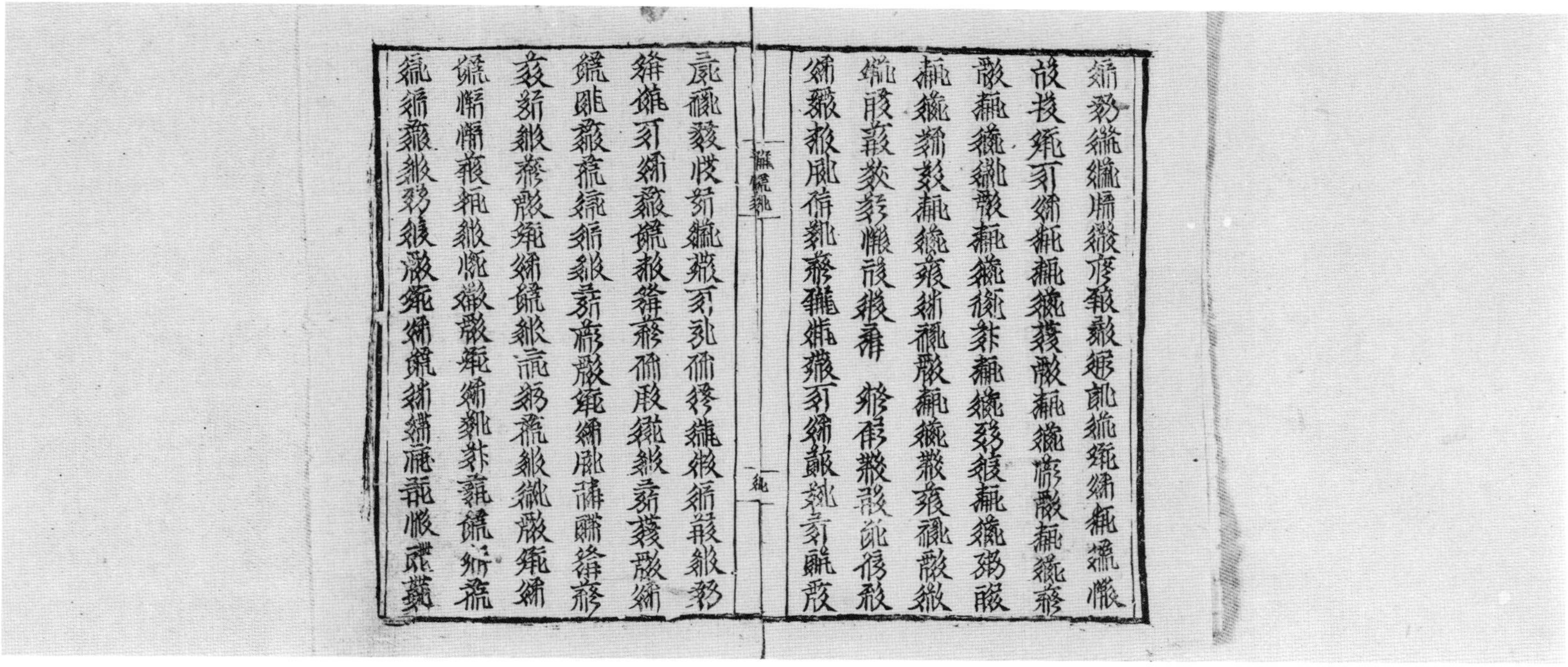

俄 **Инв**.No.7118 *7689* 修華嚴奧旨妄盡還源觀 (14-3)

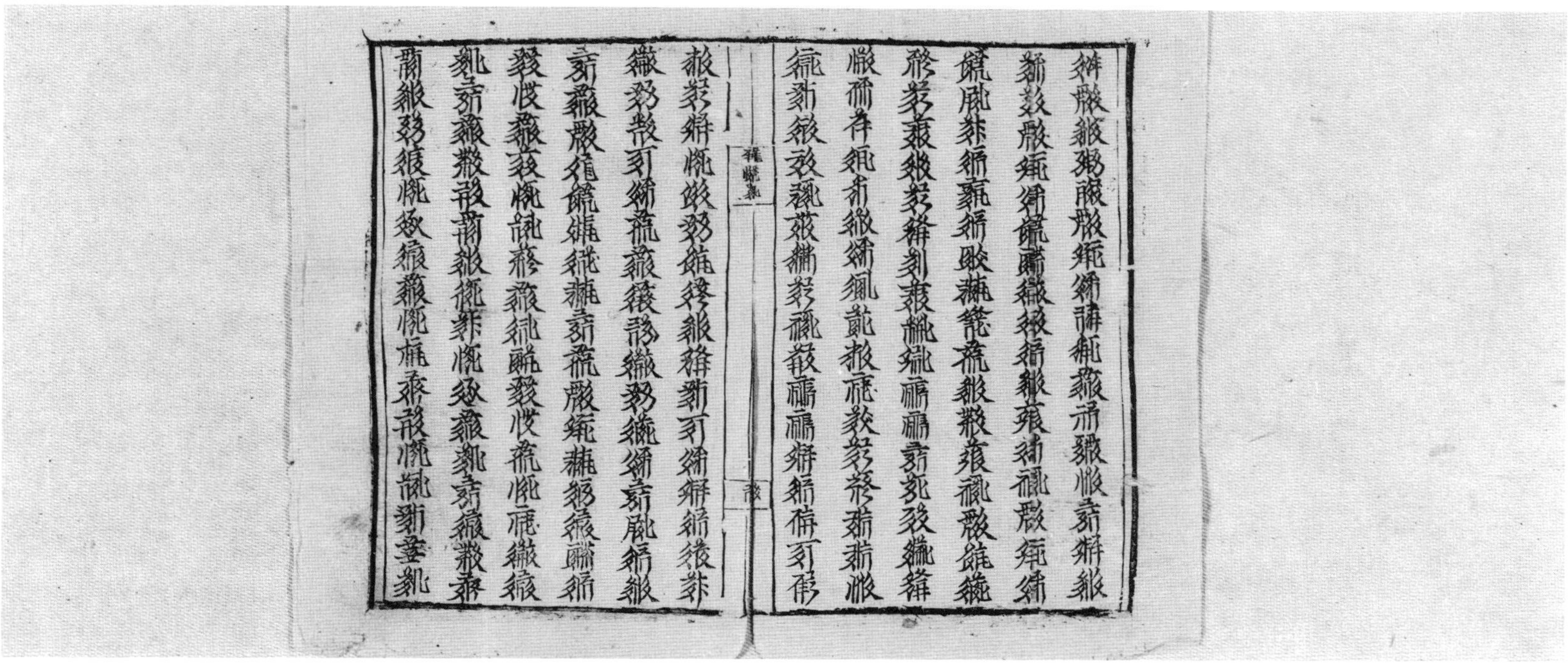

俄 **Инв**.No.7118 *7689* 修華嚴奧旨妄盡還源觀 (14-4)

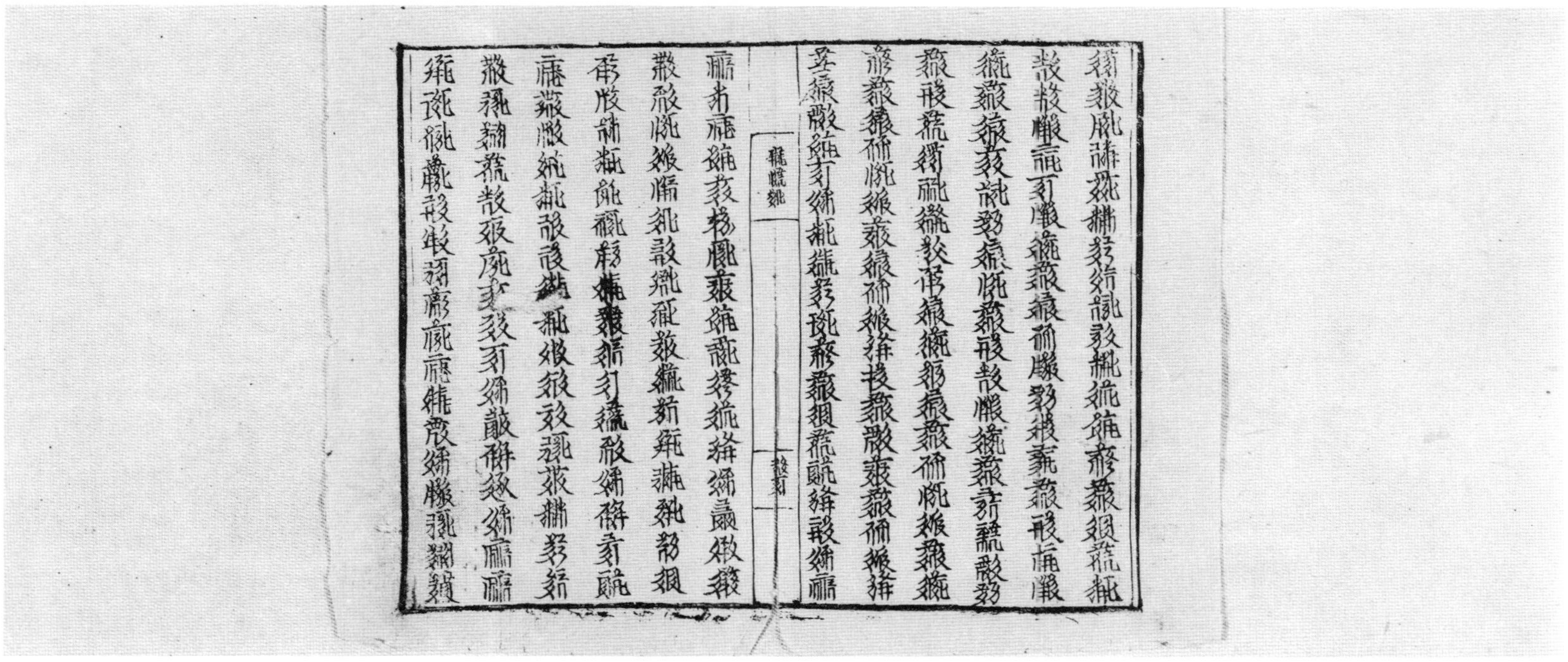

俄 **Инв**.No.7118 *7689* 修華嚴奧旨妄盡還源觀 (14-5)

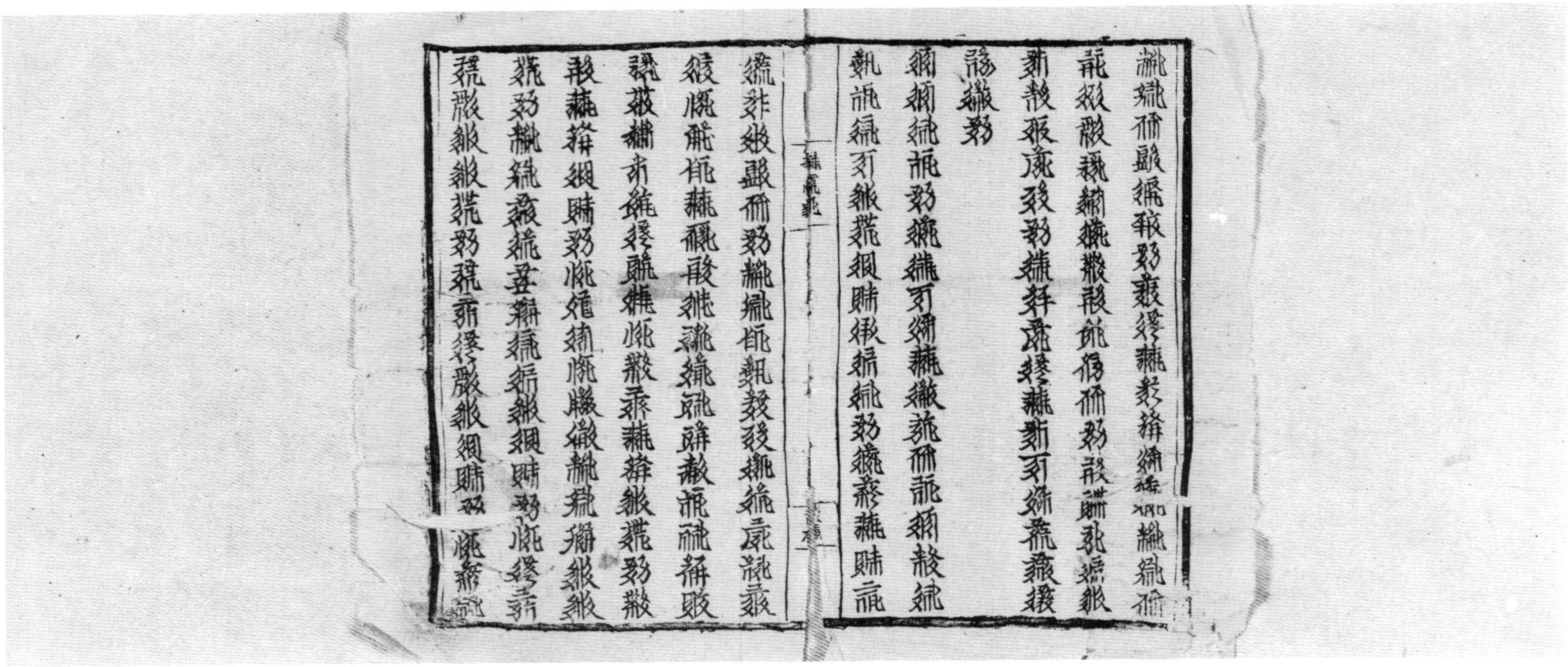

俄 Инв.No.7118 *7689* 修華嚴奥旨妄盡還源觀 (14-6)

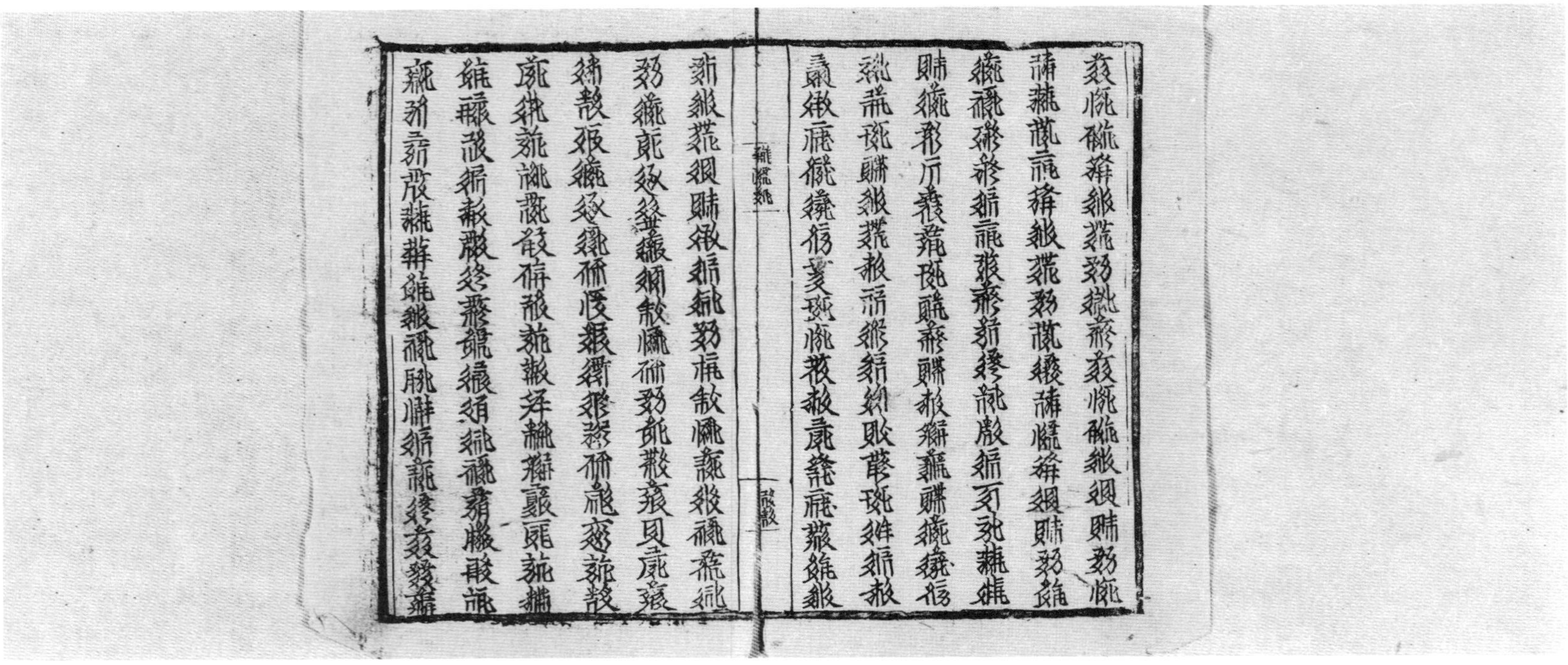

俄 Инв.No.7118 *7689* 修華嚴奥旨妄盡還源觀 (14-7)

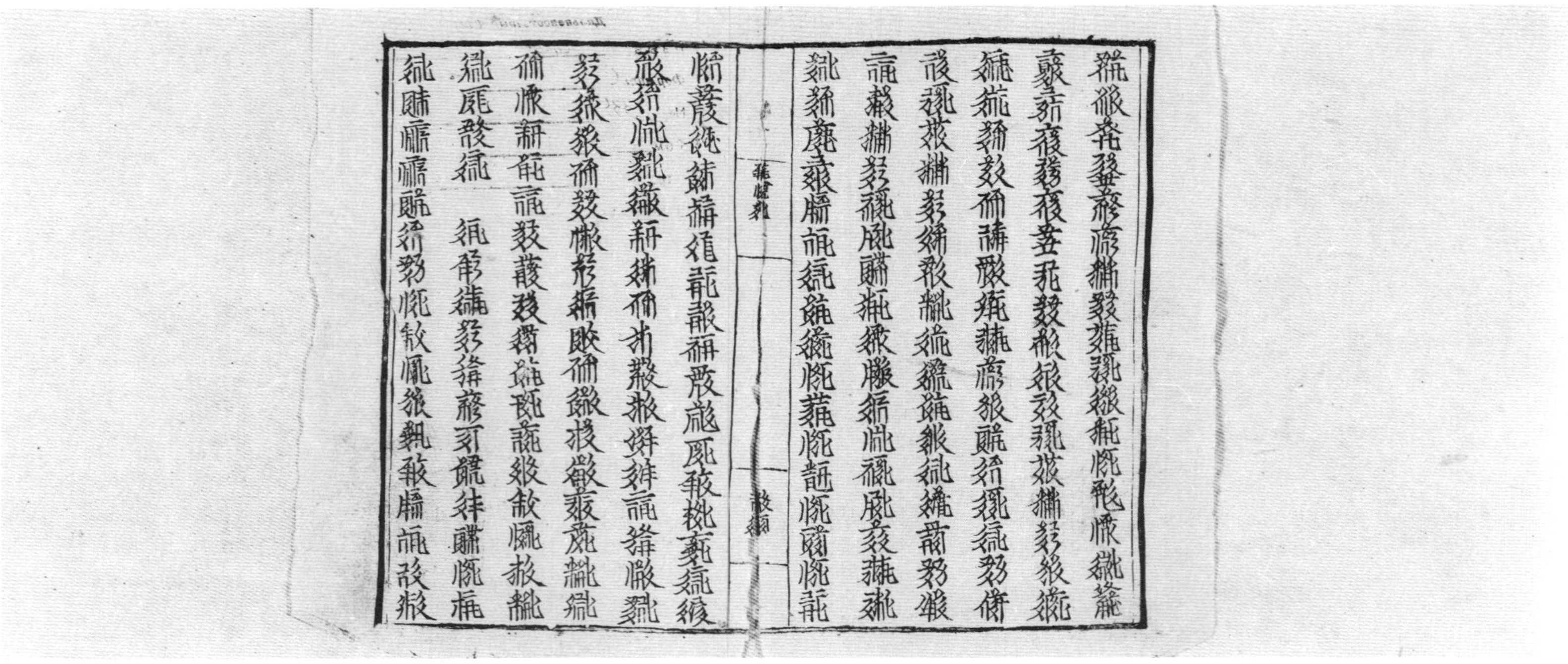

俄 Инв.No.7118 *7689* 修華嚴奥旨妄盡還源觀 (14-8)

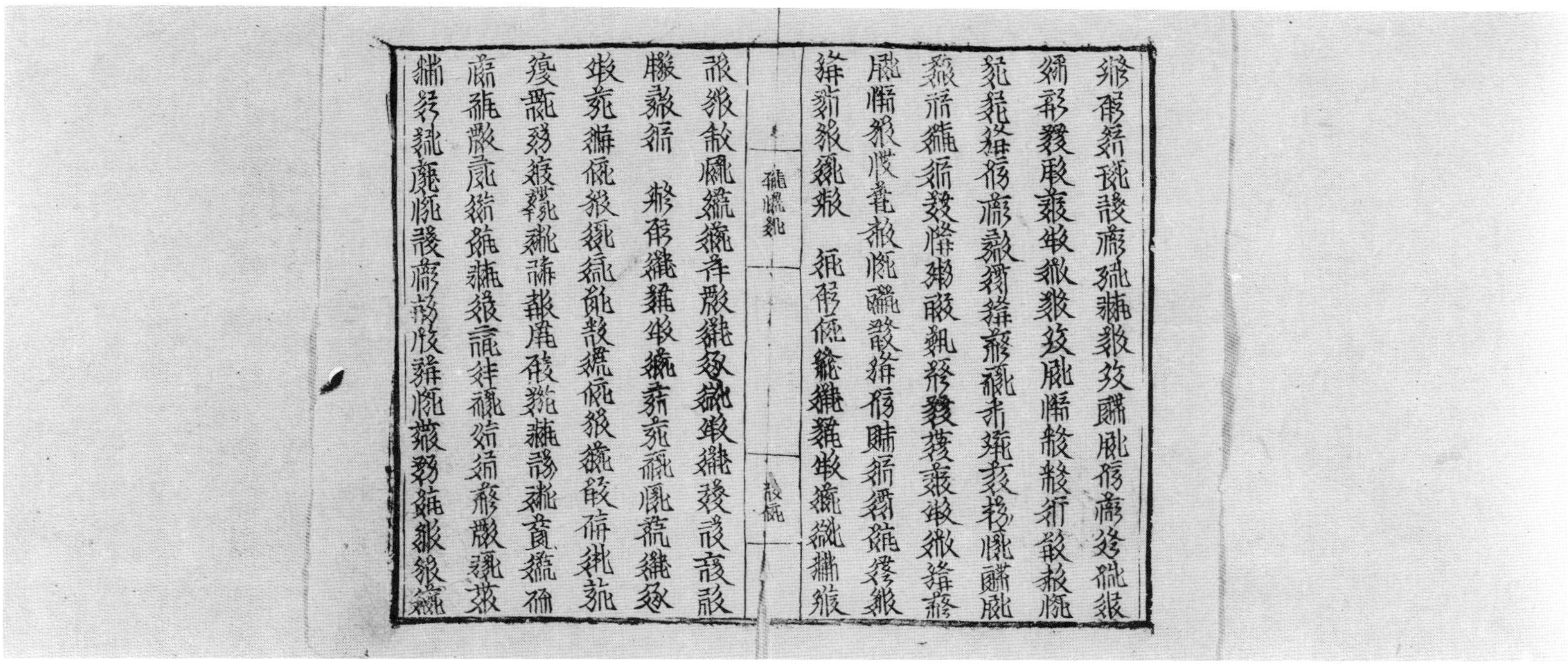

俄 Инв. No.7118 *7689*　修華嚴奧旨妄盡還源觀　(14–9)

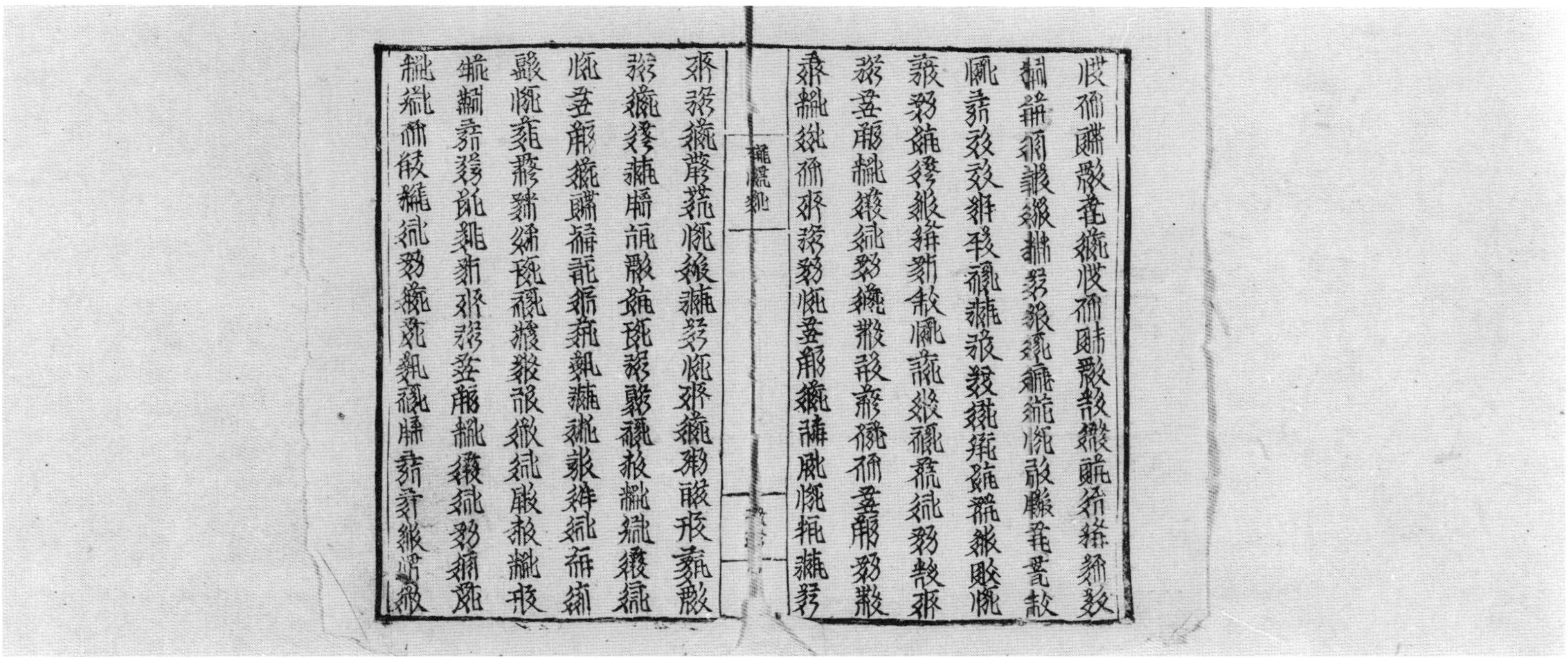

俄 Инв. No.7118 *7689*　修華嚴奧旨妄盡還源觀　(14–10)

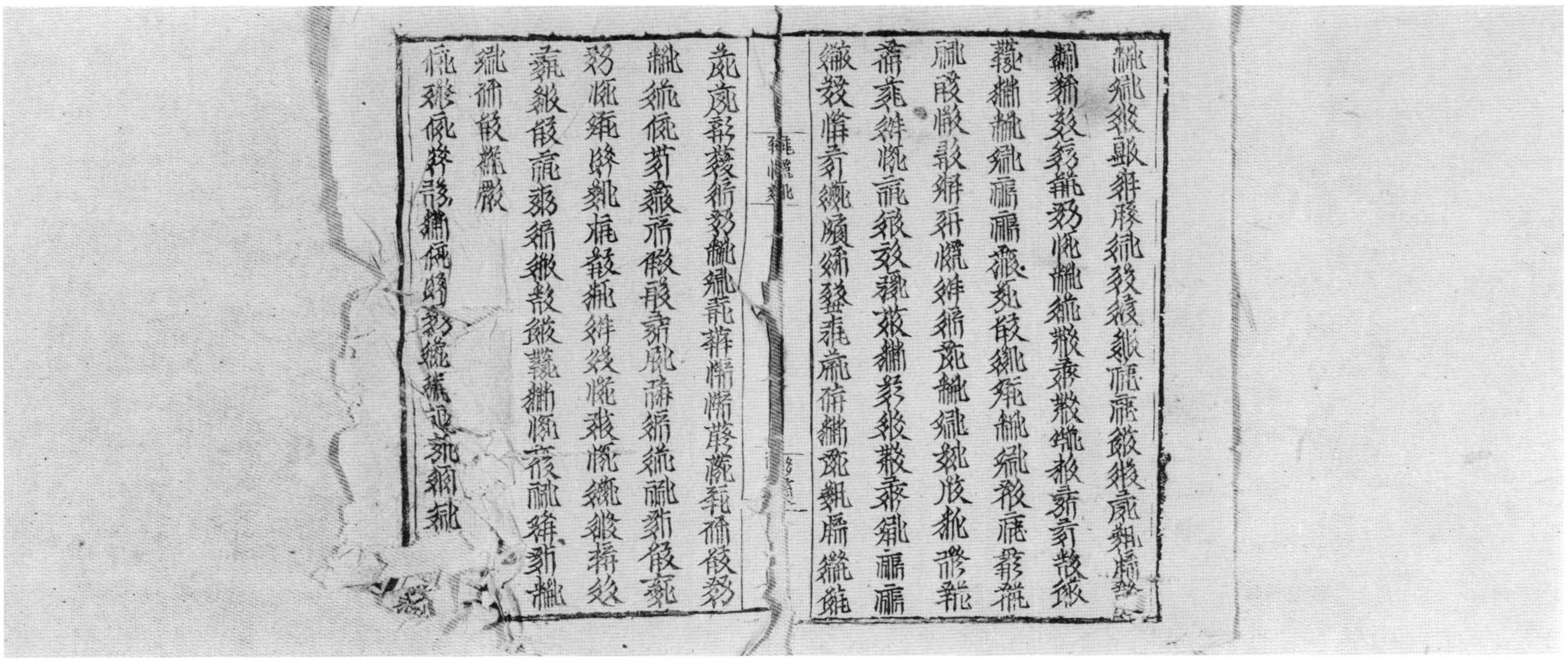

俄 Инв. No.7118 *7689*　修華嚴奧旨妄盡還源觀　(14–11)

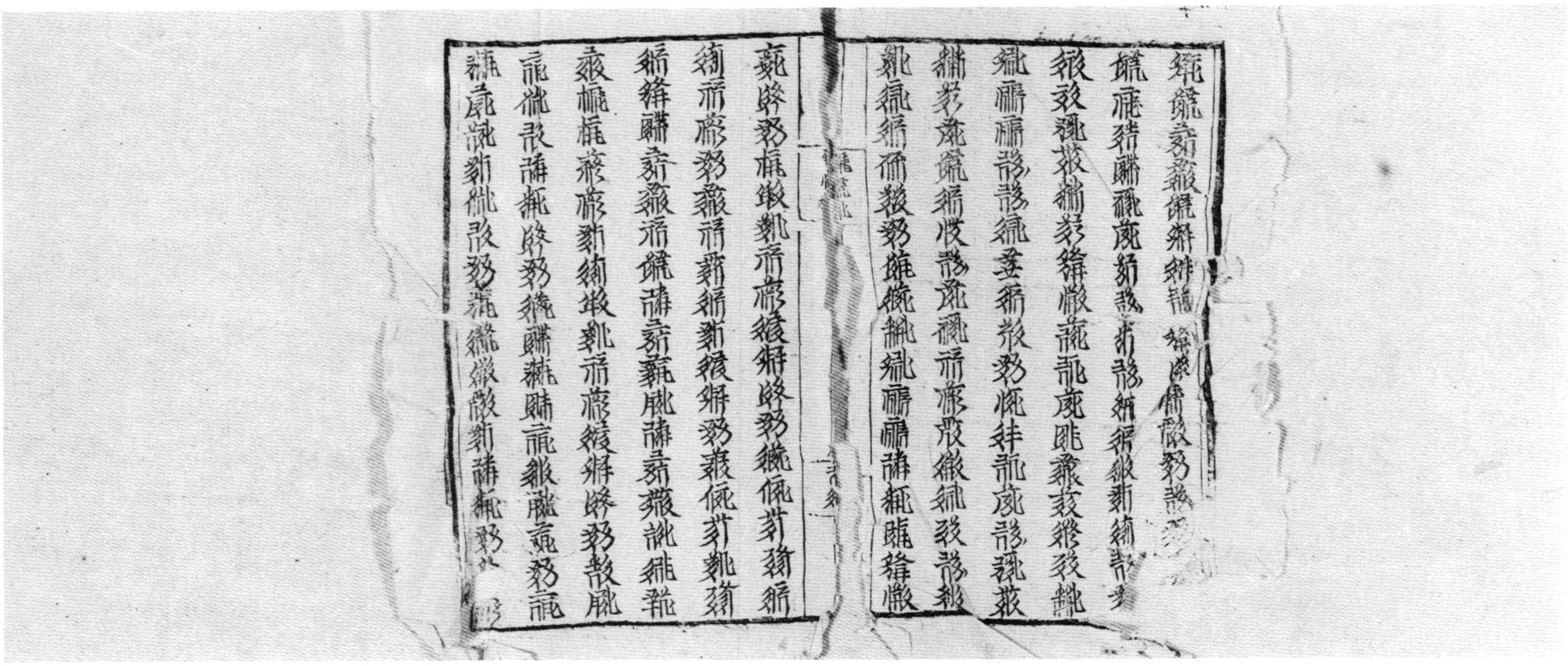

俄 Инв.No.7118 *7689*　修華嚴奧旨妄盡還源觀　(14−12)

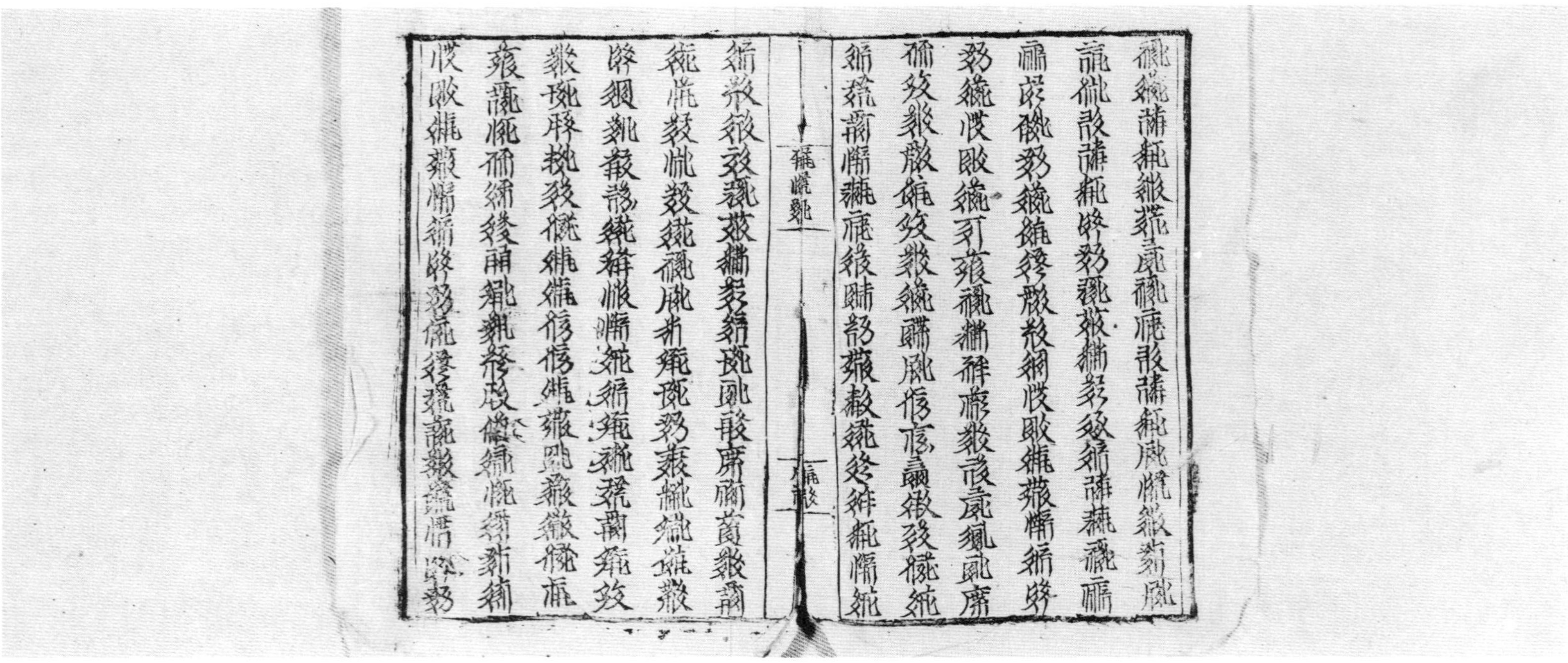

俄 Инв.No.7118 *7689*　修華嚴奧旨妄盡還源觀　(14−13)

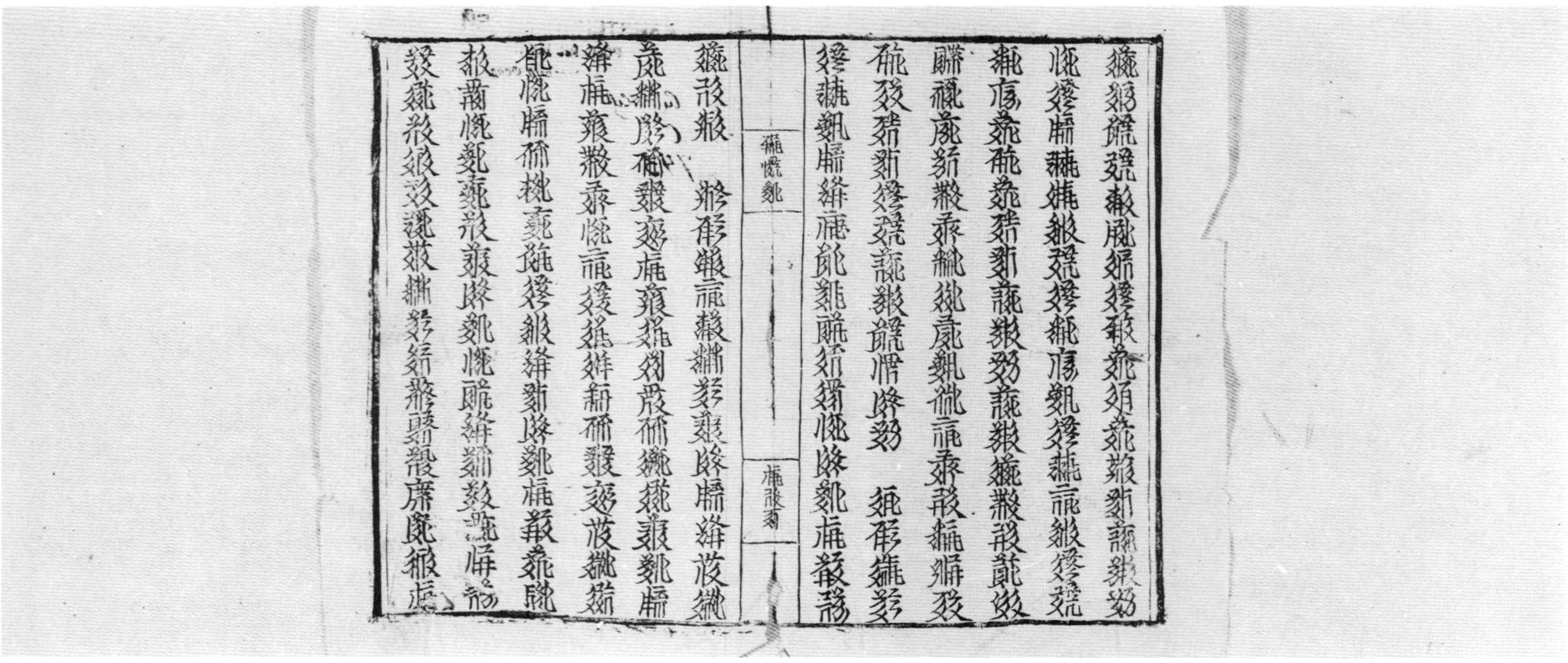

俄 Инв.No.7118 *7689*　修華嚴奧旨妄盡還源觀　(14−14)

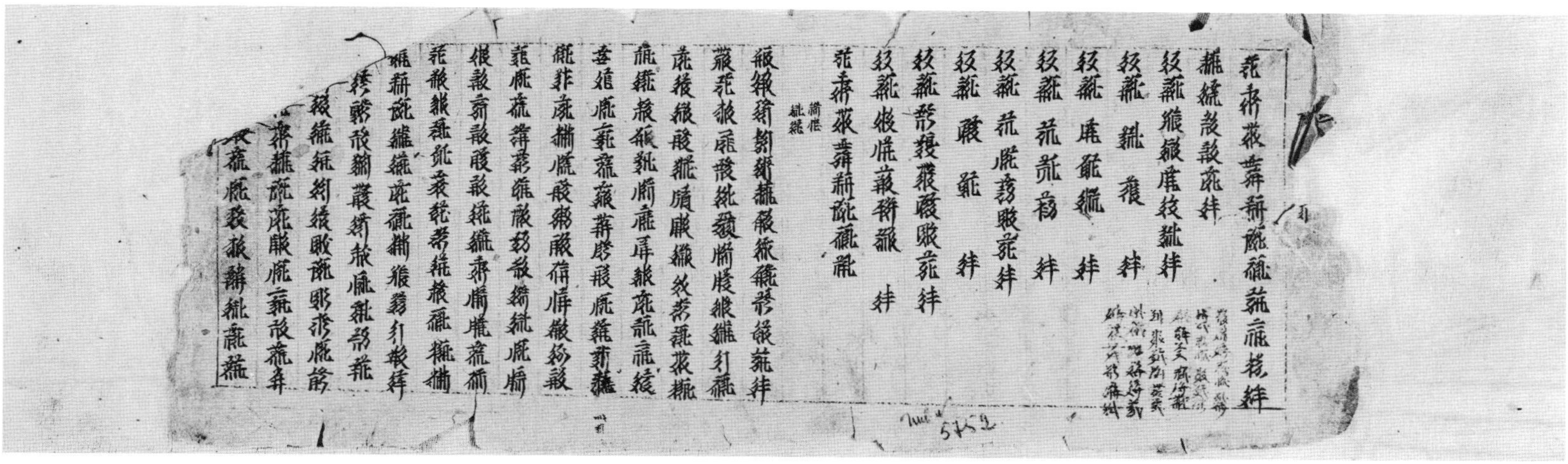

俄 Инв.No.4288 *5752 7645 7655*　慈悲道場懺法序　(3–1)

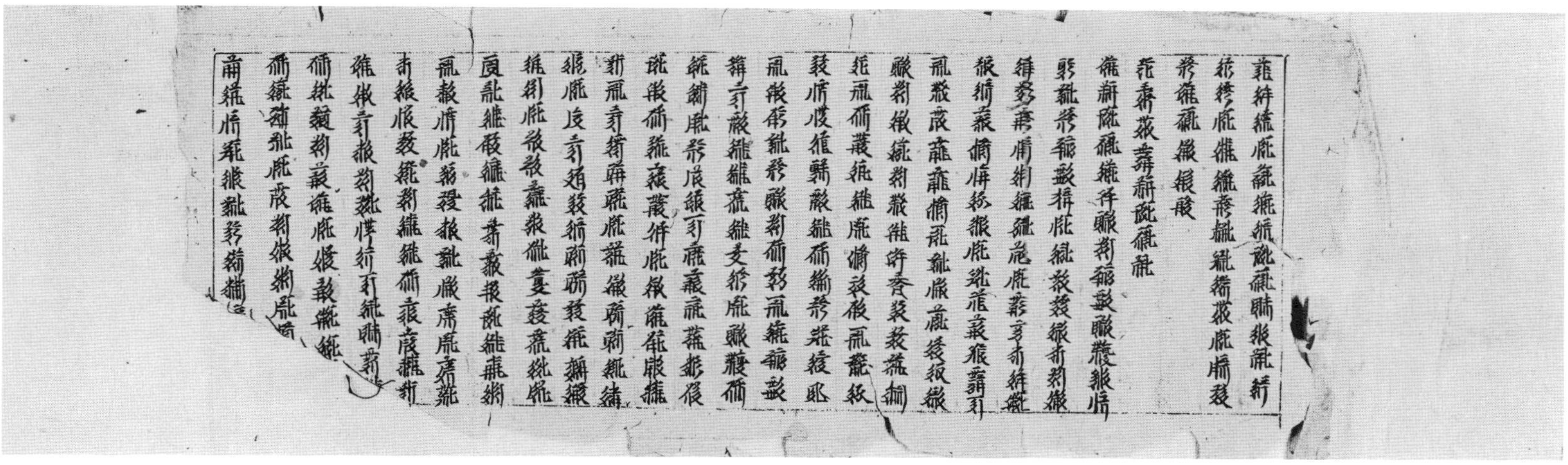

俄 Инв.No.4288 *5752 7645 7655*　慈悲道場懺法序　(3–2)

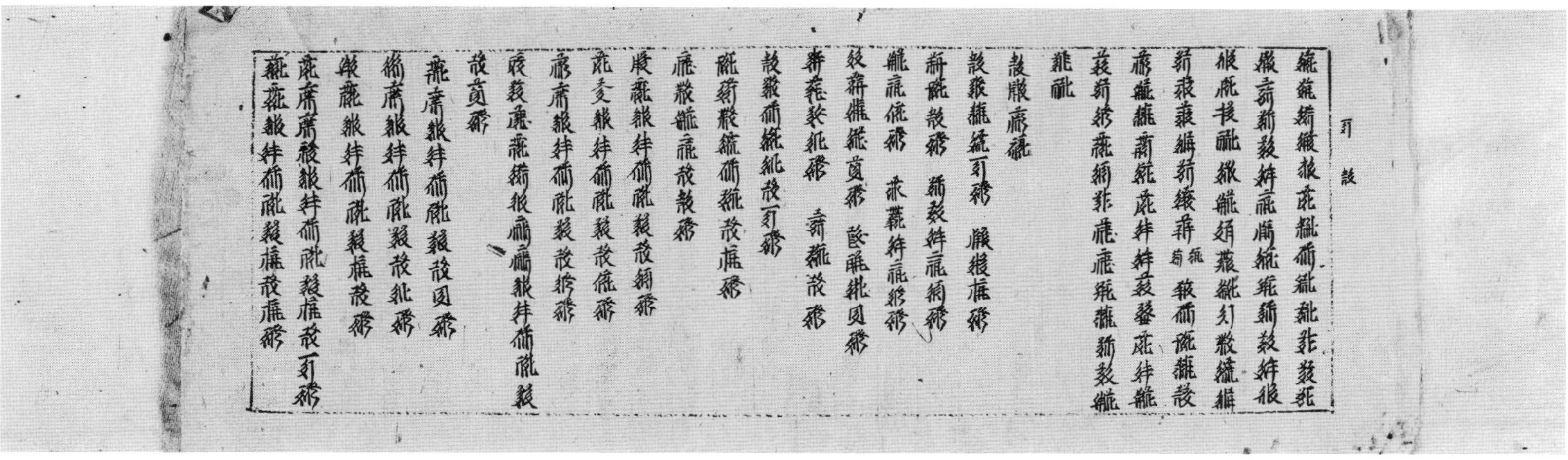

俄 Инв.No.4288 *5752 7645 7655*　慈悲道場懺法序　(3–3)

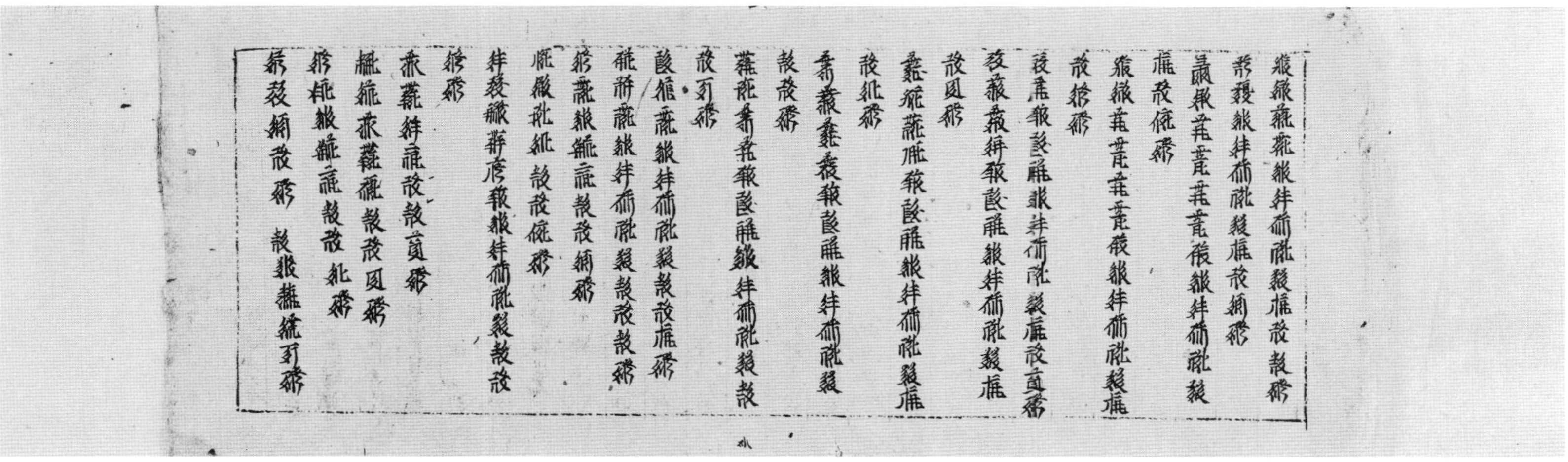

俄 Инв.No.4288 *5752 7645 7655*　慈悲道場懺法卷第一　(20–1)

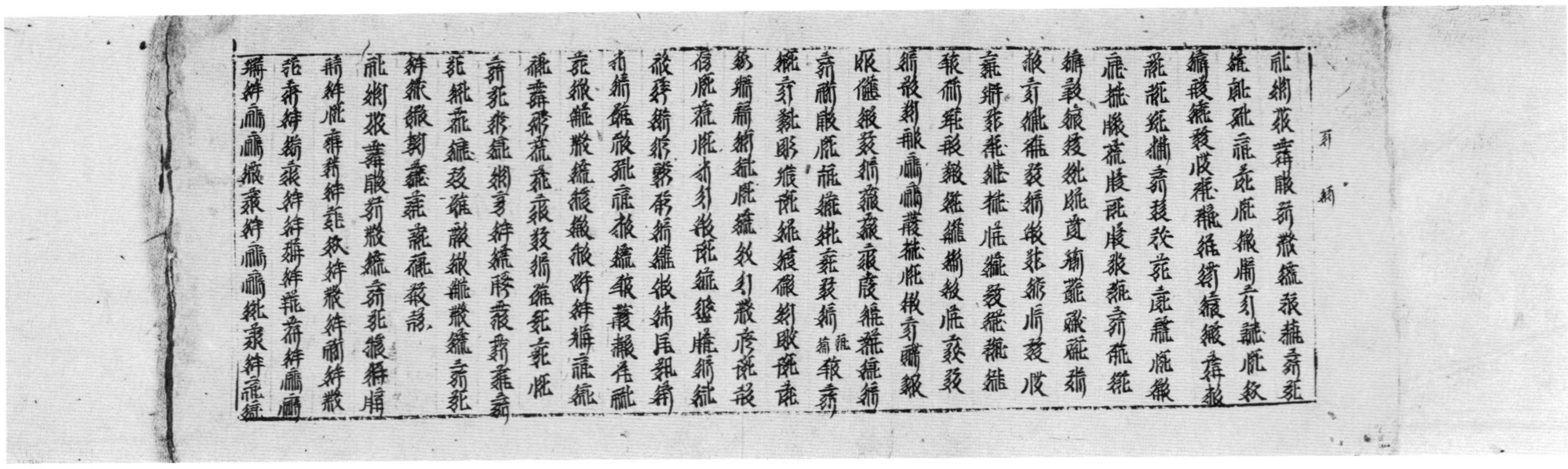

俄 Инв.No.4288 *5752 7645 7655*　慈悲道場懺法卷第一　(20-2)

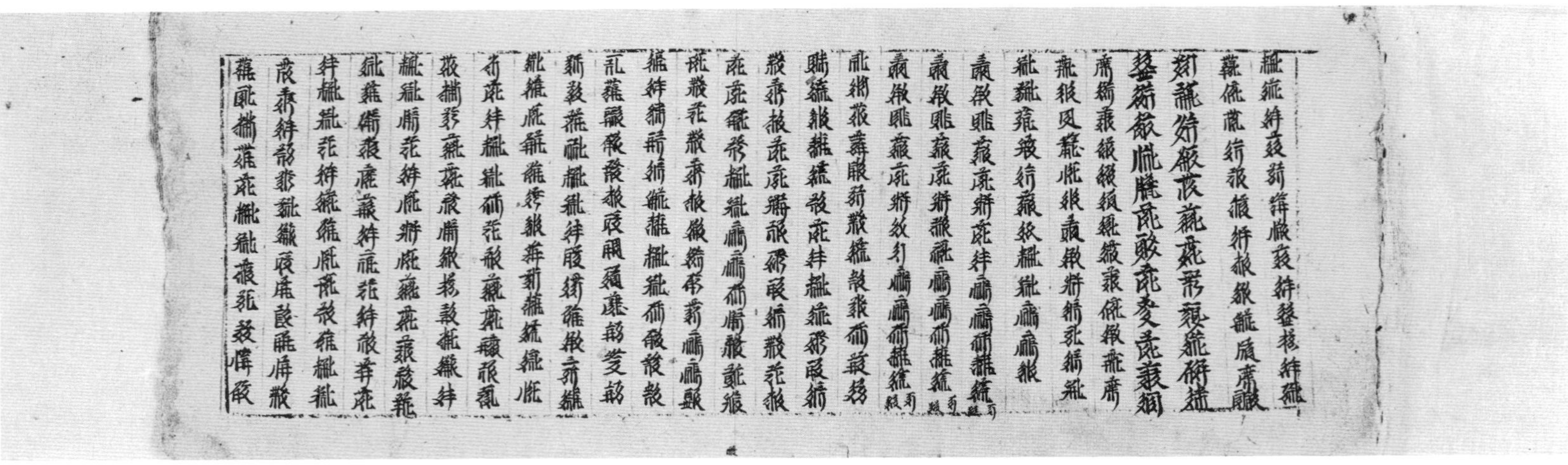

俄 Инв.No.4288 *5752 7645 7655*　慈悲道場懺法卷第一　(20-3)

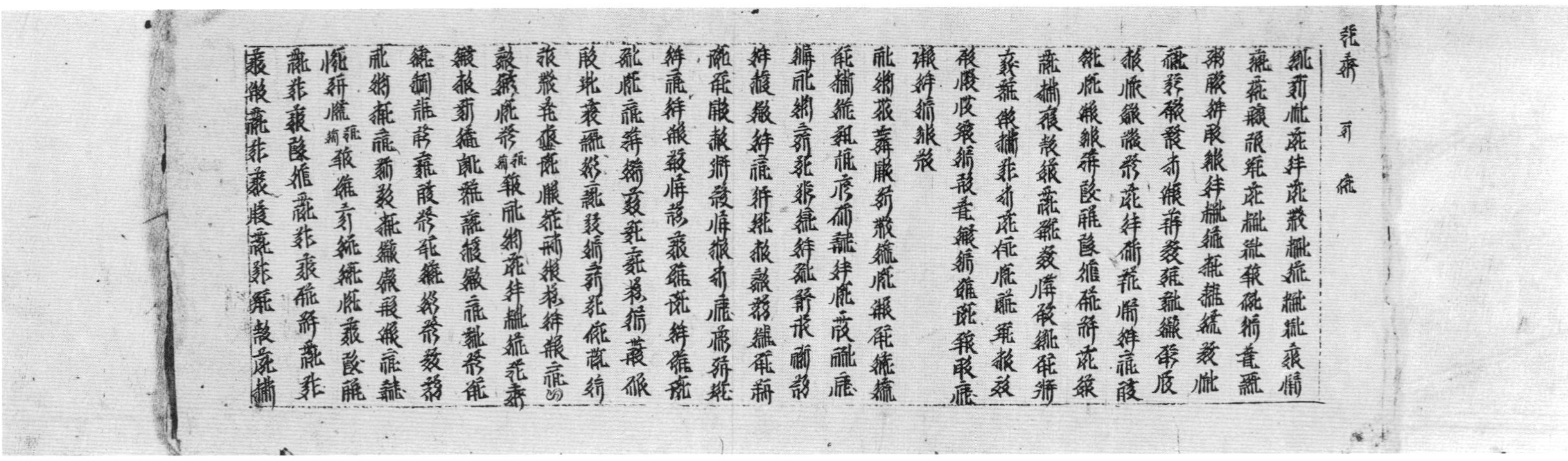

俄 Инв.No.4288 *5752 7645 7655*　慈悲道場懺法卷第一　(20-4)

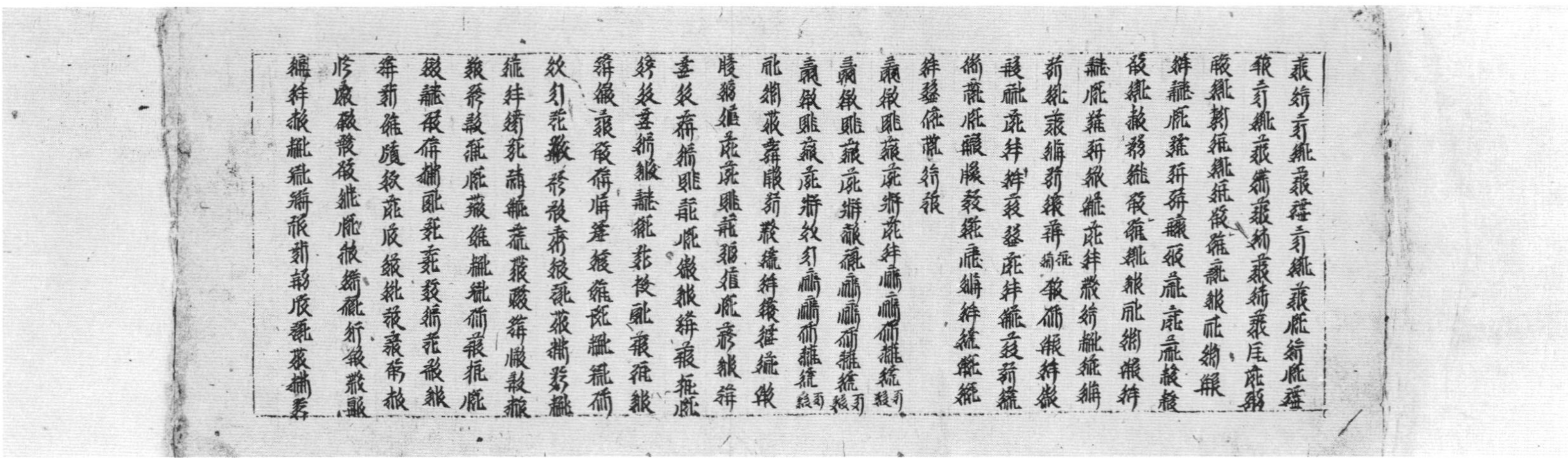

俄 Инв.No.4288 *5752 7645 7655*　慈悲道場懺法卷第一　(20-5)

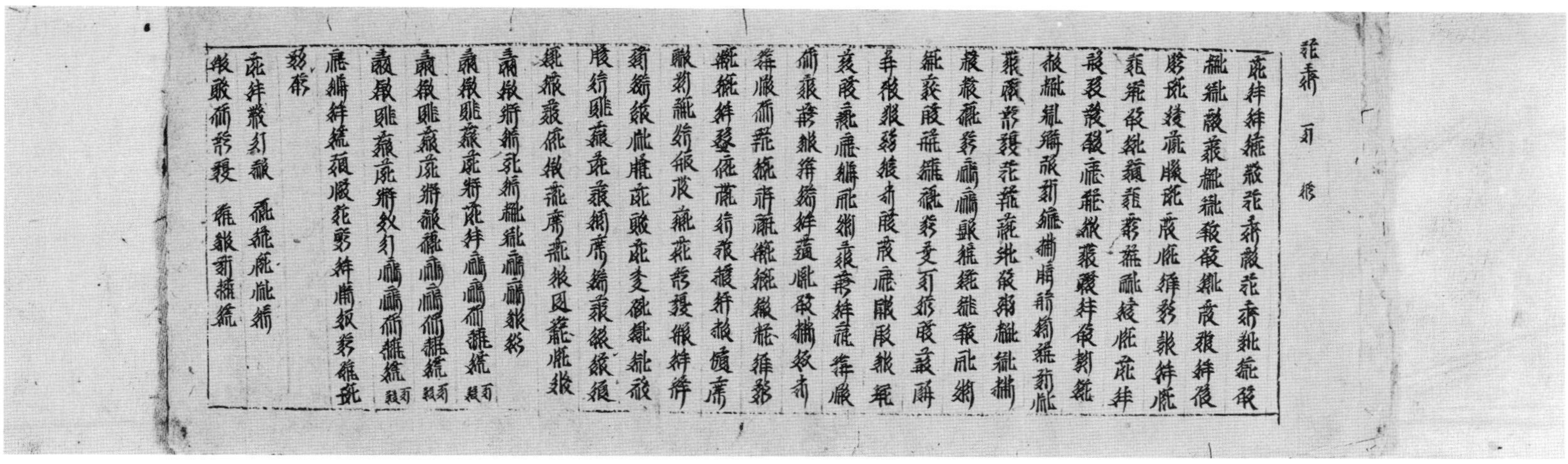

俄 Инв.No.4288 *5752 7645 7655*　慈悲道場懺法卷第一　(20–6)

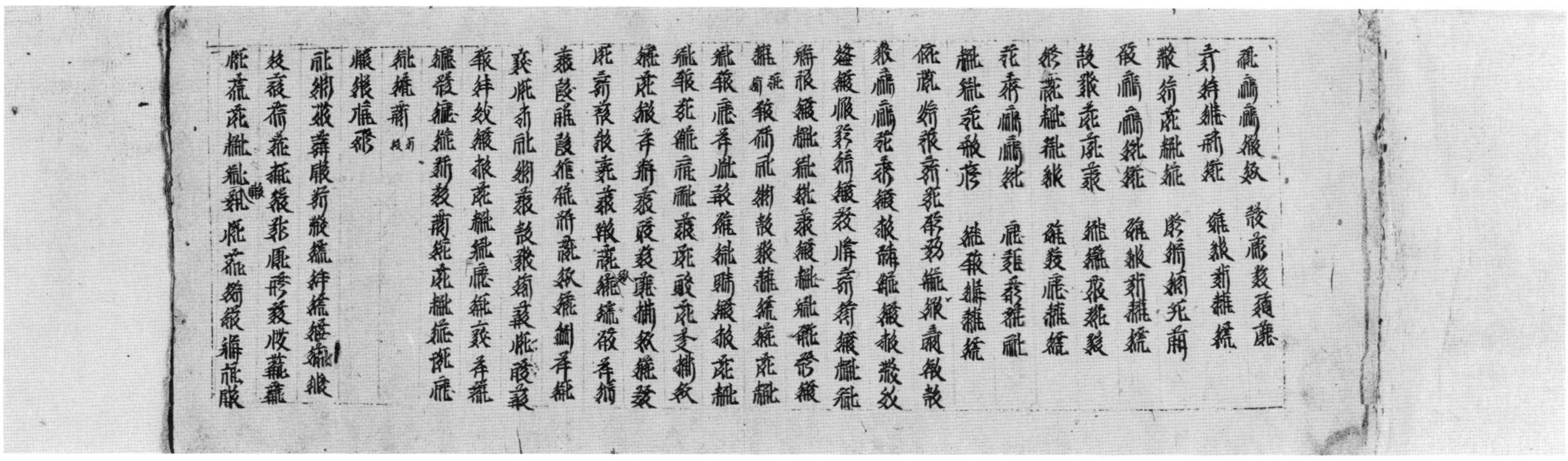

俄 Инв.No.4288 *5752 7645 7655*　慈悲道場懺法卷第一　(20–7)

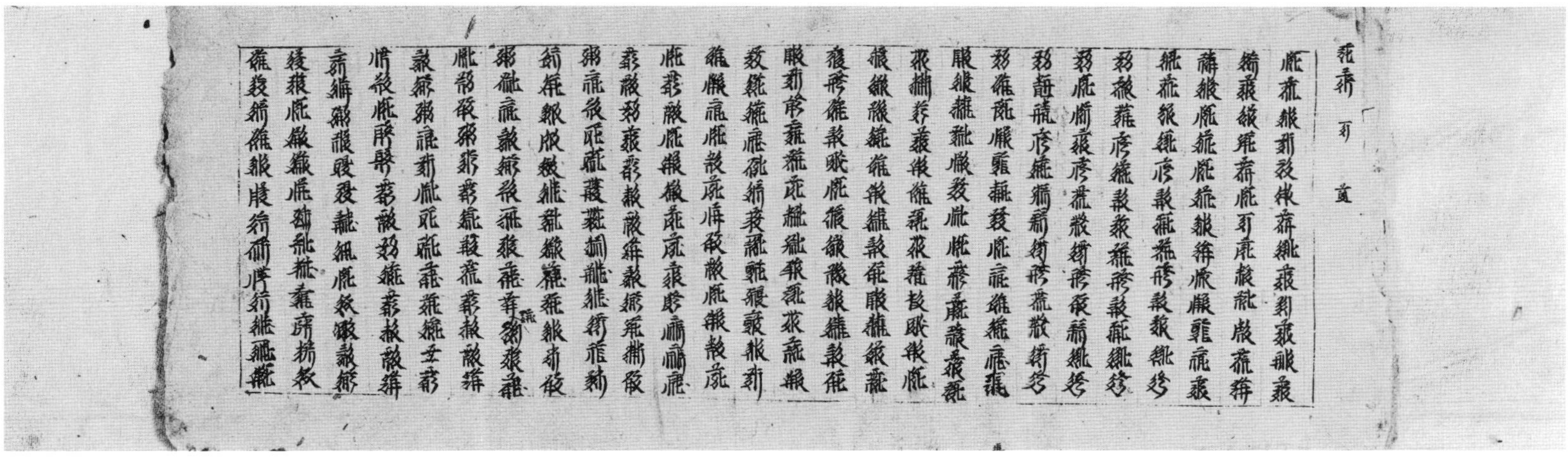

俄 Инв.No.4288 *5752 7645 7655*　慈悲道場懺法卷第一　(20–8)

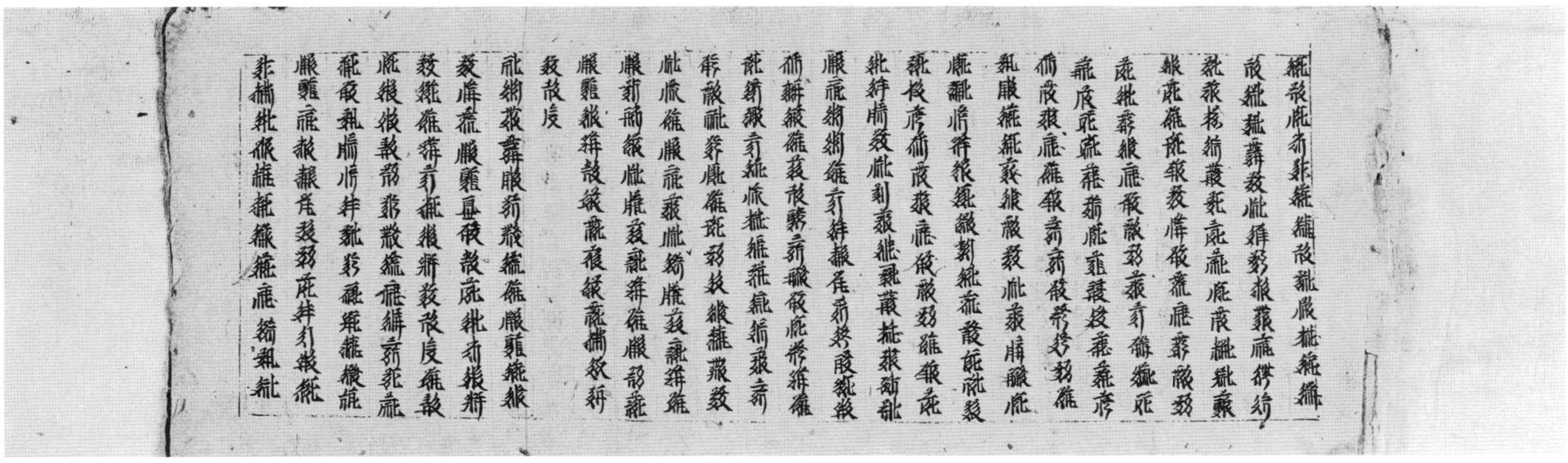

俄 Инв.No.4288 *5752 7645 7655*　慈悲道場懺法卷第一　(20–9)

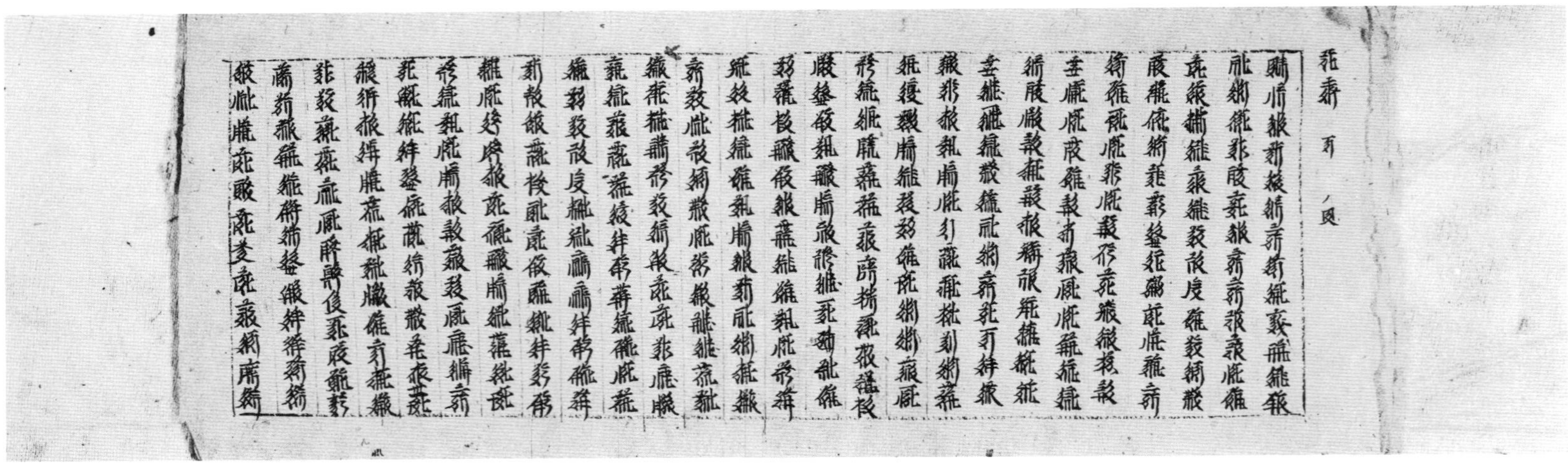

俄 Инв.No.4288 *5752 7645 7655* 慈悲道場懺法卷第一 (20–10)

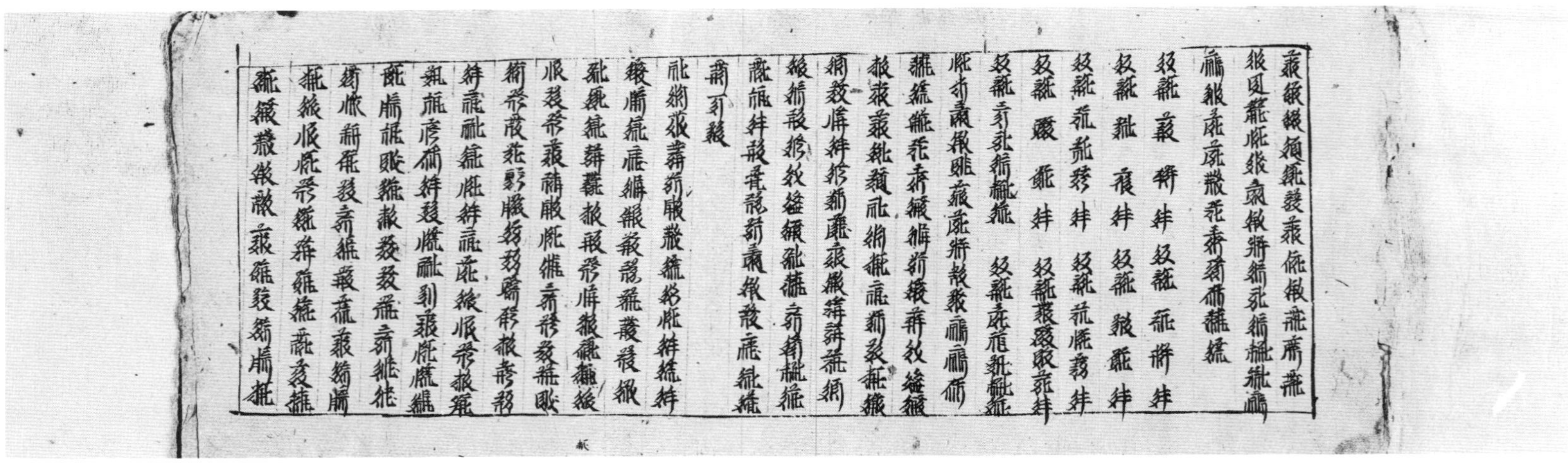

俄 Инв.No.4288 *5752 7645 7655* 慈悲道場懺法卷第一 (20–11)

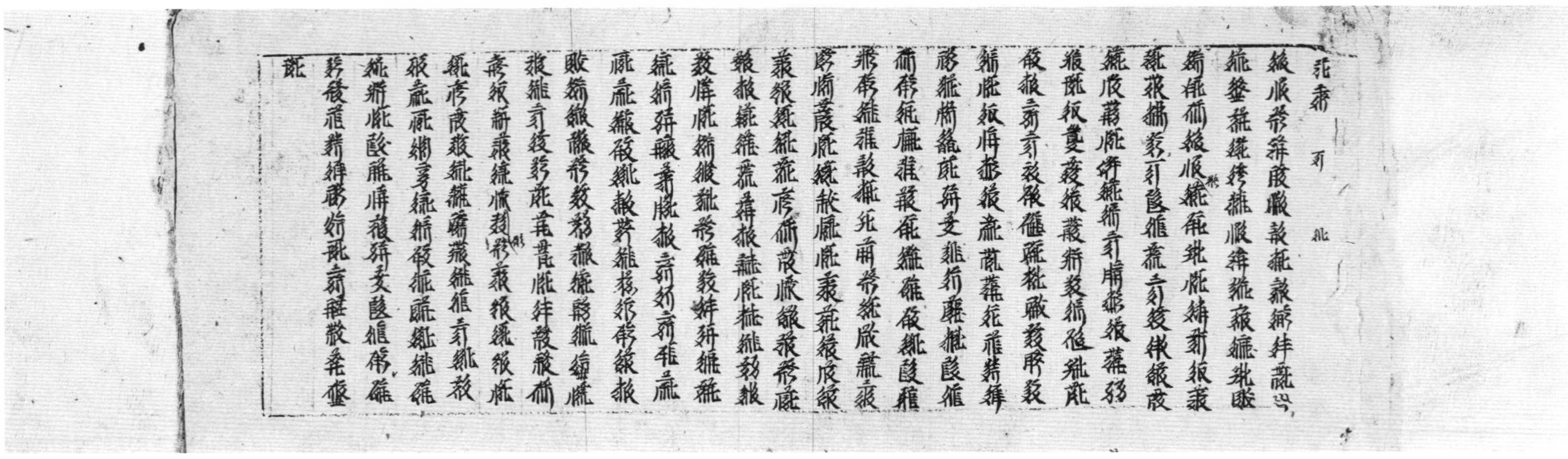

俄 Инв.No.4288 *5752 7645 7655* 慈悲道場懺法卷第一 (20–12)

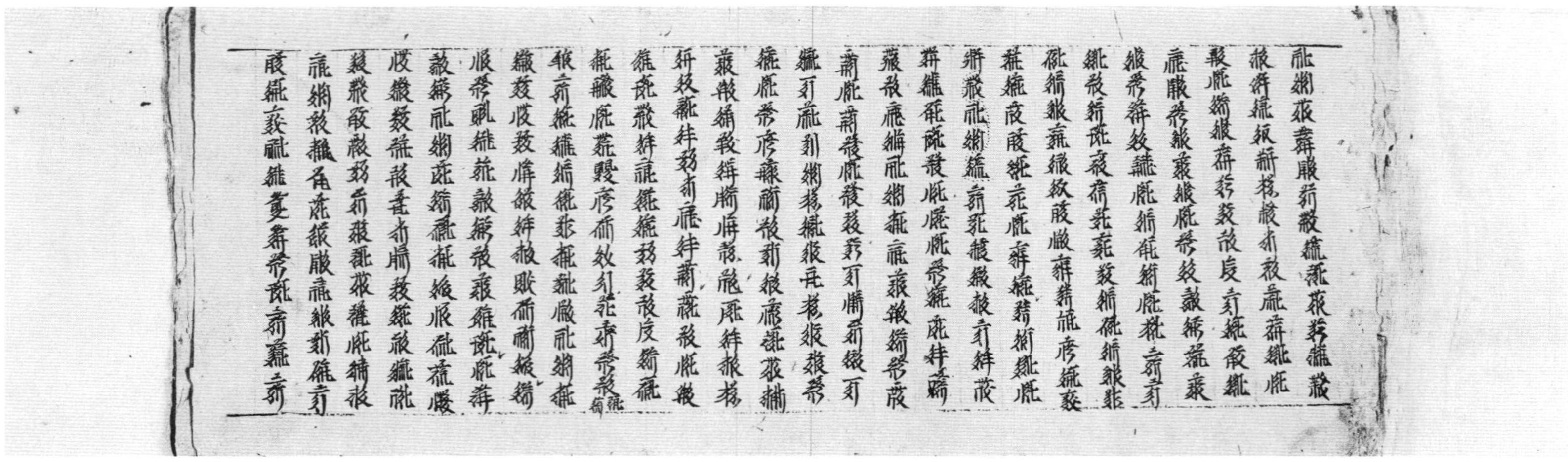

俄 Инв.No.4288 *5752 7645 7655* 慈悲道場懺法卷第一 (20–13)

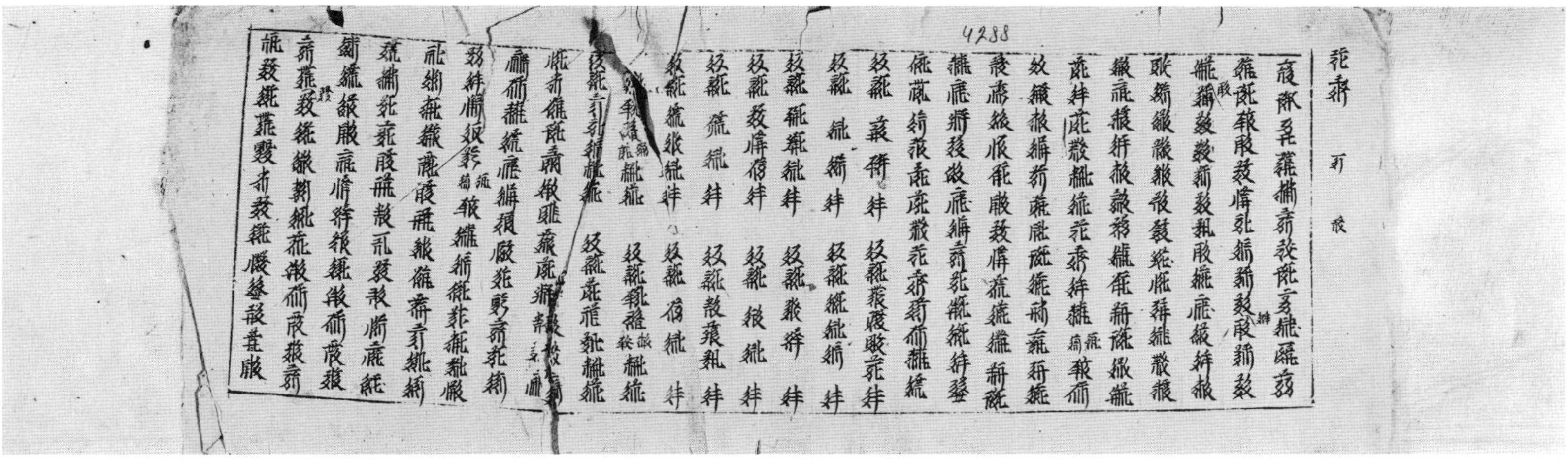

俄 Инв.No.4288 *5752 7645 7655* 慈悲道場懺法卷第一 (20–14)

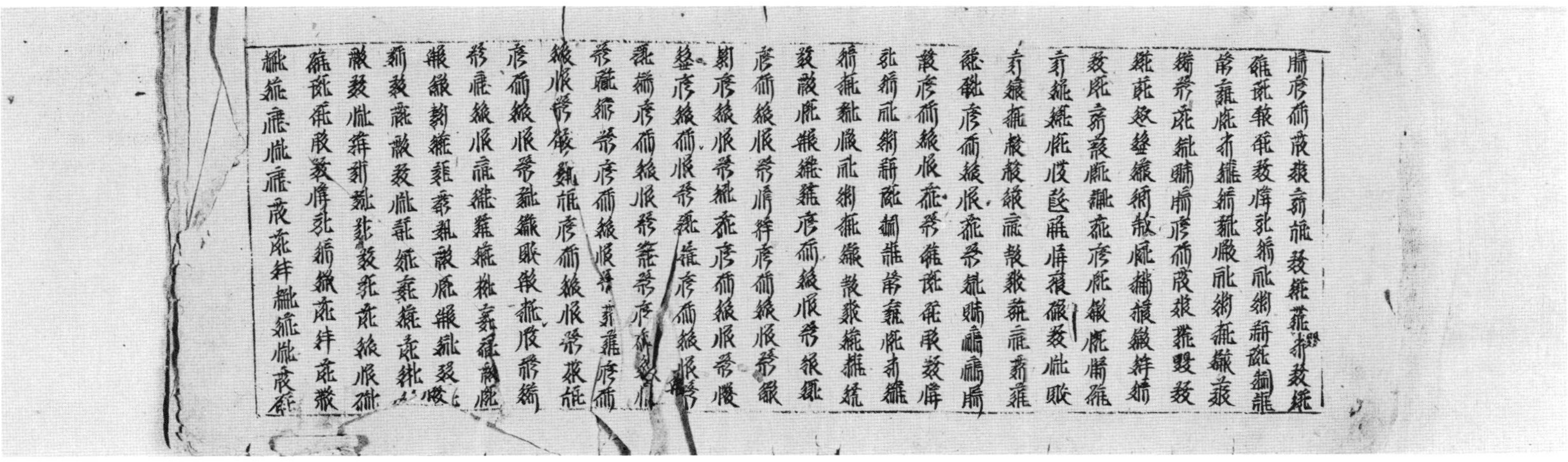

俄 Инв.No.4288 *5752 7645 7655* 慈悲道場懺法卷第一 (20–15)

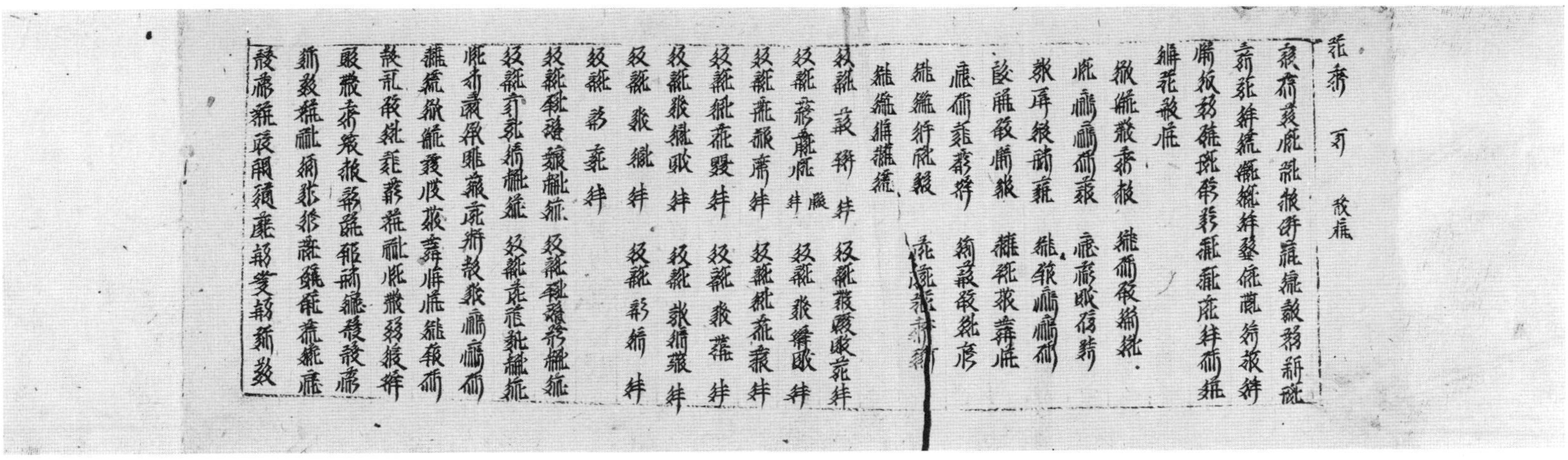

俄 Инв.No.4288 *5752 7645 7655* 慈悲道場懺法卷第一 (20–16)

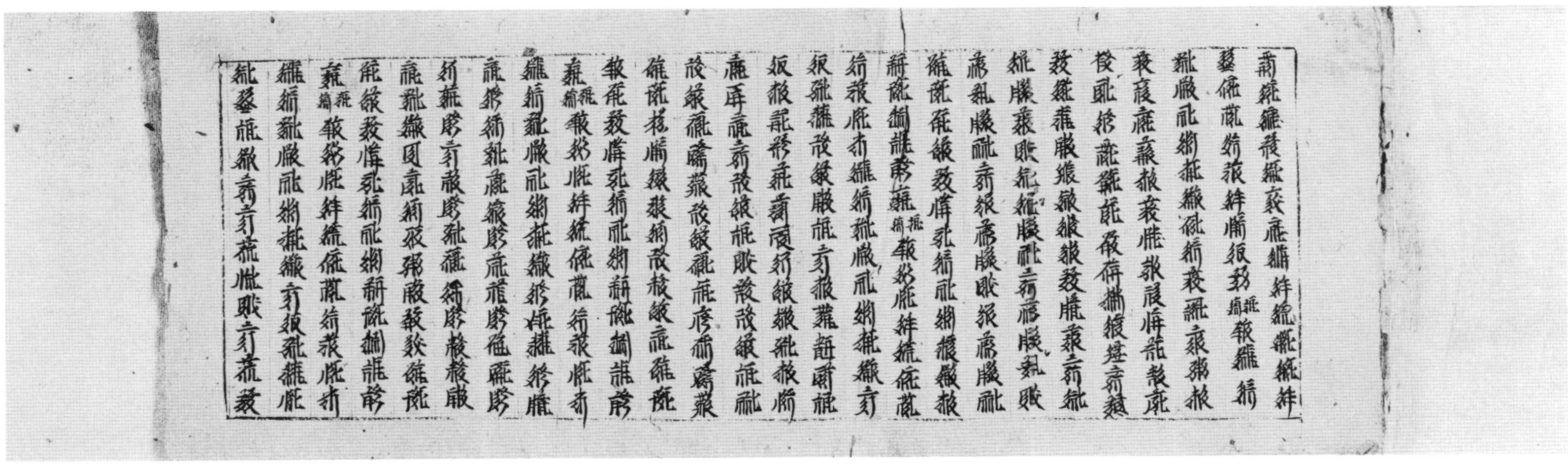

俄 Инв.No.4288 *5752 7645 7655* 慈悲道場懺法卷第一 (20–17)

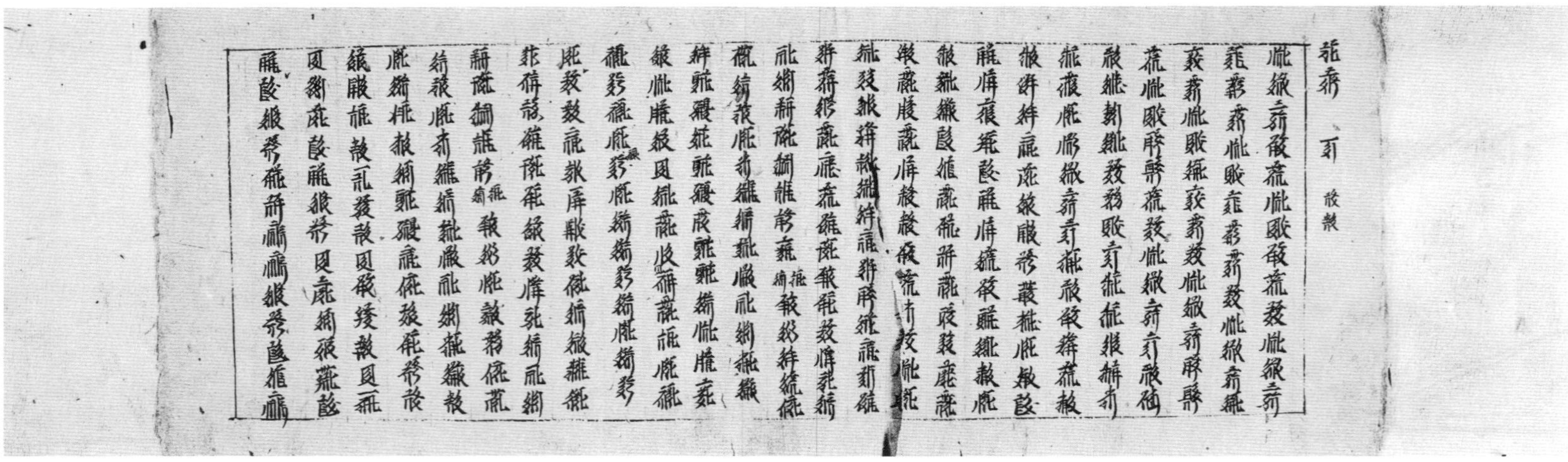

俄 Инв.No.4288 *5752 7645 7655* 慈悲道場懺法卷第一 (20-18)

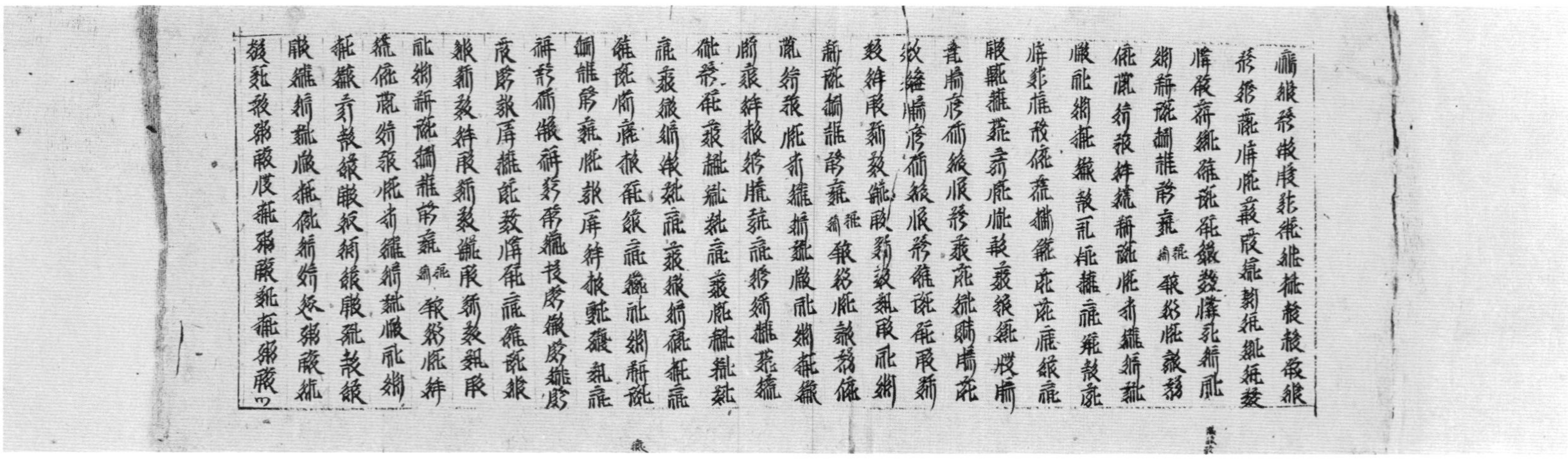

俄 Инв.No.4288 *5752 7645 7655* 慈悲道場懺法卷第一 (20-19)

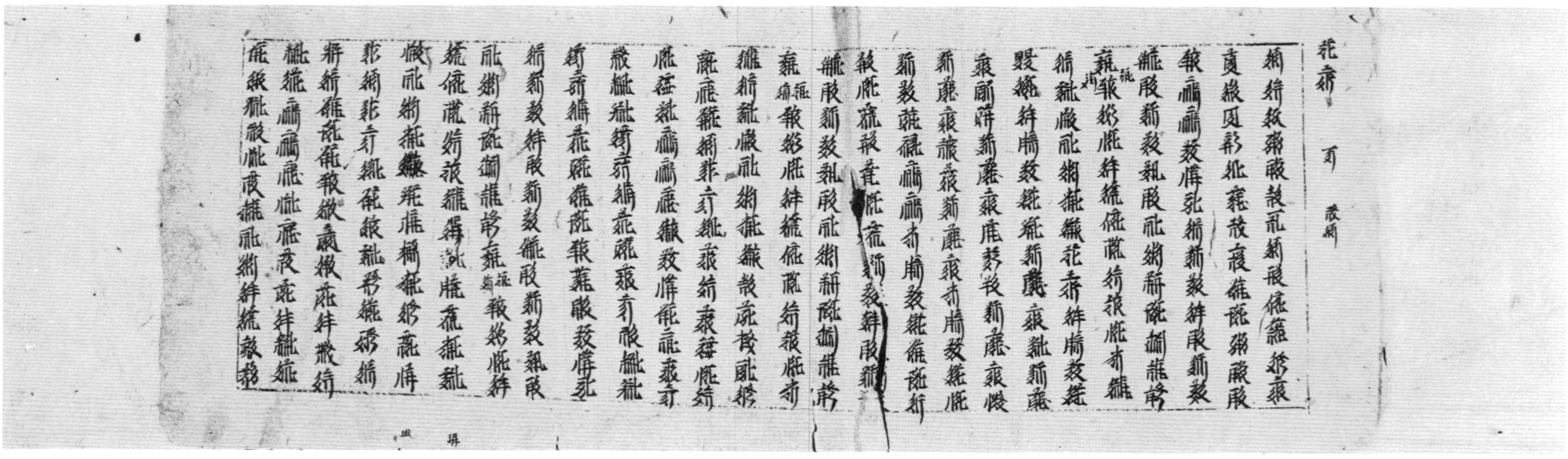

俄 Инв.No.4288 *5752 7645 7655* 慈悲道場懺法卷第一 (20-20)

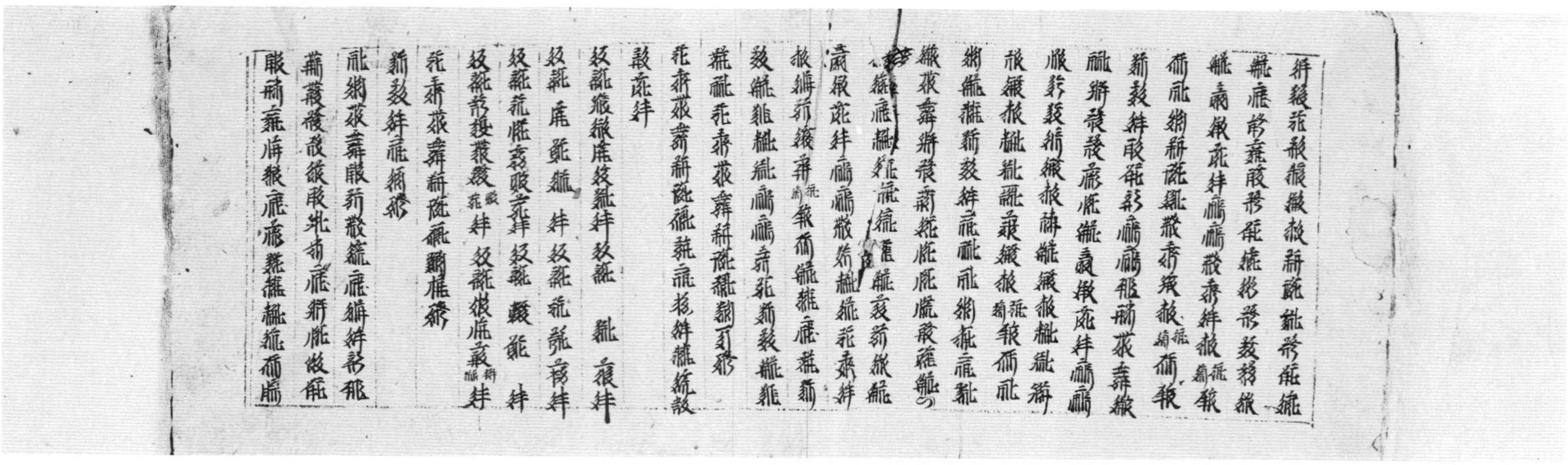

俄 Инв.No.4288 *5752 7645 7655* 慈悲道場懺法卷第二 (13-1)

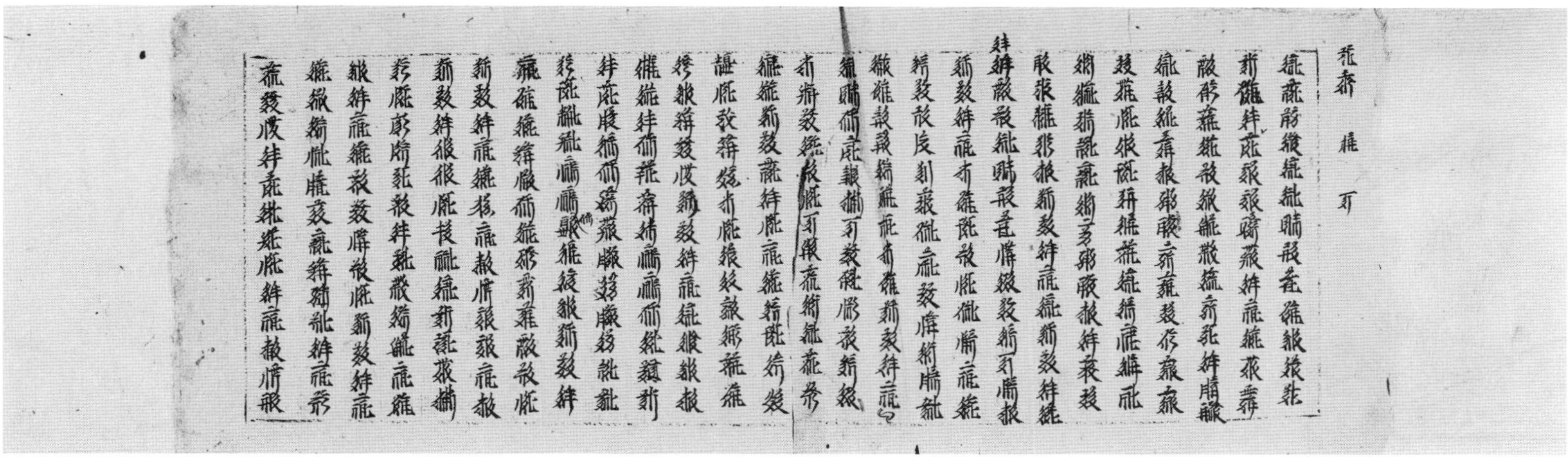

俄 Инв.No.4288 *5752 7645 7655* 慈悲道場懺法卷第二 (13–2)

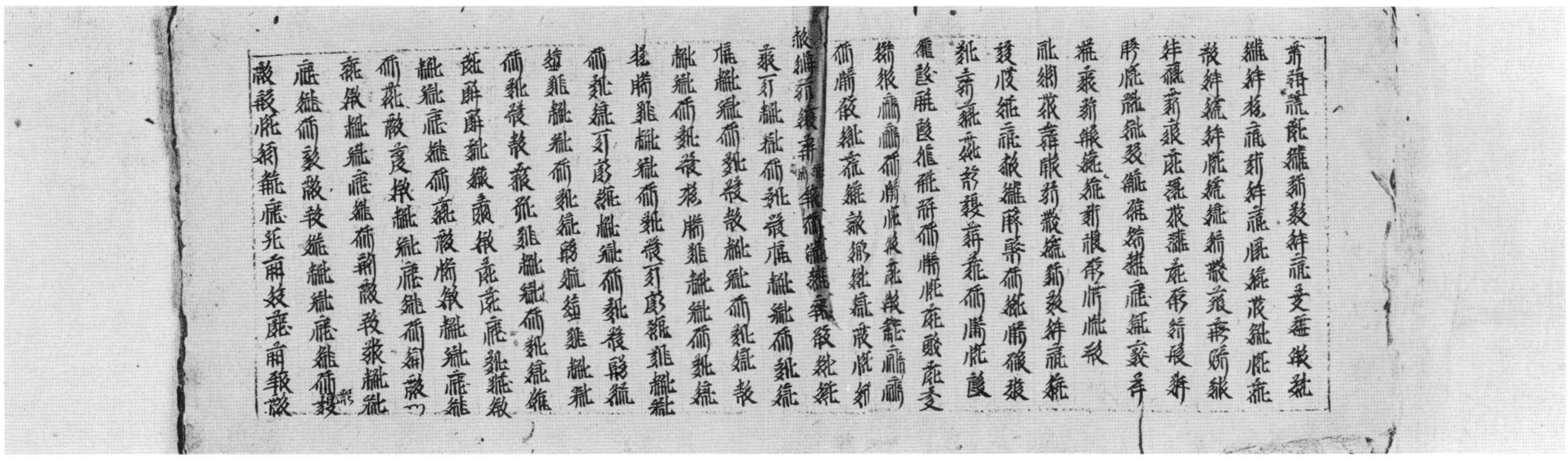

俄 Инв.No.4288 *5752 7645 7655* 慈悲道場懺法卷第二 (13–3)

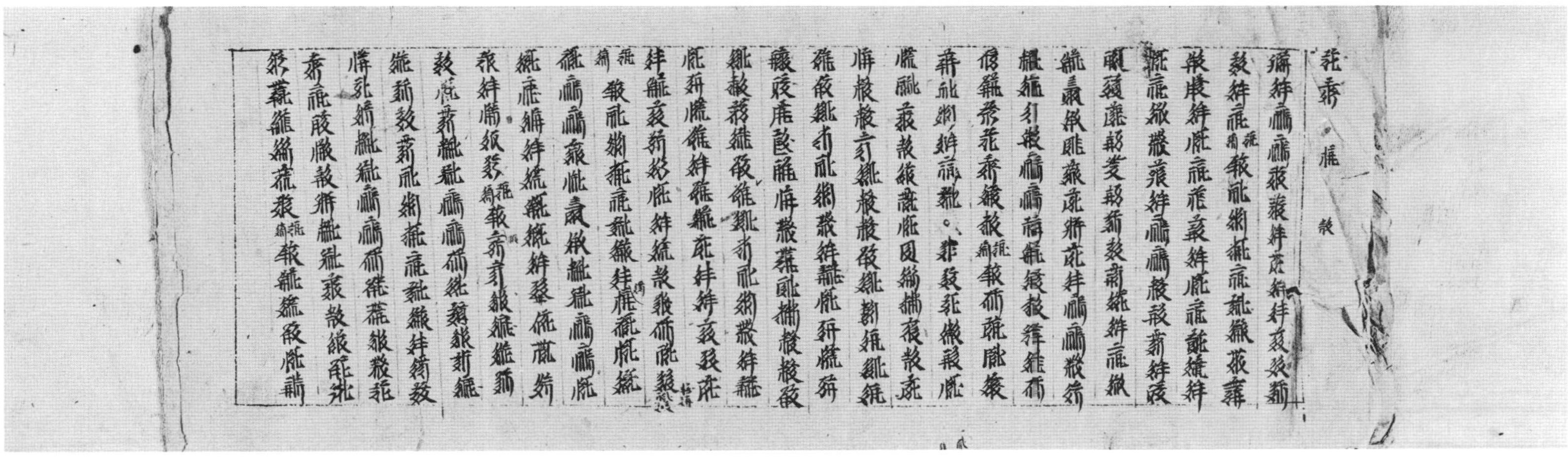

俄 Инв.No.4288 *5752 7645 7655* 慈悲道場懺法卷第二 (13–4)

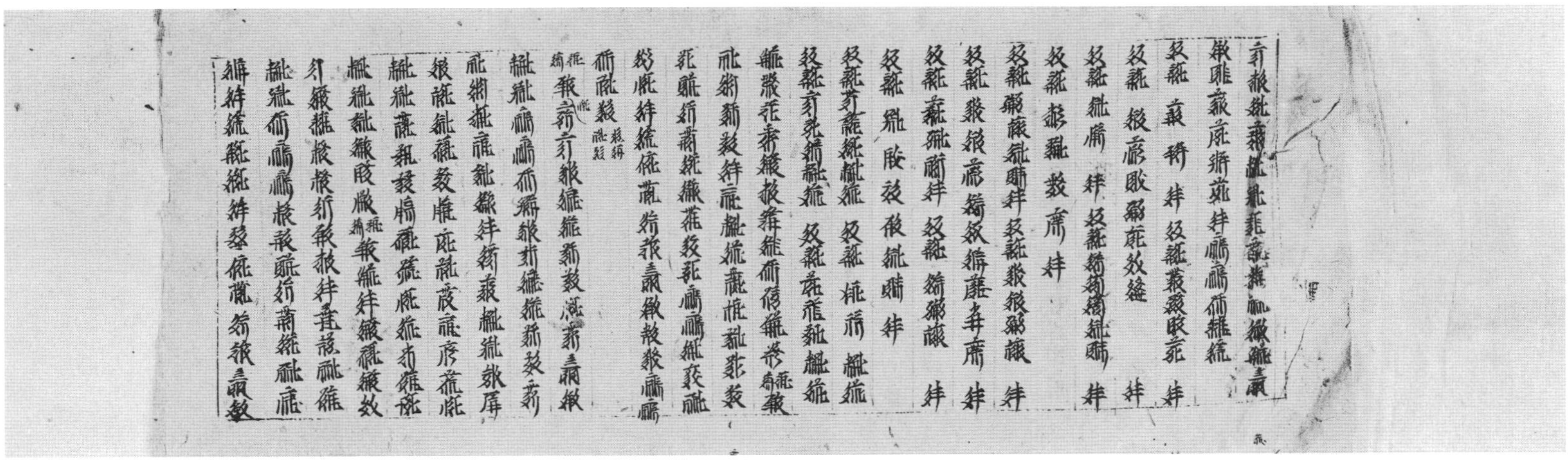

俄 Инв.No.4288 *5752 7645 7655* 慈悲道場懺法卷第二 (13–5)

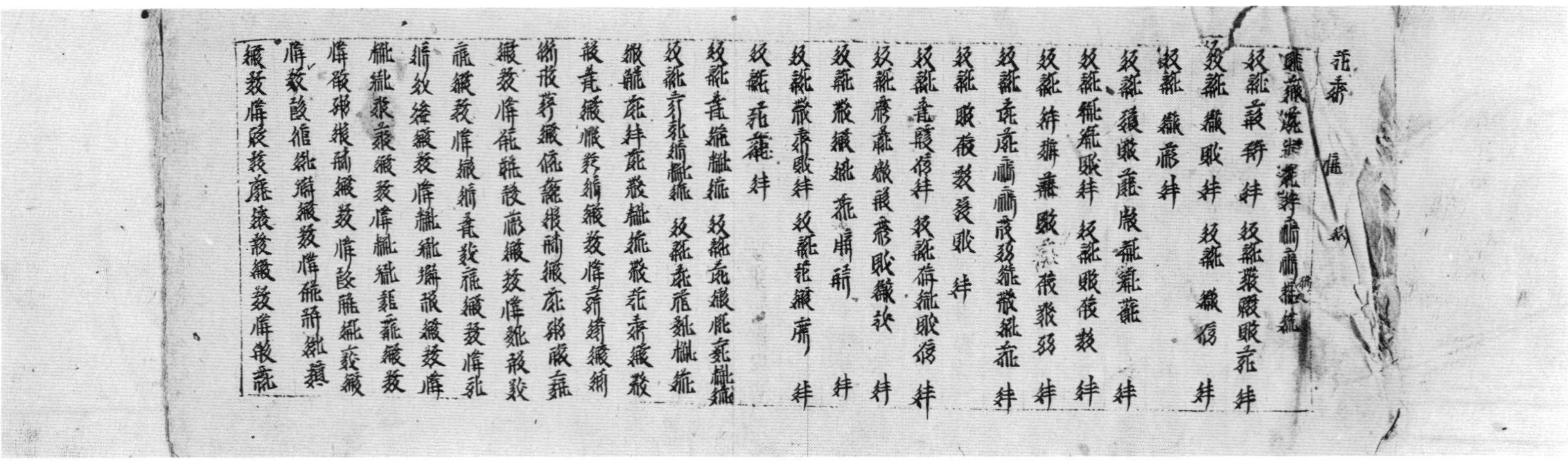

俄 **Инв**.No.4288 *5752 7645 7655*　慈悲道場懺法卷第二　(13–6)

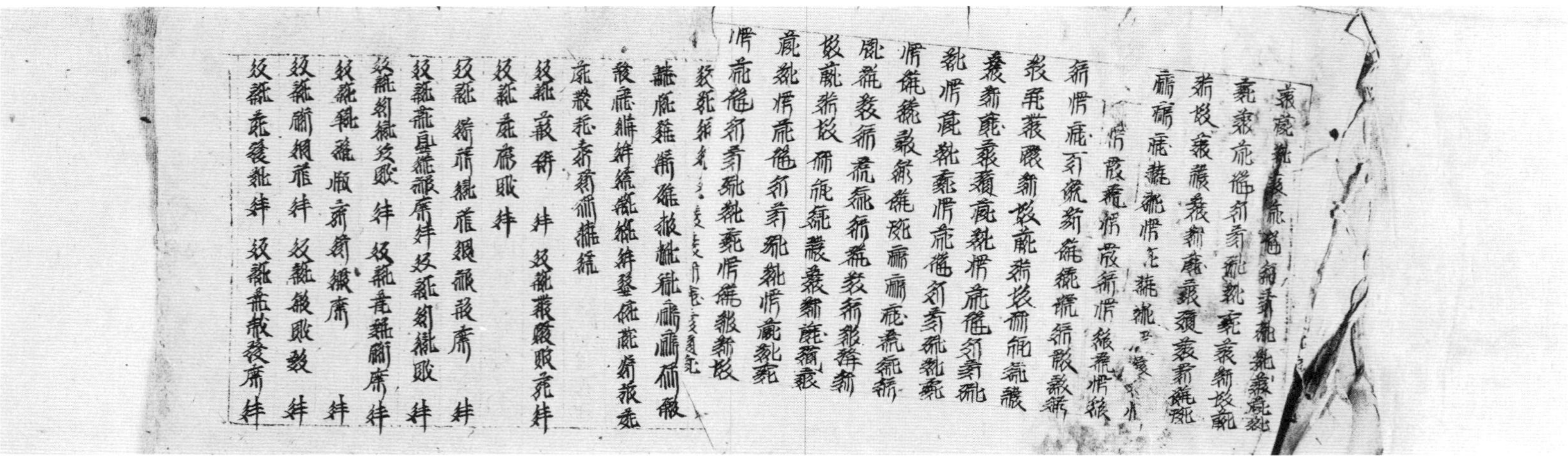

俄 **Инв**.No.4288 *5752 7645 7655*　慈悲道場懺法卷第二　(13–7)

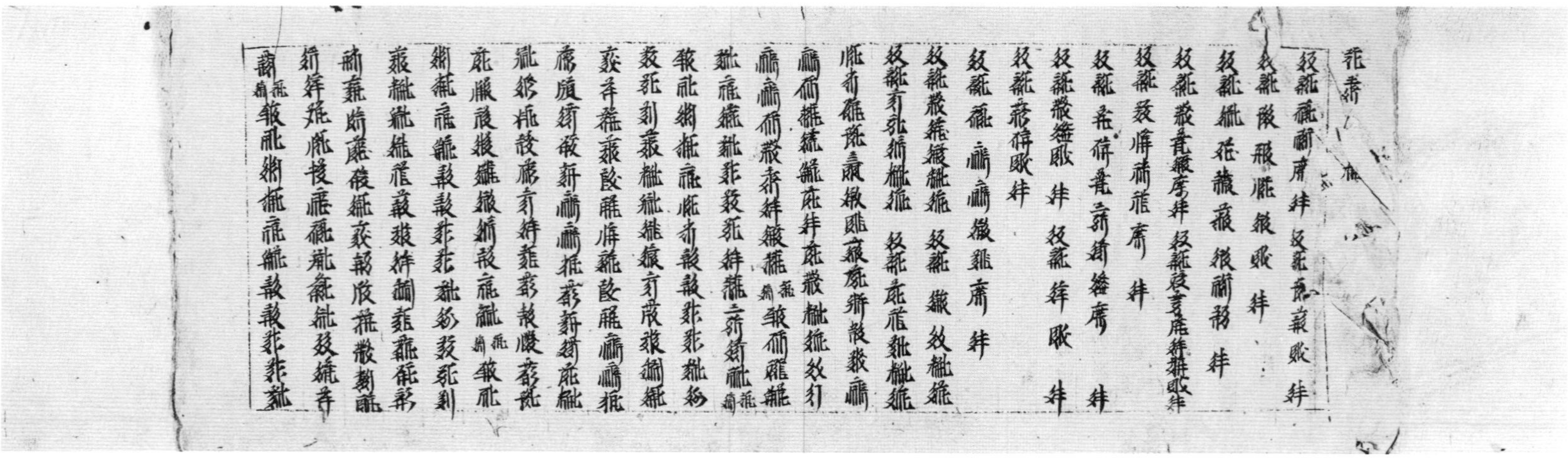

俄 **Инв**.No.4288 *5752 7645 7655*　慈悲道場懺法卷第二　(13–8)

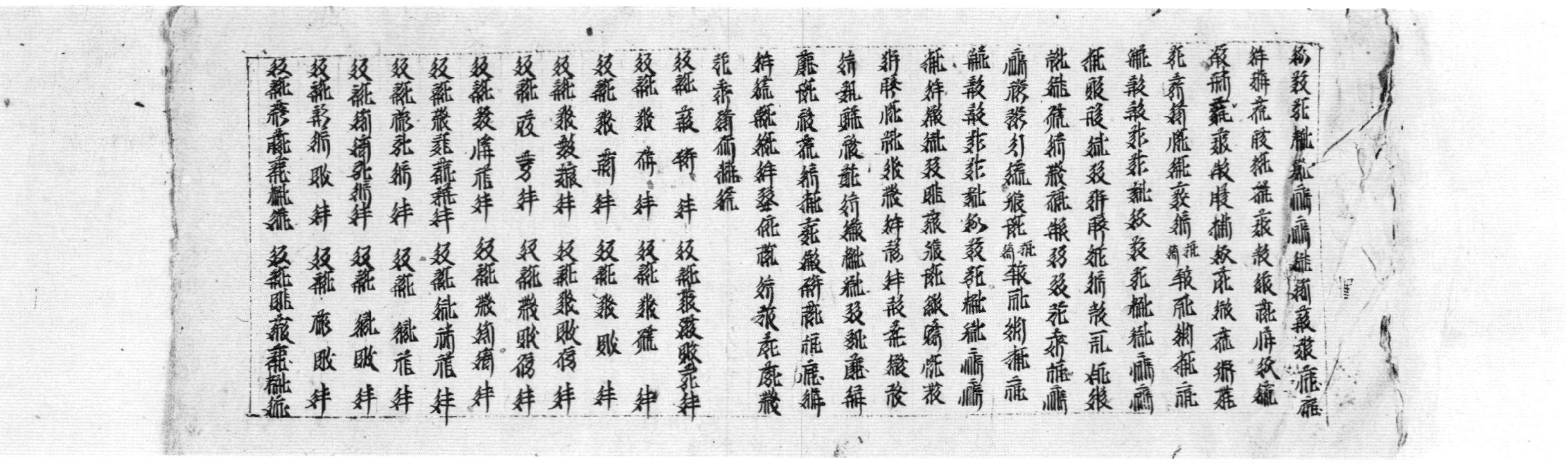

俄 **Инв**.No.4288 *5752 7645 7655*　慈悲道場懺法卷第二　(13–9)

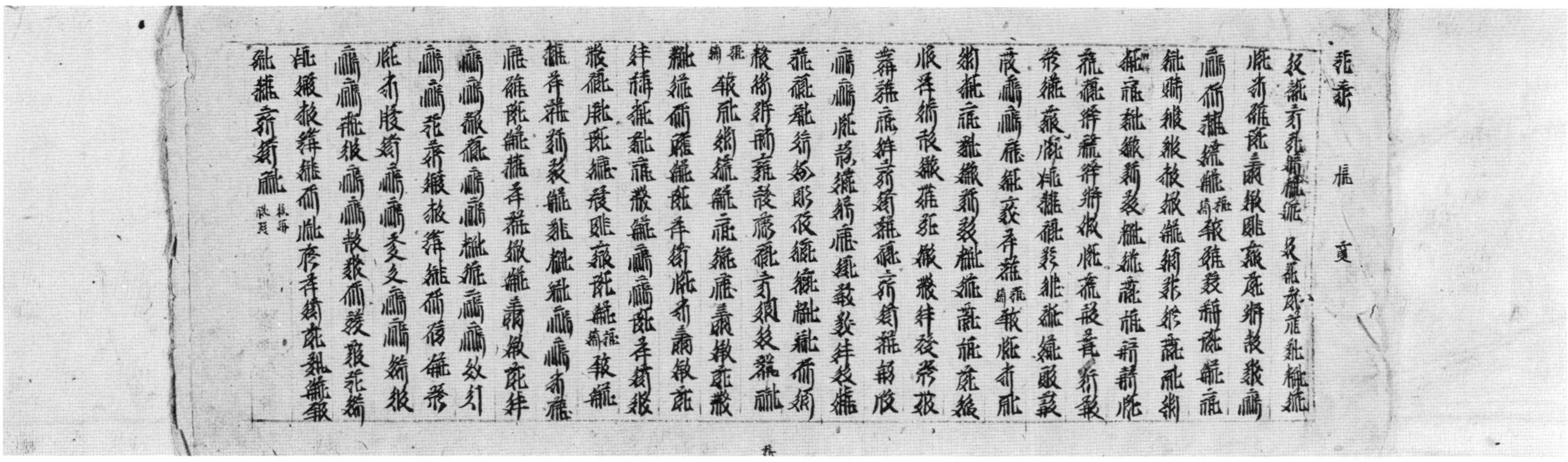

俄 Инв.No.4288 *5752 7645 7655*　慈悲道場懺法卷第二　(13–10)

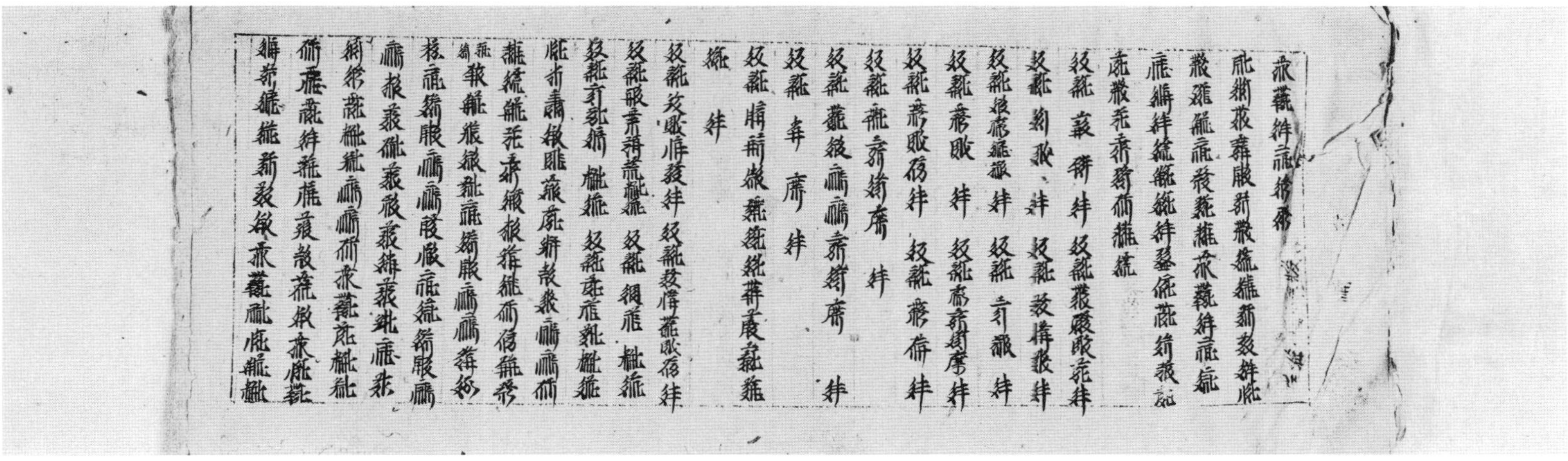

俄 Инв.No.4288 *5752 7645 7655*　慈悲道場懺法卷第二　(13–11)

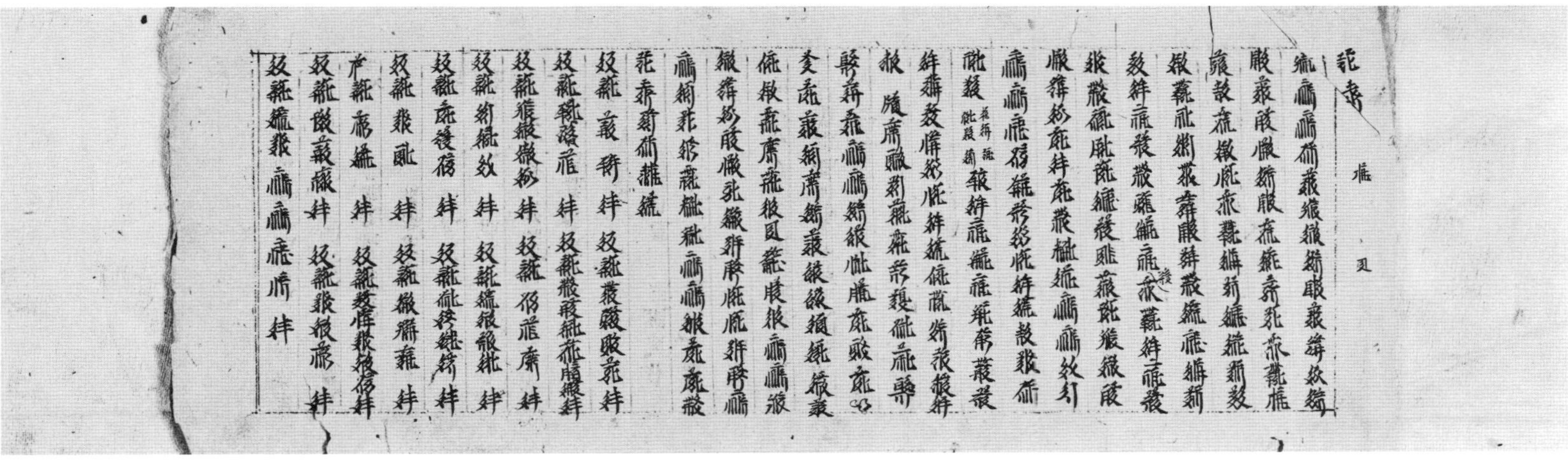

俄 Инв.No.4288 *5752 7645 7655*　慈悲道場懺法卷第二　(13–12)

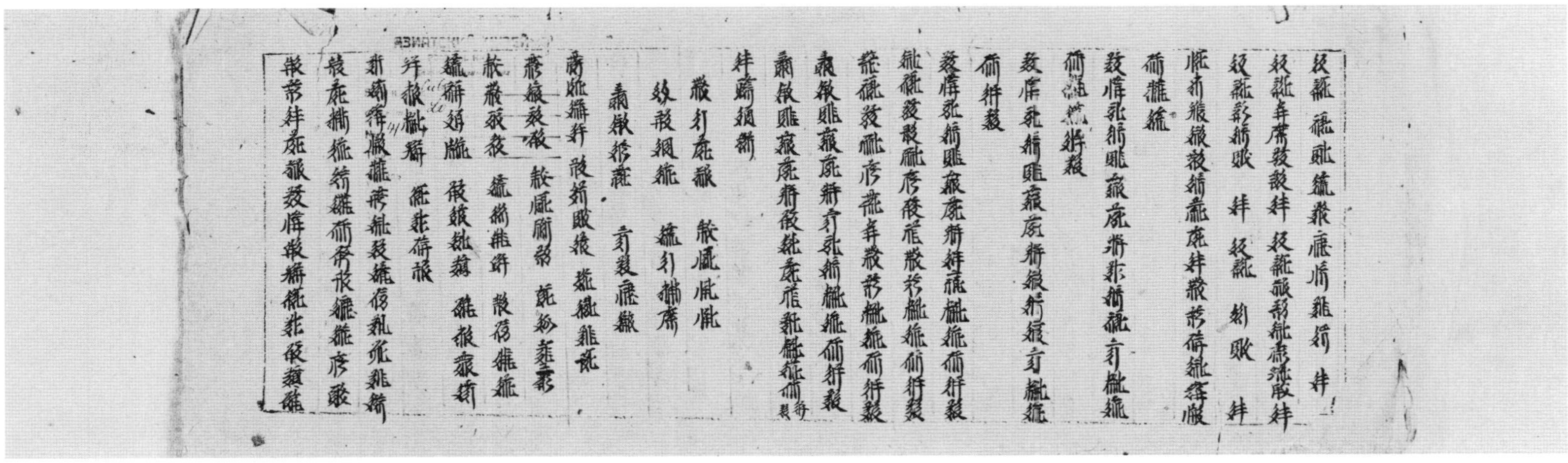

俄 Инв.No.4288 *5752 7645 7655*　慈悲道場懺法卷第二　(13–13)

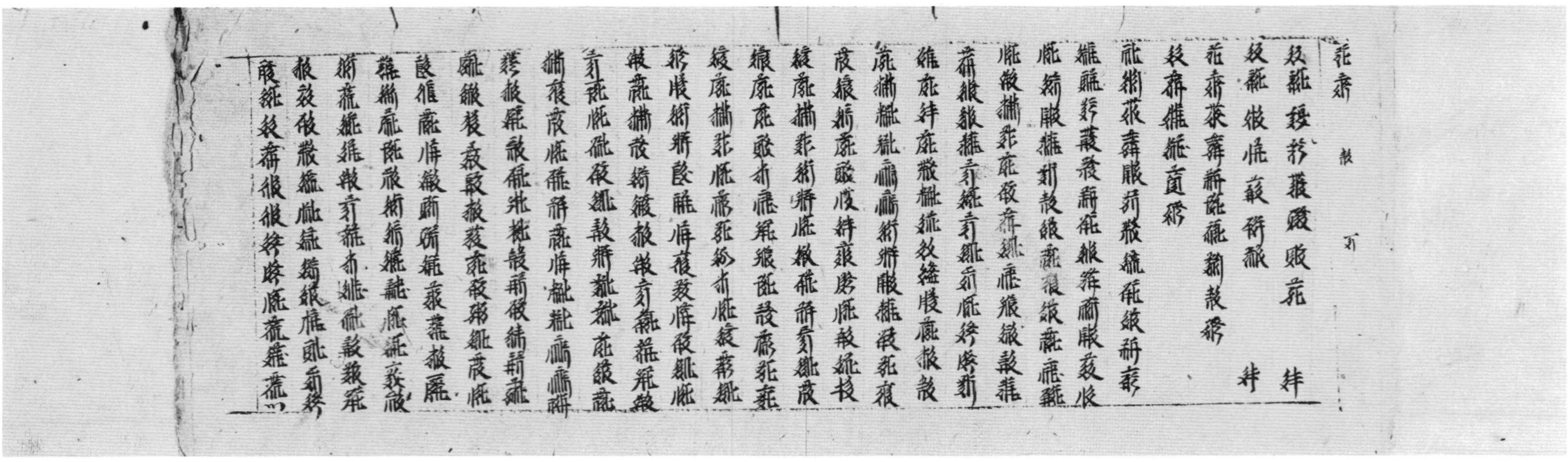

俄 **Инв**.No.4288 *5752 7645 7655* 慈悲道場懺法卷第三 (22-1)

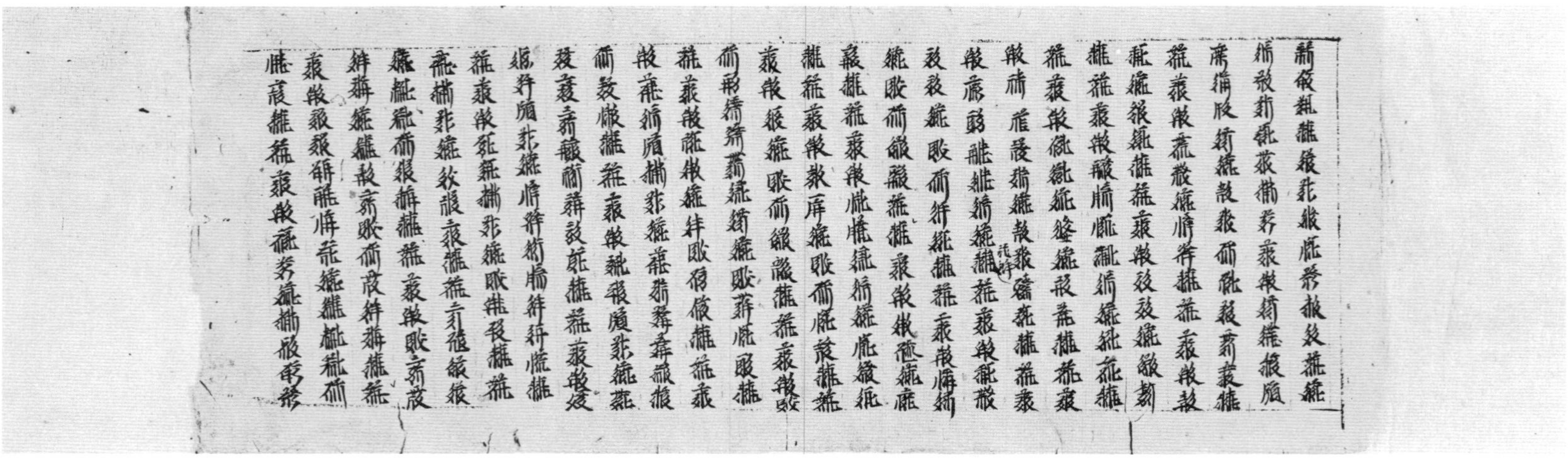

俄 **Инв**.No.4288 *5752 7645 7655* 慈悲道場懺法卷第三 (22-2)

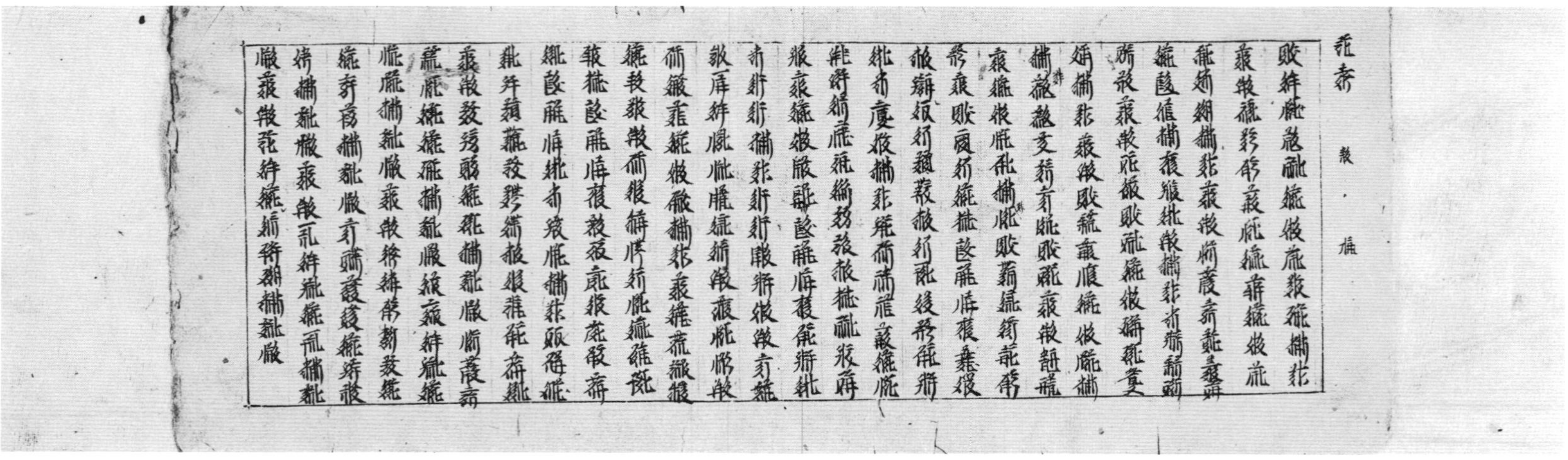

俄 **Инв**.No.4288 *5752 7645 7655* 慈悲道場懺法卷第三 (22-3)

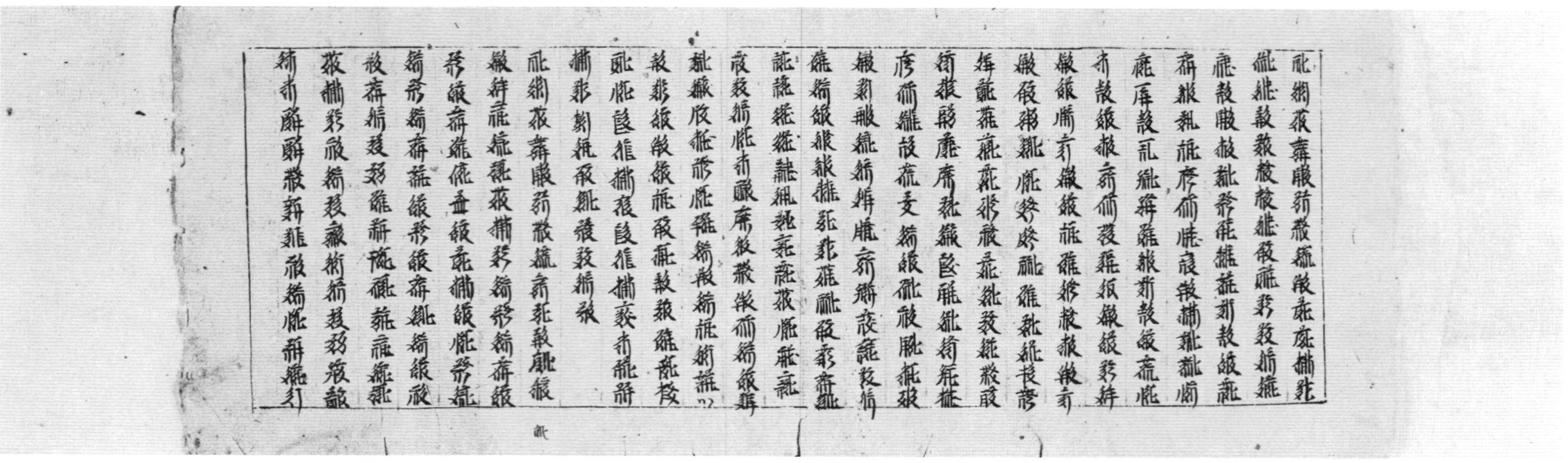

俄 **Инв**.No.4288 *5752 7645 7655* 慈悲道場懺法卷第三 (22-4)

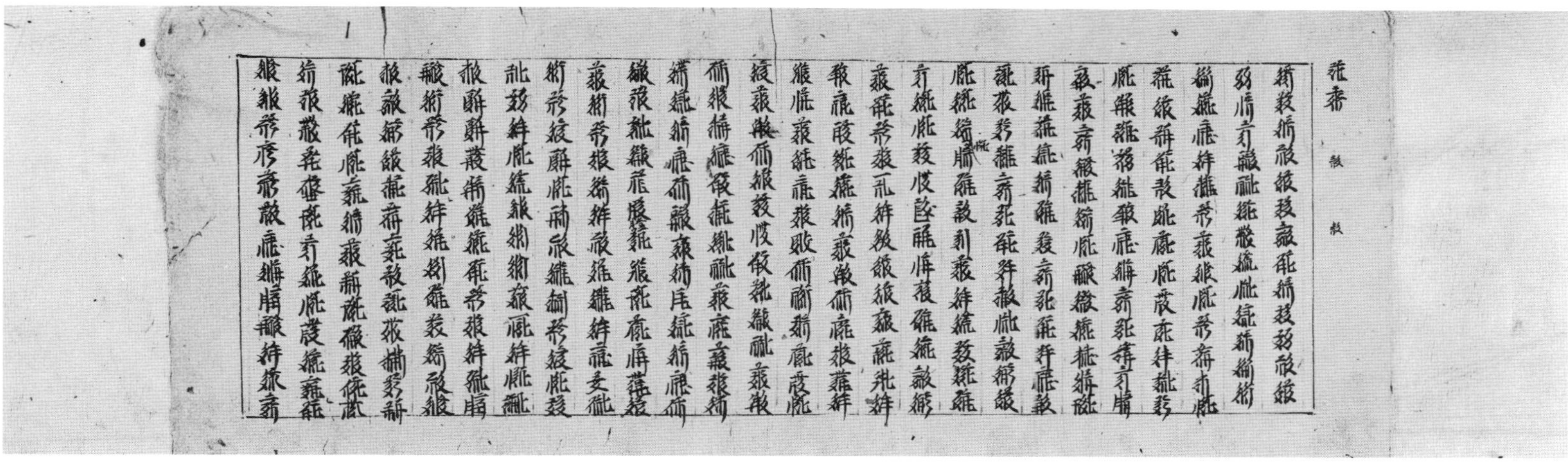

俄 Инв.No.4288 *5752 7645 7655*　慈悲道場懺法卷第三　(22-5)

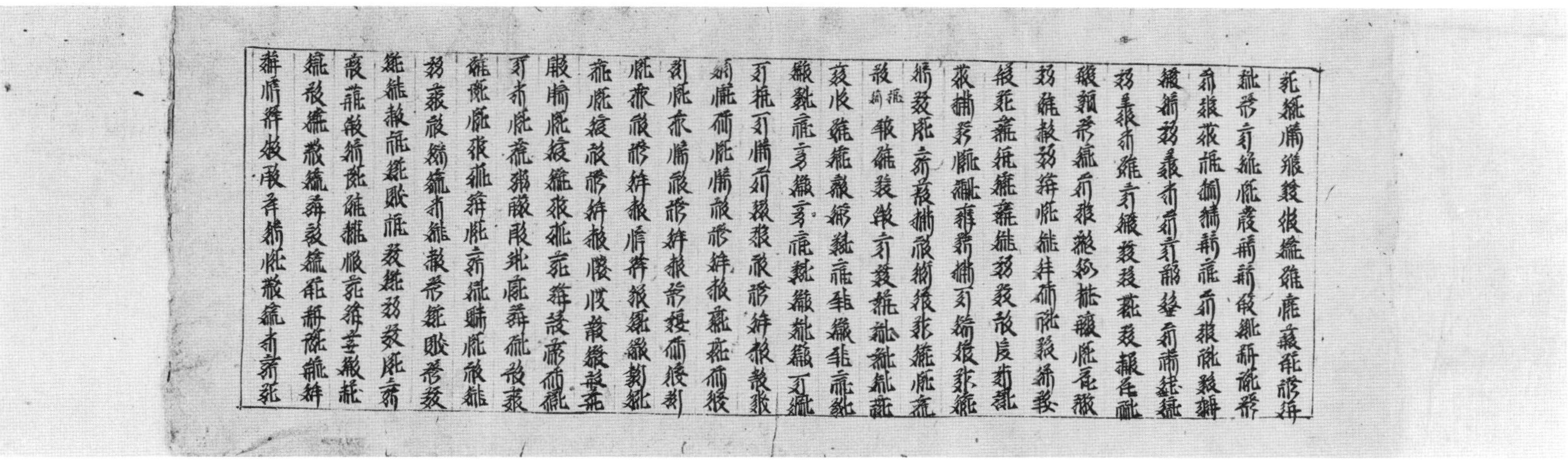

俄 Инв.No.4288 *5752 7645 7655*　慈悲道場懺法卷第三　(22-6)

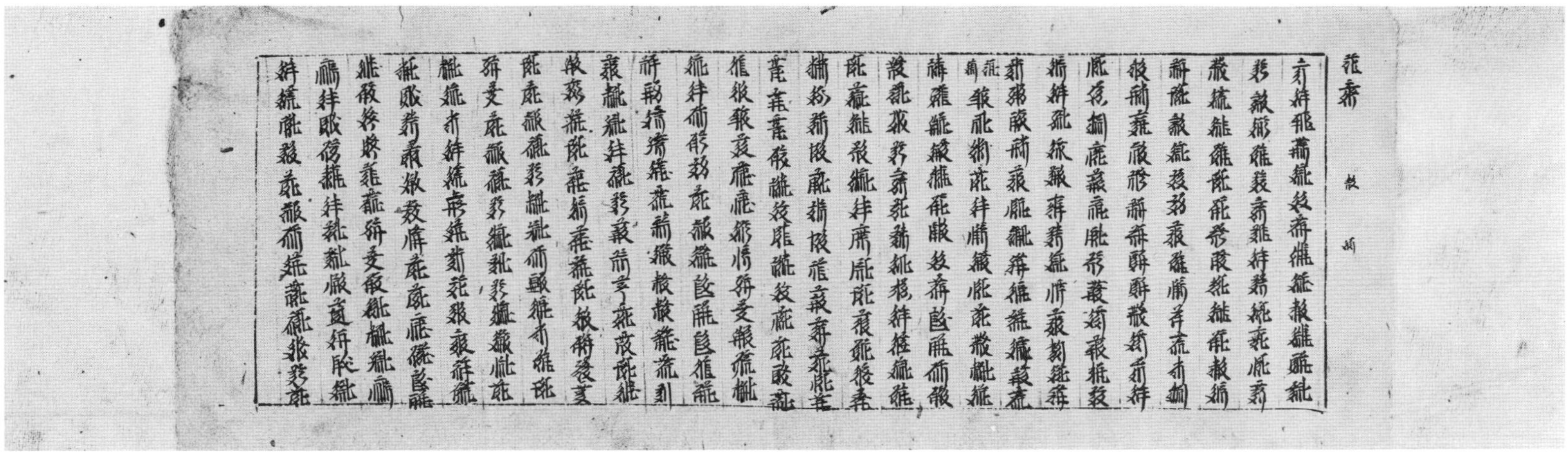

俄 Инв.No.4288 *5752 7645 7655*　慈悲道場懺法卷第三　(22-7)

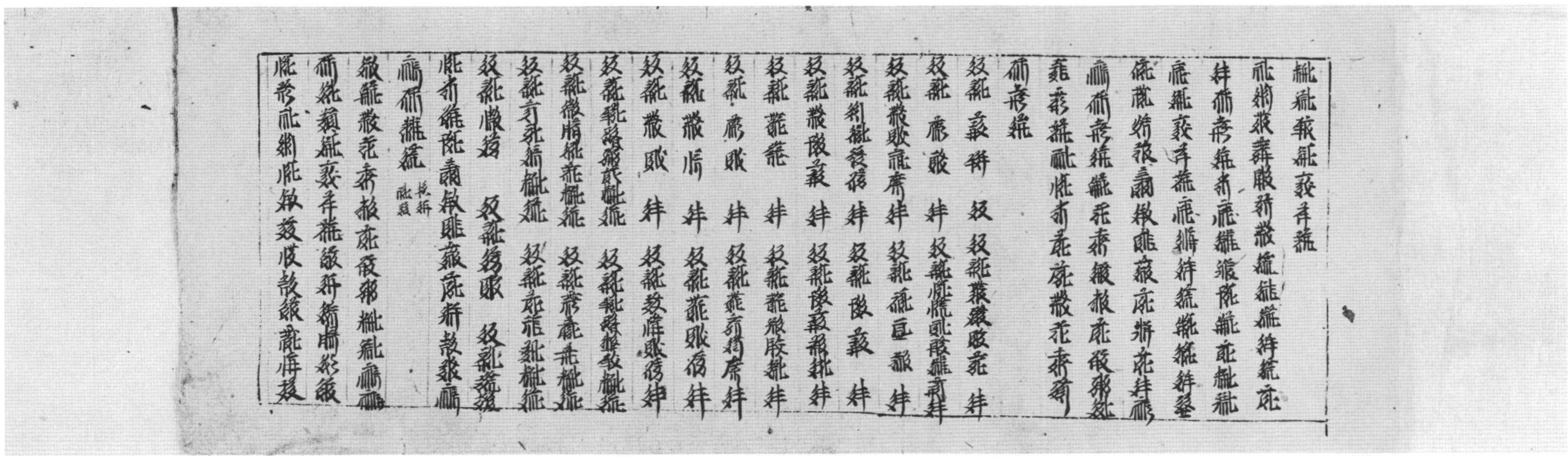

俄 Инв.No.4288 *5752 7645 7655*　慈悲道場懺法卷第三　(22-8)

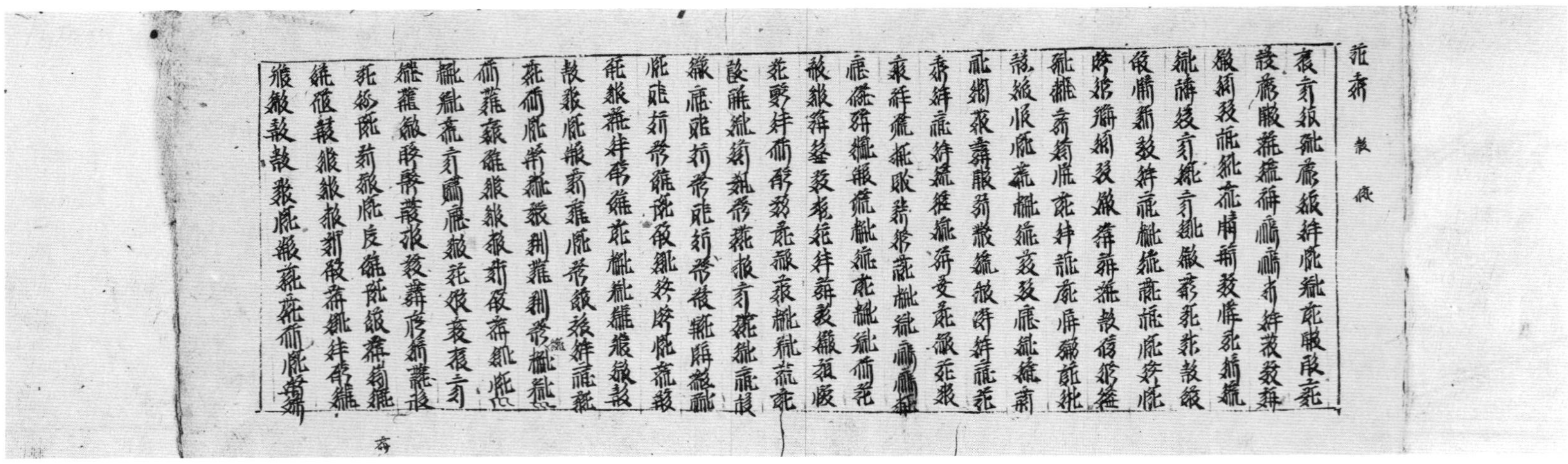

俄 Инв.No.4288 *5752 7645 7655*　慈悲道場懺法卷第三　(22–9)

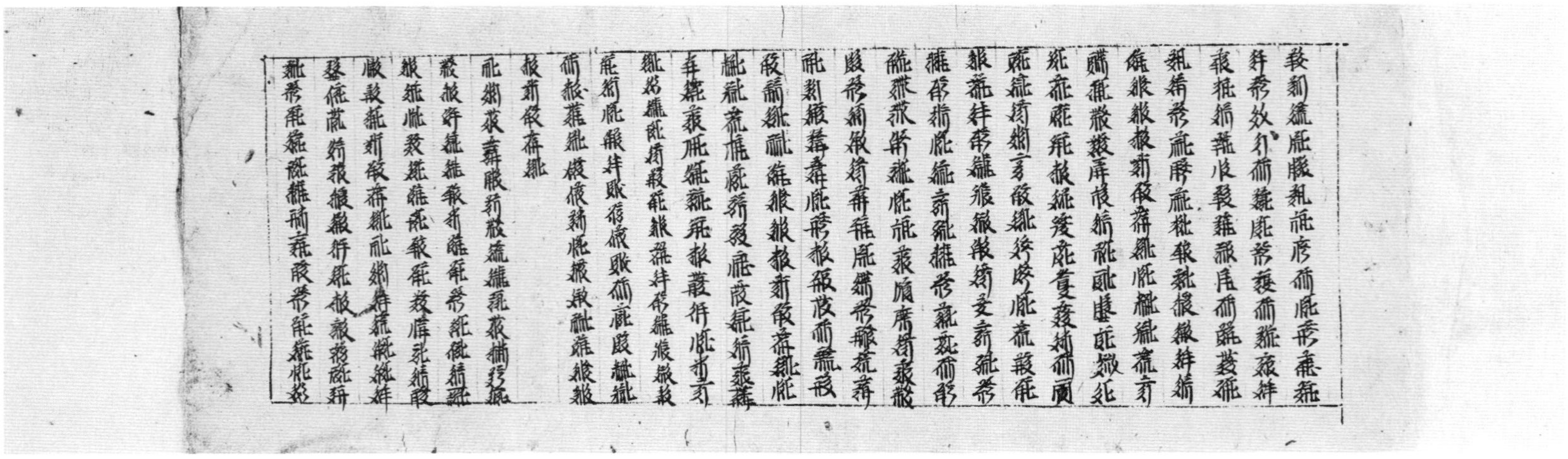

俄 Инв.No.4288 *5752 7645 7655*　慈悲道場懺法卷第三　(22–10)

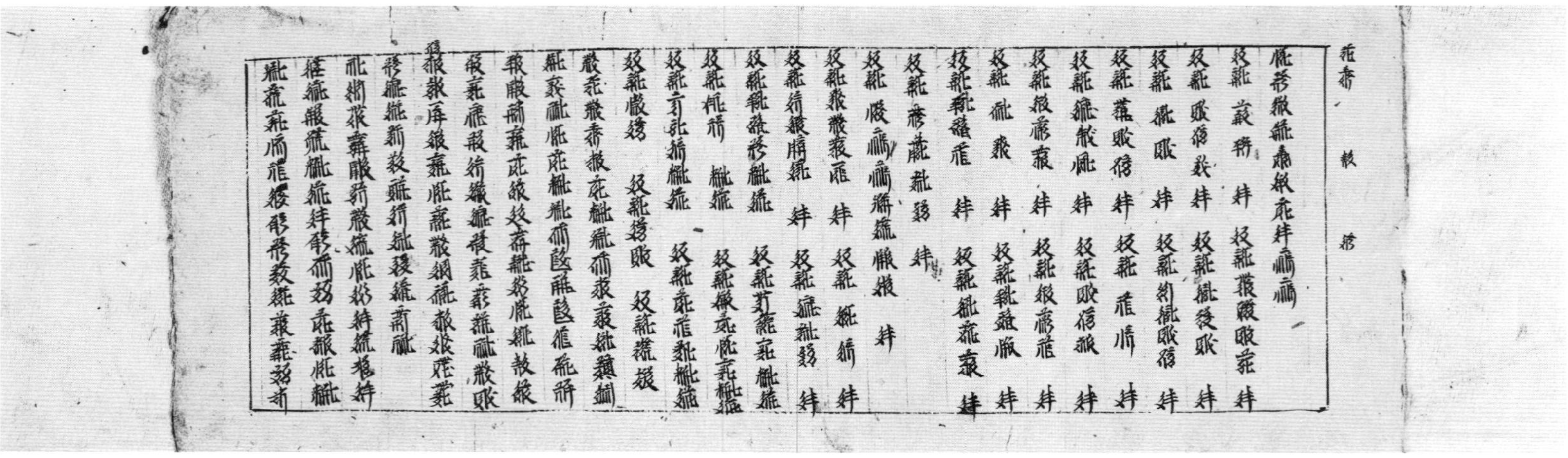

俄 Инв.No.4288 *5752 7645 7655*　慈悲道場懺法卷第三　(22–11)

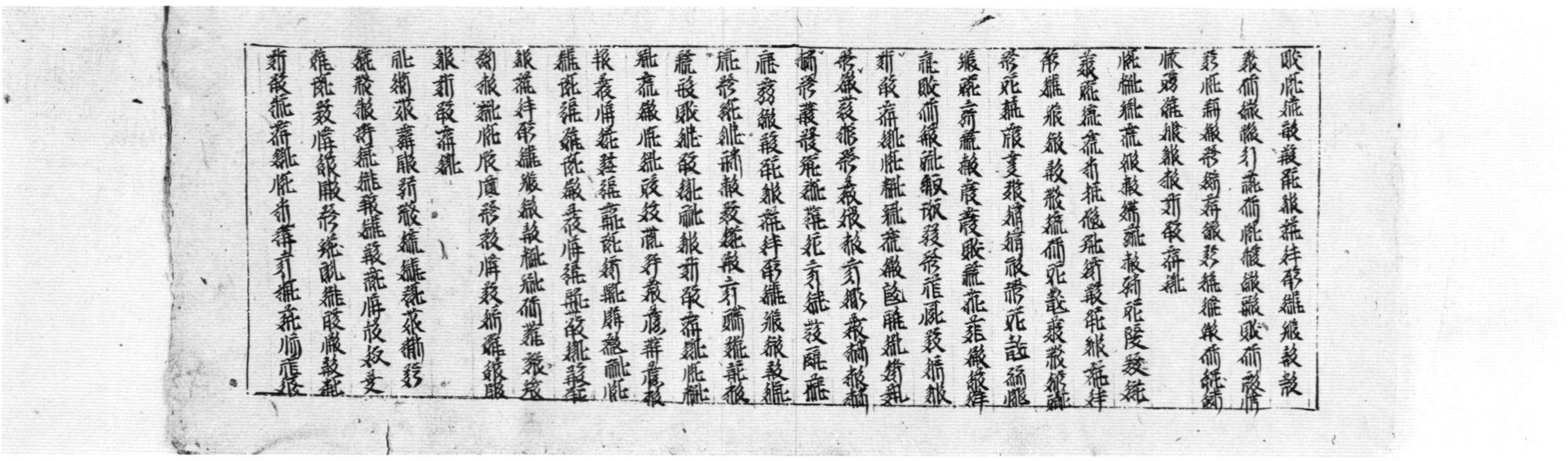

俄 Инв.No.4288 *5752 7645 7655*　慈悲道場懺法卷第三　(22–12)

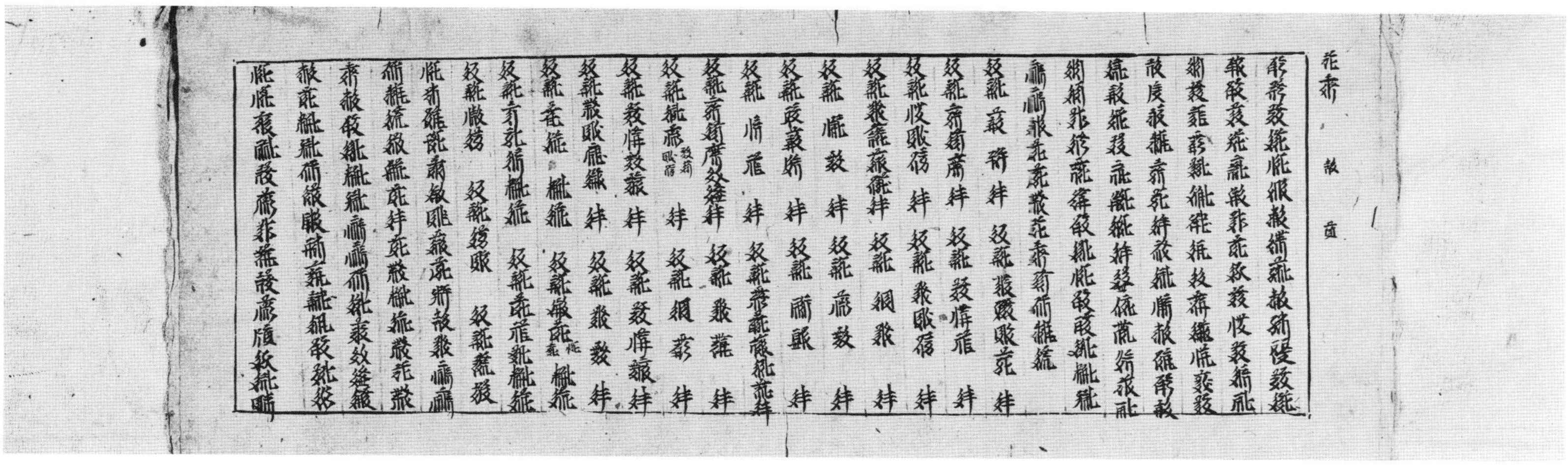

俄 Инв.No.4288 *5752 7645 7655*　慈悲道場懺法卷第三　(22-13)

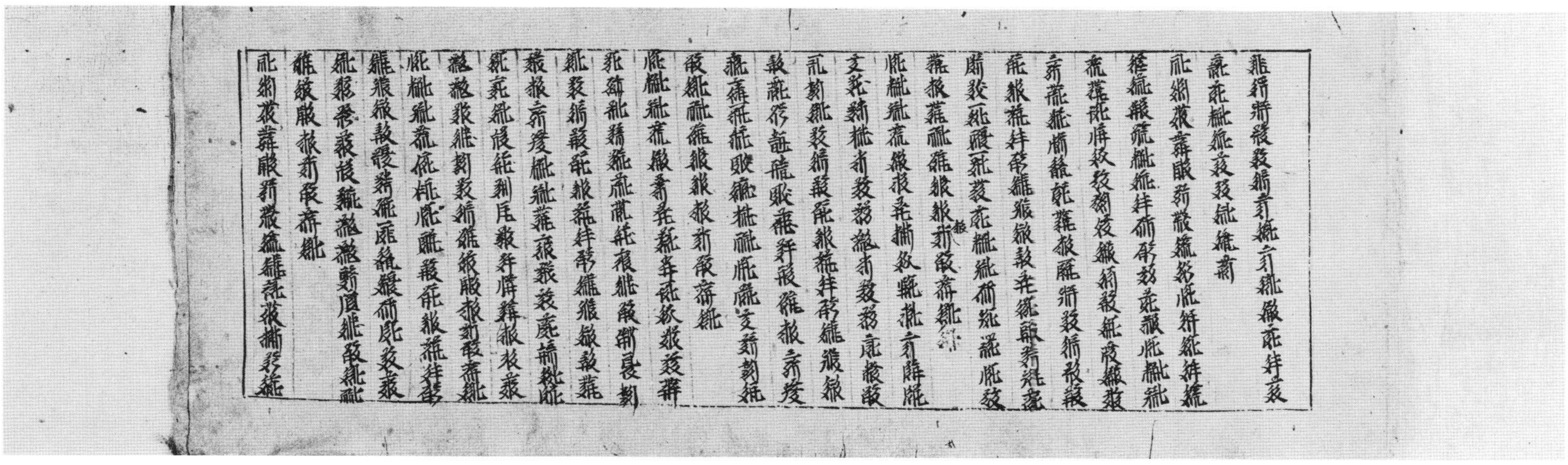

俄 Инв.No.4288 *5752 7645 7655*　慈悲道場懺法卷第三　(22-14)

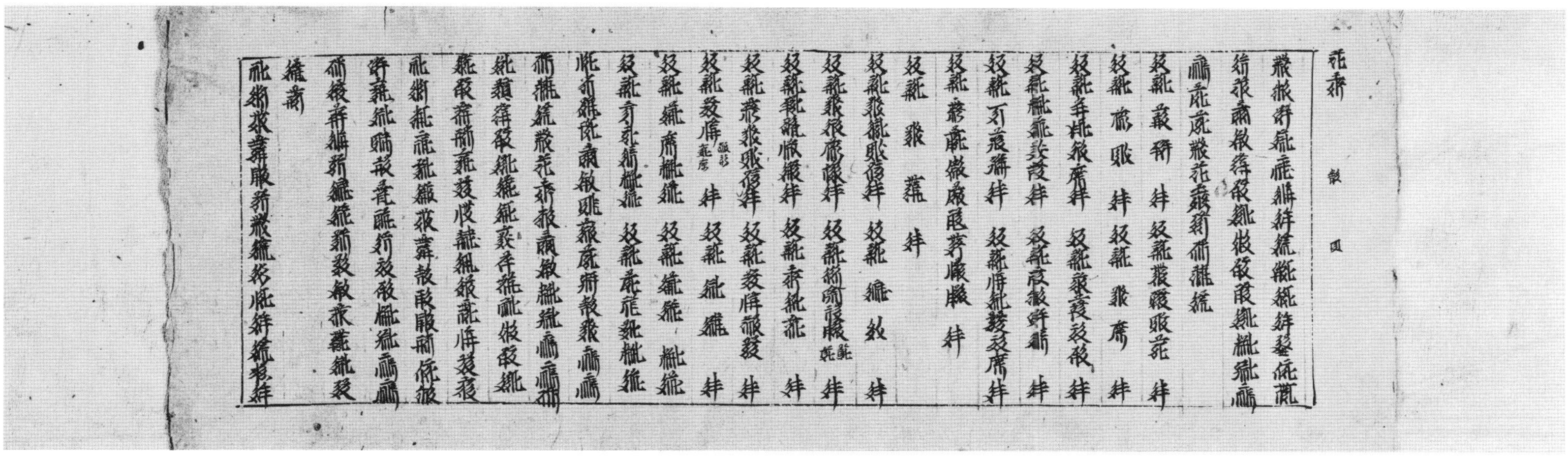

俄 Инв.No.4288 *5752 7645 7655*　慈悲道場懺法卷第三　(22-15)

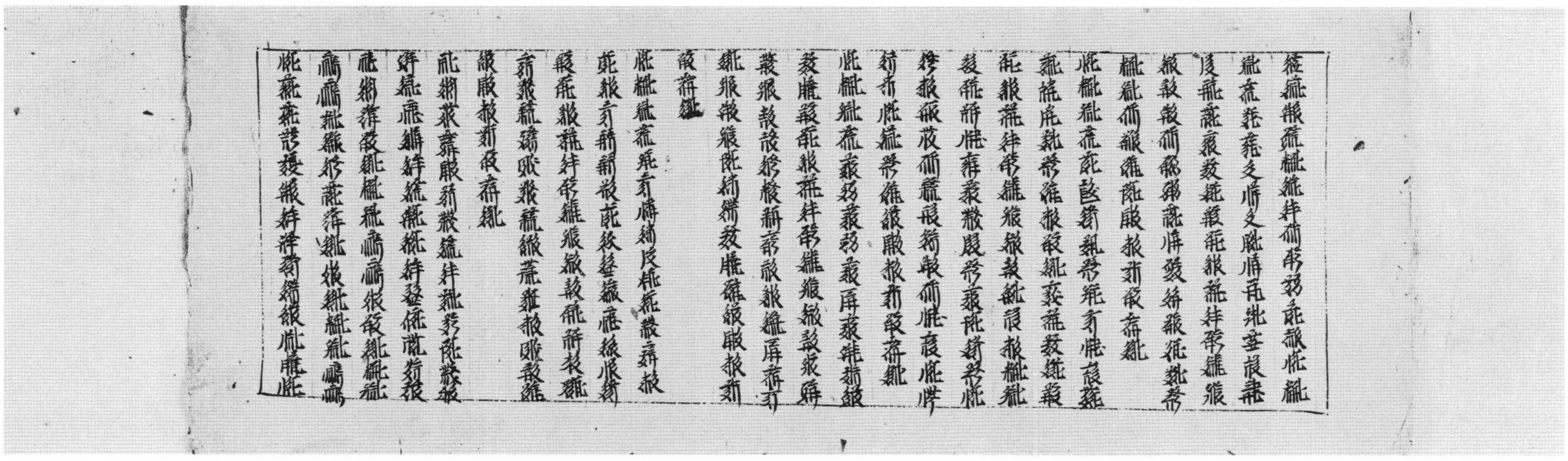

俄 Инв.No.4288 *5752 7645 7655*　慈悲道場懺法卷第三　(22-16)

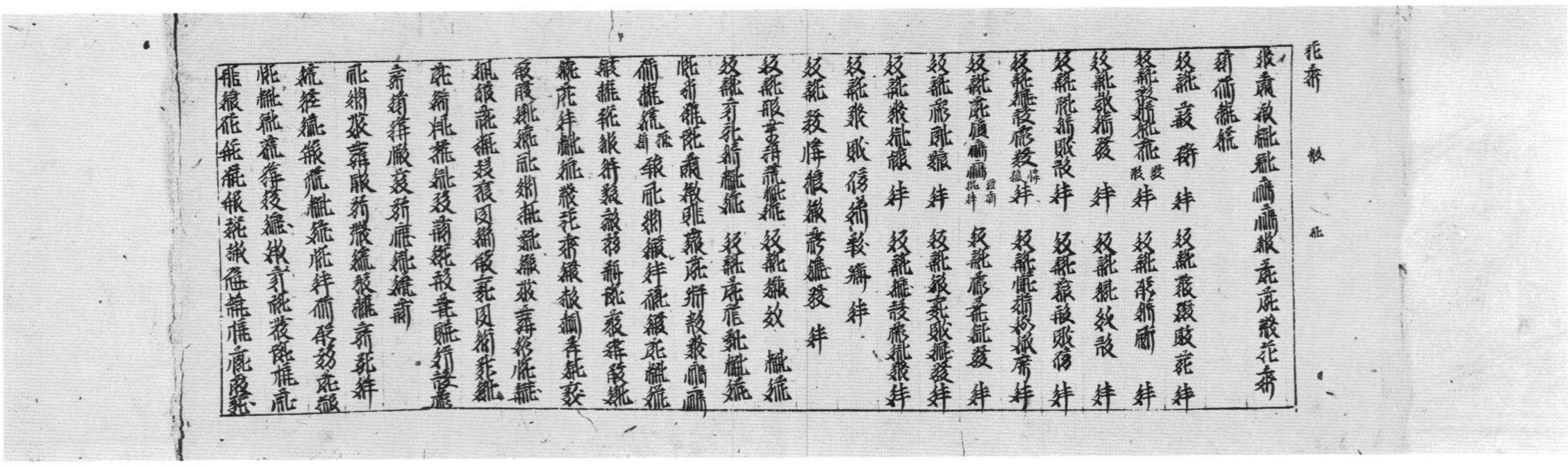

俄 Инв.No.4288 *5752 7645 7655*　慈悲道場懺法卷第三　(22–17)

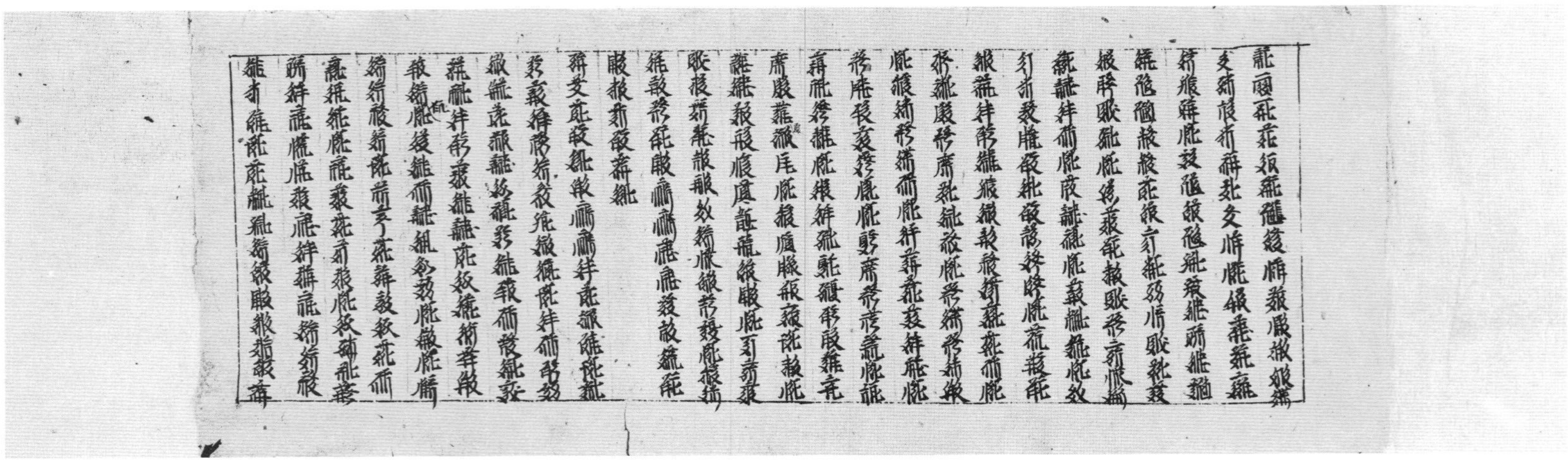

俄 Инв.No.4288 *5752 7645 7655*　慈悲道場懺法卷第三　(22–18)

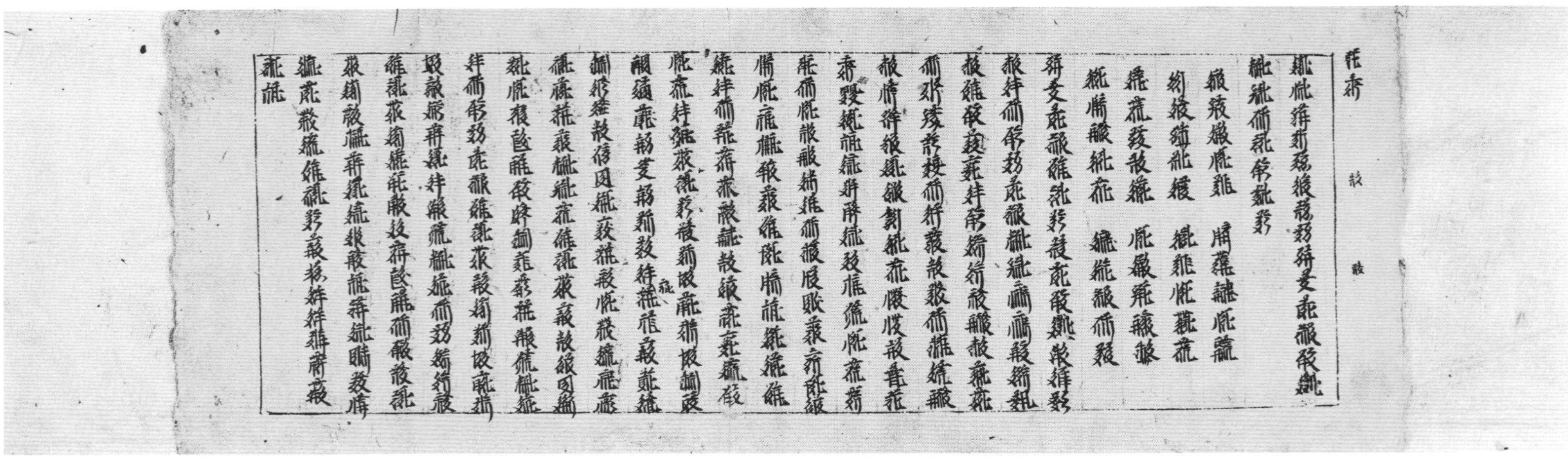

俄 Инв.No.4288 *5752 7645 7655*　慈悲道場懺法卷第三　(22–19)

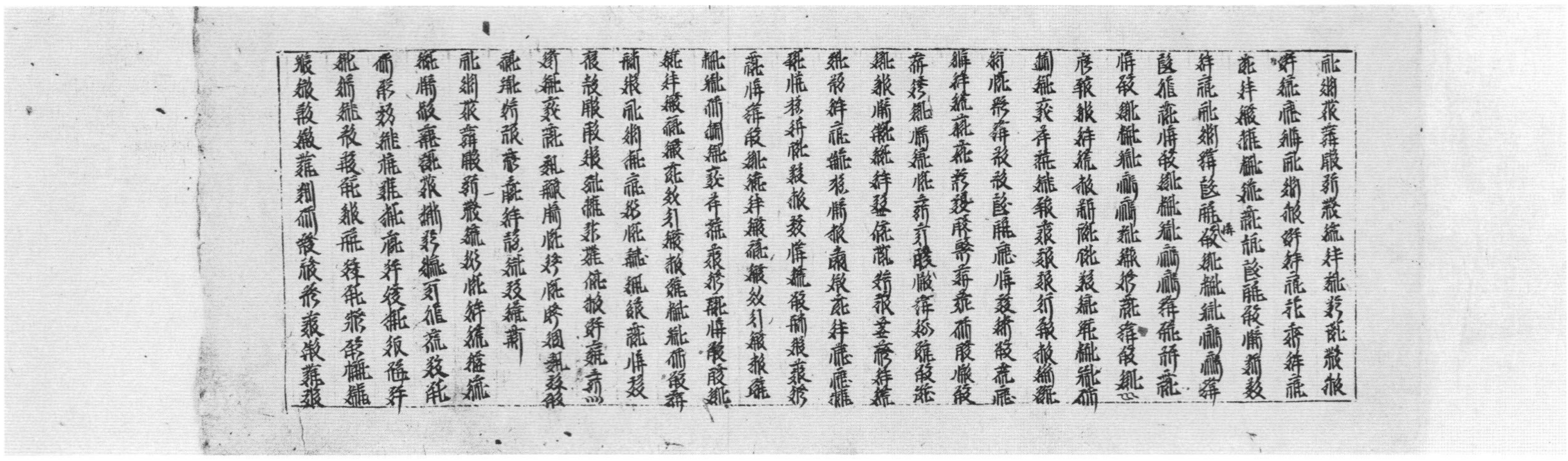

俄 Инв.No.4288 *5752 7645 7655*　慈悲道場懺法卷第三　(22–20)

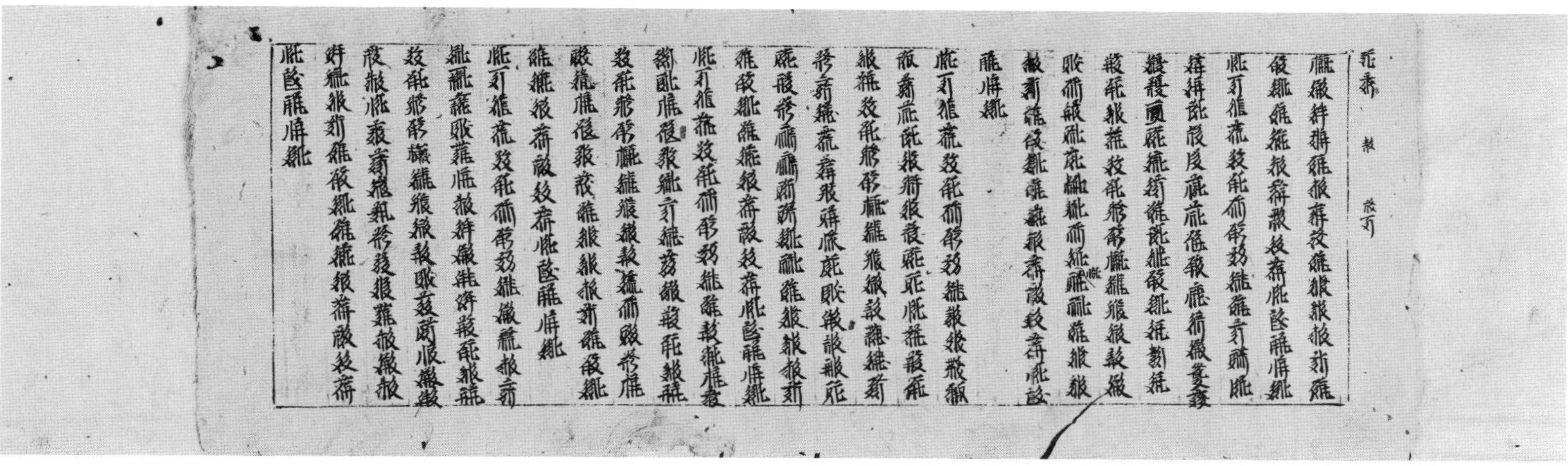

俄 Инв.No.4288 *5752 7645 7655* 慈悲道場懺法卷第三 (22–21)

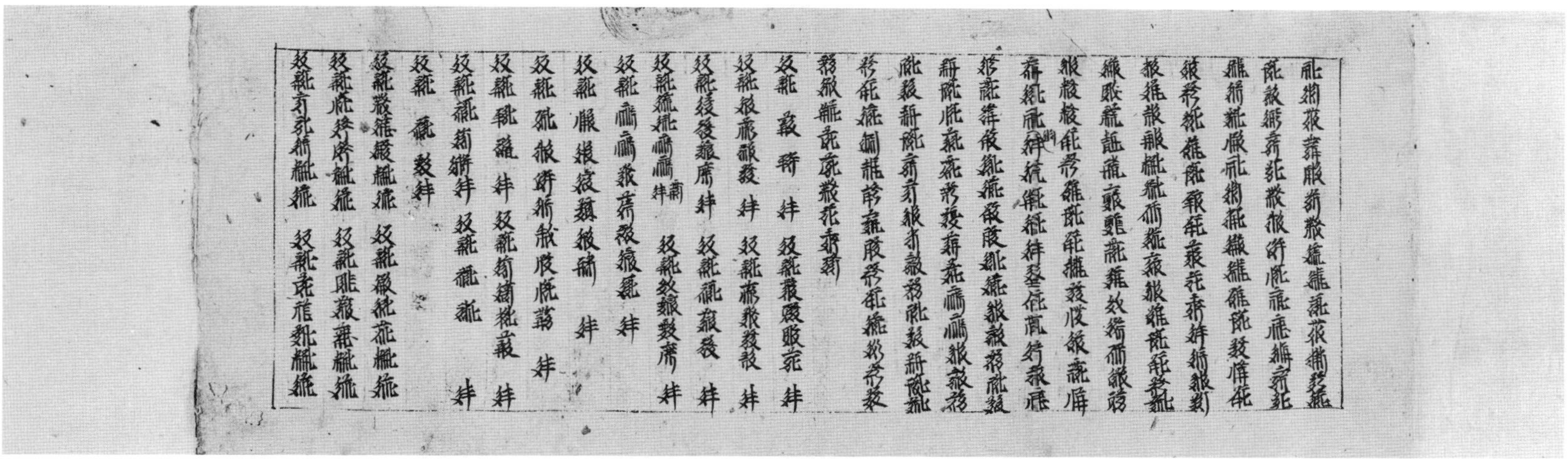

俄 Инв.No.4288 *5752 7645 7655* 慈悲道場懺法卷第三 (22–22)

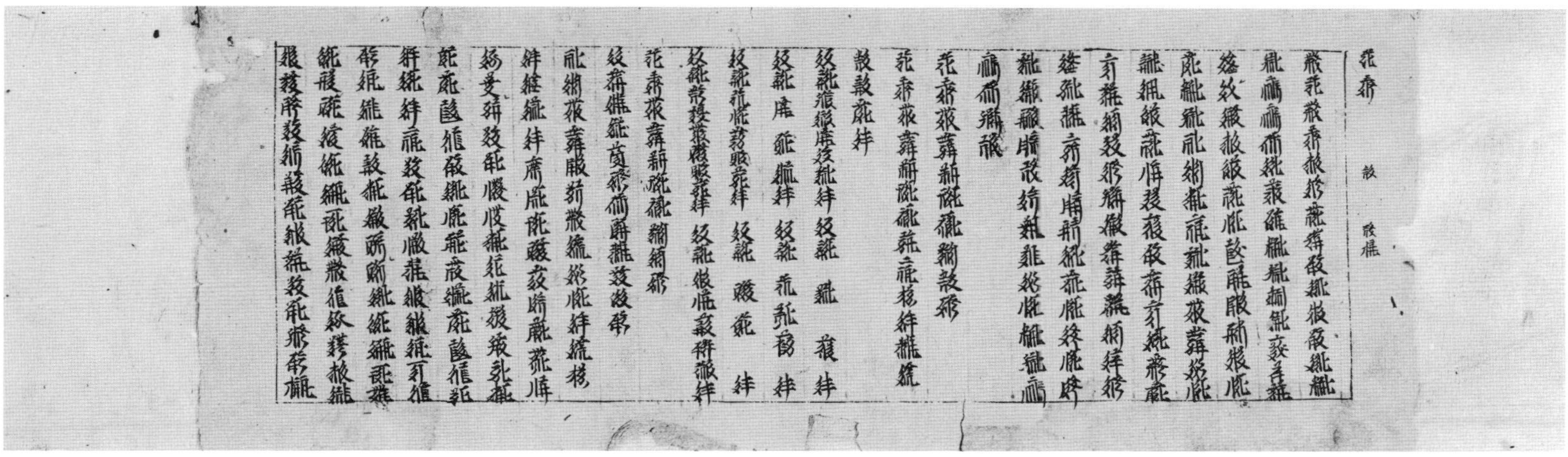

俄 Инв.No.4288 *5752 7645 7655* 慈悲道場懺法卷第四 (22–1)

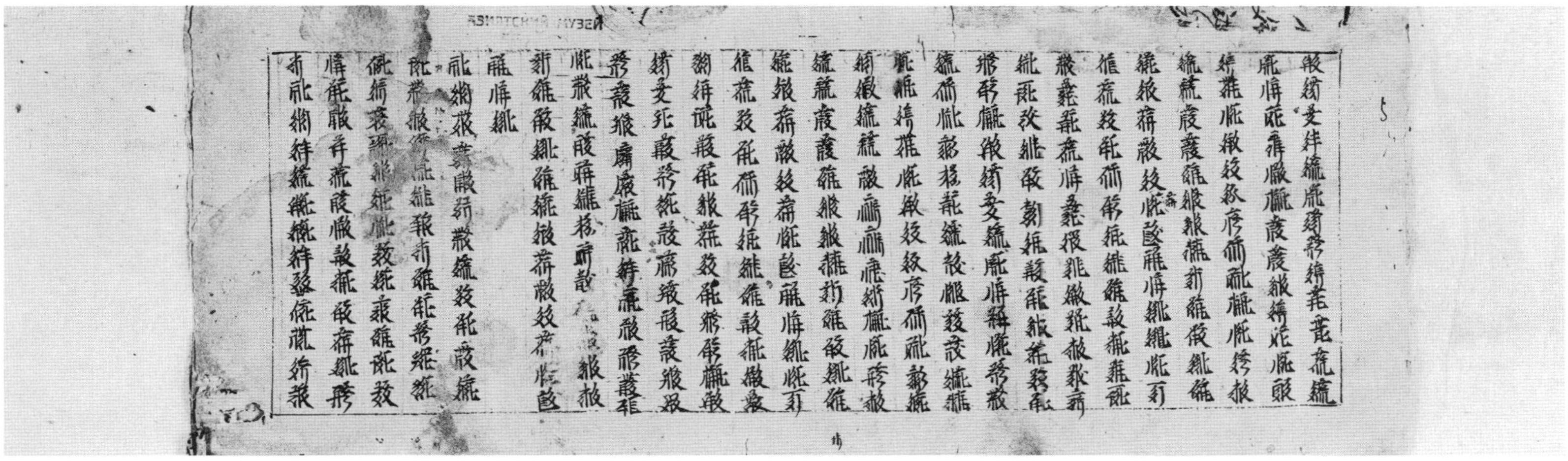

俄 Инв.No.4288 *5752 7645 7655* 慈悲道場懺法卷第四 (22–2)

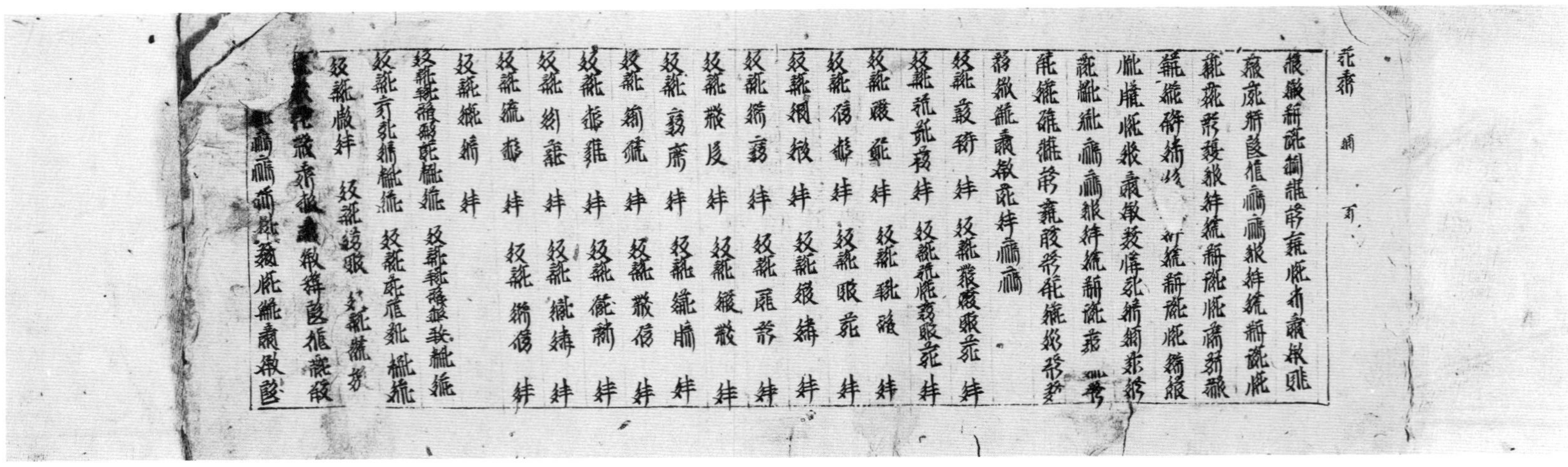

俄 Инв.No.4288 *5752 7645 7655*　慈悲道場懺法卷第四　(22–3)

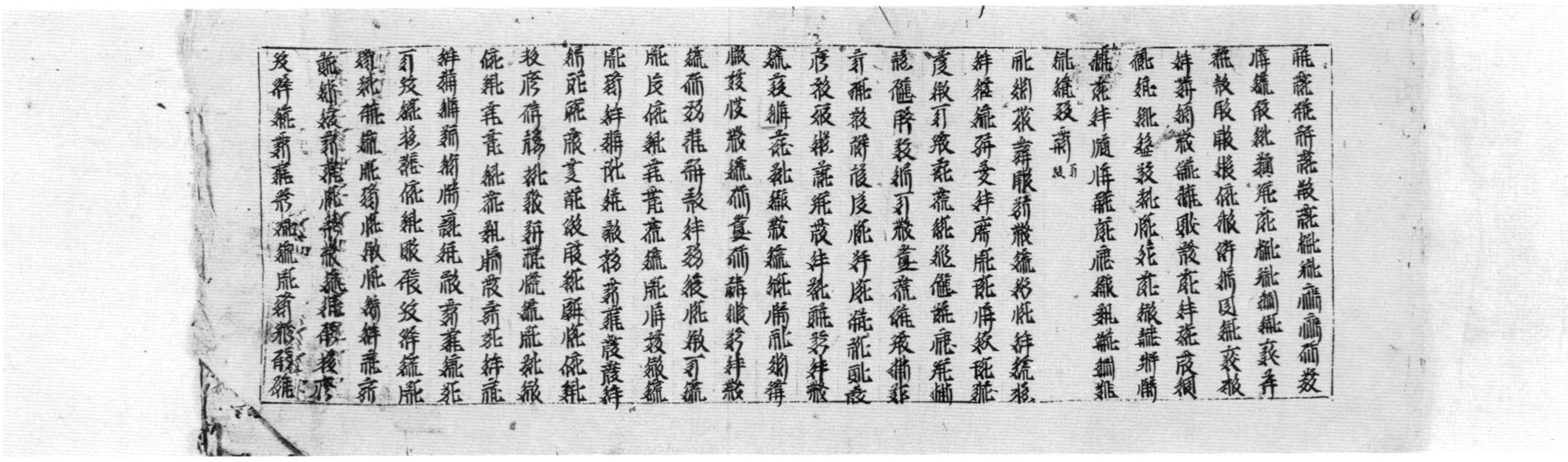

俄 Инв.No.4288 *5752 7645 7655*　慈悲道場懺法卷第四　(22–4)

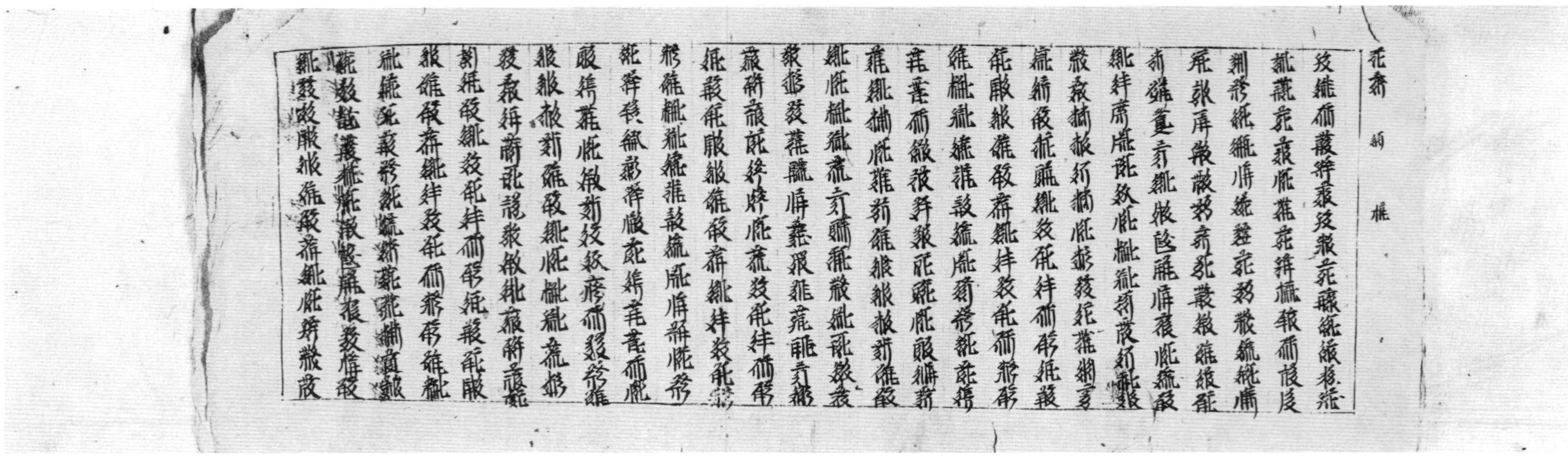

俄 Инв.No.4288 *5752 7645 7655*　慈悲道場懺法卷第四　(22–5)

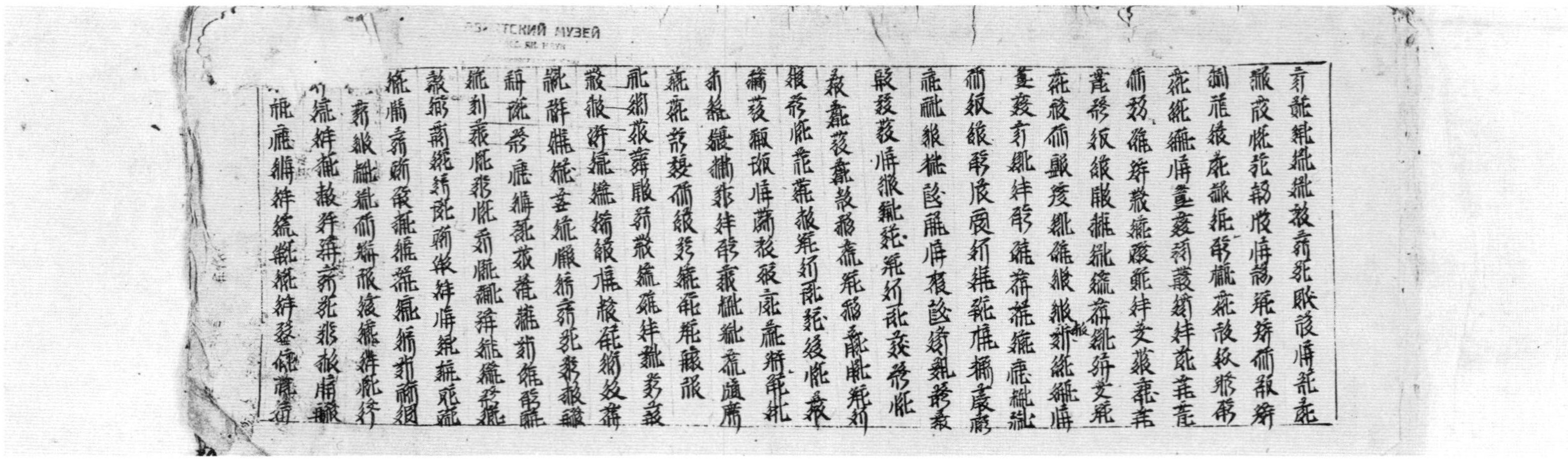

俄 Инв.No.4288 *5752 7645 7655*　慈悲道場懺法卷第四　(22–6)

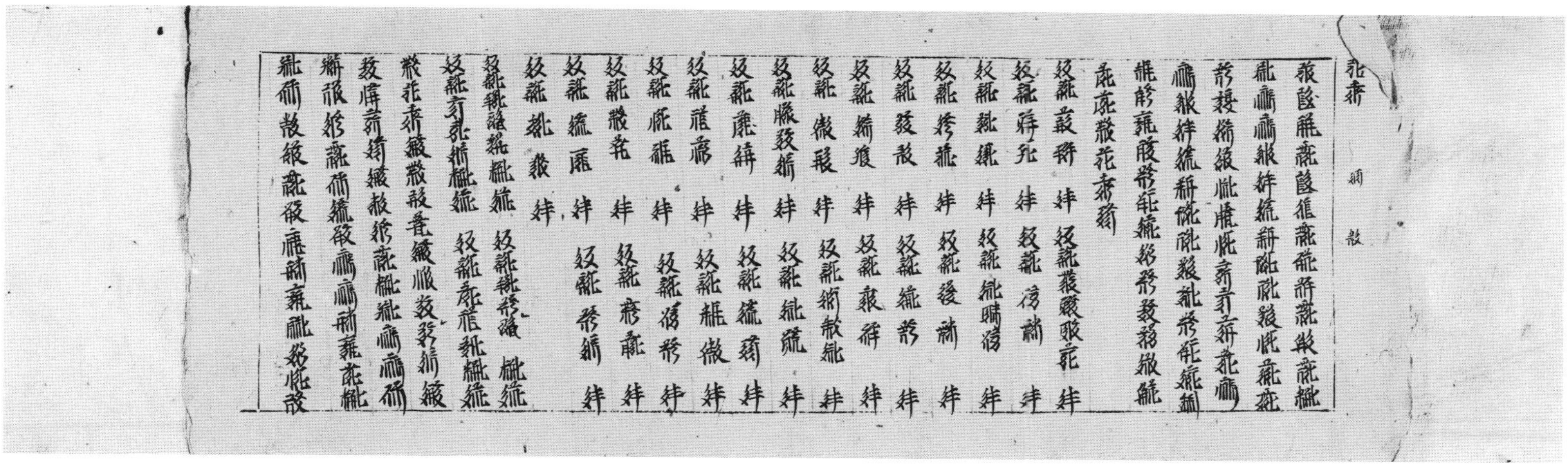

俄 Инв.No.4288 *5752 7645 7655*　慈悲道場懺法卷第四　(22–7)

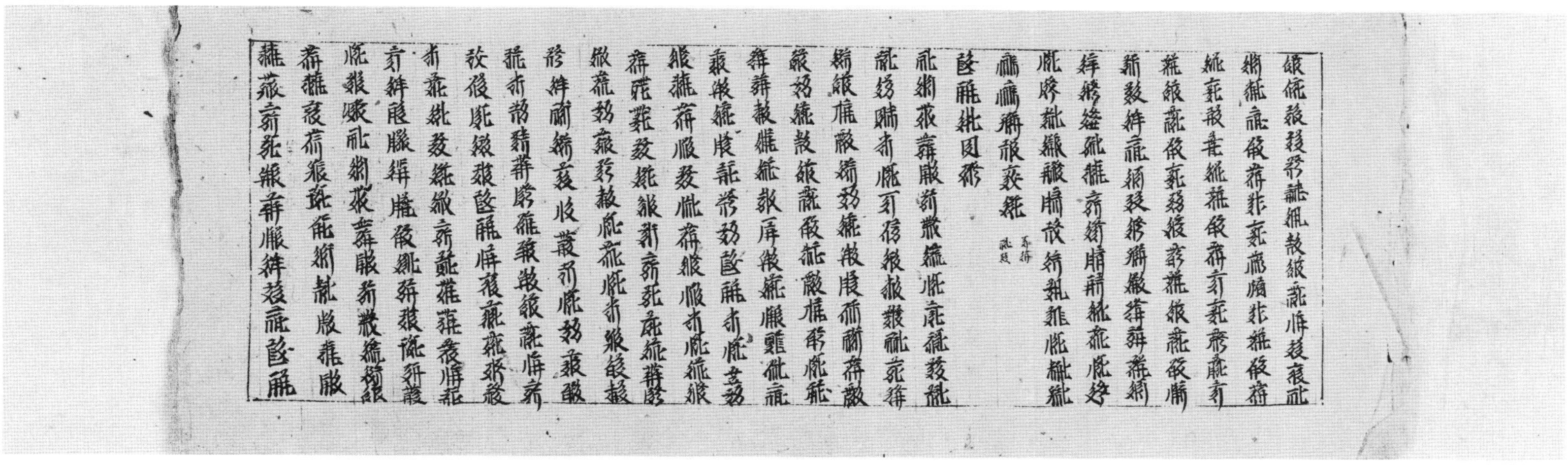

俄 Инв.No.4288 *5752 7645 7655*　慈悲道場懺法卷第四　(22–8)

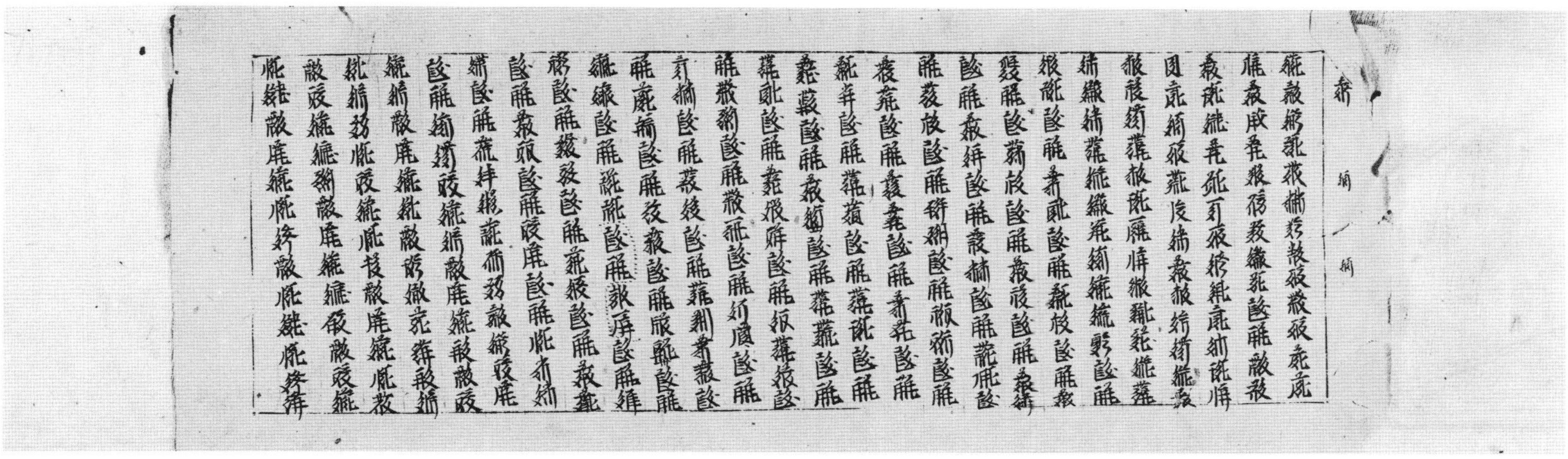

俄 Инв.No.4288 *5752 7645 7655*　慈悲道場懺法卷第四　(22–9)

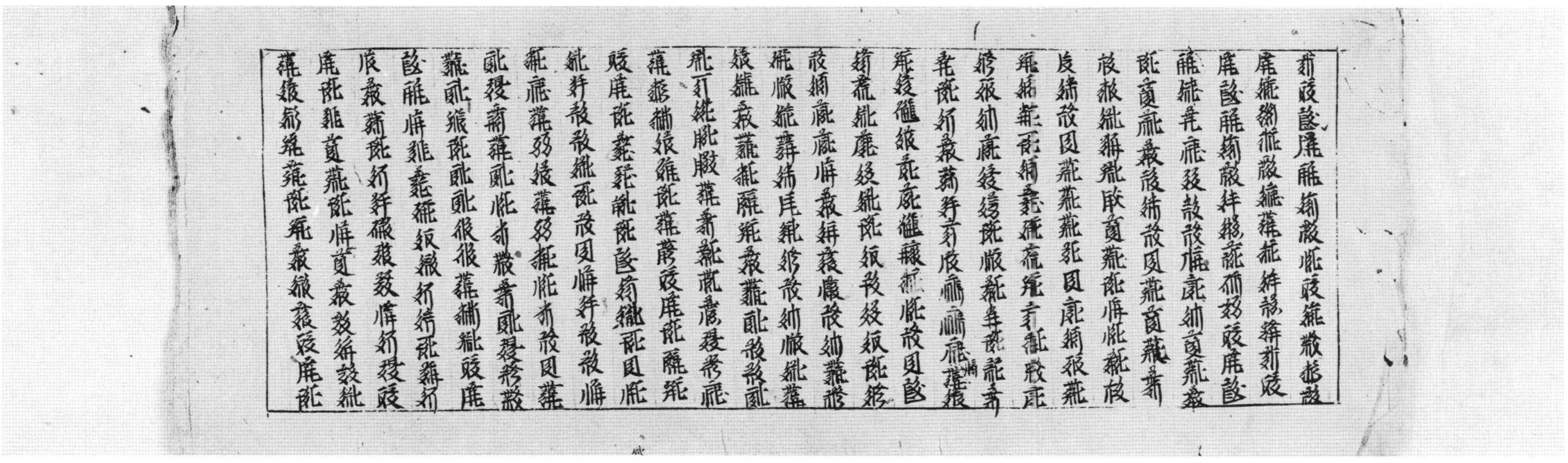

俄 Инв.No.4288 *5752 7645 7655*　慈悲道場懺法卷第四　(22–10)

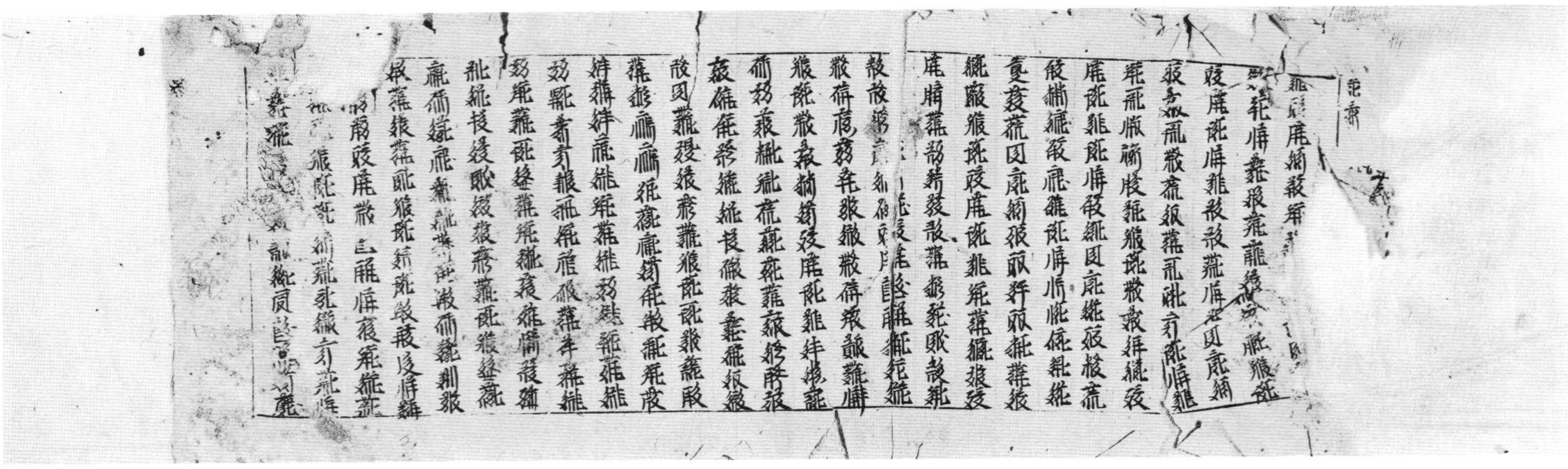

俄 Инв.No.4288 *5752 7645 7655* 慈悲道場懺法卷第四 (22–11)

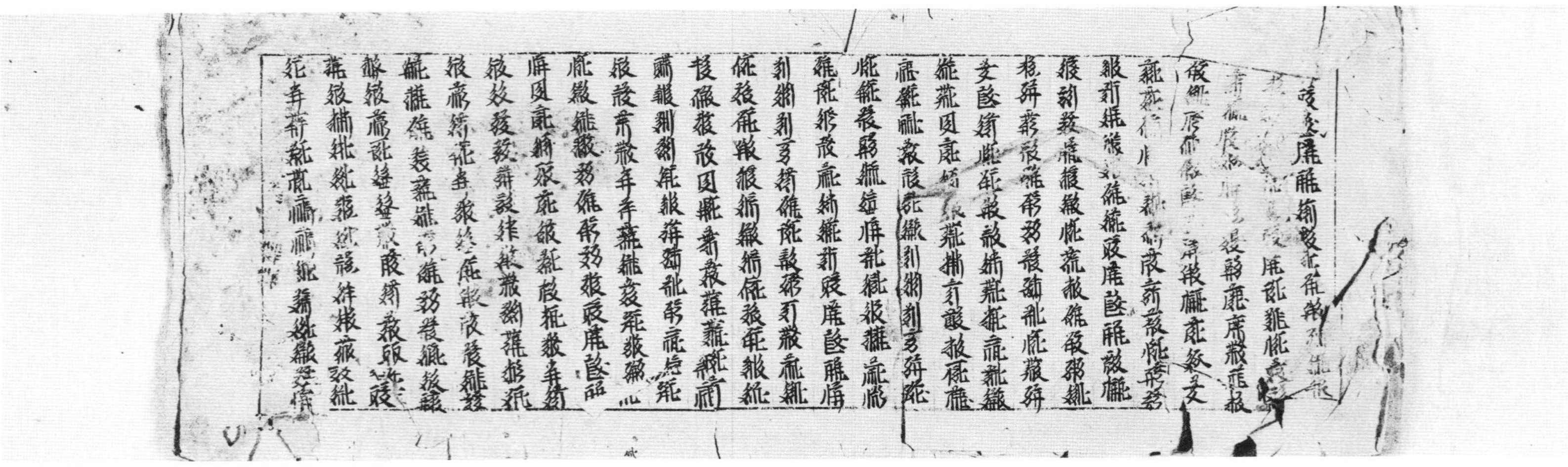

俄 Инв.No.4288 *5752 7645 7655* 慈悲道場懺法卷第四 (22–12)

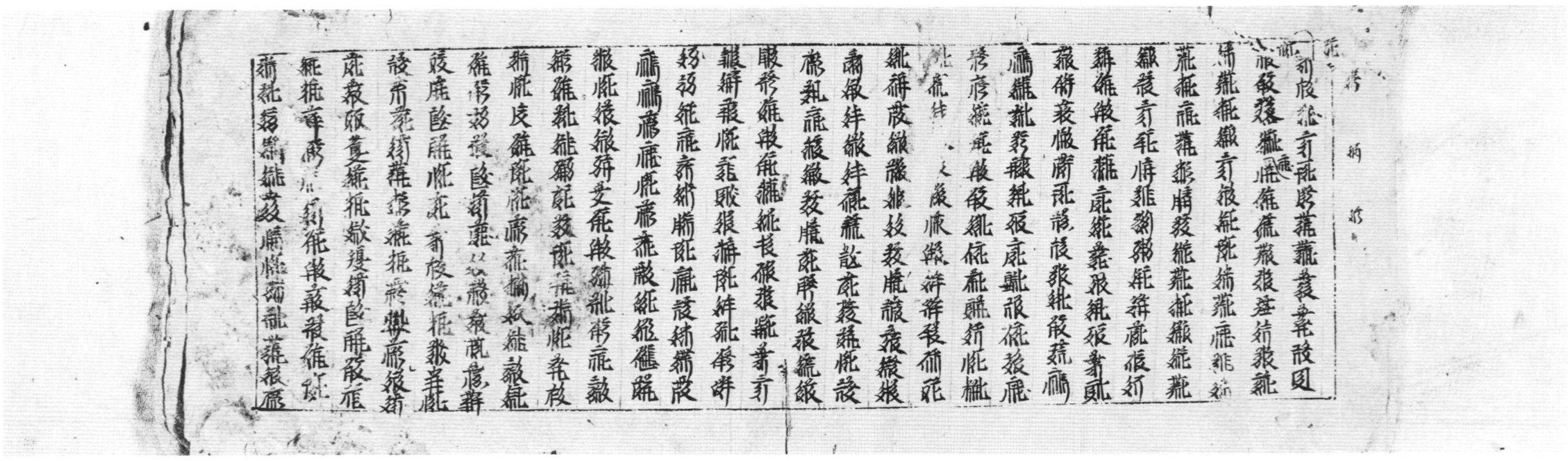

俄 Инв.No.4288 *5752 7645 7655* 慈悲道場懺法卷第四 (22–13)

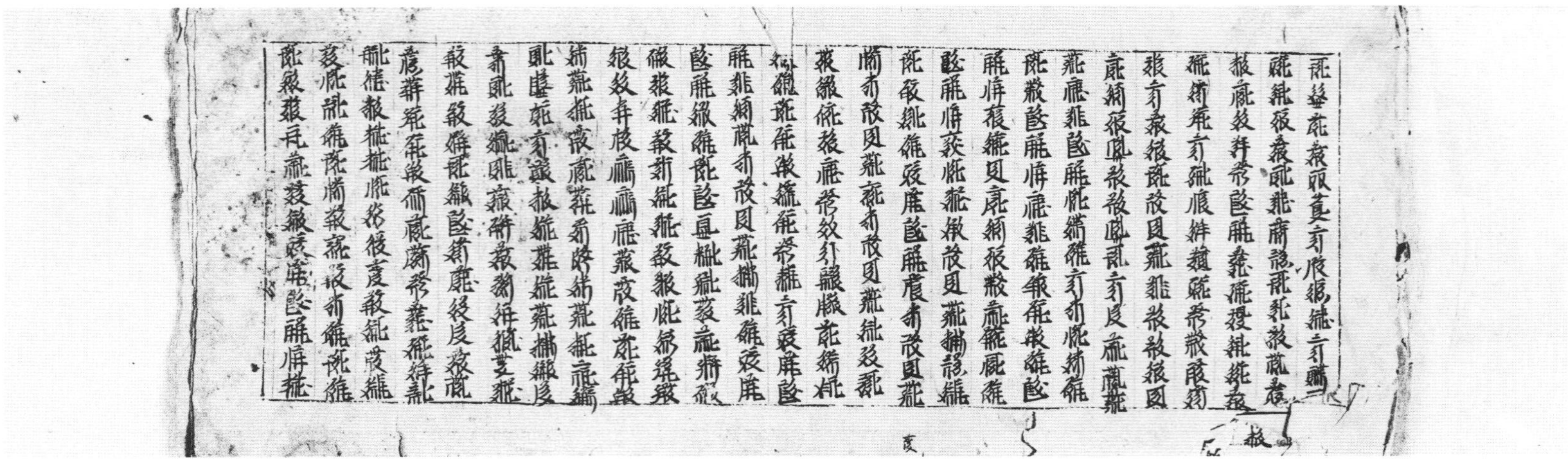

俄 Инв.No.4288 *5752 7645 7655* 慈悲道場懺法卷第四 (22–14)

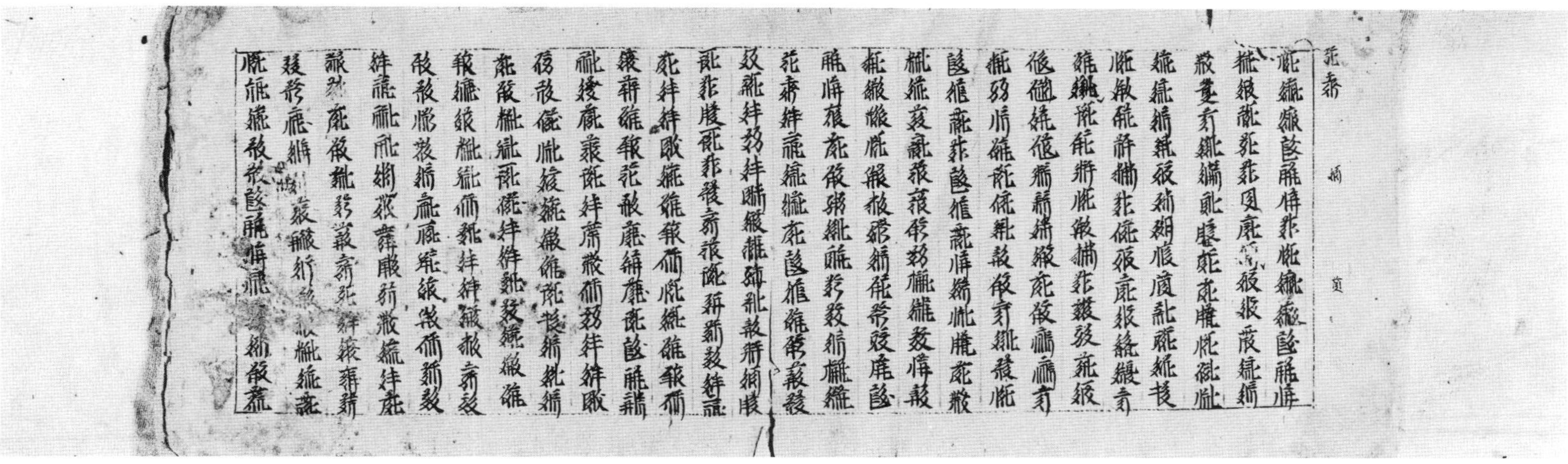

俄 Инв.No.4288 *5752 7645 7655* 慈悲道場懺法卷第四 (22–15)

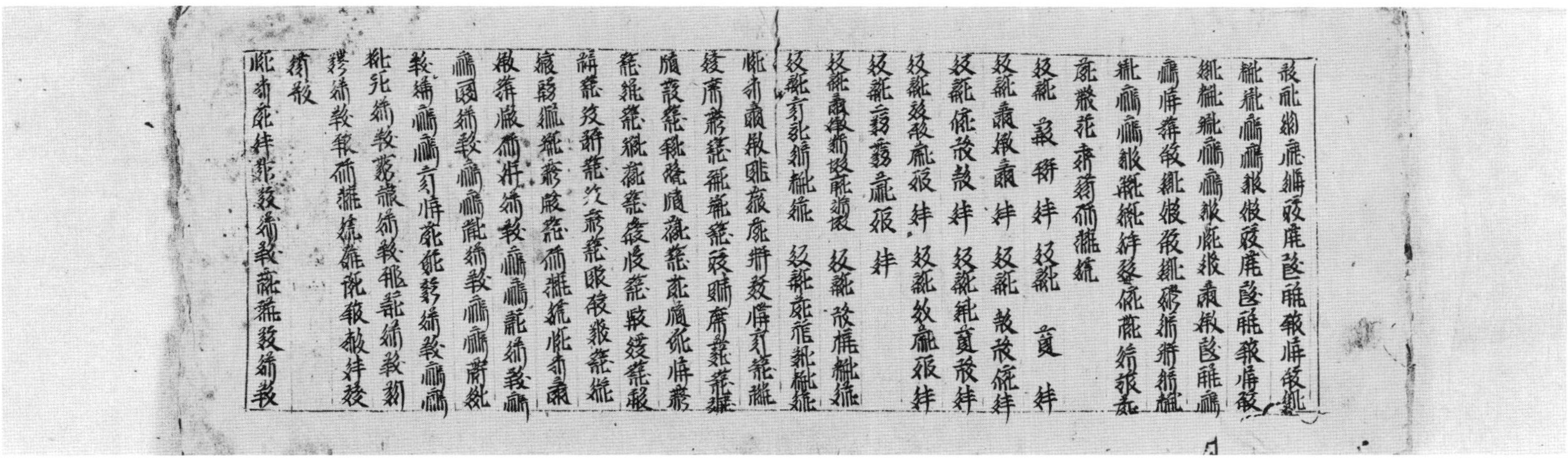

俄 Инв.No.4288 *5752 7645 7655* 慈悲道場懺法卷第四 (22–16)

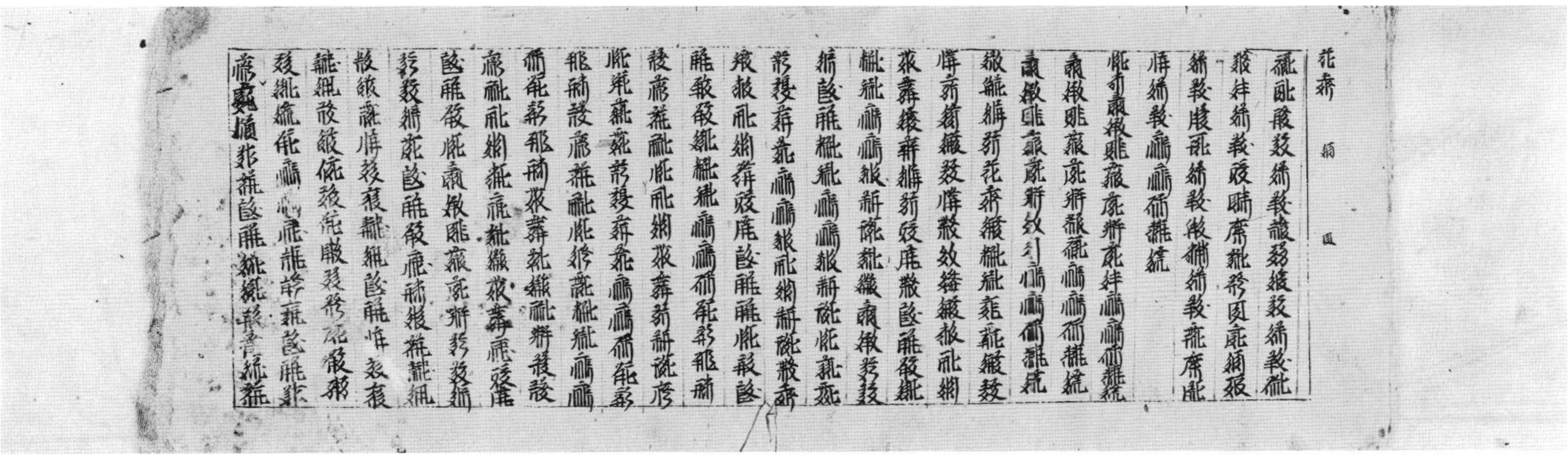

俄 Инв.No.4288 *5752 7645 7655* 慈悲道場懺法卷第四 (22–17)

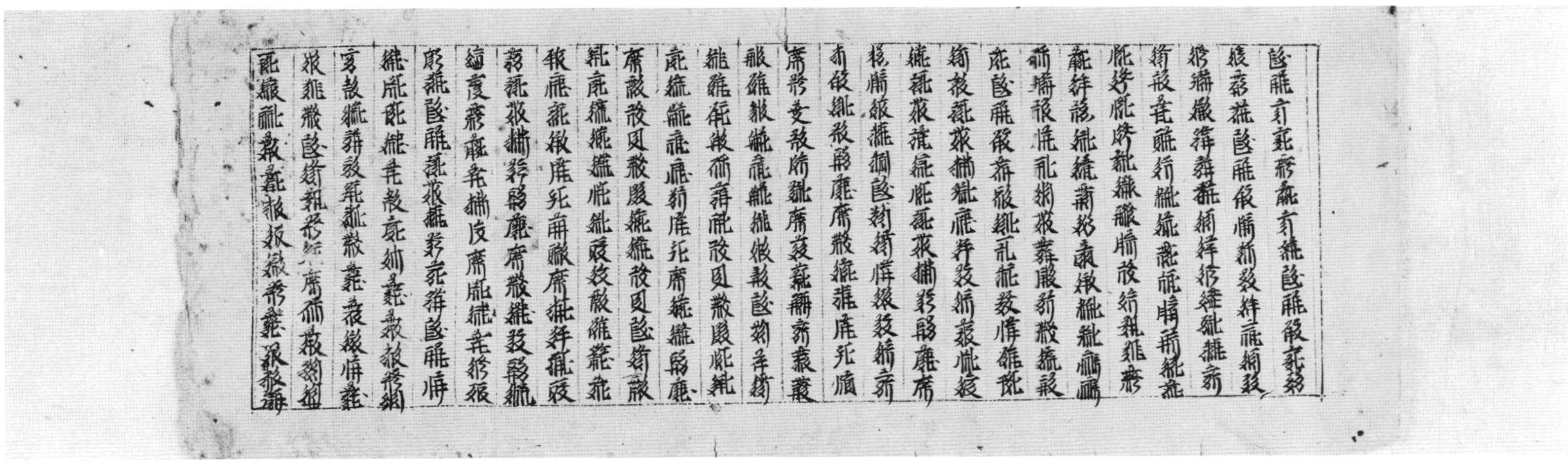

俄 Инв.No.4288 *5752 7645 7655* 慈悲道場懺法卷第四 (22–18)

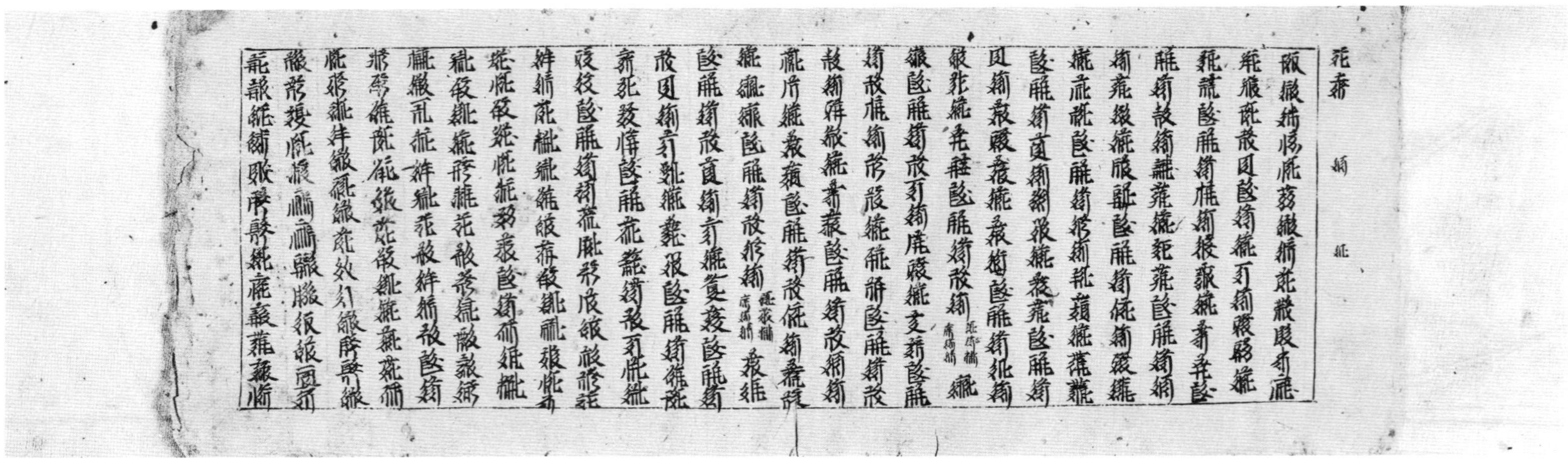

俄 Инв.No.4288 5752 7645 7655　慈悲道場懺法卷第四　(22–19)

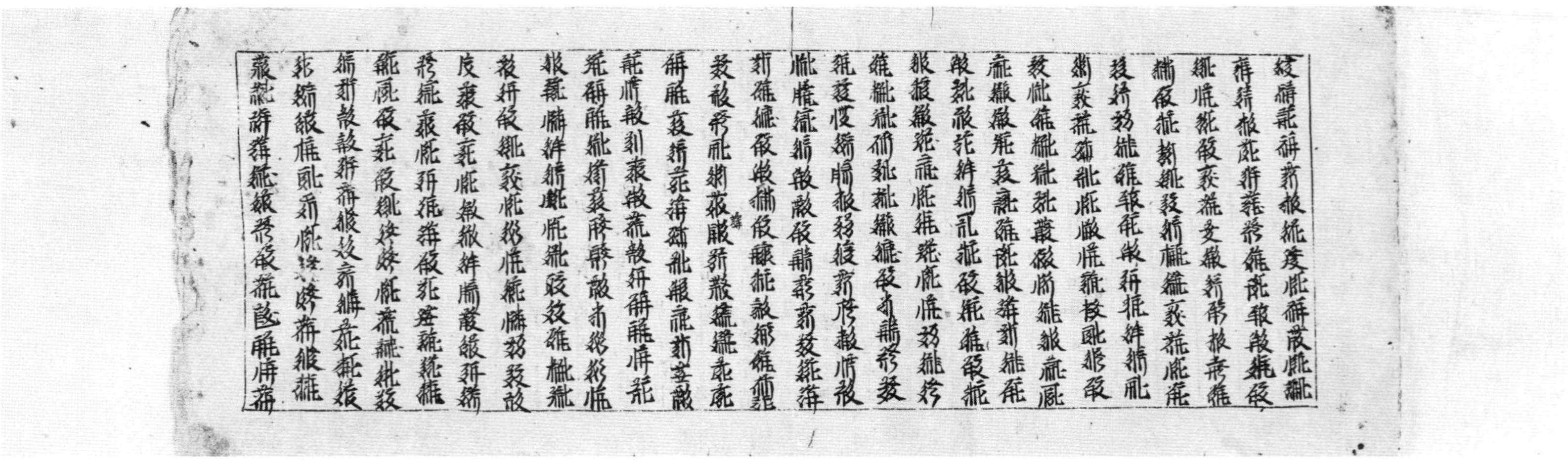

俄 Инв.No.4288 5752 7645 7655　慈悲道場懺法卷第四　(22–20)

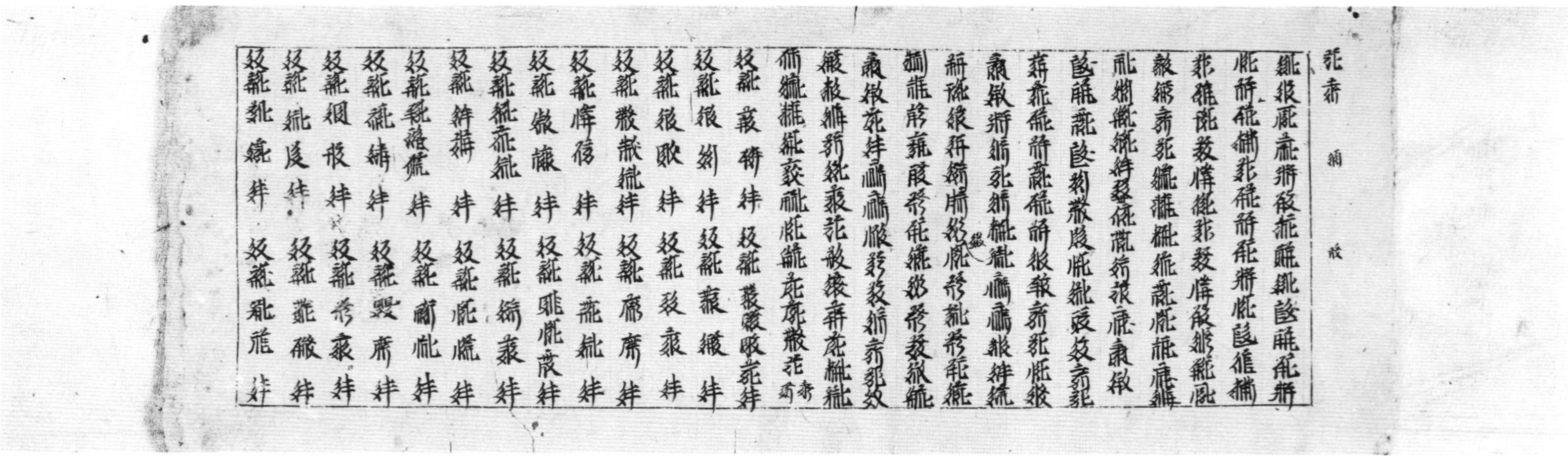

俄 Инв.No.4288 5752 7645 7655　慈悲道場懺法卷第四　(22–21)

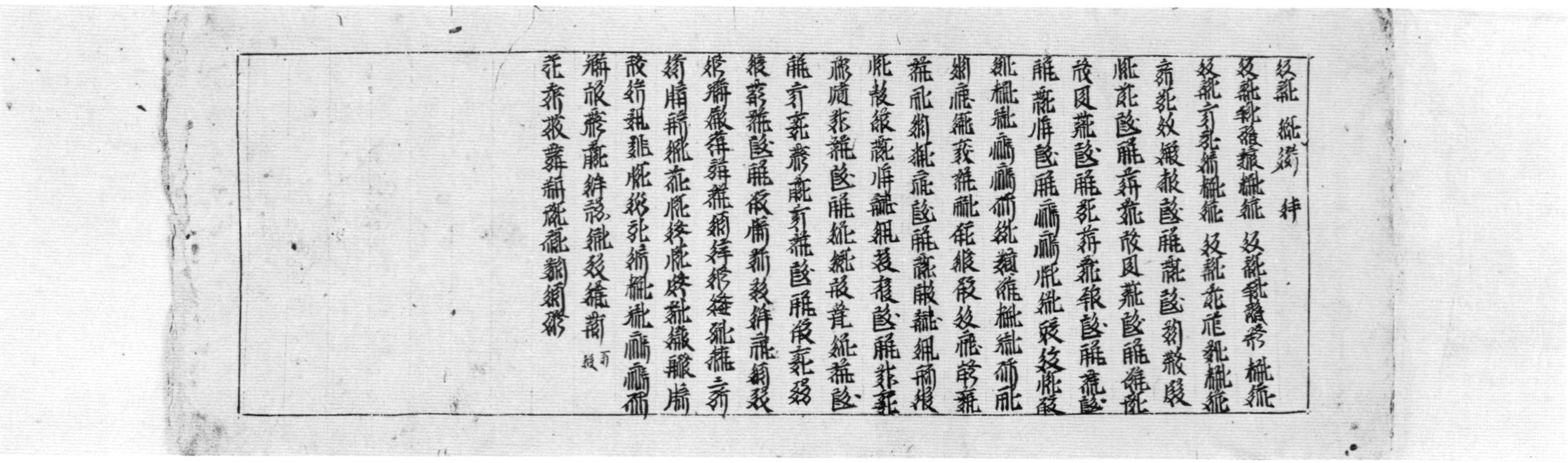

俄 Инв.No.4288 5752 7645 7655　慈悲道場懺法卷第四　(22–22)

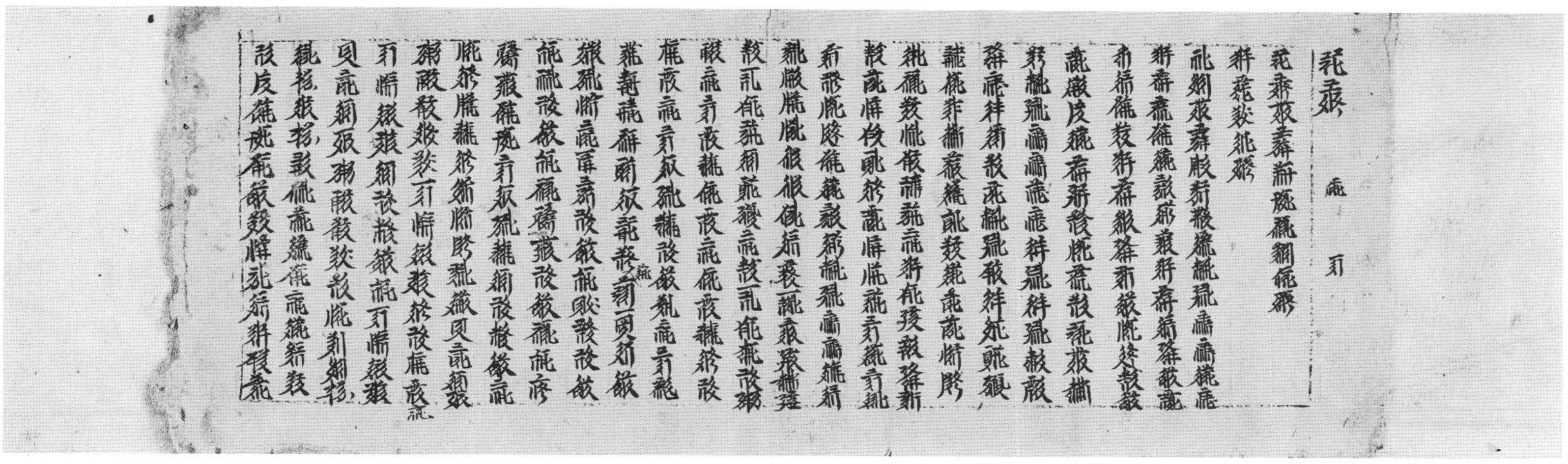

俄 Инв.No.4288 *5752 7645 7655* 慈悲道場懺法卷第五 (18–1)

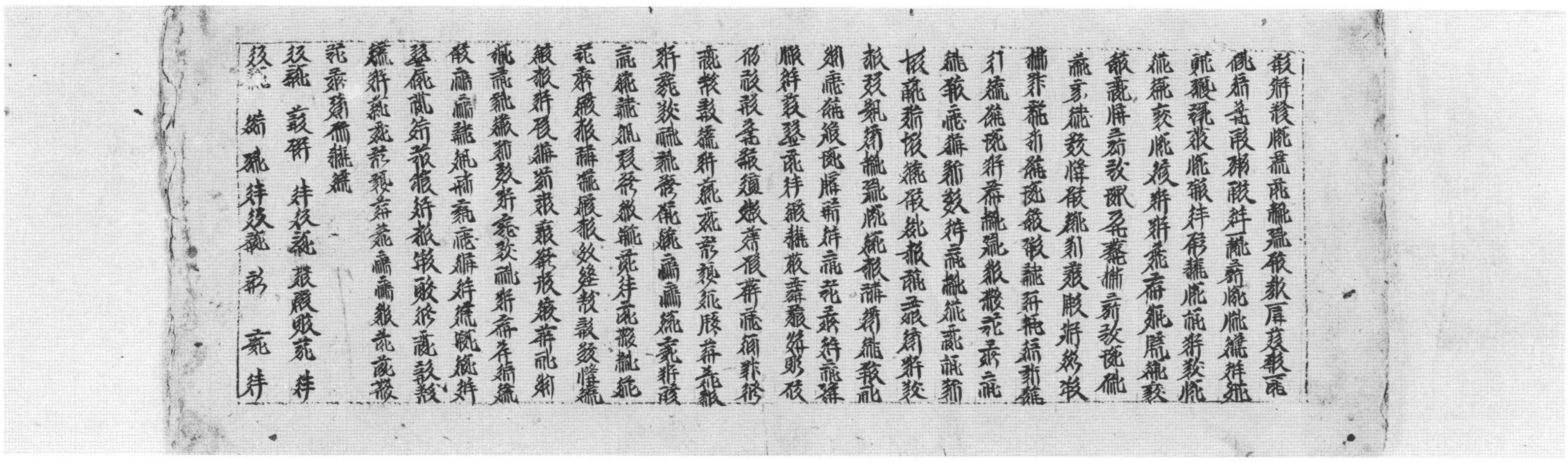

俄 Инв.No.4288 *5752 7645 7655* 慈悲道場懺法卷第五 (18–2)

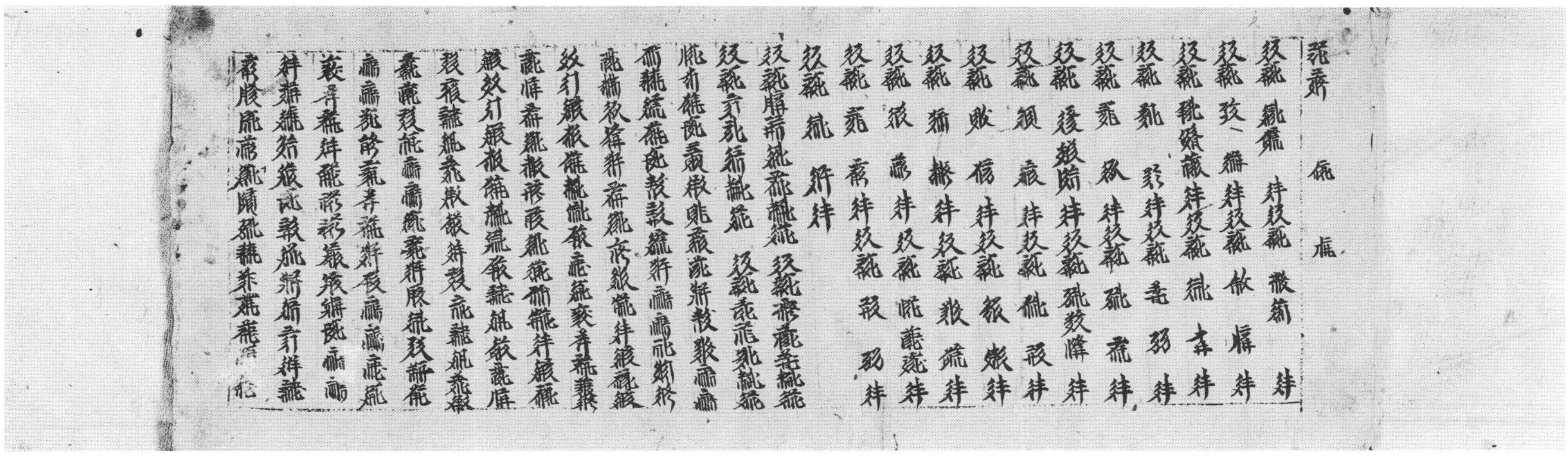

俄 Инв.No.4288 *5752 7645 7655* 慈悲道場懺法卷第五 (18–3)

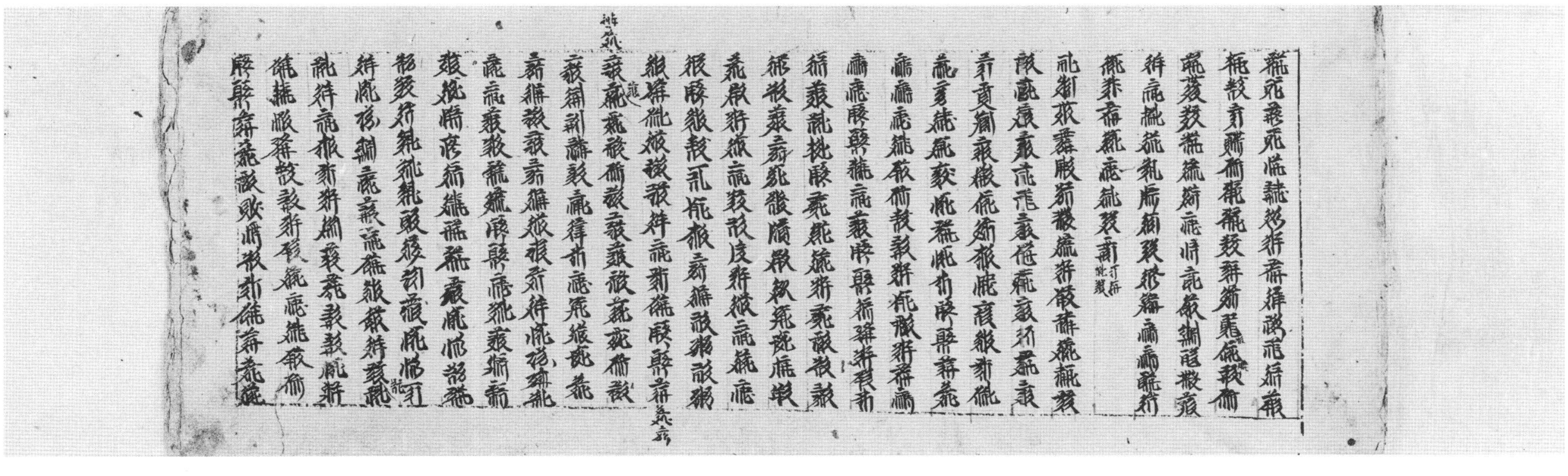

俄 Инв.No.4288 *5752 7645 7655* 慈悲道場懺法卷第五 (18–4)

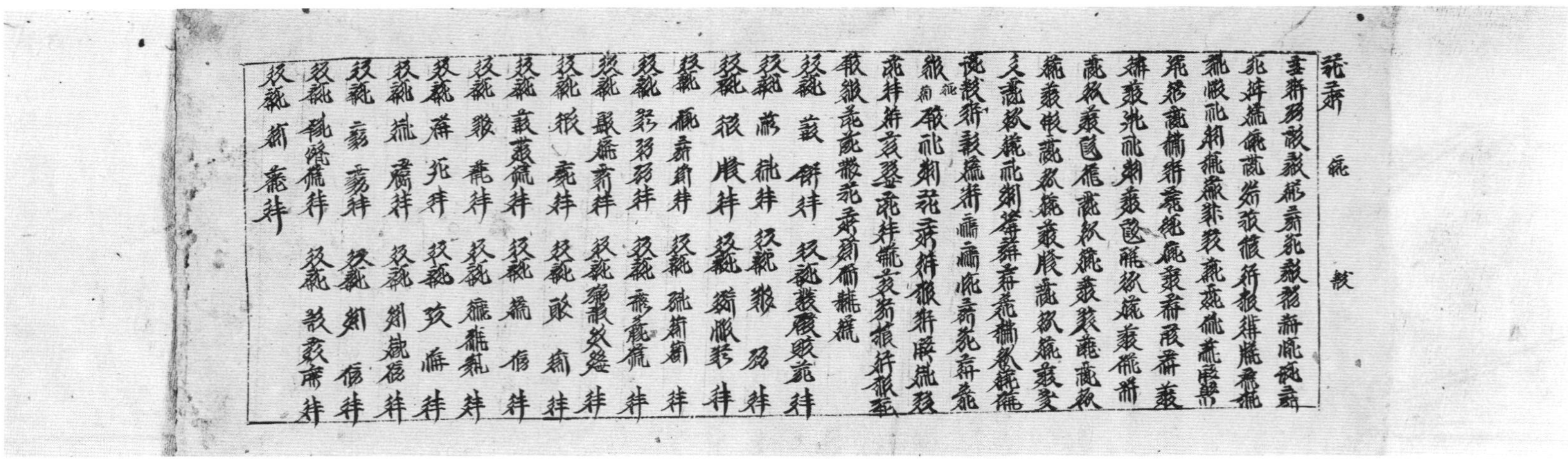

俄 Инв.No.4288 *5752 7645 7655*　慈悲道場懺法卷第五　(18–5)

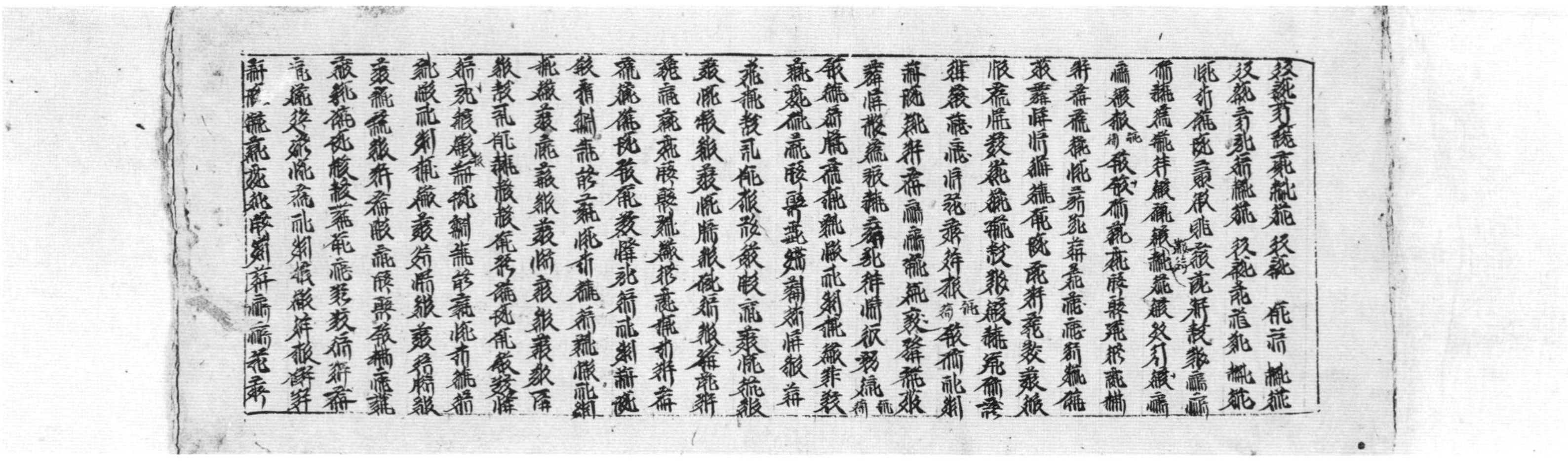

俄 Инв.No.4288 *5752 7645 7655*　慈悲道場懺法卷第五　(18–6)

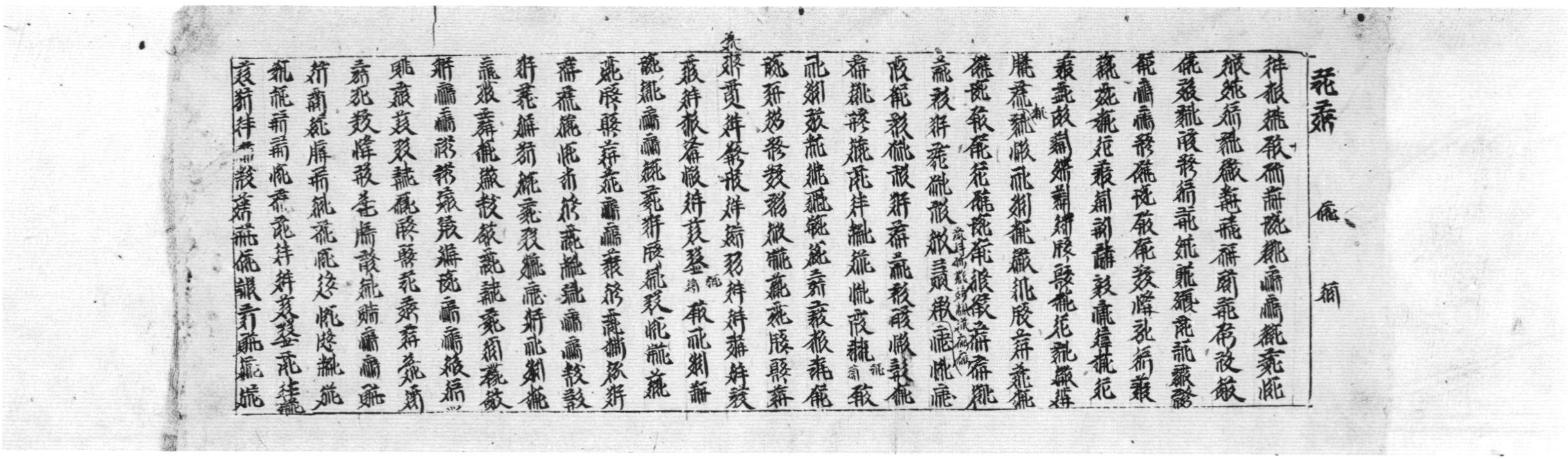

俄 Инв.No.4288 *5752 7645 7655*　慈悲道場懺法卷第五　(18–7)

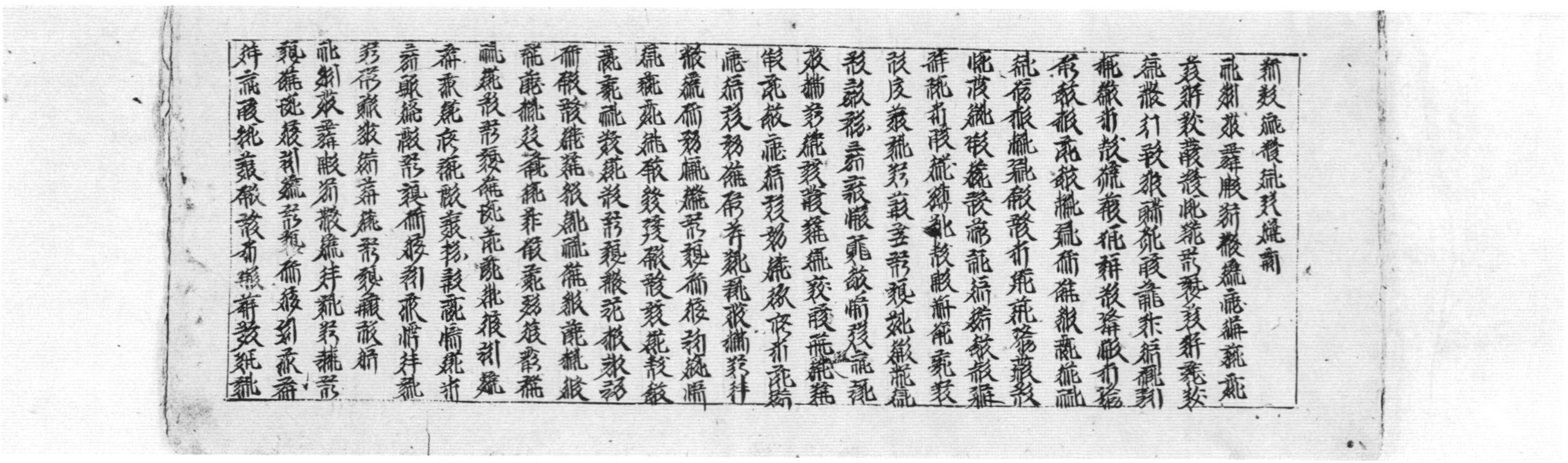

俄 Инв.No.4288 *5752 7645 7655*　慈悲道場懺法卷第五　(18–8)

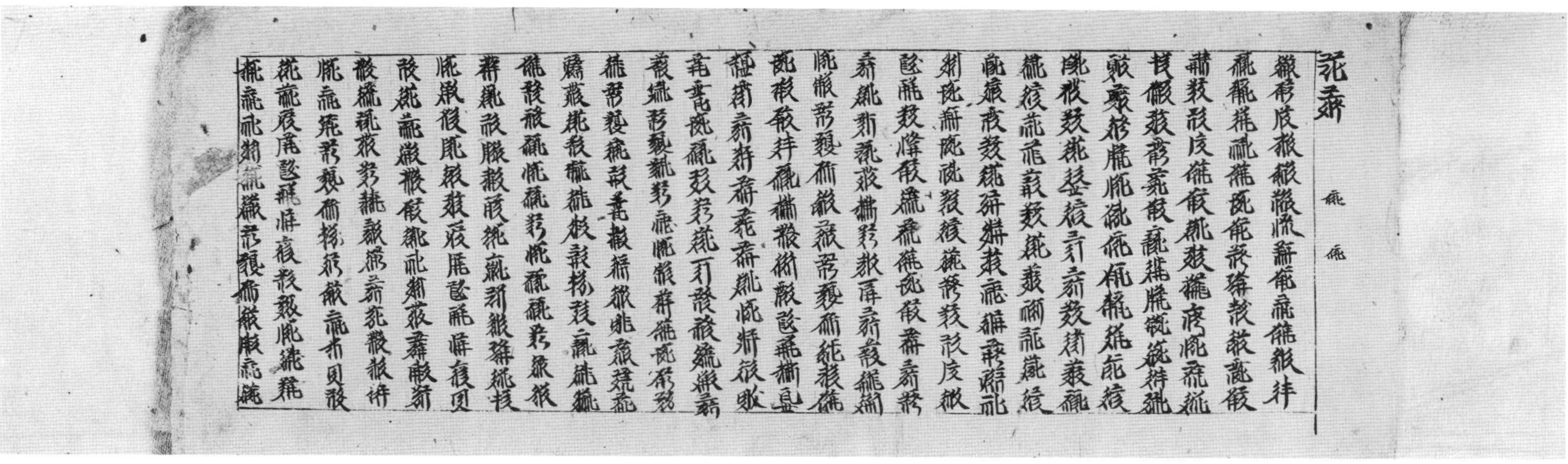

俄 Инв.No.4288 *5752 7645 7655* 慈悲道場懺法卷第五 (18–9)

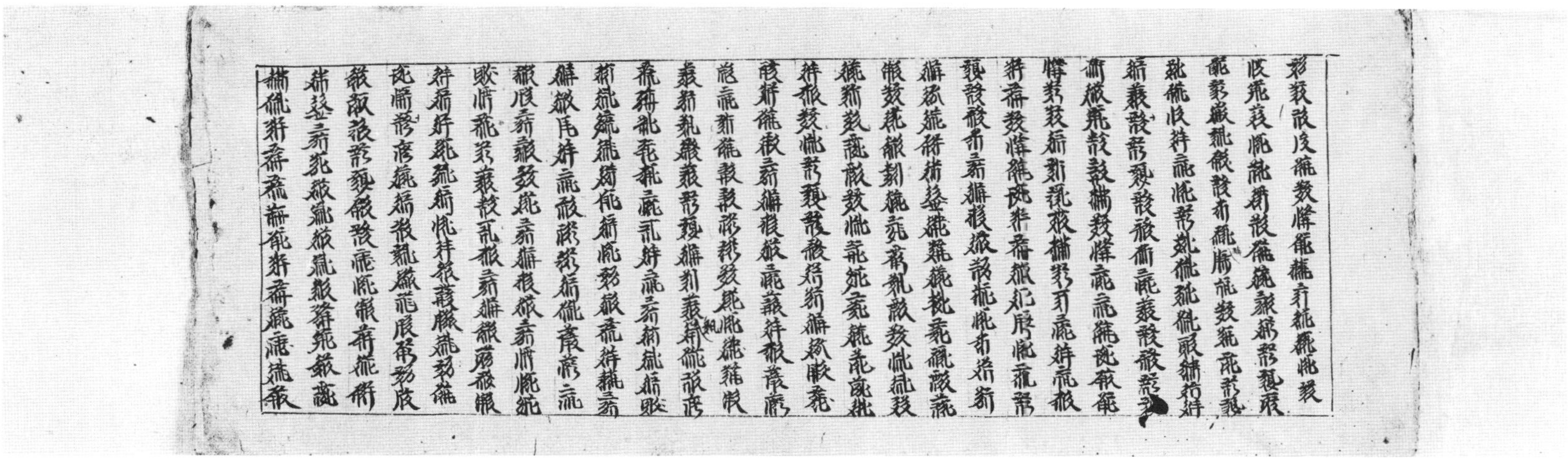

俄 Инв.No.4288 *5752 7645 7655* 慈悲道場懺法卷第五 (18–10)

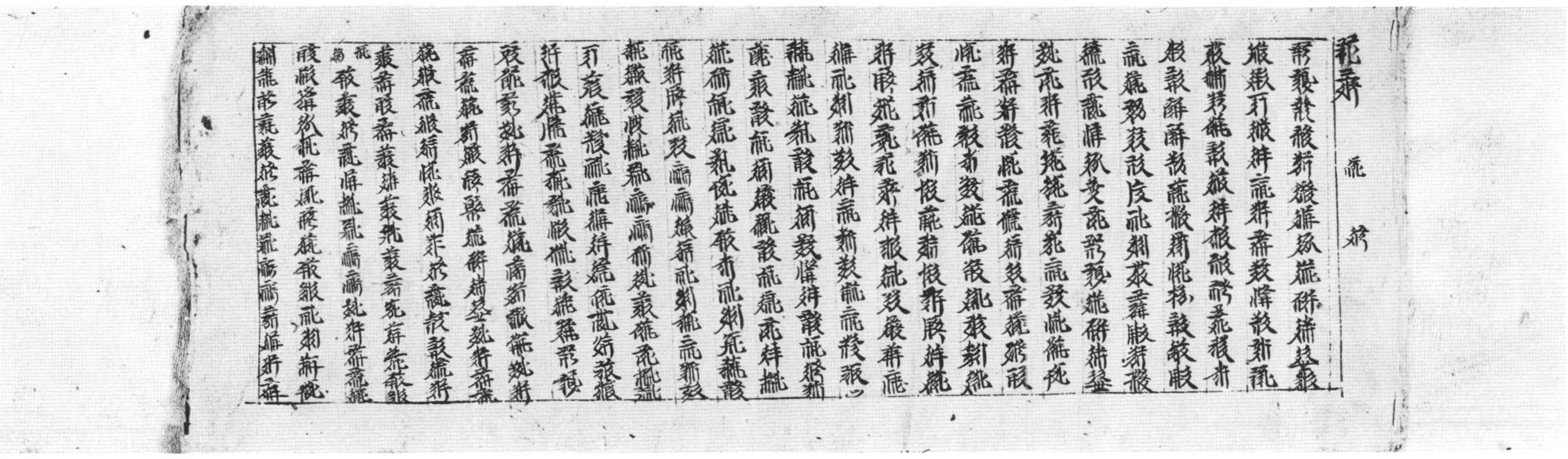

俄 Инв.No.4288 *5752 7645 7655* 慈悲道場懺法卷第五 (18–11)

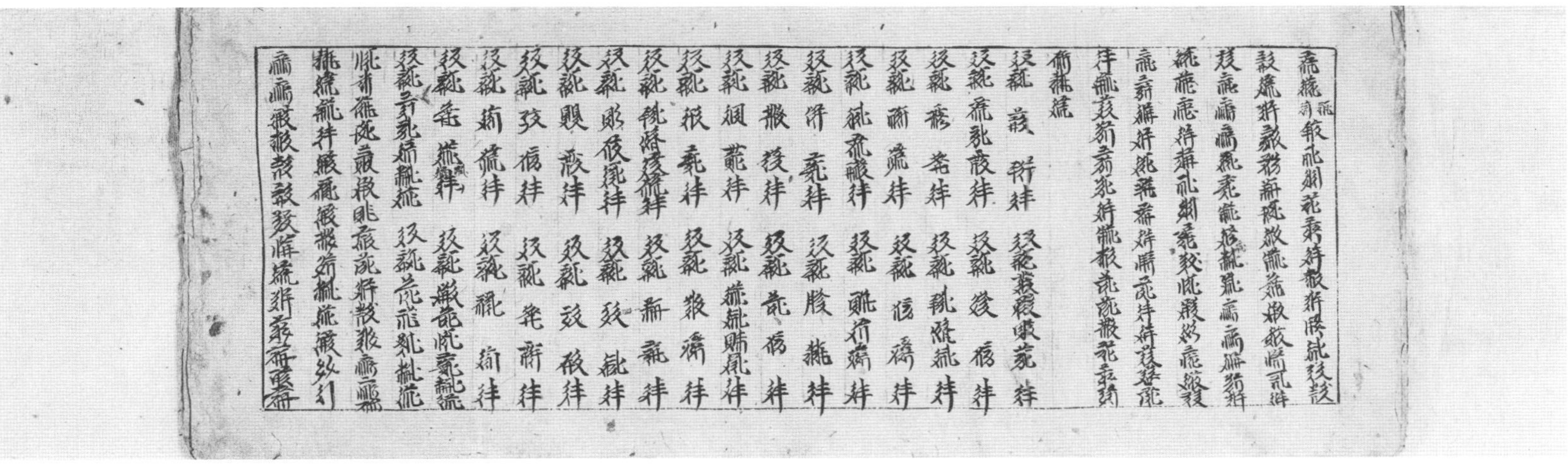

俄 Инв.No.4288 *5752 7645 7655* 慈悲道場懺法卷第五 (18–12)

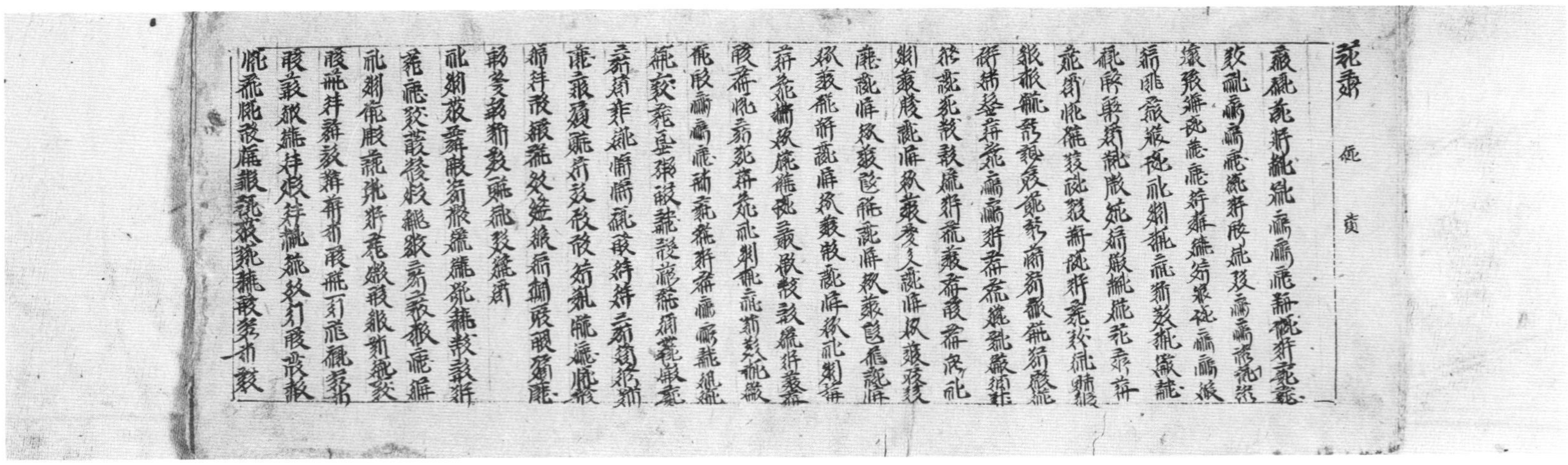

俄 Инв.No.4288 *5752 7645 7655* 慈悲道場懺法卷第五 (18–13)

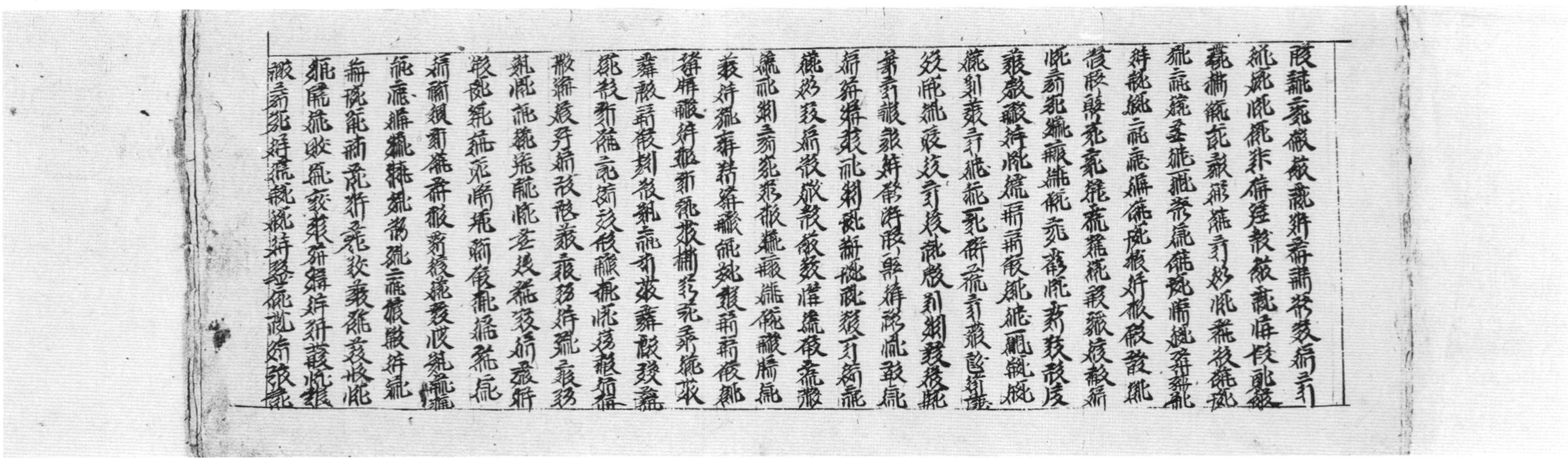

俄 Инв.No.4288 *5752 7645 7655* 慈悲道場懺法卷第五 (18–14)

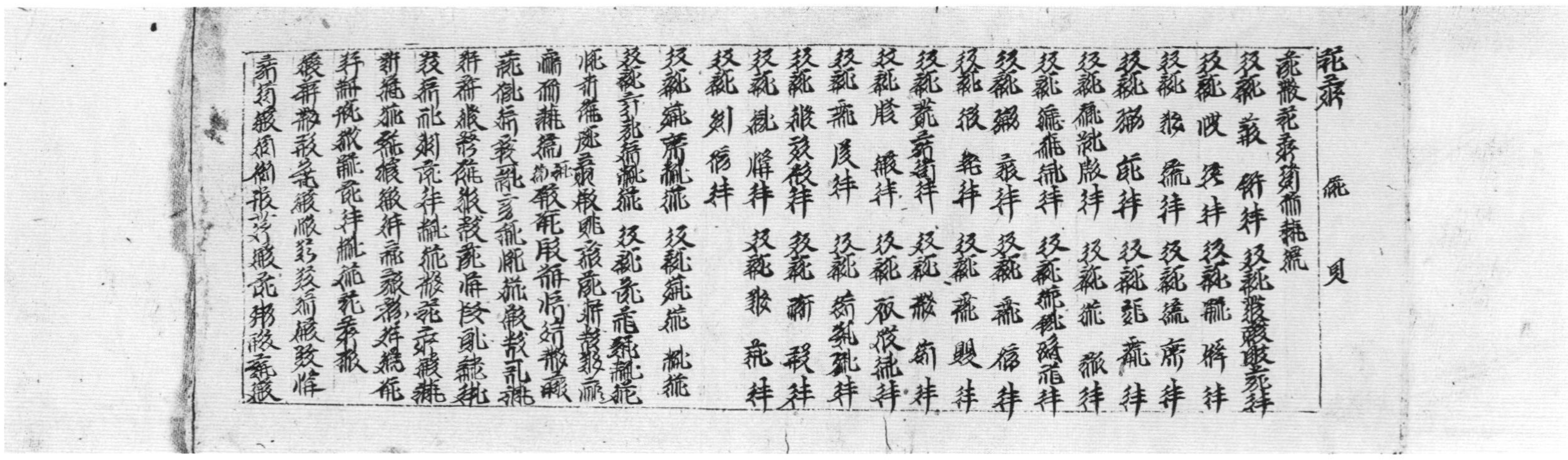

俄 Инв.No.4288 *5752 7645 7655* 慈悲道場懺法卷第五 (18–15)

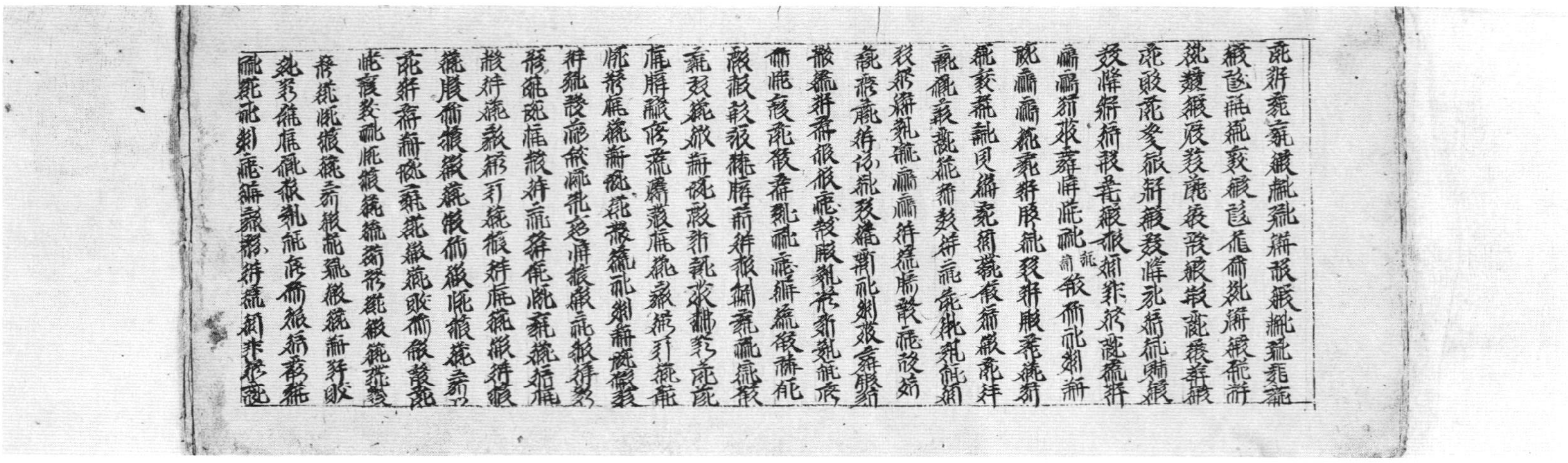

俄 Инв.No.4288 *5752 7645 7655* 慈悲道場懺法卷第五 (18–16)

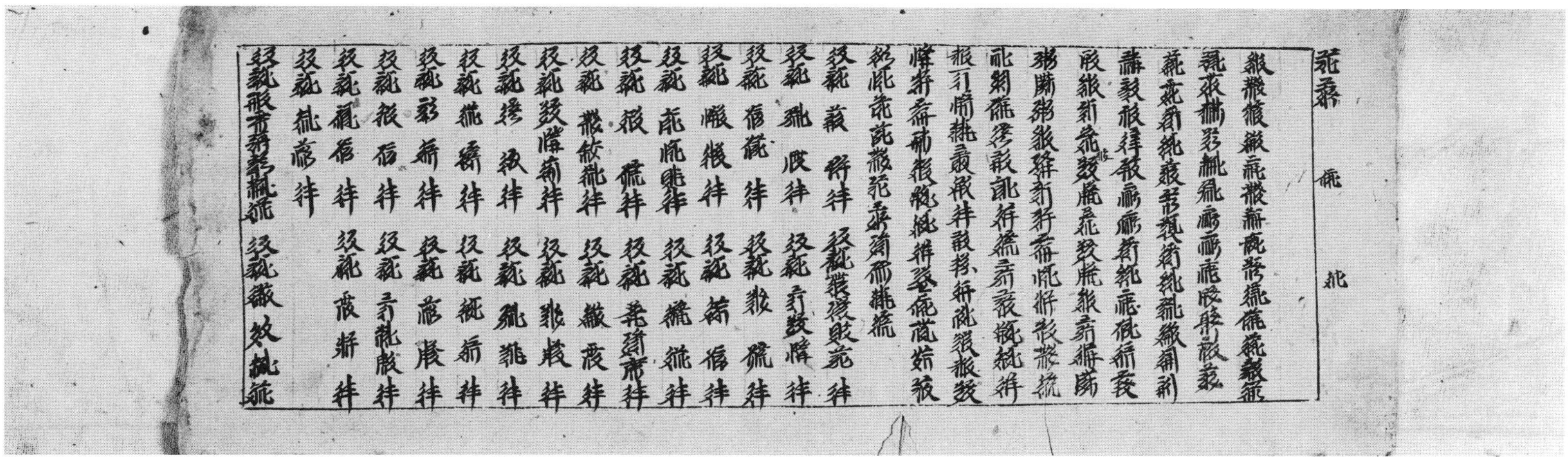

俄 Инв.No.4288 *5752 7645 7655* 慈悲道場懺法卷第五 (18–17)

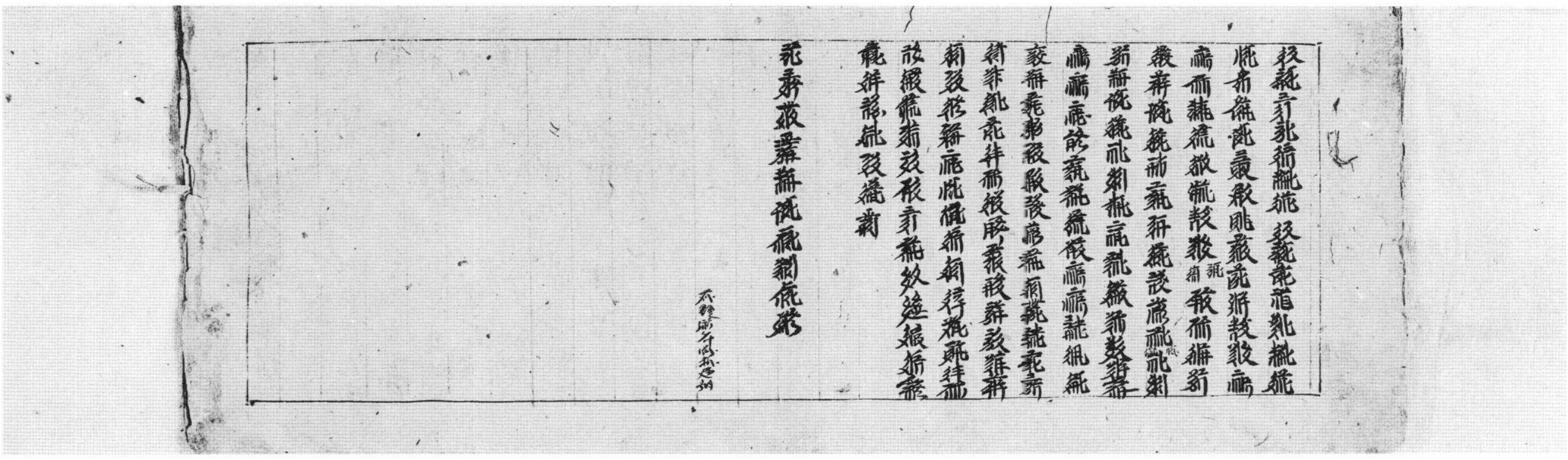

俄 Инв.No.4288 *5752 7645 7655* 慈悲道場懺法卷第五 (18–18)

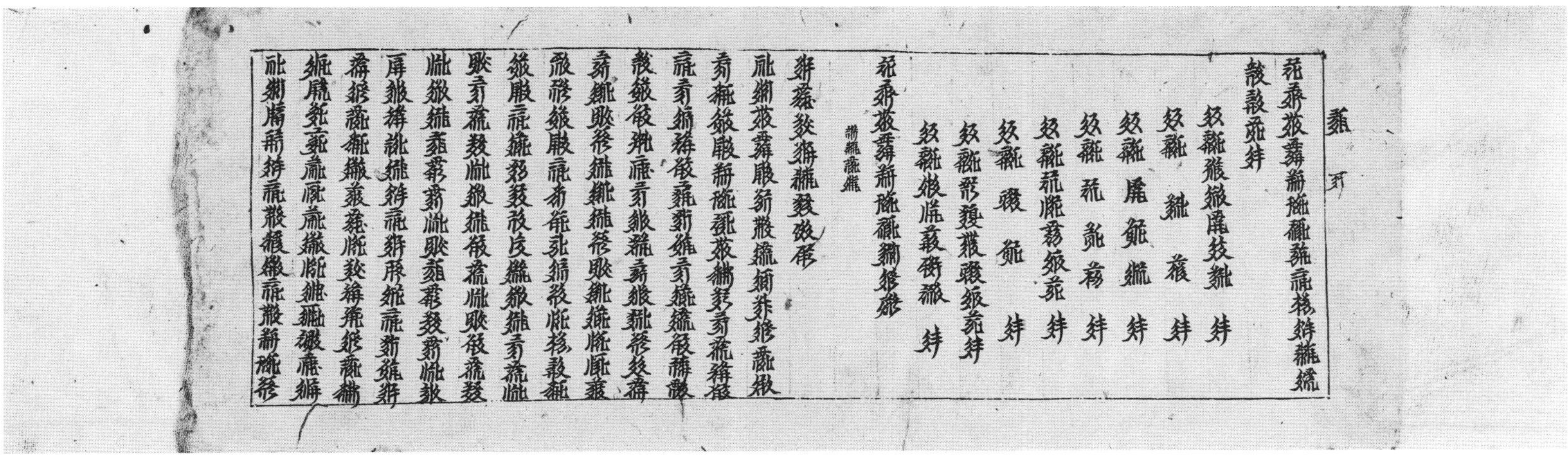

俄 Инв.No.4288 *5752 7645 7655* 慈悲道場懺法卷第六 (11–1)

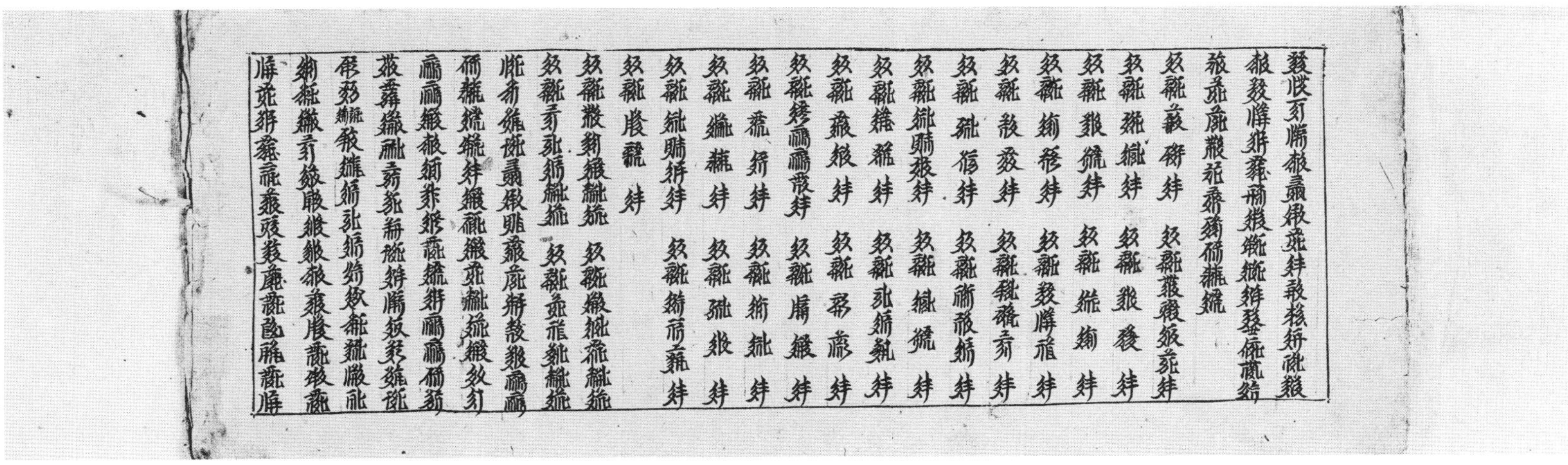

俄 Инв.No.4288 *5752 7645 7655* 慈悲道場懺法卷第六 (11–2)

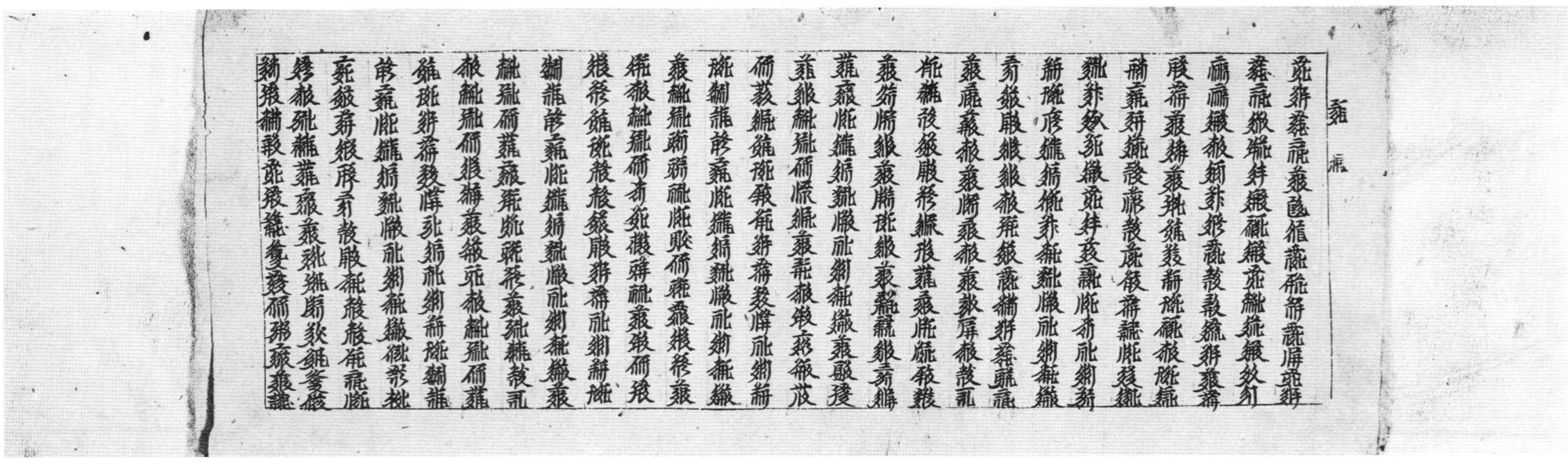

俄 **Инв**.No.4288 *5752 7645 7655*　慈悲道場懺法卷第六　(11–3)

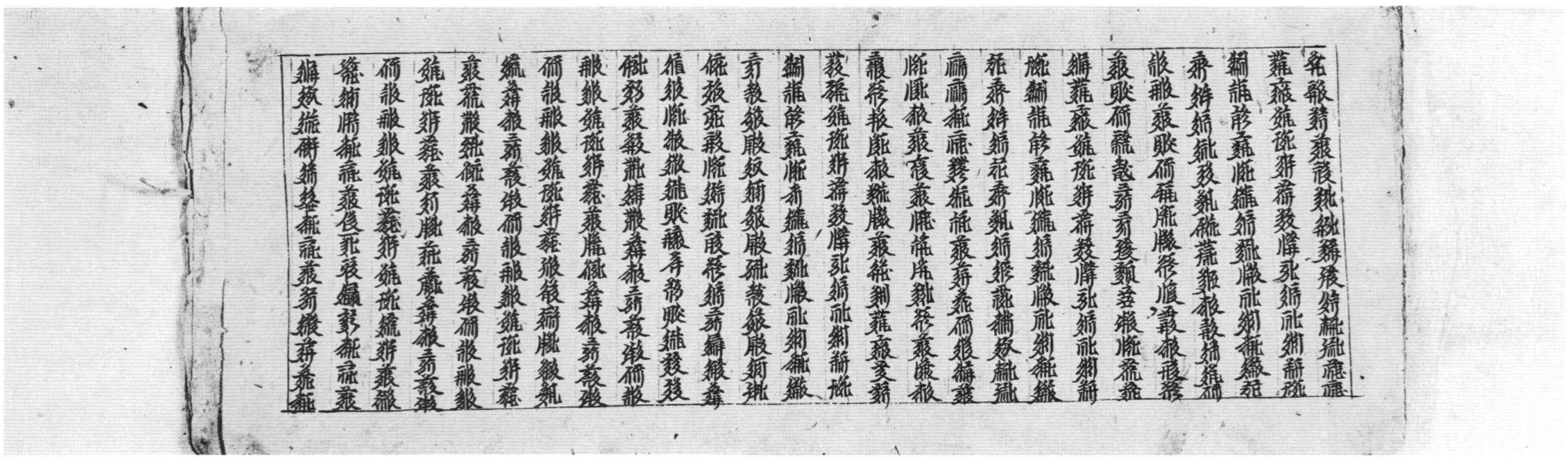

俄 **Инв**.No.4288 *5752 7645 7655*　慈悲道場懺法卷第六　(11–4)

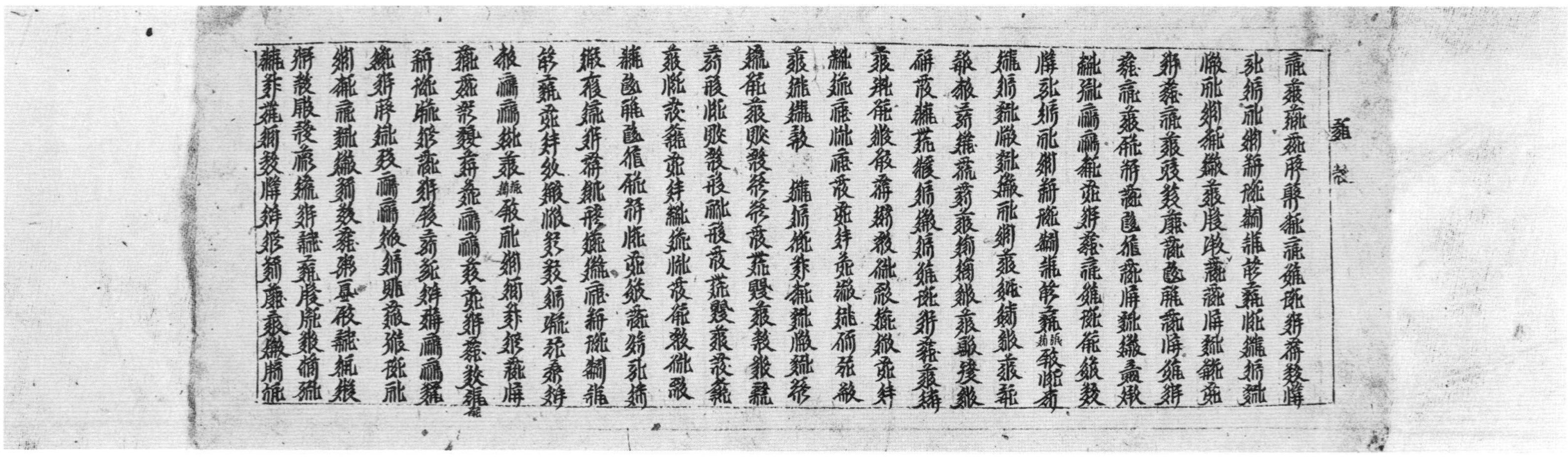

俄 **Инв**.No.4288 *5752 7645 7655*　慈悲道場懺法卷第六　(11–5)

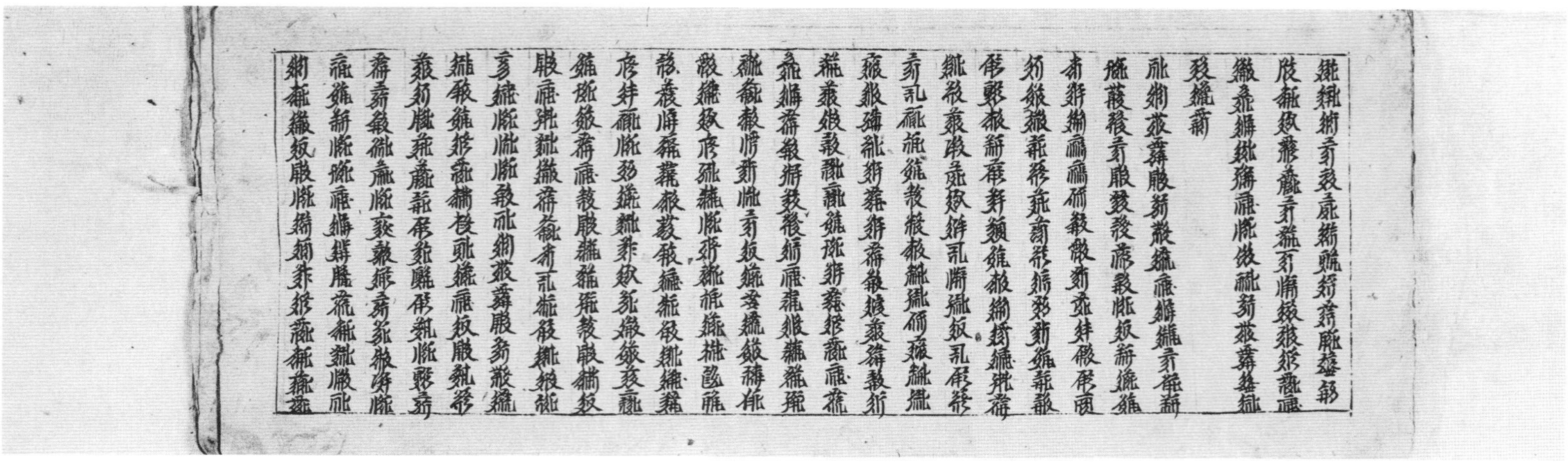

俄 **Инв**.No.4288 *5752 7645 7655*　慈悲道場懺法卷第六　(11–6)

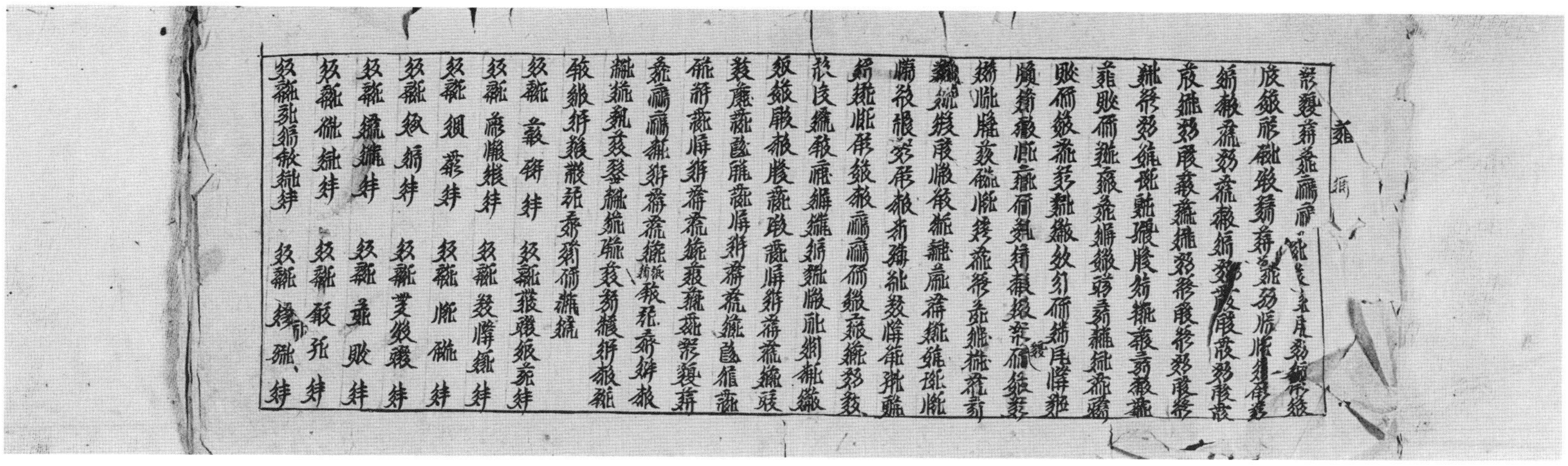

俄 **Инв**.No.4288 *5752 7645 7655* 慈悲道場懺法卷第六 (11-7)

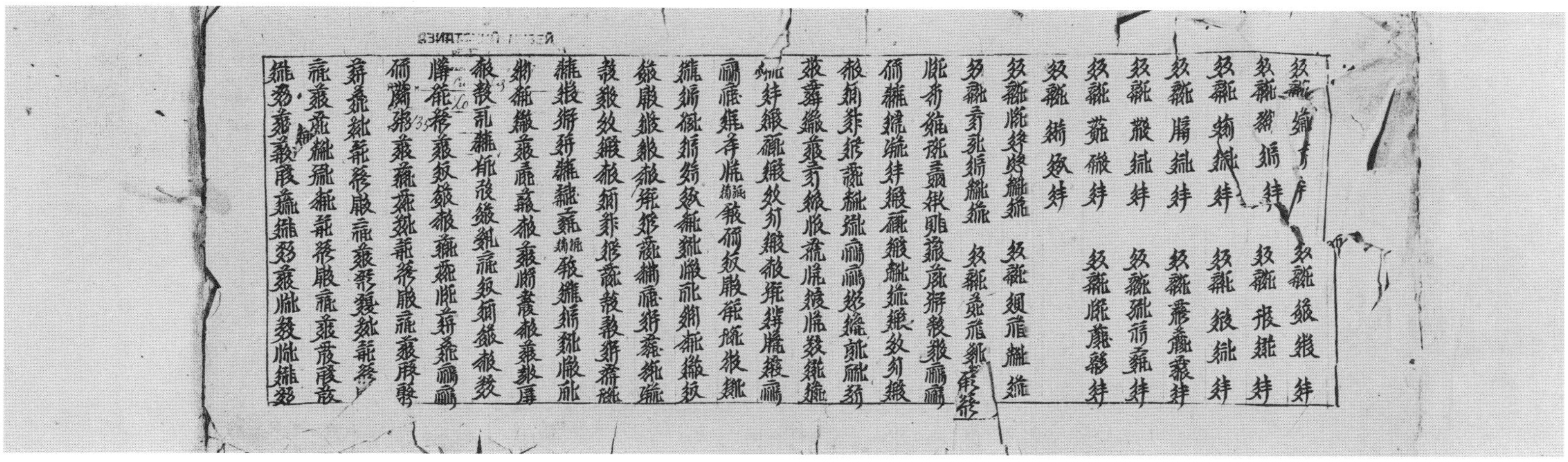

俄 **Инв**.No.4288 *5752 7645 7655* 慈悲道場懺法卷第六 (11-8)

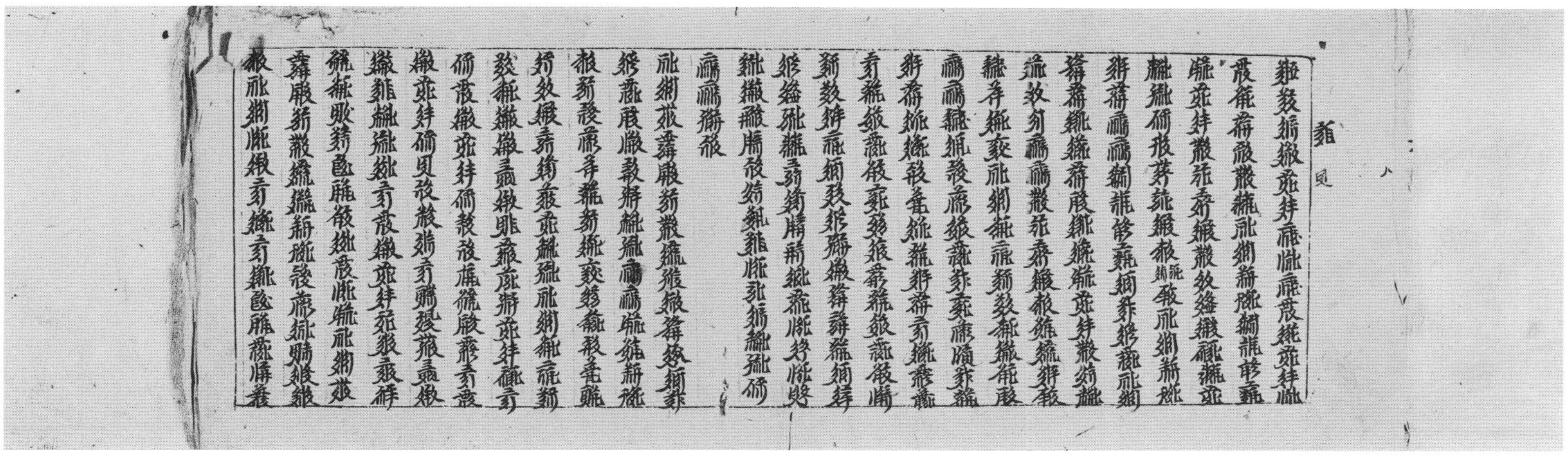

俄 **Инв**.No.4288 *5752 7645 7655* 慈悲道場懺法卷第六 (11-9)

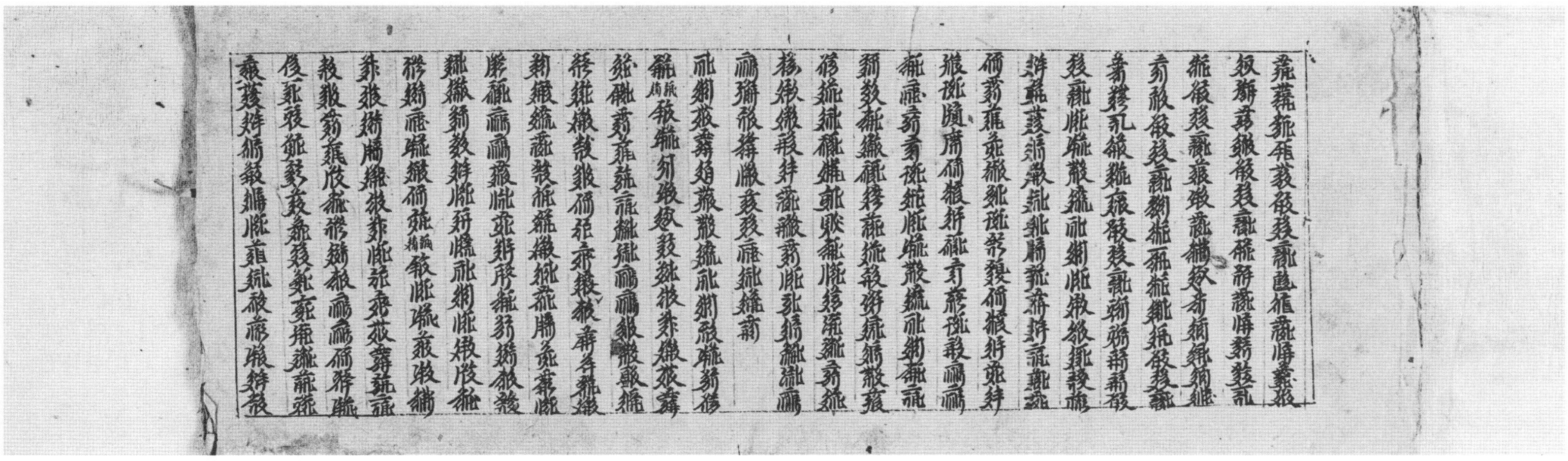

俄 **Инв**.No.4288 *5752 7645 7655* 慈悲道場懺法卷第六 (11-10)

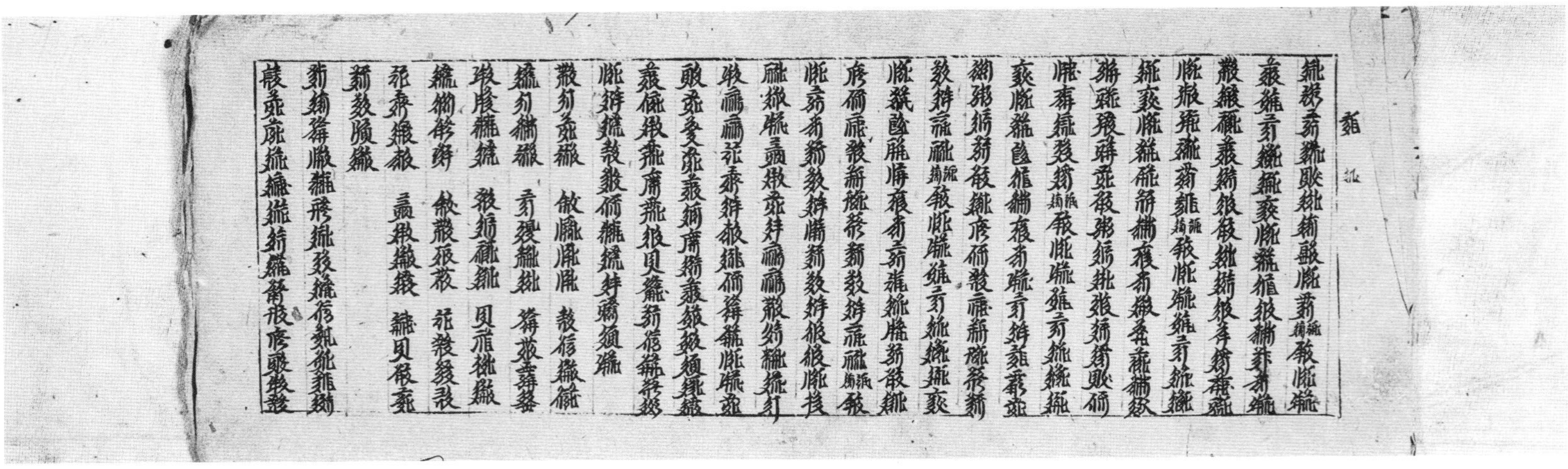

俄 Инв.No.4288 *5752 7645 7655*　慈悲道場懺法卷第六　(11–11)

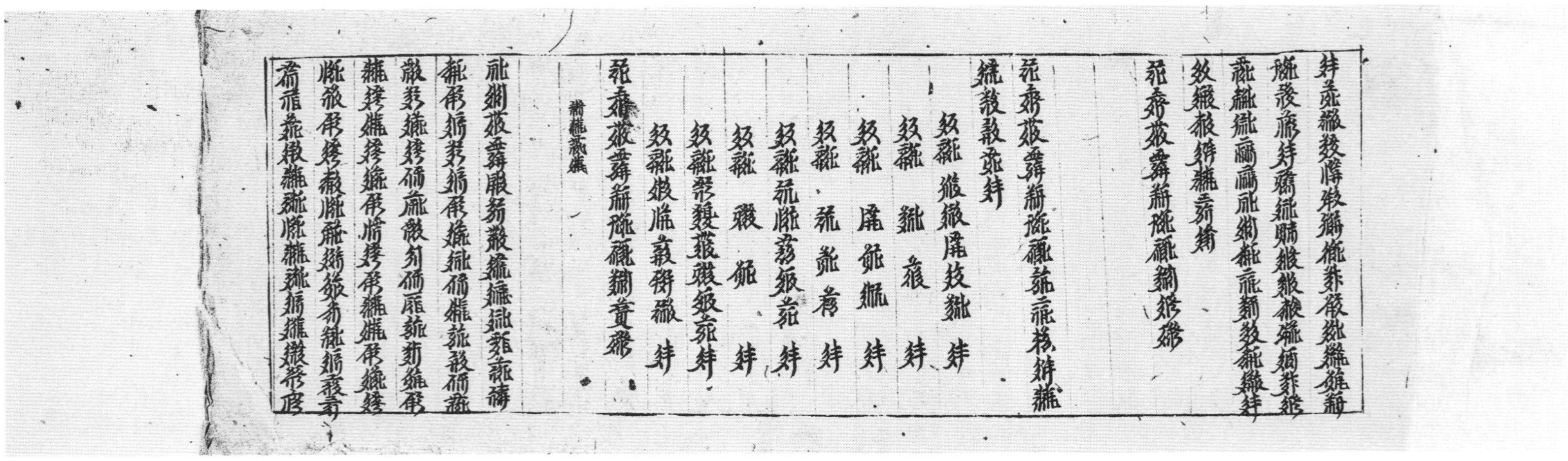

俄 Инв.No.4288 *5752 7645 7655*　慈悲道場懺法卷第七　(17–1)

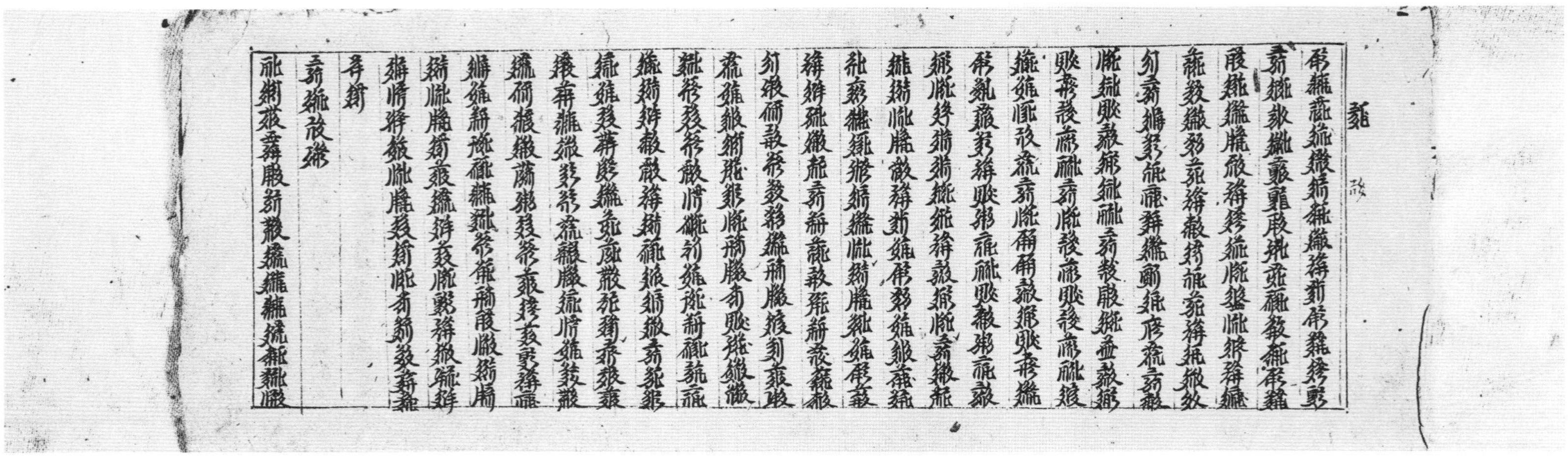

俄 Инв.No.4288 *5752 7645 7655*　慈悲道場懺法卷第七　(17–2)

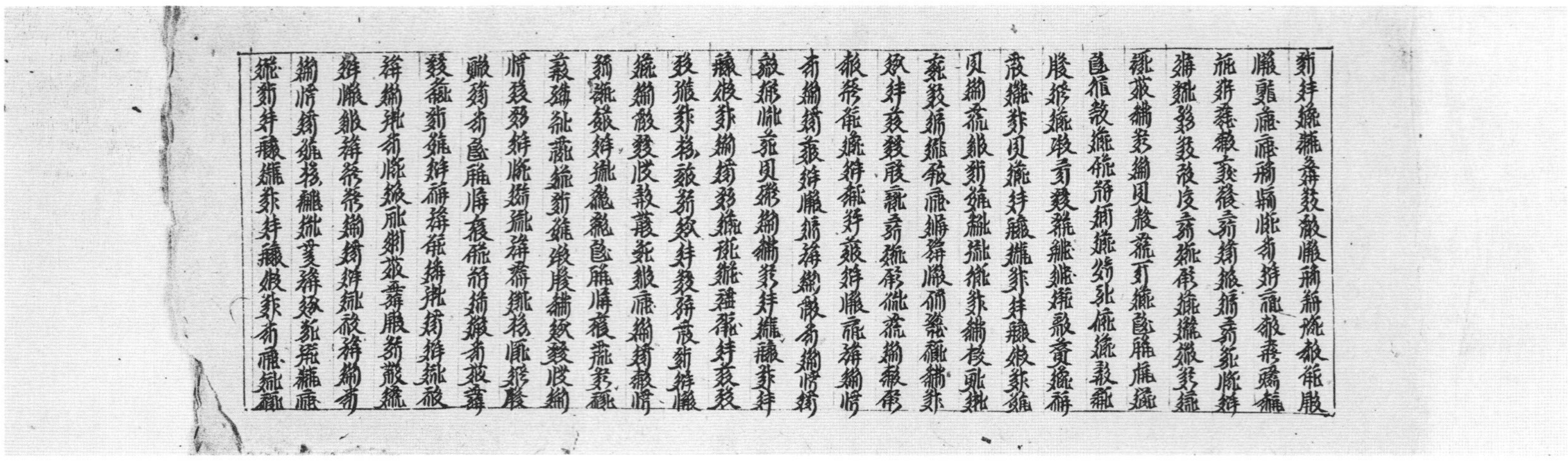

俄 Инв.No.4288 *5752 7645 7655*　慈悲道場懺法卷第七　(17–3)

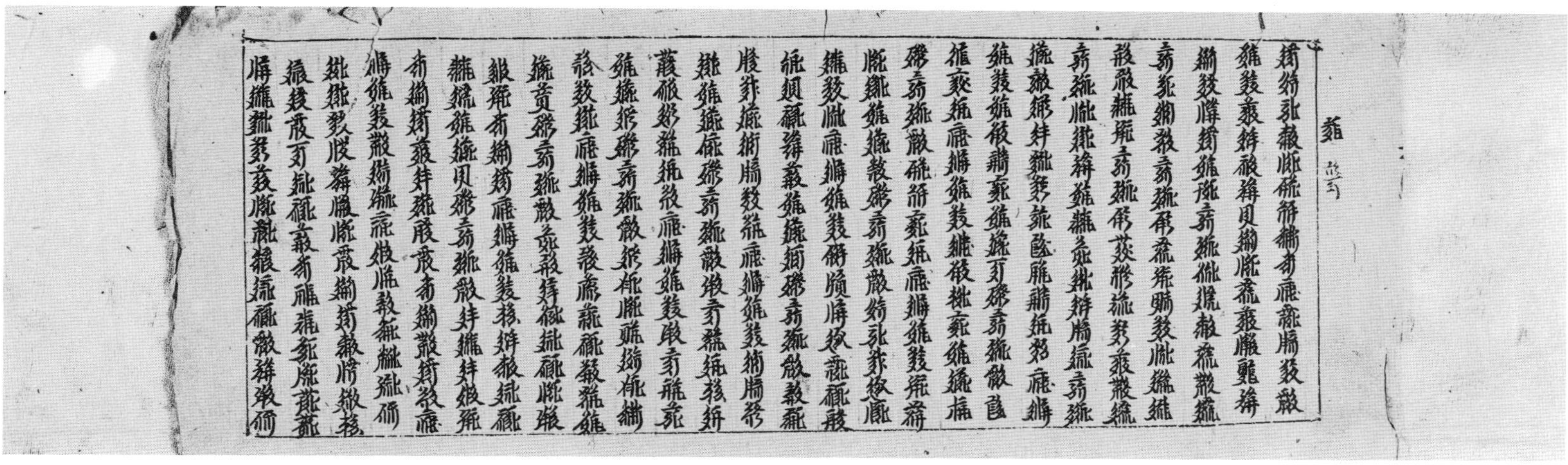

俄 **Инв**.No.4288 *5752 7645 7655* 慈悲道場懺法卷第七 (17-4)

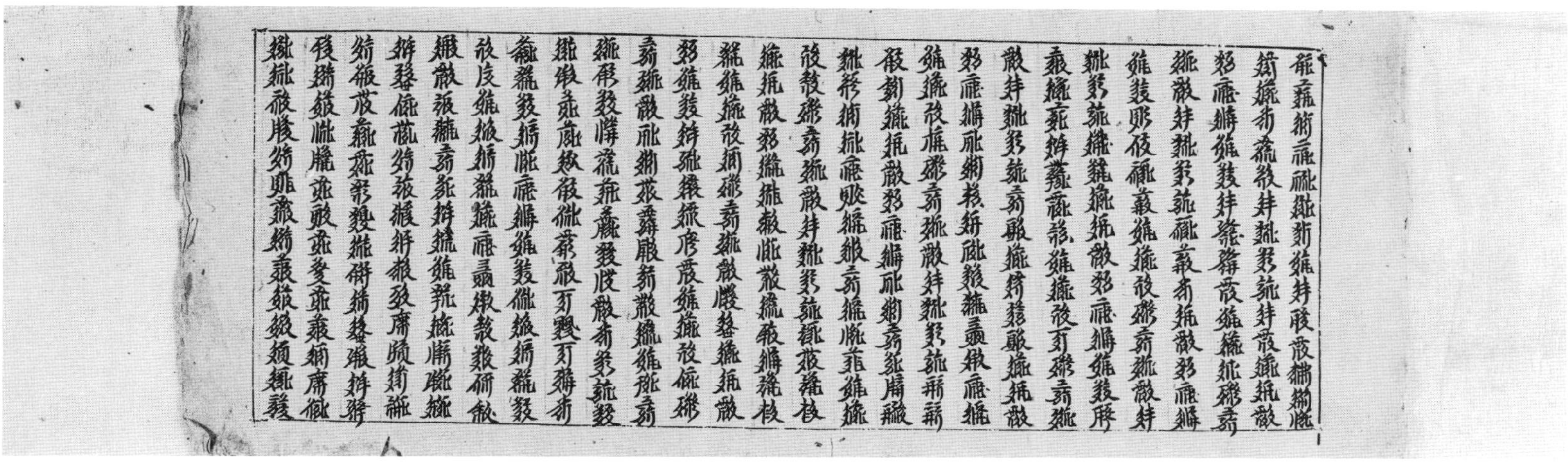

俄 **Инв**.No.4288 *5752 7645 7655* 慈悲道場懺法卷第七 (17-5)

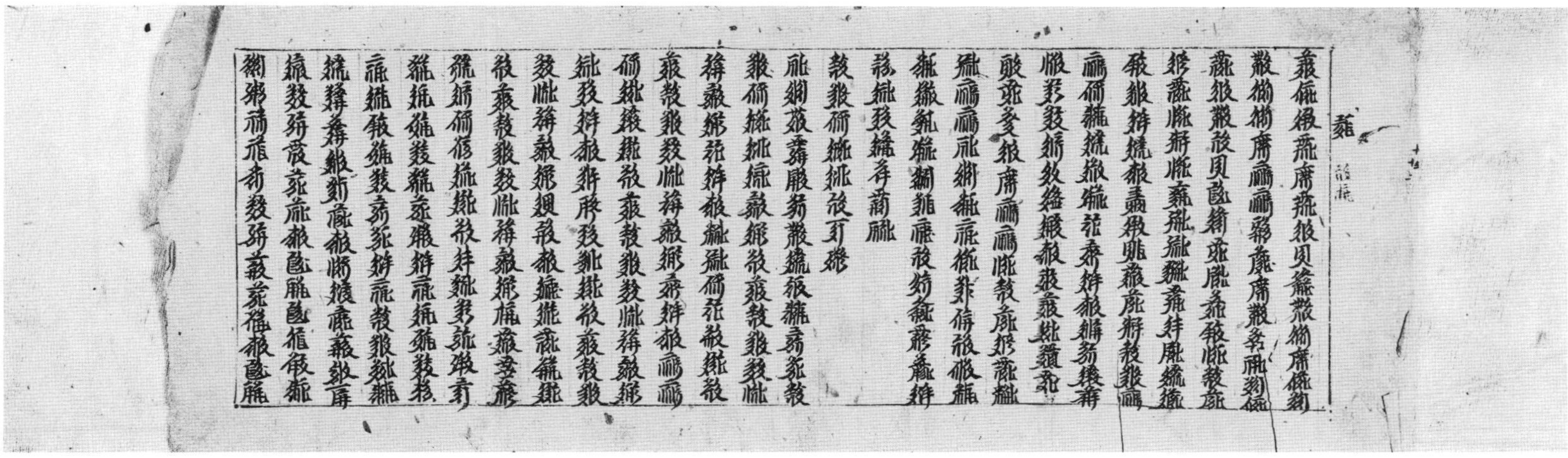

俄 **Инв**.No.4288 *5752 7645 7655* 慈悲道場懺法卷第七 (17-6)

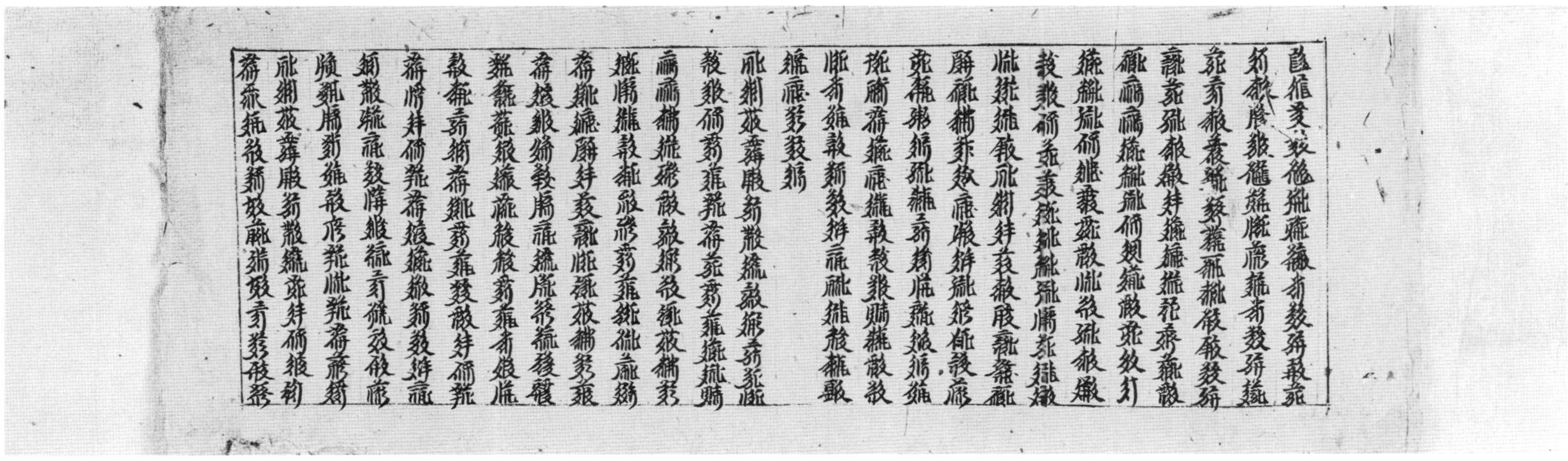

俄 **Инв**.No.4288 *5752 7645 7655* 慈悲道場懺法卷第七 (17-7)

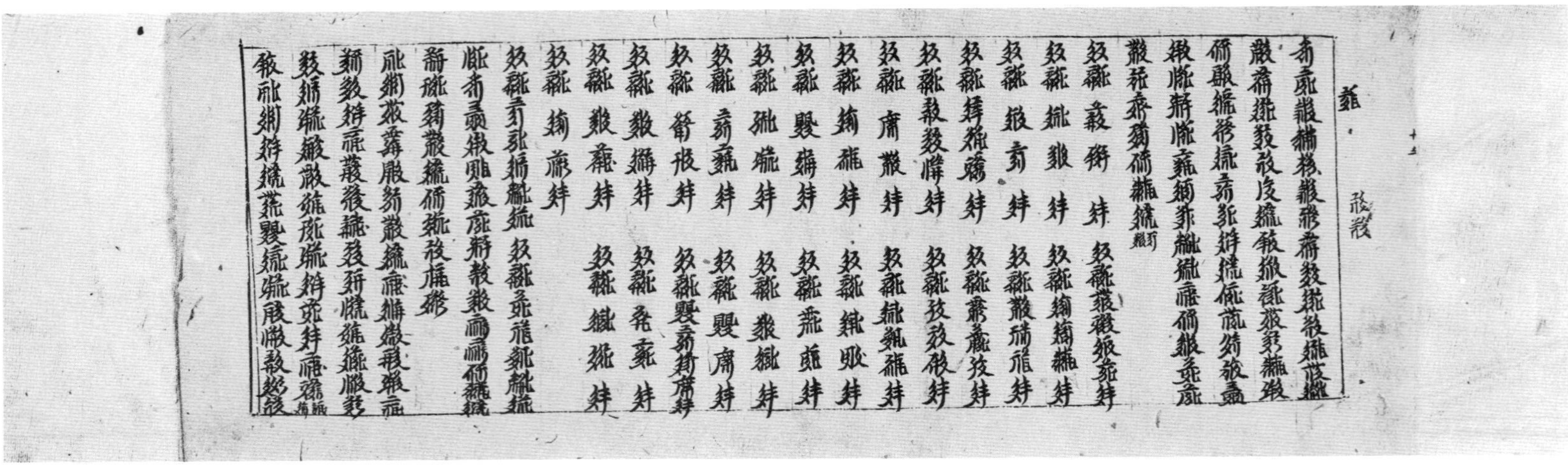

俄 Инв.No.4288 *5752 7645 7655* 慈悲道場懺法卷第七 (17–8)

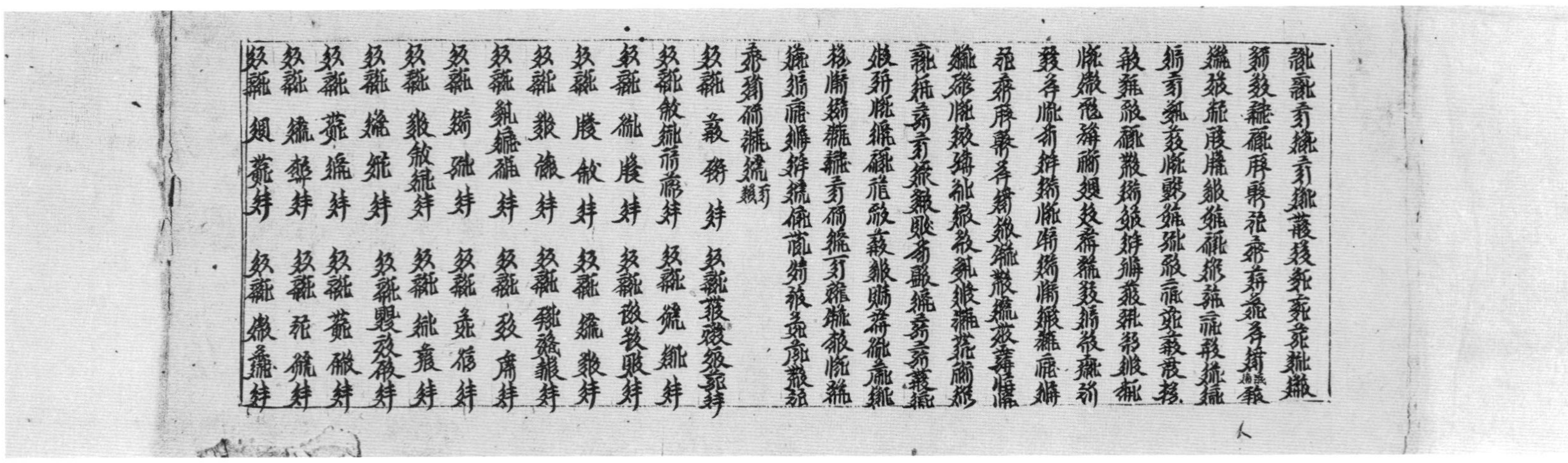

俄 Инв.No.4288 *5752 7645 7655* 慈悲道場懺法卷第七 (17–9)

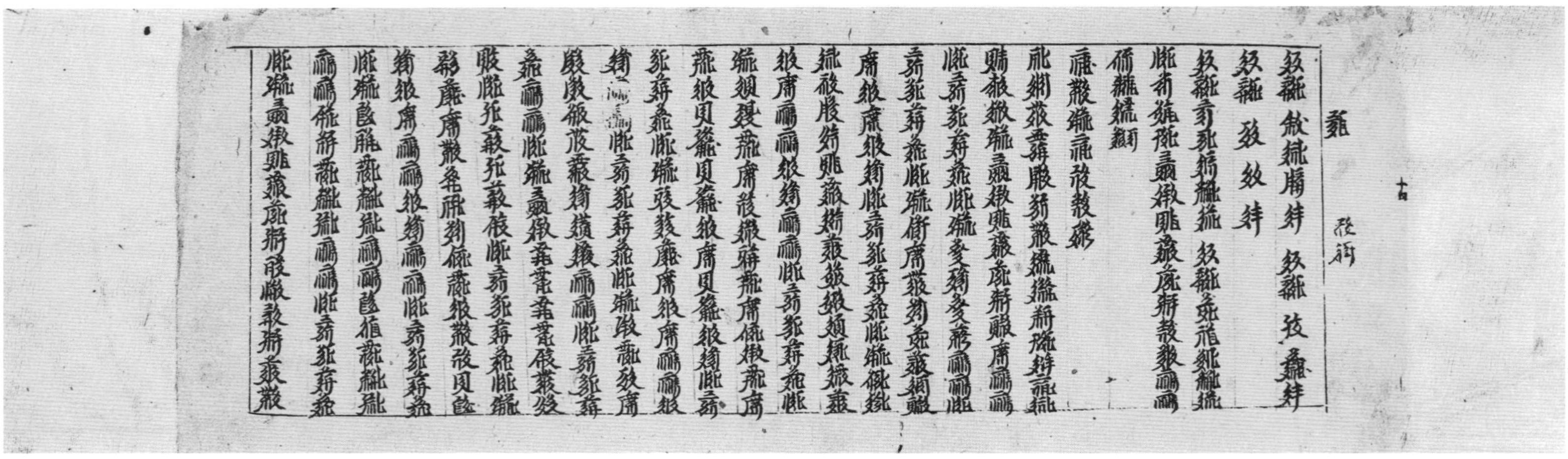

俄 Инв.No.4288 *5752 7645 7655* 慈悲道場懺法卷第七 (17–10)

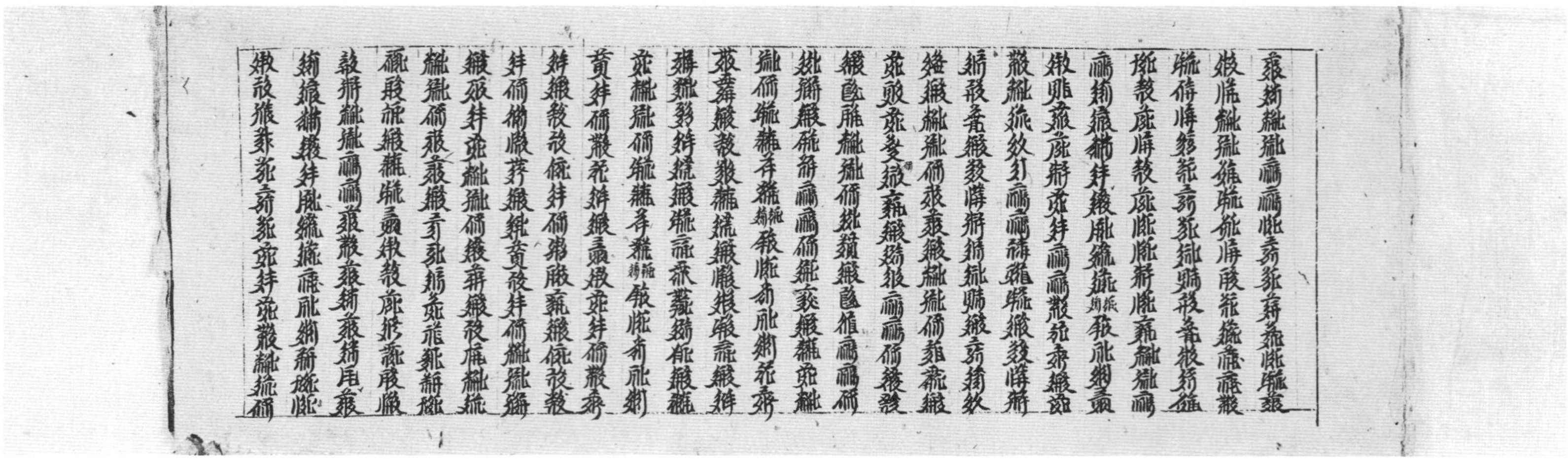

俄 Инв.No.4288 *5752 7645 7655* 慈悲道場懺法卷第七 (17–11)

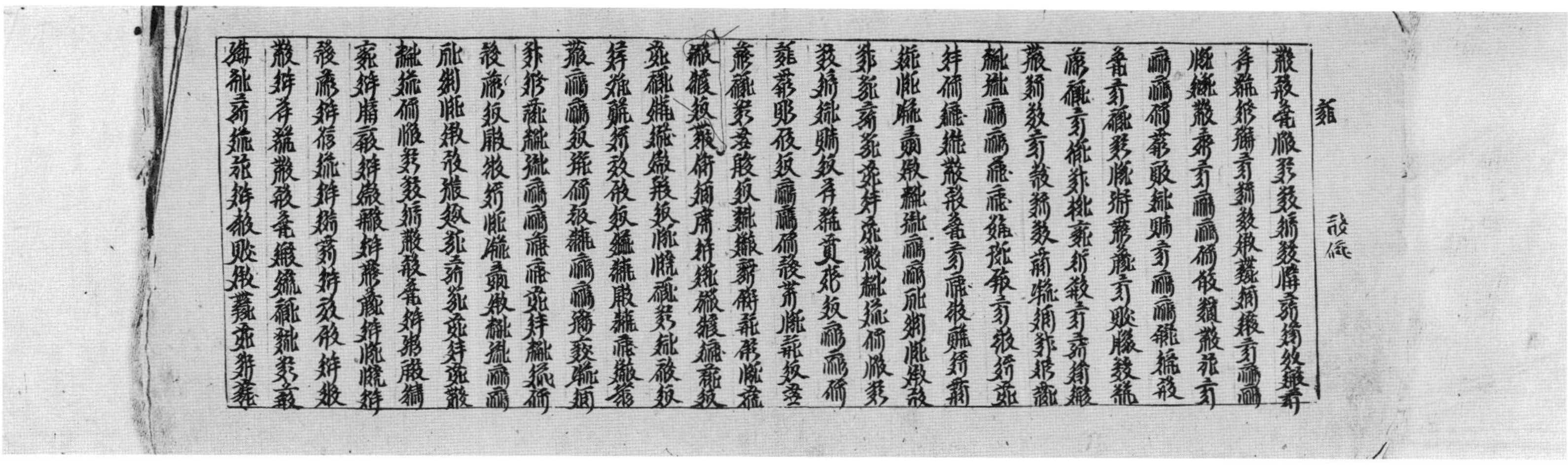

俄 Инв.No.4288 *5752 7645 7655* 慈悲道場懺法卷第七 (17-12)

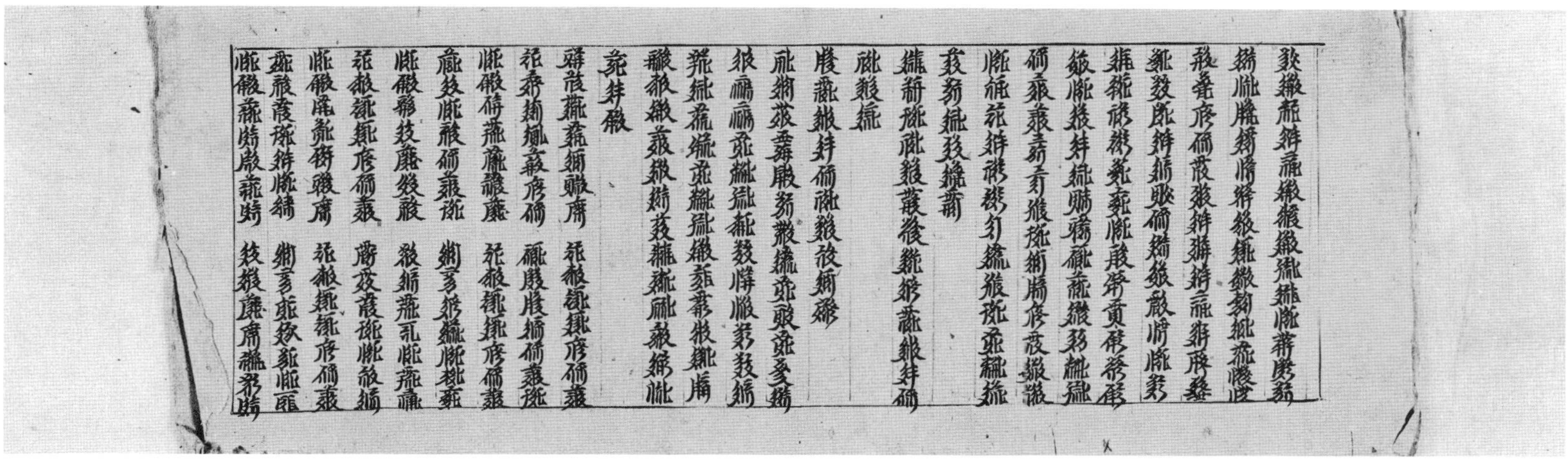

俄 Инв.No.4288 *5752 7645 7655* 慈悲道場懺法卷第七 (17-13)

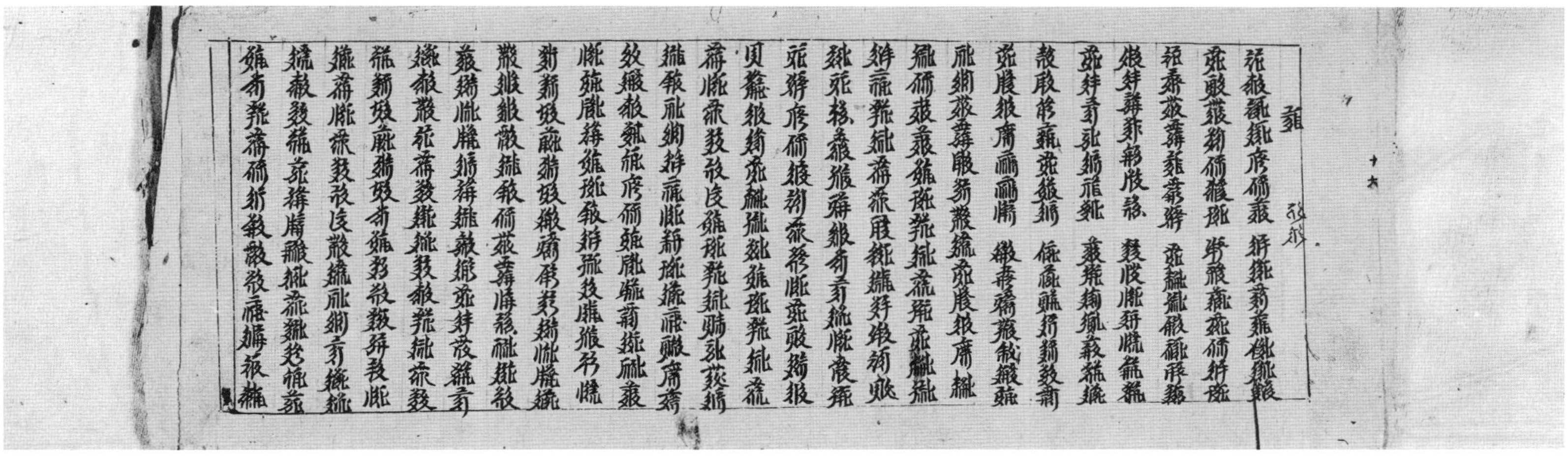

俄 Инв.No.4288 *5752 7645 7655* 慈悲道場懺法卷第七 (17-14)

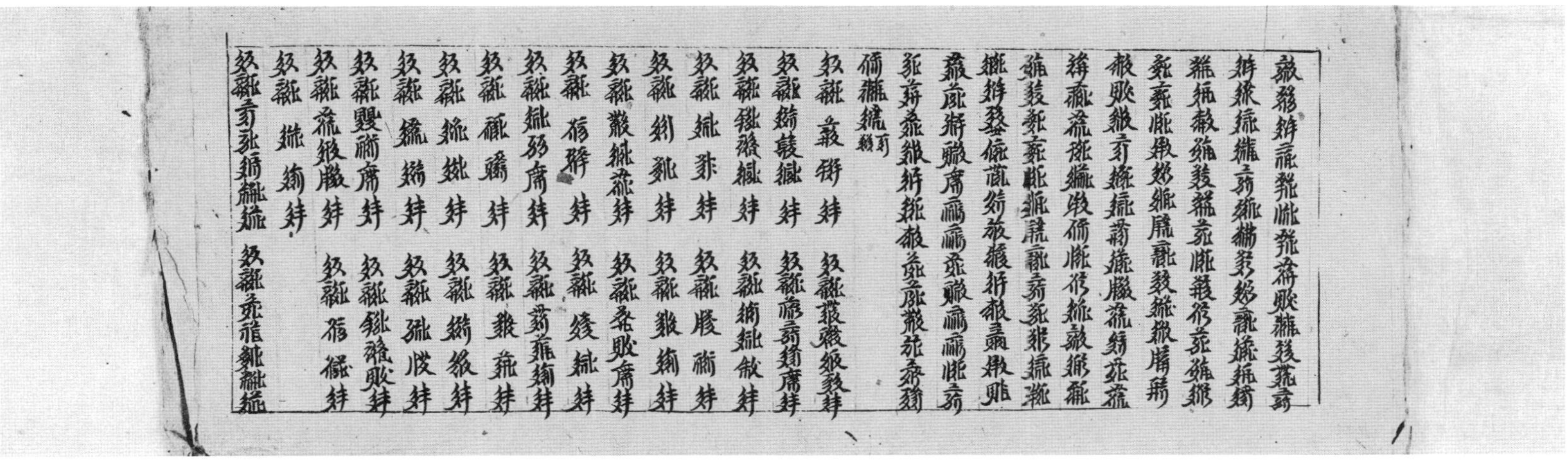

俄 Инв.No.4288 *5752 7645 7655* 慈悲道場懺法卷第七 (17-15)

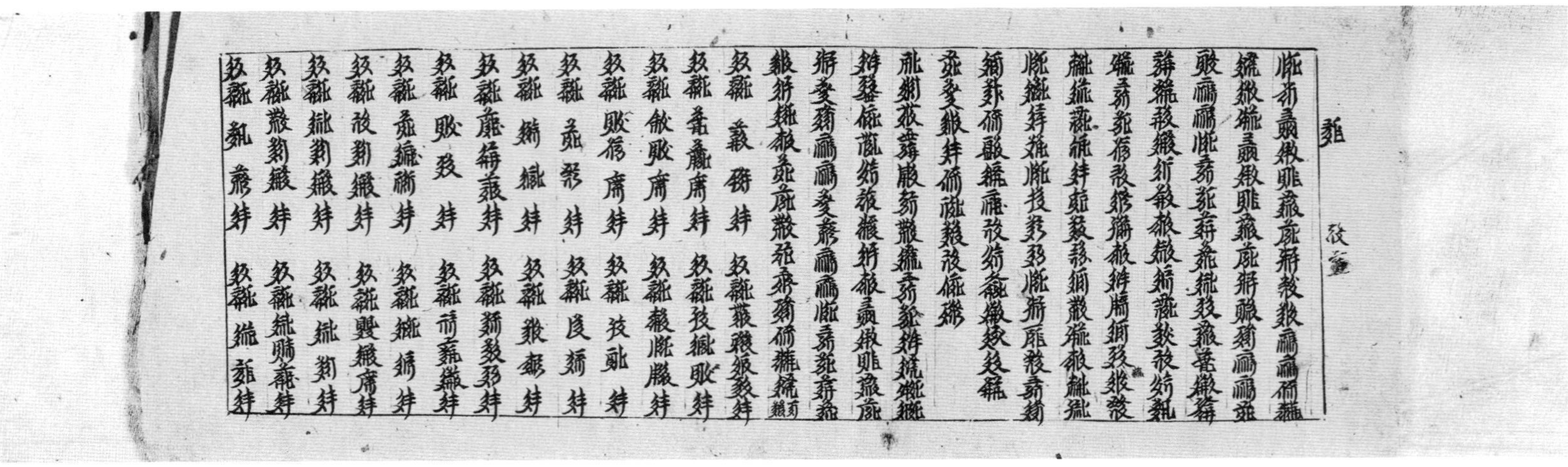

俄 Инв.No.4288 *5752 7645 7655* 慈悲道場懺法卷第七 (17–16)

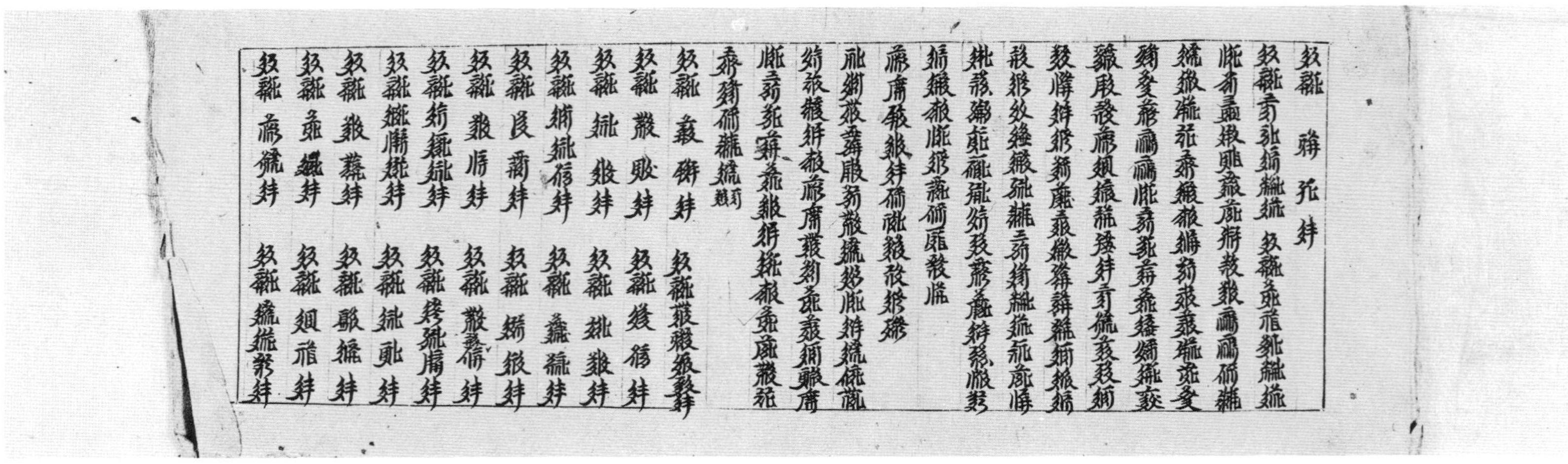

俄 Инв.No.4288 *5752 7645 7655* 慈悲道場懺法卷第七 (17–17)

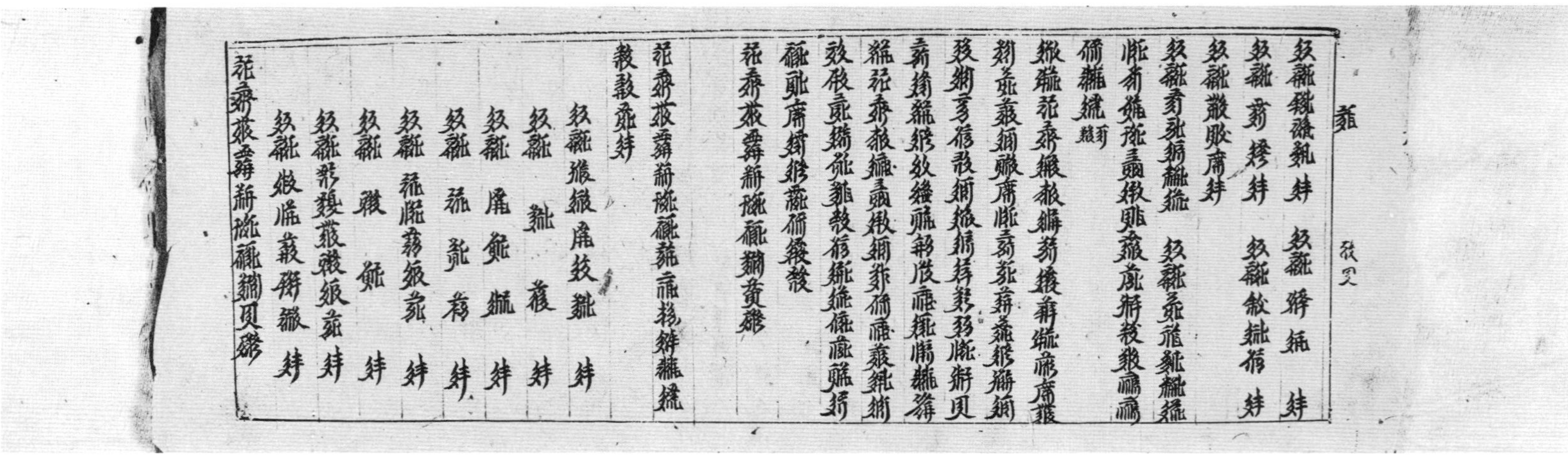

俄 Инв.No.4288 *5752 7645 7655* 慈悲道場懺法卷第八 (14–1)

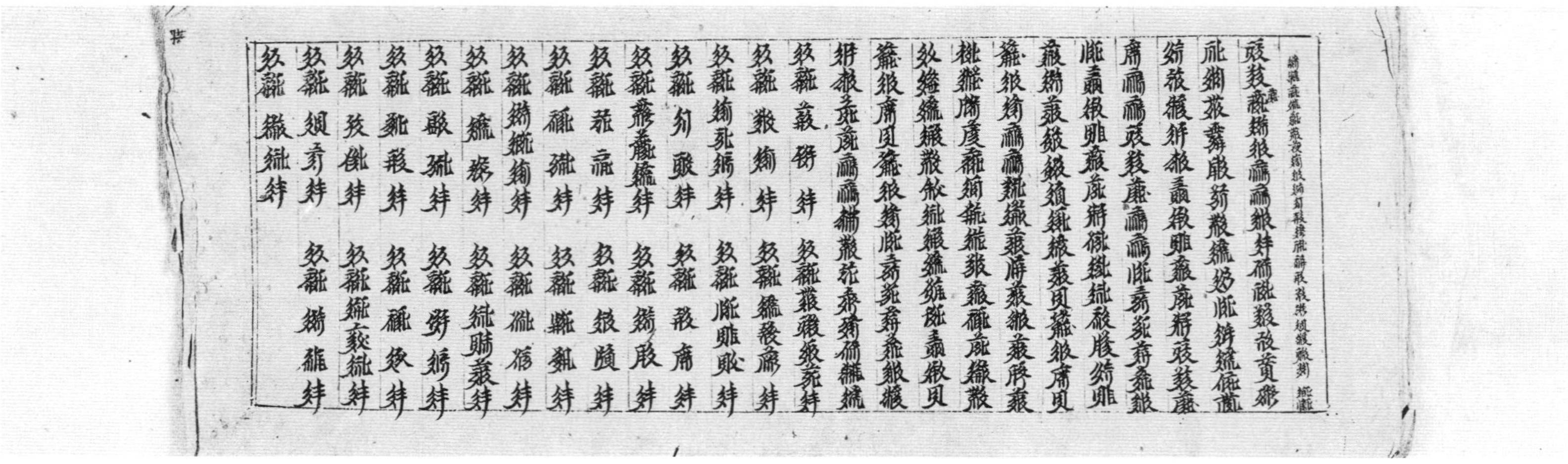

俄 Инв.No.4288 *5752 7645 7655* 慈悲道場懺法卷第八 (14–2)

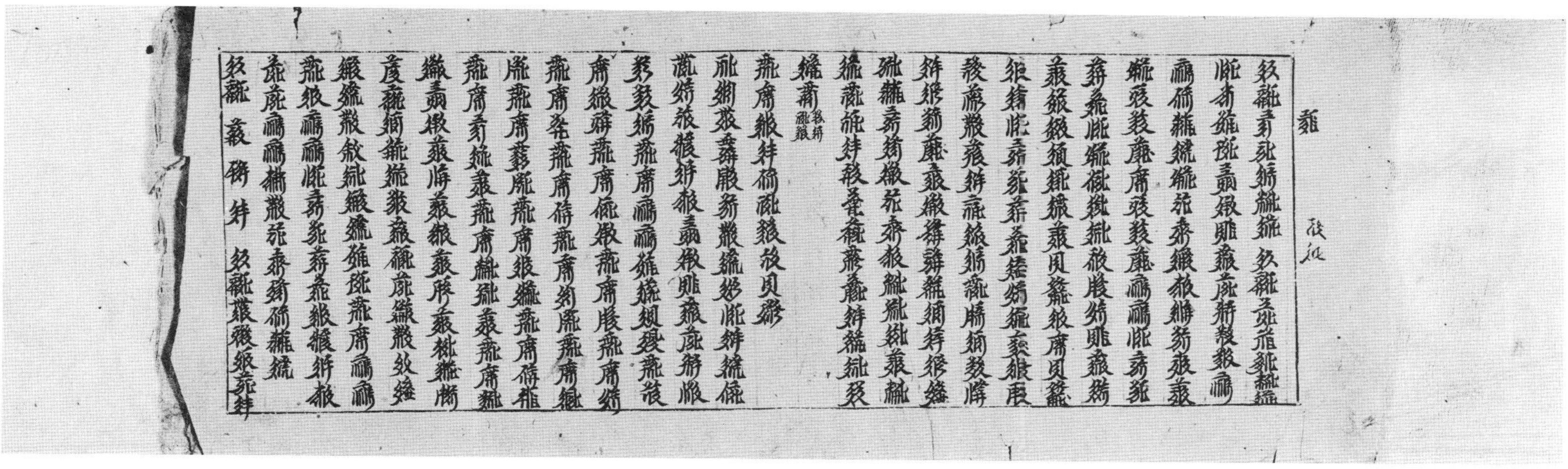

俄 Инв.No.4288 *5752 7645 7655* 慈悲道場懺法卷第八 (14–3)

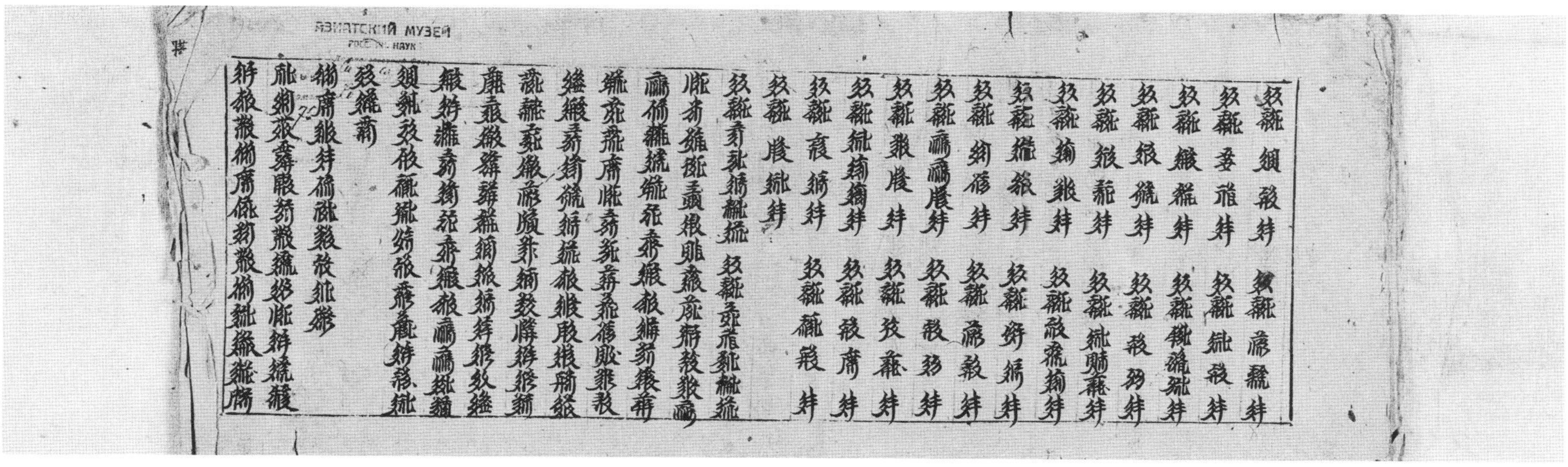

俄 Инв.No.4288 *5752 7645 7655* 慈悲道場懺法卷第八 (14–4)

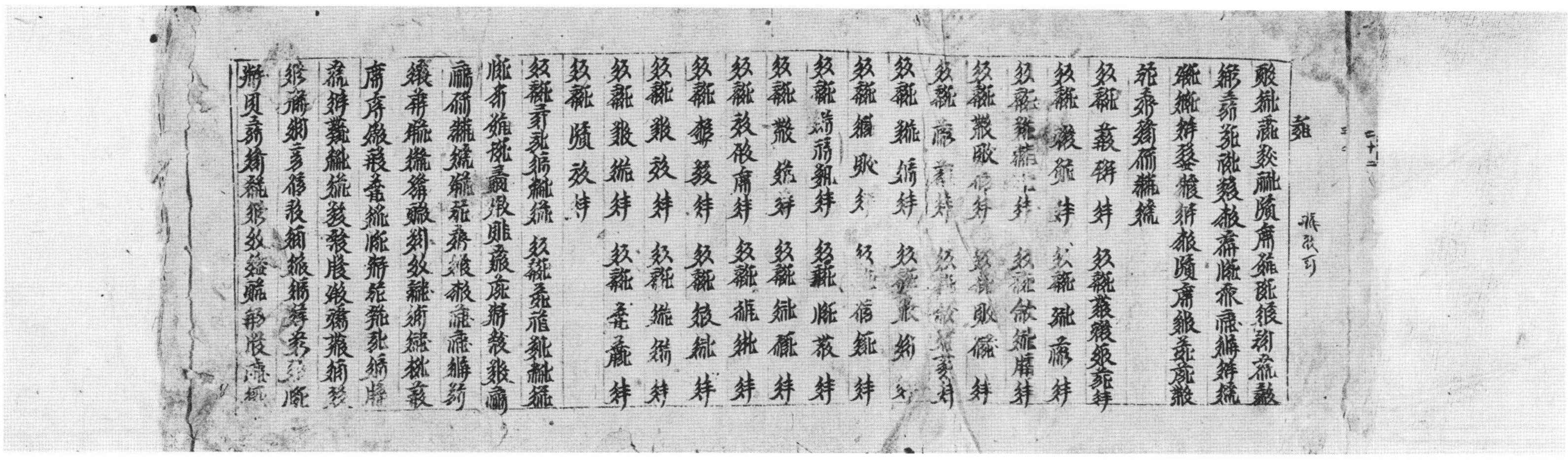

俄 Инв.No.4288 *5752 7645 7655* 慈悲道場懺法卷第八 (14–5)

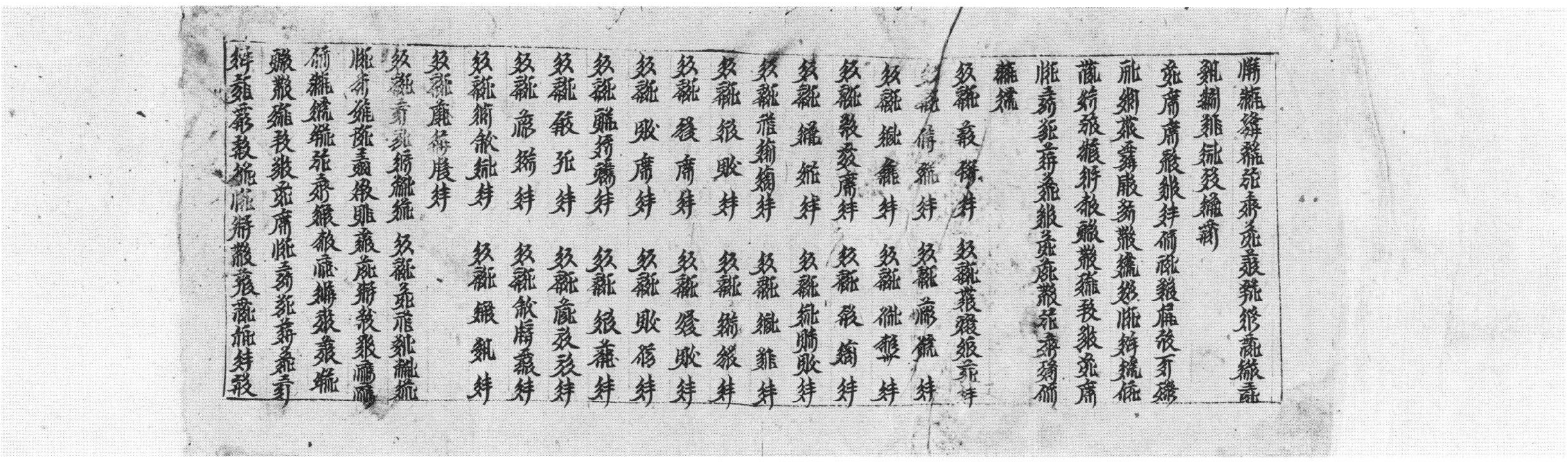

俄 Инв.No.4288 *5752 7645 7655* 慈悲道場懺法卷第八 (14–6)

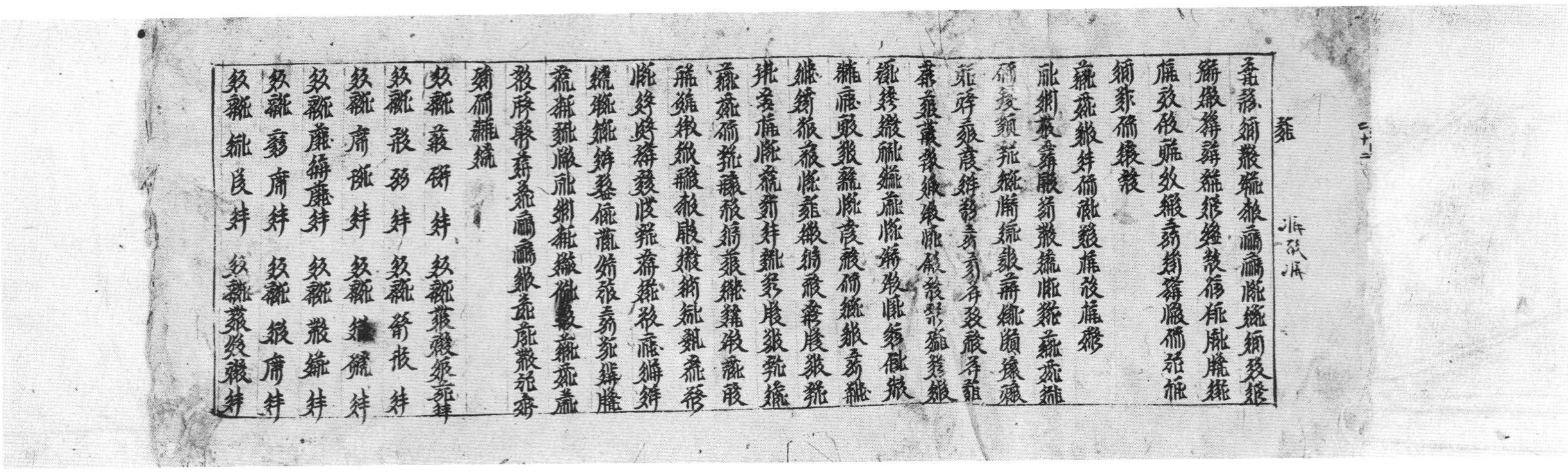

俄 Инв.No.4288 *5752 7645 7655* 慈悲道場懺法卷第八 (14-7)

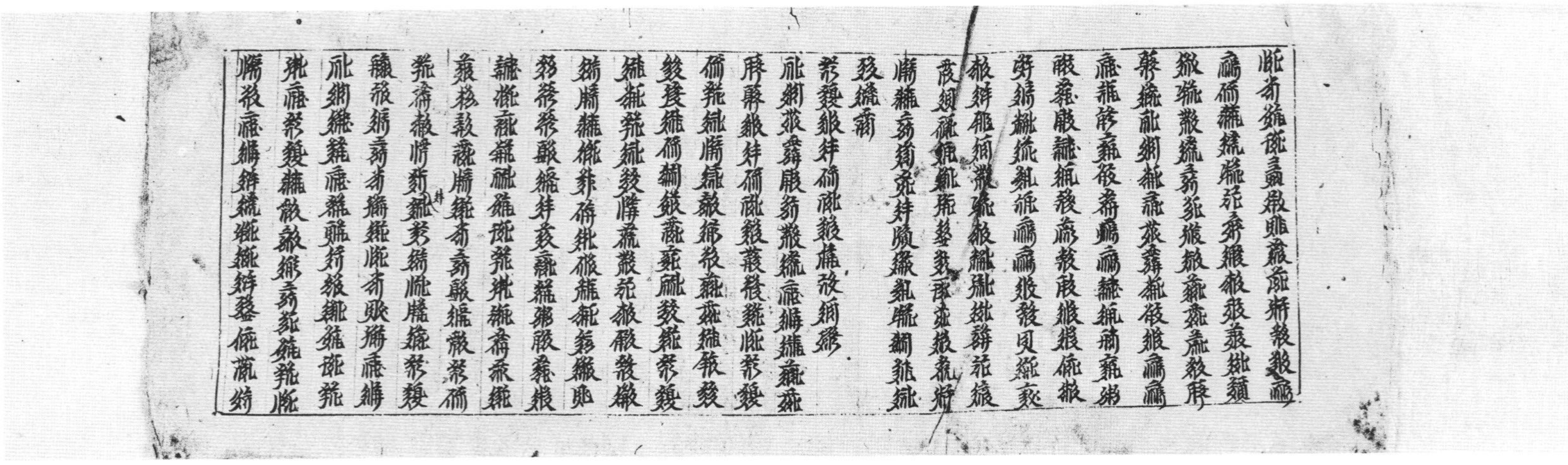

俄 Инв.No.4288 *5752 7645 7655* 慈悲道場懺法卷第八 (14-8)

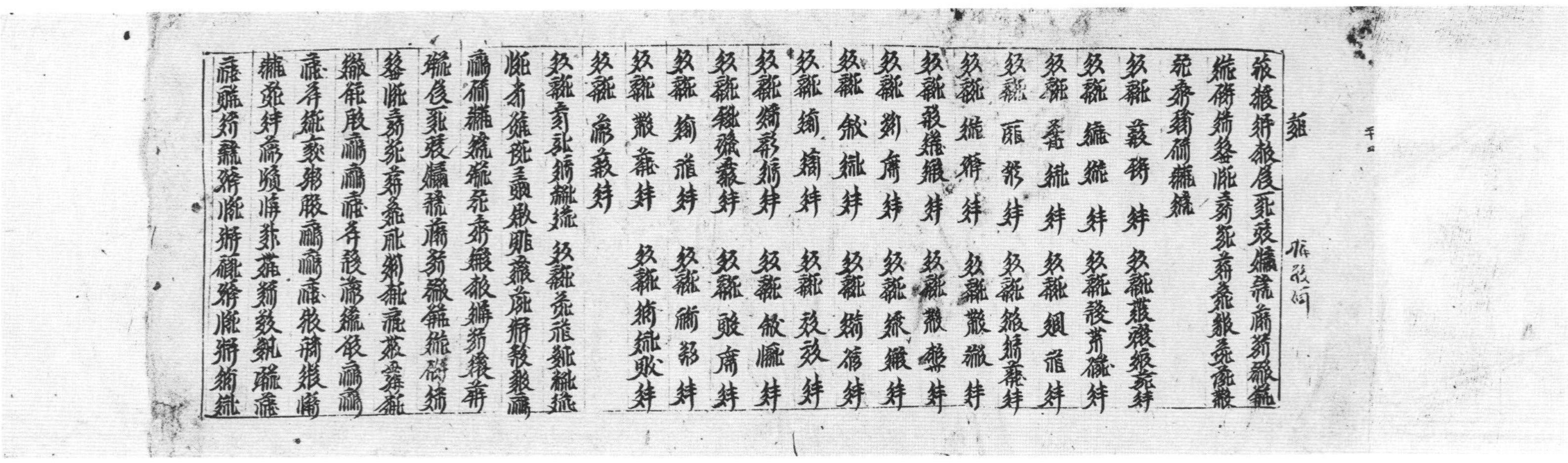

俄 Инв.No.4288 *5752 7645 7655* 慈悲道場懺法卷第八 (14-9)

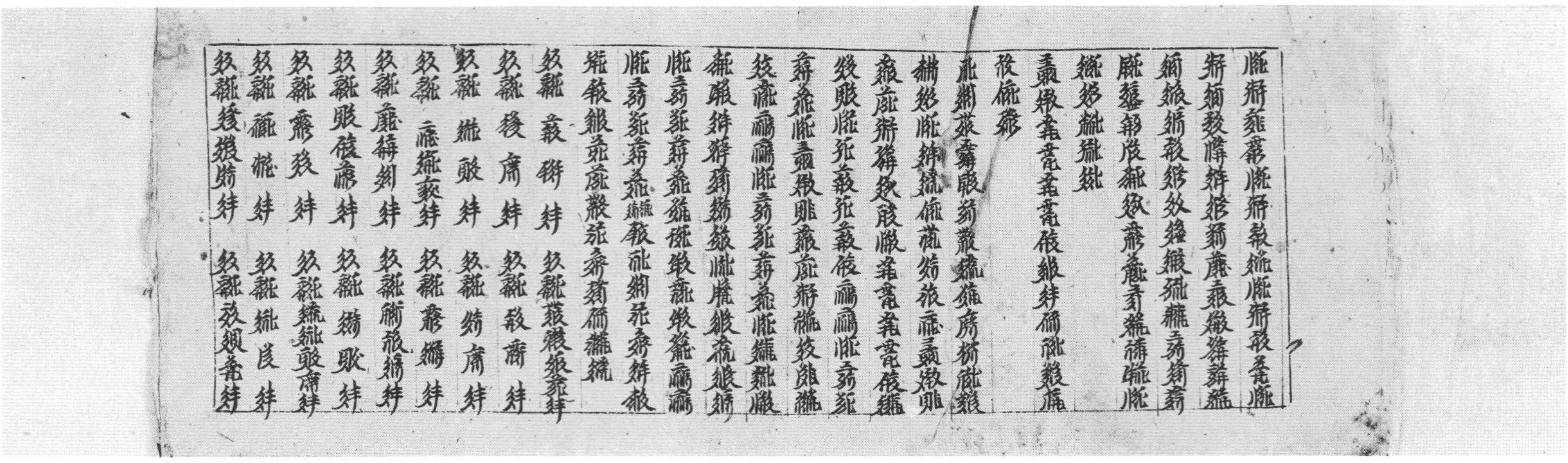

俄 Инв.No.4288 *5752 7645 7655* 慈悲道場懺法卷第八 (14-10)

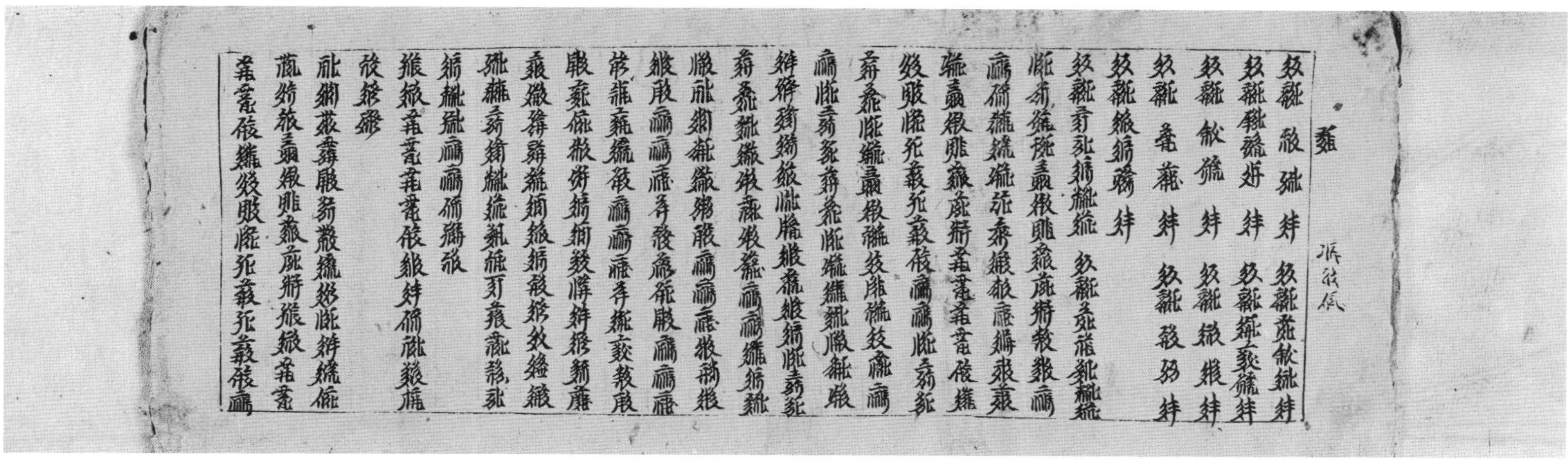

俄 Инв.No.4288 *5752 7645 7655*　慈悲道場懺法卷第八　(14–11)

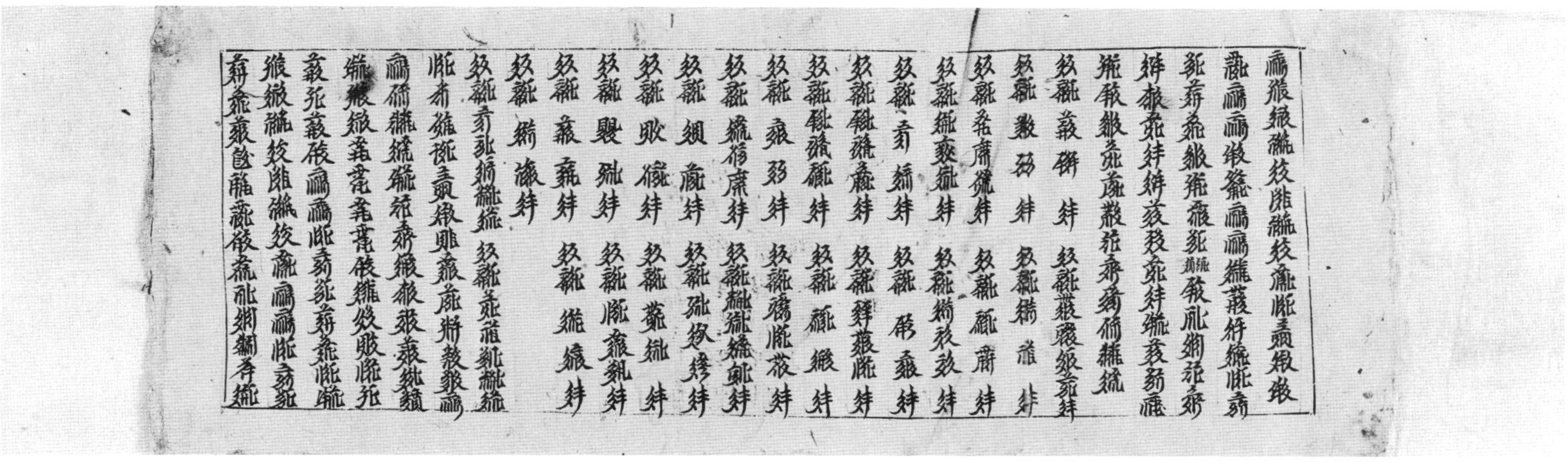

俄 Инв.No.4288 *5752 7645 7655*　慈悲道場懺法卷第八　(14–12)

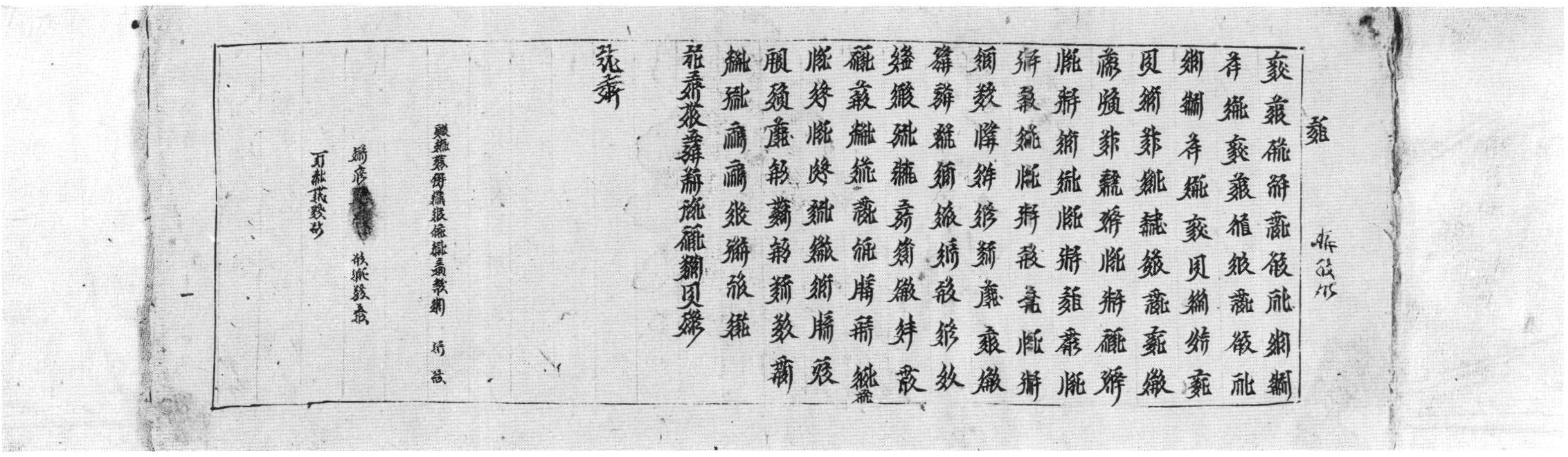

俄 Инв.No.4288 *5752 7645 7655*　慈悲道場懺法卷第八　(14–13)

俄 Инв.No.4288 *5752 7645 7655*　慈悲道場懺法卷第八　(14–14)

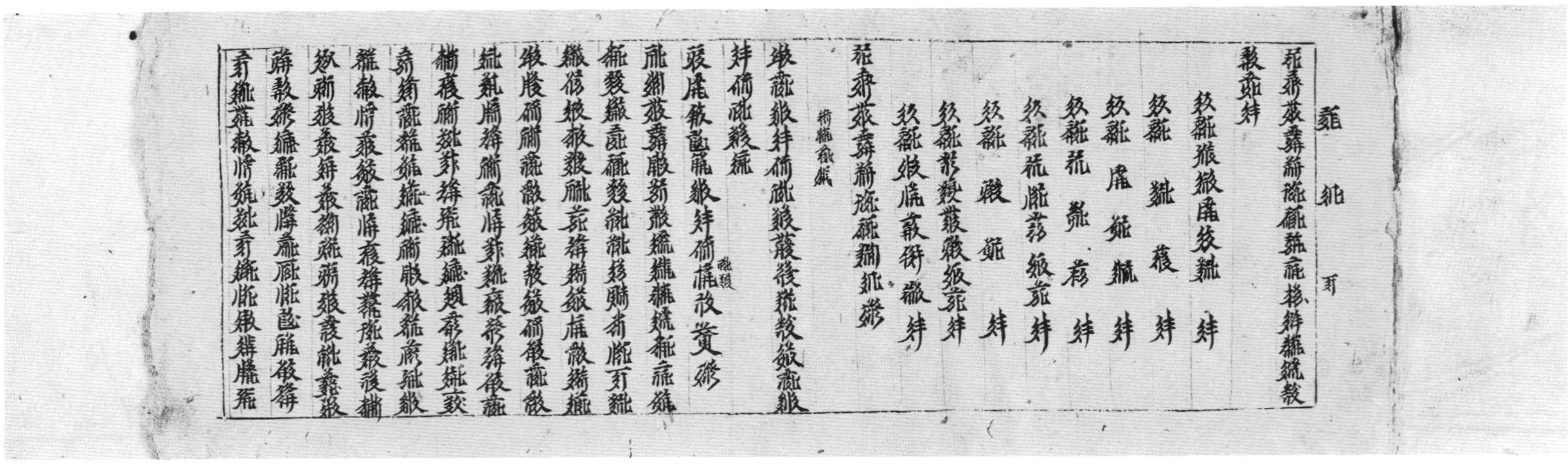

俄 Инв.No.4288 *5752 7645 7655*　慈悲道場懺法卷第九　(20–1)

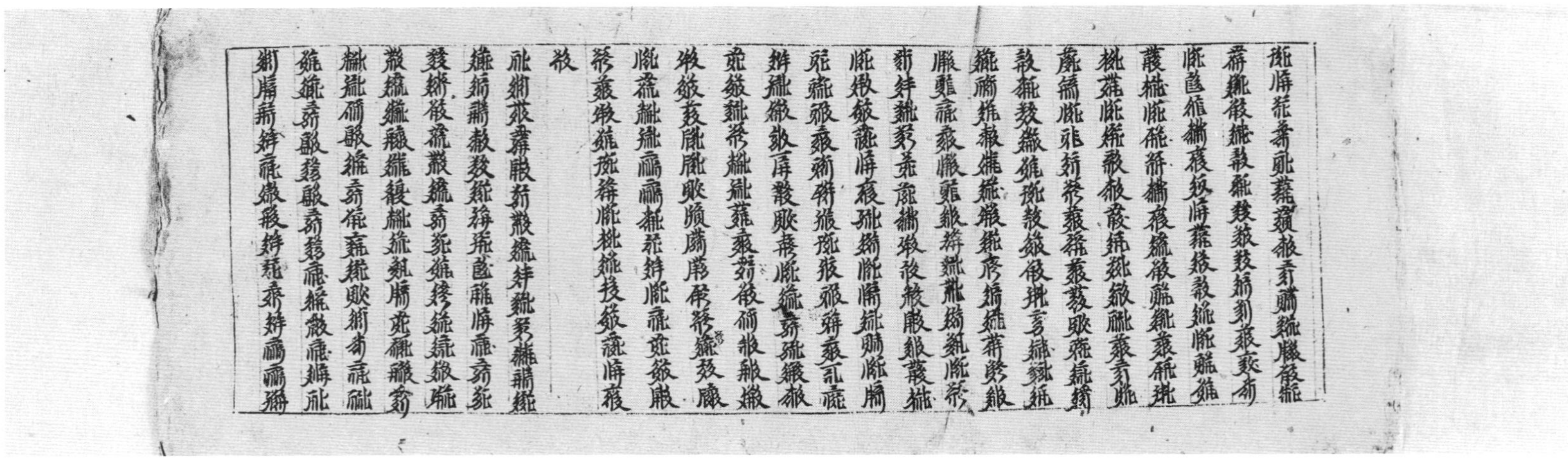

俄 Инв.No.4288 *5752 7645 7655*　慈悲道場懺法卷第九　(20–2)

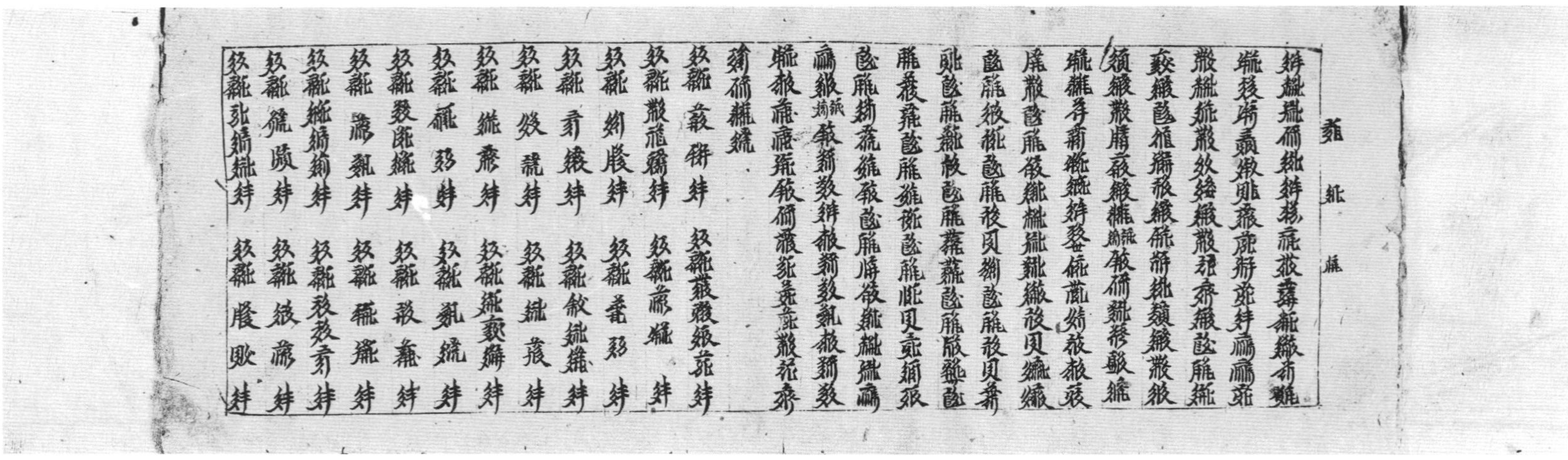

俄 Инв.No.4288 *5752 7645 7655*　慈悲道場懺法卷第九　(20–3)

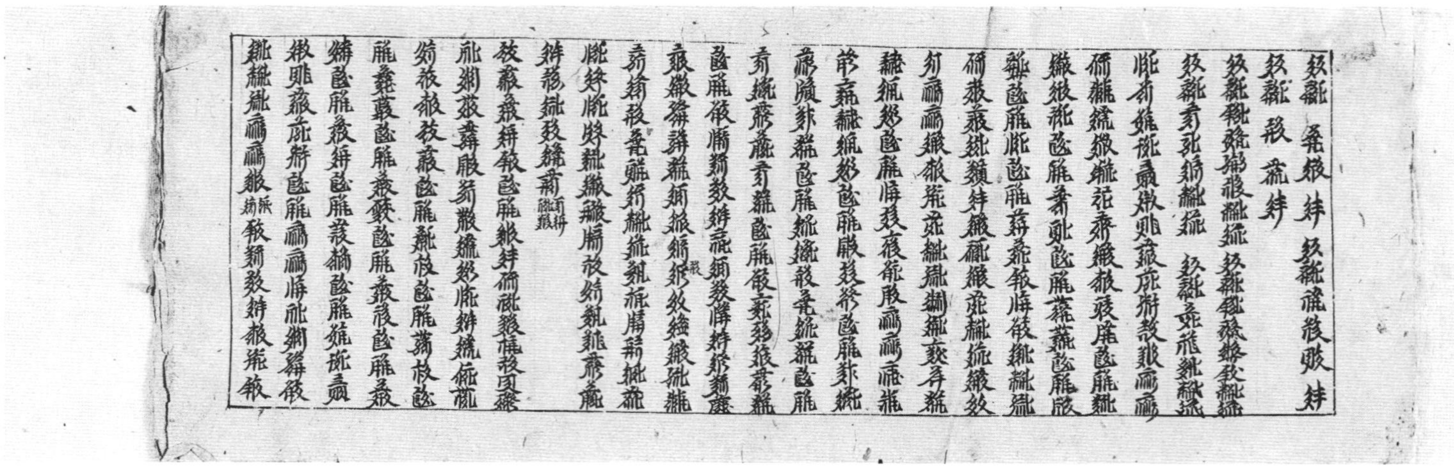

俄 Инв.No.4288 *5752 7645 7655*　慈悲道場懺法卷第九　(20–4)

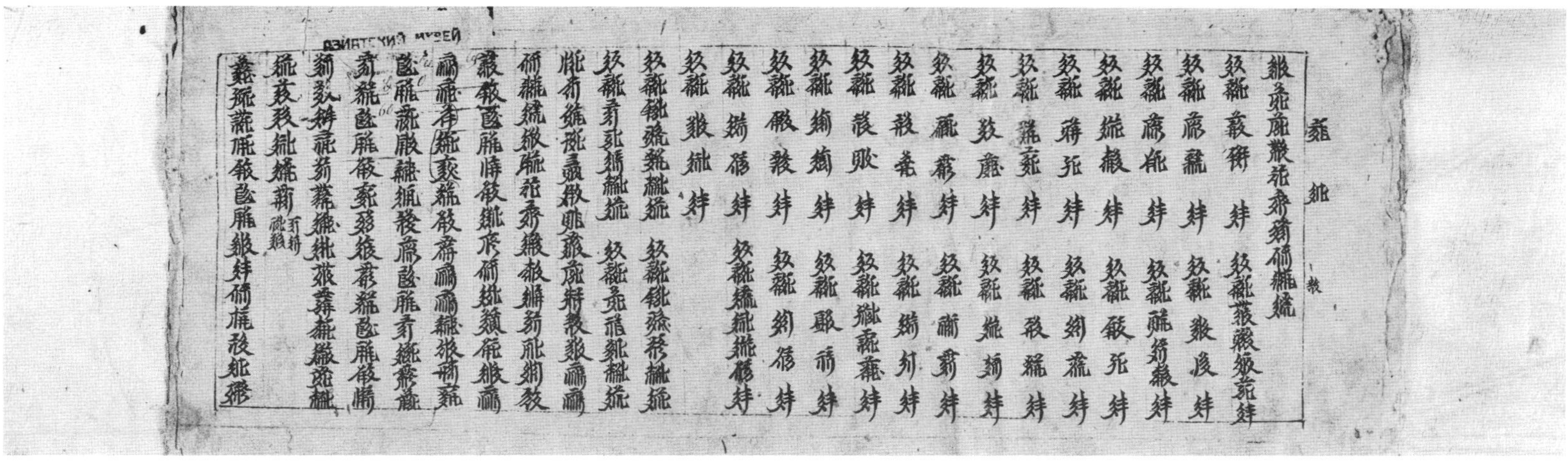

俄 **Инв**.No.4288 *5752 7645 7655*　慈悲道場懺法卷第九　(20–5)

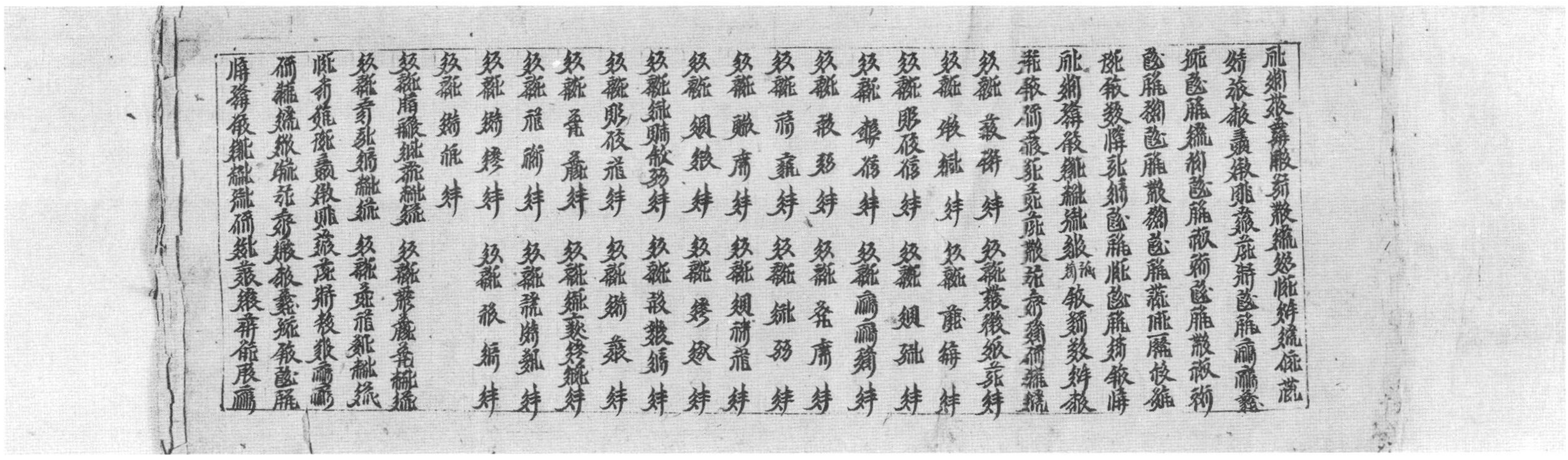

俄 **Инв**.No.4288 *5752 7645 7655*　慈悲道場懺法卷第九　(20–6)

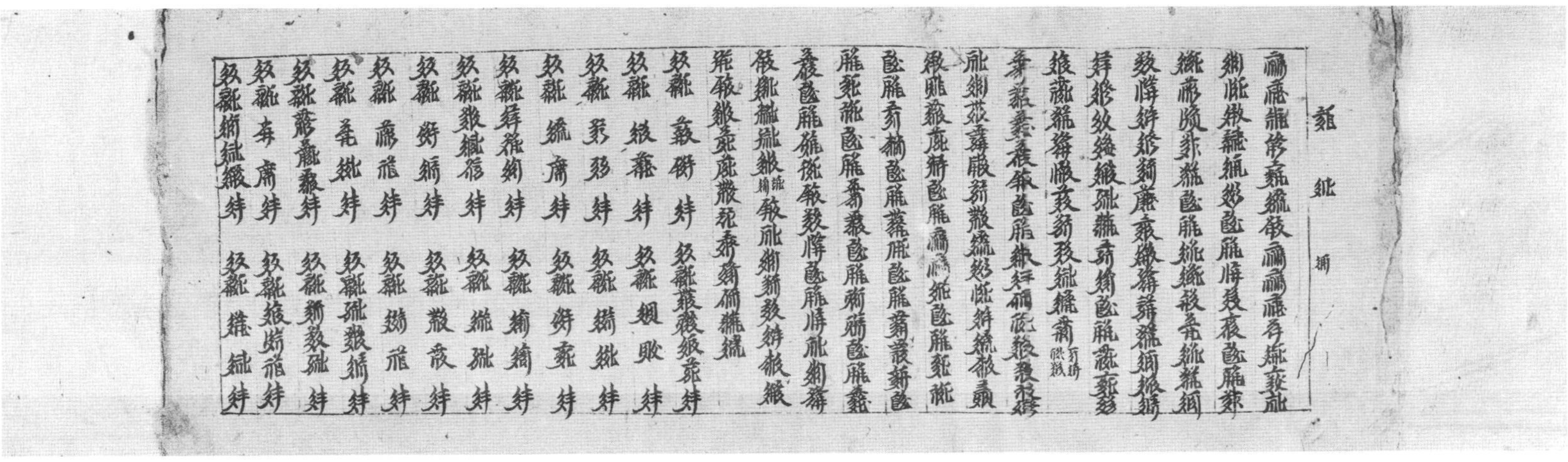

俄 **Инв**.No.4288 *5752 7645 7655*　慈悲道場懺法卷第九　(20–7)

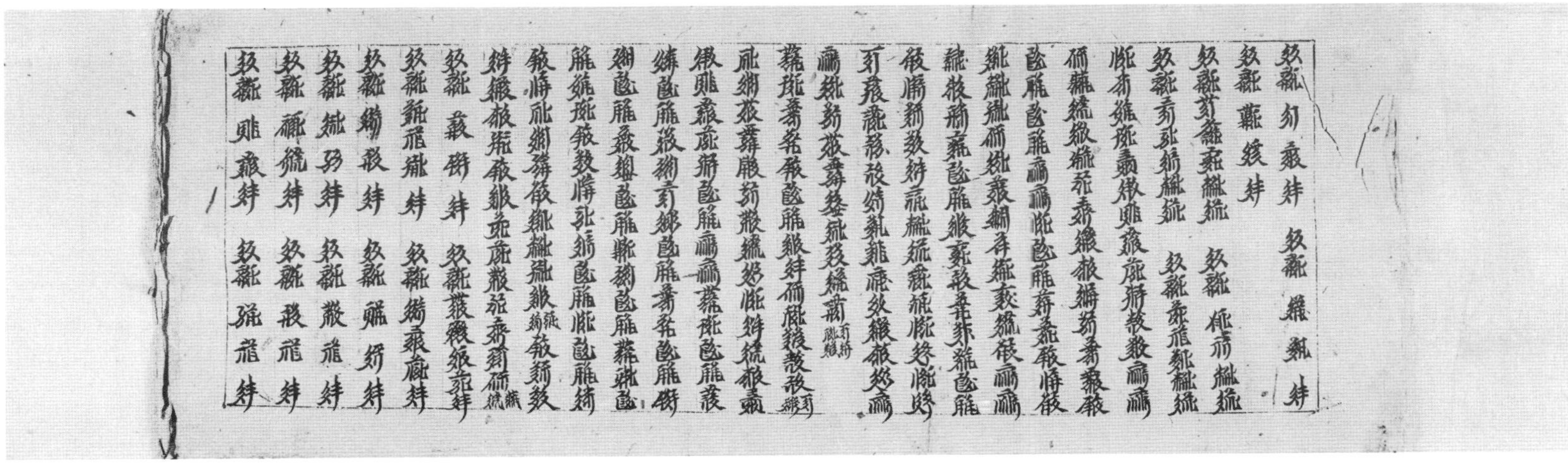

俄 **Инв**.No.4288 *5752 7645 7655*　慈悲道場懺法卷第九　(20–8)

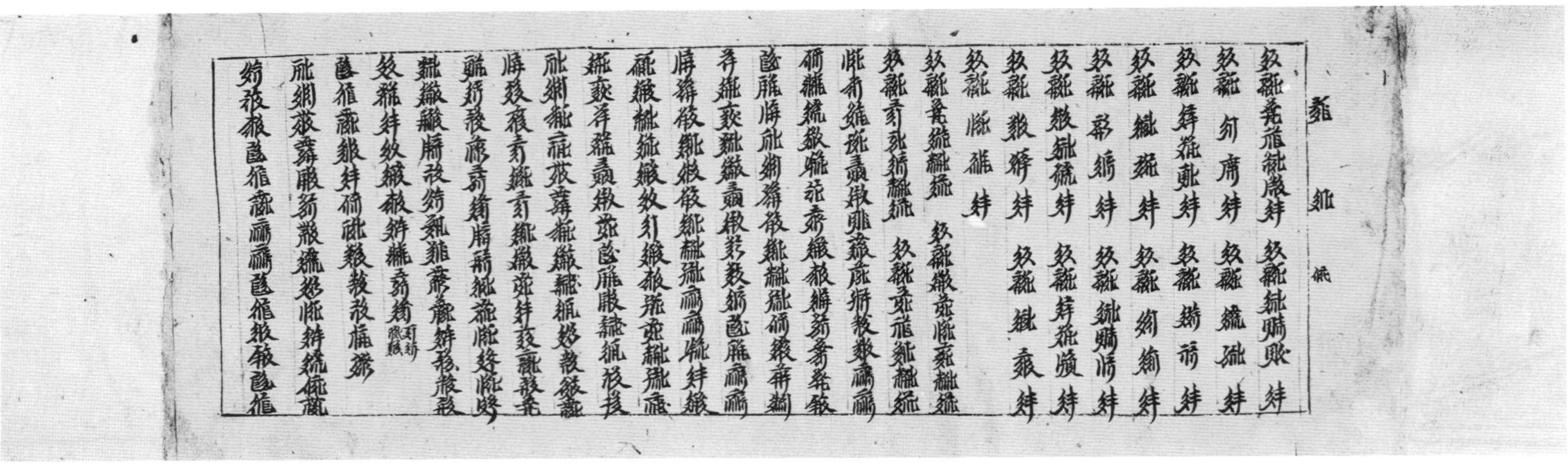

俄 Инв.No.4288 *5752 7645 7655*　慈悲道場懺法卷第九　(20–9)

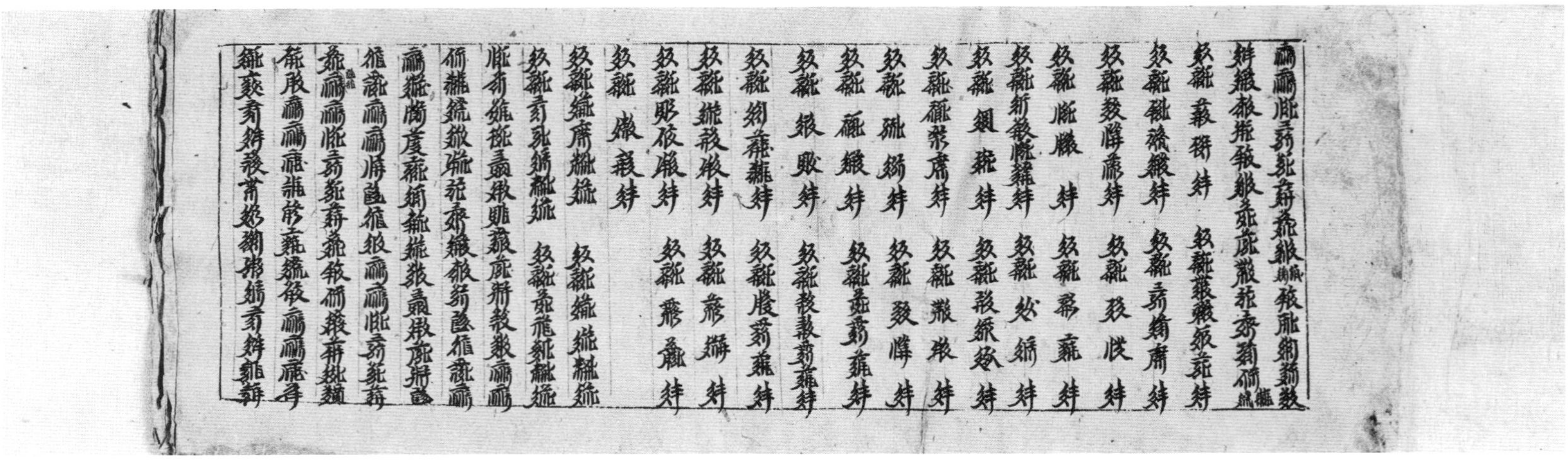

俄 Инв.No.4288 *5752 7645 7655*　慈悲道場懺法卷第九　(20–10)

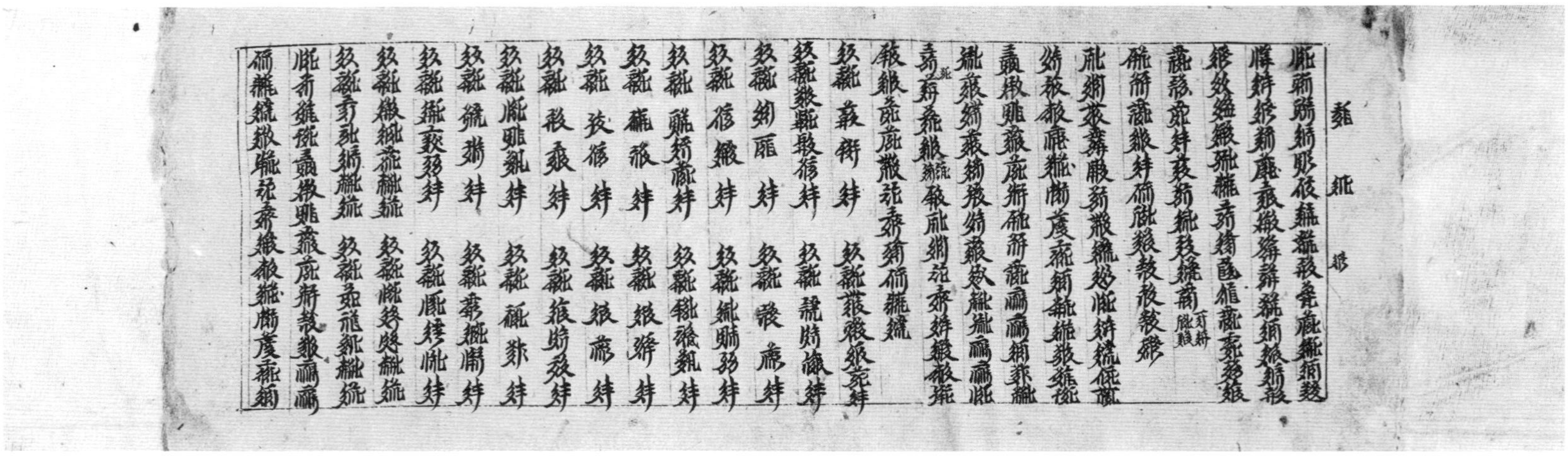

俄 Инв.No.4288 *5752 7645 7655*　慈悲道場懺法卷第九　(20–11)

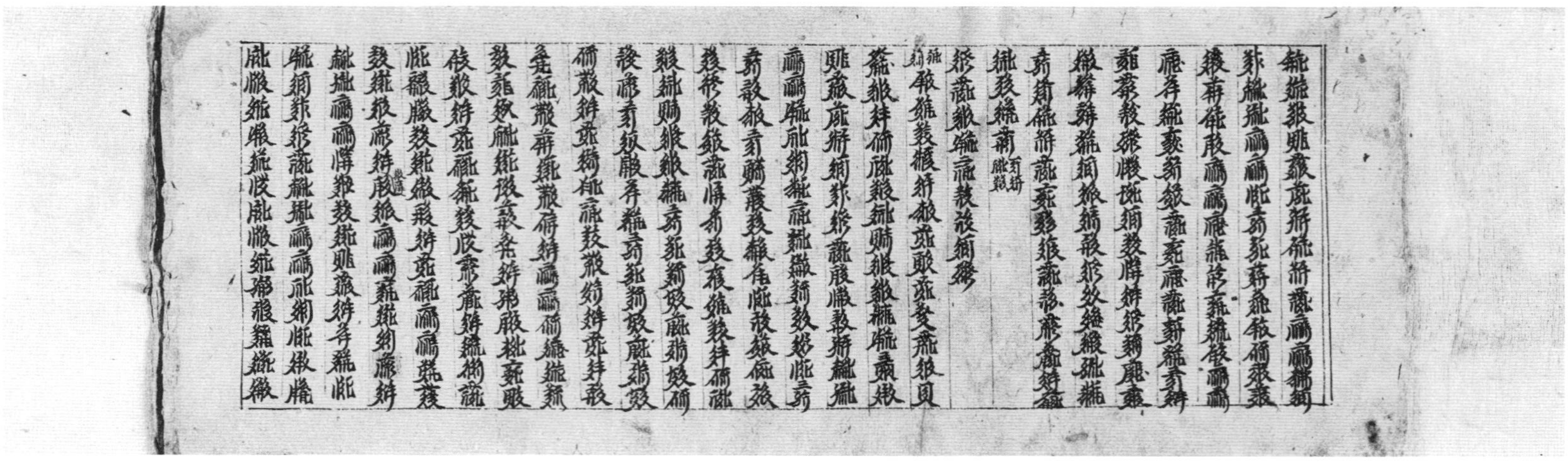

俄 Инв.No.4288 *5752 7645 7655*　慈悲道場懺法卷第九　(20–12)

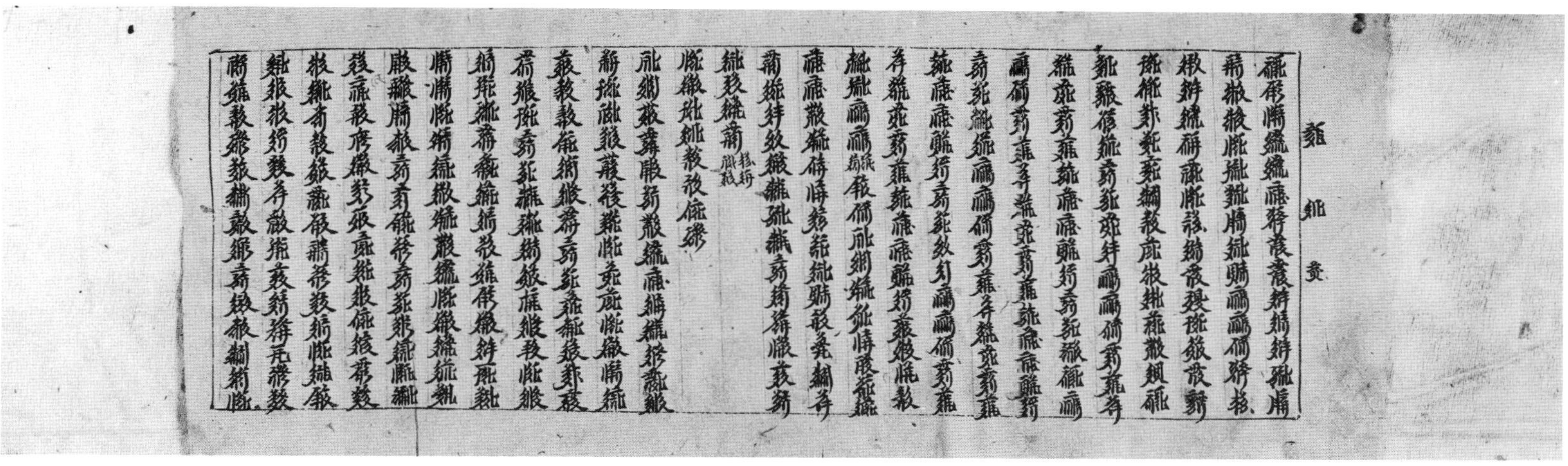

俄 **Инв**.No.4288 *5752 7645 7655* 慈悲道場懺法卷第九 (20–13)

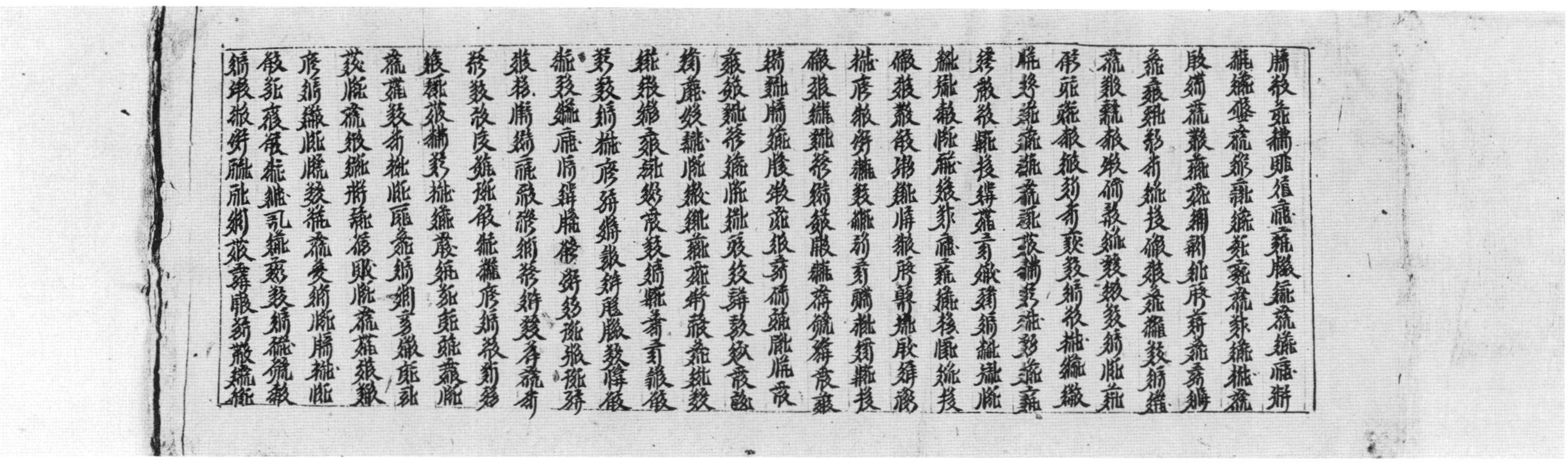

俄 **Инв**.No.4288 *5752 7645 7655* 慈悲道場懺法卷第九 (20–14)

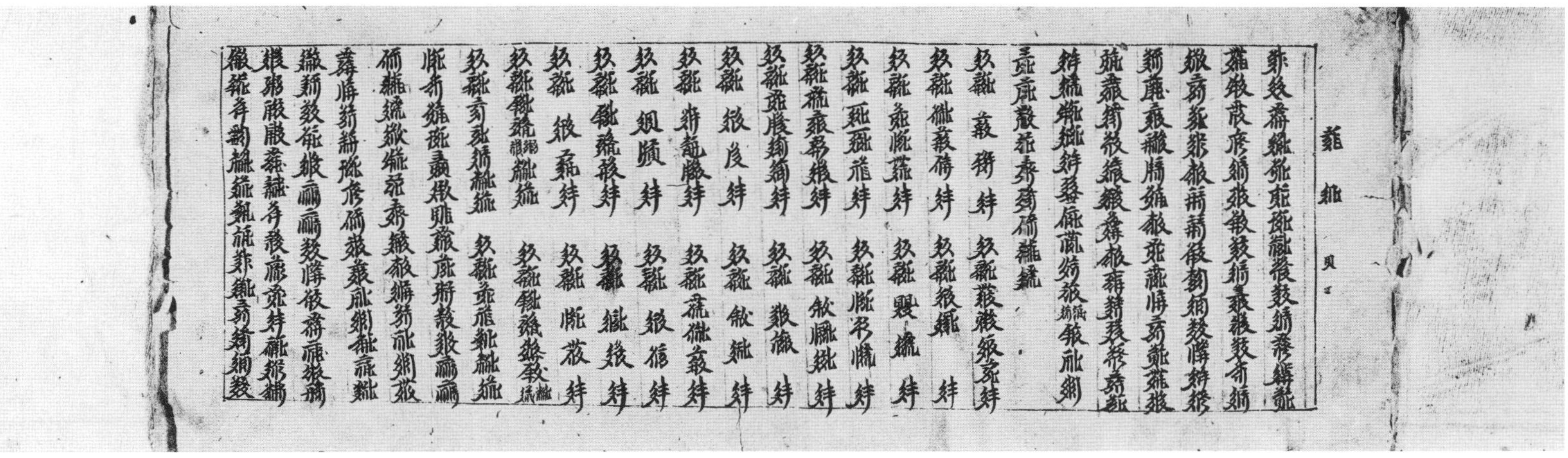

俄 **Инв**.No.4288 *5752 7645 7655* 慈悲道場懺法卷第九 (20–15)

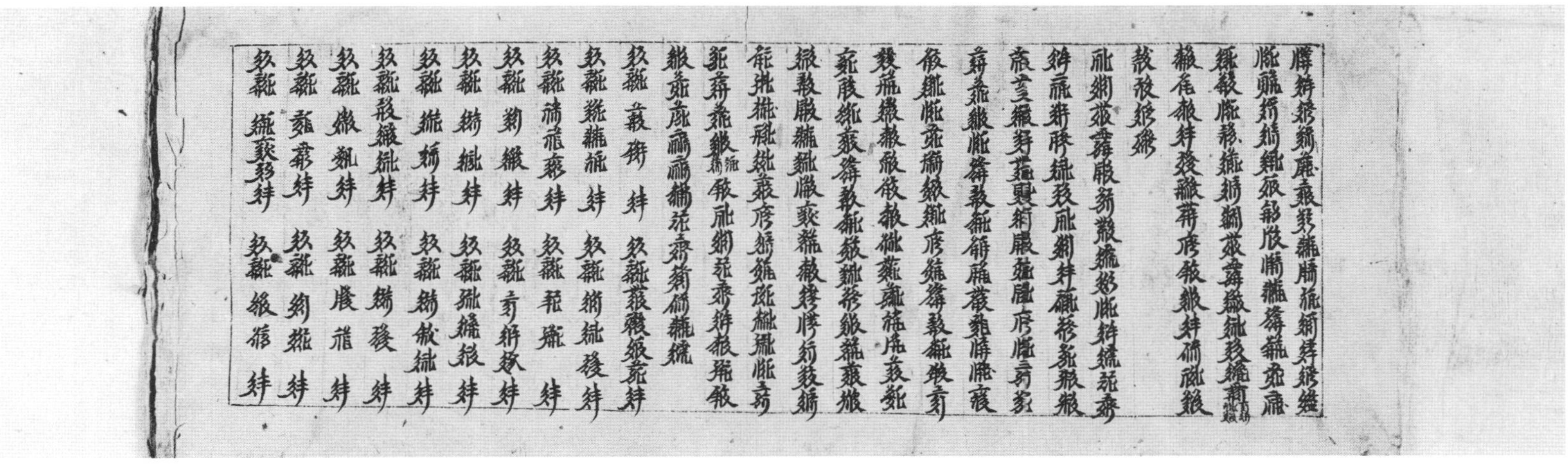

俄 **Инв**.No.4288 *5752 7645 7655* 慈悲道場懺法卷第九 (20–16)

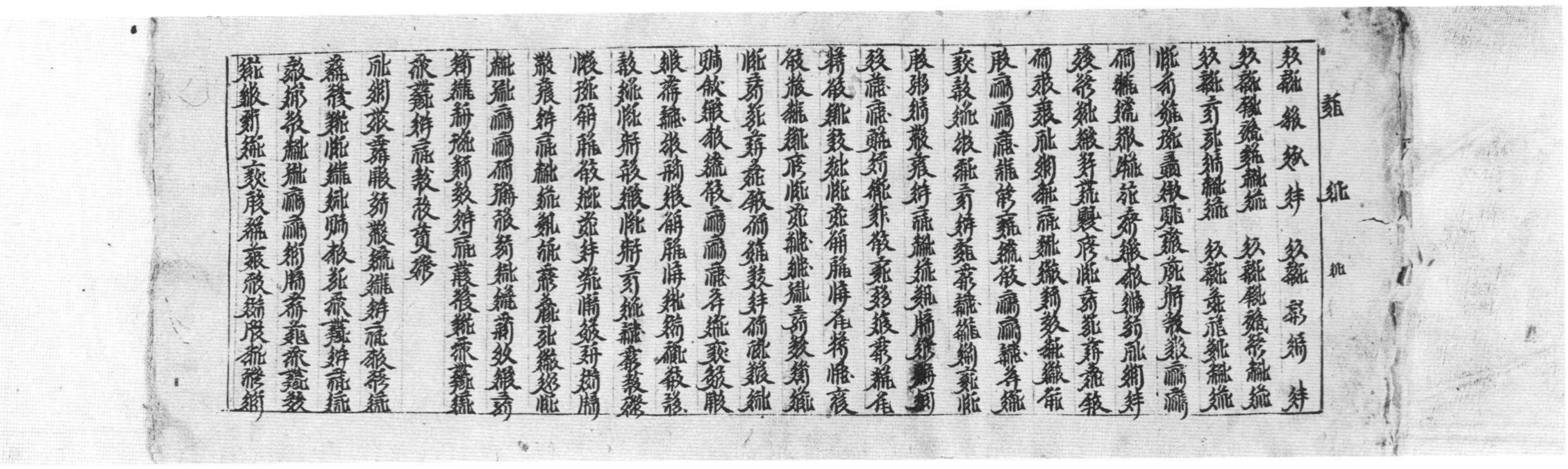

俄 Инв.No.4288 *5752 7645 7655* 慈悲道場懺法卷第九 (20–17)

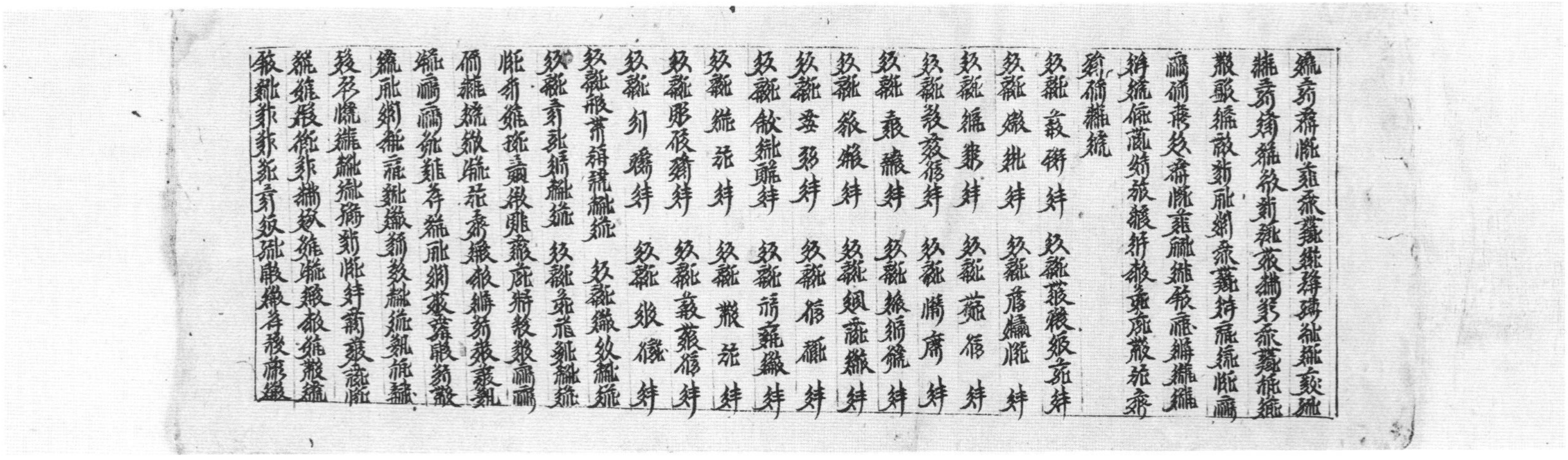

俄 Инв.No.4288 *5752 7645 7655* 慈悲道場懺法卷第九 (20–18)

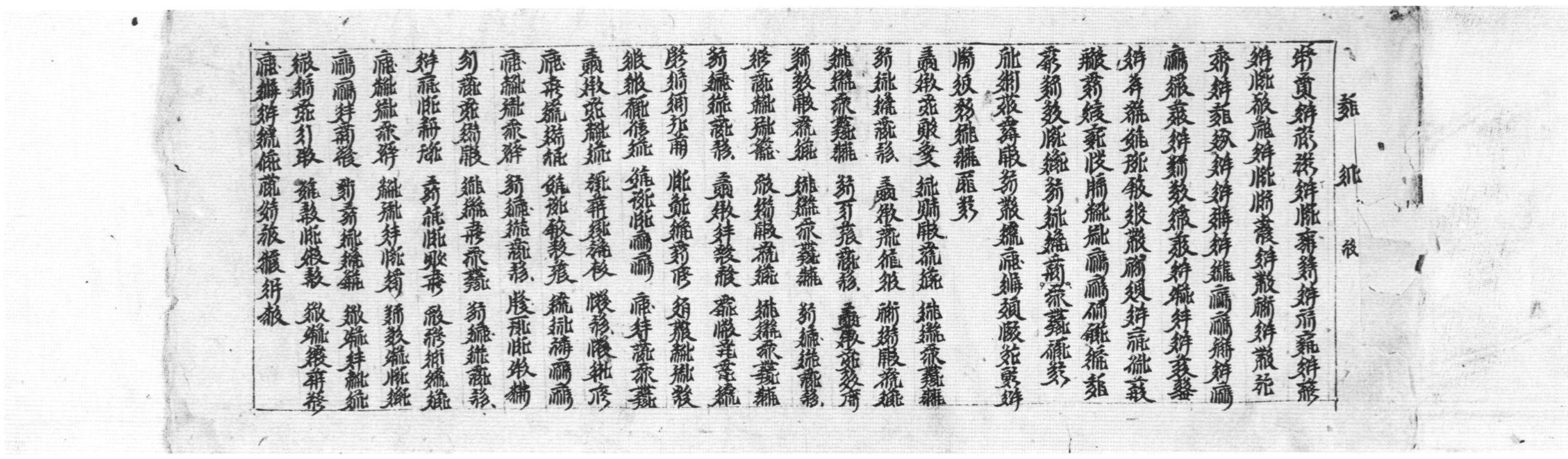

俄 Инв.No.4288 *5752 7645 7655* 慈悲道場懺法卷第九 (20–19)

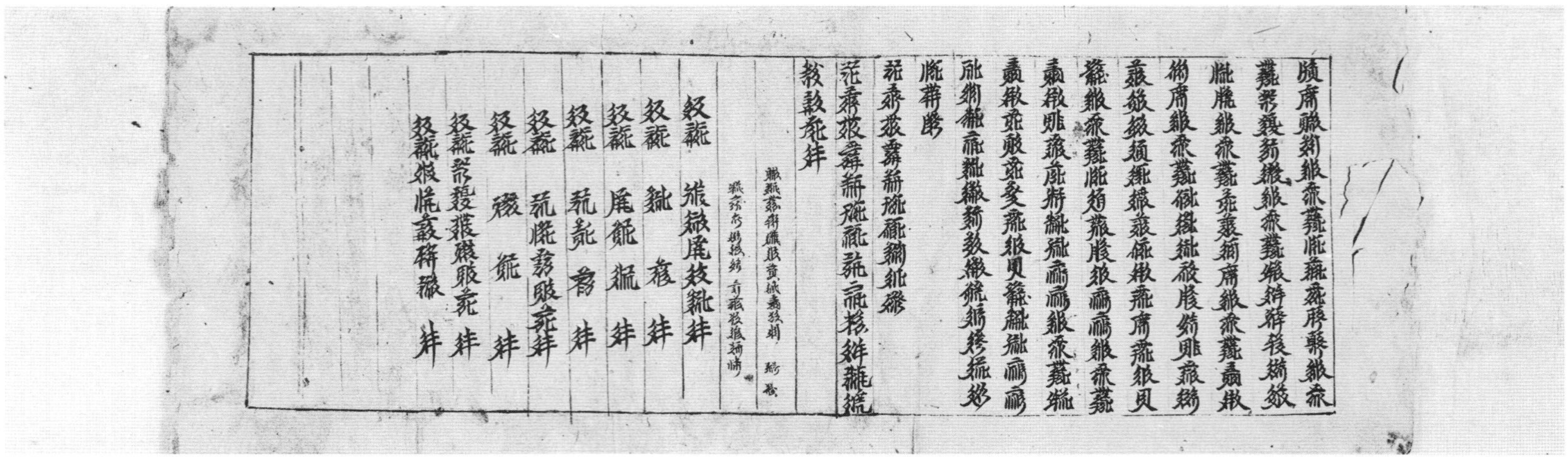

俄 Инв.No.4288 *5752 7645 7655* 慈悲道場懺法卷第九 (20–20)

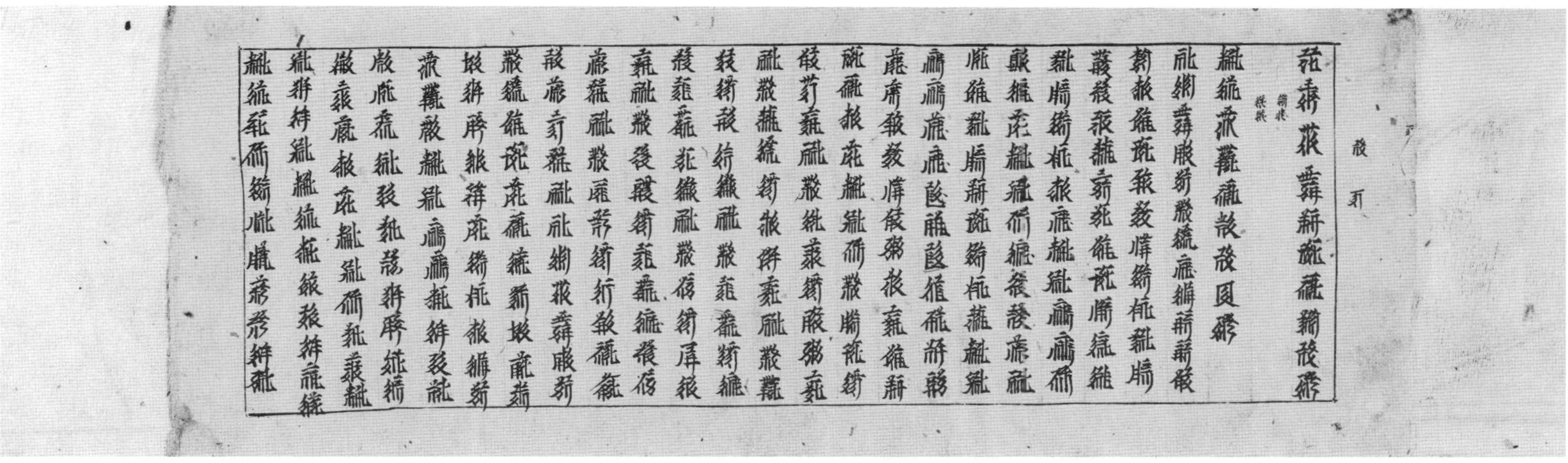

俄 Инв.No.4288 *5752 7645 7655*　慈悲道場懺法卷第十　(22–1)

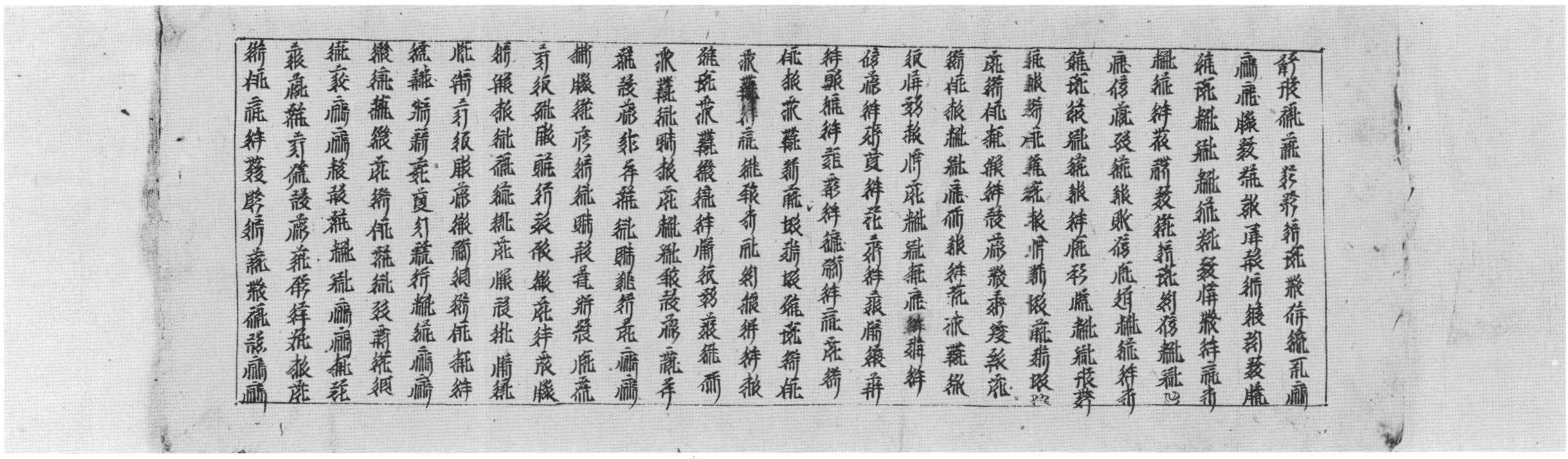

俄 Инв.No.4288 *5752 7645 7655*　慈悲道場懺法卷第十　(22–2)

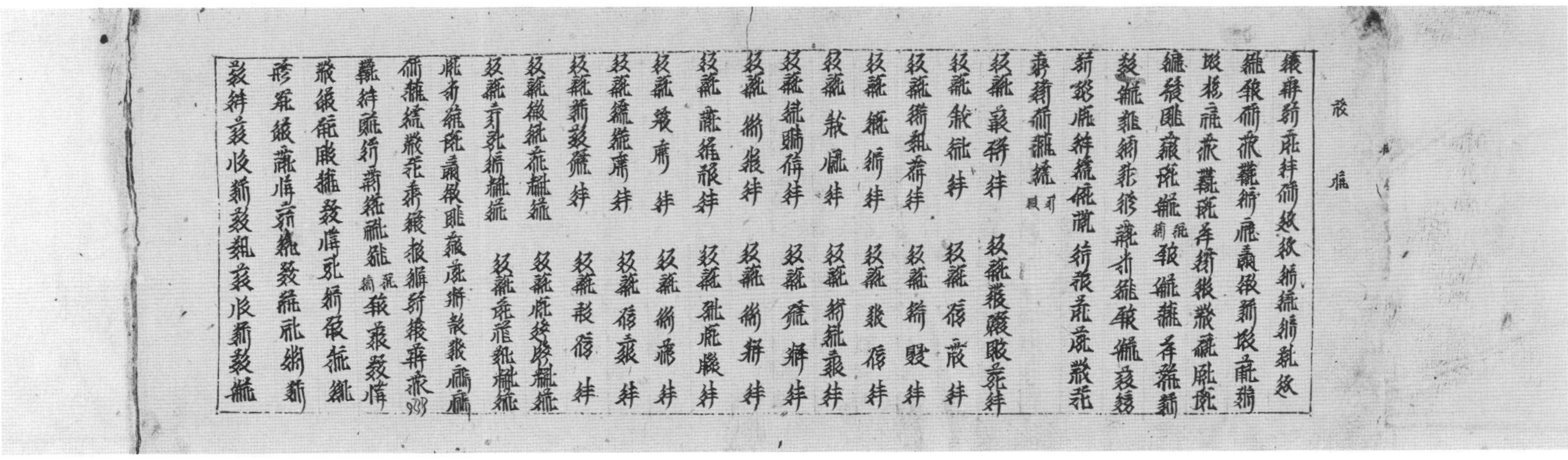

俄 Инв.No.4288 *5752 7645 7655*　慈悲道場懺法卷第十　(22–3)

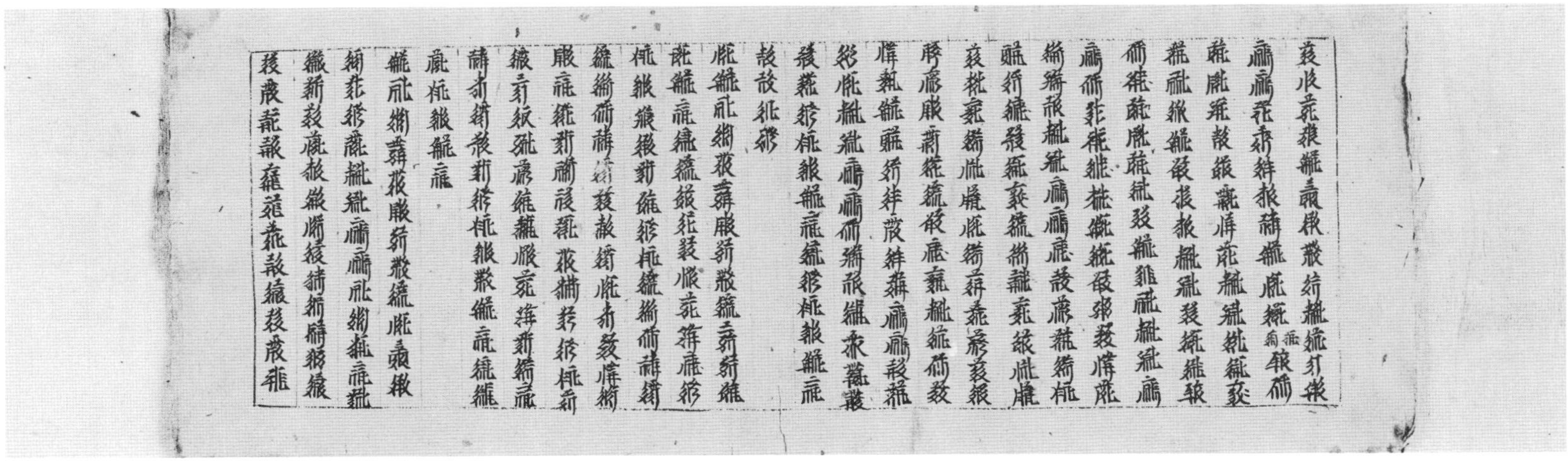

俄 Инв.No.4288 *5752 7645 7655*　慈悲道場懺法卷第十　(22–4)

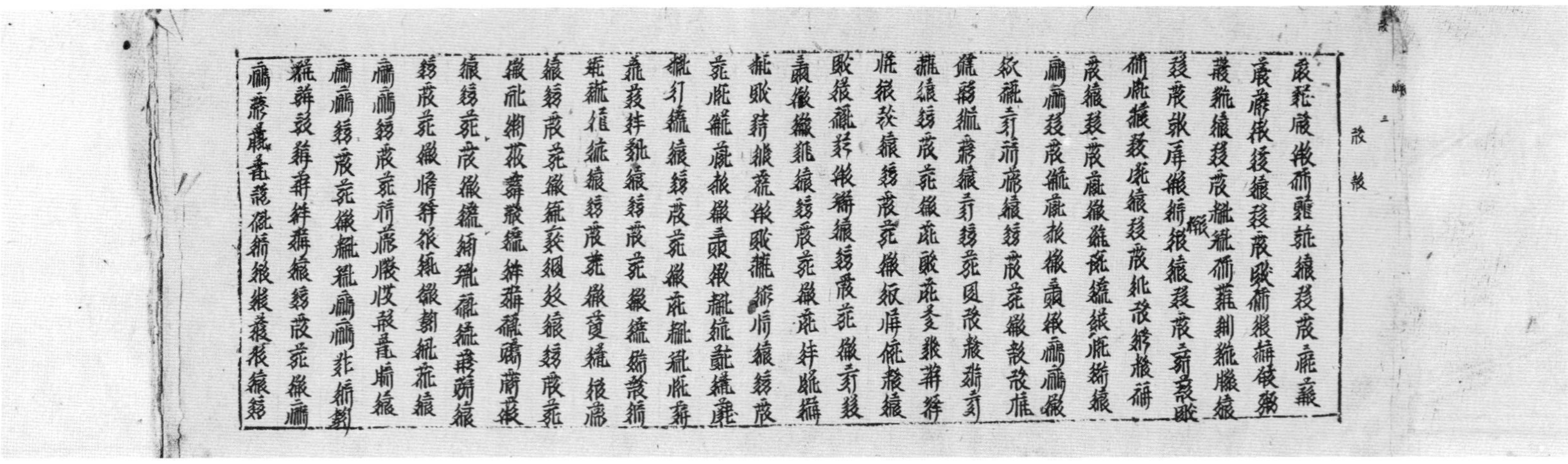

俄 **Инв**.No.4288 *5752 7645 7655*　慈悲道場懺法卷第十　(22–5)

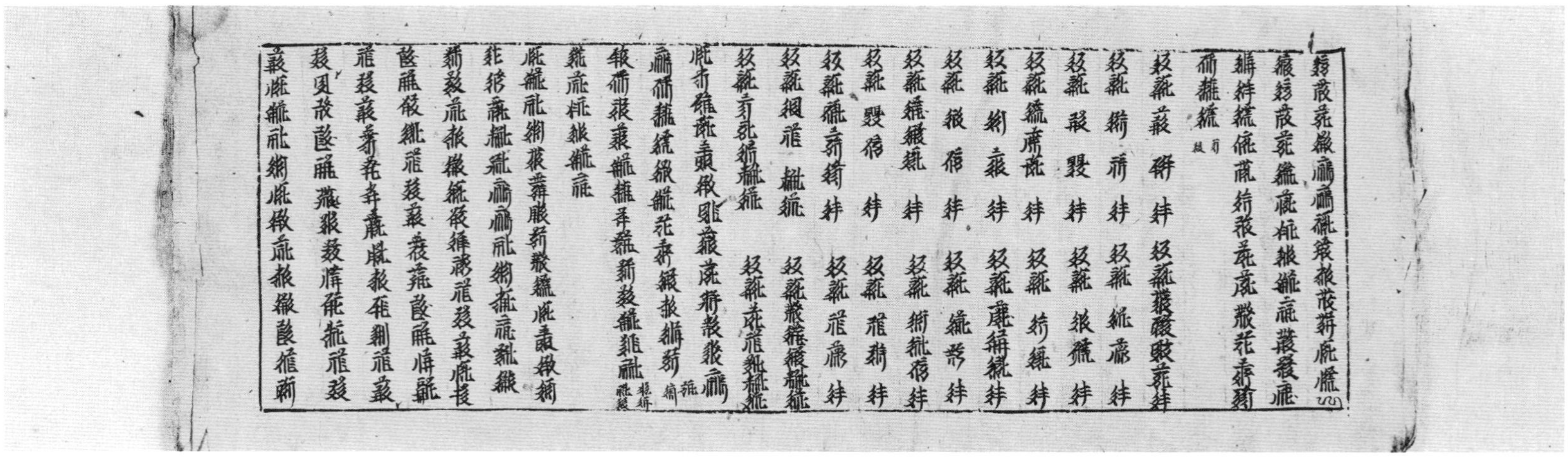

俄 **Инв**.No.4288 *5752 7645 7655*　慈悲道場懺法卷第十　(22–6)

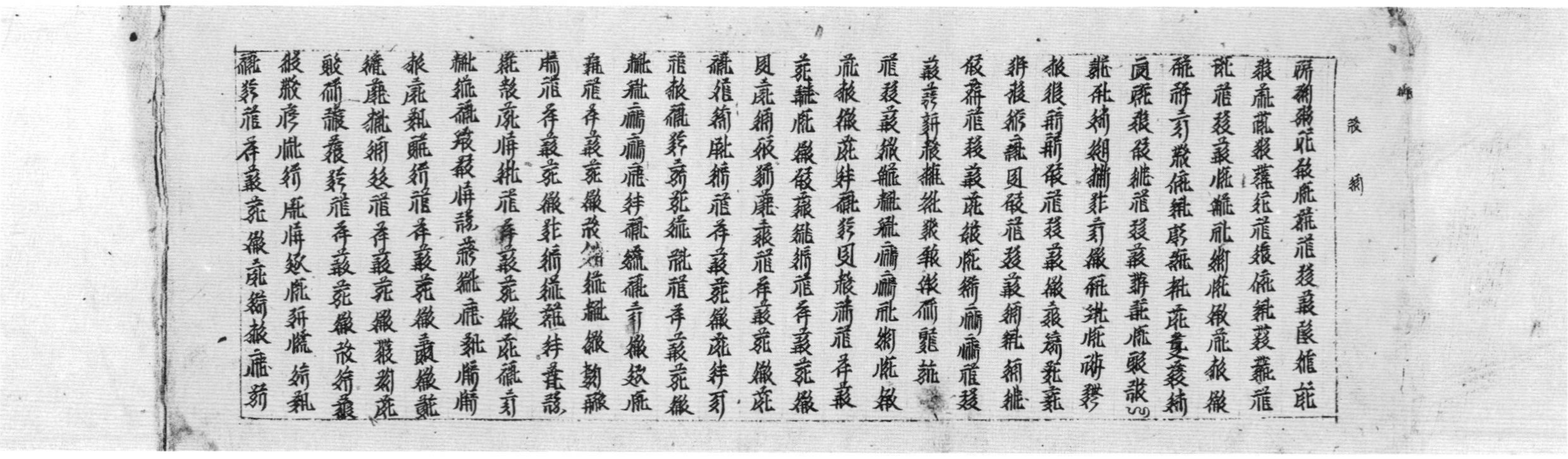

俄 **Инв**.No.4288 *5752 7645 7655*　慈悲道場懺法卷第十　(22–7)

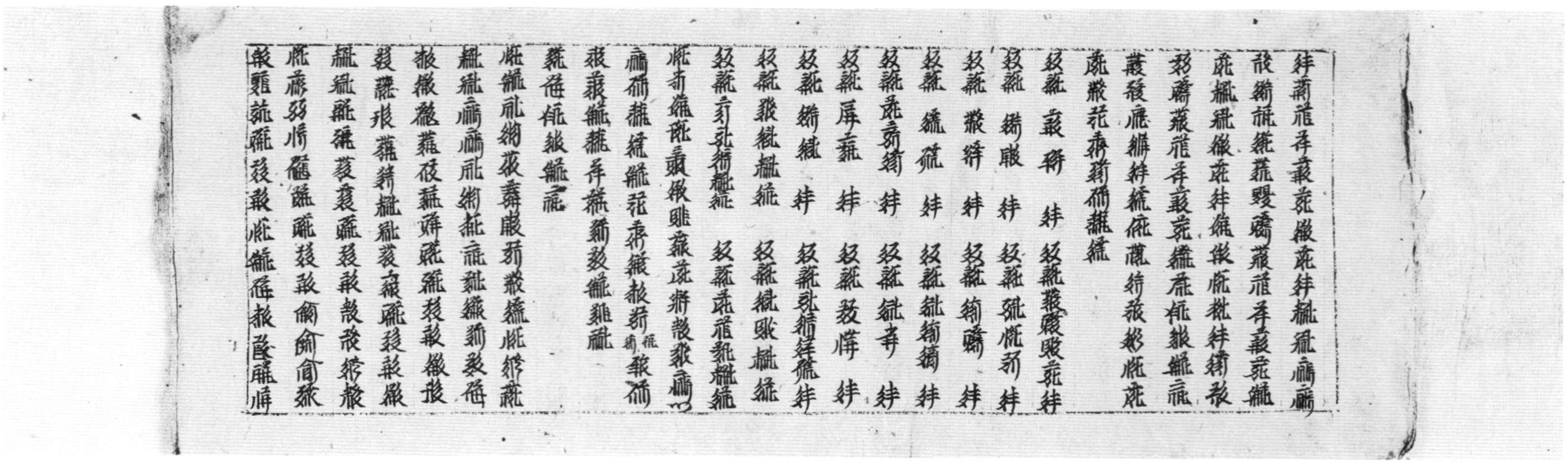

俄 **Инв**.No.4288 *5752 7645 7655*　慈悲道場懺法卷第十　(22–8)

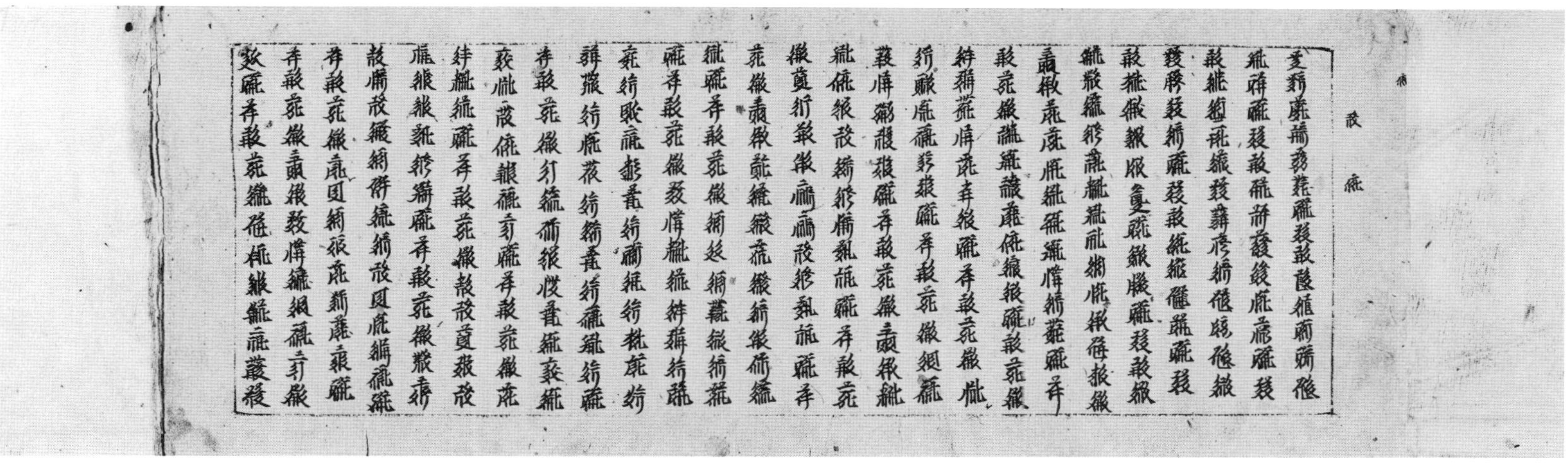

俄 Инв.No.4288 *5752 7645 7655*　慈悲道場懺法卷第十　(22–9)

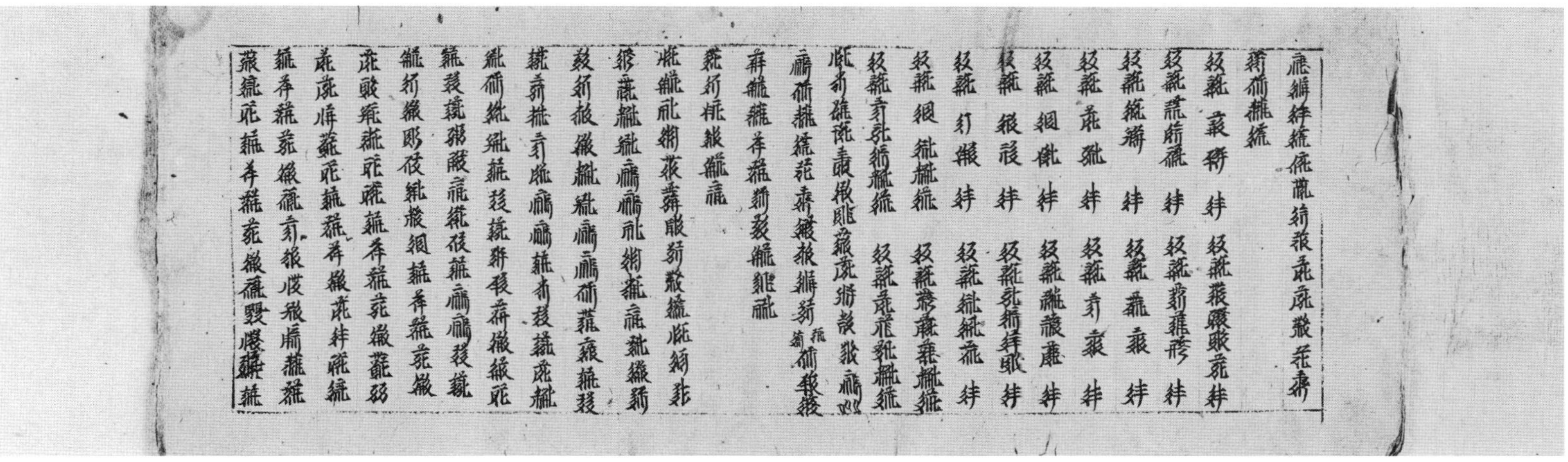

俄 Инв.No.4288 *5752 7645 7655*　慈悲道場懺法卷第十　(22–10)

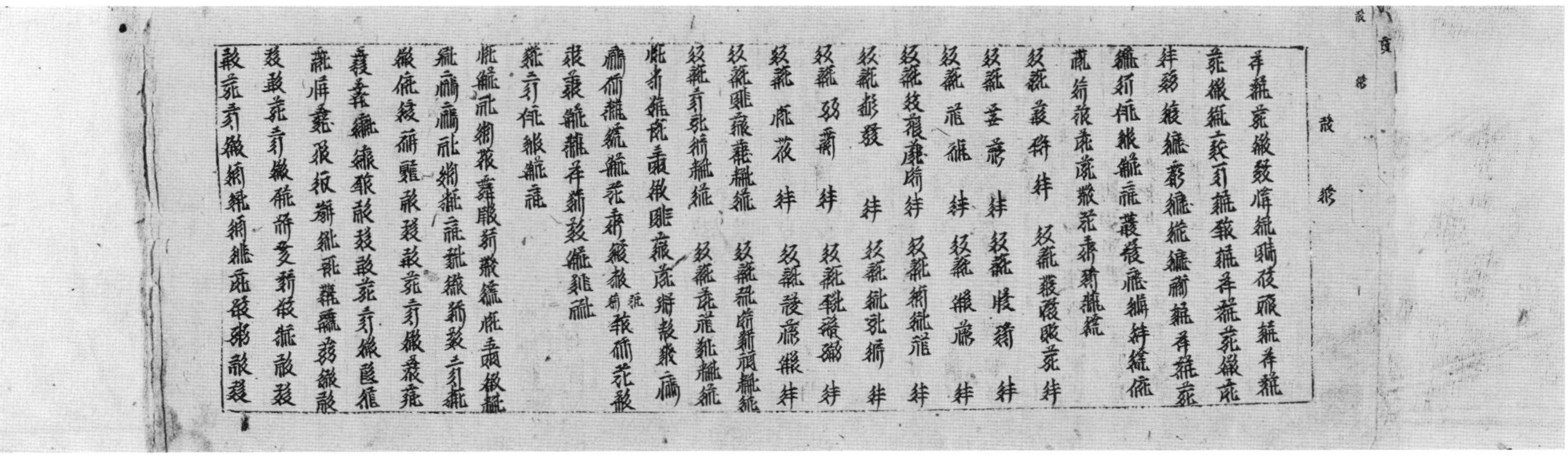

俄 Инв.No.4288 *5752 7645 7655*　慈悲道場懺法卷第十　(22–11)

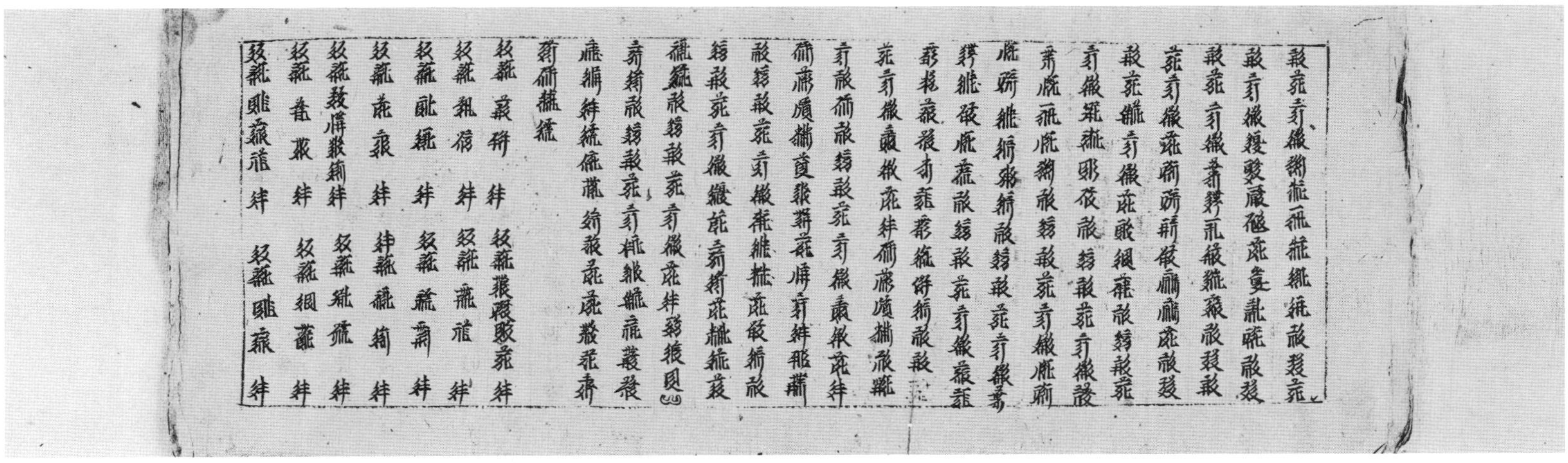

俄 Инв.No.4288 *5752 7645 7655*　慈悲道場懺法卷第十　(22–12)

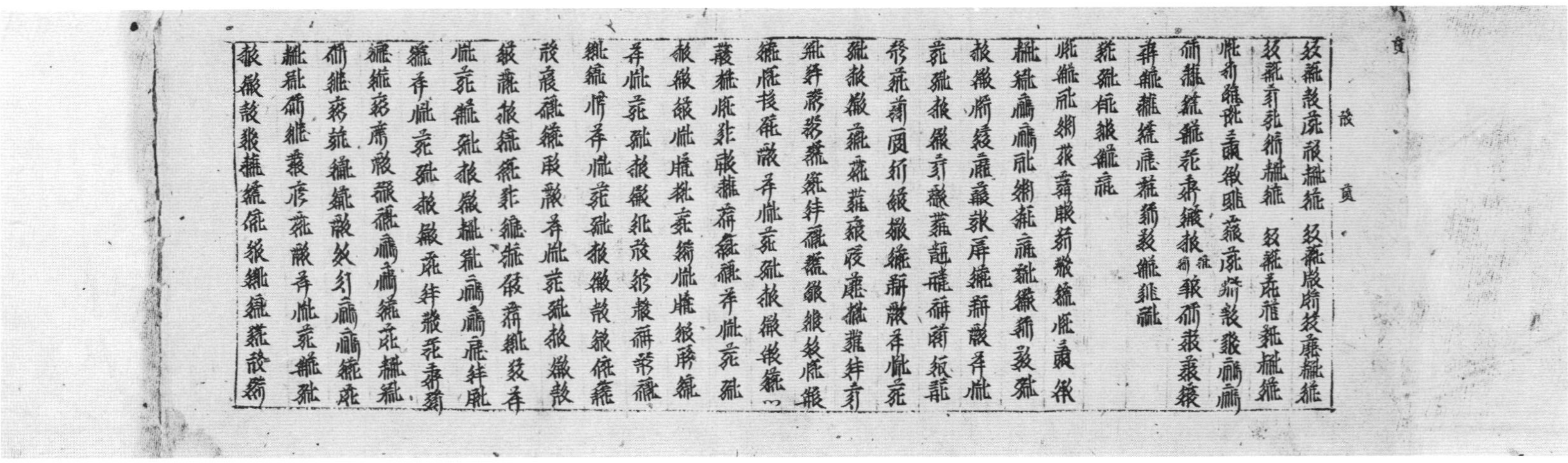

俄 Инв.No.4288 *5752 7645 7655* 慈悲道場懺法卷第十 (22–13)

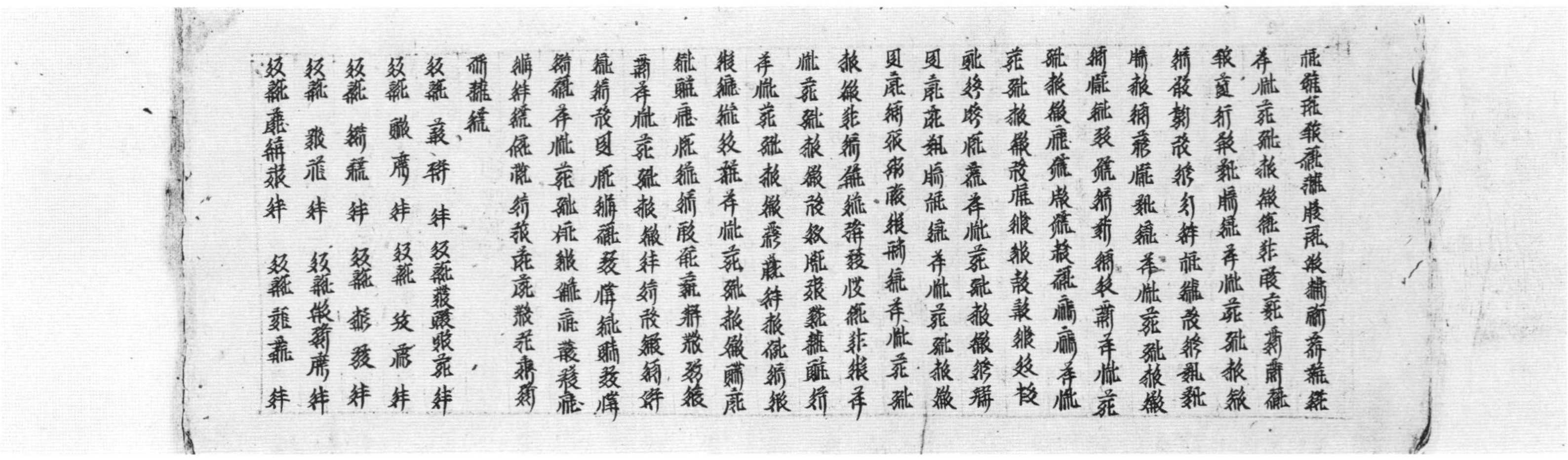

俄 Инв.No.4288 *5752 7645 7655* 慈悲道場懺法卷第十 (22–14)

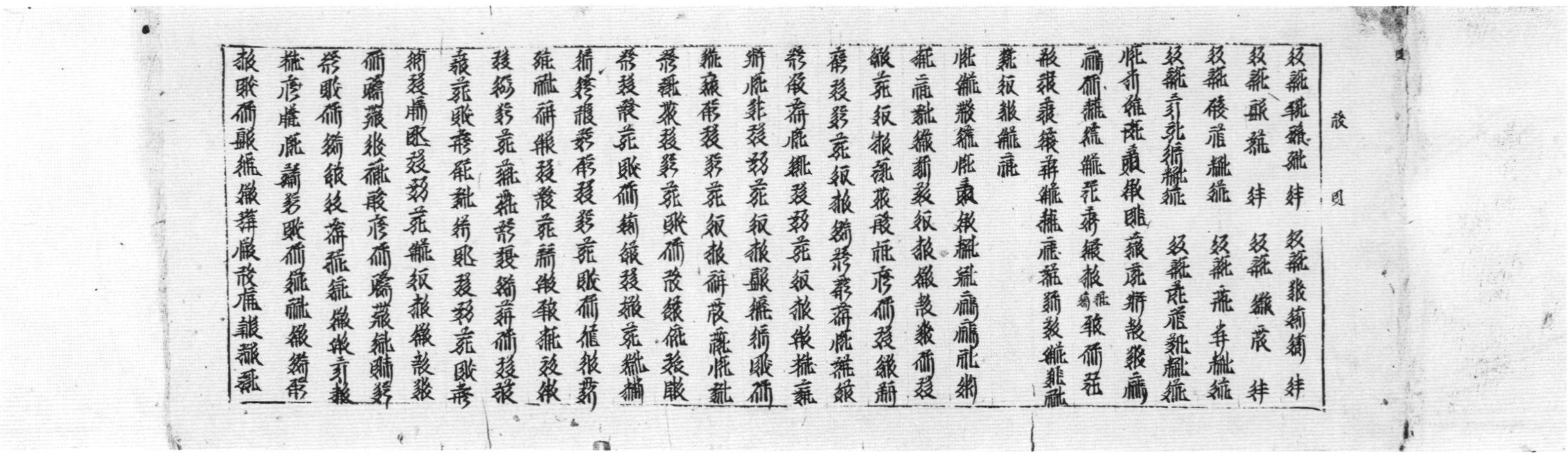

俄 Инв.No.4288 *5752 7645 7655* 慈悲道場懺法卷第十 (22–15)

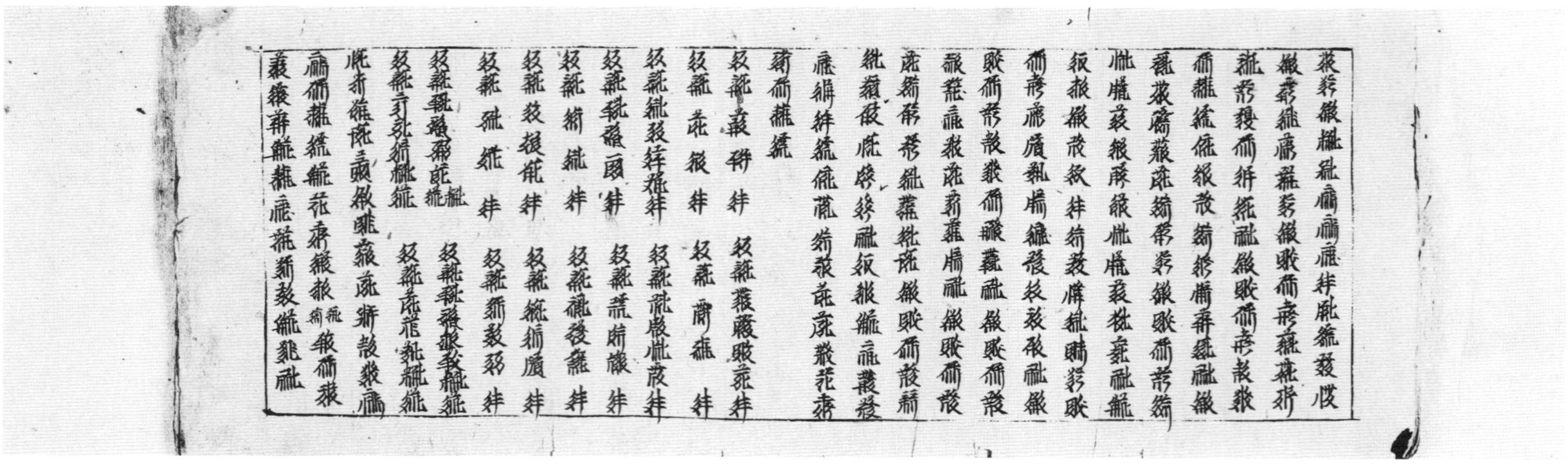

俄 Инв.No.4288 *5752 7645 7655* 慈悲道場懺法卷第十 (22–16)

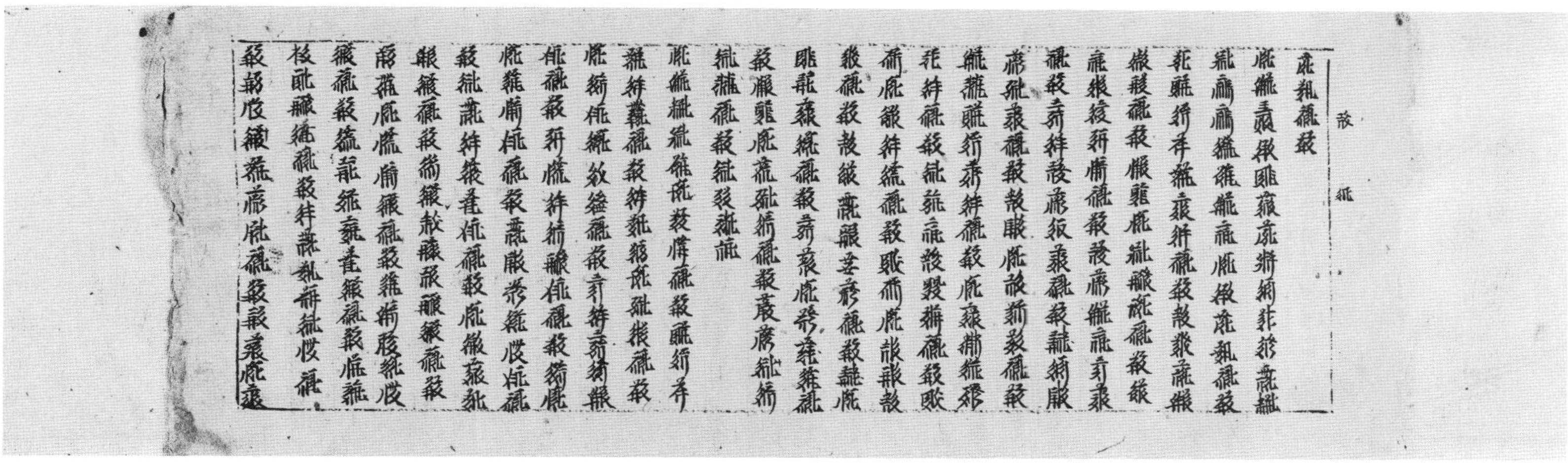

俄 Инв.No.4288 *5752 7645 7655*　慈悲道場懺法卷第十　(22–17)

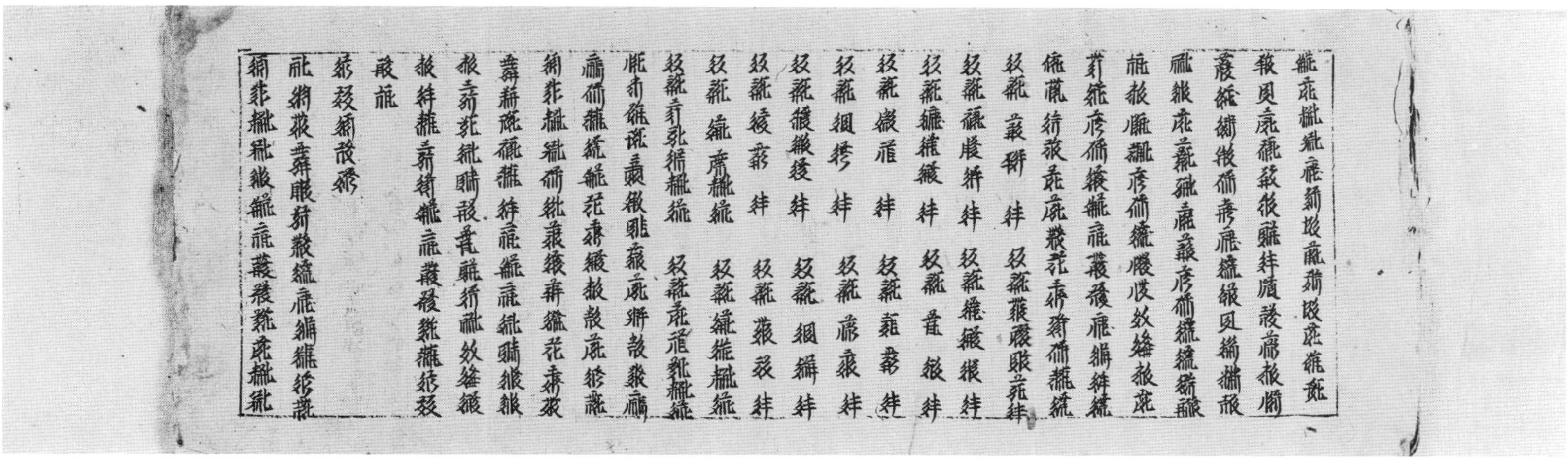

俄 Инв.No.4288 *5752 7645 7655*　慈悲道場懺法卷第十　(22–18)

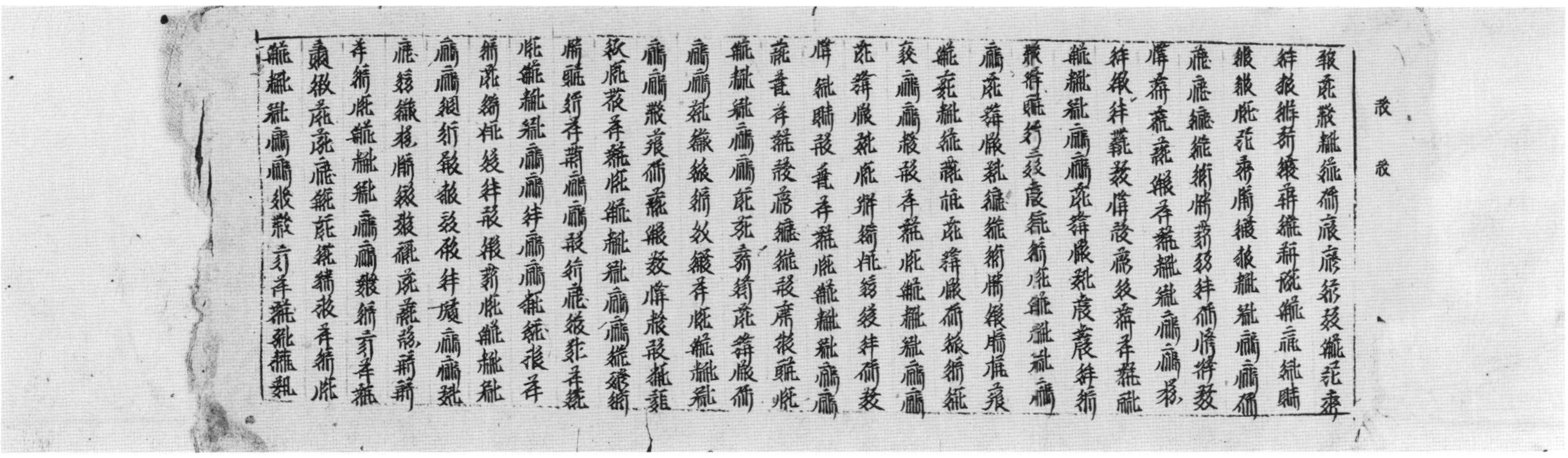

俄 Инв.No.4288 *5752 7645 7655*　慈悲道場懺法卷第十　(22–19)

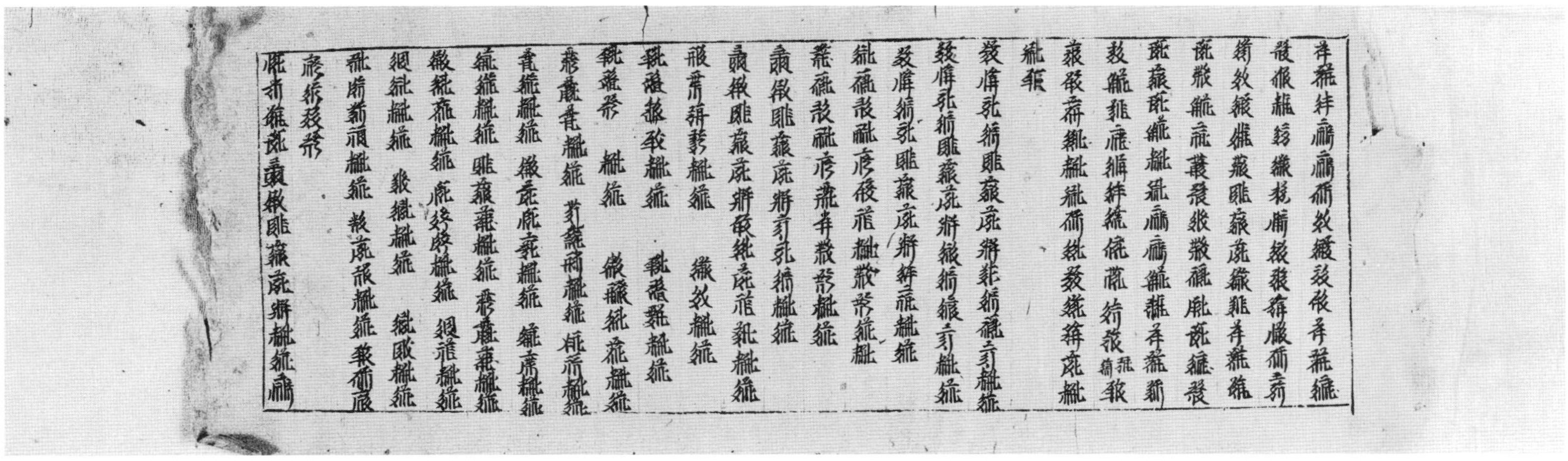

俄 Инв.No.4288 *5752 7645 7655*　慈悲道場懺法卷第十　(22–20)

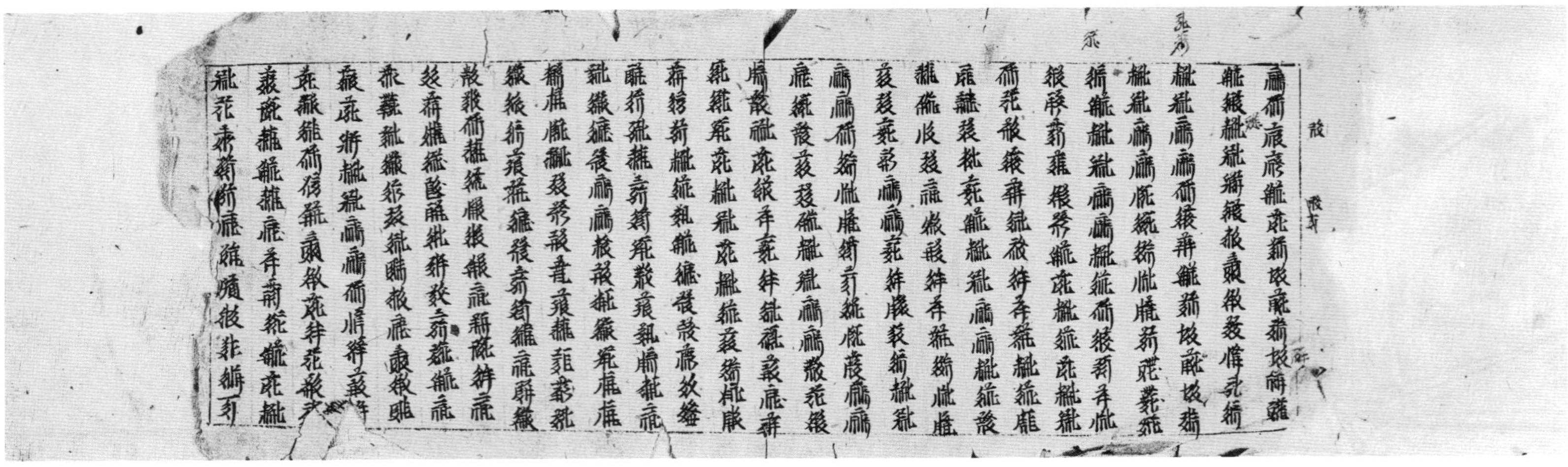

俄 Инв.No.4288 *5752 7645 7655* 慈悲道場懺法卷第十 (22–21)

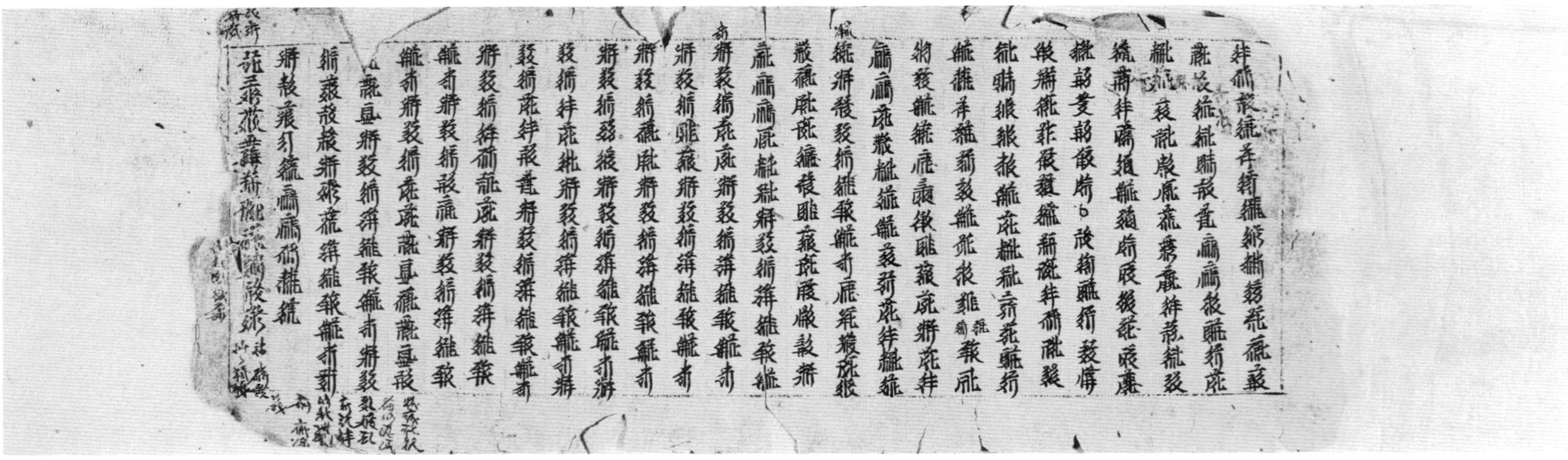

俄 Инв.No.4288 *5752 7645 7655* 慈悲道場懺法卷第十 (22–22)

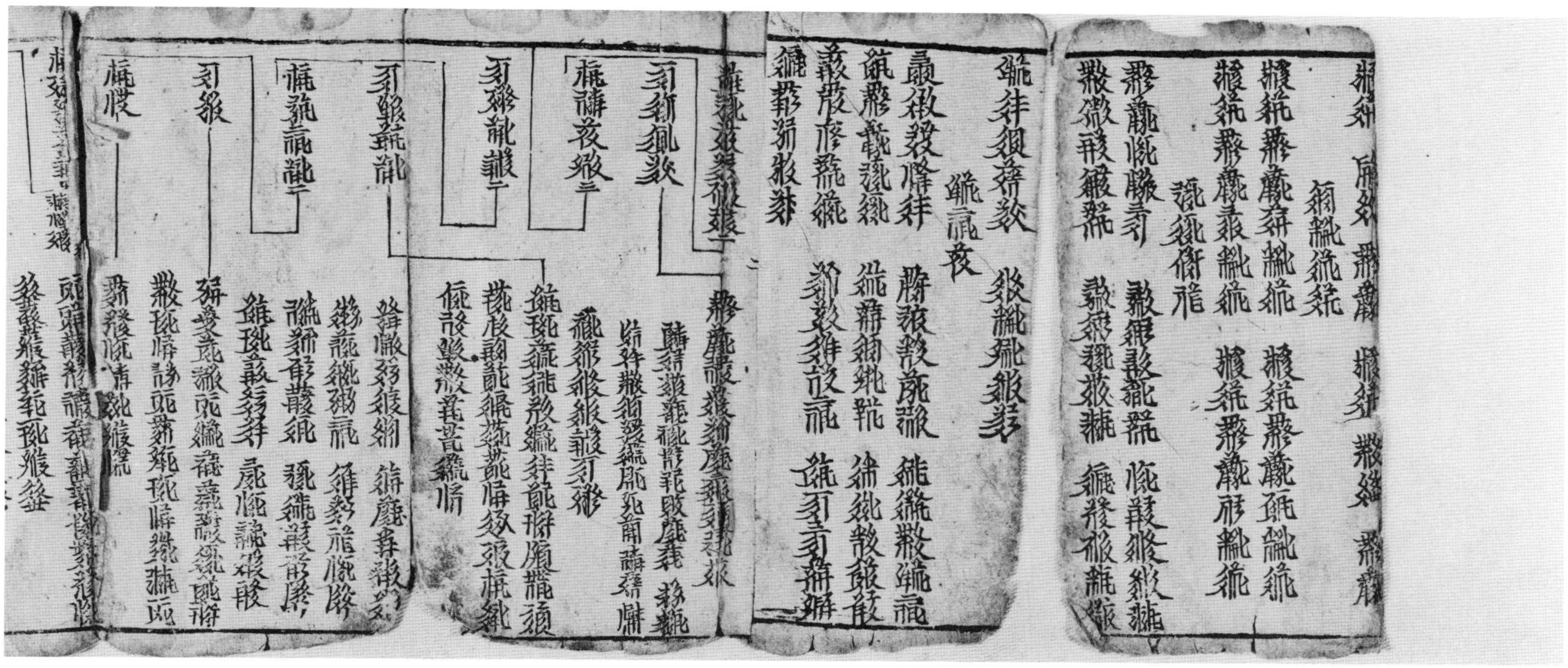

俄 Инв.No.7580　梁朝傅大士頌金剛經　(30–1)

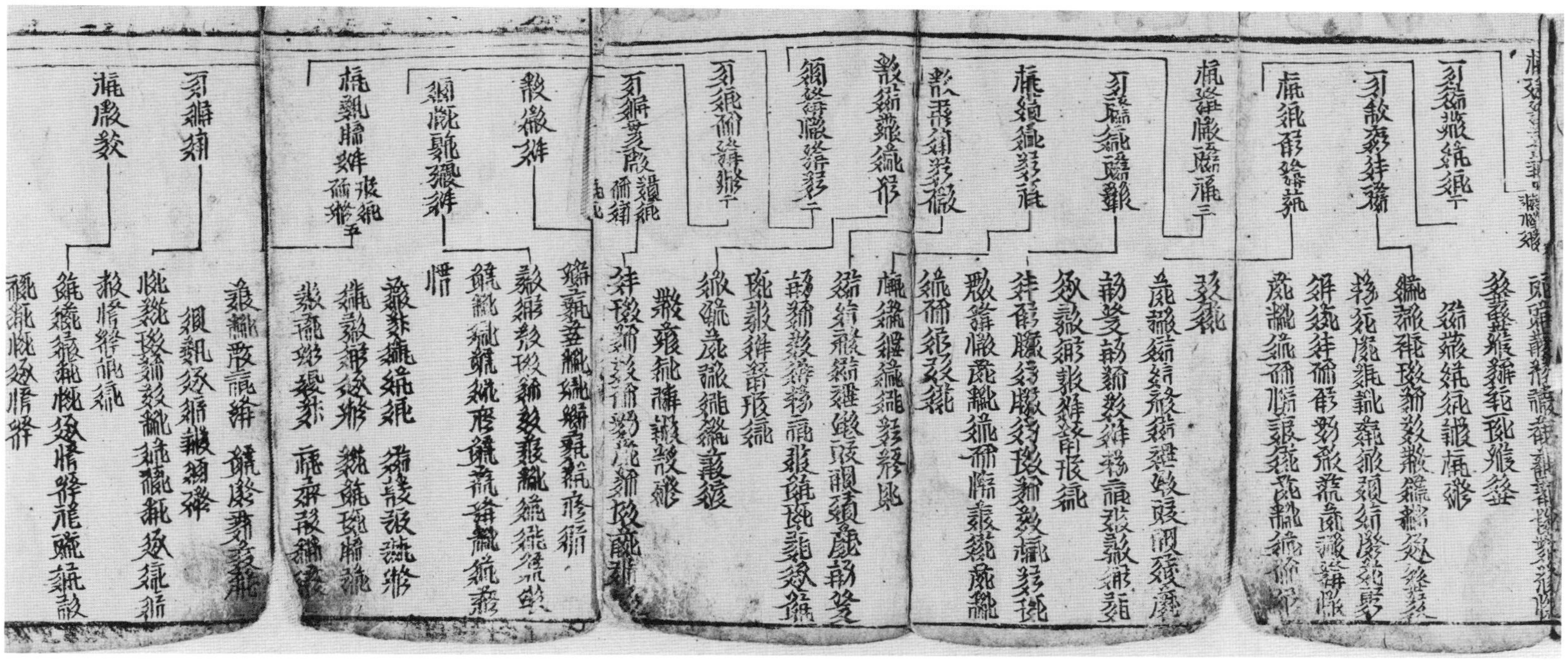

俄 Инв.No.7580　梁朝傅大士頌金剛經　(30–2)

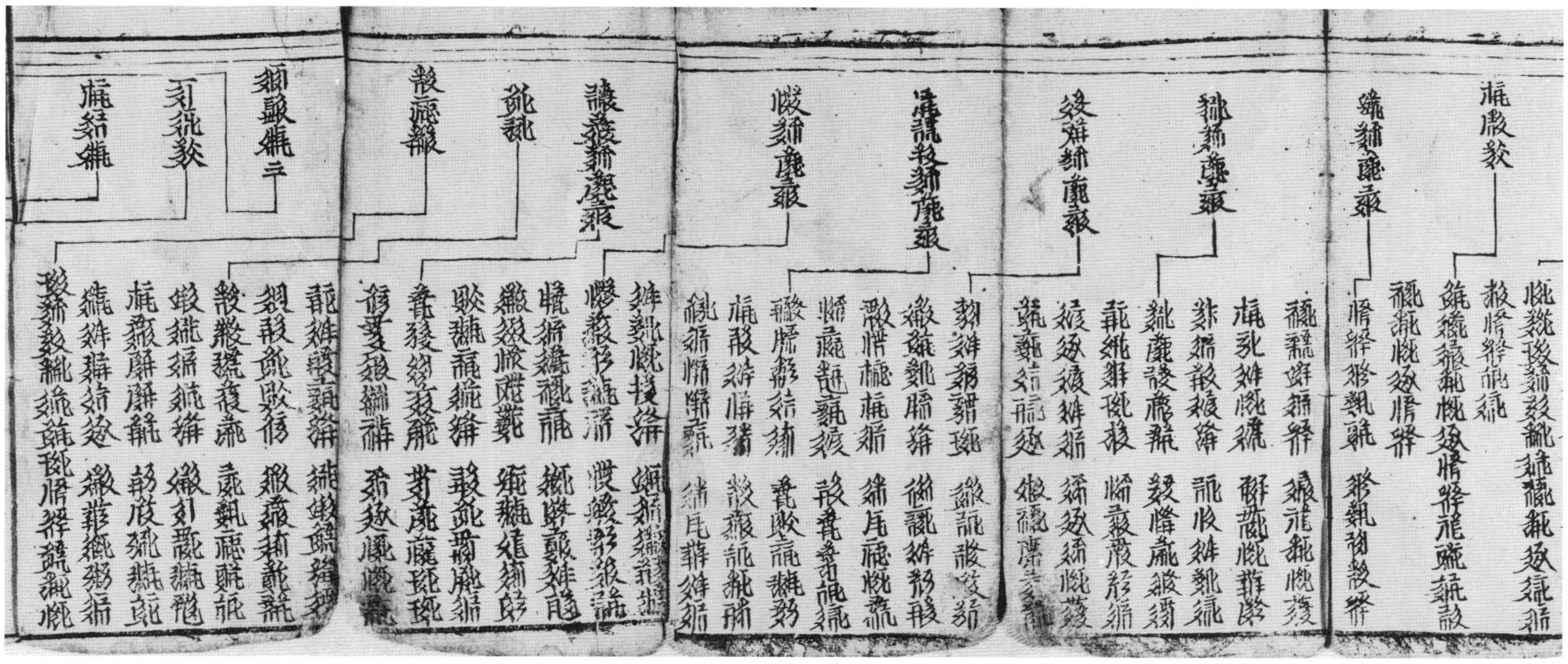

俄 Инв.No.7580　梁朝傅大士頌金剛經　(30–3)

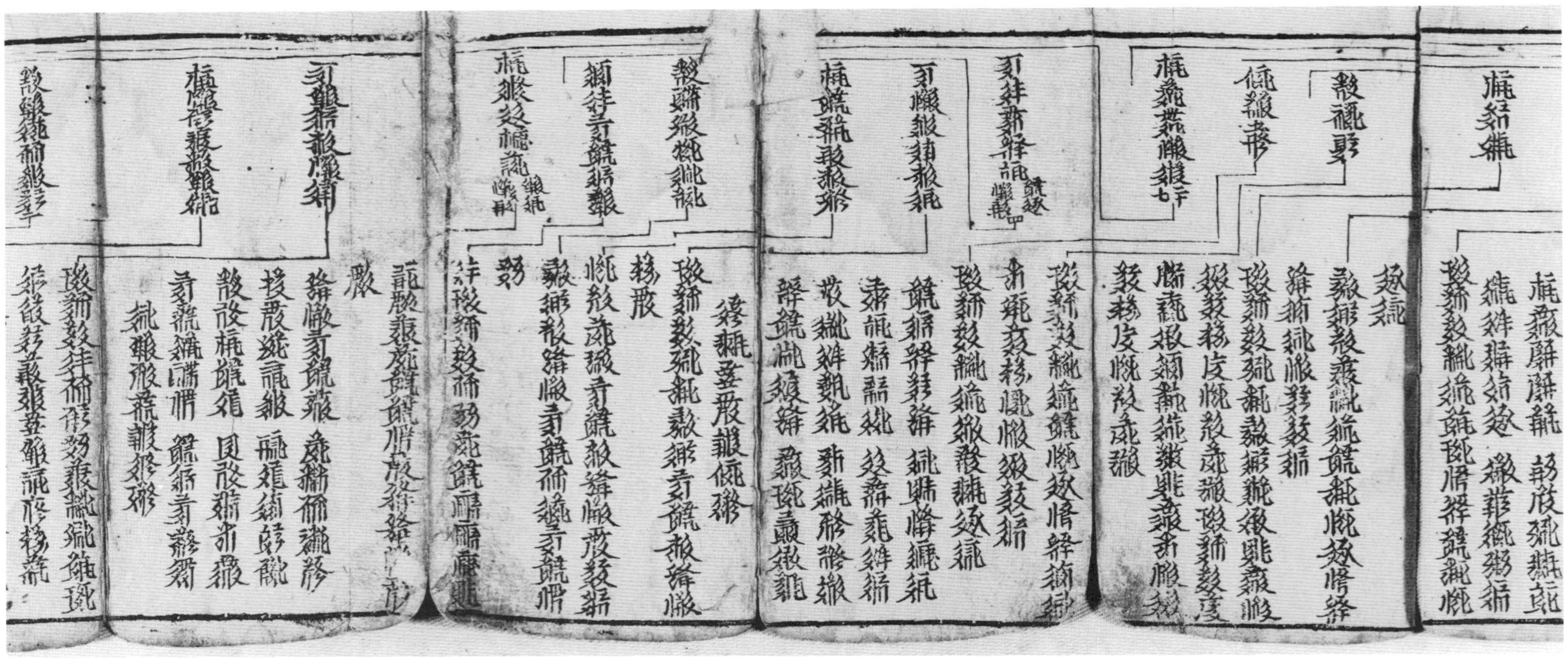

俄 Инв.No.7580　梁朝傅大士頌金剛經　(30–4)

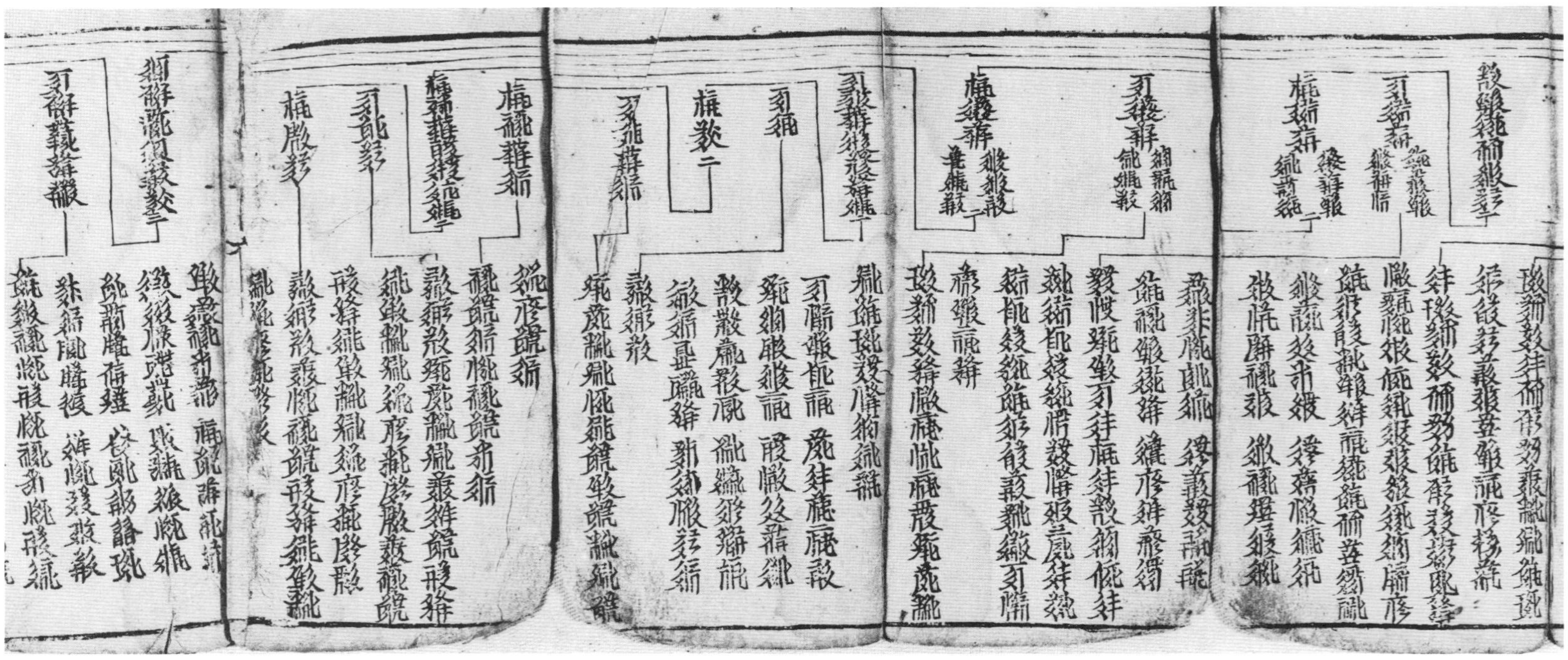

俄 Инв.No.7580　梁朝傅大士頌金剛經　(30–5)

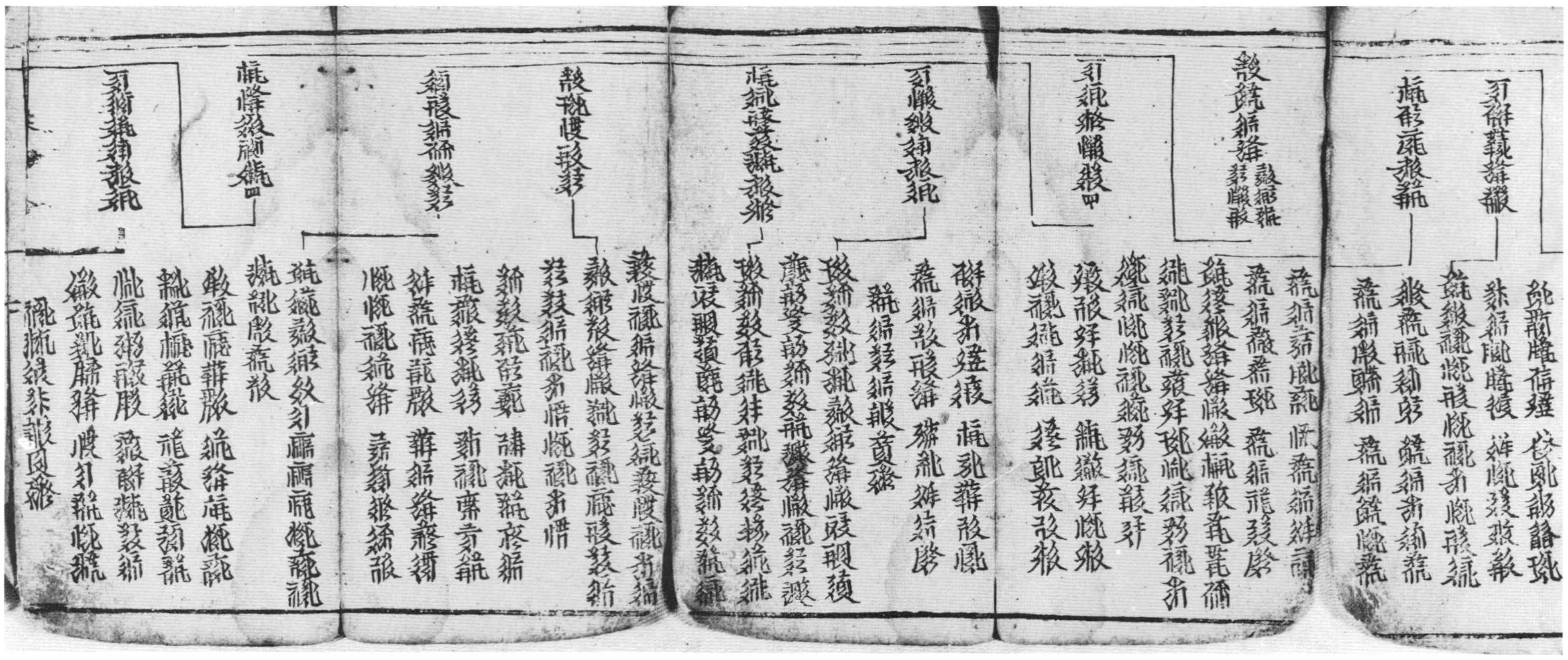

俄 Инв.No.7580　梁朝傅大士頌金剛經　(30–6)

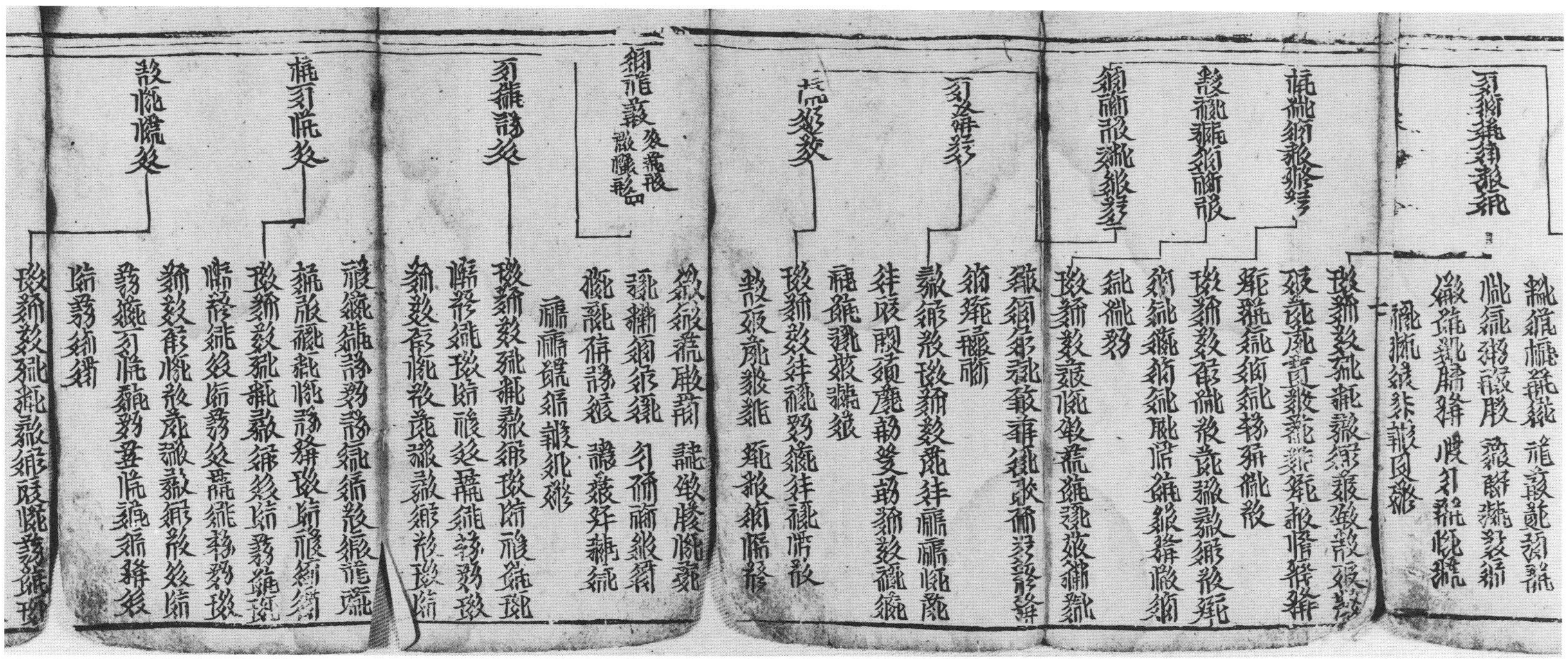

俄 Инв.No.7580　梁朝傅大士頌金剛經　(30-7)

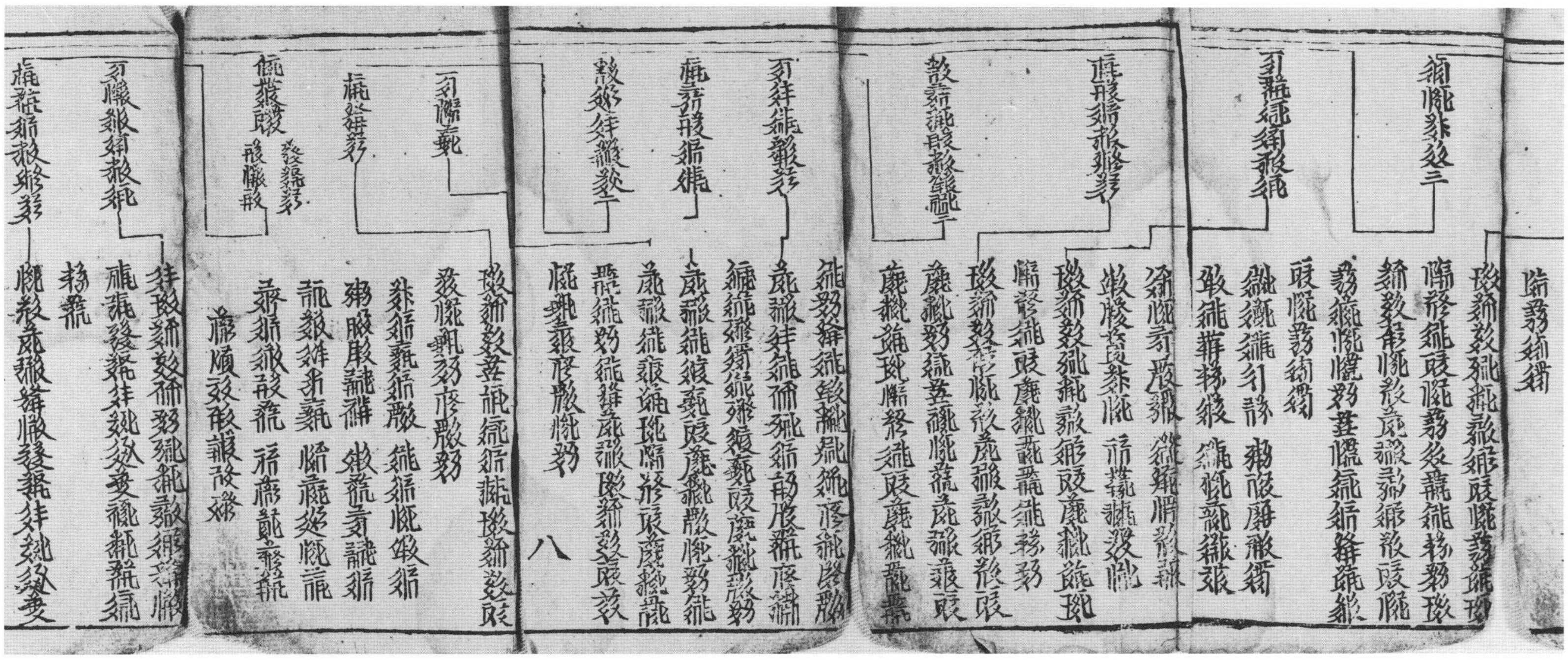

俄 Инв.No.7580　梁朝傅大士頌金剛經　(30-8)

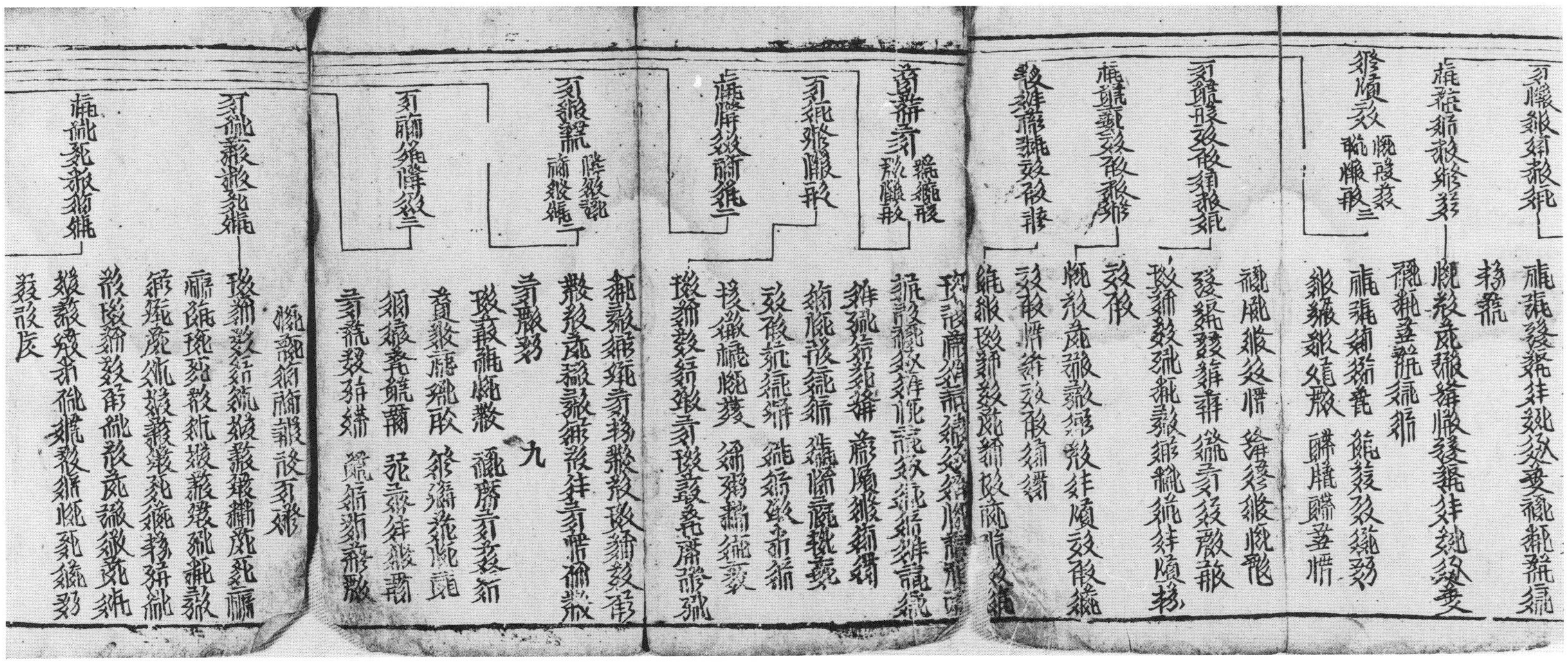

俄 Инв.No.7580　梁朝傅大士頌金剛經　(30-9)

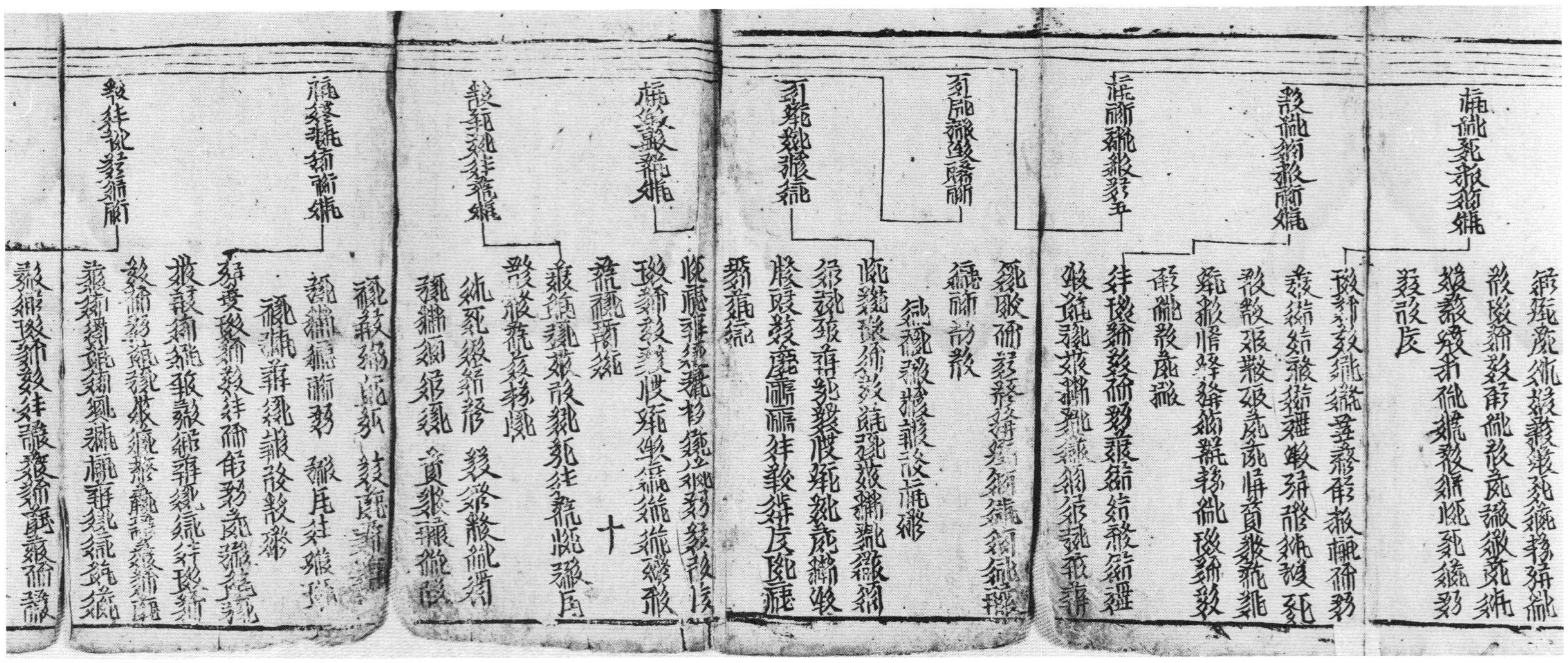

俄 Инв.No.7580 梁朝傅大士頌金剛經 (30-10)

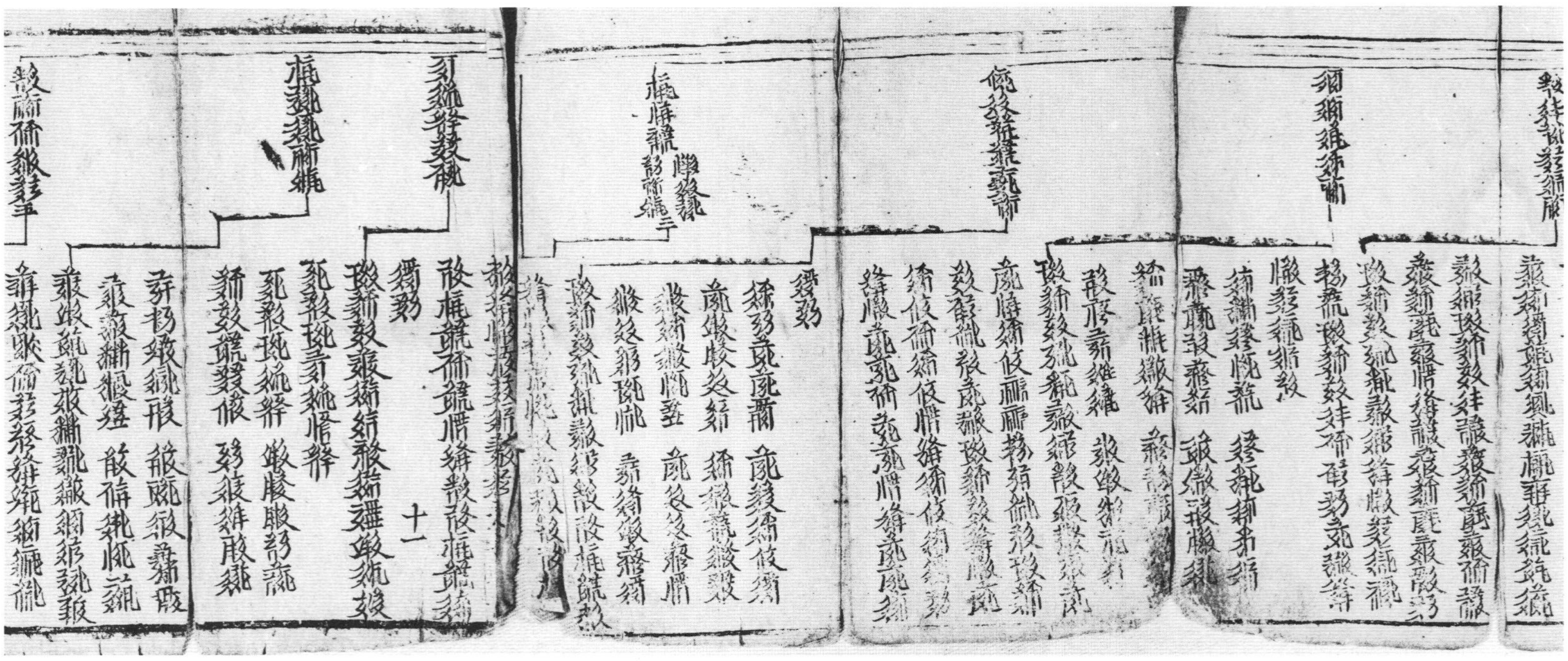

俄 Инв.No.7580 梁朝傅大士頌金剛經 (30-11)

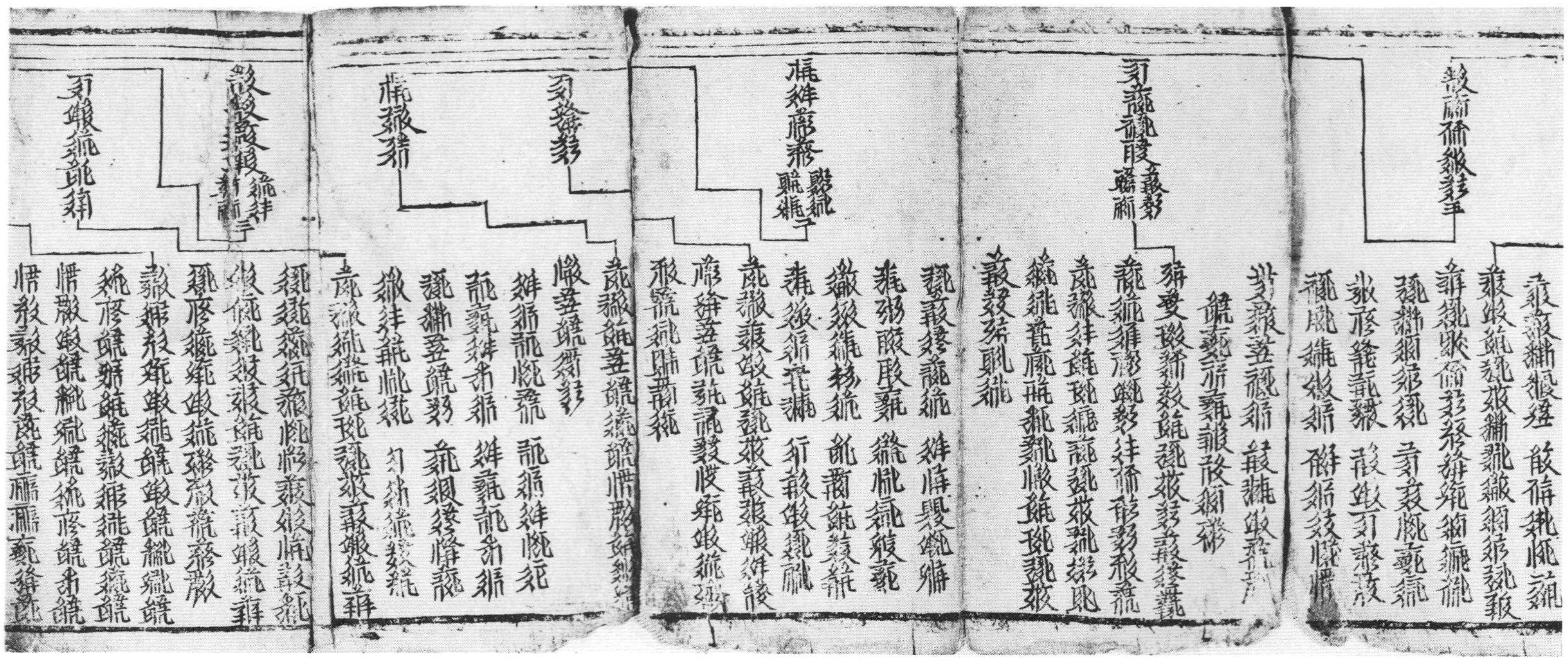

俄 Инв.No.7580 梁朝傅大士頌金剛經 (30-12)

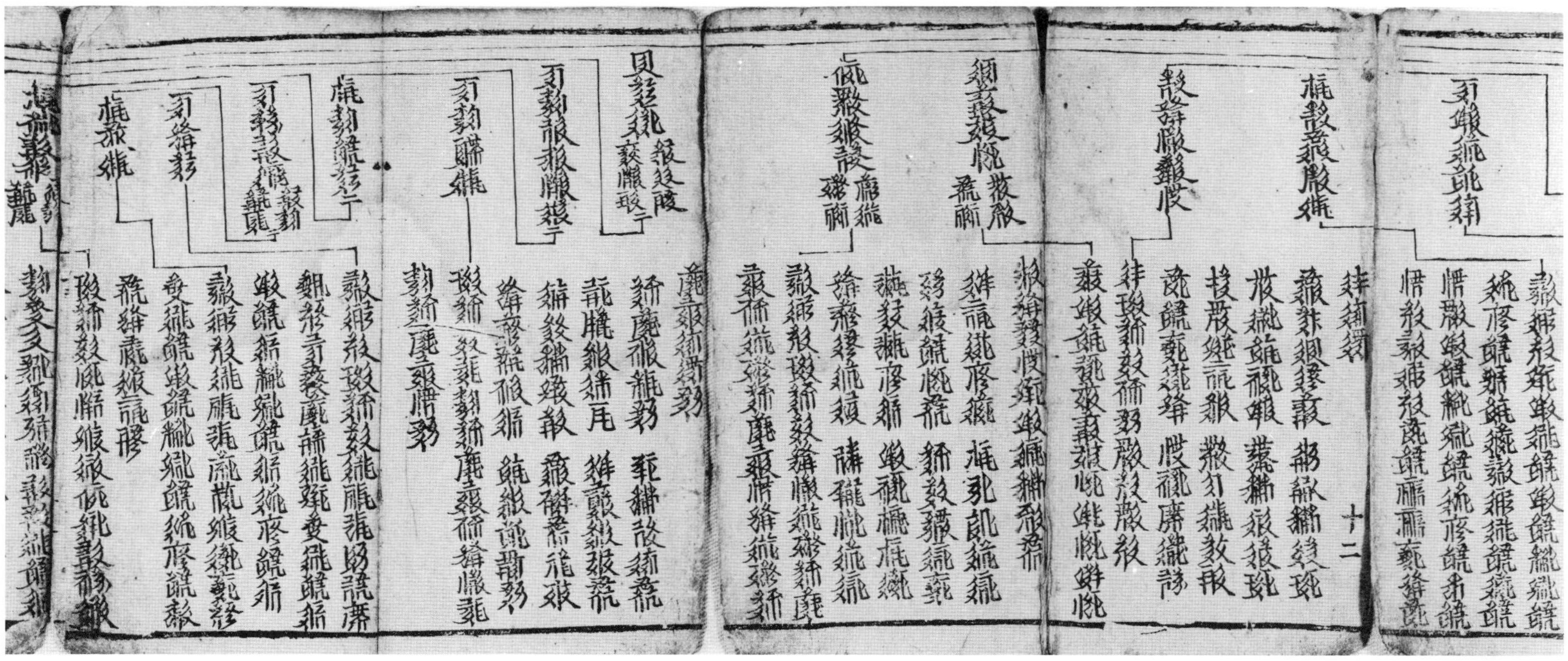

俄 Инв.No.7580　梁朝傅大士頌金剛經　(30–13)

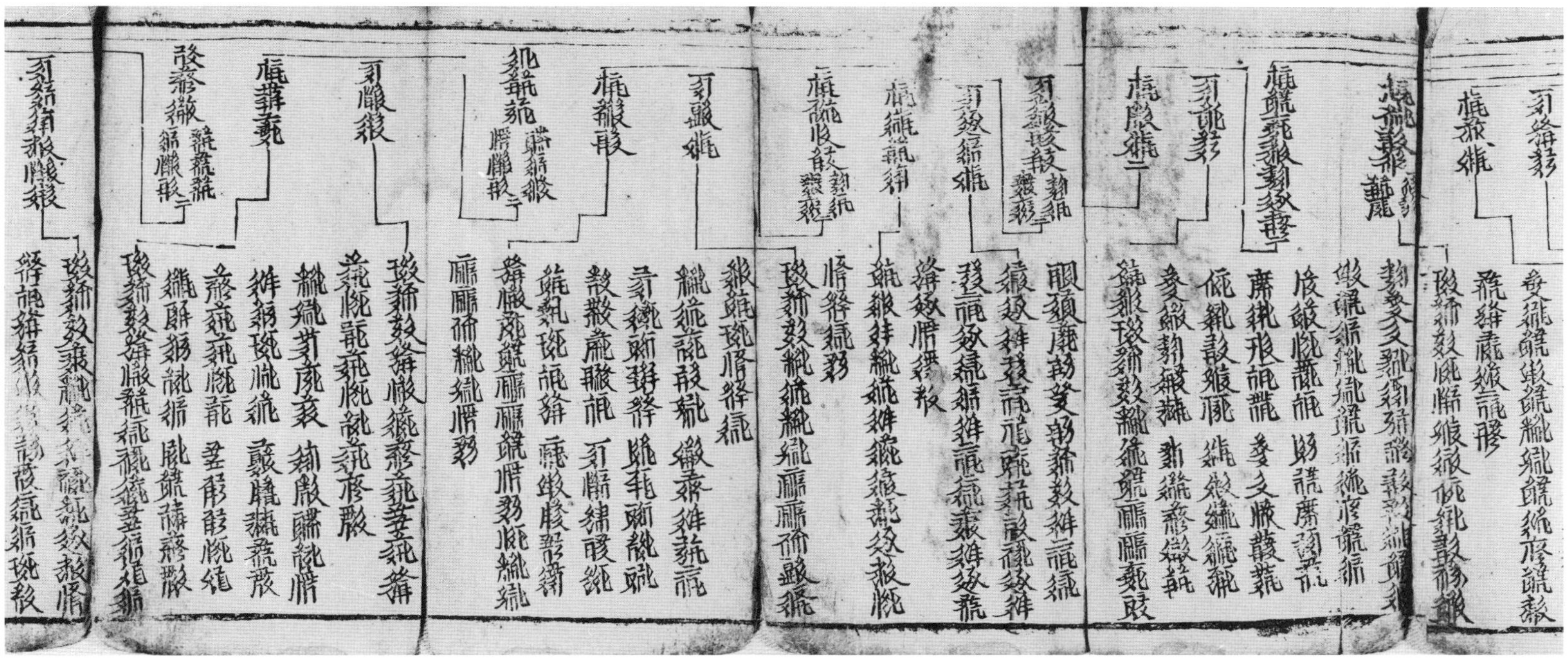

俄 Инв.No.7580　梁朝傅大士頌金剛經　(30–14)

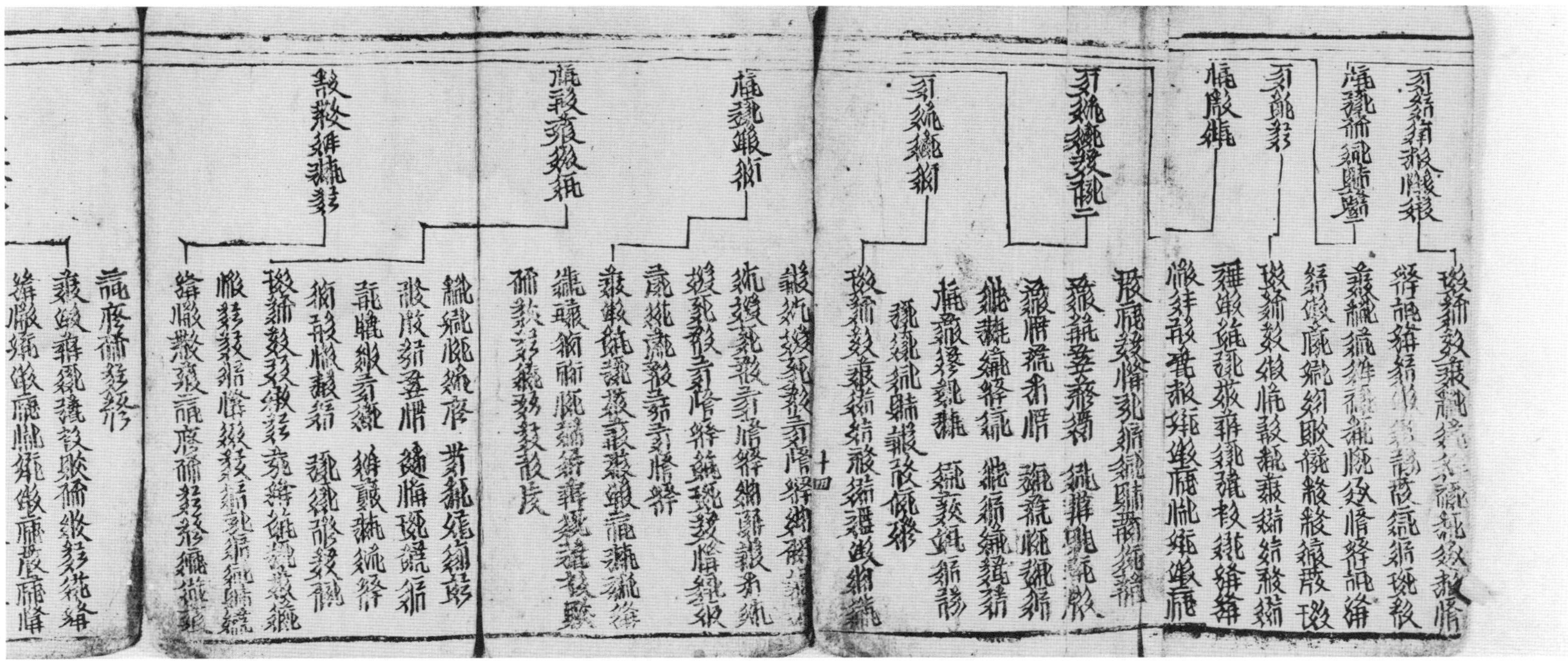

俄 Инв.No.7580　梁朝傅大士頌金剛經　(30–15)

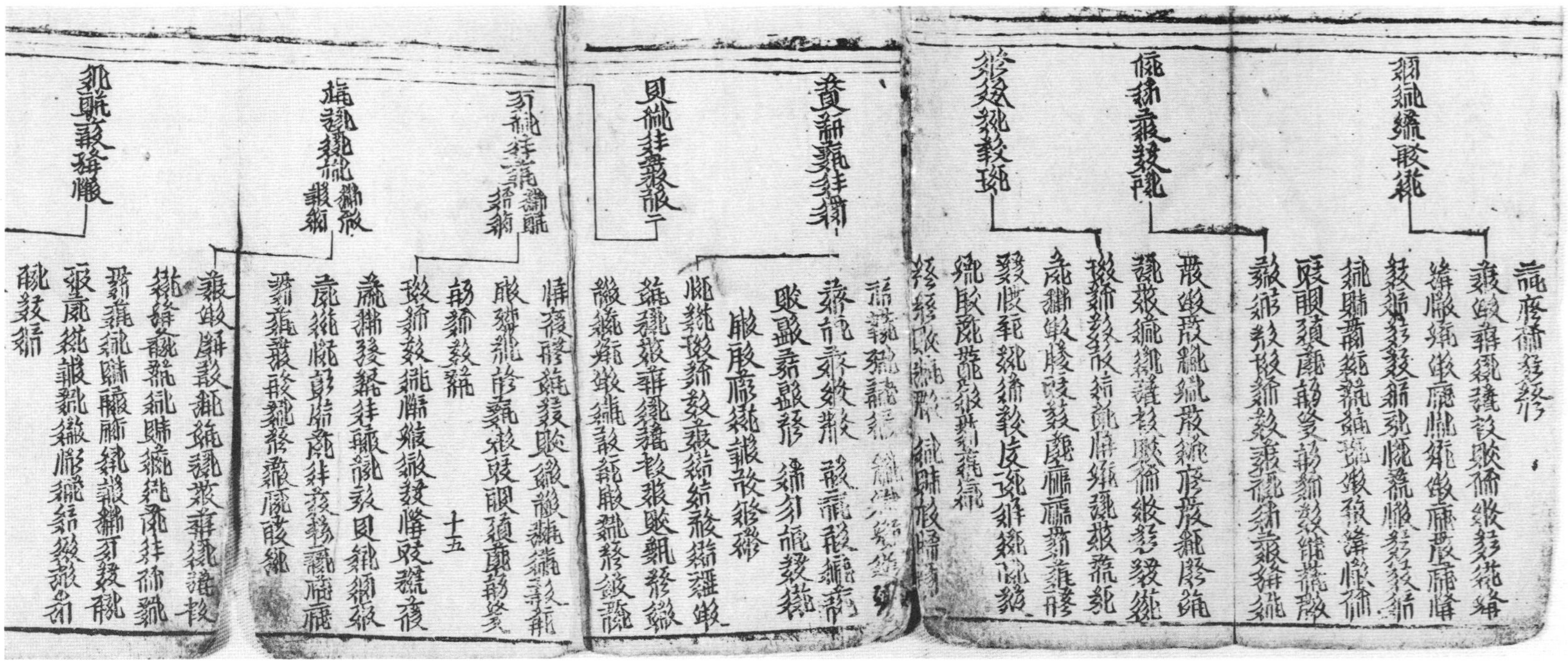

俄 Инв.No.7580　梁朝傅大士頌金剛經　(30–16)

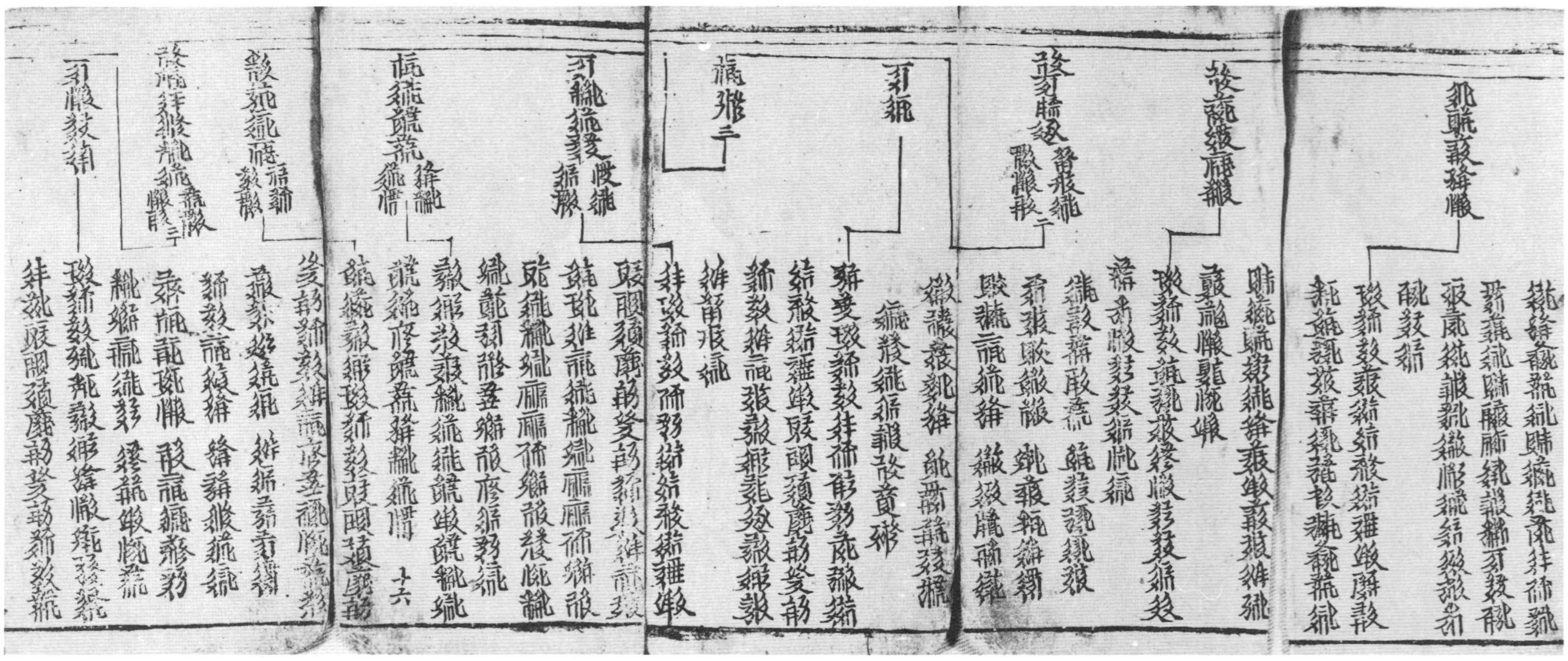

俄 Инв.No.7580　梁朝傅大士頌金剛經　(30–17)

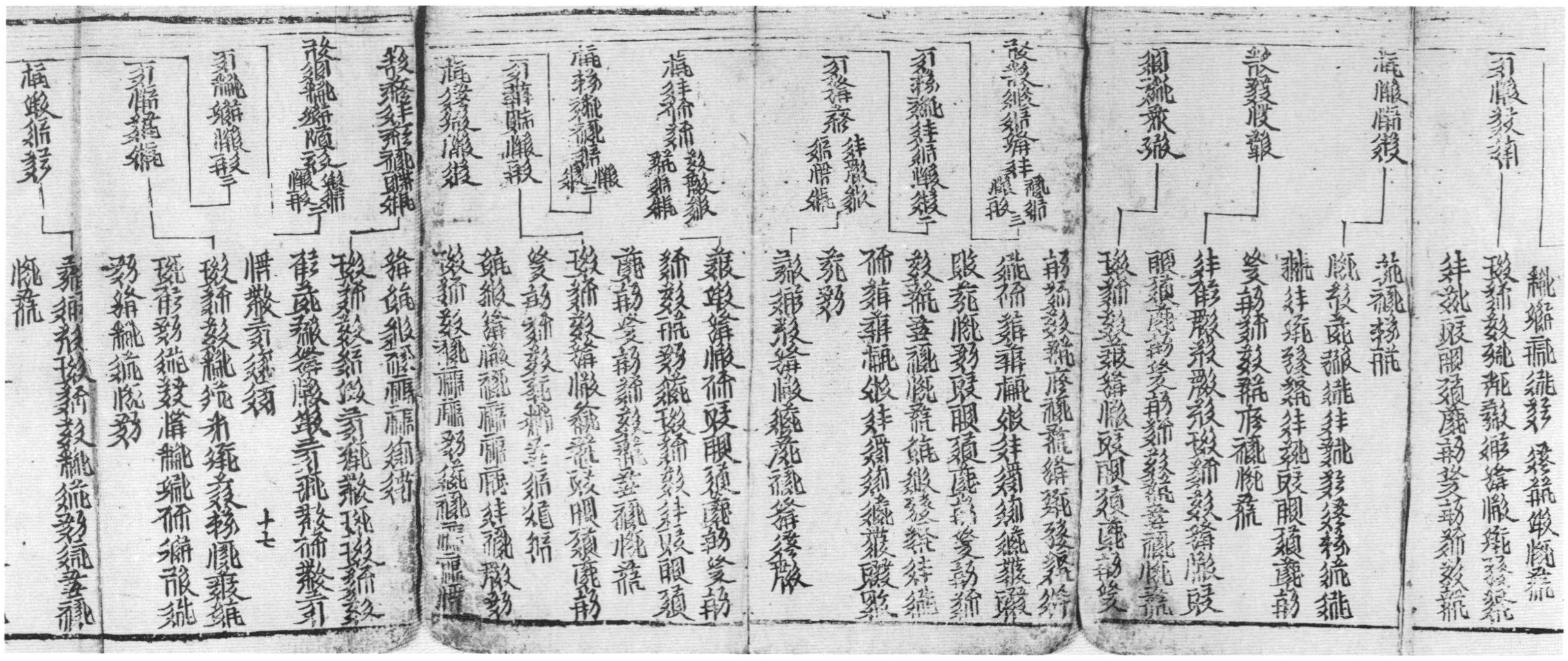

俄 Инв.No.7580　梁朝傅大士頌金剛經　(30–18)

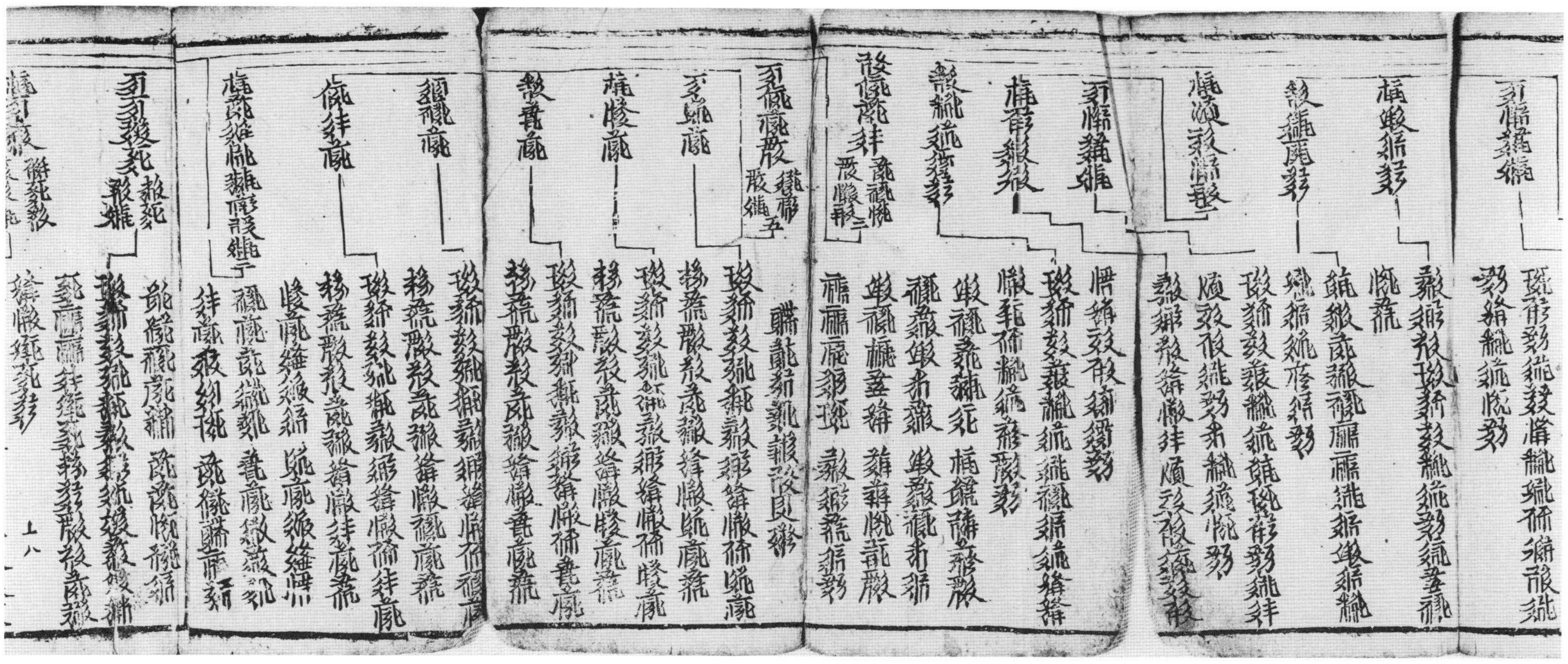

俄 Инв.No.7580　梁朝傅大士頌金剛經　(30–19)

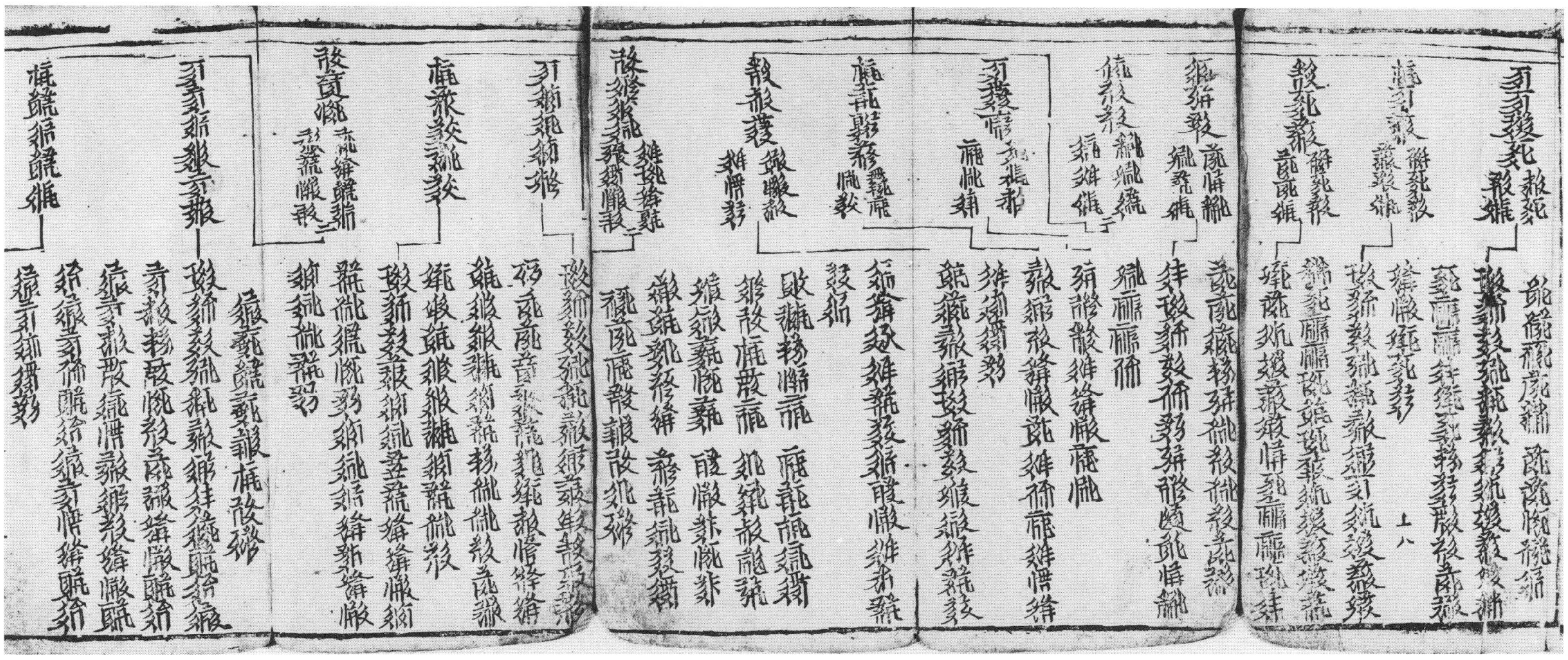

俄 Инв.No.7580　梁朝傅大士頌金剛經　(30–20)

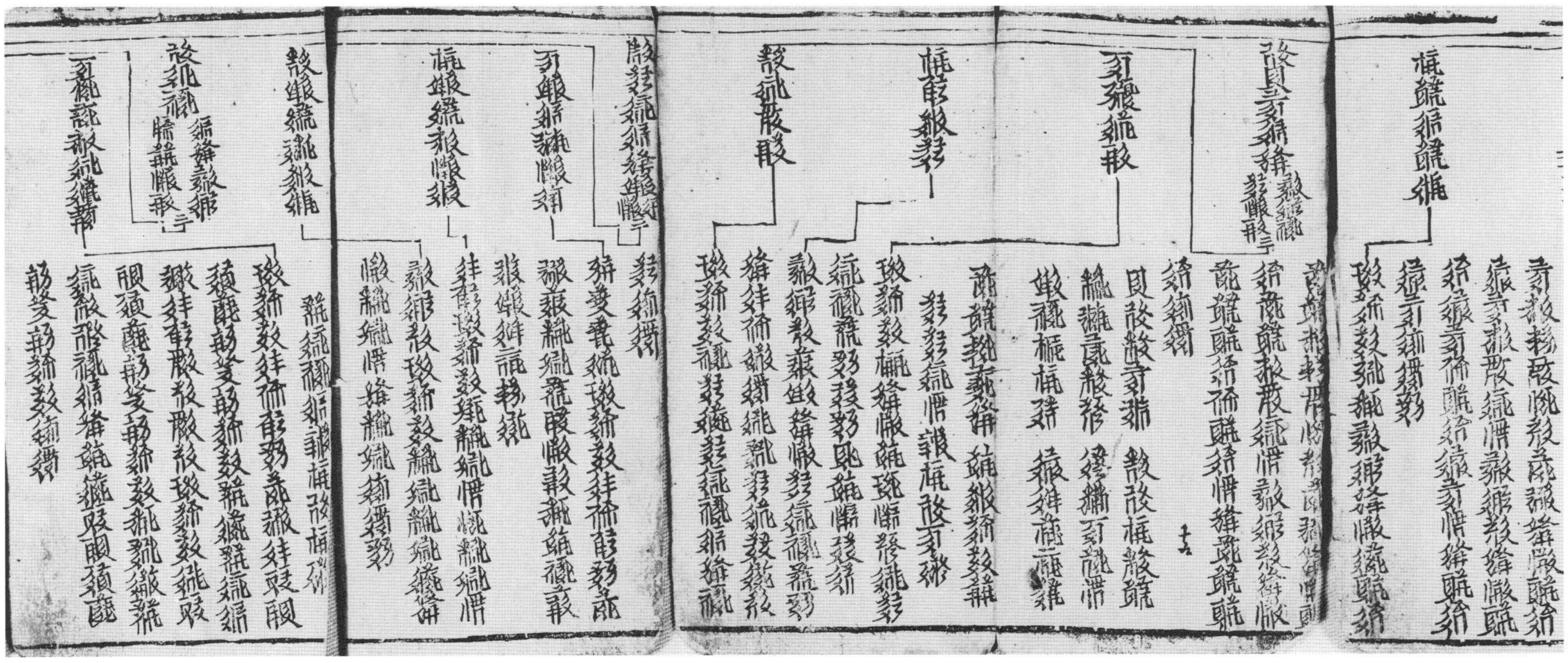

俄 Инв.No.7580　梁朝傅大士頌金剛經　(30–21)

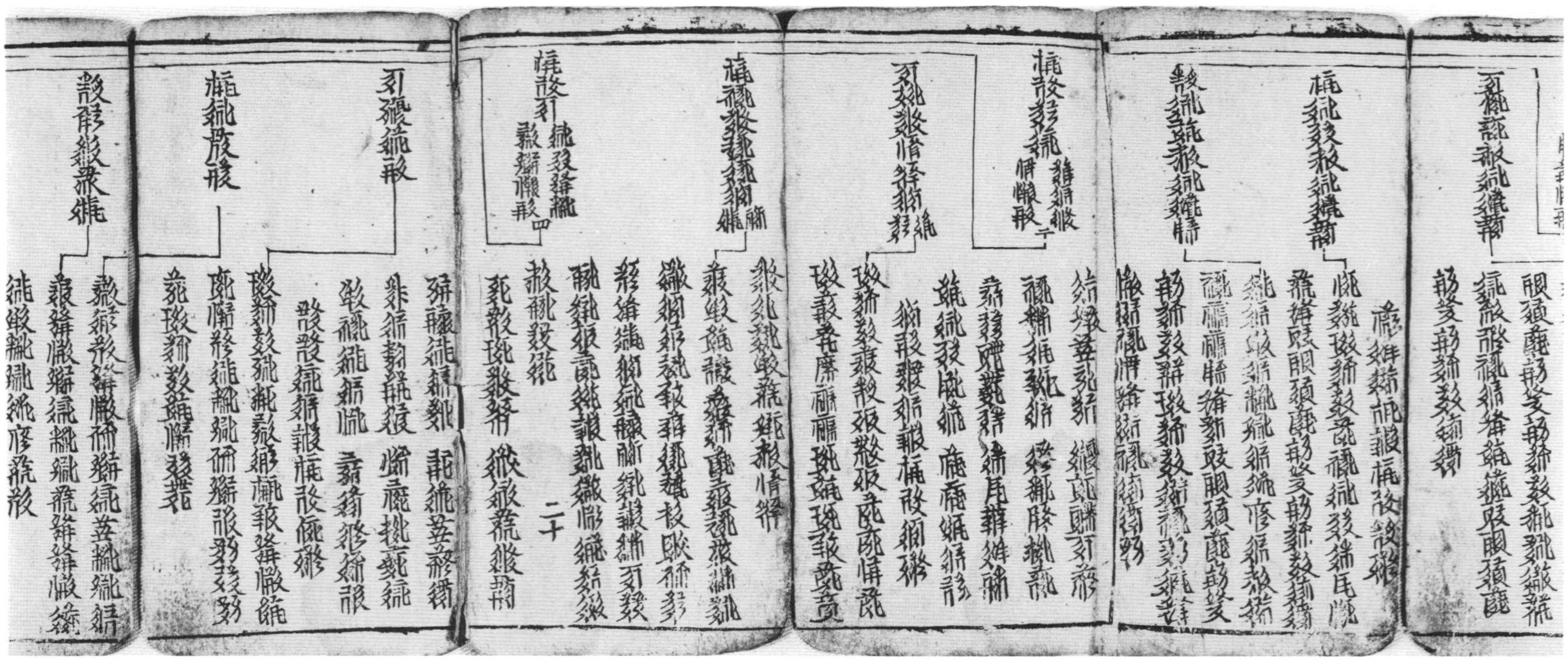

俄 Инв.No.7580　梁朝傅大士頌金剛經　(30–22)

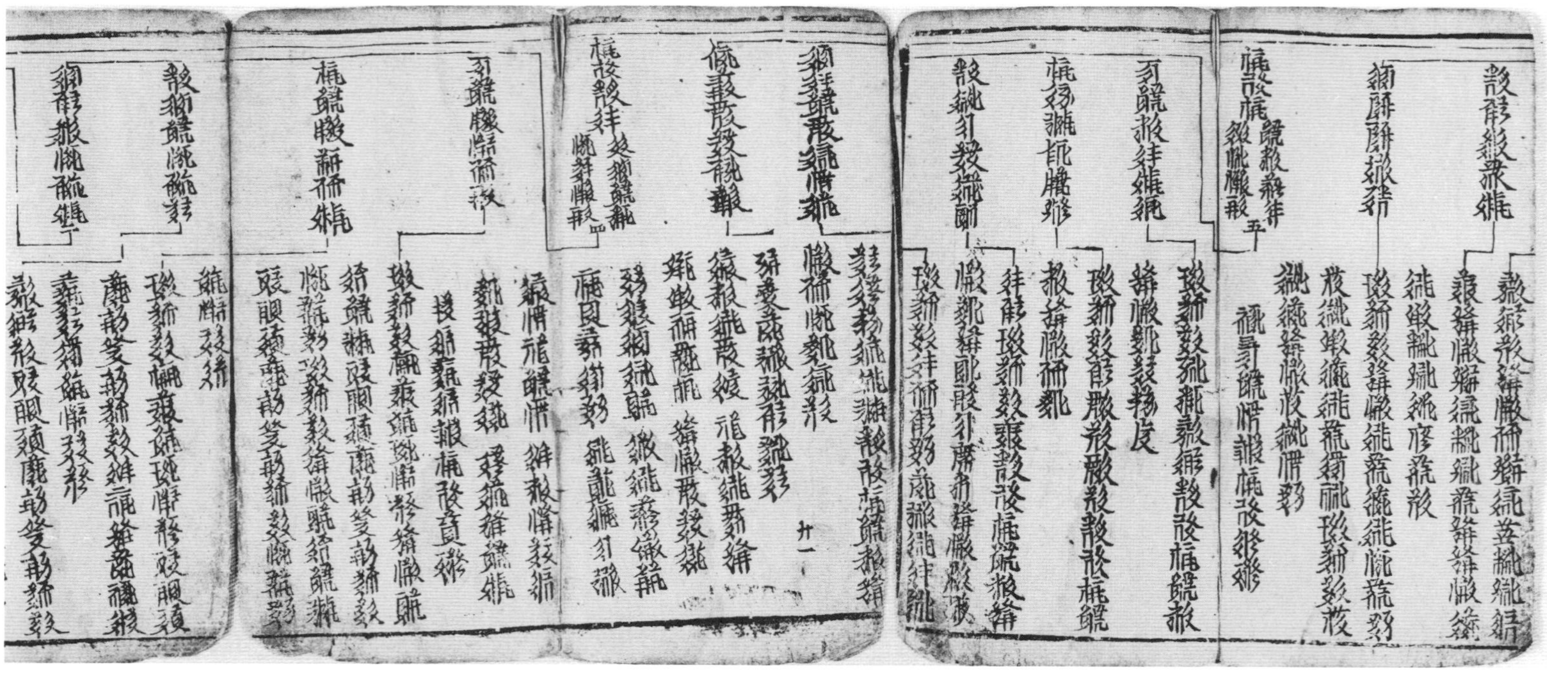

俄 Инв.No.7580　梁朝傅大士頌金剛經　(30–23)

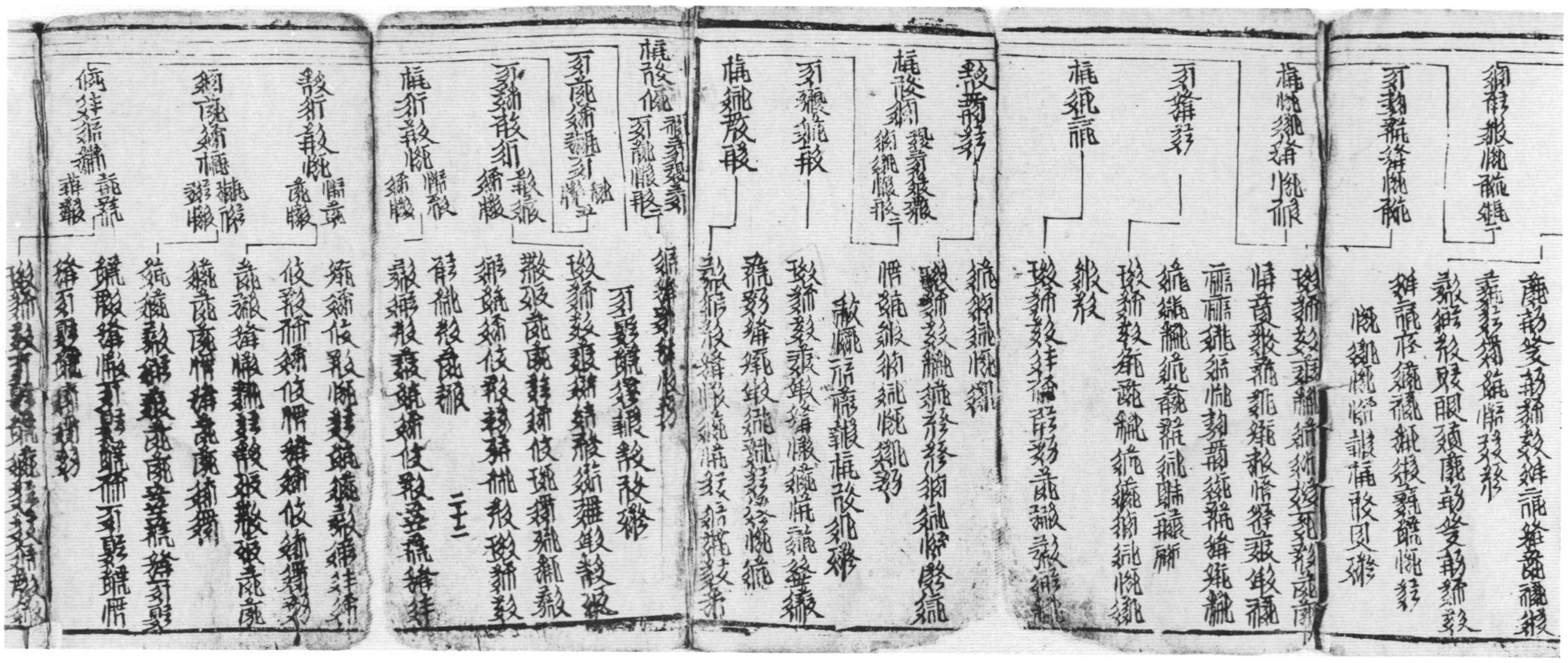

俄 Инв.No.7580　梁朝傅大士頌金剛經　(30–24)

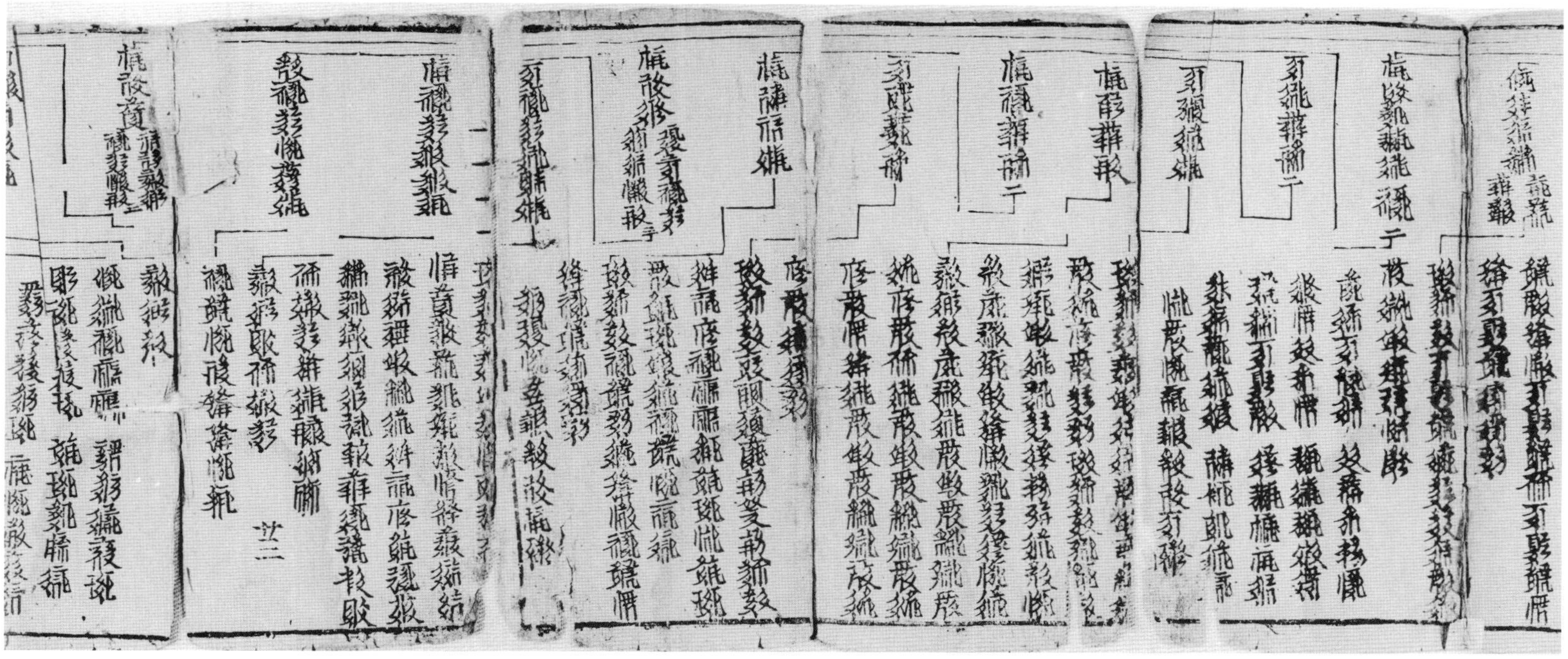

俄 Инв.No.7580　梁朝傅大士頌金剛經　　(30–25)

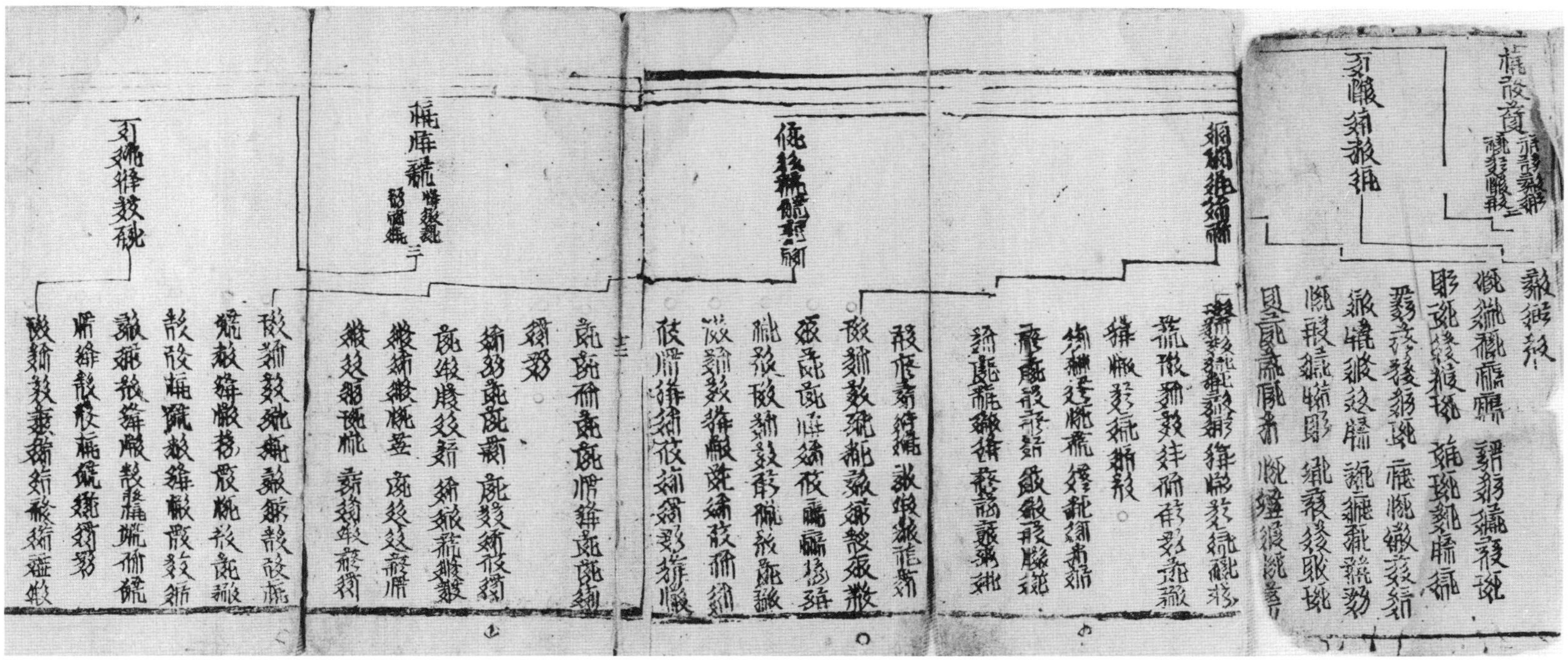

俄 Инв.No.7580　梁朝傅大士頌金剛經　　(30–26)

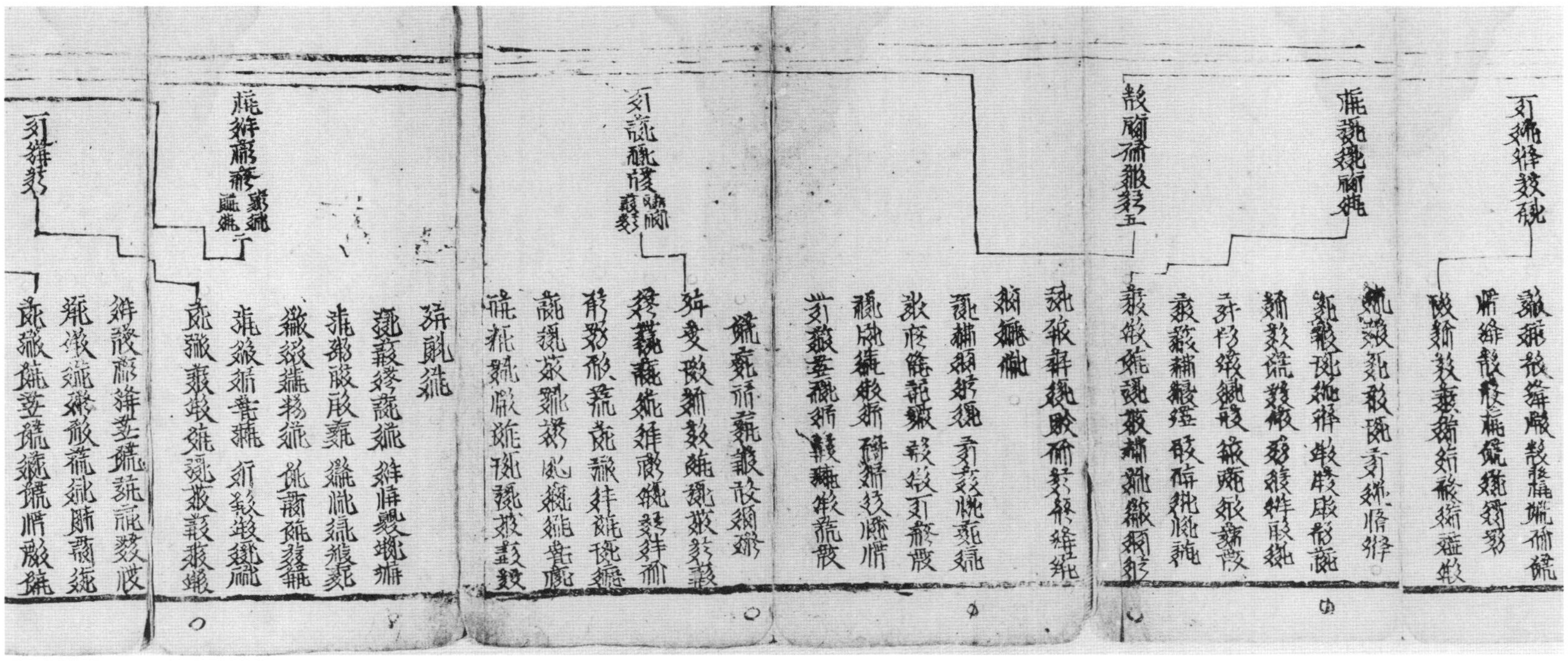

俄 Инв.No.7580　梁朝傅大士頌金剛經　　(30–27)

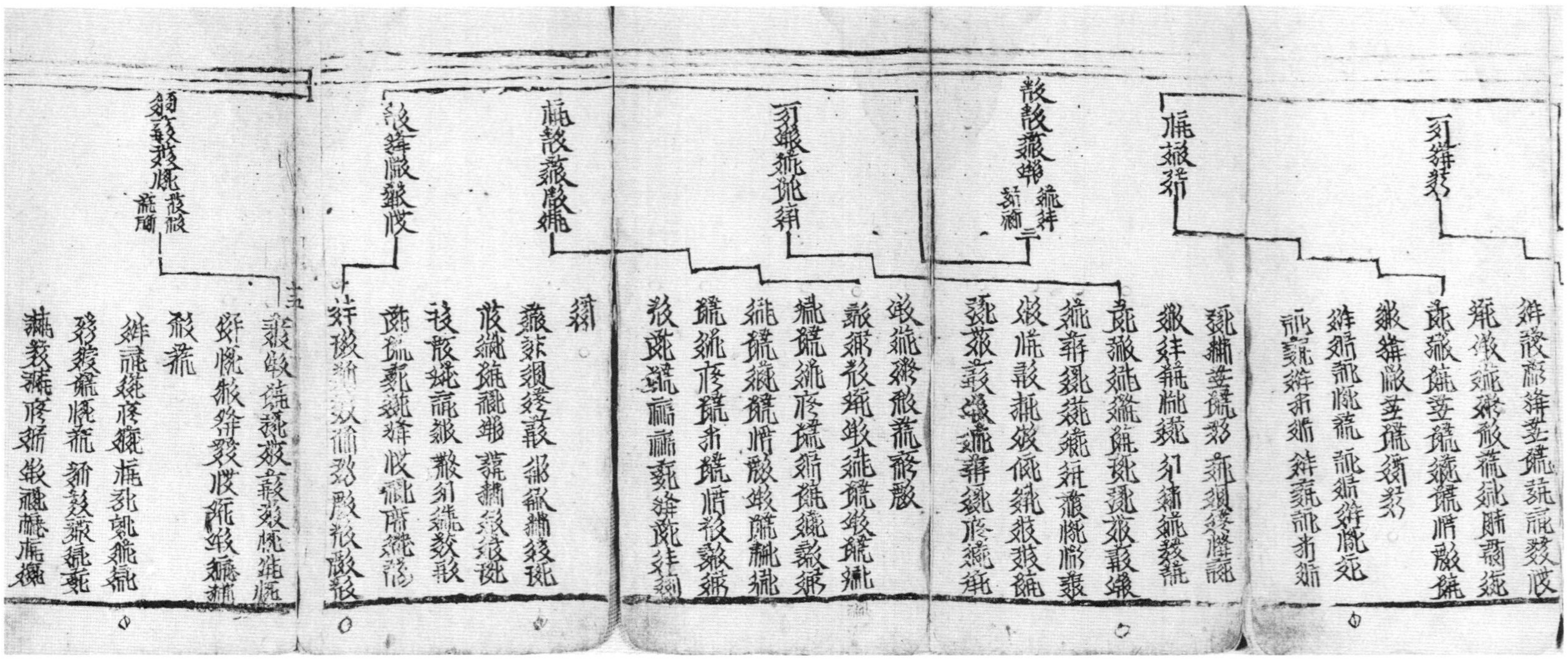

俄 Инв.No.7580　梁朝傅大士頌金剛經　(30-28)

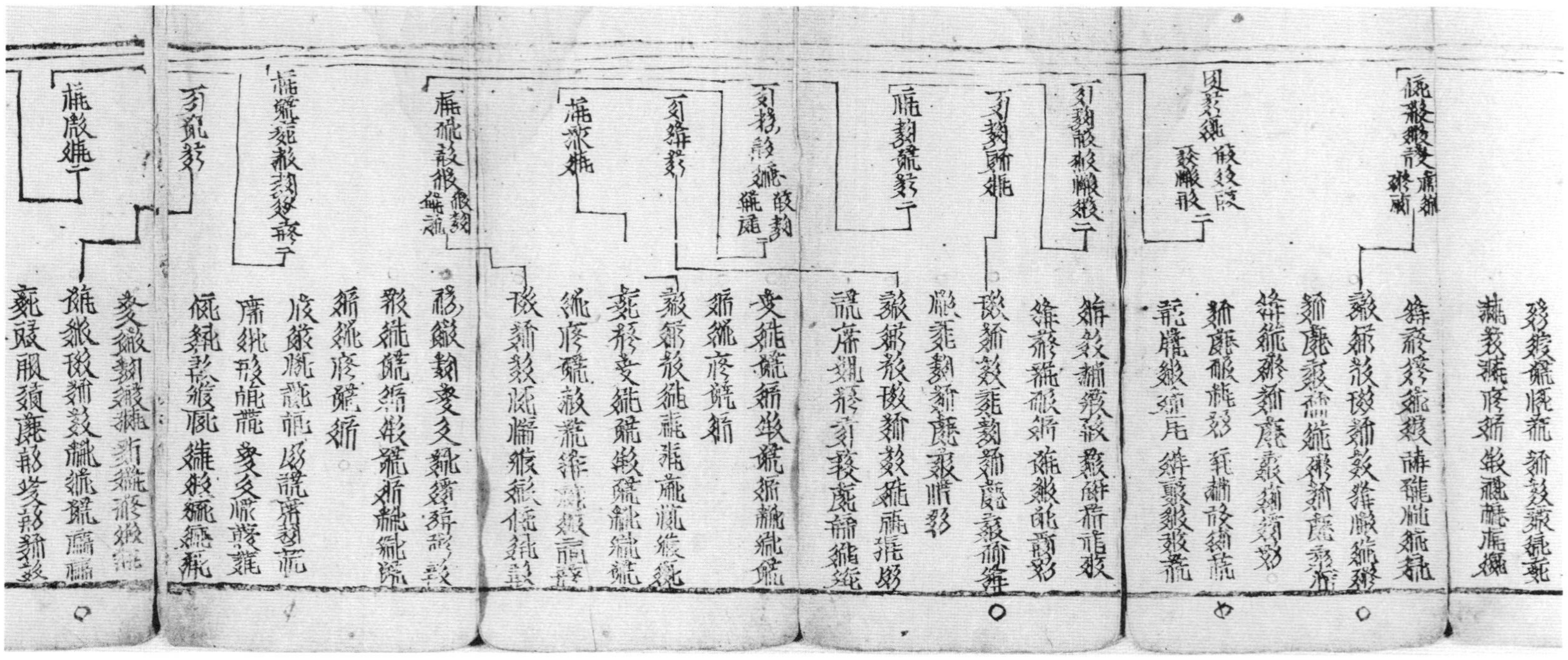

俄 Инв.No.7580　梁朝傅大士頌金剛經　(30-29)

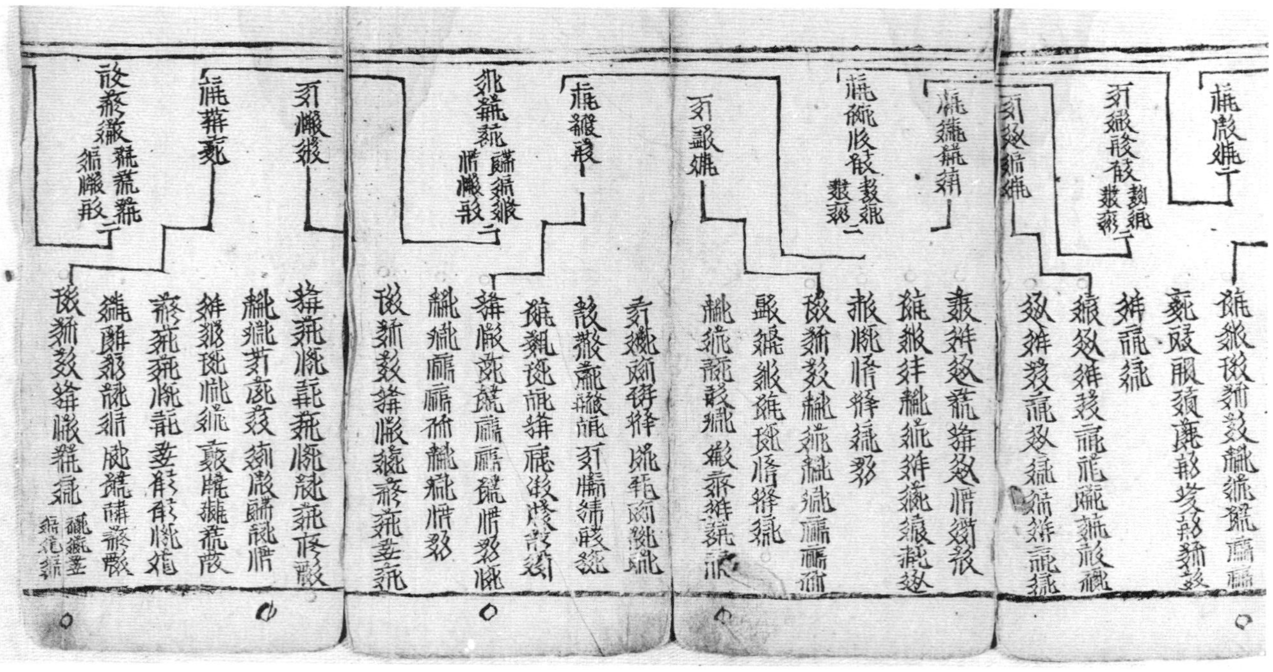

俄 Инв.No.7580　梁朝傅大士頌金剛經　(30-30)

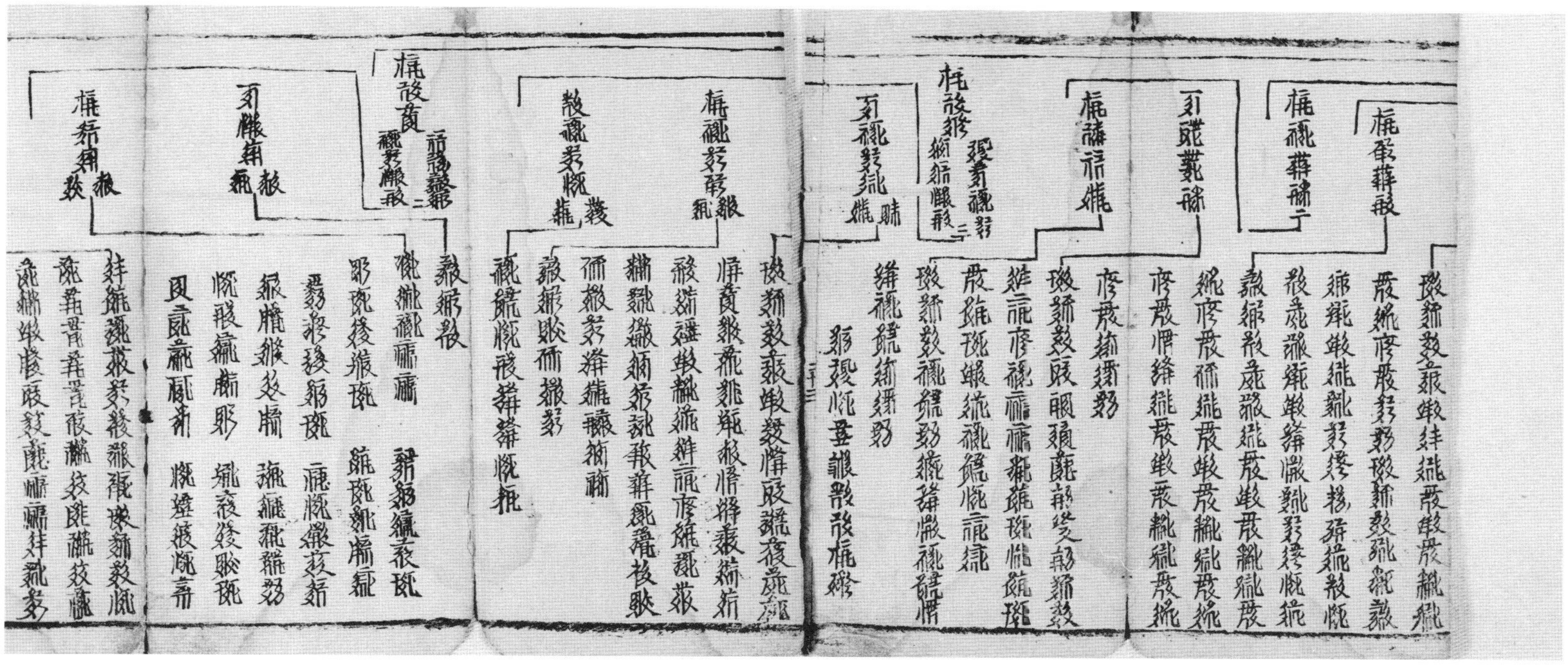

俄 Инв.No.5378　梁朝傅大士頌金剛經　(2-1)

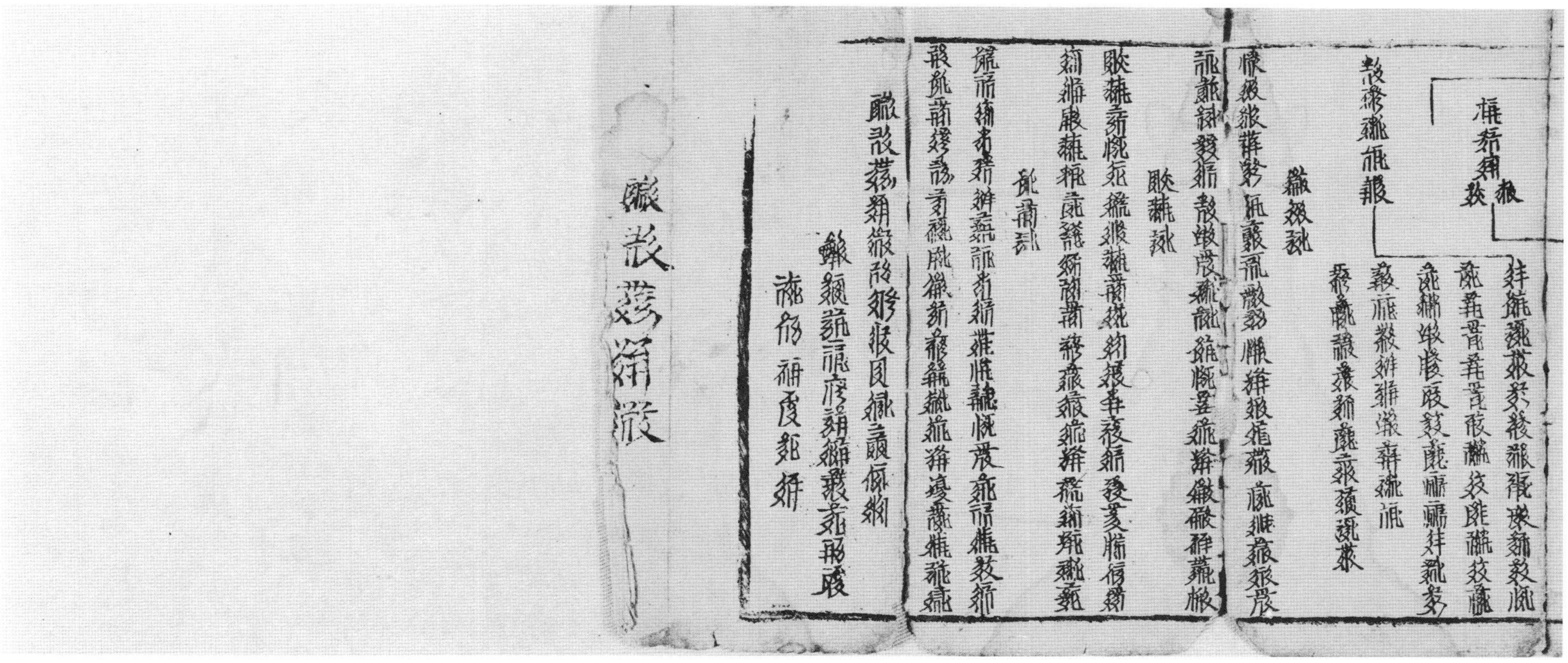

俄 Инв.No.5378　梁朝傅大士頌金剛經　(2-2)

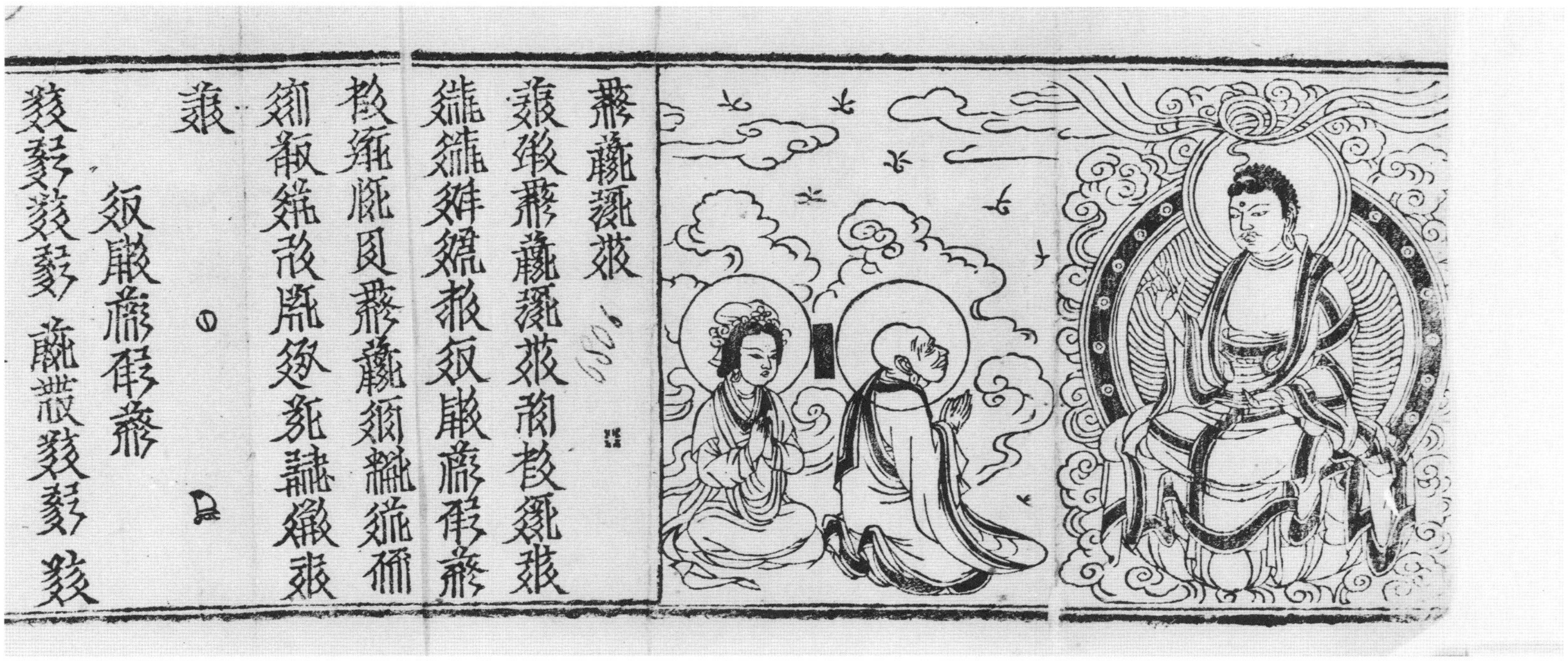

俄 Инв.No.6806　金剛經纂　(25-1)

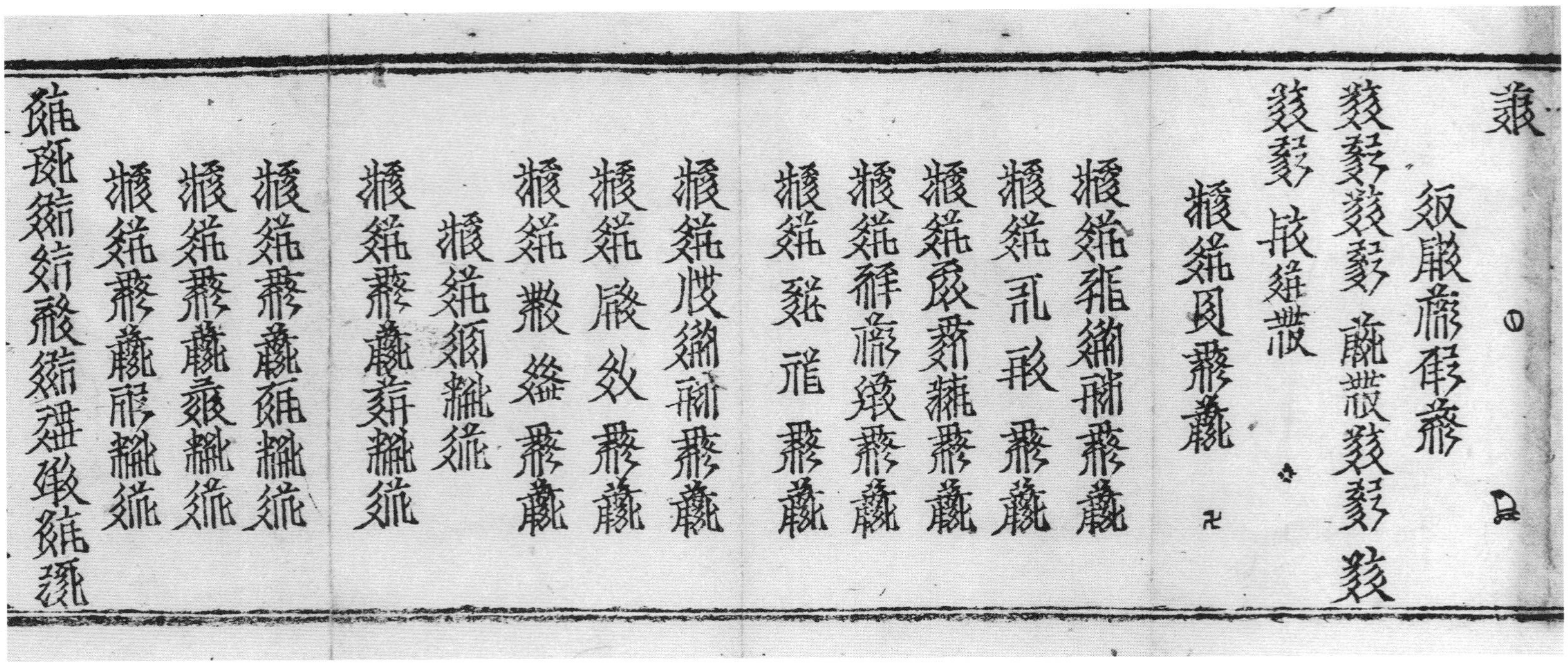

俄 Инв.No.6806　金剛經纂　(25–2)

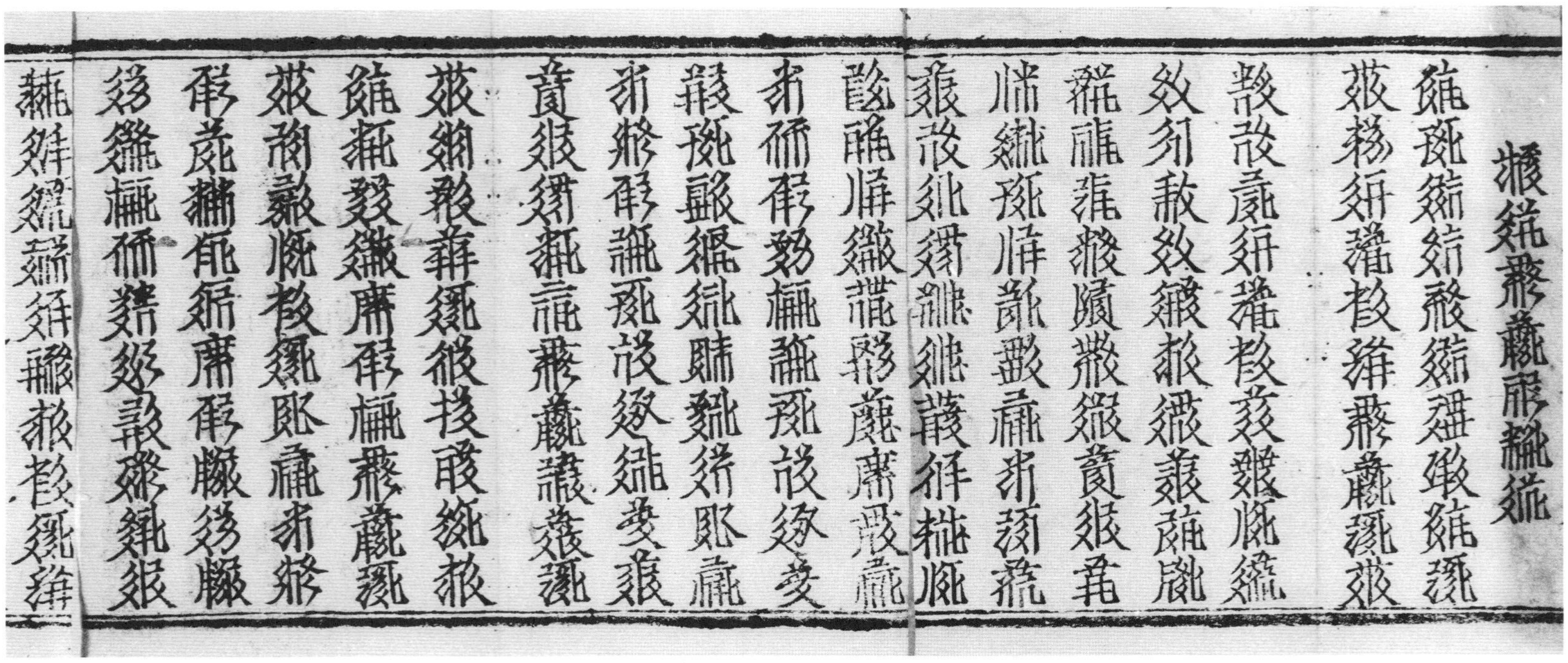

俄 Инв.No.6806　金剛經纂　(25–3)

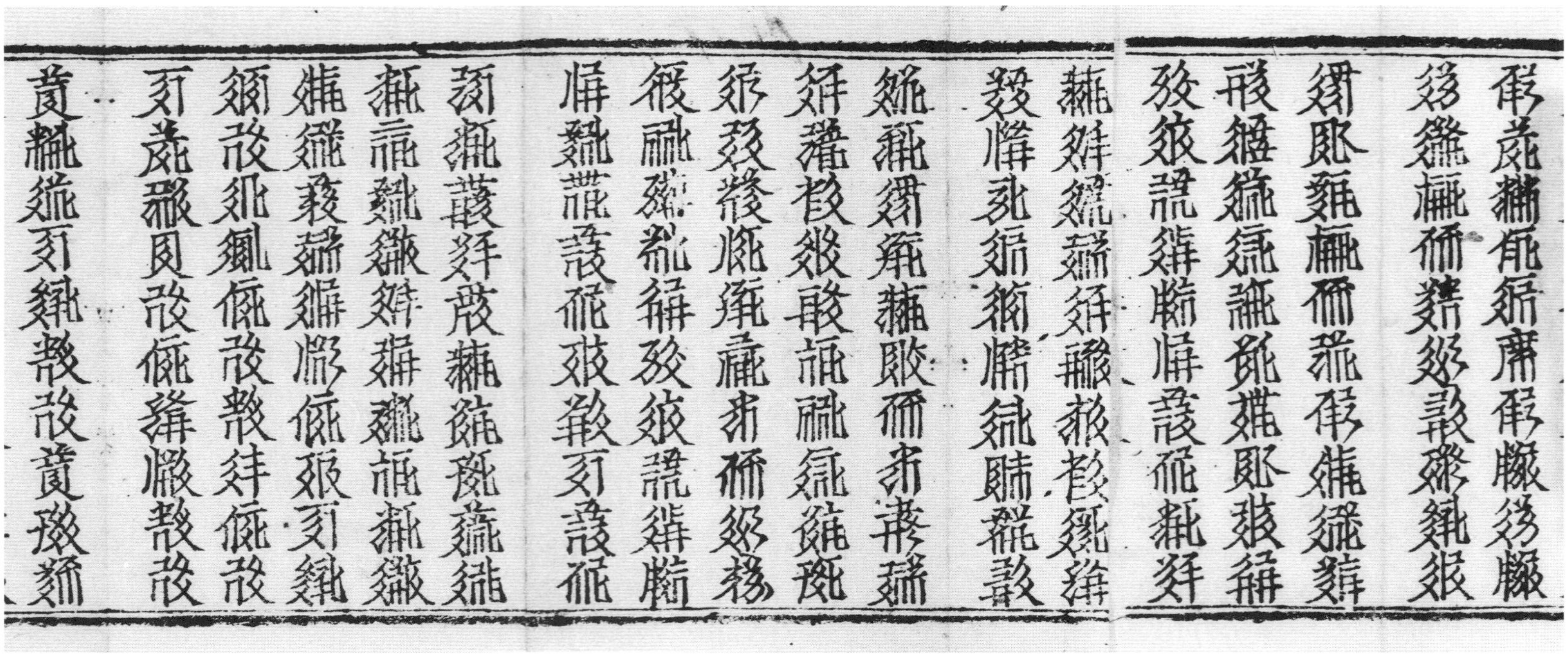

俄 Инв.No.6806　金剛經纂　(25–4)

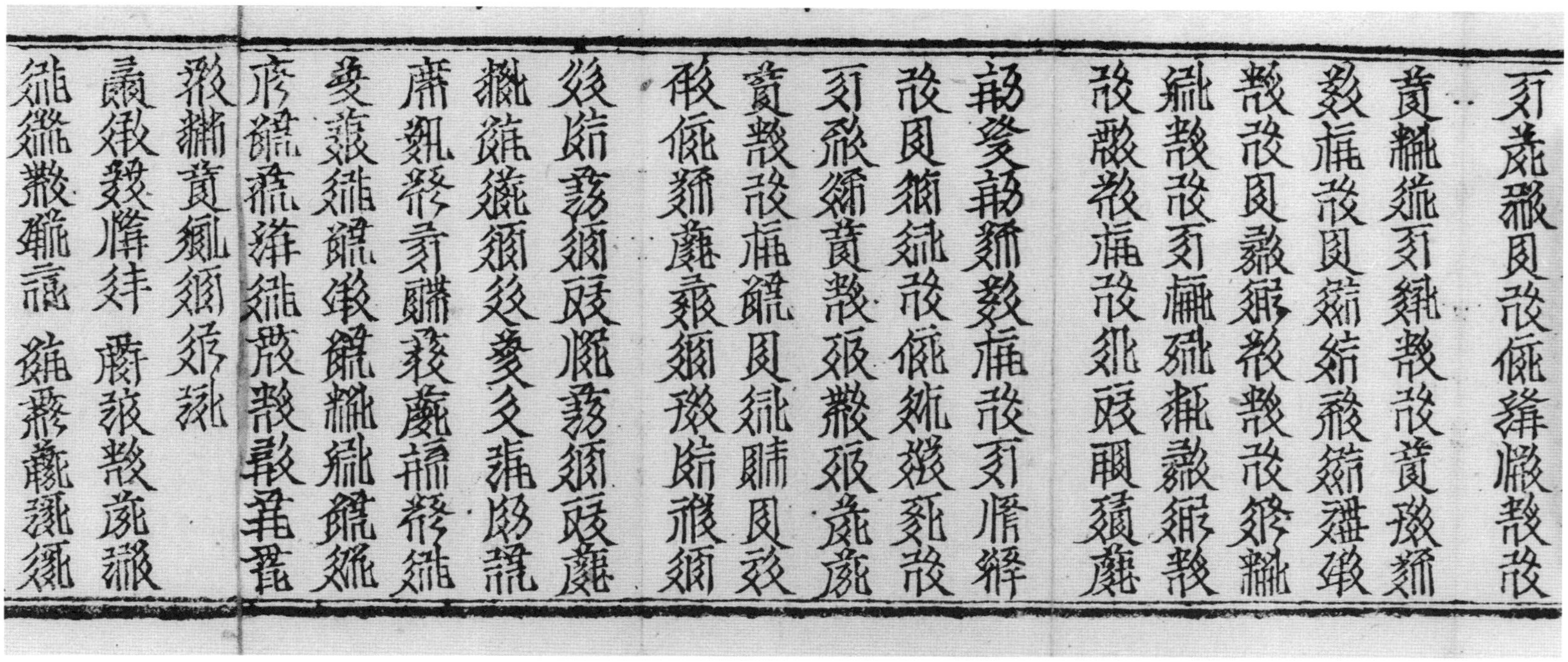

俄 Инв.No.6806 金剛經纂 (25-5)

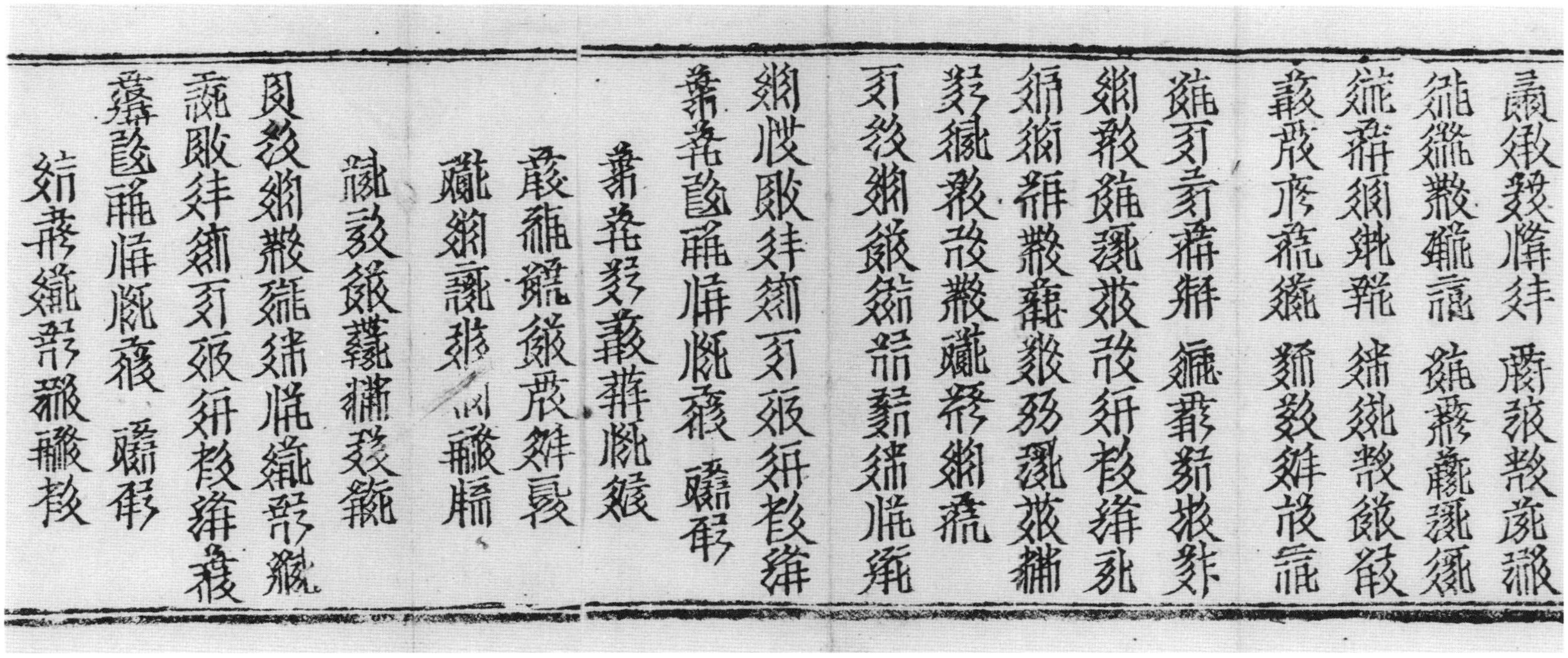

俄 Инв.No.6806 金剛經纂 (25-6)

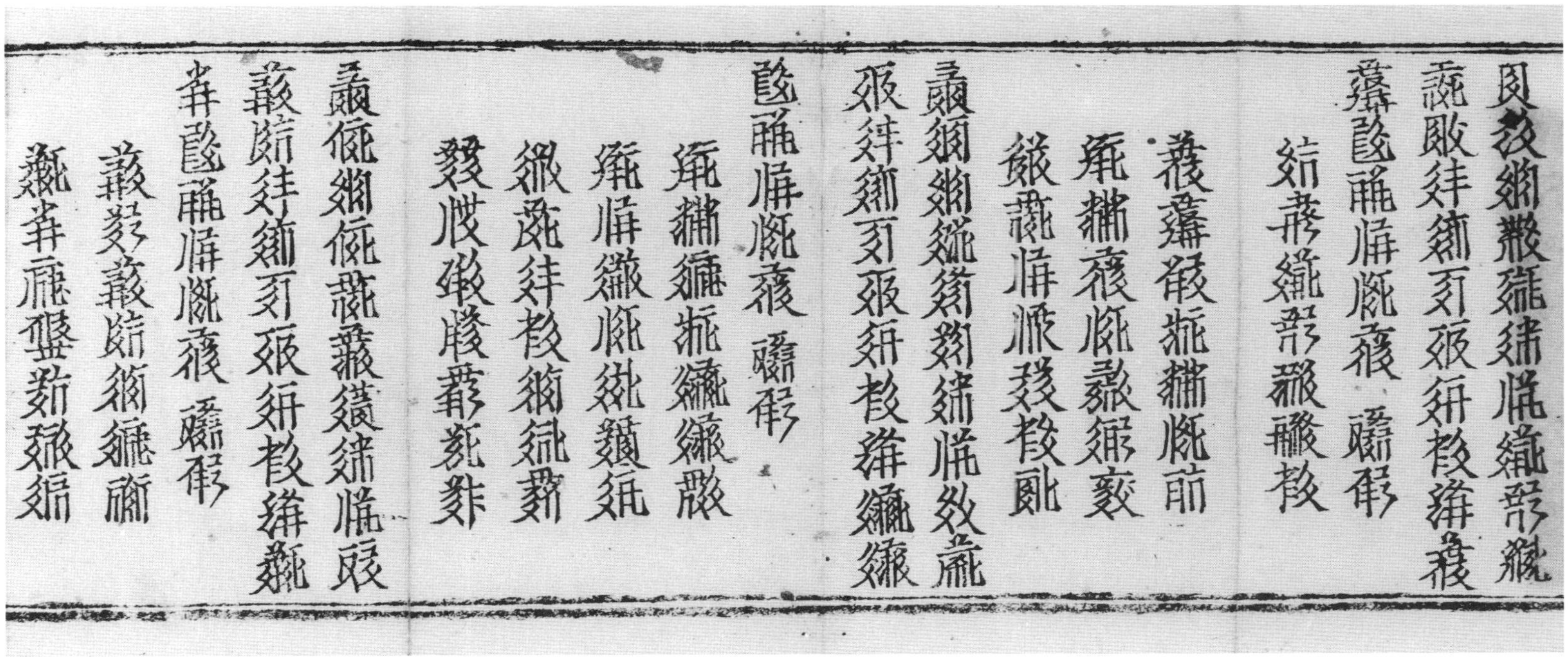

俄 Инв.No.6806 金剛經纂 (25-7)

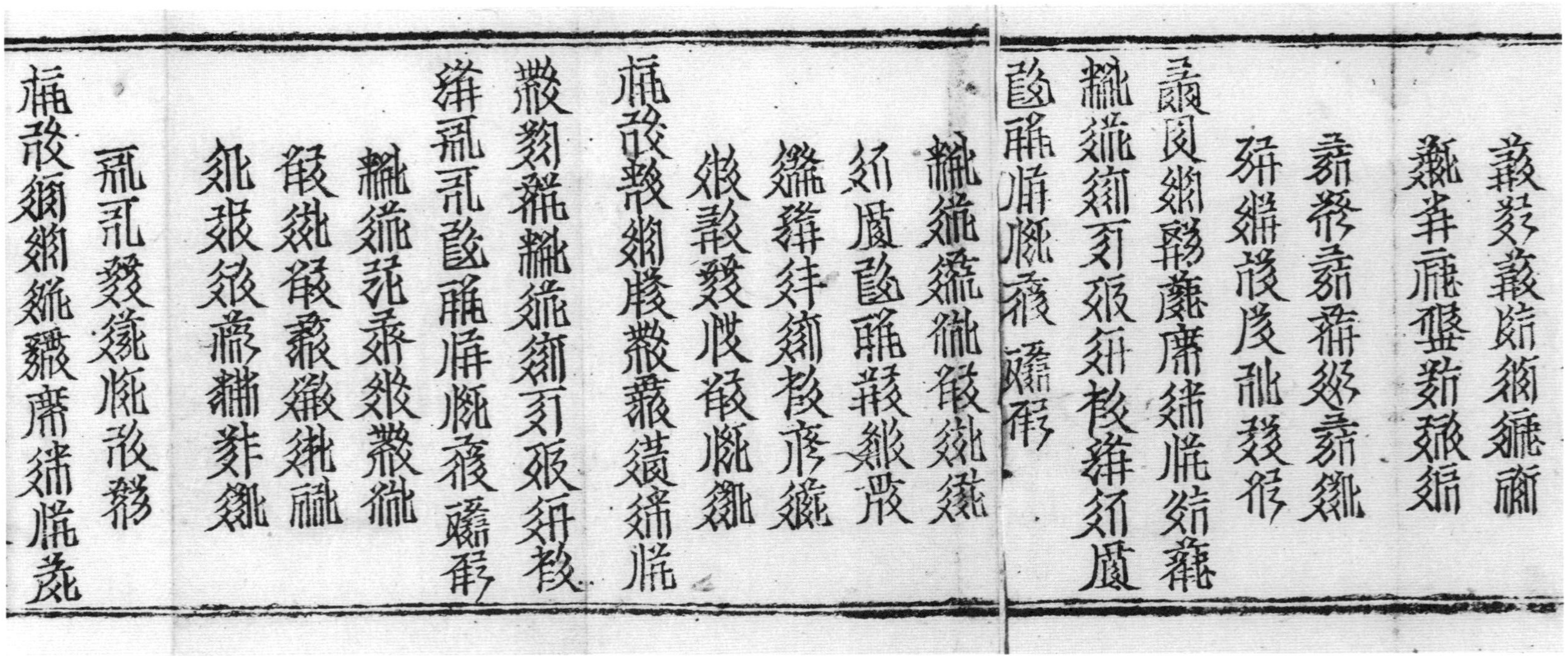

俄 Инв.No.6806　金剛經纂　(25–8)

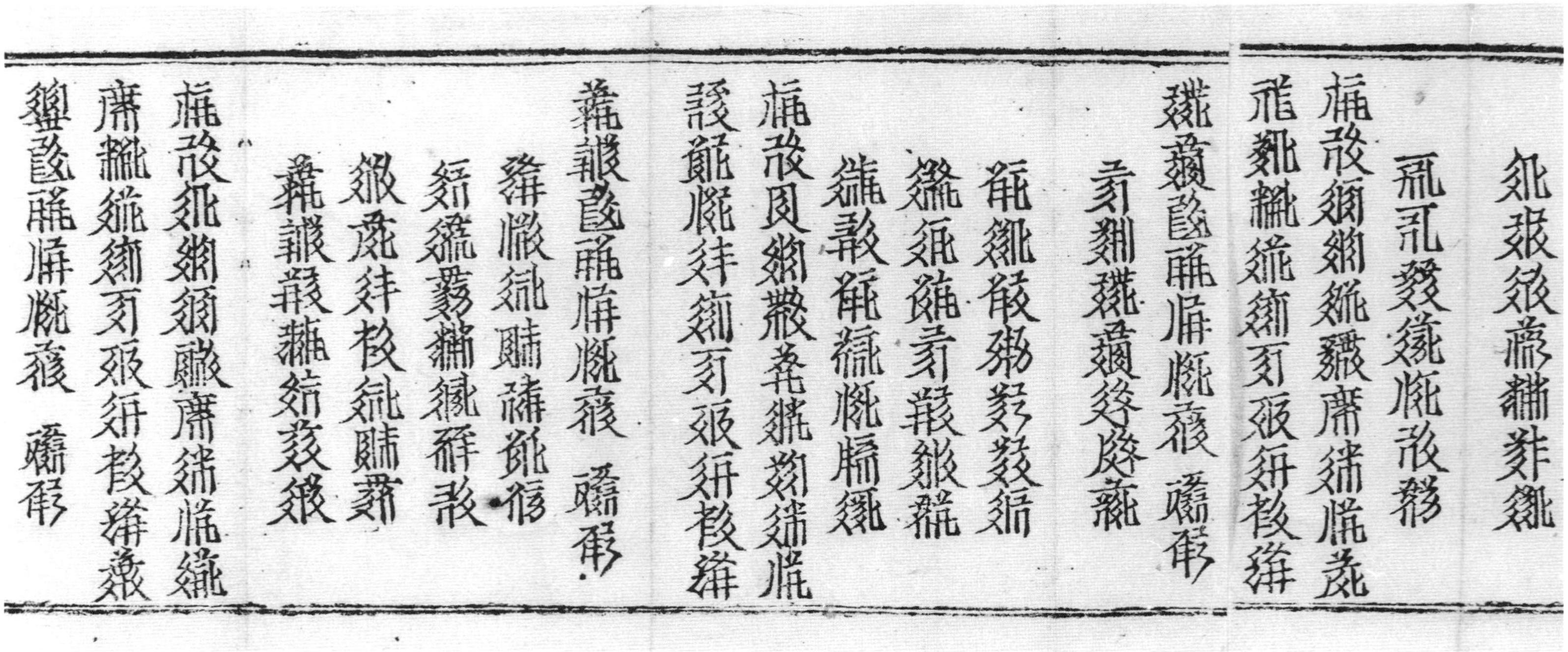

俄 Инв.No.6806　金剛經纂　(25–9)

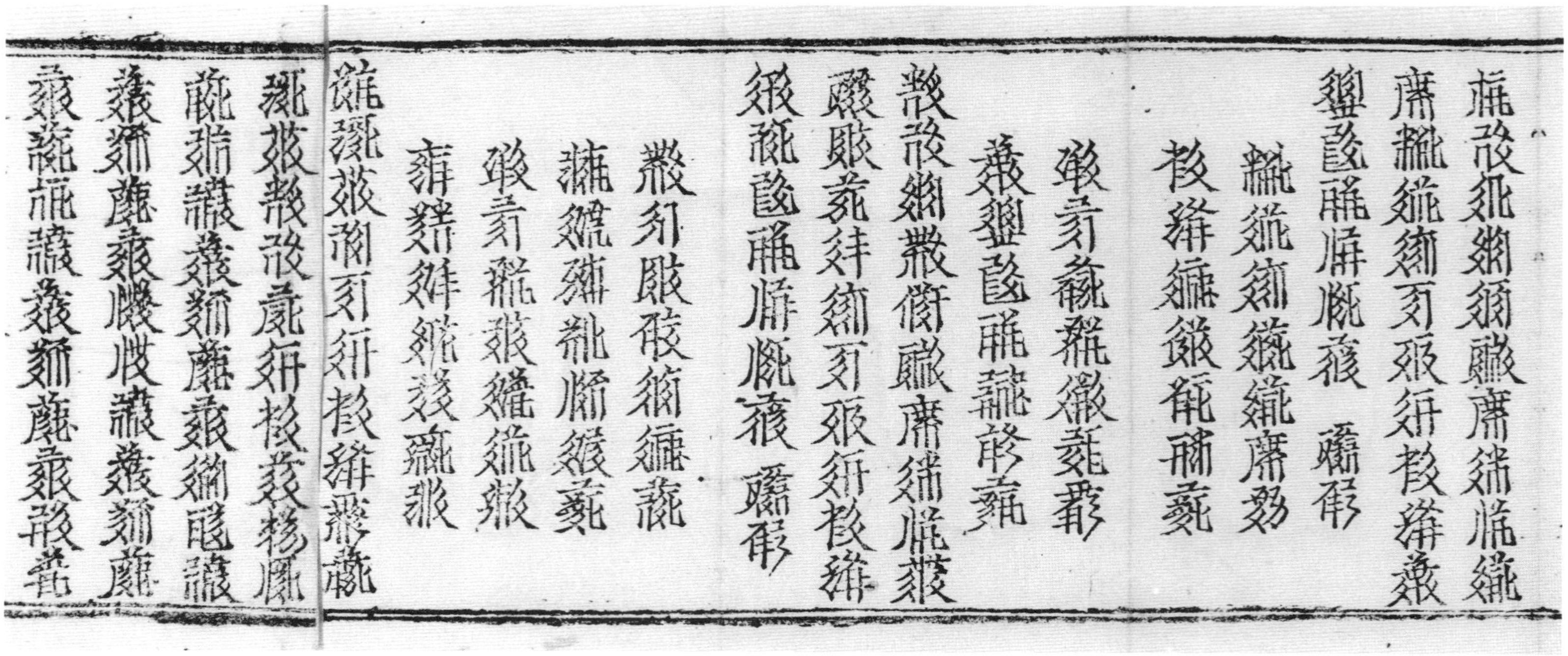

俄 Инв.No.6806　金剛經纂　(25–10)

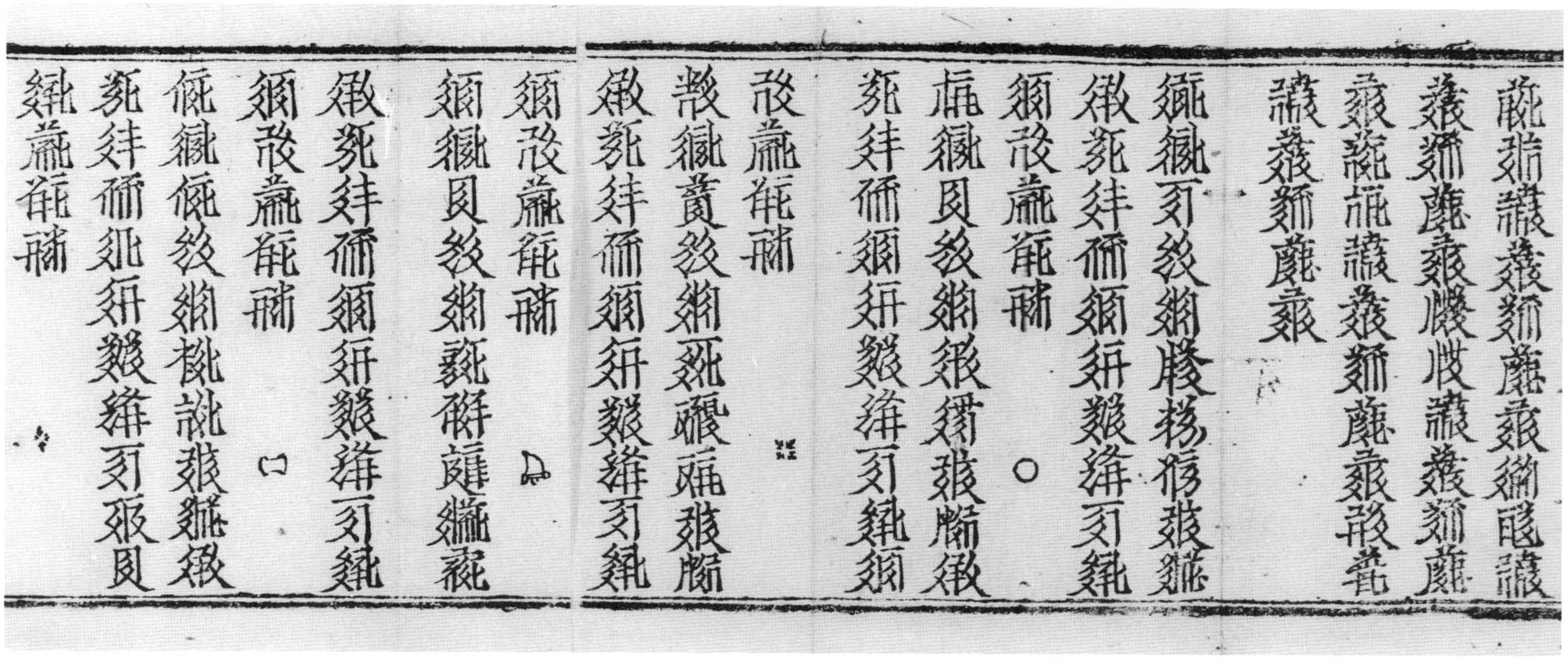

俄 Инв.No.6806　金剛經纂　(25-11)

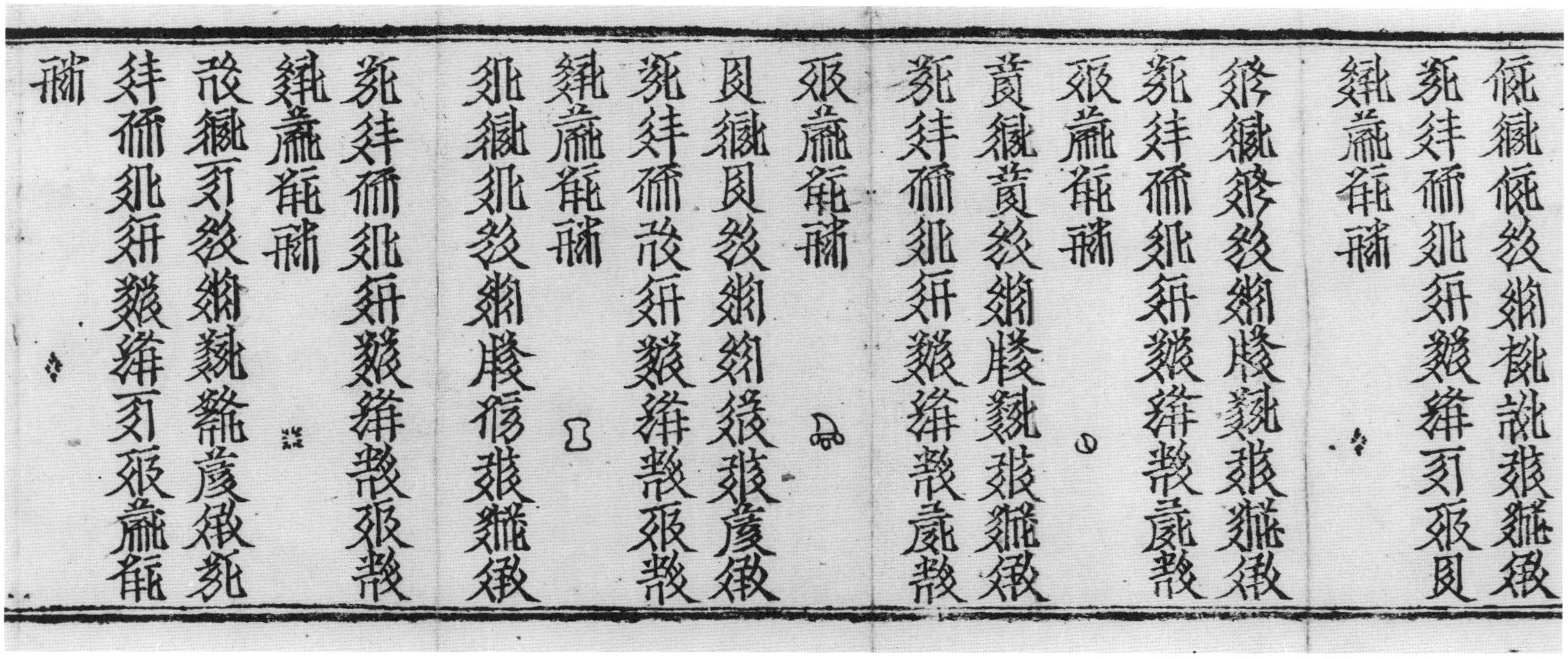

俄 Инв.No.6806　金剛經纂　(25-12)

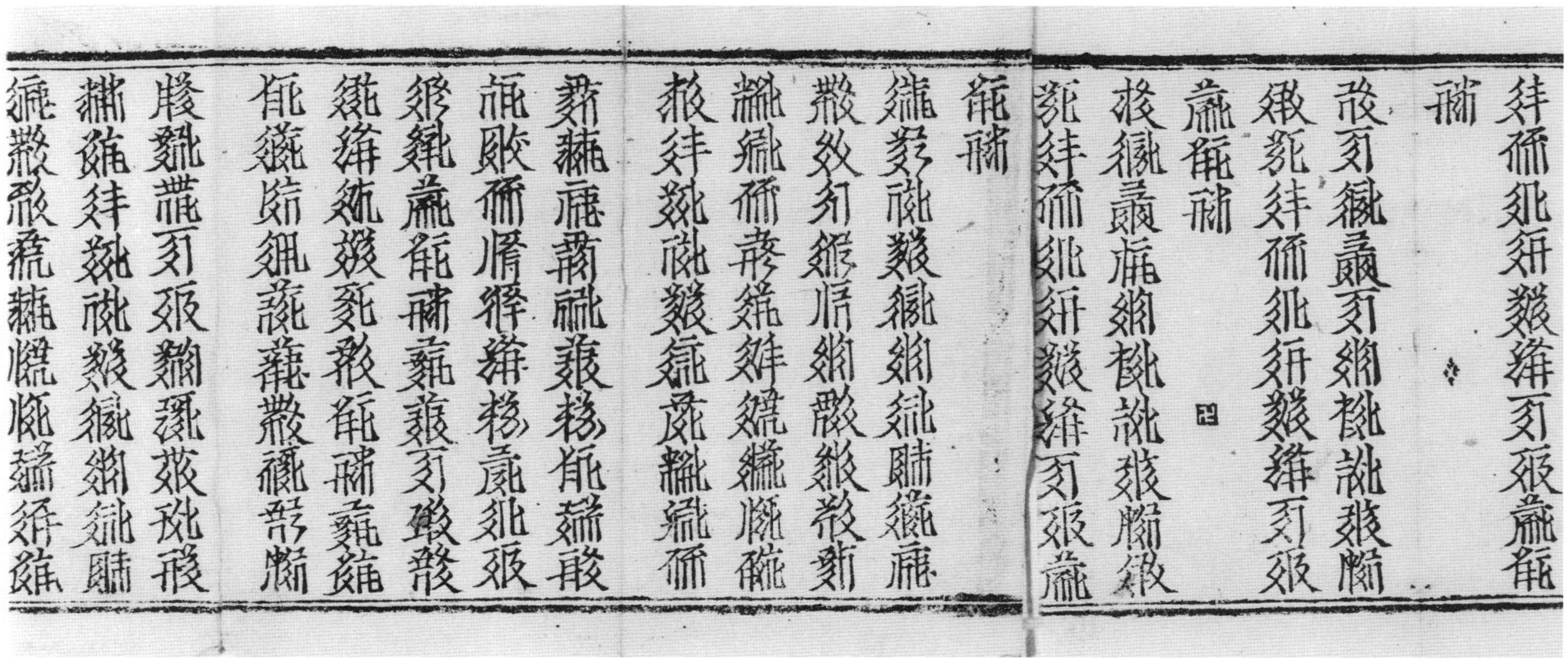

俄 Инв.No.6806　金剛經纂　(25-13)

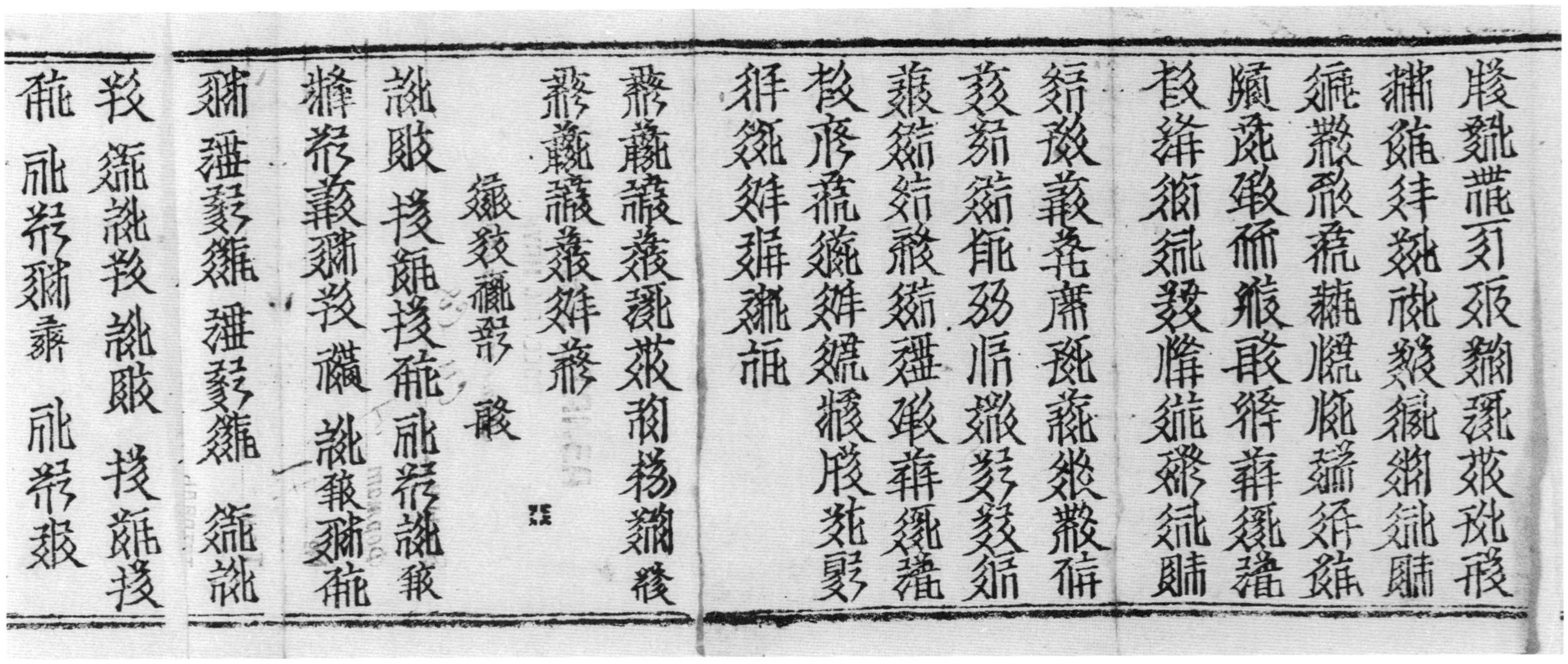

俄 Инв.No.6806　金剛經纂　　(25–14)

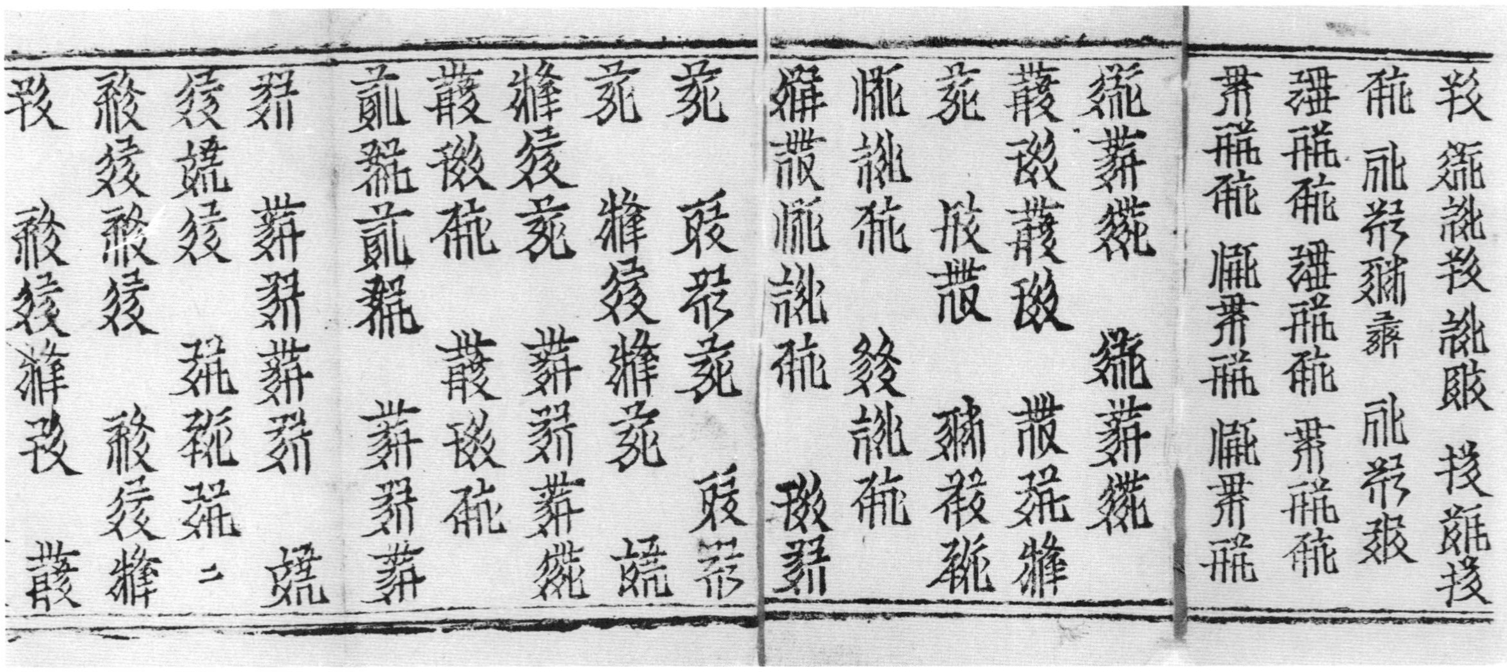

俄 Инв.No.6806　金剛經纂　　(25–15)

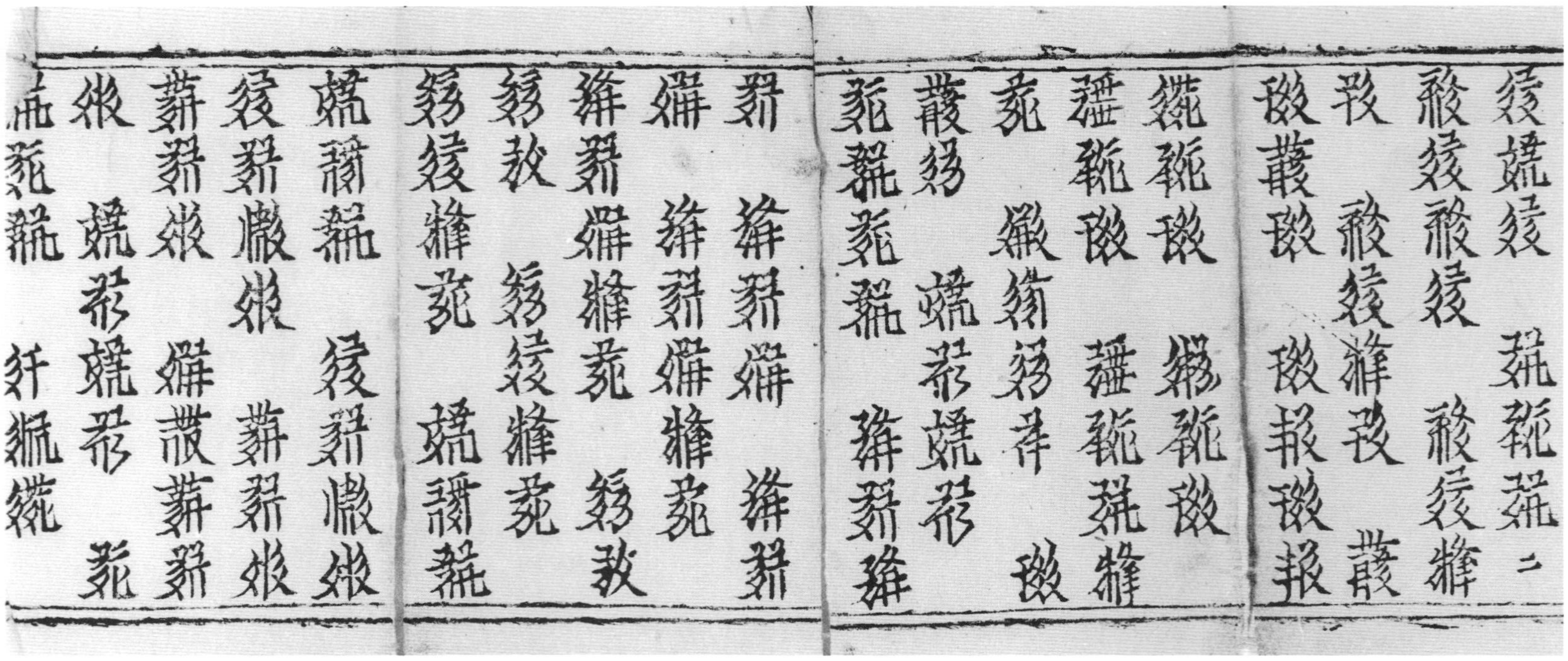

俄 Инв.No.6806　金剛經纂　　(25–16)

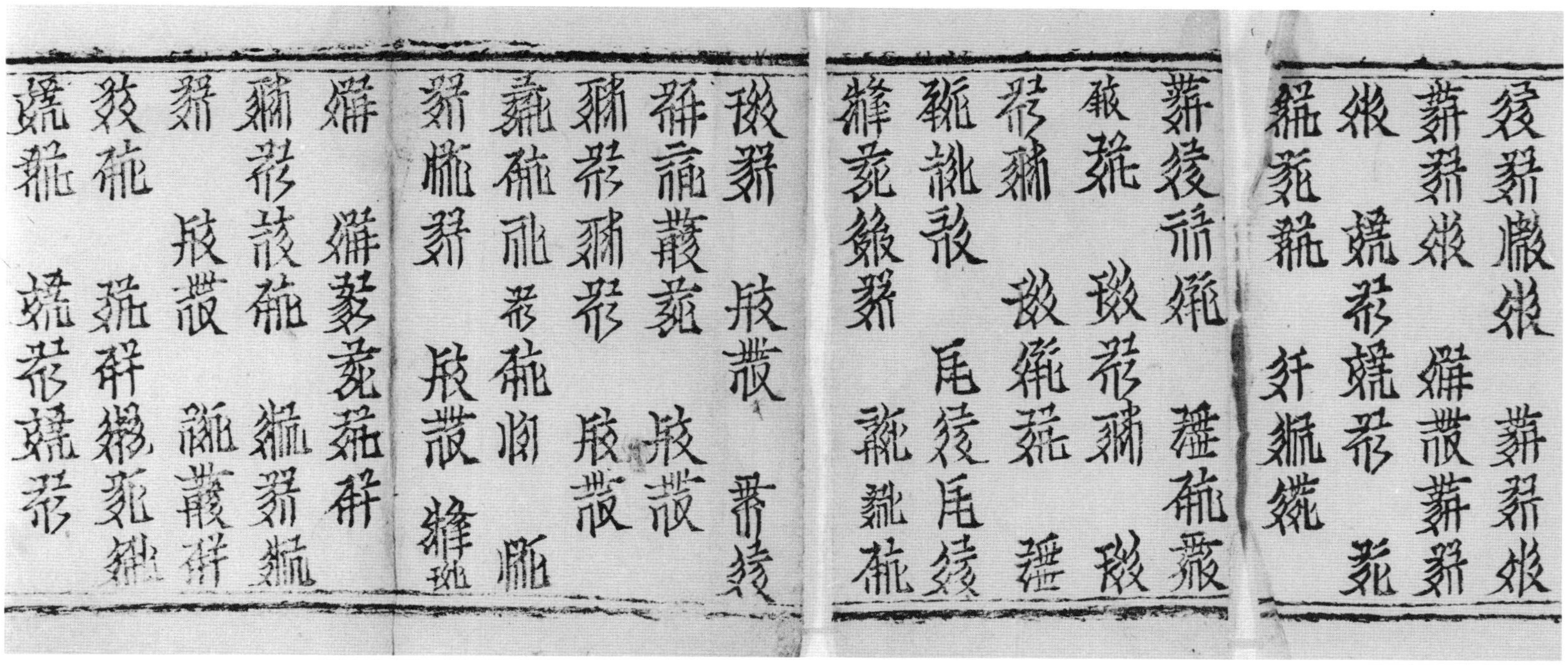
俄 Инв.No.6806　金剛經纂　(25–17)

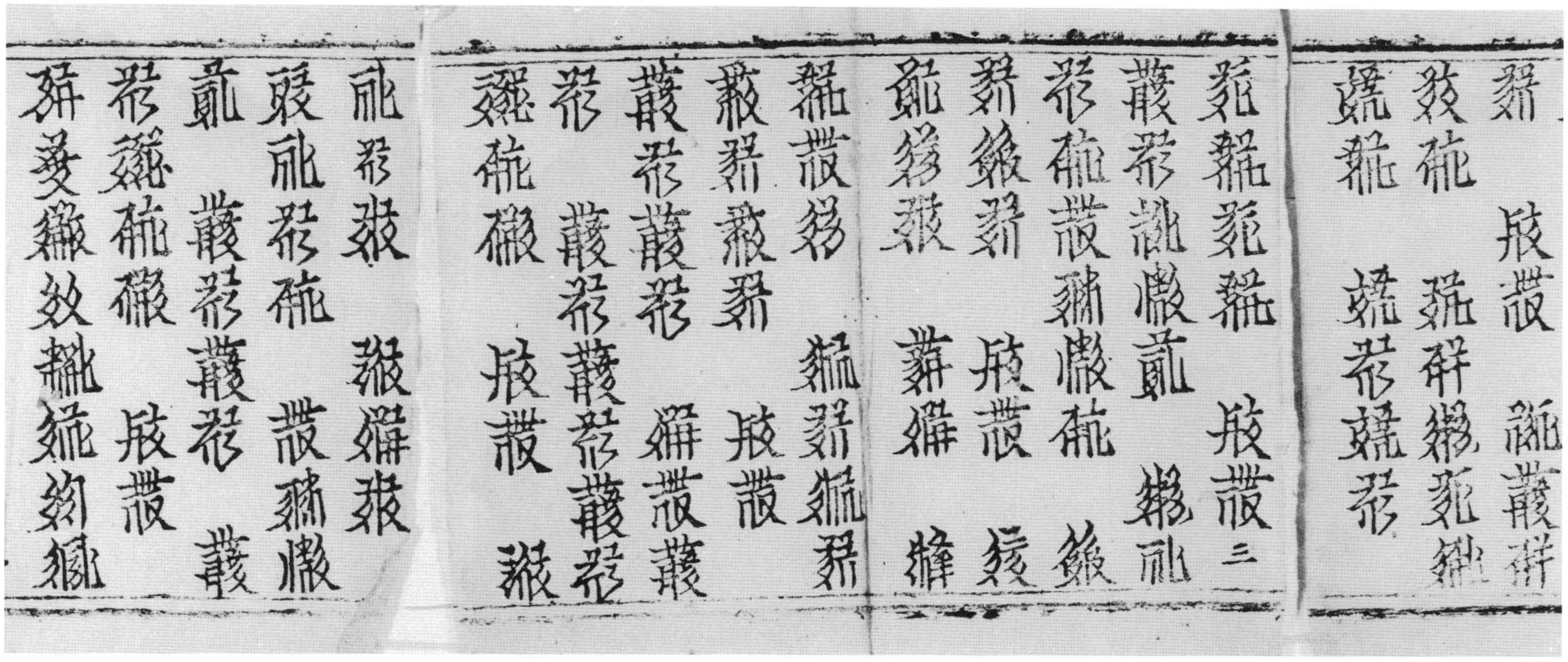
俄 Инв.No.6806　金剛經纂　(25–18)

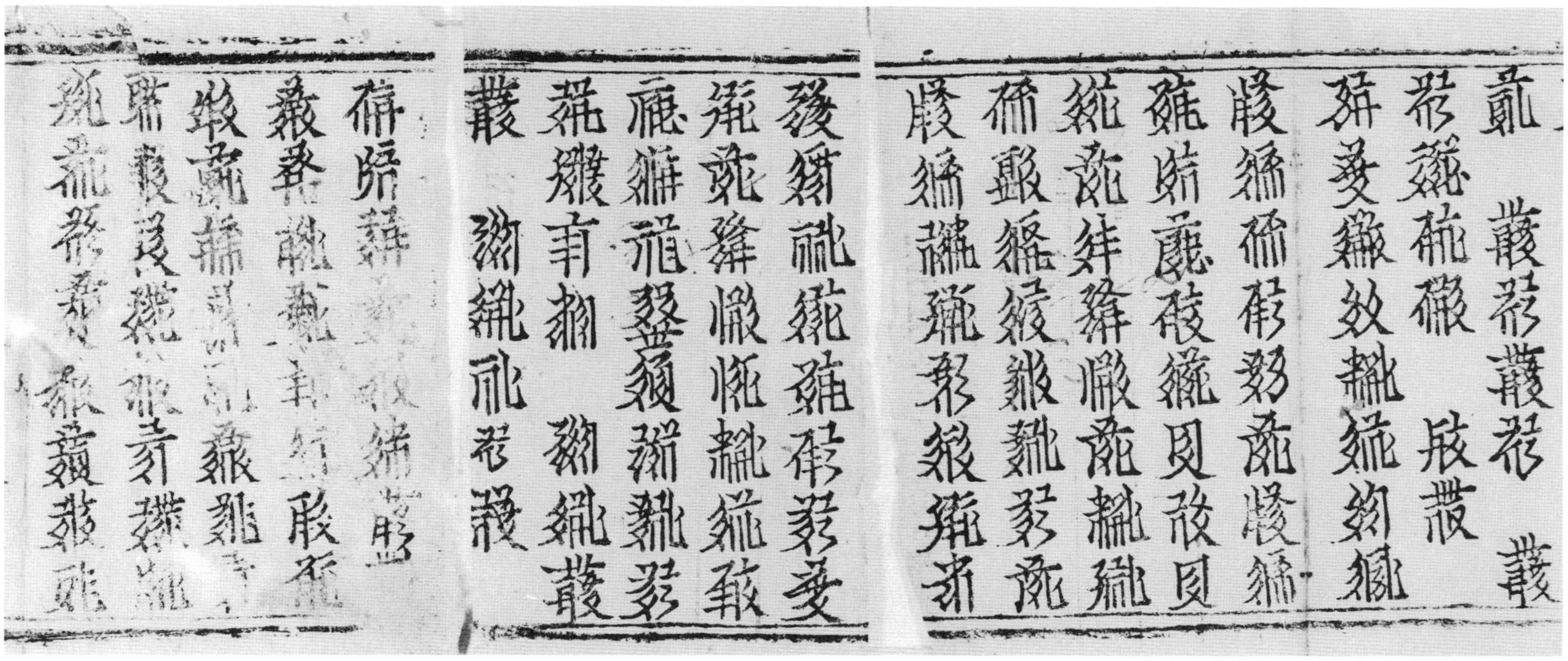
俄 Инв.No.6806　金剛經纂　(25–19)

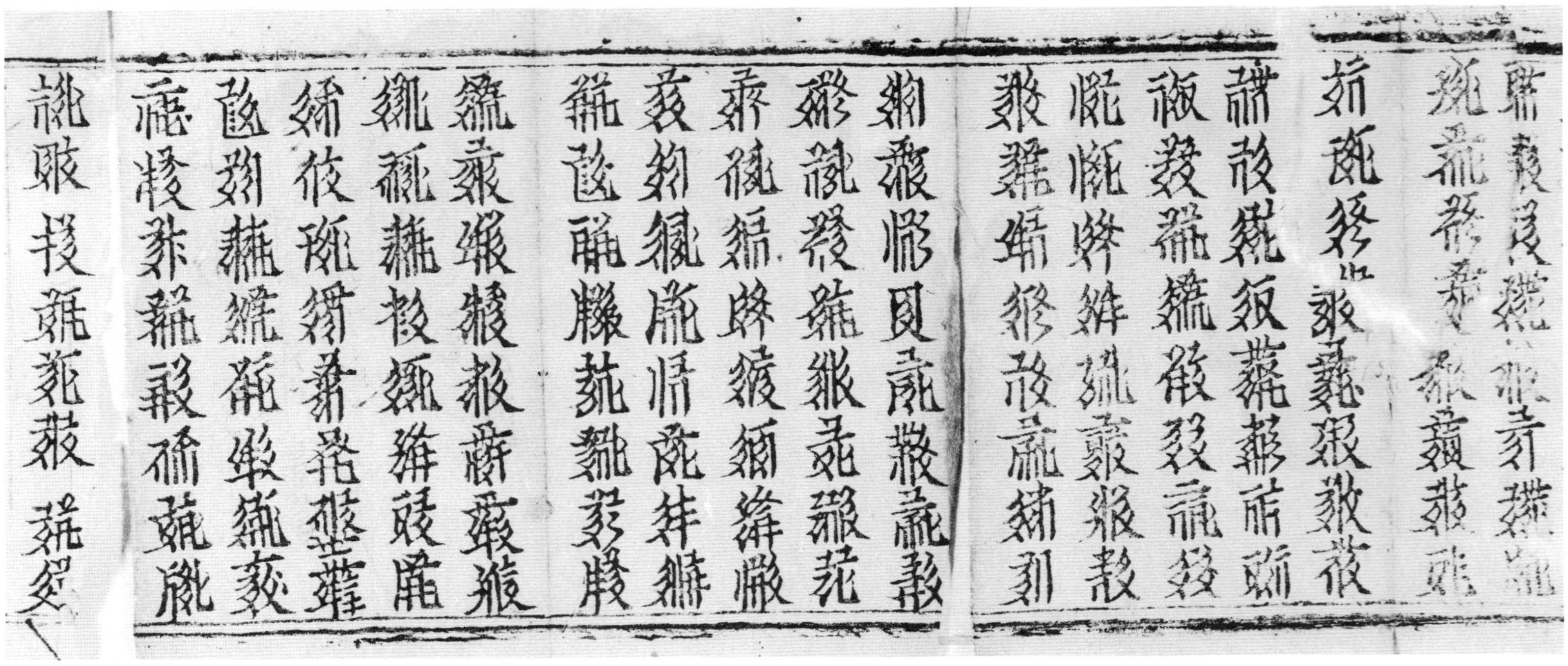

俄 Инв.No.6806　金剛經纂　　(25–20)

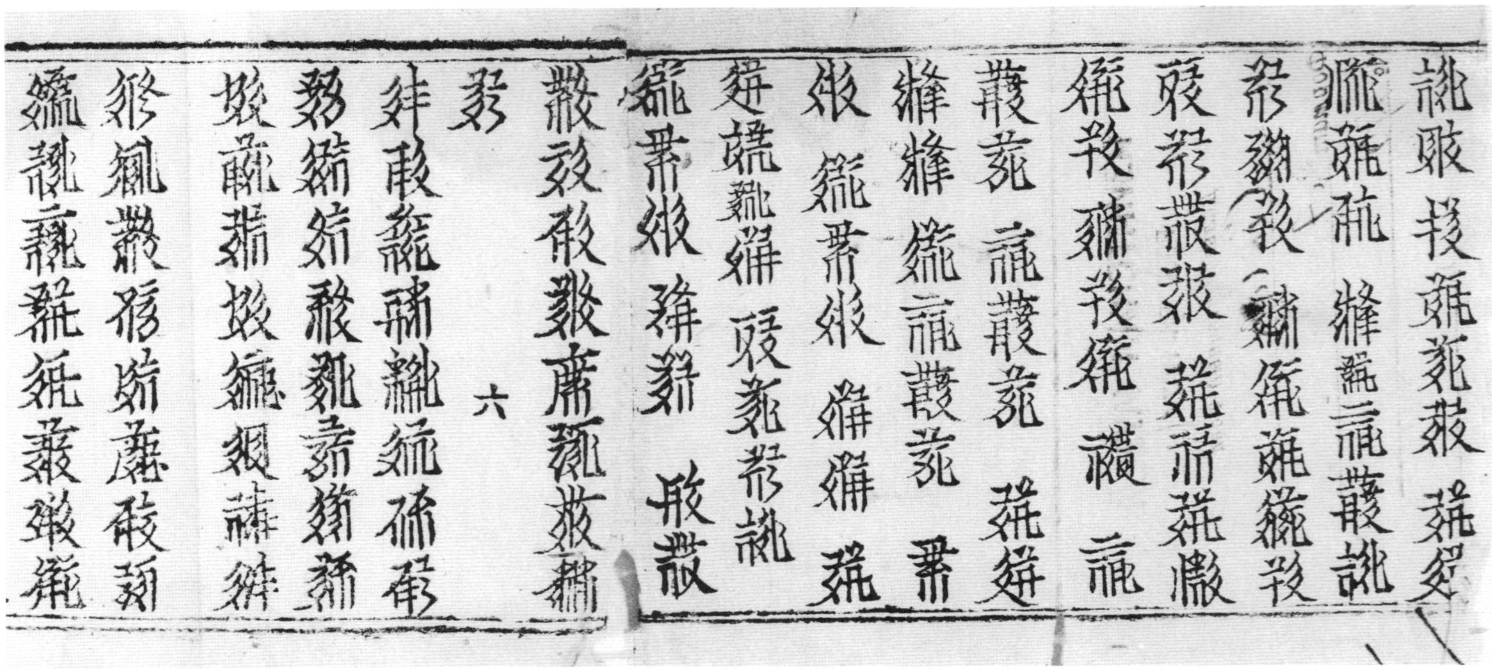

俄 Инв.No.6806　金剛經纂　　(25–21)

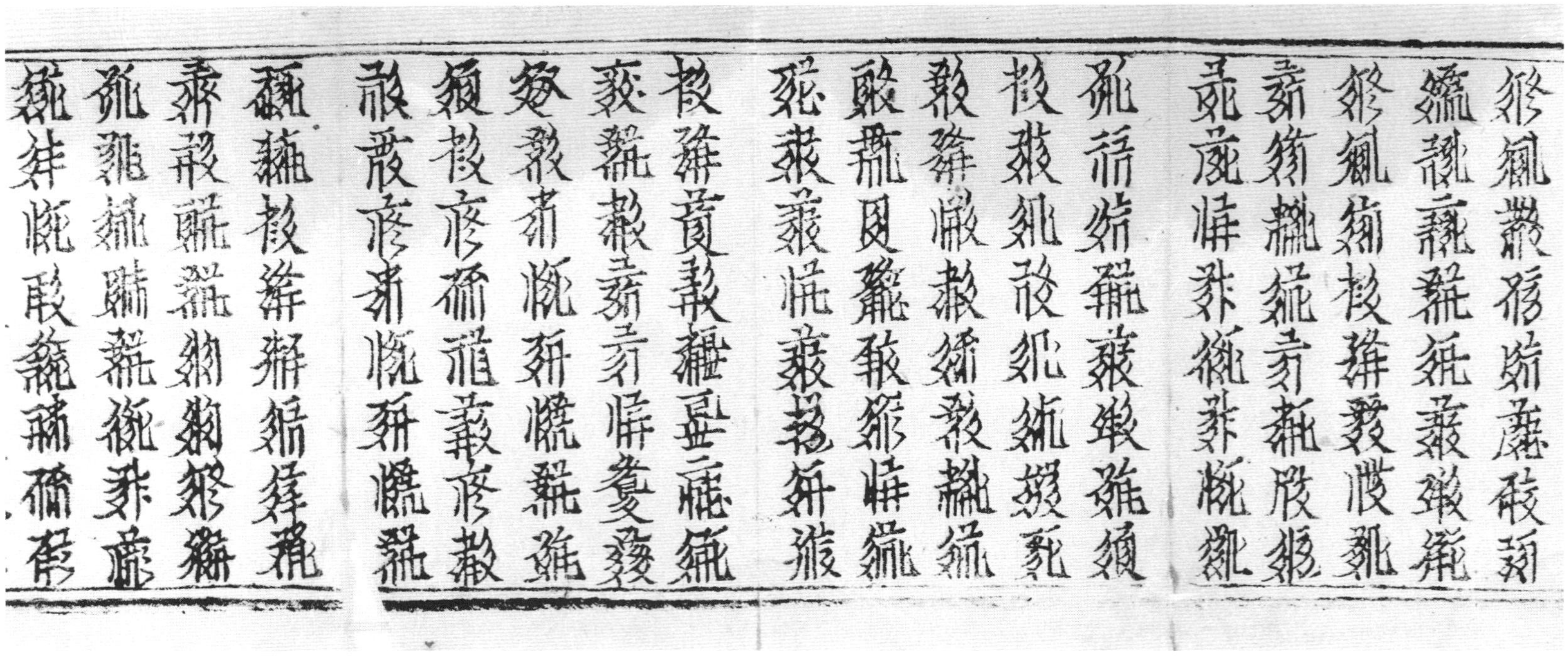

俄 Инв.No.6806　金剛經纂　　(25–22)

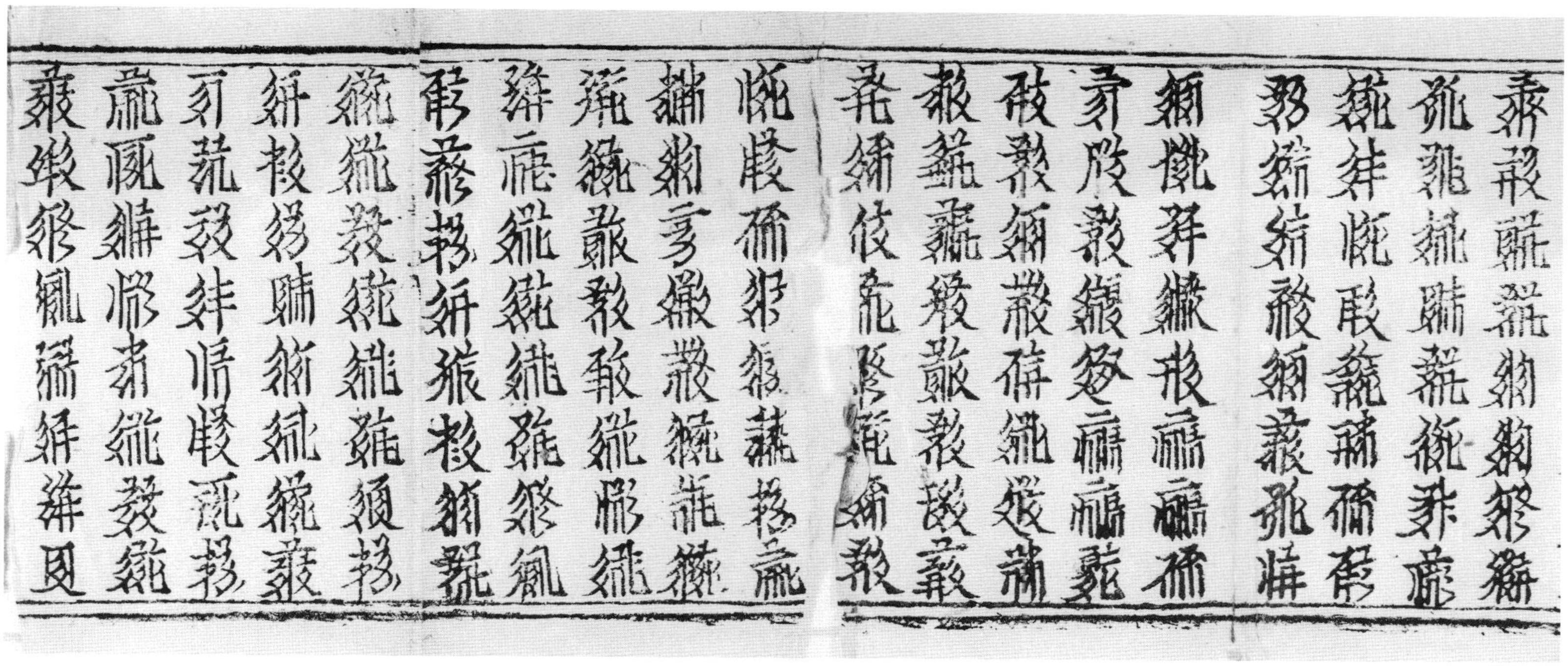

俄 Инв.No.6806　金剛經纂　(25–23)

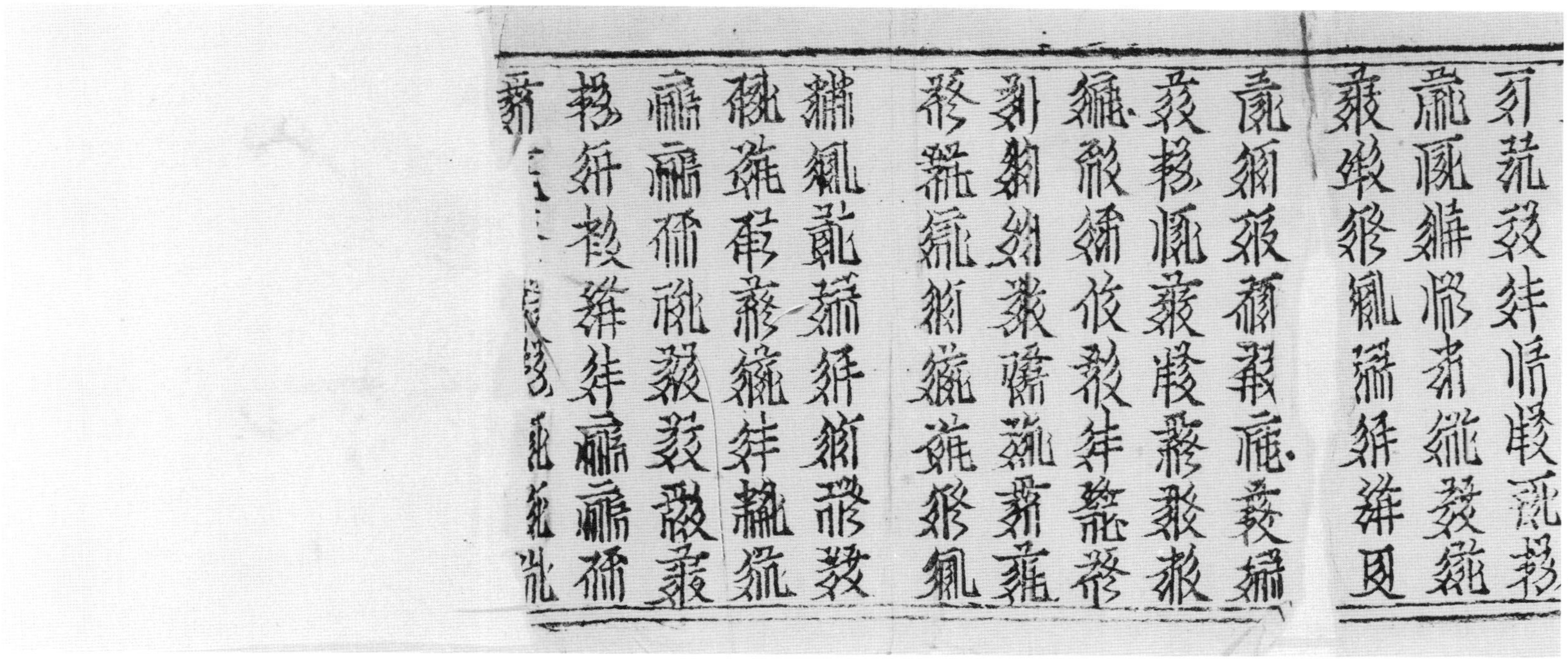

俄 Инв.No.6806　金剛經纂　(25–24)

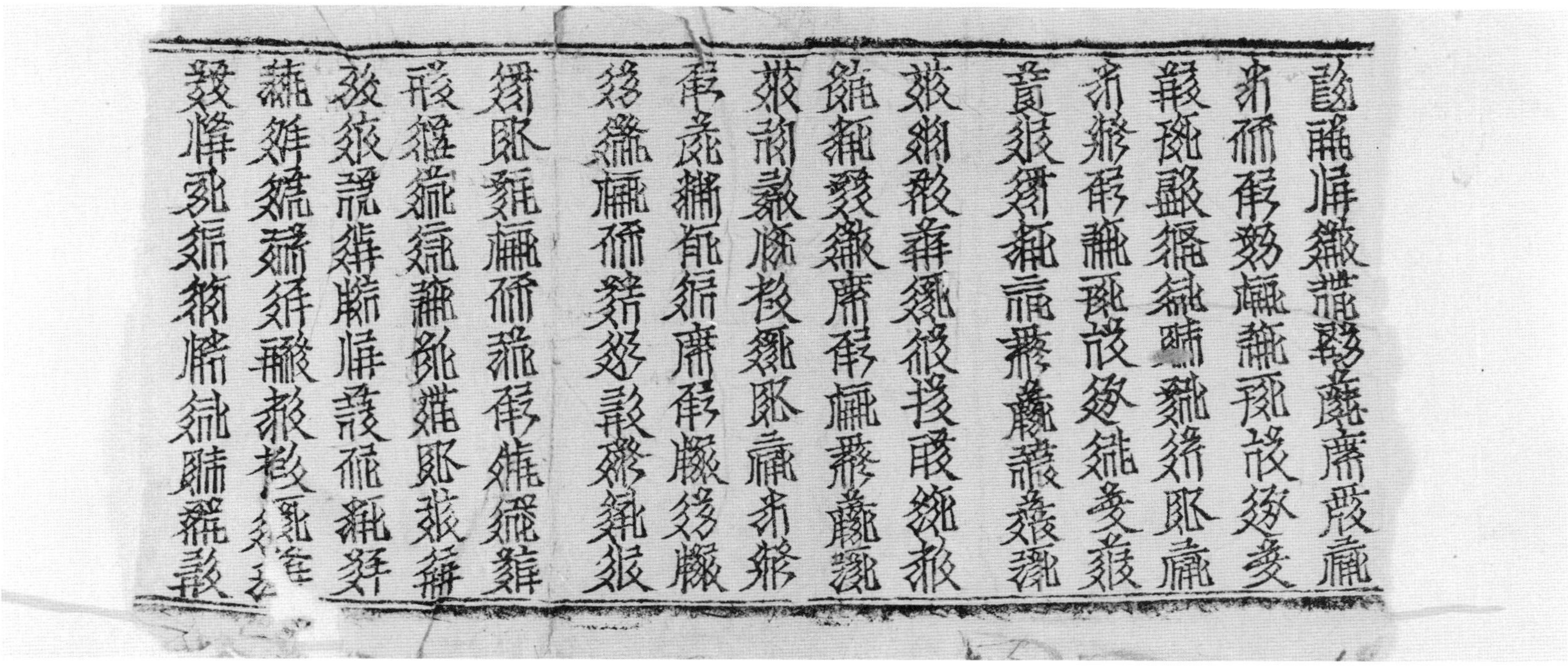

俄 Инв.No.6806　金剛經纂　(25–25)

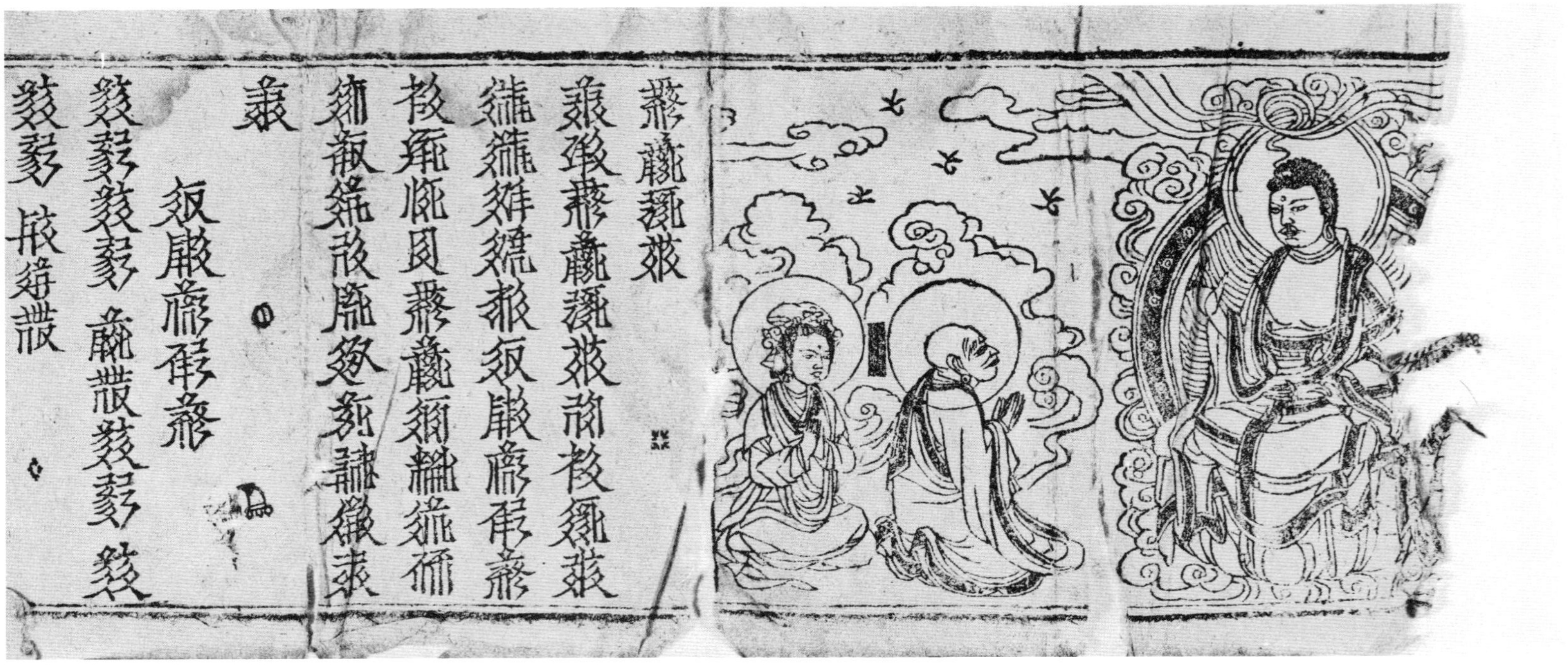

俄 Инв.No.4164　金剛經纂　(3–1)

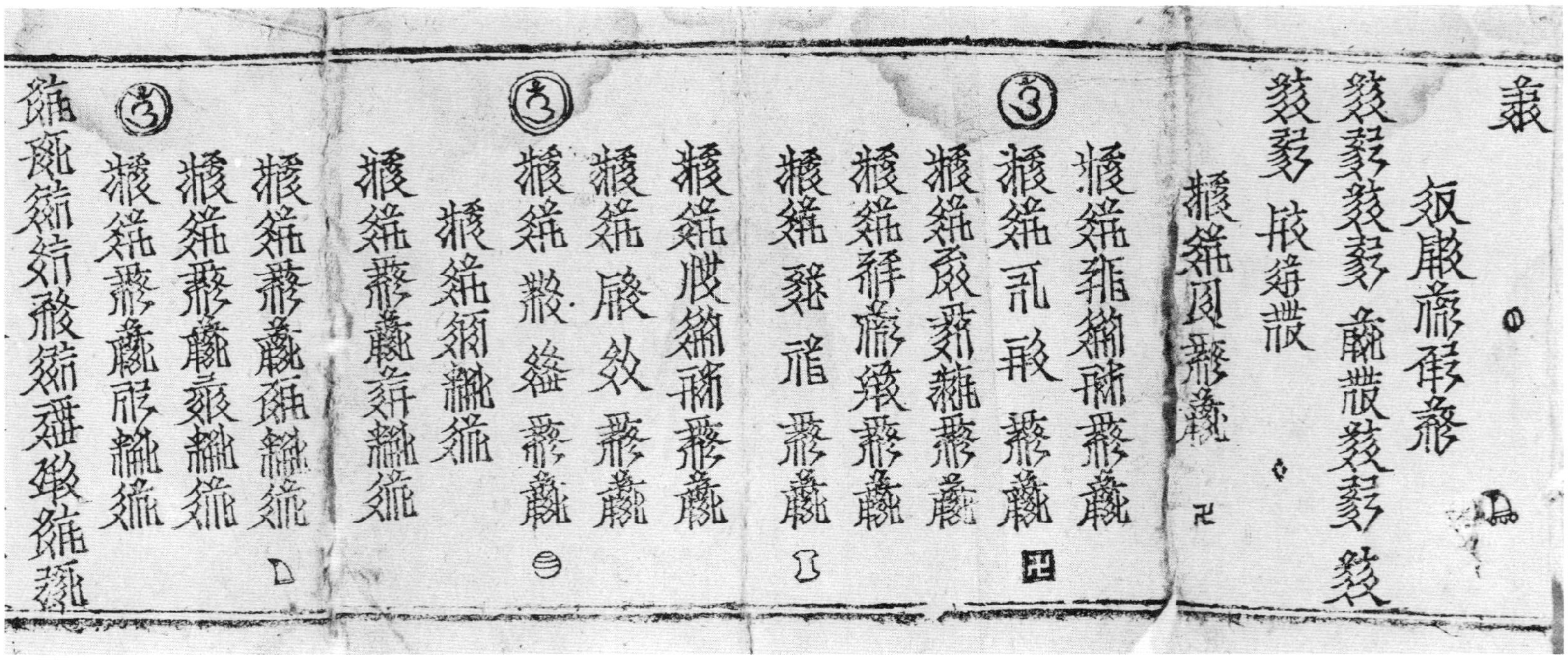

俄 Инв.No.4164　金剛經纂　(3–2)

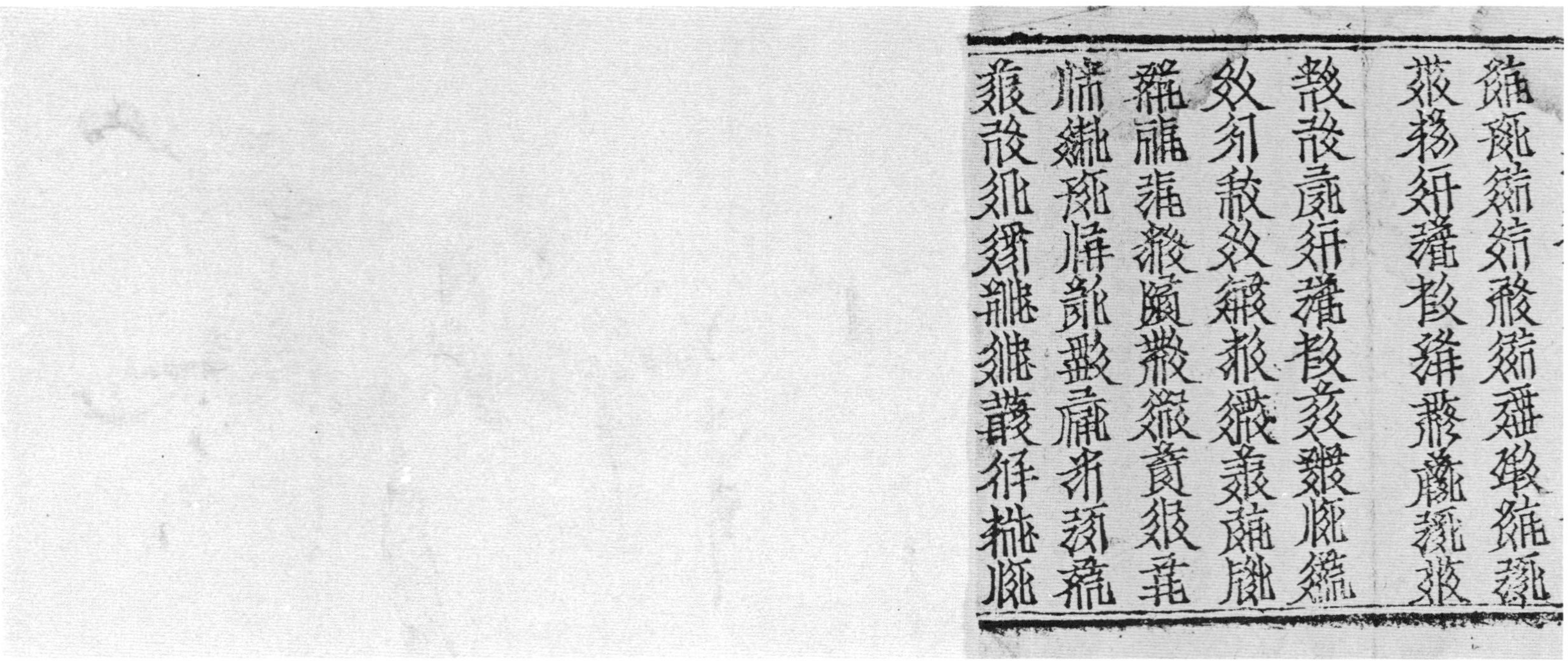

俄 Инв.No.4164　金剛經纂　(3–3)

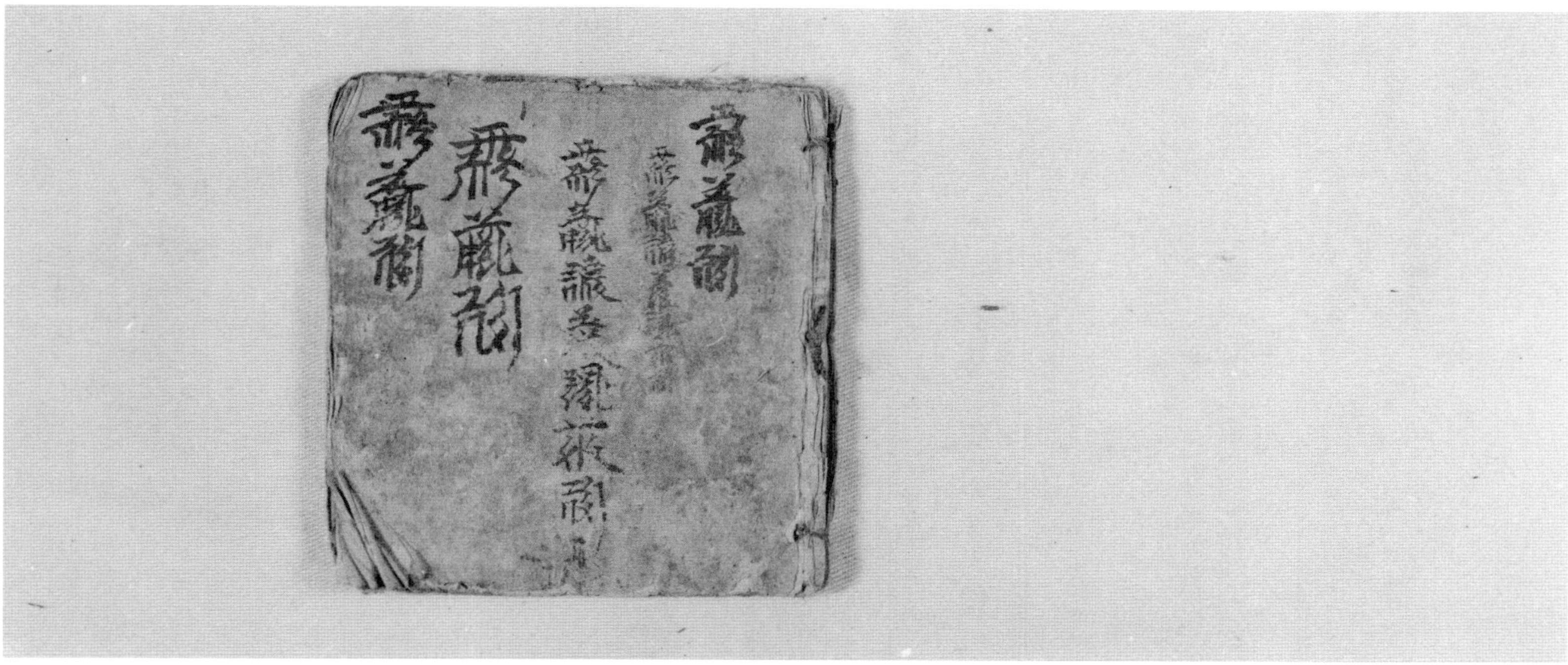

俄 Инв.No.7107　金剛經纂　(15–1)

俄 Инв.No.7107　金剛經纂　(15–2)

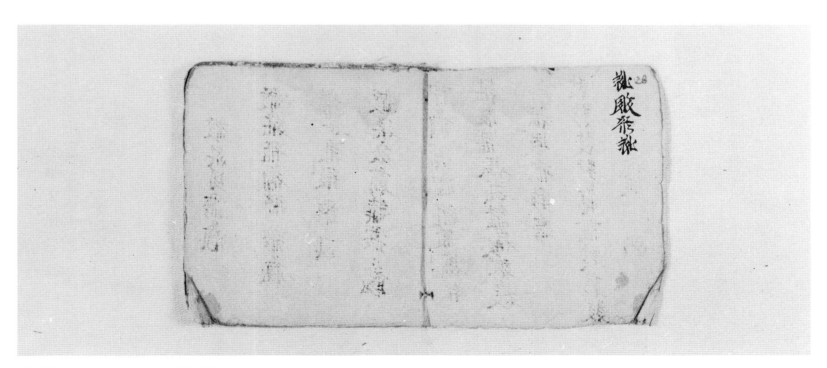

俄 Инв.No.7107　金剛經纂　(15–3)

俄 Инв.No.7107　金剛經纂　(15-4)

俄 Инв.No.7107　金剛經纂　(15-5)

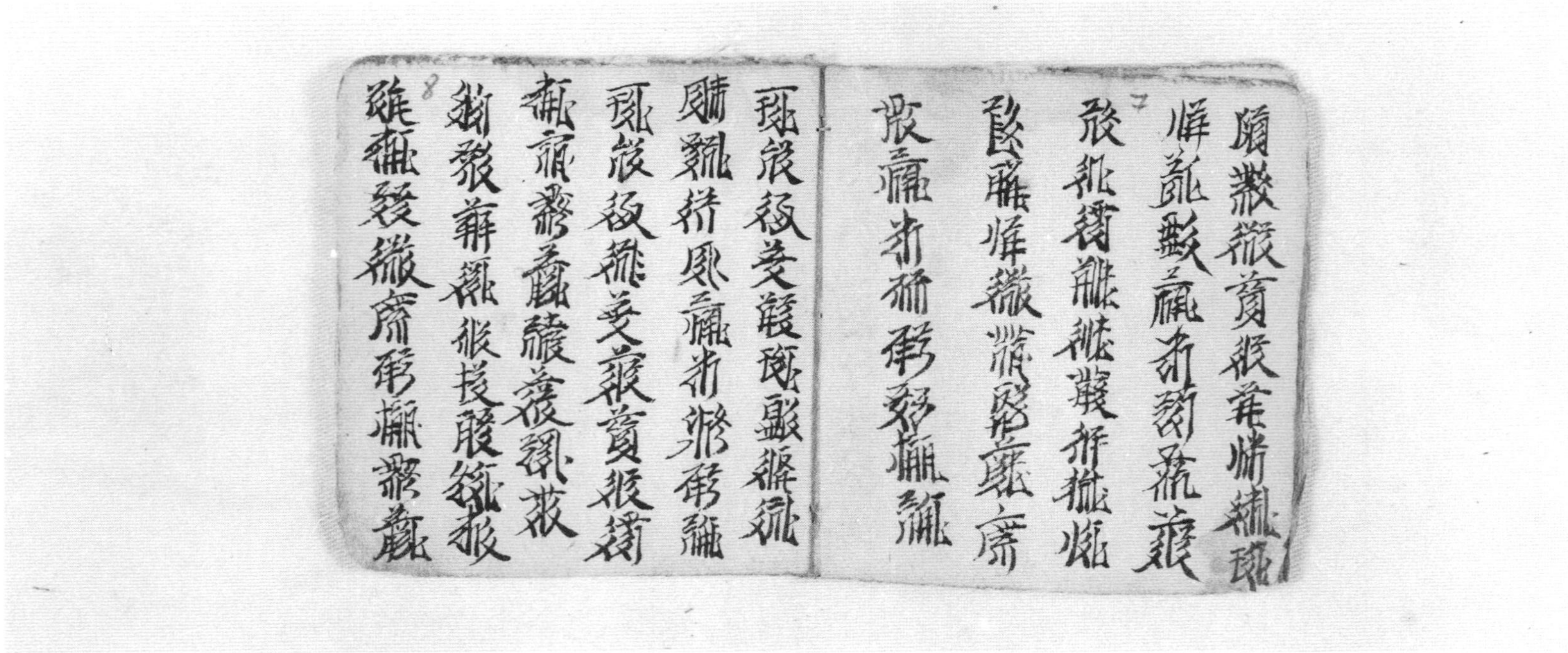

俄 Инв.No.7107　金剛經纂　(15-6)

俄 Инв.No.7107　金剛經纂　　(15-7)

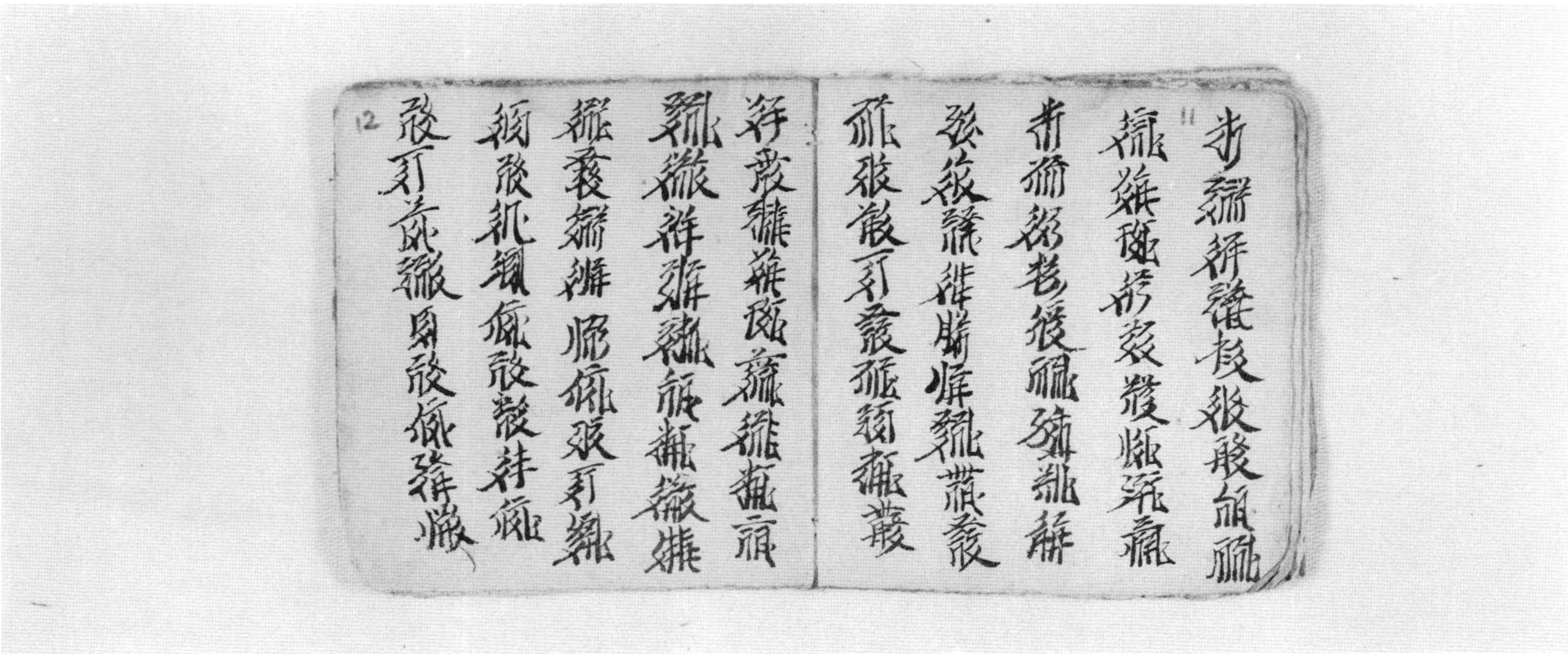

俄 Инв.No.7107　金剛經纂　　(15-8)

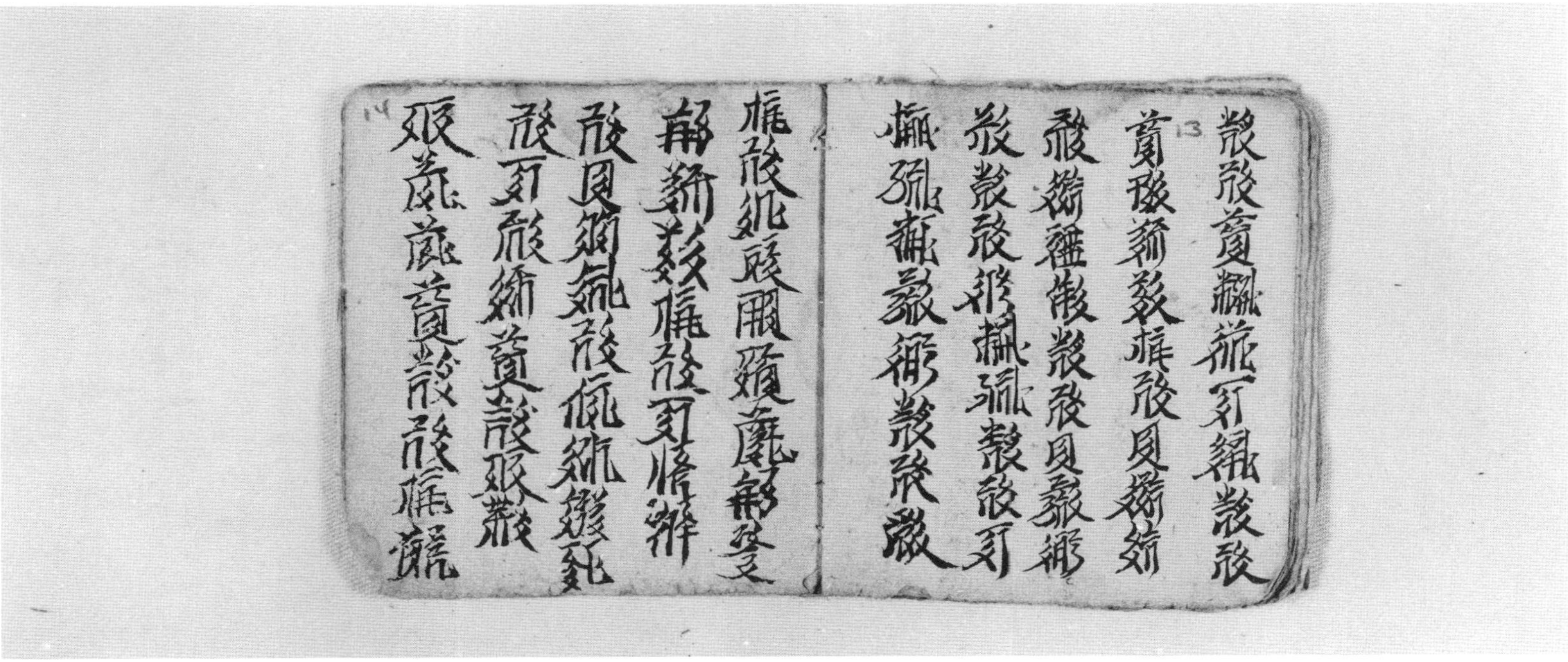

俄 Инв.No.7107　金剛經纂　　(15-9)

俄 Инв.No.7107　金剛經纂　(15–10)

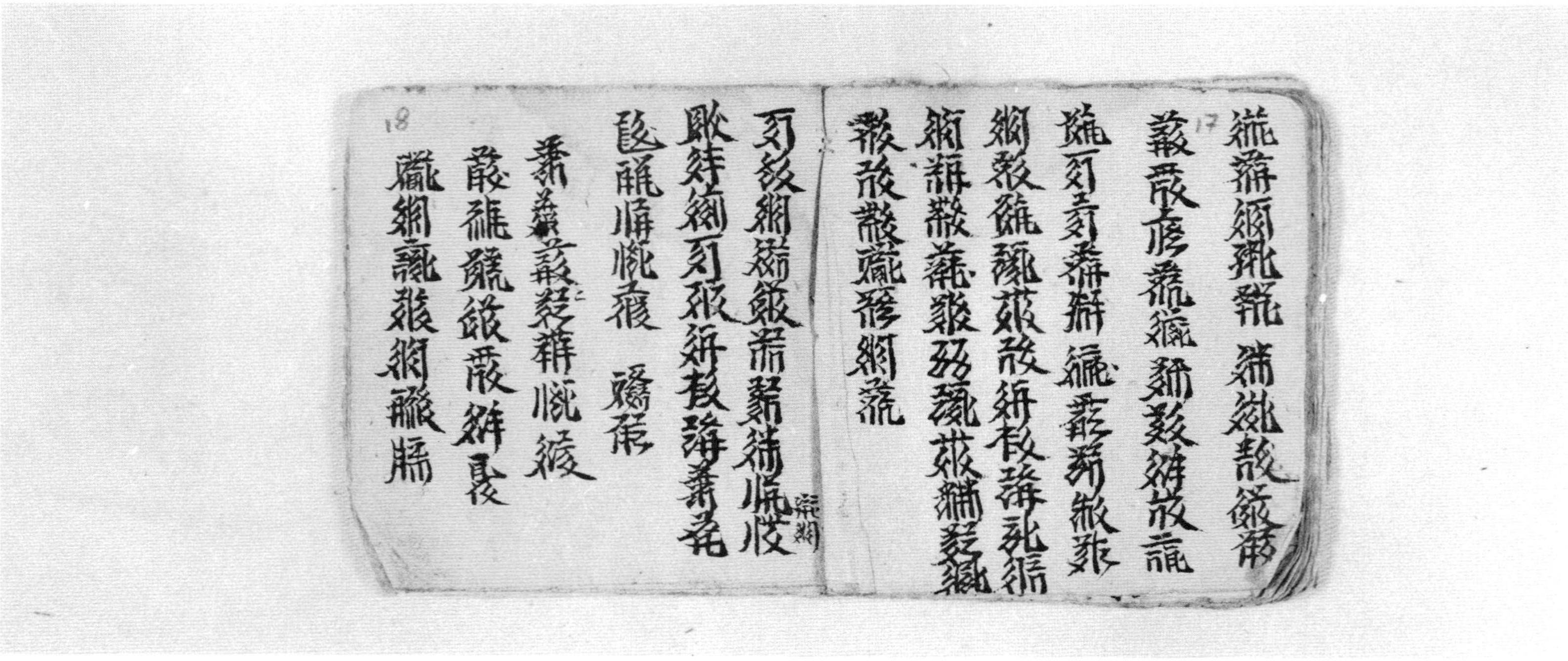

俄 Инв.No.7107　金剛經纂　(15–11)

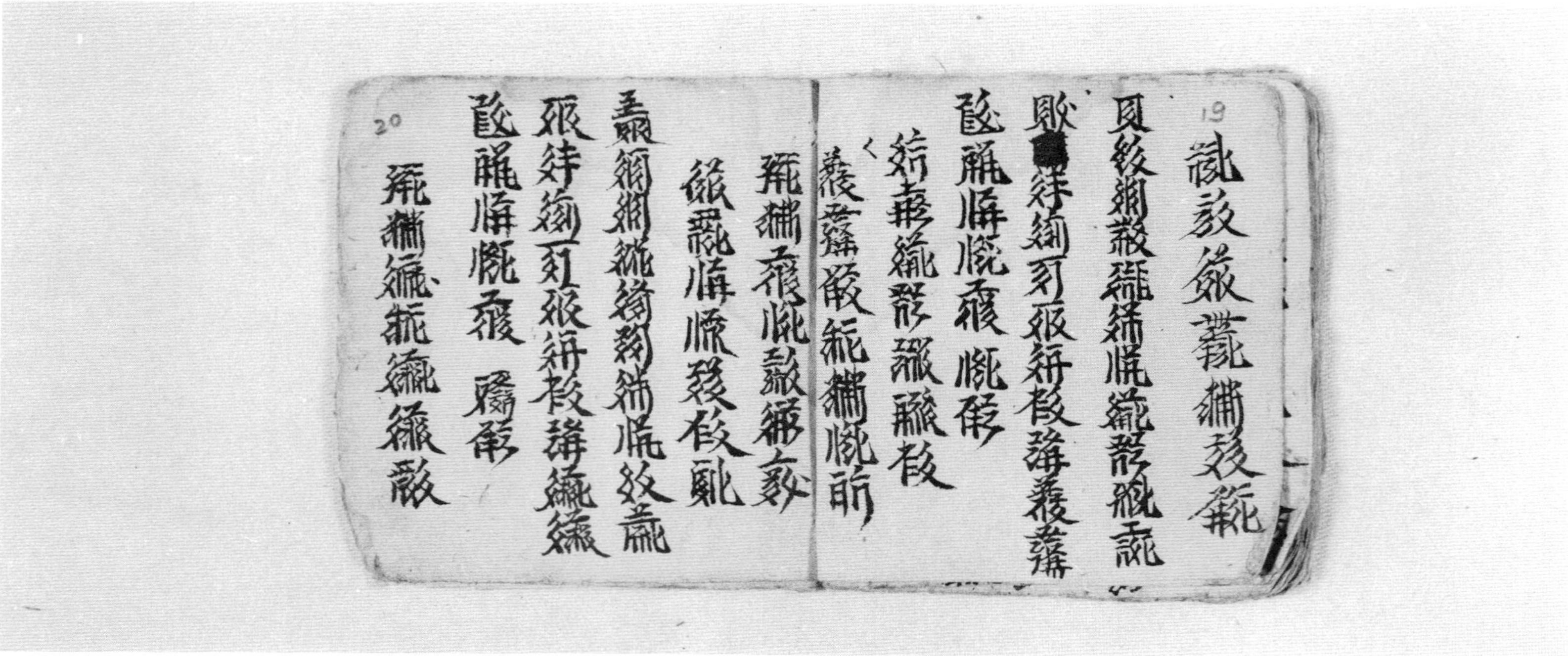

俄 Инв.No.7107　金剛經纂　(15–12)

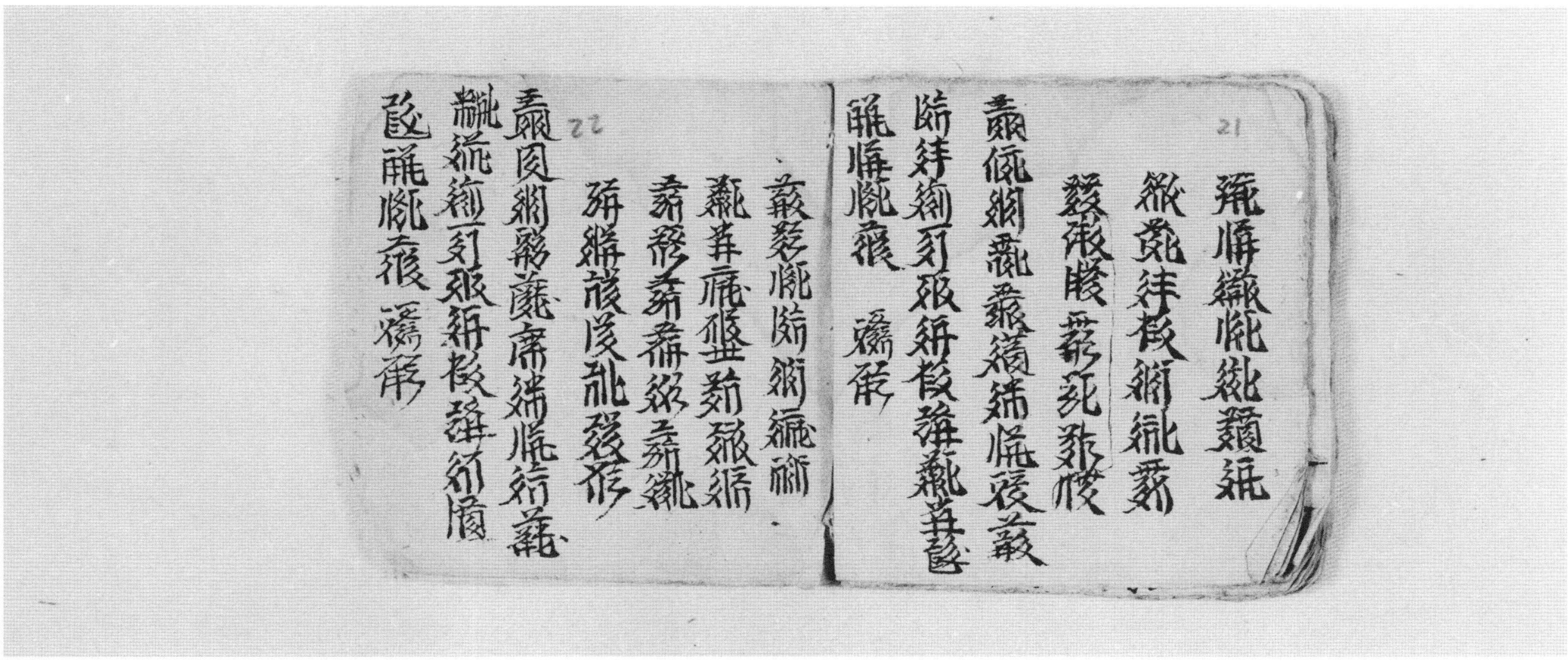

俄 Инв.No.7107　金剛經纂　(15–13)

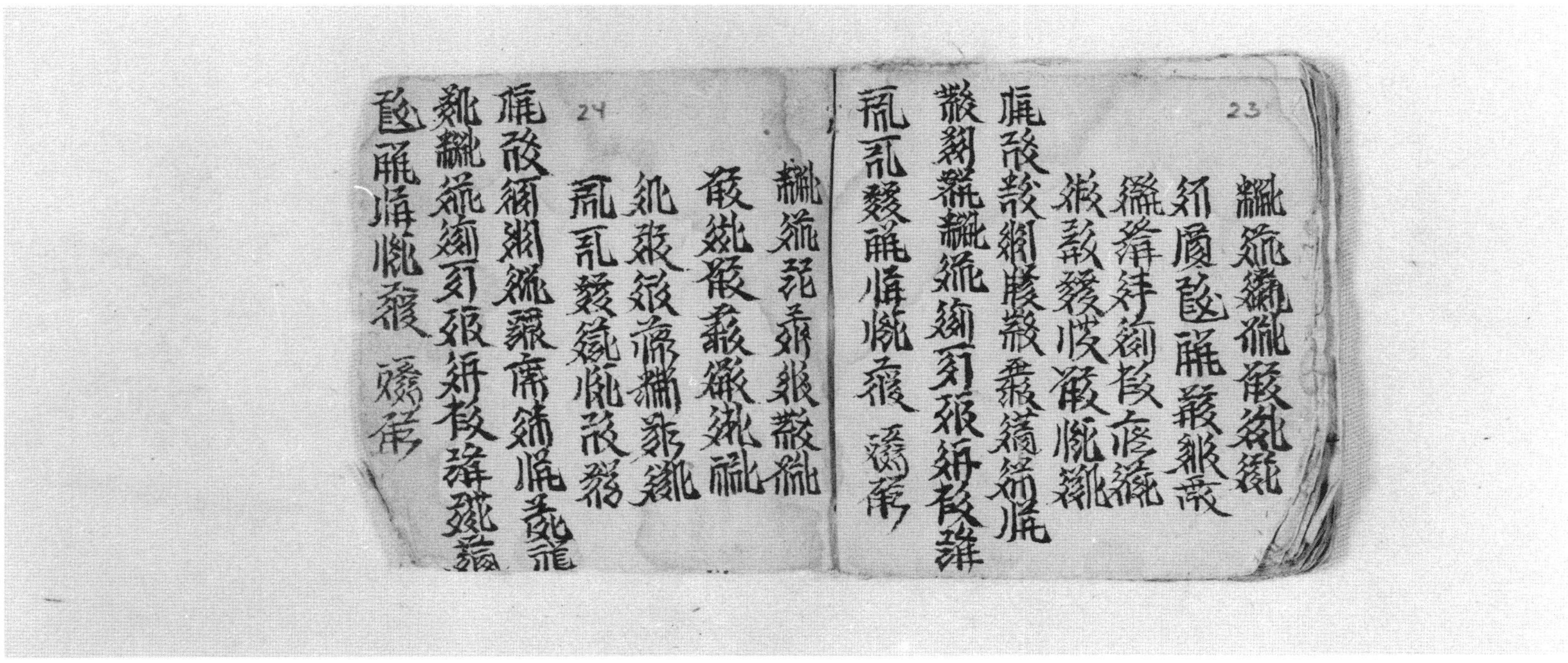

俄 Инв.No.7107　金剛經纂　(15–14)

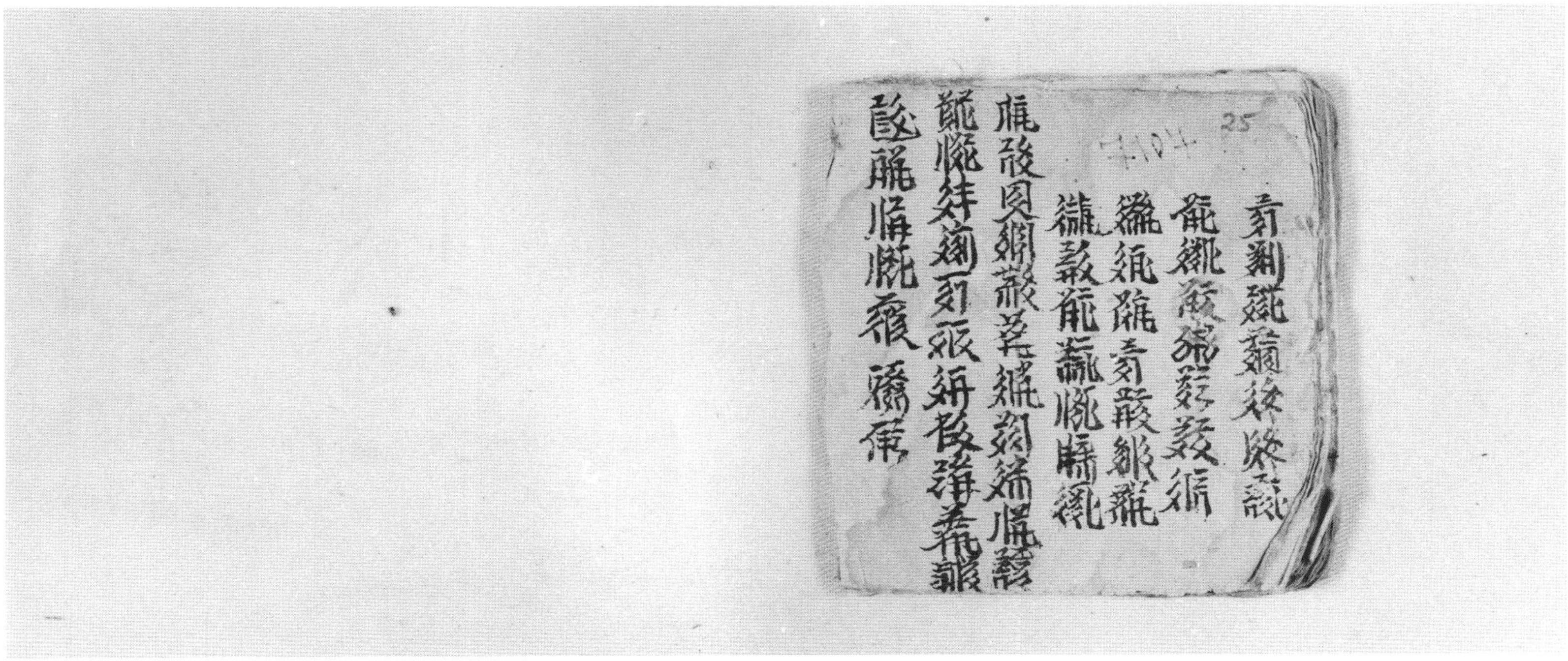

俄 Инв.No.7107　金剛經纂　(15–15)

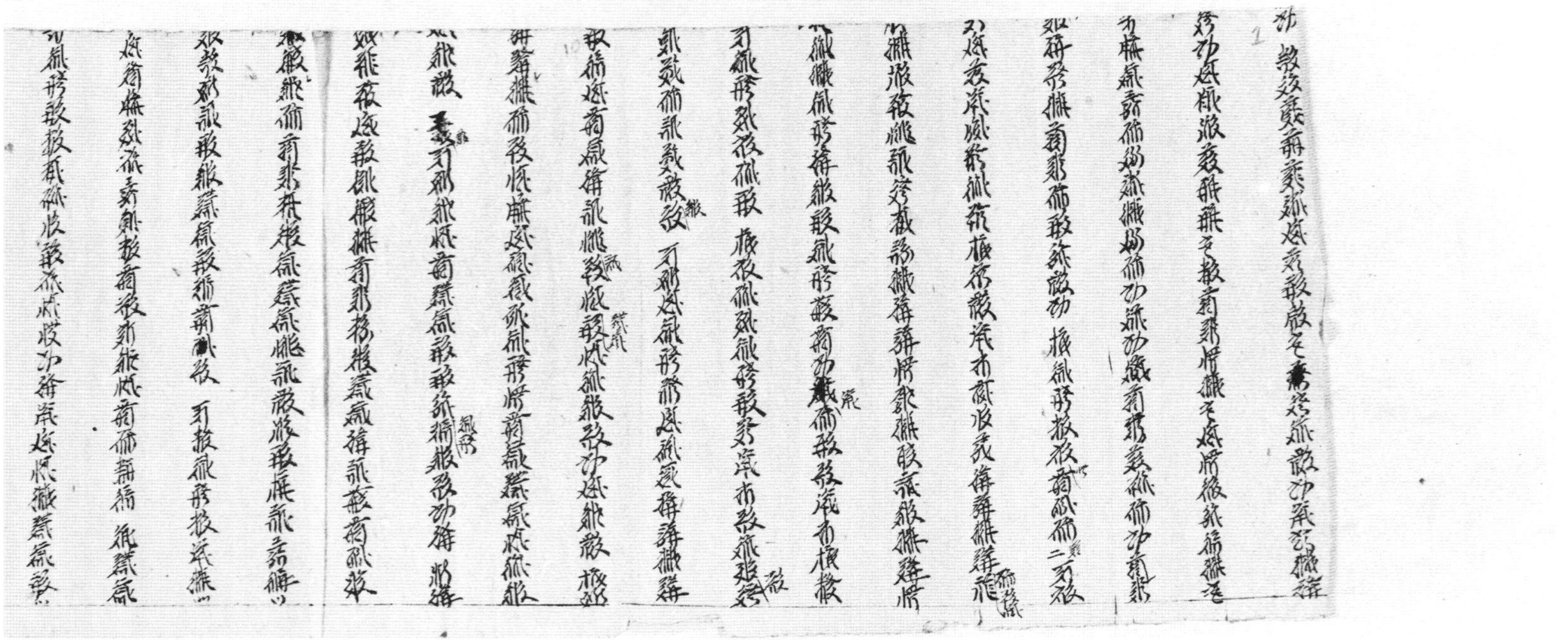

俄 Инв.No.4375　金剛般若略記上半、唐忠國師二十五問答　(22–1)

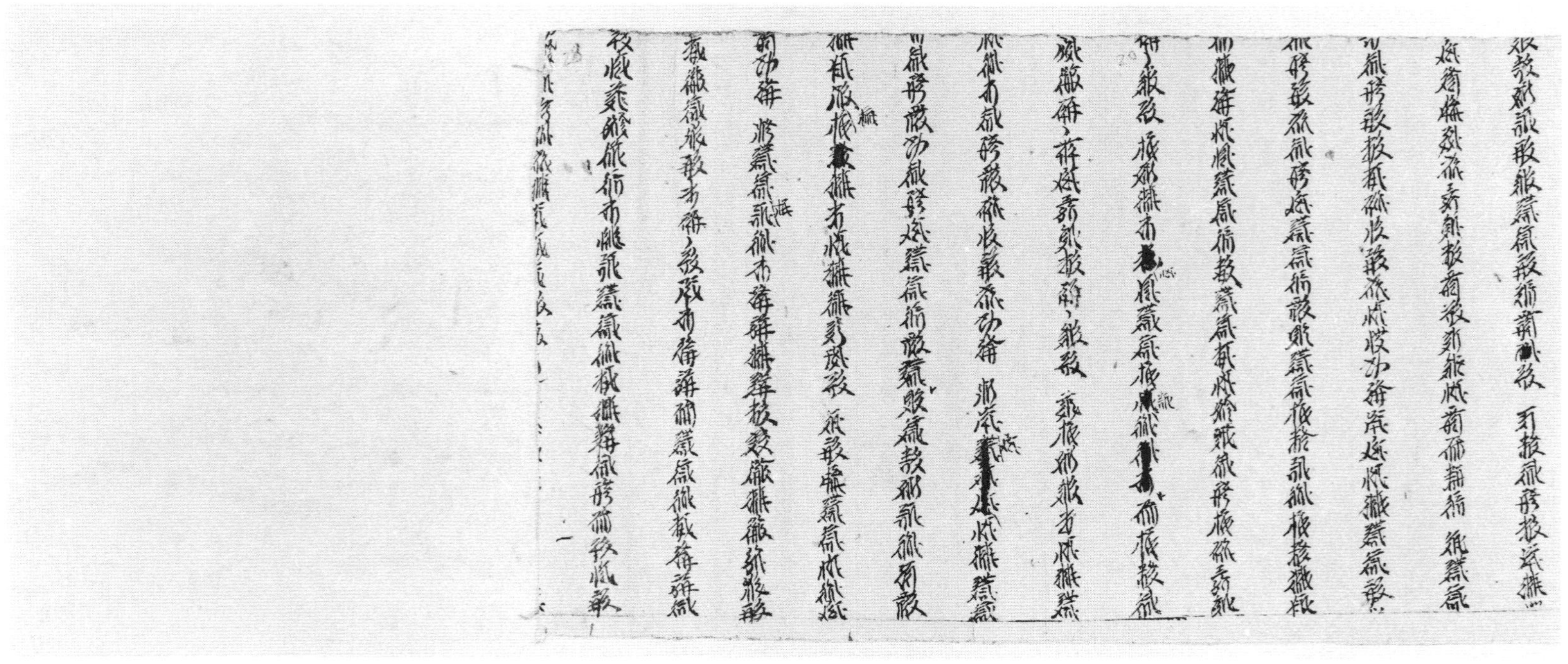

俄 Инв.No.4375　金剛般若略記上半、唐忠國師二十五問答　(22–2)

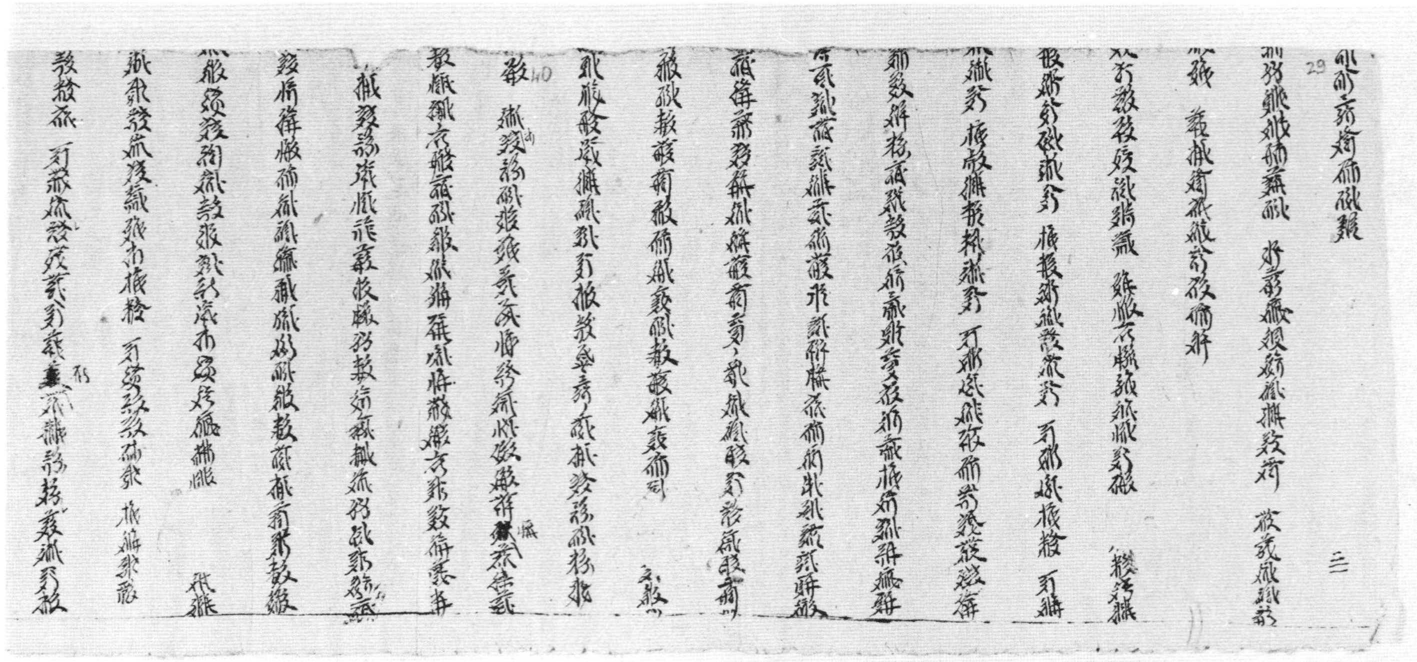

俄 Инв.No.4375　金剛般若略記上半、唐忠國師二十五問答　(22–3)

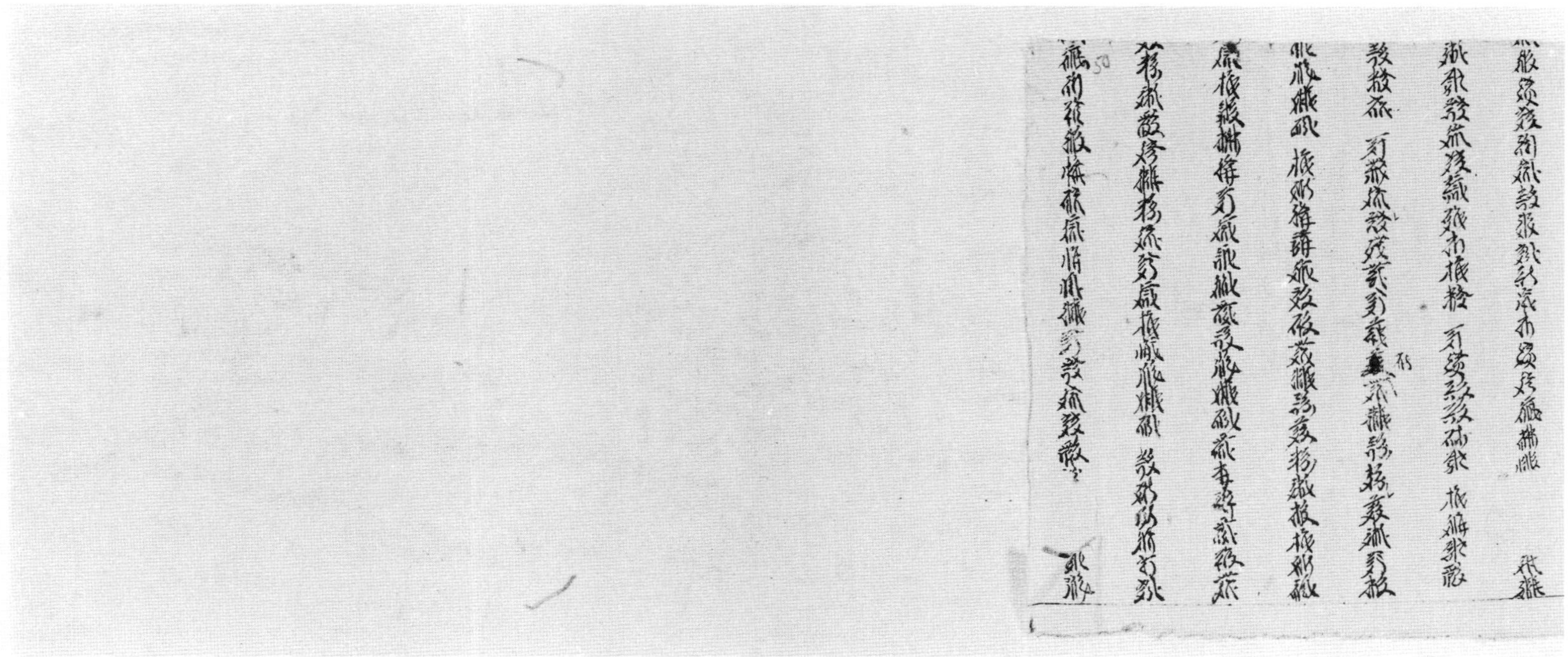

俄 Инв.No.4375　金剛般若略記上半、唐忠國師二十五問答　(22-4)

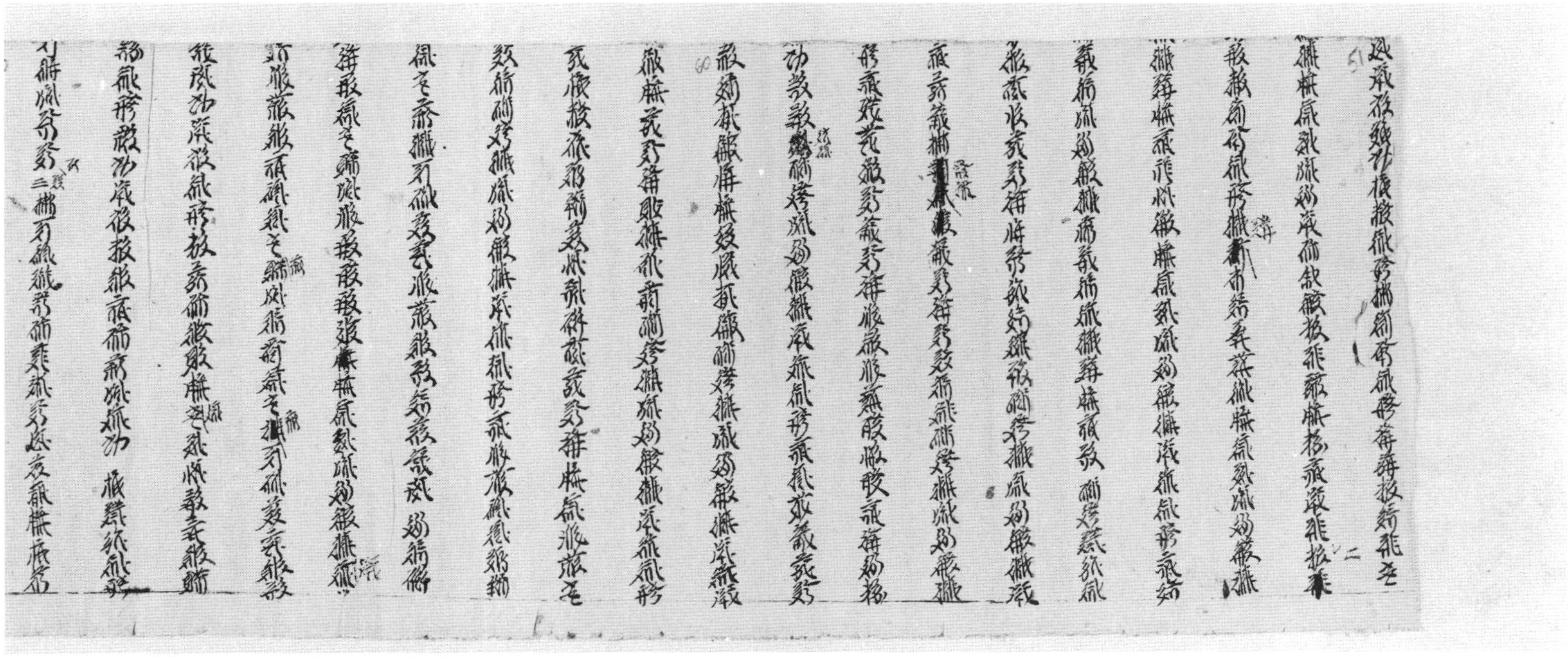

俄 Инв.No.4375　金剛般若略記上半、唐忠國師二十五問答　(22-5)

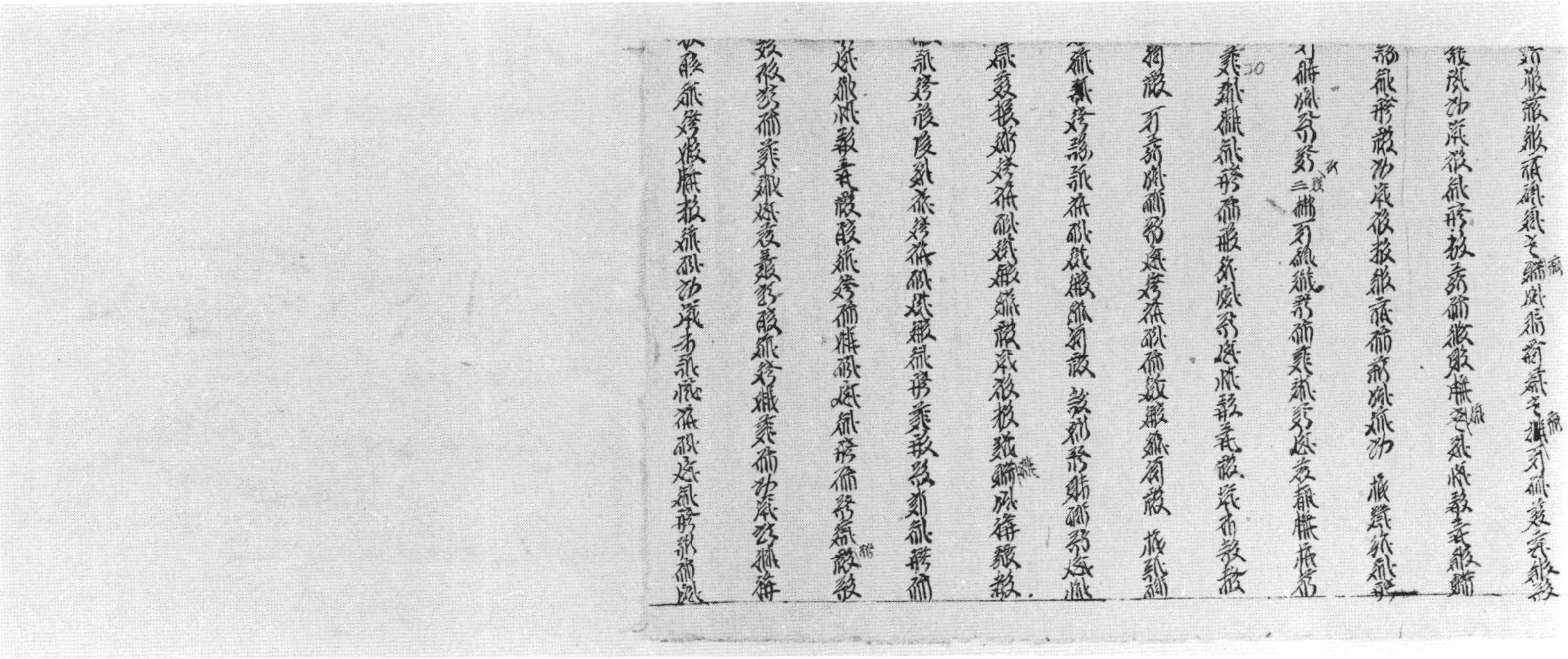

俄 Инв.No.4375　金剛般若略記上半、唐忠國師二十五問答　(22-6)

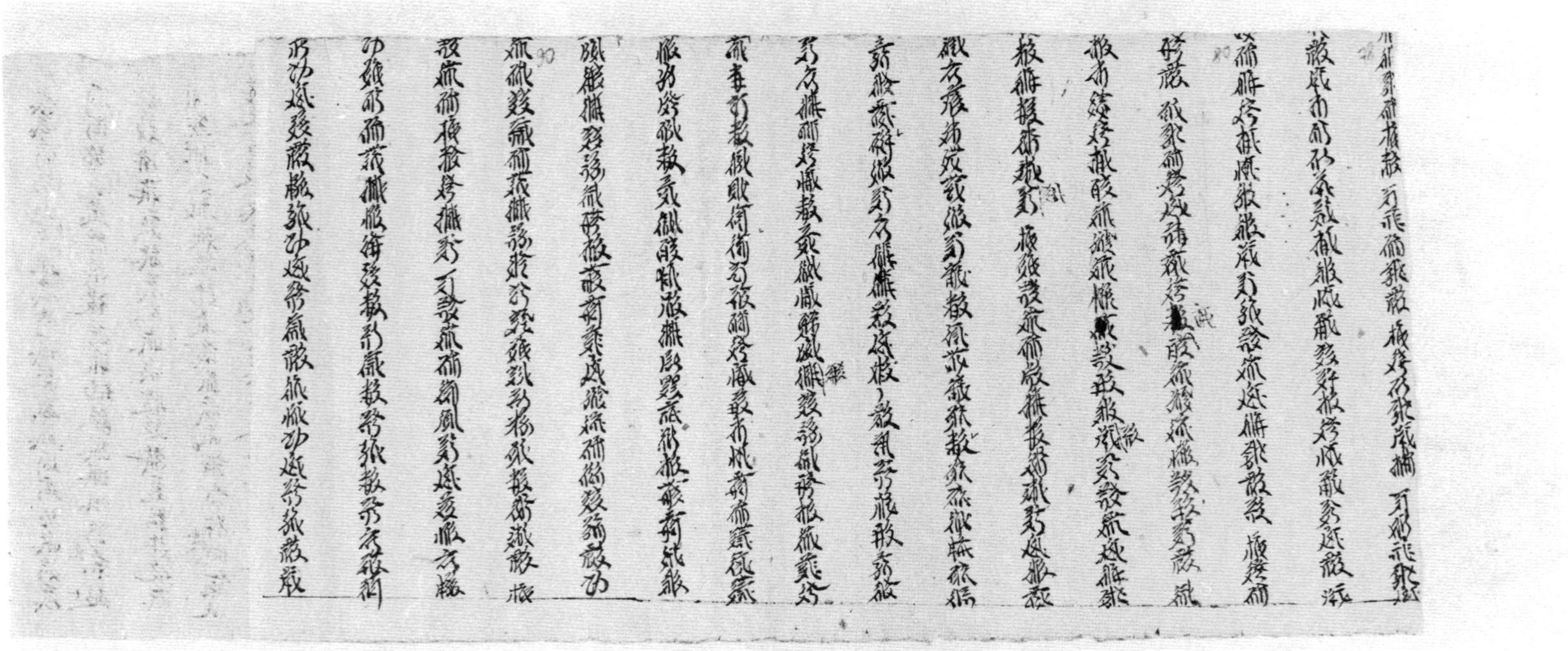

俄 Инв.No.4375　金剛般若略記上半、唐忠國師二十五問答　(22–7)

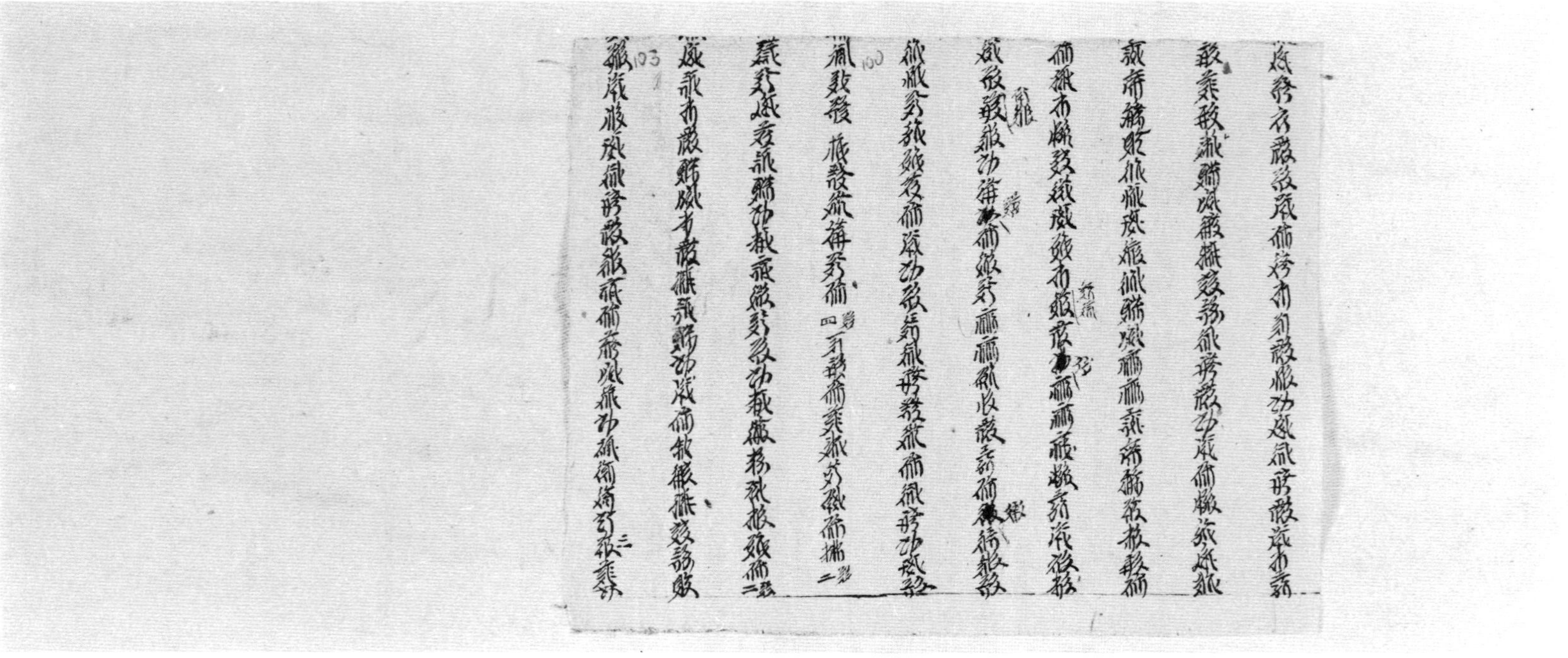

俄 Инв.No.4375　金剛般若略記上半、唐忠國師二十五問答　(22–8)

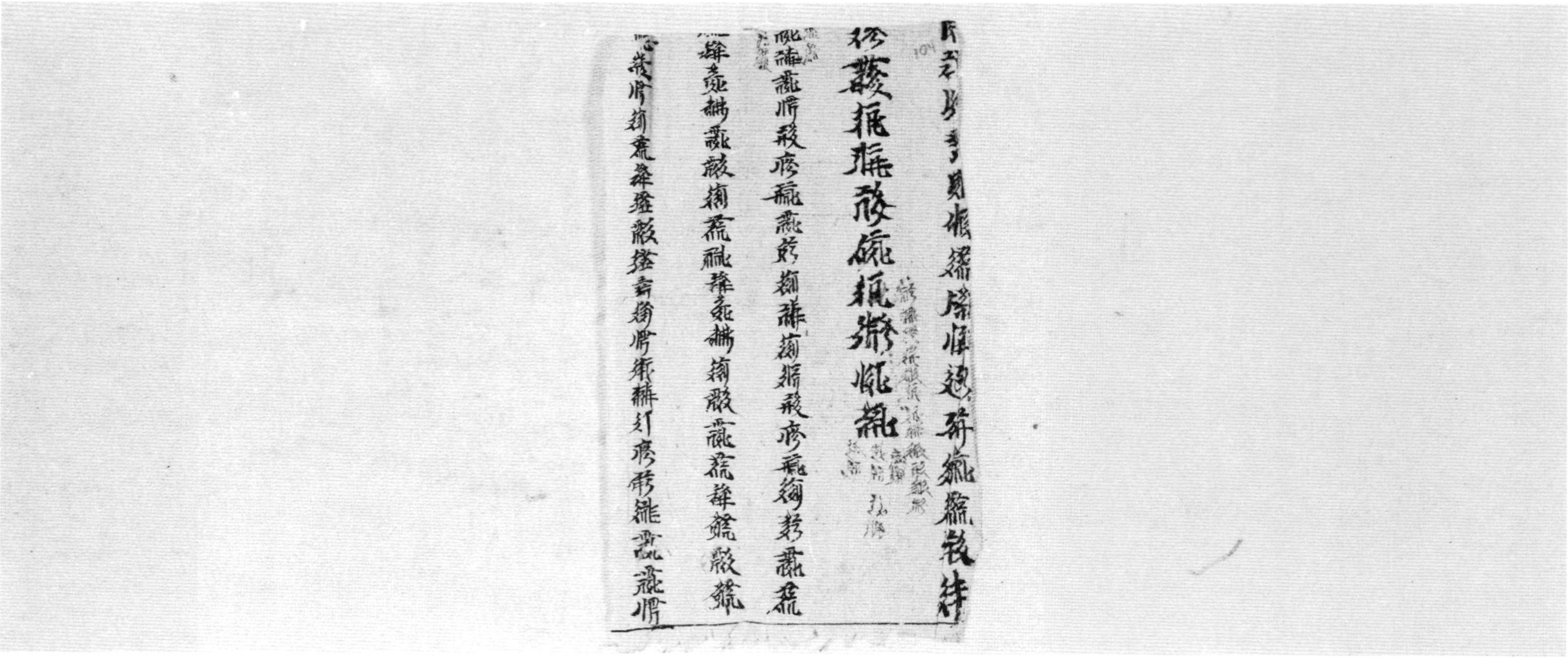

俄 Инв.No.4375　金剛般若略記上半、唐忠國師二十五問答　(22–9)

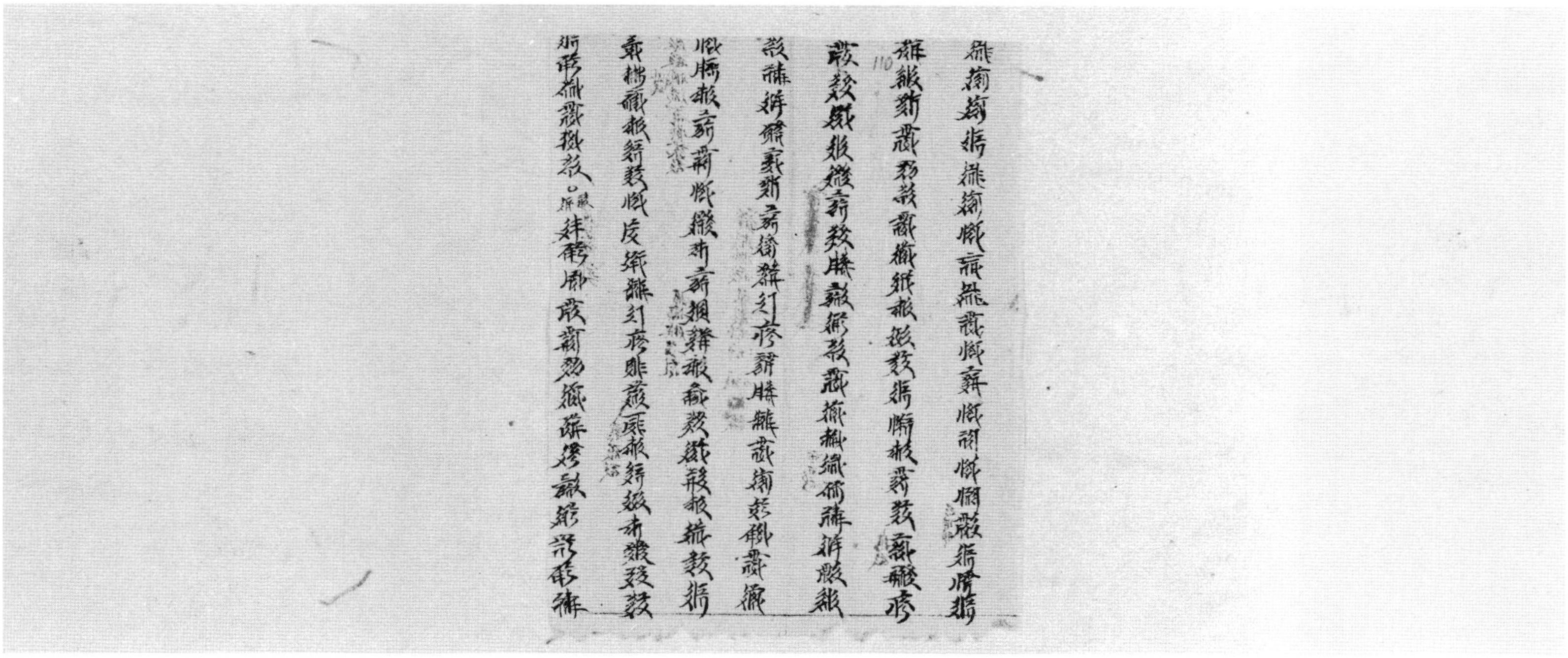

俄 Инв.No.4375　金剛般若略記上半、唐忠國師二十五問答　(22–10)

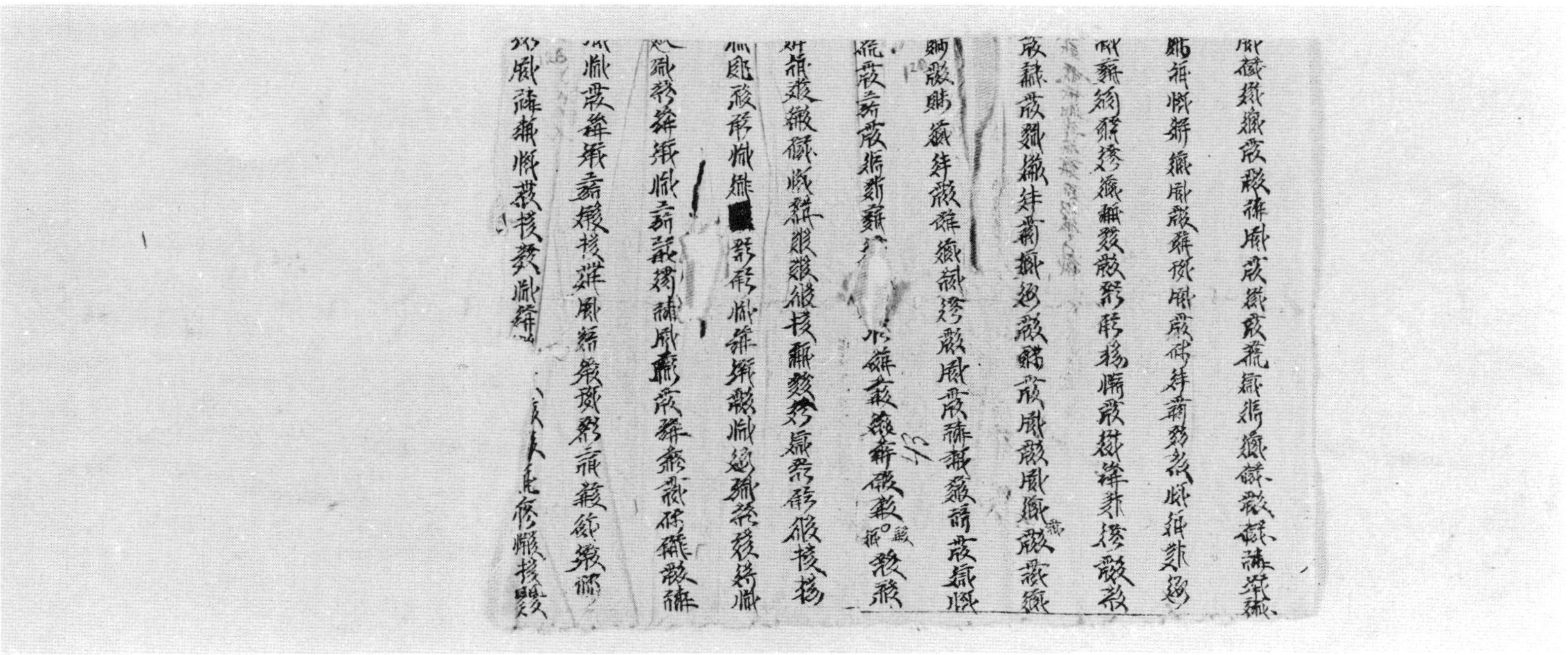

俄 Инв.No.4375　金剛般若略記上半、唐忠國師二十五問答　(22–11)

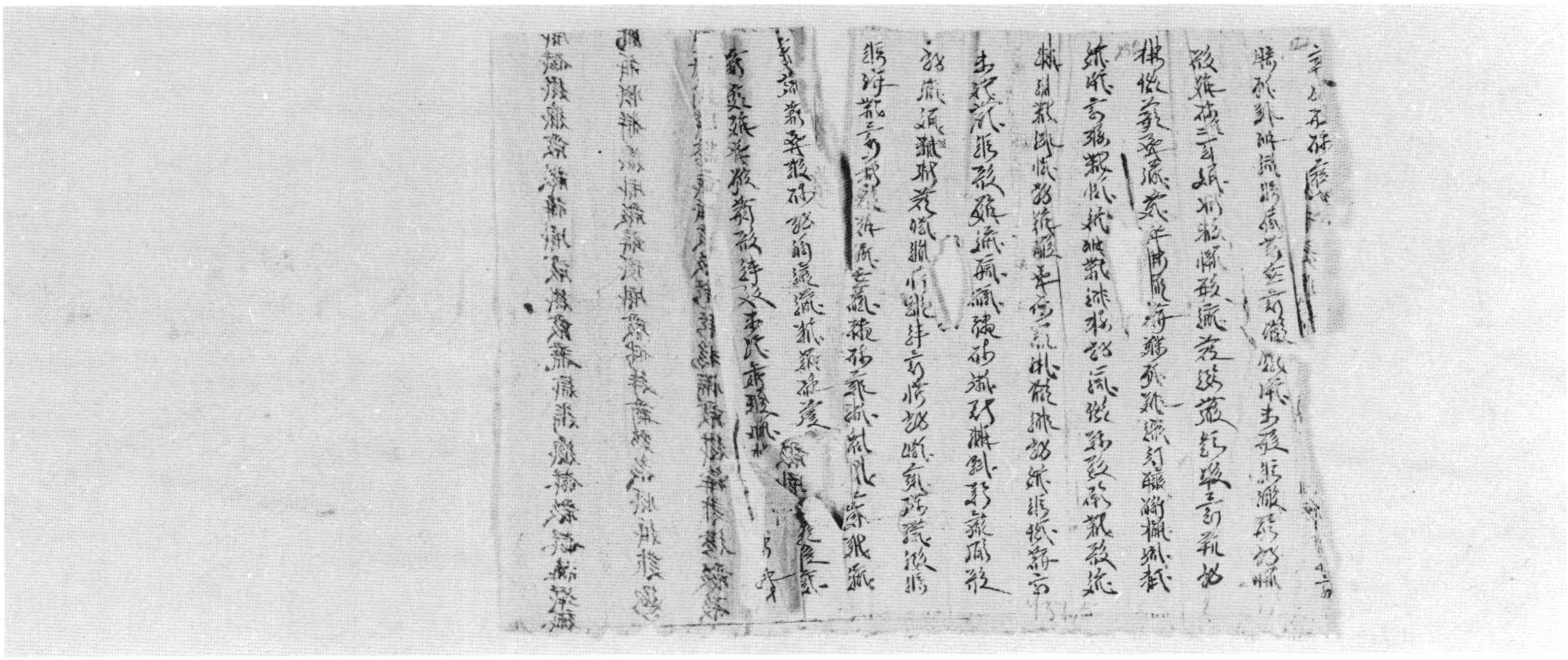

俄 Инв.No.4375　金剛般若略記上半、唐忠國師二十五問答　(22–12)

俄Инв.No.4375　金剛般若略記上半、唐忠國師二十五問答　(22-13)

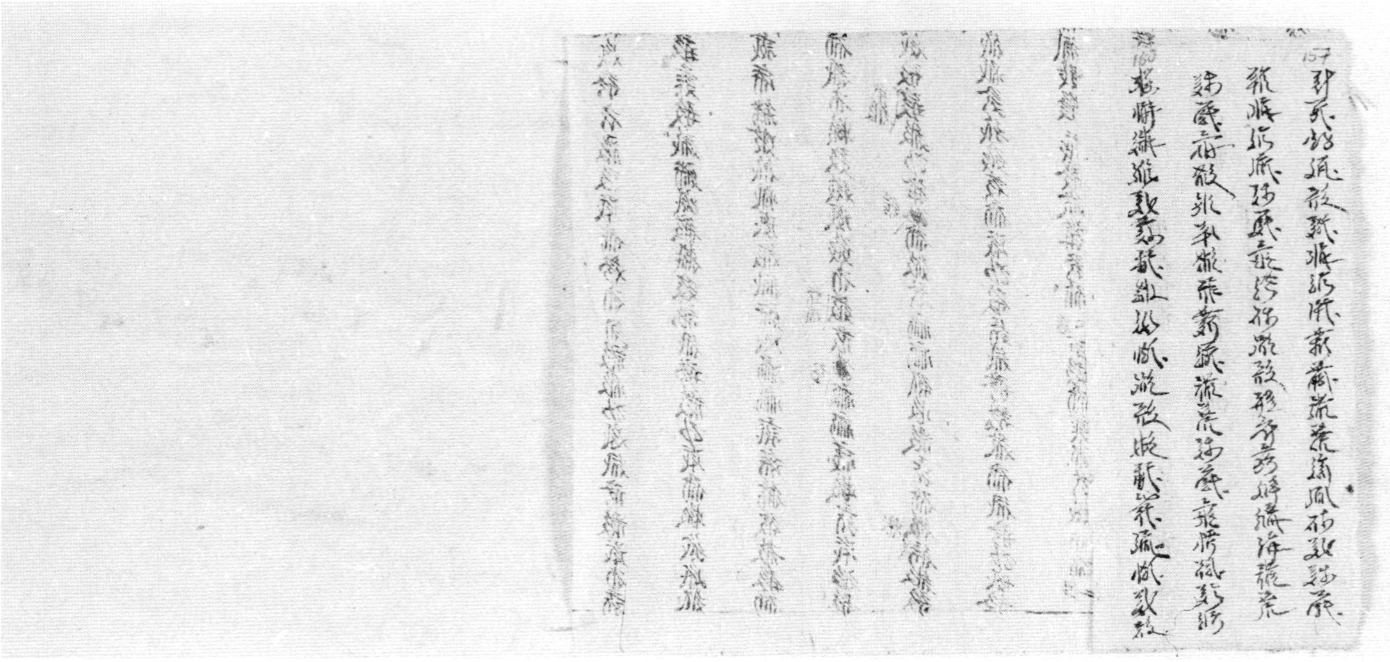

俄Инв.No.4375　金剛般若略記上半、唐忠國師二十五問答　(22-14)

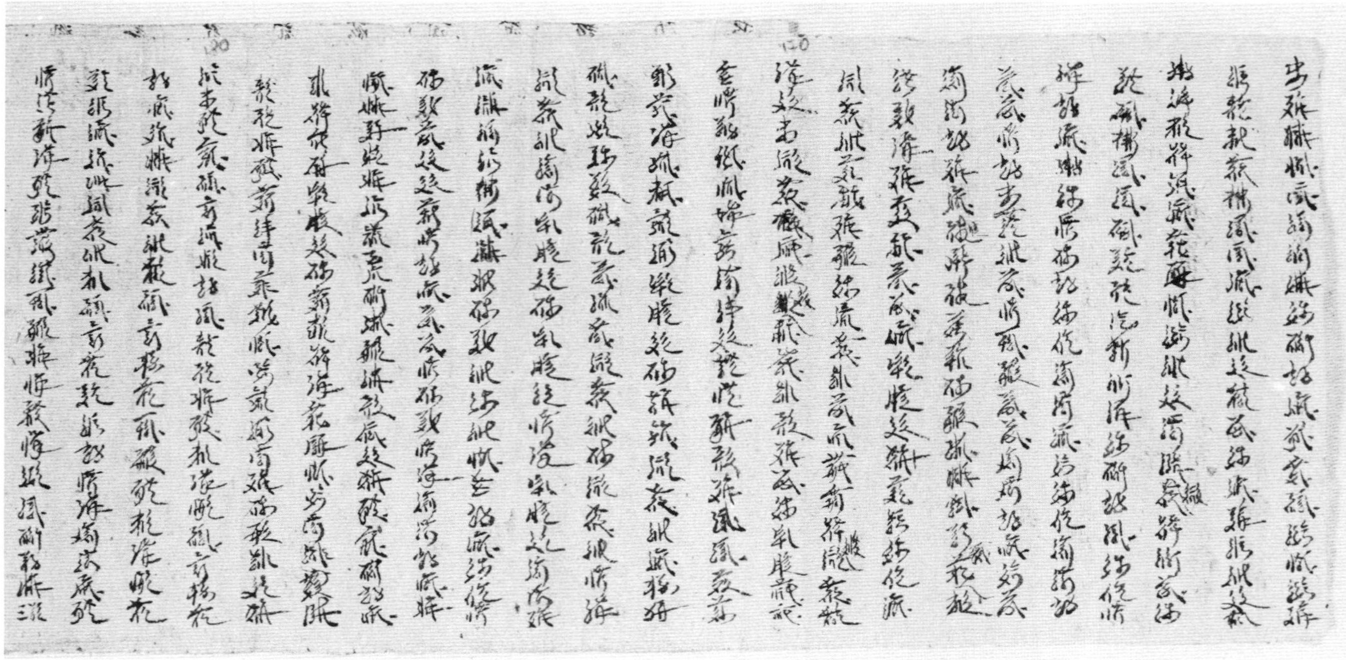

俄Инв.No.4375　金剛般若略記上半、唐忠國師二十五問答　(22-15)

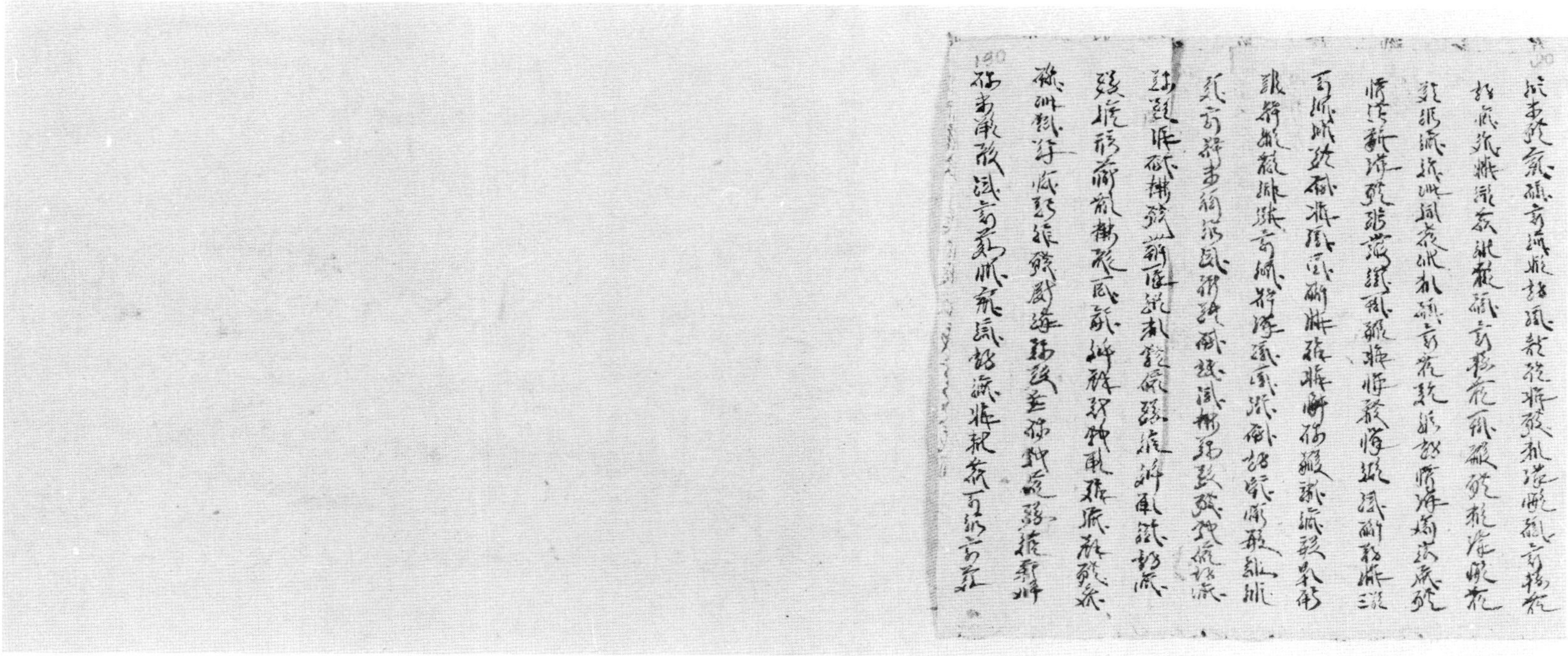

俄**Инв**.No.4375　金剛般若略記上半、唐忠國師二十五問答　(22-16)

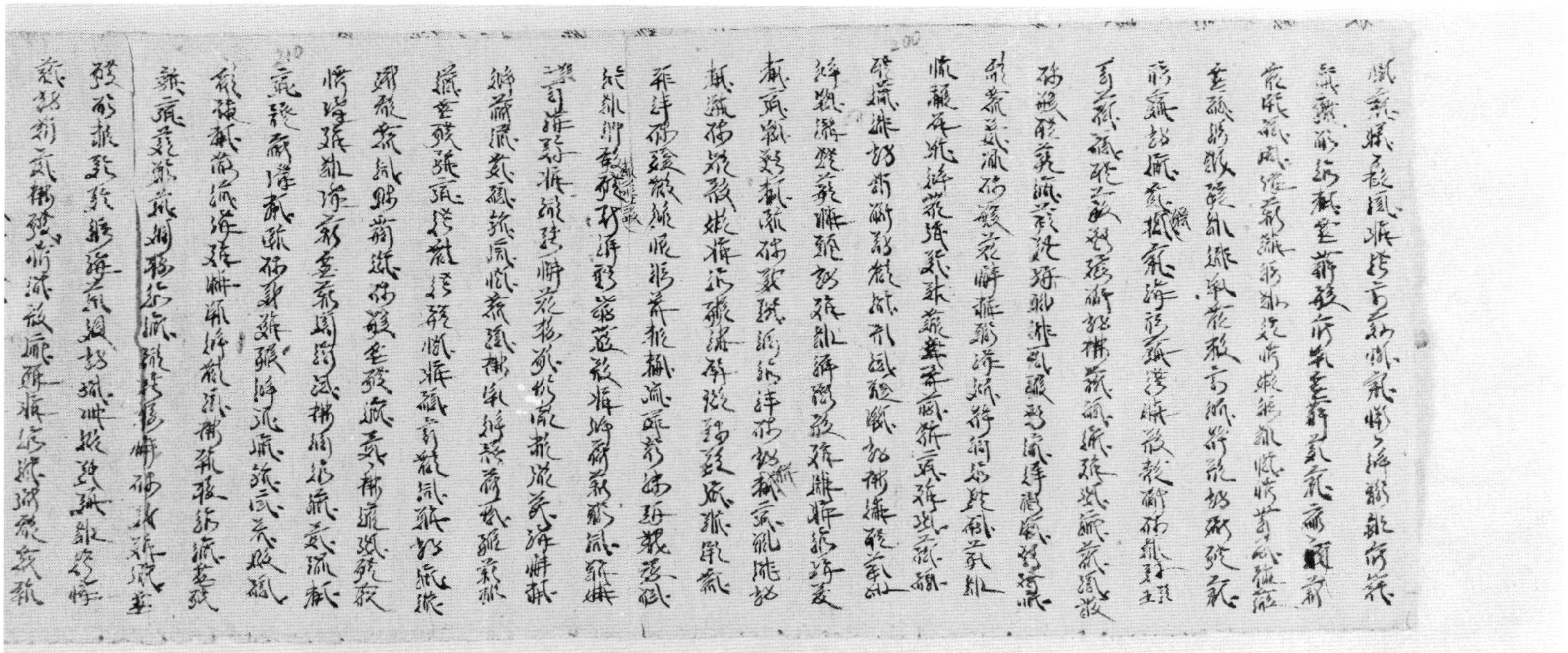

俄**Инв**.No.4375　金剛般若略記上半、唐忠國師二十五問答　(22-17)

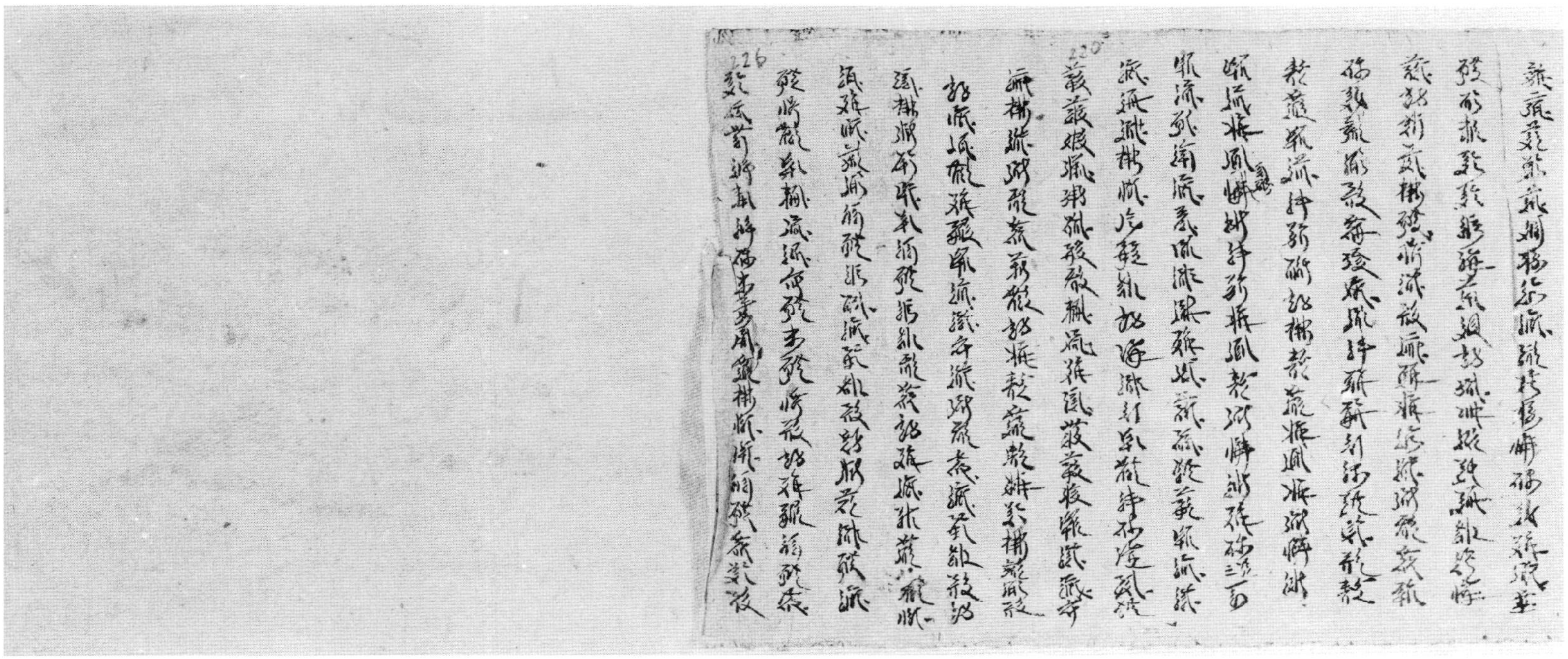

俄**Инв**.No.4375　金剛般若略記上半、唐忠國師二十五問答　(22-18)

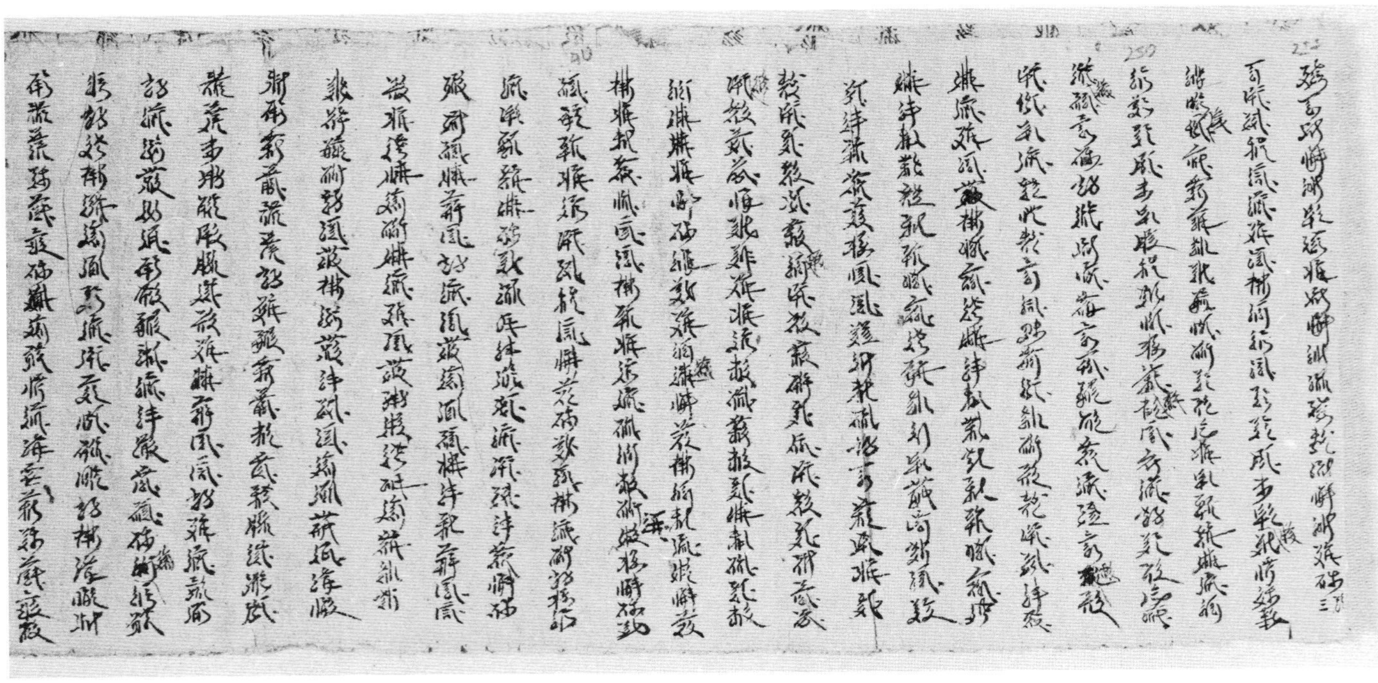

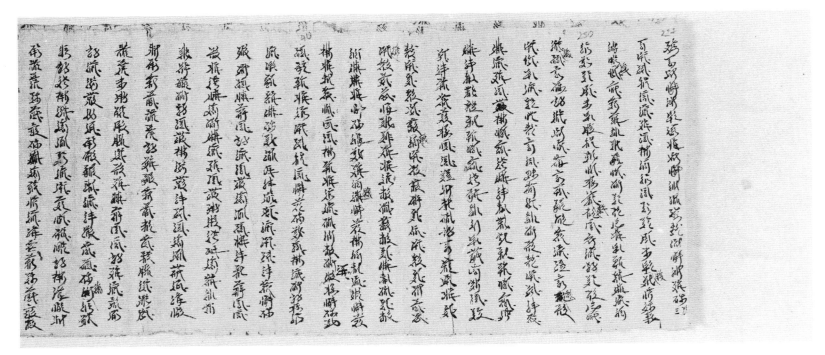

俄 Инв.No.4375　金剛般若略記上半、唐忠國師二十五問答　(22–19)

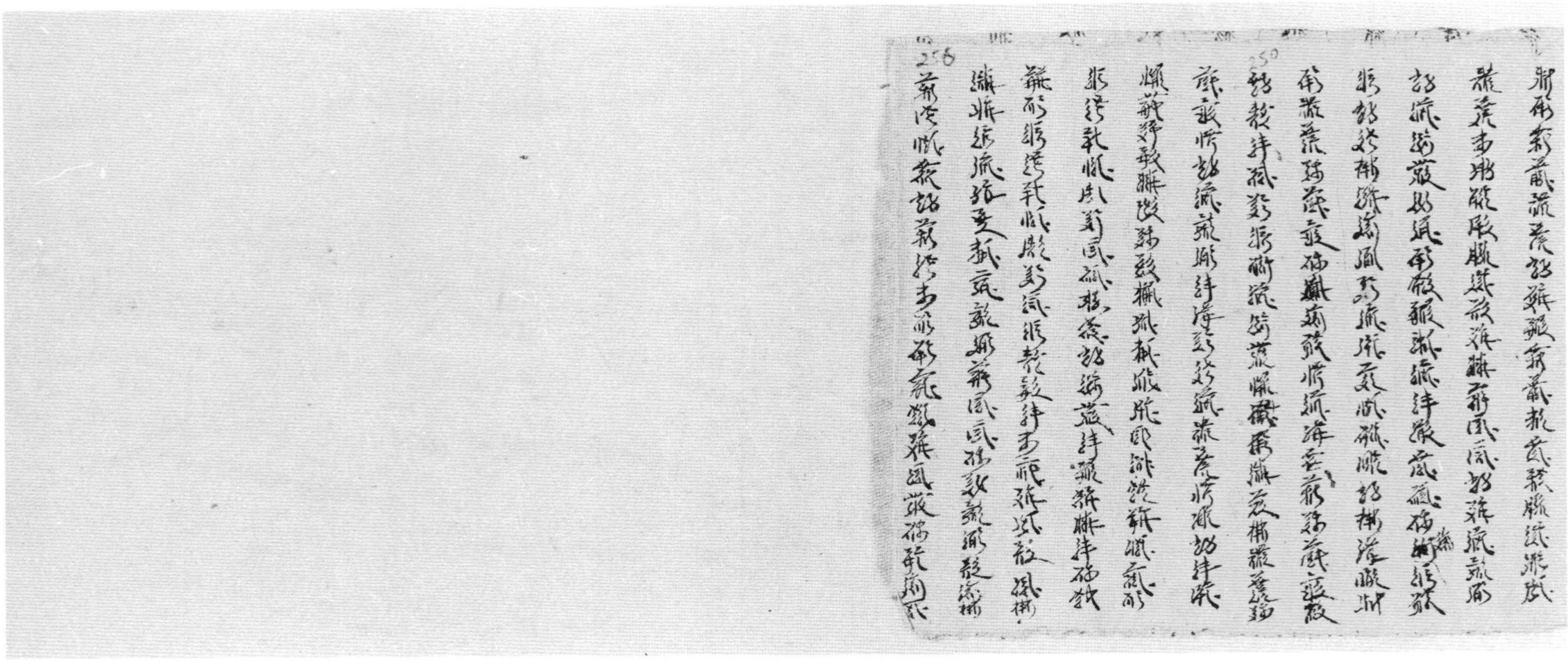

俄 Инв.No.4375　金剛般若略記上半、唐忠國師二十五問答　(22–20)

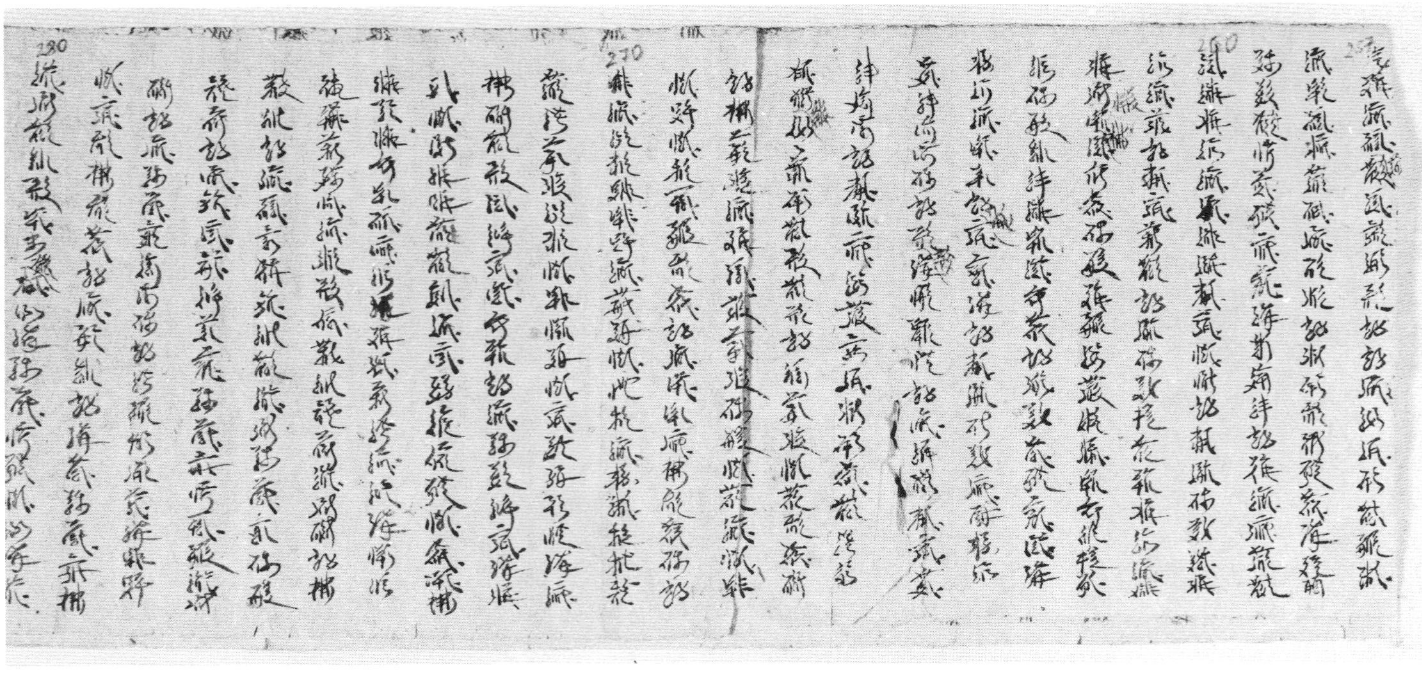

俄 Инв.No.4375　金剛般若略記上半、唐忠國師二十五問答　(22–21)

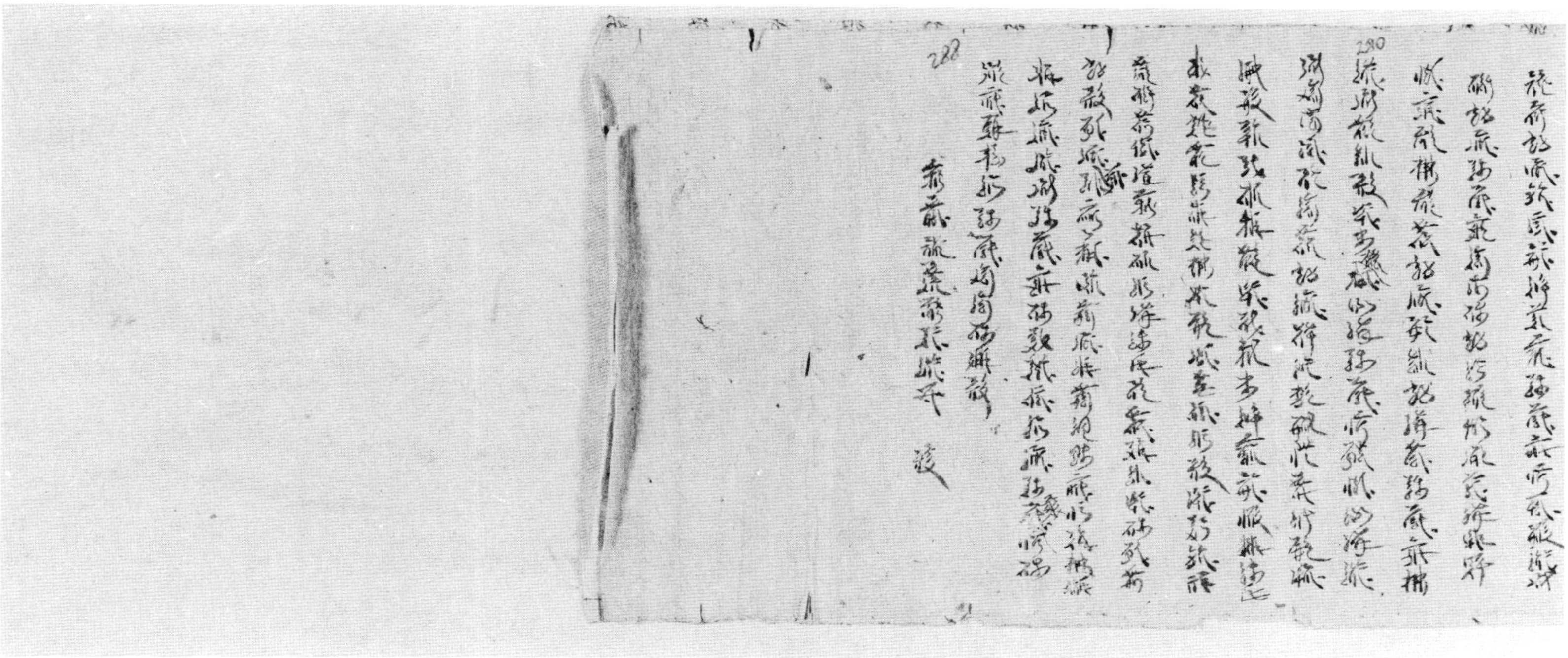

俄 Инв.No.4375　金剛般若略記上半、唐忠國師二十五問答　(22–22)

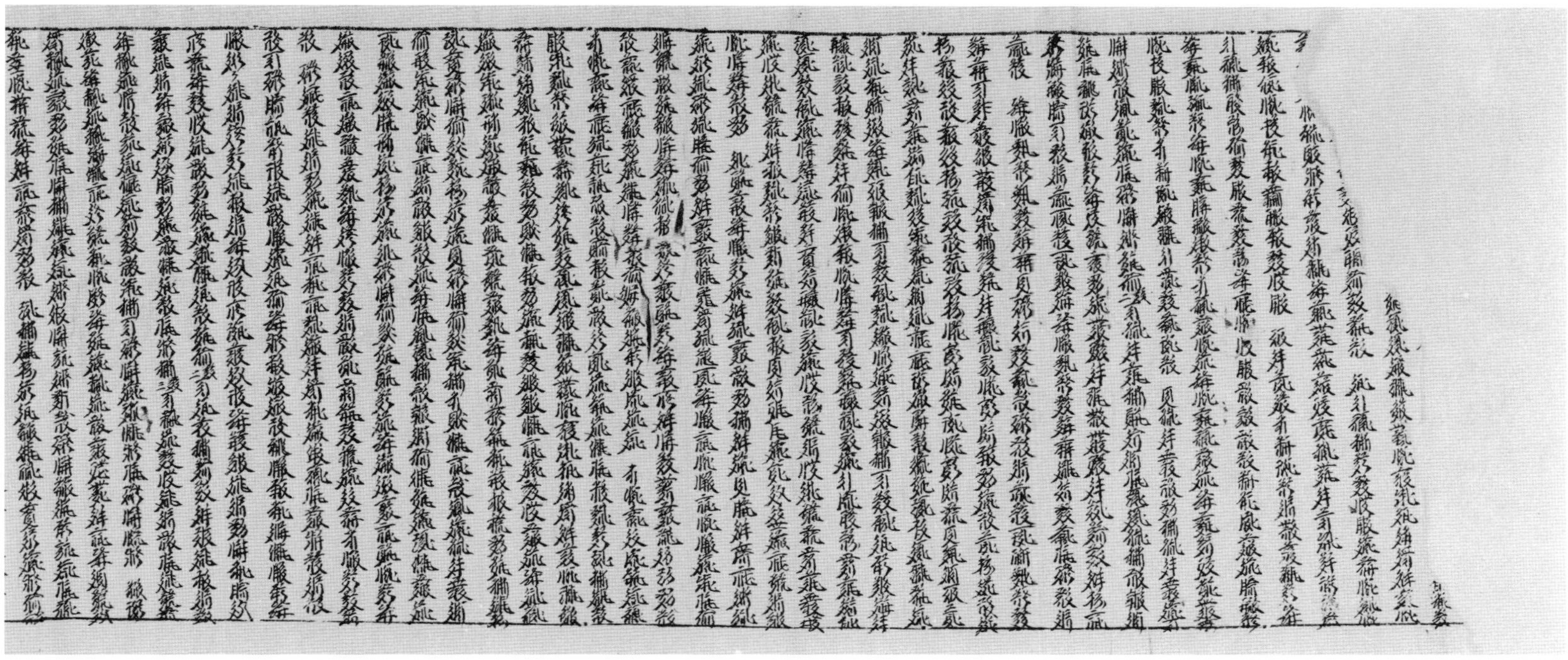

俄 Инв.No.4980　金剛般若記文下半　(11–1)

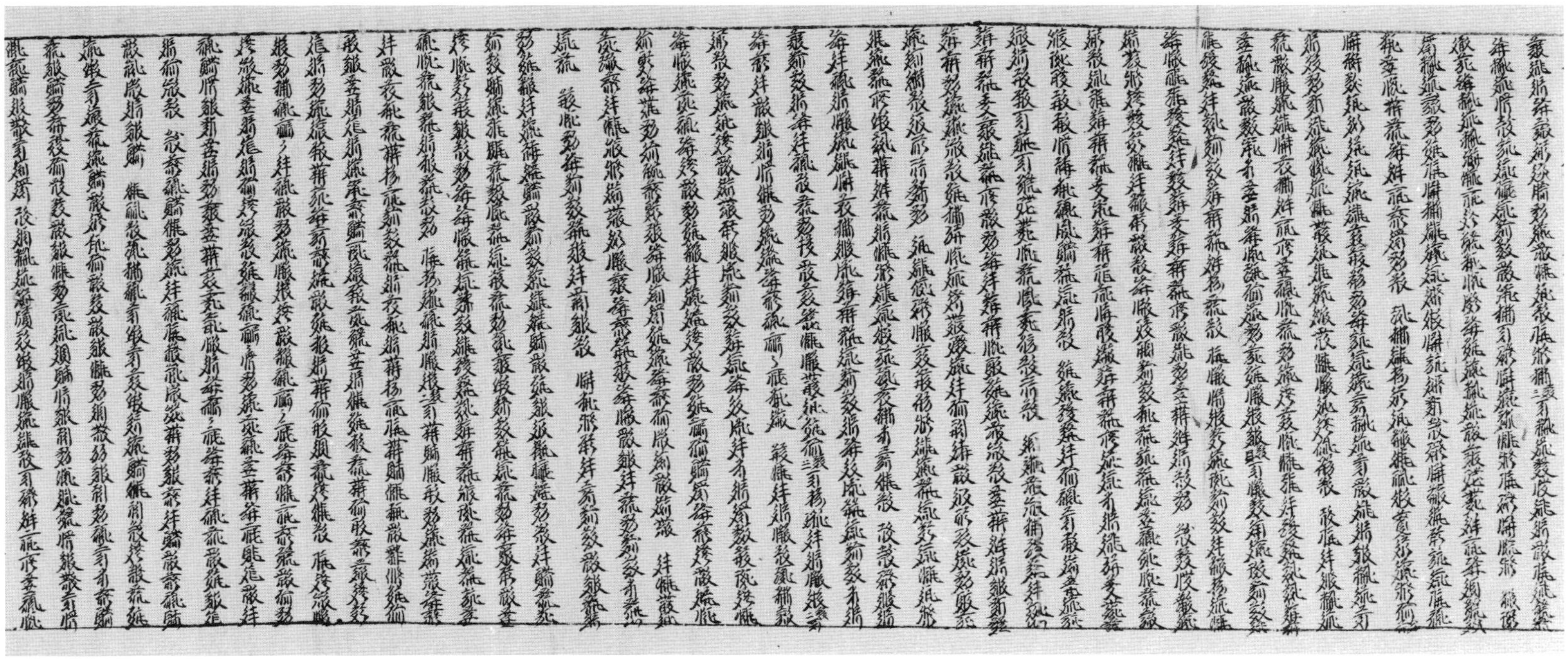

俄 Инв.No.4980　金剛般若記文下半　(11–2)

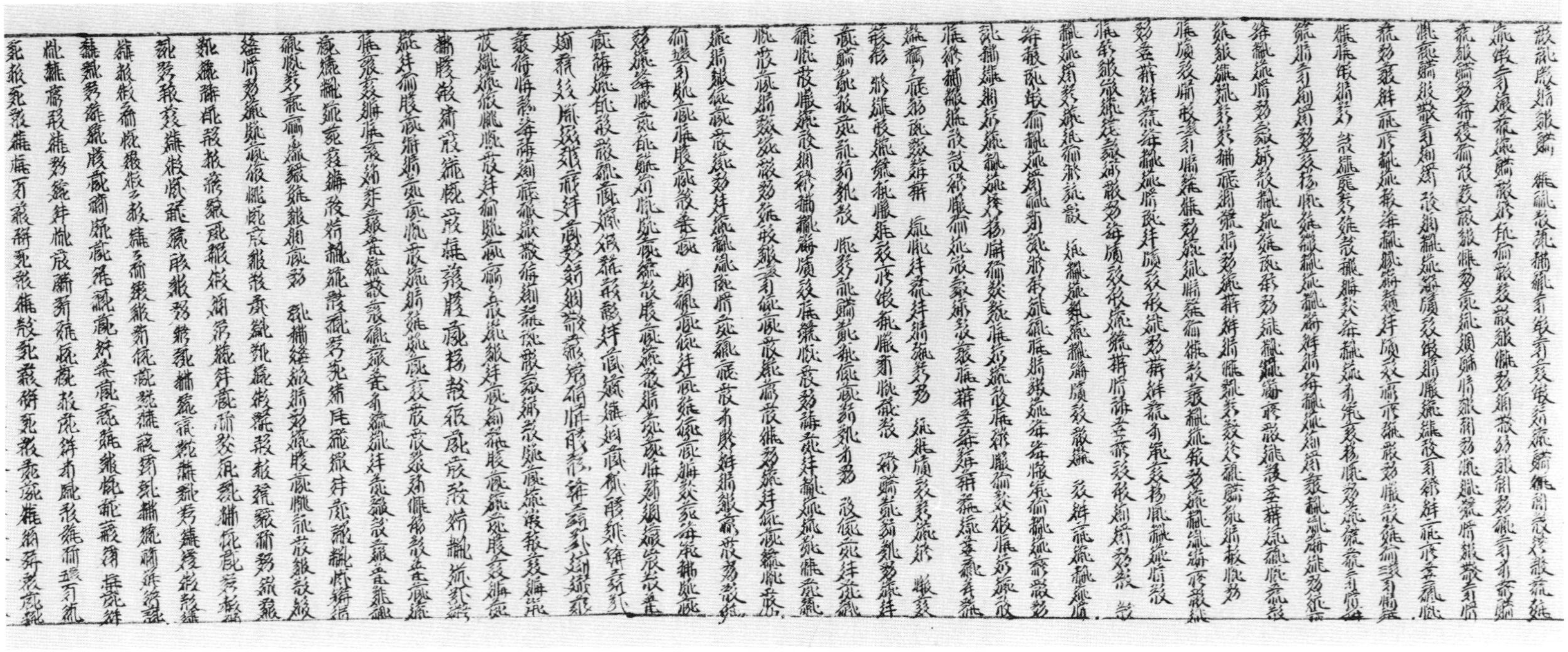

俄 Инв.No.4980　金剛般若記文下半　(11–3)

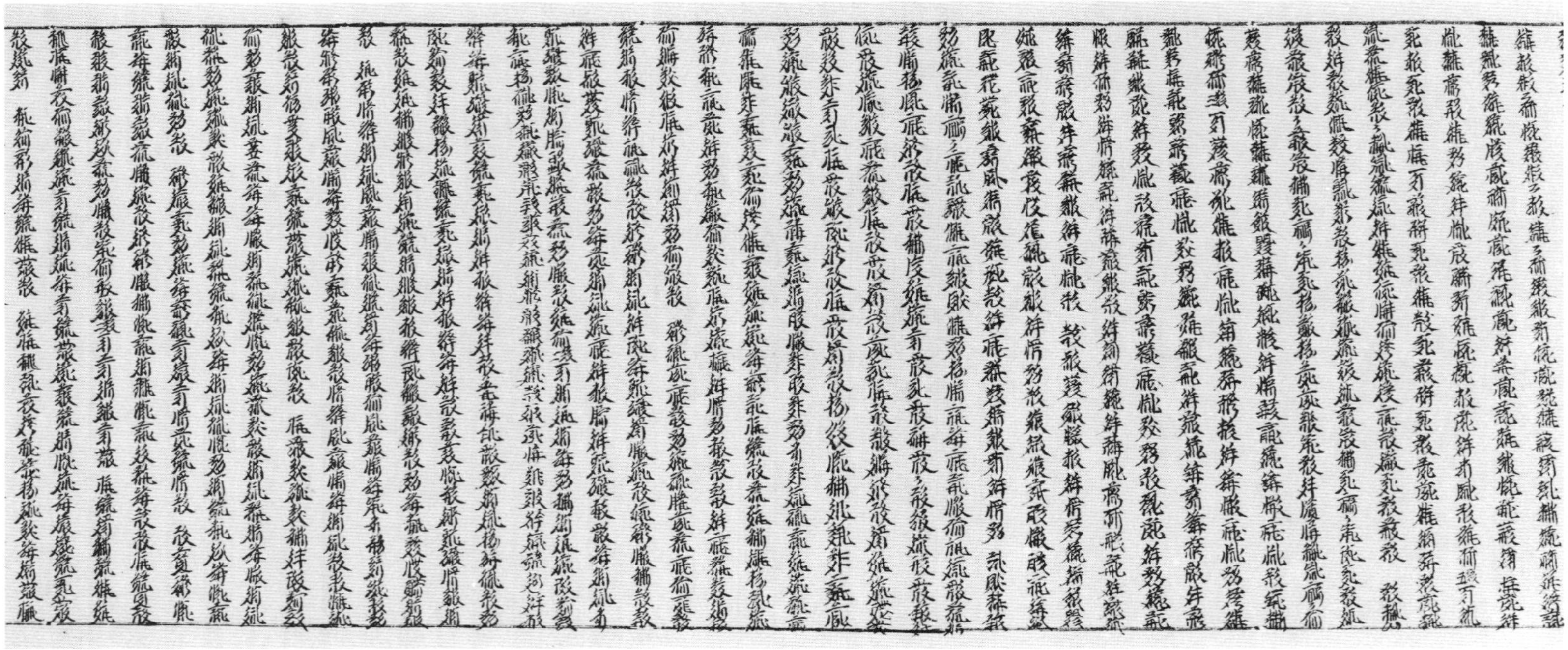

俄 Инв.No.4980　金剛般若記文下半　(11–4)

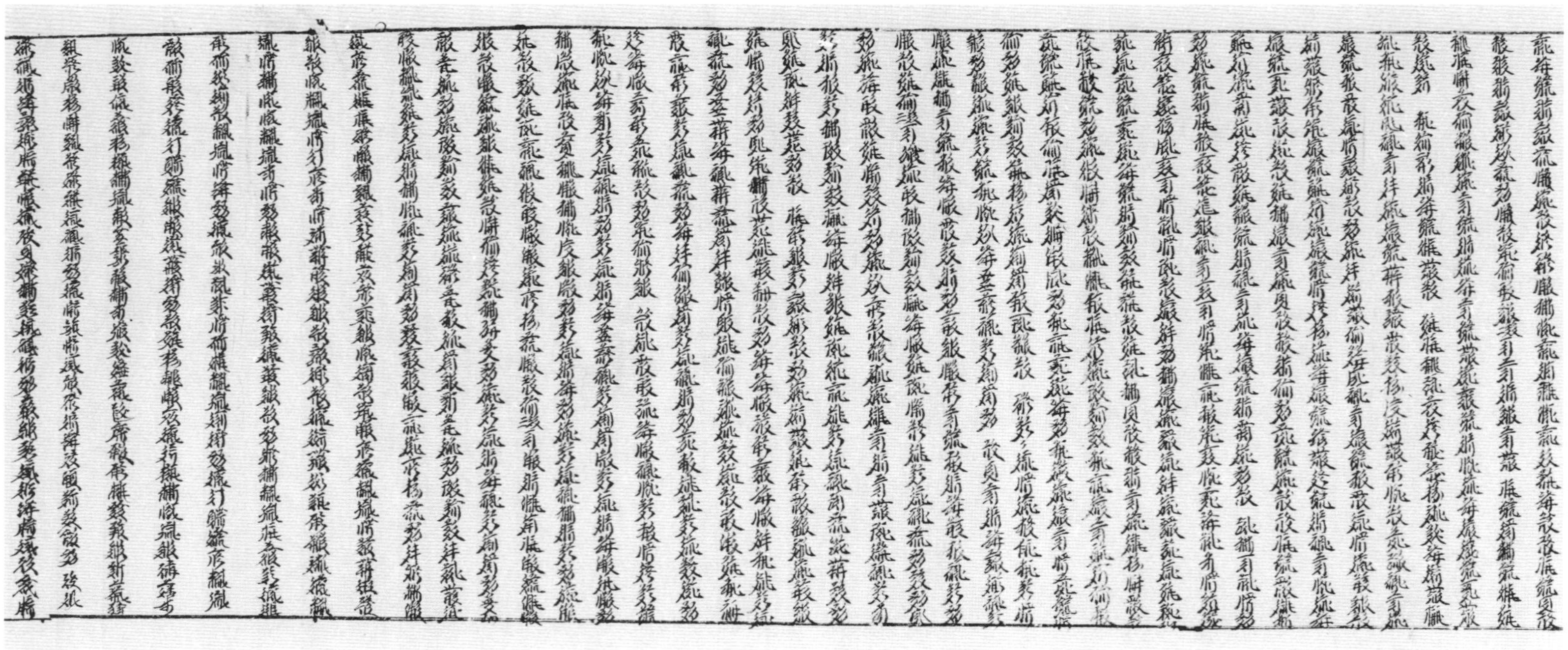

俄 Инв.No.4980　金剛般若記文下半　(11–5)

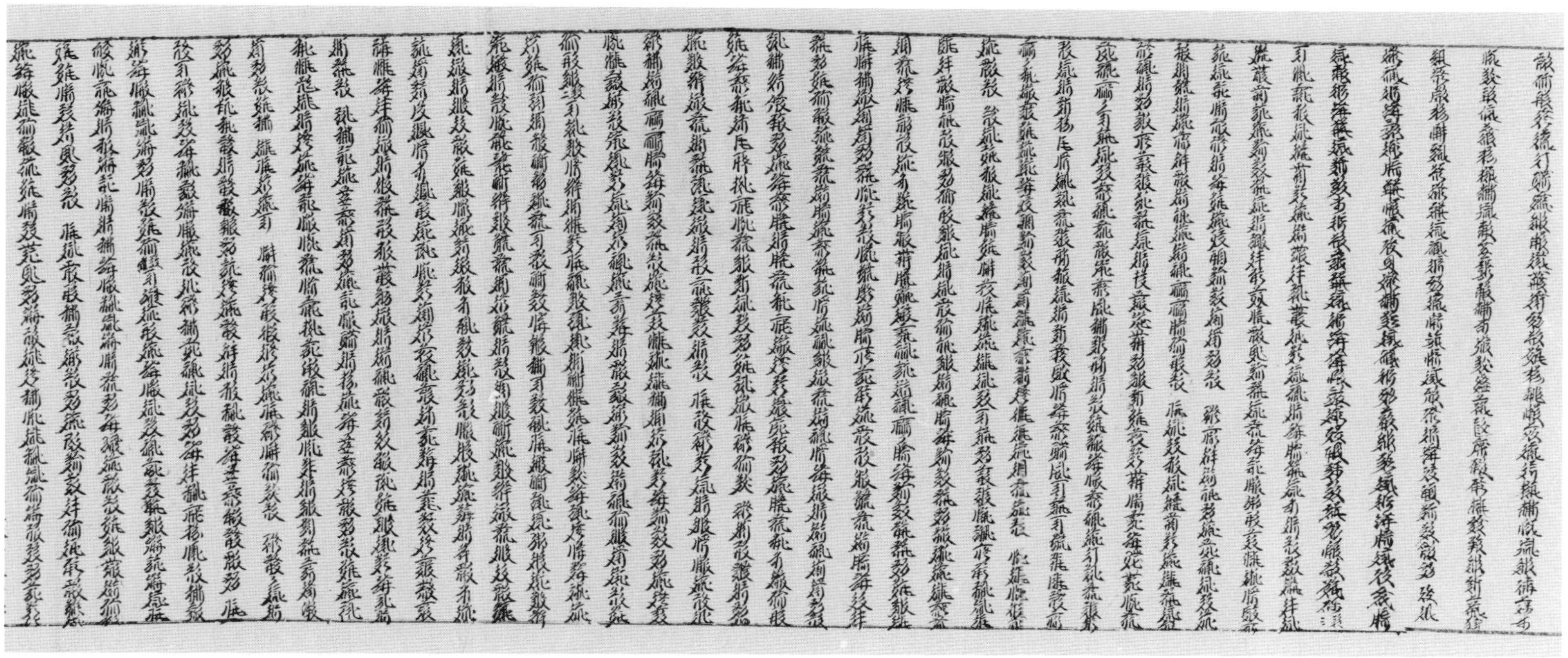

俄 Инв.No.4980　金剛般若記文下半　(11-6)

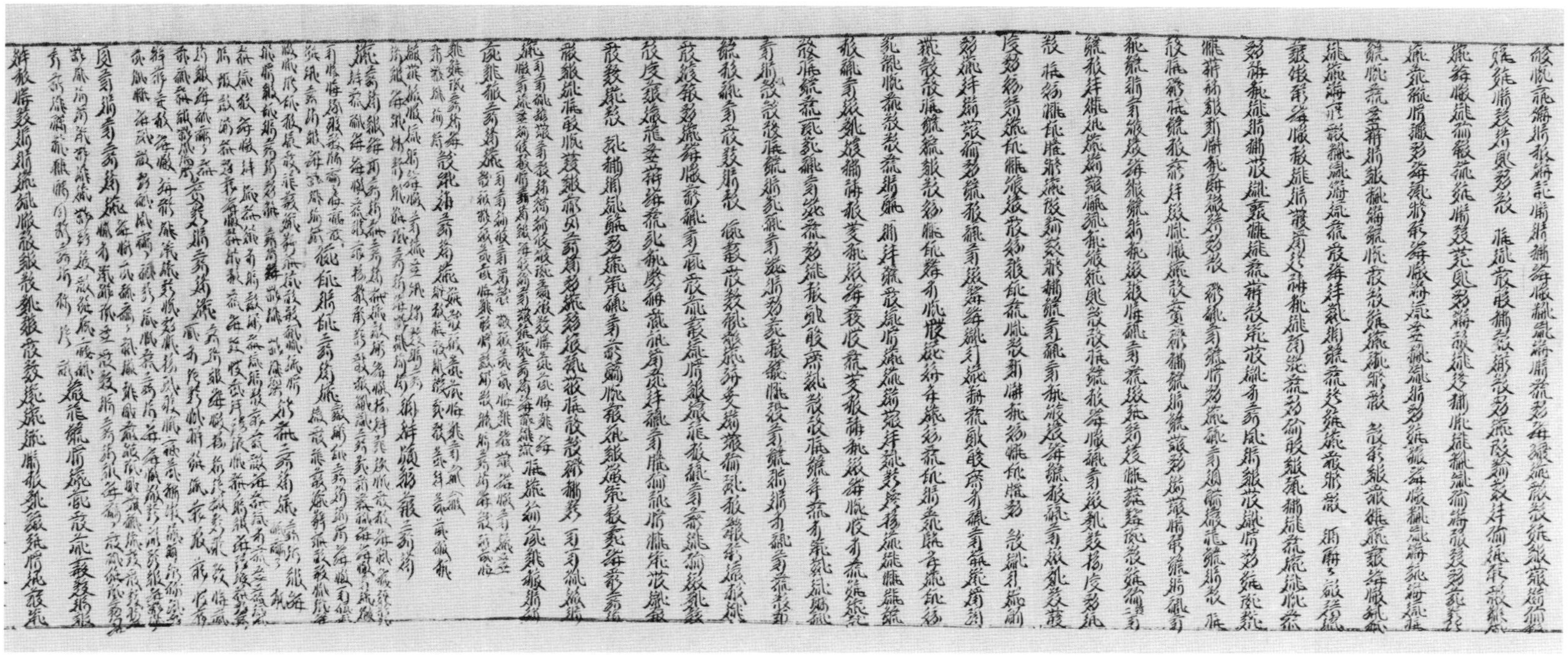

俄 Инв.No.4980　金剛般若記文下半　(11-7)

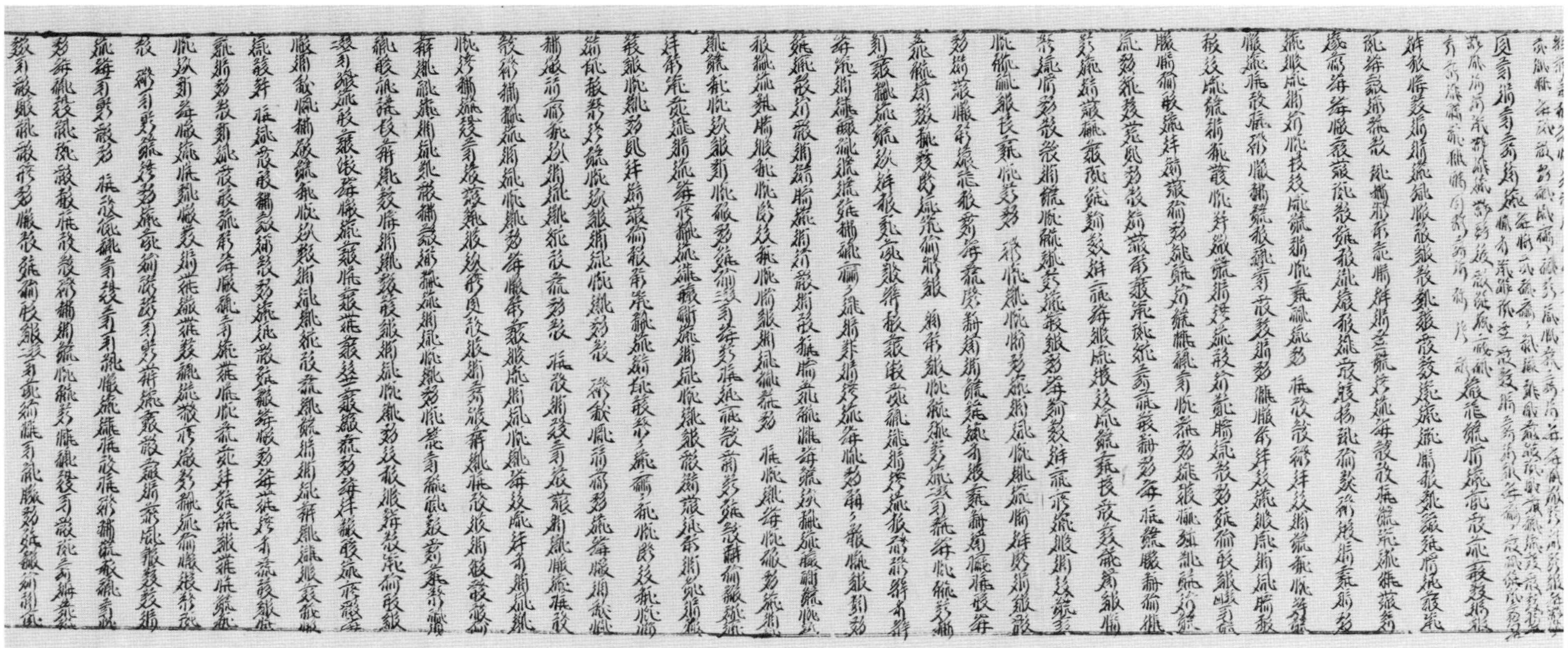

俄 Инв.No.4980　金剛般若記文下半　(11-8)

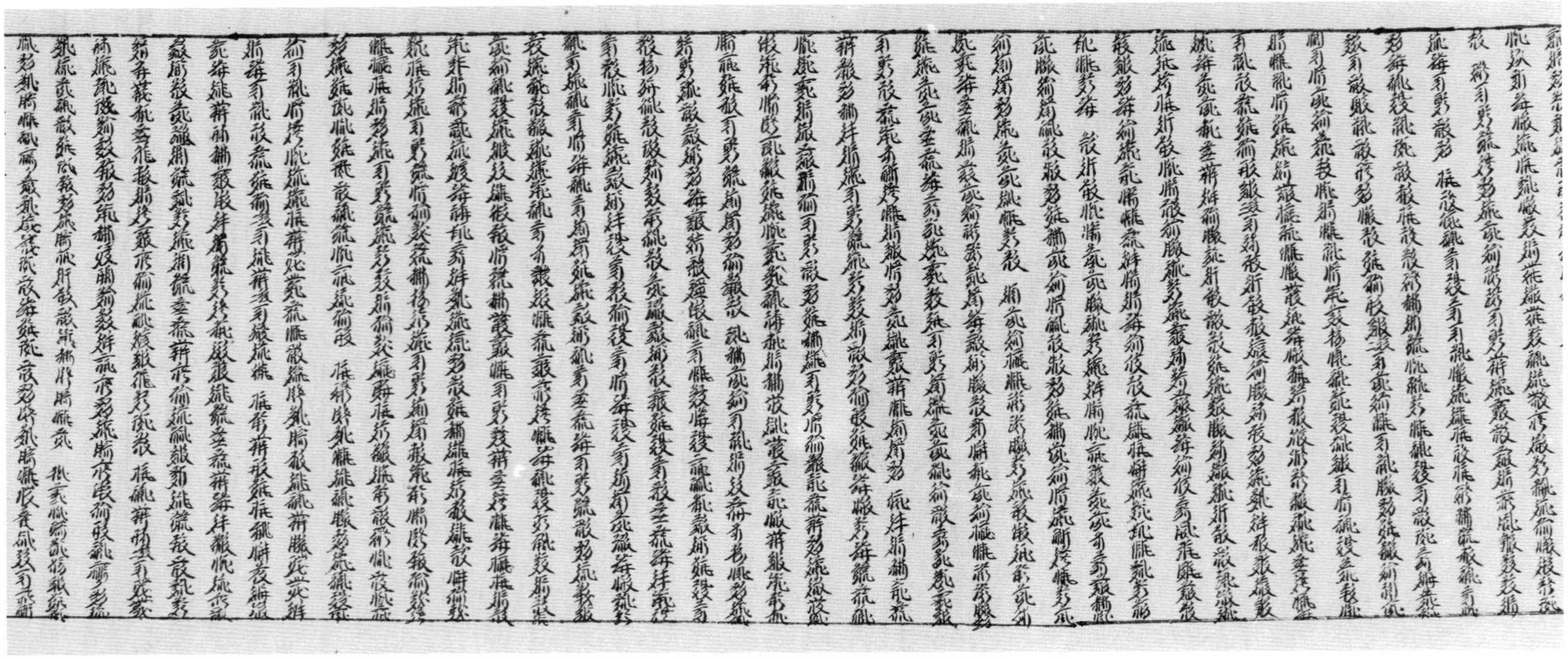

俄 Инв.No.4980　金剛般若記文下半　(11-9)

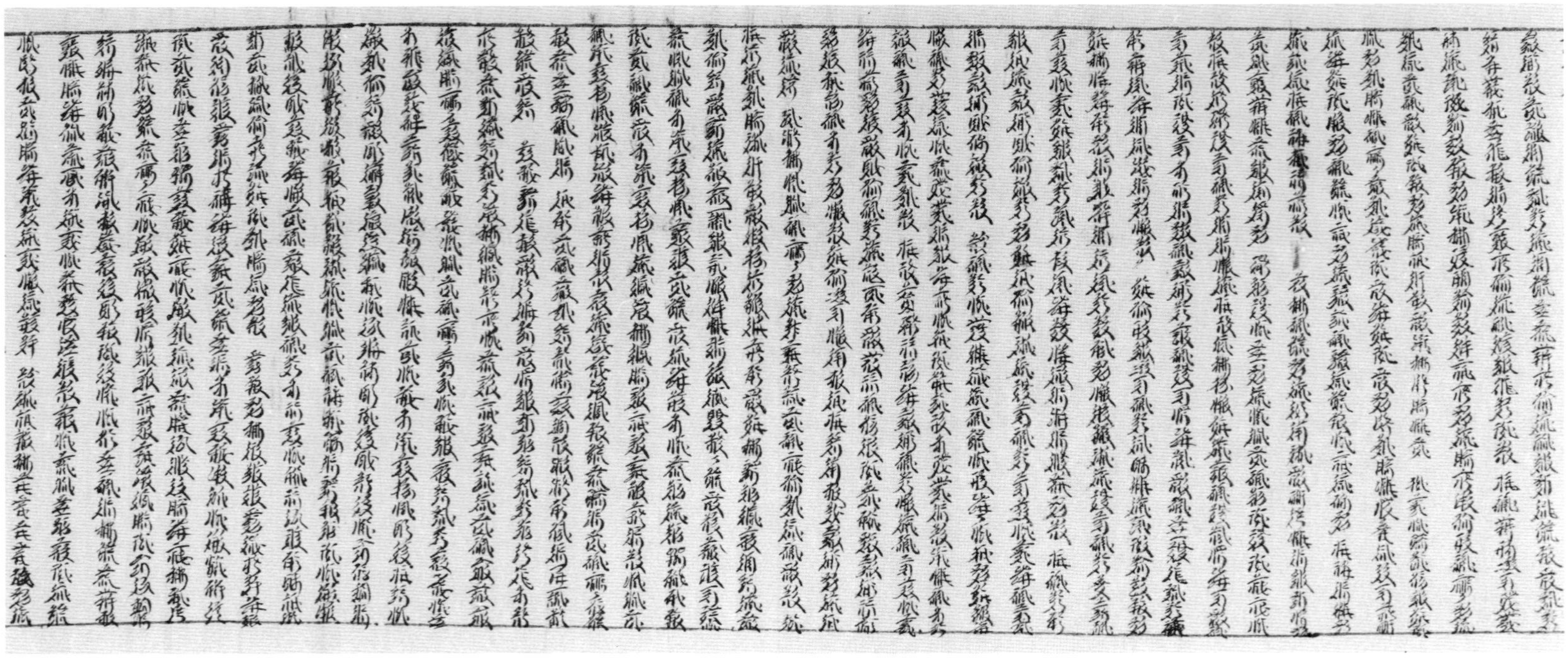

俄 Инв.No.4980　金剛般若記文下半　(11-10)

俄 Инв.No.4980　金剛般若記文下半　(11-11)

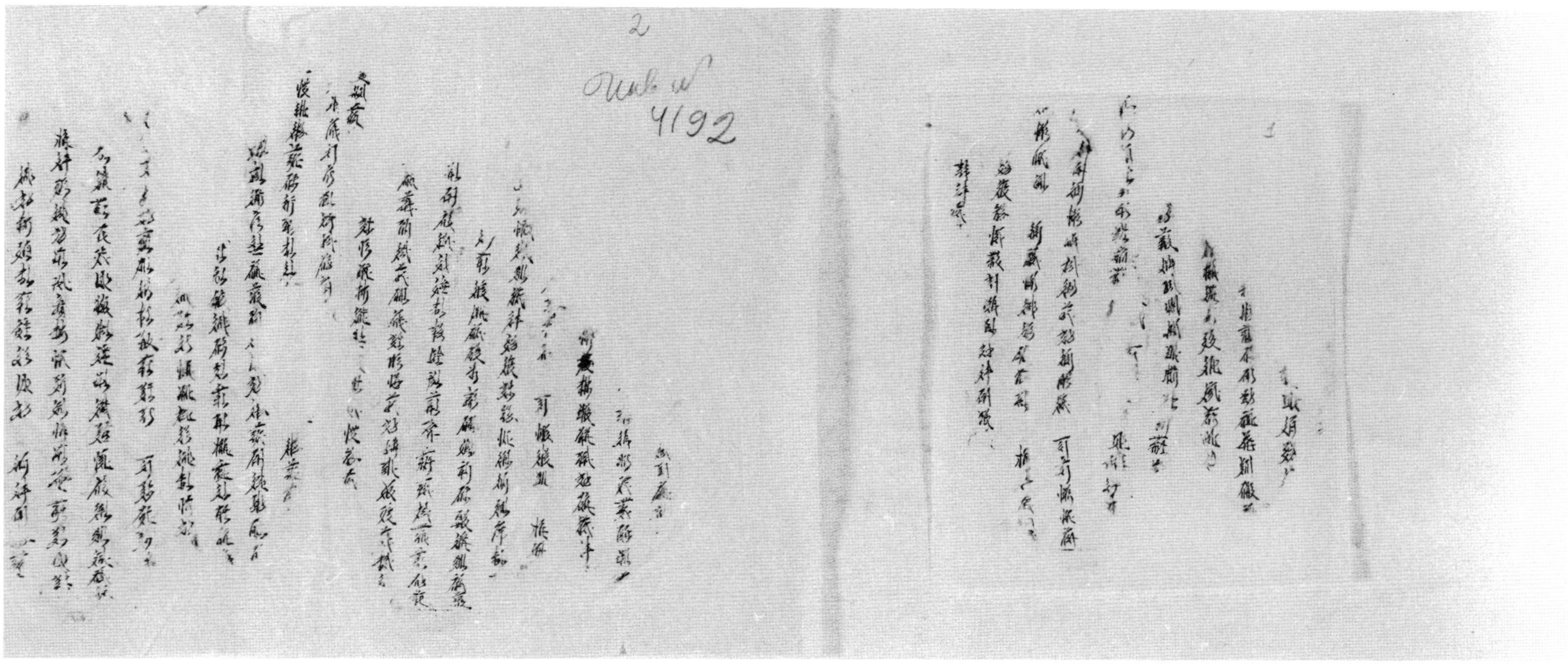

俄 Инв.No.4192　金剛般若記文第一　(22-1)

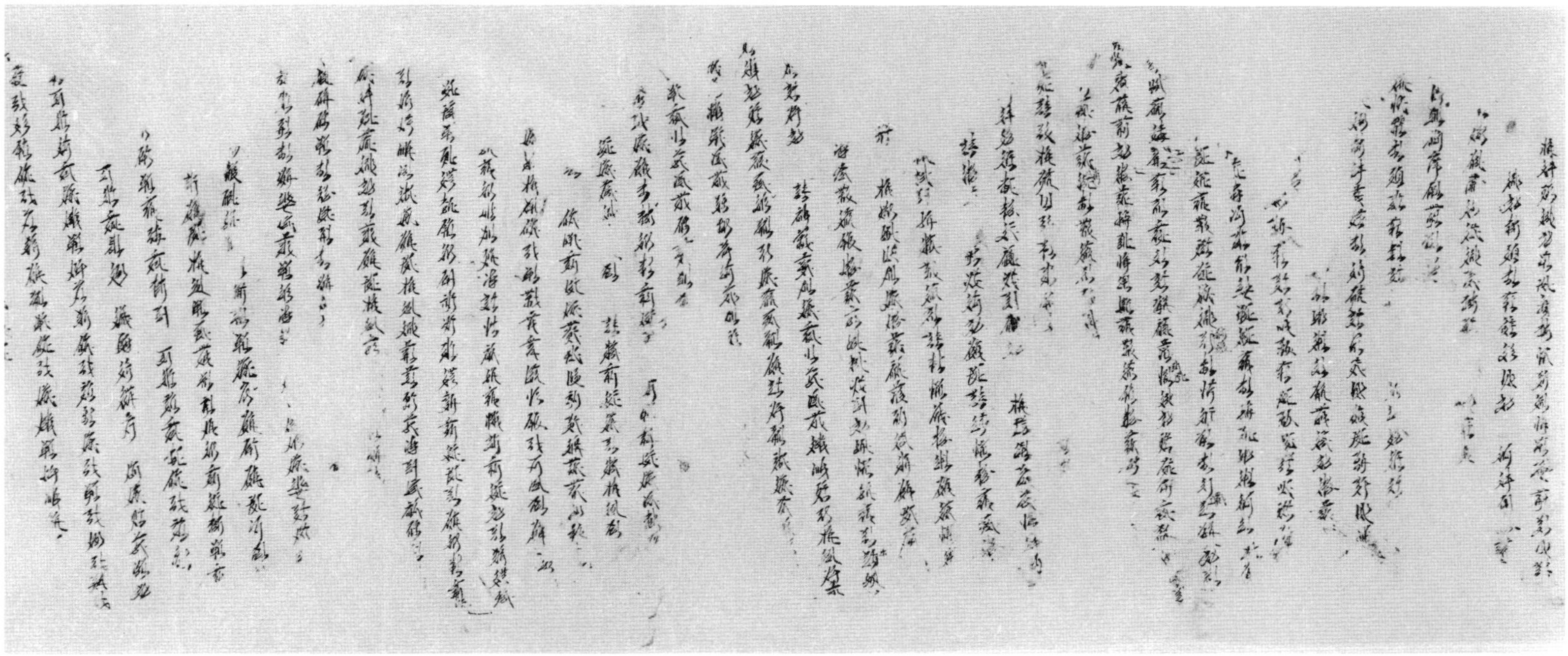

俄 Инв.No.4192　金剛般若記文第一　(22-2)

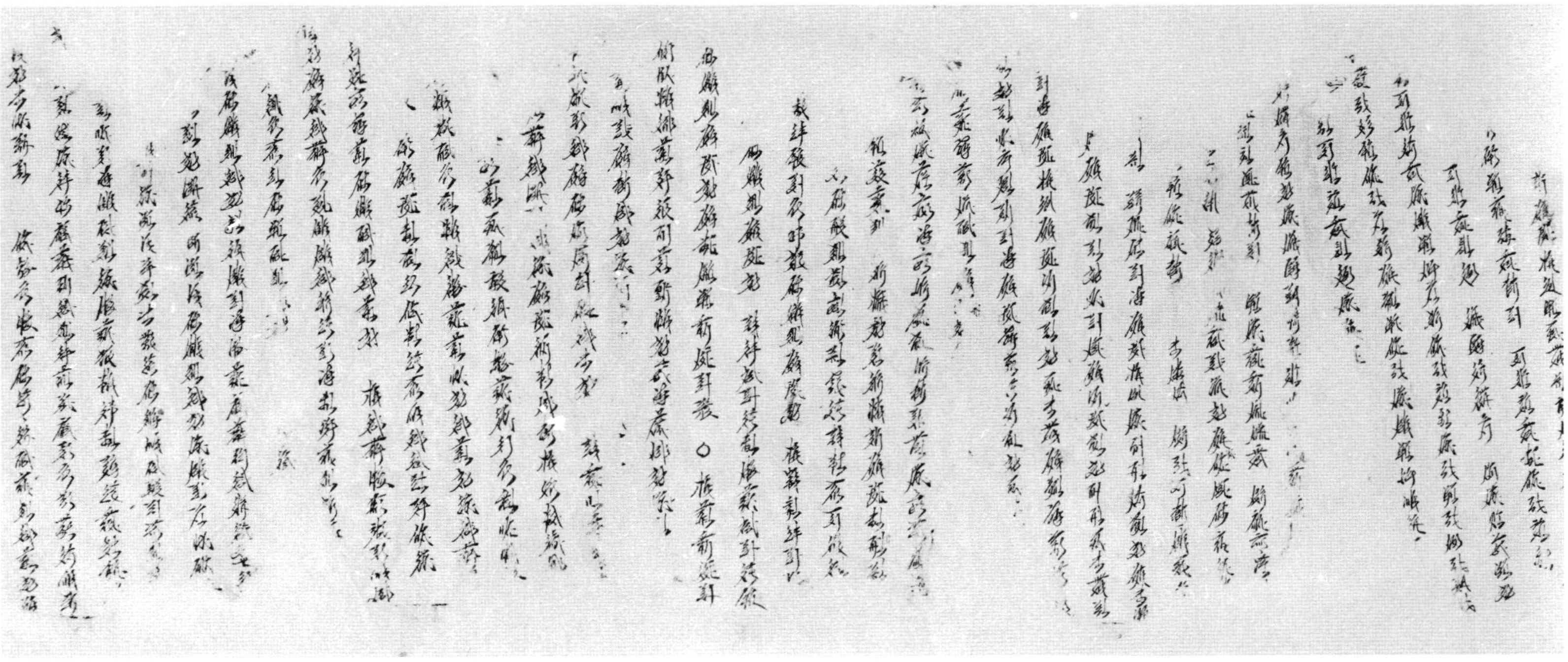

俄 Инв.No.4192　金剛般若記文第一　(22-3)

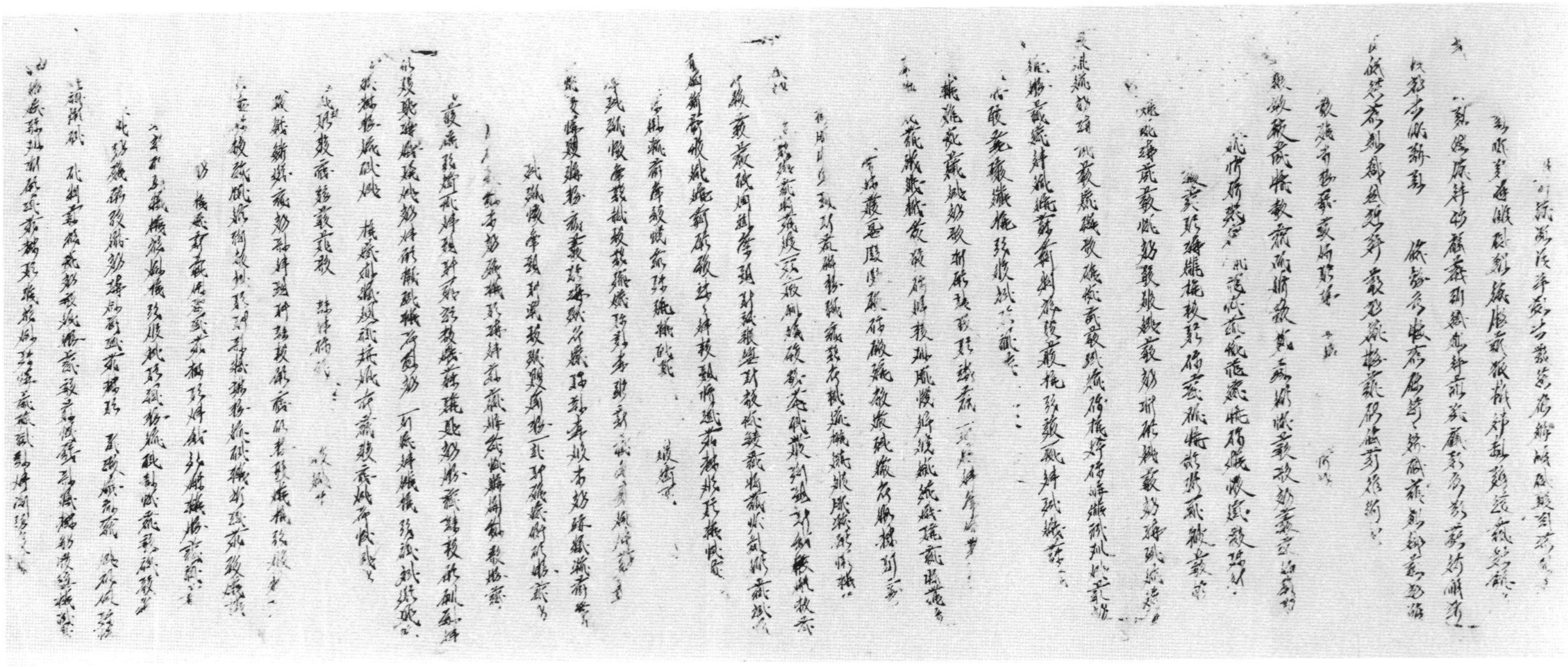

俄 Инв.No.4192　金剛般若記文第一　(22-4)

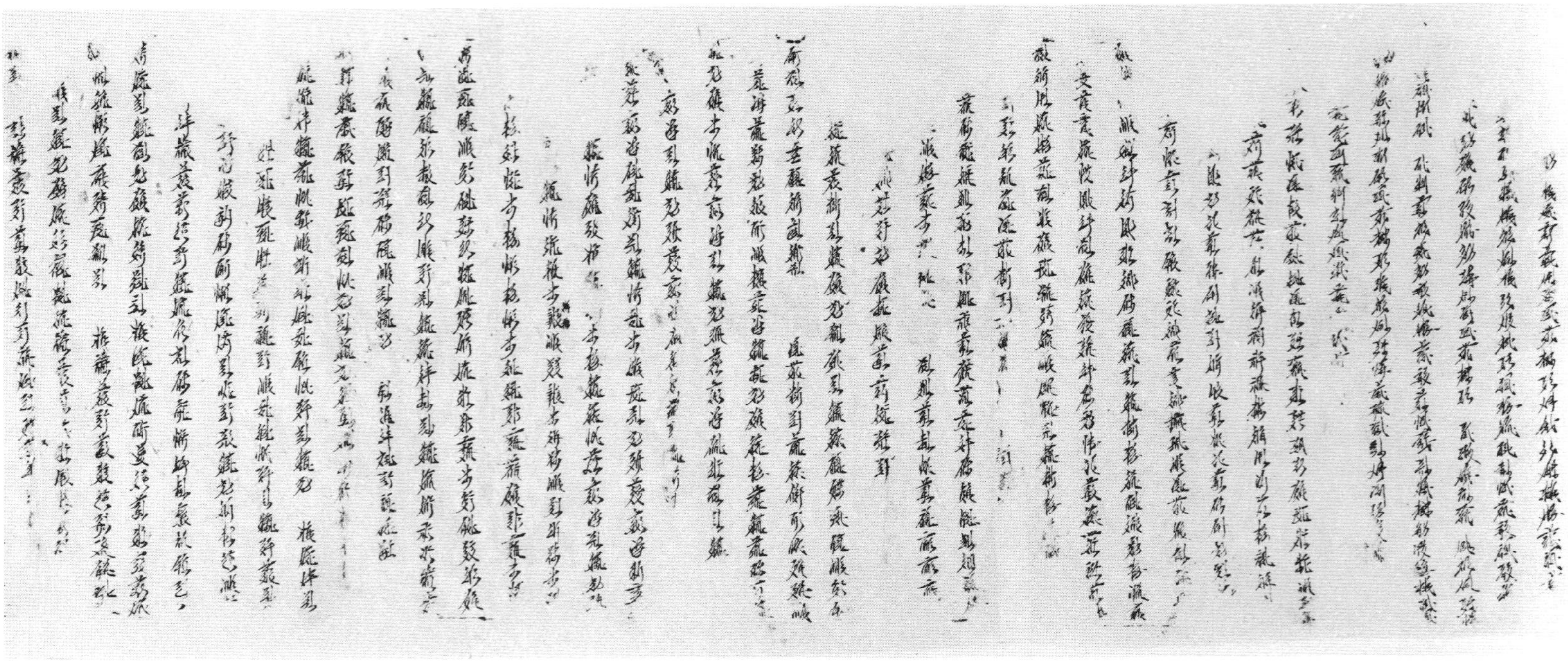

俄 Инв.No.4192　金剛般若記文第一　(22-5)

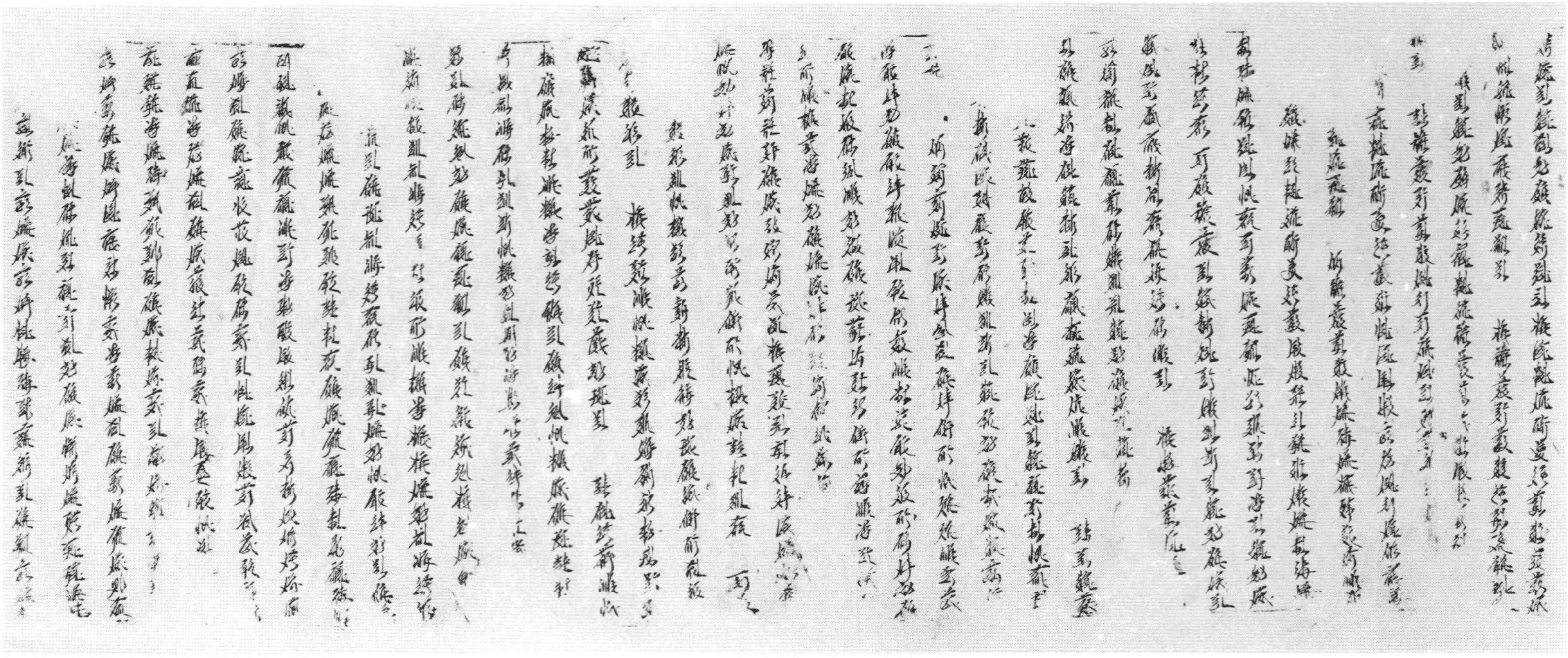

俄 Инв.No.4192　金剛般若記文第一　(22-6)

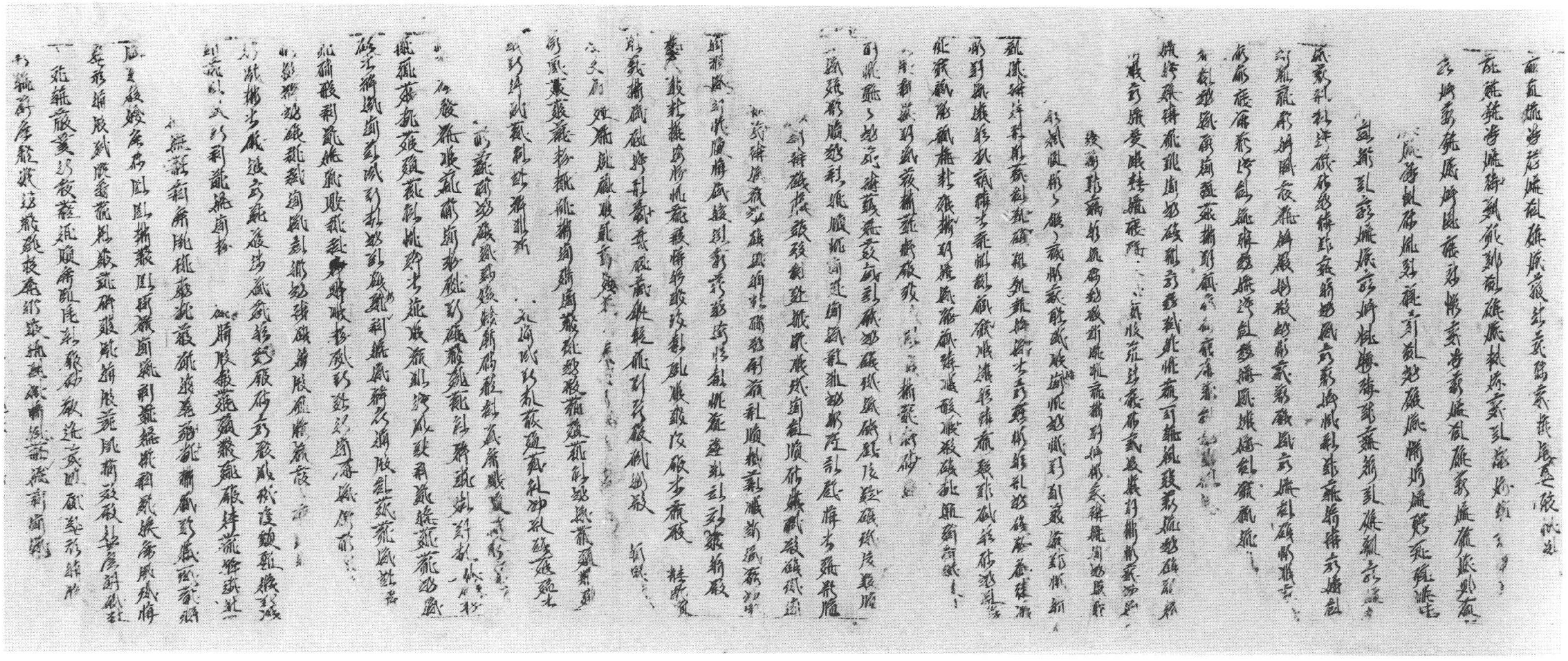

俄 Инв.No.4192　金剛般若記文第一　　(22-7)

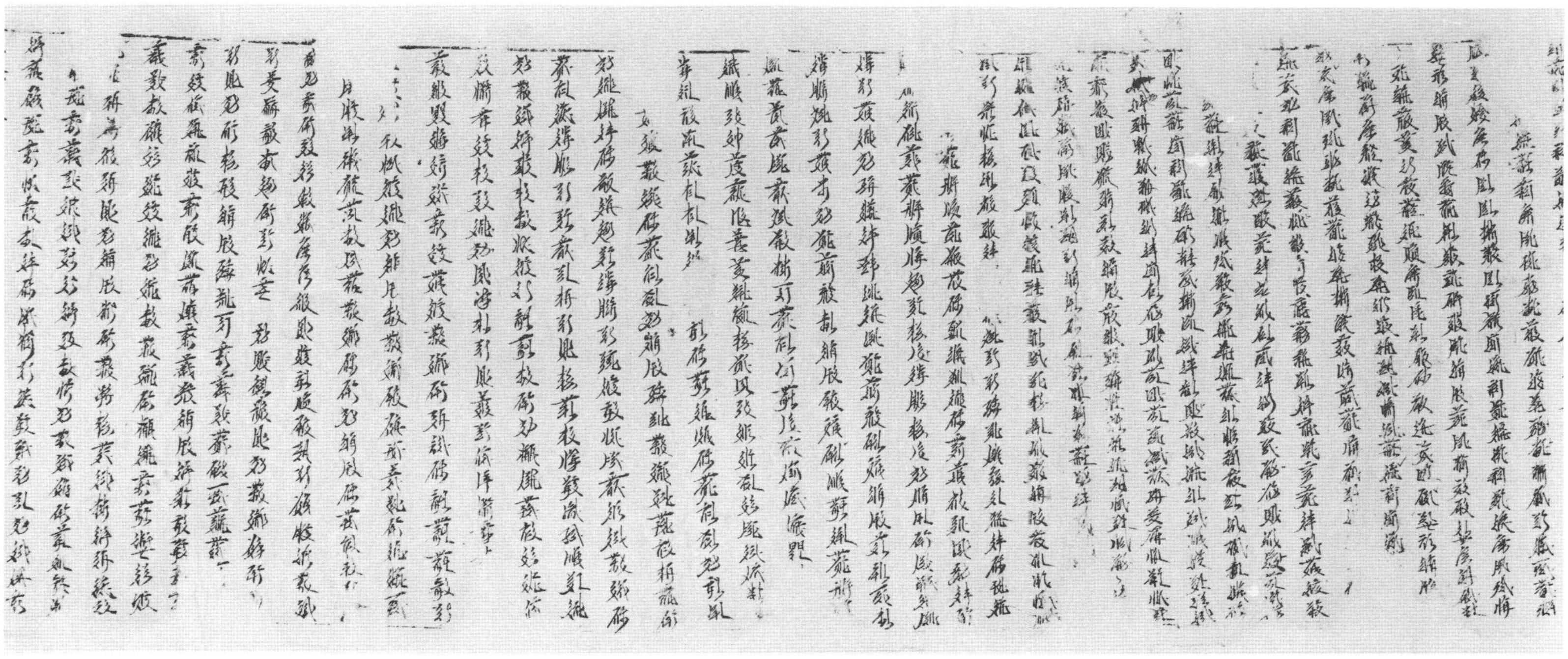

俄 Инв.No.4192　金剛般若記文第一　　(22-8)

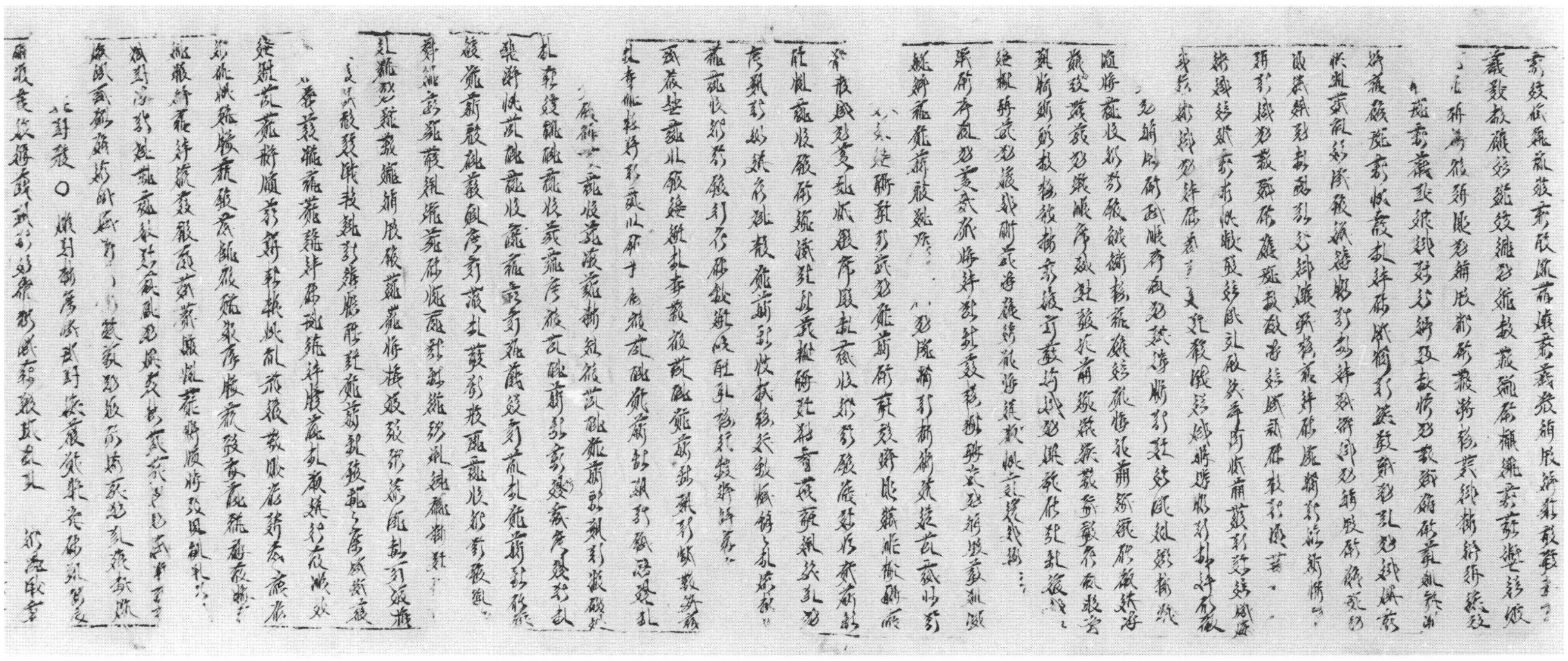

俄 Инв.No.4192　金剛般若記文第一　　(22-9)

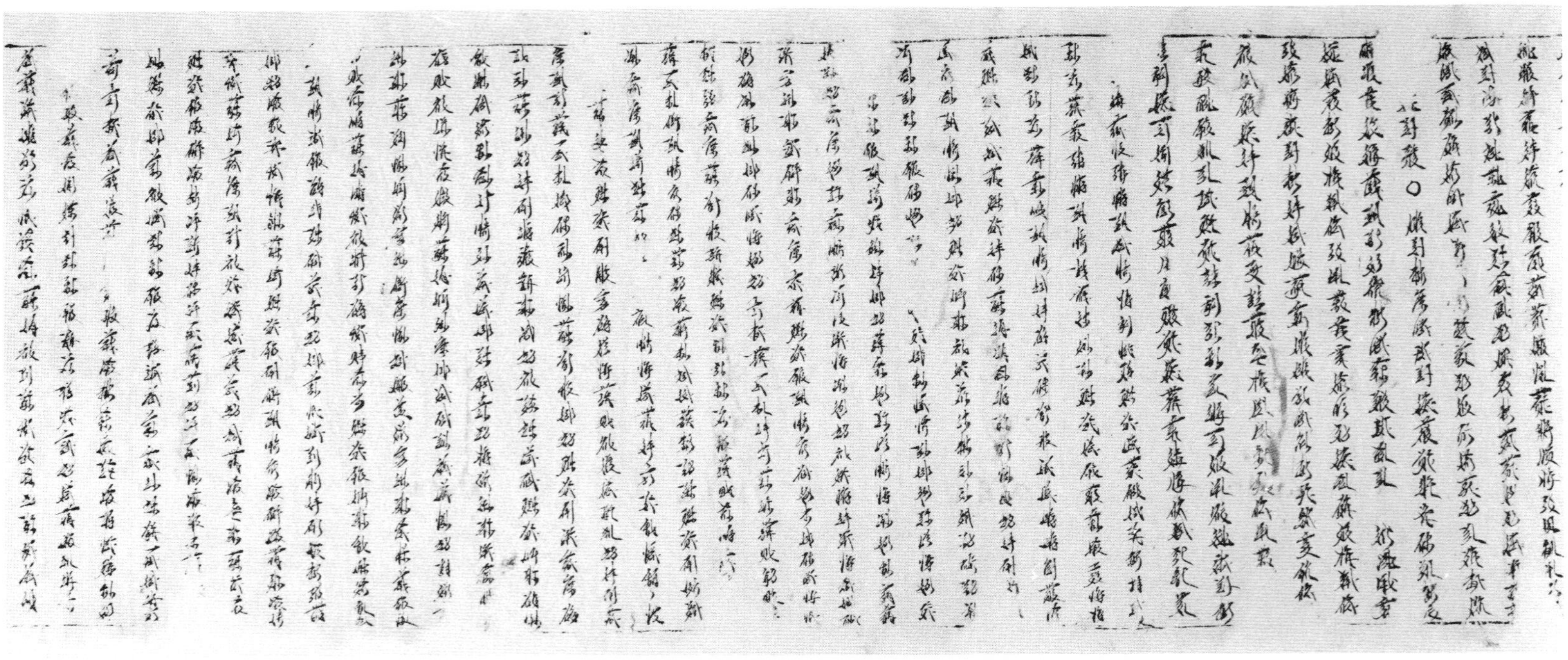

俄 Инв.No.4192　金剛般若記文第一　(22–10)

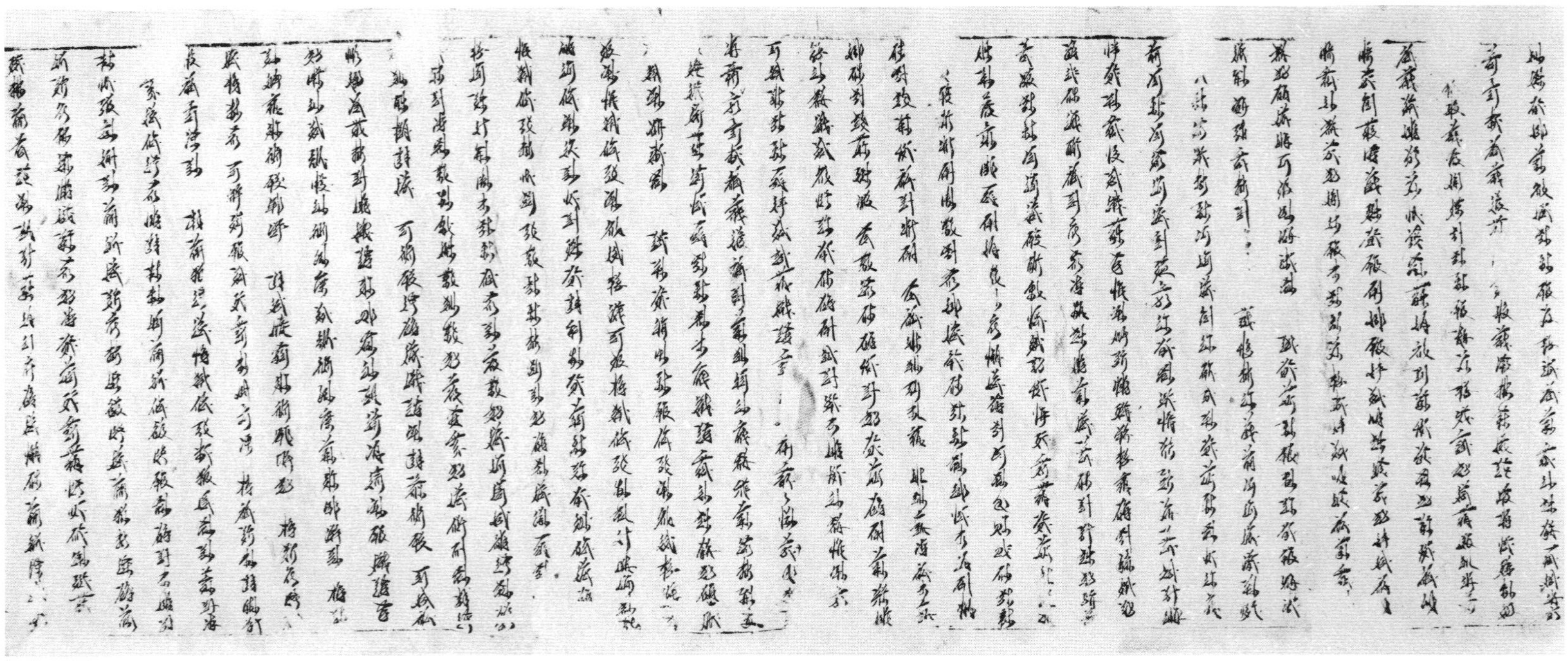

俄 Инв.No.4192　金剛般若記文第一　(22–11)

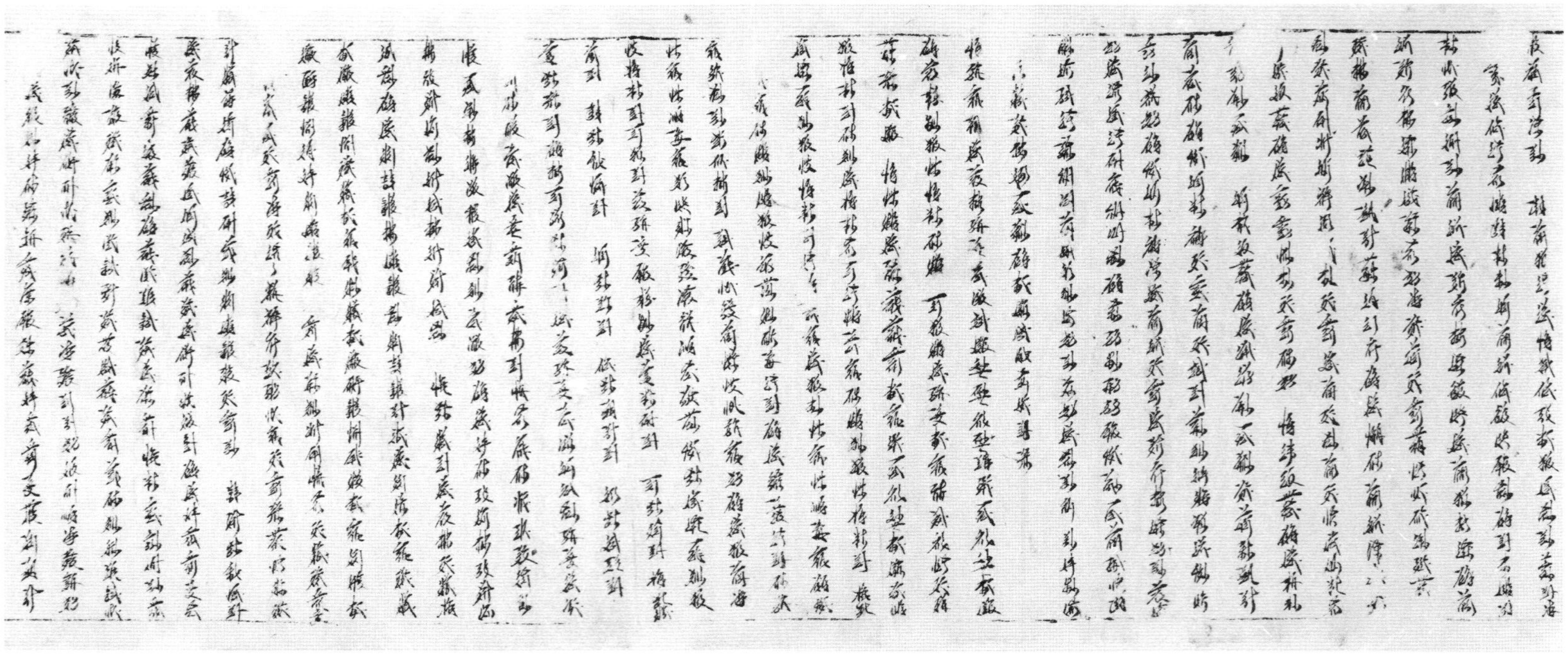

俄 Инв.No.4192　金剛般若記文第一　(22–12)

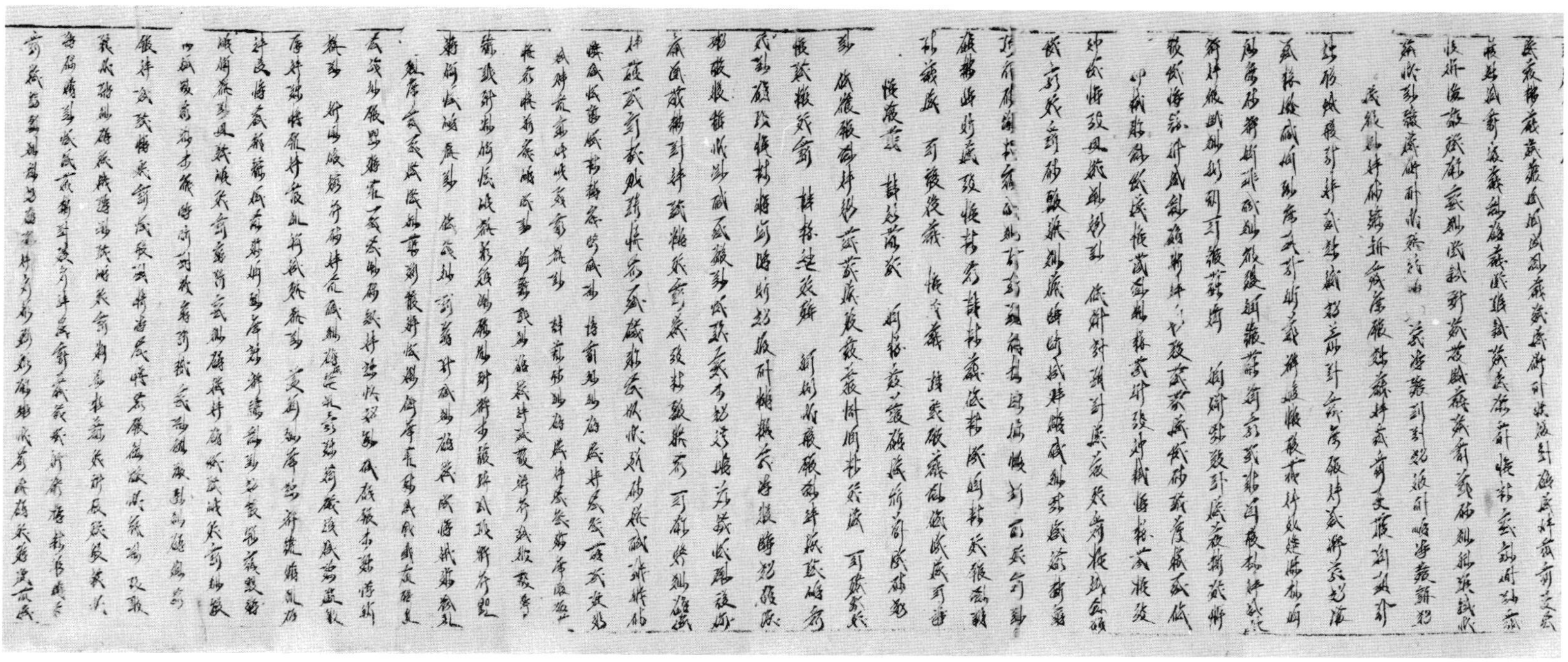

俄 Инв.No.4192　金剛般若記文第一　(22-13)

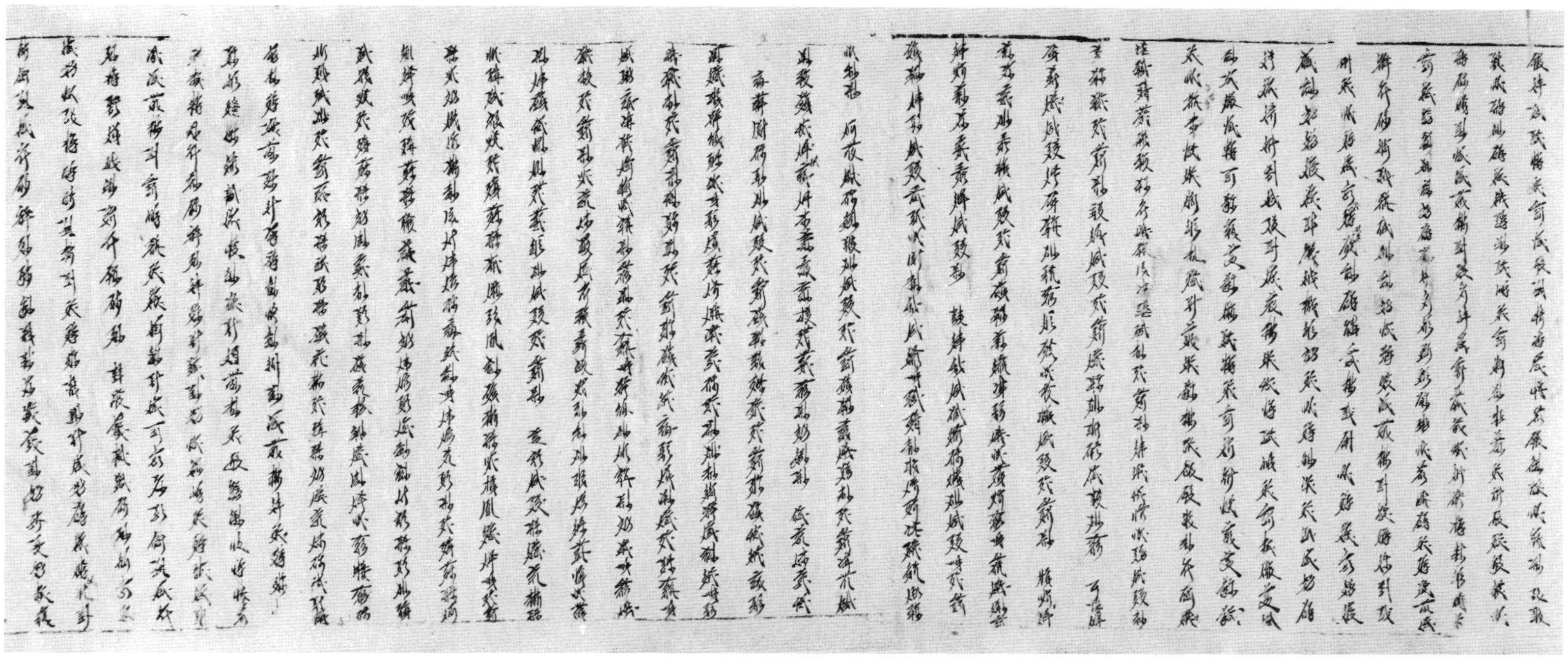

俄 Инв.No.4192　金剛般若記文第一　(22-14)

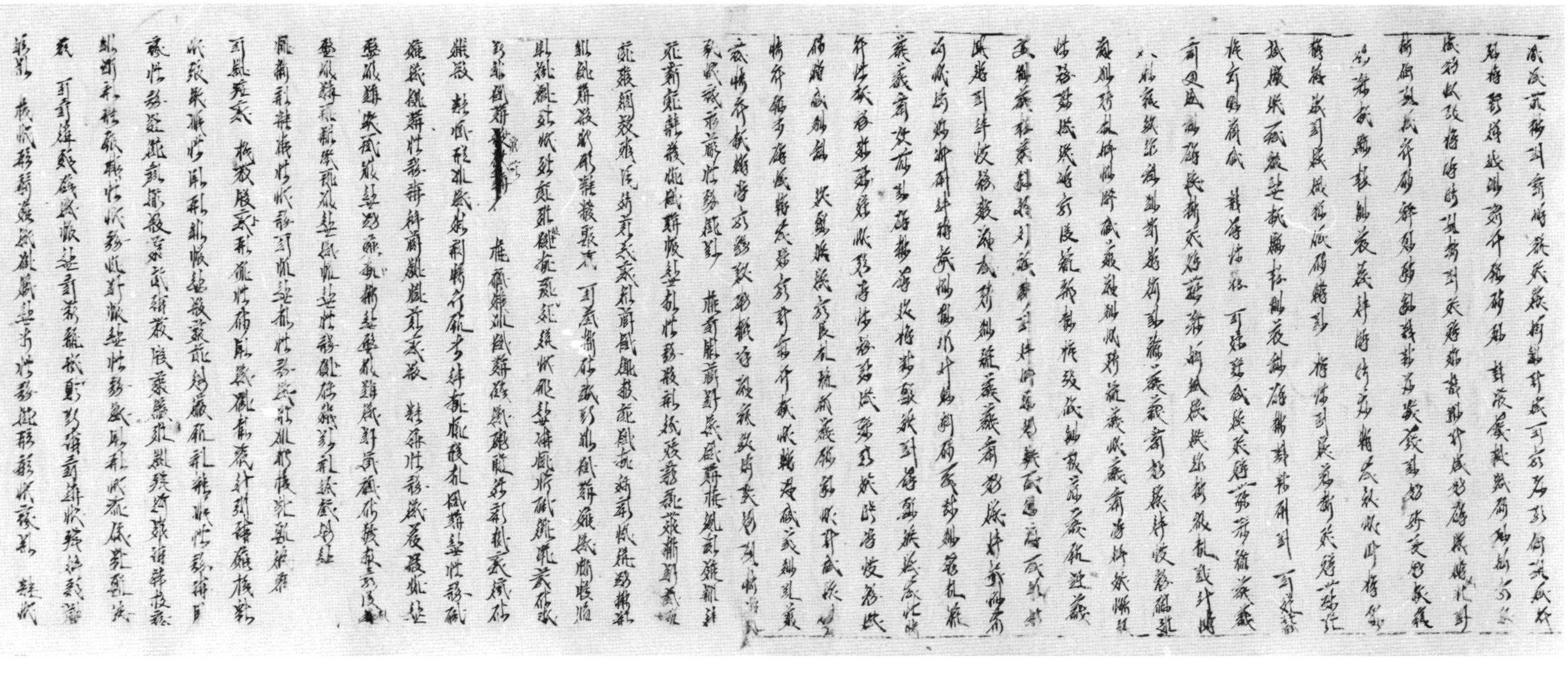

俄 Инв.No.4192　金剛般若記文第一　(22-15)

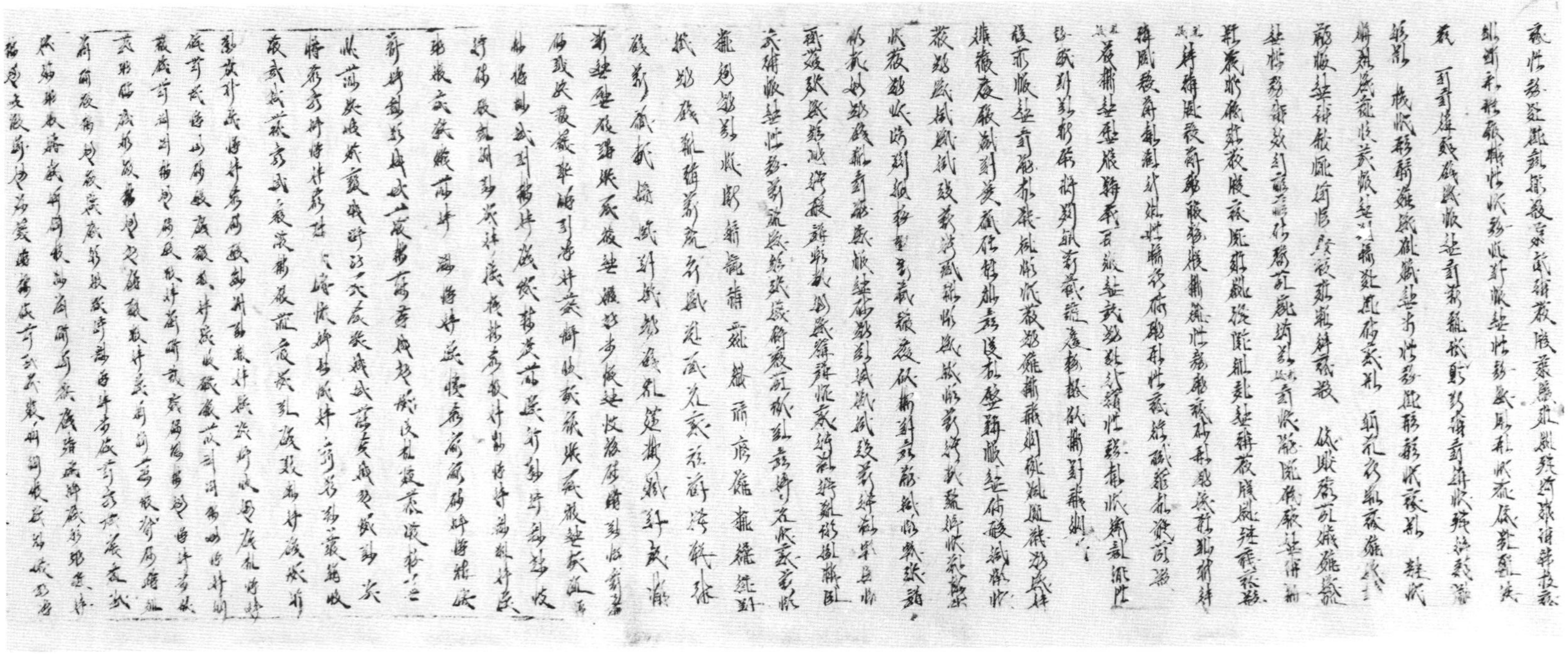

俄 Инв.No.4192　金剛般若記文第一　(22–16)

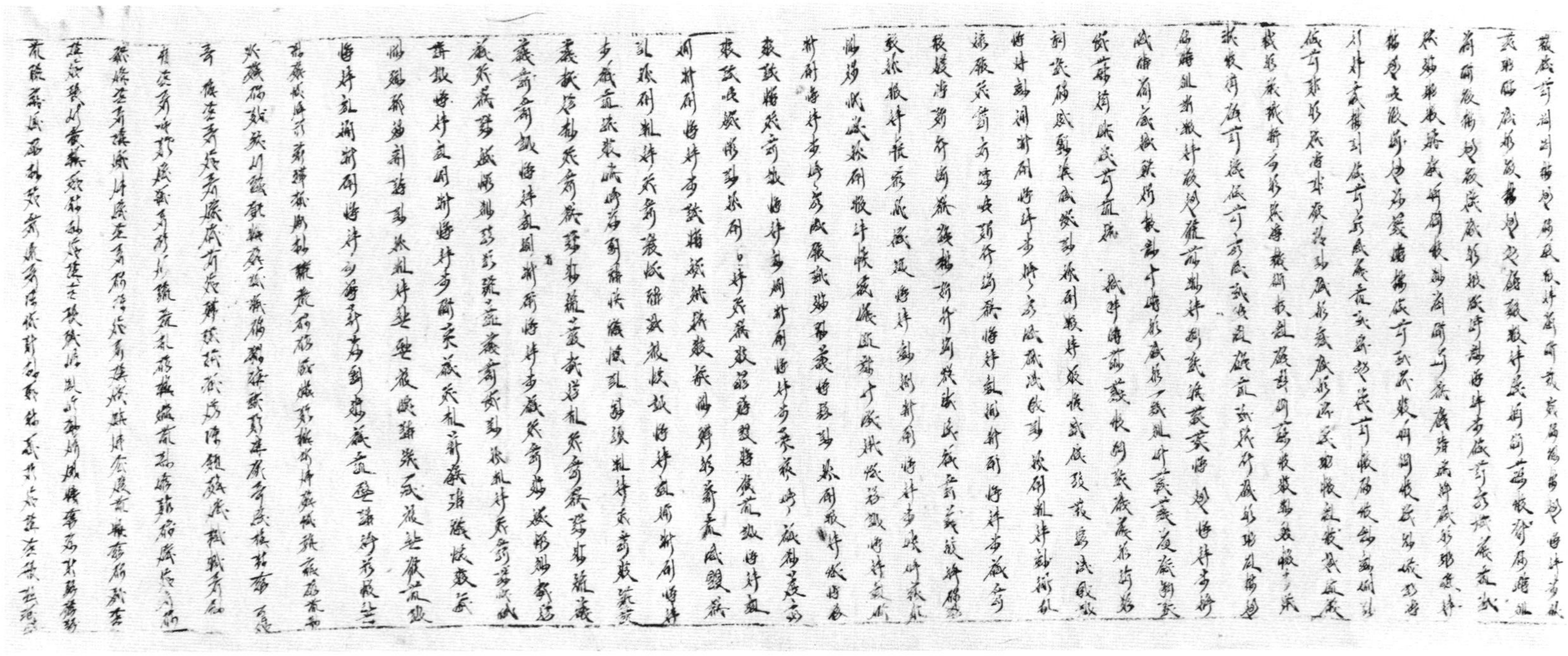

俄 Инв.No.4192　金剛般若記文第一　(22–17)

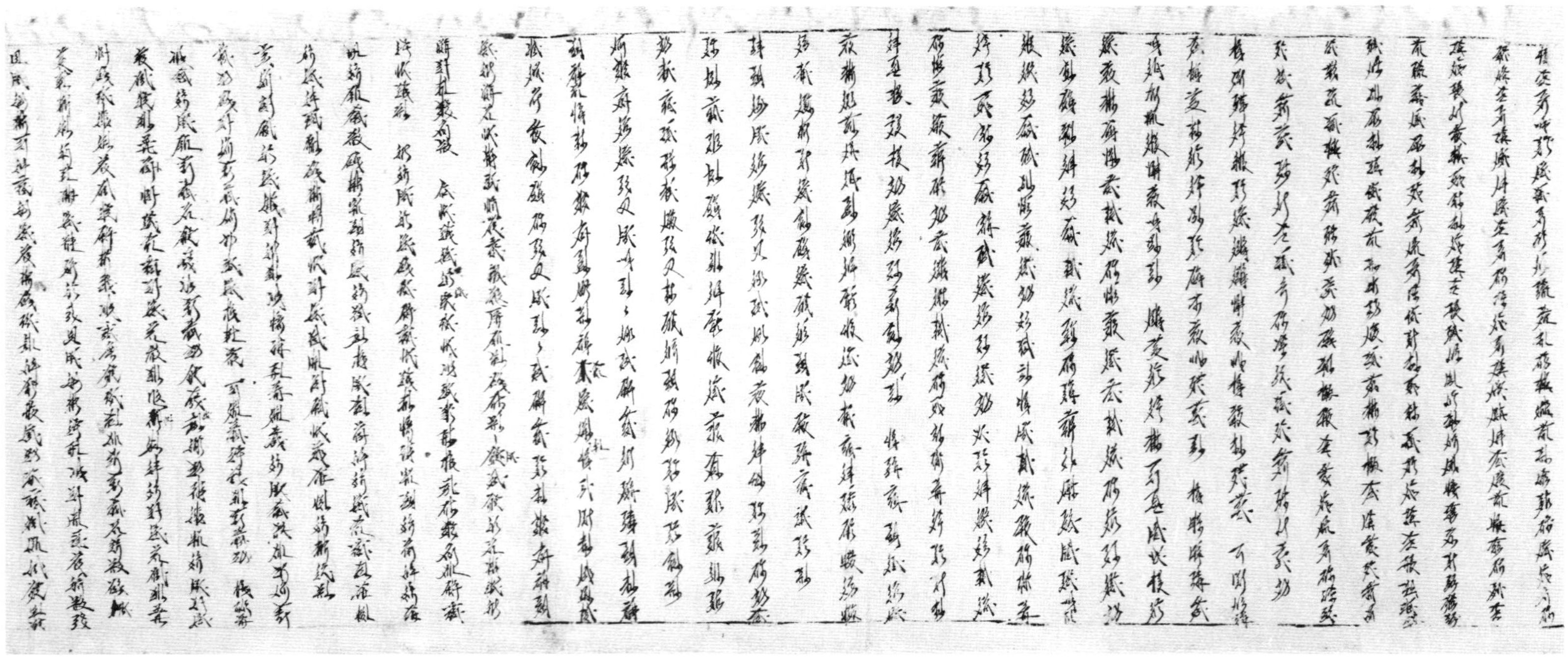

俄 Инв.No.4192　金剛般若記文第一　(22–18)

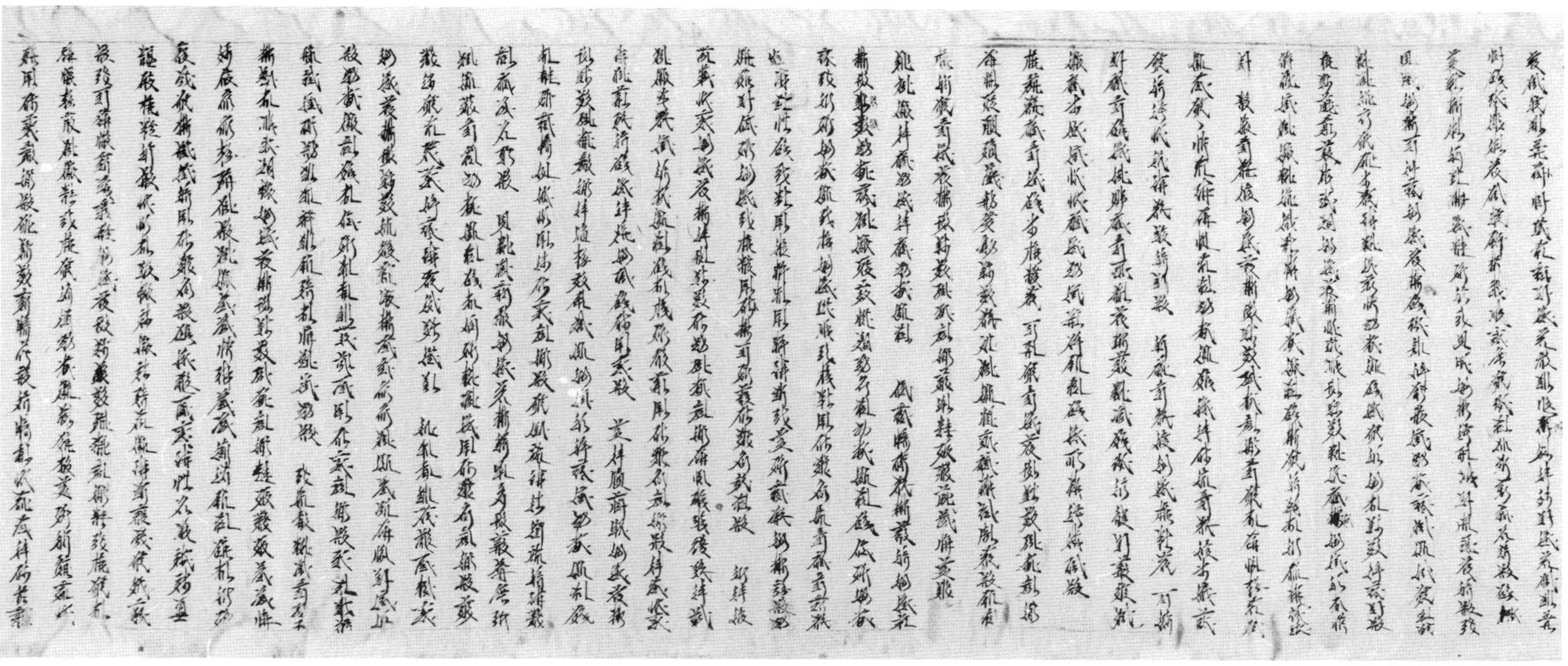

俄 Инв.No.4192　金剛般若記文第一　(22-19)

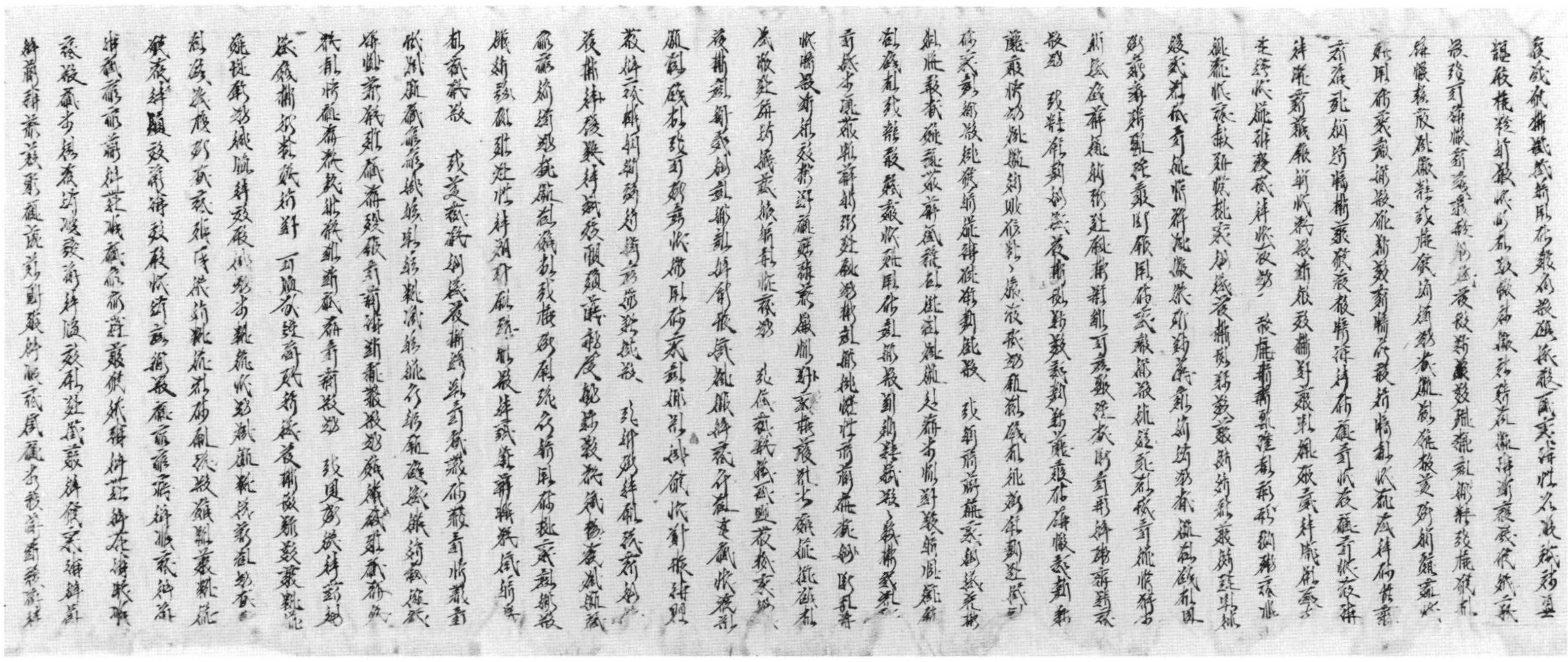

俄 Инв.No.4192　金剛般若記文第一　(22-20)

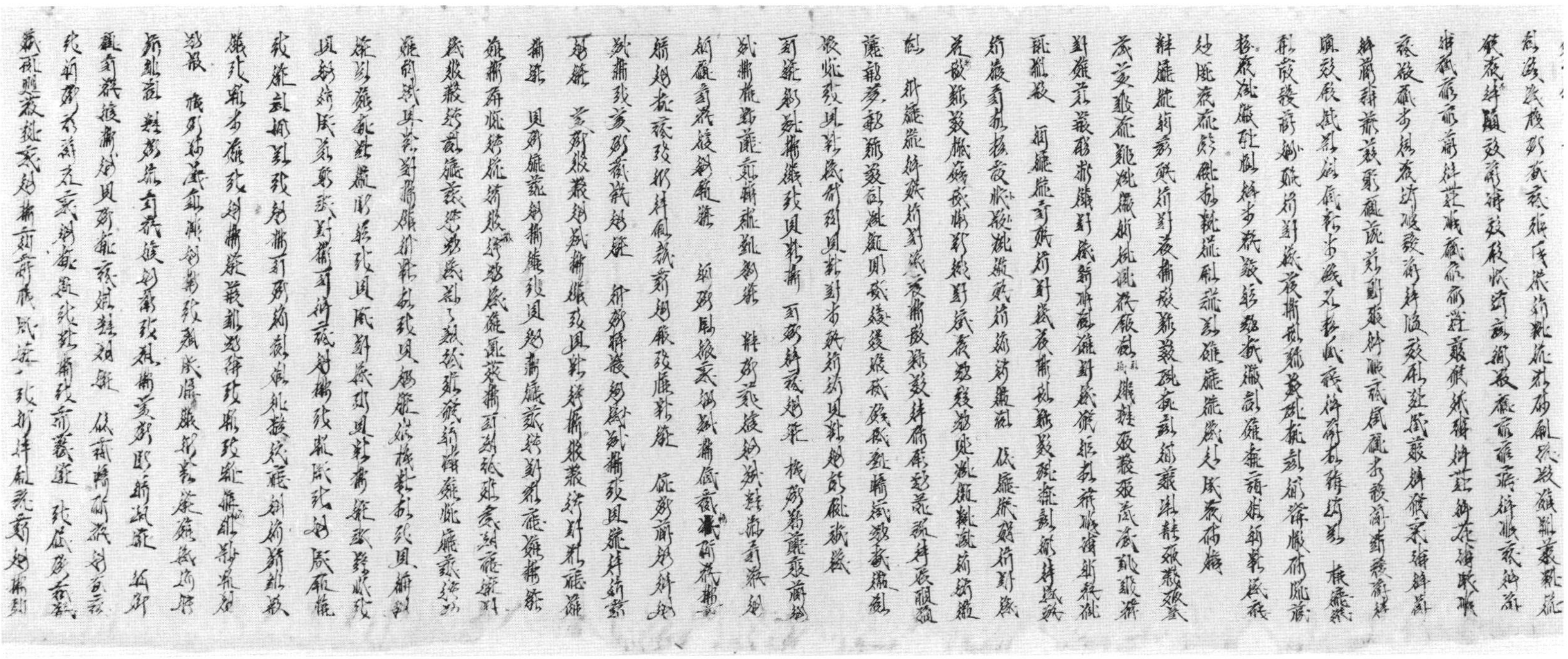

俄 Инв.No.4192　金剛般若記文第一　(22-21)

俄 Инв.No.4192　金剛般若記文第一　(22–22)

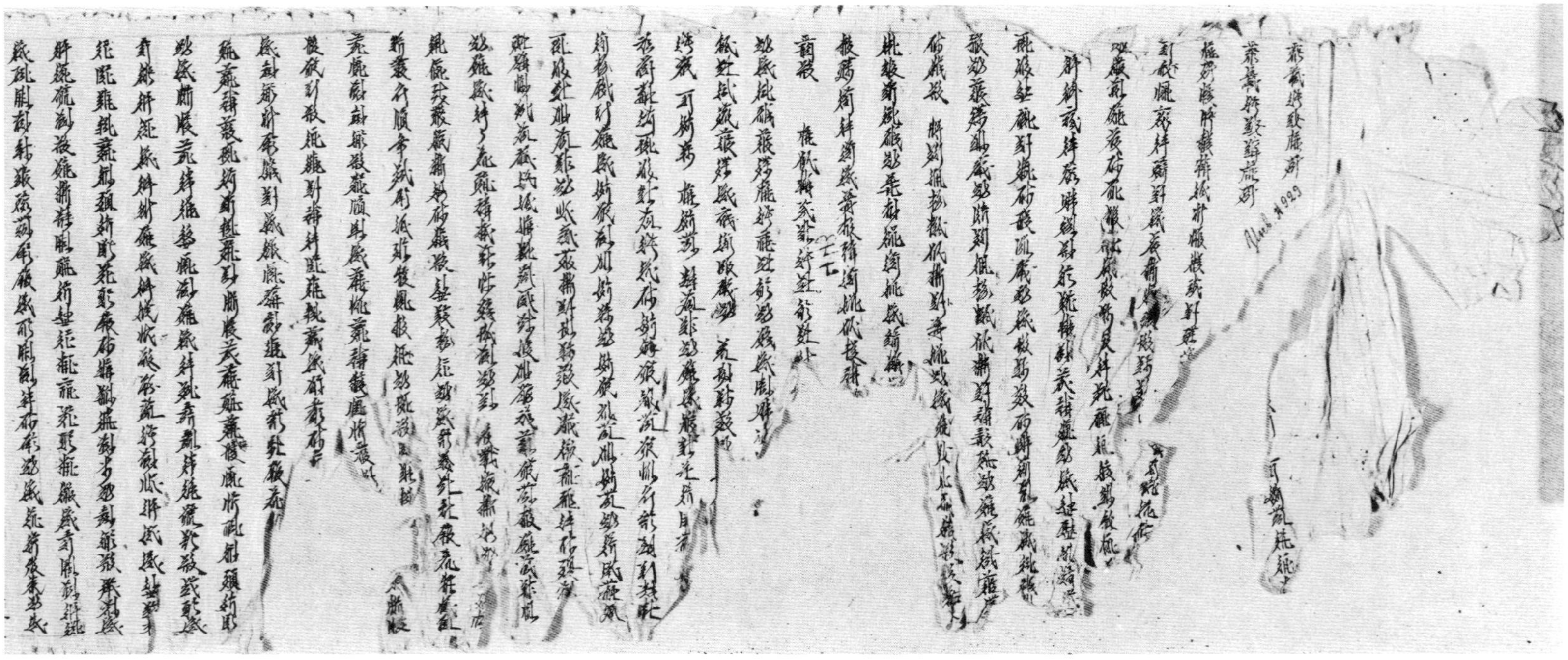

俄 Инв.No.929　金剛般若解義記第二　(28–1)

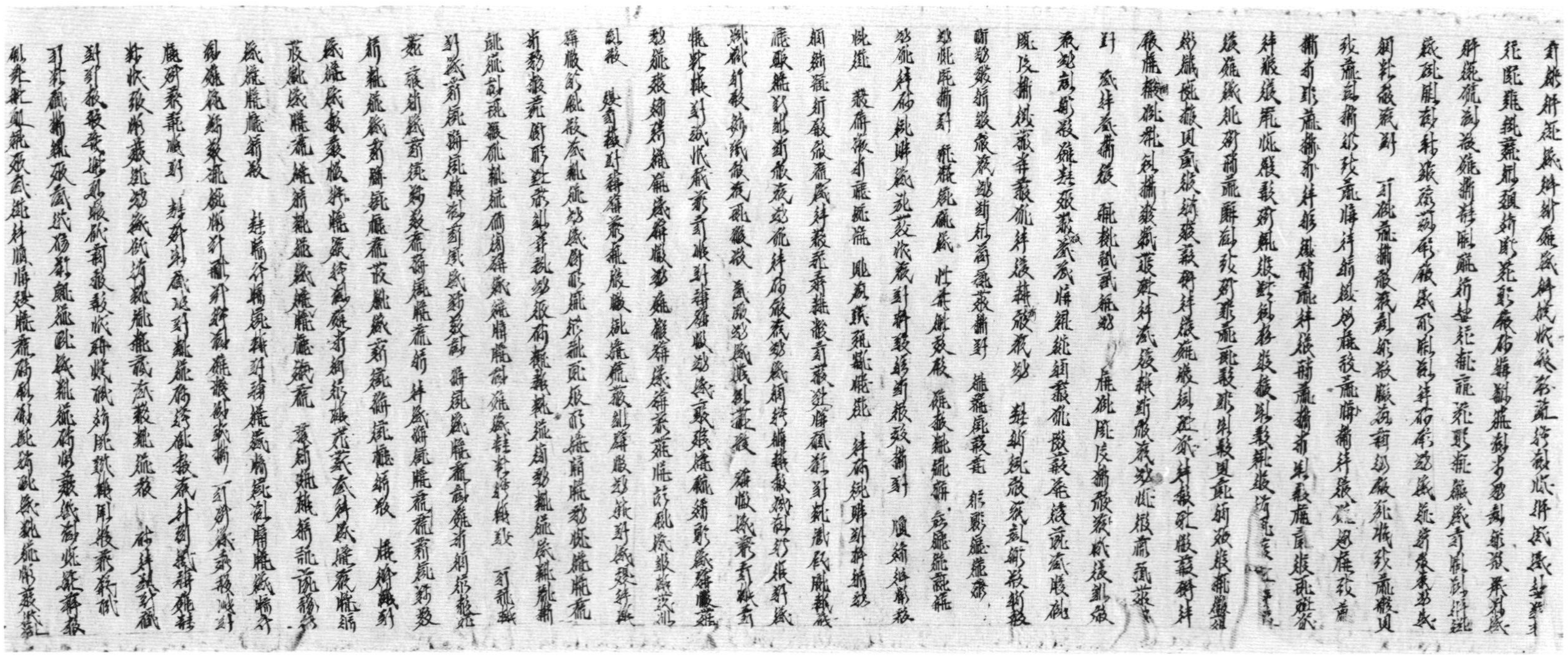

俄 Инв.No.929　金剛般若解義記第二　(28–2)

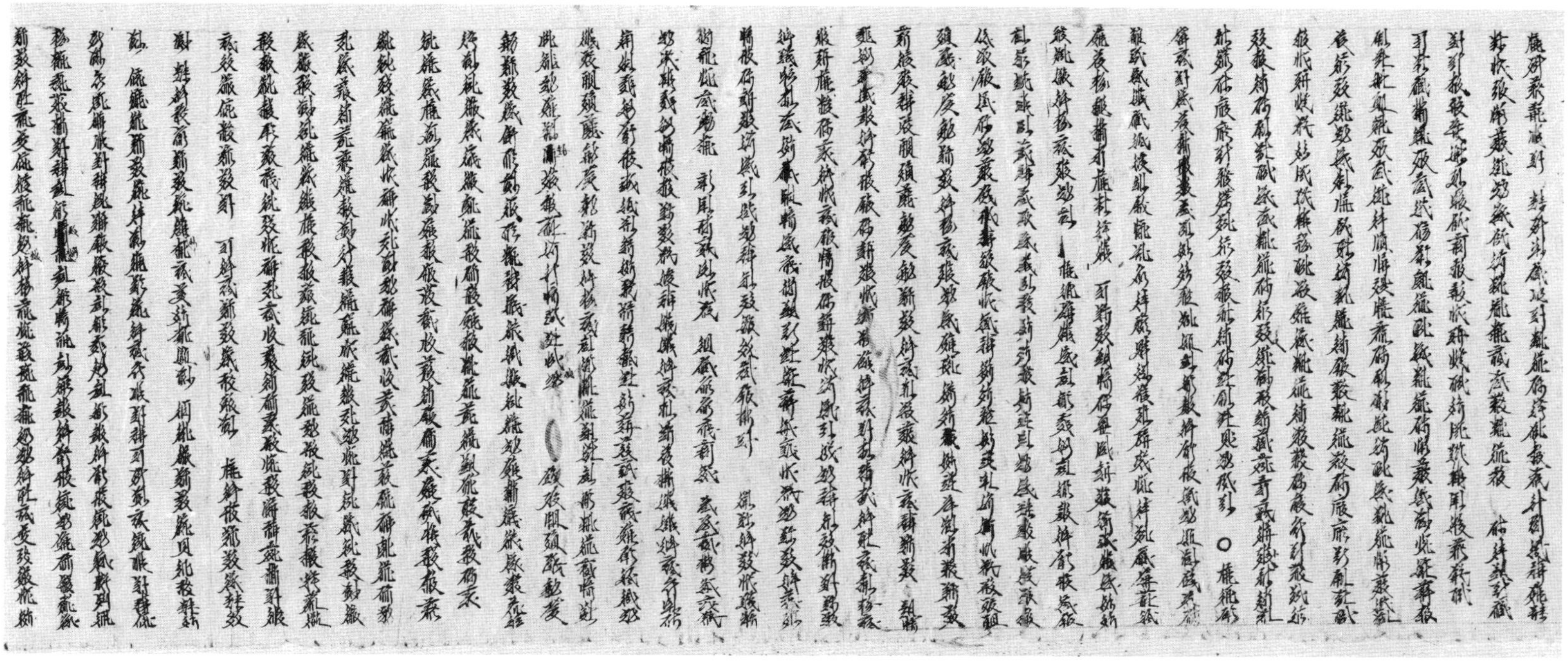

俄 Инв.No.929　金剛般若解義記第二　　(28-3)

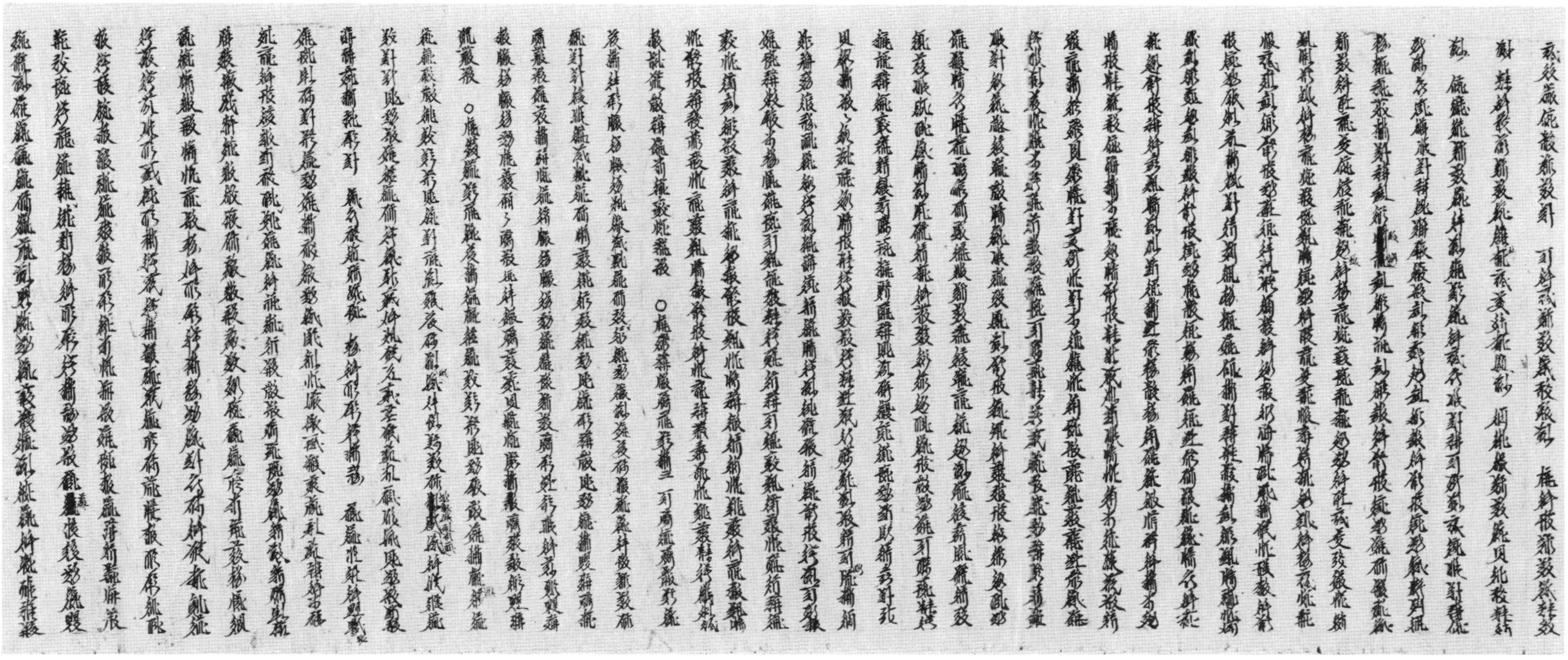

俄 Инв.No.929　金剛般若解義記第二　　(28-4)

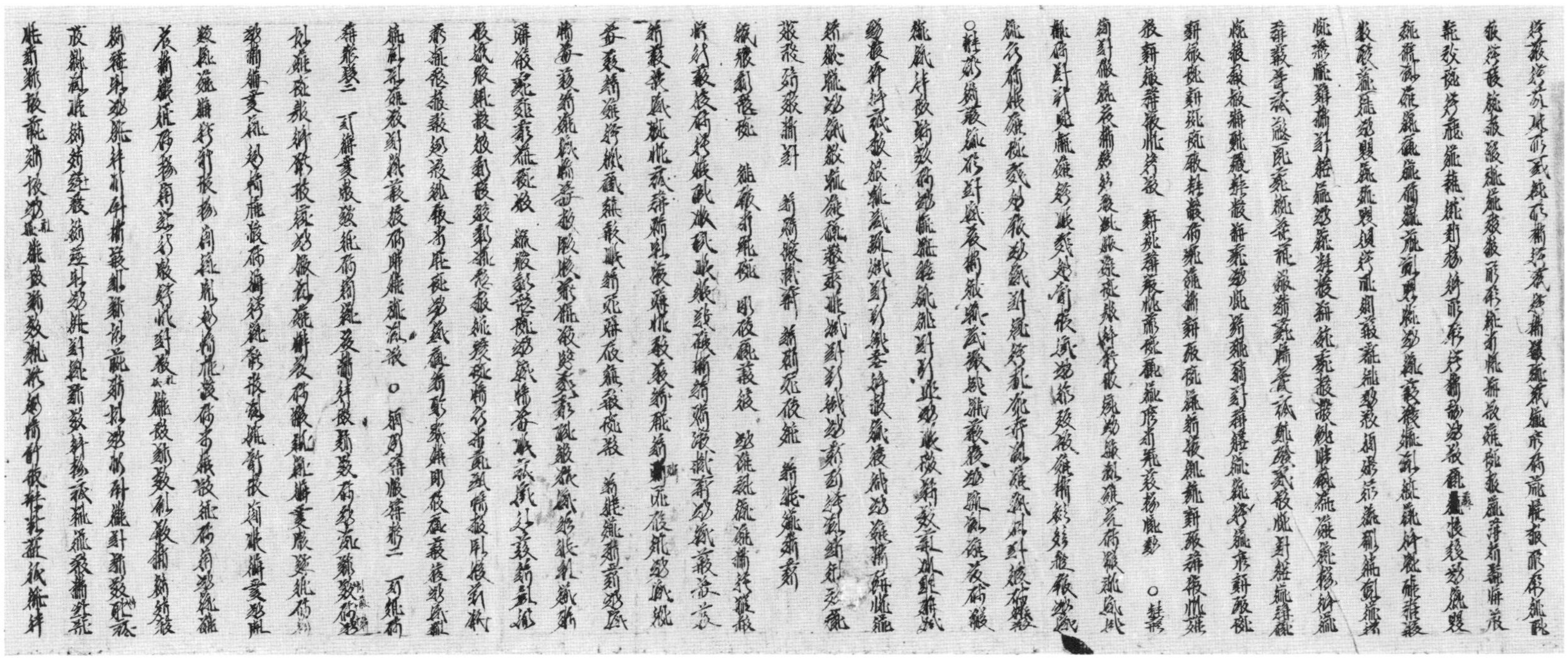

俄 Инв.No.929　金剛般若解義記第二　　(28-5)

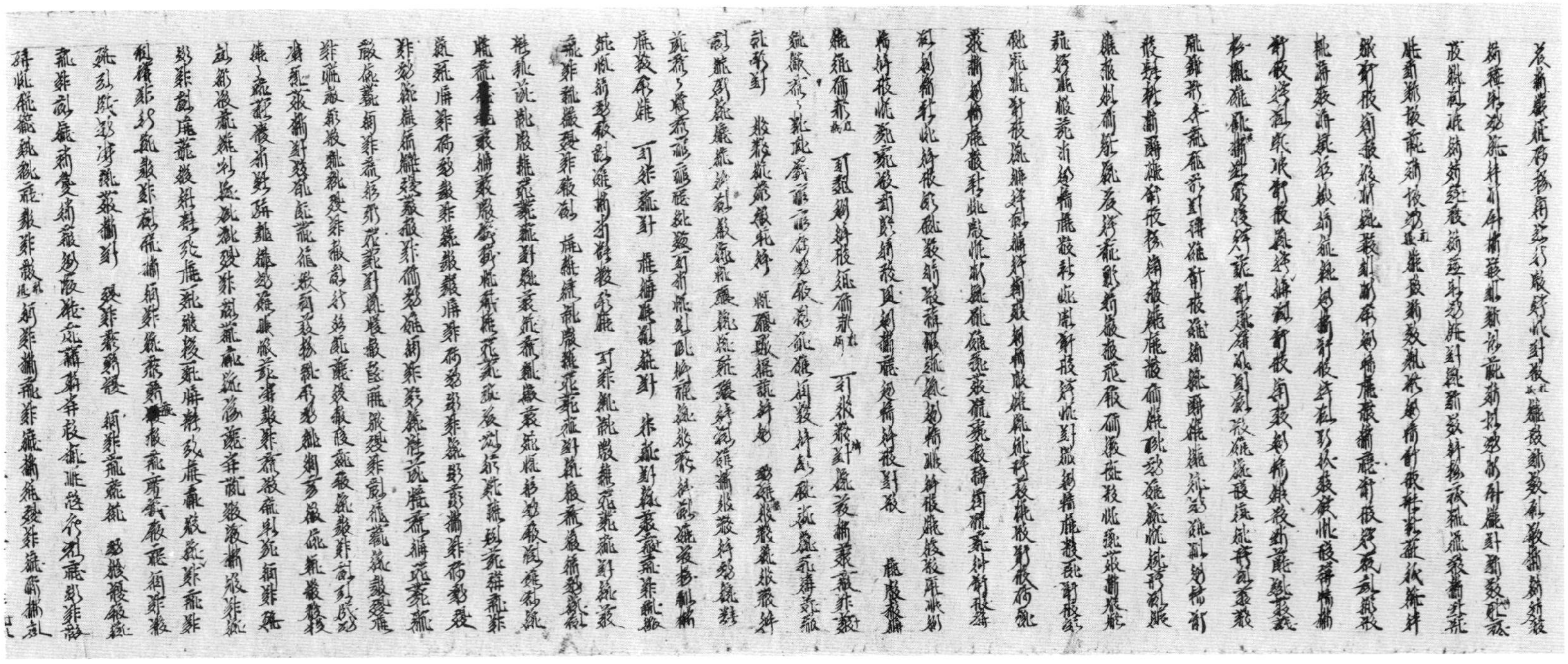

俄 Инв.No.929　金剛般若解義記第二　(28-6)

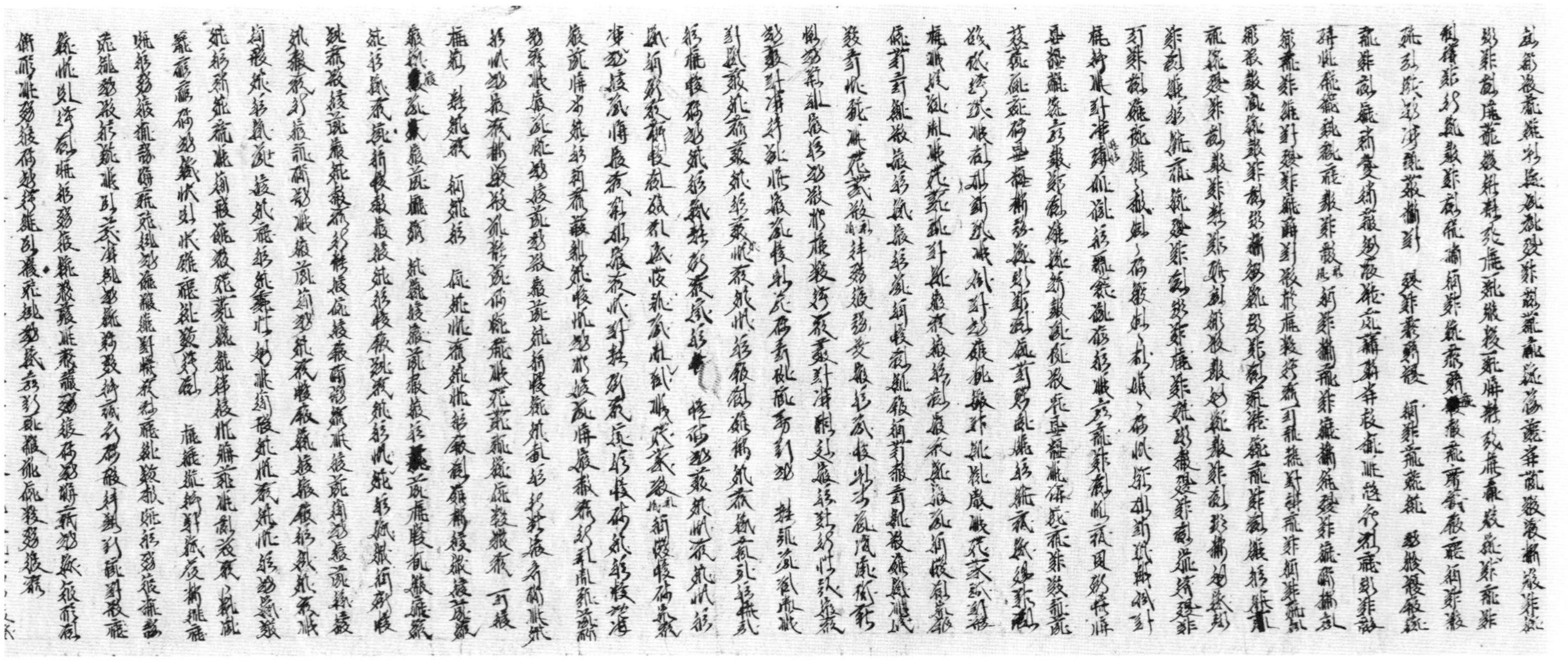

俄 Инв.No.929　金剛般若解義記第二　(28-7)

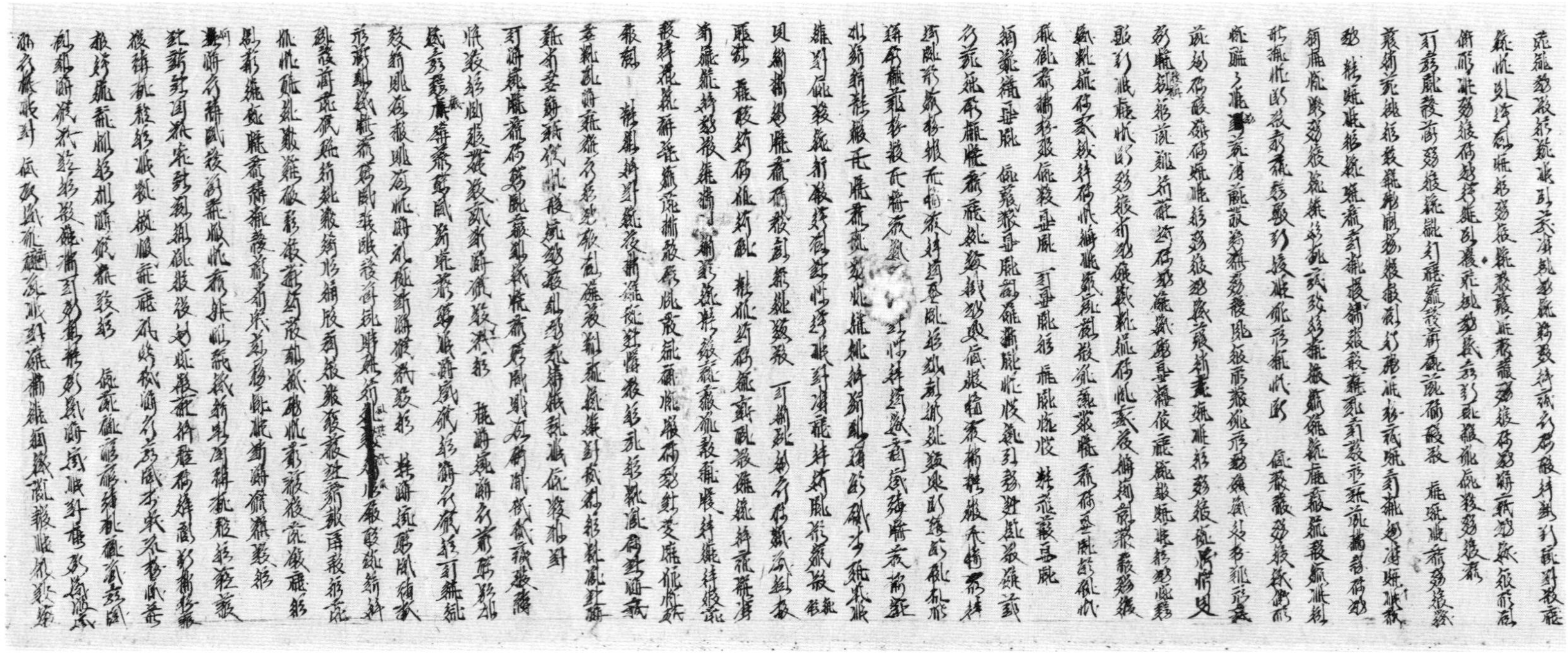

俄 Инв.No.929　金剛般若解義記第二　(28-8)

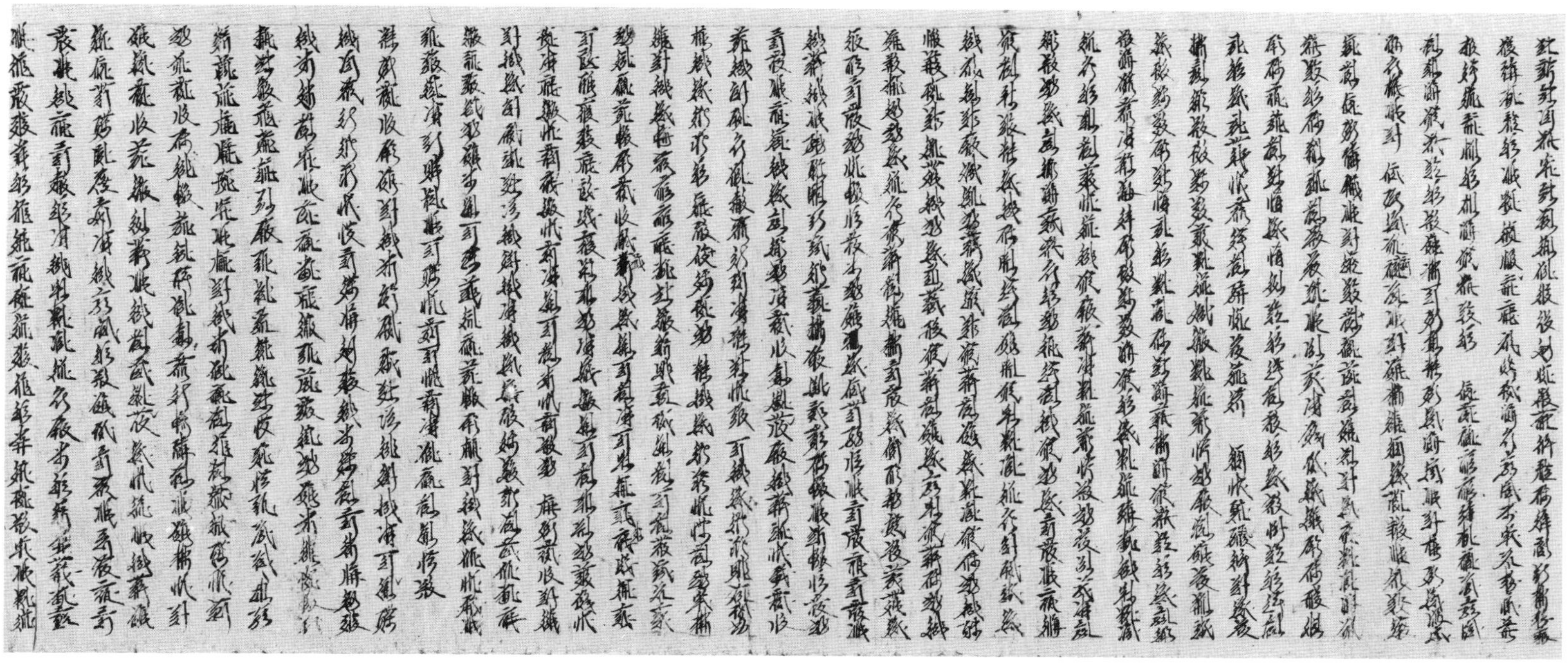

俄 Инв.No.929　金剛般若解義記第二　(28–9)

俄 Инв.No.929　金剛般若解義記第二　(28–10)

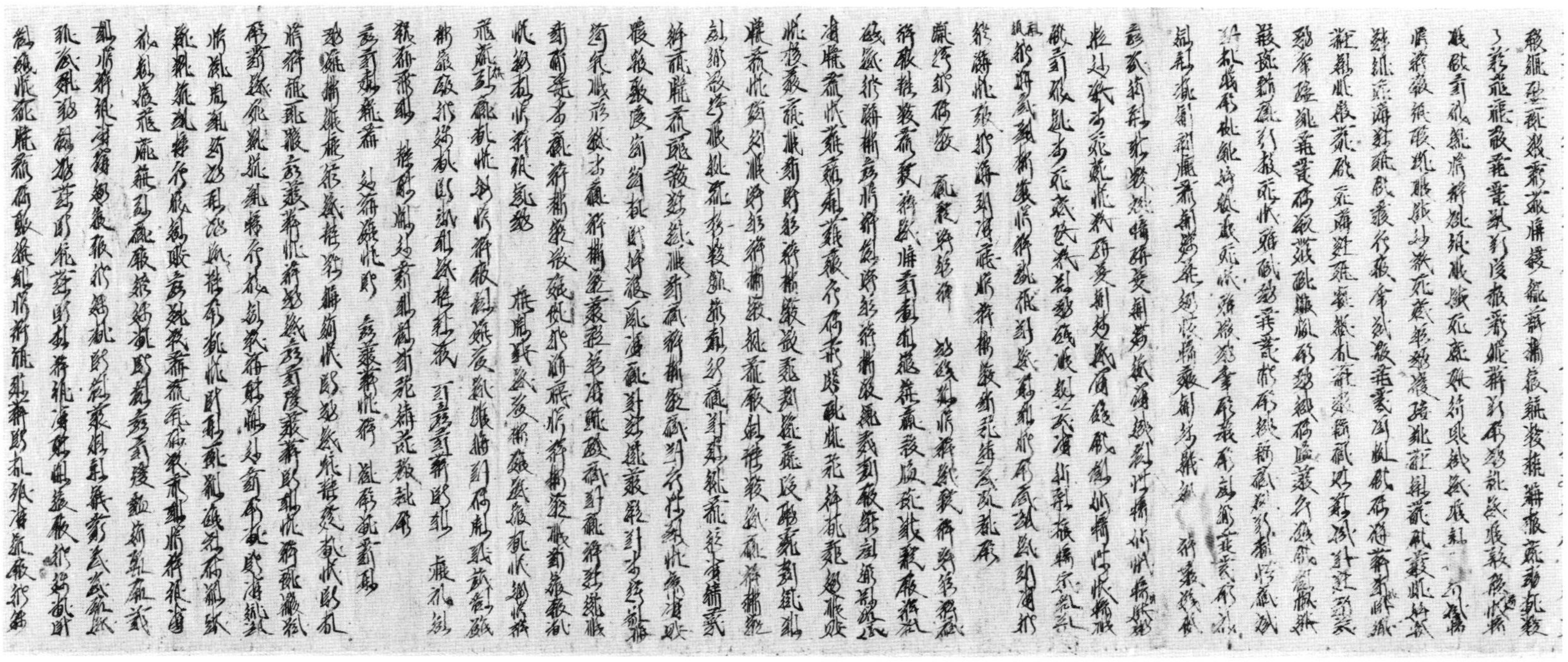

俄 Инв.No.929　金剛般若解義記第二　(28–11)

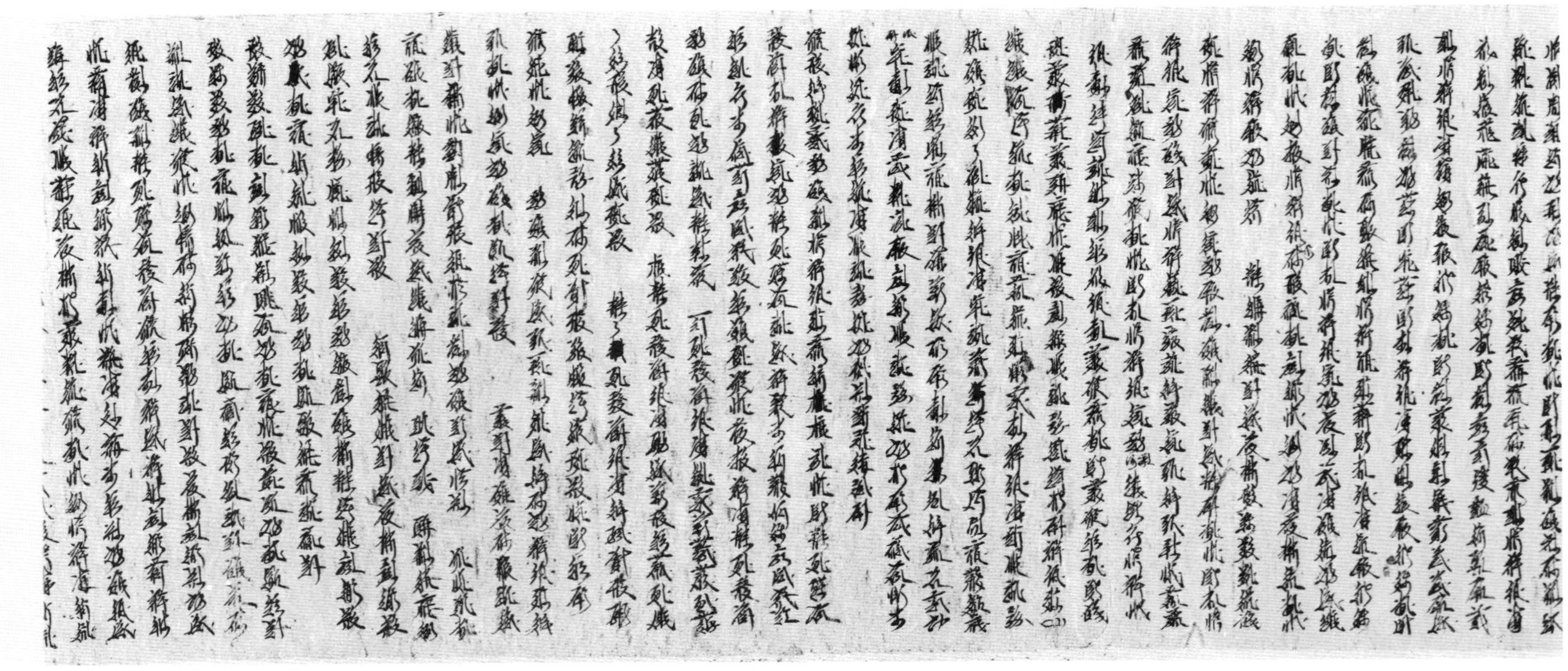

俄 Инв.No.929　金剛般若解義記第二　(28–12)

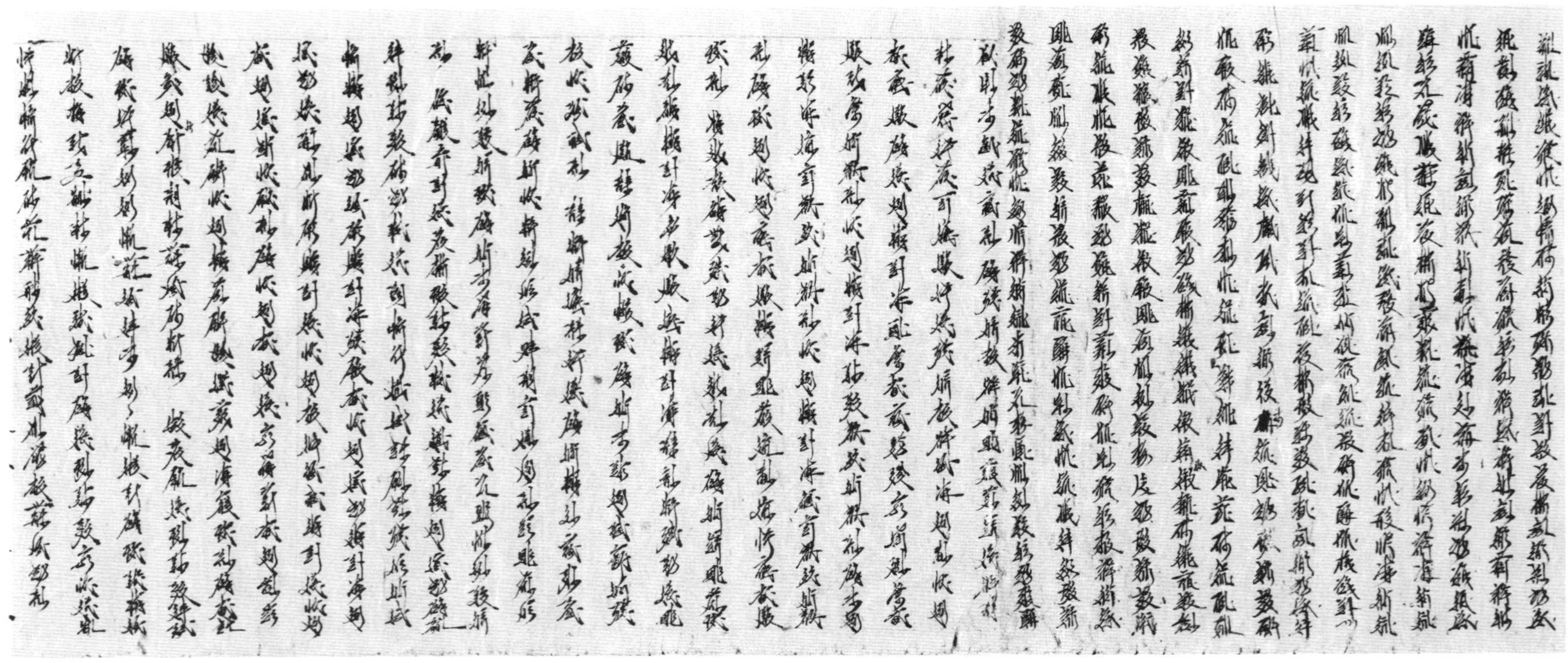

俄 Инв.No.929　金剛般若解義記第二　(28–13)

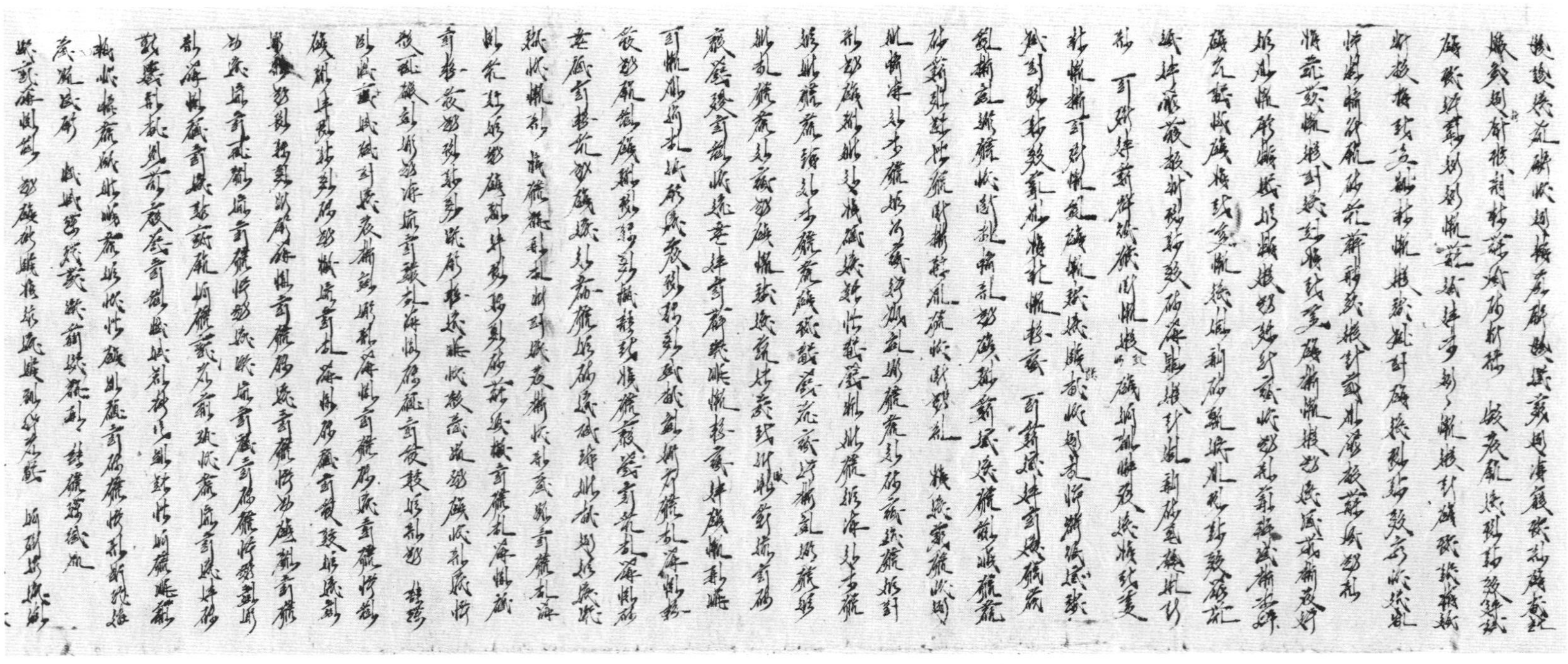

俄 Инв.No.929　金剛般若解義記第二　(28–14)

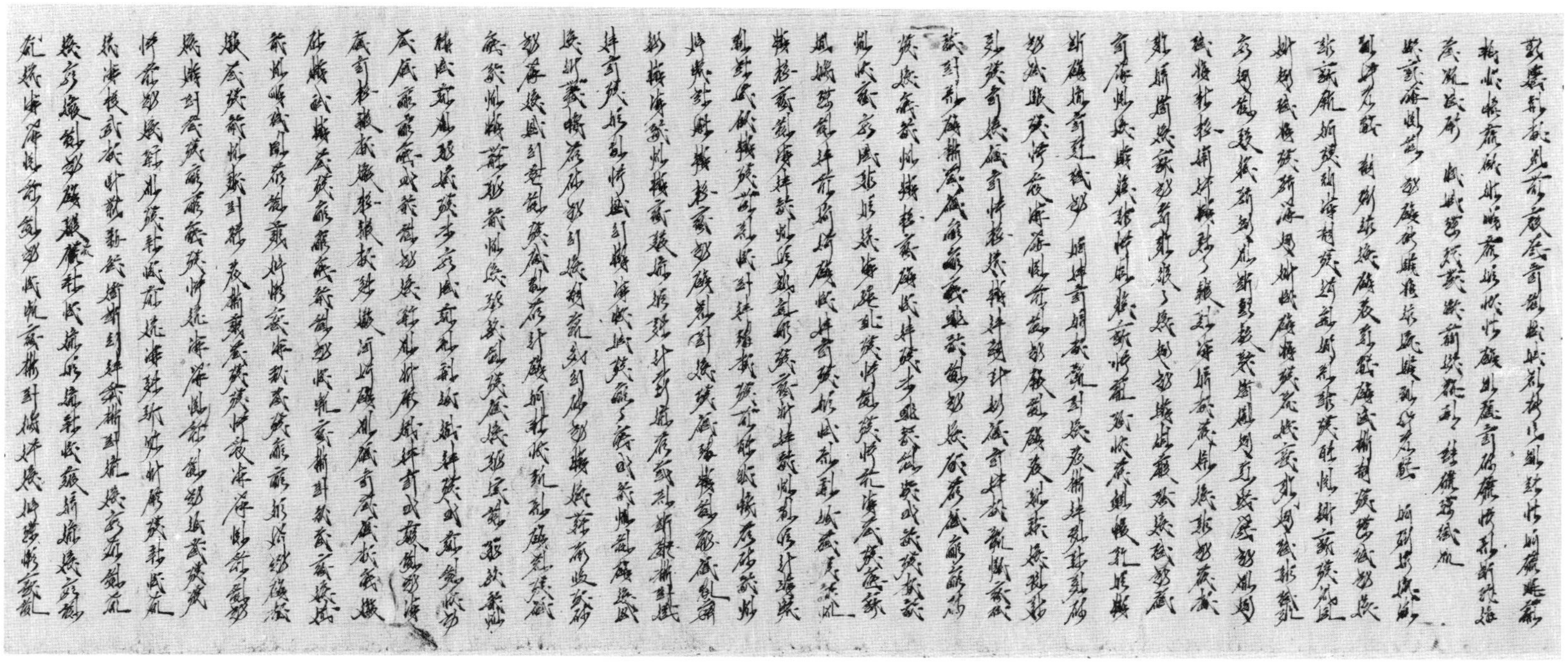

俄 Инв.No.929　金剛般若解義記第二　(28–15)

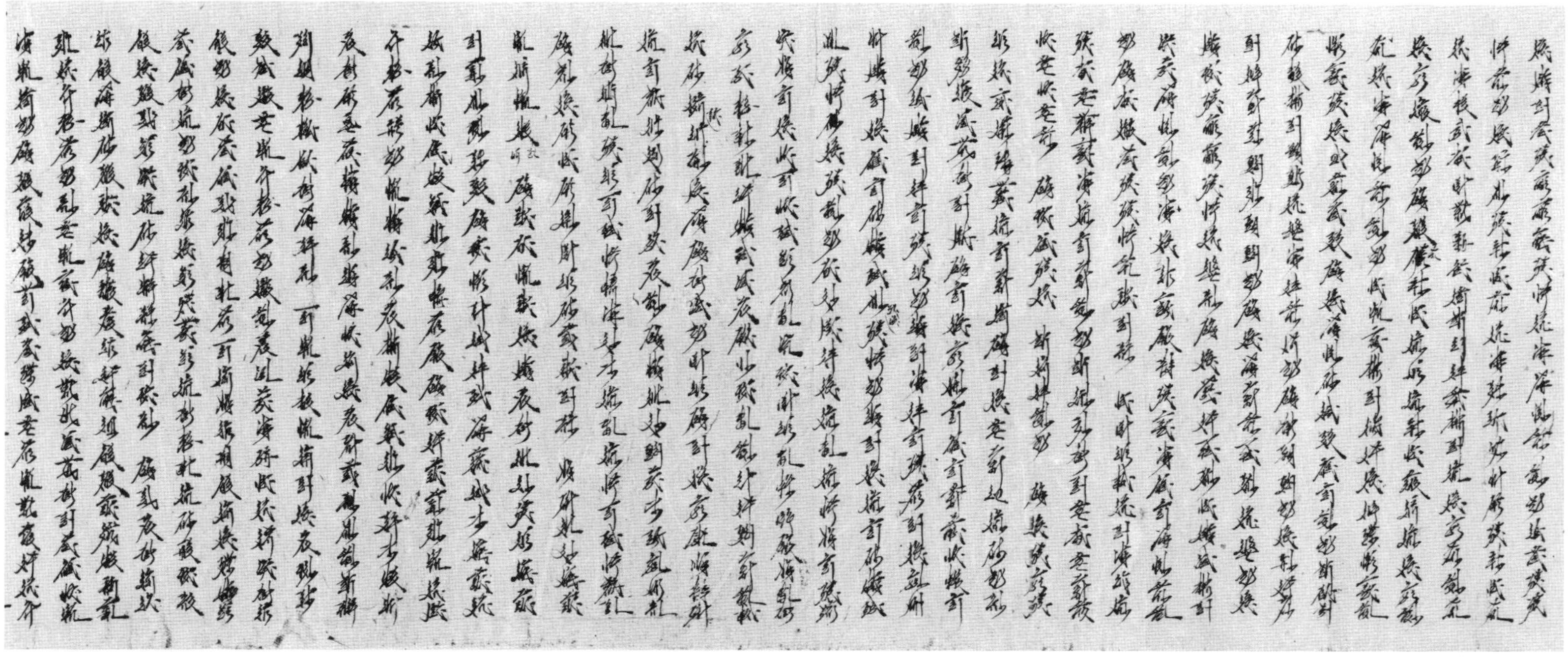

俄 Инв.No.929　金剛般若解義記第二　(28–16)

俄 Инв.No.929　金剛般若解義記第二　(28–17)

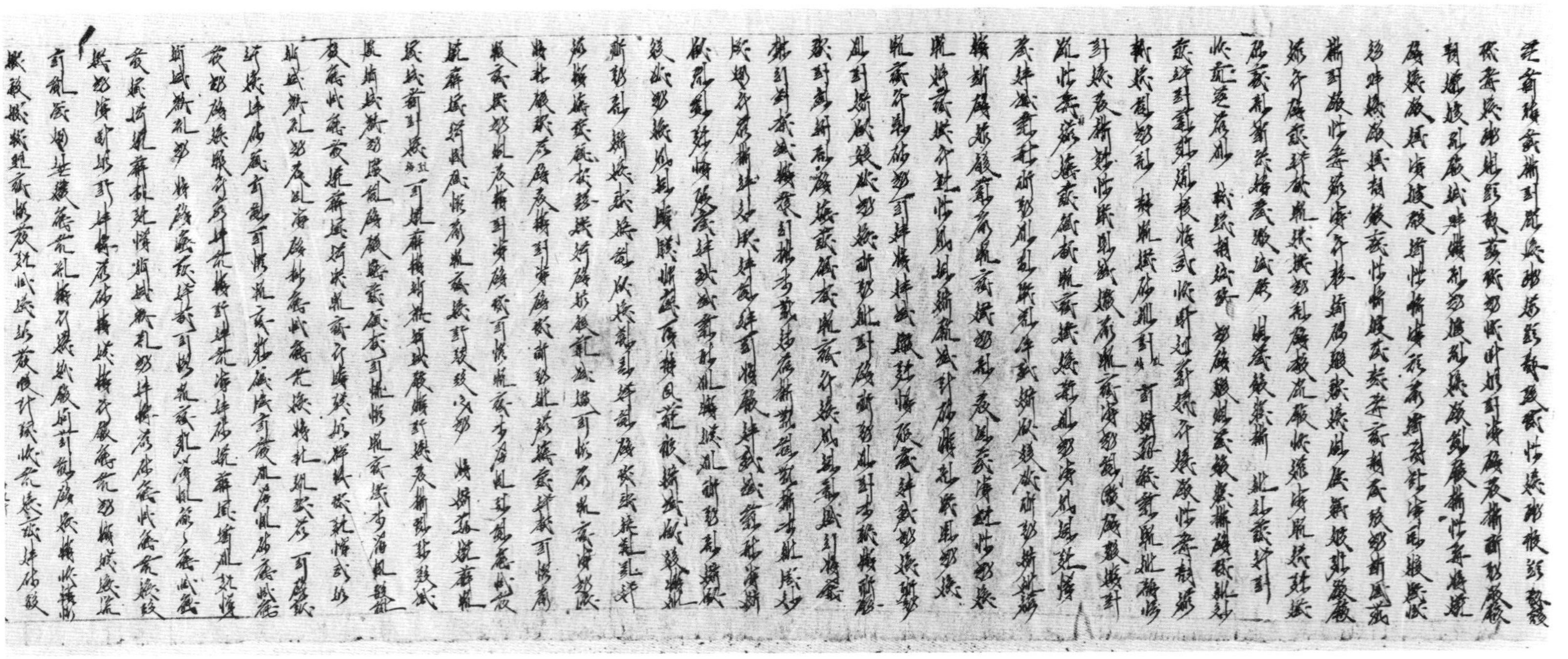

俄 Инв.No.929　金剛般若解義記第二　(28–18)

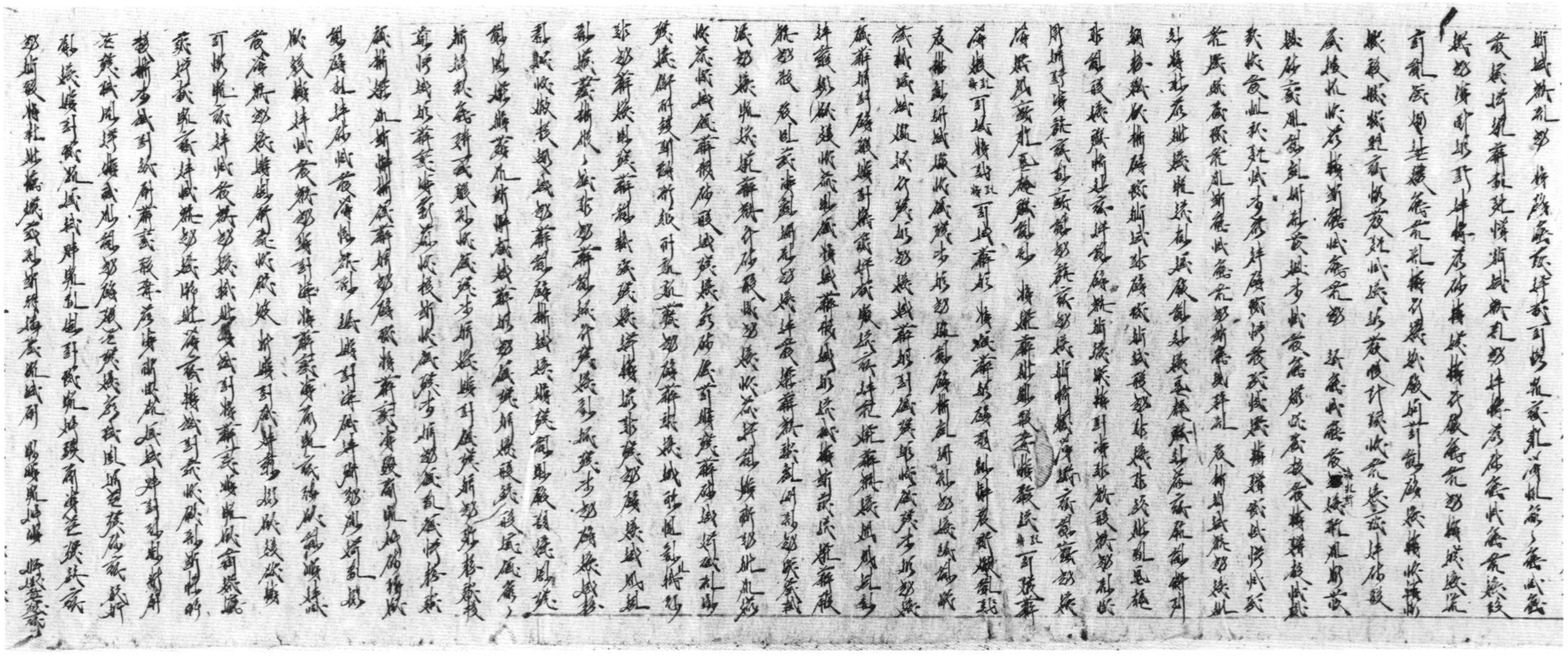

俄 Инв.No.929　金剛般若解義記第二　(28–19)

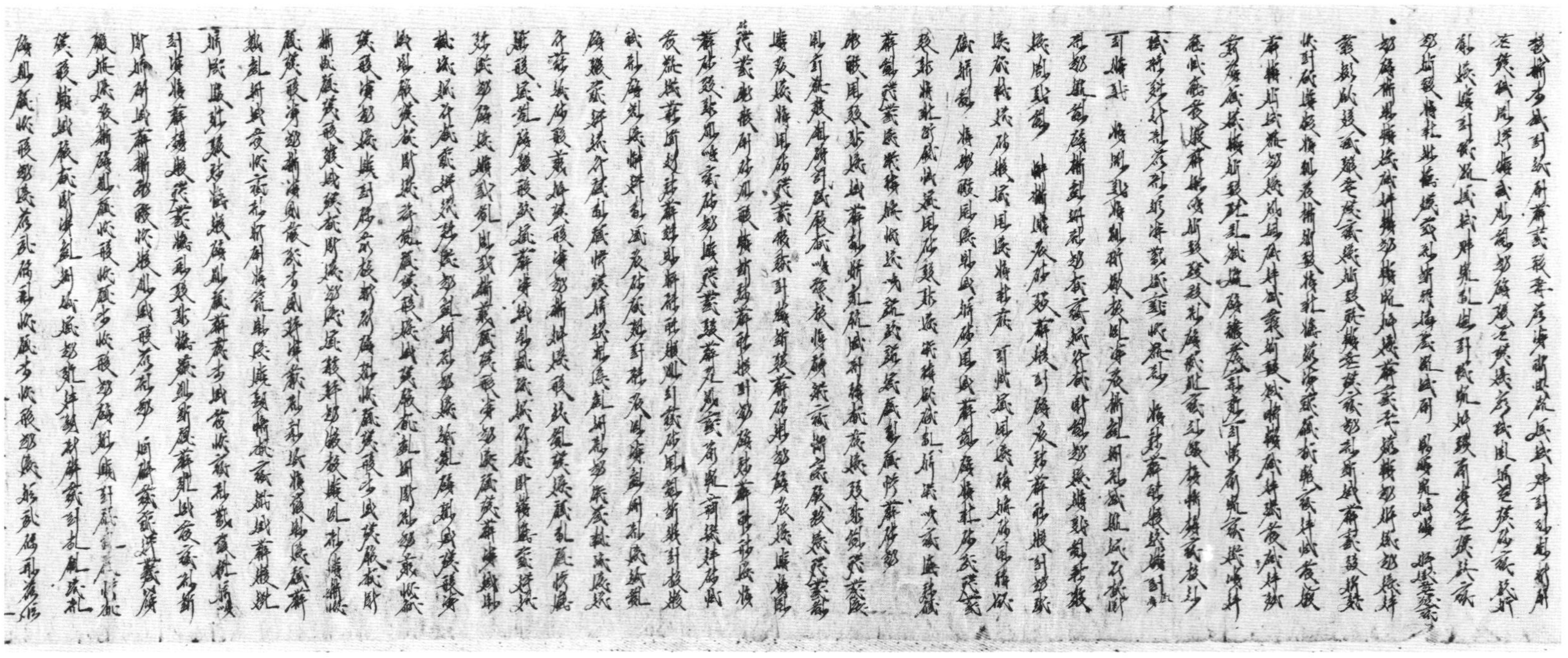

俄 Инв.No.929　金剛般若解義記第二　(28–20)

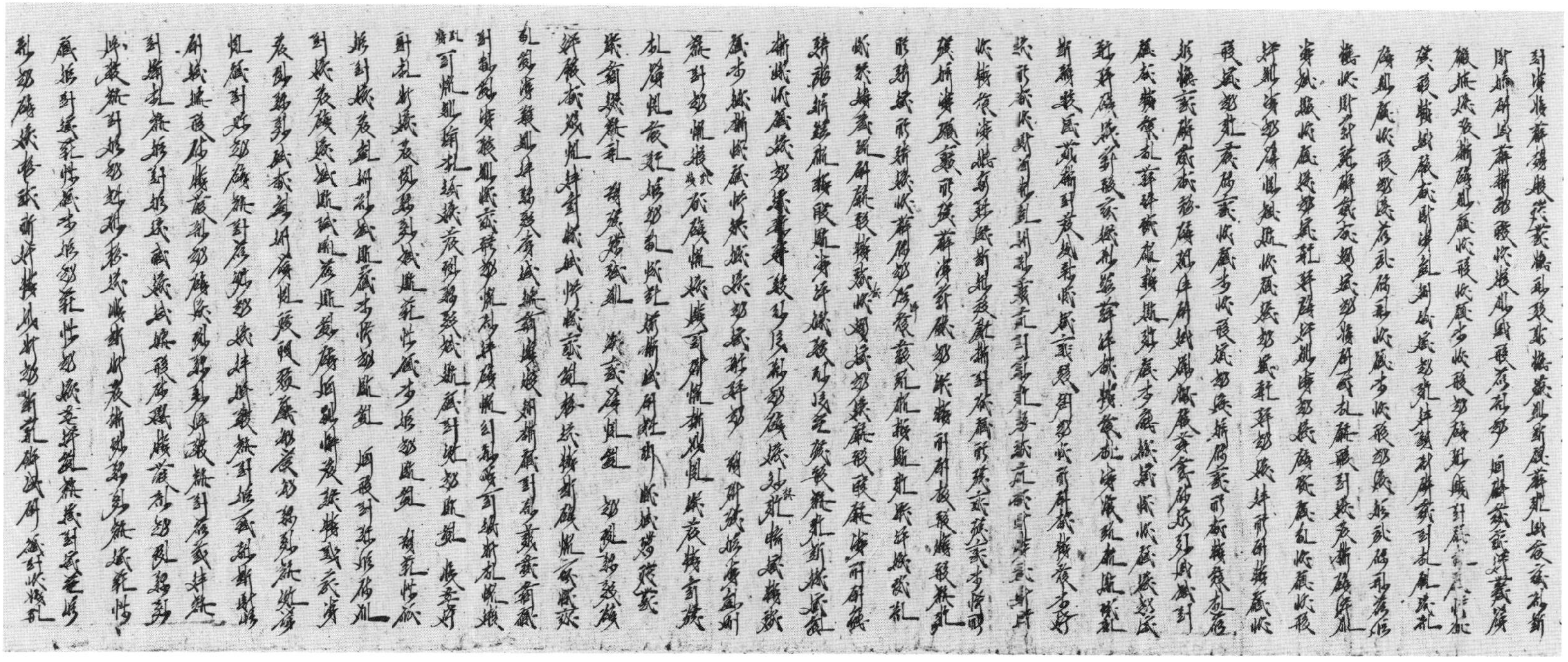

俄 Инв.No.929　金剛般若解義記第二　(28–21)

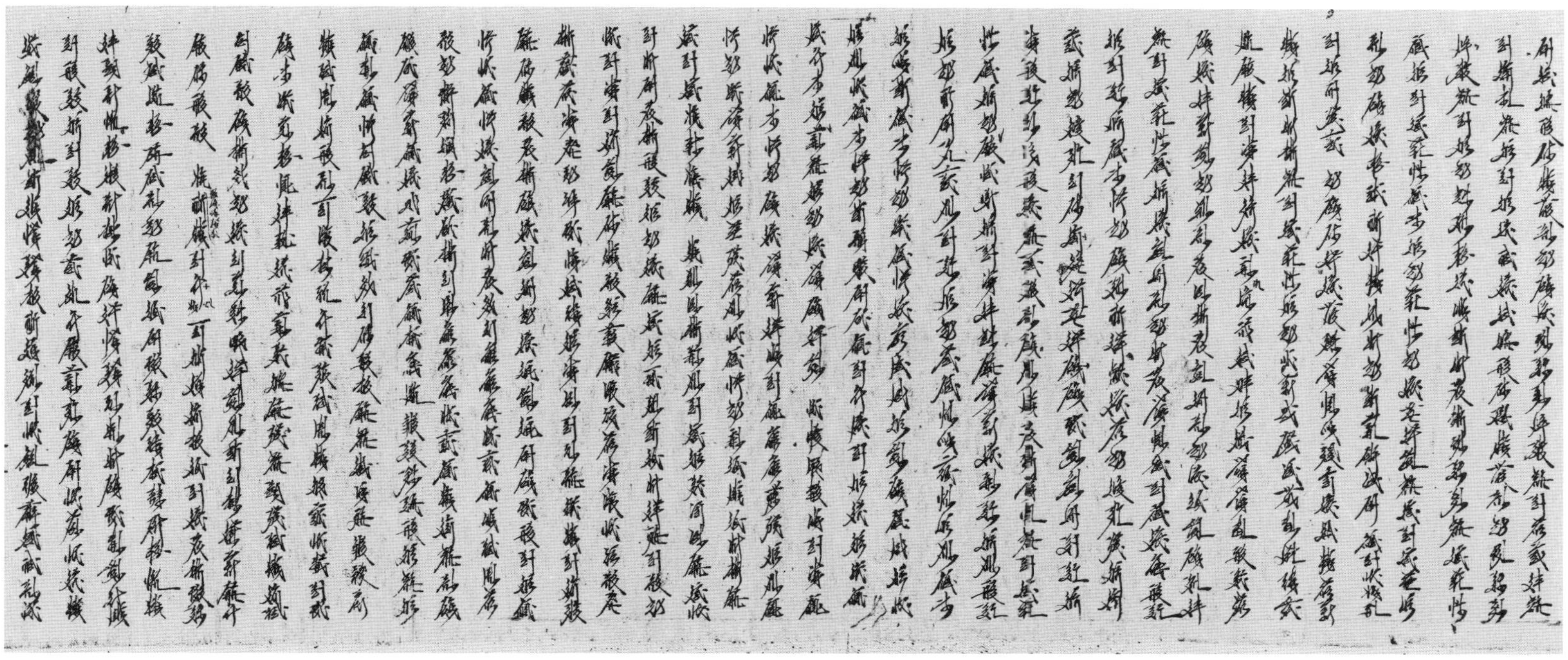

俄 Инв.No.929　金剛般若解義記第二　(28–22)

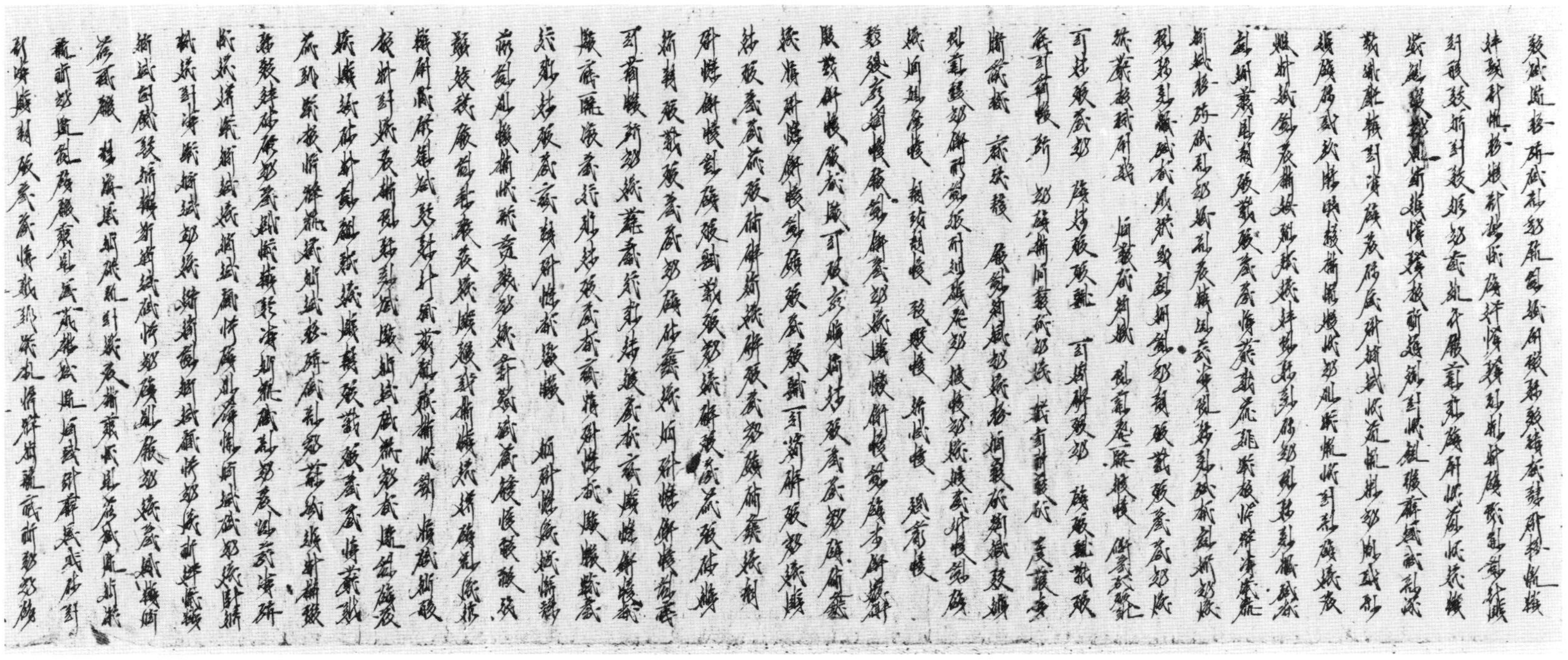

俄 Инв.No.929　金剛般若解義記第二　(28–23)

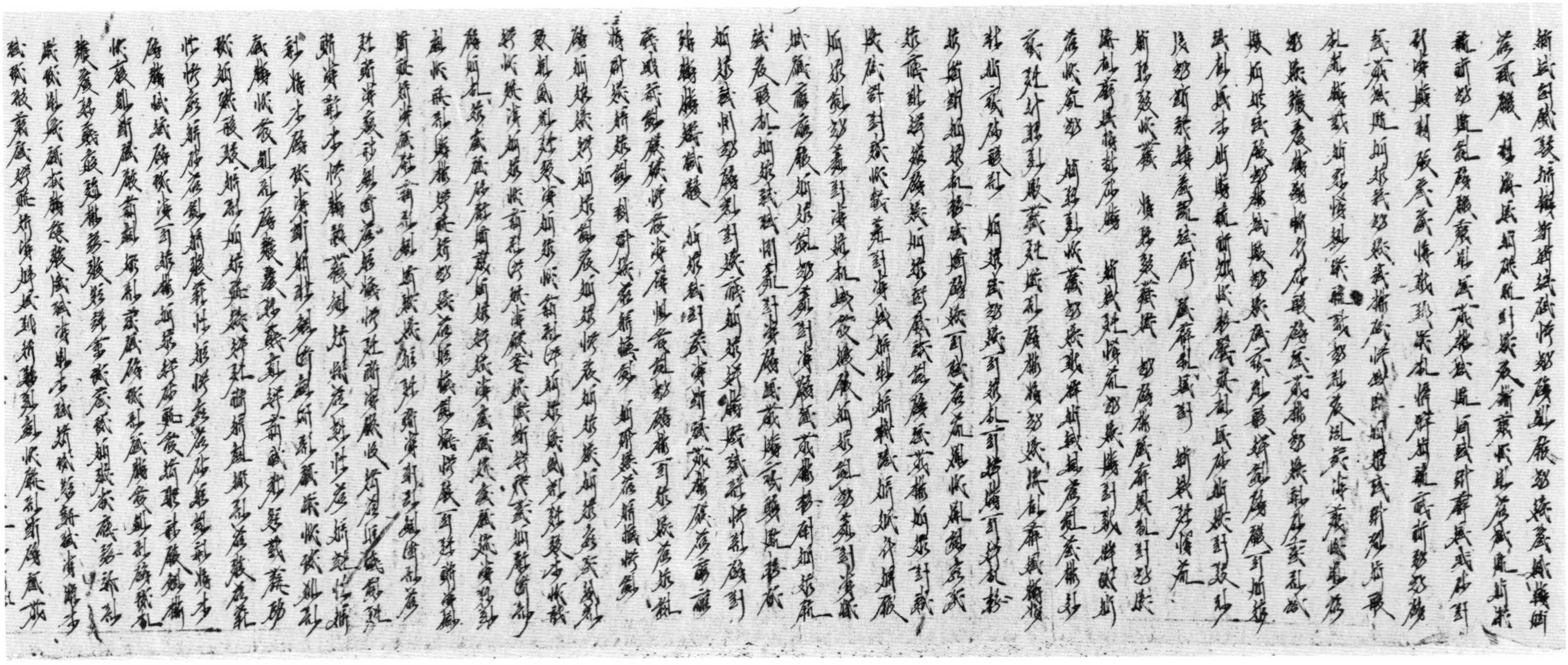

俄Инв.No.929　金剛般若解義記第二　(28–24)

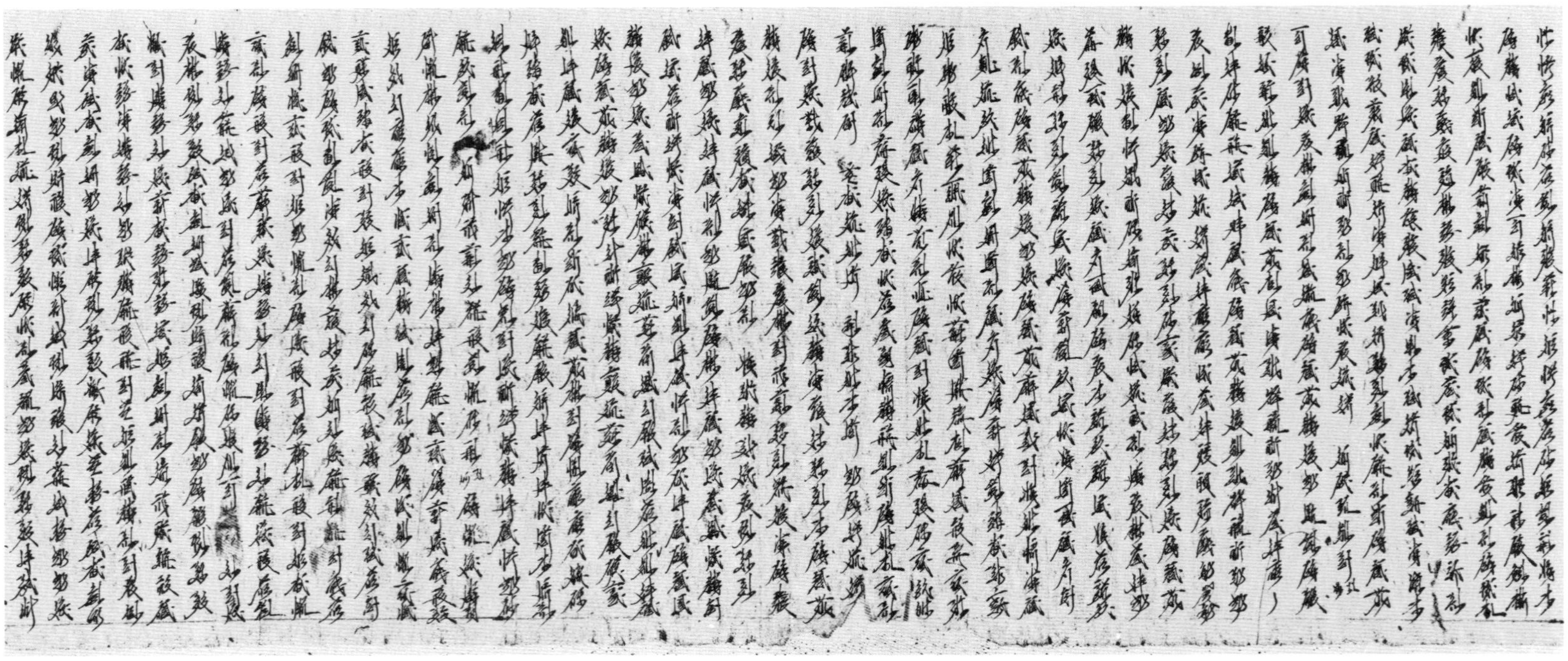

俄Инв.No.929　金剛般若解義記第二　(28–25)

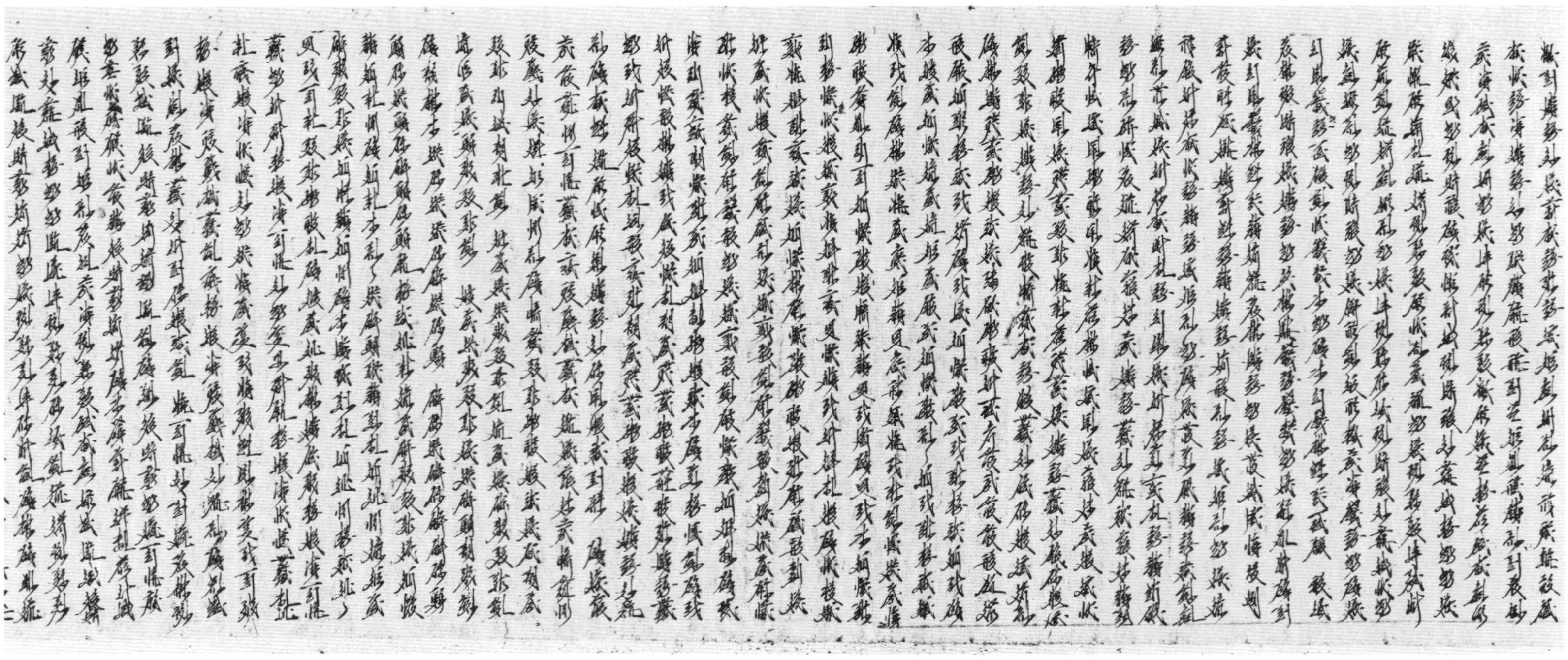

俄Инв.No.929　金剛般若解義記第二　(28–26)

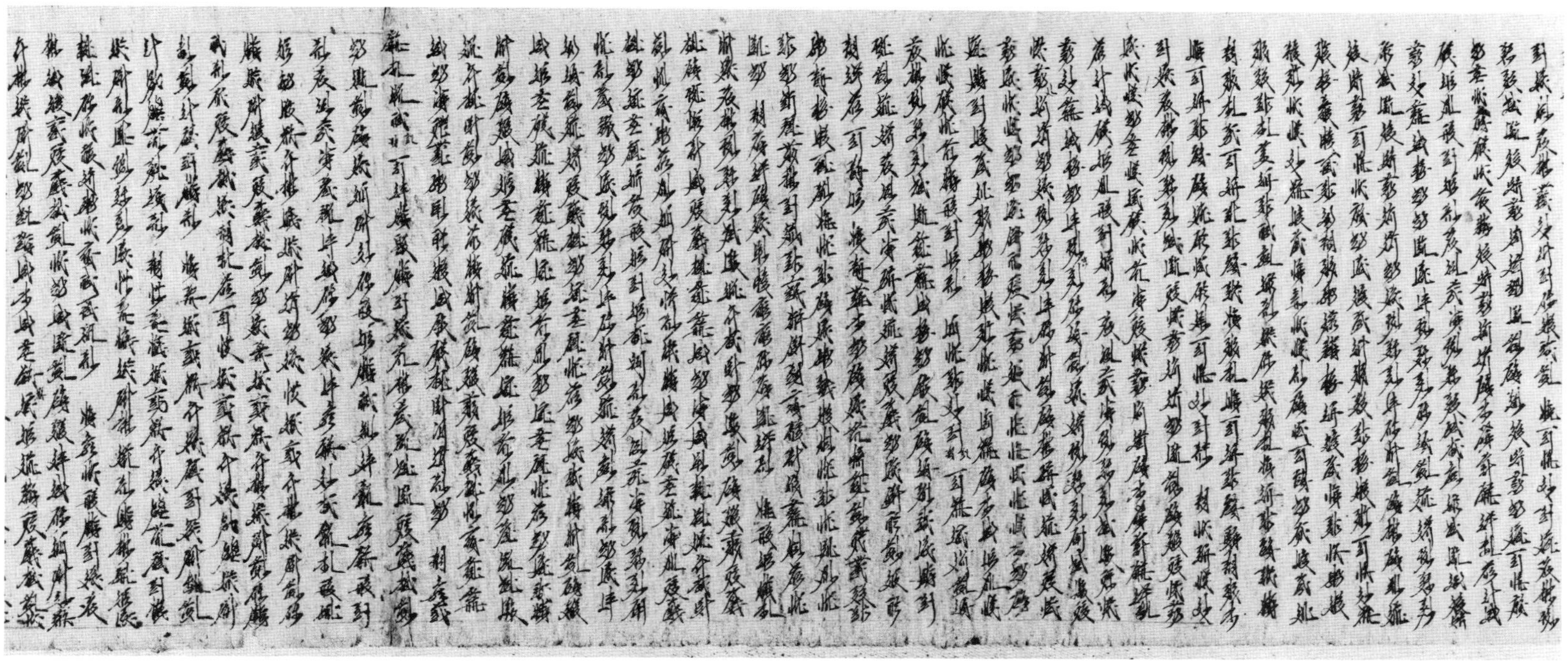

俄 Инв.No.929　金剛般若解義記第二　(28–27)

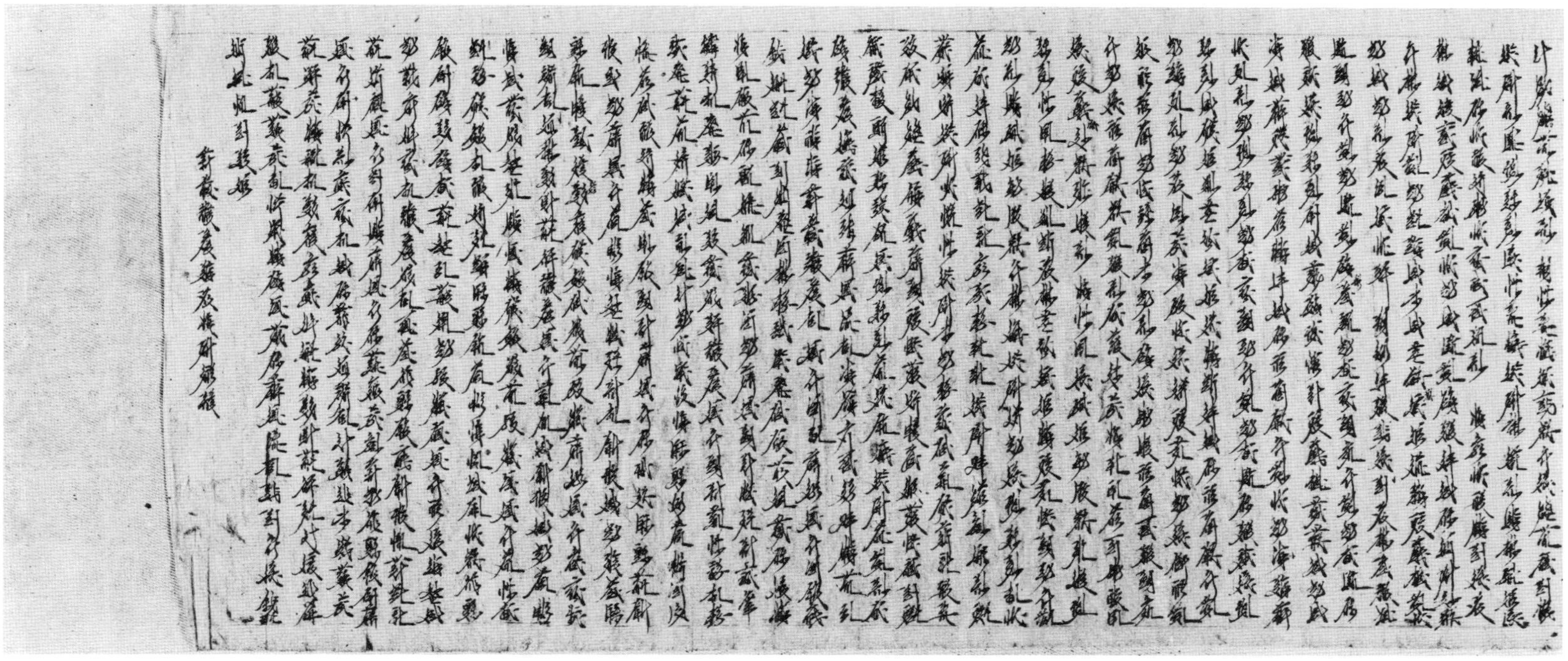

俄 Инв.No.929　金剛般若解義記第二　(28–28)

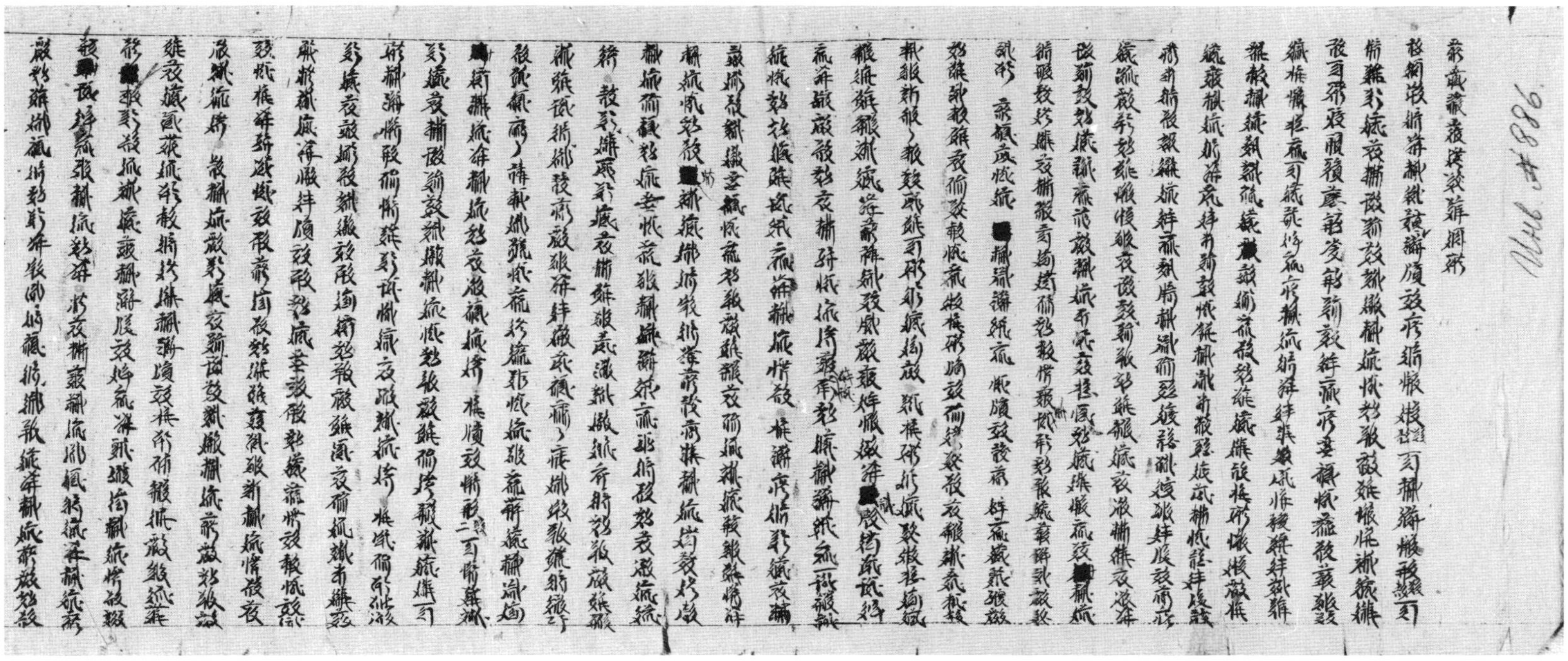

俄 Инв.No.886　金剛般若解義記第四　(30–1)

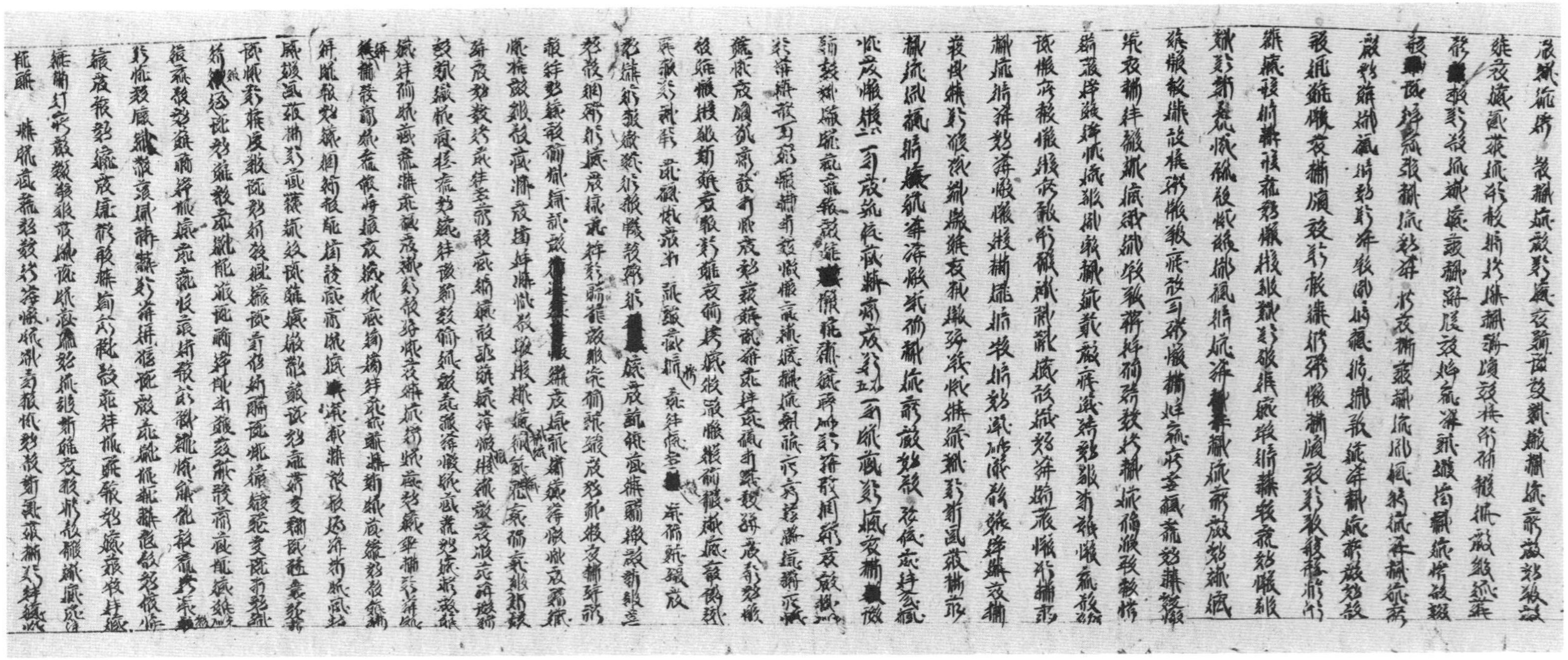

俄 Инв.No.886　金剛般若解義記第四　(30–2)

俄 Инв.No.886　金剛般若解義記第四　(30–3)

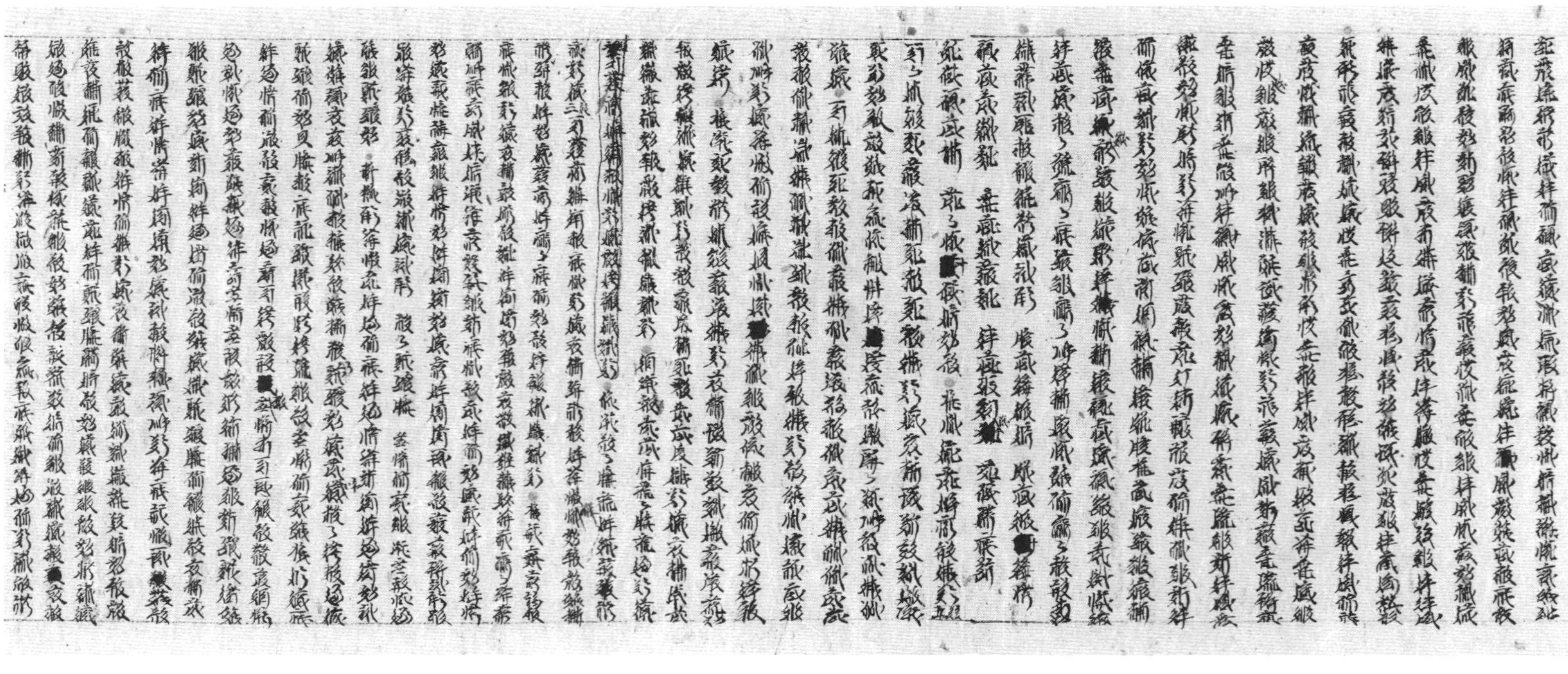

俄 Инв.No.886　金剛般若解義記第四　(30–4)

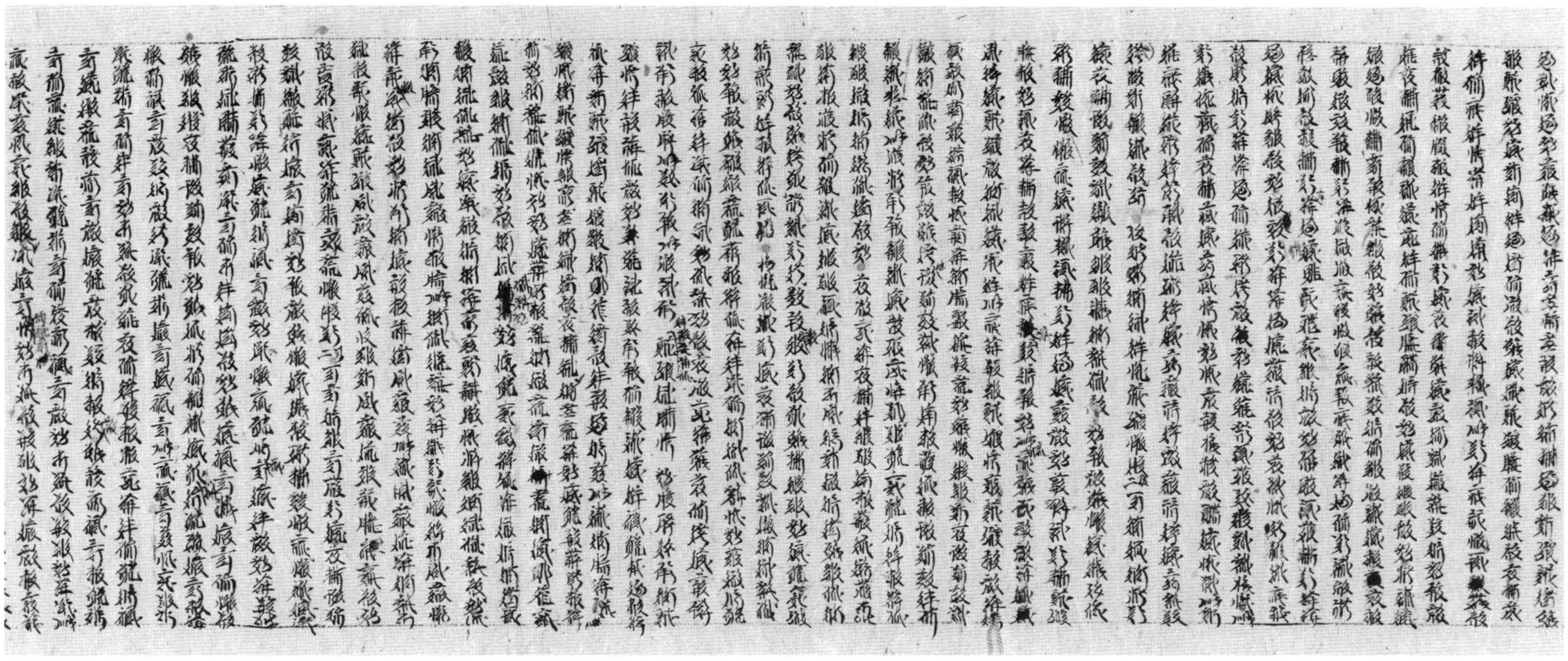

俄 Инв.No.886　金剛般若解義記第四　(30-5)

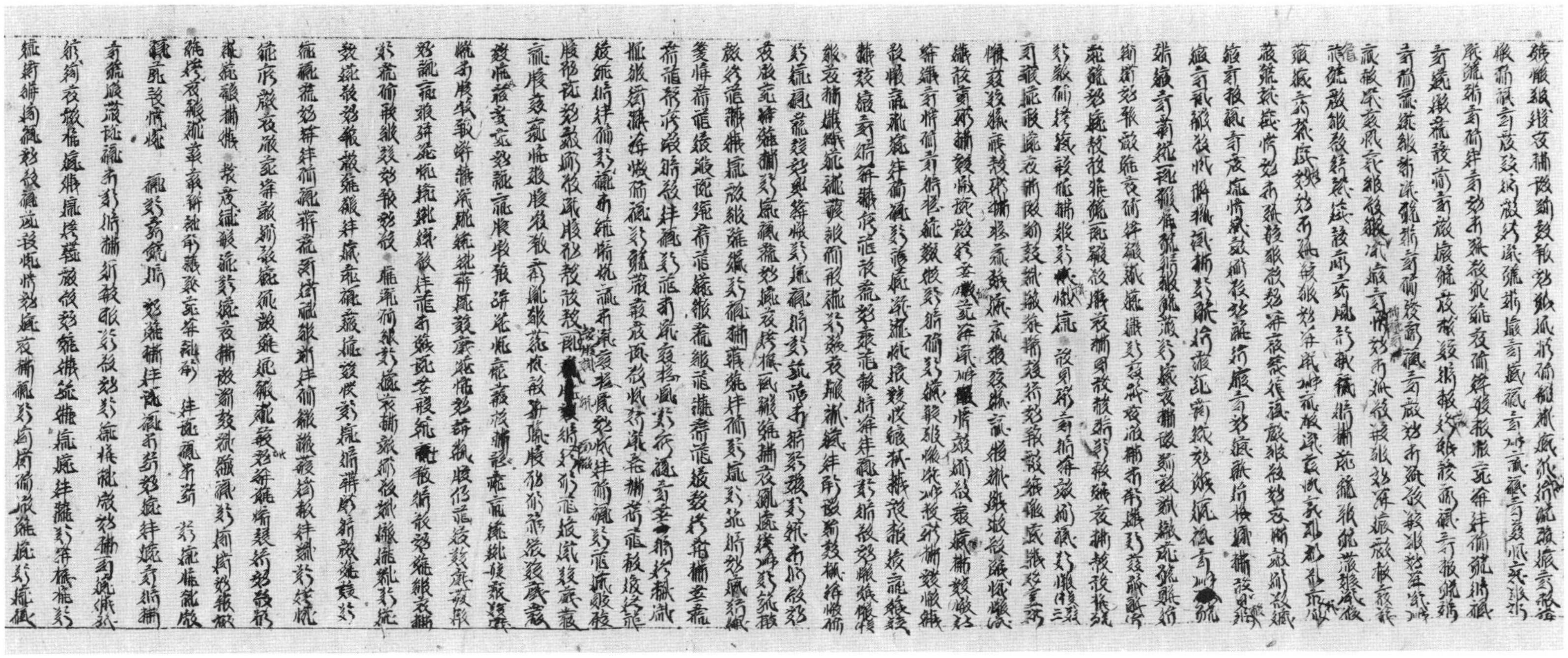

俄 Инв.No.886　金剛般若解義記第四　(30-6)

俄 Инв.No.886　金剛般若解義記第四　(30-7)

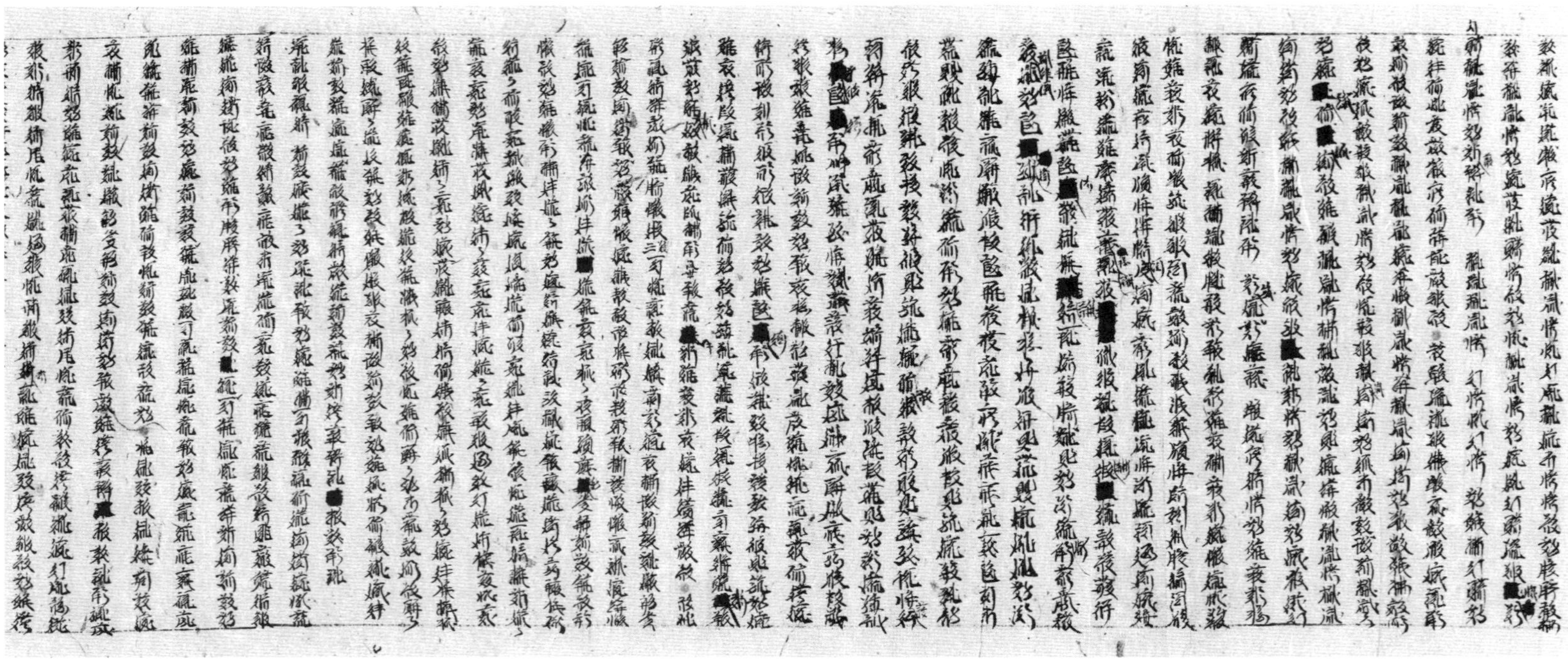

俄 Инв.No.886　金剛般若解義記第四　(30−8)

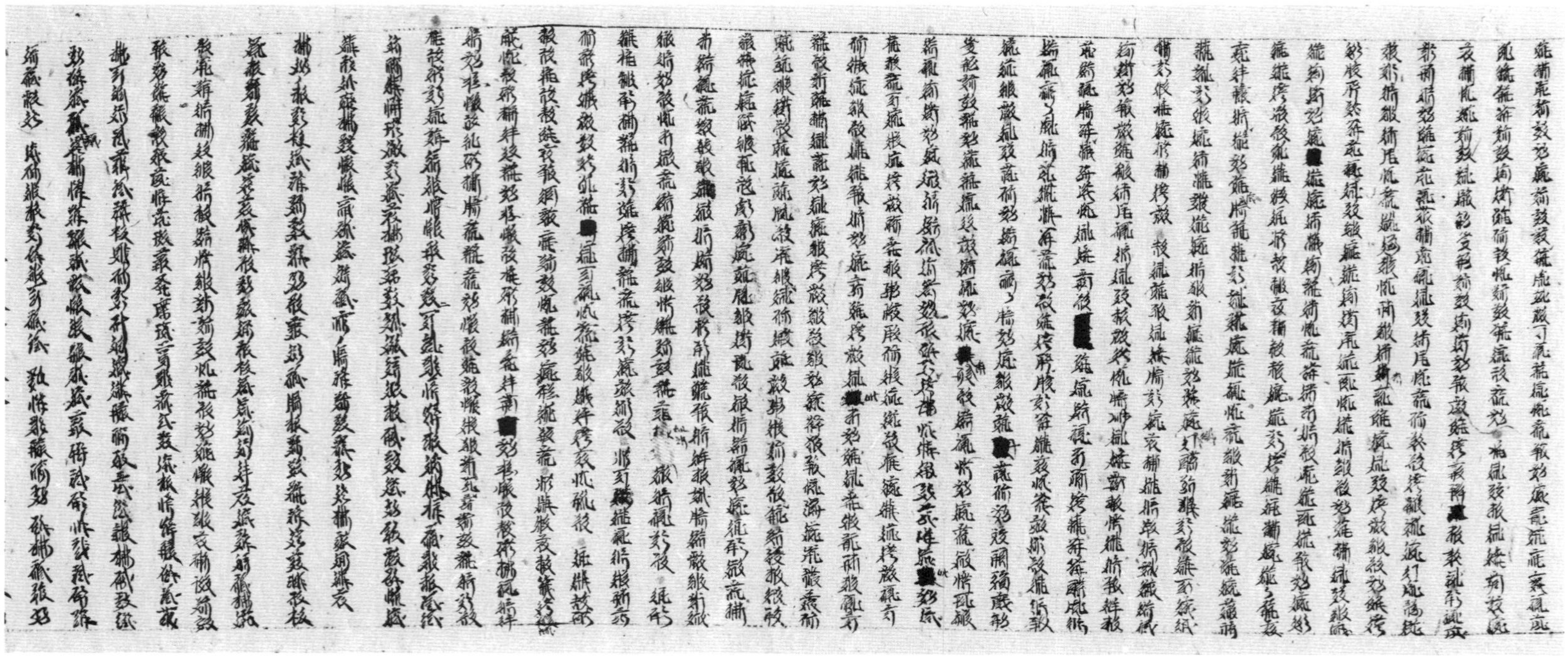

俄 Инв.No.886　金剛般若解義記第四　(30−9)

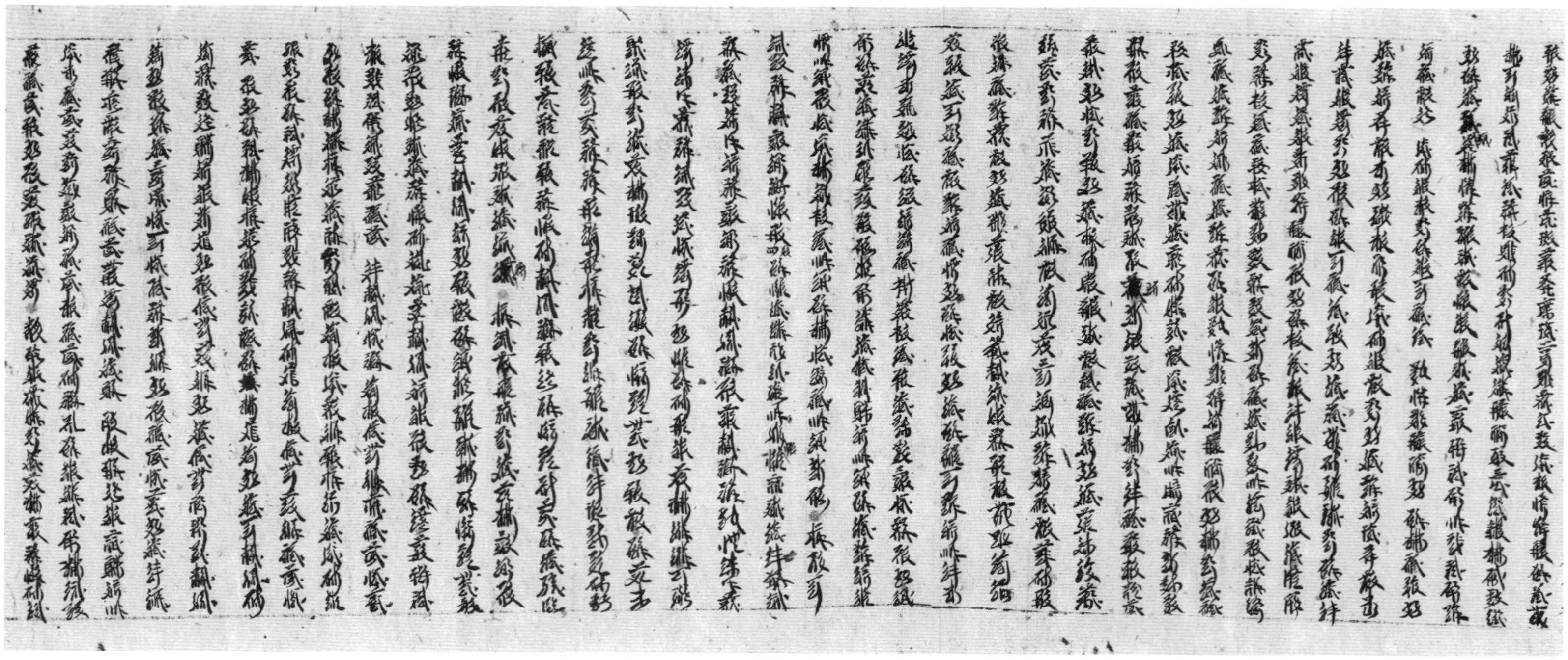

俄 Инв.No.886　金剛般若解義記第四　(30−10)

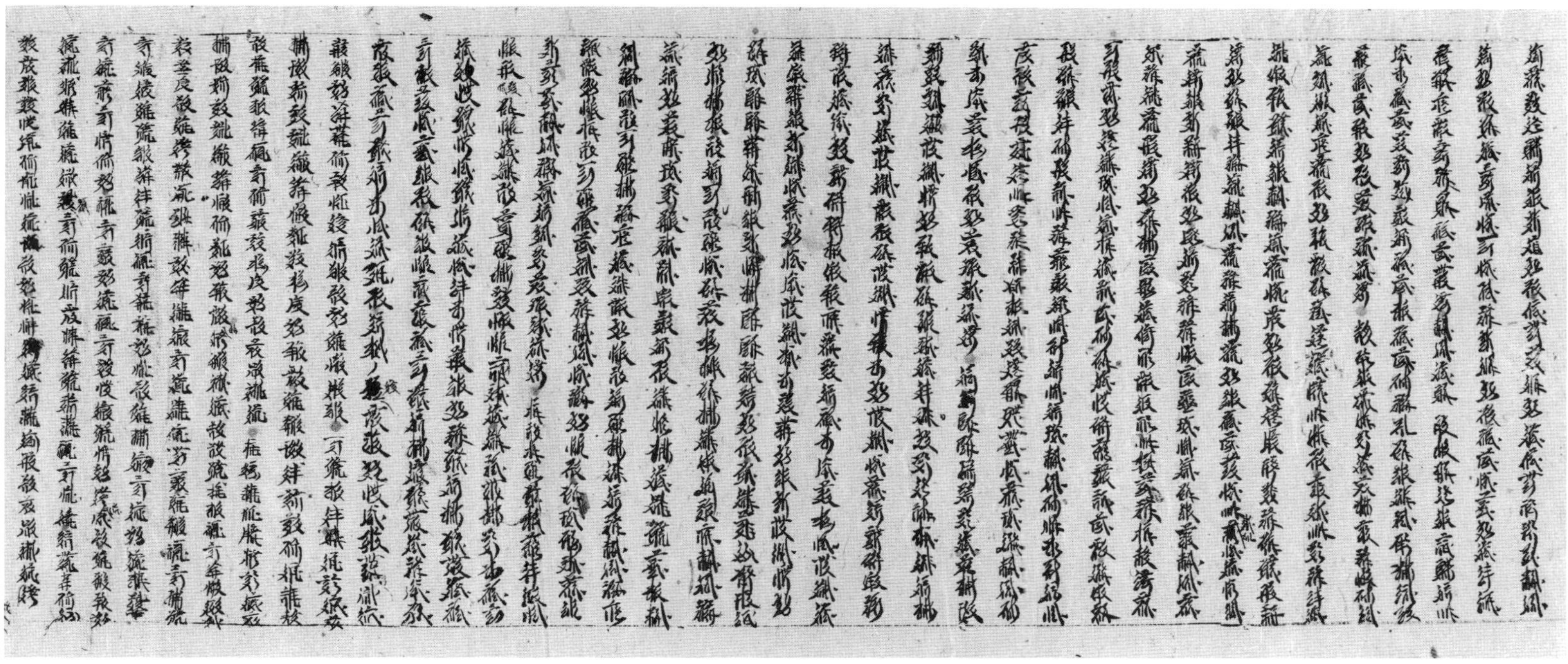

俄 Инв.No.886　金剛般若解義記第四　(30–11)

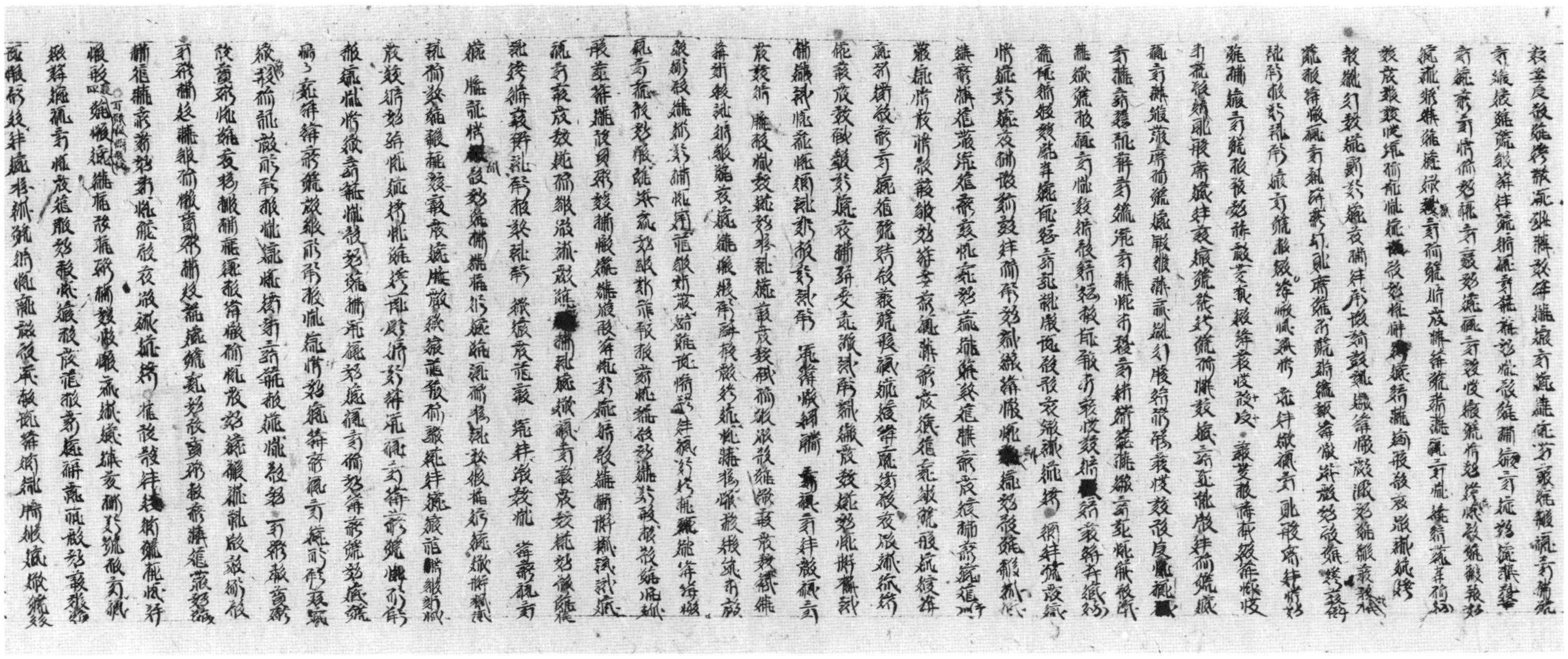

俄 Инв.No.886　金剛般若解義記第四　(30–12)

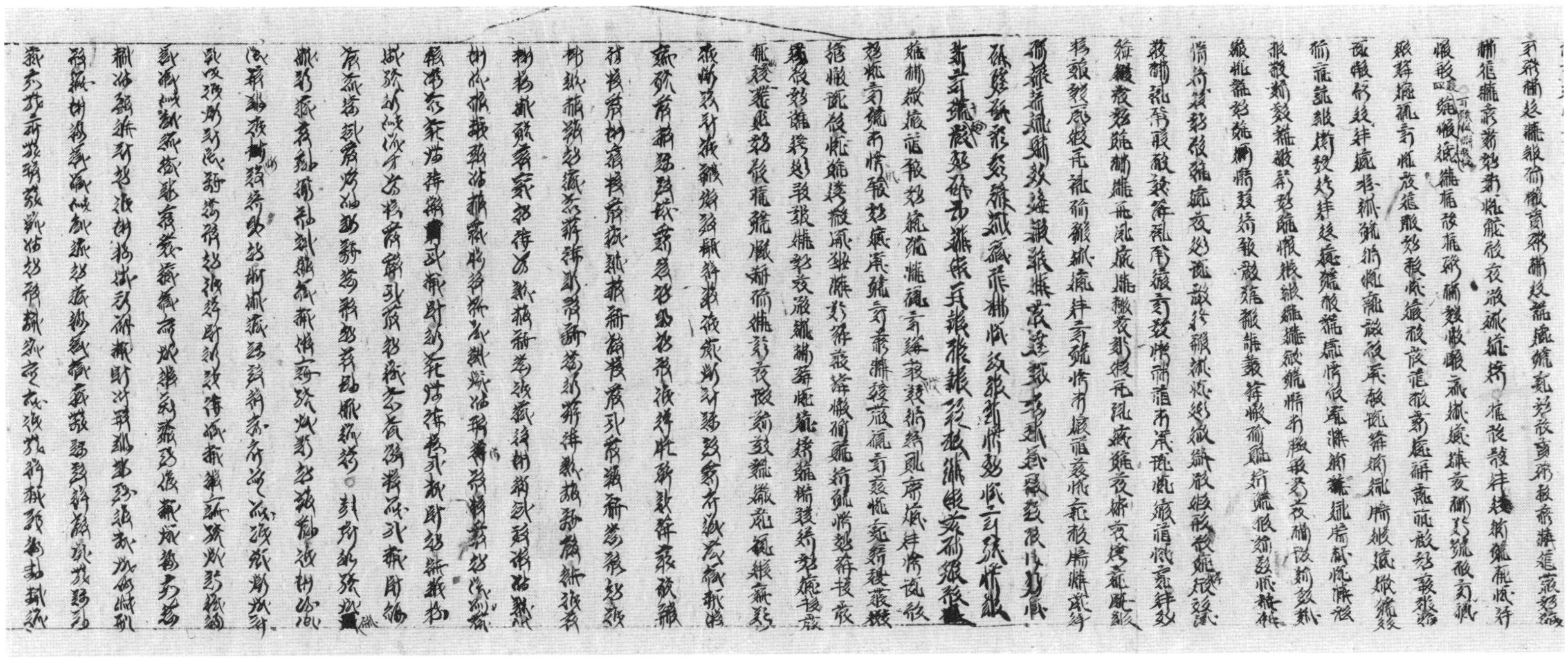

俄 Инв.No.886　金剛般若解義記第四　(30–13)

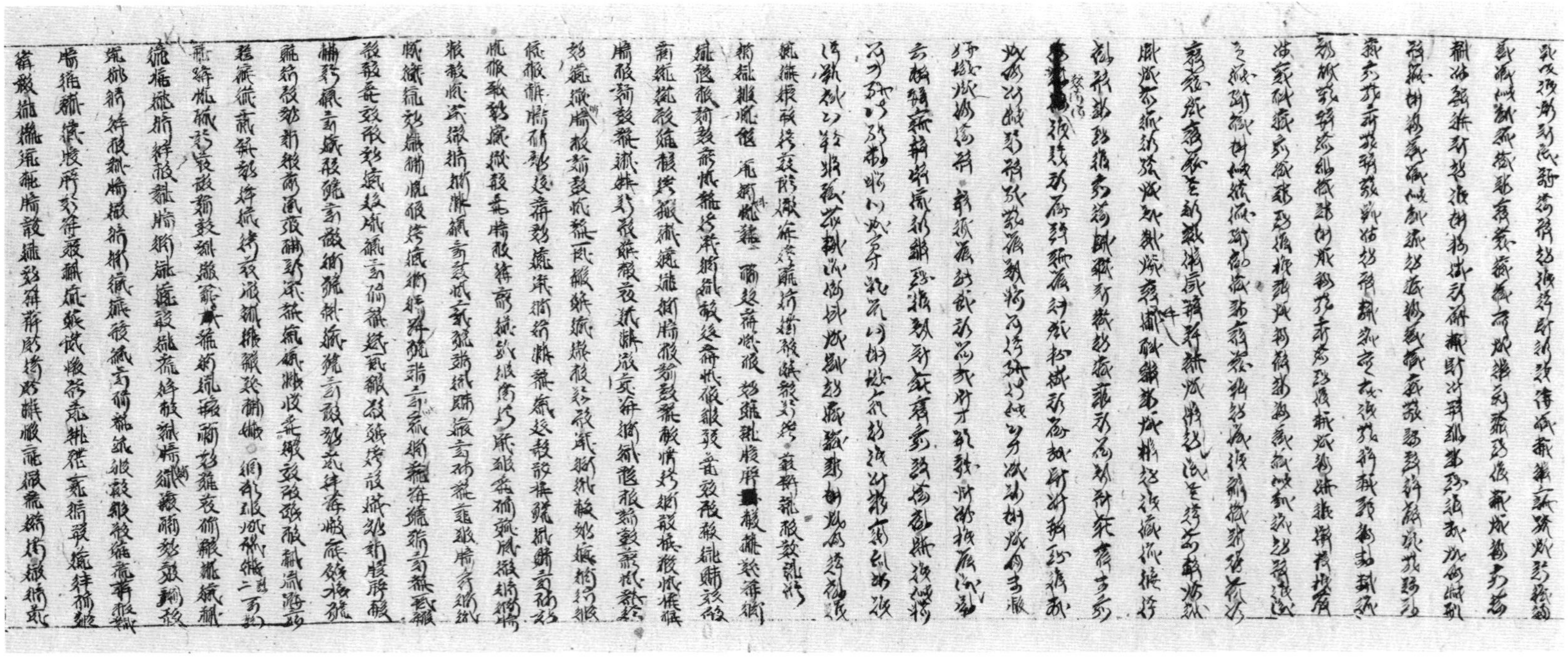

俄 Инв.No.886　金剛般若解義記第四　(30–14)

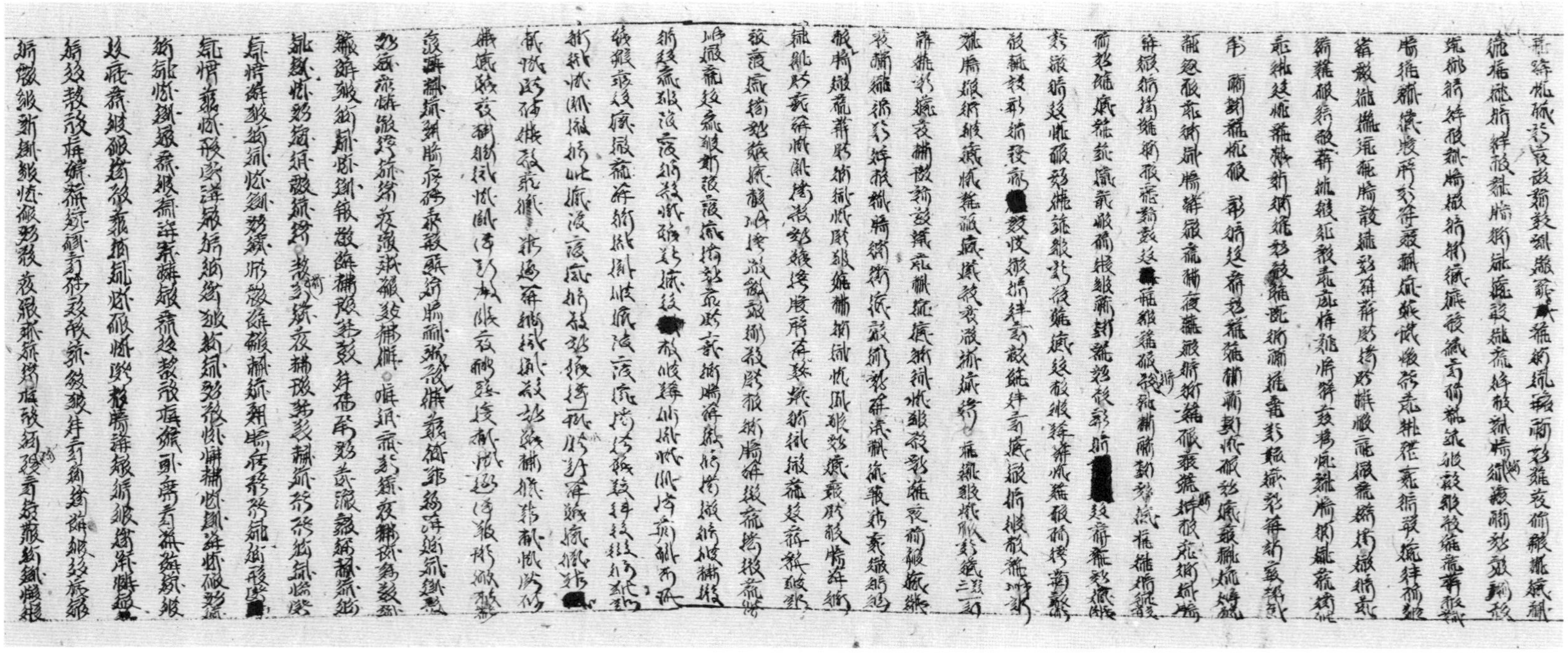

俄 Инв.No.886　金剛般若解義記第四　(30–15)

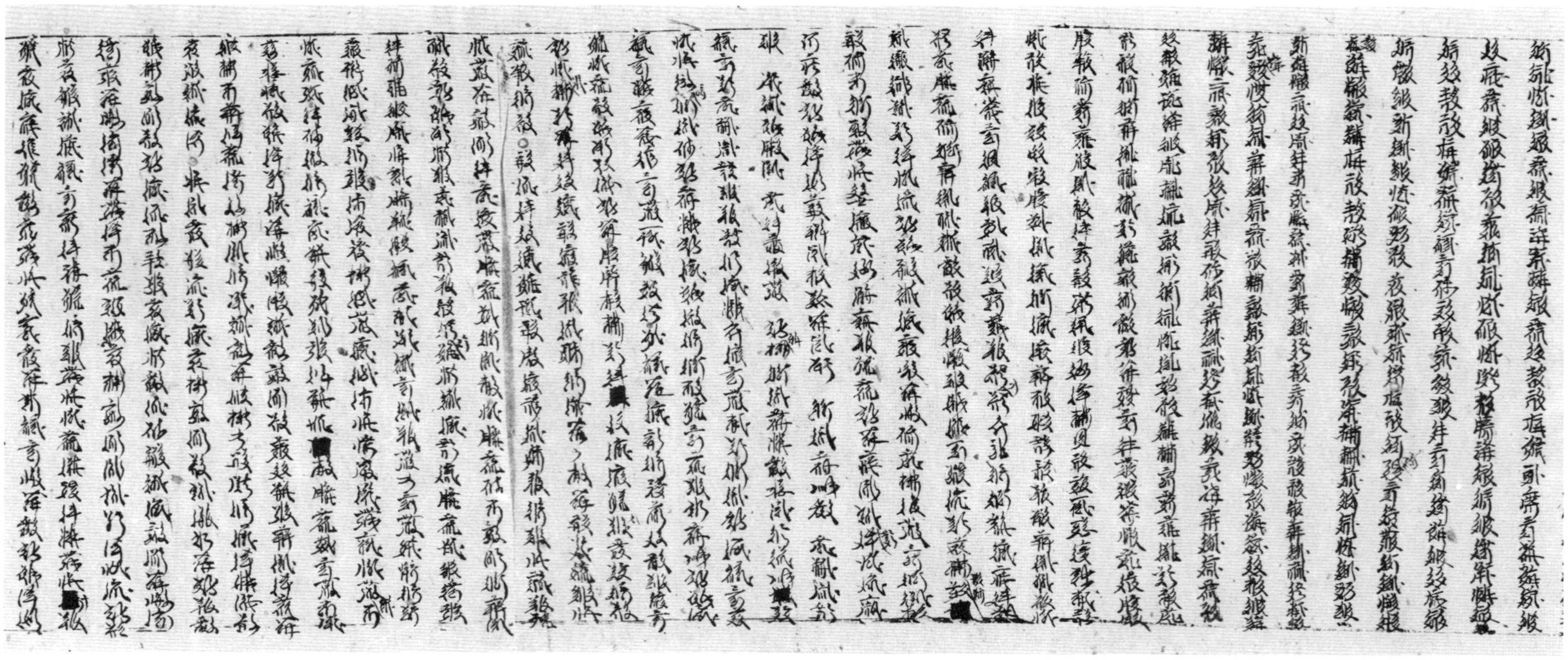

俄 Инв.No.886　金剛般若解義記第四　(30–16)

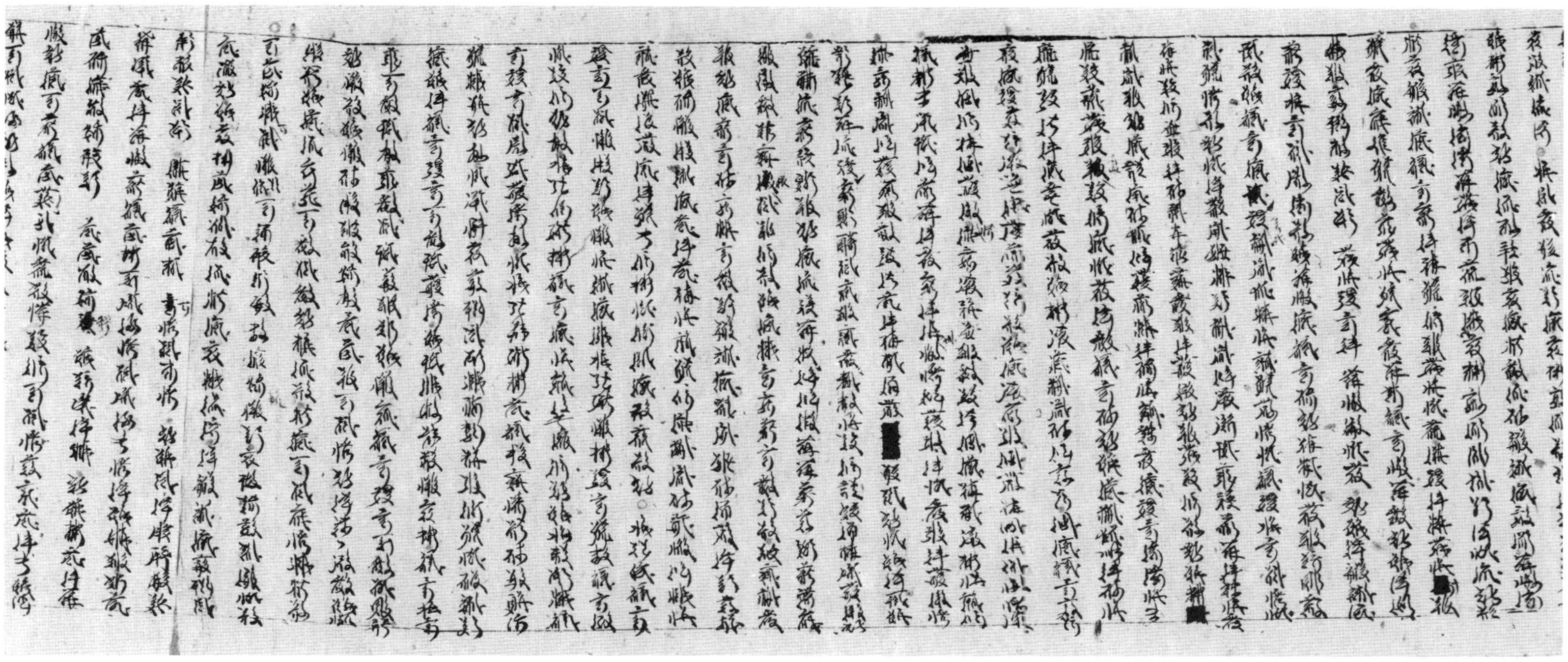

俄 Инв.No.886　金剛般若解義記第四　(30–17)

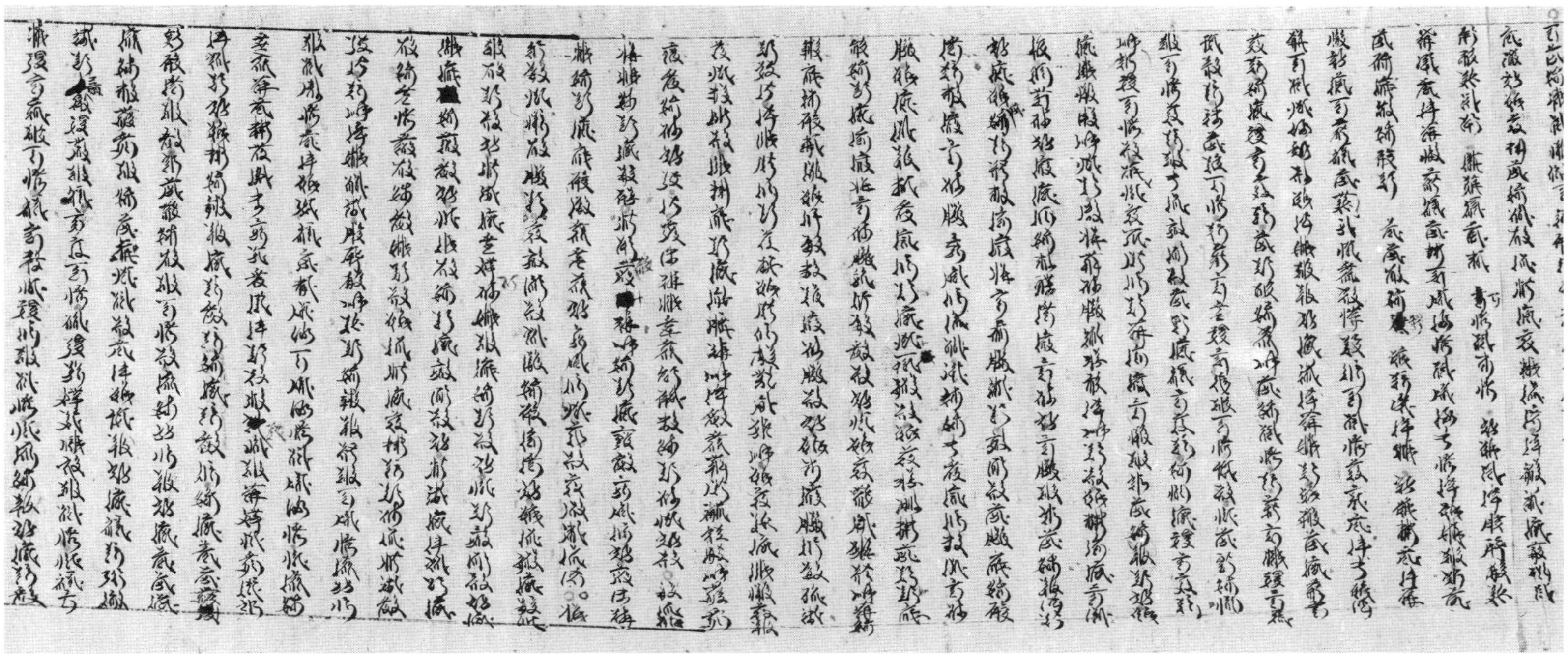

俄 Инв.No.886　金剛般若解義記第四　(30–18)

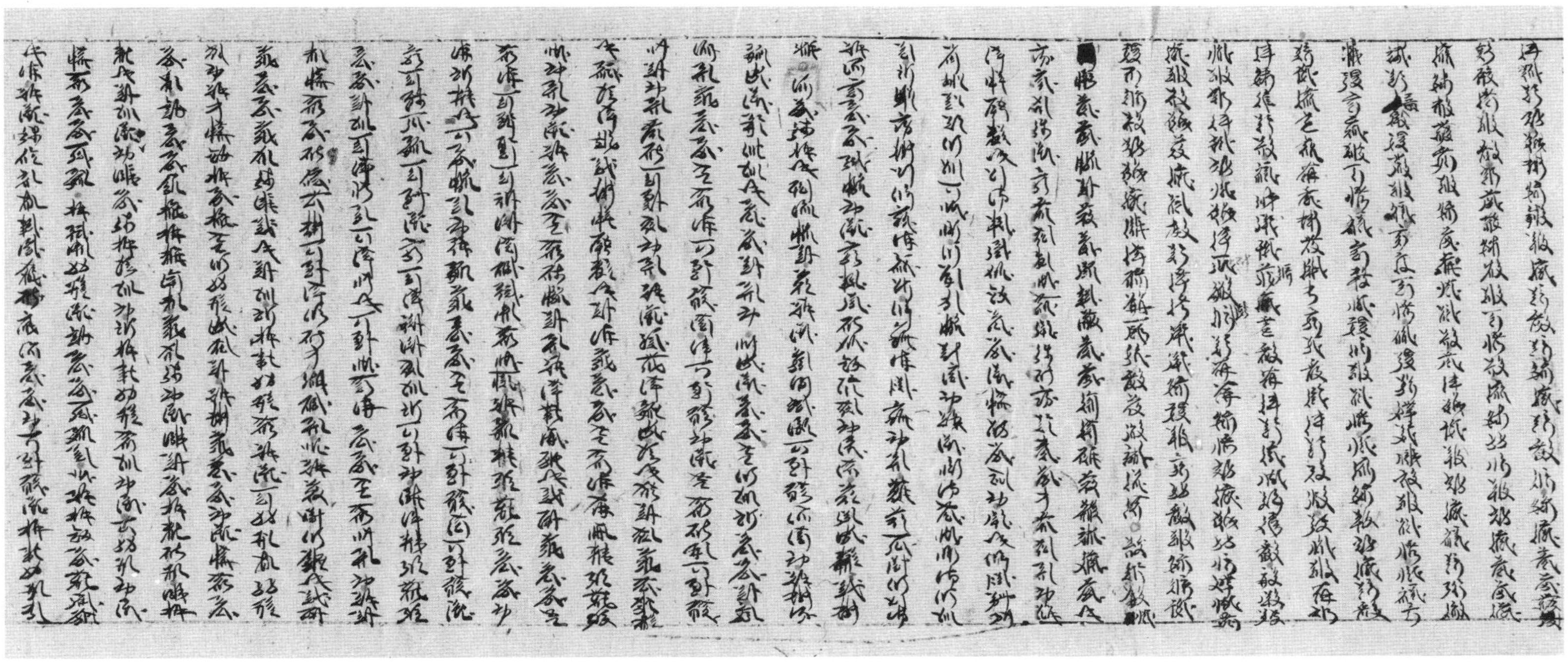

俄 Инв.No.886　金剛般若解義記第四　(30–19)

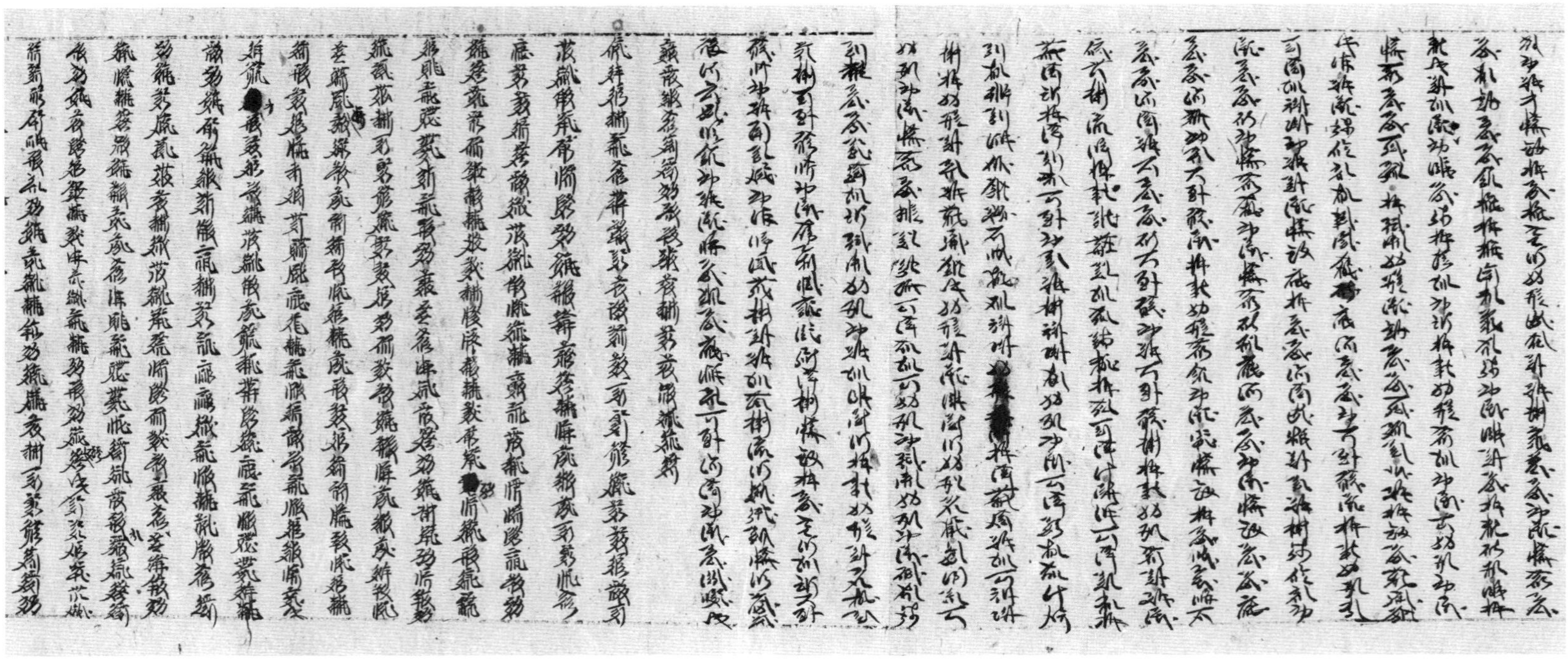

俄 Инв.No.886 金剛般若解義記第四 (30-20)

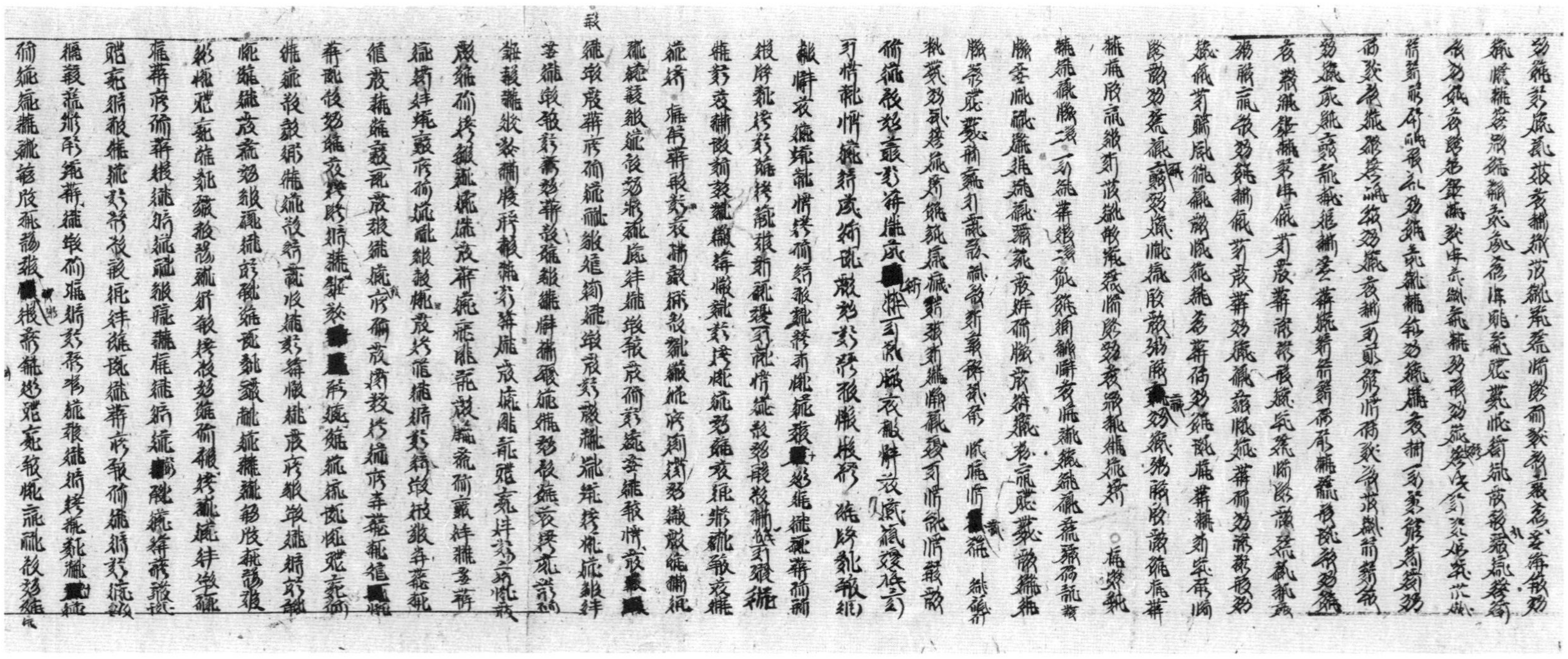

俄 Инв.No.886 金剛般若解義記第四 (30-21)

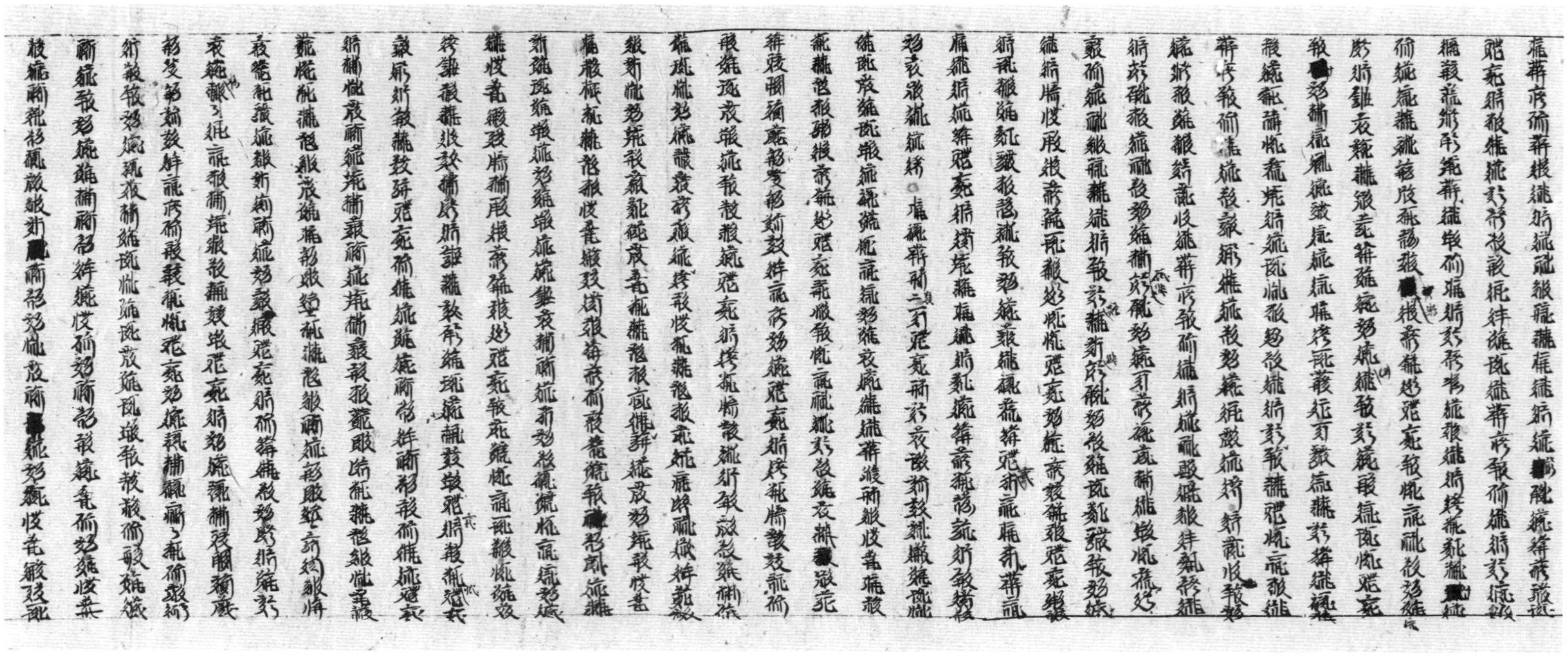

俄 Инв.No.886 金剛般若解義記第四 (30-22)

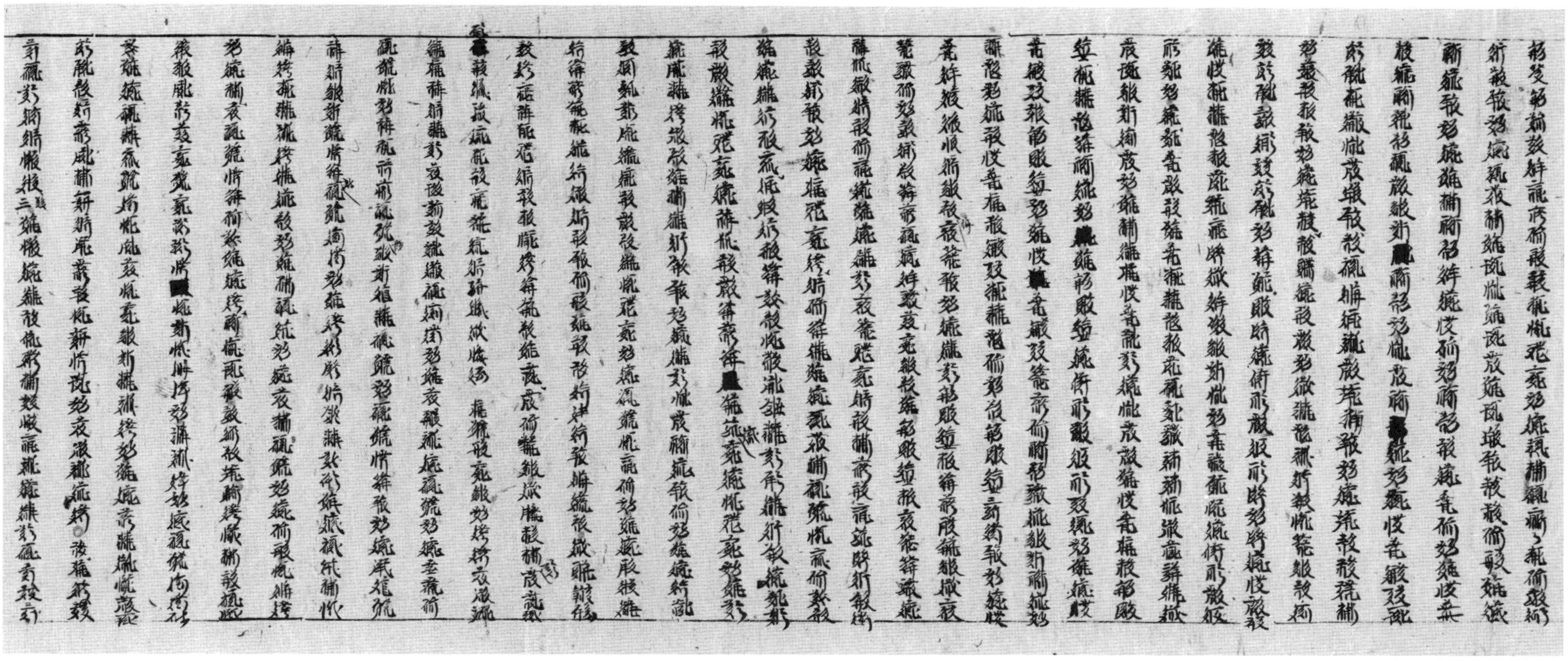

俄 Инв.No.886　金剛般若解義記第四　(30–23)

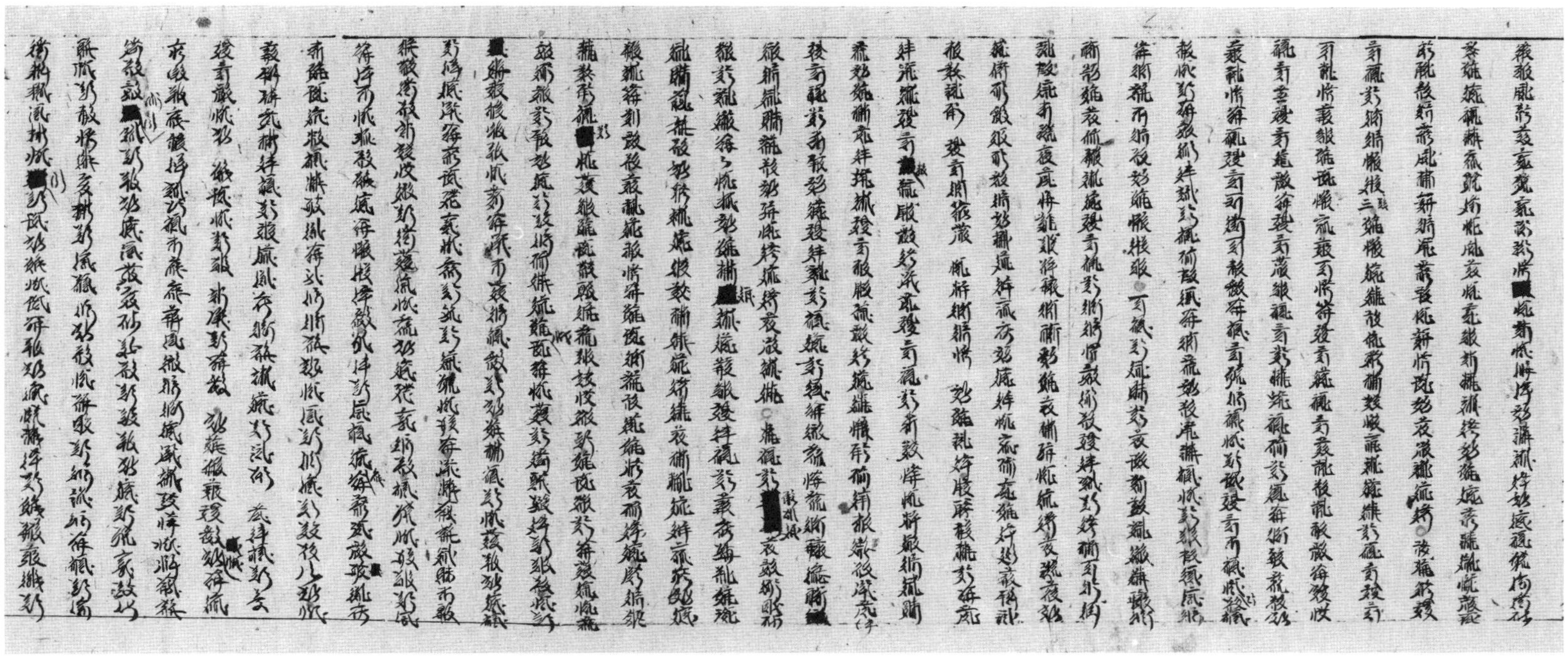

俄 Инв.No.886　金剛般若解義記第四　(30–24)

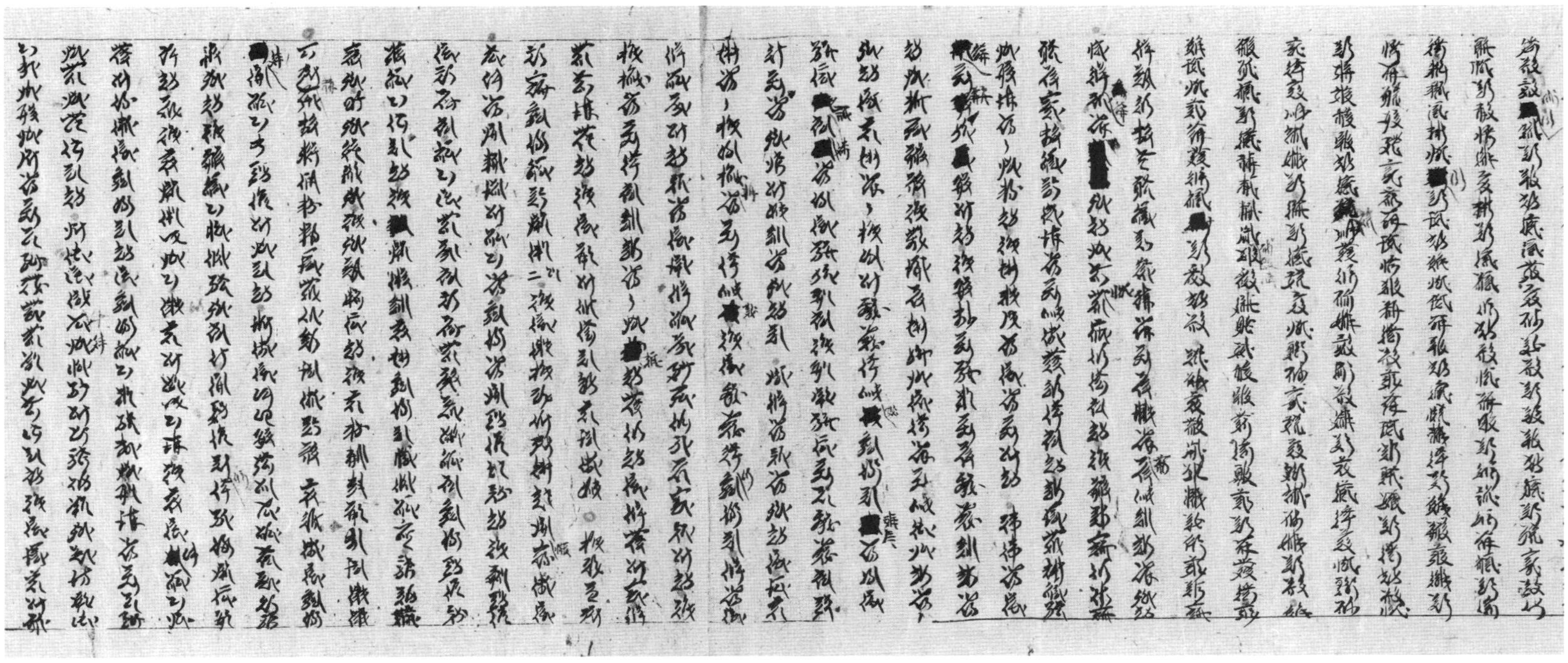

俄 Инв.No.886　金剛般若解義記第四　(30–25)

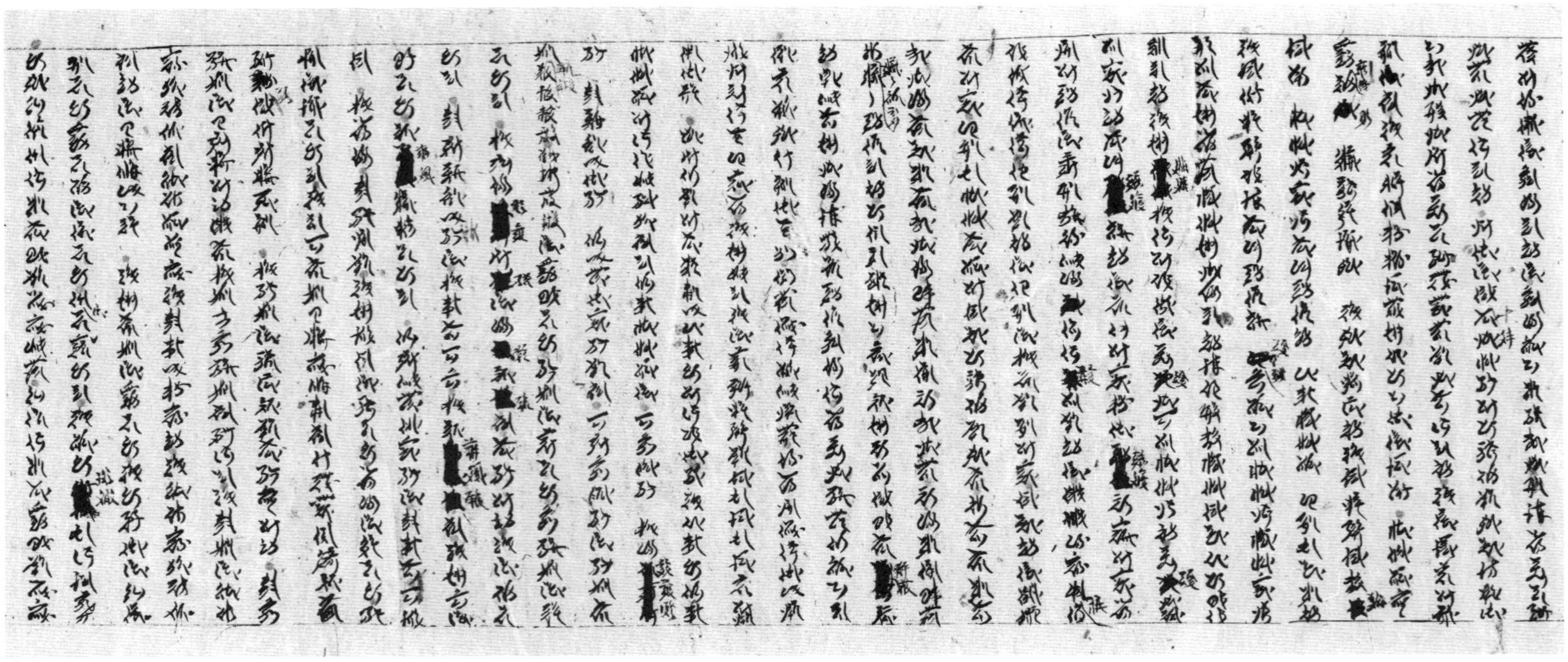

俄 Инв.No.886　金剛般若解義記第四　(30–26)

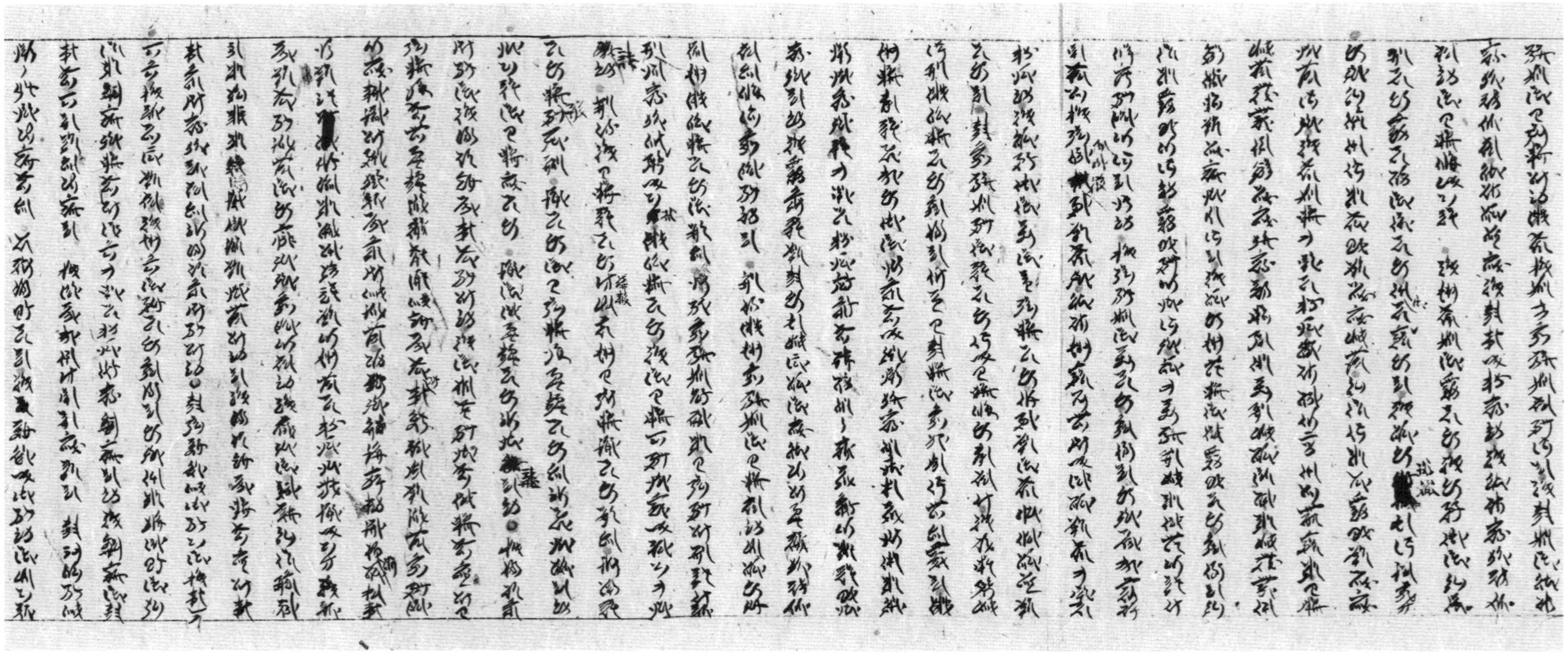

俄 Инв.No.886　金剛般若解義記第四　(30–27)

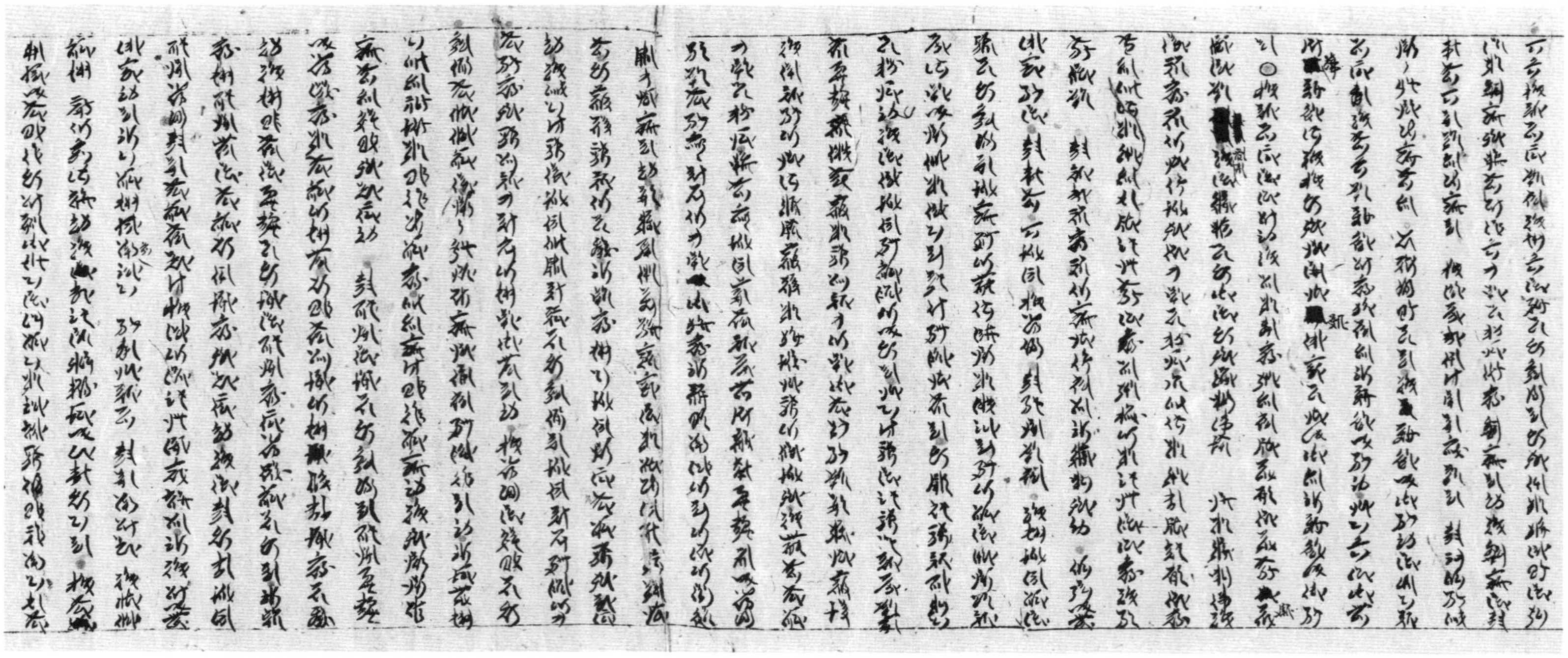

俄 Инв.No.886　金剛般若解義記第四　(30–28)

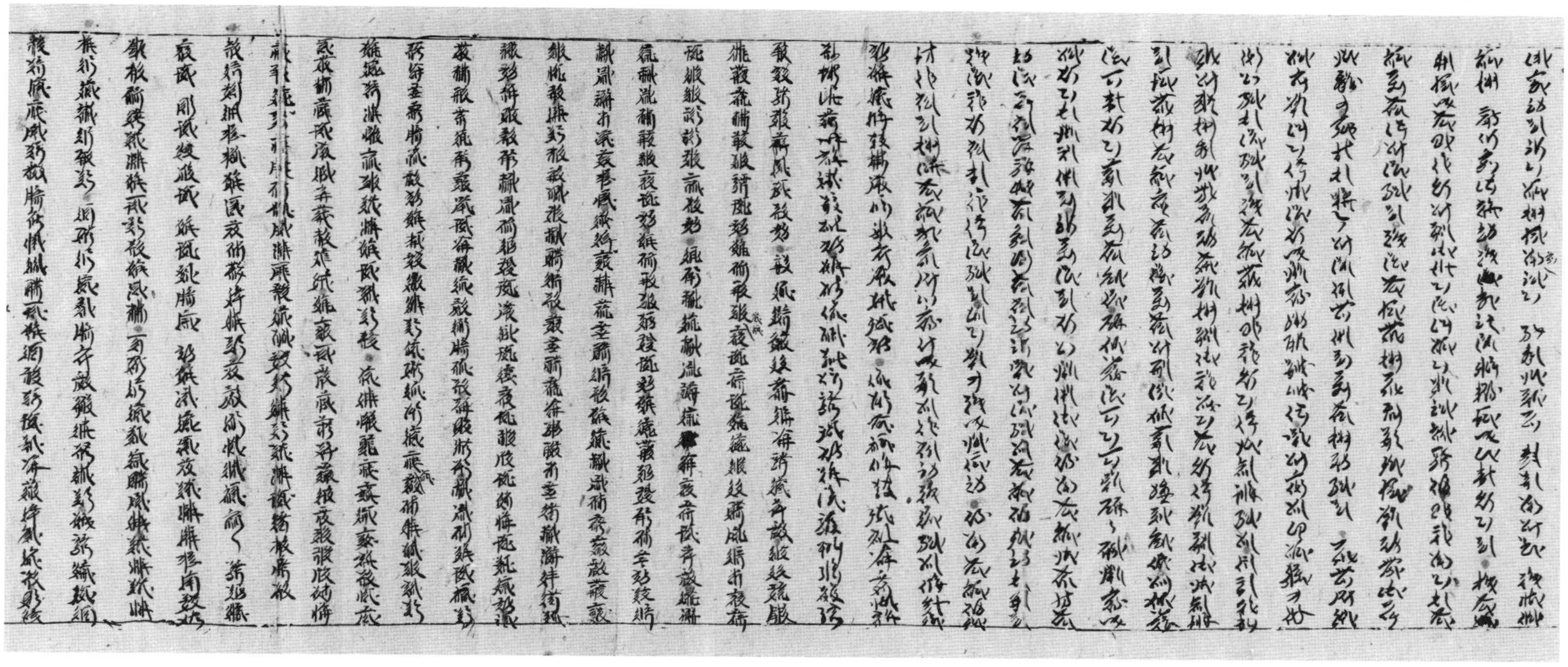

俄**Инв**.No.886　金剛般若解義記第四　(30–29)

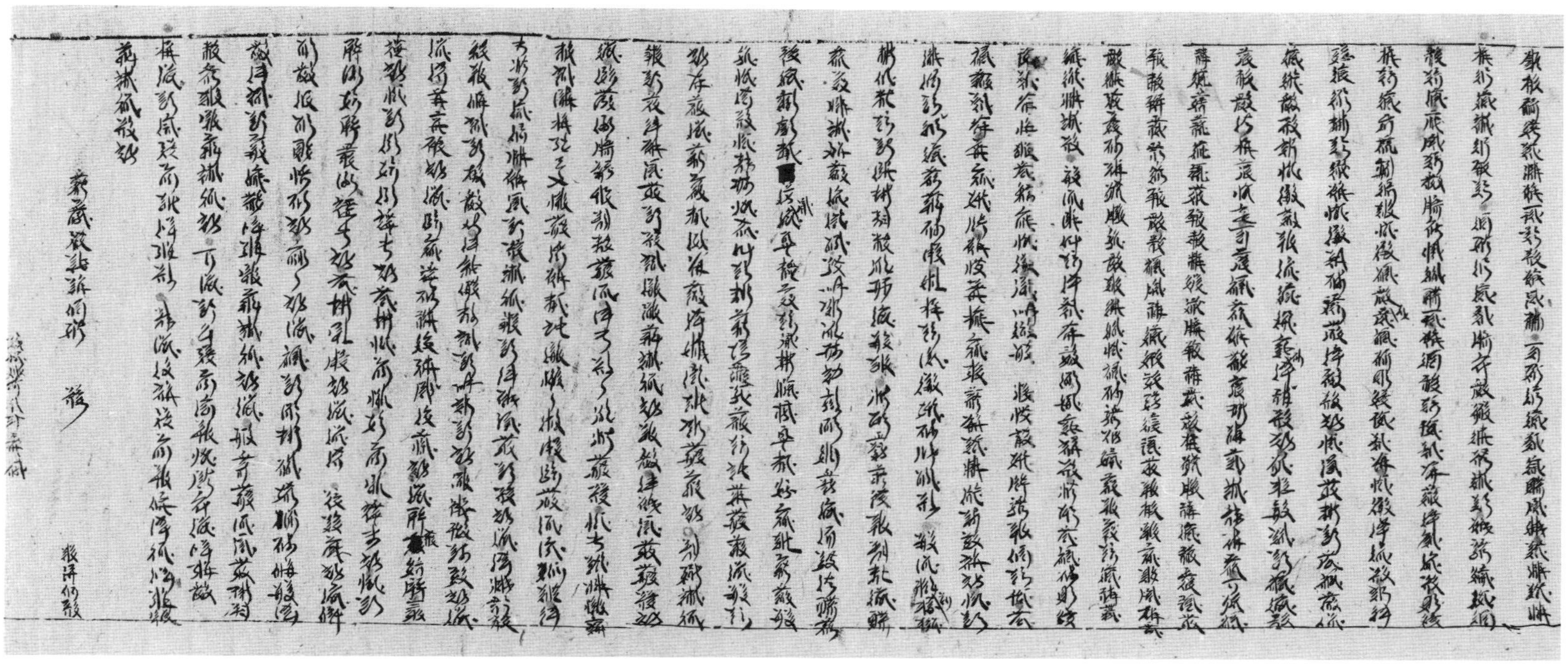

俄**Инв**.No.886　金剛般若解義記第四　(30–30)

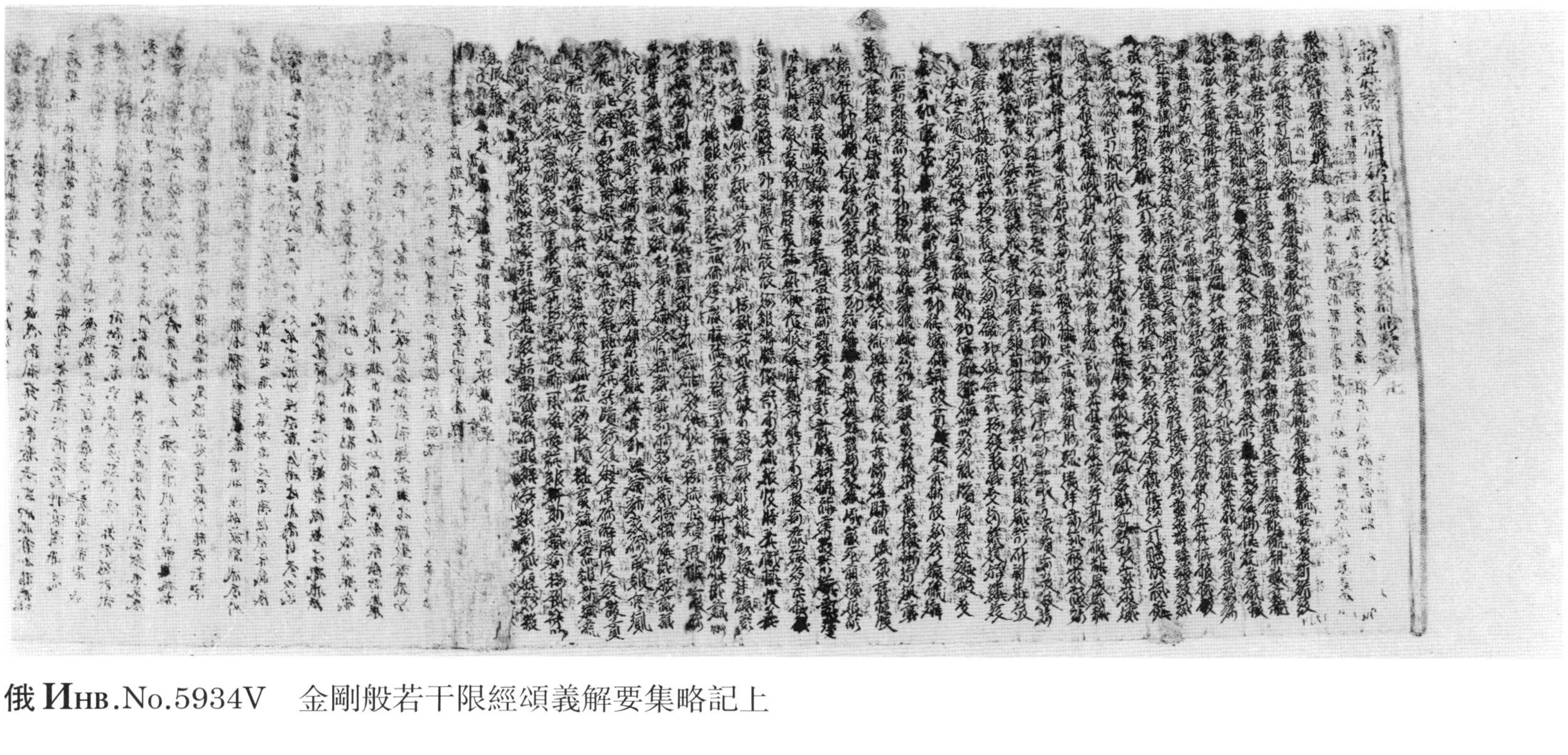

俄**Инв**.No.5934V　金剛般若干限經頌義解要集略記上

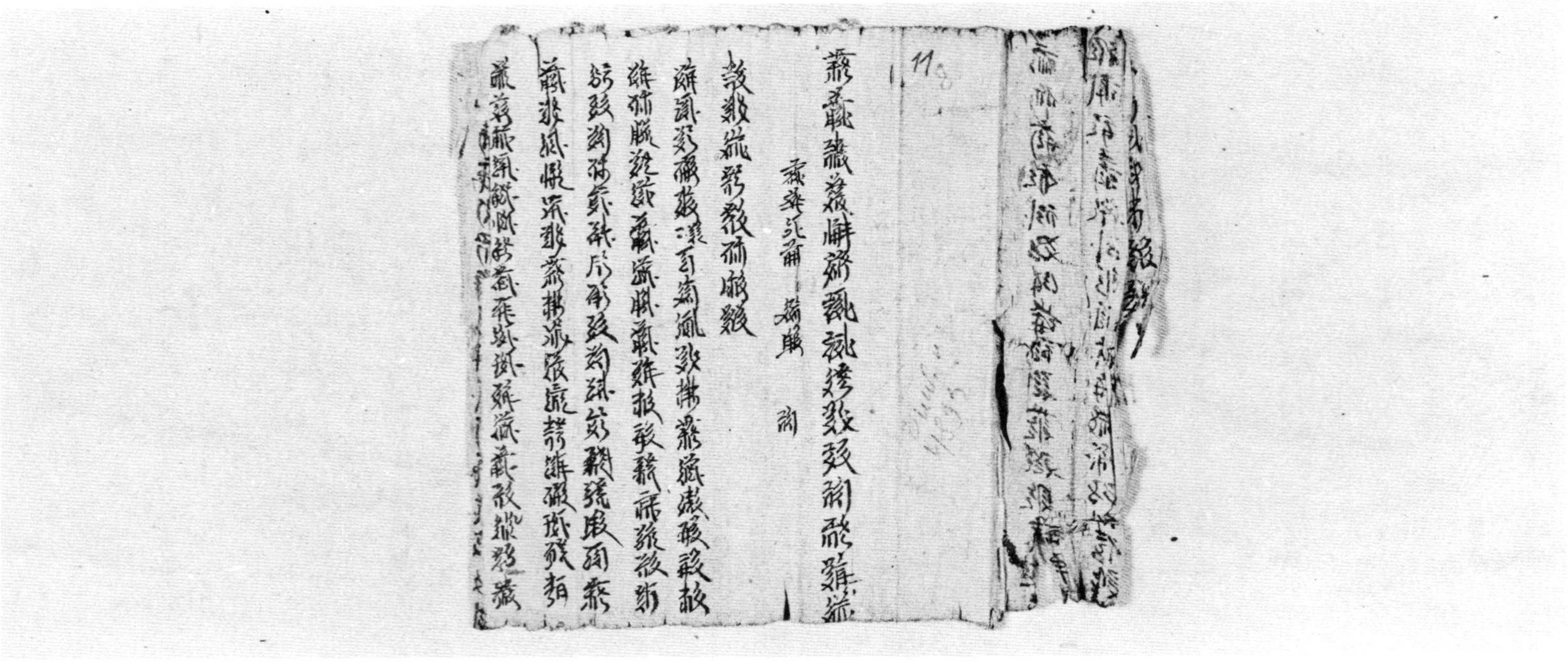

俄 Инв.No.4895　金剛般若干限經頌義解要集略記上

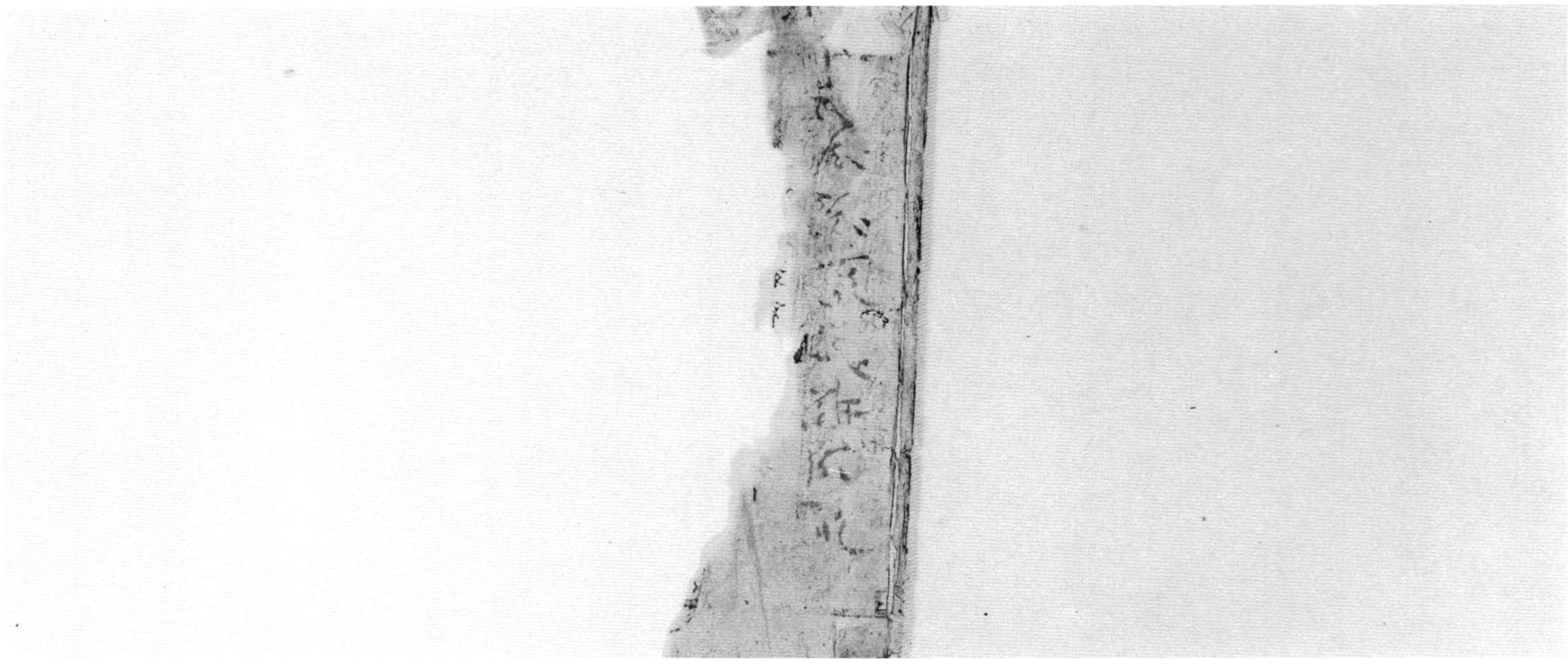

俄 Инв.No.851　般若波羅密多心經慧忠注　(9–1)

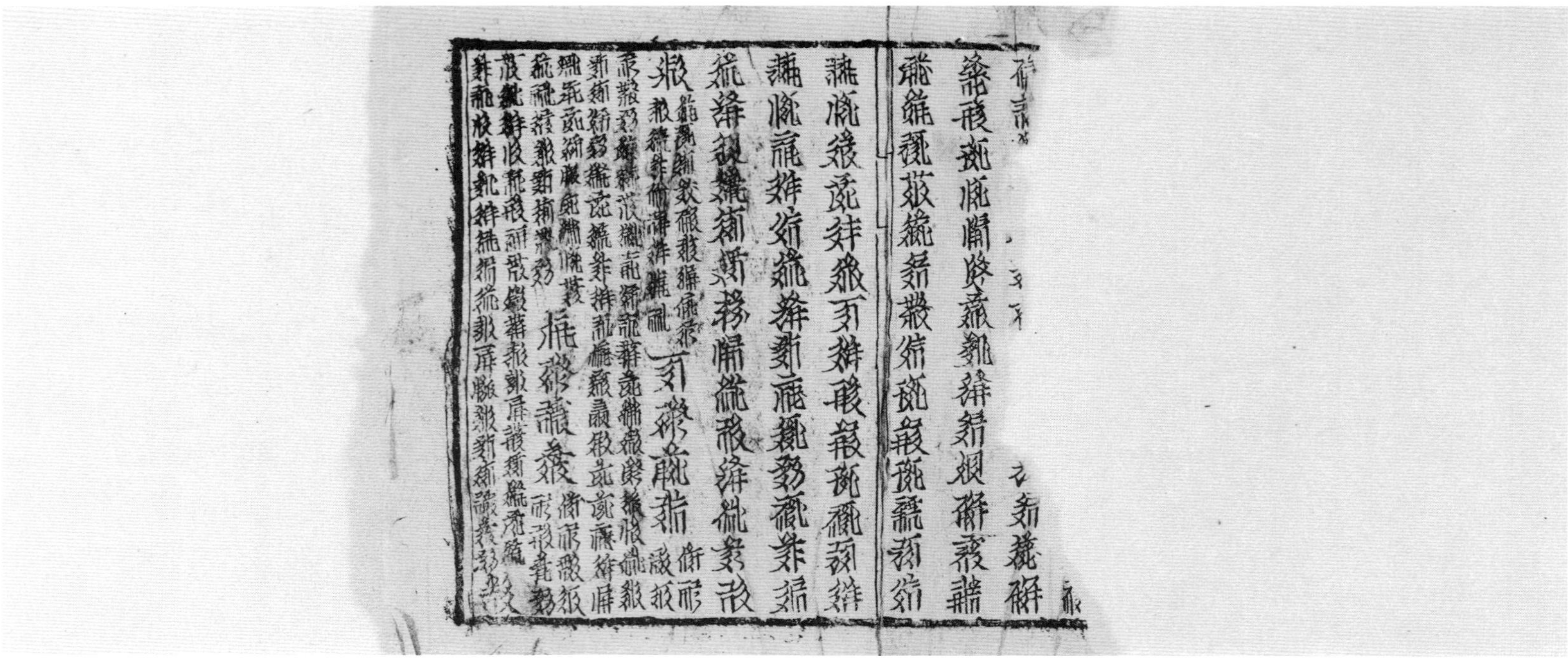

俄 Инв.No.851　般若波羅密多心經慧忠注　(9–2)

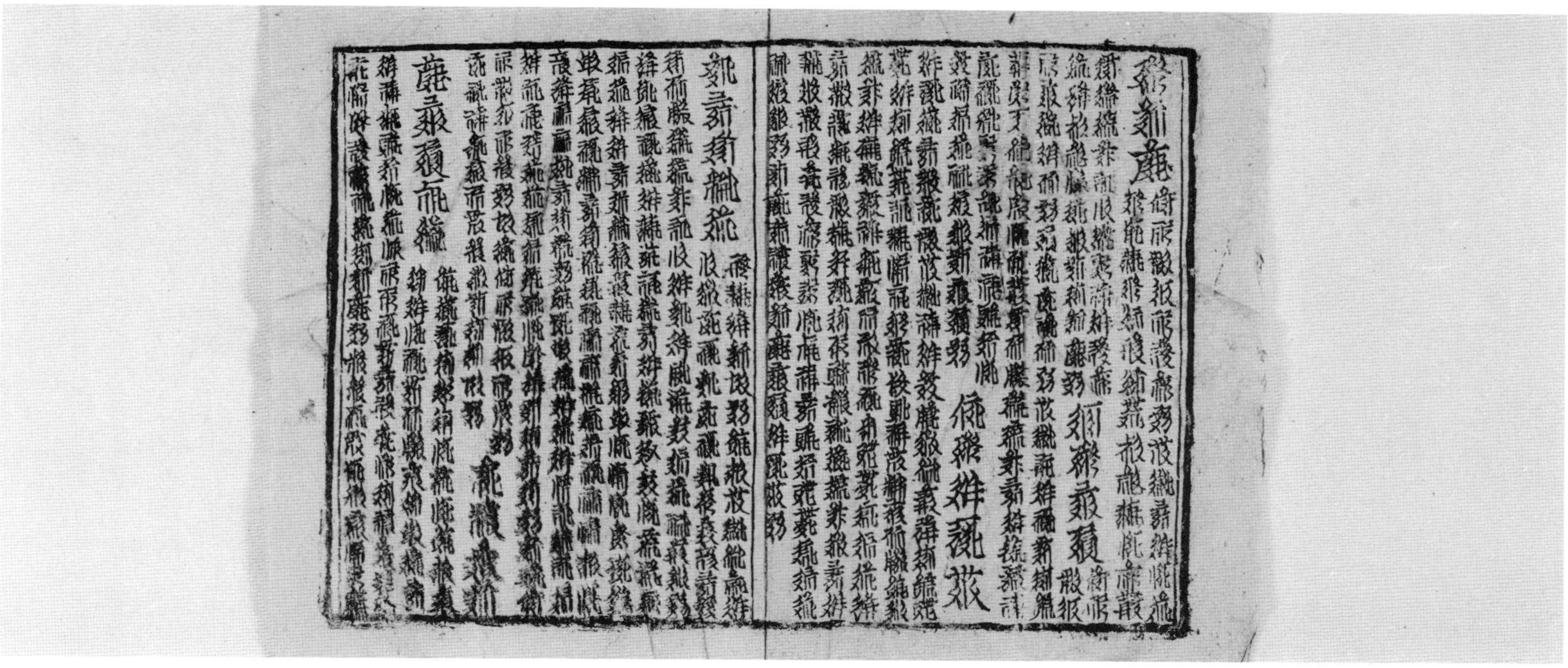

俄 Инв.No.851 般若波羅密多心經慧忠注 (9-3)

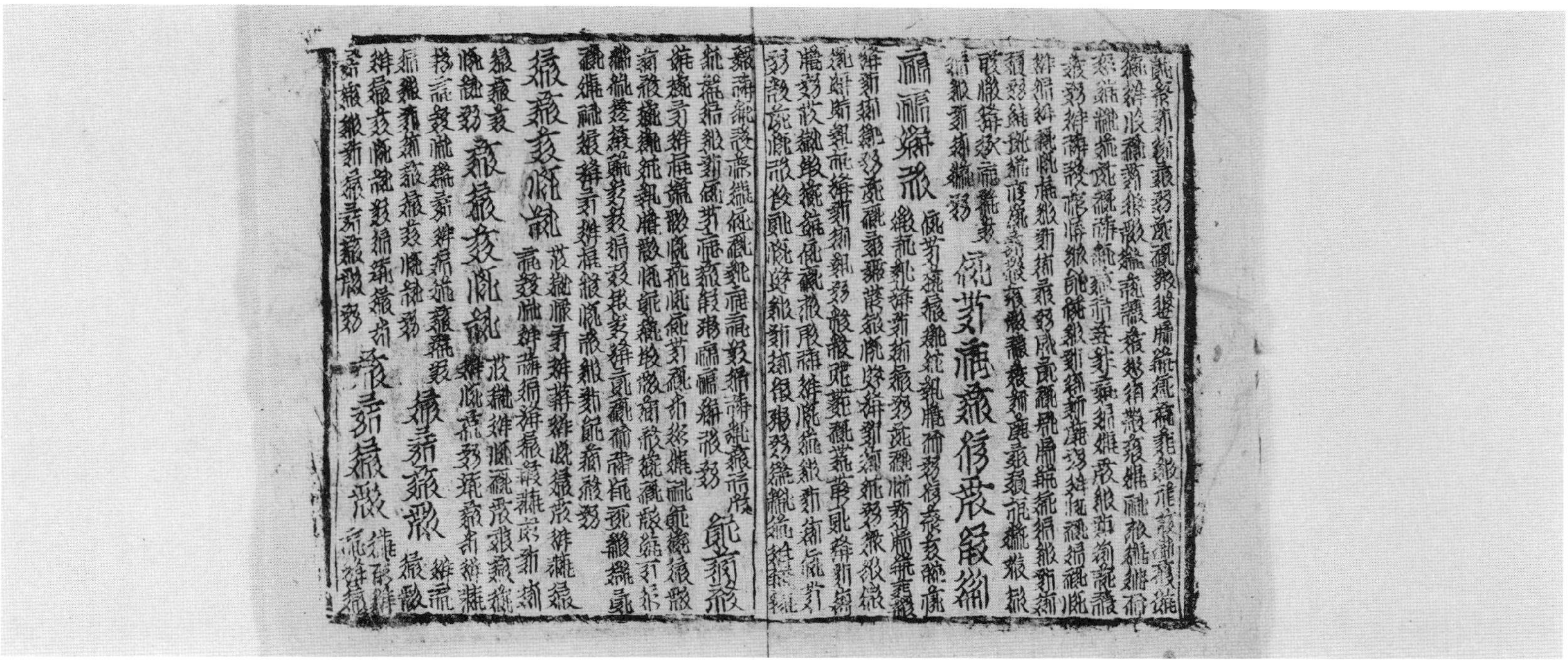

俄 Инв.No.851 般若波羅密多心經慧忠注 (9-4)

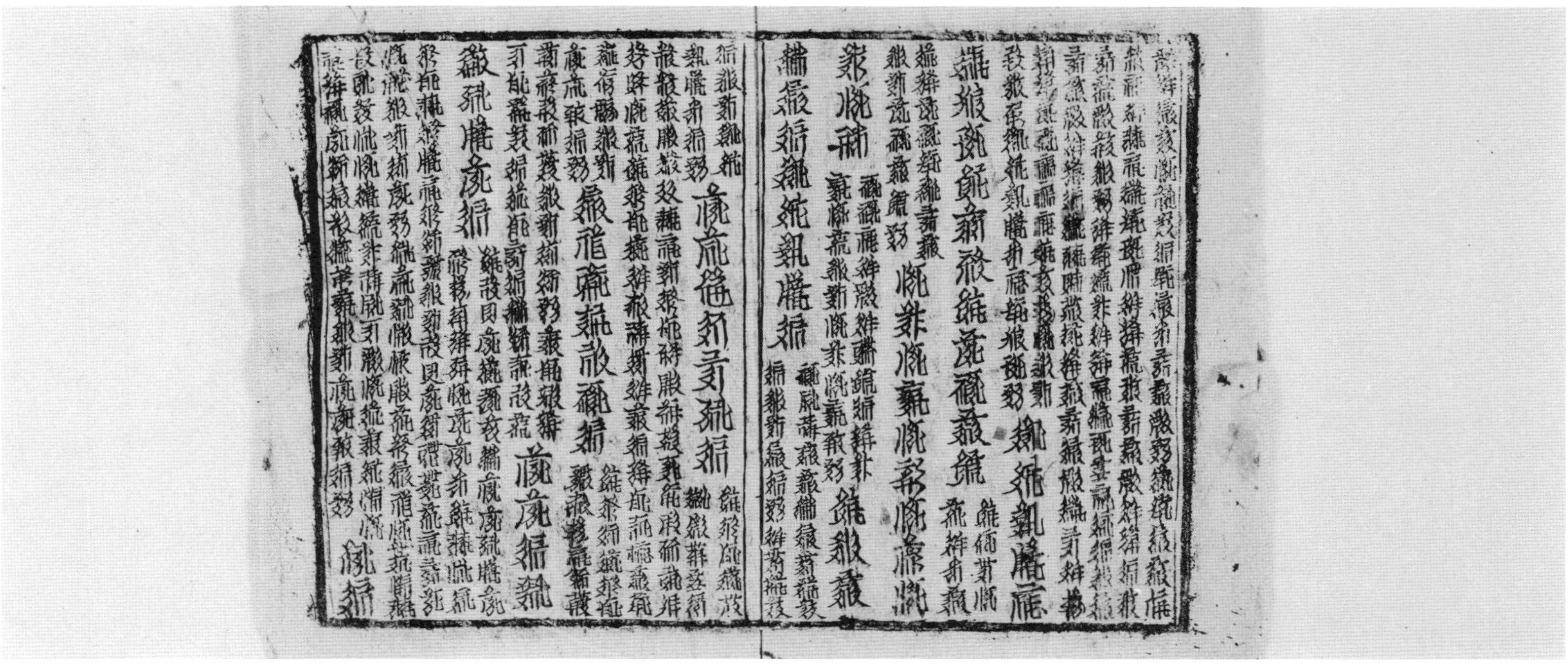

俄 Инв.No.851 般若波羅密多心經慧忠注 (9-5)

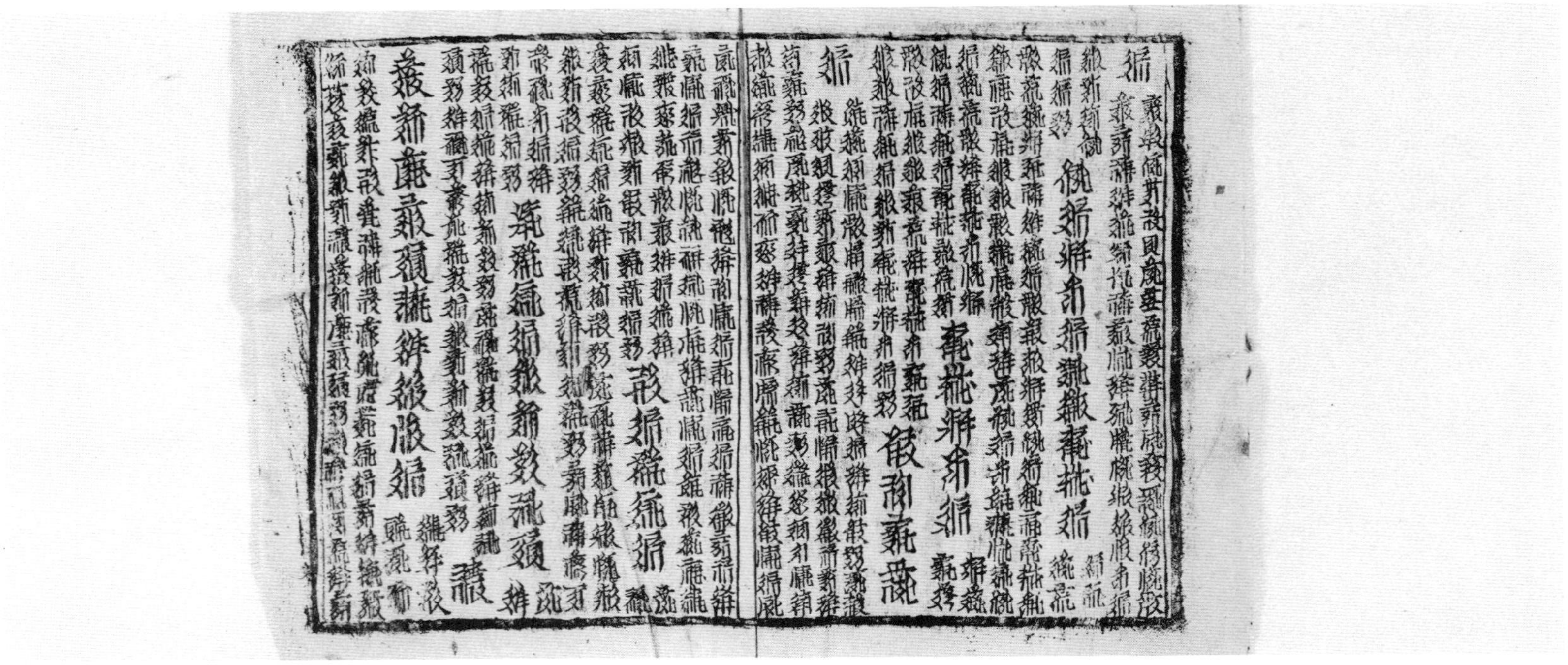

俄 Инв.No.851　般若波羅密多心經慧忠注　(9-6)

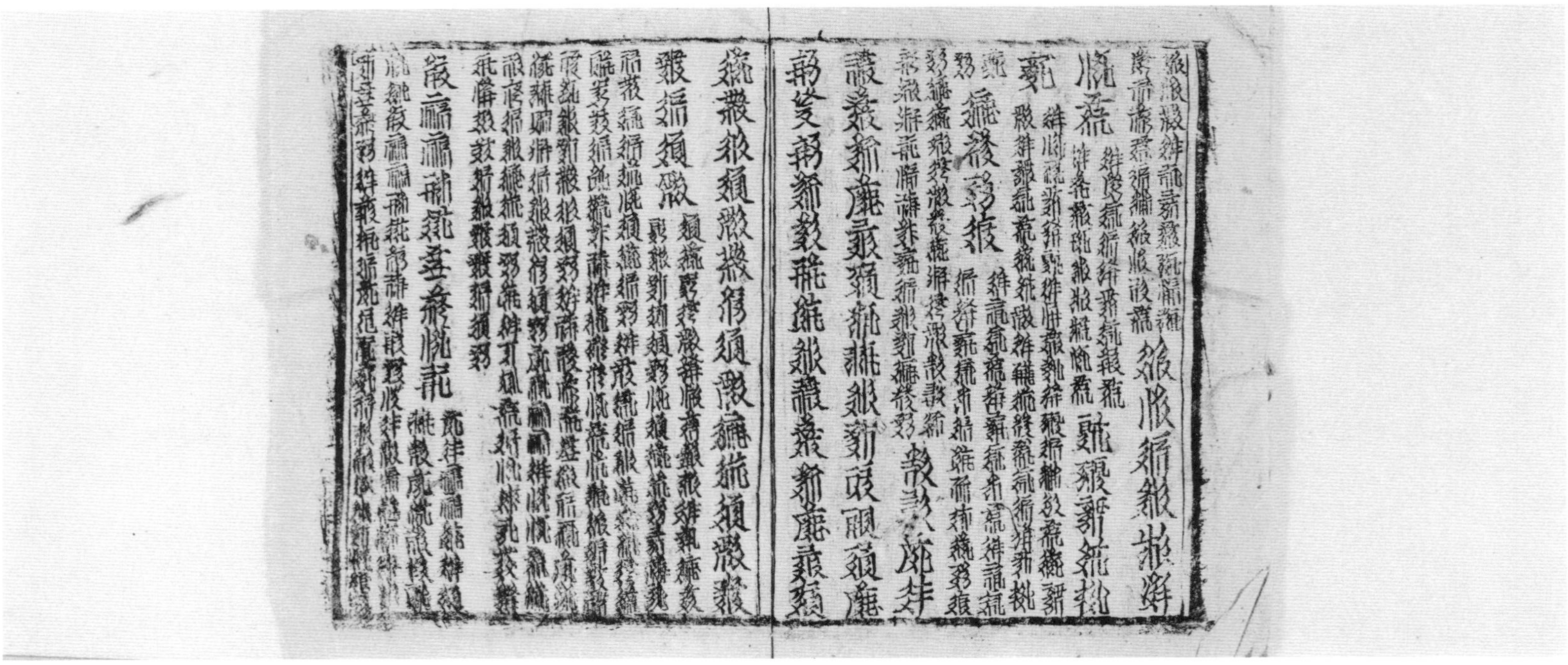

俄 Инв.No.851　般若波羅密多心經慧忠注　(9-7)

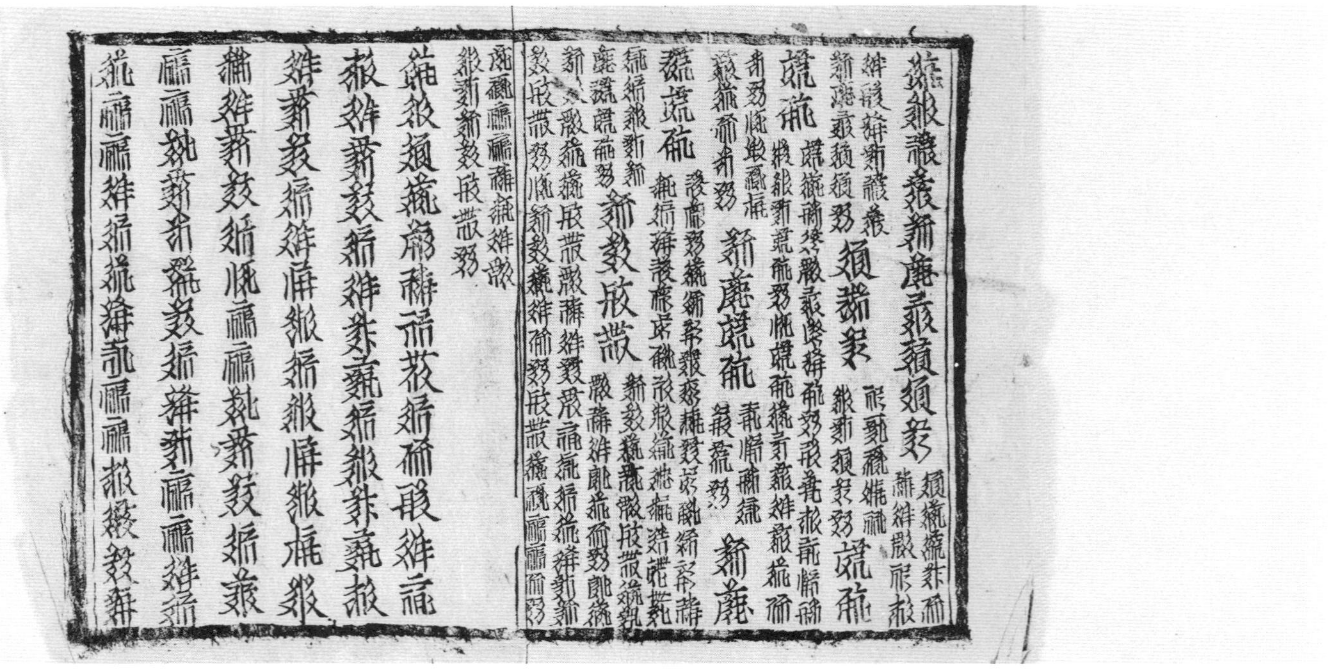

俄 Инв.No.851　般若波羅密多心經慧忠注　(9-8)

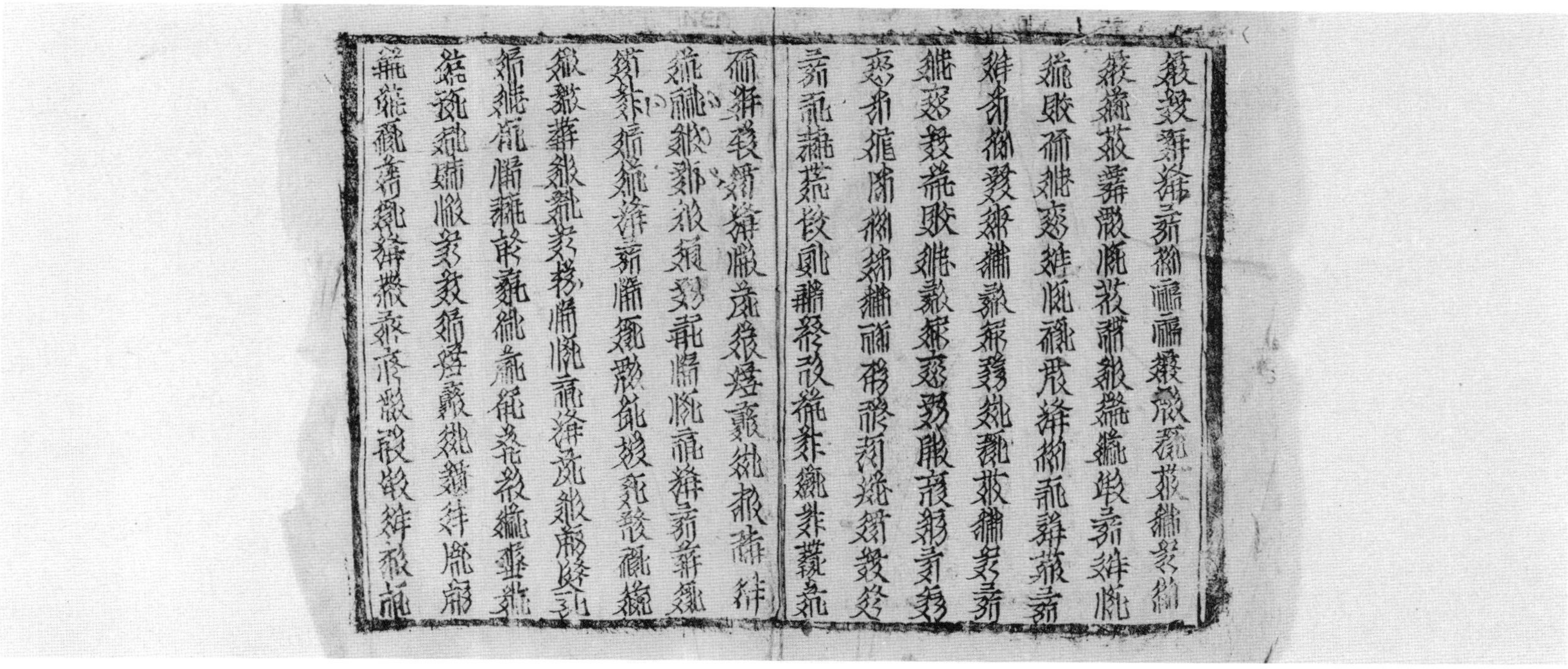

俄 Инв.No.851　般若波羅密多心經慧忠注　(9–9)

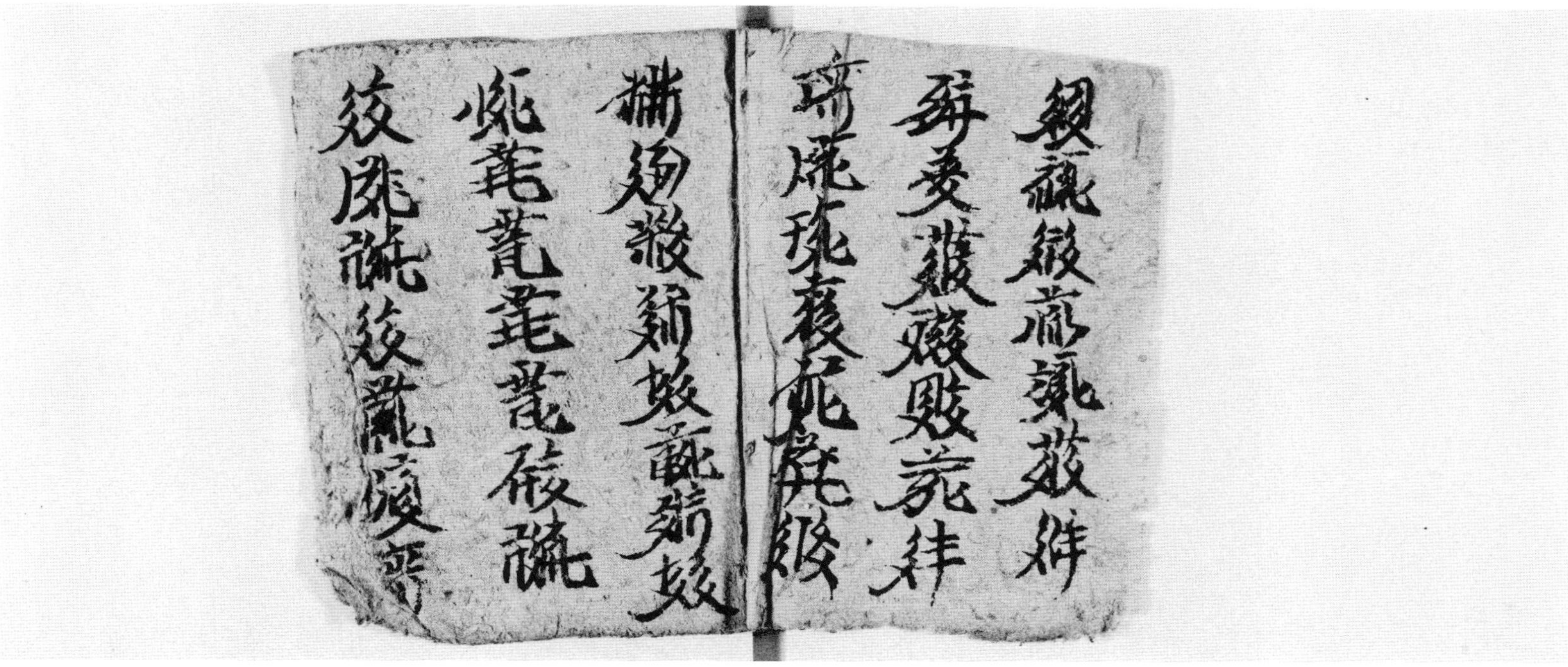

俄 Инв.No.4072　妙法蓮華經心　(14–1)

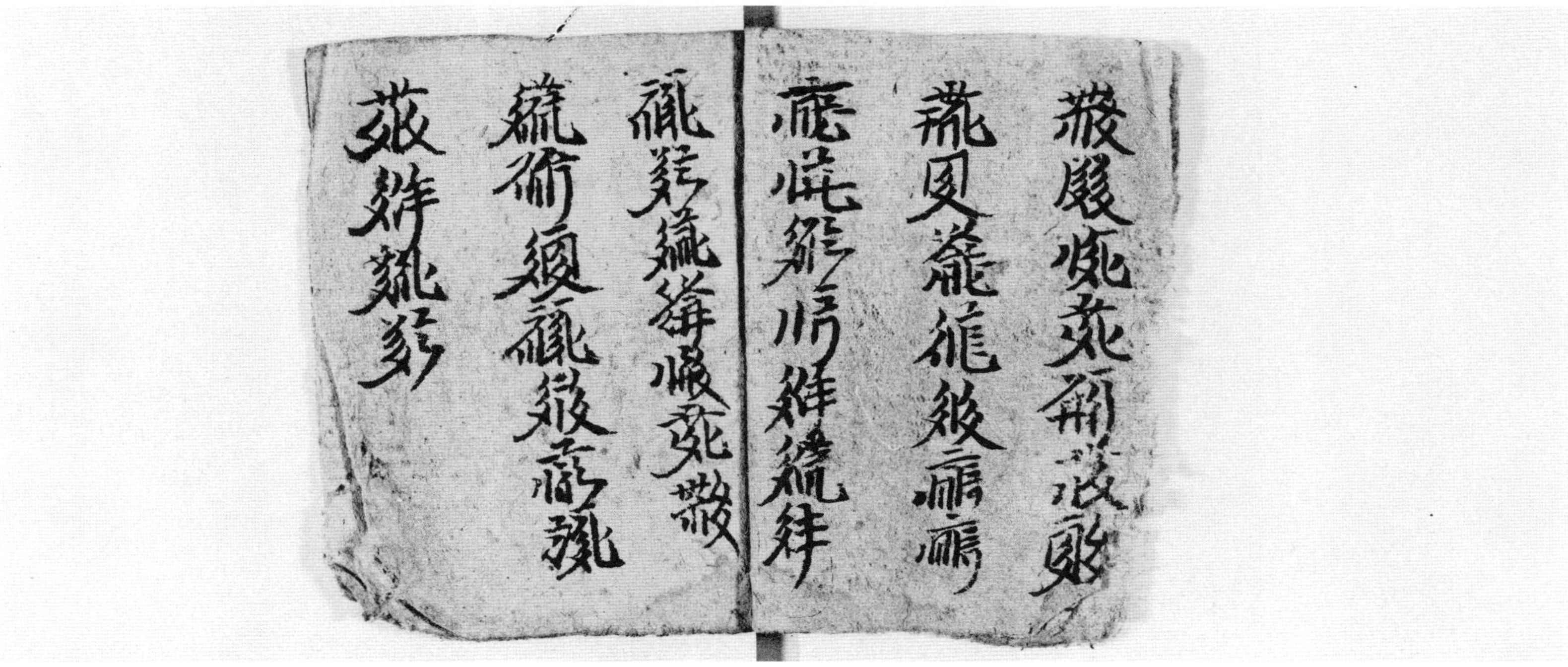

俄 Инв.No.4072　妙法蓮華經心　(14–2)

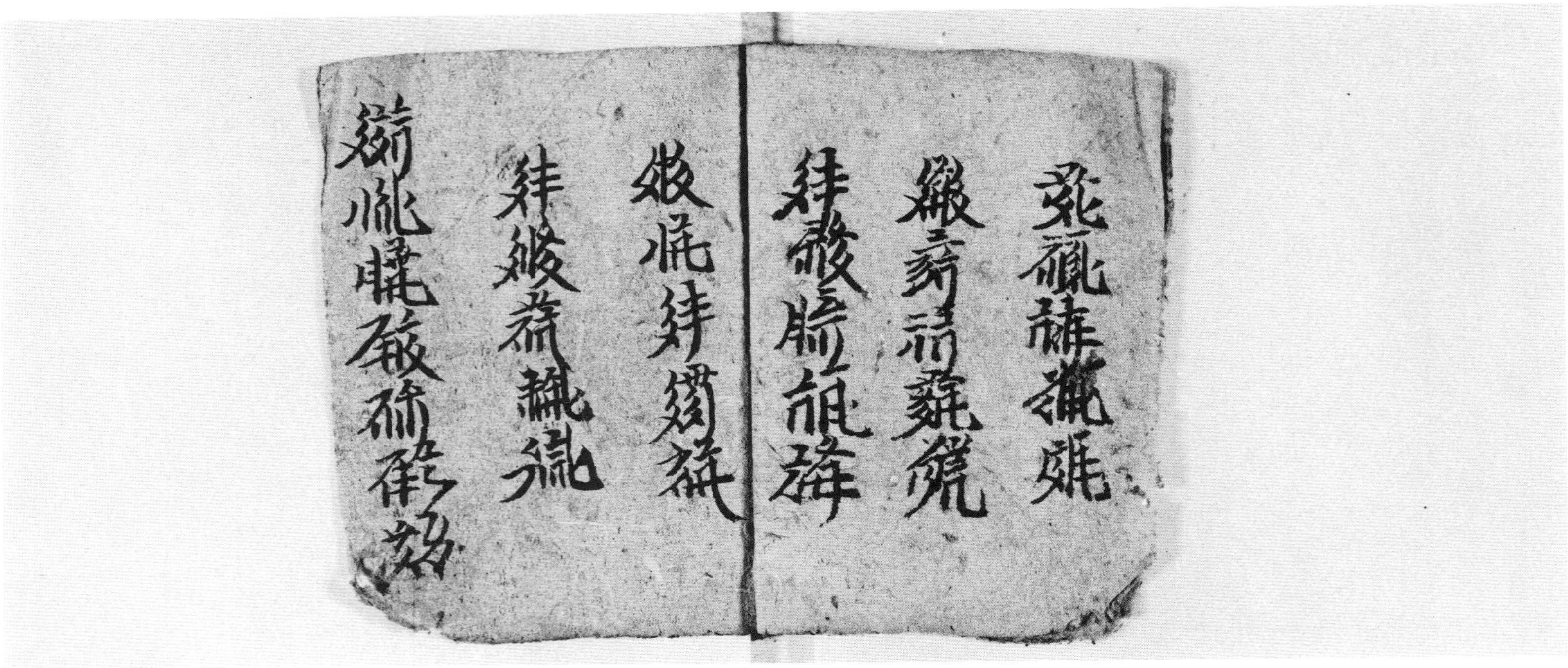

俄 Инв.No.4072　妙法蓮華經心　(14–3)

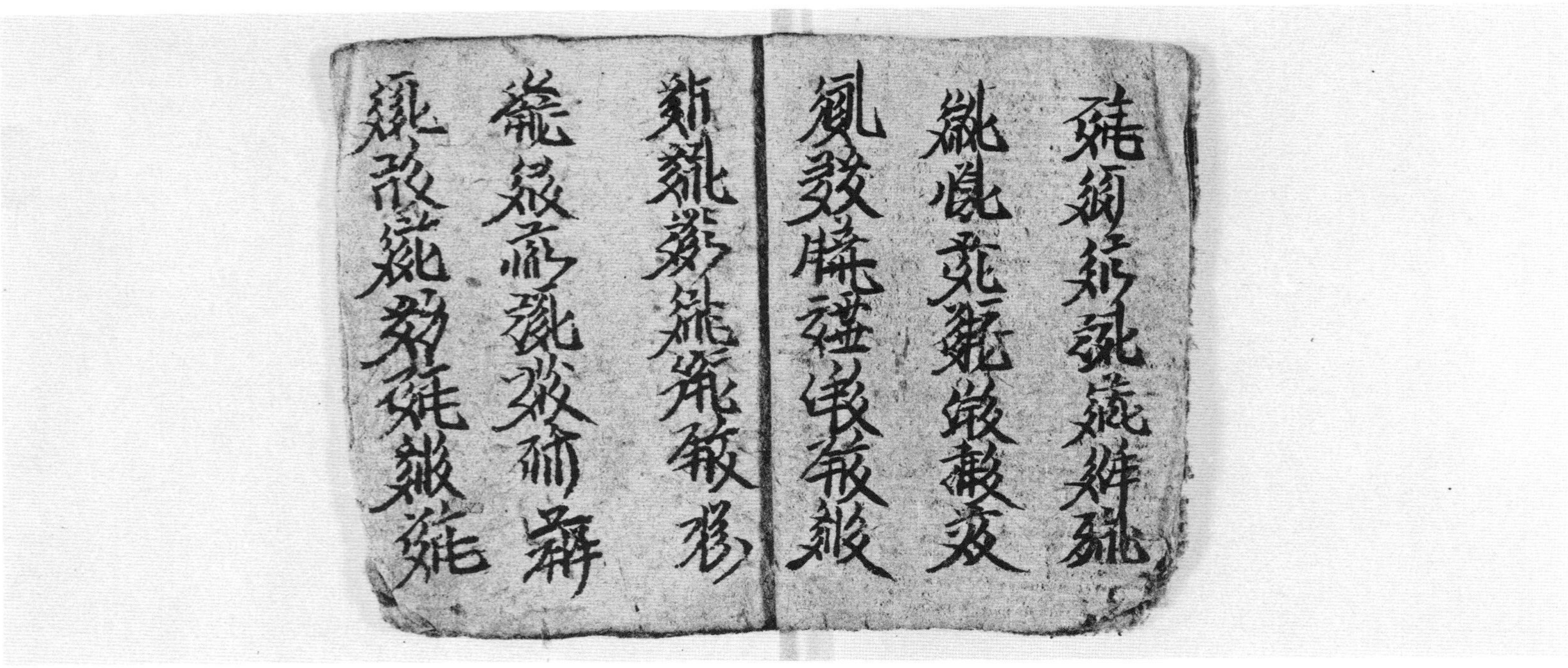

俄 Инв.No.4072　妙法蓮華經心　(14–4)

俄 Инв.No.4072　妙法蓮華經心　(14–5)

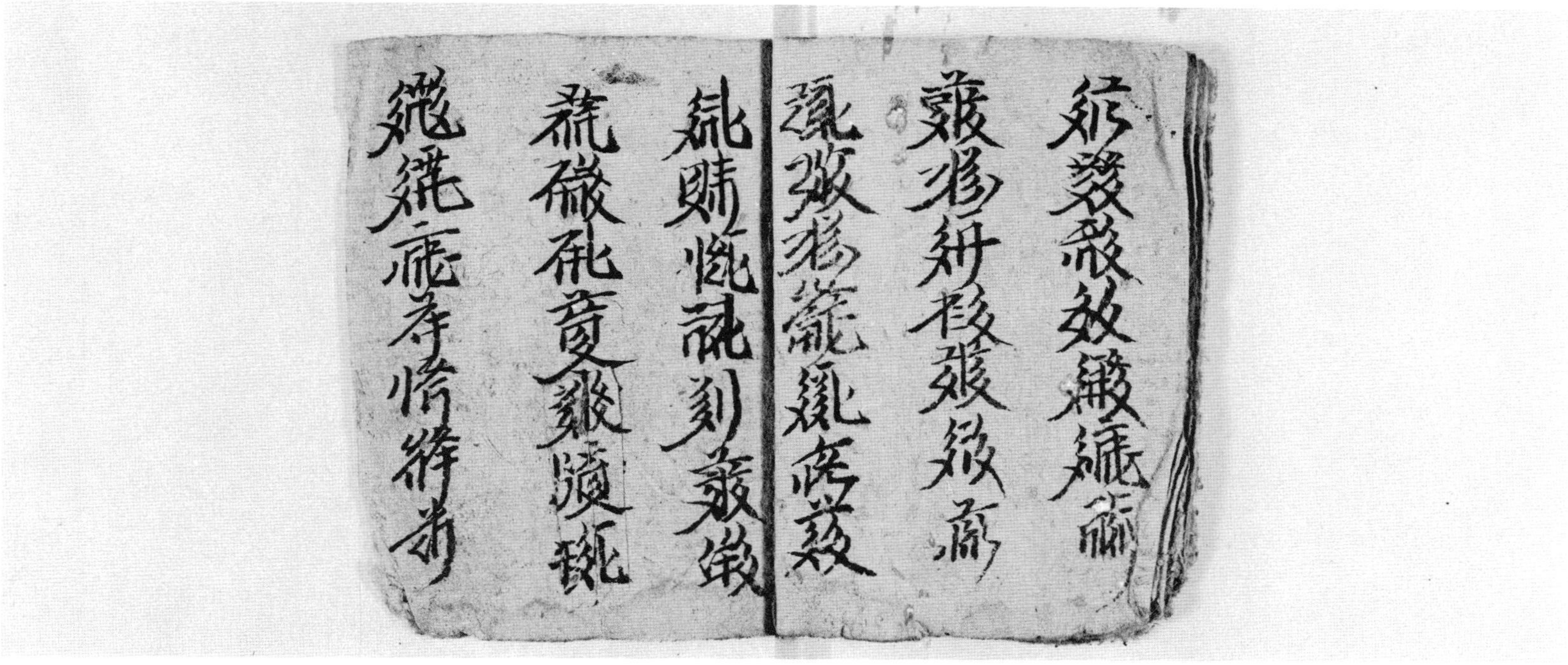

俄 Инв.No.4072　妙法蓮華經心　(14–6)

俄 Инв.No.4072　妙法蓮華經心　(14–7)

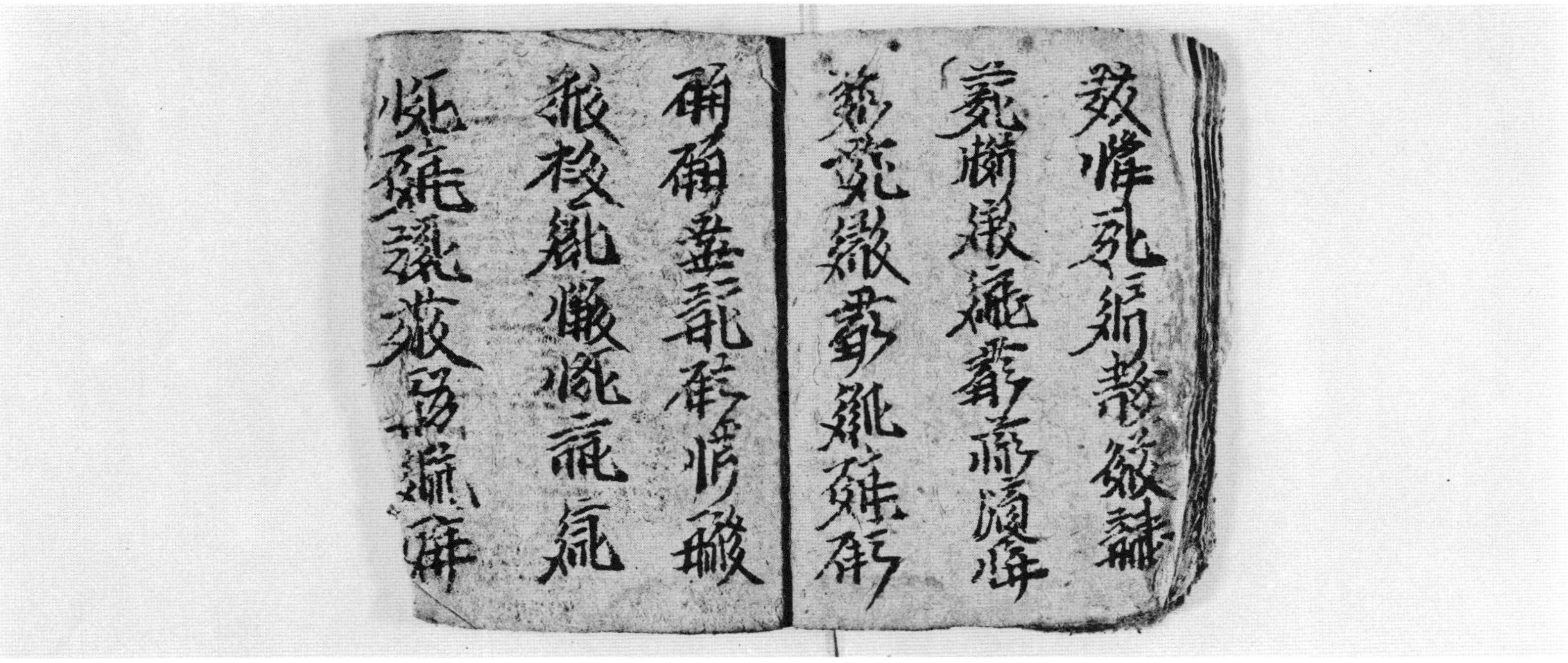

俄 Инв.No.4072　妙法蓮華經心　(14–8)

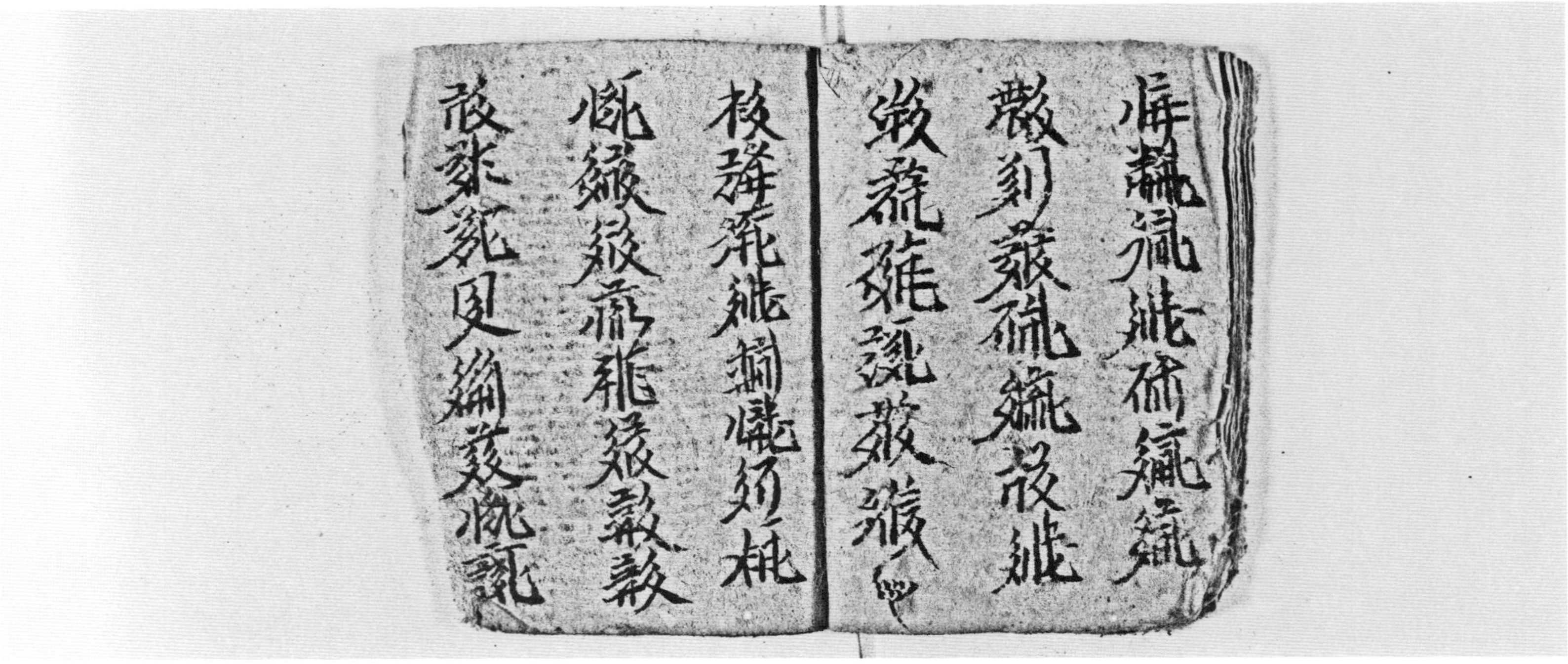

俄 Инв.No.4072　妙法蓮華經心　(14-9)

俄 Инв.No.4072　妙法蓮華經心　(14-10)

俄 Инв.No.4072　妙法蓮華經心　(14-11)

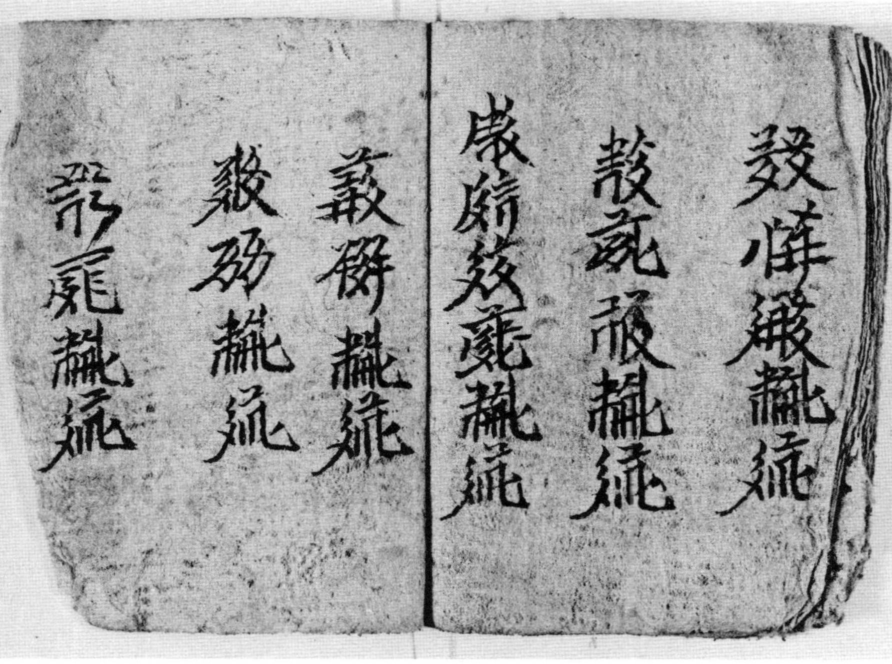

俄 Инв.No.4072　妙法蓮華經心　(14–12)

俄 Инв.No.4072　妙法蓮華經心　(14–13)

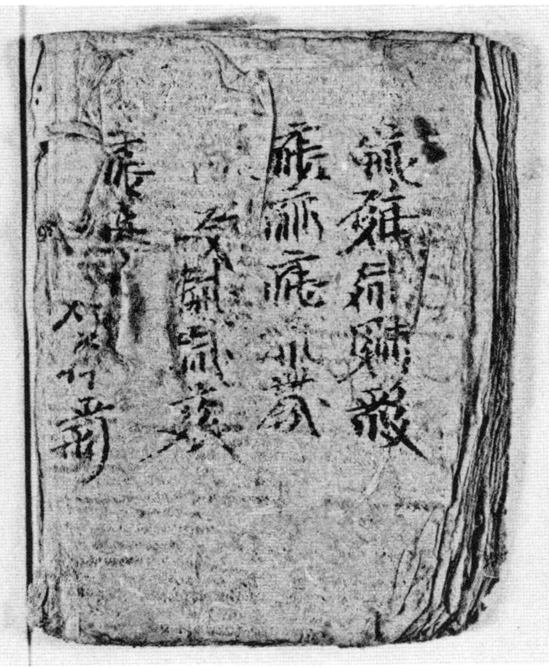

俄 Инв.No.4072　妙法蓮華經心　(14–14)

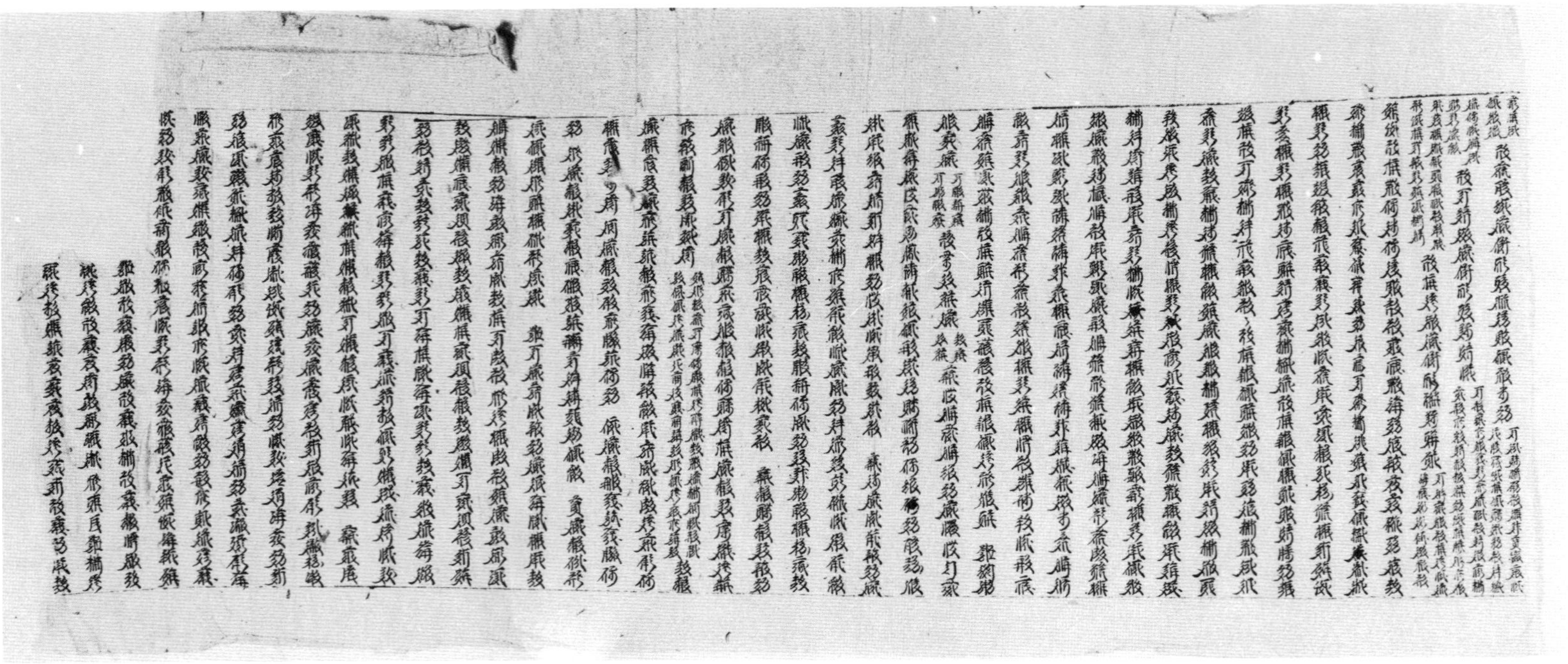

俄 Инв.No.7211　大方廣佛華嚴經隨疏演義補卷第十三　(2−1)

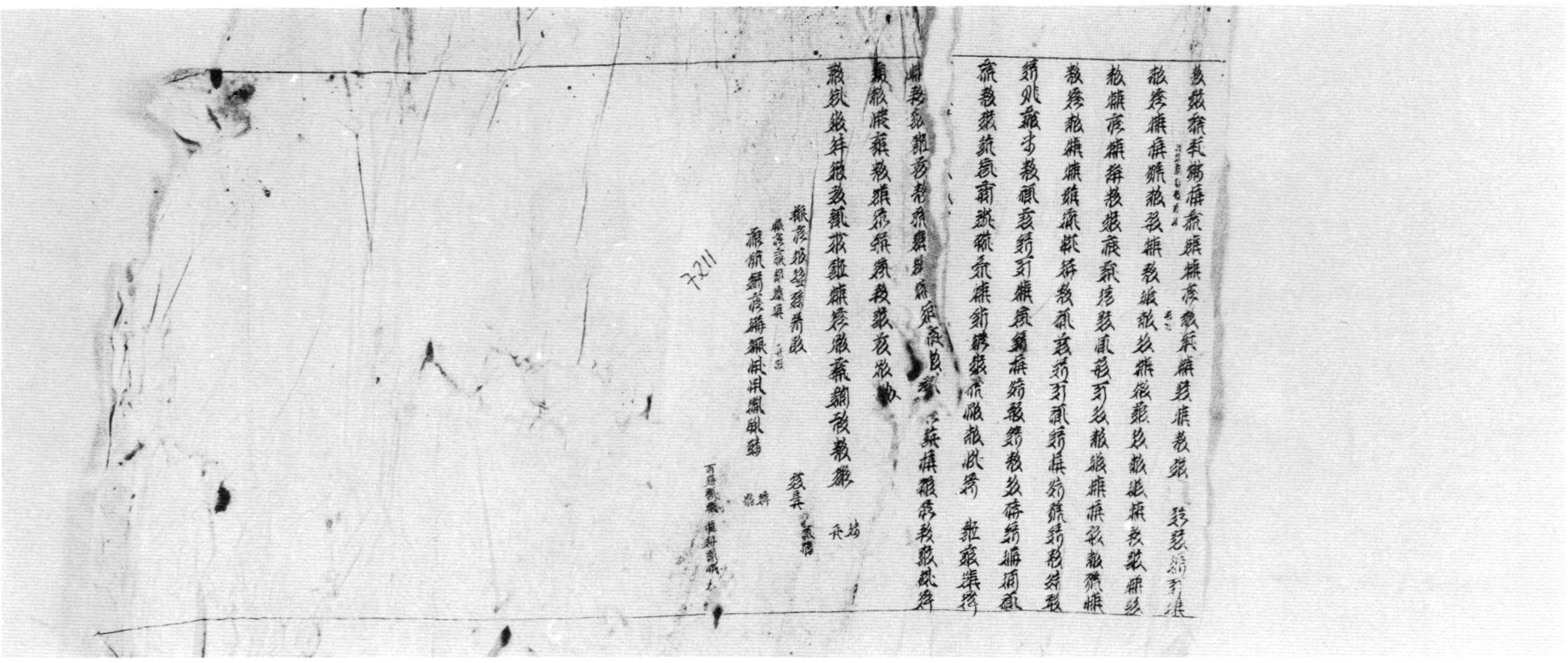

俄 Инв.No.7211　大方廣佛華嚴經隨疏演義補卷第十三　(2−2)

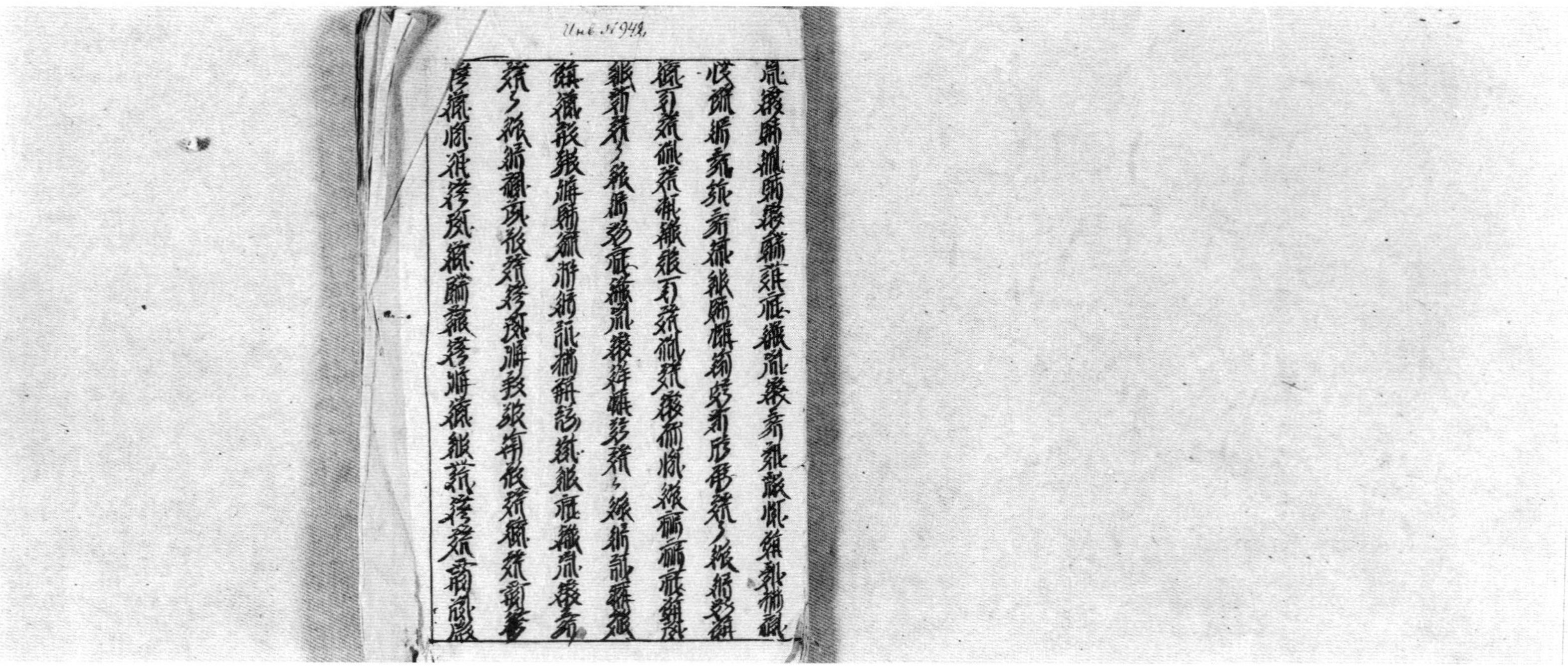

俄 Инв.No.942　註華嚴法界觀門深入傳第四　(44−1)

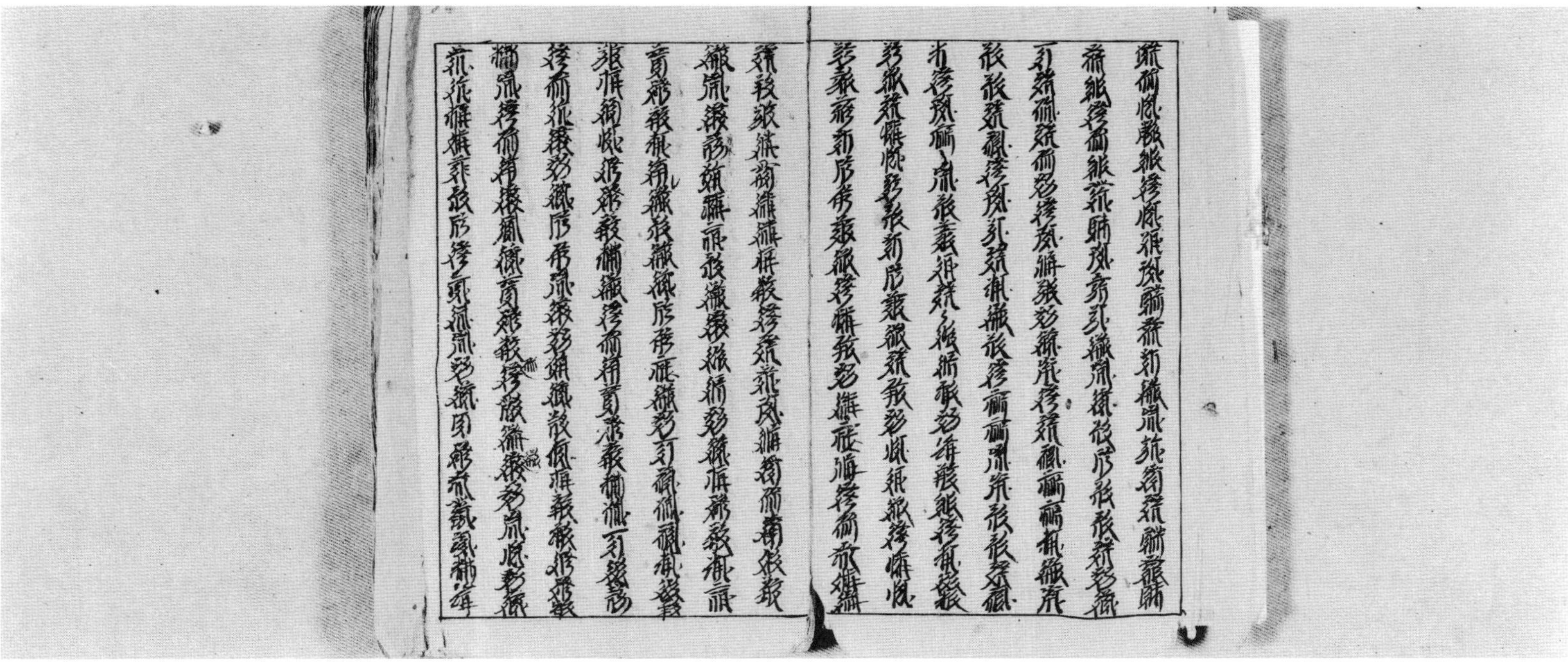

俄 Инв.No.942　註華嚴法界觀門深入傳第四　(44-2)

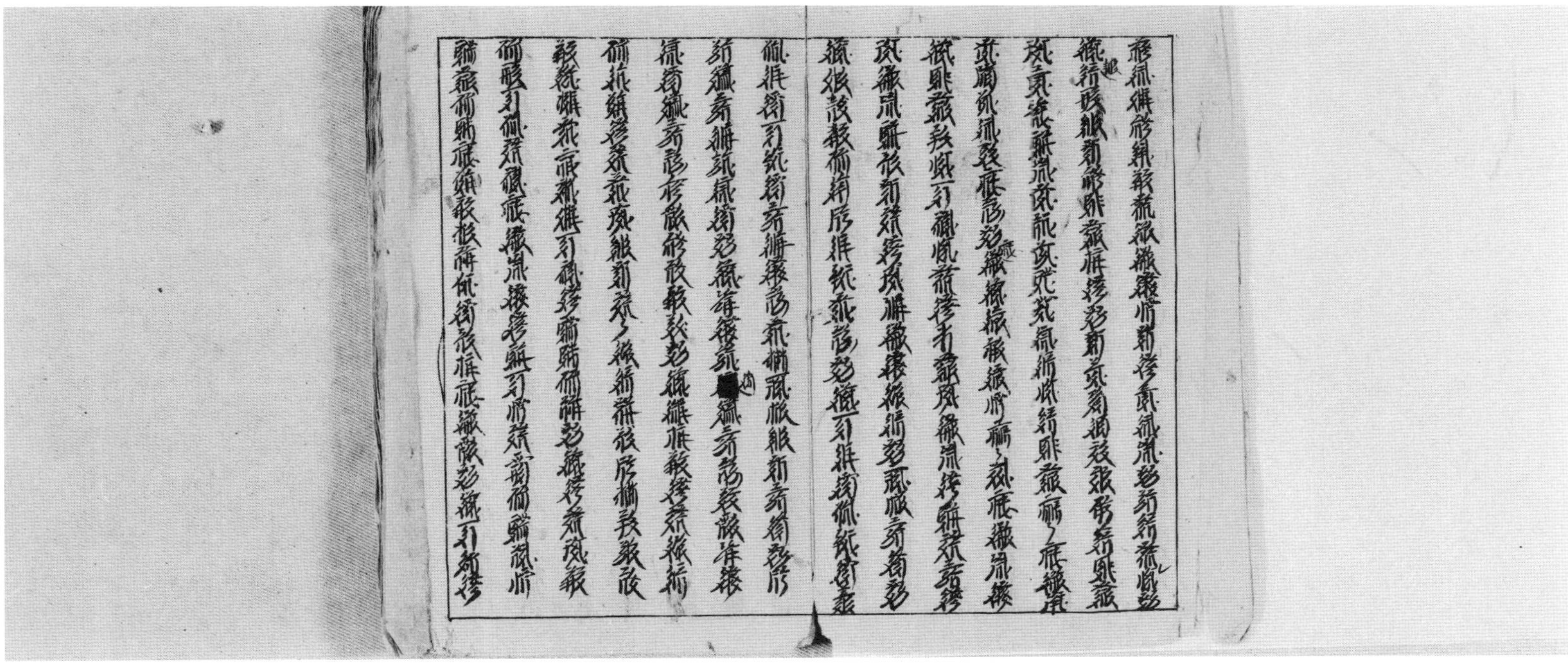

俄 Инв.No.942　註華嚴法界觀門深入傳第四　(44-3)

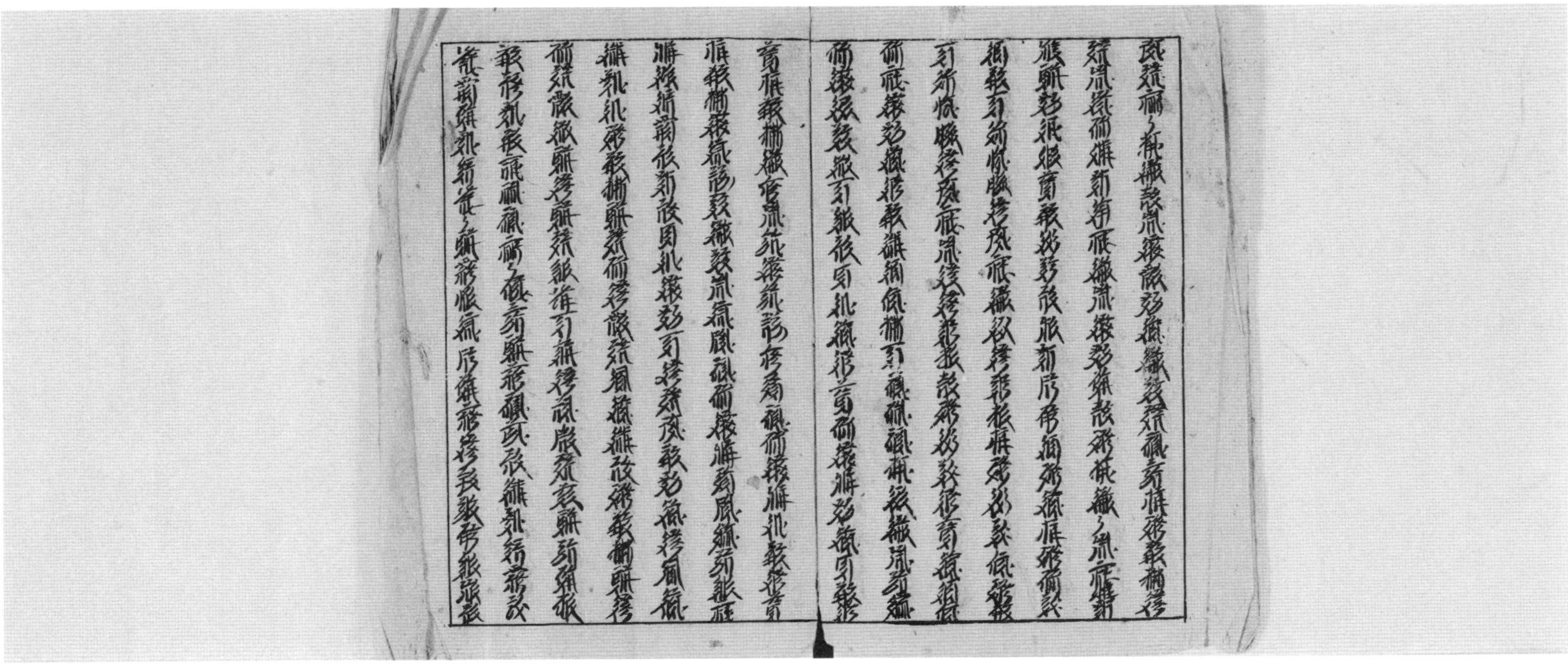

俄 Инв.No.942　註華嚴法界觀門深入傳第四　(44-4)

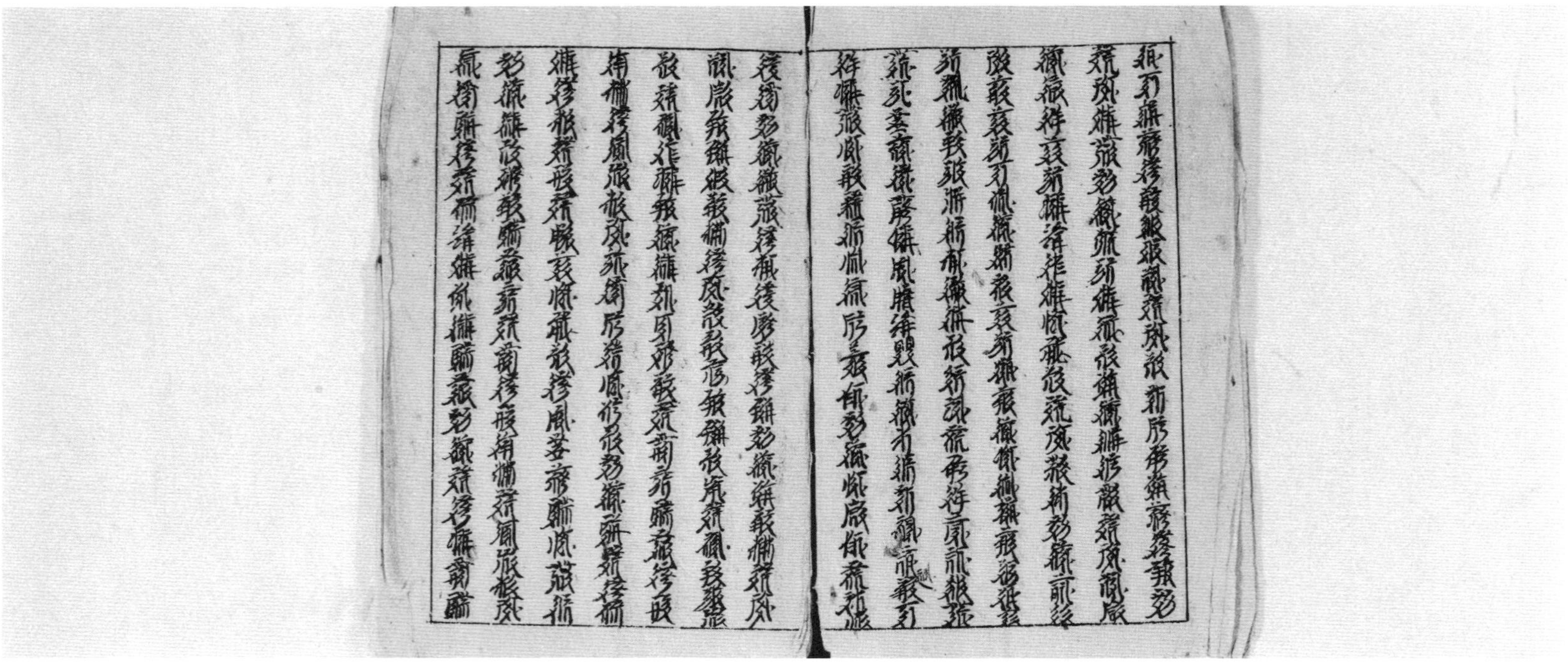

俄 Инв.No.942　註華嚴法界觀門深入傳第四　(44–5)

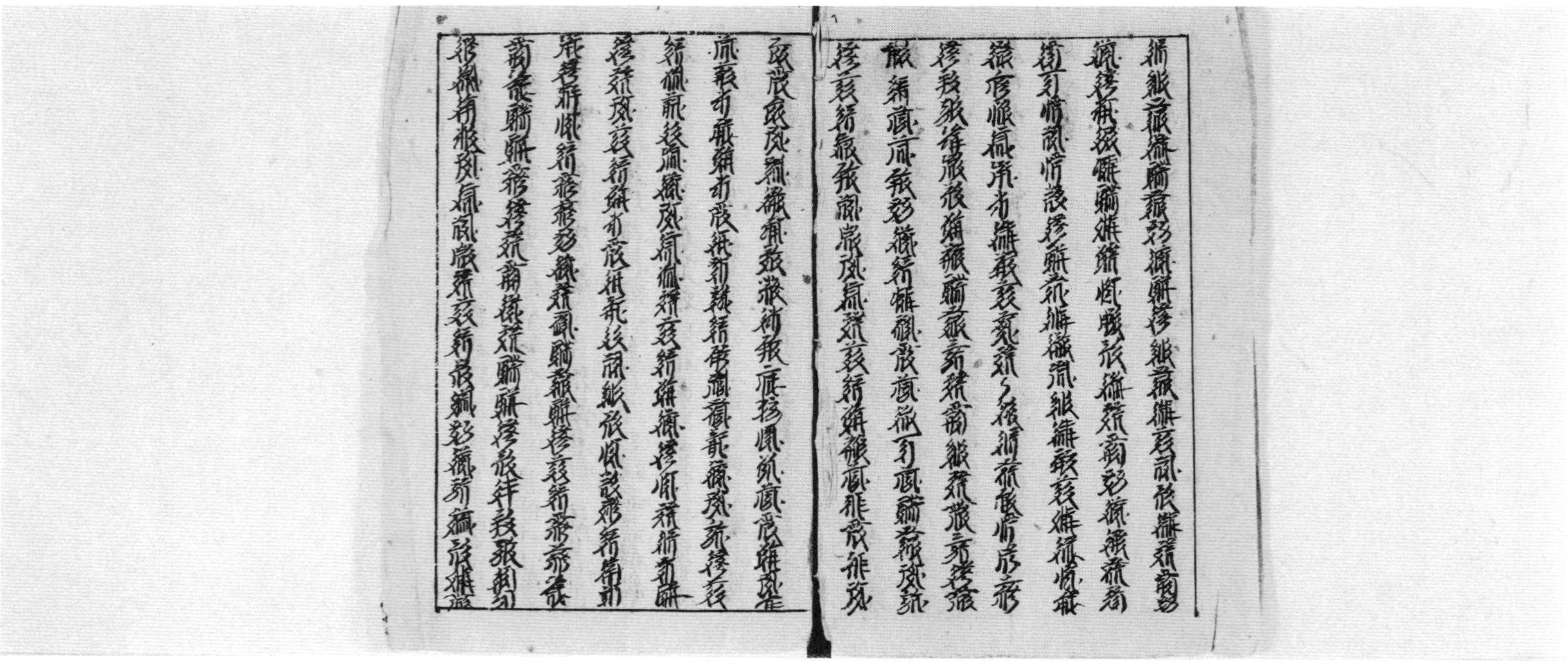

俄 Инв.No.942　註華嚴法界觀門深入傳第四　(44–6)

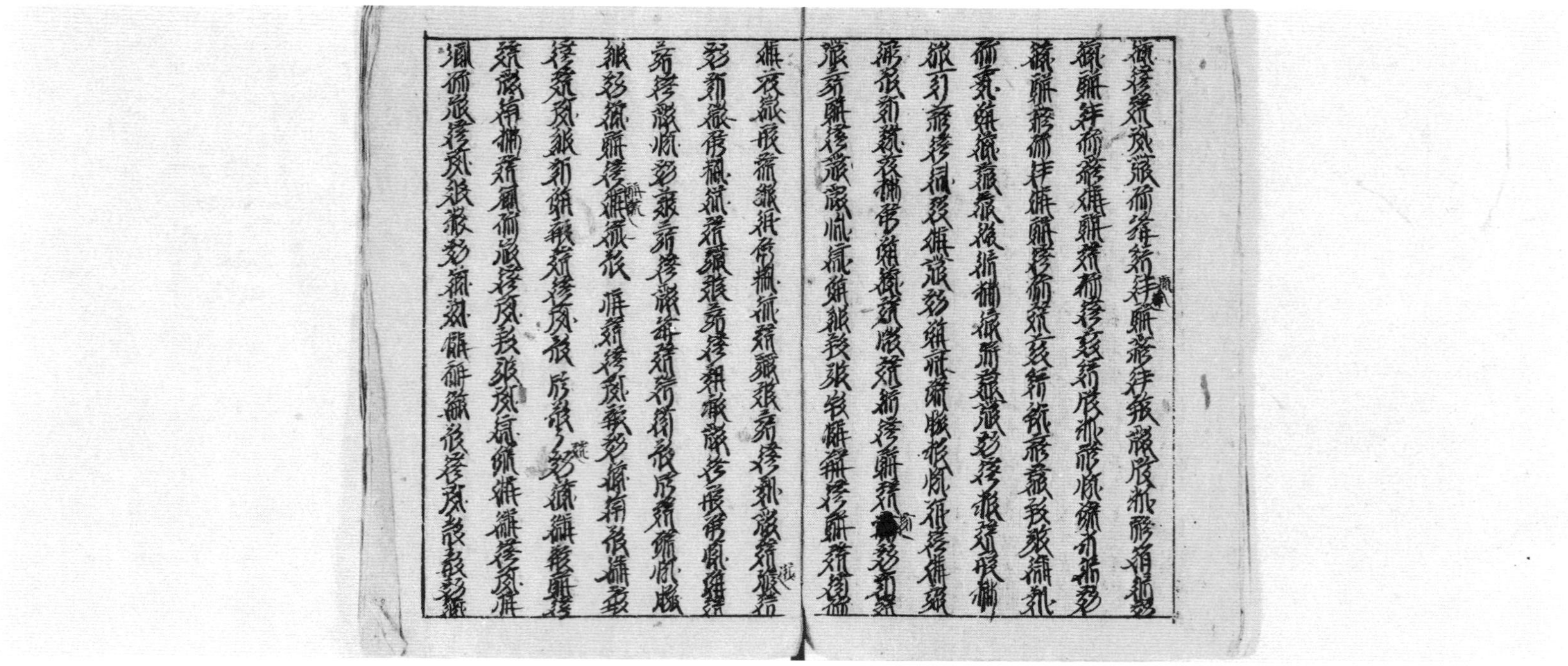

俄 Инв.No.942　註華嚴法界觀門深入傳第四　(44–7)

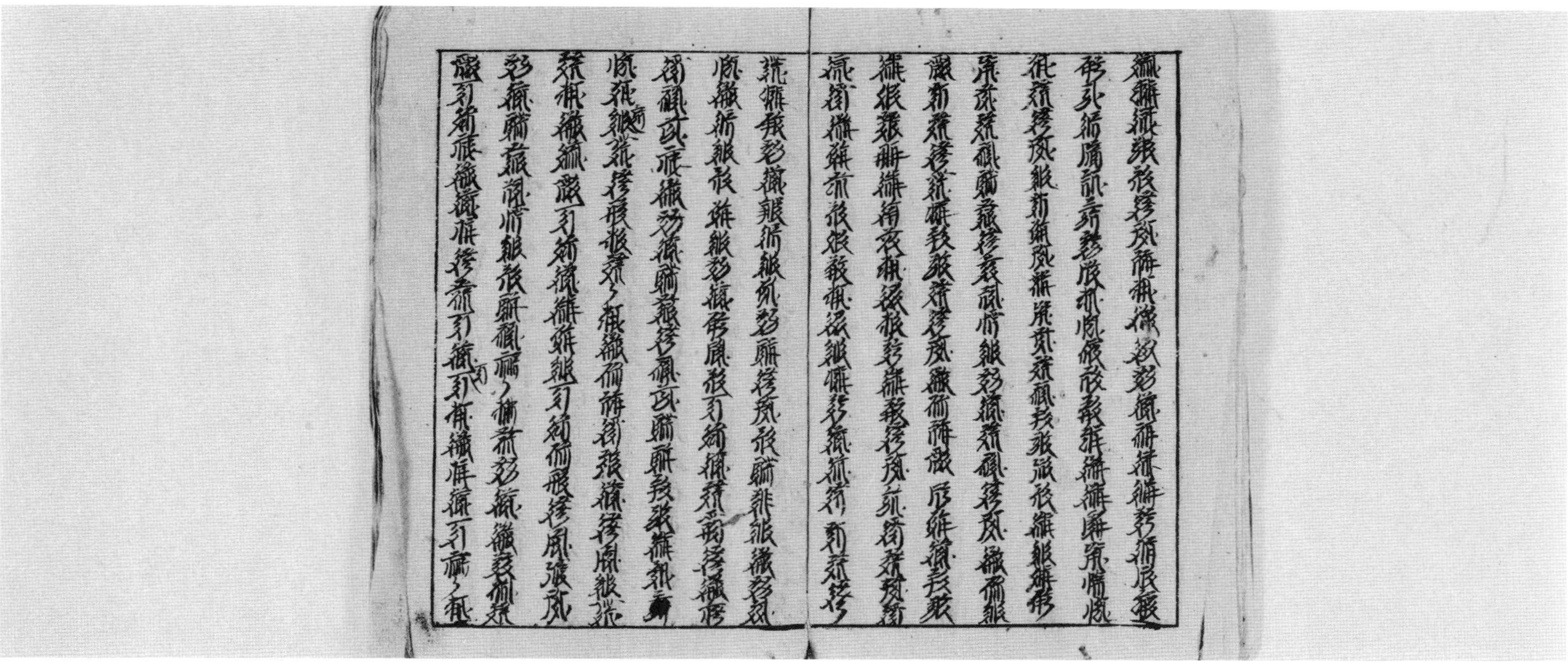

俄 Инв.No.942　註華嚴法界觀門深入傳第四　(44–8)

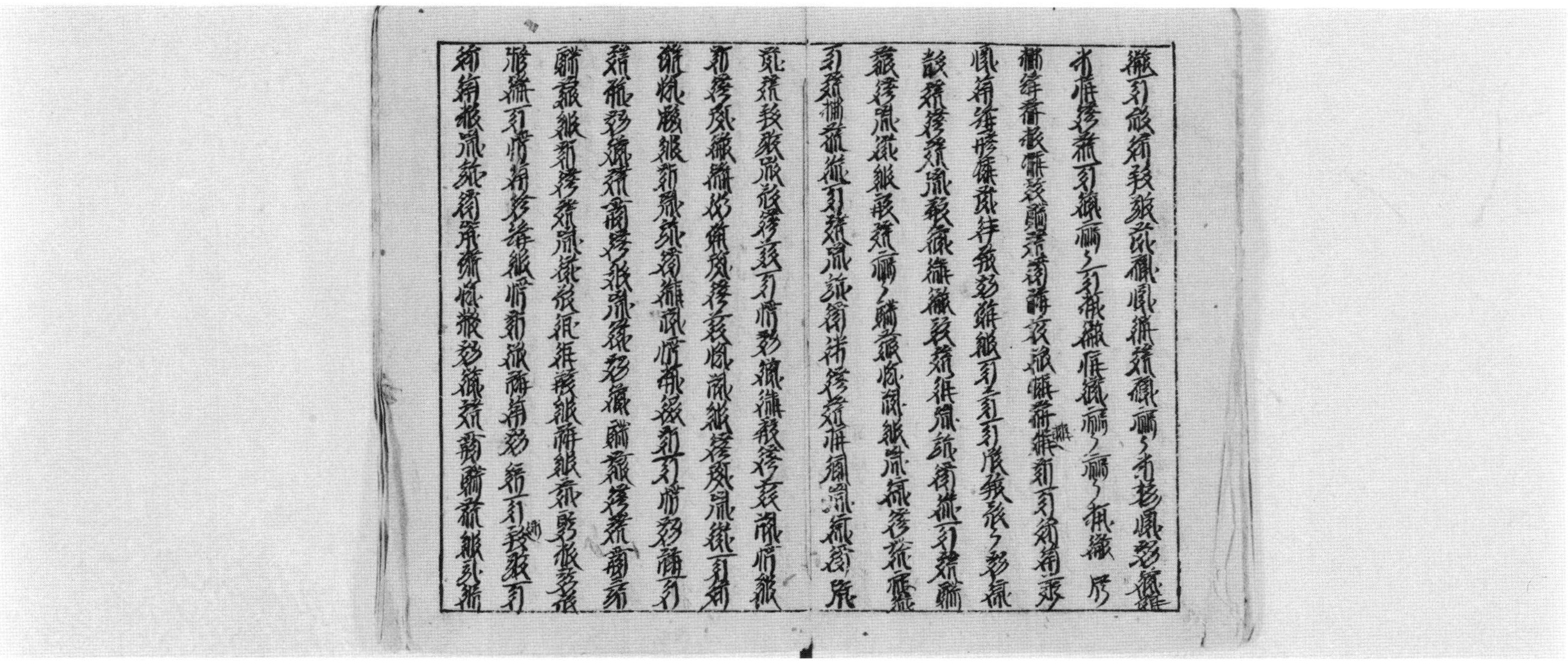

俄 Инв.No.942　註華嚴法界觀門深入傳第四　(44–9)

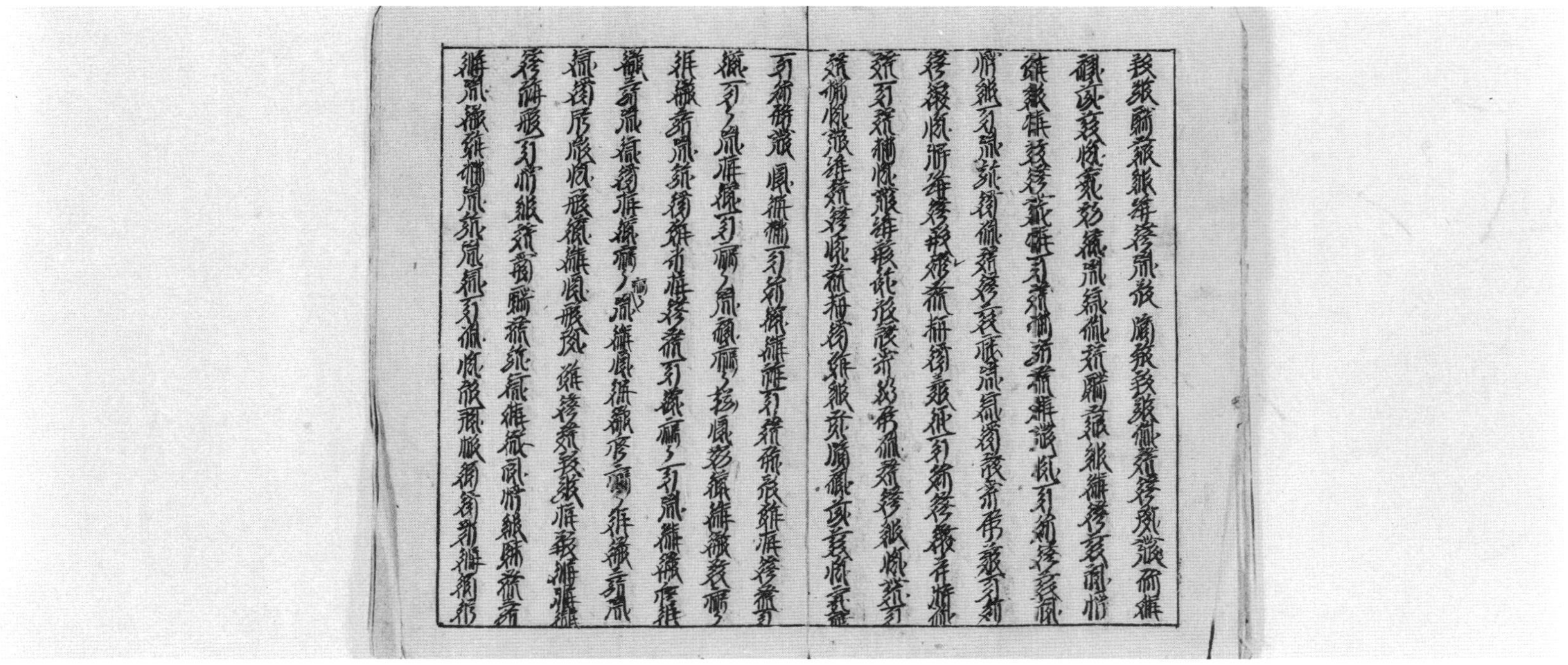

俄 Инв.No.942　註華嚴法界觀門深入傳第四　(44–10)

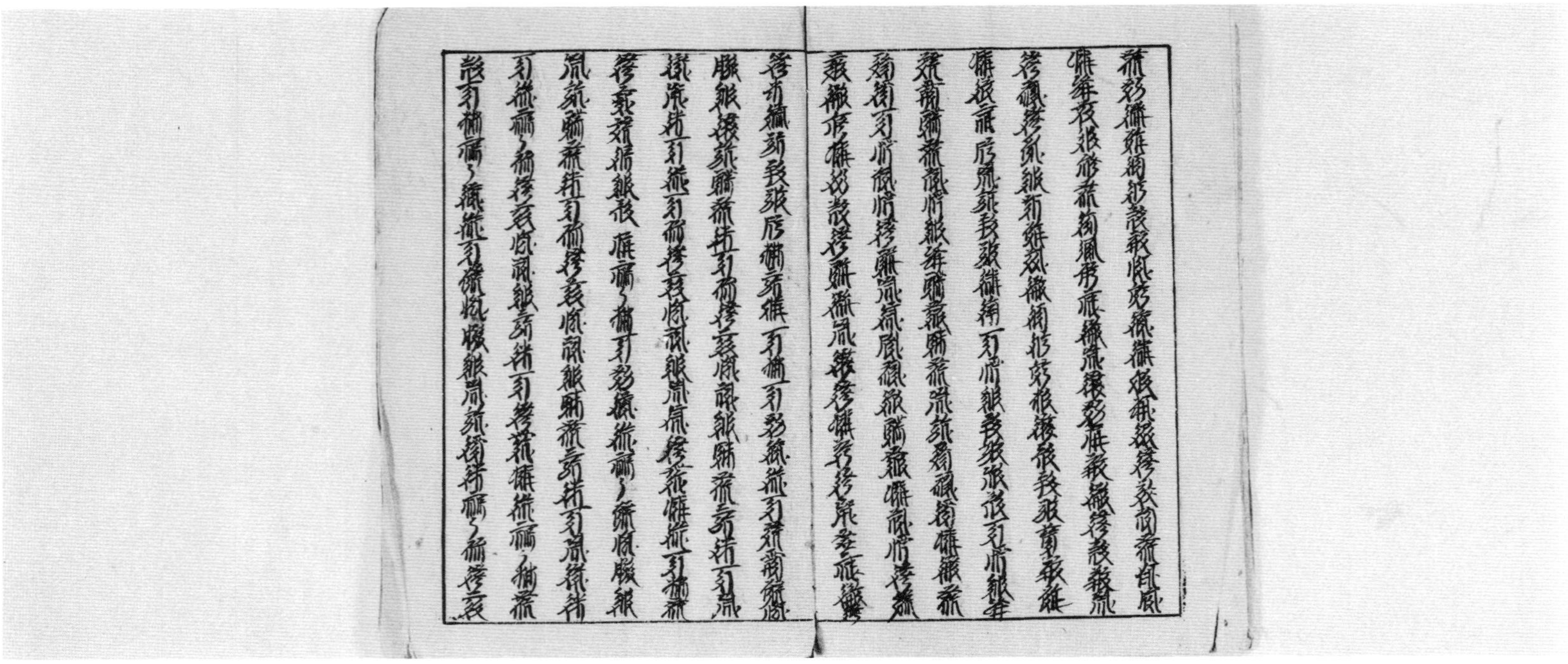

俄 Инв.No.942　註華嚴法界觀門深入傳第四　(44–11)

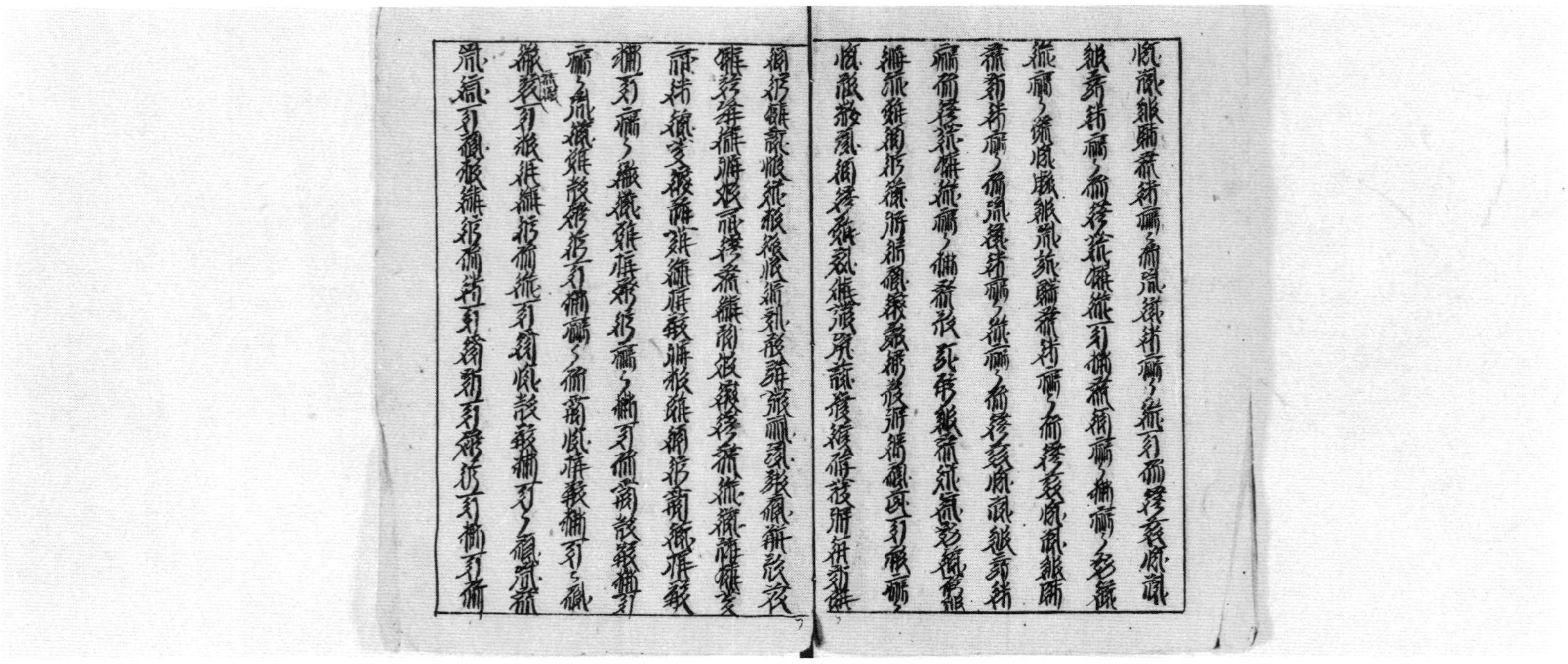

俄 Инв.No.942　註華嚴法界觀門深入傳第四　(44–12)

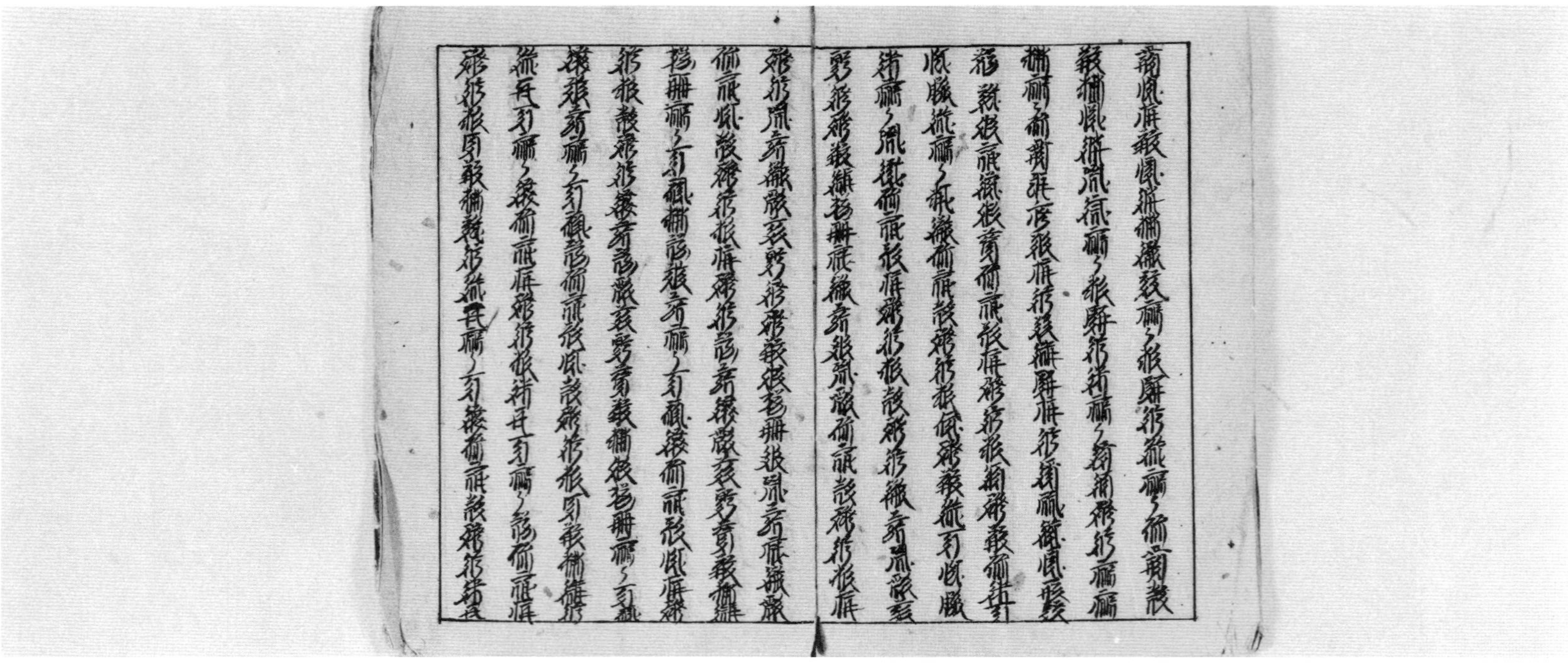

俄 Инв.No.942　註華嚴法界觀門深入傳第四　(44–13)

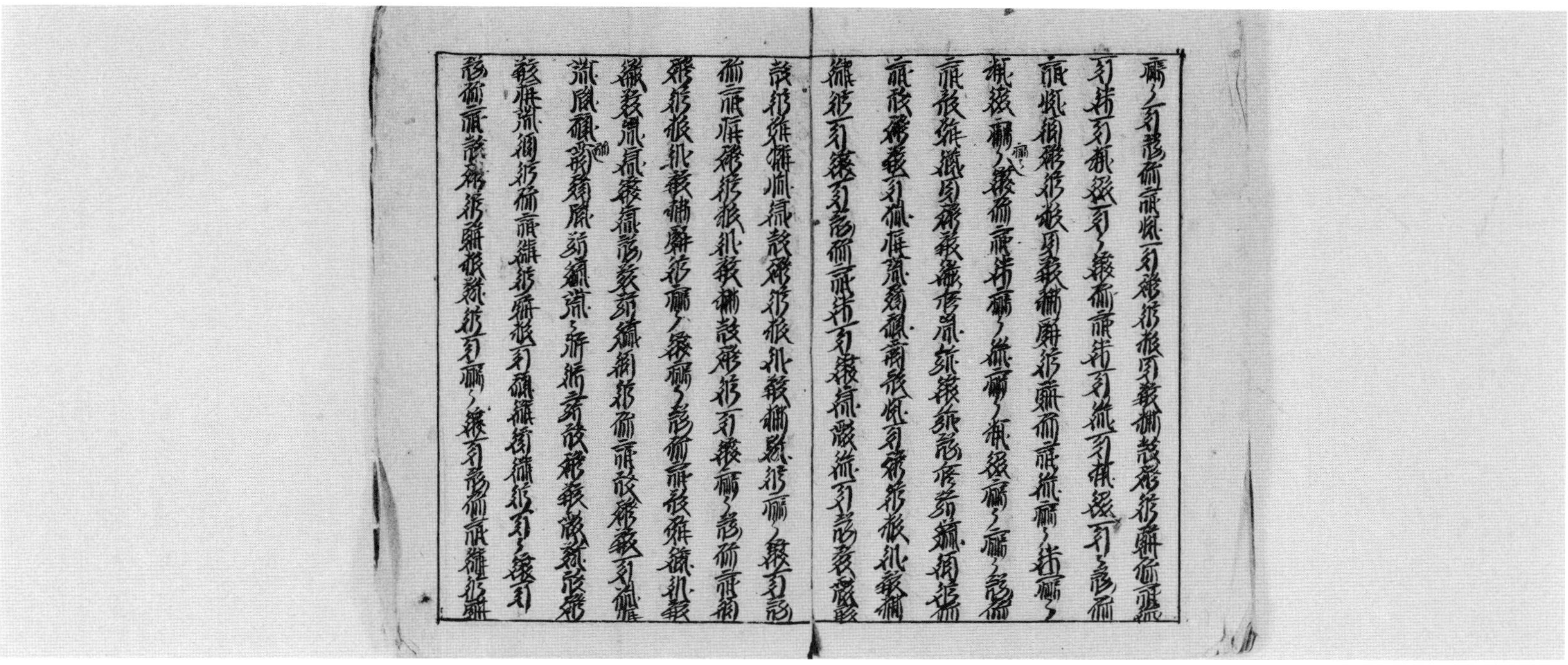

俄 Инв.No.942　註華嚴法界觀門深入傳第四　(44-14)

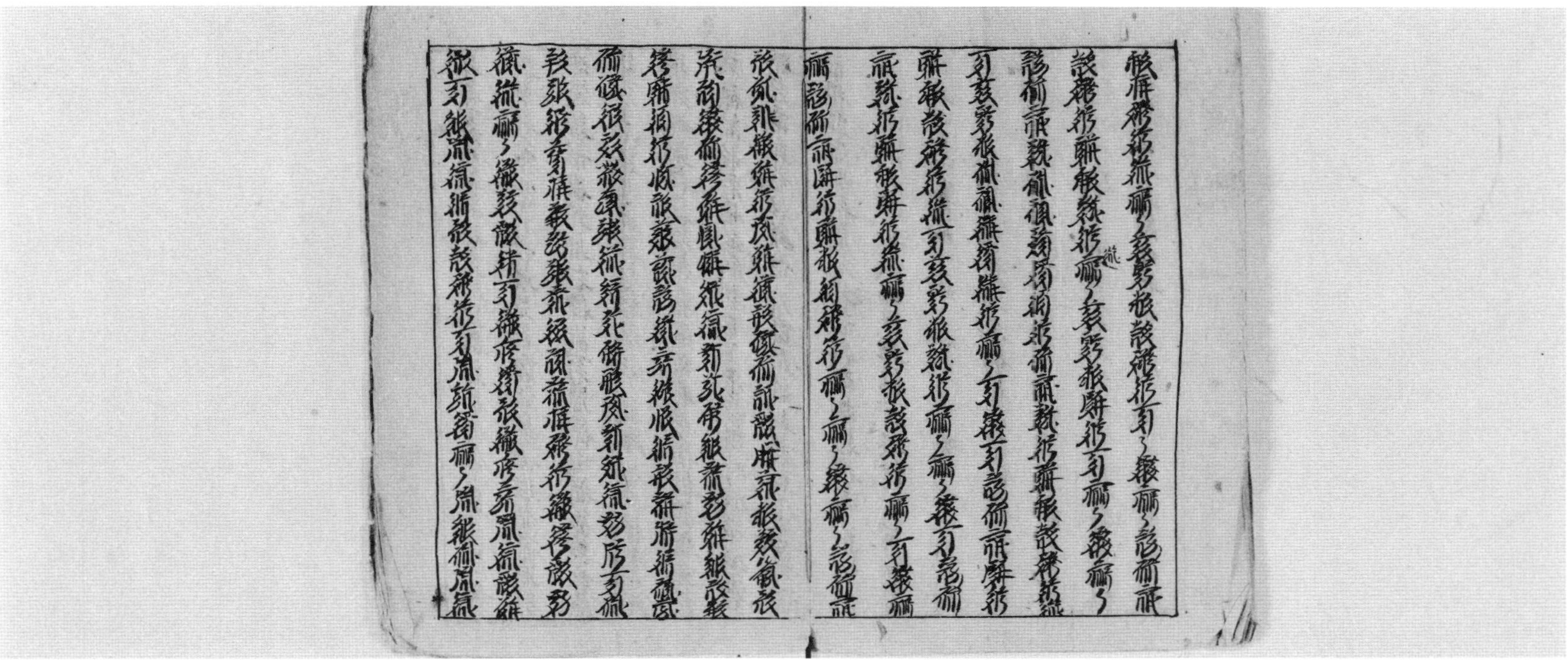

俄 Инв.No.942　註華嚴法界觀門深入傳第四　(44-15)

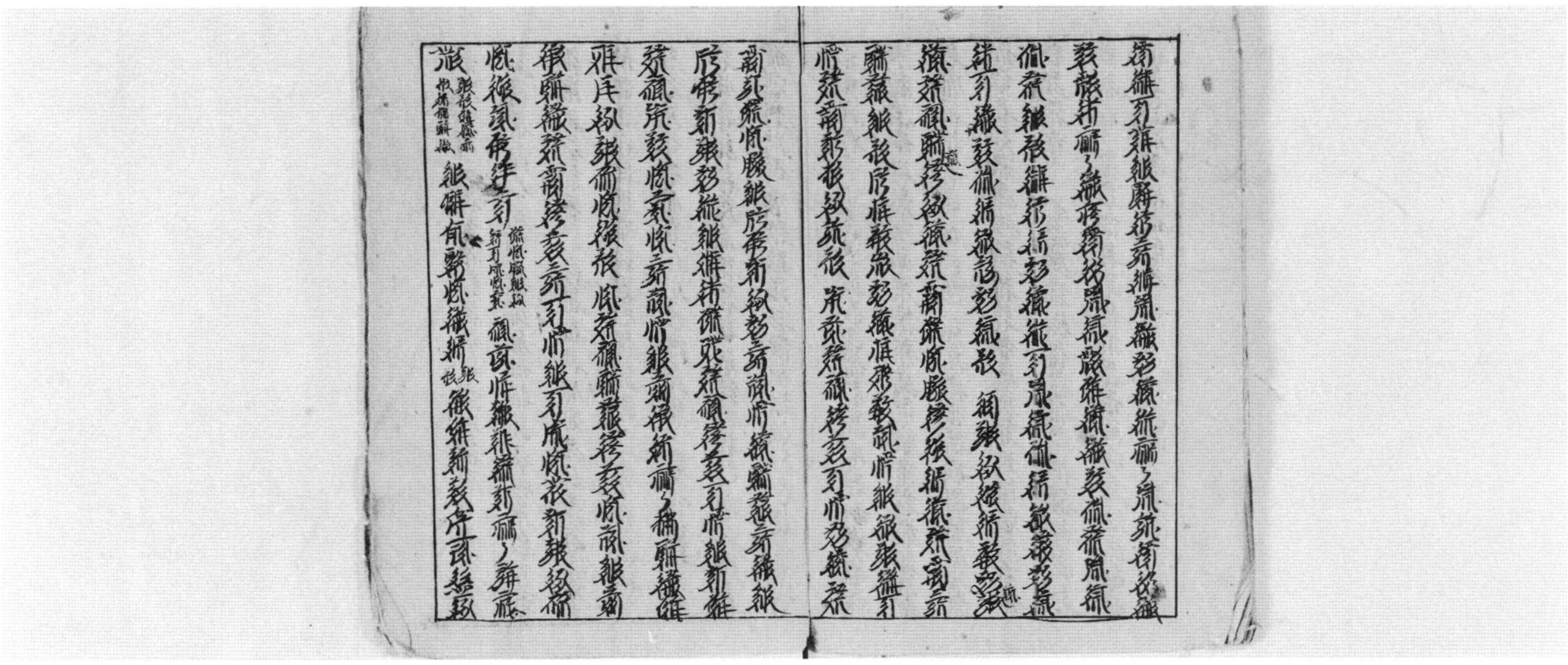

俄 Инв.No.942　註華嚴法界觀門深入傳第四　(44-16)

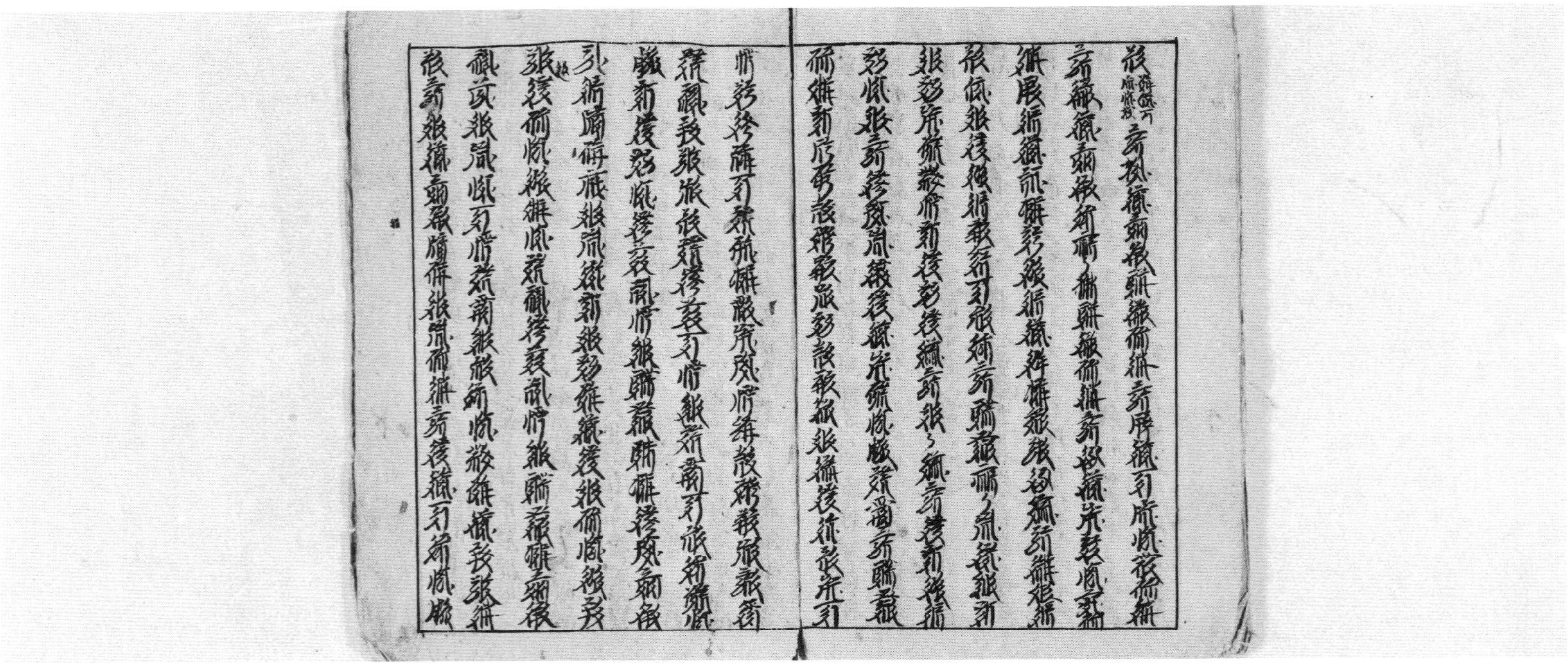

俄 Инв.No.942　註華嚴法界觀門深入傳第四　(44-17)

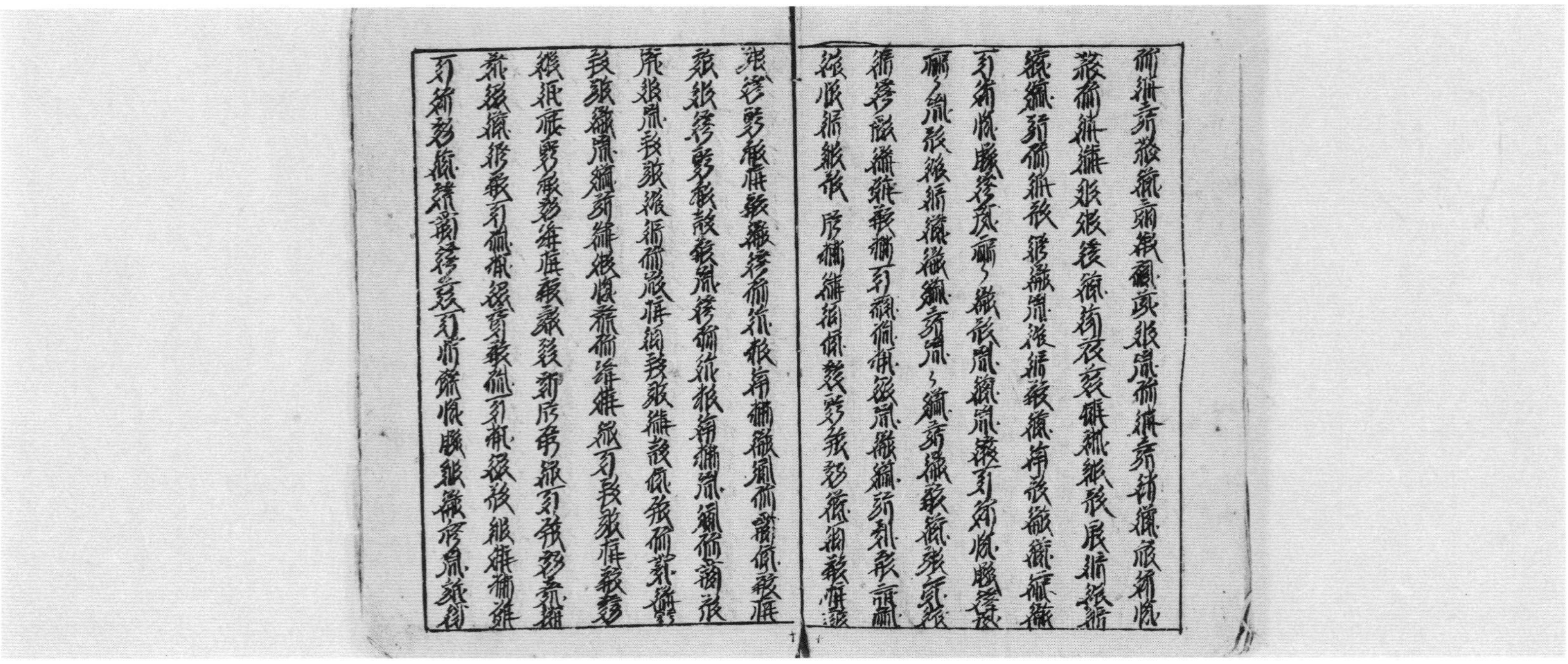

俄 Инв.No.942　註華嚴法界觀門深入傳第四　(44-18)

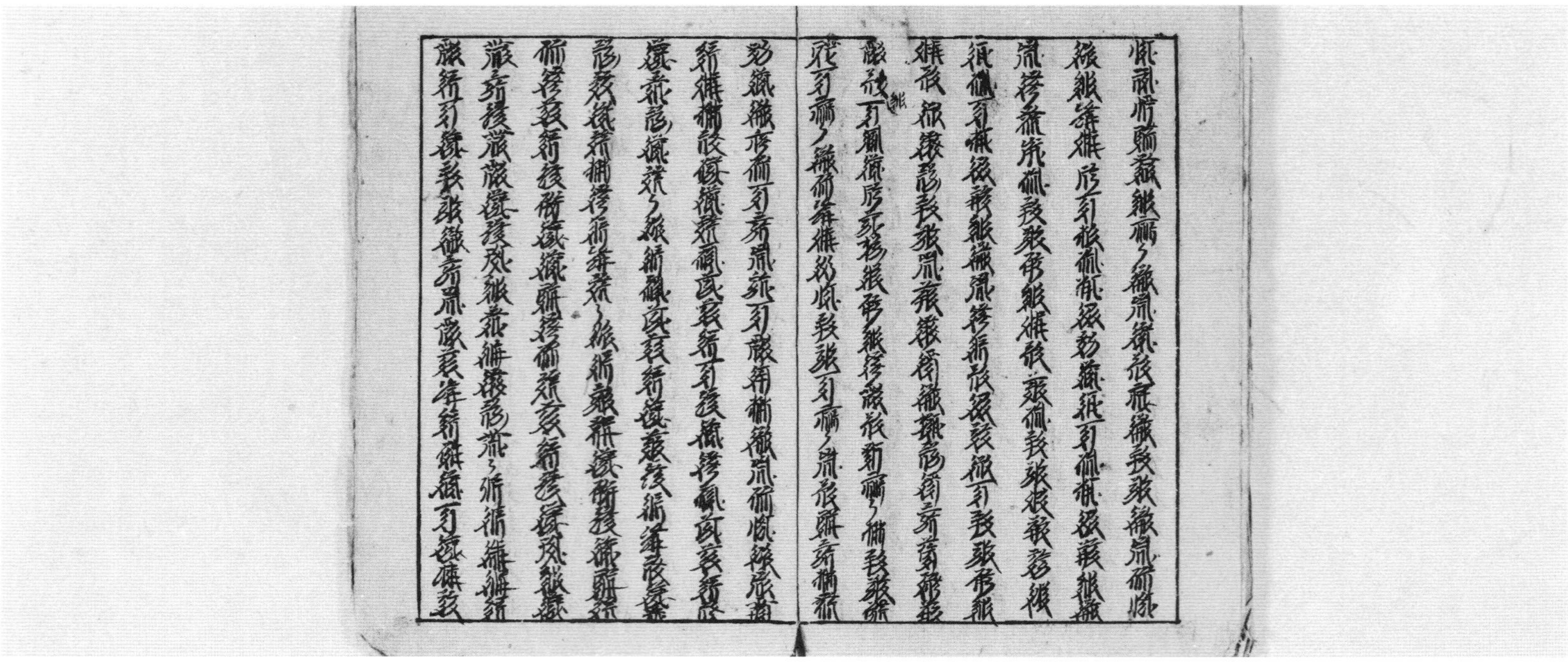

俄 Инв.No.942　註華嚴法界觀門深入傳第四　(44-19)

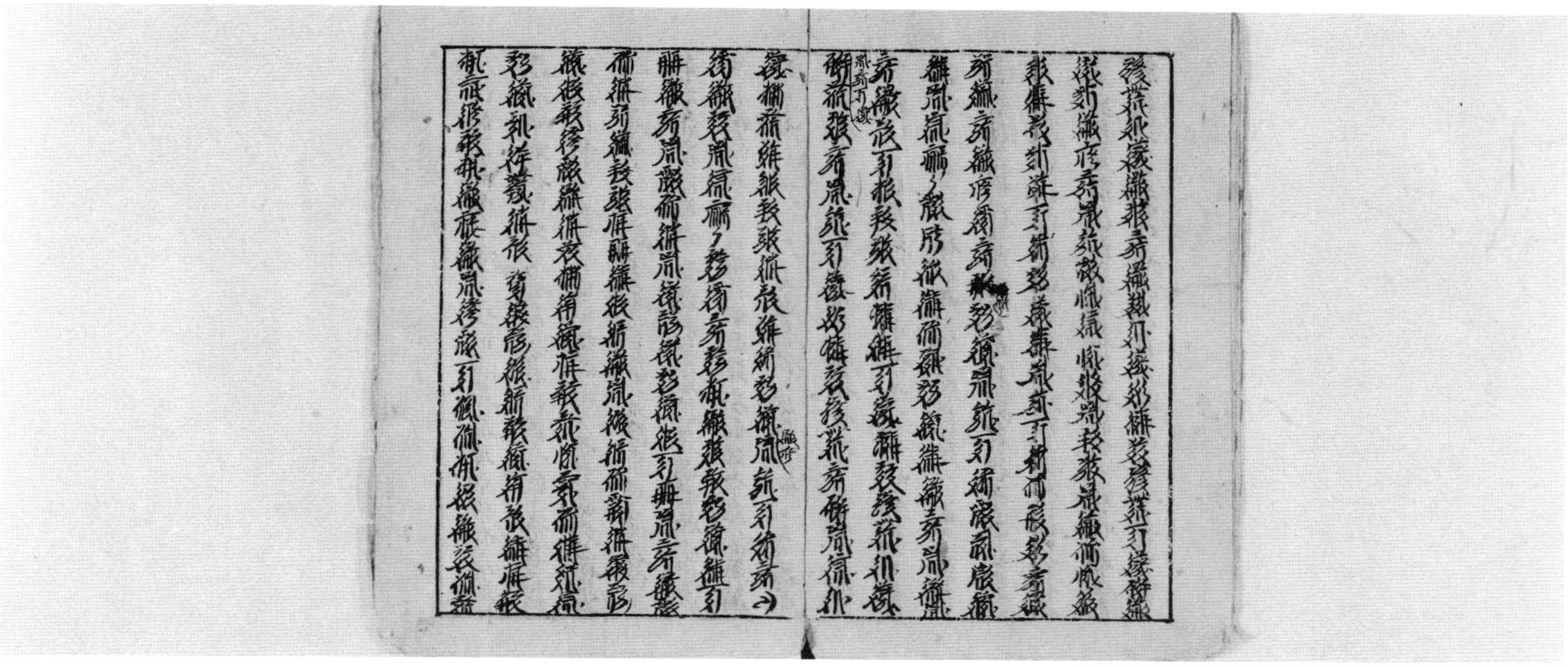

俄 Инв.No.942　註華嚴法界觀門深入傳第四　(44-20)

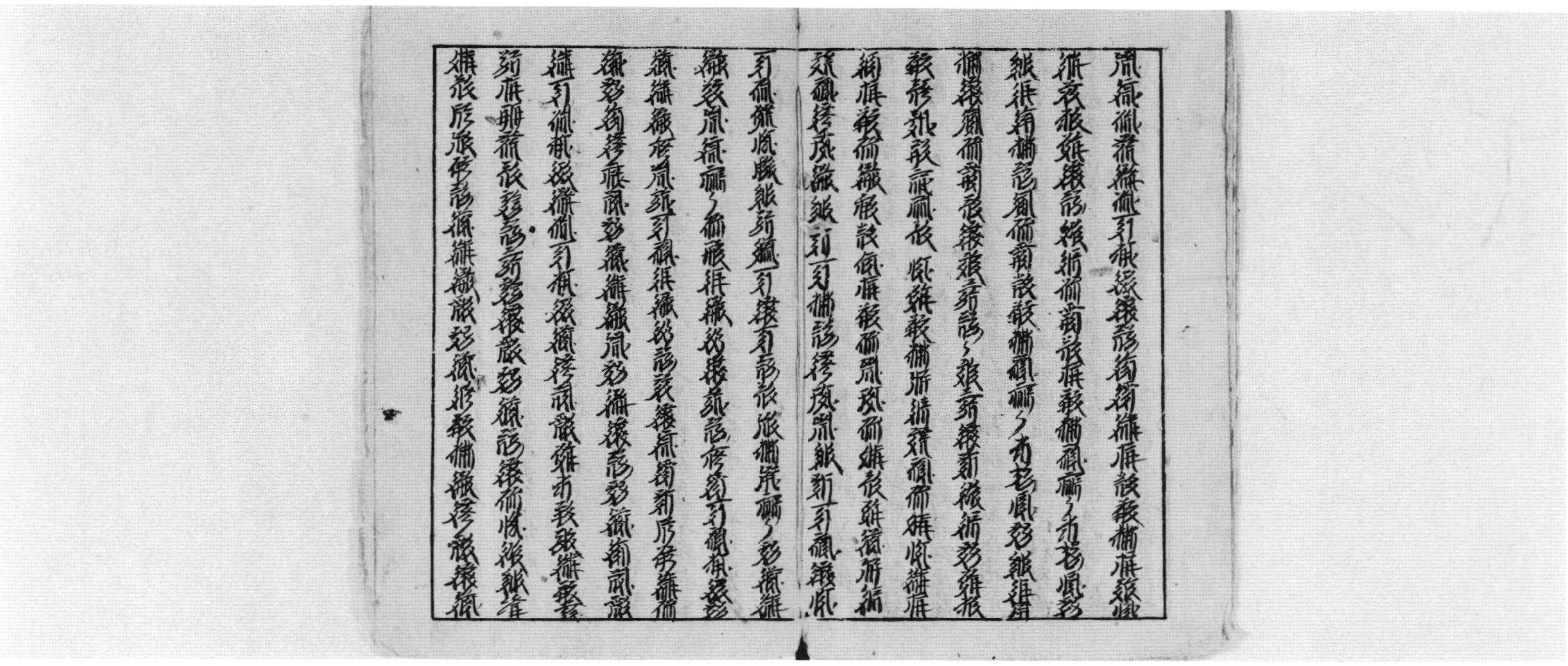

俄 Инв.No.942　註華嚴法界觀門深入傳第四　(44-21)

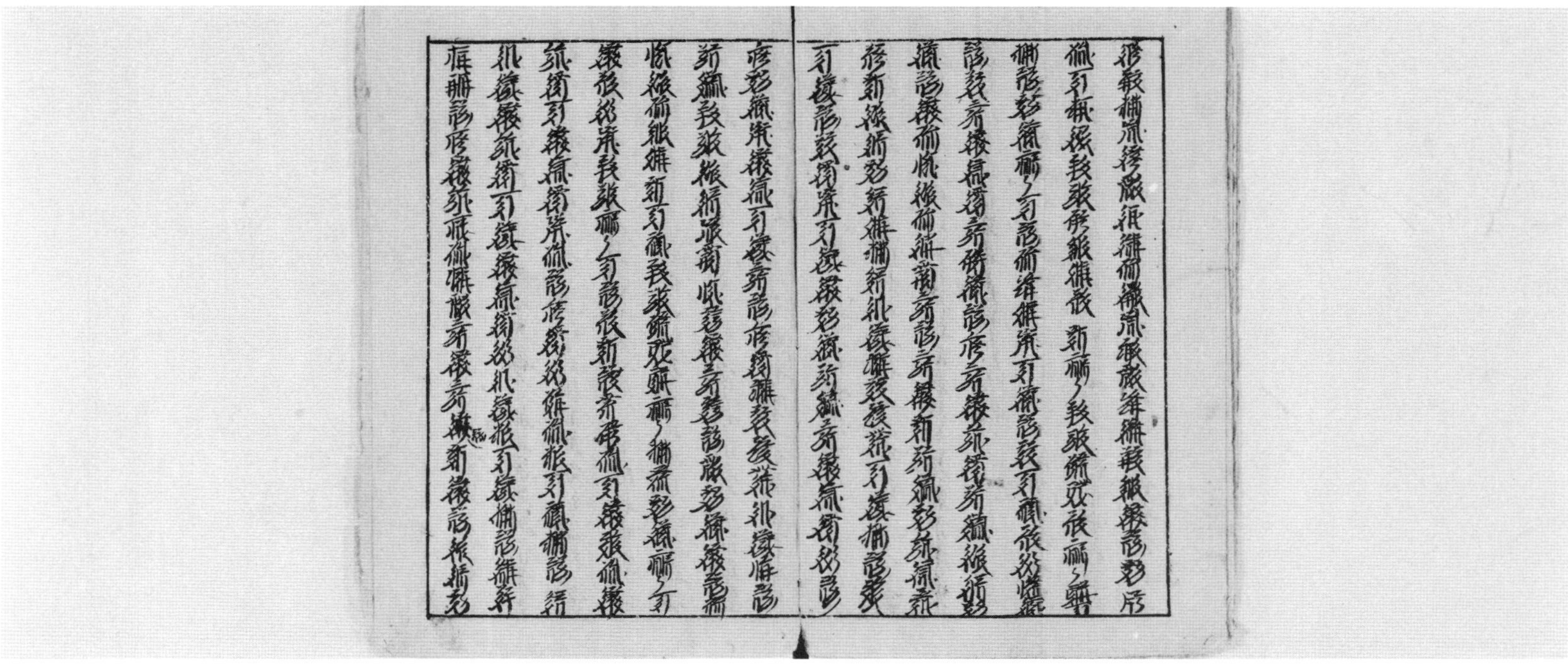

俄 Инв.No.942　註華嚴法界觀門深入傳第四　(44-22)

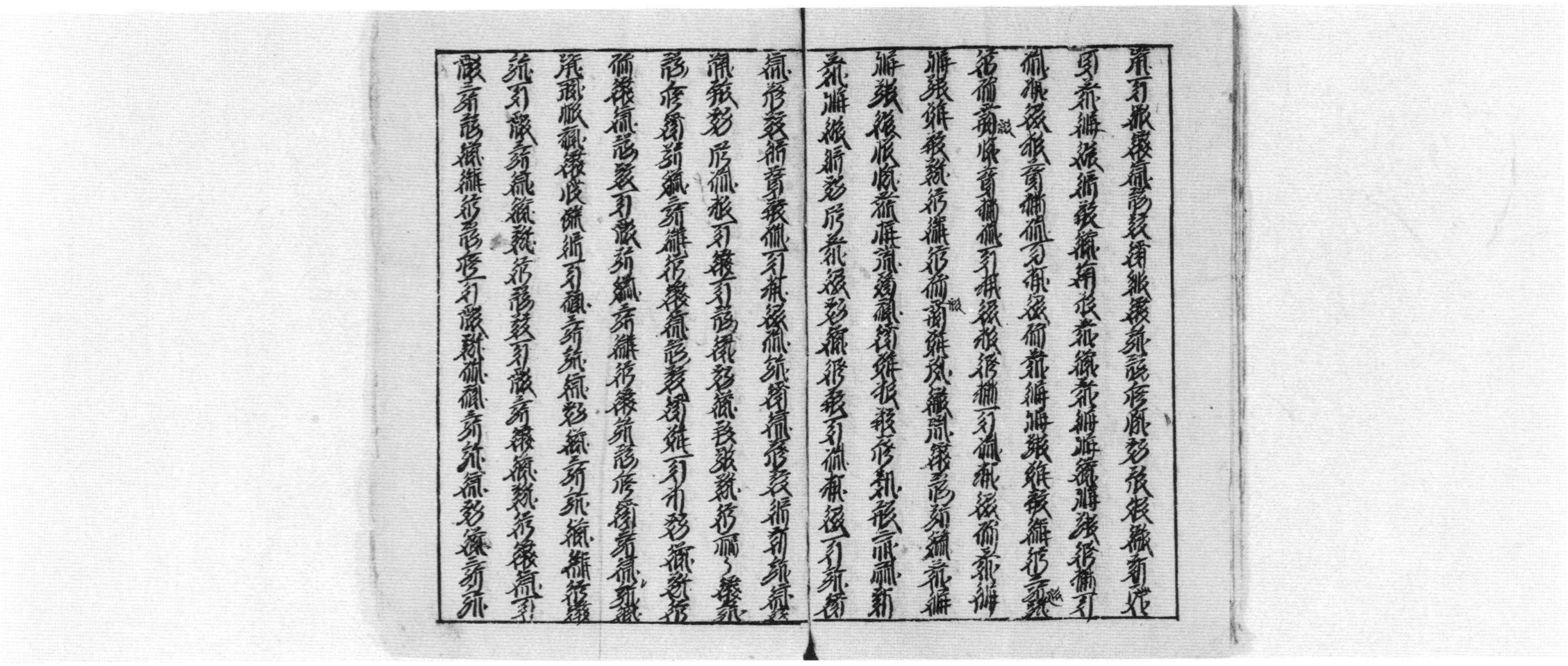

俄 Инв.No.942　註華嚴法界觀門深入傳第四　(44–23)

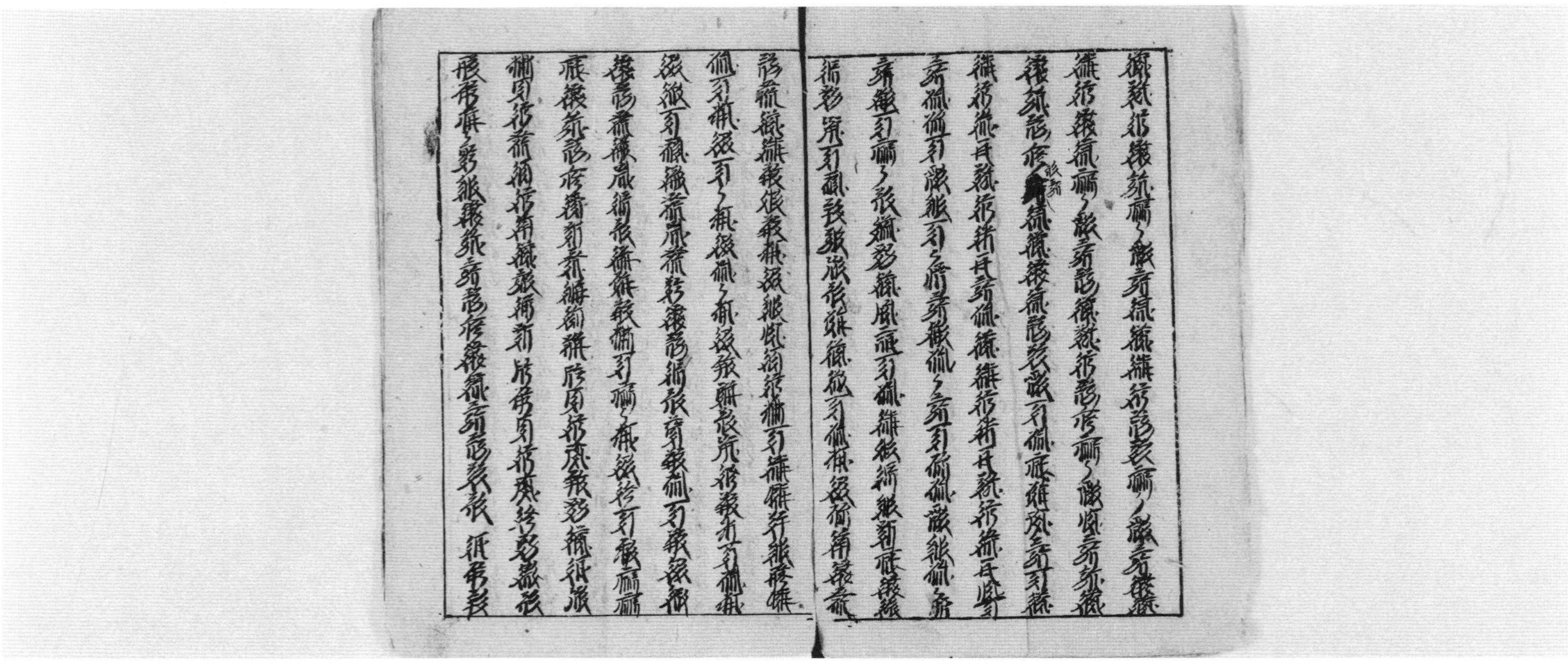

俄 Инв.No.942　註華嚴法界觀門深入傳第四　(44–24)

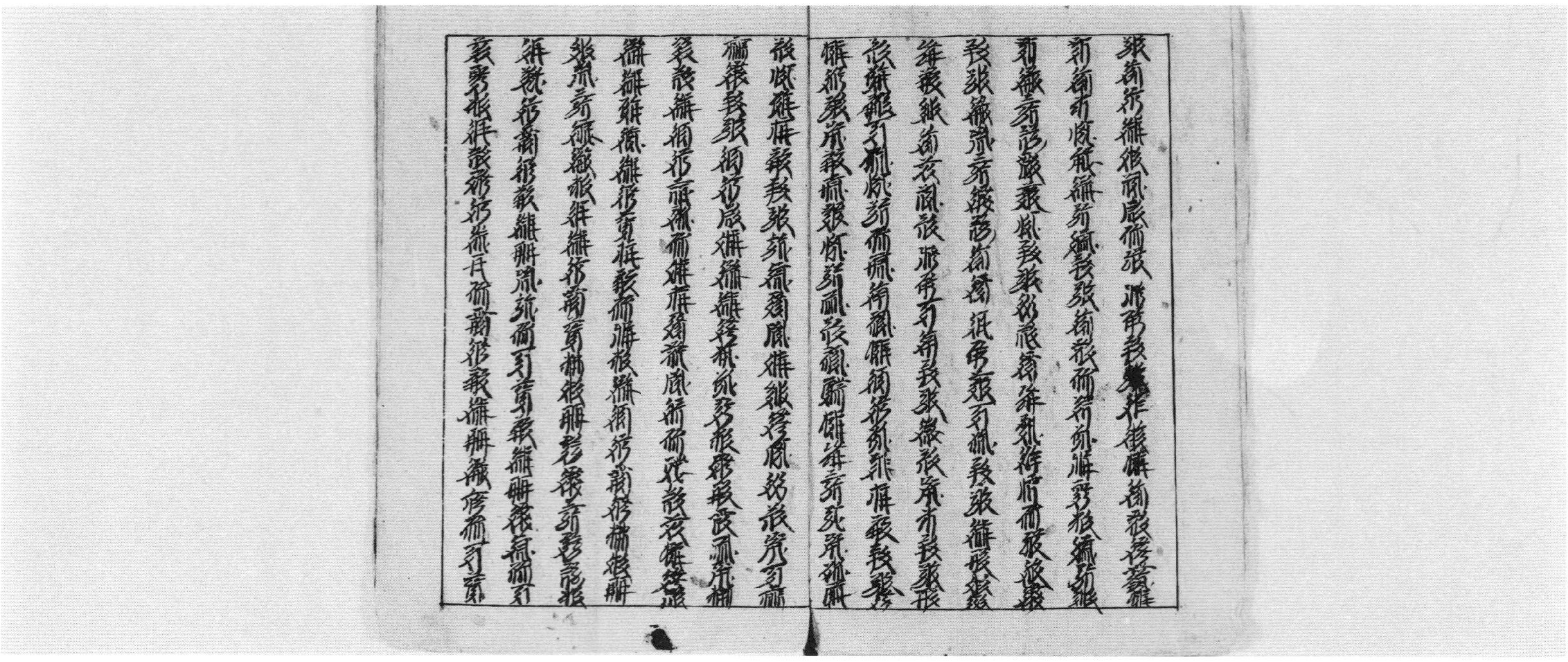

俄 Инв.No.942　註華嚴法界觀門深入傳第四　(44–25)

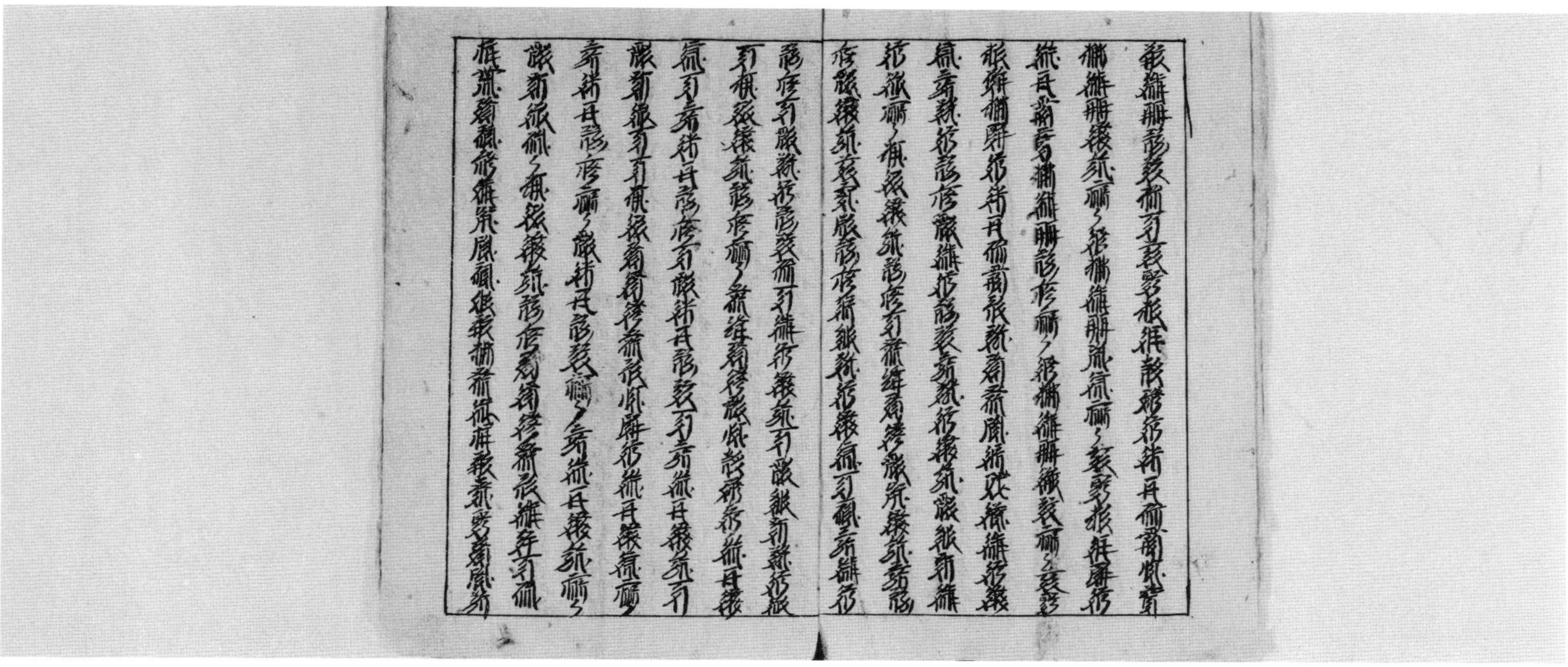

俄 Инв.No.942　註華嚴法界觀門深入傳第四　(44–26)

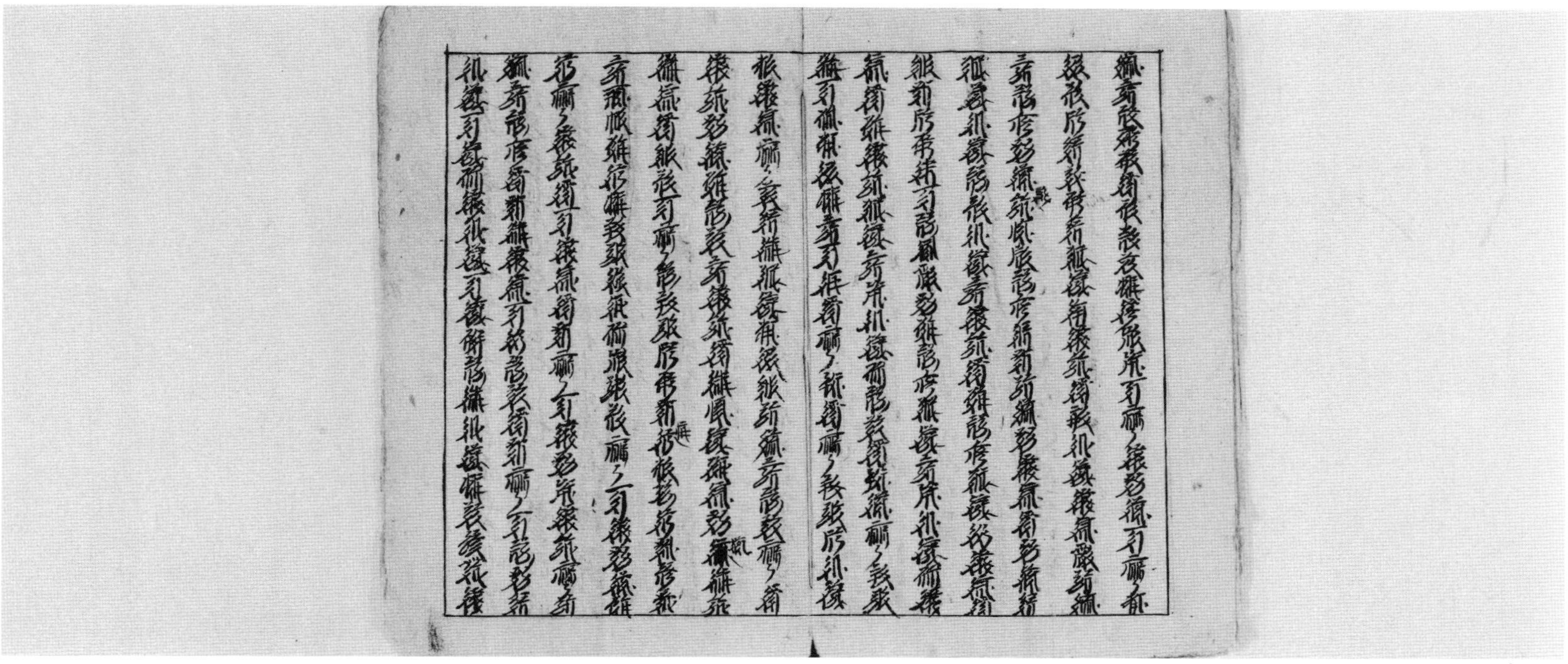

俄 Инв.No.942　註華嚴法界觀門深入傳第四　(44–27)

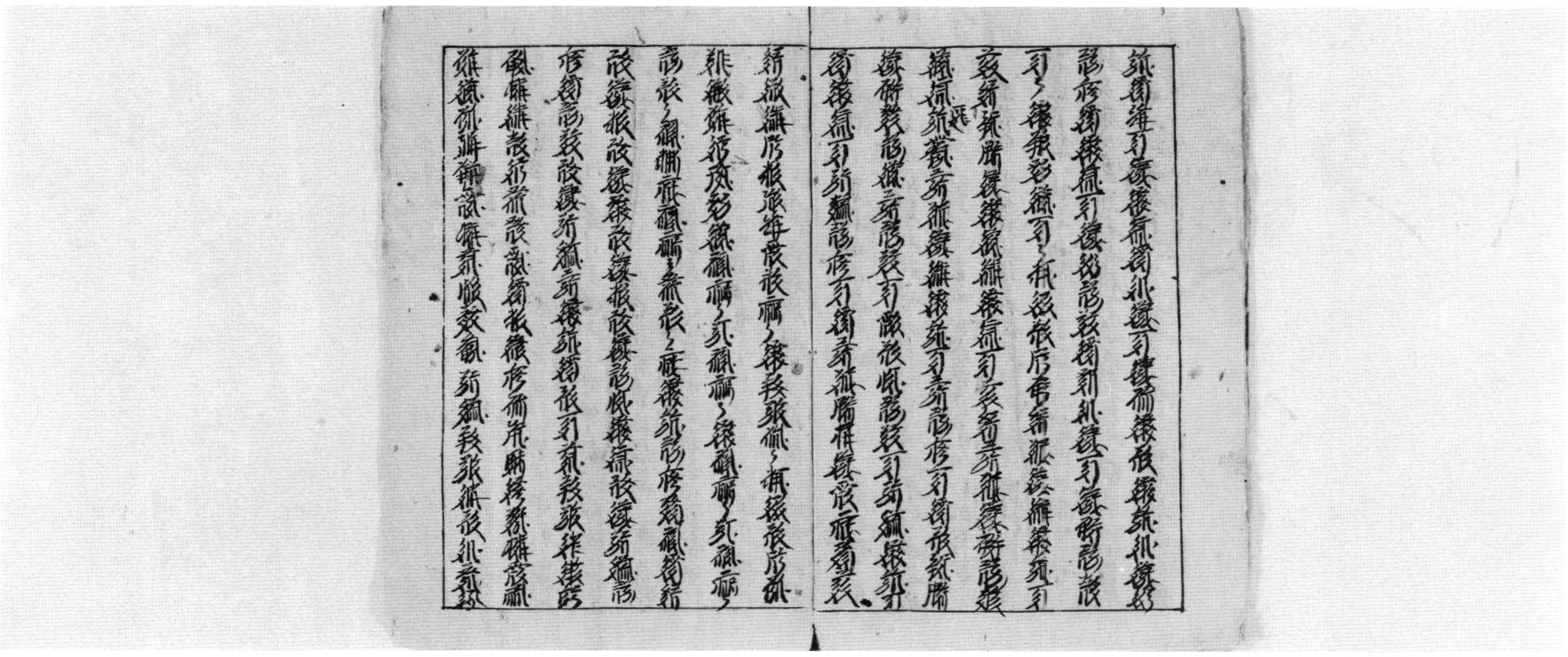

俄 Инв.No.942　註華嚴法界觀門深入傳第四　(44–28)

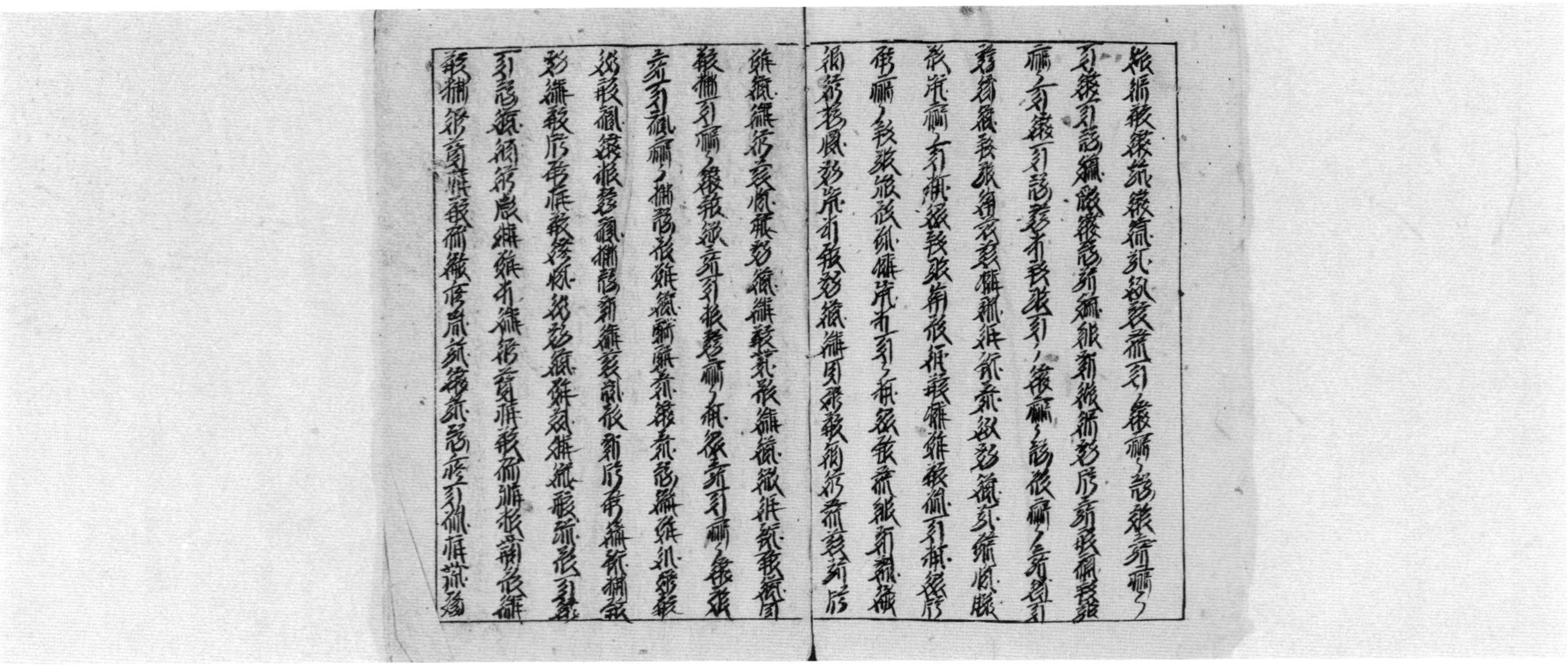

俄 Инв.No.942　註華嚴法界觀門深入傳第四　(44–29)

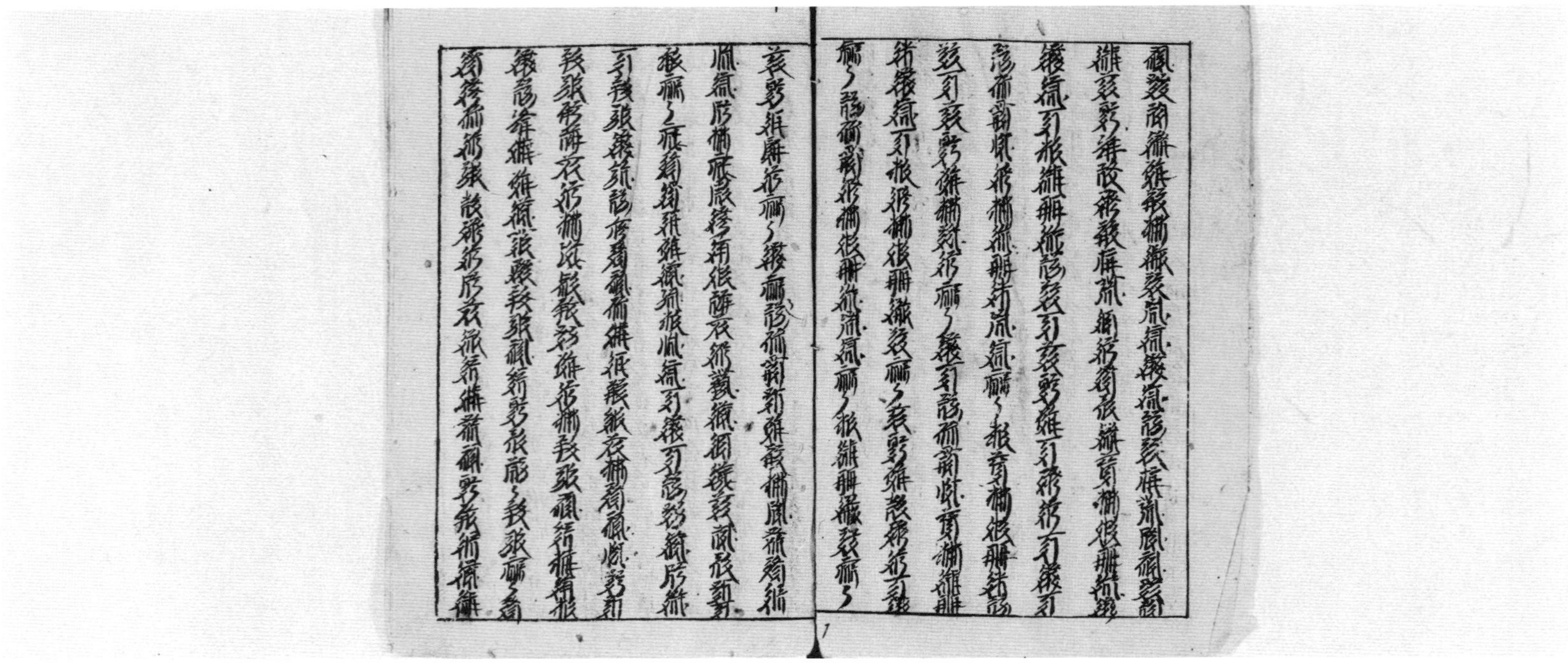

俄 Инв.No.942　註華嚴法界觀門深入傳第四　(44–30)

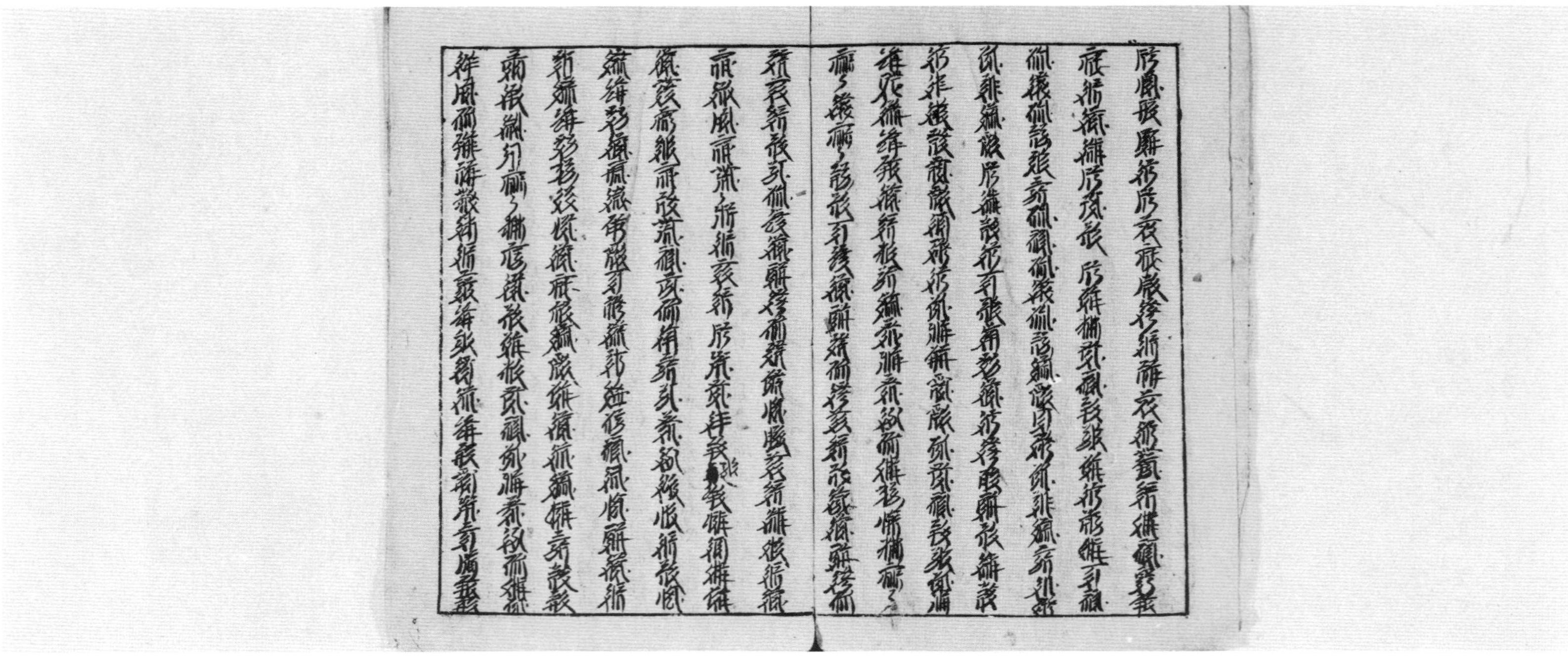

俄 Инв.No.942　註華嚴法界觀門深入傳第四　(44–31)

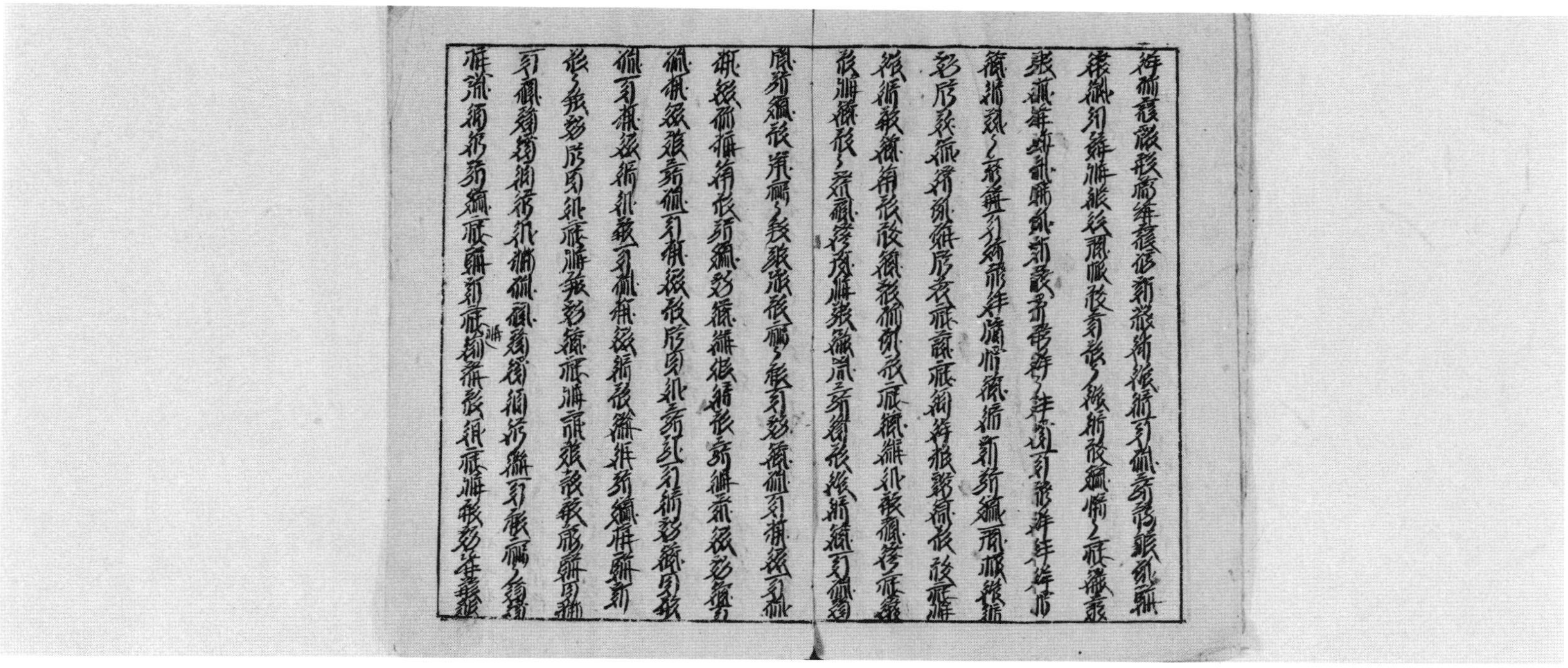

俄 Инв.No.942　註華嚴法界觀門深入傳第四　(44-32)

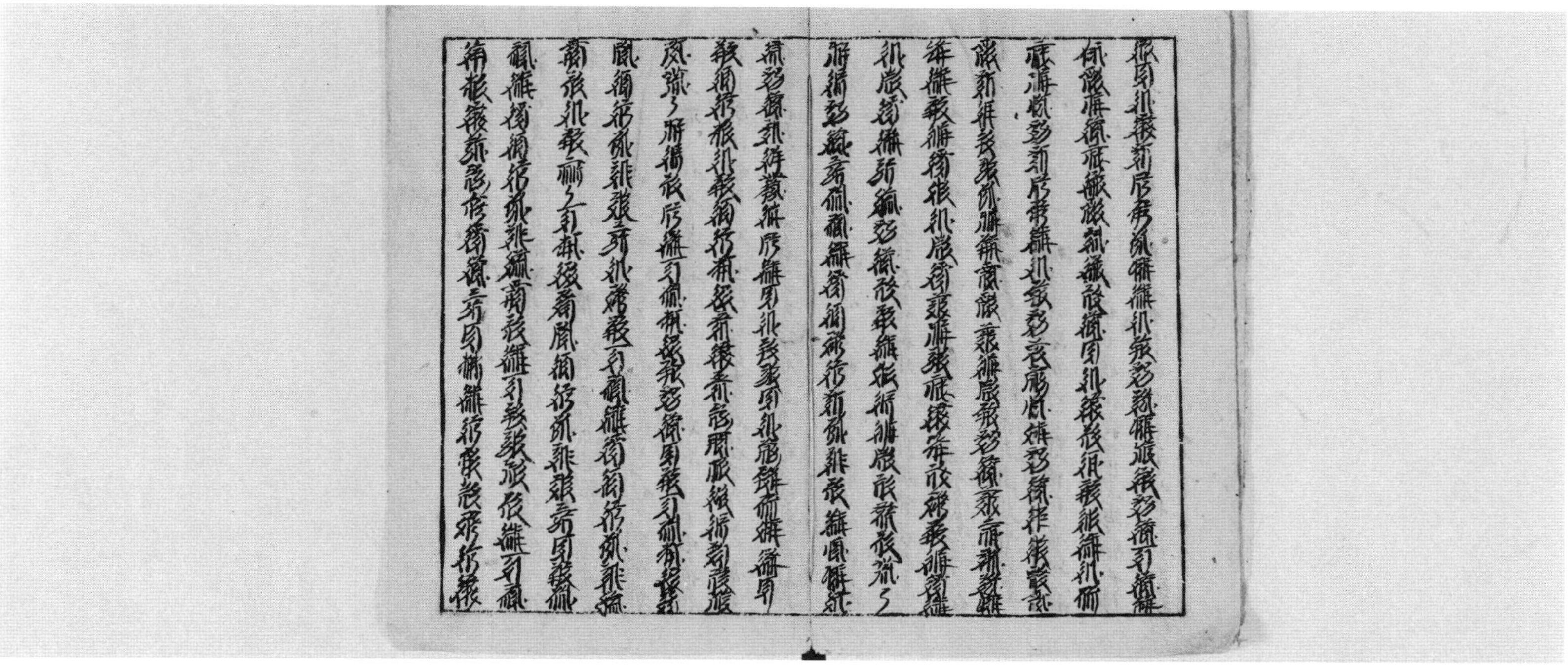

俄 Инв.No.942　註華嚴法界觀門深入傳第四　(44-33)

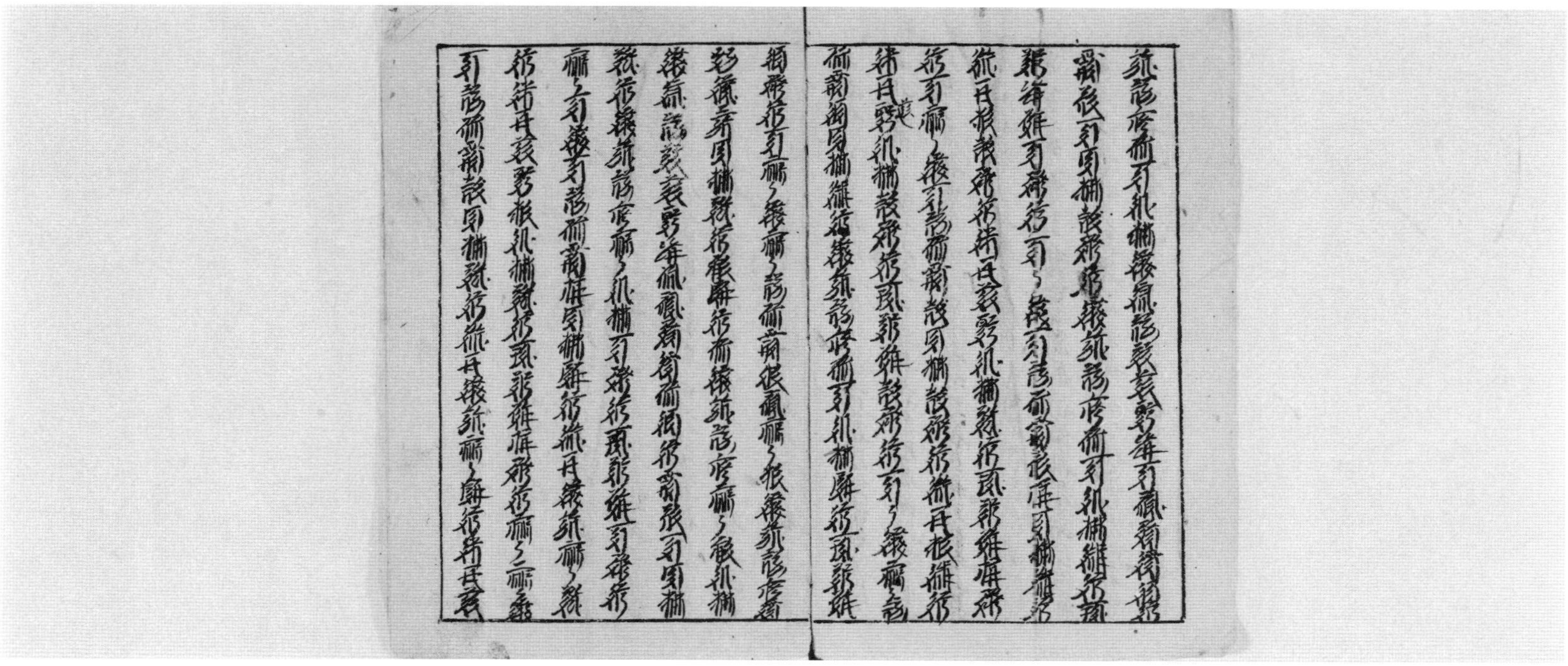

俄 Инв.No.942　註華嚴法界觀門深入傳第四　(44-34)

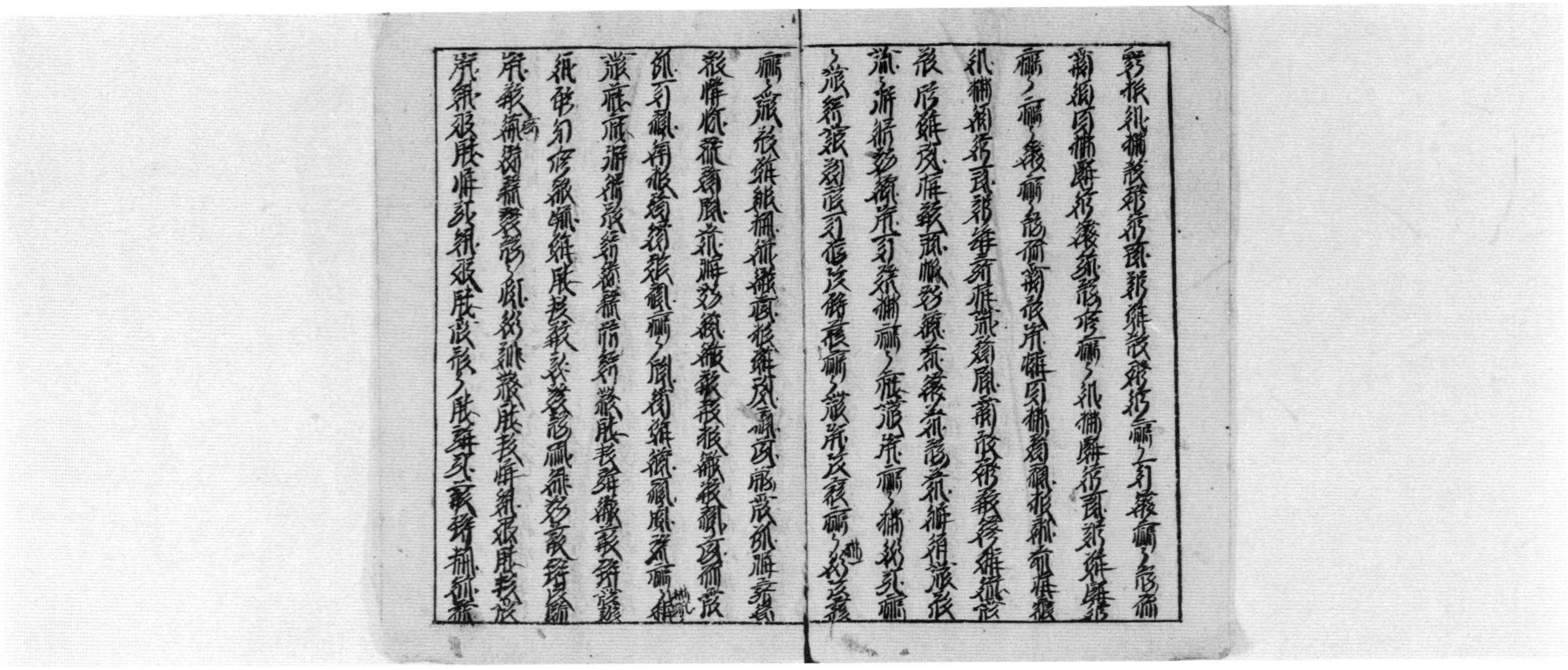

俄 Инв.No.942　註華嚴法界觀門深入傳第四　(44–35)

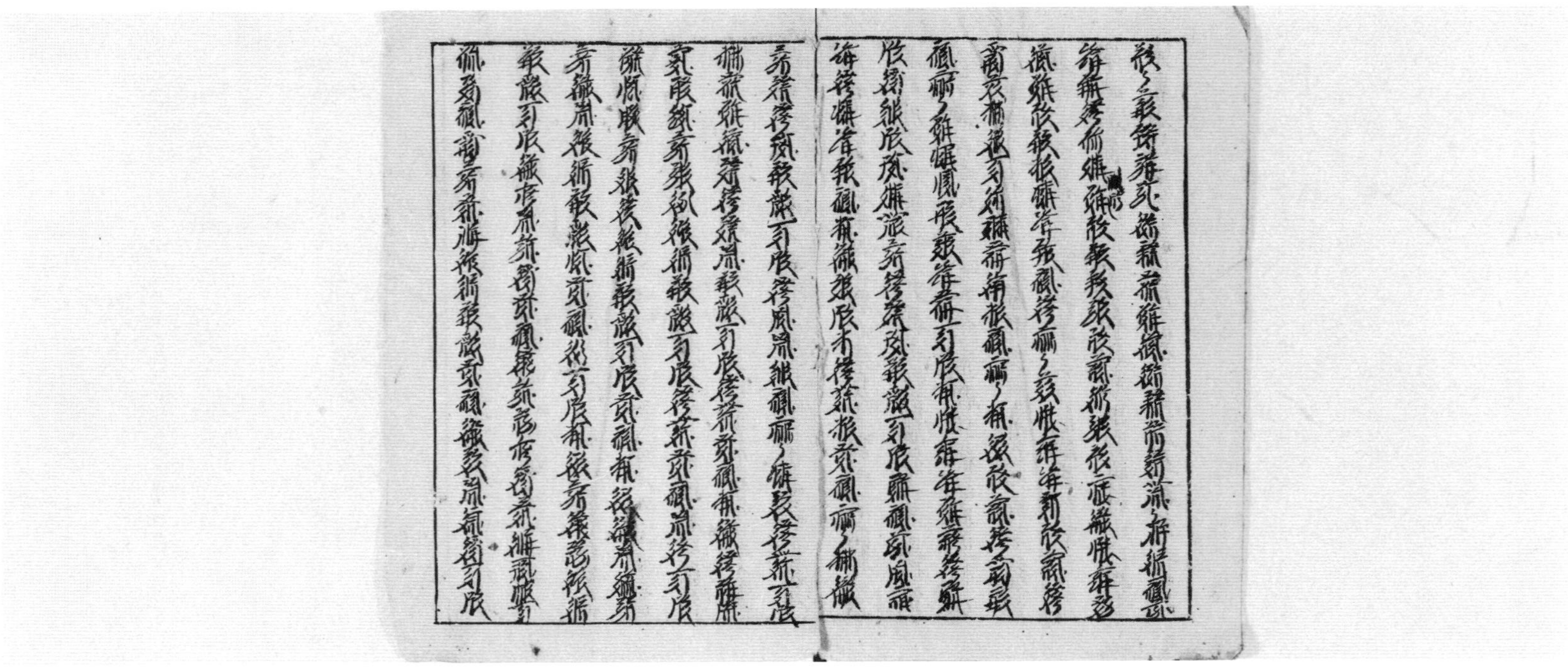

俄 Инв.No.942　註華嚴法界觀門深入傳第四　(44–36)

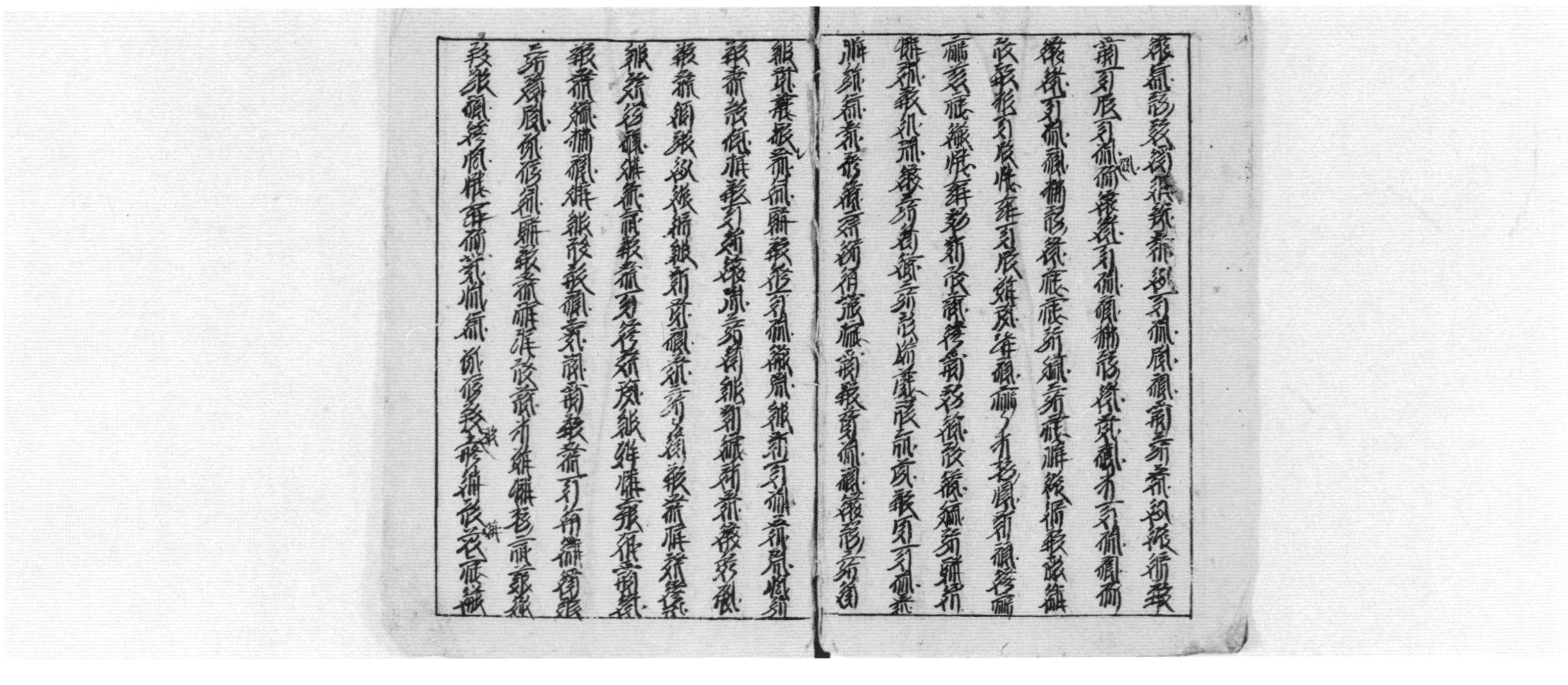

俄 Инв.No.942　註華嚴法界觀門深入傳第四　(44–37)

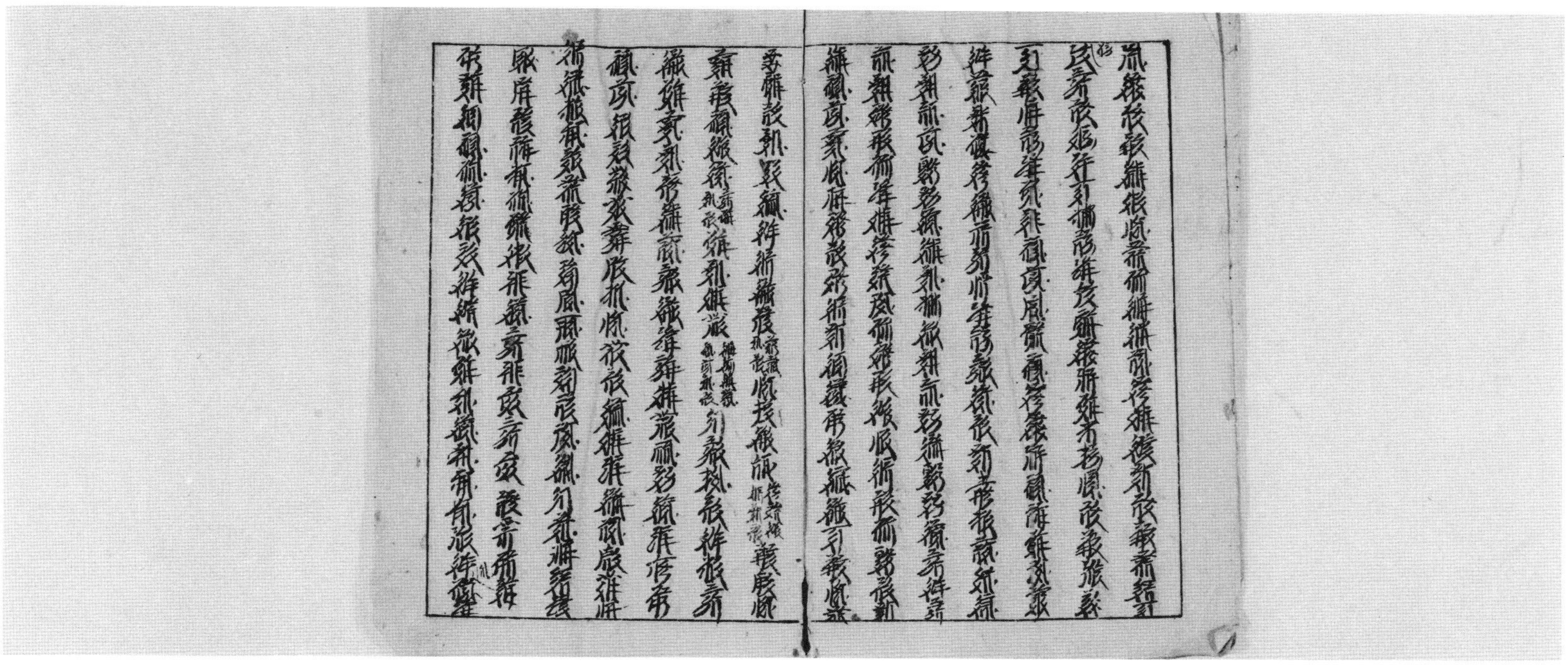

俄 Инв.No.942　註華嚴法界觀門深入傳第四　(44–38)

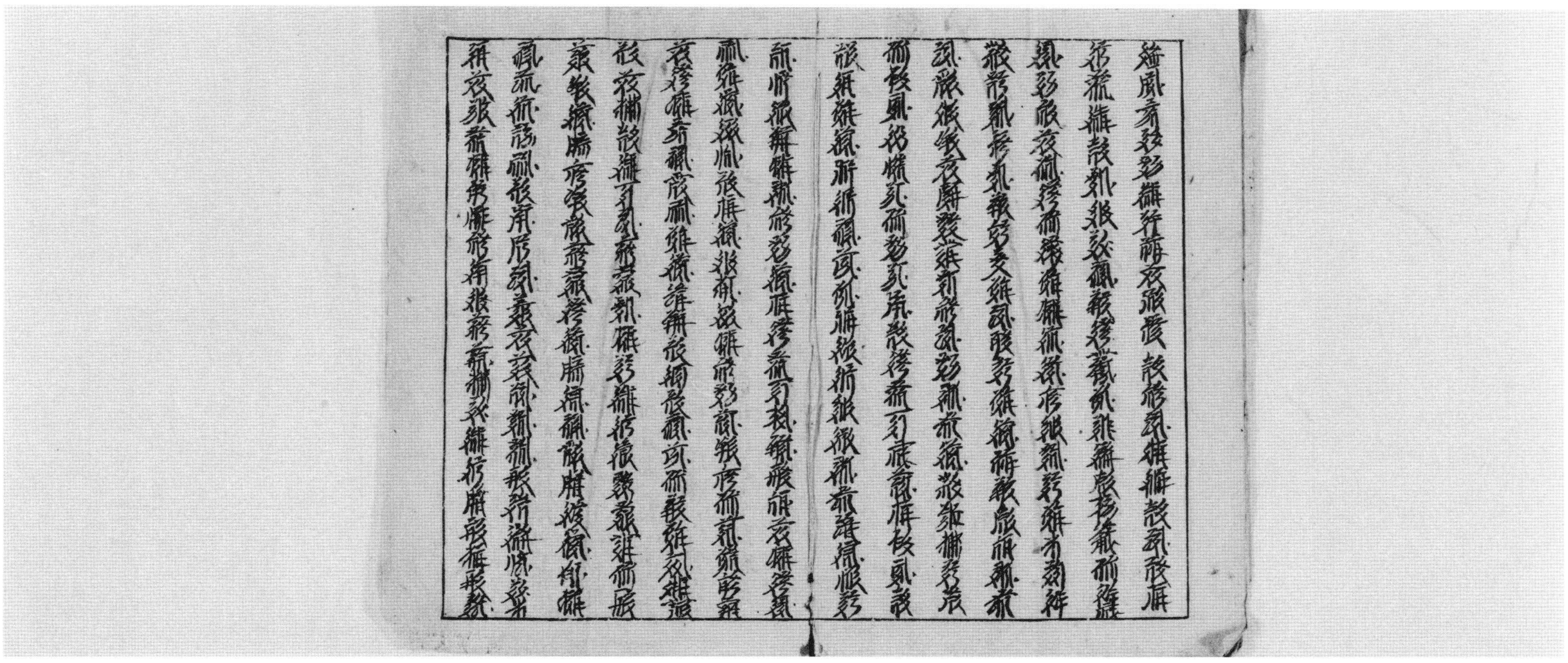

俄 Инв.No.942　註華嚴法界觀門深入傳第四　(44–39)

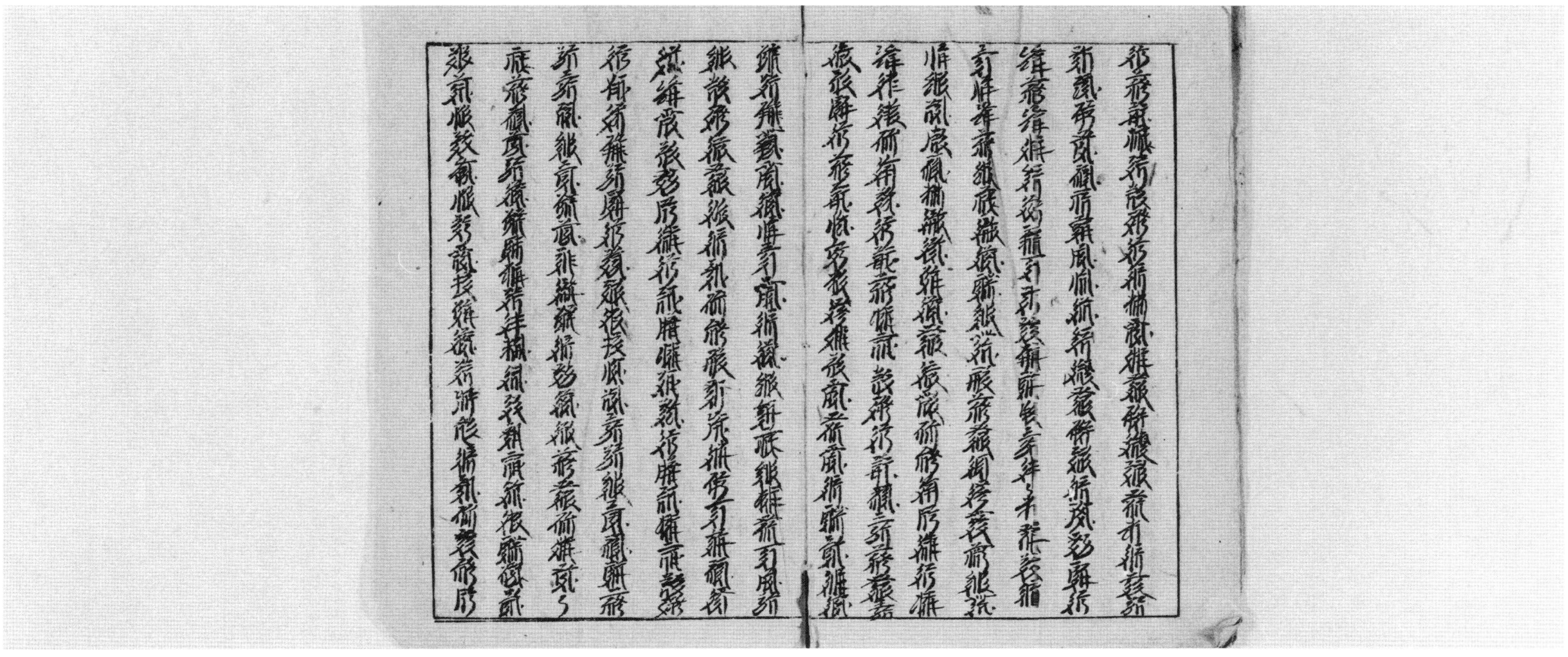

俄 Инв.No.942　註華嚴法界觀門深入傳第四　(44–40)

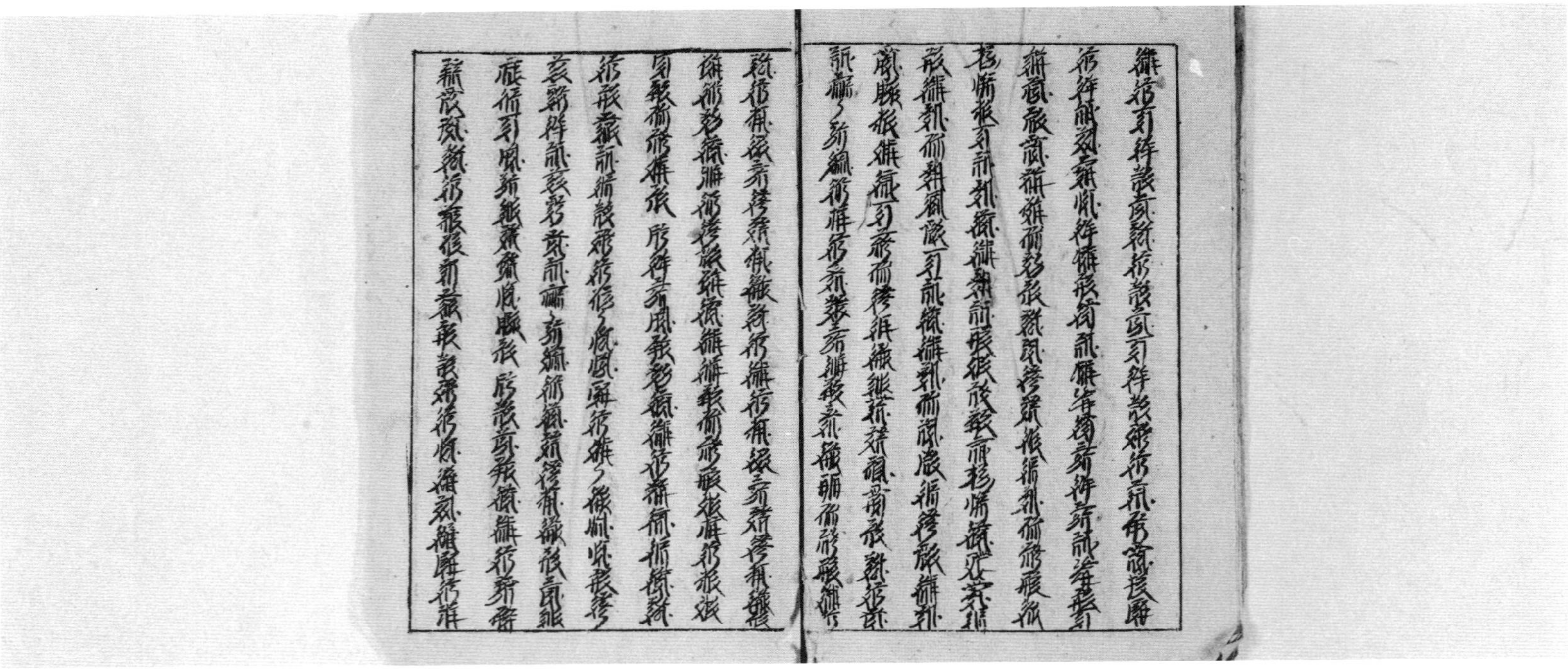

俄 Инв.No.942　註華嚴法界觀門深入傳第四　(44-41)

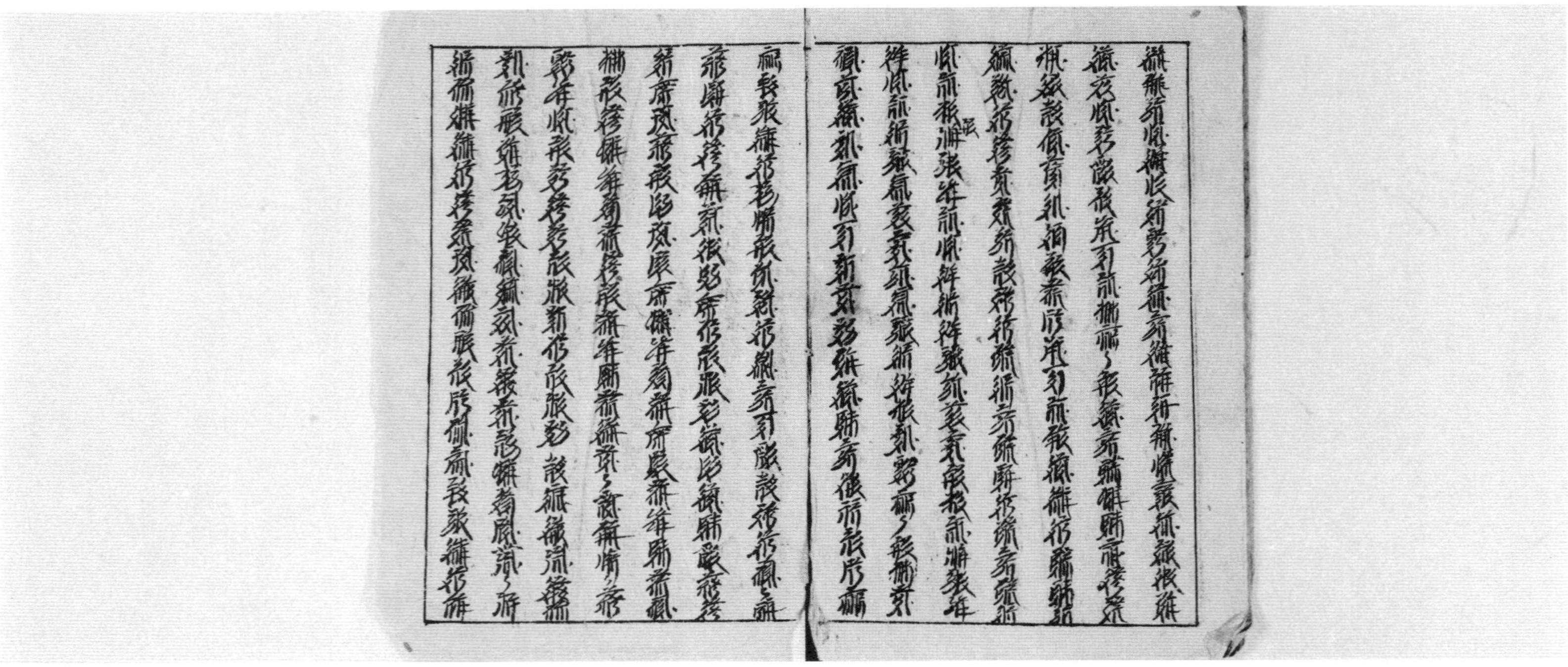

俄 Инв.No.942　註華嚴法界觀門深入傳第四　(44-42)

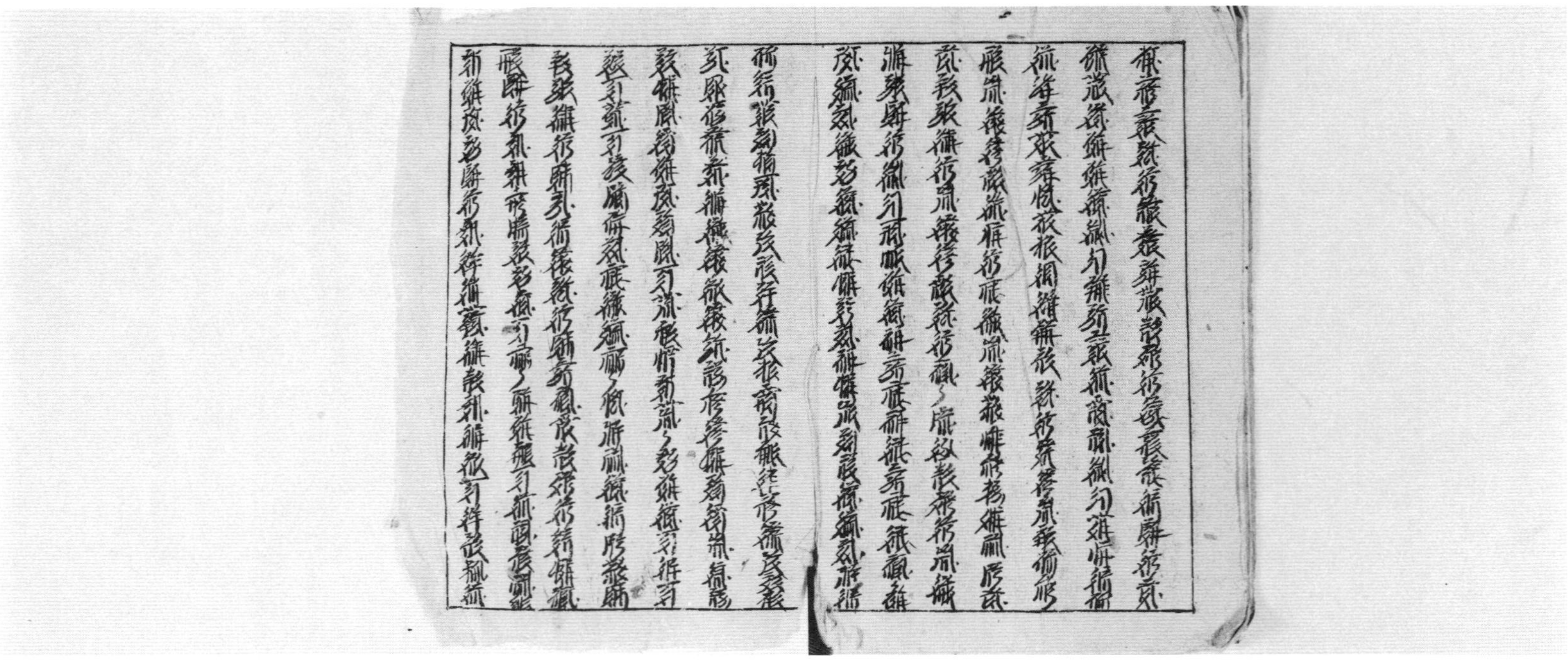

俄 Инв.No.942　註華嚴法界觀門深入傳第四　(44-43)

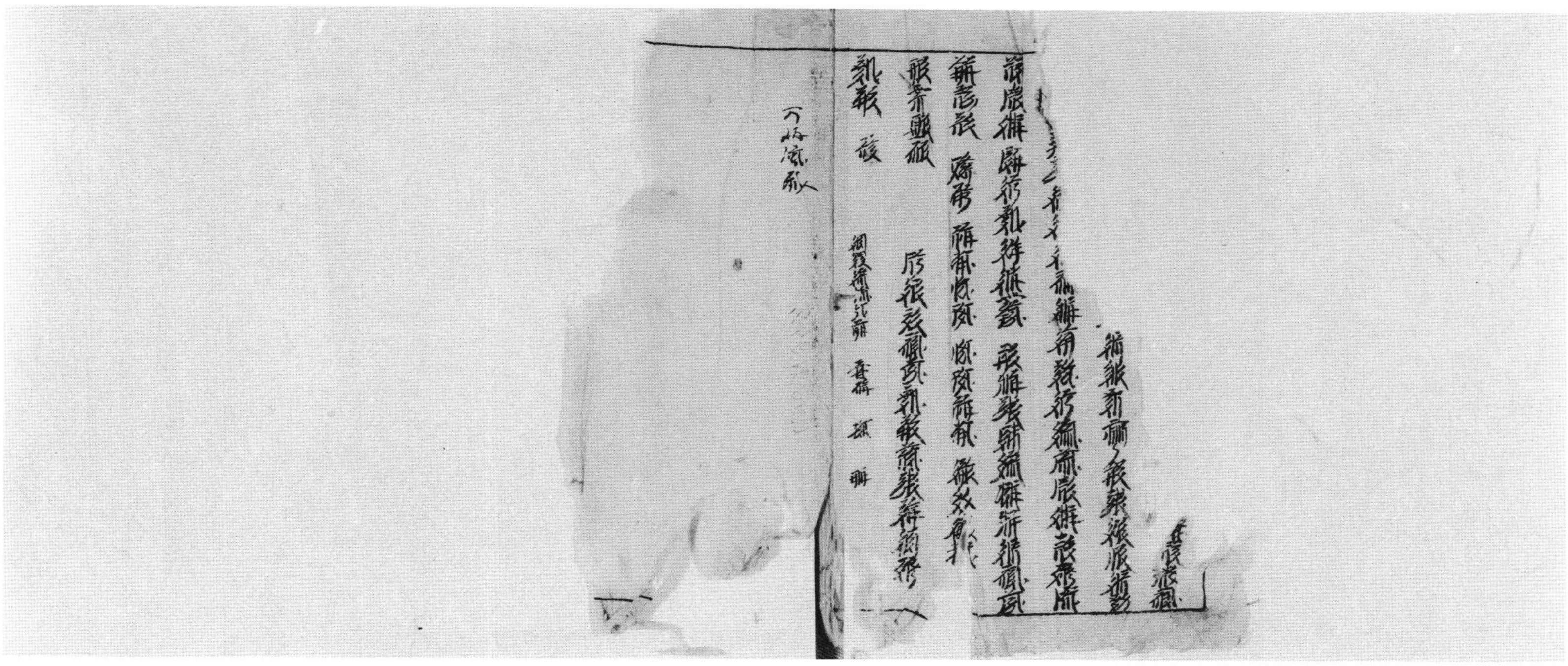

俄 Инв.No.942　註華嚴法界觀門深入傳第四　　(44–44)

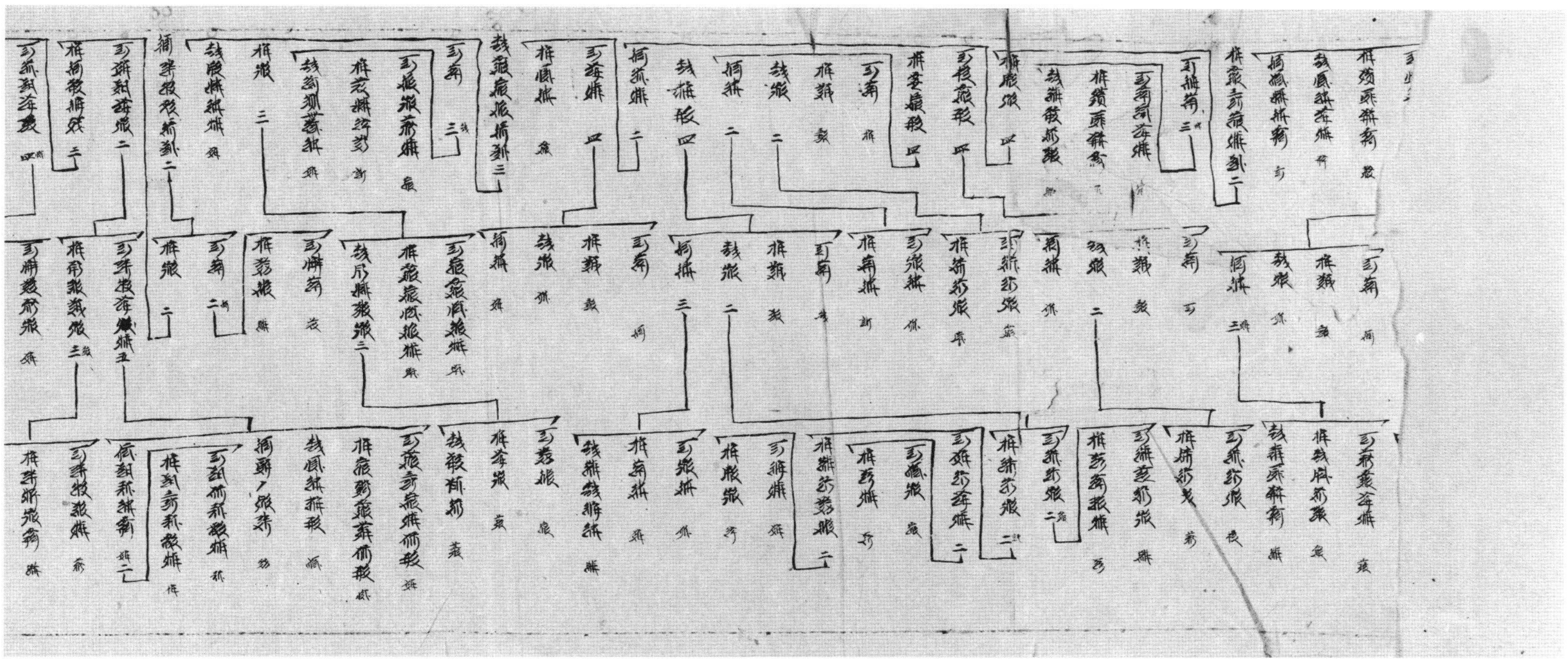

俄 Инв.No.5656　華嚴法界觀綱　　(5–1)

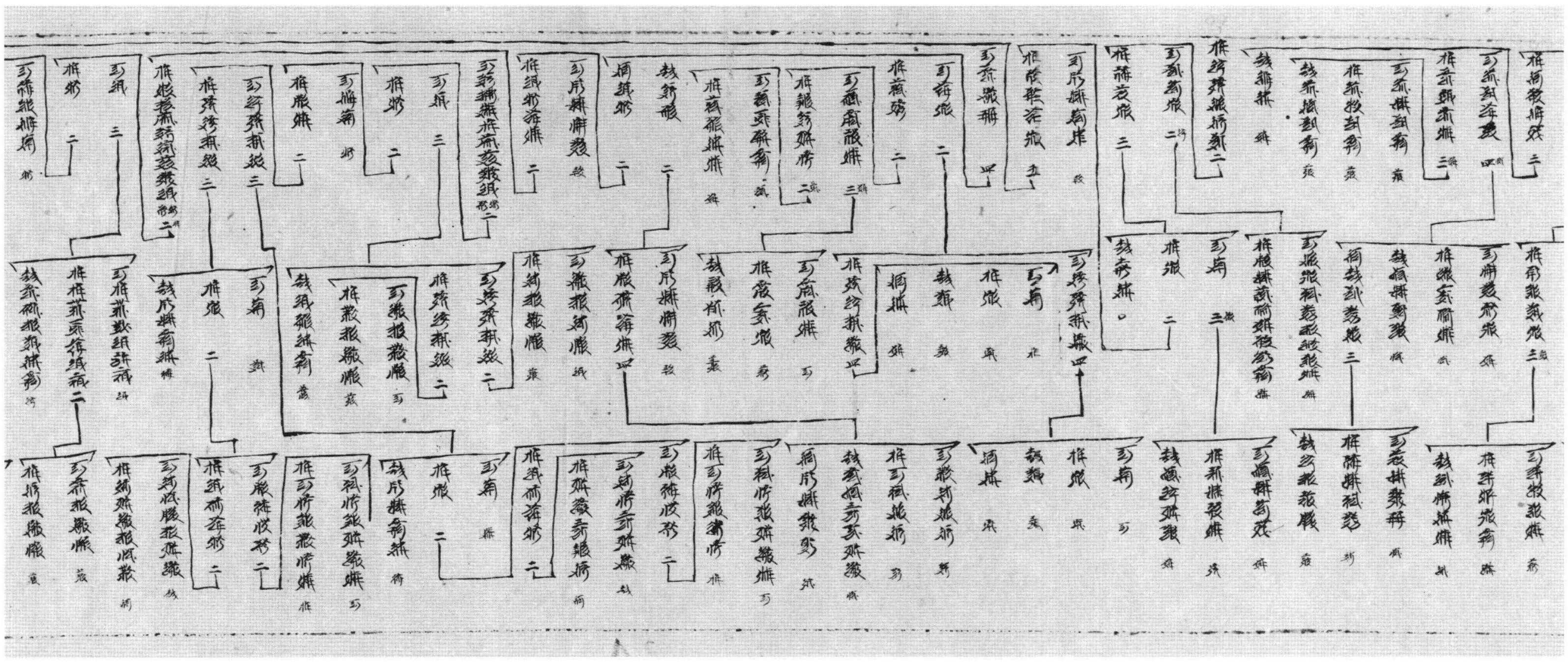

俄 Инв.No.5656　華嚴法界觀綱　　(5–2)

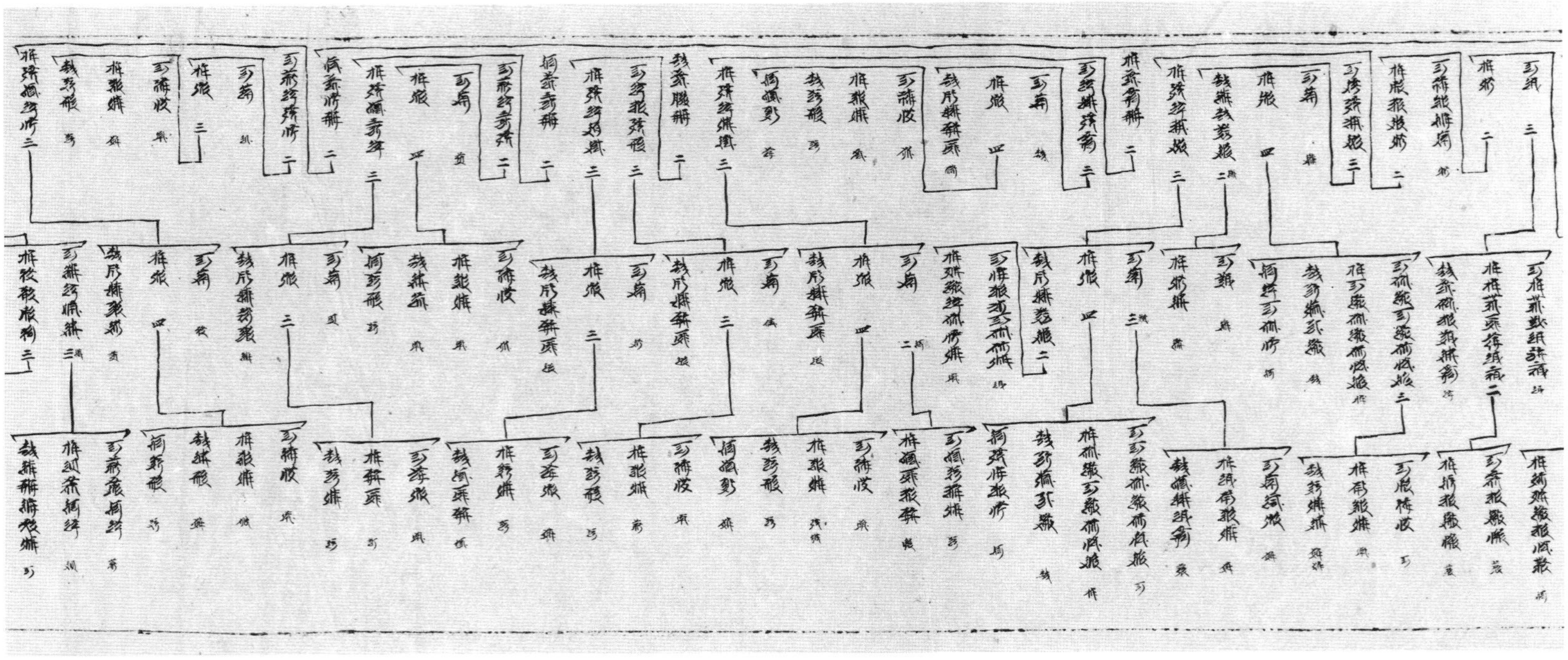

俄 Инв.No.5656　華嚴法界觀綱　　(5−3)

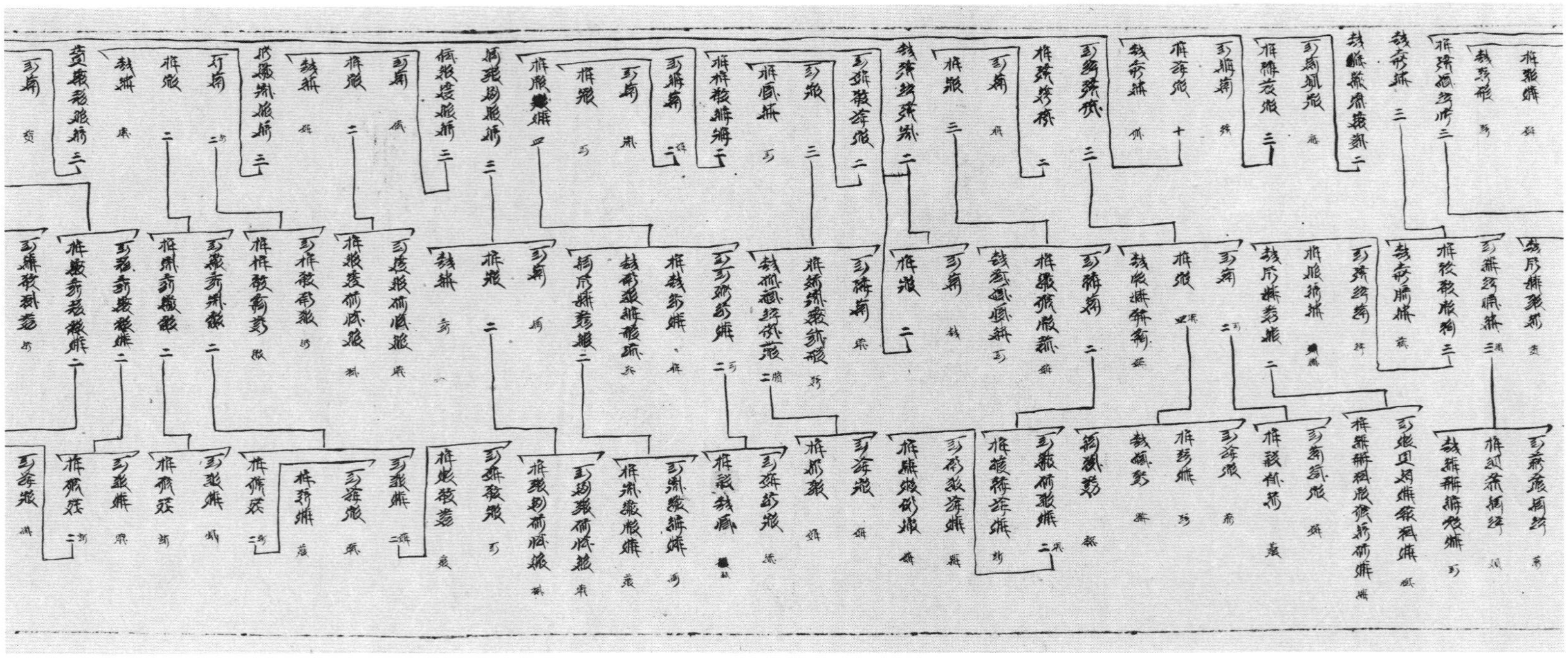

俄 Инв.No.5656　華嚴法界觀綱　　(5−4)

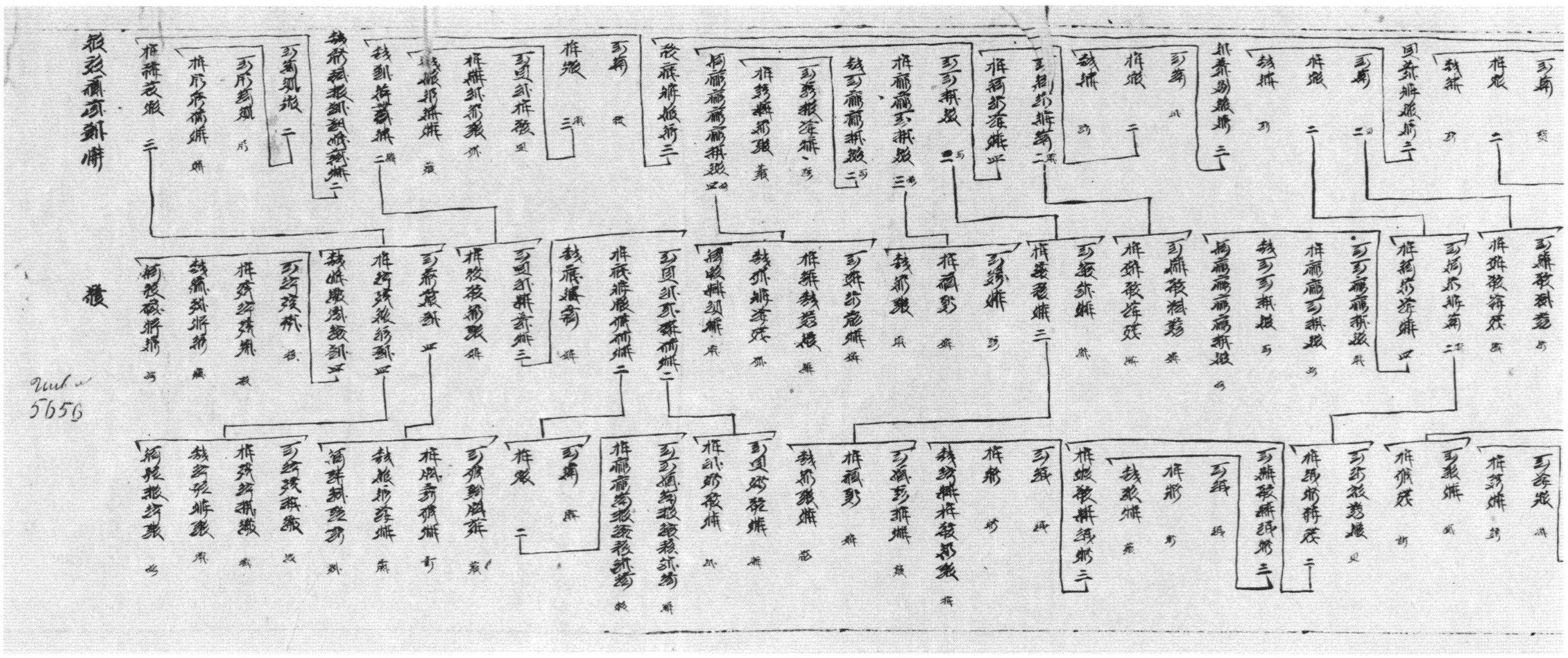

俄 Инв.No.5656　華嚴法界觀綱　　(5−5)